역사 속으로 떠나는 배낭여행

편저자 | **김영기** 金英己

부산고등학교와 서울대학교 공과대학을 졸업했다.
삼성그룹에 입사하여 전무이사로 퇴임하고
일교산업주식회사의 대표이사를 거쳐
현재 재단법인 수림재단의 상임이사로 재임 중이다.

역사 속으로 떠나는 배낭여행

초판인쇄 2010년 5월 5일
초판발행 2010년 5월 8일

편 저 자 김 영 기
펴 낸 이 이 찬 규
펴 낸 곳 북코리아
등록번호 제03-01240호
주　　소 121-801 서울시 마포구 공덕동 115-13
전　　화 (02) 704-7840
팩　　스 (02) 704-7848
이 메 일 sunhaksa@korea.com
홈페이지 www.sunhaksa.com

값 32,000원

ISBN 978-89-6324-066-4 (03900)

이 도서의 국립중앙도서관 출판시도서목록(CIP)은
e-CIP 홈페이지(http://www.nl.go.kr/ecip)에서 이용하실 수 있습니다.
(CIP제어번호: CIP2010001864)

역사 속으로 떠나는 배낭여행

김영기 편저

북코리아

책머리에 | 역사 속으로 떠나는 배낭여행

지금으로부터 약 140억 년 전에 빅뱅으로 탄생했다는 우주에는 1,000억 개 이상의 은하가 있고, 각 은하에는 또한 1,000억 개 이상이나 되는 항성이 있다고 한다. 이제까지 관찰된 은하 중에는 1초에 지구를 일곱 바퀴 반을 도는 그 빛이 무려 11억 년 동안이나 달려온 먼 곳에 있다니 우주의 규모는 실로 상상을 초월한다.

우주에는 그토록 많은 별이 있지만 지구처럼 생물이 살 수 있는 완벽한 조건을 갖춘 별은 아직 관찰되지 않고 있다. 우주적 차원에서 보면 비록 우리들 일생은 그야말로 티끌보다 작은 공간에서 찰나를 살고 가는 것이겠지만, 이렇게 아름다운 지구상에 태어난 것이야말로 가히 기적 중의 기적이라 아니 할 수 없다.

역사는 인생을 폭넓게, 그리고 길게 해준다고 한다. 역사 속을 여행하며 고대 로마의 카이사르와 같은 권력자가 되어 보기도 하고, 당나라의 이백이 되어 호탕한 시인의 삶을 맛보기도 하며, 또한 아메리칸 인디언이나 아프리카 노예들처럼 핍박 받은 삶도 체험해 보면 그 속에 담긴 지혜와 짜릿한 감동을 맛볼 수 있을 것이다.

역사는 우연이 아니고 필연이다. 인류가 농경으로 정착생활을 하면서 문명이 시작되었고, 상공업의 발달로 도시가 번창하자 중세 유럽의 봉건사회가 붕괴되었으며, 인간성을 상실한 암흑시대가 계속되자 르네상스가 꽃을 피웠고, 과학기술의 발달로 문명사회를 이루자 개개인은 더 많은 자유와 권리를 얻게 되었다.

역사는 실로 지혜의 보고이며 위대한 스승이다. 그 속에는 드라마가 있고 온갖 인간의 모습이 있으며 지혜와 섭리, 그리고 천국과 지옥도 함께 있다. 나라와 민족 그리고 문화가 흥할 때는 그럴 만한 요인이 있었고, 망할 때는 그럴 수밖에 없었던 까닭이 있었다. 이렇게 역사는 우리에게 흥망성쇠의 원리와 교훈도 말해 준다.

역사는 보는 관점에 따라 여러 가지 모습으로 비친다. 역사는 질병과 기근, 그리고 침략이나 억압과의 끊임없는 투쟁이기도 하고, 찬란한 인류 문화와 역사의 창조이기도 하다. 사람들의 삶의 방식과 가치관은 시대에 따라 끊임없이 변해왔지만, 시간과 공간을 초월한 맑은 지혜는 그 빛을 잃지 않고 고대로부터 오늘날까지 세상을 밝히고 있다.

오늘날 과학기술의 발달로 세계는 또 다른 모습으로 변모하고 있다. 국가나 민족 간의 이해가 바탕이 되어야 하는 글로벌 시대를 맞아 서로 다른 역사나 문화의 뿌리를 이해해야 할 필요성은 더욱 커졌다. 이 책은 배낭여행을 하듯이 가벼운 마음으로 역사 속을 두루 여행하면서 주요 이슈나 인물들을 자유롭게 만남으로써 그 속에 담긴 지혜와 교훈을 얻을 수 있도록 하였다.

인류가 남긴 발자취에는 두 번 다시 반복되어서는 안 될 끔찍한 역사도 있었고, 아름다운 역사도 있었다. 우리는 정말 행운아임에 틀림없다. 이렇게 아름다운 별에서, 또한 무지와 혼란과 끔찍했던 역사를 뒤로 하고 인간의 자유와 존엄성이 그 어느 때보다 존중되는 이 시대를 살고 있으니, 이것만으로도 그 얼마나 큰 축복이며 기적인가. 귀하게 주어진 삶에 감사하고 또 감사해야지.

김영기

차례 | 역사 속으로 떠나는 배낭여행

1 고대사회 이야기

2 중세사회 이야기

3 근대사회 이야기

4 현대사회 이야기

1

고대사회 이야기

고대 메소포타미아

메소포타미아 문명은 기원전 3000년경부터 사용된 설형문자[쐐기문자]가 19세기 중반부터 해독되면서 알려지기 시작했다. 메소포타미아의 3000년 역사는 네 민족 국가, 즉 수메르 왕국[BC 3400~], 아카드 왕국[BC 2350~], 바빌로니아 왕국[BC 1894~], 아시리아 제국[BC 1244~]의 흥망으로 이루어졌다.

수메르 왕국은 도시를 건설하고 설형문자를 만들었고, 아카드 왕국은 메소포타미아 일대의 도시 국가들을 정복하고 왕국을 건설했으며, 바빌로니아 왕국의 함무라비 왕[BC 1792~BC 1750] 때는 메소포타미아 전역을 지배한 전성기를 이루었고, 아시리아 제국은 히타이트 족의 철기 문화를 활용한 강력한 군사력으로 메소포타미아 전역과 이집트까지 지배했다. 양력은 이집트인이 처음으로 만들었으나 음력은 고대 바빌로니아인이 만들었다. 그들은 60진법을 창안하여 오늘날 사용되는 1분 60초, 1시간 60분, 1일 24시간, 1주일 7일, 1년을 12개월로 정했다.

현세의 삶을 중시한 수메르 인 수메르 인은 이집트인과는 달리 현세의 삶을 중시했다. 쐐기문자로 새겨진 점토판에는 다음과 같은 기록이 있다.

> "인간은 모두 죽는다. 그러니 쓰자. 하지만 금방 죽는 것이 아니니 저축도 하자."
> "결혼은 기쁜 것. 그러나 이혼은 더욱 더 기쁜 것"

주인 따라 무덤에 묻힌 사람들 기원전 2600년경 메소포타미아의 메스칼람덕 왕과 그의 동생 아칼람덕이 죽었을 때 친척들과 충성스런 신하들이 왕과 함께 무덤에 묻혔다. 왕과 귀족들은 수하들을 데리고 가야 한다는 종교적인 관습 때문에 그들은 무덤 속에서 독약을 마시고 주인의 시신 옆에서 죽어 갔으며, 한 무덤에 74명이 매장되기도 했다. 그들은 죽어서 왕과 함께 화려한 무덤에 묻히는 것을 오히려 큰 영광으로 생각했다.

왕을 위해 무덤 안에는 악기와 놀이판도 함께 묻혀 있으나 이는 신에게 바친 것이라는 설도 있다. 예를 들어, 길가메시의 서사시에는 "스스로 자신과 함께 묻혔던 모든 것들부인, 첩, 자식 그리고 신하들을 대신하여 신에게 선물을 바쳤다"라고 썼다. 길가메시의 서사시는 고대 바빌로니아 문학의 정수로서 수메르 인 사이에서 전해 내려오던 전설을 고대 바빌로니아 왕국 때 문자로 기록한 작품이다.

왕권 참회식 고대 메소포타미아에서는 나라의 지배자는 신이며 신관은 신의 대리인으로 나라를 통치하는 것으로 생각했고, 왕권이 확립된 후에도 신권 정치의 기초는 변하지 않았다. 연초에는 신년축제와 함께 참회식을 거행하여 신으로부터 권위를 인정받음으로써 정통성을 이어갔다. 관례대로 참회식 동안에는 왕의 직무는 하루 동안 정지되므로 다른 사람이 '오늘의 왕'으로 선출되었다. 관습에 따라 가짜 왕은 의관을 갖추고 하루 동안 왕 노릇을 한 다음 신에게 희생 제물로 바쳐졌다.

고대 바빌로니아에서도 신년축제 때 바빌론의 에사길라 신전에 있는 마르도욱 신상 앞에서 참회식이 거행되었다. 참회식이 시작되면 왕은 왕권의 상징물인 검과 지팡이를 신관에게 건네준다. 신관은 왕을 신상 앞으로 데리고 가서 왕의 따귀를 때리고 귀를 잡아끌어 바닥에 엎드리게 한다. 그러면 왕은 머리를 숙이고 신에게 "나는 죄를 짓거나 신의 은혜와 권위를 잊지 않았습니다. 나는 바빌론을 파괴하지 않았고 바빌론 시민을 박해하지도 않았습니다"라고 아뢴다.

그러면 신관은 마르도욱 신을 대신하여 "그대의 권력을 강대하게 해 주고 그대를 축복할 것이며 그대의 적을 분쇄해 주겠노라"라고 엄숙히 말한다. 그런 후 왕은 신관에게서 왕권의 상징물을 되돌려 받고 신관은 다시 왕의 따귀를 때린다. 이때 왕은 반드시 눈물을 흘려야 하는데, 눈물을 흘리지 않으면 신의 노여움을 사서 적에게 멸망된다고 믿었기 때문이다. 고대 메소포타미아에서 왕권은 절대적인 권위를 가지고 있었지만, 어디까지나 신을 대신하여 권력을 집행하는 위치임을 알 수 있다.

졸지에 국왕이 된 정원사 고대 바빌로니아의 역사에는 엔릴 바니에 관한 진기한 기록이 하나 있다. 이신 왕조BC 2270~BC 1039 때 에르라 이미트 왕이 신년에 있었던 참회식 도중에 그만 급사하고 만 것이다. 마침 의식 절차에 따라 가짜 왕 노릇을 하고 있던 엔릴 바니라는 정원사는 왕이 죽자 감히 아무도 반대하는 사람이 없어 계속해서 24년 동안 왕위를 유지했고 선정을 베풀었다고 한다. 의식이 끝나면 희생제물이 되었을 사람이 졸지에 국왕이 되었던 것이다. 신에 대한 의식이 모든 것을 우선하는 고대사회의 모습이다.

고대 바빌로니아의 여인들 결혼은 남녀 간의 평등한 계약으로서 문서로 남겨야 하며, 남편이 죽으면 유산은 아내와 아들이 반반씩 나누어 가진다. 여자 노예도 결혼할 수 있으며 남편이 죽으면 아내와 자식은 노예의 신분에서 해방된다. 기원전 2000년 바빌로니아 길가메시의 서사시에는 신전 창녀에 대한 기록이 있으며, 고대 이집트의 사원에서 전속 무희가 매춘을 했다는 기록도 있다.

고대 바빌로니아의 여인은 기혼자이든 미혼자이든 일생에 한 번은 여름철에 아슈타 신전에서 그들에게 접근해 오는 첫 남성 예배자에게 몸을 허락해야 했는데, 이는 일종의 종교 의식이었다. 이를 위해 신전을 찾은 여인들은 신전의 기둥 사이에 일렬로 둘러 앉아 남자들이 선택해 주기를 기다린다. 그러면 남자들은 마음에 드는 여인에게 다가와 은전을 던지며 "아슈타 여신들에게 당신을 선택하시라고 기원하겠노라"고 한다.

그리스의 역사가 헤로도토스는 이렇게 적고 있다.

> 아름다운 여인들은 곧바로 선택되나 그렇지 못한 여인들은 종교적 법을 지킬 때까지 오랫동안 신전에 남아 있어야 했는데, 어떤 여인은 3, 4년이나 남자를 기다려야 했다.

그러나 많은 여인은 뇌물을 주면서 종교적 의무를 앞당기기도 했는데, 그러다가 특정 여성이 돈을 받고 그 역할을 대신 수행하게 되었다. 또한 바빌로니아 사람들은 결혼 적령기의 처녀들을 경매에 붙여 그 돈을 결혼지참금으로 사용했다.

함무라비 법전 1901년 이란 남서부의 수사에서 높이 2.4m의 검은 돌비석이 발견되었는데, 이 비석에는 기원전 1750년경 제정된 고대 바빌로니아의 함무라비 법전이 설형문자로 빼곡히 새겨져 있었다. 이 돌비석은 현재 루브르 박물관에 소장되어 있다.

고대 바빌로니아 왕국에서는 제사장, 귀족, 평민, 노예로 신분이 나뉘어 있어 종교의식을 주관하는 제사장의 권한은 절대적이었으며, 최고의 성직자는 왕이었다. 농민이 대부분이었지만 의사, 변호사, 소방관, 건축업자 등 다양한 전문직이 있었다.

총 282조에 달하는 함무라비 법전의 특색은 신분에 따라 형벌이 다르며, "눈에는 눈, 이에는 이, 손에는 손"이라는 식의 죄에 상응하는 처벌을 받도록 했고, 특히 절도나 상해죄를 엄하게 다스렸다. 법전에는 최고 가격제, 임금, 세제, 행정, 미신, 군복무, 토지 매매, 상업, 무역, 상속, 대출, 이자 등 폭넓은 분야를 다루고 있어, 오늘날의 형법과 민법 등의 법체계를 갖추고 있다.

다음은 함무라비 법전 조문의 일부분이다.

도둑질한 자는 그가 숨어들어 간 집 벽 사이에서 사형당하고 그 곳에 묻힌다. 불을 끄면서 그 집 물건을 훔친 소방관은 그 불 속으로 던져진다. 귀족의 뼈를 부러뜨린 귀족은 그의 뼈도 부러지고, 눈을 찌르면 그의 눈도 찔린다. 귀족이 평민의 눈을 찌르거나 뼈를 부러뜨리면 은 1마나490g를 지급해야 한다. 노예의 눈을 애꾸로 만들거나 뼈를 부러뜨린 자는 그 노예의 주인에게 노예 몸값의 반을 지불해야 한다. 아버지를 때린 자식은 손목을 자른다. 수배 중인 자를 숨겨 주거나 무법자들의 모의를 알고도 왕궁으로 연행하지 않은 맥주집 주인은 사형에 처한다.

노예를 잡아 주인에게 되돌려 주는 자는 보상을 받는다. 황소가 사람을 받아 죽여도 황소 주인에게는 책임이 없다. 수녀원의 성직자나 수녀가 몰래 술집에서 맥주를 마시면 화형에 처한다. 간통한 여자는 정부와 함께 묶어 강물에 빠뜨리되 그녀의 남편과 왕이 용서하면 그렇지 않다. 논둑이 무너져 이웃 논을 침수시킨 자는 손해를 배상해 주어야 한다.

어떤 사람을 사형에 처할만하다고 고소하고도 그것을 입증하지 못하면 고소한 자를 사형에 처한다. 입증할 수단이 없을 때에는 피고인을 물에 던져 익사하면 유죄가 되고, 살아 나오면 무죄가 되어 원고를 사형에 처한다. 남을 비방한 자는 그것이 옳지 않음이 밝혀지면 사형에 처한다. 부실 공사로 집이 무너져 주인이 죽으면 건축업자를 죽이고, 그 집 자식이 죽으면 건축업자의 자식을 죽이며, 허물어진 집은 건축업자가 다시 지어 준다. 수술 중에 부주의로 환자가 죽으면 그 의사의 손을 자른다. 위장병 환자나 골절 환자의 치료비는 귀족은 5세크르, 평민은 3세크르, 노예는 2세크르로 하되 노예의 치료비는 주인이 낸다.

맥주 대금을 곡물로 받지 않고 은으로 받거나, 맥주의 양을 속인 맥주집 여자는 물 속에 처넣는다. 맥주 60셰크르를 외상으로 마시면 곡물 50셰크르로 갚는다. 빚을 갚지 못한 채무자는 그의 아들들과 함께 채권자의 집에서 3년간 노예노동을 한다.

남편이 무일푼인 부인과 이혼을 원하면 남편은 부인에게 지참금을 돌려주어야 하나 평소 부인이 가사를 돌보지 않았을 경우는 이혼당한 부인은 지참금을 돌려받지 못하고 친정으로 돌아가야 한다. 아내가 병상에 있는 동안에는 남편은 이혼할 수 없으며, 부인이 살아있는 동안은 평생 그녀를 돌봐 주어야 한다.

우리 고조선의 8개 조항의 법률8조 법금에는 "사람을 죽이면 사형에 처하고, 상처를 입히면 곡물로 보상하며, 도둑질을 하면 노비로 삼는다"라고 되어 있어 함무라비 법전과 비슷한 면을 엿볼 수 있다.

히타이트의 뛰어난 제철 기술 인류의 금속 문화는 기원전 4000년경 메소포타미아 북부에서 구리를 사용하면서 시작되어 구리와 주석의 합금인 청동을 만들게 되면서부터 청동기 문화를 낳았다. 철은 구리나 주석보다 구하기는 쉬웠으나 제련 기술이 어려워 단단한 강철을 얻기가 어려웠다.

히타이트는 아르메니아의 주민들로부터 단단한 강철을 만드는 기술침탄법을 배워 기술이 누설되지 않도록 엄격히 통제하면서 500년 동안이나 오리엔트 지역에서 군림할 수 있었다.

다음은 기원전 13세기 히타이트의 왕 하투실리스 3세가 오리엔트의 한 군주로부터 질이 좋은 철을 보내달라는 부탁을 받았으나 기술이 누설될까 봐 철검 한 자루를 보낸다는 편지 내용이다.

그대가 내게 편지로 요청한 건입니다만, 질 좋은 철은 현재 재고가 없습니다. 지금은 철을 생산하기에는 시기가 좋지 못합니다. 질 좋은 철을 만들고는 있습니다만, 아직 작업이 끝나지 않았습니다. 작업이 끝나면 보내 드리도록 하겠습니다만, 대신 철검 한 자루를 보냅니다.

고대 이집트

고대 이집트인들은 신이 농경을 지배한다고 믿어 나라의 중요 행사인 제사를 위해 곳곳에 거대한 신전을 세웠다. 신관은 신의 뜻을 전한다고 여겨 절대적인 권위를 행사했으며 귀족과 같은 계급에 속했다신권 정치. 고대 이집트의 초기 2,500여 년 동안은 대체로 외부의 침략을 받지 않고 독자적인 문명을 이룰 수 있었다. 이는 이질적인 이민족 문화가 유입되면서 독자적인 문명이 형성되지 못한 메소포타미아 문명과는 대조적이다.

그러다가 이집트는 기원전 526년에 페르시아의 속주가 되었고, 기원전 332년경에는 마케도니아의 알렉산더 대왕에게 정복당했다가 알렉산더가 죽자 그의 부하였던 프톨레마이오스 장군이 이집트를 지배하면서 프톨레마이오스 왕조를 세웠고, 기원전 30년에 이집트는 결국 로마 제국에 흡수되면서 고대 이집트 왕조는 막을 내렸다.

이집트는 나일의 선물

메소포타미아의 티그리스 강1,800km은 길이가 짧아 폭우가 내리면 강의 물살이 빨라 홍수가 나면 피해가 커서 홍수는 재앙으로 여겼다. 그러나 나일 강6,700km은 길이가 길어 상류에서 폭우가 내려도 하류는 물살이 빠르지 않아 강물이 서서히 범람하기 때문에 오히려 농토를 기름지게 해 주어 홍수는 신의 은총으로 여겼다.

고대의 한 비문에는 "제셀 왕 치세 7년 동안이나 나일 강이 범람하지 않아 큰 기근을 겪었다"라고 적혀 있다. 나일 강이 범람하는 시기는 매년 시리우스 별이 지평선의 해돋이와 일치하는 7월 19일경으로서, 그로 인해 1년을 365일과 6시간인 시리우스력태양력을 만들 수 있었다.

다음은 고대 그리스의 역사가 헤로도토스BC 484~BC 425가 그의 저서 『역사』에서 "이집트는 나일의 선물이다"라고 했다.

이집트 지역은 나일 강의 선물로서 이집트인이 새로 획득한 땅이다. 이 지역의 주민들은 다른 지역에 비해 훨씬 적은 노력으로도 풍작을 거둘 수 있다. 불어난 강물은 경작지에 물을 대어주고 물이 다시 빠지면 남은 것은 풍작을 기다리는 일뿐이다.

다음은 고대 이집트인들이 하피 신으로 받들던 나일 강을 찬양한 노래이다.

오, 나일 강이여! 그대를 찬미하노라
대지로부터 솟아나와 이집트 땅을 적셔 주나니
풍요롭게 소생시키려 오는 그대여
목장에 물을 흐르게 하여 어린 양들을 기르게 하고
멀리 사막까지 마실 물을 주시네
하늘에서 떨어지는 것은 그대의 이슬이라
물고기의 주인이여
새들을 상류로 거슬러 오르게 하여
열풍으로 주저앉는 새가 없네
보리와 밀을 자라게 해 주는 그대
어느 때 그 흐름 마르면 이 땅의 사람들은 숨을 거두리
그대가 욕심을 부리면 온 세상이 두려움에 떨며
여기저기 탄식소리 들려오리라
그대가 범람하면 온 나라는 기쁨에 넘치네.
풍족한 식량을 주는 자, 좋은 것 모두를 창조한 자, 존엄한 자, 향기로운 자,
가축을 위해 목초를 만들어 주고 신에게 희생제물을 주는 자
모두가 그대의 권위 아래에 있다네
두 나라를 지배하고 창고를 가득 채우며
곡창을 넓혀 가난한 자들에게 베푸는 그대
하프로 그대를 찬미하는 노래를 부르노라

노예 반란 기원전 2000년경 고대 이집트에서 한때 노예들의 반란으로 혼란했던 시기가 있었는데, 파피루스 문서에는 당시의 처참한 상황을 다음과 같이 기록했다. 반란은 40년간 지속되다가 진압되었다.

상상도 못할 일이 벌어졌다. 적들이 쳐들어와 왕이 붙잡혀 갔다. 궁전은 모두 불타 잿더미가 되고 남은 것이라고는 허물어진 궁전 담벽뿐이다. 관리들은 모두 도망가고 궁전 관리들도 이미 궁에서 쫓겨났다. 반란자들이 1시간 만에 수도를 점령한 사이에 이런 일이 벌어졌다. 정치를 모르는 무리가 나라를 빼앗고 파라오의 권위에 도전하고 있다.

이방인들이 이집트인 행세를 하며 판을 치고 다니고 이집트인은 어디에도 보이지 않는다. 도시는 순식간에 폐허로 변해 버렸다. 그들은 구리 화살을 들이대며 빵을 강요하며 무덤에서 파라오를 꺼내고 보물을 파헤치고 있다. 파라오의 곡창이 모두 그들의 손에 들어가 삼각주가 흐느끼고 있다. 웅장한 궁전과 법원도 이제는 마음대로 드나든다. 법관은 피신하고 법령 두루마리는 길에 내동댕이쳐져 사람들이 짓밟고 다닌다.

이제 가난한 자들이 부자가 되었고 부자들은 무일푼이 되었다. 옷을 입었던 자들은 넝마를 걸치게 되고 옷이 없던 자들이 아마포를 입고 다닌다. 먹을 것도 없던 자들이 이제는 곡창을 가지고 그 안에는 남의 재산으로 가득하다. 세상은 도자기 판이 돌듯이 빙빙 돌고, 뜻있는 자들은 나라 일을 슬퍼한다.

여자들은 말라서 아이도 낳지 못하며 많은 자들이 나일 강에 수장되었다. 어떤 자는 그의 아들을 원수로 여긴다. 강바닥이 말라 걸어 다닐 수 있다. 아, 피의 강이로다.

곡식들은 모두 시들어 버리고 옷과 기름과 버터가 없다. 온 나라는 사막이 되어 가고 도시는 파괴되었다. 델타의 초원은 머지않아 사라져 버릴 것이다.

아메넴헤트 1세가 왕자에게 보낸 편지

신하들로부터 몸을 지키고, 어떤 형제에게는 마음을 허락하지 마라. 친구들과는 깊이 사귀지 말고, 친족을 가까이 하지도 마라. 잠 잘 때에는 심장을 지켜라. 사악한 시대에는 일가를 이루지 않으니까.

상형문자

기원전 3000년경부터 사용된 상형문자는 고대 이집트의 신전과 돌벽 등에 주로 새겨져 있어 그리스 어로는 히에로글리프Hieroglyph; 신성문자라고 부른다.

1799년 나폴레옹의 이집트 원정 때 나일 강 하구 로제타 부근에서 히에로글리프가 새겨진 검은 돌비석로제타 석이 발견되었다. 이 돌비석에는 같은 내용의 글이 히에로글리프와 그 속자 그리고 그리스 문자로 3단으로 새겨져 있었다. 로제타 석에는 법령

외에 기원전 196년 당시의 국왕이던 프톨레마이오스 5세에 대해 "멤피스의 사제들은 신의 영광을 이집트 왕 프톨레마이오스 5세에게 수여하노라"라고 적혀 있었다.

1822년 프랑스의 언어학자 샹폴리옹이 이것을 바탕으로 하여 마침내 고대 이집트의 히에로글리프 해독에 성공하여 파피루스 두루마리나 기념비 등에 새겨진 내용 등도 거의 모두 해독할 수 있게 되었다. 로제타석은 현재 대영박물관에 보관 중이다.

파피루스 기원전 2400년경 이집트인들은 나일 강변에서 자라는 파피루스영어 '페이퍼'의 어원라는 갈대의 줄기를 이용하여 종이를 만들었다. 파피루스의 껍질을 벗기고 작게 잘라 가로와 세로로 엮은 다음 헝겊을 덮고 두들겨서 납작하게 한다. 그 다음 무거운 돌로 눌린 상태로 말린 후 밀가루 풀로 붙여 종이를 만들었다.

이집트인들은 목탄을 태운 검댕을 물에 녹여 이것을 찍어 파피루스에 각종 문서를 기록하여 둘둘 말아 보존했다. 파피루스의 기록 중에는 "지혜로운 말은 보석보다 찾기 힘들지만 맷돌을 돌리는 하녀에게서 들을 수 있다"라고 적은 격언도 있다. 당시 다른 지역에서는 점토판이나 목판에 기록하고 있었던 것에 비하면 획기적인 발명이었으며 파피루스를 국외에 수출하기도 했다.

세유미 당시 파피루스 문서에는 농민들의 비참한 생활상을 기록하면서 신전의 재산을 관리하는 세유미서기가 될 것을 권하고 있다.

> 뱀과 하마가 수확물을 모조리 먹어 치워도 수확세를 내야만 하는 농민의 처지를 생각해 보라. 들에는 들쥐가 가득하고 메뚜기도 몰려온다. 소는 마구 먹어 댄다. 지금 서기 한 사람이 강기슭에서 수확세를 기록하고 있다. 종려나무로 만든 곤봉을 든 관리는 어떤 농민에게 곡물이 한 톨도 남아 있지 않은데도 곡물을 넘기라고 한다. 그들은 농민을 때려눕히고 묶은 후 우물 속으로 던진다. 그의 처도 면전에서 묶이고 아이들에게도 족쇄가 채워진다.
>
> 서기는 모든 사람을 지배한다. 쓰는 것을 직업으로 하는 서기는 세금도 내지 않는다. 이 사실을 마음속에 새겨 두어라.

다음은 선생이 학생들에게 세유미가 되기를 권하는 내용이다 사람들의 재산을 파악해 세금을 매기고 걷는 것도 다 서기의 일이다. 서기가 되면 배불리 먹고 넉넉하게 살 수 있다. 손은 부드러워지고 좋은 옷도 입을 수 있고 사람들의 칭송도 받는다. 또 궁중 사람들도 너희들에게 청탁하러 올 것이다. 공부하는 것은 서기가 되기 위해서이다.

다음은 부모가 딸에게 서기가 되기를 권하는 내용이다.

노예로 끌려간 자들을 보라. 나는 채찍으로 매 맞는 사람들을 수없이 보았다. 이제부터 너는 마음을 책에 쏟아야 한다. 이 세상에 책보다 나은 것이 없다. 나는 네가 어머니보다 책을 더 좋아하고 그 귀중함을 느끼도록 해 줄 것이다. 서기는 어떤 직업보다 위대하며 서기 외에 주인이 될 수 있는 직업은 없다. 서기가 곧 주인이기 때문이다.

사라진 파로스 등대

기원전 280년 이집트의 프톨레마이오스 1세는 알렉산드리아 항구 바로 앞의 파로스 섬에 높이 180m의 거대한 백색 대리석의 등대를 건설하기 시작하여 그의 아들 프톨레마이오스 2세 때 완성되었다. 등대의 꼭대기에는 거대한 청동 거울이 있어 56km 밖의 바다에서도 거울에서 반사되는 불빛을 볼 수 있었고, 거울로 태양 광선을 모아 반사시키면 바다에 떠 있는 배를 불태울 수도 있었다.

641년 알렉산드리아가 이슬람 제국에 정복되자 기독교의 중심인 동로마 제국의 콘스탄티노플과 경쟁되는 위치에 놓이게 되었다. 어느 날 동로마 제국의 황제 다마스쿠스의 특사가 이슬람의 칼리프 알 왈리드를 찾아와 그에게 "파로스 등대 밑에는 고대 이집트 왕가의 엄청난 보화가 묻혀 있다고 합니다"라고 일러 주었다.

이 말을 들은 칼리프는 한동안 망설이다가 마침내 등대를 철거하기 시작했다. 그러던 중 칼리프는 자기가 속았음을 알고 철거를 중단시켰으나 이미 복구가 불가능한 상태였다. 그 후 1308년과 1349년의 대지진으로 등대는 완전히 파괴되고 말았다.

프톨레마이오스 2세는 등대를 설계한 소스트라테스에게 명하여 '제왕 프톨레마이오스, 항해의 수호신을 위해 이 등대를 만들다'라는 명문을 대리석에 새겨 넣었다. 그런데 세월이 흐르면서 당초의 명문은 차츰 지워지고 그 밑에서 '테크시프리노스의 아들 소스트라테스, 항해의 수호신을 위해 이 등대를 만들다'라는 글귀가 나타나기 시작했다. 왕의 명령을 거역할 수 없었던 소스트라테스는 진짜 대리석에 자신의 이름을 먼저 새긴 뒤 그 위에 회 반죽에 대리석 가루를 입혀 그 위에 왕의 이름을 새겼던 것이다.

알렉산드리아의 도서관

알렉산드리아는 헬레니즘 문화와 교역의 중심지로 번성했다. 기원전 3세기 초 이집트의 프톨레마이오스 1세는 세계 최고의 학문의 전당을 만들기 위해 알렉산드리아에 거대한 도서관을 건립했는데 양피지에 손으로 쓴 장서가 70만 권에 달했다. 귀중한 자료를 모으는 데는 수단과 방법을 가리지 않았다. 장서의 대부분은 주로 아테네와 로도스에서 구입했으나 알렉산드리아에서 하역하는 선박에서 필요한 책이 발견되면 모조리 사들였다. 프톨레마이오스 3세는 거액의 보증금을 맡기고 아테네로부터 원본 장서를 빌리고는 빼돌리기도 했다.

고대 이집트인의 신과 피라미드

고대 이집트인들은 태양신 라[Ra]가 이 세상에서 죽어서 서쪽으로 사라진 다음 부활하여 다시 동쪽에서 뜬다고 믿었다. 사람은 육체[아쿠]와 혼[바아]과 영[카아]으로 되어 있어 사람이 죽으면 영은 새의 모습으로 태양이 지는 서쪽 저승으로 가서 소생하고, 혼은 이 세상에 머문다고 믿었다. 그러나 때로는 영이 현세로 돌아 와 현세에 머물고 있는 혼과 하나가 되어[영혼] 육체로 돌아온다고 믿었다.

그리하여 기원전 2500년경 체옵스 왕 때부터 태양신의 아들이라 여기는 파라오[왕]가 죽으면 영혼이 돌아올 육체를 보존하기 위해 미라로 만들어 거대한 피라미드에 보존하기 시작했다. 얼굴에는 황금 마스크를 씌우고 무덤에는 죽은 자의 글과 저승에서 사용할 세간이나 옷, 보석 그리고 하인을 뜻하는 인형을 같이 묻어 주었다.

고대 이집트인들은 원래 시체를 구덩이에 묻고 그 위에 모래 더미를 쌓았다. 초기 제3 왕조[BC 2650~BC 2575] 파라오의 무덤은 구덩이 주위의 돌담을 테이블 모양[마스타바]으로 높게 쌓았다. 그 후 제4 왕조의 쿠푸 왕, 카프라 왕, 멘카우레 왕의 무덤은 돌담을 더 높게 피라미드 형태로 쌓았다. 마지막으로 피라미드에 묻힌 왕은 제20 왕조[BC 1086] 람세스 11세였다.

무덤은 도굴꾼들의 표적이었는데 중세에는 미라를 분말로 만들어 상처에 바르는 특효약으로 팔리기도 했다. 제18 왕조[BC 1481] 투트모세 1세는 도굴꾼의 침범을 피해 이집트의 수도였던 테베의 서쪽 와디라는 비밀스런 곳에 암벽을 파서 그곳에 매장되었다. 이후 오랜 세월에 걸쳐 이곳에 왕가의 무덤이 건설되었는데'왕가의 계곡' 그곳에서 지금까지 62기의 무덤이 발견되었다. 1922년 이곳에서 발견된 투탕카멘 왕의 무덤은 도굴당하지 않은 채 미라와 호화로운 부장품들이 그대로 남아 있었다. 무덤 위에 일꾼들의 집이 그대로 남아 있었기 때문에 도벌꾼의 눈에 띄지 않았던 것이다. 피라미드는 나일 강 유역에 약 100기가 만들어졌고 현재 약 80기가 남아 있다. 피라미드란 이집트 어 피레무스높이에서 유래되었다.

기원전 2700년경 건설된 제4 왕조 쿠푸 왕의 피라미드는 고대 7대 불가사의 중의 하나이다. 9세기 아랍 인들이 쿠프 왕의 피라미드에 들어갔을 때 무덤은 이미 도굴된 채 비어 있었다. 피라미드는 233m 정사각형의 밑면에 높이가 147m나 되는 거대한 규모이다. 기중기도 없던 당시 평균 약 2.5톤 무게의 바윗돌 230만 개를 오로지 굴림대와 경사면을 이용하여 201층으로 쌓아 올렸다. 내부의 돌은 기자의 사암에서 채취했고, 외부의 석회암은 나일 강 동쪽에서 가져왔으며, 내부의 회랑과 관을 안치하는 현실에 사용된 화강암은 나일 강 상류의 아스완에서 뗏목으로 960km 떨어진 나일 강 하류로 운반해 온 것이다.

피라미드의 내부에는 왕과 왕비의 방이 있는데 왕의 방에는 석관이 배치되어 있다. 지하실 중앙에는 왕과 왕족들의 미라가 보관되고, 긴 바위 통로가 800m 떨어진 나일 강까지 연결되어 있다. 그리스의 역사가 헤로도토스는 다음과 같이 적고 있다.

> 키옵스쿠푸 왕는 모든 신전의 문을 닫아 이집트인들의 예배를 금지시키고 그들을 모두 피라미드 건설 현장에 동원했다. 아라비아에서 채석한 거대한 바위들을 나일 강까지 운반하여 다시 류피아 산까지 운반했다. 이 대공사에는 무려 10만여 명을 3개월씩 교대로 동원했다. 나일 강에서 돌을 운반하기 위해 길을 만드는데 10여 년이 걸렸고 피라미드를 건설하는 데는 20년이 걸렸다.

투탕카멘의 무덤 투탕카멘BC 1343~BC 1325은 이집트 제18 왕조의 왕으로서 아홉 살의 어린 나이에 왕위를 물려받았다. 어린 왕 투탕카멘은 아몬 신을 모시는 제사장들에게 실권을 빼앗겨 치세 4년 만에 아몬 신앙으로 복귀하고 수도를 다시 테베로 옮겼다. 병약하던 투탕카멘은 18세의 나이에 갑자기 세상을 떠났다. 이후 제19 왕조 때 투탕카멘은 선대 왕 아크나톤과 함께 공식적인 이집트 왕의 명단에서 삭제되고 무덤의 위치도 잊혀진 채 전설의 파라오로 남게 되었다.

나일 강 서안의 룩소스에 있는 왕가의 계곡에는 신왕조 시대의 역대 파라오의 묘 70여 기가 모여 있는데, 무덤은 모두 도굴되어 귀중한 부장품은 없어진 후였다. 1902년 조사팀을 이끌고 왕가의 계곡을 조사했던 미국의 실업가 테어도어 데이비스는 무덤이 모두 도굴 당했다는 결론을 내리고 조사를 중지했다.

하지만 당시 조사팀에 참여했던 영국인 이집트 학자 하워드 카터는 투탕카멘의 무덤이 분명 계곡 어딘가에 있을 것이라고 확신하고 있었다. 왜냐하면 근처 룩소르 사원에서 18세 때 죽은 왕 투탕카멘의 비문과 그의 이름이 적힌 옷이 들어 있는 항아리들은 발견되었지만 그의 유물들은 아직 한 번도 세상에 알려진 적이 없었기 때문이었다. 하워드 카터는 탐사를 계속하기 위해 영국인 거부 로드 카나본 경의 지원을 받아냈다. 하지만 발굴을 시작한 지 7년이 지났지만 새로운 무덤은 발견되지 않았고, 그를 후원하던 카나본 경은 몇 번이나 자금 지원을 중단하려 했다. 카터는 카나본 경을 설득하여 마지막으로 한 곳을 조사하기로 했다. 그곳은 제20 왕조의 람세스 6세의 무덤을 만들면서 돌 부스러기가 골짜기 비탈을 따라 흘러 내려 쌓인 곳이었다.

1922년 카터가 현장에 도착했을 때 그를 돕던 알리가 숨차게 달려와 땅 밑으로 내려가는 계단을 발견했다고 말했다. 그들은 봉인된 문으로 내려가는 가파른 계단을 발견하고 즉시 카나본에게 전보를 쳤다.

"드디어 계곡에서 놀라운 발견을 했음. 봉인이 그대로 있는 거대한 무덤임. 경께서 도착하기를 기다리기 위해 무덤을 원상대로 덮어 두었음. 만세."

1922년 11월 6일, 카나본이 현지에 도착했다. 그들이 통로에 있는 돌을 치우고 두 번째 문에 이르렀다. 문틈 사이로 촛불을 넣고 들여다 본 카트는 뒤에 이렇게 적었다.

> 점점 방 안의 모습이 눈에 들어오기 시작했다. 동물들, 조각상들 그리고 황금이 여기저기에서 번쩍이고 있었다. 나는 놀라 정신이 멍했다.

무덤은 네 개의 방으로 되어 있었다. 현실에는 왕의 미라가 3중의 관 속에 누워 있었다. 가장 안에 있는 관은 순금으로 만들어졌고, 밖에 있는 두 개의 관은 나무틀에 금을 박아 넣은 것이었다. 관은 길이가 183cm에 무게가 1,110kg이나 되었다. 왕의 얼굴에는 수정과 유리를 박은 황금 마스크가 씌워져 있었고, 보석을 박은 수의로 덮인 채 누워 있었다. 목과 가슴 위에는 수레국화, 백합, 연꽃다발이 놓여 있었다. 무덤 속의 꽃들은 희미하지만 아직 제 색깔을 띠고 있었다. 다른 방에는 금과 보석으로 장식한 호화로운 옥좌, 보석함, 가구, 집기, 신상, 옷, 무기, 지팡이 등이 가득 들어 있었다.

투탕카멘의 무덤은 그때까지 유일하게 도굴당하지 않은 것이었다. 투탕카멘의 무덤이 람세스 6세의 무덤 앞에 있던 노동자의 오두막 터 바로 밑에 있어 누구도 그런 곳에 왕의 무덤이 있으리라고는 생각지 못했던 것이다. 이것은 이집트 사상 최대의 발굴이었고, 발굴된 1,700여 점의 부장품들은 전설적인 파라오의 생활을 생생하게 말해 주는 귀중한 자료로서 온 세계가 흥분했다.

투탕카멘의 왕비 앙케세나멘 투탕카멘의 왕비 앙케세나멘은 동생이자 남편인 투탕카멘이 죽자 왕위를 승계할 새 남편이 필요했다. 어릴 적부터 권력 투쟁을 보아 온 그녀는 히타이트의 왕 수필룰리우마스 1세에게 다음과 같은 편지를 보내 자신의 남편이자 이집트의 왕이 될 왕자 한 사람을 보내달라고 부탁했다. 이에 히타이트의 왕은 한 왕자를 보냈으나 이집트로 오는 도중에 알 수 없는 세력에 의해 그만 살해되고 말았다.

> 내 남편은 죽었고 나에게는 아들이 없습니다. 그런데 당신에게는 많은 왕자가 있는 것으로 알고 있습니다. 만일 당신이 왕자 한 사람을 보내주시면 그는 내 남편이자 이집트의 왕이 될 것입니다. 나는 내 가신을 남편으로 삼을 생각은 추호도 없습니다. 이 편지는 당신에게만 보냅니다. 부디 한 사람을 보내주시기 바랍니다.

파라오의 저주 투탕카멘의 무덤을 파헤치는 순간부터 발굴과 관련된 사람이 이상하게 죽어 가자 이를 두고 '파라오의 저주'라는 말이 생겼는데, 첫 희생자는 영국계 이집트 고고학자 에브리 화이트였다. 그는 사자의 벽에서 나오면서 기분이 나쁘다고 말했는데, 며칠 후 "투탕카멘의 저주로 죽는다"라는 유서를 남기고 목을 매어 죽었다.

1922년 11월 투탕카멘 무덤의 입구를 파헤치던 날, 마지막 사람이 무덤에서 나오자 모래 폭풍이 동굴 입구를 휘몰아치더니 고대 이집트 왕실의 문장인 매 한 마리가 무덤 위를 날아 서쪽으로 갔다고 한다. 서쪽은 이집트 사람들의 신앙에서 태양신이 있는 신비로운 곳으로 사람들은 이를 두고 파라오의 영혼이 그의 묘를 침범한 자들에게 저주를 내렸다고 했다.

그로부터 넉 달 뒤 카나본 경57세은 모기에 왼쪽 볼을 물려 생긴 패혈증의 악화로 카이로에서 죽었다. 그가 죽은 새벽 1시 55분, 그 시각에 카이로 시는 모든 전기가 나가고 영국 햄프셔에 있는 카나본의 집에서는 그의 개가 으르렁대더니 갑자기 죽어버렸다. 카나본 경은 투탕카멘의 무덤 입구에 새겨진 "왕을 방해하는 자에게는 죽음의 날개가 미칠 것이다"라는 문구가 마음에 걸려 투탕카멘의 이름을 부르며 숨을 거두었다. 투탕카멘의 미라를 검시한 의사들은 카나본이 모기에 물렸던 자리와 정확히 같은 위치인 투탕카멘의 왼쪽 볼에서 움푹 들어간 상처자국을 발견했다.

1923년 그 무덤을 구경한 사람들이 잇따라 죽었다. 카나본 경이 죽은 지 여섯 달 후 무덤을 보고 온 카나본의 이복동생 오브리 허바트 대사는 복막염으로 죽었고, 카나본 경의 간호를 맡았던 간호사도 죽었다. 카터의 비서이며 보물의 목록을 작성하던 리처드 피셀49세은 자살했으며 석 달 후에는 그의 아버지도 런던의 아파트에서 투신자살했는데, 그의 침실에는 왕릉에서 출토한 화병이 놓여 있었다. 카터의 친한 친구인 루 훌루도 원인 불명으로 죽었으며, 카터의 오른팔인 아더 메이스도 무덤의 '사자의 방' 벽을 여는 순간 갑자기 죽고 말았다. 무덤을 방문했던 이집트의 왕자 알리화니 베이는 런던 호텔에서 살해당했으며, 그의 동생은 자살했다. 미라의 엑스레이를 찍었던 더글러스 리드도 수일 후에 죽었고 미국의 철도 재벌인 조지 제이 굴드는 이 무덤 안에서 감기에 걸린 뒤 폐렴으로 죽었다.

1922년 투탕카멘의 묘가 발견된 후 수년 동안에 그 일과 관련된 사람 10여 명이 자연사가 아닌 죽음을 당했다. 그러나 무덤 발굴의 가장 중심에 있었던 하워드 카터만은 발굴 후 17년이나 더 살다가 1939년 3월 자연사했다.

1966년 이집트 정부가 투탕카멘 보물들을 파리에 보내 전시하는 데 동의하자 이집트 정부의 문화재 국장인 모하메드 이브라함은 파라오의 저주를 두려워하여 강력히 반대했다. 카이로에서 있었던 관계자들의 마지막 회의에서도 반대했으나 허사였다. 그는 회의장을 떠나다가 차에 치여 이틀 후에 죽었다.

미라 만드는 방법 고대 이집트인들은 기원전 2400년에서 4세기에 이르기까지 시신이 썩지 않게 방부 처리하여 미라를 만들었다. 제23 왕조 이후 미라 제작은 더욱 세분화되었고, 일반인도 미라를 제작할 수 있게 되어 그 당시 제작된 동물의 미라도 많이 발굴되었다. 현존하는 미라는 모두 내장을 끄집어내고 제작된 1급 미라이며, 내장을 끄집어 내지 않고 처리한 2급 미라는 대부분 소멸되었다. 미라를 제작하는 방법에는 일반적으로 세 가지가 알려져 있다.

첫째, 시신에서 뇌와 심장을 제외한 모든 내장은 끄집어내어 방부 처리한 후 항아리에 담아 따로 보관하며 시신 속에는 여러 가지 향료와 역청을 집어넣었다. 이를 소다수에 70일간 담갔다가 말린 후 무명으로 시체를 싸고 왁스를 그 위에 바르는 방법1급이다. 이 방법은 정성을 요하나 가장 오래 보존할 수 있는 방법이다. 심장은 혼이 찾아온다고 하여 끄집어내지 않고 그대로 두었다.

둘째, 내장을 끄집어내지 않고 복부에 삼나무 기름을 주입하여 소다수에 70일 정도 담가 두면 내장이 녹아 흘러나온다. 그것을 건조시켜 붕대로 감아 왁스를 바르면 완성2급된다.

셋째, 설사제를 내장 속에 넣고 소다수에 70일간 담그는 방법이다.

미라는 이집트인 외에도 남미의 잉카 인, 카나리아 군도의 원주민인 관치 인도 같은 방법으로 미라를 만들어 보관했다. 북아메리카의 알류트 족은 시신을 기둥에 걸거나 건조한 동굴에서 말려 보관했다. 이집트를 여행한 고대 그리스의 역사가 헤로도토스는 미라에 대해 다음과 같이 적고 있다.

> 이집트에는 미라를 전문으로 만드는 사람이 있다. 그들은 예리한 돌로 시체의 옆구리를 갈라 복부를 팜 와인으로 씻은 후 계피 등의 향료 분말을 쑤셔 넣고 원래대로 꿰맨다. 그 후 70일 동안 소다수에 담갔다가 시체를 팜 와인으로 다시 씻고 전신을 아마 붕대로 감은 뒤 왁스를 바른다.

마늘과 양파 고대 이집트의 쿠푸 왕은 피라미드 건설에 종사하는 노동자들에게 양파와 마늘 등을 식량으로 지급했다. 헤로도토스는 "노동자에게 지급된 래디시, 양파, 마늘 등이 은으로 1,600달란트약 40톤에 이른다고 피라미드의 벽에 새겨져 있다"고 기록했으며, 투탕카멘 왕의 묘에서도 여섯 개의 마늘이 발견되었다.

모세의 인솔로 이집트를 탈출한 헤브라이 인은 이집트에서 먹은 양파와 마늘의 맛을 잊지 못해 팔레스티나에서 대량의 마늘을 재배하여 마음껏 먹었다는 이야기도 있다. 고대 그리스에서는 마늘이 저승과 관련이 있다고 여겨 신성시했다. 천상과 저승을 다스리는 여신 헤카테를 위해 십자로에 돌을 쌓고 새 달이 뜨는 밤에 많은 양의 마늘을 쌓아 올렸다고 한다.

마늘은 힘을 돋우는 식량으로도 알려졌는데, 알렉산더 대왕의 군대는 평소에 마늘을 먹고 연전연승했다고 전한다. 로마 제국에서도 마늘은 병사들이 즐겨 먹는 음식이었는데, 네로 황제는 '아이오리'라는 마늘이 든 마요네즈 소스를 고안할 정도로 마늘을 매우 좋아했다고 한다.

피라미드를 구경한 영국인 상인 1586년 영국인 상인 존 샌더슨이 이집트에서 피라미드를 구경하고 이렇게 적었다.

> 1586년 4월 28일 나는 독일인 세 사람과 함께 피라미드를 구경하러 갔다가 그 다음 날 돌아왔다. (생략)
>
> 피라미드가 7대 불가사의의 하나라는 것이 전혀 이상하지 않았다. 우리는 촛불을 든 채 밧줄을 타고 모래 동굴로 내려갔다. 그곳에는 방부 처리한 크고 작은 수천 구의 미라들이 있었고, 작은 토기 항아리들 안에도 처리된 것들이 들어 있었다.
>
> 우리는 시체들을 밟고 다녔는데, 시체에서 역겨운 냄새는 나지 않았고, 역청으로 만든 것처럼 쉽게 부서졌다. 나는 호기심에 미라의 온갖 부위를 부러뜨려 보았고, 구경거리로 여러 개의 머리와 손, 팔, 그리고 발을 집으로 가져왔다. 우리는 터키 회사에 주기 위해 600파운드 무게의 시체 조각들을 가지고 나와 헤라클레스호 편으로 영국에 보냈다. 온전한 시체 한 구도 보냈는데, 시체를 감싼 천이 삭아 새까맣게 변색되어 있었고, 단단하게 굳은 피부와 근육, 손가락과 손톱이 드러나 보였다. 조그만 손 하나는 영국으로 가져와 형제에게 선물로 주었는데, 그는 그것을 옥스퍼드의 한 교수에게 주었다. (생략)

고대 이집트인의 생활상

농 사 나일 강이 범람한 뒤 물이 빠지면 제일 먼저 하는 일은 돌로 표시해 둔 농토의 경계를 확인하는 작업이었으며, 경계석을 옮겨 놓는 것은 최악의 범죄로 간주되었다. 농부들은 소가 끄는 쟁기로 씨를 뿌렸고 양이나 염소는 그 뒤를 따라 땅을 밟으며 씨를 흙으로 덮었다.

나일 강이 범람하는 7~10월은 농민들은 농사를 멈추고 나라의 부역에 동원되었다. 3월이나 4월의 추수 때는 관리들이 들판에 나와 수확량을 확인하고 세금을 부과하면 서기가 이를 기록했다. 농민들은 농작물의 일부를 세금으로 냈고 광산, 채석장, 건축 현장에서 일하는 사람들은 부역으로 세금의 일부를 대신했다.

수확은 들판이나 탈곡장에서 공동으로 이루어졌는데, 부싯돌이 달린 나무 낫으로 밀과 보리 이삭을 베었고, 짚은 매트나 벽돌을 만드는 데에 사용했다. 수확한 곡물을 당나귀들이 탈곡장으로 운반하면 소들이 곡물을 밟아 흩트렸고, 여자들은 널빤지를 이용하여 낟알을 공중으로 날려 겨를 분리시켰다. 추수가 끝나면 곡물은 저장고에 보관하고, 수확을 관장하는 레네누테트 여신에게 제사를 지냈다. 농민들은 세금을 다 내지 못하면 처벌을 받았고 질병과 해충으로 농사를 망치거나 관리들에게 착취당하는 경우가 많았다.

식생활 고대 이집트인들은 밀, 보리, 콩 등의 곡물과 양파, 양배추, 부추, 마늘, 콩, 상추, 무, 오이 등의 채소와 석류, 무화과, 멜론, 박, 종려, 아마 등을 재배했으며 소, 양, 당나귀, 돼지, 개, 오리, 거위, 꿀벌 등을 사육했다. 돼지는 불길한 짐승으로 여겨 사제들에게는 돼지고기가 금기였으나 일반인들은 즐겨 먹었다.

고대 이집트인들은 밀가루를 물로 반죽하여 꿀, 우유, 달걀, 과일, 버터, 약초 등을 섞어 여러 가지 맛의 빵, 페스트리, 케이크, 비스킷 등을 만들어 먹었다. 이들은 또한 맥주와 포도주 그리고 대추 야자, 석류, 종려 등을 이용한 술을 만들어 마셨다. 맥주는 보리를 물에 적신 채 담가 두었다가 약간 구운 보리와 섞어 물을 부어 발효시켜 만들었다. 포도주는 꿀을 넣은 적포도주와 꿀을 넣지 않은 백포도주를 만들었는데, 맥주와는 달리 포도주는 부자들만 마셨다. 포도주는 포도를 발로 밟아 즙을 만들고 이를 항아리에 넣어 발효시켜 만들었다. 항아리에는 품질, 생산 연도, 포도밭 등을 기록한 표찰을 붙였다. 조미료로 카민미나리과 식물, 마요나라박하류, 고수풀, 시라, 박하, 파슬리, 사프란, 참기름, 꿀, 소금 등을 사용했으며 수프, 기름, 우유, 버터의 기록도 남아 있다.

그들은 나일 강에서 잡은 물고기와 들새, 사냥한 가젤 등을 구워 먹었다. 조리 시설이 잘 갖춰진 부엌에는 숫돌, 그릇, 팬, 항아리, 국자, 칼, 체, 여과기, 거품기 등을 갖추고 있었다.

의상과 치장 고대 이집트인들은 외모를 중시하여 의상과 머리 모양, 보석, 화장 등에 관심이 많았다. 옷은 주로 아마포로 만들었고, 양모는 불순한 것으로 간주되었으며, 면은 기원전 2000년 후에 사용되기 시작했다.

고왕국 시대의 의상은 간단하여 천을 두른 치마를 입었으나, 신왕국 시대에 이르러 남녀 모두 주름 있는 튜닉 정장으로 정교하게 바뀌었다. 부유층은 금, 은, 동으로 만든 귀걸이, 반지, 팔찌 등의 장신구를 착용했는데, 때로는 에나멜 등 보석을 박아 넣기도 했으나, 일반인들은 주로 줄무늬 조약돌, 조개껍질, 상아 등으로 만든 장신구를 사용했다.

사람의 머리털로 만든 가발을 쓰기도 했으며 아이들은 "아이들의 귀 옆머리"라고 하여 땋은 머리를 얼굴 한쪽에 늘어뜨린 독특한 모양을 했다. 머리카락의 질을 좋게 하고 탈모와 비듬을 없애는 로션도 발랐으며, 적갈색 물감으로 머리를 염색했는데, 여자들은 이것으로 손바닥과 발바닥을 물들이기도 했다.

그들은 피부 관리에도 관심이 많아 기름, 석회, 향수로 만든 세척크림을 사용했는데, 얼굴에는 여드름과 주름살을 제거하는 크림을 발랐으며, 몸에는 건조를 막기 위해 기름을 바르고 털을 제거하며 체취를 없애는 연고와 향수도 사용했다. 향수는 주로 꽃과 향기 나는 나무를 기름에 담가 만들었다. 독특하게 디자인된 화장품 가방에는 거울, 털을 제거하는 면돗날, 눈썹을 뽑는 족집게가 들어 있었다. 남자들은 오늘날의 여자들처럼 얼굴 화장을 했는데 입술에는 립스틱을, 얼굴에는 곤지를, 눈꺼풀에는 물감을, 그리고 손톱에는 매니큐어를 발랐다. 남녀가 눈꺼풀에 칠한 물감은 구리나 납의 원광 가루에 기름을 섞어 만들었다. 루즈와 립스틱은 붉은 황토를 갈아 기름과 섞어 만들었다.

주거 생활 고대 이집트인들의 신전과 무덤은 돌로 지었으나 집은 간단했다. 기둥과 문은 목재를 사용하고, 벽은 짚을 섞은 흙벽돌로 지었다. 시골의 집은 보통 1, 2층이었으나, 도시에서는 3, 4층짜리 주거도 있었다. 햇볕이 강렬하여 창문을 작게 했고 더운 여름에는 지붕 위에서 잠을 잤다.

집에 우물을 판 사람도 있었지만, 대부분은 강이나 거리의 공동 우물에서 물을 길어 왔다. 쓰레기와 하수는 구덩이에 파묻거나 강에 버리거나 새나 짐승들 먹이로 모아 두기도 했다. 일반인들은 주로 강에서 목욕을 했지만, 여유 있는 사람들은 집에 세면대나 목욕 시설을 갖추기도 했다. 그들은 휴대용 변기를 사용했는데, 나무 의자에 구멍을 뚫고 그 밑에 도기 그릇을 놓고 사용했다.

가구로는 등받이 없는 의자를 사용했고, 잠은 바닥에서 잤으나 부자들은 등받이 있는 의자에, 잠은 침대에서 잤다. 도기는 금이나 은으로 만든 것도 있었으며, 식사 때는 칼과 스푼을 사용했다.

여가 생활 고대 이집트인들은 내세를 믿고 엄격한 장례 의식과 죽음을 준비하는 데 정력을 쏟았다. 아이들은 학교가 쉴 때 장난감, 공, 새총, 채찍, 팽이, 인형 등을 가지고 놀았으며, 장난감에는 입을 움직이는 사자나 춤을 추는 난쟁이 같은 것도 있었다. 성인들은 수영, 낚시, 조정보트, 레슬링, 나무칼 시합, 사냥 등을 즐겼다. 특히 사냥은 귀족들이 즐겼는데 창과 활로 무장하고 사냥개를 데리고 다니며 들소, 영양, 사자, 산토끼 등을 잡았으며, 파피루스 뗏목을 탄 사냥꾼들은 하마와 악어, 물고기는 작살로 잡았고, 새는 막대기를 던져 잡았다.

범국민적인 놀이로 체스와 비슷한 다양한 놀이가 있었는데, 세네트는 모든 이집트인이 세네트판을 하나씩 가지고 있을 정도로 가장 인기가 있었다.

글을 알고 경제적인 여유가 있는 사람들은 파피루스 두루마리에 글을 쓰기도 했으며, 이집트인들은 직업적인 이야기꾼들의 이야기 듣는 것을 즐겼다. 또한 고양이, 개, 원숭이, 거위, 영양 등을 애완동물로 길렀고, 애완견이 죽으면 주인과 함께 묻어 주었다.

귀족은 악기 연주와 노래를 배우기도 했다. 파티와 종교 축제 때는 거리에서 흥을 돋우는 전문적인 악사들도 있었다. 큰 신전에서는 남녀 사제들이 주로 신들의 에피소드를 소재로 한 연극을 공연했다. 고대 이집트인들은 파티와 연예를 좋아하고 별미를 즐기는 미식가들이었으며, 맥주나 포도주를 즐겼고 술집과 매음굴도 있었다.

결 혼 고대 이집트에서는 남녀가 결혼할 때 여자는 남자로부터 위자료를 받았고, 남편이 죽으면 재산은 부인에게 상속되었다. 고대 이집트에서는 부자나 가난한 자나 남자나 여자나 같은 권리를 가지고 있었다. 아내는 주로 가사를 담당했으나 직업도 가질 수 있었다. 결혼한 여자는 자신의 개인 재산을 직접 관리했으며, 남편이 마음대로 처분할 수 없었고, 이혼하면 돌려받을 수 있었다.

이혼과 재혼은 자유로웠다. 모든 정착지에는 법원이 있었으며, 죄인에게는 질책, 배상, 태형, 노역, 추방, 사지 절단, 사형 등의 형이 내려졌다.

의술과 치료 고대 이집트인은 의술을 주로 부친으로부터 배우지만 수준이 높아 이웃 나라에도 명성을 떨쳤다. 그들은 죽은 자의 미라를 만드는 과정을 통해 인체 구조도 많이 알 수 있었다. 그들은 심장이 피를 공급한다는 것과 맥박이 심장의 소식을 전한다는 것을 알고 있었다. 신전에는 부속된 의학 학교와 조산원도 갖추고 있었다.

지역 사회의 의사들은 일반 개업의들이었으나, 신체의 특정 부분만을 전문으로 다루는 의사들도 있었다. 의사들은 환자가 오면 우선 외관을 살피고 질문을 하며, 신체 부위를 검사하고 체취와 기구를 통해 진찰한 후 진단을 내린다.

약재로는 주로 약초들을 사용했으나, 경우에 따라서는 병을 일으키는 악마를 쫓아내기 위해 딱정벌레나 변 등을 사용하기도 했다. 의사들은 때때로 수술을 하기도 했는데 뇌압을 낮추기 위해 두개골에 구멍을 내기도 했다. 의사들은 수술 전에 몸을 씻고 수술 도구들을 불로 소독했고, 진통제로 추정되는 음료를 환자에게 먹였는데 신왕국 시대에는 키프로스에서 수입한 아편을 사용했다. 치료 전에는 반드시 의술의 신인 임호텝에게 기도를 했다. 임호텝 신을 모시는 신전에서는 사제들을 의사로 훈련시켰으며 난치병 환자들은 이곳에 머물면서 마술에 의존하기도 했는데 이를 '부화'라고 했다. 고대 이집트인의 평균 수명은 30세를 넘지 못했다.

종 교 종교는 이집트인 삶의 모든 부분에 영향을 미쳤으며 땅 · 공기 · 물의 신 외에 출생에서 죽음에 이르기까지 일생의 모든 면을 관장하는 다양한 신이 있었다. 신전은 사제들이 운영했는데 그들은 결혼도 할 수 있고, 세속적인 지위도 가질 수 있었다. 사제들은 1년에 세 번, 한 달씩 제사를 지냈다. 이 기간에는 몸을 정결하게 가져야 하므로 몸의 털은 모두 깎고 하루에 몇 번씩 목욕을 했으며, 모직 옷을 입지 않으며 특정한 음식을 금했다.

고대 이집트에서는 왕에서 일반인에 이르기까지 모든 문제 해결을 신탁에 의존했다. 사제는 청원자들의 문제를 파악한 다음 이와 연관된 짐승에게 물어 그 움직임이나 동작으로 "예"나 "아니오"라는 답으로 해석하여 판단했다.

종교축제에서는 사람들이 신에 경배하고 제물을 바치며 신탁을 구했다. 이집트인들은 이승에서의 삶은 찰나에 불과한 꿈이라고 생각했으며, 죽은 자들을 관장하는 신인 오시리스의 왕국이 있는 내세의 삶은 영원한 것이라고 생각했다. 그들은 영생을 누리기 위해 육체가 부활해야 하므로 죽으면 시신을 잘 수습하여 미라를 만들어 보존했다. 그들은 죽은 자를 위해 내세에서 먹을 식품과 보석류, 개인 소지품 등을 미라와 함께 무덤에 넣어 주었다. 이때 죽은 자가 배를 타고 죽음의 강을 건너 저승으로 갈 때 악마들과 맞서면서 지하 세계를 무사히 통과할 수 있도록 『사자의 서』에 있는 주문과 주술 인형 등도 함께 넣어 주었다.

죽은 자는 저승에서 42가지의 죄를 심판하는 심판관이 심장의 무게로 심판을 한다고 믿었다. 심장이 진실의 깃털보다 무거우면 죄가 있어 괴물에게 먹혀 영원히 비참한 운명이 되고, 가벼우면 덕행으로 인정되어 축복을 받고 영생을 누린다고 믿었다. 가정에는 가족과 순산을 위한 신의 상을 모시고 기도를 드렸으며, 부적을 몸에 지니고 다녔다.

이집트인들은 동물, 특히 고양이를 신성하게 생각했는데, 페르시아가 이것을 이용하여 펠루시움을 공략했을 때 고양이를 방패로 사용하기도 했다.

교육과 직업 고대 이집트에는 직조공, 도장공, 보석 세공인, 재료 가공인금속, 가죽, 유리 등, 돌 조각인 등 여러 전문직이 있어 최고의 기술을 가진 장인들은 비교적 부유한 생활을 했으나, 대부분의 일반 농민들은 생활이 어려웠다. 중앙 집권 국가를 유지하고 신전을 관리하기 위해서는 관료제도, 문자 그리고 이를 기록하는 서기가 필요했다. 당시 서기는 안정된 직업으로 모든 사람의 선망의 대상이었다.

서기를 양성하기 위해 관청이나 신전에 학교를 세워 글을 가르쳤다. 우선 구어문에 가까운 데모틱demotic, 민중문자을 익힌 후 히에라틱hieratic, 신관문자과 신전의 비문 등에 쓰인 히에로글리프를 공부했다. 학교는 남자 아이들만 7살부터 다닐 수 있었고 여자 아이는 집에서 교육을 받았다. 부모들은 아들을 교육시켜 서기로 만드는 것이 큰 꿈이었다.

학교에서는 글을 읽고 쓰는 법을 먼저 가르쳤는데, 이집트의 상형 문자는 총 3,000자 정도이나 중요한 것은 700자 정도이다. 읽기와 쓰기에 능숙해지면 편지 쓰는 법, 계산법, 법률 서류를 작성하는 법 등을 배웠다. 경제적인 여유가 있고 재능이 있는 아이들은 고급 과목인 수학, 부기, 기하학, 측량술, 천문, 역사, 지리, 의학, 외국어, 정치, 경제, 관청 서류, 그림, 종교 의례, 종교 문학, 경전, 신화 등 전문 분야로 나뉘어 공부할 수 있었다. 교육은 매우 엄했으나 서기는 신관, 장관, 피라미드나 신전 건축가, 의사로서 출세가 보장되었으며, 일단 서기가 되면 노동은 물론 세금도 내지 않는 특권을 누렸다.

파피루스 문서에는 일반 민중들의 생활상을 기록한 것도 있다.

> 보석을 가공하는 자는 딱딱한 돌도 숙련된 솜씨로 다룬다. 일을 마치고 나면 몸은 녹초가 된다. 공사장의 일꾼은 벽돌을 만들기 위해 진흙을 이겨야 하니 그의 몸은 덩굴풀이나 돼지보다 더럽게 된다. 옷은 진흙투성이고 가죽 허리띠는 낡아서 너덜너덜하다. 공장에서 베를 짜는 직공은 베틀을 하루 놀리면 가죽띠로 50대를 맞는다. 문지기에게 식사를 주지 않으면 햇빛도 못 보게 된다. 악어 떼가 우글거리는 강가에서 어부가 할 수 있는 일은 아무 것도 없다.

커다란 석상에는 나일 강에서 그물로 들오리를 잡고, 노를 저으며 창으로 고기를 잡으며, 농토에 물을 대고, 곡식을 타작하며, 빵을 굽고, 신발과 옷을 만들며, 가축을 몰고, 벽돌을 찍고, 집을 쌓는 장면들이 상세히 그려져 있어 당시의 생활상을 잘 말해 주고 있다. 다음은 한 아이의 일기 내용이다.

> 오늘도 지겨운 하루였다. 아침에 학교에 빠지려고 꾀를 부렸으나 허사였다. 나는

학교에서는 언제나 얻어맞는 신세이다. 수메르 어 선생님은 나더러 수메르 어로 말하지 않는다고 곤장을 다섯 대 때리더니 글씨가 엉망이라며 또 다섯 대를 때렸다. 아무래도 아버지를 졸라 선생님을 식사에 초대하도록 해야겠다. 선생님에게 옷도 사주며 공부 잘한다고 칭찬을 듣는 친구 녀석이 부럽다.

어학 시간은 정말 싫다. 서기의 첫째 조건은 어학이라고 하지만 발음 연습에 쓰기와 읽기, 게다가 선생님이 만든 단어를 외워야 한다. 수학 시간도 재미가 없다. 유능한 행정관이 되려면 60진법이니, 밭의 면적을 재는 데에 쓰이는 제곱이니, 하는 것들을 알아야 한다는데 도무지 모르겠다. 그러나 동물이나 별 등에 대해 가르치는 자연이나 여러 나라의 풍물을 가르치는 지리, 갈대나 찰흙으로 공예품을 만드는 기술은 그런대로 재미가 있어 이 맛에 학교에 다닌다. 아무튼 열흘에 한 번 돌아오는 휴일이 어제였으니 다음 휴일이 까마득하게 기다려진다.

상품 거래

주요 도시에는 장이 들어섰고 필요한 물품은 물물교환을 통해 구했다. 시장과 상점에서의 매매는 물물교환으로 이루어졌으며, 데벤이라는 구리 추로 물건의 가치를 매기고 값을 치르기도 했으나 공식 화폐로 사용하지는 않았다. 해외 무역은 대부분 파라오가 관장했으나 신전과 독자적인 상인들도 교역에 가담했다. 이집트는 주로 금, 밀, 아마포, 파피루스 등을 수출하고 목재, 흑단, 은, 구리, 노예, 말, 향, 포도주, 소 등을 수입했다. 한 외국의 왕이 금을 요구하자 파라오는 "흠이 없고 목소리가 날카롭지 않은 첩 40명"을 요구하기도 했다.

관습과 제도

고대 이집트에서 근친혼은 금지되어 있었으나 왕은 살아 있는 신으로 받아들여 그 혈통을 유지하기 위해 평민과의 결혼은 있을 수 없는 일로 생각하여 부녀, 형제자매, 숙부 등과의 근친혼이 성행했다. 그 예로 제18 왕조 이크나톤은 만년에 큰 딸 메리트아톤에 이어 셋째 딸 안케세파톤을 왕비로 삼았으며 왕이 죽은 후 미망인 왕비는 12세에 작은 아버지 투탕카멘10세과 재혼했다. 1922년 영국의 고고학자에 의해 투탕카멘의 묘가 발견되었다.

15대 274년 동안 이집트 왕위를 이어온 프톨레마이오스 왕가의 근친혼은 유명하다. 클레오파트라BC 69~BC 30도 당시의 관례에 따라 17세에 즉위하여 동생 프톨레마이오스 3세9세와 결혼했었다.

젊은이들의 사랑의 노래 고대 이집트 젊은이들 사이의 사랑의 노래가 파피루스 문서에 전해지고 있다.

오빠, 호수에서 헤엄쳐요. 물에 젖은 저를 봐요
자, 여기 봐요. 제가 헤엄치며 고기를 잡았어요.

그녀가 저 건너 언덕에 있으니 나는 악어의 눈총을 받으며
강물을 가로질러 그녀에게 가야 하네
가슴은 벅차 뛰고 강물 속을 평지를 걷듯이 헤엄쳐 가네
누이의 사랑이 악어를 막아 주리

올무의 미끼 벌레를 쪼아 먹는 물오리 소리가 들린다
그러나 난 당신 생각에만 빠져 올무를 채는 것도 잊었다
물오리는 도망치고 나는 맥없이 돌아간다
한 마리도 못 잡은 나에게 어머니가 "오늘은 올무에 오리가
안 걸리든?"하고 물으시면 난 무어라 답할까

배가 고파 떠나시려 하나요
당신은 배에서 나는 소리에만 귀 기울이시나요
졸음 때문에 떠나시려 하나요
제 잠자리에는 당신의 이불이 준비되어 있답니다……
목이 말라 떠나시나요
그렇다면 제 가슴을 가지세요
그 속은 당신을 위해 넘쳐흐르고
저의 사랑은 술이 물에 섞이듯 몸속으로 스며든답니다
저와 당신의 마음이 어우러질 때
우리의 행복은 멀리 있지 않답니다.

술에 취해 방황하는 젊은이들에게 경고하는 글도 있다.

그대들의 집이나 그대들이 드나들고 싶은 곳에서 형제나 친구처럼 우정을 나누기 바란다면 여인들을 사귀거나 손대는 일을 삼가라. 잠시도 한눈을 팔아서는

안 된다. 수많은 남자가 여인의 유혹 올가미에 걸려들었다. 한낱 꿈에 지나지 않는 한 순간의 쾌락 때문에 얼마나 큰 불행이 뒤따르는가. 여인을 쫓아다니다 실패한 자는 무슨 일에나 실패하게 마련이다.

고대 중국

갑골문자로 밝혀진 중국 은 왕조 1899년 청나라의 한 관리가 말라리아의 특효약이라고 알려진 한방 약재인 용골龍骨의 표면에 문자 같은 것이 새겨져 있는 것을 발견했다. 약재상들은 용골의 출처를 사업상의 비밀로 숨기고 있었다. 1910년 용골은 은殷의 수도라고 전하던 중국 하남성과 안양현의 소둔촌에서 농민이 파낸 것임이 처음으로 밝혀졌다.

1928년부터 은허의 발굴이 시작되어 그 결과 약 10만 점의 거북 등껍질과 짐승의 뼈에 새겨진 갑골문자와 다수의 청동기, 궁전 터, 11곳의 왕의 지하 분묘 등도 함께 발굴되었다. 갑골문자가 해독되면서 이곳이 기원전 2세기 사마천의 『사기』에 기록된 은나라 왕조의 수도였음이 밝혀졌다.

1950년 은허의 남쪽에 있는 정주에서 은 왕조 중기의 도시 유적이 발견됨으로써 기원전 1600년경부터 500년 동안 이어진 은 왕조의 전모가 밝혀졌다. 『사기』에 의하면 은 왕조는 탕왕에서 주왕까지 30왕이 다스렸다고 되어 있는데, 은허에서 출토된 갑골문자의 기록과 대조한 결과 거의 일치하여 『사기』의 신빙성이 재확인되었다. 이로서 은 왕조는 확인된 중국의 가장 오래 된 왕조가 되었고 요, 순, 우, 하 왕조는 『사기』에 나오는 고대 왕조로서 아직 신화에 머물고 있다.

은나라 왕들은 짐승 뼈와 거북 배 껍질에 열을 가해 표면이 갈라지는 것을 보고 점을 치며 국사를 결정했다. 점술 내용을 새긴 것이 한자의 기원인 갑골문자인데

4,000여 자 중 800여 자가 해독되고 있다.

태양신을 숭배한 은 왕조 은나라에서는 태양신을 숭배했는데 그들은 땅속에 10개의 태양갑, 을, 병, 정, 무, 기, 경, 신, 임, 계이 있어 매일 번갈아 모습을 드러낸다고 믿었다. 태양이 한 바퀴 도는 10일을 순旬이라 하여 새로운 순을 맞이하기 전에 그 재앙을 점卜旬쳤으며, 태양이 진 후에 어둠을 두려워하여 밤마다 재앙을 점卜夕치기도 했다.

왕이 죽으면 태양의 이름 중 하나가 부여되어 신의 일원이 된다고 믿어 땅 밑 태양의 세계에 가능한 가까이 가기 위해 땅속 깊은 곳에 묻혔다. 왕의 저승에서의 생활을 돕기 위해 필요한 사람의 목과 몸통을 잘라 부장품과 함께 묻었으며 땅속 여행길 안내를 위해 후각이 예민한 개도 같이 묻었다.

주지육림으로 멸망한 은 왕조 은나라의 마지막 임금 주왕은 유시씨 소국을 토벌하여 달기라는 미녀를 얻었다. 달기를 본 주왕은 미친 듯이 기뻐하며 정치를 멀리하고 주색에 빠진 채 헤어나지 못했다. 달기가 주왕에게 청했다.

"대왕마마. 환락의 극치를 한 번 맛보고 싶습니다. 마음껏 즐기시어 제왕으로서 후회 없는 삶을 누리시기 바라옵니다."

주왕 또한 유원지에 큰 별궁을 짓고 주지육림을 만들어 연회를 즐겼다. 주왕이 명했다.

"이 잔치에 참석하는 자는 옷을 입어서는 안 된다. 남자는 여자 한 사람을 업고 짐이 있는 곳까지 와야 한다."

주왕의 명에 따라 뜰에 쳐진 장막이 내려지자 1,000여 명의 벌거숭이 여자들에게 벌거숭이 신하들이 달려들었고 여자들은 비명을 지르며 이리저리 도망 다녔다. 그리고는 남녀들은 숲속에서 엉키기도 하고 연못으로 빠져들어 허우적거리며 술을 마시기도 했다. 이 같은 연회가 20일 동안이나 계속되자 이를 두고 장야의 음長夜之飮이라 했다.

주왕은 신하들이 간언하면 제왕을 비방한다고 하여 포락형에 처했다. 이는 기름을 바른 구리 기둥을 밑에서 불로 달구고 그 위를 걸어가게 하는 형벌이었다. 도중에 떨어지면 비명과 함께 살이 타는 냄새가 났고 그 기둥을 끝까지 걸어가는 자는 죄를 면해 주었다. 달기는 이것을 무척 재미있게 보았다.

주왕을 보좌하던 구후, 악후, 서백 세 사람의 공신은 모두 당대의 인물이었다. 그런데 주왕은 구후의 딸을 부인으로 맞았다가 말을 잘 듣지 않자 부녀를 함께 죽이고 그 시체로 젓을 담갔고, 악후가 이 사실을 주왕에게 간하자 그도 죽이고 시체로 포를 만들었다. 서백 또한 이를 간하다가 죽을 뻔 했으나 미녀와 보물을 잔뜩 바치고 포락형을 면한 채 간신히 풀려났다. 이것은 모두 달기의 계략이었다.

어느 날 주왕이 달기를 끼고 술을 마시고 있을 때 이를 보다 못한 왕자 비간이 간했다.

"부왕마마, 민심은 흉흉하고 제후들의 움직임도 심상치 않으니 부디 헤아려 주십시오."

그날따라 주나라 무왕이 심상치 않은 음모를 꾸미고 있다는 보고를 받아 기분이 언짢던 차에 왕자의 간언에 화가 치민 주왕은 술잔을 내던졌다.

"내가 취태를 보이면 성인군자처럼 행세하는 너는 이 애비를 불쌍히 여기겠지? 성인의 심장에는 일곱 개의 구멍이 있다고 했는데 어디 너의 심장도 그런지 한 번 열어 보자꾸나."

주왕은 왕자 비간을 죽이고 그의 가슴을 열어 보고는 갈기갈기 찢어 버렸다.

어느 날 주왕은 강에서 어떤 노인이 강을 건너지 못하고 안절부절하자 그 까닭을 물어 보았더니 노인의 옆에 있던 자가 말했다.

"노인은 뼛속이 비어 있어 다리가 시려 못 건너는 것이옵니다."

그러자 주왕은 "골이 어떤 것인지 좀 보아야겠군."하고는 노인의 발을 잘랐다. 포악한 은나라 주왕은 끝내 주나라 무왕에게 정복당하고 말았다[殷周革命].

위수의 낚시꾼 태공망 여상

강태공은 중국 주나라 사람으로 본명은 강여상이다. 그의 능력은 뛰어났으나 때를 만나지 못해 늘 위수에서 곧은 바늘 낚시를 드리운 채 세월을 보내고 있었다. 그는 일찍이 은나라로 들어가 백정과 돗자리 장수로 위장하여 각지를 돌면서 은나라의 정세를 살펴 왔었다.

일찍이 은나라 주왕에게 간했다가 죽을 뻔 했던 주 문왕은 은나라를 멸망시킬 것을 마음먹고 인재를 모으기 시작했다. 주 문왕에게 발탁된 태공망은 문왕을 도와 주나라의 기반을 다졌고 문왕의 뒤를 이은 무왕BC 1169~BC 1116을 도와 은나라를 멸망시키고 천하를 평정하였다.

주나라는 수도를 낙읍후에 낙양으로 옮기고 영지를 분할하여 유력한 공신들을 제후로 봉하고 납세와 군사의 의무를 부담하게 하면서 제후들을 주나라 왕가와 혈연 관계를 맺게 하여 결속을 강화했다. 이러한 혈연 관계에 의한 봉건제도는 중국의 고유한 제도이다. 그러나 제후들의 힘이 점차 커지자 이러한 주종관계의 결속은 소원해지고 제후들은 주나라의 왕으로부터 자립하게 되었다.

주 문왕을 만난 강태공 어느 날 주나라 문왕 서백은 사냥을 나가기 전에 태사에게 그날의 점을 보았다.

"오늘 위수에서 얻는 것은 용도, 호랑이도, 곰도 아닌 왕을 보좌할 큰 인물입니다."

이 말을 들은 문왕은 내심 크게 기뻐하며 말을 달려 황하의 지류인 위수로 갔다. 아니나 다를까 그곳에는 강여상이란 백발의 노인이 낚싯줄을 강물에 드리운 채 한가로이 앉아 있었다. 그를 본 문왕은 급히 말에서 내려 그에게 다가가 말을 건넸다.

"지금 낚시를 즐기시고 있는 중이오?"

"군자는 자신의 뜻을 즐기고 소인은 자신의 일을 즐긴다고 합니다만, 저는 낚시만을 즐기고 있는 것은 아닙니다."

"무슨 뜻인지요?"

"미끼로 고기를 낚는 것은 녹봉으로 사람을 얻는 것과 같은 것이요, 미끼에 죽어가는 고기는 목숨을 아끼지 않는 선비와 같은 것입니다. 고기에 따라 미끼를 달리하는 것은 재목에 따라 맡기는 관직을 달리하는 것과 같은 것입니다. 낚시질은 정취가 있으며 천하의 일도 내려다 볼 수 있습니다."

"낚시질의 정취란 무엇이오?"

"물은 근원이 깊어야 흐르고 물이 흘러야 고기가 모이게 마련입니다. 나무는 뿌리가 깊어야 무성하게 자라 열매를 맺으니 그것이 세상의 이치입니다."

그는 세상 돌아가는 이치를 훤히 알고 있는 지략과 학문 그리고 덕망을 두루 갖춘 인물임을 알 수 있었다. 점괘에서 말한 인물이 바로 이 사람이라고 생각한 문왕은 무척 기뻤다.

"일찍이 저의 부친 태공太公께서 말씀하시기를 언젠가 주나라로 찾아온 한 성인에 의해 주나라는 번영할 것이라고 하셨는데 당신이야말로 바로 그 사람임이 분명하오. 가르침을 받고자 합니다."

그리하여 여상은 주 문왕 아래에서 군사軍師가 되어 문왕을 보좌하게 되었다. 문왕은 그를 태공이 기다리던 사람이라 하여 강태공姜太公 또는 태공망太公望이라 했다.

은을 멸망시킨 주 무왕

주 문왕이 죽자 그의 뒤를 이은 무왕은 태공망 여상에게 은나라 주왕을 치자고 자문을 구했더니 여상은 찬성했다.

"그릇된 것을 알고도 바로 잡지 않으면 도가 아닙니다."

무왕과 여상은 은나라를 칠 기회를 잡기 위해 첩자를 보냈다. 그로부터 2년 후 첩자가 황급히 달려와 무왕과 여상에게 보고했다.

"지금 은나라는 악한 자들이 득세하여 백성들을 억압하고 있어 매우 어수선합니다."

"그 정도로는 아직 멀었으니 동정을 더 살피도록 하라."

얼마 후 다시 첩자가 돌아왔다.

"지금 은나라는 어진 백성들이 나라를 빠져 나가고 있어 어지러운 상태입니다."

"그것만으로는 아직 혼란에 빠졌다고 보기 힘들다. 더 동정을 살피도록 하라."

얼마 후 다시 첩자가 돌아와 보고했다.

"이제 은나라는 몹시 긴장에 싸여 있습니다. 주왕에게 간언하던 주왕의 숙부 비간은 가슴을 갈라 죽임을 당했고, 다른 숙부는 미치광이로 가장하여 죽음은 면했으나 옥에 갇혔으며, 주왕의 형은 도망가 버렸습니다. 백성들은 감히 말을 할 수가 없어 은나라의 수도는 마치 죽은 도시처럼 조용합니다."

그 말에 무왕과 여상은 크게 기뻐하며 자리에서 일어났다.

"이제 때가 되었다. 출정 준비를 하라!"

출정을 앞두고 무왕은 태사에게 점을 치게 했더니 흉하다는 점괘가 나왔다. 이를 지켜보던 문무백관들은 어찌할 바를 몰랐다. 이때 여상이 나타나 점을 보는 거북등과 나뭇가지를 땅바닥에 내던지고는 소리쳤다.

"죽은 거북등과 말라빠진 나뭇가지가 어찌 길흉을 안단 말이오. 이런 일로 나라의 대사를 망칠 수는 없소. 자, 출병합시다!"

이리하여 무왕의 군대는 여상을 앞세우고 황하를 건너 은을 공격하여 주색에 빠져 있던 은나라 주왕의 70만 명의 대군과 일전을 벌였다. 대부분이 전쟁 포로로 구성된 오합지졸의 은나라 병사들은 투항했고, 은나라 수도는 함락되었다. 도망가던 은나라 주왕은 평소 달기와 함께 연회를 즐기던 녹대로 올라가 진기한 보물들을 모조리 몸에 두른 채 불을 질러 그 속으로 몸을 던져 자살하고 말았다.

주 무왕이 제후들과 함께 은나라 수도에 입성하자 은나라 백관들과 백성들은 모두 이들을 환영했다. 무왕은 녹대에서 주왕의 유해에 세 발의 화살을 쏘고 칼로 친 후 도끼로 목을 잘라 백기에 매달았다.

무왕은 태공망 여상을 제나라의 제후로, 주공 단은 노나라 제후에 봉했고 다른 공신들에게도 봉토를 주어 봉건제를 실시하였다.

엎질러진 물 강태공 여상은 젊었을 때 가사에는 도무지 신경을 쓰지 않고 방에 틀어박혀 공부에만 열중했다. 집안 형편이 몹시 어렵자 부인 마씨는 남편을 버리고 친정으로 가버렸다. 그로부터 여상은 매일 위수에 나가 세월을 낚고 있었다.

그로부터 오랜 세월이 흘러 여상은 자신의 고향인 제나라의 제후로 봉해져 금의환향하고 있었다. 여상의 행렬이 길을 지나가는데 길 닦는 일에 부역을 나온 사람들이 길을 비켜서고 있었다. 그런데 사람들 속에서 초라한 모습의 한 늙은 여인의 모습이 여상의 눈에 띄었다. 낯이 익은 여인이었다. 여상은 시종을 시켜 그 여인을 수레 앞에 대령시켰다. 영문을 몰라 하는 그 여인에게 여상이 말했다.

"고개를 들고 나를 쳐다보시오."

여인이 고개를 들어 보니 여상이었다. 여인 마씨는 여상에게 다시 아내로 맞아주기를 청했다. 이 말을 들은 여상은 대야에 물을 담아 오라고 하고는 그것을 마당에 엎지르면서 말했다.

"한 번 엎질러진 물은 다시는 담을 수 없듯이 한 번 끊어진 인연은 다시 맺을 수 없는 법이오."

백이와 숙제 백이와 숙제는 은나라 고죽군의 아들이다. 고죽군은 둘째 아들 숙제에게 왕위를 물려준다고 유언을 남기고 세상을 떠났다. 그러나 숙제는 형인 백이에게 왕위를 양보하려 했다.

"아버지께서는 비록 나를 후사로 정하셨지만 형님이 계신데 제가 어찌 그 자리를 잇겠습니까. 형님이 뒤를 이으셔야 합니다."

백이는 백이대로 완강히 사양했다.

"아버지의 유언이니 거역할 수 없다."

두 사람은 서로 양보하다가 백이가 궁을 빠져 나와 영토 밖으로 나와 버리자 숙제도 궁을 나와 그의 뒤를 따랐다. 이렇게 되자 대신들은 셋째 아들을 추대하여 왕으로 모시니 그가 바로 은의 폭군 주왕이다.

유랑하던 백이와 숙제는 고국을 떠나 유랑하다가 덕망이 높다는 주나라 문왕 서백을 섬기고자 찾아 갔으나 그는 이미 세상을 떠난 직후였다. 문왕의 뒤를 이은 아들 무왕이 은나라 주왕을 정벌하기 위해 막 떠나려 하고 있었다. 이때 백이와 숙제가 군중 사이를 뚫고 나와 무왕에게 말했다.

"왕께서는 선친이 돌아가셨는데 장례도 지내지 않고 싸움을 일으키려 하니 이를 어찌 효孝라 할 수 있겠습니까? 주왕은 비록 도리에 어긋나지만 저희들의 군주인데 신하의 몸으로 이를 두고 본다면 어찌 인仁이라 할 수 있겠습니까?"

병사들이 칼을 뽑자 백이와 숙제를 알아 본 여상이 이를 제지하며 무왕에게 말했다.

"이들이 우리의 대업을 반대하지만 주왕의 신하들로서 그 의는 높이 살만 합니다. 대업을 앞두고 이런 의인들의 피를 흘리게 하는 것은 좋지 않으니 그만 용서하시지요."

무왕은 그들을 놓아 주고 출전하여 마침내 주왕을 몰아내자 주왕의 폭정에 시달리던 백성들은 기뻐하며 은나라를 버리고 주나라로 귀속해 왔다. 이를 본 백이와 숙제는 은나라 사람들에게 크게 실망하여 주나라 땅에서 나는 음식은 먹지 않겠다며 수양산으로 들어가 은거하면서 고사리만 캐먹고 지내다 굶어 죽었다. 후에 공자는 이들에 대해 "백이와 숙제는 인仁을 구하고자 하여 인을 얻었으니 무슨 여한이 있겠는가?"라고 했다.

다음은 백이와 숙제가 은둔 생활을 하면서 은나라 사람들이 무왕에 저항하기는 커녕 앞을 다투어 그를 따르는 데 대해 실망하여 지은 시이다.

서산에 올라가 고사리를 캐며 사세
폭력으로 폭력을 바꾸니 그 잘못을 알지 못하네

신농, 우순, 하우의 도가 홀연히 사라졌으니
내 어디로 가서 의지할 것인가
아, 이대로 죽을 수밖에 없구나

주 유왕과 포사 중국 주나라 12대 유왕BC 781~BC 771 재위은 난폭하고 주색을 좋아했는데, 포사라는 절세가인을 가까이 하면서 정사를 돌볼 겨를이 없었다. 포사는 원래 갓난아기 때 길에 버려진 것을 포나라로 도망치던 어느 활 장수 부부가 주어 그 곳에서 길렀는데 포나라 영주가 주 유왕으로부터 중벌을 받게 되자 그의 아들 홍덕이 비단 300필을 주고 절세가인 포사를 사서 유왕에게 바치고 아버지를 구했다.

유왕은 포사의 환심을 사기 위해 왕비 신후와 태자 의구를 몰아내고 포사를 왕비로 삼고 그녀 소생의 백복을 태자로 삼았다. 그런데 포사는 웃음이 없는 여자였다.

"도대체 무슨 좋은 일이 있어야 너의 웃음을 볼 수 있겠느냐?"

"소첩은 좋아하는 것이 없습니다만 비단 찢는 소리를 들으면 기분이 좋을 듯합니다."

유왕은 그날부터 제후들이나 일반 백성들로부터 비단 100필을 가져다가 궁녀를 시켜 그녀 옆에서 찢게 했다. 포사는 약간 미소를 띨 정도였으나 그래도 유왕은 미칠 듯이 기뻤다.

그러던 어느 날 훈련 중에 실수로 봉화대에 봉화가 오르자 긴급한 사태가 생긴 것으로 알고 제후들이 군사를 이끌고 허겁지겁 왕궁으로 달려왔다. 그러나 아무 일도 없자 제후들은 군사를 이끌고 되돌아가게 되었다. 이것을 지켜보던 포사가 비로소 웃음을 띠자 유왕은 무척 기뻤다. 그 후 유왕은 포사의 웃는 얼굴이 보고 싶을 때마다 봉화를 올리게 했고 그때마다 제후들은 헛걸음하고 돌아가곤 했다.

기원전 771년 쫓겨난 왕비 신후의 아버지가 북방의 유목민인 견융족을 불러 들여 반란을 일으켰다. 다급해진 유왕은 봉화를 올려 제후들에게 구원을 청했다. 그러나 이틀이 지나도록 원병을 보내는 제후는 없었고 반란군은 물밀듯이 궁궐로 쳐들어오고 있었다. 수도 호경은 함락되고 유왕은 재상 정백우의 도움을 받아 포사와 아들 백복을 수레에 싣고 궁을 빠져 나와 여산 별궁으로 향하다가 도중에 견융족에게 붙잡혀 추장에게 넘겨졌다. 추장은 유왕과 백복을 단칼에 목을 베고 포사를 끌고가 자기 여자로 삼았으나 밤중에 도망쳐 나와 스스로 목숨을 끊었다.

유왕이 죽자 신후의 소생인 의구가 평 왕으로 왕위에 올랐으나 견융의 침범이 잦자 수도를 낙양으로 옮기고 동주라는 소국으로 전락하고 말았다. 해마다 공물을 바치고 유사시에 병력을 보내 주던 제후국들이 저마다 왕을 자처하고 나섬으로써 서주 시대는 끝나고 제후국들이 패권을 다투는 동주와 춘추시대가 시작되었다.

천하제일의 창과 방패 주나라 황실의 권위가 떨어지자 군웅이 난립하고 패권을 다투는 싸움이 그칠 날이 없었다. 그러다 보니 좋은 무기는 날개 돋친 듯 잘 팔렸다.

어느 상인이 시장에서 방패를 팔고 있었다.

"자, 보세요. 아무리 강하고 예리한 창으로도 뚫지 못하는 이 방패를 사세요."

잠시 후 그는 또 창을 팔기 시작했다. 이번에는 더 큰 목소리로 말했다.

"자, 보세요. 천하의 어떤 방패도 뚫을 수 있는 이 창을 사세요."

그러자 상인의 말을 처음부터 가만히 듣고 있던 한 노인이 상인에게 물었다.

"당신의 창과 방패는 참 훌륭한 것 같소. 그런데 한 가지 궁금한 게 있소. 그 창[矛]으로 그 방패[盾]를 한번 찔러 봐 줄 수 있겠소? 어느 쪽이 이기나 보고 싶소."

그러자 그 상인은 아무 말도 못하고 물건을 주섬주섬 챙기더니 슬그머니 사라졌다. 사람들은 그의 뒷모습을 보고 큰 소리로 웃었다.

중화사상 중국인들은 하늘은 둥글고 땅은 사각형이라고 생각했다. 그래서 중국의 화폐는 원형 안에 사각형의 구멍이 뚫려 있다. 하늘 아래의 땅은 모두 중국이고, 그 외의 세계는 없으며 수도는 세계의 중심에 있으며 하늘상제의 아들인 천자가 세계를 지배해야 한다고 생각했다[중화사상].

수도의 중심에는 왕궁이 있고 좌우로 왕의 선조를 모시는 종묘와 땅의 신을 제사 지내는 사직이 있다[종묘사직]. 왕이 거주하는 신성한 수도는 종교, 정치, 교역의 중심이며 수도의 영향력이 미치지 않는 주변은 문명화되지 않은 오랑캐의 야만인의 세계라고 했다. 그래서 그들은 북쪽 세계를 북적北狄, 동쪽 세계를 동이東夷, 서쪽 세계를 서융西戎, 남쪽 세계를 남만南蠻이라 하여 차별적으로 취급했다.

고대 중국인의 생활상

고대 중국인들은 조상신을 숭배하였다. 사람이 죽으면 죽은 자의 무덤에는 저승에서 사용할 수 있도록 옷이나 음식 등을 함께 넣어 주었다. 부유한 사람은 시신을 비단에 싸서 나무 관에 넣어 묻었지만, 대부분의 사람들은 토관에 넣어 묻었다.

사회 계급은 위로는 황족과 귀족이 있고 그 밑으로 관리, 학자, 농부, 수공업자, 상인이 있으며 마지막으로 노예가 있었다. 상인은 비생산적인 존재라 하여 농부보다 사회적 신분은 낮았으나 부를 축적하여 노예를 거느리며 호화로운 생활을 하는 자도 많았다. 기원전 178년 이에 대해 한 관리가 황제에게 상소를 올린 기록이 남아 있다.

> 법적으로 상인들은 사회적인 지위가 낮으나 그들은 부유하며 존경도 받고 있습니다. 남자 상인 들은 쟁기질이나 김도 매지 않으며, 여자 상인들은 누에를 치거나 옷감도 짜지 않으면서도 그들은 고운 비단옷에 질 좋은 곡물과 고기를 먹습니다.

중국인들은 대개 초가지붕에 흙으로 쌓은 집에 살았으며 삼베옷에 신발은 신지 않았지만, 부유한 사람은 목조 집에 살며 비단옷에 가죽신발을 신었다. 그들은 주로 귀리, 밀, 그리고 야채류와 소금에 절인 콩을 먹었으며 부유한 사람들은 가축이나 민물고기를 먹을 수 있었고, 소금, 설탕, 꿀, 간장, 계피, 생강, 마늘 등의 양념을 사용했다.

여성들은 주로 가사를 맡았으며, 농사일을 도우면서 집에서 누에를 치거나 옷감 짜는 일을 했다. 여성이 글을 배우는 일은 극히 드물었고 관리직은 맡을 수 없었다. 여성이 밖에서 할 수 있는 일은 소규모의 가게나 의료, 무당, 가수, 무희, 기생 등에 국한되었다.

대외 교역은 물물교환이었으나, 한나라 때 구리 주화가 대량으로 만들어져 사용되었다. 세금은 화폐보다는 주로 곡물로 냈다. 수도 장안이나 북방 변경의 병사들에게 공급되는 곡물은 주로 운하를 이용하여 공급되었다.

진나라 때 재상을 지낸 광형은 젊었을 때 책 읽기를 좋아했으나 무척 가난하고 낮에는 품팔이를 해야 하므로 낮에는 책을 읽을 시간이 없고 밤에는 불을 밝힐 기름이 없어 생각 끝에 이웃집 벽에 구멍을 뚫고 그 구멍으로 새어 나오는 불빛으로 책을 읽었다고 한다.

송나라 때 처종은 서재의 창 밑에서 닭을 길렀는데 이 닭이 말을 알아들을 뿐 아니라 처종과 이야기도 할 수 있게 되어 지금도 중국에서는 서재를 계창鷄窓이라고도 한다.

고대 인도

고대 인도는 기원전 3000년경부터 인도 북서부 인더스 강 유역의 선주민인 드라비다 족이 번성하기 시작하여 기원전 2600년경에는 계획도시가 탄생하는 등 전성기를 이루었다. 그들은 청동기와 면을 사용하고 있었으며, 그들이 사용한 일종의 상형문자 400여 종류가 활석인장에 새겨져 있으나, 단어만 있고 문장이 없어 아직도 해독하지 못하고 있다.

인더스 문명의 특징은 벽돌로 계획적으로 건설된 도시에 있다. 도시에는 성채, 공중목욕탕, 회의장, 사원, 곡물 창고 등의 공공시설과 시가지가 조성되어 있었다. 성벽과 바둑판 모양의 도로, 우물, 하수구 그리고 벽돌이 일반 가옥에까지 널리 사용되었으나, 고대 유적의 공통된 특징인 신전은 확인되지 않았다.

대륙의 북쪽은 힌두쿠시, 카라코람 그리고 히말라야 산맥으로 둘러 싸여 있다. 서북쪽의 카이바르 고개는 아리아인, 알렉산더 군대, 이슬람 세력이 침입한 통로였으며, 이민족의 문명이 전달되기도 했다.

기원전 2000년경부터 인도 북쪽 중앙아시아 고원지대에 살며 철기문화를 가진 유럽계 유목 민족인 아리아 인의 민족 대이동이 시작되었다. 그들은 오리엔트와 유럽으로 이동했고, 일부는 기원전 1500년경 인더스 강 유역의 펀자브 지방으로 남하하여 선주민 드라비다 인을 정복하면서 인더스 문명은 사라지고 말았다.

기원전 1000년경 인더스 강 유역의 아리아 인 중 일부는 비옥한 동쪽의 갠지스 강 유역으로 이동하여 마가타와 코사라 등 여러 왕국을 건설했다. 인도의 신분제도인 카스트 제도는 아리아 인이 이동하면서 선주민을 차별대우하기 위해 생겨난 것이다.

남하한 유럽계의 아리아 인과 검은 피부의 원주민인 드라비다 족이 같이 살면서 브라만 문화를 이루었다. 아리아 인이 사용했던 언어가 고대 인도어인 산스크리트 어로서 현재 힌두어의 기원이 되었다. 현재 인도에서 사용되는 언어는 220가지 이상이며, 방언까지 포함하면 750가지 이상이나 되어 지폐에는 대표적인 12가지 언어가 인쇄되어 있다.

기원전 4세기 후반 인도에는 사상 최초의 통일된 제국인 마우리아 왕조가 수립되었고 제3대 아소카 왕 때에는 인도 남단을 제외한 인도의 대부분을 지배하는 대제국을 건설했다. 마우리아 왕조가 붕괴된 후 분열 항쟁이 계속되다가 4세기 초에 굽타 왕조가 인도를 재통일하자 겨우 안정을 되찾았다. 굽타 왕조는 수학, 천문학, 역법이 발달하였고 아라비아 숫자의 토대가 된 인도 숫자의 '영0의 개념'을 창안하여 이슬람권과 유럽에 큰 영향을 미쳤다.

굽타 왕조는 중앙아시아의 유목 민족인 에프탈 족의 침입을 받고 6세기경에 쇠퇴하여 그 이후 인도는 혼란기로 접어들었다. 10세기부터는 터키계 이슬람교도들이 인도의 북서쪽으로 침입하여 이슬람 문명이 들어왔으며, 1526년에는 이슬람 세력이 북부와 중부 인도의 대부분을 장악하고 무굴 제국을 건설하여 17세기 말까지 인도의 대부분을 지배하였다. 인도 사회는 전통적인 힌두교에 이슬람교가 더해진 것이다. 이 무렵에 포르투갈, 네덜란드, 영국 및 프랑스의 식민지 개척자들이 인도에 진출하여 발판을 만들었으며, 18세기 중반에 인도는 영국의 지배를 받게 되었다.

브라만교 브라만교는 아리아 인들이 인도로 이주해 오기 전부터 믿고 있었으며, 모든 자연에는 신이 깃들여 있다고 믿어 만물을 창조한다는 최고의 신 바라문, 전쟁에서의 승리와 농경을 위해 비를 내려 주는 인드라, 화전과 음식을 익히는 것을 도와주는 불의 신 아그니, 물의 신 바루나 등 여러 신을 섬긴다.

브라만교는 기원전 2000년경부터 서기 300년경까지 번성했던 종교로서 초기의 힌두교라 볼 수 있다. 인도의 원주민인 드라비다 인도 아리아 인의 바라문교를 받아들여 『베다』를 암송하고 그 가르침에 따라 고행을 실천하는 요기[Yogi]들이 늘어났다.

『베다』는 기원전 13세기경부터 약 2,000년에 걸쳐 작성된 문헌의 총칭으로서 신에 대한 찬가와 제사 의례를 모아 놓은 것인데, 가장 오래 된 것이 『리그베다』이다. 『리그베다』는 인도 북서부 인더스 강 유역에서 만들어진 것으로서 제사 때 제사장들이 암송하는 1,028수의 시편으로 구성되어 있다. 브라만교는 제사의 종교나 다름없다. 『리그베다』에는 30여 신이 등장하는데, 거인 푸루샤가 인간을 네 계급으로 나누었다고 한다.

브라만교에서는 우주의 모든 것은 브라만이 창조했고, 누구나 밝은 지혜로 깨달으면 브라만과 하나가 된다고 했다[梵我一如]. 사제들은 깊은 산속에서 은둔 생활을 하면서 고행을 통해 깨달음을 얻고자 했다.

고대 인도의 관습과 제도

카스트 제도

인도의 세습 계급제도인 카스트 제도는 오랜 역사를 통해 인도 사회를 지배해 온 제도였다. 카스트 제도는 인도로 이주한 아리아 인이 원주민인 드라비다 인을 정복하여 그들을 차별적으로 다루기 위해 만든 것이다. 그들 자유민은 브라만[사제]과 크샤트리아[무사]가 되고 피정복민은 바이샤[평민]와 수드라[노예]로 분리되면서 네 계급[바르나]으로 나뉘었다. 계급은 세습되면서 계급 간의 혼인, 주거, 식사 등 생활 전반의 교류를 금지하는 카스트 제도가 확립된 것이다.

브라만은 최고의 지위로서 제사와 신전 관리, 학문 연구 등을 맡았고, 크샤트리아는 귀족으로서 정치와 군사를 담당했다. 바이샤는 생산에 종사했고 수드라는 천한 일을 맡았다. 그 외에 판차마[파리아]라는 불가촉천민은 카스트에도 포함되지 못하는 천민 계급으로서 그들과는 접촉은 물론 그림자가 닿아도 불결하다고 여겼으며, 그들과는 같은 우물에서 물을 길어도 안 되었다. 어떤 지방에서는 그들에게 벨을 달게 하기도 하고 길을 걸을 때 질그릇을 두드리게 하여 다른 사람들에게 주의를 환기시키는 곳도 있다. 간디는 그들을 하리잔신의 아들이라 부르며 지위 향상에 힘썼다.

힌두교도는 세습 계급인 카스트는 신이 정한 사회적 질서로서 고행, 깨달음 그리고 신앙심을 통해 윤회의 속박에서 벗어날 수 있지만, 자신의 계급에 따른 의무를 이행하지 않을 경우에는 불가능하다고 믿어 각 계급은 조상들로부터 물려받은 직업에 충실히 종사하면서 살았다.

브라만과 크샤트리아는 부락의 사원이나 우물 가까운 곳에서 편하게 살았지만 불가촉천민은 길쌈, 바구니 세공, 피혁 일, 빨래, 쓰레기 치우는 일, 도자기공 등으로 부락의 외곽에서 살 수밖에 없었다. 카스트 제도는 1950년 개헌으로 법적으로는 없어졌으나 관습만은 아직도 뿌리 깊게 남아 있다.

소의 천국

전 세계 소의 3분의 1이 있는 인도에서는 아무리 기근이 닥쳐도 소를 죽이거나, 먹지 않으며 법으로 보호하고 있다. 힌두교도들은 소를 신성시하며 특히 암소는 다산의 상징으로 여겨 보호한다. 거리를 누비는 소 때문에 기차가 몇 시간이나 정지하는 일도 있고, 축제일이 되면 소의 목에 꽃다발을 걸어 주기도 하며, 소가 병이 나면 쾌유를 빌기도 한다.

힌두교의 성직자 계급인 브라만은 원래 소의 도살을 지휘 · 감독하던 사람들이었다. 인구가 급속히 증가하고 소를 기를 초지가 부족해지자 사람들은 농작물을 재배하기 시작했고 기원전 5세기에는 살생을 금하는 불교가 인도 전역으로 퍼졌다.

그러다가 4세기 힌두교는 소를 성스러운 존재로 선언했다. 당시 힌두교 지도자들은 우유도 생산하고 쟁기질도 하는 소를 죽이지 않고 키우는 것이 더 생산적이라고 생각했다. 소의 배설물은 비료, 연료, 건축재 등으로 이용되며 소가 늙어서 죽으면 가죽도 쓸 수 있었다.

성형술

고대 인도의 의사들은 성형술이 뛰어났다. 간통죄로 기소되면 코를 베어 내는 법이 있었는데 의사들은 인조 코를 만들어 주었다. 콧구멍에는 임시로 갈대를 넣어 숨을 쉬도록 하면서 환자의 앞이마에서 피부 조직을 떼어내어 코에 이식시켰다.

미망인을 순장하는 사티 인도에서는 기원전 4세기경부터 남편을 잃은 아내가 재혼하지 못하게 하는 관습이 있어, 미망인을 죽은 남편과 함께 화장하는 '사티'라는 전통적 관습이 있었는데, 지금도 사티를 기념하는 비를 곳곳에서 볼 수 있다.

순장은 여인이 자발적으로 하는 경우도 있지만, 생전에 남편으로부터 요구가 있어 이를 지키기 위해 행하는 경우도 있었다. 하지만 남편을 따라 죽지 않으면 남편을 사랑하지 않았다는 비난을 평생 받아야 했다.

결혼할 때 남편은 예속의 상징으로 부인에게 팔찌와 발찌를 주었다. 따라서 남편이 죽으면 미망인은 머리를 삭발하고 몸을 치장하던 장신구들도 모두 없애버리고 누구의 보살핌도 받지 못한 채 노예보다 못한 신세가 된다. 이런 치욕적인 처지를 생각하면 살아남아야겠다는 생각이 없어지게 된다.

또한 사제인 브라만들은 남편을 따라 순사할 경우 신이 놀라운 계시를 내려줄 것이며, 육신을 몇 차례 거치고 나면 영혼이 불멸의 경지가 되어 남편과 함께 환생하여 영화로운 삶의 길이 열리게 된다고 미망인들을 격려하고 장려했다. 화장이 끝난 후 타고 남은 재 속에서 여인이 끼고 있던 귀걸이와 반지 등 귀금속을 찾아 갖는 권리는 브라만에게 있었다.

순장의 관습은 지역에 따라 다소 달랐다. 순장을 결심한 여인이 막상 마지막 순간에 용기를 내지 못할 경우를 대비하여 대개는 자신을 강제로 불길 속으로 밀어 넣어 줄 사람들을 대기시켜 놓았다.

1829년 인도에 세워진 이슬람 왕국인 무굴 제국의 술탄 악바르는 미망인의 재산을 탐내어 무리하게 죽음을 강요하는 폐단이 있다고 하여 사티를 법으로 금지시켰다. 그러나 아직도 일부에서는 비밀리에 이 풍속이 지켜지고 있다고 한다.

다음은 1650년 무굴 제국의 이슬람교도인 장 바비스트 타베르니에가 당시의 사티 풍습에 대해 이렇게 적고 있다.

> 남편을 따라 순사를 하고자 하는 미망인은 그 지방 지사의 허락을 받아야 한다. 그런데 이슬람교도인 지사들은 이 끔찍한 풍습을 싫어했기 때문에 자식이 딸린 미망인에게는 허가를 해주지 않았지만, 뇌물을 받고 허가해 주는 경우도 있었다.

순사의 허가를 받지 못한 여인들은 엄격한 고행과 적선을 행하며 여생을 살아야 했다.

죽은 사람의 시신은 화장터인 강변이나 연못가로 옮겨진다. 남편의 시신과 함께 불태워질 여인이 결혼식 때의 복장을 하고 화장터로 정중히 모셔지는 동안, 함께 따라가는 아낙네들은 여인의 영광을 찬양하는 노래를 부르고, 브라만들은 여인에게 용기를 잃지 않도록 격려한다.

인도의 사티 풍습은 나라와 지역에 따라 다소 차이가 있다. 구자라트 왕국으로부터 아그라와 델리에 이르는 지역에서는 강변이나 호숫가에 갈대와 섶으로 작은 오두막을 지어 그 안에서 여인은 남편의 시신을 무릎 위에 안은 채 불에 태워진다. 오두막 안에는 빨리 타도록 기름이나 다른 약품들을 넣어 두며, 여인은 기다리는 동안 후추나무 잎을 계속 씹는다. 이윽고 브라만이 오두막 밖으로 나가면 여인은 사제들에게 불을 붙이라고 청한다. 그러면 브라만과 여인의 친척 · 친구들이 불을 붙이고 여인의 고통이 짧아지도록 기름 단지를 쏟아 붓는다. 화장이 끝나면 브라만들은 재 속에서 여인의 장신구가 녹은 귀금속을 찾아 챙긴다.

벵골 왕국에서는 미망인은 남편의 시신을 갠지스 강변까지 모셔와 씻겨 주고 자신도 몸을 씻은 다음 침대 모양으로 쌓아 올린 장작더미 위로 올라가 무릎 위에 남편의 시신을 올려놓는다. 죽은 남편의 친척과 친구들이 몰려와 편지나 선물, 또는 꽃을 남편에게 전해달라고 건네준다. 여인은 마지막으로 자기가 심부름할 것이 더 없는지 묻고는 전해 줄 물건들을 천에 싼다. 이윽고 여인이 브라만에게 불을 붙이도록 청하면 브라만과 친구들은 불을 붙인다.

미망인이 남편의 시신을 싣고 갠지스 강변으로 오는 동안 시신이 썩어 악취를 풍기는 경우도 보았고, 보름 동안 아무것도 먹지 않고 걸어온 여인도 보았다. 벵골 왕국에는 나무가 귀해 완전히 타지 않은 시신은 그대로 갠지스 강에 던져 악어 밥이 되도록 한다.

코로만델 해안 지방에서는 깊이 판 큰 구덩이 안으로 남편의 시신과 함께 미망인을 묻는다. 장작이 훨훨 타는 구덩이 속으로 여인을 떠밀어 넣어 불에 태워 죽인 후 묻는 지역도 있고, 여인을 불에 태우지 않고 그냥 생매장하는 지역도 있다. 여인의 친척들과 친구들은 생매장된 여인의 숨이 끊겼다고 생각될 때까지 무덤 위에서 춤을 춘다.

외눈박이가 많은 벵골 인 인도의 벵골에서는 갓난아기가 엄마 젖을 잘 빨지 않으면 사람들은 아기를 마을 밖으로 가져가 보자기에 싸서 나무에 하루 종일 매달아 두는 풍습이 있었다. 그래도 아기가 젖을 잘 빨지 않으면 다시 나무에 매단다. 세 번을 매달아도 젖을 잘 빨지 않으면 그 아기는 마귀의 화신이라고 믿어 가까운 강이나 하천에 던져 버린다.

> 벵골 인 중에는 외눈박이나 소경이 많았는데, 이것은 갓난아기 때 나무에 매달려 있는 동안 까마귀에게 시달려 눈이 상했거나 뽑혔기 때문이다.

석가모니와 불교

석가모니BC 563?~BC 483?의 본명은 고다마 싯다르타이다. '석가모니샤키야무니'는 '샤키야 족의 성자'라는 뜻이고, '붓다Buddha, 佛陀'란 '깨달은 자'를 뜻한다. 고다마 왕자는 히말라야 산기슭의 샤키야 족이 사는 자그만 나라 카피라네팔에서 슷도다나 왕과 마야 부인 사이에서 태어났다.

석가모니의 탄생 고다마 왕자가 태어나기 전 그의 어머니인 마야 부인은 황금빛 어금니를 가진 흰 코끼리 한 마리가 자신의 옆구리를 통해 몸속으로 들어오는 태몽을 꾸었는데, 이는 거룩한 태자를 낳을 길몽이라는 점쟁이의 말을 듣고 마흔이 되도록 왕자를 얻지 못하고 있던 슷도다나 왕은 크게 기뻐했다.

어느 화창한 봄날, 달이 찬 마야 부인은 몸을 풀기 위해 친정인 이웃의 코올리 성으로 가던 중 룸비니 동산에 이르러 잠시 쉬었다. 온갖 꽃이 만발하고 새들이 노래하는 가운데 숲속에 있던 마야 부인은 심신이 무한한 희열에 잠기면서 산기가 느껴지더니 곧 오른쪽 옆구리에서 옥동자가 탄생했다.

룸비니 동산에는 오색구름이 덮이고 향기로운 바람이 스치는 등 서른네 가지의 길조가 나타났다. 왕자가 태어난 지 닷새 후 위대한 선인인 아시타가 왕궁을 둘러싼 기를 보고 찾아왔다. 그는 왕자의 골상을 잠시 살피더니 갑자기 눈물을 흘리며 숫도다나 왕에게 말했다.

"왕자님은 서른두 가지의 대장부 몸매와 여든 가지의 미묘한 모습을 갖추었습니다. 세속에 머물면 온 천하를 다스릴 전륜성왕이 될 것이고, 출가를 하면 부처가 되어 널리 중생을 제도할 것입니다. 이미 늙은 이 몸은 부처님의 법을 듣지 못할 것이기에 이를 슬퍼하고 있나이다."

성 장 고다마 왕자가 태어난 지 7일 만에 마야 부인이 세상을 떠나자 왕자는 이모인 마하파자파티 부인의 세심한 배려 속에서 자랐다. 왕자는 어릴 때부터 총명하고 무엇이든 배우기를 즐겨 하여 문학 · 철학 · 수학에 능통하였으며 무술도 즐겨 말타기 · 활쏘기 · 격검에도 능하였다.

왕자가 12살 되던 해 어느 봄날, 그는 부왕을 따라 농민들이 씨를 뿌리는 농경행사에 참석하게 되었다. 처음으로 궁 밖을 나오게 된 왕자에게는 모든 것이 신기했다. 농부들이 뙤약볕에서 땀 흘리며 소를 채찍질하는 모습과 쟁기가 지나갈 때 흙속에서 꿈틀거리는 벌레를 금세 낚아채는 새를 본 어린 왕자는 충격을 받았다.

궁전으로 돌아온 왕자가 생각에 잠기는 일이 잦아지자 부왕은 마음이 점점 무거워지면서 아시타 선인의 말이 생각났다. 왕은 왕자가 출가하지 않고 전륜성왕이 되어 주길 간절히 바랬다. 그는 왕자를 위해 계절별로 지내는 세 채의 호화로운 궁전을 지어 주고, 동산에는 연못을 만들어 온갖 아름다운 꽃들로 둘러싸게 하고, 같은 또래의 아이들을 늘 곁에 있게 하여 왕자를 즐겁게 해 주려고 세심하게 배려했으나 그럴수록 왕자는 혼자 있고 싶어 했다.

그러자 부왕은 서둘러 아들의 결혼식을 준비했다. 왕자는 19살 때 이웃 콜리성의 성주의 딸인 야쇼다라와 결혼했다. 결혼 후에도 왕자는 사색에 잠길 때가 잦았지만 야쇼다라는 그의 마음을 위로하며 슬기롭게 대처했다.

어느 날 왕자가 궁궐 밖에 나가 보고 싶다고 하자 부왕은 이를 허락하면서 왕자가 가는 곳마다 그를 기쁘게 해 주도록 일렀다. 왕자를 태운 수레가 동쪽 성문을 막

벗어났을 때 깡마른 한 노인이 숨을 헐떡이며 다가오고 있었다. 아직 나이든 노인을 본 적이 없는 왕자는 시종에게 물었다.

"저 사람은 왜 저토록 비참한 모습을 하고 있는가?"

"사람은 누구나 나이가 들어 늙으면 저런 모습으로 될 수밖에 없습니다."

시종의 말을 들은 왕자는 힘없이 하늘만 바라보다가 왕궁으로 돌아와 버렸다.

그 후에도 왕자는 자연을 즐기기 위해 몇 차례 왕궁을 나왔고 부왕은 그때마다 왕자의 눈에 궂은 일이 눈에 띄지 않게 신경을 썼으나 매번 왕자는 고통스러운 장면을 목격했다. 어느 때 왕자가 왕궁의 남문을 나섰을 때는 누더기를 뒤집어 쓴 채 뼈만 앙상한 병든 노인을 보았고, 서문을 나섰을 때는 슬피 울며 지나가는 장례 행렬과 마주쳤다. 궁궐로 돌아온 왕자는 사람은 왜 생로병사生老病死의 고통에서 헤어나지 못하며 이 고통에서 헤어날 수 있는 길은 없는가 하는 깊은 의문을 품게 되었다.

그러던 어느 날 고다마 왕자가 북문을 나서자 숲속의 오솔길로부터 누더기를 걸친 사람이 걸어오고 있었다. 옷은 남루하지만 의젓하고 당당한 기품이 감돌아 왕자는 자신도 모르게 수레에서 내려와 그에게 머리를 숙였다.

"당신은 누구십니까?"

"출가 사문입니다."

"왜 출가 사문이 되셨나요?"

"나는 일찍이 사람이 늙고 병들고 죽는 고통을 이웃을 통해 맛보고는 고통에서 벗어나고자 부모 형제와 이별하고 고요한 곳에서 수도를 했소. 나는 세속을 떠난 이 길에 이르러 비로소 평안을 얻었소."

이 말을 남기고 사문은 유유히 사라졌다. 이때 왕자는 출가 사문으로부터 강렬한 인상을 받았다.

출 가

마침내 고다마 왕자는 깨달음을 얻고자 출가를 결심하고 부왕에게 말했다.

"저는 출가 사문의 길을 가고자 합니다. 저에게 출가를 허락해 주십시오."

이 말을 들은 부왕은 앞이 캄캄했다.

"태자야, 무슨 소원이든 다 들어 줄 테니 제발 출가의 뜻만은 버려다오."

"그러시면 한 가지 소원이 있습니다."

"그 소원이 무엇이냐? 어서 말해 보아라."

"늙고 병들어 죽어 가는 고통에서 벗어나는 길을 가르쳐 주신다면 출가의 뜻을 버리겠습니다."

왕은 왕자의 소원을 들어 줄 수가 없었다. 고다마는 이모와 아내 야쇼다라에게는 출가의 결심을 차마 말하지 못하고 있었다.

고다마 왕자가 26살이던 어느 날, 야쇼다라가 아들을 낳았다. 숲속에서 명상에 잠겼다가 궁전으로 돌아온 고다마 왕자는 자기에게 아들이 생겼다는 소식을 듣고는 "오! 라훌라[방해꾼]."라고 탄식했는데, 왕자가 탄식한 이 말이 그대로 아들의 이름이 되었다.

당시 인도에서는 대를 이을 자식이 있어야 출가가 떳떳하게 여겨지던 터라 그는 이제야 기회가 왔다고 생각했다. 게다가 이모에게서 태어난 왕자가 부왕의 뒤를 이을 수 있었다. 고다마 왕자는 다시 부왕을 찾아 갔다.

"만나면 반드시 헤어지게 마련이라 은혜와 사랑이 지중한 부모와 자식이라도 이별을 피할 수 없사오니 부디 소자의 뜻을 살피시어 저의 길을 허락하여 주시기 바랍니다."

"나는 이미 늙고 태자는 아직 젊다. 이 아비를 위해 나라를 맡아 다스린 후 수도의 길을 갈 수 있는데 어찌 이 늙은 아비를 두고 떠나려 하는가?"

"세속 일은 끝이 없고, 무상의 귀신은 예고가 없으며, 은혜와 사랑은 이별하고야 마는데 그 무엇을 믿고 기다리오리까? 죽음도 없고 이별도 없는 도를 찾아 닦는 것 말고 참된 것이 또 무엇이 있겠습니까?"

왕자가 결심을 굽히지 않자 왕은 궁성의 성문을 단단히 지키도록 명했다. 이미 출가를 결심한 그에게 하루는 1년 같이 길었다.

그러다가 고다마 왕자가 29살이 되던 2월 초파일 밤이었다. 모두가 잠든 고요한 한밤중에 왕자는 조용히 몸을 일으켜 시종인 찬타카를 불러 말을 타고 몰래 궁중을 빠져 나왔다. 가비라 성을 떠난 그는 밤새 말을 달려 날이 밝을 무렵 라마시에 이르러 깊은 숲속으로 들어가 자리를 잡고 찬타카에게 말했다.

"너는 궁성으로 돌아가 여쭈어라. 내가 올바른 깨달음을 얻지 못하면 부왕을 찾아뵙지 않을 것이며, 은혜와 사랑의 정이 다 없어지지 않으면 이모와 부인을 다시 만나지 않으리라고. 그리고 내가 궁성을 떠난 것은 부왕과 이모님 그리고 부인과 이별하기 위함도, 천상에 태어나기 위함도 아니며, 도를 이루면 찾아가 뵐 터이니 근심하지 마시라고.”

찬타카는 울먹이며 가비라 성으로 돌아갔다. 궁성은 발칵 뒤집혀 있었다. 왕은 찬타카를 앞세워 세 사람을 왕자가 있는 곳으로 보냈으나 그는 돌아가기를 거부했다. 훗날 석가모니는 출가할 당시의 심정을 이렇게 전했다.

> 나는 떠났다. 행복한 유년 시절을 누리고 검은 머리와 젊음과 함께 이제 막 성인으로 접어든 시기였다. 울며 탄식하는 부모의 소망을 저버리고 머리와 수염을 깎고 잿빛 옷을 걸치고 집을 떠나 정처 없는 길을 떠났다.

해 탈 고다마 왕자는 숲속으로 들어가 7일 밤낮으로 명상에 잠긴 후 스승을 찾아 나섰다. 그는 세 명의 바라문 밑에서 요가를 배웠으나 만족하지 못했다. 그는 도에 이르는 길은 스승에 달려 있는 것이 아니라 내 스스로의 깨달음에 달려 있다고 생각하고 선인 밑에서 같이 수행하던 5명의 수행자와 함께 마가다국의 가야산으로 들어갔다.

가야산 숲속에 앉아 선정에 들어간 고다마는 하루에 쌀 한 숟가락과 참깨 한 숟가락만을 먹었으며, 때로는 하루에 쌀 한 알과 깨 한 알만을 입에 넣고 굶기도 했다. 그는 베옷 한 벌에 몸을 씻거나 머리를 깎지도 않으며 언제나 한 자리에 앉아 떠나지를 않았다.

고행을 시작한 지 6년 째 되던 해 봄이었다. 그는 기력이 다하여 그만 땅에 쓰러진 채 일어날 수가 없었다. 함께 있던 다섯 고행자들과 촌민들은 왕자가 이제 죽는 줄 알고 왕자를 업고 가비라 성으로 돌아가려 하자 그가 말했다.

“내 몸이 부서져 가루가 될지라도 내 마음은 부서지지 않을 것이오. 만일 내가 도를 이루지 못하고 죽거든 내 시체를 메고 가비라 성으로 들어가서 ‘이 자는 처음 먹었던 마음을 버리지 않고 끝까지 정진하던 사람으로서 큰 서원을 세운 바른 뜻을 지닌 이의 시체’라고 말해 주오.”

그는 6년 동안 선정을 하면서 모든 번뇌의 뿌리를 뽑아 어떤 경계에도 마음이 흔들리지 않을 경지에는 도달했지만 세간을 뛰어넘는 해탈은 이루지 못했다. 그는 고행은 결코 깨달음의 길로 인도해 주는 것이 아님을 깨닫고 기력을 회복하여 해탈의 지혜를 성취할 때가 왔다고 생각하고 고행을 끝냈다.

그는 강물에 뛰어 들어 목욕을 하고 음식도 먹은 후 머리를 깎고 숲속에 앉아 선정에 들었다. 그때 고다마 왕자에 대한 이야기를 듣고 촌장의 딸 수자아타아가 숲을 찾아 선정에 든 그를 보았다. 그녀는 가지고 온 우유와 꿀에 쌀을 넣어 끓인 유미죽을 왕자에게 올리자 그는 죽을 받아먹었다. 수자아타아는 매일 음식을 그에게 공양했고 왕자의 기력도 차츰 회복되어 갔다. 왕자가 고행을 멈추자 같이 고행하던 다섯 수행자는 그에게 실망하고 그의 곁을 떠나 버렸다.

고다마 왕자는 다시 동쪽으로 향하여 네란쟈라 강기슭에 이르렀다. 그는 보리수 밑에 앉아 선정에 들었다. 하늘의 마왕이 그의 선정을 방해하기 위해 세 마녀를 보내어 온갖 유혹과 방해를 했지만 이를 모두 뿌리쳤다. 선정에 들어간 지 7일 만에 고다마 왕자35세는 마침내 해탈의 길에 이르러 부처가 되었다.

> 아, 장하도다. 모든 중생들이 다 이와 같은 지혜와 덕성을 갖추었건만 망상에 집착하여 스스로 체득하지 못하는구나. 이 망상의 집착만 떨쳐 버린다면 바로 일체지一切智, 자연지自然智, 무사지舞師智를 얻게 되는 것을…….

석가모니가 깨달음에 이르는 순간 먹구름이 몰려와 굵은 빗방울이 떨어지기 시작하자 한 마리의 큰 뱀이 석가모니의 성체를 일곱 번 감싸며 머리를 우산처럼 펼쳐 성자의 머리를 가려 주었다.

석가모니는 깨우침의 법열 속에서 21일 동안 보리수 밑에서 다시 선정에 들어갔다. 자신이 깨달은 진리를 어떻게 설법할 것인가를 놓고 명상에 잠긴 후 녹야원프르가다바에서 다섯 수행자에게 최초로 설법을 시작했다[初轉法輪].

석가모니가 얻은 깨달음은 네 가지의 진리四聖諦로서, 태어나는 것 그 자체가 괴로움이며, 괴로움은 탐욕과 집착에서 비롯되며, 괴로움에서 벗어나기 위해서는 탐욕과 집착에서 벗어나야 하고, 무념무상의 바른 길을 가면 누구나 번뇌에서 벗어나 깨달음을 얻어 부처가 될 수 있다는 것이다. 깨달음을 통해 번뇌의 속박에서 해방된 것이 해탈이며, 해탈한 마음에 의해 깨우쳐진 진리가 열반이다.

입 멸 석가모니는 45년 동안 여러 곳을 돌며 설법하면서 10대 제자를 비롯하여 수많은 제자를 받아들였다. 석가모니는 80세가 되어 때가 왔음을 깨닫고 3개월 후에 열반에 들 것임을 제자들에게 선언하고 고향으로 향했다.

석가모니가 제자들과 함께 파바 마을의 망고 동산에 도착하자 대장장이의 아들 춘다가 버섯요리를 공양했다. 이미 죽음을 예감한 석가모니는 버섯요리는 자신만이 먹을 것이니 남는 것은 모두 구덩이에 버리라고 일렀다. 버섯요리를 먹은 후 석가모니는 피가 섞인 설사를 며칠 동안 계속했다. 석가모니는 쿠시나가라로 향하던 중 나무 밑에서 휴식을 취하면서 제자 아난다에게 말했다.

"아난다여, 나는 내일 새벽 두 그루의 사라수 사이에서 열반에 들리라."

마하가섭을 비롯하여 제자들이 사라수 사이에 노끈으로 엮어 침대를 만들자 그는 머리를 북쪽으로 향하도록 하여 편안히 누었다. 그때 갑자기 사라수가 꽃을 피웠고 꽃잎이 석가모니의 온몸 위로 날리며 떨어졌다. 석가모니는 제자들에게 마지막 말을 남기고 조용히 입적하였다.

"태어난 것은 반드시 죽고, 만나면 반드시 헤어지게 마련이다. 너희들은 수십 년 동안 나를 스승으로 여기고 따랐다. 이제 내가 죽거든 자신과 법을 등불로 삼고 의지처로 삼을 것이다. 쉬지 말고 열심히 정진하여라."

석가모니의 시신은 천관사로 옮겨져 다비되고 유해사리, Sarira는 갠지스 강 유역의 여덟 나라에 분배되어 각각 사리탑에 분장되었다. 석가모니의 제자인 가섭은 500명의 비구를 선발하여 석가모니의 언행을 모아 경과 율을 결집했다.

대승불교 석가모니의 교의는 그의 사후 몇 세기 동안 기록으로 남은 것이 없어 불교 교단은 교의의 해석을 놓고 여러 파로 나뉘었다. 기원전 3세기 불교 교단은 돈으로 하는 보시의 시비를 놓고 상좌부 불교소승불교와 대중부 불교대승불교로 나뉘었다.

승원에 거주하는 출가 승려를 중심으로 석가모니의 가르침을 기본으로 하여 개인의 깨달음을 중시하며 교리 연구에 몰두한 소승불교는 인도차이나 반도 등 동남아시아로 전파되었다. 소승불교는 출가하여 엄격히 수행하지 않으면 해탈에 이를 수 없다는 입장으로서 타인의 구제보다는 자신의 구제에 더욱 관심을 가졌다.

출가 승려와는 달리 재가 신자는 부처님의 유해를 모신 불탑을 중심으로 모여, 석가모니의 가르침의 내용보다는 그에 대한 동경과 구제력을 흠모하면서 석가모니를 점차 초인화 · 신격화하면서 성립된 것이 대승불교로서 중앙아시아에서 중국, 한국, 일본으로 건너갔다. 석가모니를 우상화하는 일은 수백 년 동안 금지되어 사리를 봉납한 탑은 단순한 분묘였으나 점차 예배와 공양의 대상이 되었고, 1세기에 쿠산 왕조가 들어서면서 석가모니의 불상이 예배의 대상이 되었다.

대승불교는 보살에 의한 중생의 구제를 교의에 포함시켜 출가자와 재가자에 차별을 두지 않고 믿음과 실천을 중시했으며, 모든 사람은 깨달음을 얻는 보살이 될 수 있다고 한다. 또한 타인을 위한 활동이 바로 자신을 위한 수행의 완성이라고 생각하며, 보살은 중생을 구제하겠다는 서원과 깨달음의 결과를 중생에게 돌리는 회향과 자비에 바탕을 둔 실천 덕목인 육바라밀을 중시한다.

불교의 전파 신흥 종교인 불교는 브라만교의 인간 차별인 카스트 제도를 비판하며 새로운 바람을 불러 일으켰다. 알렉산더 군이 인더스 강 유역에서 철수한 혼란기를 틈타 기원전 317년경 인더스 강과 갠지스 강 유역을 지배하는 인도 최초의 통일국인 마우리아 왕조가 세워졌다.

기원전 3세기 인도 대륙의 남단을 제외한 대륙 전체를 장악한 제3대 아소카 왕은 다양한 민족과 문화로 구성된 통일 제국을 불교 이념으로 통치하고자 하여 불교를 국교로 선포했다. 그는 전국에 수많은 사찰과 불탑을 건립하고, 불경을 수집하여 펴내는 등 불교를 전파시켜 이 시기에 불교는 최고의 전성기를 이루었다. 아소카 왕은 석가모니의 유해를 모신 여덟 기의 탑 가운데 일곱 기의 탑에서 분골하여 인도 각지에 8만 4,000개의 탑을 세우도록 했다. 여러 종족으로 구성된 통일 국가로서는 카스트 제도를 부정하고 보편적인 법을 가르치는 불교가 더 적합했던 것이다.

2세기 인도 북서쪽 간다라 지방 쿠산 왕조의 카니슈 왕은 경전을 편찬하고 그리스 미술의 영향을 받은 불교 미술간다라 미술을 키워 대승불교와 함께 중국, 한국, 일본에까지 전파되었다. 이렇게 불교는 기원전 6세기에서 서기 8세기까지 약 1,200년간 인도에서 크게 번성하였다.

인도에서 뿌리내리지 못한 불교 불교는 기원전 6세기 인도에서 시작된 종교지만 현재 인도의 불교도는 약 700만 명으로 전체 인구의 0.7%에 지나지 않는다. 그 대부분은 1956년 이후 불가촉천민 계급의 해방 운동에 힘쓴 암베르카르를 따라 개종한 불가촉천민 계급이 대부분이다.

8세기경 이슬람 세력의 침입으로 굽타 왕조가 몰락하자 이슬람교에 대항하여 민중의 지지를 얻고자 했던 지배층크샤트리아은 힌두교를 지지했고, 왕조의 보호를 받지 못하는 불교는 힌두교에 자리를 내주면서 급속히 쇠퇴하기 시작했다.

마우리아 왕조 시대에 불교 교단에 영지나 재물을 바친 사람은 주로 지배층과 상공업자들이었고 일반 농민은 거의 없었다. 인도인들이 불교를 외면하고 이슬람교와 힌두교로 개종하기 시작한 데에는 불교가 세속적인 민중들의 삶과 결합이 약했기 때문이다. 인도인들에게 조상 숭배 의례나 출생, 결혼, 사망 등과 같은 일상적인 종교 의례는 필수적인 것이었다. 하지만 불교는 본질적으로 개인의 깨달음과 윤리적인 삶을 추구하는 가르침이기 때문에 이 같은 세속적인 종교 의례에는 일절 관여하지 않았고, 세습적인 직업 종교인인 브라만이 맡아서 했다.

인도인들은 불교를 믿으면서 일상적인 종교 의례는 토착 신앙과 풍속을 접목해 성립된 종교인 힌두교 방식을 따르게 되면서 불교는 힌두교에 점차 자리를 내주게 되었다. 이 시기에 불경 원전을 구하기 위해 인도를 여행하고 돌아온 신라의 고승 혜초는 그가 쓴 여행기인 『왕오천축국전』에서 석가모니가 입멸한 쿠니시나가라의 열반사는 이미 폐허가 되어 있다고 적었다.

그러다가 10세기 말부터 인도에 이슬람 세력이 침입하기 시작하면서 불교의 쇠퇴에 결정적인 영향을 미쳤다. 우상 숭배를 인정하지 않는 이슬람 세력은 불상과 사원을 철저히 파괴했던 것이다. 1203년 이슬람 세력에 의해 비크라마실라 사원이 불타고 수많은 승려들이 학살되자 승려들이 일제히 외국으로 떠나면서 인도에서 불교는 거의 모습을 감추고 말았다.

히말라야의 수행자들 옛날부터 인도의 수행자들은 눈 덮인 히말라야를 멀리서 바라보며 명상에 잠기기를 즐겨했다. 그들은 더위를 피해 숲속의 나무 그늘 아래에서 깊은 명상에 잠기거나 제자들과 대화를 나누기도 했다.

사람들은 일이 끝나 틈만 생기면 숲속의 성자들을 찾아가 말씀을 듣기를 좋아했다. 아들이 자라 집안일을 돌보게 되면 그들은 여생을 숲속의 수행자나 성자들과 함께 보내는 것이 뜻있고 지혜로운 생활이라고 여겼다. 인도의 종교와 사상은 이와 같이 히말라야가 보이는 대자연 속에서 이루어졌다.

힌두교

갠지스 강 유역에서는 마우리아 왕조가 붕괴되고 4세기 초에 굽타 왕조가 인도를 재통일하자 겨우 안정을 되찾았다. 고대 인도의 토착 민간 신앙인 브라만교가 오랜 세월 수많은 토속 민간 신앙이나 불교, 자이나교 등과 혼합되어 오다가 굽타 왕조시대에 와서 서민 생활에 밀착된 힌두교로 발전해 갔다.

힌두교의 기본 사상은 인과율에 의한 윤회전생, 즉 선인선과善因善果, 악인악과惡因惡果라는 카르마[業]의 법칙에 있다. 인간의 운명은 카르마의 법칙에 따라 결정되므로 자신의 지위에 맞는 법을 충실히 지키며 살아야 한다는 것이다. 힌두교에서는 신의 존재는 인정하나 신은 카르마의 법칙에 간섭하지 못하며, 신에 의한 세계 창조를 부정한다. 설혹 신이 세계를 창조했다고 하더라도 그 동기나 목적은 존재하지 않는다고 한다.

힌두교는 다신교로서 윤회전생을 관장하는 창조의 신 브라만창조신, 우주를 유지하게 하는 신 비슈누태양신, 파괴와 재생을 관장하는 신 시바를 축으로 하여 수많은 토착신을 체계화시켰다. 인도의 시인 타고르는 "세상 만물은 모두 신의 모습"이라고 했다. 힌두교에서는 석가모니를 비슈누의 아홉 번째 화신으로 여겼다.

인도의 민족 종교인 힌두교는 다른 종교와는 달리 특정한 창시자가 없으며 일관된 교리나 예배 의식이 없는 민족 종교로서 카스트 제도를 비롯한 여러 제도와 법률 그리고 도덕을 체계화한 일상생활에 밀착한 종교이다. 힌두교의 사제인 브라만은 신을 모시는 제식을 담당하며, 인도인들의 일상의 종교 의례를 주관하는 세습적인 직업 종교인이다.

힌두교에서는 성서와 같은 경전은 없으나 기원전 1000년경 산스크리트 어로 기록된 『베다 성전』은 1,028곡의 찬가로 구성되어 있는데, 아리아 인의 신앙을 담고 있는 힌두교의 주요 성전이다. 『베다』에 담긴 기초적인 가르침은 『우파니샤드』라는 성전 속에 보다 자세히 담겨 있다. 그 후 『마누법전』이 완성되어 생활의 기준이 정리되었고, 굽타 왕조 시대에 완성된 세계 최장의 민족 서사시인 『라마야나』와 『마하바라타』가 종교적으로 해석되어 경전에 준하는 위치를 차지하고 있다.

8세기부터 이슬람교가 전해지자 이에 대항해서 크샤트리아도 힌두교를 지지했고, 16세기 이슬람계 무굴 제국의 박해에도 불구하고 힌두교는 은밀하게 그 전통을 지켜나가다가 제2차 세계대전이 끝난 후 이슬람교 세력은 파키스탄으로 분리 · 독립하였다.

고대 이스라엘과 유대교

'헤브라이'라는 말은 '강유프라테스 강의 저쪽에서 온 사람'이라는 의미로 이집트인들이 유대 인들을 비하하여 부른 이름으로서 유대 인들 스스로는 이스라엘 인이라 한다.

기원전 586년 신바빌로니아BC 625~BC 538가 헤브라이 왕국을 멸망시키면서 많은 헤브라 인을 바빌론으로 노예로 끌고 갔다. 헤브라이 인은 페르시아가 50여년 만에 풀어줄 때까지 고난의 세월을 보내야만 했다[바빌론 유수].

바빌론에서 고난이 계속되는 동안 헤브라이 인은 이 세상의 종말에 메시아구세주가 나타나 신에 의해 선택된 헤브라이 인만이 구원을 받을 것이라고 생각하고 있었다. 그리하여 헤브라이 인은 이집트로부터 탈출을 도와주고 약속의 땅인 가나안으로 돌아올 수 있게 해 준 여호와성스럽다는 뜻를 천지와 인간을 창조한 유일신으로 믿는 유대교가 탄생하였다.

유일신 여호와와의 계약에 근거를 두고 있는 유대교에서는 『구약성서』를 경전으로 하며, 우상 숭배를 금하고, 인간은 모두 신의 자식으로서 신 앞에서 평등하다. 여호와는 자신의 뜻을 실현하기 위해 이스라엘 인을 선택하여 그의 가르침인 토라모세오경에 나옴에 따르도록 계약을 맺은 것이다.

유대교에서는 기독교와는 달리 인간은 태어나면서부터 죄인이라는 원죄를 인정하지 않으며, 인간의 죄는 어디까지나 생존 시에 범한 죄로서 회개하면 용서를 받는다. 이와 같이 신과 인간의 굳은 결합이야말로 『구약성서』에 나타난 유대교의 정수이다. 역사에 직접 관여하는 현실적인 신인 여호와는 유일신이므로 선신인 동시에 악신이기도 하여 인간에게 고통도 준다.

『구약성서』에는 영혼불멸의 사상이 존재하지 않으며, 모세는 인간은 죽음과 더불어 영원히 끝나는 존재라고 믿었다. 따라서 사후의 생이라는 관념은 유대교의 중심 사상과 관계가 없다. 유대교의 핵심은 모럴이며 사회 정의이다. 신이 모세를 통해 "너희들의 하나님, 여호와인 나는 거룩하기 때문에 너희들도 거룩해야 한다."라고 한 것이 인간에게 신이 요구하는 모럴이다. 유대교에서는 인간에 대해 정의를 실천하고, 기꺼이 은덕에 보답하며, 조심스레 하나님과 함께 살아가는 것이 최고의 가치이며 이상이다.

헤브라이 인의 이집트 대탈출 기원전 2000년경 메소포타미아 사막의 유목민이며 셈족의 일파인 헤브라이 인은 족장인 아브라함의 인도로 팔레스타인의 가나안으로 이주해 정착했는데, 이들이 유대 인의 선조이다. 아브라함과 그의 아들 이삭, 손자 야곱, 야곱의 아들 요셉의 시대에 헤브라이 인은 가뭄과 기근을 피해 촌락을 옮겨 다니면서도 세력을 키워 왔다. 그들은 다른 부족과의 결혼을 금했고 여호와창조자 하나님이 아브라함의 후손들에게 가나안 땅을 주겠다고 약속했다고 믿었다.

기원전 1600년경 가나안 땅에 심한 가뭄이 들자 야곱은 헤브라이 인을 이끌고 이집트로 이주하여 나일 강 삼각주 지방에 정착했다. 당시 이집트를 지배하고 있던 힉소스라는 가나안 출신의 셈 족은 헤브라이 인의 정착을 허락했다.

기원전 15세기경 힉소스 족이 이집트에서 쫓겨나자 이집트의 람세스 2세는 헤브라이 인을 억압하기 시작했다. 헤브라이 인은 노예로 전락하여 강제 노동에 동원되고 새로 태어나는 헤브라이 인 남자아기는 모두 죽이라는 명령을 내렸다.

기원전 1250년경 여호와 하나님으로부터 민족을 구하라는 계시를 받은 모세는 헤브라이 인을 이집트에서 탈출시켜 여호와가 약속한 젖과 꿀이 흐르는 땅 가나안으로 인도하기로 결심했다. 이주 허락을 받지 못한 채 60만 명의 헤브라이 인이 모두 이집트를 탈출하는 것은 매우 어려운 일이었다.

이때 모세80세는 여호와의 계시에 따라 사흘 동안 이집트 전역을 암흑세계로 만들고 역병 등 각종 재앙이 잇따르게 하자 람세스 2세는 이것이 헤브라이 인의 신이 내린 재앙이라고 생각하고 헤브라이 인을 일단 풀어 준 뒤에 다시 군대를 보내어 그들을 뒤쫓았다.

헤브라이 인들을 인도하던 모세는 도중에 시나이 산에서 여호와로부터 십계명을 받았다. 마침내 기원전 1250년경 여호와의 도움으로 헤브라이 인들은 수십 년 만에 가나안에 도착했다. 당시 팔레스타인에는 아모리 족, 힉소스 족 등 여러 민족이 정착하고 있었다. 헤브라이 인들은 그들의 도시 예루살렘을 건설하고 그곳에 거대한 교회를 세웠다. 모세는 헤브라이 인에게 그들을 이집트에서 탈출할 수 있도록 도와 준 여호와야훼를 유일신으로 믿게 한 후 눈을 감았다.

기원전 11세기 헤브라이 인은 선주민 팔레스타인과 다투면서 예루살렘을 수도로 헤브라이 왕국을 건설했다. 이 왕국은 솔로몬 왕 때 전성기를 맞았으나 점차 주변 강국들의 압박으로 고난의 길을 걷기 시작했다.

솔로몬의 지혜 고대 이스라엘인 헤브라이 왕국의 제3대 왕인 솔로몬BC 971~BC 932 재위은 다윗의 아들로서 지혜가 뛰어나고 총명한 왕이었다. 솔로몬은 문학적 재능이 뛰어나 『구약성경』의 잠언에는 그의 작품이 많다고 한다.

즉위 4년에 부왕의 유지를 받들어 황금으로 장식한 화려한 신전을 7년에 걸쳐 지은 후 자신의 궁전도 호화롭게 지었다. 솔로몬은 1,000여 명의 많은 이방인 첩을 두고 예루살렘 궁전을 화려하게 꾸몄다. 시바의 여왕 빌키스도 예루살렘을 방문하고 솔로몬의 지혜에 감탄하여 많은 선물을 보냈다고 한다.

어느 날 두 여인이 한 갓난아기를 안고 솔로몬에게 찾아왔다. 한 집에 살고 있는 두 여인은 사흘 간격으로 각각 아기를 낳았다. 그런데 뒤에 아기를 낳은 여인은 자다가 아기가 죽자 다른 여인의 아기와 몰래 바꿔 놓았다.

아침에 눈을 떠보니 아기가 바뀌어 있는 것을 보고 다른 여인이 자기 아이를 돌려 달라고 하면서 다투게 되어 두 여인은 솔로몬을 찾아온 것이었다.

두 여인의 이야기를 다 들은 솔로몬은 부하에게 명했다.

"칼을 뽑아라. 그 아기를 둘로 잘라 각자에게 나누어 주도록 하라."

그러자 그 아기의 생모는 새파랗게 질려 솔로몬에게 애원했다.

"제발 아기를 자르지 마시고 이 여자에게 주십시오."

그런데 다른 여인은 의기양양하게 말했다.

"아닙니다. 저는 폐하의 판결에 따르겠습니다."

그러자 두 여인을 지켜보고 있던 솔로몬이 판결을 내렸다.

"아기를 자르지 말라고 한 여인에게 아기를 주도록 하라. 그녀가 아기의 어머니로다."

어느 날 한 사나이가 솔로몬을 찾아와 말했다.

"저의 거위가 밤사이에 없어졌습니다. 이웃 중의 누군가가 훔쳐간 것 같습니다."

솔로몬은 이웃 사람 모두를 불러 놓고 눈을 감도록 하고는 말했다.

"보아 하니 그대들 중에는 이웃의 거위를 훔쳐 그 깃이 머리에 붙어 있는 자가 있구나."

이때 어느 한 사람이 손으로 머리를 훔쳤다. 그러자 솔로몬이 거위 주인에게 말했다.

"네 거위를 훔친 도둑은 바로 저 자이니라."

그리고 그에게 훔친 거위 값을 주인에게 치르도록 했다.

고대 그리스

그리스는 산맥으로 고립된 지역이 많아 중앙 집권적인 통일 국가가 형성되기 어려워 골짜기나 해안의 평지를 따라 작은 도시 국가[폴리스]가 탄생하기 시작했다. 기원전 8세기 무렵 고대 그리스는 인구 수백에서 수천에 이르는 200여 개의 작은 폴리스로 구성되어 있었다. 그중에서 규모가 가장 크고 대표적인 것이 아테네와 스파르타였는데, 아테네는 전성기 때의 인구가 노예를 포함하여 30만 명이나 되었다.

폴리스에는 귀족, 시민, 노예의 신분이 있어 초기에는 귀족 정치가 실시되었지만 상업의 발달로 부유한 평민들이 중장 보병 부대를 만들어 힘이 커짐에 따라 시민이 직접 정치에 참여하는 민주 정치로 발전해 갔다.

폴리스 간에는 사소한 분쟁도 있었지만 외적의 위협에는 공동으로 대처했다. 스파르타의 군대는 직업 군인으로 구성되어 있었으나, 그 밖의 폴리스에서는 모든 남자 시민들이 전쟁에 동원되었으며, 아테네에서는 18세~60세가 징집 대상이었다. 전투 병력의 근간은 장갑 보병으로서 창, 방패, 활과 화살, 투석기, 갑옷, 투구 등은 모두 각자가 준비했다.

오리엔트를 통일한 북방의 강국 페르시아 제국이 기원전 490년의 마라톤 전쟁과 기원전 480년의 살라미스 해전으로 그리스를 침범했으나, 아테네와 스파르타의 연합군에게 패배 당했다. 이후 200여 폴리스들은 페르시아의 침공에 대비하기 위해 아테네를 중심으로 델로스 동맹을 맺고 병력, 함선 그리고 분담금을 할당했다. 페르시아 전쟁에서 승리한 아테네가 군사적인 우위로 점차 패권을 휘두르자 기원전 6세기 중엽부터 이에 반대하는 폴리스들이 스파르타를 중심으로 펠로폰네소스 동맹을 결성하고 델로스 동맹과 맞섰다.

기원전 431년 이윽고 두 세력 간에 펠로폰네소스 전쟁BC 431~BC 404이 발발하여 그리스 전역은 27년간 내전에 휩싸이게 되었다. 결국 이 싸움은 아테네를 덮친 흑사병과 페르시아의 도움을 받은 스파르타의 승리로 끝났다.

그러나 오랜 내전으로 농촌은 황폐해지고 노예들은 반란을 일으키는 등 폴리스 세계는 점차 붕괴하기 시작했다. 그러다가 기원전 338년 발칸 반도 북방 마케도니아의 필리포스 왕이 그리스의 모든 폴리스를 정복하고 말았다.

폴리스 아테네는 기원전 20세기경 발칸 반도 북쪽으로부터 남하하여 정착한 이오니아 인이 세운 도시 국가이나, 스파르타는 기원전 1200년경 북쪽으로부터 그리스를 침범한 도리스 인이 선주민인 이오니아 인을 노예헤이로타이로 만들고 세운 도시 국가다. 아테네는 상업이 발달한 개방적이고 문화적인 민주제의 해군 강국이었고, 스파르타는 농업이 발달한 폐쇄적이고 극단적인 강병책을 쓴 육군 강국이었다.

폴리스는 요충지 언덕에 세워진 아크로폴리스 신전과 시민들의 광장인 아고라를 중심으로 형성되고 발전했다. 폴리스는 시민 중심의 공동체 국가로서 신탁으로 주요 정책을 결정한 것이 특징이다. 신탁으로 유명한 델포이 신전은 그리스 인에게 절대적인 태양신 아폴로를 모신 신전으로서 무녀들이 신탁을 전했다.

소포클레스의 시 고대 그리스의 시인 소포클레스는 혹독한 환경에서 문명을 발달시킨 인간을 다음과 같이 찬미했다.

인간, 찬란한 문명이여!
만물 중에서 인간만큼 신비로운 것은 없다
거센 바람과 파도를 헤치고 바다를 항해하는 자
사방에 퍼지네
해마다 땅을 갈아 말들이 경작하게 한다
새, 들짐승 그리고 바다의 물고기도 그물에 걸려든다
그물을 설치하는 지혜로운 자
기발한 방법으로 광야를 떠도는 야수를 덮치고
갈기를 흔드는 말, 지칠 줄 모르는 야생 소들도
멍에를 씌워 길들인다
때로는 바람보다 빠른 지혜로
나라를 다스리는 방법도 깨치고
찬 들녘에서도 서리와 비를 피하고 만사를 잘 처리하며
어떤 일에도 대처 방법을 생각해 낸다.
그러나 단 하나 어쩔 수 없는 것이 있으니
죽음을 피하는 길
난치병을 치료하는 묘책은 상상을 할 수 없어
때로는 악으로, 때로는 선으로 인간을 이끈다
나라의 법을 따르고 신들에게 맹세한 정의를 지키는
영광스러운 인간

아테네의 민주 정치 기원전 8세기경 아테네에서는 세 명의 귀족이 집정관아르곤으로 권력을 쥐고 있었다. 그러나 상공업과 해상 무역의 발달로 경제력이 크게 강화된 시민들이 스스로 구입한 무기로 폴리스 방위의 일익을 담당하면서 정치 참여를 요구하며 귀족 세력에 항거하기 시작했다.

고대 그리스의 시인 헤시오도스는 그의 시 「노동의 날들」에서 귀족의 지배를 비판했다.

오, 귀족들이여, 마음 깊이 새겨 두어라!
신들은 인간들 가까이에서 부정한 재판으로
민중을 억압하는 자가 누구인지를 소상히 알고 있음을
민중들은 그대들의 부정을 폭로하며
거짓으로 재판을 왜곡하는 귀족에게 앙갚음할 것이다
뇌물을 탐하는 귀족들이여!
이를 명심하여 재판을 바로잡고
부정한 재판을 마음속으로부터 추방하라.

기원전 594년경 신분이 아닌 재산토지에 따라 일부 계층의 시민은 참정권이 생겼고[재산 정치], 기원전 508년경에는 민회가 최고 권력 기관이 되어 만 18세 이상의 남자 시민은 누구나 참정권을 갖게 됨으로써 세계 최초의 직접 민주주의데모크라시가 시작되었다. 아테네는 10개 구역으로 나누고, 각 구역을 다시 작은 데모스로 나누어 데모스 단위로 대표를 선출했다. 민회 의원의 임기는 1년이고, 의장직은 원로 의원이 번갈아 맡았다.

아테네 시민의 자격은 양친이 모두 아테네 출신인 18세 이상의 남자로서, 여성이나 노예에게는 참정권이 없었다. 당시 아테네의 인구 35만 명 중 약 4만 명이 참정권을 가졌고, 민회가 소집되면 약 1만 명이 아크로폴리스 광장에 모여 토론하고 정책을 결정했다.

아테네의 민주정치는 페리클레스BC 495~BC 429가 집정하던 15년간이 전성기였다. 페리클레스는 군사와 재정을 제외한 모든 행정 부문의 책임자를 추첨으로 등용했다. 관리의 임기는 1년이며 재임은 금지되었고 독재자참주가 될 가능성이 있는 사람은 민회에서 투표하여 해외로 추방할 수 있는 제도가 있었다[도편 추방].

아테네 시민은 일정 기간 군 복무의 의무가 있었고, 공무원과 군대를 유지하기 위한 징세 제도가 있었다. 재산을 가진 사람에게는 함선을 관리하든지, 연극 상연을 위한 재정을 지원하든지, 종교 행사를 지원하는 등의 의무가 부여되었다.

그러나 아테네의 민주주의는 어디까지나 노예제에 기반을 둔 취약점이 있었다. 참정권이 주어진 아테네 시민은 10% 정도에 불과했고, 인구의 절반인 여성과 인구의 40%에 달하는 노예는 시민으로 인정되지 않아 참정권도 없었다. 시민들은 정치 · 군사 · 문화 활동 등에만 전념하면서 노동을 천시했고, 생산 활동은 주로 노예가 담당하는 구조상의 취약점을 안고 있었다. 노예는 참정권은 물론 결혼을 하거나 사유 재산도 소유할 수 없었다.

페리클레스 아테네의 집정관 페리클레스는 늘 군중들과 어울리기를 즐겼고, 반대자들이 모욕을 해도 한 번도 화를 내지 않았다. 어느 날 저녁 그가 집으로 돌아오는 길에 한 귀족이 그의 뒤에서 "귀족 출신이 비천한 자들과 어울린다"라는 등의 욕을 하면서 그의 집 앞까지 따라왔다. 그러자 페리클레스는 하인을 시켜 횃불을 들고 그를 욕하던 사람을 자기 집까지 배웅해 주도록 했다고 한다.

페리클레스는 펠로폰네소스 내전의 전사자들을 장송하는 연설에서 다음과 같이 아테네의 민주정치를 칭송했다.

> 우리의 체제는 권력이 소수가 아닌 모든 시민에게 있기에 이를 민주주의라고 한다. 만인은 법 앞에 평등하다. 개인은 재능에 따라 높은 지위도 부여되며, 유능한 인재라면 가난 때문에 불이익을 받는 일은 없을 것이다.
>
> 우리 시민은 자기 개인의 일뿐만 아니라 국가의 일에도 관심을 가지며 시기와 질투를 두려워하지 않고 자유로운 생활을 누리고 있다.
>
> 결론적으로 우리 폴리스는 우리가 추구하는 이상이며, 시민 모두는 폭넓은 활동을 통해 자유인으로서의 품위와 지성의 원숙함을 기대할 수 있으리라 생각한다. 이러한 확신으로 국력을 떨친 우리는 오늘날의 세계에서뿐만 아니라 후세에 이르기까지 모든 사람들의 찬탄의 대상이 될 것이다.

아리스토텔레스의 노예관 고대 그리스 최고의 철학자 아리스토텔레스는 노예를 살아 있는 도구라고 했다.

> 노예는 살아 있는 소유물로서 궂은일을 시키기에는 그 무엇보다도 우수한 도구이다. 도구는 자신이 해야 할 일을 스스로 판단해서 할 수 없기 때문이다. 육체는 영혼보다 또한 동물은 인간보다 열등한 것처럼 다른 사람들보다 열등한 인간들, 즉 자연에 의해 노예가 된 그들은 다른 사람들의 지배를 받아야 한다. 노예와 동물은 생필품을 만들기 위해 몸을 바치는 유용한 존재라는 점에서 다를 바가 없다.

도편 추방 아테네에는 독재자참주의 출현을 막기 위해 도편 추방陶片追放이라는 제도가 있었다. 시민 대표들은 아고라에 모여 집권자나 관료들 중에서 독재자가 될 가능성이 있는 사람의 이름을 도기 조각에 적어 내어 투표했다. 투표 결과 6,000표 이상이면서 가장 많은 표를 얻은 자는 10년간 아테네에서 추방되었다. 투표에 도편을 사용한 것은 파피루스는 이집트에서 수입해야 하나 당시 아테네는 도자기 업이 성행하여 도편이 흔했기 때문이다.

아테네는 이 제도로 독재자는 출현하지 않았으나 반면에 페르시아 전쟁에서 공이 큰 밀티아데스와 데미스토클레스와 같은 훌륭한 정치가가 어이없이 추방당하는 등 악용되는 사례가 늘어나자 결국 이 제도는 폐지되고 말았다. 그러나 페리클레스만은 추방당하지 않았다.

어느 해 도편 추방을 결정하는 투표장에서 당시 아테네 정계의 거물인 아리스티테스에게 어떤 시민이 다가와 부탁했다. 물론 그 시민은 그가 아리스티테스라는 것을 몰랐다.

"글을 몰라 부탁드립니다만, 이 도기 조각에 아리스티테스라고 좀 써주세요."

당황한 아리스티테스가 그에게 물었다.

"그가 무슨 나쁜 짓을 했습니까?"

"사람들이 하도 아리스티테스가 위대한 인물이니 정의의 사도니 하고 떠들어대서 그런답니다."

아리스티테스는 아무 말 없이 도편에 자기 이름을 적어 주었고, 투표 결과 그는 추방자로 결정되어 아테네에서 추방당하고 말았다.

기원전 480년 살라미스 해전에서 페르시아 함대를 극적으로 격퇴시킨 아테네의 영웅 테미스토클레스는 전투에서 승리한 뒤 도편 추방을 당하고 말았다. 또한 그는 페르시아와 내통했다는 고발을 당해 사형이 선고되었는데, 가까스로 탈출하여 페르시아로 망명하는 신세가 되었다. 그런데 아테네의 유적을 발굴했을 때 같은 필체로 테미스토클레스라고 기록된 도편이 많이 발굴되었다.

재판 제도 아테네의 법정은 검사나 변호사나 재판관이 없다. 누구나 부정을 발견하면 고소하여 시민들로 구성된 배심원 앞에서 토론을 벌였다. 배심원은 30세 이상의 시민으로 구성되는데, 적게는 100여 명에서 많게는 2,000여 명이 참석할 때도 있었다. 원고와 피고에게는 자신의 입장을 밝히는 같은 시간이 주어졌는데, 이때 시간은 물시계로 측정했다.

민중 재판의 경우 배심원들은 아무래도 분위기에 휩쓸리게 마련이라 변호를 하는 웅변이 매우 중요했다. 보통은 본인이 직접 변론하지만 때로는 전문 웅변가인 소피스트에게 돈을 주고 변론 원고와 웅변을 의뢰하는 경우도 있었다. 4세기의 유명한 웅변가인 데모스테네스는 같은 소송에서 원고와 피고의 변론 원고를 동시에 작성해 주기도 했다. 피고들은 때때로 가족들을 법정에 데리고 나와 자신이 처형되면 이들을 어찌겠느냐고 눈물로 호소하는 자도 있었다.

변론이 끝나면 배심원들은 유죄인지 무죄인지만을 도편으로 투표하여 판결했으며 항소 제도는 없었다. 하지만 이 제도는 형량을 결정하지 않고 유죄인지 무죄인지만을 판결하기 때문에 모순이 많았다. 가령 원고가 사형을 주장하고 피고가 무죄를 주장하는 경우 득표수의 과다에 따라 사형 아니면 무죄로 판결이 내려졌다. 철학자 소크라테스가 거리에서 젊은이들과 자주 대화와 토론을 했다고 해서 어이없이 사형을 당한 것도 바로 이러한 재판 제도 때문이었다.

스파르타 교육

스파르타는 기원전 1200년경 남하한 도리스 인이 선주민인 이오니아 인을 정복하고 그들을 노예헤이로타이로 만들고 세운 도시 국가이다. 수적으로 10배가 넘으면서 결속력이 강한 헤이로타이는 틈만 나면 반란을 일으켜 스파르타 인들은 언제나 주의를 기울여야만 했는데, 특히 주변국과의 전쟁으로 남자들이 없을 때는 더욱 위험한 존재들이었다. 기원전 4세기 전반에는 2,000여 명의 스파르타 시민이 2만 명의 페리오이코이투표권이 없는 반자유민와 5만 명의 헤이로타이를 지배했었다.

이 때문에 스파르타 인은 선주민을 지배하기 위해 농사일은 헤이로타이에게 맡기고 수확물의 절반을 챙기면서 자기들은 신체 단련과 군사 훈련에만 열중했다. 엄격한 스파르타식 교육을 통해 강인한 병사를 육성하는 것만이 유일한 생존 수단이었기 때문이다.

스파르타는 요람에서 무덤까지 국가가 엄격히 통제하는 체제였다. 아기가 태어나면 아기를 독한 술로 목욕시켜 발작을 일으키거나 감각을 잃으면 나약하다고 하여 산골짜기의 아기를 버리는 장소에다 내버려 죽게 했다. 아기는 반드시 장로로부터 건강 진단을 받아야 하며 건강하지 못한 아기는 산에다 버려야 한다.

그래서 건강한 아기를 낳기 위해 건장한 남자에게 아내를 빌려 주는 일은 흔한 일이었다. 사내아이들이 부모 밑에서 자라는 7세까지는 부모들은 자식을 강하게 기르려고 애썼다. 쾌활하고 낙천적이며 울지 않고 어둠과 혼자 있는 것을 무서워하지 않도록 가르쳤고 아픔을 이겨내는 능력을 기르기 위해 때로는 이유 없이 아이들을 때리기도 했다.

스파르타 시민의 남자아이는 7세가 되면 집을 떠나 엄격한 집단생활을 하는데 이 과정에서 약자는 도태된다. 그들은 15명 단위로 조직하여 생활하는데 전시가 되면 전투 조직의 단위가 된다. 아이들은 육체적 고통을 이겨내는 능력을 시험 받기 위해 해마다 여신상 앞에 꿇어 앉아 사정없이 내려치는 채찍질을 견뎌내야 한다. 이때 애원하거나 비명을 질러서는 안 되었다.

사내아이들은 12살이 되면 소년대로 넘어 가는데, 그 전에 시험을 거쳐야 한다. 시험은 국왕과 장로들이 참관하는 가운데 소년들은 두 집단으로 나뉘어 맨손으로 서로 싸우는데, 이때 자신의 용감성과 잔인함을 한껏 발휘해야 한다. 소년기에는 머리를 빡빡 깎고 겨울이나 여름이나 맨발에다 망토 한 벌로 지내야 하며 갈대로 엮은 거적 위에서 집단으로 잠을 잔다. 음식물은 모자라게 주어 스스로 기아와 맞서 해결하는 능력을 키우도록 했다. 그리하여 20세가 되면 교육 훈련이 끝나고 군인이 되어 30세까지 군사 훈련을 받으며 30~60세는 상비군으로 복무해야 했다.

스파르타는 이러한 특수 사정 때문에 출산율이 낮은데다가 전사자도 많아 인구를 늘리는 것이 최대의 과제였다. 그래서 남자는 30세, 여자는 20세까지 결혼하지 않으면 처벌을 받았다. 남자는 전사자, 여자는 출산 때 사망한 자 외는 비석을 세울 수 없었다.

스파르타 남성들이 싸움터로 나가 집을 비울 때면 여성들만의 힘으로 노예들을 다스려야 하기 때문에 스파르타 여성들은 집에서 생활하면서 남성들과 다름없이 달리기, 창던지기, 원반던지기, 씨름 등의 훈련을 받았다.

스파르타의 전술이 속전속결을 중시한 것은 남자들이 고향을 오래 비워둘 수 없었기 때문이다. 스파르타는 헤이로타이의 힘을 약화시키기 위해 매년 한 차례 그들을 채찍질하면서 그들이 노예임을 잊지 않도록 했고, 체격이 건장한 자는 죄가 없어도 죽였다. 스파르타 청년들은 쿠류프티아라는 수행을 했다. 밤에 행군을 하면서 헤이로

타이를 만나면 무조건 죽이는 것이다. 이것은 헤이로타이에게 스파르타 인에 대한 공포심을 심어 주고 반항하려는 기를 꺾기 위함이었다.

어느 때 전쟁에서 용감히 싸운 공로로 노예 신분에서 해방되어 자유인이 된 2,000여 명의 헤이로타이 용사들이 머리에 월계수관을 쓰고 즐거운 얼굴로 거리를 행진하고 있었다. 그런데 행사가 있은 뒤 며칠이 지나자 헤이로타이 용사들은 모두 행방불명이 되었다. 스파르타는 그들에게 자유를 준다고 해 놓고는 모조리 죽였던 것이다.

그리스 인의 신

고대 그리스 인은 많은 신을 믿었는데, 그 신들은 외모와 성격은 인간과 닮아 욕망, 감정 그리고 이성을 가졌으되 죽지는 않는다고 생각했다. 신들은 가장 이상적인 인간상이기도 하지만 제우스신처럼 불륜과 유괴 등을 저지르기도 했다. 이러한 인간 중심적인 문화는 자유로운 폴리스 시민의 공공 생활에서 생겨난 것이다.

신들 중에서 가장 위대한 신은 통치자 제우스였다. 제우스의 부인이자 여동생인 헤라는 여성과 결혼을 담당했고, 제우스의 남동생인 포세이돈은 바다를 통치했다. 그 밖에 전쟁의 신 아레스, 사랑과 아름다움의 여신 아프로디테, 전령의 신 헤르메스, 대장장이의 신 헤파에스투스, 지혜의 신 아테네, 아테네의 딸이자 땅의 생산력을 담당하는 데메테르 신의 딸인 페르세포네, 치료와 음악의 신 아폴로 등이 있다. 대부분의 신들은 올림퍼스 산에 살며 산꼭대기는 하늘과 맞닿는다고 믿었다.

그리스 인들은 내세를 믿었지만 지상에서의 삶보다는 못하다고 생각했으며, 사람이 죽으면 대부분 화장하여 그 재를 저승에서 사용할 물건과 함께 묻었다. 그리스 인에게 종교는 의식적 행사 차원으로 받아들여졌으나 예배와 희생제는 신의 은총을 받기 위한 것으로서 엄격하게 거행되었다.

대부분의 가정에서는 제우스와 아폴로 신을 모시는 제단 외에 가정을 지켜 준다고 믿는 다른 신의 상을 모시고 의식을 가졌다. 그중에는 불씨를 꺼뜨리지 않게 해주는 난로의 여신 헤스타이, 인간의 머리와 남근을 돌기둥에 새긴 헤르메스 신, 포도와 옥수수를 생산하게 해 주는 디오니소스 신과 데메테르 신 등을 모시고 매일 음식을 제물로 바쳤다.

신을 모시는 성소와 신전에서는 공동체의 예배가 거행되었으며 신전에는 신에게 바친 귀한 물건으로 가득했다. 신들이 사는 올림퍼스 산과 태양신 아폴론이 계시를 내리는 델피의 신전은 공동의 성지였다. 모든 도시에서는 수호신들을 위한 연례 축제를 열었다. 아테네는 4년마다 파나테나이아 축제를 열어 아테네 신에게 제물을 바쳤다.

일반인은 신전 내부로 들어가는 것이 허용되지 않았고, 나라의 제사와 같은 중요한 의식은 신전 밖의 야외에서 치러졌다. 신전의 제단에서 사제는 희생 제물로 바쳐질 소, 양, 염소, 돼지 등의 목을 따서 일부는 제단에 올려 불에 태우고 나머지는 구워서 사제와 참석자들이 나누어 먹었다.

그리스의 신들은 후에 로마 신화에도 나오는데, 최고의 신인 제우스는 주피터로, 바다의 신 포세이돈은 넵튠으로, 달의 신 아르테미스는 다이아나로 이름이 바뀌어 등장한다.

델피의 신탁 신탁神託은 세계 어디에나 있었던 신권 정치의 한 형태로서 고대 지중해 세계에서는 신의 의사를 묻고 전달받는 신탁에 의존했다. 신탁은 점술과 비슷하지만 신탁소라는 특정한 장소에서 하는 점이 다르며 신전마다 점술법이 달랐다.

그리스의 신탁소 중에서 가장 유명한 곳이 델피에 있는 아폴로 신탁소로서 외국에도 널리 알려져 나라의 대사뿐만 아니라 개인적인 일로 어려운 고비가 생길 때마다 아폴로 신에게 물어 보기 위해 이곳으로 순례를 왔으며, 리디아의 크로이소스 왕도 이곳에서 신탁을 청하기도 했다. 델피에는 땅이 벌어진 틈새가 있어 이곳에서 증기가 새어 나왔는데 이 증기를 마시면 머리가 혼미해져 엉뚱한 말을 지껄이게 되고 그 말은 인간의 입을 빌려 태양신이 전하는 것이라고 여겼다.

여 사제피티아가 삼각의자에 앉아 몽롱한 채로 지껄이면 다른 사제들이 이를 해석해 주었다[델피의 신탁]. 신의 의사를 전해 주는 신탁 내용은 대개 시 형식의 모호한 내용이었기 때문에 해석을 두고 의견이 분분하게 마련이다. 예를 들어 페르시아 전쟁 당시 델피의 신탁 내용은 "오, 가엾은 인간들아!"라는 불길한 내용이었다. 그래서 다시 신탁을 청했더니 이번에는 다음과 같은 내용이었다.

> 모든 것을 보시는 제우스는 너희에게 나무 성벽을 주시리라. 그것은 깨지지 않으며 너와 네 자손을 지켜줄 것이다. 신성한 살라미스여, 너는 자손들을 멸하리라.

이 신탁을 두고 서로 해석이 달랐다. 나무 성벽이란 나무 울타리를 두른 아크로폴리스를 뜻한다고 해석하기도 하고, 나무로 만든 군함을 뜻한다고 해석하기도 했다. 신탁의 마지막 구절을 살라미스에서 해전이 벌어져 아테네 인이 전멸한다는 내용으로 해석하는 자도 있었다.

이에 대해 테미스토클레스는 나무 성벽을 군함으로 해석하고 신성한 살라미스라고 한 것으로 보아 아테네가 패한다고 해석했다. 대부분의 아테네 인들은 테미스토클레스의 해석을 따라 여자와 아이들과 노인들을 이웃나라로 피신시키고 건장한 남성들은 모두 배에 올라타고 아테네를 포기했다. 아테네에는 나무성벽을 아크로폴리스라고 해석한 소수의 사람들만 남아 있었다. 결국 전자로 해석한 사람들은 살아남고 후자로 해석한 사람들은 아테네로 쳐들어온 페르시아 군에게 몰살당하고 말았다.

페르시아 전쟁 당시 신탁은 페르시아와 그리스 중에 먼저 싸움을 거는 쪽이 질 것이라고 했기 때문에 양쪽은 싸움을 걸지 못하고 한동안 대치하고 있었는데 결국 페르시아 측이 더 이상 참지 못하고 싸움을 걸었다가 패하고 말았다.

이렇듯 신탁이 절대적이다 보니 신탁이 유리하게 나오도록 무녀에게 뇌물을 바치는 경우도 있었다. 아테네에서 쫓겨나 망명 중이던 알크마이온은 고국으로 돌아가기 위한 계책으로 델포이의 무녀를 매수했다. 그리하여 스파르타 인이 신탁을 청하러 올 때마다 "아테네를 참주로부터 해방시켜라"라고 말하게 해서 스파르타가 아테네를 침입하게 했다.

고대 올림픽

고대 그리스 인은 독립심이 강하여 폴리스 간의 다툼이 끊이지 않았지만, 외부로부터 적의 침입을 받으면 동맹군을 결성하여 적과 대항하여 싸웠다. 이렇게 그리스 인을 결합시킨 데에는 공동의 신앙과 스포츠가 있었기 때문이다.

모든 그리스 인은 그리스 신의 제왕인 제우스에게 경의를 표하기 위하여 4년마다 올림피아 평원에 있는 제우스 신전에서 제전을 올려왔다. 제전은 기도와 찬양을 하고 희생 제사를 올리는 종교 의식이었다. 그러다가 기원전 776년부터 제전의 일부로 체육 경기를 시작하게 된 것이 고대 올림픽의 기원이다.

올림피아 경기 등의 제전이 시작되면 그리스 전역에서 무기를 버리고 휴전에 들어가 그리스 전역은 축제 분위기가 되었다. 올림피아가 있는 도시 국가 엘리스는 올림픽 경기를 주최한 덕분에 로마 제국이 망할 때까지도 영토를 지킬 수 있었다. 제90회 올림픽 휴전 중에 스파르타가 전투를 벌였다가 엘리스로부터 벌금 조치를 당했는데, 스파르타가 이를 거부하다가 올림픽 출전을 금지당한 적도 있다.

기원전 776년 제1회 대회 때는 '스타디온'이라는 단거리 경주192.27m 한 종목만으로 하루 동안 열렸다. 최초의 우승자는 엘리스 출신의 코레오부스라는 소년 요리사였는데 사과나무 가지 하나를 상으로 받았다. 이후 전차 경주 등 경기 종목이 대폭 늘어나면서 기원전 632년부터는 5일에 걸쳐서 열렸고 우승자는 올리브 나무로 만든 월계관과 함께 큰 상금도 받았다.

당시 선수들은 개인 자격으로 출전하였지만 경기에서 승리한다는 것은 선수 개인뿐만 아니라 소속 폴리스에게도 최고의 명예로 여겨졌다. 수상자는 열광적인 축하를 받았고, 시인들은 그들의 경기를 장엄한 시로 노래했고, 조각가들은 그들의 입상을 조각하여 올림피아 경기장을 장식했다. 또한 수상자는 폴리스로부터 세금을 면제받거나 상금이나 연금을 받는 등 많은 혜택을 받았다.

참가 선수의 자격은 폴리스 시민으로서 전과가 없고 제우스에 대한 불경한 행위가 없었던 남자여야 하며 여성과 노예는 출전은 물론 관람도 허용되지 않았다. 올림피아 제전이 열린 다음해 정월에는 올림피아에서 여성들만 참가하는 헤라제가 열렸다.

기원전 720년부터는 선수와 관객들이 모두 알몸으로 참가했다. 대회는 추수가 끝나고 하지가 지난 첫 보름날에 열리기 때문에 무척 더운 시기였다. 원래 선수들은 옷을 걸치고 경기를 했으나 언젠가 한 선구가 달리기 시합 중에 옷이 흘러내리자 알몸인 채로 달려 우승했는데, 인간 육체를 찬미하던 그리스 인들은 그 후로 너도나도 옷을 벗고 경기에 나섬으로써 그것이 규칙이 되어 버렸다.

4만 명 이상이 모이는 올림픽 축전에는 경기와는 별도로 시인, 화가, 조각가 등은 자신의 작품을 전시했고, 철학자나 정치가는 자신의 사상을 피력하거니 세력을 과시하기도 했다.

로마가 그리스를 점령하던 기간 동안 로마 황제 네로와 티베리우스는 직접 올림픽 경기에 참가하는 등 올림픽 제전을 축복했으나, 그리스도교를 국교로 정한 로마 황제 테오도시우스 1세는 올림픽 제전을 이교도의 축제라고 하여 금지시킴으로써 고대 올림픽은 서기 393년의 제293회 대회를 끝으로 1,170년 만에 막을 내리고 말았다.

그러다가 프랑스의 쿠베르탱1863~1937 남작이 올림픽 부활 운동을 벌여 1896년 아테네에서 제1회 근대 올림픽 대회가 개최되었다. 이때부터 마라톤 경기가 시작되었는데 제1회 마라톤 대회에서는 그리스의 스피리돈 루이스라는 농민이 2시간 55분의 기록으로 우승했다.

경기 종목 대회 첫날은 먼저 주신인 제우스신과 다른 신께 제사를 올리고 서약을 하면서 시작된다. 제단에서는 양, 소, 산양, 돼지 등을 희생 제물로 죽이고 피와 고기의 상태를 보고 길흉도 점쳤다. 제물이 된 동물은 구워서 연기는 신에게 바치고 고기는 제전에 참가한 사람들에게 분배되었다.

둘째 날에는 선수들이 말과 전차를 타고 행진하는 것으로 시작하여 전차경주, 경마 그리고 오종 경기가 열렸다. 네 마리의 말이 끄는 열 대의 마차가 벌이는 전차경주에서는 마차에서 떨어지면 목숨을 잃기도 하여 긴장감이 넘쳤다. 우승의 영광은 마부가 아닌 마차의 주인에게로 돌아갔다. 오종 경기는 달리기, 멀리뛰기, 원반던지기, 창던지기, 레슬링으로 구성되었다. 경마에서는 안장이 없는 말을 탔으며, 멀리뛰기에서는 납이나 돌추를 들고 뛰었다.

셋째 날과 넷째 날에는 달리기, 권투, 레슬링, 판크라티온이 열렸으며 마라톤 종목은 없었다. 달리기에는 단거리192m와 중거리, 장거리4,614m 종목이 있었다. 신호가 떨어지기 전에 출발하면 위반으로 심판관으로부터 매질을 당했으나, 그 후 경마처럼 가로대를 사용하게 되었다. 당시는 기록을 잴 수 있는 시계가 없어 오직 1등만을 가렸다.

레슬링은 체급 구분이 없었으며, 상대를 세 번 내던지면 승부가 결정되었다. 권투는 맨주먹에 가죽 끈을 감고 싸웠으며 오로지 얼굴만을 때리게 되어 있었고, 경기가 시작되면 승부가 날 때까지 휴식 없이 싸웠다. 격투기와 비슷한 판크라티온은 때리거나 차거나 던지거나 조이거나 꺾거나 하는 것은 물론 눈을 찌르거나 깨무는 등 어떤 기술도 허용되는 무시무시한 경기였다.

최종일인 다섯째 날에는 우승자들을 시상했는데 상은 제우스 신전 근처의 신성한 올리브 숲의 야생 올리브 가지로 엮은 관이었다. 시상식이 끝나면 승리를 축하하는 연회가 열렸고 우승자들은 출신 도시 국가로부터 큰 혜택을 받았다. 아테네에서는 우승자에게 세금도 면제해 주고 공회당에서 음식도 공짜로 먹게 했으며, 자주색 겉옷을 입는 것도 허용해 주었다. 또한 우승자는 올림피아 시에 자신의 상이 세워지는 영광도 누렸다. 기원전 5세기 소포클레스가 전차 경주에 대해 다음과 같이 적고 있다.

> 전차들의 덜컥거리는 소리가 경기장을 메웠다. 전차들이 무리 지어 달리면서 뽀얀 먼지를 일으켰다. 전차의 기수들은 서로 앞서려고 말에 채찍을 해댔다.

경기 부정 고대 올림픽 경기에서 규정을 어기거나 부정을 저지르면 벌금을 물었고 선수가 벌금을 낼 수 없는 경우에는 가족이나 출신 도시가 책임을 져야 했다. 올림피아 경기장 옆에는 제우스 동상의 받침대가 십여 개 이상 남아 있는데, 이 동상은 거둬들인 벌금으로 만든 것이다.

기원전 388년 제89회 올림픽에서 테살리아의 어느 권투 선수가 상대 선수에게 뇌물을 주었다가 발각되어 그 벌금으로 만들어진 상에는 "올림픽에서 승리는 돈이 아니라 빠른 발과 체력으로 얻어야 한다."라고 적혀 있다. 기원전 332년 제112회 올림픽에서 아테네의 오종 경기 선수가 상대에게 뇌물을 주었다가 발각되어 세워진 상에는 "이 상은 부정을 꾀하는 자에 대한 경고다."라고 적혀 있다.

아테네 인들이 벌금에 항의했다가 주최 도시인 엘리스로부터 벌금을 낼 때까지 델포이 신전에서의 아테네 인들의 신탁을 금하겠다고 하자 할 수 없이 벌금을 내기도 했다.

매수되어 출신 도시를 바꾸는 사례도 있었다. 기원전 480년 크로톤의 달리기 선수가 시라쿠사의 참주에게 매수되어 출신지를 시라쿠사라고 선언했다가 분노한 고향 사람들로부터 추방당한 일이 있었으며, 기원전 380년에는 장거리 달리기에서 우승한 크레타 출신 선수가 매수되어 자기는 에페소스 시민이라고 선언했다가 크레타 시민들의 분노를 산 적이 있다. 고대 올림픽에서는 청소년 올림픽을 따로 열었는데 연령을 속이는 부정도 있었다.

마라톤의 기원 기원전 492년 그리스를 침공하던 페르시아 함대가 도중에 태풍을 만나 싸움 한 번 못해 보고 300척의 함선과 2만여 명의 병사를 잃고 말았다[제1차 페르시아 전쟁]. 그러자 페르시아 왕은 이듬해 그리스 각 도시 국가에 사신을 보내어 흙과 물을 요구했다. 항복하여 페르시아의 속국이 되라는 뜻이다. 다수의 도시 국가들이 굴복했으나 아테네와 스파르타는 이를 거절하고 페르시아 사신을 깊은 못과 우물 속에 처넣어 죽여 버렸다.

"이 속에 흙도 있고 물도 있으니 얼마든지 가져가라."

기원전 490년 이에 격분한 페르시아의 다리우스 1세는 10만 명의 대군과 600척의 군함으로 아테네를 공격하기 위해 마라톤에 상륙했다[제2차 페르시아 전쟁]. 아테네는 스파르타에 원군을 청했으나 스파르타는 축제 중이라 당장 원군을 보내 줄 수 없다고 했다.

전 시민과 심지어 노예들까지도 동원한 1만 명의 아테네 병사들은 밀티아데스의 지휘하에 마라톤 평원으로 진군했다. 출전에 앞서 밀티아데스는 병사들에게 외쳤다.

"아테네가 노예로 전락할지, 영원한 자유를 누릴지 이제 너희들 손에 달렸다."

그런데 놀랍게도 1만 명의 아테네 병사들이 10만 명의 페르시아 대군을 무찌르고 승리했다[마라톤 전쟁]. 아테네 병사들은 미티아데스의 지휘하에 조국의 자유를 지키기 위해 목숨을 걸고 용감하게 싸웠으나 페르시아 병사들은 대부분 여러 피지배 민족들로 구성되어 그 결의가 아테네 병사들과는 달랐던 것이다.

밀티아데스는 이 승리의 기쁨을 초조하게 소식을 기다리고 있을 아테네 인들에게 한시 바삐 알리기 위해 페이디 피데스 병사를 전령으로 아테네에 보냈다. 그는 아픈 몸을 이끌고 사력을 다해 아테네를 향해 달려갔다. 그는 아테네 광장에 도착하여 사람들에게 승리를 알리고 그 자리에 쓰러져 숨을 거두었다.

"모두들 기뻐하십시오. 우리가 승리했습니다."

1896년 아테네에서 제1회 근대 올림픽이 개최되었을 때 이 아테네 병사의 전설적인 위업을 기리기 위해 마라톤 경기가 처음으로 채택되었고, 그리스의 스피로스 루이스가 우승을 차지했다.

마라톤 경주의 거리가 4만 2,195m로 확정되었는데, 이는 1908년 런던 올림픽 대회 때 윈즈 궁에서 런던 스타디움 로열박스 앞까지의 거리를 마라톤 경주의 거리로 하겠다는 영국올림픽위원회의 결정에 의한 것이었다.

다음은 기원전 472년 페르시아 전쟁 중에 그리스의 비극 작가 아이스킬로스가 아테네에서 상영한 비극 「페르시아 인」에 나오는 한 구절이다.

> 자, 가라! 헬라스의 자식들이여.
> 가서 조국의 자유를 지켜라.
> 우리 아이들과 아내들을 위해 자유를 지켜라.
> 선조들로부터 물려받은 신전과 선조들의 분묘를 지켜라.
> 지금 모든 것이 이 전쟁에 달려있다.

고대 그리스 문화

아테네 인은 내적 문제, 특히 진실과 아름다움에 관심이 많았으며, 집회나 모임에서 공통의 관심사를 놓고 대화하기를 좋아했다. 그들은 사물의 존재와 본질적인 것을 논리적으로 표현하기를 좋아했는데, 이러한 성찰을 필로소피[철학]라고 했으며, 기원전 5세기에는 변론과 수사학을 가르치는 직업 교사가 생겨 이들을 소피스트[지혜로운 사람]라고 했다.

인간적이면서 합리적이라는 그리스 문화의 특징이 가장 잘 나타나는 것이 철학 부문으로서 많은 대가들이 배출되었다. 인간은 만물의 척도라고 역설한 피타고라스BC 580~BC 500, 보편적이고 객관적인 진리의 존재와 지덕합일의 도덕을 역설하며 무지에 대한 자각을 강조한 소크라테스BC 470~BC 399, 소크라테스의 제자이며 철인이 통치하는 이상 국가의 건설을 역설한 플라톤BC 427~BC 347, 플라톤의 제자이며 알렉산더 대왕을 어린 시절에 가르친 아리스토텔레스BC 384~BC 322 등이 있다.

그리스의 조각은 초자연적인 신비로움이나 기교가 없는 단순하고 자연스러우면서도 우아함을 지니고 있다. 그리스는 신화를 바탕으로 한 풍부한 문화유산을 후세에 남겼다. 맹인 가수로 유랑 생활을 하며 『호머의 서사시』를 쓴 호메로스BC 9~BC 8, 『이솝 우화집』을 남긴 아이소포스BC 6C, 최고의 서정시를 남긴 레스보스 섬의 여류 시인 사포BC 610~BC 580, 극작가 아리스토파네스BC 450?~BC 388? 등의 위대한 작품으로 그리스 문화는 전성기를 이루었다.

기원전 338년 그리스의 폴리스들은 마케도니아의 필리포스 왕이 정복했지만, 그리스의 문화는 살아남아 오랫동안 계승·발전되었다. 필리포스 왕의 뒤를 이은 그의 아들 알렉산더 대왕은 마케도니아와 그리스의 연합군을 이끌고 동방 정벌에 나서 페르시아 제국을 멸망시키고BC 330 동쪽으로 인도 북서부 인더스 강에 이르는 대제국을 건설했다.

마케도니아 제국이 동방 원정을 시작해서 이집트 최후의 프톨레마이오스 왕조가 망하기까지BC 30 약 300년 동안 그리스 문화가 동방으로 전해져 융합되었는데, 이 시기를 헬레니즘 시대라고 한다. 헬레니즘이란 그리스 풍이란 뜻으로서 헬레니즘 시대에는 경제와 문화의 중심이 동방으로 옮겨져 당시 헬레니즘 문화의 중심이었던 이집트의 수도 알렉산드리아의 인구는 100만 명을 넘었다.

그 후 지중해 세계를 지배해 온 로마 제국이 그리스의 문화 유산을 그대로 계승하여 14세기 이탈리아에서는 신 중심의 기독교 문화에서 인간 중심의 그리스 문화를 부활시킨 르네상스 문화를 꽃피우게 되었다.

비극의 아버지 아이스킬로스 아이스킬로스BC 525~BC 456는 고대 아테네의 3대 비극작가 가운데 최초의 인물이다. 그는 26세 때 첫 번째 극본을 완성하여 호평을 받았고, 41세 때 비극 경연 대회에서 우승했다. 그는 처음으로 한 명의 배우와 합창, 그리고 낭송만으로 된 초기 극예술의 관례를 깨고 별도의 역할과 대사를 가진 제2의 배우를 도입하여 노래와 행위가 함께 어우러진 형태의 극예술로 끌어올린 인물이다. 그로 인해 그리스 연극은 구성과 대사에서 훨씬 다양하고 역동적인 효과를 낼 수 있게 되었다.

그는 「페르시아 사람들」, 「오이디푸스」 3부작, 「다나오스」 3부작 등 80편 이상의 작품 가운데 52편이 1등상을 받았다.

아이스킬로스는 하늘로부터 타격을 받아 죽을 것이라는 신탁 예언을 믿고 집이 무너질까 봐 늘 밖에서만 지냈다. 그러던 어느 날 그가 산책을 하고 있을 때 그의 머리 위를 나르던 한 마리의 독수리가 떨어뜨린 거북에 머리를 맞고 즉사하고 말았다. 그 독수리는 아이스킬로스의 대머리가 거북 등딱지를 깰 수 있는 바위라고 착각했는지 모른다.

철학자 플라톤

고대 그리스의 위대한 철학자 플라톤BC 427~BC 347은 아테네의 귀족 가문에서 태어나 서양 문화의 철학적 기초를 마련한 인물로서, 영국의 철학자 화이트헤드는 "서양의 2000년 철학은 모두 플라톤 철학의 각주에 불과하다"라고 했다. 일찍부터 소크라테스 밑에서 배운 그는 청년 시절에는 정치적 야망도 있었으나 소크라테스의 죽음을 곁에서 지켜본 후로는 평생을 철학에만 전념했다.

기원전 399년, 소크라테스가 사약을 받고 죽자 플라톤도 같은 무리라고 하여 아테네에서 쫓겨났다. 그는 12년 동안 해외를 유랑하면서 수학자, 사상가, 정치가들과 폭넓은 교류를 했다. 시칠리아의 참주인 디오니소스의 초청을 받고 망설이다가 이상국가 실현을 위해 초청에 응했으나 그의 과두 정치를 비난하여 분노를 사게 되어 노예로 팔렸다가 키레네 사람에 의해 구출되었다. 기원전 386년 아테네로 돌아온 그는 근교에 학원인 아카데미아를 열고 여생을 제자 양성과 저작 활동에 몰두했다.

플라톤의 핵심 사상인 이데아idea는 영원불변의 절대적인 진리로서 가변적이며 감각적 경험에 의한 현상 세계의 만물은 이데아의 복사에 지나지 않으며, 이데아를 동경하는 마음을 에로스Eros라고 했다. 플라톤은 주로 대화 형식으로 저술했는데 대화의 주인공은 대체로 스승인 소크라테스이다. 대표작에는 『변명』, 『향연』, 『국가론』, 『폴리티코스』, 『파이돈』 등이 있다.

플라톤의 수제자이며 천동설을 주창한 아리스토텔레스BC 384~BC 322는 마케도니아의 알렉산더 대왕BC 356~BC 323이 14세 때부터 그의 스승이 되어 7년 동안 그를 가르쳤다.

통나무 속의 철학자 디오게네스

고대 그리스 시노페의 디오게네스BC 404~BC 320는 퀴닉 학파견유학파의 대표적인 철학자다. 퀴닉이란 말은 그리스 어의 퀴인개, 키니코스개 같다라는 말에서 유래했다. 그들은 세속적인 권위를 우습게보며 도덕, 풍습, 법, 형식 등을 무시하고 덕과 철학을 중시했다는 점에서 소크라테스의 철학과도 통한다.

그들은 도덕의 파수꾼을 자처하면서 대부분의 인습과 믿음이 잘못된 것임을 밝히려 했다. 그들은 사람이 소유하고 필요로 하는 모든 것은 명상과 평온함을 방해할 따름이라고 생각했다. 그들은 세속적인 욕망을 버리고 인내의 체험을 통해 덕을 쌓을 수 있다고 생각하여 모든 것을 버리고 알몸으로 생활했다.

그들의 삶은 반문명적이고 반사회적이어서 그야말로 개처럼 원시적이고 자유로운 기행으로 가득했다. 그들은 결혼 제도를 인정하지 않았고 여자들도 남자들과 같이 모든 것을 누릴 권리가 있다고 주장했다. 그들은 국가라는 것을 부정하며 세계시민이 되어야 한다고 역설했다.

디오게네스는 일관된 사고체계보다는 인격적 본보기를 보이면서 철학을 전파했다. 그는 모든 권위를 비웃으며 통나무 속에서 생활했고, 정직한 사람을 찾는다고 대낮에도 등불을 들고 다녔다.

그는 쥐가 돌아다니는 것을 보고 이렇게 말했다.

"쥐는 잘 곳도 정해져 있지 않고, 어둠도 두려워하지 않고, 사치스런 음식도 요구하지 않는다. 인간도 이와 같은 모습이어야 할 것이다."

어느 날 디오게네스는 샘터에서 아이들이 두 손으로 물을 받아 마시는 것을 보고는 "아직도 내가 필요 없는 것을 가지고 있었구나"하고는 유일하게 소지하던 밥그릇마저 내버렸다.

디오게네스는 잠에서 깨어나 마지막 한 마디를 남기고 숨을 거두었다.

"잠과 죽음은 형제와 같은 것. 죽기 전에 잠드는 것이 보통이지만 이제는 순서가 뒤바뀌겠군."

당시 그리스를 정복한 알렉산더 대왕이 그리스의 코린트에 나타나자 많은 그리스의 지도자들과 학자들이 그에게 몰려 와 환영을 표했다. 그러나 단 한 사람 디오게네스는 코린트 광장에 있는 통나무 속에서 거의 알몸인 채 꼼짝도 하지 않고 있었다.

괴짜 철학자 디오게네스에 대한 소문을 듣고 아는 알렉산더는 그를 만나보고 싶어 불렀으나 응하지 않자 직접 그를 찾아갔다. 화려한 갑옷과 투구를 쓴 알렉산더가 디오게네스를 찾아 통나무 앞에 나타났다.

"내가 알렉산더 대왕이오. 원하는 것이 있으면 들어 줄 터이니 말해 보오."

마침 기분 좋게 햇볕을 쬐며 누워 있던 디오게네스가 알렉산더를 보며 말했다.

"대왕, 소원이 하나 있기는 있소이다."

"그게 무엇이란 말이오?"

"그늘이 지니 대왕께서 햇빛을 가리지 말았으면 합니다."

무색해진 알렉산더는 자리를 떴으나 내심 크게 감명을 받았다. 돌아오는 길에 알렉산더가 말했다.

"내가 만일 알렉산더가 아니라면 디오게네스가 되겠다."

플라톤이 인간에 대해 "인간이란 깃털 없는 몸에 그저 두 발로 걷는 동물일 뿐이다."라고 했다. 그 말을 전해들은 디오게네스는 닭 한 마리를 잡아 깃털을 뽑아 버리고는 플라톤을 따르는 사람들 앞에 내던지며 말했다.

"이게 바로 플라톤이 말하는 인간이란 놈이다."

아르키메데스

수학자들로부터 '수학의 신'이라 추앙 받는 고대 그리스의 위대한 수학자 아르키메데스BC 287~BC 212는 그리스의 도시 국가인 시칠리아의 시라쿠사에서 태어났다. 그는 어릴 때부터 배우기를 좋아하여 수학과 천문학, 특히 고대 그리스의 기하학에 깊은 관심을 보였다. 그는 11살 때 이집트의 알렉산드리아에서 공부할 기회가 있어 그곳에서 수많은 서적과 학자들을 접할 기회를 가졌다.

아르키메데스는 복잡한 구조의 면적과 체적을 구했고, 원주율 값을 얻어냈으며, 또한 지렛대의 원리와 부력의 원리아르키메데스의 원리를 발견한 것으로 유명하다.

기원전 213년 로마 군이 시칠리아의 시라쿠사를 포위했을 때 그는 거울에 태양빛을 반사시켜 로마 함선에 불을 지르는 등 효과적인 장비를 만들어 오랫동안 성을 방어하는 데 중요한 역할을 했다. 그러나 결국 시라쿠사는 로마 군에 함락당하고 아르키메데스는 로마 병사에 의해 살해되었다.

시라쿠사의 왕 히에론 2세BC 306~BC 215는 자신의 왕관이 정말 순금인지 아닌지가 궁금하여 아르키메데스에게 부탁했다. 방법을 고심하던 아르키메데스는 어느 날 목욕을 하게 되었다. 그가 물이 가득 찬 목욕통에 들어가는 순간 물이 넘쳐 바닥에 흘러내렸다. 그것을 본 아르키메데스는 뛸 듯이 기뻐하며 "유레카! 유레카!알아냈어!"하고 소리치며 알몸인 채 거리로 뛰쳐나왔다. 그리하여 그는 왕관을 물속에 집어넣어 넘쳐는 물의 양을 측정하여 금과 은의 함량을 알아낸 것이다.

에게 해 문명

에게 해를 중심으로 꽃을 피운 고대 문명은 호메로스의 서사시『일리아드』를 믿은 독일인 하인리히 슐리만이 트로이와 미케네 두 곳에서 옛 도시의 유적과 엄청난 양의 유물을 발굴함으로써 19세기 말에 그 모습을 드러냈다. 호메로스의 서사시『일리아드』와『오디세이』는 기원전 800년경에 이미 있었으며, 옛날부터 전해 오던 전설을 기초로 쓴 것이다.

에게 해 문명은 그리스 본토의 헬라스 문화, 에게 해의 키클라데스 문화, 크레타 섬의 미노아 문명의 세 개 문화권으로 이루어진다. 기원전 19세기 크레타 섬은 그리스 본토의 미케네 인이 멸망시켰고, 그리스의 도시 국가는 마케도니아의 알렉산더 대왕에게 정복되었다가 이후 로마 제국에 편입되었다.

1822년 독일 선교사의 가정에서 태어난 슐리만은 어릴 때「트로이의 목마」에 관한 책을 읽고 큰 감동을 받았다. 사업가로 성공을 거둔 슐리만은 사업을 그만두고 호메로스의 서사시에 나오는 도시들을 차례로 발굴하기 위해 먼저 트로이로 생각되는 터키로 향했다. 그는 트로아스의 히사를리크 언덕에서 엄청난 유물과 함께 도시의 성벽과 9층이나 되는 도시를 발굴했다. 실제 이 도시는 불에 타서 없어졌다는 것이 밝혀졌다.

1876년 슐리만은 다시 미케네에서 궁전과 왕조의 분묘를 발견하여 갑옷, 방패, 관, 장신구, 부장품 등 황금으로 된 유물을 대량으로 발굴했다. 모든 것이 호메로스의 서사시에 나오는 그대로였다. 이곳에서 반지 하나가 발견되었는데 거기에는 상형문자로 기원전 1400년경에 살았던 이집트 왕의 이름이 적혀 있었다.

1900년 영국인 고고학자 에번스도 호메로스의『오디세이』에 나오는 크레타 섬의 크노소스를 찾아가 그곳에서 거대한 궁전 유적을 발굴했다. 정교한 채색의 그림으로 장식된 1,000개 이상의 방이 있었고 도자기, 석기, 인장 등 다수의 유물이 발굴되었으며, 왕궁이 있었던 자리에는 하수관과 수세식 변기의 일부분이 발굴되었다. 크레타 섬에서는 선문자線文字 A와 선문자 B가 사용되었는데, 선문자 A는 아직 해독되지 않았지만, 선문자 B는 그리스 어임이 밝혀졌다.

트로이 목마

기원전 1200년경 아가멤논이 이끄는 그리스 연합군은 트로이를 공격했다. 10년에 걸친 트로이 성에서의 공방전 끝에 그리스 연합군은 가까스로 트로이

성을 함락하고 승리를 거두었는데[트로이 전쟁] 이 전쟁의 마지막 10일간을 다룬 작품이 호메로스의 『일리아드』이다.

트로이의 왕자 파리스가 그리스의 스파르타를 방문했을 때 스파르타의 왕비 헬레네를 유혹해 데리고 가버렸다. 화가 난 그리스 측은 10만 대군을 1,816척의 배에 나누어 타고 토로이로 향했다. 그리스와 트로이 병사들은 격렬한 전투를 벌였지만 트로이 성은 쉽게 함락되지 않았다. 그러자 묘안을 짜낸 그리스 군은 나무로 거대한 목마를 만들어 성채 앞에 버려둔 채 철군하는 척했다.

다음 날 트로이 병사들은 그리스 인들이 버리고 간 목마를 발견했다. 그 목마에는 "고국으로 돌아가는 것에 감사하기 위해 아테네 여신에게 바친다"라는 글이 있었다. 이를 본 트로이 병사들은 승리의 환호성을 지르며 목마를 성채 안으로 들여 놓고 하루 종일 승리의 자축연을 벌였다.

트로이 병사들이 하나 둘 술에 취해 잠든 야심을 틈타 목마 속에서 오디세우스를 비롯한 그리스 병사들이 몰래 빠져나와 성채의 문을 활짝 열자 밖에서 기다리고 있던 그리스 병사들이 물밀듯이 성 안으로 들어왔다. 견고함을 자랑하던 트로이 성은 순식간에 무너지고 말았다.

이렇게 하여 '아킬레스 건'의 어원으로 유명한 그리스 영웅 아킬레우스가 트로이 용장 헥토르를 살해함으로써 10년간 계속된 트로이 전쟁은 막을 내렸다. 트로이 항은 현재는 매립되어 육지가 되어 있다.

여류 시인 사포

여성 동성애자를 일컫는 '레즈비언'이란 말은 '레스보스 섬의 소녀'라는 말에서 유래했다. 레스보스 섬의 루카디아 절벽에서는 아름다운 처녀들이 앉아 노래를 부르며 지나가는 뱃사공들을 유혹했다고 하며 고대 그리스 최고의 여류 시인 사포가 소녀들에게 시를 가르치고 있었다.

기원전 512년 레스보스 섬에서 태어난 사포는 부유한 상인과 결혼하여 딸을 두었으나 남편은 일찍 세상을 떠나고 말았다. 당시 에게 해의 여러 섬은 아테네의 사치와 향락 풍조가 흘러들어와 섬 고유의 전통과 문화가 파괴되자 사포는 레스보스 섬의 전통을 살리고 처녀들을 향락 문화로부터 보호하기 위해 여성들만으로 구성된 신부 학교를 만들어 소녀들에게 시와 노래 그리고 악기를 가르쳤다.

관능적이고 감성이 예민한 사포는 그리스의 작은 섬들을 다니면서 아름다운 영혼으로 노래한 자유 시인이었다. 그녀는 어린 소녀에게 사랑을 느꼈지만 그 소녀가 사포의 시녀를 사랑하는 것을 알고 루카디아의 절벽에서 떨어져 자살했다고 한다. 사포는 딸에게 보내는 작별의 시에서 "노래가 가득한 집에서 통곡의 소리가 들리는 것은 옳지 않다. 그런 일은 우리에게 어울리지 않아"라고 했다.

사포의 시에는 소녀들에 대한 사랑을 아름답게 묘사한 것들이 많았다.

아스티여, 나는 그대를 사랑하노라
내 청춘이 한창이던 그 옛날부터
그때 그대는 무척 수줍은 아이였다오

다음은 제자의 결혼식장에서 사포가 부른 노래이다.

처녀여, 이제 나를 버리려나
신부가 되면 그대에게 돌아가지 못하겠지
처녀여, 우리들의 찬란한 젊은 날에 함께 지낸 것을 잊지 말아요
그때 우리들은 깨끗하고 아름답지 않았던가
그대는 정녕 떠나려 하는가
내 마음은 그대에 대한 사랑으로 메어질 듯
보라 저녁별은 바다에 가라앉았으나
내 가슴의 허전함은 가라앉히지 못 하누나

키네아스의 설득 고대 아테네의 유명한 정치가 키네아스는 에피루스의 퓨로스 왕이 로마 정복을 꿈꾸고 있는 것을 알고 이를 만류하기 위해 애썼다.

"폐하, 로마를 정복하고는 어떻게 하시겠습니까?"

"그 다음은 이탈리아를 정복해야지. 그 나라의 넉넉함은 경도 알고 있겠지?"

"그런 후에는 무얼 하실 겁니까?"

"그 다음은 풍부한 시칠리아이고, 또 그 다음은 리비아나 카르타고가 되겠지."

"그 다음은 마케도니아를 탈환하고, 그리스를 통일하시겠죠? 그리고는요?"

"그때는 좀 한가해질 테니 매일 연회를 열어 술도 마시고 즐겁게 지내야지."

키네아스는 이때다 싶어 왕에게 말했다.

"폐하, 지금도 얼마든지 술도 드시며 즐겁게 지내실 수 있는데, 왜 그렇게 위험하고 먼 길을 택하셔야 하는지요?"

소크라테스

고대 그리스의 철학자 소크라테스BC 470~BC 399는 그의 제자인 플라톤BC 428~BC 348 · 아리스토텔레스BC 384~BC 322와 함께 고대 그리스 최고의 사상가로 꼽힌다. 소크라테스는 생애에 글을 남기지 않았지만 플라톤이 저서를 통해 그의 행적을 기록했다.

당시는 펠레폰네소스 전쟁BC 431~BC 404에서 아테네가 패하고 스파르타가 아테네에 군대를 주둔시키고 '30인 정치'로 알려진 과두 정치를 펴던 혼란기였다. 혁신적인 사상가인 소크라테스는 쇠락하는 아테네를 '잠들려 하는 말'에 비유하며, 아테네의 거리와 시장을 돌아다니며 젊은이들에게 진리를 가르치며 잠에서 깨어날 것을 호소했다.

"사람들은 참된 행복이 무엇인지를 알지 못해 행복을 놓친다."

"참된 선을 알아야 한다. 아테네 인의, 스파르타 인의 선이 아니라 모든 인간의 선이 행복이다."

"정치란 정치가가 모든 신민의 영혼을 돌보고 그들을 선하게 만드는 일이다."

"너 자신을 알라. 무지함을 깨닫는 것이 곧 앎의 시작이다."

"내가 확실히 알고 있는 단 한 가지 사실은 내가 아무것도 모른다는 것이다."

"조국은 부모나 조상들보다 더 귀하고 숭고한 것이다."

수구파들에게 그러한 소크라테스의 행동이 달가울 리가 없었다. 기원전 399년 소크라테스는 신을 모독했다는 소피스트들의 고발로 법정에 섰다.

소크라테스의 법정 공방 마지막 항소심에서 소크라테스와 고소인 멜레토스 사이에 공방이 시작되었다.

"그는 아테네의 젊은이들을 타락시키고 아테네가 숭배하는 신을 모독했으니 그에게 사형을 선고해 주시기 바랍니다."

"당신들 모두는 젊은이들을 선량하게 인도하고 있다고 생각하는가?"

"물론이다."

"내가 젊은이를 타락시키면 그 해는 나에게도 미칠 것인데 내가 그것도 모르는 바보란 말인가?"

"조용히 책으로 주장을 펴면 될 것을 거리에서 선동하는 것이 문제다."

"나는 젊은이들에게 진리를 깨우쳐 주고 싶지만 유감스럽게도 나는 진리가 무엇인지 모른다. 내가 아는 유일한 것은 내가 진리를 모른다는 사실이다. 나는 젊은이들에게 진리를 가르쳐 줄 수는 없으나, 그들이 깨닫도록 도와주는 산파가 되고자 했던 것뿐이다."

"당신이 신을 믿지 않는 것은 분명한 사실이다."

"노새만을 말한다고 해서 말과 당나귀를 믿지 않는다고 할 수 있는가?"

이렇게 소크라테스는 자신의 소신을 당당하게 변론했으나, 유무죄를 가리는 1심의 판결 280 대 220보다 더 불리하게 361 대 140으로 사형 판결을 받고 말았다. 소크라테스는 허락을 받고 마지막으로 말했다.

"나에게 유죄 판결을 내린 배심원 여러분! 나는 이 법정에서 사형 판결을 받았지만, 저승에서는 참다운 재판관을 만날 수 있을 것입니다. 자, 이제 떠날 때가 되었군요. 나는 죽음의 길로, 여러분은 삶의 길로. 그러나 어느 길이 더 좋은지는 오직 신밖에 모릅니다."

사형 집행을 기다리는 동안 제자인 크리토가 소크라테스에게 간수를 매수할 테니 탈출할 것을 제의했으나 그는 이를 단호히 거절했다.

"이제까지 나는 아테네 시민으로서 법이 주는 특권과 자유를 누려 왔네. 그런데 그 법이 내게 불리해졌다고 해서 그 법을 지키지 않는 것은 비겁하지 않은가? 법을 지키겠네. 악법도 법이니까."

소크라테스의 죽음 소크라테스가 감옥에 있는 동안 플라톤과 크리토 등 그의 제자들은 매일 감옥을 찾아가 늦게까지 스승과 함께 시간을 보냈다. 소크라테스의 마지막 모습에 대해 그의 제자 플라톤은 다음과 같이 적었다.

드디어 소크라테스의 사형 집행일이 되었다. 제자들이 평소보다 일찍 감옥을 찾았을 때 입구에서 간수가 "지금 열한 명의 위원들이 그의 족쇄를 풀어 주고 오늘 어떻게 죽는지 일러 주고 있습니다"라고 일러 주었다.

제자들이 들어가자 어린 아들을 안은 채 소크라테스의 곁에 있던 그의 처 크산티페가 울음을 터뜨렸다.

"여보 소크라테스, 당신과 친구들이 얘기하는 것도 이제 마지막이 되겠소."

그러자 소크라테스는 크리토를 보며 말했다.

"크리토, 누구를 시켜 이 사람을 집으로 돌려보내어 주게."

그러자 크리토의 하인들이 들어와 크산티페를 데리고 나갔다.

소크라테스는 의자 위에 몸을 일으키며 제자들에게 말했다.

"쾌락과 고통이라는 것은 신기하기도 하지. 한꺼번에 찾아오지는 않지만 늘 서로 따라다니니 말일세. 쾌락과 고통이 서로 싸우지 못하게 신이 화해시키려고 했으나 잘 안 되니 꼬리를 묶어 놓은 것이지. 내 경우도 그렇다네. 족쇄로 고통을 겪고 나니 이제 풀려서 쾌락이 찾아온 것일세."

크리토가 물었다.

"저 선생님, 아이들 문제라든지 선생님을 위해 저희들이 해드릴 일이 있으면 말씀해 주세요."

"특별히 없네. 자네들이 무슨 일을 하더라도 스스로를 잘 돌보기만 하면 되네. 자신을 소홀히 하고 우리가 그동안 대화를 통해 밝혀낸 길을 찾지 않는다면 지금 하는 말들이 무슨 소용이 있겠는가."

"말씀대로 열심히 하겠습니다. 그리고 선생님, 장례는 어떻게 할까요?"

"자네가 하고 싶은 대로 하게나."

소크라테스는 제자들을 둘러보며 말했다.

"여보게들, 크리토는 얼마 후에 보게 될 시체가 소크라테스일 거라고 믿고 있는 모양이네. 내가 독배를 마시고 여러분 곁을 떠나 축복 받은 자들의 기쁨이 있는 곳으로 갈 것이라고 얘기해 왔는데도 말일세. 내가 죽으면 여기에 머물지 않고 떠날 것이라고 크리토를 설득해 주게. 그래야 저 친구가 덜 괴로워할 것이고, 내 장례식에서 소크라테스를 눕히고, 소크라테스를 무덤으로 보내고, 소크라테스를 묻는다는 생각을 떨쳐버릴 게 아니겠는가. 여보게, 사랑하는 크리토, 그러니 자네가 생각하는 방식대로 하면 된다네."

소크라테스가 목욕을 마치자 집안 여자들이 아이 셋을 데리고 들어왔다. 그들과 얘기가 끝나자 소크라테스는 여자들에게 돌아가도록 이르고 제자들 곁으로 갔다. 그때 한 관리가 들어와 소크라테스에게 말했다.

"당신은 참으로 고결하고 훌륭한 사람임을 알 수 있었소. 당신이 나를 원망하지 않을 것이라 믿소. 내가 무슨 일로 당신에게 온 것인지 알겠지요?, 잘 가시오. 그리고 어쩔 수 없는 일을 가능한 한 쉽게 견뎌내시기 바라오."

"알았소. 당신도 잘 지내시구려."

관리가 눈물을 보이며 돌아가자 소크라테스는 제자들을 보며 말했다.

"얼마나 멋진 사람인가! 이따금씩 나를 찾아와 이야기도 나누곤 했는데 참으로 훌륭한 사람이더군. 크리토, 그 사람 말대로 하세. 독이 준비되었으면 가지고 오도록 하고, 준비가 안 되었으면 준비를 시키게."

"하지만 해가 지기까지는 아직 시간이 많이 남았습니다. 다른 사람들은 명령이 떨어져도 한참 뒤에야 독을 마신다고 합니다. 그러니 서두르지 마십시오."

"크리토, 잘 알겠네. 하지만 독을 좀 더 늦게 마신다고 무슨 의미가 있겠는가. 이런 상황에서 삶에 집착한다면 내 꼴만 우습지 않은가. 자 , 내가 시키는 대로 해주게."

크리토가 곁에 있던 소년에게 고개를 끄덕이자 소년은 밖으로 나갔다. 이윽고 집행인이 들어와 독배를 내밀자 소크라테스가 물었다.

"자, 내가 어떻게 하면 되나요?"

"독을 마신 뒤 좀 걸으세요. 그러다가 다리가 뻣뻣해지면 누우시면 됩니다. 그러면 독이 알아서 제 할 일을 다 합니다."

그러자 소크라테스는 태연하게 독배를 마셨다. 그 모습을 지켜보던 제자들이 왈칵 눈물을 흘리자 그는 제자들에게 말했다.

"울지들 말게. 이런 꼴을 보일까 봐 내가 여자들을 돌려보냈다네. 사람이 죽을 때는 조용한 가운데 죽는 것이 좋으니 제발 조용히들 해주게."

그는 일어나 조금 걷더니 다리가 뻣뻣해진다며 천천히 누웠다. 크리토가 물었다.

"어찌하여 그렇게 편안해 보이십니까?"

"나는 삶이 무엇인지 알지만 이제는 죽음이 무엇인지 알고 싶네. 신비의 문 앞에 서니 가슴이 떨리는구나. 미지의 멋진 여행을 떠나는 기분일세."

집행인은 그의 몸이 아래로부터 위쪽으로 점차 차가워지는 것을 확인하면서, 그것이 심장에 이르면 죽는 것이라고 우리에게 설명해 주었다.

소크라테스는 얼굴을 덮고 있던 이불을 걷으며 크리토에게 마지막 말을 남기고 조용히 세상을 떠났다.

"크리토. 우리가 아스쿨라피우스에게 수탉 한 마리 값을 치르지 않은 것이 있으니 잊지 말고 갚아 주게."

"네, 알겠습니다. 또 하실 말씀은 없으신지요?"

그러나 그는 아무 대답도 없었다.

그의 죽음에 대해 일부 학자들은 자연철학에서 소피스트로 이어져 온 아테네의 전통 철학을 집대성할 대철학자를 잃었다고 애석해 했고, 플라톤은 아테네 민주주의의 종말을 알리는 상징적 사건이라고 했다. 플라톤은 죽기 전 이렇게 말했다.

"내 인생에서 나를 인도해주신 신의 섭리와 운명에 감사한다. 나는 짐승으로 태어나지 않고 인간으로, 그것도 그리스 인으로 태어난 것에 대해 감사하며, 소크라테스 시대에 살았다는 것에 더욱 감사한다."

소크라테스의 일화 악처로 소문난 소크라테스의 아내 크산티페가 아무리 잔소리를 해도 소크라테스의 반응이 없자 화가 치민 그녀는 소크라테스의 머리에 물을 쏟아 부었다.

"이 영감, 물벼락이나 맞아라!"

그러자 소크라테스는 태연하게 웃으며 말했다.

"천둥 번개가 친 다음에는 소낙비가 쏟아지게 마련이지."

한 친구가 소크라테스에게 물었다.

"자네처럼 식견 높은 사람이 어째서 저런 마누라하고 사는가?"

"훌륭한 어부가 되려면 거센 파도와 싸워 봐야 하고, 훌륭한 기수가 되려면 사나운 말을 다뤄 봐야 하는 법이지. 그러니 내 처만 잘 다루면 세상에서 상대하기 힘든 사람이 없을 것 아닌가?"

한 제자가 소크라테스에게 물었다.

"부인의 잔소리에도 잘 견디시는데 무슨 비결이라도 있습니까?"

"물방아 소리도 귀에 익으면 아무렇지도 않다네."

한 젊은이가 소크라테스에게 물었다.

"선생님, 결혼은 해야 합니까, 하지 말아야 합니까?"

"결혼을 하게나. 좋은 아내를 얻으면 행복할 것이고, 고약한 아내를 얻으면 나처럼 철학자가 될 게 아닌가."

고대 그리스 인의 생활상

의식주 고대 그리스 인들은 돌로 된 기초 위에 진흙 벽돌로 벽을 쌓았고, 지붕은 기와로 이었으며 바닥은 회 반죽이나 진흙으로 된 집에서 살았다. 대중목욕탕은 있었지만 집에는 욕실이나 화장실이 없었다. 밤에는 기름 램프로 방을 밝혔고, 잠은 나무로 만든 딱딱한 침대에서 잤다. 창문이 없어 도둑은 벽을 뚫고 들어왔는데 그래서 도둑을 '벽을 파는 자'라고 했다.

주식인 밀로 만든 빵 외에 치즈, 케이크, 물고기, 조개, 과일[무화과, 포도 등], 야채[상추, 완두, 콩, 양배추, 양파, 부추, 올리브 등], 달걀, 포도주, 염소젖, 꿀 등을 먹었다. 땅이 메말라 소를 기르기에 부적당하여 육식은 거의 먹지 않았지만 사냥한 사슴이나 멧돼지 등은 축제 때만 먹었다.

키톤이라는 그들의 의상은 모직물이나 아마포로 몸을 두르는 것으로서 남자는 핀으로 어깨를 고정시켰고 여자는 허리띠를 맸다. 외출할 때는 망토[히마티온]에 가죽 샌들을 신었으나 집에서는 맨발로 지냈다. 여자들이 외출할 때는 망토나 베일로 머리를 가렸다. 긴 머리에 염색하는 경우도 많았고 귀걸이, 팔찌, 반지 등으로 치장했다.

심포지온 사교를 좋아하는 고대 그리스의 남자들은 저녁 식사 때 긴 의자에 앉아 물을 탄 포도주를 마시며 대화를 즐기곤 했는데 이것을 '심포지온Symposion'이라 했다. 심포지온에서는 주로 정치와 철학에 관한 화제로 시작되면서 가수와 칼춤을 추는 무희, 요술사, 연주자, 곡예사 등이 차례로 등장하면서 여흥을 돋우었다. 이 중에는 전쟁 포로로 잡힌 여자 노예들이 많았다.

작가인 크세노폰은 심포지온 장면을 다음과 같이 적고 있다.

> 플루트 반주에 맞춰 춤을 추기 시작했다. 이어서 무희가 등장하여 칼을 꽂은 쇠테 속을 몇 번이고 통과하는 곡예를 했다. 참석자들은 놀란 눈으로 지켜보며 무희가 다칠까 걱정했으나 무희는 무사히 공연을 마쳤다.

철학자 플라톤이 "교육은 육체를 위한 체육과 영혼을 위한 음악으로 나뉜다"라고 했듯이 고대 그리스 인들은 음악을 즐겼다. 일상생활과 연관된 노래가 따로 있어 사랑의 노래, 출생과 결혼의 노래, 죽음을 애도하는 노래, 농사를 지을 때 부르는 노래, 병을 치료하는 노래 등이 있었다.

수수께끼도 인기가 있었다. 수수께끼를 풀지 못한 손님은 바닷물을 섞은 포도주 한 사발을 마셔야 하기도 했다. 손님들은 술을 마시며 수금에 맞추어 짧은 노래인 스콜리를 불렀는데 노래 가사에는 정치에 관한 내용이 많았다. 다음은 기원전 514년에 있었던 히파르코스의 암살에 대한 가사이다.

> 나는 화환과 더불어 칼을 차려네. 하리모디오스와 아리스토게이톤 압제자를 죽여 아테네에 평등을 가져왔던 그때처럼.

남자와 여자 아테네의 가정에서는 남자들이 가장으로서 절대적인 지위에 있었으며 여성들의 지위는 매우 낮았다. 결혼은 부모들이 맺은 계약에 따라 했고 여성들은 집 안에서 가사만을 돌보며 밖으로 나다니지 말아야 한다고 교육 받았다. 남자들은 아고라에 나가 장을 보고, 여자들은 집안에서 옷감을 짜든지 가구를 만드는 등 가사를 돌보며 식사 준비나 물을 기르는 등의 노동은 주로 노예가 맡아서 했다.

아테네의 여성은 가사 이외의 교육은 거의 받지 못해 남자들과 대등하게 대화에 끼어들 만큼 교양을 갖추지 못했다. 술자리에서는 비교적 교양을 갖춘 기생헤테이라이 동석했다.

아고라

고대 그리스 인들은 오전에 일터에서 일이 끝나면 오후에는 여가를 즐겼다. 대부분 연무장과 토론장을 겸한 체육관에 나가 운동을 하거나 정치, 철학, 도시 운영 등에 관해 토론하기를 좋아했다. 아크로폴리스는 신전 외에 관공서들이 모여 있는 곳으로서 방어를 위해 도시의 가장 높은 곳에 자리 잡고 있다.

시민들의 장터인 아고라에서는 법률도 공포되고, 제전도 거행되며, 선동 연설이나 대규모의 민중 재판이 열리는 광장으로서 없어서는 안 되는 심장부이다. 아크로폴리스가 없는 폴리스는 있어도 아고라가 없는 폴리스는 없을 정도이다.

아고라에는 이른 아침부터 농부들이 수확한 밀과 보리, 포도, 올리브 등을 팔기 위해 노점을 벌린다. 아고라에서 각국의 특산물이 잘 팔리고 있다는 것은 평화를 뜻했고, 장정들이 무기를 들고 어슬렁거리면 전쟁이 터졌음을 뜻한다. 이곳에서는 일자리도 찾을 수 있고, 노예도 매매되며, 마술사와 요술사들의 공연도 펼쳐졌다. 주변에는 청동 대장장이, 제혁업자, 옹기장이, 창과 방패를 만드는 사람, 수금을 만드는 사람들의 소규모 작업장이 있다.

신분이 높은 남자 시민들은 오전에 노예를 데리고 아고라에서 필요한 물건을 사서 집으로 돌려보낸다. 점심은 상인들이 파는 소시지와 꿀을 바른 팬케이크 등을 사먹는다. 배심원으로 뽑힌 사람들은 법원으로 향했고 그렇지 않은 사람들은 친구들을 만나 잡담하거나, 가로수 그늘에서 철학자들의 논쟁을 듣거나, 운동장에서 운동을 하거나, 이발소에서 빈둥거리다가 해질녘에야 집으로 돌아간다.

노예가 아닌 여성들은 아고라에 거의 모습을 드러내지 않았고 범죄로 기소된 남자들은 재판이 끝나기까지는 아고라에 들어갈 수 없었다.

그리스 사람들은 개, 돼지, 거북이, 거위, 학, 고양이, 비둘기, 산토끼 등을 애완동물로 길렀으며 젊은이들은 표범이나 팬더와 같은 이국적인 동물을 애완동물로 기르기를 좋아했다. 또한 그들은 고양이 · 개 · 닭싸움을 즐겨 돈을 걸기도 했으며, 개는 사냥에도 이용했다.

농 업 고대 그리스는 산악지대에다 비옥한 땅이 모자라 주식인 밀은 부족하여 이집트와 크림 지방에서 수입했으나 산의 경사면에서 재배하는 포도와 올리브는 주요 수출품이었다.

포도를 짓눌러 만든 즙을 역청이나 송진을 바른 통에 담아 6개월 동안 지하에 보관하여 포도주를 만들었는데, 이것이 그리스에서 인기 있는 송진 냄새 나는 포도주 레트시나의 기원이다. 포도주를 수출하면서 동방으로부터는 향수와 보석, 마케도니아로부터는 목재, 소아시아로부터는 모직물을 들여왔다. 올리브는 수호의 여신인 아테네가 준 선물로 여겨 신성시되었다. 올리브기름은 요리나 목욕 그리고 램프의 연료로 사용되었다. 완두, 콩, 양파, 양배추, 마늘은 풍부했다. 목초지가 부족했으나 소, 노새, 당나귀 등을 길러 농사일에 이용했고, 양과 염소로부터는 젖과 치즈를 얻었다. 산악지방에서는 양봉으로 꿀을 얻었고 멧돼지 고기가 인기가 있었다.

노 예 농사일은 대부분 가족의 노동에 의존했으나 도시에서의 노동은 전적으로 노예에 의존하고 아테네 인들은 여가를 즐길 수 있었다. 노예 중에는 다른 폴리스와의 전쟁에서 포로로 잡혀온 그리스 인도 있었지만 대부분은 동방의 노예시장에서 사 온 사람들이었다.

가정의 귀중한 구성원인 노예는 급료를 받았으며, 고등 교육을 받은 일부 노예는 의사, 교사, 건축가, 비서, 연예인, 교사 등으로 일했다. 가장 불운한 노예는 화폐를 만들기 위해 은광에서 일하는 노예들이었다.

화폐와 금융 주화는 기원전 6세기 초 소아시아의 리디아에서 도입되었다. 다양한 화폐의 사용으로 환전상들의 사업은 번창했다. 이들은 저당과 보증의 조건으로 연 12%의 이자를 받고 대출을 해주었다.

성장 과정과 결혼 갓난아기가 아프거나 경제 사정으로 키우기가 어려우면 산에다 갖다 버리기도 했는데 특히 여자아기가 버려지는 경우가 많았다.

공교육은 오직 남자 아이들에게만 필요한 것으로 여겨 7살이 되면 학교에 보냈다. 학교에서는 나무의자에 앉아 첨필로 밀랍을 바른 판에 글을 쓰기도 하고 파피루스 두루마리에 적힌 글을 읽기도 하며 주판도 배웠다. 특히 그리스의 시 암송, 음악, 악기 연주 그리고 운동에 중점을 두어 교육했다. 교육을 받은 노예들은 집에서 아이들의 공부를 가르치기도 했다.

아이들은 수업이 끝나면 팽이, 말, 인형, 전차 등 여러 가지 장난감을 가지고 놀았는데, 장남감은 아고라에서 사기도 하고 간단한 것은 집에서 만들기도 했다. 아리스토파네스의 희극 『그림들』에는 그네, 시소, 연, 종을 단 고리, 모형 수레, 팽이, 굴렁쇠, 장난감인형, 집, 배, 수레, 개구리, 자갈이 든 딸랑이 등이 나오는데 장난감들은 신전 유적지와 아이들 무덤에서 많이 발견되었다. 아이들은 돼지의 방광으로 만든 공으로 경기를 했으며, 그 밖에 주사위놀이, 등 짚고 넘기, 목말타기 등 여러 놀이와 경기 장면들이 꽃병의 그림에서 발견되었다.

유아기를 벗어난 어린 소년들은 술의 신 디오니소스를 추앙하는 봄 축제에서 처음으로 포도주를 마신다. 흰 가운을 입은 신전의 사제들이 소년들에게 포도주가 든 작은 토기 항아리를 건네주면 소년들은 항아리에 입을 맞추고 포도주를 마신다. 12~13세가 되면 사원이나 신전에서 아르테미스 여신에게 장난감을 바치는 의식으로 유년기를 마쳤다.

결혼하는 신부는 특정한 샘에서 떠 온 물로 목욕을 하고 결혼의 수호신인 제우스와 헤라에게 기원한다. 결혼식에는 신부가 머리카락을 한 움큼 잘라 제단에 올려놓고 식을 치렀다. 이어서 희생제를 치르고 신부와 신랑 집에서는 잔치를 벌였다. 신부와 신랑이 말이나 노새가 끄는 수레를 타고 시댁으로 가면 시어머니는 횃불을 들고 며느리를 맞이했다. 신혼부부는 문지방을 넘고 들어가 무릎을 꿇고 앉아 번영을 상징하는 견과와 설탕에 절인 과일 세례를 받았다.

연례 축제 포도주와 다산과 식물을 관장하는 디오니소스 신을 기리는 디오니소스 축제바커스에서는 음악 경연과 드라마 축제 등 여러 가지 행사가 있었고, 그리스 인들은 마음껏 술을 마셨다. 아테네의 10개 부족은 50명씩의 소년 합창단을 내세워 노래와 춤으로 경연을 벌였다.

축제나 공공행사에는 반드시 음악이 있었다. 악기에는 피리, 수금, 기타, 플루트, 나팔, 탬버린, 심벌즈 등이 있었다. 수금은 7개의 현으로 되어 있으며 아테네의 한 무덤에서는 거북 등을 사용한 수금과 단풍나무로 만든 피아노가 발굴되기도 했다. 호머는『일리어드』에서 악기를 다음과 같이 적고 있다.

> 바로 그때 그들이 미르미돈 인들의 피난처와 배들 곁으로 다가왔다. 맑은 소리를 내는 수금은 정교하게 만들어졌고 은으로 된 줄 받침이 달려 있었다. 이것은 아킬레우스가 에티온을 멸망시켰을 때 전리품으로 얻은 것이었다. 아킬레우스는 수금을 타며 즐거워했고 남자의 명예에 대한 노래를 불렀다.

드라마의 축제일에는 연극은 대개 하루 종일 계속되었는데, 연극을 보는 것은 그리스 인들에게는 큰 즐거움이었다. 사람들은 하루에도 서너 편의 비극과 희극을 보았다. 극장은 언덕 경사면을 파서 만들어 관중들은 경사면에 앉아 관람했다.

배우들은 오케스트라라는 평평한 무대에서 멀리서도 잘 보이게 큰 가면을 쓰고 굽이 높은 신발을 신고 연기를 했고, 20여 명으로 구성된 합창단이 피리소리에 맞춰 춤을 추었다. 드라마는 종교적인 기원을 하는 것으로 술의 신 디오니소스를 기리는 춤과 노래에서 출발했다. 내용은 주로 전설이 주제였으며, 배우는 모두 남자이다. 비극 작가들 가운데는 아이스킬로스, 소포클레스, 유리피데스 등이 유명했고, 희극 작가 중에는 아리스토파네스가 유명했다. 드라마 축제가 끝나면 우승한 작가와 배우들은 담쟁이덩굴로 만든 화환을 받았다. 아테네에서는 축제 기간에 모든 업무를 중단했고 죄수들도 축제에 참여하도록 석방되었다.

의 료 그리스 인들은 질병을 신이 내린 징벌로 여겼다. 기원전 5세기경부터 의술의 신 아스클레피우스에 대한 숭배가 그리스 전역으로 퍼져나가 환자들은 주로 코스 섬의 성소에 몰려들어 병을 낫게 해달라고 기도했다.

순례자들의 꿈에 신이 나타나면 이를 사제들이 해석하여 치료법을 처방했다. 치료법이란 대개 식이 요법, 운동, 목욕 등이었다. 환자에 대한 의사의 의무를 신성시한 코스 섬의 히포크라테스 선서는 지금도 의료 윤리의 근간이 되고 있다.

관 습 고대 올림픽에서 선수들이 알몸으로 달리듯이 길거리에서도 알몸의 남자를 쉽게 볼 수 있었다. 아르키메데스가 목욕탕에서 부력의 원리를 발견하고는 흥분한 나머지 알몸인 채 거리로 뛰쳐나가 "유레카! 유레카!알아냈어!라고 외친 것도 그리 이상한 일이 아니었다.

스파르타가 테베와의 전쟁에서 패함으로써 쇠퇴하기 시작했는데, 당시 테베 군은 동성애자들로 구성된 특수 군대였다. 고대 그리스 여성의 지위는 매우 낮아 부녀자는 집 안에만 있고 젊은 남성들은 장기간 병영 생활을 해야 했기 때문에 동성애가 성행하게 되었다.

고대 그리스의 철학자 플라톤은 『대화』에서 미소년에 대한 연애 감정을 가끔 언급하고 있는데, 그는 스승인 소크라테스에게 이렇게 말했다.

> 미소년 카르미데스가 왔을 때 웃음바다가 되었지요. 누군가가 그 소년을 자기 옆에 앉히려고 옆 사람을 밀쳐 내자 한 사람은 자리에서 일어나야 했고 가에 앉아 있던 사람은 자리에서 굴러 떨어졌지요. 카르미데스가 나와 크리티아스 사이에 앉는 순간 가슴이 두근거리기 시작했습니다. 처음에는 그저 가볍게 이야기할 생각이었고 마음의 여유도 있었지만 그만 나도 모르게 움츠러들더군요. 나를 쳐다보는 그 아이의 눈길은 말로 표현할 수가 없습니다. 그는 나에게 뭔가 물어보고 싶어 하는 듯 했습니다. 그때 우연히 그 아이의 윗도리 틈새로 그의 속살이 보이자 갑자기 몸이 화끈 달아오르더군요. 더 이상 냉정하게 앉아 있을 수가 없었습니다.

술의 기원

맥 주 기원전 3000년경 메소포타미아 지방의 수메르 인이 남긴 모뉴맨 블루라는 점토판의 기록에 의하면 수메르 인이 처음으로 맥주를 만들어 즐겨 마셨다고 한다. 그들은 물에 젖거나 비를 맞은 보리에서 우연히 맥아를 발견했다.

당시 맥주를 만드는 방법은 먼저 보리를 물에 담가 발아시킨 후 다시 건조시켜 거칠게 빻아 맥아 가루를 물로 반죽하여 빵을 굽는다. 이것을 쪼개서 그릇에 담고 물을 넣어 잘 흔든 다음 방치해 두면 천연 효모가 발효하여 시카르라는 맥주가 만들어졌다.

수메르 인들은 맥주를 배급받았는데 노동자는 하루 1리터, 하급 관리는 2리터, 상급 관리와 궁정의 여자들은 3리터, 최고위 관리들은 5리터의 맥주를 배급받았다. 사람들은 노동의 대가로 맥주를 지급받았고 맥주로도 세금을 냈다. 수메르 시대의 점토판에는 루루라는 의사의 처방전에는 다음과 같이 기록되어 있다.

> 약을 쉽게 복용하기 위해서는 맥주와 함께 마실 것. 간단한 약은 맥주에 녹여 환자에게 줄 것. 맥주를 우유나 다른 물질과 섞어 끓여 약을 만들 것.

수메르 인의 맥주 제조법은 켈트 인, 게르만 인, 슬라브 인에게 전해졌다. 고대 바빌로니아 제1 왕조 시대에는 보리를 사용한 맥주가 8종류, 곡물을 증류한 것이 4종류가 만들어졌다. 이집트인도 맥주를 즐겨 마셨는데, 심지어 어머니들은 학교에 가는 아이들에게 하루분의 맥주를 담아 주기도 했다. 기원전 1400년경에 기록된 파피루스에는 "정신없이 떠들어대지 않으려면 술집에서 맥주에 취하지 말아야 한다"라고 과음을 경고하고 있다.

900년경 영국의 수도사가 삼과의 다년초 덩굴성인 호프hop 열매를 맥주에 첨가하면 특유의 향과 쓴맛이 나는 것을 발견함으로써 오늘날의 맥주가 탄생했다. 중세 유럽에서는 수도원에서도 맥주를 많이 만들었다.

포도주

포도주는 기원전 6000~4000년경 흑해와 카스피 해 사이의 카프카스코카서스 지방에서 최초로 만들어져 그 후 메소포타미아, 이집트, 크레타 섬을 거쳐 그리스로 전해졌다.

이집트에서는 기원전 3000년 이전에 처음 제례용으로 만들어져 일반인은 마실 수 없었다. 그리스에서는 포도주의 신 디오니소스의 피인 포도주를 마시면 이듬해에 풍작을 약속받는다고 믿었다. 그리스 최대의 디오니소스 축제 때 사람들은 밤새도록 포도주를 마시고 즐겼다.

송진을 바른 커다란 통에서 발효시킨 그리스의 포도주는 그대로 마실 수 없을 정도로 걸쭉하여 물, 맥주, 꿀을 타서 마셔야 했다.

로마에서는 원래 포도주를 마시는 관습이 없었으나 그리스로부터 포도 재배가 전해졌으며, 처음 포도주가 등장한 것은 기원전 121년이다. 로마는 피정복지에 포도 재배와 포도주 양조를 적극 장려함으로써 유럽의 여러 지역에 포도주가 확산되었다. 로마에서는 처음 포도주를 이질적이고 부정한 피로 여겨 자녀를 낳는 여성이 포도주를 마시는 것을 금했고, 이를 어기면 사형에 처했다. 카이사르 시대에는 포도주 한 단지와 노예 한 명이 교환될 정도로 포도주는 고가였으나 그 후 차츰 대중화되면서 사회적 지위가 높은 여성도 포도주를 마실 수 있게 되었다. 로마 인들도 포도주를 물에 타서 마셨으며, 장기간 보존된 포도주를 즐겨 마셨다. 종교 의식에 쓰이는 포도주는 아무 것도 섞지 않은 순수한 포도주를 사용해야 했다.

현재 세계 포도주 생산의 중심지인 갈리아 지방프랑스의 포도 재배는 그리스 인들이 마르세유 항구의 주변으로 이주해 오면서 시작되었다. 최후의 만찬에서 예수가 제자들에게 포도주를 자신의 피라고 하면서 나누어 준 데서 출발하여 포도주는 기독교의 종교 의식과 결부되어 수도원을 중심으로 양조되었다.

알렉산더 대왕

기원전 336년 그리스의 폴리스들을 제압한 북방의 신흥 세력인 마케도니아의 필리포스 2세BC 382~BC 336가 자신의 근위병에 의해 칼에 찔려 살해되자 그의 아들 알렉산더BC 356~BC 323가 20세의 젊은 나이에 왕위에 올랐다.

필리포스 2세는 말년에 젊은 마케도니아 귀족의 딸과 재혼하여 아들을 낳았으나 필리포스 2세가 죽자 신변의 위험을 느낀 그녀는 자살하고 말았다. 알렉산더의 어머니 올림피아스는 필리포스 2세가 재혼하자 불화로 쫓겨났다.

알렉산더는 13세 때부터 3년간 그리스의 철학자 아리스토텔레스BC 384~BC 322를 스승으로 모시고 그리스 문화와 학문을 배웠다. 알렉산더는 호메로스의 서사시를 가장 즐겨 읽었으며 그의 베개 밑에는 언제나 영웅 아킬레우스가 등장하는 『일리아드』가 놓여 있었다.

기원전 333년 알렉산더는 동방 원정에 나섰다. 그는 먼저 페르시아의 지배하에 있던 시리아, 페니키아, 이집트를 차례로 정복한 다음, 기원전 330년에는 페르시아 제국을 정복하고 그리스 인들이 세계의 끝이라고 믿었던 인도에까지 진격해 들어갔다. 그의 동방 원정으로 단기간에 지중해와 오리엔트를 하나로 묶은 거대한 제국이 탄생했다.

알렉산더는 제국 내에 그리스식의 도시인 알렉산드리아를 70여 개나 건설하여 이 도시들을 통해 그리스 문화를 동방으로 전파시킴으로써 그리스풍의 새로운 문화가 꽃을 피웠다[헬레니즘 문화].

기원전 323년 바빌론에 머물고 있던 알렉산더는 열병에 걸려 33세의 젊은 나이로 세상을 떠나고 말았다. 그가 죽자 후계자 문제를 놓고 장군들 사이에 분쟁이 이어지다가 결국 제국은 붕괴되어 마케도니아와 그리스는 안티고노스 왕조, 메소포타미아와 페르시아는 셀레우코스 왕조, 이집트는 프톨레마이오스 왕조로 분리되고 말았다.

나는 희망을 가졌노라 알렉산더는 부왕이 했던 것처럼 그리스 폴리스의 대표자를 코린토스에 소집하고 자신이 마케도니아 · 그리스 연합군의 최고 통수권자임을 선포하고 동방 원정에 나섰다. 그는 원정에 앞서 자신의 모든 토지, 노예, 가축을 사람들에게 나누어 주었다. 한 부하 장수가 그에게 물었다.

"전 재산을 나눠 주시면 폐하께서는 무엇을 가지려 하십니까?"

"나는 희망을 가졌노라. 희망은 나에게 더 많은 것을 가져다 줄 것이다."

고르디우스의 매듭 기원전 333년 알렉산더는 군대를 이끌고 동방 원정길에 올라 소아시아의 고르디움을 지날 때였다. 어느 신전에 낡은 마차 한 대가 봉납되어 가죽 끈으로 기둥에 묶여 있었는데, 여러 겹의 매듭이 복잡하게 얽혀 아무도 꼬인 매듭을 풀지 못했다. 그래서 '이 매듭을 푸는 자가 아시아의 왕이 되리라'는 신탁이 내려져 있었다.

알렉산더는 밧줄을 이리저리 살피더니 보검을 뽑아 매듭을 내리쳐 밧줄을 끊어 버리고 외쳤다.

"나는 이제 아시아를 정복한 왕이 될 것이다!"

규칙을 무시하고 단번에 문제를 해결해 버리는 것을 두고 '고르디우스의 매듭을 끊는다'라는 말은 여기에서 유래되었다.

페르시아 정복 기원전 333년 알렉산더는 페르시아 원정에 나서자 페르시아 왕 다리우스 3세는 알렉산더에게 왕국의 절반과 공주를 줄 테니 물러나 달라고 제의했다. 이에 대해 알렉산더의 친구인 파메니오 장군이 말했다.

"내가 알렉산더라면 그의 제의를 받아들이겠네."

그러자 알렉산더가 말했다.

"내가 자네라면 나도 그렇게 하겠네."

알렉산더는 페르시아 군단을 격퇴시키고 다리우스 3세는 산으로 도망갔으나 도중에 살해되고 말았다.

알렉산더는 페르시아의 수사에서 대대적인 축제를 벌였다. 힘들게 페르시아 제국을 정복한 알렉산더는 4개월간 머물면서 병사들에게 마음껏 약탈하도록 했다. 그는 페르시아 복장과 전통을 따르며 다리우스처럼 365명의 후궁을 두고 매일 밤 연회를 열어 술을 마셨다.

애마 부케팔로스 알렉산더는 승마에서는 그를 따를 자가 없었다고 한다. 그가 12살 때의 일이다. 어느 날 부왕 필리포스 2세는 상인이 팔려고 내놓은 부케팔로스라는 잘 생긴 준마를 시험해 보려고 여러 시종들을 데리고 성 밖의 연마장으로 끌고 갔다. 그러나 말은 어찌나 사나운지 누구도 말을 탈 엄두를 내지 못했다.

국왕이 말을 포기하려 하자 곁에서 이를 지켜보고 있던 어린 왕자 알렉산더가 부왕에게 말했다.

"제가 해 보겠습니다."

"네가 이 말을 다룰 수 있단 말인가?"

"용기와 요령이 부족해서 그렇지 이런 훌륭한 말을 돌려보낼 수는 없습니다."

"그래 네가 이 말을 길들일 수 있다면 이 말을 네게 주겠노라."

모두들 어린 왕자의 말에 어리둥절했다. 알렉산더는 말이 자기 그림자에 겁을 낸다는 것을 알고 고삐를 잡고 말머리를 태양 쪽으로 향하게 했다. 그는 사납게 씩씩거리는 말을 잠시 쓰다듬어 주어 말이 잠시 차분해지는 틈을 타서 날쌔게 말등에 올라탔다. 그러고는 자세를 바로 잡고 달리기 시작했다.

필리포스 2세와 주위 사람들은 몹시 걱정이 되어 숨을 죽이고 지켜보고 있었다. 그러나 한창 달려가던 왕자가 방향을 돌려 무사히 돌아왔고 그렇게도 사납던 말은 그가 고삐를 당기는 대로 고분고분 말을 잘 들었다. 이 광경을 지켜보던 사람들은 놀라움을 금치 못해 환성을 올렸다. 감동한 필리포스 2세는 말에서 내리는 알렉산더를 포옹하며 말했다.

"내 아들아, 너에게 어울리는 제국을 찾아라. 너에게는 마케도니아가 너무 작구나."

그 후 알렉산더는 언제나 그의 애마 부케팔로스를 타고 다녔다. 그러다가 인도 원정 때 말이 30살로 죽자 상심한 알렉산더는 그의 애마를 기리기 위해 부케팔로스라는 이름의 도시를 세우기도 했다.

칼의 제왕이 붓의 제왕에게 졌노라 알렉산더는 화가 아펠레스에게 그의 애첩 판카스테를 모델로 하여 미의 여신을 그리도록 명했다. 그림을 그리는 동안 화가와 모델은 곧 연인 사이로 발전했다. 그들의 밀회를 목격한 알렉산더는 번민 끝에 애첩을 화가에게 양보하며 말했다.

"칼의 제왕이 붓의 제왕에게 졌노라."

알렉산더의 죽음 기원전 327년 알렉산더는 페르시아 정복에 이어 인도 원정길에 나섰다. 원정군이 인더스 강 상류에 이르렀을 때 갑자기 병사들 사이에 소동이 일어났다. 질병과 강행군에 지친 병사들은 무기를 내팽개치고는 알렉산더에게 조국으로 돌아가기를 요구했다. 당시 학질에 걸려 병영에서 쉬고 있던 알렉산더는 이들을 설득하여 나이 많은 병사와 부상을 입고 불구가 된 병사들을 마케도니아로 돌아가게 허락했다.

그러나 며칠 후 약 1만 명의 병사들이 군대를 이탈하여 돌아가 버렸고 장교들도 귀국할 것을 주장하자 알렉산더는 원정군을 이끌고 돌아가는 수밖에 없었다. 알렉산더의 원정군은 사막을 따라 돌아오면서 질병과 피로에 지쳐 많은 희생자를 내면서 기원전 323년에야 바빌론에 도착했다. 이로서 10년 동안 계속된 동방 원정은 끝난 것이다.

알렉산더는 바빌론에 도착한 후 바빌론을 마케도니아 제국의 수도로 정하고 또 다시 원정 준비를 하기 시작했다. 알렉산더는 평소와 같이 신들에게 제사를 지내고 친구 메디우스와 함께 하루 반나절 동안 연회를 즐기며 만취한 끝에 열병에 걸려 이내 혼수상태가 되었다.

알렉산더는 둘러앉은 장군들에게 말했다.

"내가 죽으면 또 다른 치열한 싸움이 벌어질 것이다."

그러자 페르디카스 장군이 그에게 물었다.

"대왕께서는 누구를 제국의 후계자로 할 것입니까?"

"가장 강한 자에게"

이 말을 마지막으로 남기고 그는 33세의 젊은 나이로 세상을 떠나고 말았다.

이집트 통치를 맞게 된 프톨레마이오스는 알렉산더의 어릴 적 친구였다. 그는 향료로 처리하여 화려한 황금 관에 안치된 알렉산더의 유해를 이집트의 알렉산드리아로 가져갔다. 알렉산더의 시신은 로마 시대까지 그곳에 있었으나 이후에 없어지고 말았다.

춘추전국시대

기원전 1046년 주나라는 주변의 여러 부족들을 동원하여 은나라를 멸망시키고 250년 이상 중국 화북지방을 지배해 왔다. 그러다가 기원전 770년 무렵부터 북방 이민족의 침입으로 주나라 왕실은 힘을 잃기 시작하여 마침내 수도를 호경에서 낙양으로 천도함으로써 서주 시대가 끝나고 500여 년간 춘추전국시대라는 일대 혼란기를 맞았다.

춘추전국시대는 다시 춘추시대와 전국시대로 나뉘는데, 기원전 476년까지 중원에서 힘을 겨루던 1,800여 개의 제후국들이 170여 개로 줄었는데 이 시기를 춘추시대라고 하고, 이후 기원전 221년에 진나라 시황제가 중국을 통일할 때까지 중원의 나라들은 20여 개로 줄었다가 다시 7개의 강자진·초·연·제·한·위·조들이 마지막까지 각축을 벌였는데 이 시기를 전국시대라고 한다.

춘추시대에 들어서면서 주나라 왕실은 제후국들을 다스리던 천자로서의 위력은 없어지고 각지의 제후들이 할거하기 시작했다. 춘추시대에는 '춘추 5패'라고 하는 제나라 환공, 진나라 문공, 초나라 장왕, 오나라 합려, 월나라의 구천이 크게 활약했으며, 전국시대에 마지막까지 힘을 겨루던 '전국 7웅'은 제후국에서 이미 영역 국가로 발전해 있었다.

춘추시대 말기에는 철기가 대량으로 생산되면서 농업 생산이 크게 늘어나고 상공업의 발달로 화폐가 사용되면서 봉건 질서가 무너지기 시작했고, 각국은 군과 현의 직할지를 두어 중앙에서 관리를 파견하여 직접 통치하는 군현제를 실시하기 시작했다.

제자백가

중국에서는 춘추시대 말기부터 전국시대에 걸쳐 학문이 번성하여 수많은 학자들과 학설이 탄생했다. 싸움이 끊이지 않던 약육강식의 격동기에 살아남기 위해서는 무엇보다도 능력 있는 인재가 필요했고, 제후들은 출신과 신분을 가리지 않고 유능한 인재를 널리 확보하고자 했으며 학문을 보호했다. 이 시기에 유가儒家, 도가道家, 법가法家, 병가兵家, 명가名家, 음양가陰陽家, 묵가墨家 등 189개나 되는 다양한 학파가 생겼다[제자백가].

당시 제나라 수도 임치의 한 성문인 직문은 천하의 학자들이 모여 자유로이 학문과 사상을 연구하고 토론하는 이른바 백가쟁명百家爭鳴의 요람이었다. 그리하여 중원에서는 다양한 사상가들이 등장하여 저마다의 생각을 펼치며 첨예하게 대립하기도 했다. 그들은 제자들과 함께 여기저기를 떠돌며 자신들의 이상을 펼 수 있는 곳을 찾아다녔고, 귀족들은 이들을 먹여주고 재워주면서 바깥세상의 이야기들을 들을 수 있었다.

『논어』의 세 번째 구절에서는 "사람들이 자신을 알아주지 않는다 해도 화를 내지 않으면 군자가 아니겠는가"라고 하여 현실적인 삶 속에서 유가가 다른 사람이나 집단들로부터 따돌림을 많이 당했음을 알 수 있다. 유가의 공자가 살던 때와는 달리 맹자가 활약하던 전국시대에는 수많은 사상가들이 등장하여 유가와 첨예하게 부딪혔다. 맹자는 자신의 생각을 펼치면서 다른 사상가들을 매몰차게 비판했다.

도가 사상은 인위적인 억지를 피하고 자연의 이치에 따라 사는 사상이지만, 유가 사상은 현실 속에서 살아남기 위한 사상이다. 때문에 두 사상은 늘 역사 속에서 부딪혀 왔다. 사람들은 때에 따라 도가적인 모습을 즐기다가도 유가적인 태도로 삶을 바꾸기도 했던 것이다.

도가의 노자는 유가에서 말하는 인仁이란 인위적이고 무용한 것이라고 꼬집었고, 장자 또한 유가들의 경직된 태도와 그들이 즐겨 쓰는 직설적이고 메마른 표현이 싫어 기회만 있으면 유가들을 우화적으로 꼬집었다. 장자는 유가나 다른 사상가들을 우물 안 개구리나 여름 메뚜기로 비유하여 "우물 안 개구리에게 하늘이나 바다에 대해 이야기할 수 없고, 여름 메뚜기에게 얼음에 대해 이야기할 수 없다"라고 했다.

법가의 한비자는 법으로 다스려야 한다고 주장했고, 유가의 공자는 법으로 다스리는 정치를 패도정치라 하여 배척하고 인륜 위에서 교화를 통해 스스로 따르게 하는 왕도 정치를 강조했다. 법가는 유가를 백면서생白面書生이라고 꼬집었고, 유가는 법가를 비열하다고 했다.

양을 훔친 아버지를 아들이 고발했을 경우, 유가는 부자 간에 의로움이 있어야 한다고 하여 아들을 나무라는 입장이나, 법가는 국가의 법을 개인적인 감정으로 다스리면 법질서가 무너진다고 하여 아들을 옹호하는 입장이었다.

묵자墨子, BC 470?~BC 391는 혼란의 원인이 인간의 이기심과 편애 때문이라 생각하고 자신과 타인을 모두 사랑하는 보편적인 사랑, 즉 겸애兼愛를 기본이념으로 하는 묵가墨家를 이루었다. 묵가들은 매우 엄한 규율 하에서 검소와 금욕의 생활을 실천하면서 가난한 농민들을 돕기를 좋아했다. 사람들은 그들의 모습과 행동거지가 하도 별나 이들을 묵가라고 했고, 그들의 몰골을 일컬어 '바람으로 빗질하고 빗물로 목욕한다'라고 했다.

묵자는 공자와 유가들을 위선자로 비웃었다. 이 때문에 공자와 유교를 떠받들던 조선시대에 『묵자』는 금서였다.

"사람들이 풍요롭게 살지 못하는 이유는 공자와 유가들이 퍼뜨린 게으름과 허세, 밉살스러운 전쟁, 그리고 음악 때문이다"

"유가들이 즐기는 번거로운 예절과 화려한 의복, 마음을 흩어 놓는 음악과 춤 때문에 사람들의 마음을 들뜨게 한다."

"사람이 죽으면 장례를 질질 끌어 산 사람의 진을 빼고, 눈물이 말라도 우는 체를 하면서 사람들을 괴롭힌다."

"유가들은 가난한 사람들을 도우라고 말만하고 그들은 고고한 척 살고 있다."

"군자는 먹는 것만 밝히고 일은 게으르니 결국 굶고 얼어서 죽고 말 것이다."

"상갓집 뒤치다꺼리나 하고 먹고 사는 것들!"

"백성들은 배를 곯고 추위에 떨고 쉬지도 못하는데 권력자나 귀족들이 온갖 제례를 펼치면서 청동 종을 두드리고 피리를 불고 거문고나 뜯고 있으면 밥이 나오나 떡이 나오나."

또한 전쟁을 저주한 묵자는 전쟁을 막기 위해서라면 어디든지 달려가곤 했다.

"겨울은 춥고 여름은 더워 꼭 봄과 가을에만 전쟁을 벌이니 농부들은 농사

지을 때를 놓치고 수많은 사람들이 죽으니 이 얼마나 큰 손해인가. 이토록 엄청난 전쟁 비용을 필요한 곳에 사용한다면 나라에 얼마나 득이 되겠는가".

강남의 귤도 강북에서는 탱자

춘추시대 제나라 재상 안영~BC 500은 영공, 장공, 경공 등 3대의 임금을 섬긴 명재상이었다. 어느 날 초나라 영왕은 명성이 높은 안영을 한 번 확인해 볼 겸 그의 기를 꺾어 주고 싶어 안영을 초대했다. 안영을 만나자 왕이 말했다.

"제나라 사람들은 모두 경처럼 그렇게 체구가 작은가?"

"그렇지 않습니다."

"그런데 왜 경과 같이 작은 사람을 사신으로 보냈는지 모르겠구려."

"저희 제나라에서는 사신을 보낼 때 상대방 나라의 도량에 따라 사람을 골라 보내고 있습니다. 도량이 큰 나라에는 큰 사람을 보내고 도량이 작은 나라에는 작은 사람을 보내지요. 저는 이번에 사신으로 뽑힌 사람들 중에 키가 가장 작았습니다."

영왕은 안영의 기를 꺾으려다가 오히려 당하고 말았다. 그때 마침 포졸이 죄인을 끌고 지나가고 있었다. 왕이 포졸에게 물었다.

"그 죄인은 어느 나라 사람이며 무슨 죄를 지었는가?"

"예, 제나라 사람인데 남의 물건을 훔치기에 붙잡아가고 있습니다."

왕은 이때다 싶어 얼른 안영을 돌아보며 말했다.

"원래 제나라 사람들은 도둑질을 잘 하오?"

"강남의 귤도 강북에 옮겨 심으면 토질 때문에 탱자가 되고 맙니다. 제나라 사람들은 원래 도둑질이 뭔지도 모르고 살고 있는데, 저 자가 여기서 도둑질한 것을 보면 초나라의 토질을 알만 하옵니다."

영왕은 더 이상 안영을 시험하려 하지 않았다.

사육사를 살린 안영 제나라 경공이 아끼던 말이 그만 죽고 말았다. 그러자 화가 난 왕이 말 사육사를 죽이려 하자 재상 안영이 말했다.

"저자는 자신이 지은 죄가 무엇인지도 모르고 있는 것 같습니다. 그러니 신이 그 죄를 낱낱이 고하고 나서 처형하심이 어떻겠습니까?"

왕이 허락하자 안영이 사육사에게 꾸짖으며 말했다.

"이놈, 듣거라. 너는 비록 실수라고 하지만 폐하께서 아끼시는 말을 죽게 했으니 죽어 마땅하다. 더구나 그로 인해 폐하께서 사람을 죽이게 하는 악명을 짓게 하였으니 자네는 백 번 죽어 마땅하다. 이제 너의 죄를 알겠는가?"

그리고는 안영이 검을 뽑아 그를 내리치려 하자 당황한 왕이 안영을 말렸다. 이렇게 해서 사육사는 참수를 면하고 사면을 받고 풀려났다.

부하를 아낀 장왕 춘추시대 초楚나라 장왕BC 614~BC 591 재위은 춘추오패의 한 사람으로서 양자강 중류 지역을 본거지로 활발하게 북진 정책을 폈다. 어느 날 장왕이 충성스런 신하들을 모두 불러 연회를 베풀었다. 모두 술이 얼근해지고 분위기가 무르익을 무렵 갑자기 바람이 불어 등불이 모두 꺼져 버리자 주변은 깜깜한 암흑으로 변했다. 그때 어디선가 "악!" 하며 궁녀의 비명 소리가 들리더니 그 궁녀는 장왕 곁으로 달려와 고했다.

"폐하, 어둠을 틈타 누군가가 저의 몸을 더듬기에 제가 그 자의 갓끈을 낚아채 왔습니다. 어서 불을 밝혀 범인을 잡아 주시옵소서."

연회에 배석한 여인들은 모두 장왕의 후궁이나 다름없는 신분이라 연회석은 갑자기 긴장이 고조되었다. 이때 장왕은 신하들에게 말했다.

"과인이 모처럼 마련한 자리에 뜻하지 않은 일이 일어나 미안하오. 그러나 연회가 계속 흥겹게 이어지길 바라오. 그러니 경들은 모두 한 사람도 빠짐없이 지금 당장 갓끈을 떼어 버리도록 하시오."

그러자 신하들은 모두 갓끈을 끊었다. 그러고는 연회장의 불을 다시 밝혔다. 물론 범인은 가릴 수 없었다.

그 후 진나라와의 싸움이 벌어져 치열한 공방 끝에 초나라가 승리했다. 장왕은 이번 싸움에서 공을 세운 장수를 불러 상을 내리려 하자 그 장수는 한사코 상을 사양하였다.

"폐하, 저는 이미 죽은 목숨이나 다름이 없습니다. 폐하의 은덕으로 지금 이렇게 살아있는 것만으로도 과분하온데 상까지 받는 것은 당치 않은 일이옵니다."

그 장수는 전날 연회에서 궁녀의 몸을 더듬었던 장본인이었다.

제나라의 군사를 물리친 좀도둑 춘추시대 초나라의 장군 자발은 특출한 재주를 가진 인재를 모집했는데, 어느 날 좀도둑의 명수라는 자가 찾아왔다. 자발은 부하들의 만류에도 불구하고 그를 채용했다.

얼마 후 제나라의 공격을 받은 자발의 군사가 번번이 패하고 있을 때 그 좀도둑의 명수라는 자가 자발을 찾아왔다.

"자랑할 것은 못되나 저에게도 한 가지 재주는 있으니 보답하고자 합니다."

"좋다. 해 봐라."

좀도둑은 어둠을 틈타 제나라 장수의 침소에 숨어들어 가 문짝을 떼어 가지고 돌아왔다. 자발은 크게 기뻐하며 그 문짝을 적장에게 되돌려 주면서 전했다.

"내 부하가 길을 잘못 들어 장군의 침소로 들어간 것 같으니 무례를 용서하시오."

다음 날 밤 그는 다시 적진으로 들어가 이번에는 적장의 베개를 가지고 왔다. 자발은 흥이 나서 그 베개를 다시 되돌려 주면서 전했다.

"거듭되는 실례를 용서하오."

또 그 다음 날엔 적장의 상투 도구를 훔쳐 왔다.

이제는 자기 목까지 가져가겠구나 싶은 생각에 제나라 장수는 군사를 철수시키고 말았다.

불사약 어떤 사람이 초나라 임금에게 불사약을 바쳐 이를 내시가 들고 들어가는데 궁전지기가 물었다.

"이거 뭐요? 먹을 수 있는 거요?"

"불사약이니 물론 먹을 수 있는 거요."

그러자 궁전지기가 얼른 그것을 먹어 버렸다. 이를 듣고 크게 노한 임금이 궁전지기를 죽이라고 명했다.

다급해진 궁전지기가 외쳤다.

"신이 내시에게 물어 보니 먹어도 괜찮다고 하기에 먹었습니다. 먹으면 죽지 않는 불사약이라고 했는데 폐하께서 신을 죽이시면 그건 불사약이 아니라 사약이 됩니다. 그러면 그 사람은 폐하를 속인 것이 되어 죽음을 당하게 되고 폐하께서는 속으신 것이 되오니 신을 놓아 주심이 좋을 것입니다."

이 말을 들은 왕은 그를 놓아 주었다.

자신이 성군인지를 확인한 문후 전국시대 위나라 왕 문후~BC 396는 공자의 제자인 자하로부터 유학을 배우고 중국 성문법의 기초를 닦았다. 어느 날 문후가 연회에서 신하들에게 말했다.

"지금 경들이 나를 어떻게 생각하고 있는지 솔직히 말해 주기 바라오."

신하들은 한결같이 말했다.

"전하께서는 어진 성군이십니다."

그런데 책황이라는 신하는 자기 차례가 되자 서슴없이 말했다.

"전하께서는 어진 성군이라 할 수는 없습니다. 과거 중산국을 토벌했을 때 마땅히 제군을 점령지의 영주로 삼으셔야 했지만 황태자를 그 자리에 앉히셨습니다. 그것은 어진 성군이 하실 일이 아니었습니다."

그러자 주위가 갑자기 어수선해졌고 화가 난 문후는 책황을 물러가게 했다. 물론 다음 차례의 신하들은 모두 그를 성군이라고 대답했다. 마지막으로 직언을 잘하는 임좌의 차례가 되었다.

"전하께서는 어진 성군이심이 틀림없습니다. 예로부터 어진 임금 밑에서만 바른 말이 나온다고 했습니다. 조금 전 책황이 했던 말은 제가 생각해도 바른 말이었습니다. 그렇게 바른 말을 하는 신하가 있는 것으로 보아 전하께서는 분명히 성군이십니다."

문후는 다시 책황을 불러 그를 위로하였다.

죽음을 모면한 순간의 기지 진나라 27대 무왕BC 311~BC 307 재위이 죽자 왕비는 위라는 신하와 정을 통하게 되었다. 세월이 흘러 왕비가 병에 걸려 죽게 되자 위를 불렀다.

"내가 죽거든 자네도 나를 따라 오도록 하라."

그 순간 위는 이제는 죽었구나 하는 생각이 들었다. 그러나 순간 스치는 생각이 있었다. 잠시 머뭇하다가 그는 말했다.

"지당하시옵니다. 그런데 한 가지 여쭈어 보고 싶은 것이 있사옵니다."

"그것이 무엇인지 어서 말해 보아라."

"마마께서는 사후 세계가 있다고 믿으십니까?"

"그건 왜 묻는 거지?"

"만약 사후 세계가 없다면 제가 죽는다 해도 무슨 소용이 있겠습니까?"

"그건 그렇군. 그럼 사후 세계가 있다면?"

"사후 세계가 있어 돌아가신 무왕께서 저와 마마를 보시면 어찌하시겠나이까?"

그리하여 위는 간신히 죽음을 면했다.

어부지리 전국시대 조나라가 연나라를 공격하려고 하자 연나라는 소대를 조나라 혜왕에게 보내어 설득하게 했다. 소대는 혜왕에게 말했다.

"제가 조나라로 오는 도중 강변에서 큰 조개가 살을 드러내 놓고 햇볕을 쬐고 있는 것을 보았습니다. 그때 도요새가 나타나 조갯살을 쪼아대자 조개는 껍질을 닫아 도요새의 부리를 꽉 물었습니다. 도요새가 '오늘도 내일도 비가 오지 않으면 너는 말라 죽고 말 것이야'라고 하자, 조개가 '내가 너를 오늘도 내일도 놓아 주지 않으면 너야 말로 죽고 말 것이야'라고 하며 어느 쪽도 양보하지 않았습니다. 때마침 그곳을 지나가던 어부가 그것을 보고는 '얼씨구' 하고는 그들을 모두 잡아가 버렸습니다[漁父之利]. 연나라와 조나라가 싸우면 진나라가 힘들이지 않고 연과 조를 집어 삼킬 것입니다."

조나라 혜왕은 이 말을 듣고는 연나라를 공격할 계획을 취소했다.

오자서와 백비 초나라의 오자서는 간신 비무기의 모함으로 아버지와 형이 평왕에게 살해되자 오나라에 망명해 합려에게 중용되었고, 같은 때 초나라의 백비도 비무기의 모함으로 아버지가 살해되자 오나라로 망명해 합려 밑에서 큰 벼슬을 얻었다.

후에 오자서는 오나라 군대를 이끌고 초를 공격하여 초의 수도 영에 입성했을 때 죽은 초나라 평 왕의 무덤을 파 그 시체를 꺼내어 300번이나 채찍질을 하였다. 도주하던 초나라 왕의 충신 신포서가 사람을 보내 오자서에게 전했다.

"그대는 원수를 갚는 것이 어찌 그리도 가혹한가. 그대는 옛날 평왕의 신하로서 그를 섬겼건만 지금 죽은 사람에게 치욕을 가했으니 어찌 천도의 극에 이른 것이 아니겠는가."

그러자 오자서가 말했다.

"내 날은 저물고 갈 길은 멀어나이는 많고 해야 할 일이 많아 천리에 따르지 않고 역으로 시행했을 뿐이다."

한편 백비의 아버지 극완은 초나라 평 왕의 총애를 받고 있었는데, 극완을 질시하던 비무기가 간계를 꾸며 평 왕에게 말했다.

"대왕께서 총애하시는 극완을 위해 그의 집에서 주연을 베풀어 주심이 어떻겠습니까? 극완에게는 영광이며 신하들도 폐하의 두터운 신임을 알고 충성을 다할 것입니다."

평왕은 이를 받아들여 극완의 집에 술과 안주를 보냈다. 극완이 한창 왕을 모실 준비를 하고 있는데 비무기가 극완을 불렀다.

"대왕께서는 용맹스런 무사를 좋아하시니 행차하시는 날엔 문 앞에 병사들을 정렬시키고 무기도 진열해 놓으면 무척 기뻐하실 겁니다."

평왕이 무사를 좋아한다는 것은 극완도 알고 있던 터라 이를 믿었다. 주연이 있는 날 평 왕이 극완의 집에 도착하니 무장한 군사들이 삼엄하게 지키고 있었다. 영문을 모르는 왕은 놀라서 비무기에게 물었다.

"도대체 이건 어찌 된 일이오?"

"심상치 않습니다. 극완이 역모를 꾸미고 있으니 급히 되돌아가셔야 합니다."

그 길로 서둘러 대궐로 돌아온 평 왕은 군사를 풀어 극완을 죽여 버렸다. 그리하여 극완의 아들 백비는 오자서를 믿고 오나라로 왔고, 오자서가 오의 왕 합려에게 그를 천거하여 대부 벼슬을 주었다.

어느 날 피리가 오자서에게 물었다.

"내가 보기엔 백비의 눈은 매와 같고 걸음걸이는 범과 같아 잔인한 상이니 절대 마음을 주어서는 안 된다고 생각하나 당신은 어째서 백비를 한 번 보고 그토록 믿는 거요?"

"그건 나와 같은 한을 지니고 있기 때문이오. 같은 병을 서로 불쌍히 여기고[同病相憐], 같은 근심은 서로를 구원한다[同憂相救]라는 옛 말이 있지 않소? 육친을 사랑하고 그 죽음을 슬퍼하지 않는 사람이 어디에 있겠소?"

오자서는 피리의 충고를 무시하고 백비를 태재까지 올렸으나 백비는 적국인 월나라에 매수되어 결국 은혜를 원수로 갚고 말았다.

부차와 구천 기원전 6세기 말 오나라 왕 합려는 월나라 왕 구천BC 496~BC 465의 공격을 받아 큰 부상을 입자 그의 아들 부차를 불러 원수를 갚아 달라는 유언을 남기고 죽었다. 원수를 갚아 드리겠다고 맹세한 부차는 왕위에 오르자 백비를 재상으로 기용하고 책사 오자서와 함께 군대를 훈련시키기에 온 힘을 쏟았다. 그는 섶나무 위에서 잠을 자며[臥薪] 문지기에게 자신이 드나들 때마다 이렇게 외치도록 일렀다.

"부차! 그대는 월 왕 구천이 아버지를 죽인 일을 잊었는가?"

그럴 때마다 부차는 다짐했다.

"내가 어찌 그 원한을 잊겠느냐. 나는 반드시 원수를 갚으리라."

이 소문을 들은 월나라 왕 구천은 불안한 나머지 중신 범려의 만류에도 불구하고 오를 공격했으나BC 494 부숙산 전투에서 대패하고 남은 군사를 이끌고 회계산으로 숨었다. 오나라의 군사들이 구천을 잡기 위해 포위망을 좁혀오자 중신 범려가 구천에게 말했다.

"월나라의 장래를 위해서는 일시적인 굴욕을 참고 항복하는 것이 옳다고 생각됩니다."

구천은 대부 문종을 오나라 재상 백비에게 보내어 그를 매수하고 강화를 주선하도록 했다. 이때 오자서는 부차에게 이 기회에 월을 전멸시켜 후환을 없애야 한다고 주장했으나 구천에게 매수된 재상 백비의 말을 듣고 부차는 월과 강화를 맺었다.

간신히 목숨을 부지한 구천은 부차에게 충성을 맹세하고 그의 마부가 되었다. 구천은 부차의 신임을 얻기 위해 온갖 수모와 고초를 감내했다. 어느 날 부차가 병에 걸렸을 때 마부 구천은 부차의 대변을 맛보며 말했다.

"대왕의 병세는 며칠 후에 완쾌되실 겁니다."

그런데 며칠이 지나자 구천의 말대로 부차는 병이 나았다.

이렇게 오나라에서 3년 동안 온갖 수모를 겪으며 지내던 구천은 마침내 부차의 신임을 얻어 풀려나 고국으로 돌아오게 되었다. 구천은 오나라에서의 치욕을 갚기 위해 방문에 동물 쓸개를 매달아 놓고 드나들 때마다 이를 핥아 쓴맛을 보며[嘗膽] 복수를 다짐했다.

"오나라에서의 치욕을 잊지 말아라."

한편 오나라 왕 부차는 회계에서 승리한 후 자만에 빠져 충신 오자서의 만류에도 불구하고 호화로운 궁전인 고소대를 새로 짓는 등 점차 쾌락에 빠져들기 시작했다. 구천은 부차에게 충성심을 보이면서 그를 타락시키기 위해 전국을 뒤져 서시와 정단이라는 두 미녀를 뽑아 궁중에서 예절과 가무를 가르친 후 비단옷을 입혀 오 왕 부차에게 보냈다. 두 미녀에게 흠뻑 빠진 부차는 그들을 고소대에 머물게 하고는 곁을 떠날 줄을 몰랐다.

서시와 정단은 구천이 시킨 대로 온갖 아양과 교태로 부차를 사로잡았고 부차는 서시의 요구라면 무엇이든 다 들어 주었다. 충신 오자서는 구천의 음모를 간파하고 여러 차례 부차에게 간언했지만 소용이 없었다. 진과 노를 공략하여 중원의 맹주로 자처하던 오가 다시 제나라를 합병하려 하자 오자서가 부차를 만류했다.

"제나라는 돌밭과 같아 쓸모가 없습니다. 월 왕 구천이 군사력을 키우고 있어 화근이 될 것이니 월을 먼저 정벌하여 후환을 없앤 후에 제나라를 정벌해도 늦지 않을 것입니다."

그러나 오나라 왕은 이를 듣지 않고 오자서를 사자로 제나라에 가도록 명했다. 오가 망하는 것이 뻔하다고 생각한 오자서는 그의 세 아들을 제나라 포씨에게 맡기고 돌아왔다. 재상 백비와 왕손웅은 사사건건 자기 의견에 반대하는 오자서가 왕을 만나는 것을 가로막았다. 월에 매수당한 백비는 오자서가 제와 결탁했다고 모함하자 부차는 오자서에게 자신의 명검을 내려 스스로 자결하도록 명했다. 오자서는 부차의 어리석음을 한탄하며 가족에게 유언을 남기고 목숨을 끊고 말았다.

> 내 무덤 위에 가래나무를 심어라. 오나라 왕의 관으로 쓰기에 좋은 재목이니라. 그리고 내 두 눈을 뽑아 동문에 걸어 놓아 동쪽에서 쳐들어오는 월이 오를 멸망시키는 것을 볼 수 있게 하라.

부차는 이 말을 듣고 노하여 오자서의 시체를 말가죽 부대 속에 넣어 강물에 던져 버렸다. 또한 오나라의 멸망을 예언하고 간언하던 공손성을 죽이고 제나라를 굴복시켰다.

이때 부차는 전승을 축하하러 온 구천을 위해 성대한 잔치를 베풀어 자신의 위세를 과시하고 그대로 돌려보냄으로써 절호의 기회를 놓치고 만 것이다. 구천은 오나라에서 돌아온 후 때가 되었음을 감지하고 기회를 노리고 있었다.

그러던 어느 날 부차가 제후들과 회맹하기 위해 황지로 떠난 틈을 이용하여 구천은 직접 5만 명의 군대를 이끌고 오를 공격했다. 제후들과 한창 협상을 벌이고 있던 부차에게 사자가 급보를 전했다. 부차가 당황하자 백비는 칼을 뽑아 사자를 죽이고는 부차에게 말했다.

"사자의 말이 제후들에게 누설되면 어찌 맹주로서 그들을 다스릴 수 있겠습니까? 먼저 이곳 일을 마무리하신 후에 돌아가셔도 충분히 사태를 진압할 수 있습니다."

부차는 제후들과의 회맹을 끝낸 후 회군했다. 회군 중에 급보가 끊임없이 날아오자 부차가 백비에게 말했다.

"오자서의 말이 맞았어. 그대 말을 믿다가 이 지경이 되었으니 그대가 책임지고 월과 강화하도록 하세. 만약 그렇지 못하면 그대는 내 명검의 날카로움을 알게 될 것이네."

월이 백비의 요청을 받아들여 군대를 철수하자 실의에 빠진 부차는 술과 서시의 품에 빠져 헤어나지 못하고 있었다.

그로부터 4년 후 월의 구천은 다시 직접 군사를 일으켜 오를 침범했다. 도망 다니던 부차의 명을 받아 왕손락은 웃통을 벗고 무릎으로 기어가[肉袒膝行] 구천에게 사죄를 청했다.

"신 부차는 옛날 회계에서 대왕께 큰 죄를 지었으나 대왕을 월나라로 돌려보냈습니다. 이제는 대왕께서 은혜를 베푸시어 소신에게 신하의 도리를 다하도록 해 주십시오."

구천이 이를 받아들이려고 망설이자 곁에 있던 재상 범려가 만류했다.

"대왕께서는 지난 20년 동안이나 동물 쓸개를 핥으시며 다짐하신 맹세를 잊으셨습니까? 회계의 일은 하늘이 오에게 준 기회였으나 오가 받지 않았을 뿐이며, 지금은 하늘이 월에게 주는 기회이오니 하늘의 뜻을 거역해서는 안 됩니다."

오나라 사자가 일곱 번이나 찾아와 화의를 간청했으나 구천은 부차의 청을 거절했다. 오나라 재상 백비는 이미 월군에 투항했고 양산으로 도망가던 부차는 월군에게 포위되자 화살에 편지를 묶어 범려와 문종의 진영으로 쏘아 보냈다.

"토끼가 잡히면 사냥개는 삶겨 죽게 되고, 새가 떨어지면 활은 한 구석에 처박힌다고 들었소. 적이 멸망하면 신하 또한 필요 없게 되는 법인데 대부께서는 왜 나를 살려 주어 자신의 후일을 도모하지 않소이까?"

이 글을 읽은 문종이 부차에게 회답을 적어 활로 쏘아 보냈다.

"당신은 큰 실수를 했소. 예전에 하늘이 월을 오에게 바치려 했지만 오가 받지 않았던 것이오. 이제 하늘이 오를 월에게 주고자 하니 월이 어찌 하늘의 뜻에 거역할 수 있겠소?"

회답을 받은 부차는 눈물을 흘리며 말했다.

"아, 아버지의 원수인 구천을 죽이지 않은 이 불효자를 하늘이 벌하는구나. 죽어서 오자서와 공손성을 볼 면목이 없으니 내가 죽거든 얼굴을 비단으로 말아 가리도록 해다오."

기원전 465년 부차는 스스로 목숨을 거두고 오는 멸망하고 말았다. 구천이 고소성으로 달려가 백관의 환영을 받을 때 백관 속에서 백비가 보이자 구천이 말했다.

"그대는 오나라 재상이 아니오? 그대의 군주 부차는 양산에 있는데, 어찌 그를 따르지 아니하고 여기에 와 있는 거요?"

그 말에 백비는 얼굴이 붉어져 그 자리를 물러났다. 구천은 병사들을 시켜 그를 죽이라고 명했다.

당나라 시인 이백李白은 오와 월의 흥망성쇠의 무상함을 이렇게 적었다.

월 왕 구천이 오를 이기고 돌아오니
의사들은 은총을 입고 모두 비단옷을 입었고
꽃다운 궁녀들이 궁중에 가득하였지만
지금은 새 떼만 날고 있구나

서시와 정단

월나라 구천은 재상 범려의 제안대로 전국을 뒤져 오나라 왕 부차에게 보낼 절세가인 서시와 정단을 선발하여 각각 100냥씩의 금을 주고 수레에 태워 도성으로 향했다. 두 미녀를 보기 위해 사람들이 구름처럼 몰리자 누구든지 한 냥을 내면 미인들을 볼 수 있도록 했더니 머무는 3일 동안 거금이 모였다.

서시와 정단은 별도의 성에서 궁중의 예의범절, 시화, 가무, 기교 등을 3년 동안 배운 후 범려가 두 미녀를 데리고 부차를 찾아갔다.

"동해의 천신 구천이 대왕의 은혜에 보답하기 위해 두 미인을 바치고자 합니다."

두 미녀에게 첫눈에 반하는 부차의 모습을 보고 오자서가 간언했다.

"일찍이 하는 매희, 은은 달기, 주는 포사라는 미녀 때문에 군주들이 주색에 빠져 나라가 망했다고 들었습니다. 이들을 돌려보내야 하옵니다."

"구천이 이 같은 미인을 얻고도 자신이 거느리지 않고 내게 보낸 것은 나에 대한 충성의 증거이니 그대는 더 이상 의심치 마시오."

그로부터 부차는 서시를 위해 관애궁을 짓게 하고 고소대에 틀어박혀 정사는 멀리하고 호화로운 생활에 빠지게 되었다. 고소성이 함락되기 직전에 부차는 서시를 수레에 태워 피신시켰는데 고소성이 함락되는 것을 바라보던 서시는 품고 있던 칼로 가슴을 찔러 자살했다. 범려는 조국을 위해 큰 공을 세운 서시의 시신을 화려하게 장식한 배에 싣고 장강의 신에게 바쳤다.

당나라 시인 이백은 오나라 왕 부차가 서시와 함께 연회를 베풀며 즐기던 고소대를 찾아 물거품처럼 사라진 당시를 생각하며 이렇게 노래했다.

옛 동산 낡은 집터에 버들잎이 돋아나
연밥 따는 노래 소리에 봄날의 흥이 끝이 없다
지금 서강에 떠 있는 저 달은
옛날 오나라 궁전의 서시도 비추어 주었지

도가사상

도가道家는 중국의 노자와 장자가 무위자연無爲自然의 경지를 역설한 학파로서 도가는 유가와 함께 중국사상의 2대 원류를 형성했다. 도가 사상은 후에 불로불사不老不死를 추구하는 신선 사상과 연결되어 도교道敎를 탄생시켰고, 중국화된 불교인 선종禪宗에도 영향을 끼쳤다.

노자와 장자 노자老子는 춘추시대 초나라 사람으로 공자와 같은 시대에 살았으며, 낙양에서 주나라 왕실의 도서관을 관리한 적이 있다. 그는 인위적인 것이 아닌 '스스로 그러한 이치'에 따라 사는 무위자연無爲自然의 삶이야말로 인간 본성에 합치하는 최선의 삶이라고 했고, 이와 같이 천지만물의 근원인 도道에 충실하게 살아야 한다고 했다. 노자는 그가 쓴 도덕경의 첫 장에서 '도道라고 말할 수 있는 도道는 영원불변의 도道가 아니며, 이름을 붙일 수 있는 이름은 영원불변의 이름이 아니다'라고 했다[道可道非常道 名可名非常名].

노자는 무無와 유有는 같은 근원에서 나온 것이며, 선과 악, 아름답다거나 추하다는 것 등은 모두 사람들의 헛된 망상과 분별심에서 나온 것이지 둘은 다를 것이 없다고 했다. 선종에서도 깨달음의 비밀 중 하나가 헛된 망상이나 분별심을 없애는 것이라고 한다.

노자는 특히 물을 좋아했다. 물은 사람이나 동식물 등 만물을 이롭게 하면서도 항상 낮은 곳으로만 흐르는 겸손함이 있고, 바위나 돌을 만나도 다투지 않고 돌아서 흘러가는 지혜가 있으며, 담는 그릇에 따라 모양이 변하는 부드러운 성품을 지니고 있기 때문이다.

장자莊子는 전국시대 말기의 사상가로서 노자와 더불어 도가의 대표자이다. 장자는 노자의 사상을 이어받아 만물은 모두 평등하다는 인간 사회를 초월한 경지에서 자연의 섭리와 운명을 받아들이며 유유자적하게 사는 무위자연을 주장했다.

노자의 글은 시와 같이 짧고 그 뜻이 함축적이라 이해하기가 쉽지 않지만, 장자의 글은 소설에 가까워 호방하고 스케일이 크며 다양하고 절묘한 비유에 능했다. 장자는 그가 남긴 책 『장자』의 앞부분 제목을 '소요유逍遙遊'라 하여 우주 공간에서 유유자적하며 일상에 얽매이지 않는 무한한 자유를 만끽하고 싶은 욕망을 잘 드러냈다.

장자는 눈에 늘 보이는 것보다는 눈에 보이지 않는 것을 볼 수 있어야 함을 강조했다. 소를 잡는 포정의 칼날이 소의 뼈와 뼈, 힘줄과 힘줄 사이로 움직이다 보면 소는 자신이 죽어 가는 줄을 모른 채 서 있게 되고 포정의 칼은 19년째 칼을 갈지 않아도 방금 숫돌에 간 듯 날카롭다는 비유로 기술을 뛰어넘는 도의 경지를 설명했다.

노자의 도는 인위적인 억지를 배제하면서 자연의 법칙을 이상적인 것으로 삼으려는 현실을 떠난 은둔하는 모습이었지만, 장자의 도는 인위적인 억지를 배제하면서 자연의 법칙을 존중하지만 현실 속에서 뭔가 해결책을 찾으려는 보다 적극적인 모습이었다.

장자는 자연이나 인생에는 절대적 가치란 있을 수 없으며 모든 생명체나 사물의 존재는 서로 달라 보이지만 그 가치는 모두 동등하다고 했다.

장자는 죽기 전 다음과 같은 말을 남겼다.

"땅 위에서는 솔개의 먹이가 될 것이고 땅 아래에서는 땅강아지와 개미의 먹이가 될 것인데, 누구를 먹이기 위해 또 다른 누구를 약탈해야 한단 말인가?"

노자의 도덕경

언젠가 공자가 노자를 찾아와 가르침을 청했을 때 노자는 대뜸 "제발 욕심과 그 잘난 체하는 교만함과 잡념을 버리게"라고 말했다고 한다. 무위를 주장하던 노자는 말년이 되어 주나라가 망하자 속세를 떠나 은둔하기 위해 우마를 타고 길을 떠났다. 그가 함곡관에 이르렀을 때 노자를 숭배하던 고을지기 윤희가 이별을 아쉬워하며 가르침을 청했다.

"선생님의 가르침을 남겨 주실 수는 없는지요?"

그러자 노자는 잠시 그곳에 머물면서 그가 남긴 유일한 저서인 『도덕경』 5,000여 자를 남겼다. 이 책에는 노자의 철학과 정치사상이 담겨 있다.

아내가 죽자

장자의 아내가 죽었다는 소식을 듣고 혜자가 조문을 갔다. 장자의 집 앞에 이르렀는데 들려야 할 곡소리는커녕 노랫가락이 흘러나왔다. 혜자가 집 안으로 들어서자 장자가 술에 잔뜩 취해 항아리를 엎어 놓고 두들기며 노래를 부르고 있는 것이 아닌가.

"아니, 이 사람아, 부인이 죽었는데 곡소리는커녕 노래를 부르다니."

그러자 장자가 말했다.

"나도 사람인데 어찌 슬프고 원통하지 않겠나. 하지만 사람이 태어나기 전에는 원래 생명도 없고 형체도 없었고 또한 기氣도 없었지 않았나. 그러다가 어느 구석에선가 자그마한 기운의 씨가 생겨 그것이 자라 형체가 생기고 생명이 이루어진 것이 아닌가. 춘하추동 계절이 돌듯이 아내는 다시 원래의 자리로 되돌아간 것뿐이라네. 이제 내 아내는 천지 사이의 큰 방에서 편안히 자고 있을 테니 어찌 노래를 부르며 즐거워할 일이 아니겠는가?"

곧은 나무가 먼저 베인다 장자에 대해 비판적인 한 선비가 장자를 찾아가서 말했다.

"선생의 말씀은 넓고 깊지만 별로 현실적이지 못한 것 같습니다. 예를 들면 선생의 사상은 저 나무와 같아서 크기는 하지만 온통 구부러져 목수들이 쳐다보지도 않거든요."

그러자 장자가 말했다.

"당신 말도 일리는 있소. 그러나 한번 거꾸로 생각해 보면 저 나무는 그렇기 때문에 목수들에게 잘리지 않고 오랜 세월을 버티고 있지 않소."

"그렇지만 쓸모가 없지 않습니까?"

"세상에 쓸모없는 것이 있을 리 있겠소. 당신 머리 위에 뜨거운 태양이 내려쬐인다면 당신은 저 나무 그늘 밑을 찾을 게 아니겠소?"

해골의 즐거움 어느 날 장자가 초나라로 가는 도중에 해골을 만나 해골에게 물었다.

"자네는 삶을 탐내다가 부도덕한 짓으로 이렇게 해골이 되었던가? 아니면 나라 망칠 일을 해서 사형을 당했던가? 아니면 부끄러운 짓을 해서 자살을 했던가? 아니면 명대로 살다가 이렇게 해골이 되었던가?"

그리고는 해골을 베고 잠이 들었는데 꿈에 해골이 나타나서 말했다.

"아까 당신이 물은 말들은 산 사람들의 일일 뿐 나같이 죽은 사람에게는 그런 걱정이 없다네."

"도대체 죽음의 세계는 어떠한가?"

"죽음의 세계에는 임금도, 신하도, 계절의 변화도 없다네. 그저 천지와 수명을 같이할 뿐이며 아무 것도 부러운 것이 없다네."

"내가 신에게 부탁하여 자네의 골육과 피부를 되살리게 해 줄까?"

"그럴 생각 말게. 어찌 이 즐거움을 두고 다시 인간 세상에서 고생을 하겠는가?"

유가사상

유가儒家는 춘추시대 말기 공자孔子, BC 551~BC 479가 시작한 학파로서 공자는 인仁과 예禮의 실현을 이상으로 삼았다. 공자는 서민도 귀족처럼 예를 따라야 한다고 주장하고 군자와 소인은 신분 계급이 아닌 도덕적 수양에 따라 정해지는 것이라고 했다. 성선설을 주장한 맹자孟子, BC 371~BC 289와 성악설을 주장한 순자荀子, BC 300~BC 230가 공자의 사상을 이어받아 더욱 발전시켰다.

공자와 맹자 공자는 중국 북동부의 노나라에서 태어났다. 본명은 공구孔丘. 공자는 어릴 때부터 아버지 없이 어머니 밑에서 자랐다. 공자의 집 근처에는 유명한 주공의 묘가 있어 어린 공자는 제사를 구경하면서 아이들과 제사 놀이를 즐겨하곤 했다. 공자는 젊었을 때 지방 관청의 말단 관리로 일하기도 했으나 이에 만족하지 못하고 그만두었다.

공자는 30대에 이르러 사상가로 이름이 알려지기 시작하여 글방을 차리고 제자를 가르쳤다. 평소 벼슬을 통해 자신의 이상을 실현시키고자 했던 공자는 52세 때 노나라 조정에서 벼슬을 얻어 대사구라는 최고 법관의 자리에까지 올랐다. 그러나 노나라 정공이 정사는 돌보지 않은 채 제나라에서 선물로 보내온 여자 악공들과 놀아나자 크게 실망한 나머지 제자들과 함께 노나라를 떠나기로 결심했다.

기원전 497년 공자56세는 모국 노나라를 떠나 13년 동안 위 · 조 · 송 · 정 · 진 · 채 · 초나라를 돌면서 덕을 갖춘 왕을 만나 도와 인정으로 그의 이상을 현실에서 실천해 보고자 했다. 그러나 당시 중국은 각 나라들이 패권 쟁탈에만 몰두하고 있던 때라 어느 왕도 그를 등용해 주지 않았다.

기원전 484년 공자는 69세가 되어 고국 노나라로 돌아와 저술에 몰두하면서 그의 저서인 6경역경, 시경, 주례, 서경, 춘추, 악기을 제자들에게 가르쳤다. 기원전 479년 공자는 73세를 일기로 세상을 떠나면서 "이 땅에는 현명한 군주가 없고, 나를 스승으로 받아주는 곳이 없구나. 세상을 떠나야 할 시간이 다가오고 있다."고 말했다.

맹자는 공자의 사상을 이어받아 유가의 뼈대를 완성한 사람이다. 맹자는 전국시대 추나라에서 태어나 어릴 때 아버지를 잃고 어머니 밑에서 자라면서 공자의 손자로서 『중용』을 쓴 노나라의 자사子思, BC 483~BC 402 밑에서 학문을 닦았다.

맹자는 제나라의 관리로 일한 적이 있으나 자신의 이상과 맞지 않아 제나라를 떠나 여러 나라를 떠돌며 왕도정치를 역설했다. 그러나 공자와 마찬가지로 자신의 뜻을 현실에서 실현해 보지 못하자 실망하여 고향으로 돌아와 여생을 후학 양성에 바치다가 83세에 세상을 떠났다.

맹자의 사상은 첫째로 천명을 중시하는 사상으로서 천명에 따라 큰 일이 이루어진다고 했다[天人合一]. 둘째로 인간의 본성은 선천적으로 선하다는 성선설을 주장했다. 사람은 사단[四端 : 惻隱之心, 羞惡之心, 辭讓之心, 是非之心]의 선한 성품, 즉 최고의 덕목인 인仁, 의義, 예禮, 지智를 지니고 태어나며, 또한 사람은 선천적으로 직관적 지식[良知]과 직관적 능력[良能]을 가지고 있다고 했다. 셋째로는 인의仁義의 사상이고, 넷째로는 힘으로 지배하는 패도를 배척하고 인을 행하는 왕도정치王道政治의 실현을 주장했다.

『논어』

공자는 생전에 3,000여 명의 제자를 키워 유가의 기반을 구축하였다. 그의 사후 제자들이 스승의 사상을 대화식으로 남긴 것이 『논어論語』이다. 『논어』는 "배우고 배운 것을 때때로 익히면 즐겁지 않겠는가. 친족朋이 멀리서 찾아오면 그 또한 즐겁지 않겠는가"라는 구절로 시작된다.

공자는 평생 인과 의를 강조했고, 공경하는 마음으로 조상을 숭배하는 제사의 예와 직계 조상에 대한 제사 그 자체를 매우 중요시했다. 공자는 사람을 남자와 여자 그리고 군자와 소인으로 나누어 인품과 행위가 구별된다고 했다.

공자가 조상 제사를 매우 중요하게 생각한 것은 혈족 제사를 통해 국가의 단결을 도모했던 은나라 문화를 이상향으로 보았고, 또한 공자 자신이 아버지가 없었기에 혈연의 끈을 무척 중요시했기 때문으로 보인다.

공자의 아버지 공자가 태어났을 때는 어머니만 곁에 있었다. 공자는 아버지에 대해 궁금했지만 그의 어머니는 아버지에 대해 아무것도 말해 주지 않았다.

공자가 태어날 무렵의 중국 중원에서는 마을마다 봄을 맞이하는 성대한 축제가 열렸다. 이 봄 축제 때에는 온갖 악기와 춤이 동원되었고 집에서 만든 곡주인 고량주 술이 제공되었다. 사람들은 술을 마음껏 마시고 밤늦도록 축제를 즐겼다. 이런 상황에서 공자를 갖게 된 것이다.

공자는 70세의 숙량홀이라는 노인의 11번째 자식으로 태어났으나 정식으로 혼인한 관계가 아니어서 같이 생활하지 않았으며 공자가 세 살 때에 죽었다.

기다려 주지 않는 부모 어느 날 공자가 제나라로 가고 있는데 어디선가 슬픈 울음소리가 들려 가까이 가 보니 한 남자가 낫을 든 채 울고 있어 영문을 물어 보았다.

"무슨 일로 그리도 슬프게 울고 있소?"

"나는 지금 내가 저지른 세 가지 큰 잘못을 뉘우치고 있는 중이오. 젊어서 글 배우기를 좋아하여 스승을 찾아 천하를 두루 돌아다니다가 고향에 돌아와 보니 부모는 이미 돌아가시고 없었다오. 이것이 첫 번째 잘못이었소. 그리고는 일자리를 얻어 주인을 섬기며 열심히 일했으나 주인이 하도 교만하여 그만 뛰쳐나오고 말았는데 이것이 두 번째 잘못이었소. 그리고 매우 절친한 친구가 있지만 사정으로 그와 절교를 하였는데 이것이 세 번째 잘못이었소. 나무는 가만히 있고 싶지만 바람이 나무를 흔들어대며, 자식은 부모를 섬기고 싶지만 부모가 기다려 주지를 않는구려. 세월은 한 번 가면 되돌아오지 않는 것. 이제 나도 그만 가봐야 할 것 같소."

그러고는 그 남자는 물로 뛰어들고 말았다.

공자가 제자들에게 말했다.

"이 일을 적어 두어라. 계명으로 삼을 만하니라."

이 말을 들은 공자의 제자 중 열세 명이 곧바로 고향으로 돌아갔다.

어느 노인의 세 가지 즐거움 어느 날 공자가 태산으로 가던 중 들판에서 영계기라는 한 노인을 만났다. 이 노인은 누추한 차림에 거문고를 타면서 흥겹게 노래를 부르고 있었다. 공자가 노인에게 물었다.

"노인께선 무엇이 그리도 즐거우신가요?"

"즐거운 일이 많아 그런다오."

"대체 무슨 즐거운 일이 있으시길래."

노인은 호탕하게 웃으며 말했다.

"세상에서 가장 귀한 것이 사람인데 내가 사람으로 태어났으니 그것이 첫 번째 즐거움이요, 그중에서도 사내로 태어났으니 그것이 두 번째 즐거움이요, 그리고 사람으로 태어나더라도 햇빛도 못 보고 죽는 사람도 많은데 나는 이미 아흔 살까지 살았으니 그것이 세 번째 즐거움이라오. 내 비록 사는 것은 여의치 못하나 선비란 원래 가난한 것이고, 죽음이란 어차피 가야 할 귀착지이니 내게 무슨 근심이 있다고 즐겁지 않겠소."

공자는 감탄하며 천하의 여유로운 사람이라고 중얼거렸다.

눈으로 본 것도 믿을 수가 없다니 한때 공자가 진나라와 초나라의 오해를 받아 쫓겨 다닌 적이 있다. 그는 7일 동안 한 끼도 먹지 못해 허기에 지쳐 낮잠을 자고 있는데 제자인 안회가 어디서 구했는지 쌀로 죽을 쑤고 있었다. 죽이 다 되었을 즈음 안회가 죽 냄비에 손가락을 넣어 죽을 찍어 먹었다.

마침 그때 공자가 이를 보고 말았다. 속으로 못된 놈이라고 생각했지만 못 본 체했다. 안회가 먼저 한 사발을 떠서 공자에게로 가지고 왔다. 공자는 안회가 어떻게 나오나 확인하기 위해 자리에서 벌떡 일어나 앉으며 말했다.

"방금 돌아가신 아버지의 꿈을 꾸었다. 그러니 아버지께 죽을 먼저 바쳐야겠다."

그러자 안회가 당황하여 말했다.

"스승님, 안 됩니다. 조상께 바치려면 청결해야 하는데 조금 전에 냄비 속에 숯 그을음이 빠졌었습니다. 제가 손가락으로 건져내기는 했습니다만. 그리고 버리기가 아까워 제가 먹었습니다."

이 말을 들은 공자는 크게 탄식하며 말했다.

"지금까지 눈으로 본 것은 믿어 왔는데 이제는 내 눈으로 직접 본 것도 믿을 수가 없구나. 그러니 사람을 안다는 것이 얼마나 어려운 일인가."

불 혹 다음은 공자가 자신의 인생을 돌아보고 학문의 심화된 과정을 술회한 글로서, 15세를 지학志學, 30세를 이립而立, 40세를 불혹不惑, 50세를 지천명知天命, 60세를 이순耳順, 70세를 종심從心이라 하게 되었다. 불혹不惑은 세상일에 미혹되지 않는다는 뜻으로 나이 마흔을 가리킨다.

열다섯에 학문에 뜻을 세웠고	十五而志學
서른에 그 뜻을 확고히 했으며	三十而立
마흔에 온갖 유혹에 흔들리지 않게 되었으며	四十而不惑
쉰에 하늘의 명을 알았다	五十而知天命
예순에 사물의 이치를 알게 되고	六十而耳順
일흔에 어떤 일을 하든지 법도가 있었다	七十而從心所欲不踰矩

약 관 약관弱冠은 『예기禮記』에 나오는 말로 스무 살, 즉 아직도 건장하지 못하다든가 또는 비로소 성인이 되었다는 뜻이다.

사람이 태어난 지 10년은 어리다고 할 수 있으니 배워야 한다.

20년이 되면 약弱이라고 하여 갓[冠]을 쓴다[弱冠].

30을 장壯이라고 하여 아내를 두어야 한다.

40을 강强이라고 하여 벼슬을 해야 한다.

50을 애艾라고 하여 관복을 입고 정치를 해야 한다.

60을 기耆라고 하여 일을 시킨다.

70을 노老라고 하여 일을 전한다.

80과 90을 모라고 한다.

7세를 도悼라고 하는데, 도와 모는 죄가 있어도 형벌을 가하지 않는다.
100세를 기期라고 하는데 공양을 받아야 한다.

한 어부의 지혜 어느 날 공자가 길을 가는데 한 어부가 주제넘게 공자에게 이렇게 말했다.

"자기 그림자가 두려워 그것을 피하려고 달아난 자가 있었소. 빨리 달리면 그림자를 뿌리칠 수 있을까 하여 그자는 쉬지 않고 빨리 달리다가 그만 지쳐서 죽고 말았다오. 그늘 속으로 들어가면 될 것을 그자는 그것을 알지 못했던 거요."

맹자의 어머니 맹자는 어려서부터 어머니 슬하에서 자라면서 거의 독학으로 학문을 쌓았기 때문에 그의 어머니는 주위 환경이 매우 중요하다고 생각한 나머지 세 번이나 이사를 했다.

처음 공동묘지 근처에 살 때 어린 맹자는 장례식 지내는 흉내만 내고 놀았다. 그의 어머니는 자식을 기를 만한 곳이 아니라고 생각하고 시장 옆으로 이사를 갔다. 이번에는 맹자가 장사하는 흉내만 내었다. 그래서 세 번째로 서당 근처로 집을 옮겼다. 그러자 어린 맹자가 책을 읽고 공부를 하자 그의 어머니는 이곳이야말로 자식을 기를 만한 곳이라고 생각하고 그곳에 자리를 잡았다[孟母三遷之敎].

맹자가 다른 고을로 유학을 갔을 때의 일이다. 맹자는 고향의 어머니를 그리다가 그만 학업을 팽개치고 집으로 돌아왔다. 그가 집 안으로 들어섰을 때 어머니는 한참 베를 짜고 있었다. 어머니는 돌아온 아들을 보고 이상하게 생각했다.

"그래 어쩐 일이냐? 공부는 잘 하고 있겠지?"

"그럭저럭요. 특별히 달라진 것이 없어 잠깐 집에 들렀습니다."

그러자 어머니는 작은 칼을 집어 들고는 짜고 있던 베를 모조리 잘라 버렸다[孟母斷機]. 연유를 몰라 놀라는 맹자에게 말했다.

"학문을 도중에 중단하는 것은 짜고 있던 베를 잘라 버린 것과 같다. 도중에 그만 두면 이제까지의 노력은 물거품이 되는 것이니 학문은 꾸준히 해야 한다."

맹자와 공도자의 대화 당시 공자와 공도자는 사람의 본성은 선하지도 악하지도 않은 백지와 같은 것인데 후천적인 환경의 영향을 받아 선과 악으로 나뉜다고 주장했다.

맹자의 제자인 공도자가 맹자에게 물었다.

"어떤 사람은 대인이 되고, 어떤 사람은 소인이 되는 까닭은 무엇입니까?"

"사람의 몸에는 큰 몸과 작은 몸이 있는데 큰 몸은 마음이요, 작은 몸은 말초 신경이라 할 수 있다네. 큰 몸을 따르면 대인이 되고, 작은 몸을 따르면 소인이 되는 것이라네."

"그러면 어떤 사람은 마음에 따라 행동하고, 어떤 사람은 말초 신경에 따라 행동하는 까닭은 무엇입니까?"

"귀나 눈 같은 기관은 생각하는 기능이 없어 바깥 사물이나 현상에 의해 지배당하여 어떤 욕구에 이끌리고 마는 것이나, 마음이란 생각할 수 있는 힘을 가지고 있어 바깥 사물이나 현상에 대해 주체적으로 대응할 수 있는 것이라네. 생각하면 사물의 이치를 알 수 있으나 생각하지 않으면 알지 못하니 이것은 하늘이 사람들에게 부여해 준 것이다. 따라서 우선 큰 것, 즉 마음을 확고히 하면 귀나 눈 같은 작은 것에 마음을 빼앗기지 않게 되며, 그렇게 할 수 있는 사람을 대인이라고 하는 것일세."

양나라 혜왕을 만나 맹자가 양나라 혜왕을 찾아갔을 때 혜왕이 맹자에게 물었다.

"맹자, 어서 오시오. 그런데, 어찌하면 우리나라가 이익을 얻을 수 있겠소?"

"왜 꼭 이익만을 원하시는지요? 어진 마음[仁]과 의로움[義]도 중요합니다."

"그게 그렇게 중요하오?"

"네, 왕께서 이익만을 생각하시면, 신하들이나 온 백성들이 이익에만 몰두하게 될 것이므로 오히려 나라가 위태로워지고 말 것입니다."

오십보백보 어느 왕이 맹자에게 물었다.

"나는 백성들을 위해 정치를 잘 한다고 생각하는데 우리나라로 사람들이 몰려오지 않으니 어찌된 일이요?"

"네, 왕께서 좋아하시는 전쟁을 비유하여 말씀 드리지요. 전투가 시작되면 갑옷을 벗어 던지고 도망가는 병사들이 생기기 마련이지요?"

"늘 그런 병사들이 있기 마련이지."

"그런데 어떤 병사는 백 보를 도망갔고 어떤 병사는 겨우 오십 보를 도망가던 참이었습니다. 이때 오십 보를 도망가던 병사가 백 보를 도망가던 병사를 보고 비웃는다면 어떻게 생각하시겠습니까?"

"오십 보나 백 보나 도망친 것은 마찬가지 아니겠소."

"그렇습니다. 왕께서는 다른 왕보다 잘 하신다고 생각하시겠지만, 크게 보아 차이가 없는 것이기 때문입니다."

법가사상

정치적인 부패가 만연하고 끊임없는 전쟁으로 혼란하던 전국시대의 왕들은 나라를 잘 다스려 강대국이 되기 위해 새로운 통치 방법들을 모색하기 시작했다.

상앙본명은 공손앙, ~BC 338은 혈연 관계로 얽혀 정치적인 부패가 만연하던 전국시대에 법을 바꾸면 사회를 개혁할 수 있다고 생각하여 변법 운동을 주도했다. 상앙 자신은 귀족이었지만 법 앞에는 귀족과 농민은 평등하다고 했다. 하지만 귀족들은 상앙을 체포하여 마차에 묶어 사지를 찢어 죽였다.

한비자韓非子, BC 280~BC 233는 전국시대의 한 약소국인 한韓나라 왕실에서 서자로 태어났다. 한비자는 유가의 순자 밑에서 배웠으나 새로운 사상의 글을 부왕에게 올렸다.

"통치자는 나라를 부강하게 만들어야 합니다. 통치자가 백성들의 마음을 사로잡으려면 백성들이 부유하도록 해주어야 합니다. 통치자는 위엄이 담긴 통솔력이 있어야 합니다. 시대의 흐름에 잘 맞는 법을 갖추고 다듬어 이를 엄격하게 집행해야 나라의 기강 바로 잡힙니다. 유가 사람들은 쓰지 마십시오. 그들은 말 만 많고 법을 어지럽힙니다. 또한 검객도 쓰지 마십시오. 그들은 힘만 믿고 나라의 기강을 어지럽게 만듭니다.”

기원전 221년 중국을 통일한 이웃 진나라 시황제가 한비자의 이 글을 보고는 그를 높이 평가했다. 진의 승상이자 이전에 한비자와 같이 순자 밑에서 공부한 이사李斯는 왕의 총애를 빼앗길까 두려워 한비자를 모함하여 그에게 사약을 내리게 했다.

한비자는 정치제도란 역사적 상황에 따라 변해야 하며, 군주는 백성들을 선하게 만들려고 애쓰기보다는 악한 일을 하지 않도록 해야 하며, 권력자는 그의 도덕적 품성과는 상관없이 권력에 대한 절대 복종을 요구할 권리를 가지며, 군주 자신도 법에 따라야 하며, 통치자와 피통치자는 서로 이해관계가 일치하지 않으므로 통치자는 아무도 믿지 말고 경계해야 하며, 지나치게 권력이 집중되지 않도록 해야 한다고 주장했다.

손자병법

『손자병법孫子兵法』의 손자는 춘추시대 오나라 왕 합려에게 중용된 손무BC 6C와 제나라의 군사였던 손빈 두 사람을 말한다. 사마천의 『사기』에는 손무의 『오손자병법』 82편과 손빈의 『제손자』 89편이 전해지고 있다. 삼국시대 위나라의 조조는 『손자』에 주석을 붙이면서 본문까지 뜯어 고쳤다고 한다. 다음은 『손자병법』에 나오는 주요 내용이다.

> 나라와 나라 사이에는 반드시 충돌로 전쟁이 일어나게 마련이다. 계속 살아남기 위해서는 도道, 천天, 지地, 장將, 법法의 다섯 가지 특성을 이해해야 한다. 도道란 백성이 윗사람들과 더불어 생사를 함께 하고자 결심하고 행하는 것이며, 천天이란 음양, 날씨, 때와 같이 주어진 자연 조건, 지地란 지리적 조건, 장將이란 군사를 지휘하는 장수가 갖추어야 할 지智, 신信, 용勇, 엄嚴을, 법法이란 군의 조직, 명령

계통, 병기 등을 말한다.

최고의 책략은 백전백승이 아니라 싸우지 않고 이기는 것이다. 상대를 알고 자기를 알면 백 가지 전법으로 싸워도 백 번을 다 이긴다. 공격할 때는 공세를 크게 취하여 상대의 기를 꺾어 버려야 한다. 빠르기는 바람과 같고, 느리기는 숲과 같고, 공격은 불과 같고, 고요함은 산과 같아야 한다. 적이 아군의 동정을 알아채지 못하게 고요함으로 철저히 봉쇄해야 한다.

손무의 연병법 시범 어느 날 오나라 왕 합려가 손무에게 말했다.

"그대의 병서는 읽어 보았는데 실제로 병사를 훈련시키는 법을 보여 주겠소?"

"예, 그렇게 하지요."

합려가 궁녀 180명을 모아 주자 손무는 이들을 두 진영으로 나누고 합려가 아끼는 두 궁녀를 양 진영의 대장으로 삼았다. 손무는 이들에게 훈련 내용을 설명해 주고 훈련에 들어갔다.

이윽고 손무가 명령을 내렸다. 그러나 대장들은 명령에 따르지 않고 장난하듯 낄낄대고 웃기만 했다. 손무가 다시 명령을 내렸으나 마찬가지였다. 그러자 손무는 "명령에 따르지 않는 것은 대장의 책임이다"라고 칼을 뽑아 두 대장의 목을 베려고 했다. 이에 놀란 왕이 말했다.

"공의 뛰어난 연병법은 잘 보았으니 두 여자는 죽이지 마시오."

그러나 손무는 두 대장의 목을 베어 버렸다. 손무는 다른 두 궁녀를 새 대장으로 임명하고 다시 호령을 하자 이번에는 모두들 일사불란하게 움직였다.

그러자 손무는 오나라 왕 합려에게 말했다.

"훈련은 끝났습니다. 이제 그들은 왕의 명이라면 물불을 가리지 않고 따를 것입니다."

오나라 왕 합려는 손무의 능력을 인정하여 그를 장군으로 임명했다.

손빈과 방연 손빈은 손무가 죽은 지 백여 년 뒤에 태어났는데 어릴 때 부모를 잃고 숙부 밑에서 자랐다. 그는 위나라의 방연과 함께 귀곡 선생의 문하에서 의형제를 맺고 병법을 배웠다. 어느 날 방연은 위 혜왕 밑에서 벼슬하기 위해 스승에게 하직인사를 하러 오자 귀곡 선생이 방연에게 말했다.

"자네가 만약 양을 보면 앞날이 빛날 것이고, 말을 보면 죽게 될 것이다."

방연은 손빈에게 자신이 등용되면 위나라로 와서 함께 왕을 섬기자 하고는 떠났다. 위나라로 간 방연이 혜왕을 처음 배알했을 때 마침 혜왕에게 양고기 요리가 올라왔고 그 후 방연은 위나라의 장군으로 중용되어 위세를 떨쳤다.

한편 손빈은 귀곡 선생 밑에서 『손무자병법』을 익히면서 방연의 부름을 기다리고 있었다. 그러던 어느 날 귀곡 선생을 찾아 온 묵자가 손빈의 뛰어난 재능을 알고는 위 혜왕에게 그를 추천했다. 방연은 혜왕의 명으로 손빈을 불러들이기는 했으나 자기보다 재능이 뛰어난 손빈의 존재를 불안하게 생각했다. 방연은 손빈에게 실권이 없는 한직을 주고는 그를 제거할 기회를 노리고 있었다.

마침내 혜왕이 손빈을 중용하려 하자 방연은 손빈을 제나라의 첩자로 몰아 두 다리를 자르고 얼굴에 죄인이라는 문신을 새기는 형벌을 가했다. 손빈은 이것이 방연의 음모임을 알았다. 그러던 어느 날 제나라의 사절로 온 묵자의 제자의 도움으로 몰래 제나라로 탈출했다. 묵자로부터 손빈에 대해 들어서 잘 아는 제나라의 장군 전기는 그를 잘 대해 주었다. 어느 날 전기가 제나라의 공자들과 많은 재물을 걸고 경마 내기를 즐기고 있었다. 이를 지켜보고 있던 손빈은 공자들의 말 세 마리와 전기의 말 세 마리의 빠르기에 각각 상 · 중 · 하가 있고 서로 간에는 비슷하다는 것을 알았다.

손빈이 전기에게 말했다.

"장군께서는 다음에 큰 내기를 한 번 하십시오. 신이 반드시 장군이 이기도록 계책을 마련해 놓겠습니다."

전기는 손빈의 말대로 큰 내기를 걸자 손빈이 전기에게 귀띔해 주었다.

"먼저 상대가 제일 빠른 말을 내보내면 장군은 제일 느린 말을 내보내고, 상대가 중간 말을 내보내면 장군은 제일 빠른 말을 내보내고, 상대가 제일 느린 말을 내보내면 장군은 중간 말을 내보내십시오."

경마의 결과는 2승 1패로 전기가 이겼다. 이에 감탄한 전기는 손빈을 위 왕에게 추천하여 그의 참모가 되었다. 그 후로 전기의 군대는 연전연승하였고 후에 손빈은 제나라의 군사가 되었다.

'방연, 이 나무 아래에서 죽다' 어느 날 위나라의 방연이 조나라를 공격하자 조나라는 제나라에게 원군을 요청했다. 이에 제나라 위 왕은 조나라를 구하기로 하고 손빈을 장수로 삼으려 하자 손빈이 이를 사양했다.

"형벌을 받은 몸으로 어찌 장수가 될 수 있겠습니까."

이에 위 왕은 전기를 장수로 임명하고 손빈을 군사로 삼았다. 전기와 손빈은 직접 군사를 이끌고 위나라를 공격했다. 이 소식을 접한 위나라 군사들은 급히 회군하였으나 손빈의 군사가 제나라 군사들보다 먼저 국경을 넘어 서쪽으로 행군하고 있었다. 이때 위나라 장수는 손빈에게 형벌을 가하게 한 바로 방연이었다.

손빈의 계책대로 제나라 군사들은 방연의 군대에게 약한 모습만 보여 주며 연일 도망치기만 했다. 손빈의 병사들은 마릉에 진을 치고 방연의 군대가 밤에 도착할 것으로 예상하고 기다리고 있었다. 마릉은 길이 좁고 양측이 매우 험난하여 복병을 매복시키기에 적합한 요충지였다. 손빈은 주위의 나무들을 베어 버리고 큰 나무 한 그루만 눈에 잘 띄게 하여 남겨 두었다. 그리고 그 소나무의 껍질을 벗기고 글자를 새긴 후 궁사들을 길옆에 매복시켰다.

날이 어두워지자 예상한 대로 방연의 군대가 요란한 말발굽 소리를 내며 추격해 오고 있었다. 지나가던 방연이 소나무 한 그루에 무슨 글귀가 새겨져 있는 것을 발견하고는 다가가 횃불을 밝혀 보았더니 다음과 같은 글귀가 새겨져 있었다.

"방연, 이 나무 아래에서 죽다."

방연이 크게 놀라 말머리를 돌리려는 순간 일제히 화살이 날아왔다. 이미 때가 늦었음을 직감한 방연은 탄식하며 말했다.

"손빈을 죽이지 않았더니 도리어 내가 당해 그의 이름을 빛나게 하는구나."

손빈은 이 싸움에서 대승하고 위나라 태자 신을 포로로 하여 돌아옴으로써 그의 이름이 천하에 알려지게 되었다. 원수를 갚은 손빈은 벼슬을 마다하고 은둔하여 지내다 홀연히 자취를 감추었다.

상앙의 개혁 정치

손빈이 제나라에서 병법가로 한창 이름을 떨치고 있을 무렵 진秦나라에서는 상앙본명은 공손앙, ~BC 338을 등용하여 부국강병을 위한 정치 개혁이 추진되고 있었다.

상앙은 위 왕 첩의 소생으로서 위나라 재상 공숙좌를 섬기다가 그가 죽자 서자인 자신은 국내에서 중용되기 어려울 것으로 생각하고 진나라로 갔다. 기원전 395년 상앙은 진나라 효공에게 재상으로 발탁되었다. 상앙은 부국강병을 위해서는 법과 제도를 개혁해야 한다고 주장하고 정치 개혁에 들어갔다. 그의 개혁은 법치주의와 신상필벌을 근본으로 하는 법가사상에 바탕을 두었다.

상앙은 농전農戰을 실시하여 평상시는 농업에 종사하다가 전쟁이 발발하면 전백성이 병사가 되어 싸움터에 나가도록 했으며, 신상필벌을 엄격히 적용하여 법을 어기는 사람에게는 누구를 막론하고 벌을 주는 등 강력한 개혁 정책을 펴 진나라가 중국을 통일할 수 있는 기초를 마련했다.

목패를 걸어 놓고 상앙은 새 법을 공포하기 전에 목패를 함양의 남문에 걸고 그 옆에 방을 붙였다.

"누구든지 이 목패를 북문에다 옮기는 자에게는 금 열 돈을 준다."

백성들은 영문을 몰라 선뜻 나서는 사람이 없자 다시 방의 내용을 바꾸었다.

"누구든지 이 목패를 북문에다 옮기는 자에게는 금 오십 돈을 준다."

그러자 어떤 사람이 목패를 북문에 옮겨 놓자 약속대로 그 사람에게 금 오십 돈을 주었다, 소문은 전국으로 퍼져 백성들은 조정에서 공포하는 새 법을 믿고 따르게 되었다.

신상필벌 상앙은 법 앞에서는 누구나 평등해야 한다고 주장했으나 새 법에 대한 귀족과 관료의 불만이 많았다. 그런 가운데 태자 혜문군이 법을 어기자 상앙이 말했다.

"법이 제대로 시행되지 않는 것은 위에서부터 법을 어기기 때문이다."

그러나 임금의 뒤를 이을 태자를 차마 처벌할 수가 없자 대신 그의 후견인인 공자 건을 처벌하고 스승인 공손가도 책임이 있다고 하여 코를 베는 의형에 처했다.

그 후 공자 건이 다시 법을 어기자 상앙은 그에게 얼굴에 죄인이라는 문신을 그리는 자자형을 가해 공자 건은 집 밖을 나올 수도 없는 신세가 되었다. 그 후로는 아무도 감히 법을 어길 생각을 하지 못했다. 법질서의 준수로 나라의 기강이 확립되고 귀족들의 힘은 약화되어 왕권은 강화되었다.

자신이 정한 법으로 처형당한 상앙 어느 날 조량이라는 사람이 상앙을 만났을 때 그는 무슨 말을 해도 문책하지 않겠다는 상앙의 다짐을 받고 입을 열었다.

"현재 재상의 위치는 아침 이슬과도 같으니 차라리 봉지로 받은 상나라 땅의 15개 고을을 돌려주고 시골로 돌아가 농사나 짓는 것이 좋을 듯합니다."

상앙은 조량의 말을 듣지 않았다. 그로부터 다섯 달 후에 효공이 죽고 태자 혜문군이 혜왕으로BC 350 왕위를 이었다. 상앙을 미워하던 왕족, 귀족 그리고 대신들은 한결같이 상앙을 비판하기 시작했다. 이때 법을 어겨 벌을 받은 적이 있는 공자 건과 공손자가 혜왕에게 간언했다.

"신하된 자의 권력이 지나치면 나라가 위태롭다고 했습니다. 상앙은 그의 봉읍이 15개에 이르며 백성들은 나라를 다스리는 것은 임금이 아니라 상앙의 법이라고 말하고 있습니다."

태자 시절 자신의 잘못을 질책한 상앙에 대해 못마땅해 하던 혜왕은 그의 관직을 박탈했다. 상앙이 대신들의 전송을 받으며 자신의 봉지인 상으로 돌아가는데 공자 건의 무리가 혜왕에게 참소했다.

"상앙은 모반을 꾀하고 있다고 하옵니다."

혜왕이 군대를 보내 상앙을 체포하려 하자 그는 재빨리 도망하여 함곡관의 어느 객사에 들렀다. 객사의 관리들은 그가 상앙임을 알지 못했다.

"상앙의 법에는 여행증이 없는 손님을 유숙시키면 처벌을 받습니다."

상앙은 속으로 탄식했다.

"아, 내가 만든 법으로 내가 피해를 보는구나."

상앙은 그 길로 위나라로 갔다. 그러나 과거 상앙의 속임수로 공자가 포로가 되고 많은 군사를 잃었던 위나라 왕이 군사를 풀어 상앙을 체포하려 하자 상앙은 자신의 봉토인 상商으로 가서 세력을 규합하려 했으나 결국 붙잡혀 진나라로 끌려갔다. 진의 혜왕은 상앙을 그가 정한 법률에 따라 거리에서 두 우마차에 사지를 매달아 찢는 차열형에 처하고 그 일가를 몰살BC 338시켰다. 상앙은 진나라의 개혁에 혼신을 바치고 처참하게 생을 마감했지만 그가 구축한 강력한 통치 질서는 계승되어 그가 죽은 지 117년 만에 진 시황제가 중국을 통일하는 기초가 되었다.

천하 명의 편작

동양 의학의 원조인 편작扁鵲은 주나라 사람으로 의성醫聖이라는 말을 들었다. 편작은 제자들과 함께 여러 나라를 다니면서 침과 약초로 병을 치료했으며, 특히 맥박 진단이 뛰어났다.

병은 초기에 잡아야 어느 날 편작이 제나라의 수도 임치에 들러 환공을 만난 적이 있다. 편작은 환공의 혈색이 좋지 않음을 보고 환공에게 말했다.

"폐하께서는 지금 병에 걸려 있습니다. 그 병은 아직 피부에 머물러 있을 뿐이니 치료를 하시는 것이 좋겠습니다."

이 말에 환공은 가슴을 풀어 헤치고 팔뚝의 근육을 자랑하며 말했다.

"이렇게 멀쩡한데 병이라니요."

닷새 후 환공을 만난 편작이 말했다.

"폐하의 병은 이미 혈액을 범하고 있습니다. 치료를 서두르셔야 합니다."

환공은 이 말을 듣고 기분이 불쾌했다. 닷새 후 편작은 다시 환공을 문안했다.

"폐하의 병은 이제는 장을 범하고 있습니다. 지금 당장 손을 쓰지 않으면 위험한 상태에 이를 것입니다."

그러나 환공은 편작의 충고를 무시하고 매우 불쾌한 표정을 지었다. 닷새 후 또다시 환공을 문안한 편작은 아무 말도 하지 않고 그대로 물러났다. 환공은 그제야 사람을 보내어 편작에게 치료를 요청해 왔다. 편작은 씁쓸한 표정을 지으며 말했다.

"나는 이제 더 이상 손을 쓸 수 없다오."

"아니 무슨 말씀이신지요?"

"병이 피부에 머물러 있을 때는 찜질만으로도 바로 나을 수가 있으며, 혈액을 범한 정도에서는 침으로 치료할 수 있습니다. 병이 장을 범했을 때는 탕제로 치료가 가능합니다. 그러나 대왕의 병은 이미 골수에까지 침범하여 의원으로서는 손을 쓸 수가 없으니 이제는 하늘의 뜻에 맡길 수밖에 없습니다."

과연 며칠 후 환공은 마침내 병석에 눕게 되었다. 환공은 부랴부랴 편작을 다시 찾았으나 편작은 이미 진나라로 떠나 버린 후였다. 환공은 며칠 동안 병상에서 앓다가 죽고 말았다. 당시 진나라에는 이혜라는 시종의가 있었는데 편작의 명성이 높아지자 몰래 자객을 보내어 편작을 죽이고 말았다. 그의 의술은 『난경難經』이라는 책에 수록되어 중국 의학의 귀중한 문헌이 되고 있다.

우황의 탄생

편작은 이웃집 노인이 중풍에 걸려 반신불수가 되자 그 원인인 담痰을 제거하는 약재를 구하던 중이었다. 노인의 아들은 아버지가 중풍으로 일을 할 수가 없게 되자 소를 잡아 버렸다. 그런데 그 소의 배를 갈라 보니 쓸개에 이상한 돌 같은 것들이 있어 편작에게 갖다 주었다. 편작이 쓸개에서 발견된 돌들을 유심히 관찰하고 있는데 노인의 아들이 황급히 편작을 찾아와 아버지가 경련을 일으키고 있다고 전했다.

편작은 소 쓸개에 붙어 있던 노란 돌들을 가루로 만들어 환자에게 먹였더니 차츰 정상으로 돌아왔다. 그 후 편작은 그 돌들을 계속 다른 중풍 환자들에게도 써 보았더니 효험이 있음이 확인되었다. 이것이 우황牛黃이다.

어느 명의의 유산

네덜란드의 유명한 의사 베르화이트의 유산을 분배하는 과정에서 단단히 봉인된 책 한 권이 나왔다. 표지에는 '건강의 비결'이라고 씌어 있었다.

봉인을 뜯어 보니 699쪽까지는 모두 백지였으나 마지막 700쪽에 커다란 글씨로 이렇게 씌어 있었다.

머리는 차게, 발은 따뜻하게, 배는 80% 정도만 채우고, 지나친 욕심 부리지 말고 항상 마음을 편안하게 하라. 그러면 모든 의사들을 비웃게 될 것이다.

진 시황제

기원전 221년 진秦나라 제31대 왕 정政, BC 260~BC 210은 17년간의 전쟁을 통해 전국 7웅의 나머지 6국을 제압하여 중국을 통일하고 자신을 시황제라 했다. 그는 자신의 왕조가 만세 동안 지속될 것이라 언명했다. 시황제는 법가의 이사를 승상으로 등용하여 통일국가에 맞는 강력한 중앙 집권적 개혁 정책을 펴나갔다. 군현제를 실시하고, 지방마다 다른 도량형과 화폐, 한자의 글꼴 그리고 마차 바퀴의 규격까지도 통일시켰고, 북쪽 변방에 흙벽으로 만리장성을 쌓기 시작했다.

시황제는 제후들의 반란을 막기 위해 6국의 병기를 압수하고 전국의 왕족과 제후들을 수도 함양으로 이주시켜 철저히 감시하는 한편, 흉노족의 침공에 대비하여 만리장성을 구축하고, 호화로운 아방궁과 자신의 묘지인 여산릉을 지었다. 기원전 212년 유생들이 정치를 비판하자 서적을 모두 불태우고 유생들을 생매장시켰다.

기원전 210년 말년에 불로장생을 그렇게도 기원하던 시황제는 병으로 50세를 일기로 세상을 떠났다. 시황제가 죽자 이듬해에 민중들의 불만이 폭발하여 중국 최초의 대규모 농민 반란이 일어났고[진승과 오광의 난], 기원전 202년 진나라는 3대 15년 만에 망하고, 유방이 한 왕조를 세웠다.

진나라의 법 재상 이사는 상앙의 변법을 구체화하여 강력한 중앙 집권적 권력 구조를 확립했다. 진나라 법과 관료 조직은 후대로 계승되어 발전해 왔는데, 지방에서 송사를 담당하던 한 하급 관리의 묘에서 직무 규범에 관한 내용이 출토되었다.

조정의 부역에 징발된 자가 응하지 않으면 2갑의 벌금을 내고, 도착이 3~5일 늦으면 견책, 6~10일까지는 1순의 벌금, 10일을 넘기면 1갑의 벌금을 낸다.

다음은 절도 사건 및 용의자를 심문할 때의 지침에 관한 기록이다.

서로 모르는 사이인 갑과 을이 병의 집에 훔치러 들어갔다가 우연히 마주쳤다. 갑과 을은 서로 상의하여 절도 행각을 벌여 각각 400전씩을 훔쳤다가 모두 검거되었다. 이 경우 두 사람이 공모했다면 양자가 훔친 총액 800전이 각자의 죄가 되고, 공모하지 않았다면 각자가 훔친 액수인 400전이 각자의 죄가 된다.

범인을 심문할 때는 당사자의 말을 다 듣고 그것을 기록해 둘 것. 범인이 명백한 거짓을 진술해도 즉석에서 일일이 힐문하지 말고 진술이 전부 끝난 후 진술 기록을 근거로 하여 심문하라. 심문에 대해 계속 거짓으로 횡설수설하며 죄상을 인정하지 않아 그 태도가 규정상 고문에 해당할 경우에만 고문하되 그 이유를 보고서에 명기해 두어야 한다.

아방궁 시황제는 1만 3,000명이 넘는 부인을 위해 수도 함양에 1만 개 이상의 방을 갖춘 거대한 아방궁 건설에 착수하여 진 2세 황제가 나머지 공사를 진행했으나 기원전 207년 초나라 항우의 침입으로 아방궁은 불타 버렸다.

여산릉 시황제는 즉위하자마자 여산 기슭의 지하에 폭 500m, 높이 76m 규모의 거대한 자신의 묘를 만들기 시작했다[여산릉]. 시황제가 죽자 그의 뒤를 이은 진2세는 그를 이곳에 매장한 뒤 생전의 그의 유언에 따라 수많은 총비와 후궁들을 무덤 속에 순장시켰다. 또한 능의 비밀을 지키기 위해 공사에 동원된 장인과 노예들을 함께 생매장시키고 그 위에 나무를 심어 산처럼 위장했다.

1974년 시황제의 능 동쪽 1km 지점에서 우물을 파던 사람들에 의해 동서 210m, 남북 60m나 되는 거대한 굉이 발견되어 8,000여 점에 달하는 실물 크기의 도제 병사와 말, 그리고 수많은 유물이 발굴되었다[병마용]. 옛날 중국인들은 저승에서도 이승에서와 똑같은 생활을 하게 될 것으로 믿었던 것이다.

만리장성 만리장성은 흉노를 비롯한 북방 유목 민족의 침입에 시달리던 중국의 역대 왕조가 춘추시대부터 쌓은 것이다. 진 시황제는 몽념 장군에게 명하여 전국시대의 북방 제국들조, 연, 진이 쌓아 올린 성들을 연결하여 만리장성을 쌓았다.

장성은 높이 6~9m에 길이는 중간에 갈라져 나온 가지를 모두 합하면 6,400km에 달하며, 성문은 모두 2만 4,000개가 있어 인류 역사상 최대 규모의 토목 공사이다. 초기의 성은 황토를 햇빛에 말려 쌓았지만, 현존하는 견고한 성은 대부분 16세기 후반 명나라1368~1644 때 불로 구운 황토 벽돌로 다시 쌓은 것이다.

시황제 이후의 왕조에서도 공사는 계속되어 한나라 때는 농민을 장성 주변으로 이주시켜 농사를 짓게 했다. 공사가 완공되기까지 100만 명 이상이 공사장에서 죽었고, 공사에 동원된 사람들은 성 안에서 태어나서 성 안에 묻혔다.

다음은 후한 말 진림이란 사람이 쓴 시로서 장성 공사에 징발된 민중의 탄식 소리가 잘 나타나 있다.

장성에 암굴이 있어 물은 차서 마시면 말이 떠는데
축성 노역의 일정이 있어 그저 소리 맞춰 쌓아야 하네
남자인 내가 싸우다 죽어야지 어찌 축성에서 시들손가
장성은 3천 리나 무정히 이어지고 땅 끝의 젊은이는 노역에 쓰이어
고향의 아내들 독수공방, 붓 빌어 소식을 아내에게
사내아이 태어나면 받지 말고 계집아이면 기르기나 하오
불쌍한 당신, 장성 근처 쌓이는 시체들
처녀 때 시집 와서 인연이 옅으면 생각은 깊어
당신 끝은 괴로운 나날 어찌 내 몸만 오래 살리

분서갱유 기원전 212년 천하 통일을 경축하는 잔치가 함양궁에서 열렸다. 이 자리에는 유가의 대가 70여 명을 포함하여 당대의 저명한 사상가들과 지식인들을 모두 초대했다. 그 연회에 모인 여러 사람들이 축배를 들며 한 마디씩 시황제의 통일 업적을 칭송하기 시작했다. 평소 법가들을 못마땅하게 생각하던 유가의 순우월이 술김에 마음이 풀려 한 마디 내뱉었다.

"군현제가 훌륭하긴 뭐가 훌륭해. 은나라 때부터 내려온 봉건제, 대대로 핏줄과

끈끈한 정으로 이어 온 씨족 제도가 더 값지지 않소?"

그러나 장소는 황제가 베푼 연회였다. 시황제는 대노하여 뿔 달린 청동 술잔을 내던졌다.

"당장 저놈들을 끌어내 처형하라!"

황제의 위엄을 훼손한 벌은 무척 가혹하여 황제 앞에서 함부로 말한 유가들을 산 채로 흙구덩이에 처박아 생매장시켰다.

평소 유가를 좋지 않게 생각하던 승상 이사는 극단적인 탄압책을 주장했다.

"천하가 통일된 지금 백성들은 법을 범하는 자가 없이 생업에 전력하고 있습니다. 그러나 유생들이 법을 비판하고 있어 백성들의 마음이 흔들리고 있습니다. 이로 인해 당파가 생기면 나라가 위태로워지므로 정치에 관한 논의를 금지시키고 유교 경전이나 정치색을 띤 서적은 모두 불태워 없애야 합니다."

사상과 문화가 다양하고 자유로웠던 시기라 곳곳에서는 항우와 유방처럼 시황제를 비판하는 자들이 많았다. 시황제는 비판 세력을 누르기 위해 이사의 건의를 받아들여 일체의 학술 토론을 금하고 농경, 법가, 의학, 주술 등 실용 서적을 제외한 모든 서적을 몰수하여 불태워 버리고 금서를 소장하는 자는 죽음을 면치 못하게 했다[焚書事件].

만년에 주술과 연금술에 심취하여 불로장생을 꿈꾸던 시황제가 불사약을 구하러 방사주술사들을 해외로 보냈으나 아무도 돌아오지 않았다. 그러던 차에 시황제의 총애를 받던 노생과 후생이 영약을 구하지 못해 죽음을 두려워한 나머지 시황제를 비방하고 도망치자 화가 치민 시황제는 이들을 붙잡아 처형시켰다. 그들을 조사하는 과정에서 유학자들이 불경하다는 것을 알게 된 시황제는 460여 명의 방사와 유생들을 체포하여 생매장시켰다[坑儒事件].

진 시황제의 출생의 비밀 『사기』에는 진의 시황제에 대해 "태자 정政은 상국 여불위의 친자식으로 진나라 장양왕이 죽자 13세에 왕위에 올랐다."라고 기록되어 있다.

중국 진나라의 여불위~BC 235는 원래 상인이었으나 장양왕 때 재상이 된 사람이다. 장양왕이 죽은 후 여불위의 친자식인 태자 정이 왕위에 오르니 그가 바로 진 시황제이다.

거상인 여불위는 어느 날 조나라의 수도 한단에 들렀다가 우연히 진나라 소양왕의 손자이며 태자 안국군의 첩인 하희의 아들 이인후에 장양왕이 인질로 와 있다는 것을 알게 되었다. 전국시대에는 제후국들이 서로 인질을 교환하는 것이 관례였는데, 약한 나라에서는 태자와 같은 중요한 인물을 보냈지만, 강한 나라에서는 그다지 중요하지 않은 왕족을 보내는 것이 일반적이었다. 안국군에게는 이인 외에도 20여 명의 아들이 있었지만 하희가 안국군의 총애를 받지 못하자 이인도 야망을 갖기는 어려운 상황이었다. 더욱이 진나라가 조나라를 침략할 때마다 인질로 와 있는 이인은 목숨조차 부지하기 힘든 상황이었다.

훗날을 위한 절호의 기회라고 생각한 여불위는 이인을 찾아갔다.

"왕자님의 이복형님인 자계 왕자께서는 왕위를 계승할 자격이 있으며, 또한 그의 생모께서도 태자 전하를 가까이서 모시고 계십니다. 그런데 왕자님의 처지는 어떠하십니까? 진과 조의 맹약이 언제 깨질지 모르는 상황이라 목숨마저 위태로운 지경이지 않습니까?"

"이것이 내게 주어진 운명인데 어쩌겠소?"

"왕자님의 아버님이신 안국군께서 가장 총애하시는 정부인 화양 부인에게는 아직 아들이 없질 않습니까? 그러니 왕자님께서 태자가 되시도록 해 보겠습니다."

"그렇게만 된다면 난 진나라에서 그대와 함께 진나라를 다스리도록 하겠소."

"자, 황금 500냥입니다. 이 돈으로 조나라 고위직의 환심을 얻으면서 널리 인재를 모으십시오. 저는 진나라로 돌아가 손을 쓰겠습니다."

진나라 함양으로 돌아온 여불위는 우선 화양 부인의 동생인 양천군을 만났다.

"화양 부인께서 지금은 태자 전하의 총애를 받고 계시지만 아들이 없는 처지에서 만약 전하께서 돌아가시기라도 하면 어떻게 되겠습니까?"

"실은 그게 걱정이오. 하지만 없는 아들을 어쩌겠소?"

"조나라에서 볼모로 가 있는 이인 왕자를 뵌 적이 있습니다. 인품을 갖춘 현명한 분이라고 생각했습니다. 게다가 주변에 숱한 인재들이 그분을 모시고 있었습니다. 화양 부인께서 이인 왕자를 양아들로 삼으시면 어떻겠습니까?"

양천군은 그 길로 화양 부인을 찾아가 열심히 설득했다. 한편 여불위는 화양 부인의 언니를 통해 이인 왕자가 보내는 것으로 하여 귀한 보물들을 화양 부인에게 전했다. 화양 부인의 언니는 화양 부인에게 보물을 전하면서 "나이가 들어 임금의 사랑이 끊기는 날에는 말도 한 마디 할 수 없게 된다"는 말을 잊지 않았다. 화양 부인은 여불위를 궁중으로 불렀다.

"이인은 어떻게 지내고 있든가?"

"왕자 신분으로 딱한 처지에 있으면서도 부인을 무척 그리워하고 계십니다."

"안타까운 일이군. 그런 처지에 귀한 보물까지 보내다니……."

"이인 왕자의 인품에 감동받은 저 같은 사람들이 바친 것들인데 왕자께서는 오로지 부인께 보내고자 하나도 손대지 않은 것으로 아옵니다."

여불위의 말에 감동을 받은 화양 부인은 태자 안국군에게 조용히 입을 열었다.

"조나라에 인질로 가 있는 이인은 현명하다는 소문이 자자합니다. 외람된 말씀이오나 소첩은 불행히도 아들이 없으니 이인을 후계자로 삼아 첩의 몸을 위탁하게 해주십시오."

안국군은 이인을 양자로 삼기로 허락하고 이름을 자초라고 개명해 주었다.

한편 여불위는 조나라 수도 한단에서 조희라는 젊은 미녀를 첩으로 두고 있었는데 그녀는 막 임신을 시작한 것이었다. 어느 날 여불위는 자초를 초대하여 술을 마시면서 조희를 소개했다. 자초는 조희를 보자마자 한 눈에 반해 그녀를 아내로 삼게 해달라고 청하자 여불위는 내심 기뻐하며 조희를 자초에게 시집보냈다.

조희는 자기가 임신하고 있음을 숨겼다가 달이 차자 사내아이 정政을 낳았다. 자초는 물론 자신의 아들이라고 생각하고 조희를 부인으로 맞아들였다. 이를 누구보다 기뻐한 사람은 여불위였다. 아기는 이마가 넓고 눈동자가 또렷하며 이미 몇 개의 치아가 자라고 있었고 등에는 용의 비늘 같은 것이 있으며 목소리가 우렁찼다.

진의 소양왕 50년 정이 세 살 때 진나라 대군이 조나라의 한단을 공격하자 조나라에서는 인질로 잡고 있던 자초를 죽이려 했다. 이때 여불위는 자초를 감시하는 병사들을 매수하여 그의 가족들을 피난시켜 진나라로 돌아가게 했다.

정이 6살 때 소양왕의 뒤를 이어 안국군이 효문왕으로 왕위에 올랐으나 병약한 그는 즉위 3일 만에 세상을 떠나자 태자로 있던 자초가 장양왕으로 즉위했다. 장양왕은 오랫동안 자신을 도와 준 여불위를 재상으로 발탁하여 문신후에 봉하고 하남과 낙양의 10만 호를 식읍으로 주었으며 아들 정10세을 태자로 봉하니 모든 일은 여불위의 생각대로 맞아 떨어졌다.

장양왕36세은 즉위한 지 3년 만에 죽자 조희가 낳은 태자 정이 13세의 어린 나이로 왕위에 올랐으니 그가 바로 진 시황제이다. 태후가 된 조희는 여불위에게 어린 왕을 보좌하게 하고 그를 승상보다 한층 높은 상국으로 봉하고 중부라 했는데 중부란 아버지의 다음이란 뜻이다. 이렇게 시황제는 왕통이 아닌 재상 여불위의 자식이었던 것이다.

스스로 목숨을 끊은 여불위

이제 진나라에서는 여불위의 권세를 따를 자가 없었다. 여불위는 국정을 논한다는 구실로 공공연하게 태후 조희의 내실을 드나들었다. 어린 왕은 이미 궁 안에서 공공연한 비밀이 된 모후와 여불위의 관계에 대해 내색하지 않았다. 어린 왕이 성장함에 따라 여불위는 태후와의 관계로 화가 미칠까 두려워 관계를 끊으려 했으나 유달리 남자를 좋아하는 태후는 그를 놓아 주지 않았다.

그러자 여불위는 생각 끝에 노애라는 자를 구하여 거짓 궁형에 처한 다음 환관의 신분으로 태후의 궁으로 들여보냄으로써 그녀의 품에서 벗어날 수 있었다. 노애를 몹시 사랑한 태후는 임신을 하게 되자 거짓 점을 치게 한 다음 태후궁을 함양에서 옹으로 옮겼다. 노애는 항상 태후를 따라다녔으며 옹에서 비밀리에 두 아들을 낳았다. 그러자 노애의 권세 또한 여불위와 맞먹을 정도가 되었다.

그러나 시황제 9년 중대부 안설이 "태후가 노애와 사통하여 두 아들을 낳아 비밀리에 양육하고 있으며 그 아들을 다음 왕으로 삼으려 한다"라고 밀고했다. 노애를 문초하여 사건의 진상을 알게 된 시황제는 노애의 3족을 멸하고 태후가 낳은 두 아들을 죽이는 한편 여불위를 삭탈관직하고 태후는 역양궁에 감금했다.

이때 대부 진충진이 시황제에게 상소했다.

"아무리 태후 마마께서 잘못하셨다 하오나 전하의 어머님이시니 함양으로 모셔와 효를 다하는 것이 도리인 줄 아옵니다."

그러자 노한 시황제는 진충진을 죽이고 그 시체를 대궐 밖에 걸어 놓고 "앞으로는 누구도 태후의 문제로 간언하는 자는 이렇게 될 것이다"라고 방을 붙였다. 그러나 간하는 자가 그치지 않아 무릇 27구의 시체가 대궐 밖에 걸렸다. 그러던 어느 날 창주의 모초라는 자가 함양에 들렀다가 이 소식을 듣고는 시황제를 찾았다.

"지금 천하가 진나라를 우러러보는 것은 진의 위력이나 대왕이 위대해서가 아니라 많은 충신들이 조정에 있기 때문입니다. 그런데 대왕께서는 노애와 형제들을 죽이고 어머니를 역양궁에 유폐시키는 불효를 천하에 드러냈으며 또한 간언하는 충신들을 죽였으니 어찌 천하를 다스리는 사람이라고 하겠습니까? 이제 신이 죽고 나면 더 이상 대왕을 위해 간언하는 사람이 없고 백성들의 마음은 원한으로 깊어질 것이며 제후들이 반기를 들 것이니 진나라는 대왕으로 인해 망할 것입니다. 신이 하고픈 말을 다했으니 이제 죽이십시오."

이 말을 들은 시황제가 말했다.

"이제까지 내게 간언한 자들은 오직 나의 죄를 열거했을 뿐 그대처럼 나라의 존망을 걱정하지 않았소. 이제 하늘이 그대를 통해 나의 어리석음을 깨우쳐 주었소."

시황제는 27명의 시신을 거두어 용수산에 매장하고 태후를 모셔오는 한편 간언한 모초를 태부로 삼았다. 그로부터 2년이 지난 후에도 하남에 거주하는 여불위를 찾는 각국의 제후와 문객들의 발길이 끊이지 않자 시황제는 다른 나라에서 그를 중용할까 염려하여 여불위에게 편지를 보냈다.

> 그대가 진나라에 무슨 공로가 있기에 식읍 10만 호가 봉해졌으며, 그대가 진나라 황실과 무슨 혈통 관계가 있기에 중부로 봉해졌는가? 진이 그대를 후대한 것일 뿐이다. 노애의 반역은 그대로 인한 것이었지만 그대를 죽이지는 않았다. 그런데 그대는 뉘우치지 않고 또다시 제후들과 왕래하니 이것은 과인의 뜻이 아니다. 그러니 가속과 함께 촉으로 옮겨 그곳에서 여생을 보내도록 하라.

이 편지를 본 여불위는 "하늘이 어찌 나를 용서하리오. 지금 죽는 것도 늦은 것이다"라고 크게 탄식하며 술에 독을 타 마시고 스스로 목숨을 끊었다. 그 후 진왕은 한비자의 성악설을 받아들여 법가사상의 열렬한 신봉자가 되었다.

『여씨춘추』

여불위는 3,000명이나 되는 선비들을 식객으로 후대하면서 그들에게 여러 학설과 설화 등을 모와 이를 편집하도록 했는데 사람들은 이를 『여씨춘추』라고 했다. 『여씨춘추』가 완성되자 여불위는 이것을 함양의 시문에 진열해 놓고 천금을 그 위에 달아 놓고 "이 책에서 한 자라도 더 보태거나 빼서 고치는 자가 있으면 천금을 주겠노라."라고 호언했다.

훌륭한 문장을 가리킬 때 쓰는 '일자천금一字千金'이라는 말이 여기에서 유래했다. 『여씨춘추』는 극히 일부만을 제외하고 대부분이 잘 보존되고 있으며 전국시대 말기의 귀중한 사료를 모은 일종의 백과사전이다.

진 시황제의 후계를 바꿔친 환관 조고 기원전 210년 7월 진나라 시황제50세는 열여덟 번째 아들 호해, 재상 이사, 환관 조고 등과 함께 순행하던 중에 병으로 하북 사구에서 세상을 떠나고 말았다.

시황제는 자신의 죽음이 임박하자 그를 수행하던 재상 이사와 환관 조고를 불러 장군 몽염과 함께 변방에 나가 있는 맏아들 부소를 태자로 책봉하고 군사를 몽염에게 맡긴다는 유서를 쓰게 하고는 눈을 감았다.

그러자 환관 조고는 이 사태를 곰곰히 생각해 보았다. 태자 부소는 사려가 깊고 덕망이 있으나 자신의 간언에 따라 대장 몽염을 감시하는 명분으로 도성에서 쫓겨나 있으며, 호해는 학문이나 덕은 모자라고 놀기를 좋아하나 자기가 어려서부터 글을 가르친 바 있어 호해가 황제가 된다면 자신의 뜻대로 그를 조종할 수가 있을 것이라고 생각했다. 또한 재상 이사로서도 부소는 자신의 정책에 번번이 반대하여 평소 탐탁치 않게 생각하고 있었다.

조고와 이사는 호해를 황제로 즉위시키기로 하고 음모를 꾸몄다. 이들은 시황제의 죽음을 숨긴 채 "호해를 태자로 책봉하며, 태자 부소는 부친을 비방하며 불효하니 스스로 목숨을 끊도록 하라"는 내용의 거짓조서를 꾸며 부소에게 보냈다. 그들은 시황제의 시신을 관에 넣어 수레에 싣고 환관 한 명을 시황제로 변장시켜 수레 안에서 국사를 보는 것처럼 하고는 함양으로 향했다. 여름철이라 시체 썩는 냄새가 진동하자 이를 은폐하기 위해 소금에 절인 생선을 함께 수레에 실었다.

거짓조서를 받은 태자 부소가 스스로 목숨을 끊었다는 소식이 전해지자 그들은 시황제의 죽음을 발표하고 그날로 호해를 진 2세 황제로 즉위시켰다. 시황제의 뒤를 이은 진 2세는 즉위하자마자 조고에게 말했다.

"짐은 천하의 쾌락을 모두 이곳에 집중시켜 그것을 즐기고 싶소."

"좋으신 말씀입니다. 먼저 백성들이 법을 두려워하게 하고 폐하께서 아끼시는 사람들로 신하를 교체하시면 안심하고 향락을 즐기실 수 있을 것입니다."

이리하여 조고는 어린 철부지 황제 진 2세를 조정하여 공신들을 하나하나 자신의 측근들로 교체시키며 야심을 키워 나갔다. 그는 먼저 몽염 형제들을 반란죄를 씌어 살해하고, 시황제의 여섯 명의 아들과 열 명의 공주를 포함하여 모두 24명을 각종 죄목을 씌워 죽였다.

그러던 중 기원전 209년 대규모의 농민 반란이 일어나자 재상 이사는 낭중령인 조고가 모반을 꾀한다고 진 2세에게 상소했으나 그는 이를 믿지 않았다. 그러자 조고는 이사의 아들 이유가 모반을 꾀한다고 반격하자 진 2세는 이를 믿고 이사와 그의 삼족을 처형하고 조고를 재상으로 임명했다.

마침내 조고는 자신의 허락이 없이는 아무 일도 할 수가 없게 된 진 2세를 죽이고 첫째 왕자 부소의 아들 자영을 황제가 아닌 왕으로 추대했다. 조고를 제거하지 않으면 자신이 위태롭다는 것을 잘 아는 자영은 어느 날 병을 빙자하여 조회에 참석하지 않았다. 자영은 자신의 동정을 살피기 위해 침전으로 들어오는 조고를 살해하고 그의 3족을 주살했다.

기원전 207년 유방이 함양으로 진군해 오자 재위 46일 만에 자영은 백마가 끄는 흰 수레를 타고 성 밖으로 나가 황제의 옥새를 바침으로써 천하를 호령하던 진나라는 15년 만에 멸망하고 말았다. 뒤이어 들어온 항우는 자영을 살해하고 아방궁을 불 질렀다.

진 2세의 최후 어느 날 재상 조고는 진 2세와 대신들의 마음을 떠보기 위해 황제에게 사슴 한 마리를 선물하며 말했다.

"폐하, 훌륭한 말이지요? 폐하께 드리는 선물입니다."

진2세가 웃으며 말했다.

"아니, 승상, 이것은 말이 아니라 사슴 아니오?"

"폐하. 이것은 분명 말입니다. 대신들에게 물어 보시지요?"

몇몇 대신을 제외한 대부분의 대신들이 조고의 위세에 눌려 말했다.

"폐하, 그것은 말인 것 같습니다."

사태가 이쯤 되자 진 2세도 더 이상 사슴이라고 우길 수가 없었다. 그리고 며칠 후 그것을 사슴이라고 말했던 대신들은 조고가 씌운 죄명에 따라 처형당했다.

진 2세가 법사에게 자신의 신세를 한탄하자 법사는 수양을 구실로 상림원으로 가서 조용히 지내라고 했다. 진 2세는 법사의 말대로 상림원으로 떠났으나 이것도 조고의 계략이었다. 진 2세 곁에는 단 한 사람의 환관만이 그를 돌보고 있었는데 진 2세가 그에게 물었다.

"너는 왜 이 지경이 되도록 내게 아무 말도 하지 않았느냐?"

그러자 환관이 대답했다.

"제가 폐하께 아무 말도 하지 않았기에 이렇게 살아서 폐하를 모시게 된 것입니다."

기원전 208년 8월 조고는 자신의 사위인 함양의 영윤 염락에게 명하여 진 2세를 천하를 혼란하게 한 책임을 지고 자살하게 했다. 진 2세는 염락에게 매달렸다.

"승상을 한 번만 만나게 해 주게. 나는 황제가 안 되어도 좋네. 단지 한 군의 왕, 아니 만호후라도 좋으니 살려만 주게나. 나와 황후가 평민의 신분으로 살아도 좋으니 제발 살려만 주게."

"나는 승상의 명령에 따라 백성을 대신하여 당신을 죽이는 것이니 어쩔 수 없소."

염락이 병사들에게 명하여 황제의 자살을 돕도록 명하자 겨우 23세인 황제 진 2세는 강제로 죽음의 길로 들어섰다.

유방과 항우의 대결

진나라 시황제가 죽은 후 중국 각지에서 봉기한 반란군들 중에서 유방과 항우의 양대 세력이 두각을 나타내고 있었다. 항우BC 233~BC 202는 무장 출신으로서 용감하나 지혜와 포용력이 부족했고, 유방BC 256~BC 195은 농민 출신으로서 포용력이 있는 인물이었다. 두 사람은 각자 대군을 이끌어 진을 멸망시킴으로써 두 사람 간의 패권 쟁탈은 불가피하게 되었다.

진2세 원년 하급 관리로서 죄수들을 여산릉 공사장으로 인솔해 가던 유방은 도중에 죄수들이 도망치자 문책이 두려워 추종자들과 함께 산으로 숨었다. 마침 진나라에서 진승과 오광이 주도하는 농민 반란이 일어나자 유방은 소하, 번쾌, 조삼 등을 거느리고 거병, 반란군에 가담하여 항량의 휘하로 들어갔다. 항량이 진을 공격했다가 패하고 죽자 항우가 그의 뒤를 이어 반란군을 통솔했다.

진이 망하자 항우는 공을 세운 19명의 왕들에게 토지를 나누어 주고 팽성을 도읍으로 정하고 국호를 서초라 하였다. 그러나 유방에게는 보잘것없는 남쪽 일부를 내주자 유방은 분노를 참으며 남정을 도읍으로 한漢을 건국했다. 그 후 여러 제후들의 지원을 받은 유방은 대군을 이끌고 초의 팽성을 공격하여 항우군에게 대승을 거두고 천하를 통일했다. 기원전 202년 유방은 한나라 황제 고조에 올라 수도를 장안으로 정했다.

한나라 고조 유방은 해하에서의 전투에서 공을 세운 한신을 비롯한 7명의 부하를 왕으로, 143명의 부하를 제후로 봉했다. 그러나 자기 일족의 지배를 강화하기 위해 유방은 모든 왕들을 자신의 일족으로 교체했고, 항우와의 결전에서 큰 공을 세웠던 한신, 팽월, 경포는 모반의 혐의를 받고 죽음을 당했다.

기원전 195년 유방은 반란군을 토벌하는 전투에서 화살에 맞아 상처가 악화되어 병상에서 죽음을 맞게 되었을 때 유방이 의원에게 말했다.

"나는 농민으로 태어나 석 자의 칼로 천하를 얻었으니 이것은 천명이 아니었겠는가. 인명은 재천인데 편작인들 어찌 나를 살릴 수 있겠는가."

유방은 더 이상 치료를 거부하고 62세의 나이로 세상을 떠났다.

초한전과 항우의 최후

초의 항우가 제나라를 침공하자 항우에게 불만을 품은 각지의 제후들은 초를 침공할 절호의 기회라고 생각하고 한의 유방에게 군사를 보내왔다. 유방이 55만 명의 대군을 이끌고 초의 팽성을 향해 진군하자 이 소식을 들은 항우는 3만 명의 친위대를 이끌고 팽성으로 달려와 싸움이 벌어졌다[楚漢戰].

4년에 걸친 싸움 끝에 대세가 항우에게 불리하게 기울자 항우는 유방의 제의를 받아들여 홍구를 경계로 하여 동쪽은 항우의 초나라로, 서쪽은 한나라로 정하고 양군은 철수하기로 했다. 강화의 조건으로 항우는 무장을 풀고 동쪽으로 돌아가고 있을 때 장량과 진평이 유방에게 진언했다.

"한나라는 천하의 태반을 차지했고 제후들도 모두 복종했습니다. 그런데 초나라 군사들은 지치고 군량도 떨어졌으니 이는 하늘이 초나라를 버린 것입니다. 이 기회를 놓치면 호랑이를 길렀다가 잡아먹히는 꼴이 됩니다. 지금이 기회입니다."

유방은 이를 받아들여 한신과 평월에게 30만 명의 대군을 주어 해하에서 진을 치고 있던 항우 군을 불시에 공격BC 202했다. 오랫동안 포위당한 항우 군은 사기도 떨어지고 군량도 부족하여 패색이 짙어갔다. 밤이 되자 어디선가 사방에서 초나라의 노래 소리가 들려왔다[四面楚歌]. 그것은 한나라 장량의 계략이었다. 항우는 탄식하며 말했다.

“아. 한나라가 이미 초나라 땅을 다 차지했단 말인가. 저리도 많은 초나라 군사가 항복하다니.”

항우는 휘장 속으로 들어가 장수들과 함께 작별의 술자리를 베풀었다. 그곳에는 항상 항우의 곁을 떠나지 않던 애첩 우미인과 추라는 항우의 애마도 있었다. 항우는 술잔을 기울이며 비통한 심정을 노래에 담아 읊었다.

힘은 능히 산을 뽑고 기백은 천하를 덮건만
때가 불리하니 추마저도 달리지 않는구나
추야, 너마저 달리지 않으니 어쩔 수가 없구나
우야, 우야, 이를 어쩐단 말인가

항우의 눈에서 눈물이 흐르자 곁에서 이를 지켜보던 우미인이 처연한 목소리로 화답했다.

한나라 병사가 우리 초나라 땅을 차지했고
사방에 들리는 것은 초나라 노래 소리뿐
대왕의 기개가 다하였으니
천첩이 어찌 살기를 바라오리까

천하 영웅의 말로를 지켜보던 신하들은 모두 고개를 떨구고 눈물을 흘렸다. 항우는 총애하던 우미인을 단칼에 죽였다. 우미인이 흘린 피에서 새빨간 개양귀비우미인초가 피어났다고 한다.

자리를 박차고 일어난 항우는 큰 소리로 외치고는 애마에 올라탔다.

“자. 포위망을 뚫고 남쪽으로 가자!”

그날 밤 항우는 선발된 장사 800기를 데리고 포위망을 탈출하여 남쪽의 오강을 향해 질주했다. 도중에 그를 따르는 자를 헤아려 보니 모두 도중에 탈락해 버리고 겨우 28기에 지나지 않았다. 항우가 오강 기슭에 이르자 마침 정장이 배를 대어 놓고 기다리고 있다가 항우에게 말했다.

“강동이 비록 땅이 좁다고는 하지만 사방이 천 리나 되고 인구는 수십만 명입니다. 족히 왕업을 이룰 만한 곳이오니 어서 배에 오르십시오. 지금 이곳에는 신에게만 배가 있으니 한나라 군사들이 몰려 와도 그들은 강을 건널 수는 없을 것입니다."

그러나 항우는 이미 모든 것을 포기한 듯 웃으며 말했다.

"하늘이 나를 버렸는데 강을 건너 무엇 하랴. 8년 전 강동의 젊은이 8,000명을 이끌고 이 강을 건너 서쪽으로 갔건만 지금은 한 사람도 살아 돌아오지 못했으니 비록 그들의 부모 형제들이 나를 불쌍히 여겨 왕으로 추대한들 내 무슨 면목으로 그들을 대하겠는가?"

그리고는 항우는 오강의 정장을 향해 말했다.

"이 말은 내가 5년 동안이나 탄 말인데 하루에 천 리를 달리는 천하에 둘도 없는 준마요. 차마 죽일 수 없으니 이 말을 받아 주시오."

항우는 말을 그에게 넘겨주고는 부하들에게 말했다.

"그대들은 모두 말에서 내려라. 칼싸움으로 결전을 벌이겠다."

항우와 병사들은 추격해 오는 한나라 병사들과 접전을 벌였다. 항우가 한참 혼전을 벌이던 중 한나라 병사들 중에 낯익은 얼굴이 보였다. 항우가 소리쳤다.

"너는 내 친구 여마동이 아닌가?"

난처한 여마동은 뒤에 있던 왕예에게 말했다.

"이 사람이 항우입니다."

"듣자 하니 내 목에 천금의 상과 1만 호의 봉후가 걸려 있다 하니 내 옛정을 생각해서 그대에게 공덕이나 베풀고 죽겠노라."

마침내 항우32세는 스스로 목을 찔러 죽었다. 왕예가 먼저 항우의 목을 낚아채자 나머지 기병들이 달려와 항우의 시체를 차지하려고 달려들어 결국 항우의 몸은 다섯 동강이로 나뉘었다. 목을 차지한 왕예는 두연후에 봉해지고 나머지 네 명도 후로 봉해졌다.

당송 팔대가의 한 사람인 한유가 홍구를 지나다가 그 옛날 유방과 항우가 홍구를 사이에 두고 팽팽히 대치하던 상황을 회상하며 시를 읊었다.

용은 피로하고 호랑이는 지쳐 강을 사이로 땅을 나누니
억조창생들의 목숨이 보존되는구나
누가 군왕이 말머리를 돌릴 수 있도록 권할까
정녕 천하를 걸고 겨루었던가[眞成一擲賭乾坤]

다음은 항우가 죽은 지 천여 년이 지난 후 당나라 시인 두목이 오강을 바라보며 나루터에 서서 항우의 죽음을 회상하면서 지은 글이다.

> 승패는 병가도 기할 수 없는 것
> 수치를 참을 수 있음이 바로 남아라
> 강동의 자제에게 준재가 많으니
> 흙먼지를 일으키며 다시 왔으면
> 승패는 없었을 터인데[捲土重來未可知]

천하를 제패한 비결 한나라 고조 유방은 가난한 농민의 자식으로 태어나 돈도 권력도 없이 맨몸으로 출세한 영웅이다. 그는 젊은 시절 협객으로 여러 나라를 떠돌아다닐 무렵 도량과 덕망을 쌓아 진나라 말기의 혼란 속에서 반란군의 리더가 되었다.

항우를 대파하고 천하를 통일한 한나라 고조는 낙양으로 돌아와 군대를 해산하여 각자 집으로 돌려보내고 군신들을 모아 놓고 잔치를 벌였다. 그는 술잔을 높이 들고 군신들에게 물었다.

"나의 경쟁자였던 항우는 용맹과 군사 지식에서 모두 나보다 뛰어났다. 그런데 내가 천하를 얻게 된 것은 무엇 때문인지 그대들은 숨김없이 말해 보라."

그러자 먼저 왕릉이 대답했다.

"폐하께서는 성을 공략하여 승리한 후 공이 있는 자들에게 베푸셨지만, 항우는 오히려 공이 있는 자들을 경계하고 질투하여 멀리했기 때문입니다."

그러자 고조는 술을 한 잔 마시고 나더니 껄껄 웃으며 말했다.

"그대는 하나만 알고 둘은 모르는군. 나는 지략에는 장량을 따를 수 없고, 병사를 거느리고 싸우는 일은 한신을 따를 수 없고, 나라를 관리하고 보급을 원활히 하는 일은 소하를 따를 수 없네. 하지만 나는 이 세 사람의 능력을 충분히 발휘할 수 있게 했던 것이 천하를 얻은 비결이었네. 항우에게는 오로지 범증 한 사람뿐이었는데, 그 사람마저도 제대로 쓰지 못하지 않았더냐."

배수의 진을 친 한신 유방이 천하를 통일하고 한나라 고조로 제위에 오르기 2년 전의 일이다. 그에게는 아무도 당할 자가 없는 장수 한신이 있었다. 유방을 도와 위나라를 비롯한 여러 나라를 차례로 물리친 한신이 1만 2,000명의 군사를 이끌고 초나라의 종속국인 조나라로 진격했다. 그런데 조나라 군사 20만 명이 좁은 길목에 집결하여 성을 쌓고 있었다.

수적으로 크게 열세인 상황에서 한신은 기병 2,000명에게 깃발을 한 자루씩 내주며 명령했다.

"내일 전투에서 우리 군사들이 도주하는 척하고 물러날 것이다. 그러면 적은 분명 적진을 비운 채 추격해 올 것이니, 그 틈을 노려 적진을 점령하고 우리 깃발을 꽂도록 하라."

그리고는 한신은 1만여 명의 군사들을 강을 등지고 더 이상 물러설 수 없는 곳에 진을 치게 했다[背水의 陣].

다음 날 일부 병력으로 조나라 군사들과 공방을 하던 한나라 군가들이 작전대로 후퇴하여 배수의 진에 합류했다. 승리를 확신한 조나라 군사들이 맹렬히 추격해 왔고, 그러는 동안 한신의 기병대는 텅 빈 적진을 점령하고 붉은 깃발을 꽂았다. 더 이상 물러설 곳이 없는 한나라 군사들의 갑작스런 반격에 몰린 조나라 군사들은 적진으로 물러가려 했으나 한 군의 깃발을 보고는 당황하여 우왕좌왕하는 가운데 대패하고 말았다.

싸움이 끝나고 축하연에서 부하 장수들이 한신에게 물었다.

"병법에는 산은 등지고 강은 바라보며 싸우라 했는데 왜 강물을 등지고 싸우셨는지요?"

"병서에는 사지에 빠져야 살게 되고, 망할 지경이 되어서야 되살아난다고 했다. 나는 그대로 했을 뿐이다."

토끼를 잡고 나면 사냥개는 삶기는 법 한신은 원래 항우의 부하였으나 유방에게 투항하여 소하의 천거로 등용된 인물이다. 한나라의 고조 유방에게 초의 왕 한신이 모반을 꾀한다는 정보가 들어오자 고조는 진평의 계책을 받아들여 제후들의 회의를 소집하여 한신을 체포하고 낙양으로 압송했다.

그러나 한신이 모반을 꾀했다는 증거가 없자 그를 초의 왕에서 회음후로 격하시켰다. 회음후는 왕과 달라 봉토 내에서 조세 징수권만 가질 뿐 군권이 없어 한신은 이빨 빠진 호랑이로 거세된 것이다.

자신의 처지에 불만을 품은 한신은 거록수에 임명되어 임지로 떠나는 진희에게 쿠데타를 암시하자 진희는 이에 따르겠다고 하고 떠났다. 고조 10년 진희는 임지에서 쿠데타를 일으켰다. 고조는 친히 군대를 거느리고 토벌에 나섰으나 한신은 병을 핑계로 따라가지 않고 몰래 사람을 진희에게 보내 자신의 뜻을 전했다.

"공은 오로지 군사를 일으켜라. 그러면 내가 여기에서 공을 돕겠네."

고조가 없는 동안 한신이 여후와 태자를 습격하려는 음모가 사전에 여후에게 밀고되었다. 여후는 한신을 부르고자 했으나 오지 않을 것을 염려하여 소하와 상의하여 계책을 세웠다. 고조가 보낸 것처럼 꾸며 사람을 한신에게 보냈다.

"진희는 죽었습니다. 병중일지라도 참석하셔서 축하하는 것이 도리가 아니겠습니까?"

이 말에 한신은 궁으로 들어가지 않을 수 없었다. 한신이 궁으로 들어서자마자 대기하고 있던 무사들에 의해 포박되었다. 여후는 한신의 삼족을 멸했다. 죽음에 임하여 한신은 후회하는 마지막 말을 남겼다.

"날쌘 토끼를 잡고 나면 사냥개는 삶겨지고, 새가 없어지면 활은 치워지는 법. 천하가 평정되었으니 이제 내가 죽게 되는군. 진작 괴철의 말을 따랐어야 하는데 ……."

고조는 괴철을 붙잡아 들였다.

"너는 한신에게 배반하라고 권했던가?"

"그렇습니다. 그때 한신이 제 말을 들었더라면 폐하께서 어찌 천하를 움켜쥘 수 있었겠습니까?"

"여봐라, 이놈을 당장 삶아 죽여라."

괴철은 조금도 동요되지 않고 태연히 말했다.

"폐하, 개는 원래 주인 외의 사람을 보면 짖는 법입니다. 도척의 개가 요 임금을 짖은 것은 그가 어질지 않기 때문이 아니라 다만 개의 주인이 아니었기 때문입니다. 군웅이 활거하고 천하가 어지럽던 당시 신은 한신을 알았을 뿐 폐하는 알지 못했기 때문에 폐하를 보고 짖었던 것입니다. 천하를 차지해 보려고 한 사람들은 많았으나 그들의 힘이 미치지 못했을 뿐입니다. 폐하께서는 그들을 모두 삶아 죽이시겠습니까?"

고조가 명했다.

"이 자를 풀어 주어라."

유목 국가의 탄생

우랄 해에서 몽골 고원에 이르는 중앙아시아는 파미르 고원을 비롯한 거대한 산맥과 초원과 사막이 펼쳐있는 지역으로서 일교차가 심하고 강우량이 적은데다가 토지는 염분이 많아 농경에는 부적합한 환경이었다.

이러한 환경 속에서 고대로부터 유목 생활을 해오던 유라시아 대륙의 초원 지대에는 아시아와 유럽을 잇는 자연적인 초원길이 있었고, 초원 지대의 유목 사회와 사막 지대의 오아시스 사회가 발전해 왔다. 흑해 북쪽 연안의 스키타이 족이 개발한 재갈, 고삐 등의 승마 기술과 철기 문화가 널리 보급되면서 기원전 6세기에는 중앙아시아에서 스키타이 족에 의한 최초의 기마 유목 국가가 탄생했다.

유라시아 지역에서 활약했던 호전적인 기마 유목 민족으로는 흑해 북쪽의 이란계 스키타이, 중국[진·한]을 괴롭힌 흉노족, 유럽에 침입한 훈 족, 투르크 계의 돌궐족과 위구르 족[6~9C], 이슬람 세계를 정복한 셀주크 족[11C], 유라시아에 대제국을 세운 몽골족[13~14C] 등이 있었다.

인구는 적었으나 철제 무기와 기동성이 뛰어난 기마 부대를 기본으로 하는 강력한 군사력으로 그들은 서아시아 일대와 중국 등 여러 지역에 나타나 온 마을을 피바다로 만들고 사라지곤 했으나 농경민들은 속수무책이었다. 중국이 그토록 힘을 들여 만리장성을 축조한 것도 이들의 침략 때문이었다.

그러나 총포와 대포 등 새로운 화기가 등장하면서 전투 방법이 달라지고 농업사회의 군사력이 비약적으로 발전하자 군사적 우위를 차지했던 유목민의 시대는 종말을 고하고 말았다.

천고마비 계절을 두려워한 중국인 흉노는 중국 북방의 광활한 초원에서 집단을 이루며 수렵 생활을 하고 있었다. 봄부터 여름까지 푸른 초원에서 풀을 잘 먹은 말들은 가을에는 살이 쪘다. 이윽고 초원에 풀이 마르는 겨울이 오면 흉노들은 살찐 말을 타고 식량을 찾아 남쪽으로 밀려와 노략질을 했다. 그래서 가을이 되면 중국 북방에서는 항상 긴장하지 않을 수 없었다.

천고마비天高馬肥는 하늘이 높고 말이 살찐다는 뜻으로서 당나라 시인 두보의 조부인 두심언이 흉노의 침입을 막고자 변방으로 떠난 친구에게 소식을 전한 글 속에 나오는 말이다.

> 눈이 고요히 별이 지듯 흩날리는데
> 가을 하늘은 높고 변방의 말은 살찌누나[天高馬肥]
> 우리 장군이 안장에 걸터앉아 칼을 휘두르는 곳
> 그대는 승전보나 격문을 쓰기 위해 붓대를 놀리겠지.

다음은 당나라 시인 이백이 쓴 글로서, 해마다 가을이 되면 국경 지대를 침범해 오는 북쪽의 흉노들을 정벌하기 위해 떠나는 병사들의 생활을 그린 것이다.

> 오랑캐가 가을을 타고 내려오니
> 정벌하러 병사들이 도성을 떠나네
> 장군은 병부를 나누어 가지고
> 병사들은 사막 땅에 자리하네
> 달은 활 그림자 따라 움직이고
> 서리는 칼에 스쳐 꽃잎처럼 흩어지네
> 옥문관에 아직 들어가지 않았지만
> 젊은 부인들은 탄식하지 말아라

새옹의 말

중국 북방 오랑캐와의 국경 근처에 한 노인이 살고 있었는데 그에게는 아끼는 숫말 한 마리가 있었다. 그런데 어느 날 아끼던 그 말이 그만 오랑캐 나라로 넘어가고 말았다. 이웃 사람들이 노인을 위로하자 노인은 태연하게 말했다.

"이 일이 도리어 복이 될지 누가 압니까?"

그런데 얼마 후, 도망갔던 그 말이 오랑캐 나라의 좋은 암말 한 마리를 데리고 돌아왔다. 마을 사람들이 노인에게 축하를 해 주자 노인은 이번에도 별로 기뻐하는 기색도 없이 태연하게 말했다.

"이것이 화가 될지 누가 압니까?"

얼마 후 노인의 아들이 오랑캐 말을 타다가 떨어져 다리가 부러지고 말았다. 마을 사람들이 노인을 위로하자 노인은 슬퍼하는 기색도 없이 태연하게 말했다.

"이것이 복으로 바뀔지 누가 압니까?"

그로부터 1년이 지나 변방의 오랑캐들이 국경을 넘어 쳐들어오자 마을의 젊은이들은 모두 전쟁터로 끌려갔으나 그 노인의 아들은 불구였기 때문에 싸움터로 가지 않아도 되었다. 전쟁터에 끌려간 젊은이들은 대부분 살아 돌아오지 못하자 주위 사람들은 노인의 아들을 부러워했다. 그리하여 사람의 일은 복이 화가 될 수도 있고, 화가 복이 될 수도 있다는 뜻으로 인간만사새옹지마人間萬事塞翁之馬라는 말이 생겼다.

유목민 문화의 전래 삼국시대220~280 이후 중국 내의 혼란을 틈타 북부와 서부에 살고 있던 흉노, 갈, 선비, 저, 강 등의 유목민이 황하의 중류 지역을 점령함으로써 5호16국 시대가 시작되었다. 그 결과 유목민에게 쫓겨난 한인들은 강남, 요동, 한반도, 일본 열도로 이동함으로써 유목민의 문화가 중국을 통해 한반도와 일본에까지 전파되었다.

의생활에서는 기마 복장이 들어와 통소매에 길이가 무릎까지 오는 긴 상의, 바지, 허리띠 등이 유행했다. 식생활에서는 수력으로 가동하는 방앗간이 등장했고, 밀가루를 이용한 만두, 국수류, 치즈, 요구르트 그리고 콩을 이용하여 치즈를 흉내 낸 두부가 보급되었다. 주생활에서는 의자가 들어왔으며, 불교가 대규모로 유입되었다.

호인胡人, 호과胡瓜, 오이, 호좌胡坐, 양반다리, 호두, 호마胡麻, 후추, 호금胡琴, 비파 등 '호'는 북방의 유목민 또는 그들이 가져온 물건을 가리킨다.

중앙아시아 기마 유목민의 생활상 다음은 중국 『사기』에 기록된 흉노 사회의 모습이다.

그들은 북방의 미개지에 살면서 목축에 필요한 물과 풀을 찾아 거처를 옮겨 다녔다. 가축의 대부분은 말, 소, 양이었으며 낙타와 당나귀도 있었다. 유목 생활을 하는 그들은 성곽, 주거지, 경작할 밭도 없었으나 영역은 정해져 있었다.

그들은 문서를 사용하지 않고 말로 약속을 하였다. 아이들도 말을 타고 활을 쏘아 새나 쥐를 잡았으며 나이가 들면 여우나 토끼를 잡았고, 성인들은 활을 잘 쏘아 모두 기병이 되었다. 평상시에는 목축과 수렵 생활을 하다가 전시에는 모두 병사가 되어 싸웠다. 그들은 전쟁에서 달아나는 것을 수치로 여기지 않아

> 유리할 때는 전진하고 불리하면 후퇴하며, 조금이라도 이익이 있으면 예의를 차리지 않으며, 군주 아래 모든 사람들이 가축의 고기를 먹고 그 가죽을 몸에 두르고 털옷을 입었다.

고대 중앙아시아 대초원의 유목민들은 정착하지 않고 계절에 따라 양, 염소, 말, 소, 야크 등 가축 떼를 몰고 끊임없이 이동하면서 살았다. 그들은 이동에 불편한 가구도 가지지 않았으며 가죽으로 만든 가벼운 도구만 사용했다. 그들에게는 문자가 없어 유목민의 역사는 고분이나 다른 나라의 여행자들이 쓴 기록을 통해 알 수 있다. 그리스 인은 아시아의 유목민을 스키타이라고 했는데 그들은 7세기부터 흑해의 북쪽에 왕국을 세웠던 민족이다.

스키타이 족 여성은 좀처럼 밖으로 나다니지 않고 사륜마차나 둥근 천막 안에 틀어박혀 지냈는데 이 천막은 목재 골조 위에 펠트 천을 씌워 만든 것인데유르트 중앙아시아에서는 오늘날도 사용되고 있다.

남자들은 말타기에 편하게 바지를 입었으며 칼과 방패, 활과 화살통을 지니고 다녔다. 바지는 아시아의 기마 민족이 입기 시작하여 켈트 인을 통해 유럽으로 전해졌는데 4세기 말 게르만 족의 대이동으로 서유럽 일대로 널리 퍼지게 되었다.

잔인하기로 악명 높은 스키타이 족은 부리기 쉽게 노예를 장님으로 만들었고 적의 두개골로 잔을 만들어 술을 마셨는데 실제 고분에서 확인되었다.

그리스의 역사가 헤로도투스는 스키타이 족의 풍습을 다음과 같이 적고 있다.

> 스키타이 인들은 가장이 죽으면 아내와 하인 그리고 동물을 함께 죽이는 장례식을 치렀고, 왕은 커다란 사각형의 구덩이에 매장했다. 왕의 시신은 복부를 갈라 내장을 꺼낸 후 잘게 부순 황, 파슬리, 아니스 열매로 채워 방부처리를 했다.
>
> 장례식의 일부로 텐트를 치고 뜨거운 돌에 삼 씨를 뿌려 피어나는 연기를 마셨다. 스키타이 인은 삼 씨 연기를 매우 좋아했고 기분이 좋아지면 고함을 지르기도 한다.

몽골의 알타이 초원에서 발견된 고분에서 여러 가지 유물이 발견되었다. 추운 기후 때문에 무덤에는 썩기 쉬운 것들조차 원형 그대로 보존되어 있었으며, 기원전 500년경 만들어진 옷감은 촉감과 빛깔을 그대로 지니고 있었다. 또한 고분에서는 안장 방석, 말 장식, 접는 탁자, 삼 씨나 대마초를 피우는 도구 그리고 여러 가지 생활용품이 발굴되었는데 탁자는 운반하기 쉽도록 접절식으로 되어 있었다. 고분에서 발견된 질그릇에는 말의 젖을 발효시킨 쿠미스 찌꺼기와 치즈도 발견되었다. 여인과 함께 매장된 부족 우두머리의 시신은 머리부터 발끝까지 날개 달린 고양이, 사자 몸에 독수리 머리를 가진 괴수 그리고 다른 야수들의 문신이 그려져 있었다. 매장 당시 그는 두개골이 깨지고 머리 가죽이 벗겨진 채 가발을 쓰고 턱에는 말총 수염을 붙이고 있었다. 문신과 가죽 벗기기가 그들의 풍습이었다.

380년경 암미아누스 마르셀리누스는 이렇게 적고 있다.

> 훈 족은 말 등에서 밤낮을 지냈는데 말 등에서 물건을 사고팔며, 먹고 마시며, 말목에 엎드린 채 잠을 잤다.

훈 족을 본 외국인들은 이렇게 기록했다.

- 그들의 얼굴은 정말 볼품이 없고 눈은 바늘구멍 같다.
- 그들은 소름 끼치는 난쟁이이다.
- 훈 족은 사납고 변덕스러우며 거래에 속임수를 잘 쓰며 가정적인 기반도 법률도 종교도 없다.

훈 족은 거친 아마포와 가죽옷을 입었으며, 그들은 주로 식물 뿌리와 반쯤 익힌 고기를 먹었는데 고기는 안장 밑에 넣어 깔고 다니면서 연하게 만들어 먹었다.

거칠고 야만적인 기마 민족인 훈 족은 귀족 계급이 없었고 오로지 전투 능력만으로 우두머리가 추대되었다. 전투에서 경무장을 한 그들은 기동력이 뛰어났고 느슨한 쐐기 모양의 전투 대형으로 소름 끼치는 고함을 질러대며 맹렬히 돌진했다.

흉노족

기마 기술로 대제국을 건설한 흑해 주변 스키타이 족의 기마 기술은 실크로드를 따라 동방으로 전해져 몽골 제국과 흉노의 대제국이 건설되었다. 진의 시황제가 한창 중국을 통일해 갈 무렵 북방의 흉노는 두만 선우와 그의 아들 묵특 선우BC 204~BC 174 때 세력을 크게 키웠다.

흉노는 진나라 말기의 혼란과 항우와 유방의 싸움이 계속되는 동안 그들은 별 저항도 받지 않고 막강한 국력을 키울 수 있어 동쪽의 동호와 서쪽의 월지를 차례로 정복하고 남쪽으로는 진나라 몽염 장군에게 빼앗겼던 땅을 회복하면서 한나라를 위협했다.

기원전 201년 한나라 고조 유방이 백등산 전투에서 흉노에게 대패한 이후 한은 해마다 연공과 공주를 선우에게 바쳐야만 했다. 한 문제 때 가의는 황제에게 간했다.

"중국 천하를 지배하고 있는 우리가 겨우 한 현 정도의 인구에 지나지 않는 흉노에게 치욕을 당하는 것은 큰 수치가 아닐 수 없습니다."

기원전 56년경 흉노는 동서로 분열되었다. 동흉노는 기원전 51년에 한나라와 주종 관계를 맺었고, 서흉노는 키르키스 초원으로 이동했지만 기원전 36년에 한나라 서역도호의 공격을 받고 멸망했다. 동흉노는 48년에 내분이 일어나 남북으로 분열되었다. 남흉노는 한나라에 이주해 정착했고, 북흉노는 남흉노와 선비족의 압박을 피해 서쪽으로 이동했다가 결국 쇠퇴해 멸망함으로써 흉노족은 소멸되고 말았다.

흉노나 몽골과 같이 유목 민족은 뛰어난 통치자가 있을 때는 단번에 큰 세력으로 성장하지만, 통치자를 잃으면 쉽게 분열되는 경향이 있었다.

아버지를 사냥한 묵특 흉노의 두만 선우에게는 묵특이라는 태자가 있었다. 두만 선우는 그의 젊은 애첩이 낳은 막내아들을 태자에 책봉하고자 묵특 태자를 북방의 월지에 인질로 보냈다. 당시는 서로 평화를 지키겠다는 약속으로 인질을 교환하는 것이 관례였다.

그런데 두만 선우가 아들이 인질로 가 있는 월지국을 공격하자 월지국에서는 묵특을 죽이려 했다. 묵특은 말을 훔쳐 타고 간신히 고국으로 도망쳐 돌아왔는데 그 일로 묵특은 아버지를 매우 증오하게 되었다. 두만 선우가 여전히 애첩이 낳은 막내만을 편애하자 목숨의 위협을 느낀 묵특은 행동에 나서기로 작정했다.

흉노는 전쟁이 없을 때는 병사들을 거느리고 자주 사냥을 즐겼다. 그러던 어느 날 기병대 장수가 된 묵특은 사냥에 나서기 전에 부하들에게 엄명을 내렸다.

"모두들 잘 듣거라. 내가 활을 쏘거든 너희들도 내가 쏜 목표물을 무조건 따라서 쏘아라. 이에 따르지 않는 자는 목을 벨 것이다."

그리고는 사냥에 나섰다. 묵특이 활로 맹수를 쏘자 부하들도 일제히 맹수를 향해 시위를 당겼다. 사냥이 끝날 무렵에 묵특이 갑자기 자신의 애마를 쏘았다. 이에 부하들이 당황하여 망설이자 묵특은 그들의 목을 베어 버렸다. 며칠 후 묵특은 또 사냥을 나갔다. 이번에는 묵특이 갑자기 자신의 애첩을 쏘았다. 놀란 부하들이 망설이자 또 그들의 목을 베어 버렸다.

이윽고 묵특은 아버지 두만 선우와 함께 사냥을 나가게 되었다. 사냥이 한창일 때 묵특은 갑자기 자기 아버지를 향해 활을 쏘았다. 그러자 이번에는 부하들도 일제히 그를 향해 활을 쏘았고 이렇게 하여 묵특은 자기 아버지를 살해하였다. 묵특은 아버지의 애첩들과 이복형제들, 그리고 복종하지 않는 부하들을 모조리 죽이고 스스로 선우의 자리에 올랐다.

동호를 멸망시킨 묵특 흉노의 동쪽인 만주 지역에 동호선비족라는 강력한 부족이 있었다. 묵특이 아버지를 죽이고 선우에 오르자 이 혼란기를 틈타 동호에서는 두만 선우가 타던 천리마를 달라고 요구했다. 천리마는 흉노에게는 보물과도 같은 것이라 부하들은 반대했으나 묵특은 응해 주었다.

"고작 말 한 마리가 아니냐."

이번에는 묵특 선우의 애첩 한 명을 달라고 했다. 부하들은 화가 치밀었으나 묵특 선우는 이번에도 선선히 내주었다.

"고작 여자 한 명이 아니더냐."

그러자 이번에는 흉노와 동호 사이의 불모지 땅을 자기들이 갖겠노라고 알려왔다. 부하들은 쓸모없는 불모지이니 주자고 했으나 이번에는 묵특 선우가 펄쩍 뛰었다.

"땅은 나라의 근본이다. 땅을 어찌 내줄 수 있으랴!"

동호에서는 그 동안 거듭되는 요구를 흉노가 모두 순순히 응해 주었기에 이번에도 경계심을 풀고 방심하고 있었다. 이 틈을 노린 묵특은 곧바로 군대를 일으켜 동호를 멸망시키고 말았다.

흉노에게 굴욕당한 한나라

기원전 201년 한나라 고조 유방은 몸소 30만 명의 대군을 이끌고 흉노 정벌에 나섰으나 평성 부근의 백등산에서 흉노 묵특의 정예 기병 40만 명에게 포위되어 전멸 위기에 처하게 되었다.

한나라 고조는 참모인 진평의 건의를 받아들여 사자를 시켜 선우의 부인 연씨에게 선물과 함께 미인도를 바치면서 전했다.

"지금 한나라 천자께서는 곤경에 빠진 나머지 이 미인을 묵특에게 바치고자 합니다."

연씨는 한나라 고조가 미인을 묵특에게 바칠 경우 자신의 입지가 염려되어 묵특에게 말했다.

"지금 한나라 땅을 얻는다 해도 그곳에서 살 수는 없을 것입니다."

묵특은 7일 만에 포위를 풀어 주었다. 그 후에도 흉노가 자주 한나라를 괴롭히자 고조는 흉노와 다음과 같은 굴욕적인 화친 조약을 맺었다.

첫째, 한은 매년 비단, 곡물, 술, 음식 등을 흉노에게 보낸다.
둘째, 한 왕실의 공주를 선우의 아내로 준다.
셋째, 한은 흉노를 형으로 하는 형제 관계가 된다.

그 후로 한은 흉노와의 직접적인 대결을 피하고 조공을 바치는 등 화친 정책을 폈으나 흉노의 압박은 한 무제 때까지 70년간이나 이어졌고 흉노는 조약이 잘 지켜지지 않는다는 구실로 걸핏하면 한나라로 넘어 와 약탈을 일삼기도 하였다.

기원전 192년 흉노의 선우는 사자를 시켜 한나라 여 태후에게 조롱 섞인 무례한 편지를 보내 왔지만 여 태후는 어쩔 수 없이 분노를 억눌러야만 했다.

고독에 번민하는 나는 늪지대에서 나서 광야에서 자랐다. 이따금 국경을 넘어 중국에 노닐기를 원했노라. 지금 폐하여 태후는 혼자 몸. 나 또한 혼자이니 쓸쓸한 두 임금이 있는 것으로 없는 것을 바꿈이 어떠신지.

다음은 기원전 170년경 한나라 사신에게 흉노가 요구한 내용이다.

한나라 사신이여, 쓸데없는 말은 하지 않는 것이 좋을 것이다. 한나라가 우리에게 보내는 비단, 면, 쌀, 누룩 등은 양이 정확하고 품질이 좋아야 할 것이다. 그렇지 않으면 가을 추수기를 노려 기병들이 너희 농작물을 짓밟아 뭉개 버릴 것이다.

서역으로 시집간 한족 여인 세군 한나라 무제는 흉노 토벌을 위해 서역의 오손과 동맹을 맺고자 다시 장건을 파견했다. 동맹에는 실패했지만 오손의 사신을 데려옴으로써 양국 간에 교류를 트는 계기를 만들었다.

기원전 110년 오손 왕 곤막이 사신을 보내 한나라의 공주를 아내로 맞고 싶다고 청하자 무제로서는 어렵게 맺은 관계를 생각하여 청을 거절할 수가 없었다. 무제는 고민 끝에 미인으로 소문난 조카딸 세군細君을 보내면서 공주로서의 의례를 갖추어 백여 명의 환관과 노비도 딸려 보냈고, 곤막은 세군을 우부인, 흉노인 부인을 좌부인이라 했다.

이역만리로 시집간 세군은 유목민의 천막 생활에 익숙하지 않자 곤막은 세군에게 중국식 집을 지어 주어 고국에서와 같은 생활을 하게하며 함께 연회를 즐기며 살았다. 그러나 세군은 곤막과는 나이 차이도 있고 말도 통하지 않아 늘 시름을 달래며 우울하게 살아야 했다. 무제는 사신을 통해 전해오는 세군의 시를 읽고 그녀의 처지를 동정하여 2년마다 왕래하는 사신을 통해 필요한 물품들을 보내 주며 그녀를 위로했다.

이미 연로해진 곤막은 자신의 여생이 얼마 남지 않았음을 알고 유목민의 관습대로 세군을 자신의 손자인 잠추에게 주려고 했다. 세군이 이 사실을 알고 무제에게 편지를 써서 이를 저지해 달라고 요청했으나 무제로부터의 회신은 더욱 절망적이었다.

지금 우리나라는 오손과 연합하여 흉노를 정벌하려는 중요한 시기에 와 있다. 이 일로 두 나라 관계가 깨져서는 안 되니 이를 명심하고 그들의 관습에 따라 잘 처신해야 할 것이다.

결국 세군은 잠추의 아내가 되어 딸을 낳은 후 요절하고 말았다.

흉노에게 시집간 한족 여인 왕소군 기원전 54년 제14대 선우에 오른 호한사 선우는 흉노 세력을 결집시키기 위해 한나라와도 좋은 관계를 유지하고자 두 차례나 한나라를 방문했고 그때마다 융숭한 대접을 받고 돌아갔다. 기원전 33년 호한사 선우가 세 번째로 장안을 방문했을 때 한나라 원제는 그에게 선물할 궁녀를 뽑기 위해 화공에게 궁녀들의 초상화를 제출하도록 명했다. 궁녀들은 화공에게 뇌물을 바쳐가며 예쁘게 그려달라고 부탁했다.

화공이 원제에게 궁녀들의 초상화를 올리자 원제는 오랑캐에게 시집보내도 아깝지 않을 인물로 왕소군王昭君이라는 궁녀를 찍었다. 그러나 막상 호한사 선우에게 소개된 왕소군을 본 원제는 깜짝 놀랐다. 수많은 궁녀 가운데 일찍이 보지 못한 기품과 미모를 갖추고 있었던 것이다. 호한사 선우는 크게 만족하며 원제에게 감사를 표했다. 원제는 그녀를 보지 못했던 것을 통탄했으나 때는 이미 늦었다. 이리하여 왕소군은 흉노의 왕비가 되어 호한사 선우와 함께 떠났다.

『서경잡기西京雜記』에 의하면 원제 때에 궁녀의 초상화를 그려 원제는 매일 그 초상화를 보고 자신의 시침을 들 여자를 골랐다고 기록하고 있다. 당시 궁녀들은 황제의 부름을 받기 위해 화공에게 예쁘게 그려 달라고 뇌물을 주었지만 미모에 자신이 있는 왕소군은 뇌물을 주지 않아 화공이 그녀를 평범한 얼굴로 그렸고 그 때문에 평소 원제의 부름을 받지 못했던 것이다.

그들이 떠난 후 원제는 다시 왕소군의 초상화를 꺼내 보았다. 아무리 살펴봐도 그 초상화는 왕소군의 아름다운 모습을 제대로 나타내지 못했다. 원제는 화공의 농간이라 생각하고 뇌물을 받았다는 죄명으로 화공을 처형시켰다.

왕소군이 첫 아들을 낳은 2년 뒤 호한사 선우가 죽었다. 호한사의 장남이 선우가 되자 흉노의 관습에 따라 왕소군은 그의 아내가 되었다. 이때 왕소군은 한나라 조정에 편지를 보내 고국으로 돌아가기를 원했으나 허락되지 않았다. 왕소군은 딸을 낳았고

9년 후에는 두 번째 남편도 죽었다. 그 후 왕소군이 어떻게 되었는지 알 수 없으나 왕소군의 아들은 왕이 되지 못했다.

다음은 당나라 시인 이백이 고국 한나라를 떠나 오랑캐 땅에 시집을 가야만 했던 왕소군의 서글픈 운명을 노래한 시 「왕소군」이다.

왕소군이 옥안장을 스치고
말에 오르니 붉은 뺨에 눈물이 흐르네
오늘은 한나라의 궁녀이지만
내일 아침은 오랑캐의 첩이라네
오랑캐 땅에는 화초가 없으니
봄이 와도 봄 같지 아니 하네
자연히 옷이 헐렁거리니
허리를 줄이려는 것이 아닌데

한 무제의 흉노 정벌

기원전 141년 전한의 무제BC 153~BC 82는 16세에 즉위하여 고대 중국의 역사상 가장 전성기를 누렸다. 그는 유교를 정치 이념으로 삼고 태학을 설치하여 우수한 학생을 관료로 채용하면서 지방관이 인물을 추천하게 하여 등용하는 향거리선鄕擧里選 제도를 실시했고, 장건을 서역으로 보내 실크로드의 길을 열었다.

무제는 소금, 철, 술 등을 국가 전매로 바꾸어 재정을 튼튼히 하면서 흉노에 대한 굴욕적인 유화 정책을 버리고 적극적인 토벌에 나서 성과를 거둠으로써 한동안 흉노는 장성 내로 침공해 오는 일은 없었다. 그리하여 황하 상류와 서역을 연결하는 회랑 지대에 많은 중국인들을 이주시키고 4군을 설치하여 실크로드와 이어지게 하였다.

기원전 111년 한 무제는 남월국을 정복함으로써 천 년에 걸친 중국의 베트남 지배가 시작되었고, 티베트와 운남 지역을 정복하여 5군을 설치하였으며, 기원전 108년에는 한반도 북부의 위만조선을 정복하여 4군을 설치하였다.

오랜 정복 전쟁으로 재정이 어렵게 되자 지방 호족들이 대두하면서 한나라는 혼란의 시대를 맞게 되었다. 만년의 무제는 오로지 불로장생만을 원했으며, 황태자가 무제에게 저주의 주문을 걸고 있다는 밀고로 황태자를 추궁하자 황태자는 그만 자살하고 말았다. 후에 황태자의 결백을 확인한 무제는 실의에 빠져 속병을 앓다가 71세를 일기로 쓸쓸히 생을 마감했다.

한혈마

흉노를 상대하기 위해 한 무제에게 무엇보다 필요한 것은 훌륭한 군마였다. 무제는 장건을 통해 흉노의 서남쪽에 위치한 대완페르가나에는 하루에 천 리를 달릴 수 있는 한혈마汗血馬가 있다는 말을 들고는 특별한 관심을 보였다.

"대완은 서쪽으로 1만 리 떨어진 곳에 있습니다. 그들은 밭을 갈아 쌀과 보리를 심으며 포도주와 좋은 말을 기르는데, 말이 피 같은 땀을 흘린다고 하여 한혈마라고 합니다."

기원전 102년 무제는 이광리 장군을 대완으로 보내어 한혈마 3,000마리를 얻었다. 한혈마로 기마 군단을 조직한 무제는 하남에 있던 흉노 세력을 소탕하여 잃었던 북쪽 변방의 땅을 다시 찾았다. 대완의 한혈마가 처음 장안에 도착하자 무제는 기쁜 나머지 노래를 불렀다.

천마가 온다 서극으로부터
일만 리를 거쳐 유덕으로 돌아온다
영위를 계승하여 외국을 굴복시킨다
유사를 건너 서쪽 오랑캐를 무릎 꿇게 한다.

다음은 당나라 시인 백거이772~846가 흉노족의 침입에 대항하기 위해 말을 들여오지 않을 수 없던 당시의 상황을 읊은 시이다.

초원은 비옥하고 샘물은 넘쳐흐르네
그러나 오랑캐가 말을 보내면

천리길 초목도 쓰러져 눕는다
말 한 마리는 비단 50필
비단과 말의 왕래는 끝이 없네
야윈 말은 쓸모없어도 돌려보낼 수 없어
해마다 열 마리 중 예닐곱 마리는 쓰러진다
비단은 모자라고 여공은 고달퍼
위구르 그 쓰임이 끝이 없음을 원망하네
음산의 오랑캐 너희들을 어찌해야 할고

흰 사슴 가죽 무제는 재정이 어렵게 되자 한 재상이 생각해 낸 방법을 채택했다. 무제는 중국 내에 있는 모든 흰 사슴을 몰수하여 왕궁에 가두고는 앞으로 자신을 알현하려는 사람은 누구나 흰 사슴 가죽으로 만든 모자를 써야 한다고 명을 내렸다.

왕을 알현하려는 귀족들은 흰 사슴 가죽을 구할 수 없자 왕궁에 가두어 둔 흰 사슴을 엄청난 비싼 값으로 살 수밖에 없었다. 그 후 한 귀족이 비슷한 꾀를 내어 왕을 알현하려는 사람들에게 비싸게 돈을 받고 자신의 모자를 빌려 주었다. 이리하여 사슴 가죽이 화폐로 통용되기 시작했다.

실크로드

아시아와 유럽을 잇는 교역로를 실크로드라고 한다. 실크로드에는 크게 비단길실크로드, 초원길, 바닷길의 세 루트가 있다.

비단길또는 오아시스 길은 중앙아시아의 건조 지대를 달리는 길로서, 오아시스와 오아시스를 잇는 형태로 되어 있다. 타클라마칸 사막에는 농경과 교역을 하는 오아시스 도시가 형성되었다. 이 오아시스 도시를 잇는 길을 따라 낙타를 탄 대상캐러밴들이 왕래하면서 지중해 동해안에서 시리아, 메소포타미아, 이란 고원, 중앙아시아, 타림 분지를 거쳐 중국 북서쪽에 이르는 최단 거리의 동서 교통로가 생기게 된 것이다. 기원전 1세기경부터 이 길을 따라 중국의 유학승들이 왕래했고, 중국의 특산품인 비단이 서방에 전해져 이 길을 비단길이라 한다. 또한 이 길은 오아시스 도시를 잇는 길이라 하여 '오아시스 길'이라고도 한다. 이 길을 따라 알렉산더 대왕은 동방 원정에 나섰고, 장건은 서역을 다녀왔으며, 서역의 문화와 공예품, 말, 포도 등이 불교와 함께 중국으로 들어왔다.

초원길은 비단길보다 북쪽에 위치한 초원 지대에 형성된 길로서, 유라시아 대륙의 초원과 남 러시아, 키르기스 초원, 알타이 산맥 그리고 몽골 고원에 이르는 가장 오래 된 길이다. 기원전 7세기 이후 스키타이 인의 청동기 문화가 동방에 전해지면서 교류가 활발해졌다.

바닷길마린로드은 홍해나 페르시아 만에서 인도양과 남지나해를 거쳐 중국 서부에 이르는 바닷길이다. 기원 전후로부터 인도양의 계절풍을 이용한 해상 무역이 이루어져 로마 제국 시대에 더욱 번창했고, 7세기 이후에는 당나라와 이슬람 권 간의 교역에 이용되었다. 이슬람의 상인들이 중국의 도자기와 칠기 등을 유럽에 많이 팔아 이 길을 '도자기길'이라고도 한다. 중세 이후 조선 기술의 발달로 선박 교역이 성행하면서 동서 교역의 주류가 되었다.

투르키스탄 오아시스 도시에는 처음에는 이란계 민족이 많았으나 7세기에는 돌궐이나 위구르 등 터키계 민족이 이주해 오기 시작하여 9세기 이후에는 그들이 다수를 차지하여 내륙 아시아의 오아시스 지대를 '터키 인의 땅'이라는 의미로 투르키스탄이라 하게 되었다.

비단길의 개척자 장건 한 무제는 흉노의 노상 선우가 대월지를 공격하여 대월지의 왕을 죽이고 그 해골로 음기술잔 또는 변기를 만들어 대월지는 흉노에게 복수하기 위해 동맹 상대를 찾고 있다는 솔깃한 정보를 입수했다. 무제는 대월지와 동맹을 맺고자 하여 아직 아무도 가본 적이 없는 대월지로 보낼 사자를 모집했으나 이에 응한 사람은 오로지 무제를 옆에서 모시던 낭관인 장건~BC 114 한 사람뿐이었다.

기원전 139년 무제의 특명을 받은 장건은 통역과 길잡이로 흉노 출신의 감보와 범죄자와 무뢰한으로 구성된 백여 명의 종자를 이끌고 대월지를 향해 길을 떠났다. 그러나 일행은 황하를 건너다가 흉노에게 붙잡혀 장건 일행은 흉노의 선우에게 끌려갔다.

"대월지는 우리보다 멀리 있는 나라인데 한은 무슨 일로 사자를 파견하는가? 그들이 우리의 위협을 무시하고 한의 요구에 응할 것 같은가?"

장건 일행은 그곳에서 10년간 억류되었고 장건은 흉노인 아내를 얻어 자식도 낳으면서 기회를 보고 있었다. 그러던 어느 날 장건은 감시가 소홀한 틈을 타서 탈출에 성공하여 대원국과 강거국을 거쳐 마침내 대월지에 도착했다.

그런데 흉노에게 쫓겨 사마르칸트 부근에 정착한 대월지는 땅이 비옥하여 번영을 구가하고 있어, 흉노와 싸워 선왕의 복수를 하겠다는 생각이 전혀 없었다. 장건은 1년을 머물면서 그들을 설득해 보았으나 결국 목적을 이루지 못하고 귀국길에 올랐다.

장건 일행은 흉노의 세력권 밖인 타림 분지 남쪽의 천산남로를 따라 돌아가다가 또다시 흉노에게 붙잡혔다. 장건 일행은 1년 남짓 억류생활을 하다가 선우의 계승을 둘러싼 내분을 틈타 가까스로 탈출에 성공하여 흉노인 아내, 부하 한 명과 함께 13년 만에BC 126 한나라로 돌아왔다. 장건은 비록 대월지와 동맹은 맺지 못했지만 생소한 서역의 나라들과 실크로드에 대한 보고는 무제의 관심을 끌기에 충분했고 서방으로의 길이 열리게 되었다.

무제는 서역에 밝은 장건이 흉노 정벌에 크게 공헌하자 무제는 그를 박망후로 봉했다. 서역에 많은 관심을 갖게 된 한 무제는 다시 장건을 오손으로 파견했지만 동맹은 맺지 못했으나 교역의 길이 열리게 되자 무제는 장건의 관직을 경의 대열로 높여 주었다. 이렇게 하여 장건은 비단길의 개척자로 역사에 기록되었다.

그 후 서역 지방이 한의 지배로 들어가자 흉노는 쇠퇴해 갔다. 서역과의 교역에서 한은 주로 비단을 주고 말을 수입함으로써 견마무역絹馬貿易이라 했다. 서역으로부터는 말 외에 오이, 마늘, 파, 무화가, 포도, 클로버, 참깨, 누에콩, 석류, 호두, 호궁, 유리, 아교, 석면, 나사, 술잔, 사프란 등이 중국으로 들어왔고, 중국으로부터는 비단 외에 구리, 칠기, 죽기, 육계, 대황 등이 서역으로 전해졌다.

다음은 서역을 다녀온 장건이 한 무제에게 보고한 내용이다.

…… 대완은 한나라 서쪽으로 약 1만 리 정도 떨어져 있습니다. 그들은 한 곳에 머물면서 벼와 보리를 재배합니다. 그곳에는 포도주도 있고 말이 많은데 말은 피 같은 땀을 흘립니다.

흉노의 묵특 선우는 월지를 침략하였습니다. 또한 흉노의 노산 선우는 월지의 왕을 살해하고 그의 두개골로 술잔을 만들었습니다. 월지는 원래 둔황에 있었으나 흉노에게 쫓겨 먼 곳으로 이주하였습니다…….

중국 최초의 역사서 『사기』

기원전 97년 한나라의 사마천BC 145~BC 85은 10여 년에 걸친 작업 끝에 마침내 중국 신화시대로부터 한나라 무제에 이르는 중국 최초의 역사서 『사기』를 완성했다.

사마천은 대대로 황제를 수행하며 그의 행적을 기록하는 사관인 태사령의 가문에서 아버지 사마담의 아들로 태어났다. 그는 어릴 때부터 많은 책을 읽어 역사적인 소양을 쌓았는데 10세에 이미 고문을 읽을 수 있었다. 그는 20세에 전국의 주요 사적지를 여행하며 사료 등을 수집하였고 낭중이란 벼슬을 얻어 황제를 보필하게 되었다.

기원전 110년 사마담이 병을 얻어 죽기 전 아들 사마천을 불러 자신이 하던 『춘추』의 뒤를 잇는 역사서를 편찬하도록 일렀다. 아버지가 죽은 3년 후 태사령이 된 사마천은 『사기』의 집필에 들어갔다.

기원전 99년 한나라 장군 이릉이 흉노의 대군과 싸우다가 포위당하여 항복한 사건이 일어났다. 이 사건은 무제를 노하게 했고, 조정 대신들은 이릉의 일족을 멸해야 한다고 주장했다. 이때 오직 사마천만이 이릉의 용기를 칭찬하며 그의 입장을 변호했다.

"이릉은 기개를 갖춘 한나라의 장군으로서 5,000명의 보병으로 적진 깊숙이 들어가 8만 명이나 되는 흉노 대군을 상대로 용감히 싸웠습니다. 포위된 상태에서 8일

동안 사투를 벌이면서 1만여 명의 흉노를 죽였으나 군량과 화살이 떨어져 어쩔 수 없이 투항한 것입니다. 그가 흉노에게 항복한 것은 훗날을 위한 것임이 분명합니다."

이 말에 더욱 화가 치민 무제는 사마천을 투옥하고 궁형거세에 처하도록 명했다. 당시 궁형은 노비조차도 수모를 참지 못해 죽음을 택한다는 것이어서 사대부로서는 견디기 힘든 치욕이었다. 그러나 사마천은 "용감하고 비겁한 것, 강하고 약한 것은 상황에 따라 다르다"라는 손자의 말을 생각하며 모든 것을 참고 견디며 역사서를 완성하기로 결심했다. 사마천은 48세에 궁형을 받고 그로부터 2년 후에 풀려났는데 뜻밖에도 중서령에 임명되었다. 거세를 당한 사마천은 환관만이 드나들 수 있는 궁중을 자유로이 드나들며 각종 사료들을 쉽게 접할 수 있었다. 그는 치욕과 고통을 삭이며 오로지 『사기』의 저술에만 전념했다. 사마천은 친구 임안에게 보낸 글에서 당시의 심정을 이렇게 토로했다.

> 이릉은 흉노에게 투항함으로써 집안의 명예에 누를 끼쳤고, 나는 궁형을 당하여 천하의 웃음거리가 되었네. 슬프도다! 슬프도다!
>
> 내가 죽는 것쯤이야 세상 사람들에게는 아홉 마리의 소가 털 한 가닥을 잃은 정도에 지나지 않겠지만, 죽음에는 태산보다 무거운 것이 있고 머리카락보다 가벼운 것도 있다고 생각하네. 목석이 아닌 살아 있는 내 자신이 치욕을 참고 궁형을 받은 것은 오로지 저술이 완성되어 후세에 전해지기를 바라기 때문이니 나를 비웃지는 말아 주게.

기록에 철저한 중국인 중국인들은 역사 기록을 철저히 남긴 민족이다. 제나라의 대부 최저가 군주를 살해하고 그 아우를 임금으로 세웠다. 태사가 이를 기록하자 최저는 그를 죽여 버렸다. 죽은 태사의 뒤를 이은 동생이 역시 똑같은 사실을 기록하자 최저는 그 동생도 죽여 버렸다. 그러나 또 하나 남은 그의 동생이 태사가 되어 다시 이를 기록하자 최저도 어쩔 수 없어 기록의 말살을 단념하고 말았다.

종이의 발명

고대 이집트인들은 나일 강변에 야생하는 갈대와 비슷한 파피루스라는 식물을 이용하여 종이처럼 사용했다. 고대 중국의 은·주 시대에는 거북의 등껍질이나 길짐승의 뼈에 글을 새겼고, 춘추전국시대에는 대나무[竹簡]나 나뭇조각[木簡]에 글을 새겼으며, 그 후 황실이나 귀족들은 값비싼 비단에 붓으로 글씨를 쓰기도 했다. 그러나 비단은 값이 너무 비싸고, 죽간이나 목간은 무겁고 부피가 커서 불편했다. 전한시대의 유명한 문장가인 동방삭이 쓴 문장을 황제에게 바치기 위해 죽간 3,000개를 두 장정이 짊어지고 운반했다고 한다. 서양에서는 주로 양피지를 사용했으나 그 후 이집트의 파피루스로 바뀌었다.

그러다가 105년 중국 후한의 채륜[?~121]이 나무 수액에 삼이나 천 조각을 넣고 끓여 값싸고 실용적인 종이를 개발함으로써 널리 대중이 사용할 수 있게 되었다. 삼이나 모시풀 등 식물을 원료로 하는 종이는 이전부터 민간에서 시도되었으나 재질이 조잡하고 두꺼운데다가 귀하고 가격이 비싸 널리 보급되지 못했다.

환관인 채륜은 궁중에서 필요한 물자나 무기를 만들고 조달하는 상방령으로 있었다. 학문을 좋아하는 등 황후가 전국 각지에서 올리던 진상품 대신 계절에 따라 종이와 묵을 올리도록 하자 채륜은 실용적이고 값싼 종이를 만들기로 결심했다. 그리하여 105년 채륜은 민간의 경험을 바탕으로 나무껍질, 삼, 넝마, 폐어망 등을 재료로 하여 얇고 값싸고 공급이 용이한 실용적인 종이를 만드는 데에 성공했다[채륜지 또는 채후지]. 이를 기뻐한 화제는 채륜에게 용정후라는 귀족의 칭호를 주고 300호의 봉토를 하사했다. 종이는 나침반, 화약, 인쇄술과 함께 중국이 자랑하는 4대 발명품의 하나이다.

105년 화제[27세]가 죽고 121년에는 등 태후마저 죽자 채륜은 등씨 일족과 함께 안제의 폐위를 도모한다고 몰리자 스스로 약을 먹고 목숨을 끊고 말았다.

채륜지 채륜이 값싸고 실용적인 종이 개발을 위해 곳곳을 돌아보고 있을 때 어느 어촌에서 사람들이 그물 찌꺼기를 말리고 있는 것을 목격했다.

"무엇에 쓰려고 말리는 겁니까?"

"헝겊으로 쓰려고 말린답니다."

채륜은 헝겊을 얻어 글을 써 보았지만 면이 고르지 않아 신통치 않았다. 채륜이 그곳을 떠나 어느 산골에 들렀을 때 극심한 흉년으로 사람들이 나무껍질을 먹고 있었다. 그런데 바위에 붙어 있는 하얀 조각이 눈에 띄어 유심히 살펴보니 씹다 뱉은 나무껍질이었다. 순간 그의 머리를 스치는 것이 있었다.

채륜은 그 길로 집으로 돌아와 마침내 나무껍질과 넝마 등을 원료로 세계 최초의 마지麻紙를 개발하게 되었다. 그는 먼저 원료를 물에 담가 두었다가 절구에 넣어 짓이긴 후 석회수에 담가 불로 바짝 졸였다. 그리고 다시 절구로 잘게 부수어 씻은 다음 체로 받쳐 얇게 편 상태에서 햇볕에 말려 그 위에 글을 써 보니 면이 부드러워 글이 잘 써졌다.

제지 기술의 전파 중국의 채륜이 개발한 제지 기술은 오랜 세월 비밀로 하고 있다가 그로부터 약 500년 후에 한국을 거쳐 일본으로 전해졌고, 약 600년 후에는 아랍을 거쳐 유럽에 전파되었다.

751년 당나라가 이슬람 제국과의 전쟁에서 패하여 당나라 포로 2만 명이 이슬람 제국으로 끌려갔다. 그 포로 중에 제지 기술자가 있었는데, 이를 통해 중국의 제지 기술이 이슬람 세계로 전파되었고 다시 유럽까지 전해졌다.

12세기가 되자 유럽인들이 아랍 인들로부터 그 기술을 배웠다. 13세기 말경에는 이탈리아에서도 양질의 종이가 만들어졌고 그로부터 50년 뒤에는 스페인에도 제지공장이 세워져 이탈리아의 르네상스 문화에 큰 영향을 끼쳤다. 14세기 이후에는 북유럽과 영국에서도 종이가 만들어졌다.

종이가 없던 시절 영국에 화장지가 도입된 것은 1857년이었다. 종이가 없던 시절에는 귀족들의 주택에도 화장실이 거의 없었다.

고대 로마 시대의 공중화장실에는 소금물 한 통이 마련되어 있었고, 통 안에는 끝에 천을 감은 긴 막대기가 담겨 있었다. 사람들은 막대기 끝의 천으로 밑을 닦은 뒤 다음 사람들을 위해 막대기를 다시 물통에 넣어 두었다.

당시 뒤를 보던 습속이 나라마다 달라 중동과 남아시아에서는 왼손을 사용한 후 물로 씻어 냈고, 중국, 일본, 그리스에서는 나뭇조각을 사용했다. 중국의 경우, 실내에서는 요강을 사용하였는데 이것이 한국과 일본에도 전해졌다.

로마 제국

기원전 753년 트로이 사람들이 이탈리아 반도로 건너와 중부의 티베르 강 하류에 로마를 건설했다고 한다. 기원전 7세기 말에 촌락은 도시 국가로 발전했고, 그리스 문자가 소개되어 라틴 문자가 개발되었다. 이탈리아 반도 중부의 한 작은 도시 국가로 출발한 로마는 점차 세력을 넓혀 기원전 272년에는 이탈리아 반도 전역을 통일했다. 당시 지중해 세계는 그리스와 카르타고 양대 세력의 독무대였다.

기원전 264년 로마는 120년 동안 포에니와의 세 차례에 걸친 전쟁에서 승리함으로써 지중해의 패권을 장악하게 되었다. 기원전 146년 로마는 동쪽으로 눈을 돌려 마케도니아를 정복하여 그리스의 도시 국가들을 해방시키고, 기원전 64년에는 시리아까지 정복했다.

기원전 27년 옥타비아누스는 로마 제국의 초대 황제에 올랐다. 그 후 황제를 세습하지 않고 유능한 인물을 양자로 들여 후계자로 지명하던 오현제 시대96~180까지의 2세기 동안이 로마 제국의 전성기로서 이 시기를 '로마의 평화팍스 로마나'라고 부른다. 당시 로마 제국은 대서양 연안의 영국과 스페인, 유럽 대륙의 갈리아지금의 프랑스, 아프리카의 이집트와 카르카타, 지중해의 그리스, 카스피 해의 유대와 시리아 등에 이르는 거대한 영토를 차지하고 있었다.

지나치게 비대해진 로마 제국은 오현제 시대의 전성기가 끝난 2세기 말부터 국내외적으로 쇠퇴의 조짐이 나타나기 시작했다. 게르만 족의 대이동으로 국경은 어수선했고, 정예를 자랑하던 로마 군은 인력 부족으로 게르만 족 용병들을 대거 고용한데다가 번영 속에서 평화가 지속되는 동안 기강이 해이해져 있었다.

3세기가 되면서 각지의 군대가 제각각의 황제를 옹립하고 나서면서 약 50년 동안 싸움이 끊이지 않은 무정부 상태의 혼란기군인황제시대, 235~285를 맞았다. 50년 동안 난립했던 군인 황제들 중에는 이민족도 있었고 한 명을 제외하고는 모두 살해되거나 전사했다.

284년 군인 출신으로 황제에 오른 디오클레티아누스245~316는 거대한 제국을 효율적으로 통치하기 위해 군의 동료를 공동 황제로 임명해 자신은 동쪽 지역을 통치하고 공동 황제는 서쪽 지역을 통치하게 했다. 또한 두 명의 황제는 각각 부황제를 두어 라인 강과 도나우 강 유역의 방위를 맡김으로써 제국은 사실상 네 명의 황제에 의해 통치된 것이다. 디오클레티아누스는 군인들의 정치 개입을 차단하고 국정을 안정시킨 후 스스로 황제의 자리에서 물러나 평민이 되었다.

306년 황제가 된 콘스탄티누스280~337는 수도를 로마에서 비잔티움콘스탄티노플로 개명으로 옮기고, 313년에는 밀라노 칙령으로 그리스도교를 공인했다. 324년 콘스탄티누스 황제가 제국을 재통합하여 얼마간은 안정을 되찾을 수 있었으나 그의 사망 후 게르만 족의 침입이 본격화되었고, 378년에는 게르만 족의 일파인 서고트 족의 침입으로 황제 발렌스가 사망하기에 이르렀다.

발렌스 황제의 뒤를 이은 테오도시우스 황제는 380년 그리스도교를 국교로 선포하고, 제국을 동서로 분할하여 동로마 제국은 큰아들 아르카디우스가, 서로마 제국은 차남 호노리우스가 통치하게 했다. 하지만 천 년의 역사를 이어온 서로마 제국은 476년 서고트 족의 침입을 받고 결국 멸망하고 말았다.

그 후 서유럽에 난립하던 여러 게르만 민족 국가들을 프랑크 왕국의 카롤루스 1세가 통일했으나, 카롤루스 1세가 죽자 프랑크 왕국은 843년 현재의 프랑스, 독일, 이탈리아로 3분할되었다.

1453년 동로마 제국비잔틴 제국은 오스만 투르크의 마호메트 2세에 의해 멸망되고, 수도 콘스탄티노플은 이스탄불로 이름이 바뀌었다.

로마 건설의 전설 전설에 의하면, 로마는 쌍둥이 형제인 로물루스와 레무스가 티베르 강 근처의 언덕에 건설했는데, 로물루스가 레무스를 죽이고 초대 왕이 되어BC 753. 4. 21 그의 이름을 따서 '로마'라고 했다고 한다. 당시 지역 왕이었던 아물리우스는 자신의 형의 손자인 이들 쌍둥이 형제가 장차 왕위를 위협할까 두려워 이들을 숲속에 버렸는데 암늑대가 젖을 먹여 이들을 키웠다고 한다. 쌍둥이 형제는 자라 아물리우스를 죽이고 할아버지 누미토르를 왕위에 다시 앉히고 자신들은 버려졌던 팔라티누스 언덕에 로마를 건설했다고 한다.

로마 성은 점차 번성하고 있었으나 인구를 늘리기에는 여자들이 절대적으로 부족하자 로물루스는 꾀를 써서 이웃부락 사람들을 초청하여 성대한 축제를 벌였다. 한창 축제가 무르익고 있을 때 갑자기 로마 청년들이 이웃 사비니 인들 속으로 뛰어들어 처녀들을 하나씩 낚아채어 달아나고 말았다.

그로부터 얼마 후 사비니의 대군이 로마로 진격하여 로마 성 근처에서 치열한 전투가 벌어졌다. 한창 전투가 벌어지고 있는데 갑자기 로마로 끌려간 사비니의 여인들이 젖먹이들을 품에 안은 채 나타났다. 여인들은 용사들 속으로 뛰어들어 자기들이 고아나 과부가 되지 않게 싸움을 멈춰 달라고 울며 애원했다. 그러자 로마 병사들과 사비니 병사들은 무기를 놓고 화해하여 그 후로 로마와 사비니는 로마 성에 함께 살면서 오래오래 잘 지냈다고 한다.

로마에서는 로마 인이 되라 초기 기독교에서는 종교적 풍습이 지역에 따라 달라 단식일도 달랐다. 아우구스티누스가 이에 대해 선배인 암브로시우스에게 묻자 그는 이렇게 말했다.

"나는 이곳 밀라노에 있을 때는 일요일에 단식하지 않네. 그러나 로마에 있으면 로마식대로 일요일에 단식을 하지."

이 말로 "로마에선 로마 인이 되라"라는 말이 생겼다.

로마 제국의 속주 지배 로마 제국은 정복 전쟁의 과정에서 엄청난 노예를 획득하여 대부분은 노예 시장으로 끌고 갔다. 세르지아 반도에서는 8만 명, 카르타고 멸망 때는 5만 명, 마케도니아 침략 때는 15만 명, 갈리아 원정 때는 갈리아 남자의 3분의 1에 해당하는 100만 명이 노예로 로마에 끌려갔다. 로마는 정복지 43곳을 속주로 만들어 군대를 주둔시키고 로마에서 파견된 총독이 직접 통치하면서 엄청난 세금과 곡물을 수탈하여 로마로 보냈다.

원로원 의원이었던 브루투스는 정복지에서 고리대금으로 착취에 열을 올렸는데, 그는 속주인 키리키아 주민에게 법적 최고 이율인 12%의 4배에 달하는 연리 48%의 이자를 받고 돈을 빌려 주어 폭리를 취했다. 기원전 42년 브루투스가 속주 아시아에 부임했을 때 그는 원주민들에게 10년 치의 세금을 선불로 요구했고, 이듬해 그의 뒤를 이어 부임한 안토니우스도 9년 치의 세금을 선불로 요구하기도 했다.

기원전 70년 동방의 속주인 폰토스에서 일어난 반란을 진압하기 위해 로마에서 파견된 루크루스 장군은 그 당시 속주의 참상을 이렇게 보고했다.

> 이 지역은 오랫동안 비참한 상태에 있어 주민들은 징세 청부인과 고리대금업자들에 의해 황폐화되고 노예로 전락하고 있다. 그들은 무거운 세금 때문에 장성한 아들과 출가 전의 딸을 내다 팔고 있고 봉헌물이나 그림, 성상 등도 팔 것을 강요당하고 있다. 그들은 결국 노예가 되고 말지만 오히려 노예가 되는 것이 더 편하고 평화롭다고 생각할 정도이다.

로마의 철학자이자 웅변가인 키케로는 이러한 수탈을 신랄하게 비판했다.

> 시민 여러분! 최근 몇 년간 속주로 파견된 총독들이 탐욕과 부정을 일삼고 있어 우리들이 다른 민족들로부터 얼마나 미움을 받고 있는지 아십니까.

로마의 역사가 타키투스도 로마의 속주 통치를 날카롭게 비난했다.

> 이 지역의 침략자들은 토지를 모조리 휩쓸어 황폐하게 만든 다음 더 이상 토지가 없으면 바다를 찾아 돌아다닌다. 그들은 기를 쓰고 재화를 구하며 세계가 궁핍해지기를 바란다. 그들은 지배인페리움라는 이름하에 약탈과 살상을 일삼고 평화를 앞세우며 세계를 황량하게 만들고 있다.

타키투스는 당시의 상황을 이렇게 적고 있다.

> 지금까지 라틴어를 거부하던 피정복민들도 이제는 로마의 웅변술을 배우기 시작했고 로마 인의 복장까지 선망하여 시민복토가이 유행하게 되었다. 그리고 그들은 점차 그릇된 길로 들어서 산책 주랑과 목욕 그리고 향연에 빠지게 되었다.

원주민들은 이런 것을 알지 못한 채 문명개화라고 하지만 실은 노예화의 한 특색에 지나지 않는다.

모든 길은 로마로

로마 제국의 전성기 때에는 수도 로마로 통하는 넓은 간선 도로로 제국 전역과 연결되어 군대의 통행은 물론 각지의 온갖 재물이 운반되었다. 로마의 도로망은 주로 군사 목적으로 만들어졌으나, 상업과 무역이 번창하자 포도주나 농작물들은 수레나 노새를 이용하여 이 도로를 통해 농촌에서 도시로 운반되었다. 그리하여 330년경에는 도로 수가 372개에 총 길이가 8만 5,000km에 달했고, '모든 길은 로마로 통한다'라는 말이 생겼다.

기원전 312년에 건설된 아피아 가도는 로마로부터 남부 이탈리아 카푸아를 거쳐 아드리아 해안의 브룬디시움에 이르는 첫 간선 도로다. 마차나 가마, 말, 수레 등으로 도로가 붐비자 노예나 개 또는 아프리카 기병대를 앞세워 길을 트면서 지나가는 마차들도 있었다.

로마의 군대가 원정을 나설 때는 도로 건설을 위한 공병 부대도 함께 갔다. 또한 점령지 병사들을 도로 건설에 투입함으로써 반란을 꾀할 여유를 주지 않았고, 보수를 지급함으로써 로마 제국에 대한 충성심을 갖도록 했다.

로마 인들은 일찍이 토목과 건축 기술이 뛰어나 그들은 측량 도구, 기중기, 도르래 그리고 콘크리트를 사용했다. 기원전 150년경 로마 인들은 화산재와 석회석을 물에 혼합하여 카멘툼이라는 단단한 건축 재료를 만들어 사용했는데 오늘날 시멘트의 시조라 할 수 있다. 또한 점토와 석회석에다가 자갈, 돌조각, 모래 등을 첨가하여 만든 콘크리트로 도로, 하수도, 수로망 등을 건설했다.

로마는 돌로 만든 11개의 도수관을 통해 물을 공급했고, 각 가정의 하수는 하수도로 모아 테베레 강으로 흘려보냈다. 아콰클라우디아에는 도수관이 아직도 남아 있는데 길이가 약 68km에 달하며 산속의 지하 수로를 따라 로마의 저수지와 수조로 물을 공급했다.

로마의 도로망은 주로 군사 목적으로 만들어졌으나, 이로 인해 무역과 상업이 번창하자 포도주나 농작물들은 수레나 노새를 이용하여 이 도로를 통해 농촌에서 도시로 운반되었다.

아우구스투스 황제는 역전 제도를 만들어 각 도로에는 말을 타고 하루에 여행할 수 있는 거리인 40~50km마다 역참을 두어 여행자가 필요한 것들을 갖추고 있었고, 10~15km마다 전령들이 말을 교환할 수 있도록 말 교환소를 두었다.

그러나 410년 아라릭이 이끄는 서고트 족이 로마 시를 침입해 대대적으로 약탈을 자행한 적도 있어, 이들 도로는 이민족을 손쉽게 끌어 들인 결과를 낳기도 했다.

로마 군단 로마가 작은 도시 국가에서 출발하여 이탈리아 반도를 통일하고 거대 제국으로 발전할 수 있었던 것은 자부심을 가진 막강한 군단을 거느렸기 때문이었다. 군단은 6,000명을 기본 단위로 한 보병이 대부분이었고, 100~200명의 기병은 정찰, 기수 그리고 도망가는 적을 추격하는 임무를 맡았다. 로마 인들은 말을 타는 것을 좋아하지 않아 기병은 대부분 외인 용병을 고용했다.

병사는 신장 170cm 이상의 로마 시민만이 지원할 수 있었으며 엄격한 심사를 거쳐 군인이 될 수 있었다. 병사의 복무 기간은 20년이었고, 승진에는 교육, 재산, 가문 등이 작용하여 천민 출신은 장교가 되기 어려웠다.

로마 군단의 힘의 비결은 엄격한 규칙과 보상에 있었다. 병사가 탈주하거나 구역을 벗어나면 그 자리에서 죽였고, 비겁한 행동을 한 자도 엄하게 다스렸다. 그 대신 전투에서 공로가 혁혁한 병사는 가문의 영광으로 여긴 명예로운 훈장을 받았다. 전리품은 귀족의 재산이 되었으나 유공자에게 상을 내리기도 했다.

싸움에서 승리하면 화려한 행군과 성대한 축하 행사를 치렀다. 로마 군단의 행렬에는 이동식 무대차, 기수, 나팔수의 뒤를 이어 월계관을 쓴 사령관을 필두로 포로들과 노획물의 행렬이 뒤따랐다. 군중들의 열렬한 환호를 받으며 그들은 언덕을 따라 카피톨 신전으로 향했다. 그곳에서 사령관이 주피터 신에게 감사의 제물을 바치는 동안 언덕 아래에서는 포로로 끌고 온 적장을 처형하는 의식도 치렀다. 한편 싸움에서 패하거나 명령에 불복종한 부대는 10% 정도의 병사를 무작위로 골라내어 전우들이 몽둥이로 때려죽이고[데키마티오], 나머지 병사들은 야영과 함께 식사는 밀 대신 보리가 지급되었다.

로마 군단이 점령한 지역에는 다리, 도로, 공중목욕탕 그리고 군대가 주둔할 요새를 건설했으며 요새 근처에는 정착촌과 함께 상가나 선술집, 그리고 도박장 등이 생겨났다. 주둔지의 로마 병사들을 통해 로마의 문화와 라틴 어가 널리 전파되었다.

77년 유대의 역사가 요세푸스는 로마 군단을 이렇게 적고 있다.

로마 군단의 철저한 규율은 부대 전체를 한몸처럼 만들어 놓았다. 병사들은 밀집 대형으로 기동력이 뛰어났고 명령은 신속하게 하달되었으며 눈은 신호를 재빨리 보고 손은 임무를 신속하게 수행했다.

콜로세움의 격투 기원전 27년 초대 황제 아우구스투스가 등극했을 당시 로마의 인구는 백만 명이 넘었다. 당시 로마에는 직업 없는 사람들이 많아 로마 황제들은 통치 수단으로 그들에게 먹을 것과 구경거리 제공에 힘썼는데 그 때문에 그들을 '빵과 서커스의 시민'이라 했다. 고대 로마의 거대한 계단식 원형 경기장인 콜로세움은 길이 200m에 5만 명을 수용할 수 있는 시설로서 10년에 걸쳐 건축되어 서기 80년 티투스39~81 황제 때 문을 열었다.

콜로세움에서는 야수 사냥, 검투사 경기, 모의 전투, 야수와의 싸움 등 살육을 부르는 경기들이 벌어졌다. 무장하지 않은 범죄자나 그리스도 교도들에게 굶주린 사자들을 풀어 먹이로 뜯어 먹게 했고, 무장한 죄수가 무장하지 않은 죄수를 추격하여 죽이도록 했다. 로마 인들은 특히 전차 경주와 검투사 경기를 좋아했다. 두 마리 또는 네 마리의 말이 끄는 전차 경주에서 기수들은 대부분 노예들이었는데 경주 중에 목숨을 잃는 경우가 많았다.

검투사 경기는 기원전 264년 한 귀족의 장례식에서 희생제로 시작되었다. 대부분의 검투사는 노예나 전쟁 포로 혹은 죄수들 중에서 신체가 건장한 자들이 선발되었으며, 성공한 검투사에게는 부와 명예가 뒤따라 상류층 귀부인과 도피하는 자도 있었다.

가운을 입은 검투사들이 수레를 타고 행렬을 이루어 입장하면서 황제를 향해 "황제 만세! 죽음을 각오한 자들이 폐하께 경배를 올립니다."라고 소리치며 인사한다. 황제가 경기장에 수건을 떨어뜨리면 경기가 시작되는데 먼저 불구자와 난쟁이들이 목검으로 모의전을 벌인 뒤 본시합인 검투사들의 승부가 시작된다.

검투사들이 사용하는 무기와 장비는 자유로 선택했다. 노예 검투사들은 주로 자신의 출신지에서 사용했던 손에 익은 무기와 장비를 사용했는데 언월도, 방패, 단검, 투구, 어부의 그물, 삼지창 등이 다양하게 등장했다. 트라키아 인들은 주로 도끼와 작은 방패를 사용했고, 삼니움 인들은 머리 위에 장식 깃털이 달린 투구를 쓰고 날카로운 작은 칼을 들고 싸웠다.

검투사들은 흥분하는 관중들 앞에서 죽을 때까지 싸웠고, 패배자의 목숨은 관중과 황제에게 달려 있었다. 황제는 관중들의 반응을 보아 엄지손가락으로 신호를 보냈는데, 엄지손가락이 위로 향하면 패자를 살려 주었고 밑으로 향하면 관리가 목을 내리쳐 그 자리에서 죽여 버렸다.

승자에게는 주어지는 상금은 검투사를 고용한 주인이 차지했다. 시합 전에 검투사는 자신의 주인에게 "약속을 어기면 사슬로 묶어 불로 태우든지 쇠막대로 찔러 죽여도 좋다"는 서약을 했다. 훈련이나 실제 시합에서 주인은 채찍이나 불에 달군 쇠막대 등을 휘두르며 검투사를 독려했다.

서기 404년 텔레마쿠스라는 한 수도사가 검투사 경기를 제지하기 위해 경기장에 뛰어들자, 볼거리를 망쳤다며 성난 군중들이 던진 돌에 맞아 죽은 사건이 발생했다. 이를 계기로 로마 황제 호노리우스는 검투사 경기를 금지시켰고[404], 523년에는 인간과 맹수의 대결도 금지되었다. 하지만 로마 바깥에서는 여전히 불법으로 행해지고 있었다.

황제의 승천식 황제가 황위를 이어받을 아들을 두고 죽으면 죽은 황제에게 신의 위상을 부여하고 그 승계의 정당성을 확인하기 위해 승천식을 치렀다. 신의 반열에 드는 황제의 자손이 황위를 물려받아 마땅하다는 뜻을 강조한 것이다.

황제가 죽으면 축제와 종교 분위기 속에서 화려한 장례식을 치르고 황제의 시신은 통상적인 방법으로 매장하는 한편, 시신의 정밀한 밀랍 복제품을 만들어 승천식을 별도로 거행했다.

복제한 시신을 금실로 수놓은 이불이 덮인 상아 침대에 눕혀 궁궐 입구의 높은 단 위에 올려놓는다. 침대 주위에는 거의 종일 검은 옷을 입은 원로원 의원과 황후와 황녀들이 앉아 모시는데, 여인들은 금붙이나 목걸이 등을 하지 않고 평범한 흰 옷을 입는다. 의사들이 매일 모형 환자를 살펴보고는 용태가 나빠진다고 공포한다.

마침내 7일이 지나면 황제의 죽음을 공표하고 복제 시신은 로마 공회장에 안치된다. 여인들로 구성된 합창단이 죽은 황제의 덕행을 찬양하고 명복을 비는 노래를 부르고 나면 영구대는 성벽 밖의 마르스 들판으로 옮겨진다.

들판에는 목재로 집 모양의 5층으로 된 구조물이 세워져 있는데, 그 안에는 장작이 채워져 있고 밖에는 황금색 천과 상아 조각, 그리고 그림으로 덮여 있다. 영구대는 구조물 안에 놓이고 각종 약초와 향료, 꽃, 즙 등과 함께 사람들이 고인을 위해 준비한 마지막 선물들을 쌓는다. 전차들은 저명한 황제와 장군들의 초상 그림을 든 채 기마대와 함께 구조물 주위를 돈다.

행렬이 끝나면 후임 황제가 횃불로 구조물에 불을 붙인다. 불이 붙으면 구조물 맨 꼭대기 층에서 독수리 한 마리가 불길과 함께 하늘 높이 올라간다. 사람들은 이 새가 황제의 영혼을 지상으로부터 천상으로 가져간다고 믿으며, 죽은 황제는 다른 신들과 함께 경배의 대상이 되는 것이다.

편지 한 통으로 로마 황제비가 된 유리아

186년 시리아의 어느 시골 신관의 딸인 18세의 유리아라는 처녀는 루주남지금의 리옹에 주재하는 로마 제국의 행정관 루시우스 세프테미우스 세베루스146~211가 최근 부인을 잃었다는 이야기를 듣고는 그에게 편지 한 통을 보냈다.

> 저는 최근 신통하다는 점성가에게 점을 보았는데 가까운 장래에 왕비가 될 운명이라고 합니다. 만일 당신이 나와 결혼한다면 당신은 틀림없이 황제가 될 것입니다. 물론 저는 당신과 결혼하는 데 반대하지 않습니다.

평소 미신을 잘 믿는 루시우스는 편지 내용에 끌려 유리아의 제의를 받아들여 다음 해 결혼을 했다. 그런데 6년 후 유리아의 예언대로 루시우스는 로마 황제에 오르고 유리아는 황비가 되었다.

카이사르

고대 로마의 가장 위대한 통치자로 꼽히는 율리우스 카이사르BC 100~BC 44는 어릴 때부터 비범한 포부와 의지를 지니고 있었다. 기원전 60년 카이사르는 장군 폼페이우스와 대부호 크라수스와 함께 제1차 삼두정치를 시작하고 집정관이 되었다. 카이사르는 자신의 딸 율리아14세를 폼페이우스50세에게 정략결혼을 시켰다.

기원전 58년 집정관의 임기가 끝난 카이사르는 속주인 갈리아 지역지금의 프랑스을 통치하는 5년 임기의 총독을 맡았다. 카이사르는 그가 통치한 10년 동안 강력한 군대를 양성하여 갈리아 전역을 평정하고 정복지의 전리품으로 많은 금이 로마로 유입되어 카이사르는 장군으로서 명성과 함께 엄청난 부를 얻었다. 카이사르의 세력이 급속히 커지자 원로원과 집정관인 폼페이우스는 두려움을 느꼈다. 크라수스가 죽은 뒤 폼페이우스와 원로원은 카이사르의 군권을 빼앗을 계획을 세웠다.

기원전 49년 3월 카이사르의 갈리아 총독 임기가 만료되자 폼페이우스는 원로원으로 하여금 카이사르에게 군대를 해산하고 로마로 돌아오도록 명하게 했다. 그러나 카이사르는 이에 무력으로 맞서기로 결심하고 자신의 군대를 이끌고 로마로 진격함으로써 폼페이우스와의 내전이 시작되었다. 카이사르의 군대가 로마로 진입해 들어가자 도시들은 자발적으로 성문을 열고 카이사르를 환영했다. 파르살로스 전투에서 폼페이우스는 카이사르에게 크게 패하고 로마의 속국이던 이집트로 도망갔다.

당시 부친의 유언에 따라 누이인 클레오파트라 7세와 결혼하여 이집트의 통치권을 함께 행사하고 있던 프톨레마이오스 13세는 카이사르를 의식하여 폼페이우스59세를 살해하기로 작정하고 작은 배를 보내어 그를 해안으로 데려왔다. 배가 해안에 접근하자 암살자들은 폼페이우스를 칼로 찔러 죽여 머리를 베고 몸은 버렸다. 나흘 후 이집트에 도착한 카이사르는 폼페이우스의 머리를 보고는 고개를 돌렸다고 한다.

기원전 48년 클레오파트라21세는 폼페이우스를 좇아 이집트에 온 카이사르를 은밀히 만나기 위해 하인에 의해 모포에 둘러싸인 채 그의 침실로 잠입했다. 이때가 그들의 운명적인 첫 만남이었다. 카이사르는 클레오파트라를 여왕으로 추대하고 모든 권력을 넘겨주었다. 그는 이집트에 머무는 동안 그녀와 밀회를 즐기고 둘 사이에 아들 카이사리온을 낳았다.

카이사르는 소아시아를 정복한 다음 클레오파트라를 동반하고 로마로 돌아와 10년 임기의 독재관이 되어 모든 권력을 장악하였으나 브루투스 일당에 의해 살해BC 44당했다. 카이사르의 유언에 따라 그의 조카딸의 아들이자 양자인 18세의 옥타비아누스BC 62~AD 14가 그의 후계자가 되었다.

기원전 43년에 결성된 제2차 삼두정치에서 이집트, 그리스 그리고 중동지역을 통치하게 된 안토니우스는 이집트에 머물면서 클레오파트라 여왕에게 빠져 로마 제국의 일부 영토를 선물로 주는 등으로 로마 인의 비난을 샀다.

기원전 31년 악티움 해전에서 옥타비아누스의 함대에게 격파당한 안토니우스는 알렉산드리아로 퇴각했으나 이듬해 옥타비아누스가 알렉산드리아를 정복하자 안토니우스와 클레오파트라는 스스로 목숨을 끊었다.

기원전 29년 로마로 개선한 옥타비아누스는 로마의 집정관이 되었고, 독재권을 내놓고 공화정으로 돌아갈 것을 선포하자 원로원은 그에게 아우구스투스성스러운 자의 칭호를 내렸다. 그러나 대권을 장악한 그는 기원전 13년에 로마 제국의 첫 황제가 되었다. 아우구스투스 사후 200여 년간은 로마 제국의 지배에 의한 번성기Pax Romana를 이루었다.

해적에게 나포된 카이사르 카이사르가 젊었을 때 반동주의자로 낙인찍히자 시칠리아로 떠났다. 그가 탄 배는 항해 중에 해적들의 습격을 받고 나포되었다. 해적들이 카이사르에게 칼을 들이대고 몸값으로 20달란트를 요구했다.

"내 몸값이 겨우 20달란트라니. 그건 너무 싸다. 50달란트를 주겠다."

카이사르의 제안을 받아들여 해적들은 몸값을 마련하도록 그의 하인들을 풀어주었다. 카이사르는 돈을 기다리는 동안 조금도 위축되지 않았으며 해적들에게 이런 말을 하기도 했다.

"내가 풀려나는 날이면 너희들을 모조리 죽여 버릴 테다."

해적들은 모두 농담으로 여겼다. 40일이 지나 하인들은 돈을 마련하여 돌아왔고 카이사르는 몸값을 치르고 풀려났다. 카이사르는 풀려나자마자 곧 바로 무장한 배 몇 척을 준비하여 해적들을 추적한 끝에 그들을 붙잡았다. 그는 자신이 지불한 돈을 되찾고 그가 농담처럼 장담한 대로 해적들을 모두 죽여 버렸다.

'주사위는 던져졌다' 기원전 49년 원로원의 소환 명령에 따라 카이사르가 6,000명의 병력을 이끌고 로마와의 경계인 루비콘 강에 이르렀을 때 그는 잠시 머뭇거렸다. 당시의 규칙대로 하면 군대를 해산하고 단신으로 루비콘 강을 건너야 했다. 하지만 그럴 경우, 정적인 폼페이우스와 원로원에 맞서기는 어려울 것이 뻔했다.

폼페이우스와의 결전을 결심한 카이사르는 병사들 앞에서 외쳤다.

"조국과의 전쟁에서 패할 경우 우리는 배신자의 오명을 피할 수 없다. 두려운 자는 지금이라도 돌아가도 좋다. 이 다리를 건너는 순간부터 우리는 목숨을 걸고 싸워야 한다."

이때 어디선가 진군의 나팔 소리가 들리면서 대부분 갈리아 인들로 구성된 카이사르의 병사들이 일제히 지지를 보냈다. 힘을 얻은 카이사르는 결심을 하고는 외쳤다.

"가자! 신이 우리를 도울 것이다. 우리의 명예를 더럽힌 적이 기다리는 곳으로. 이제 주사위는 던져졌다!"

카이사르는 군대를 이끌고 돌아올 수 없는 루비콘 강을 건너고 말았다.

'왔노라, 보았노라, 이겼노라' 폼페이우스를 추격하던 카이사르가 폼페이우스의 후견국인 폰투스를 정벌한 뒤 폼페이우스의 편에 있던 원로원에 세 마디의 짤막한 라틴어로 보고했다.

"왔노라, 보았노라, 이겼노라veni, vidi, vici."

카이사르의 죽음 카이사르에 반대하는 귀족들 간에는 카이사르가 황제가 된 후 이집트의 클레오파트라와 지배권을 양분하고 수도를 이집트로 옮긴 다음 클레오파트라와의 사이에 낳은 그의 아들 카이사리온에게 황제의 자리를 물려주려고 한다는 소문이 나돌아 그를 제거해야 한다고 생각하고 있었다.

카이사르는 암살당하기 전날 저녁 몇몇 친구들과 함께 집에서 식사를 하고 있었다. 평소 로마 인들의 관습에 따라 그는 "당신들은 어떤 죽음을 택하겠는가?"를 주제로 제안했다. 식사를 하면서 각자의 견해를 말하는 가운데 카이사르는 이렇게 말했다.

"나는 신속하고 잔인한 죽음을 택하겠네."

다음 날 아침이었다. 카이사르의 아내 칼푸르니아는 간밤에 남편이 칼에 찔려 피투성이가 되는 꿈을 꾸었다면서 카이사르에게 원로원 회의에 나가지 말 것을 권고했다. 평소 미신을 잘 믿으며 간질병을 앓고 있던 카이사르는 집에 머무르기로 작정했다. 그러나 음모자들이 보낸 카이사르의 한 친구의 성화에 못 이겨 그만 집을 나섰다. 카이사르가 떠난 직후 한 친구가 음모에 관한 정보를 전해 듣고는 카이사르에게 전해주기 위해 급히 달려왔으나 그가 막 떠난 직후여서 만나 보지 못했다. 카이사르가 거리를 지날 때 며칠 전 그에게 점괘를 일러주었던 점쟁이가 그에게 말했다.

"오늘이 바로 3월 15일이니 조심하시오."

"아, 벌써 그렇군."

그러자 또 다른 사람이 말했다.

"아직 3월 15일이 다 지나간 것은 아니라오."

카이사르가 원로원에 도착하여 회의실로 들어가는 순간 누군가가 황급히 그의 손에 두루마리 문서를 내밀었다. 카이사르는 늘 그렇듯이 청원서려니 생각하고는 펼쳐 보지 않았다.

그가 원로원 회의실에 들어서자 한 공모자가 구실을 붙여 카이사르에게 다가가 그의 겉옷을 잡아당기자 이를 신호로 다른 공모자들이 일제히 달려들어 숨겨두었던 단검으로 그를 찔렀다. 카이사르를 방어할 수 있는 유일한 인물인 안토니우스는 이 순간 옆 대기실에 있었으나 다른 공모자에 의해 주의를 빼앗기고 있었다. 맨몸으로 저항하던 카이사르는 암살자들 사이에 그가 친아들처럼 생각하던 브루투스가 보이자 외쳤다.

"아니, 브루투스! 너마저도!"

그리고는 카이사르는 저항을 포기했다. 그는 23군데를 찔리고 숨을 거두었다. 그의 손에 쥐어진 두루마리 문서에는 암살 음모를 알리는 짤막한 내용이 적혀 있었다. 암살 주동자는 브루투스와 그의 매제인 카시우스였다.

미신을 잘 믿었던 카이사르에게 그날의 비운을 알리는 암시는 점쟁이의 점괘나 부인의 꿈 외에도 여러 가지가 있었다. 카이사르가 죽기 하루 전날 그와 함께 루비콘강을 건넜던 말이 먹지도 않고 슬피 울었다고 하며, 로마 인들에게 새들의 왕으로 여겨지는 굴뚝새 한 마리가 한 떼의 다른 굴뚝새들에 의해 갈기갈기 물어 뜯겼다고 한다.

암살 직후 브루투스는 키케로에게 연설을 부탁했으나 그는 엄청난 살인 음모에 말려드는 것을 두려워하여 연설을 하지 못했다. 회의실로 들어간 안토니우스는 땅바닥에 쓰러져 있는 카이사르를 보고는 의외로 아무런 말도 없이 현장을 떠나 버렸다. 밖에서는 살인 소식을 듣고 군중들이 모여들기 시작하자 브루투스와 안토니우스는 군중들 앞에 나섰다. 먼저 브루투스가 연설했다.

"로마 시민 여러분! 나는 누구보다도 카이사르를 사랑했습니다. 그러나 그를 죽일 수밖에 없었던 것은 로마를 더 사랑하기 때문입니다. 여러분은 그가 죽고 만인이 자유롭게 살기보다는 그가 살고 만인이 노예의 죽음을 당하기를 원하십니까? 나는 암살자로서가 아니라 제단에 고귀한 제물을 바치는 심정으로 내 양아버지 카이사르를 죽인 것입니다."

그의 연설에 시민들의 마음이 움직이는 듯했으나 곧이어 안토니우스의 연설이 이어졌다.

"브루투스가 독재자로 지목한 카이사르는 전쟁 노획물을 국고에 바쳤고 빈민들이 굶주리면 같이 울었으며 내가 바친 왕관을 세 번이나 거절한 사람임을 잊었습니까?"

안토니우스가 피로 물든 카이사르의 외투를 보여 주자 분노한 군중들로 광장은 삽시간에 아수라장이 되었다. 겁을 먹은 브루투스와 암살자들은 급히 자리를 떴다.

다음 날 안토니우스38세는 분노한 군중들을 달래 해산시키고 카이사르의 부인 칼푸르니아를 방문하여 위로한 다음 카이사르의 유언을 받았다. 자신이 후계자로 되어 있으리라 확신한 안토니우스는 유언장을 열어 보지 않고 관례대로 베스타 신전에 보관시켰다. 안토니우스는 카시우스와 브루투스를 저녁식사에 초대하고 그들에게 속주의 총독 직을 약속했다. 3월 18일 성대한 카이사르의 장례식과 화장이 끝날 때까지 시민들은 떠나지 않았다.

브루투스 브루투스BC 85~BC 42는 비교적 사려 깊고 온후한 인물로 알려져 있다. 그는 카이사르와 폼페이우스 사이에 내전이 벌어졌을 때 폼페이우스 측에 가담하여 싸웠다가 폼페이우스가 죽은 후 카이사르로부터 용서를 받았다. 그 후 그는 카이사르에 의해 고위직에 올랐고, 카이사르가 암살되던 기원전 44년에는 로마 시의 법무관이 되었다.

이렇게 카이사르가 브루투스에게 호의를 베푼 데에는 이유가 있었다. 이전에 카이사르는 브루투스의 어머니와 불륜 관계에 있었기 때문에 블루투스를 자신의 아들처럼 생각했던 것이다. 브루투스는 자신을 돌봐주는 카이사르를 따르게 되었다.

하지만 언제나 "로마에 남아 나를 돌보라"는 카이사르의 지시에 마음이 흔들리면서 그의 전제 독재에 불만을 품기 시작했다. 그럴 즈음 카이사르에게 원한을 품은 의형제 카시우스로부터 암살에 대한 이야기를 들었다. 더욱이 왕정을 타도한 그의 조상의 동상에 '브루투스, 너는 잠자고 있느냐!'라는 글이 붙어 있는 것을 본 브루투스는 마침내 암살에 가담하기로 결심했던 것이다.

카이사를 암살한 후 브루투스는 카이사르 파 군대에 의해 쫓겨났다. 마케도니아로 간 그는 안토니우스에 대항할 군대를 일으켰으나 안토니우스와 옥타비아누스에게 패하자 스스로 목숨을 끊었다.

세계 최초의 일간지

카이사르는 원로원의 견제에도 불구하고 잠차 독자적인 정책을 강화했다. 기원전 59년 카이사르는 원로원에서 논의되는 모든 사항을 매일 기록하고 알리도록 지시하여 세계 최초의 일간지인 『악타 디우르나Acta Diurna: 매일소식』가 탄생했다. 이 신문은 비매품으로서 통치자들의 하는 일과 토론 내용을 모든 시민들이 알 수 있도록 광장이나 성벽의 게시판에 공고됨으로써 큰 호응을 받았으며 원로원의 특권은 도전을 받게 되었다.

신문에는 전쟁 소식, 군의 인사 이동, 정치 사건, 검투 시합의 결과, 최근에 출생한 아기들의 소식, 부고, 결혼 등 다양한 내용이 실렸다. 대부분 노예로 구성된 필경사들은 이 내용을 적어 필요한 사람에게 팔기도 했다.

그러나 현대적인 신문은 1450년대 구텐베르크의 이동식 활자 인쇄기가 보급된 이후에 가능하여 1609년 독일의 한 소도시인 볼펜뷔텔의 한 공작이 주간으로 『아비조 렐라티온 오더 차이퉁』을 발간한 것이 최초였다.

카이사르의 화려한 여성 편력

카이사르의 어린 시절은 거의 알려져 있지 않지만, 그는 젊었을 때 간질로 고통을 받았다. 그는 미남은 아니었으나 여성들에게 인기가 있어 네 명의 여성과 결혼했고 수많은 정부를 거느렸다.

군인들은 카이사르를 '대머리 오입쟁이'라고 했고, 그가 전쟁에서 승리하여 행군할 때에는 "남자들이여! 부인들이 집 밖으로 나오지 못하게 하라. 대머리 유혹자가 돌아왔다"라고 노래하기도 했다. 카이사르는 여성 편력 때문에 귀족들의 미움을 샀다. 폼페이우스도 자신의 부인이 카이사르를 흠모하자 이혼해 버렸다.

카이사르는 폼페이우스와 화해하기 위해 자신의 딸 율리우스를 폼페이우스에게 신부로 주었다. 율리우스가 죽자 카이사르는 폼페이우스와 유대를 지속시키기 위해 조카인 옥타비아와 결혼할 것을 제안했으나 거절당했다. 카이사르는 폼페이우스에게 칼푸르니아와 이혼하고 그의 딸과 결혼하겠다고 제안했으나 이것도 거절당했다.

한 점의 의혹도 없어야 기원전 61년 카이사르의 부인 폼페이아는 정부인 젊은 귀족 클로디우스를 여장시켜 자신이 여사제로 있는 보나 신전으로 끌어 들였다가 발각되어 신성 모독죄로 재판을 받게 되었다. 카이사르는 폼페이아와 이혼하고 칼푸르니아와 재혼했다.

이혼을 다루는 법정에서 카이사르가 부인의 무죄를 주장하자 법관이 카이사르에게 물었다.

"부인의 무죄를 주장하면서 왜 이혼을 요구하는가?"

"나 카이사르의 부인은 한 점의 의혹도 없어야 한다."

클레오파트라

클레오파트라 7세[BC 69~BC 30]는 이집트 프톨레마이오스 12세의 셋째 딸로 태어났다. 기원전 51년 부왕이 죽자 클레오파트라[18세]는 차례로 그녀의 두 남동생인 프톨레마이오스 13세와 프톨레마이오스 14세, 그리고 자신의 아들인 프톨레마이오스 15세와 함께 공동으로 나라를 다스렸다.

기원전 48년, 폼페이우스를 쫓아 이집트로 간 로마 제국의 실권자 카이사르는 클레오파트라를 만나 두 사람은 아들 카이사리온을 낳았다. 카이사르가 클레오파트라에게 빠져 아들 카이사리온에게 로마 제국의 후계자로 삼으려 한다는 소문이 나돌면서 로마 인들의 불만은 비등했다. 기원전 44년 카이사르는 정적들에게 암살당하고 말았다.

카이사르가 죽고 로마의 실권자가 된 안토니우스 역시 클레오파트라에게 빠졌다. 기원전 37년, 안토니우스는 그녀와 결혼하여 세 아이를 낳고 로마 제국의 거대한 영지를 나누어 주자 로마 인들의 여론이 들끓기 시작했다.

기원전 31년 그리스 해의 악티움 해전에서 로마 함대에 참패한 안토니우스는 알렉산드리아로 도망쳤다. 이듬해 로마 제국의 실권자 옥타비아누스가 알렉산드리아를 정복하자 안토니우스와 클레오파트라는 스스로 자결하고 말았다.

클레오파트라의 혈통

클레오파트라가 태어난 이집트 프톨레마이오스 왕가의 시조는 알렉산더 대왕 휘하의 명장이었던 프톨레마이오스 장군이다. 기원전 323년 알렉산더 대왕이 죽자, 제국은 붕괴되어 마케도니아, 이집트, 시리아로 나누어지면서 프톨레마이오스 장군이 이집트를 지배하게 되면서 새 왕조를 세웠다.

이들은 모두 그리스 인들이었기 때문에 왕실에서는 그리스 어를 썼다. 역대 프톨레마이오스가의 왕들 가운데 이집트 어를 구사할 수 있었던 왕은 클레오파트라뿐이었다.

이집트 왕가는 전통적으로 근친혼이 성행했는데, 이는 왕족을 신성시한데다가 권력을 독점하기 위함이었다. 클레오파트라의 부모도 오누이 사이였다. 클레오파트라의 죽음으로 300년간 이어 온 프톨레마이오스 왕가의 통치는 종지부를 찍었다.

카이사르와 클레오파트라

기원전 47년 로마 제국의 실권자 카이사르가 이집트 수도 알렉산드리아로 쳐들어 왔다. 당시 클레오파트라는 남동생 프톨레마이오스 13세에 의해 쫓겨나 있던 중이었다. 어느 날 밤 카이사르에게 이집트로부터 호화로운 양탄자 선물이 도착했다.

양탄자를 펴보니 놀랍게도 그 속에서 얇은 비단을 걸쳤을 뿐 알몸이나 다름없는 요염한 자태의 한 여인이 굴러 나왔다. 이것이 클레오파트라22세와 카이사르의 첫 대면이었다.

그들은 사랑에 빠졌고, 남동생 프톨레마이오스 13세는 카이사르의 군대에 저항하다가 죽었다. 클레오파트라21세를 여왕으로 앉힌 카이사르는 두 달 동안 로마의 일을 잊은 채 그녀와 나일 강을 따라 유람 생활을 즐겼고, 아들 카이사리온도 낳았다.

로마로 돌아간 카이사르는 그녀를 불러들였고, 클레오파트라는 2년간 로마에 머물면서 이집트를 원격 통치했다. 그러다가 기원전 44년 카이사르가 암살당하자 그녀는 서둘러 이집트로 돌아갔다.

안토니우스와 클레오파트라 기원전 44년 카이사르가 암살되자 옥타비아누스와 안토니우스가 로마의 공동 통치자가 되었다. 안토니우스는 기원전 41년 클레오파트라28세를 시칠리아로 불렀다. 그녀는 황금으로 장식한 화려한 배를 타고 나타나 초대를 받고 달려 온 안토니우스를 사랑의 포로로 만들어 버렸다.

옥타비아누스가 로마를 다스리는 동안 안토니우스는 이집트의 알렉산드리아에서 지내면서 클레오파트라에게 사랑의 포로가 된 채 로마의 일은 까맣게 잊어버리고 있었다. 안토니우스는 부인 풀비아가 죽자 옥타비아누스의 여동생인 옥타비아와 결혼했다. 그러나 알렉산드리아로 돌아온 안토니우스는 옥타비아에게 이혼을 통보하고 클레오파트라와 결혼하여 남녀 이란성 쌍둥이와 아들을 낳았다. 두 아들에게는 중동 지역을 선물하고, 카이사르와 클레오파트라 사이에 낳은 아들 카이사리온을 이집트와 키프로스의 합법적인 상속자로 임명하자 안토니우스에 대한 로마의 여론이 들끓기 시작했다.

기원전 31년 안토니우스와 클레오파트라의 연합 함대가 그리스 서쪽 해안의 악티움에서 아그리파 제독이 이끄는 옥타비아누스 함대와 일전을 벌였으나 참패당하고 안토니우스와 클레오파트라는 알렉산드리아로 돌아갔다. 이듬해 옥타비아누스가 알렉산드리아를 정복했을 때 클레오파트라가 죽었다는 헛소문을 들은 안토니우스는 절망 끝에 칼을 뽑아 스스로 자결하고 말았다.

나일의 마녀 로마 제국의 최고 실권자인 카이사르에 이어 안토니우스마저 클레오파트라에게 빠지자 로마 인들은 그녀를 '나일의 마녀'라고 했다.

클레오파트라는 부왕의 총애를 받아 왕가의 남자들과 똑같이 문학과 철학, 과학, 음악, 미술 등을 배우며 자랐으며 9개 국 언어에 능통하여 지적 분위기를 풍기는 독특한 매력을 지닌 여인이었다.

평소 그녀는 매일 아침 막 짜낸 따뜻한 당나귀 젖으로 목욕하고, 알로에 베라 잎사귀 즙을 바르며 마사지했다. 당시 여성들 사이에 유행한 대로 그녀는 면도로 머리털을 밀어내고 그 위에 곱슬머리 가발을 썼다. 목욕이 끝나면 침대에서 시녀들이 족집게로 몸의 털을 하나하나 뽑아 주었다.

당나귀 젖은 성분이 사람의 젖과 가장 가까워 옛날부터 모유가 부족하면 당나귀 젖을 먹였다. 로마 제국의 네로 황제의 부인 포파이아도 당나귀 젖으로 목욕했으며 여행을 떠날 때는 어미 당나귀 500여 마리를 몰고 다녔다고 한다.

클레오파트라의 미모와 매력에 대해 전문가들은 '주위 사람을 향기로 감싸는 태도는 강한 자극을 유발했다'라든가 '그녀의 목소리는 감미롭고, 그녀의 혀는 마치 현악기와 같다'는 등 여러 가지로 표현했다.

그녀와 가장 가까운 시대에 살았던 그리스의 전기 작가 플루타르코스46~119는 '그녀의 아름다움은 그렇게 특출하지도, 사람을 놀라게 할 정도도 아니었다'고 적었다.

로마 제국의 안토니우스가 클레오파트라를 기념하기 위해 만든 주화에 새겨져 있는 그녀는 큰 매부리코에 통통한 얼굴을 하고 있다. 당시의 기준으로는 미인이었을지 몰라도 지금의 기준으로는 결코 절세미인은 아니었을지도 모른다.

프랑스의 과학자이자 작가인 파스칼1623~1662은 그의 작품 『팡세』에서 이렇게 적었다.

"인생의 허무함을 알고 싶으면 사랑의 시작과 그 결과를 생각해 보면 알 수 있을 것이다. 사소한 동기로 시작되지만 그 결과는 온 땅과 군주, 군대 그리고 세계를 움직인다. 클레오파트라의 코가 조금만 낮았어도 세계 역사는 달라졌을 것이다."

클레오파트라의 죽음

클레오파트라39세는 다시 로마의 최고 실권자가 된 옥타비아누스32세를 유혹하려 했으나 여의치 않았다. 그녀는 안토니우스가 자결했다는 소식을 듣고 절망했다. 로마 군에 붙잡히면 노예처럼 족쇄를 찬 채 로마 시민들의 조롱을 받으며 거리를 끌려 다닐 게 뻔했다.

클레오파트라는 저녁을 먹고 목욕을 한 후 화려한 옷으로 갈아입고 왕관을 쓰고 침대에 단정하게 앉았다.

"독사를 들여보내라."

"폐하, 침실에 독사라니요?"

"잠자코 시키는 대로 하라."

무화과 바구니에 든 독사를 넘겨받은 그녀가 보자기를 열자 코브라가 머리를 쳐들고 나왔다. 시녀 두 명과 함께 코브라에 물린 클레오파트라39세는 이렇게 목숨을 끊었다. 코브라는 이집트 신의 상징으로서 이집트인들은 코브라에 물려 죽으면 영생을 누린다고 믿었다.

옥타비아누스는 클레오파트라와 안토니우스의 장례를 치루고 두 사람을 나란히 묻어 주었다. 옥타비아누스는 클레오파트라의 세 아들 중 카이사르와의 사이에서 낳은 카이사리온과 안토니우스와의 사이에서 낳은 두 아들을 모두 처형했다. 클레오파트라가 죽자 프톨레마이오스 왕조도 막을 내리고 이집트는 로마의 속주가 되었다.

폭군 칼리굴라

로마의 칼리굴라 황제1241는 네로와 함께 폭군으로 유명하며 많은 기행을 남겼다. 그는 17세에 황제에 올라 28세에 궁전에서 호위병에 의해 아내와 딸과 함께 살해되고 말았다.

칼리굴라는 뇌에 이상이 생기면서 정신 분열과 함께 잔인한 성격으로 돌변했다. 그는 사소한 이유로 많은 사람들을 톱으로 잘라 죽이기도 하고 사지를 찢어 죽인 후 조각들을 쌓아 놓고 기뻐하기도 했다. 그러다가 정신이 정상으로 돌아오면 배려 있게 사람들을 대했다.

칼리굴라는 자신의 여동생인 드루실라와 결혼하고 부인을 자신의 후계자로 임명하는 해프닝을 벌이기도 했다. 어느 날 그는 결혼하기 위해 식장으로 가고 있던 오레스틸라를 가로채 부인으로 삼았다.

그는 그리스 주재 총독의 부인을 불러 몇 차례 강간한 후 일생 동안 다른 누구하고도 성관계를 갖지 말라고 명하기도 했다. 또한 그는 궁전 연회에 초대된 귀족 부인들을 남편이 보는 앞에서 옷을 벗기고 감상한 다음 한 명을 골라 침실로 데려간 후 다시 연회장에 나타나 대중들에게 침실에서의 여인의 몸짓과 자신의 솜씨를 자랑하기도 했다.

칼리굴라는 원형 경기장에서 검투사 경기를 즐겨 보았는데 군중들이 자기가 지지하지 않는 팀을 응원할 때는 화가 나서 “로마 놈들아! 네 놈들 목이 둘인 줄 아느냐!”라고 외쳐대곤 했다. 자신이 즐기는 여흥을 위해 맹수들의 먹이로 죄수들을 던져주기도 했고 사자 우리에 던져진 그의 시종무관이 억울함을 호소하자 그의 혀를 자른 다음 다시 우리에 집어넣기도 했다.

어느 날 기분 좋게 아침잠에서 깬 칼리굴라는 갑자기 대머리들을 집결시키더니 경기장의 굶주린 맹수들에게 식사거리로 제공했고, 철학자들을 미워하여 이들을 모두 죽이거나 추방시키기도 했다. 그는 자신의 애마를 집정관으로 선출하고 대리석 마구간과 상아 여물통을 마련해 주고 금잔으로 포도주를 마시게 했다.

칼리굴라는 자신을 신이라고 선포하고 유피테르 신 동상의 머리를 전부 자르고 거기에 자신의 머리를 붙이도록 했다. 그는 가끔 혼자서 산책하면서 마치 하늘에서 들려오는 소리를 듣는 것처럼 한쪽 귀를 세우고는 “나는 주피터 신과 이야기하고 있다”라고 엉뚱한 말을 지껄이기도 했다.

한 연회석에서 칼리굴라 옆에 있던 두 원로원 의원 중 한 명이 물었다.

“폐하, 오늘 사냥은 어떠셨습니까?”

칼리굴라는 그 의원의 물음에는 아랑곳하지 않고 갑자기 자지러지게 웃기만 했다. 그러자 다른 한 의원이 물었다.

“폐하, 무엇이 그렇게 즐거우신지요?”

“너희 둘의 머리가 없다면 어떤 모습일까를 생각하니 웃음을 참을 수가 없구나.”

그러고는 정말 두 사람의 머리 없는 모습을 보기 위해 즉각 머리를 베라고 명하자 졸지에 두 의원은 목숨을 잃고 말았다.

또 한 번은 칼리굴라가 구두 수선공에게 물었다.

“내 연기는 어떠냐?”

“네, 폐하는 저속한 배우입니다”

“자네 말이 맞네. 그러나 내 신하들이 나보다 훌륭하다고 믿는가?”

그러자 주변에 있던 원로원 의원들이 일제히 박수를 보내며 칼리굴라의 발에 입을 맞추었다. 답변 한 마디에 전부 목숨을 잃을 뻔한 아찔한 순간이었다.

이러한 환란 속에서 로마를 구하기 위해 친위대장 카시우스는 결단을 내리고 용병을 동원하여 극장의 복도를 지나가는 칼리굴라를 칼로 찔러 살해했다. 황제의 피살 소식이 전해지자 민중들은 칼리굴라가 거짓소문을 퍼뜨려 이에 환호하는 사람들을 죽이려는 술책을 쓰고 있다고 생각했다. 이를 증명해 보이기 위해 친위대는 칼리쿨라의 부인과 어린 딸마저 죽였다. 칼리굴라의 피살을 확인한 로마 민중들은 일제히 환호를 보냈다.

폭군 네로

칼리굴라 황제를 살해한 친위대는 칼리굴라의 삼촌인 클라우디우스[53세]를 제4대 황제로 옹립했다. 클라우디우스는 어릴 때 소아마비에 걸려 발을 저는 철저한 저능아로 행동하며 고립된 생활을 함으로써 가족들 중에서 유일하게 화를 면하고 살아남을 수 있었다.

클라우디우스 황제는 네 번째 아내 메살리나[16세]와의 사이에 아들 브리테니쿠스와 딸 옥타비아를 낳았으나 메살리나는 정부 실리우스와의 불륜과 음모죄로 두 사람은 모두 처형되고 말았다.

네로의 생모인 아그리파는 삼촌인 클라우디우스에게 접근하여 다섯 번째 황후가 되었다. 아그리파는 이미 두 번의 결혼 경력이 있고 첫 남편과의 사이에서 아들 네로[37~68]를 낳았다.

황제를 독살한 아그리파 아그리파는 네로를 출세시키기 위해 무척 애썼으며 당대의 철학자 세네카를 그의 가정교사로 두었다.

네로가 태어났을 무렵 아그리파가 점을 보았다.

"이 아들은 황제가 되지만 어머니를 죽이게 될 것이오."

"아들이 황제만 된다면 나는 기꺼이 그 길을 택하겠소."

아그리파는 클라우디우스 황제를 부추겨 자신의 아들인 네로를 황태자로 내세웠으나 후에 황제가 이 일을 후회하는 기색이 보이자 그녀는 서둘러 황제를 독살하기로 작정했다.

어느 날 아그리파는 독살 전문가인 로쿠스타에게 황제가 좋아하는 버섯 요리에 독을 타도록 주문하여 시식가를 재치고 직접 황제에게 먹였다.

"시칠리아에서 진상한 맛있는 버섯 요리를 제가 직접 요리했답니다."

"그런데 맛이 좀 씁쓸한 것 같군."

"시칠리아 버섯은 원래 그렇다는데, 몸에 무척 좋다고 합니다."

요리를 먹은 늙은 황제가 금세 안색이 변하고 배를 움켜잡았다. 아그리파는 먹은 것을 토하게 해준다며 독을 바른 깃털로 황제의 목구멍을 훑자 황제는 금세 숨이 멎고 말았다.

아그리파는 황제가 죽었다는 소식을 퍼뜨리지 말도록 시종과 황실 의사에게 명하고는 영문을 모르는 근위대장 부르루스를 불렀다.

"황제의 병이 매우 위중한 걸 아는가?"

"예?"

"만약 황제에게 뜻밖의 일이 생기더라도 계속 황실에 충성할 것인가?"

그제야 황후의 뜻을 알아차린 부르루스가 대답했다.

"네, 당연히 황실에 충성하고 태자를 황제로 추대할 것이오니 염려 마십시오."

"그렇게만 한다면 태자는 자네를 절대 잊지 않을 걸세. 황제 폐하께서 돌아가셨다고 원로원에 알리게."

부르루스의 지휘하에 원로원을 움직여 자신의 아들 네로17세를 제 5대 황제의 자리에 올렸다. 아그리파는 후한을 없애기 위해 독버섯 요리를 준비한 로쿠스타를 투옥시켜 처형하도록 했다. 아그리파는 네로를 통제하기 위해 클라우디우스의 이복딸 옥타비아를 네로의 아내로 삼았으나 네로는 그녀를 좋아하지 않았다.

황제 자리에 오른 네로는 어느 날 기분이 좋아 이렇게 말했다.

"버섯 요리는 클라우디우스를 신으로 만들었으니 신이 내린 선물이었노라."

이복동생 브리테니쿠스를 독살 황제가 된 네로는 더욱 욕심이 생겨 눈에 가시였던 클라우디우스 황제의 이복동생인 브리테니쿠스14세를 독살하기로 하고 투옥된 독살 전문가인 로쿠스타를 풀어 주어 저택과 돈을 두둑이 주었다.

얼마 후 궁전에서 황실 만찬이 베풀어졌다. 포도주가 나오자 시식가들이 맛을 보고는 황족들에게 전해졌다. 당시 로마 인들은 포도주에 따끈한 물을 섞어 마시는 풍습이 있었다. 이때 브리테니쿠스가 "포도주가 너무 뜨겁다"고 하자 시식가가 찬물을 약간 섞어 브리테니쿠스에게 전했다. 찬물에 독이 들어 있는 줄을 모른 브리테니쿠스는 포도주를 마시자마자 심한 경련을 일으키고 그 자리에서 쓰러졌다. 사람들이 놀라 웅성거리며 의사를 부르려고 하자 네로가 제지했다.

"평소 앓던 간질이 발작한 것이니 가만히들 있으시오."

얼마 후 브리테니쿠스의 경련이 약간 진정 되자 네로의 지시에 따라 브리테니쿠스는 실려 나갔고, 이내 브리테니쿠스는 숨을 거두고 말았다. 그날 밤 폭풍우가 몰아치는 가운데 그의 시신은 서둘러 황실묘지에 매장됐다.

아그리파는 아들 네로가 자신과 상의도 없이 이복동생을 독살하는 것을 보고는 언젠가는 제 어미까지도 독살할지도 모른다는 생각에 가슴이 뜨끔했다.

생모 아그리파를 살해 어린 네로가 황제에 등극하여 처음 5년간은 아그리파와 세네카의 섭정으로 로마 제국은 그런 대로 평온했다. 그러나 권력의 맛에 취한 네로는 점점 포악하고 독선적이며 이상한 방향으로 변하기 시작했다.

네로는 해방 노예 출신 여성인 악테와 염문을 퍼뜨리는가 하면 곧 루시타니아지금의 포르투갈 총독의 부인 사비나와 놀아나기도 했다. 네로는 오토 장군의 아내인 포파이아에 빠져 이복동생이며 첫 번째 아내인 옥타비아21세와 이혼하고 그녀를 섬으로 귀양을 보냈다가 자객을 보내 그녀를 죽였다.

아그리파가 네로를 공개적으로 힐난하자 네로는 발끈했다. 모자 간의 관계는 악화되었고 네로는 사사건건 간섭하는 어머니 아그리파를 제거하기로 마음먹었다. 네로가 독살하려 하자 이를 눈치 챈 아그리파가 미리 해독제를 먹어 독살 시도가 세 번이나 실패했다. 네로는 사람을 시켜 아그리파가 강을 건널 때 배를 가라앉게 했으나 다른 사람들에 의해 구출되어 번번이 실패로 끝났다.

화가 치민 네로는 아그리파를 별장에 감금시키고 자객을 보내 살해하고 말았다. 죽음을 직감한 아그리파는 아들이 보낸 자객 앞에서 아랫배를 가리키며 부르짖었다.

"그 괴물이 기어 나온 여기를 찔러라."

근위대가 옷이 벗겨진 채 죽은 아그리파의 시신을 가져오자 네로가 말했다.

"젠장, 이렇게 좋을 줄은 몰랐네."

변해가는 네로

네로는 어머니를 살해한 뒤 평소 즐기던 전차 경주, 음악 연주회, 연극 공연 등을 포함한 경축행사를 벌였다. 천하의 음치인 네로는 시와 음악을 좋아하여 무대에 올라가 춤도 추고 노래도 불렀고, 수금 솜씨와 연기도 과시했다. 그가 참석하는 모든 행사는 사실상 그의 독무대였다. 로마 제국의 황제가 광대나 연극배우 노릇을 하는 것에 대해 관객들은 혀를 찼다.

네로는 기분이 내키면 자신에게 도취되어 온 종일 공연을 계속했다. 많은 지인들을 초청해 놓고는 몇 시간이고 자기가 부르는 노래를 듣게 했다. 모두에게는 견디기 힘든 시간이었으나 감히 누구도 웃을 수 없었다. 참다못한 철학자 페트로니우스는 네로에게 당신은 세계 최고의 음치라는 글을 보내고 스스로 동맥을 끊고 자살했다.

네로는 한때 무용가가 되고자 했으나 무용 선생처럼 다리를 올릴 수 없자 화가 난 그는 선생을 죽여 버렸다. 배가 불룩 튀어나온 네로는 스스로 아폴로의 몸처럼 멋지다고 착각하여 알몸으로 공공장소에 모습을 드러내기도 했다.

네로는 싫은 사람이 있으면 서한을 보냈다.

"나 네로는 네게 짜증이 난다. 그대는 로마 제국과 나를 위해 자살하라."

매일 아침 그는 이런 서한을 보냈고 밤이면 로마 역사에 관한 시를 썼으며 마음에 드는 사람들에게 자신의 시를 낭송해 주었다.

스승인 세네카의 만류에도 불구하고 네로는 원형 경기장에서 직접 마차를 타고 창 시합을 하거나 무대에서 연극도 하며 노래도 불렀다. 세네카는 네로의 시를 비판했다는 이유로 지위를 박탈당했고, 음모에 가담했다는 죄로 네로가 죽이려 하자 스스로 동맥을 끊고 죽었다.

네로는 스스로를 신으로 추대했다. 그는 거대한 궁전과 신전을 짓고자 했으나 로마 시에는 부지가 없자 로마 시가 새로 건축되어야 한다고 불평을 토로하기도 했다.

불타는 로마를 보며 64년 7월 19일 밤 인구 200만 명의 로마 시에서 대화재가 발생하여 9일 동안 로마의 14개 지역 가운데 10개 지역이 불바다가 되고 대부분이 집을 잃었다. 당시 황제의 비서관이었던 수에토니우스는 안티움에 머물고 있던 네로가 궁전의 높은 곳에서 불타는 로마를 내려다보며 화염에 맞춰 리라를 켜며 즐겼다고 한다.

화재의 원인은 알 수 없으나 네로가 새 도시 건설을 위해 불을 질렀다는 소문이 돌자 그는 그리스도교도들을 범인으로 몰아 박해하기 시작했다. 그는 그리스도교도들을 모조리 붙잡아 원형 경기장의 사자에게 던지거나 십자가에 못 박아 죽이거나 궁전 정원에 산 채로 불태워 횃불로 쓰는 등 잔인하게 처형했다. 예수의 사도 베드로와 바울도 이때 주모자로 몰려 박해를 받고 순교했다.

베드로와 바울의 죽음 예수의 수제자였던 베드로는 예수가 죽은 뒤 예루살렘 초대 교회를 이끌었다. 바울을 만난 베드로는 유대 인 선교는 자신이 맡고, 이방인 선교는 바울이 맡도록 하고는 예루살렘을 떠나 로마로 향했다. 베드로가 로마 가톨릭교회의 주교로 추대되어 복음을 전하던 당시는 로마의 황제 네로가 그리스도교도들에게 박해를 가할 때였다.

64년 로마의 대화재로 그리스도교들이 한창 학살을 당할 때 베드로는 네로에 의해 대화재의 주범으로 누명을 쓰고 십자가에 거꾸로 매달려 죽었다. 바티칸 대성당에서 거행된 처형식에서 베드로는 감히 예수 그리스도와 같은 방법으로 죽을 수 없다는 이유로 스스로 거꾸로 매달아 줄 것을 요청했던 것이다.

한편 시리아와 그리스를 여행하며 그리스도교를 전파하고 42년경 로마에 온 바울도 베드로와 같은 시기에 참수를 당했다.

베드로의 시신은 바티칸 언덕에 있는 공동묘지에 묻혔다. 4세기경 그리스도교를 공인한 로마의 콘스탄티누스 황제280~337는 베드로의 무덤 위에 커다란 교회를 세웠다. 베드로의 무덤과 유해는 1950년에 발굴되었다.

'위대한 예술가가 이렇게 죽다니' 잿더미 위에서 새 로마가 건설되는 동안 다툼 끝에 네로에게 복부를 차인 포파이아는 출산 중에 아이와 함께 죽고 말았다. 슬픔에 잠겨 길거리를 헤매던 네로는 포파이아와 닮은 한 젊은이를 만나자 그를 궁전으로 데려와 거세한 후 결혼식을 올리는 해프닝을 벌이기도 했다.

66년 말 네로는 돌연 로마를 떠나 15개월간 그리스에 머무는 동안 극장이란 극장은 모두 돌며 노래도 부르고 연극배우로도 맹활약했다. 네로는 올림피아 축제의 승마 경주에도 참가해 낙마했으나 우승을 놓치지 않았다. 감히 로마 제국의 황제를 누르고 우승할 사람이 없었던 것이다. 네로는 그리스에 대해 면세 조치로 보답했다. 풍요롭던 국고가 바닥나자 네로는 처벌 받는 자들의 재산을 모두 몰수하게 했다.

로마의 속주인 갈리아에서 반란이 일어나자 네로는 먼저 무대를 옮길 수 있도록 충분한 마차를 제작하라고 명했다. 전쟁터에서도 노래와 연기로 박수갈채를 받고 싶었던 것이다.

네로가 귀국하자마자 에스파니아 주재 갈바 총독이 로마 제국의 이름으로 네로를 축출하겠다고 선언하고 반란을 일으켜 로마로 진군했다. 원로원도 네로를 공적 1호로 지목하고 등을 돌렸다. 네로의 신하들은 모두 도망가고 궁전은 텅 비었다.

갑자기 혼자 고립된 네로는 친위대의 한 장교에게 같이 도망가자고 청했으나 그는 "죽는 것이 그렇게 힘든 일인가?"라고 말하며 거절했다. 네로는 이집트로 탈출할 생각으로 부랴부랴 로마 외곽의 안티움 별장에 숨었지만 은신처가 들통이 나고 말았다. 네로는 원로원에 의해 이미 자신이 태형으로 사형이 선고되어 있음을 알고 스스로 자결하려 했으나 죽을 용기가 없어 망설였다.

"아직 시간이 있어."

문 밖에서 말발굽 소리가 들리자 목을 자르려 결심했으나 손이 떨리자 그의 비서가 칼을 목의 동맥 위로 가져다주었다. 네로는 숨을 헐떡이며 탄식했다.

"위대한 예술가가 이렇게 죽어야 한단 말인가?"

이렇게 네로[31세]는 재위 14년 만에 일생을 마치고 그의 어머니 아그리파와 최초의 여인인 악테의 곁에 묻혔다.

고대 로마 인의 생활상

주거생활 트라야누스 황제[53~117]시대 로마 시의 인구는 100만 명을 넘었다. 중심가에는 웅장한 공공건물들과 신과 영웅의 조각상이 세워졌고 저택과 연립 주택이 뒤섞여 있었다. 4~5층 높이의 아파트 아래층에는 가게와 술집이 들어서 있고 아파트 건물에는 세입자를 찾는 광고를 볼 수 있었다.

큰 건물을 제외한 대부분의 일반 주택은 하수도 시설이 없어 오물과 하수를 동네 쓰레기장이나 창문을 통해 도로에 버렸는데 이 때문에 길을 가다가 봉변을 당하는 경우가 많았다. 티베르 강 근처의 로마 시에는 상수도 시설이 있었으나 대부분은 우물이나 샘물을 이용했다. 부유층 로마 인은 대리석 기둥의 고급 저택에서 살았는데 거실, 부엌, 식당, 서재, 침실 등이 있었고 악귀로부터 가정을 보호해 주는 페나테 신을 섬기는 성소도 있었다. 정원을 좋아하는 로마 인들은 장미를 많이 심었고, 수도관이 설치된 큰 저택의 정원에는 분수대도 있었다.

로마 인들은 가구를 많이 두지는 않았으나 잠을 자거나 손님을 맞기도 하는 침대를 중요시 하여 진귀한 나무에 상아, 거북의 등껍질, 금, 청동 등으로 무늬를 새겼으며 깃털 이불을 깔았다. 부유층들이 좋아한 비스듬한 등받이 의자[cathedra]는 주교의 공식 의자를 가리키는 말의 어원이다. 밤에는 올리브유를 사용하는 램프나 가지가 달린 촛대 등으로 밤을 밝혔다.

난방은 대부분 석탄을 태우는 휴대용 화로를 이용했다. 일부 저택에서는 나무나 석탄을 태우는 온돌식 난방 장치를 갖추고 있었는데, 뜨거운 공기를 도관을 통해 방바닥 밑으로 보냈다. 사나운 경비견을 둔 집 대문에는 모자이크로 "카베 카넴[개조심]" 이라고 경고문을 붙여 놓았다.

일상생활 남자들은 아침에 일어나 물 한 잔을 마시고 하루를 시작했다. 남자들이 자주 찾는 이발소는 사교장으로서 소문을 나누는 장소였다. 이발사들은 쇠 가위로 머리를 다듬고 쇠 면도기로 물을 사용하여 수염을 깎아 주었다. 로마 남자들은 대부분 짧고 평범한 머리를 좋아했으나 곱수 머리를 만들어 염색도 하고 향수를 뿌리는 사람도 있었다.

대도시의 남자들은 대부분 아침 일찍 일을 시작하여 정오 무렵에 일을 끝냈다. 로마 인들은 거리에서 동전을 주고 밥을 사먹기도 하는데, 더울 때는 점심을 먹은 후 낮잠을 자는 것이 관습이었다. 그들은 일이 끝나면 쉬거나 사람을 만나거나 공중목욕탕을 찾기도 했고, 상류층은 격투기나 마차 경주를 관람하기도 했다. 거리에는 치즈를 씹거나 값싼 크레타산 포도주를 마시며 벤치에서 주사위 놀이를 하는 노동자들, 소시지를 파는 소년들, 완두콩 푸딩을 파는 행상, 뱀 마술사, 창부, 거리의 연예인들로 북적댔다. 로마의 시인 마르티알리스40~104는 로마의 모습을 이렇게 적었다.

> 로마에서는 가난한 사람은 살기가 어렵다. 지나가는 사람들의 웃음소리에 깨어 보면 로마는 바로 내 머리맡에 있다. 동틀 무렵에는 학교 선생들의 호통소리에 잠을 깬다. 거리의 환전상들은 동전을 덜거덕거리고 금 세공인들은 망치로 금관을 두드리고 있다. 의기양양한 군인들 뒤에는 붕대를 감은 난파선 뱃사람들과 유대 인 거지들, 그리고 황을 파는 사람들이 줄지어 지나간다.

로마의 가정에서는 촛불이나 기름 또는 횃불을 사용함으로써 화제가 잦아 도시에는 소방대가 있었다. 도박은 법으로 금지되어 있었으나 공중목욕탕이나 선술집 등에서 은밀히 주사위 놀이를 즐기는 경우가 흔했다. 큰돈을 걸고 도박을 하는 사람들도 있었고, 주사위에 납을 박아 특정한 숫자가 나오게 하는 등의 속임수를 쓰기도 했다. 이에 대해 시인 유베날리우스는 “이제 남자들은 도박판에 지갑을 들고 오는 것이 아니라, 보물 상자를 들고 온다”라고 꼬집었다.

온천이 나오는 곳에는 공중목욕탕이 있었다. 공중목욕탕은 남녀 혼욕이 허용되어 각종 소문을 나누는 일종의 사교장이기도 했다.

로마는 도로가 발달하여 쌍두마차나 사두마차가 교통수단으로 널리 사용되었고 부유층은 가족 단위로 마차를 타고 시골의 장원이나 나폴리의 휴양지에서 휴가를 즐기기도 했다. 79년 휴양지 폼페이는 베수비오 화산의 폭발로 화산재에 묻혀 버렸다. 이 재난을 목격한 정치가 소플리니우스는 당시의 상황을 이렇게 적었다.

> 주위의 건물들이 일제히 흔들리고 있었고 바다가 빨려 나갔다. 짙은 구름이 홍수처럼 땅 위를 덮었고 온통 아비규환이었다.

육로 여행에는 강도와 도둑 그리고 말라리아의 위험이 따랐고 해상 여행에는 해적들의 위험이 따랐다. 여행자들이 묵는 여관의 음식은 보잘것없었고 모기와 소음 그리고 취객들의 주정으로 환경이 열악했다. 당시 여행자들은 안내 책자와 지도를 이용할 수 있었다.

복장과 치장 남자들은 대부분 집에서 모직물이나 아마포로 된 튜닉을 입었으나 공식적인 자리에 나갈 때는 토가를 입었다. 토가란 튜닉 위에 걸치는 반원형의 모직물 옷으로서 부피가 크고 치장이 많아 입기가 성가셨다. 여자들은 튜닉 위에 허리에서 띠로 묶는 스톨라라는 늘어진 옷을 입었고 스톨라 위에는 남자의 토가처럼 국민적 의상인 망토를 걸쳤다. 여자들의 속옷은 놀라울 만치 화려하여 모자이크에서 팬티, 브래지어, 거들 등이 사용되었다. 견직물은 서민들에게는 구하기 힘든 사치품이었지만 부유층의 부인은 비단 란제리도 입었다. 양말은 착용하지 않았으나 신발은 공장에서 만들어 팔기도 했는데, 가죽으로 성글게 얽은 샌들과 징이 박힌 묵직한 도시용 신발이 있었다. 샌들은 보통 집 안에서나 시골에서 신었다.

부유층 여성들은 피부의 탄력을 위해 우유로 만든 가면을 사용했으며 우유로 목욕을 했다. 이들은 여행을 다닐 때도 신선한 우유를 위해 젖소들을 데리고 다녔다.

남자들의 머리 모양은 단순했으나 턱수염은 유행 따라 변했다. 로마의 여자들은 머리 모양에 신경을 많이 썼으며 전문 미용사의 도움을 받기도 했다. 핀이나 빗으로 머리 모양을 내는 데는 시간이 많이 걸려 부유층의 부인들은 아침에 머리를 치장하는 데에 여섯 명 이상의 하녀들을 동원하여 3시간 이상이 걸렸다. 당시에는 가발도 유행했었다. 로마법에는 창녀들은 노란 가발을 쓰거나 머리를 노랗게 염색하도록 했는데 제국 말년에는 노란색 가발의 수요가 늘어나 독일에서 다량으로 수입했다. 유행 따라 바뀌는 머리 모양을 보고 시인 오비디우스는 “매일 새로운 스타일이 나오는 것 같다”라고 했다.

자녀 양육 당시는 의술 부족으로 출산 중에 죽는 경우가 많았으며, 세 아이 중 하나는 유아기에 죽었다. 아기가 탄생하면 마귀를 막기 위해 부적을 아기의 목에 걸어 주어 유년 시절이 끝날 때까지 걸고 다녔다. 치료는 주로 주문과 약초 등에 의존했는데 벨라도나, 크로커스, 회향, 마늘, 사리풀, 아마씨, 당아욱, 겨자, 로즈메리샐비어, 쑥

등으로 약을 만들었다. 수술에는 칼과 절단기, 톱 등을 사용했고 마취제가 없어 수술은 엄청난 공포와 고통이었다.

부모들은 자녀들이 모범적인 로마 시민으로 성장하고 결혼하여 많은 아이를 낳도록 권장했으나 자녀 양육을 하녀나 노예들 손에 맡기는 사람들도 있었다. 이에 대해 역사가 타키투스는 이렇게 비판했다.

> 아이들이 노예들의 이야기와 거짓말에 물들고 있는데도 집안의 누구도 그 노예들이 어린 주인에게 무슨 말을 하고 무슨 짓을 하는지 조금도 신경 쓰지 않는다. 모두들 연극이나 검투사들이 싸우는 것에만 빠져 있는 것은 이 사회의 큰 문제다.

초기 공교육 제도가 없었을 때 일부 부유층에서는 노예 선생을 두고 가르치거나 돈을 내고 학교에 보내게 되었지만 대부분은 교육을 받지 못한 문맹이었다. 학교는 일곱 살에 들어가지만 학교래야 상점이나 집의 방 한 칸을 이용하여 가르치는 정도의 소규모에 불과했다. 학교에서는 규율이 엄했고 학생들은 밀랍을 바른 널빤지나 뼈에 라틴 어 쓰는 법을 배웠다. 성인들은 주로 파피루스와 송아지 가죽 두루마리에 글을 썼으며, 장정본은 제국 말기에 학교 도서관을 지을 때 발굴되었다.

부유한 가정에서는 자녀들을 외국으로 유학을 보내기도 했는데 주로 철학의 경우는 아테네, 의학의 경우는 알렉산드리아, 웅변의 경우는 로도스로 보냈다. 베스파시아누스 황제는 과다한 유학 비용을 절감하기 위해 외국의 저명한 선생들을 로마의 국립학교로 초빙하여 가르치게 했다.

학생들은 수업이 끝나면 공중목욕탕에 가든지 굴렁쇠, 등 짚고 넘기, 공기 놀이, 까막잡기 등의 놀이를 하기도 하며 염소나 당나귀가 끄는 모형 마차를 타고 거리를 돌아다니기도 했고 소녀들은 헝겊 인형을 가지고 놀기를 좋아했다. 소녀들은 여학교에 갔으나 교육 내용은 소년들의 경우보다 초보적인 것이었으며 그것도 12~13세가 되면 끝나고 주부가 되기 위해 가사를 배웠다.

결 혼 남성 중심의 로마 사회에서 여성과 노예는 시민이 아니었다. 기원전 3세기 말부터 여성들의 지위가 점차 향상되어 상류층 여성은 부와 자유를 어느 정도 누릴 수 있었으나 하류층 여성과 노예의 삶은 고되고 비참했다.

특권층 젊은이들은 16세쯤 되면 가족과 친구들이 지켜보는 가운데 광장에서 성인식을 거쳐 순백의 성인용 토가로 갈아입고 자랑스러운 로마의 성인 남자가 되었다.

소녀들은 비교적 엄격한 교육을 받았다. 여자는 보통 14~15세가 되면 결혼했는데 상대는 대부분 부모들이 정해 주는 경우가 많았고, 결혼식은 신부 집이나 신전에서 열렸다. 결혼식에서 신부는 전통적인 웨딩드레스를 입고 머리는 고풍스럽게 장식하고 오렌지색 베일을 썼다. 결혼식에는 돼지를 희생 제물로 바치고 부부로서 서약을 했다. 결혼식이 끝나면 신부는 행렬을 따라 시댁으로 가서 문설주에 기름을 바르고 양모로 만든 화환을 걸었다. 신부는 남편의 팔에 들려서 문지방을 넘었다. 대부분의 신부들은 남편에 대한 충성의 서약으로 왼손의 셋째 손가락에 금반지를 끼었다.

결혼 상대는 부친의 뜻에 따라 정해졌지만 이혼이 자유로웠기 때문에 일생에 한 번만 결혼하는 것은 흔치 않은 일이었다. 어느 무덤 비문에는 "40여 년의 긴 세월을 오직 한 부인에게만 충실하였노라."라고 씌어 있다.

해외 정복으로 부자가 된 가정에서는 그리스에 유학하는 여성도 있었고, 학식과 재능을 겸비한 엘리트 여성은 사회 활동에 참여하기도 했다. 정복 전쟁이 한창이던 기원전 1~2세기경에는 상류층 여성들은 성적 자유를 즐기기도 하여 폼페이우스의 세 번째 처 무키아와 카이사르의 두 번째 처 폼페이아는 남편의 해외원정 중에 바람을 피우다 이혼을 당하기도 했다.

식생활과 연회 대부분의 일반 농민은 밀가루 빵에 약간의 소금을 뿌려 먹는 것이 고작이었고 수많은 노예의 식사는 더 보잘것없었다. 격심한 노동으로 땀을 많이 흘리는 노동자에게 소금은 생명을 지켜주는 귀한 것으로 여겨 소금을 담는 그릇은 대대로 물려주었다. 급여로 받는 현물의 일부인 소금의 정량을 '살라리'라고 했는데 이것이 영어 'salary'의 어원이다.

부유층 로마 인은 성대한 연회를 즐겼다. 연회는 보통 오후에 시작되는데 주피터와 그 집안의 신들에게 기원을 하면서 시작된다. 연회에는 곡예사, 무희, 난쟁이,

연주자, 어릿광대, 검투사 등이 등장하여 여흥을 돋우며 한밤중까지 계속되는 경우도 있었다. 천장에는 빨간 장미를 걸어 놓는 것이 관례였는데 이는 그 밑에서 한 이야기는 다른 곳으로 옮기지 말라는 뜻으로 신화에서 유래했다. 라틴어로 '수브로자장미 아래'는 비밀스런 이야기를 뜻한다.

모든 일은 노예들이 처리했다. 노예들은 손님이 도착하면 신발을 벗기고 샌들로 바꾸어 신겼고, 부채로 파리를 쫓으며, 손님들이 손을 씻을 향수를 가져오고, 음식을 탁자로 날랐다. 노예들이 음식을 자르고 포도주 시중을 드는 동안 손님들은 왼팔을 쿠션에 대고 비스듬히 누워 있었다.

식사 때는 칼과 수저를 사용했으나 포크는 없었으며, 호화로운 만찬에서도 냅킨만은 각자가 지참하고 참석했다. 요리는 오르되부르, 본 요리, 후식 등 세 부분으로 이루어졌다. 그리스 인은 연회에서 토론하기를 좋아했지만 로마 인은 긴 의자에 비스듬이 누워 오로지 먹고 마시는 데만 열중했다. 향연이 시작되기 전에 토사제를 나누어 주어 그때까지 먹은 것을 토해내는 것이 관습이었다. 그들은 다음 코스의 요리를 즐기기 위해 노예를 시켜 공작 깃털로 목 깊숙한 곳을 자극하여 먹은 음식을 억지로 토해 냈다. 로마 귀족들의 저택에는 화장실 외에 음식을 토하는 장소가 따로 마련되어 있었고, 연회장에서는 토하는 것을 받아 치워 주는 노예가 따로 있었다.

식사 후에는 물로 희석한 포도주를 마셨다. 포도주에는 꿀을 넣은 것도 있었으며 물로 희석하지 않은 포도주를 마시는 것은 야만스런 것으로 여겼다. 식도락이 별난 로마 인에게 최고의 별미는 살아 있는 쥐로서 식용쥐를 사육하는 곳이 번창했다.

작가 마르티알리스가 만찬을 준비하고 친구들에게 초대장을 보내면서 의논한 내용이다.

> 만찬 참석자는 스텔라, 네포스, 카니우스, 캐롤리알리스, 플라쿠스 그리고 나를 포함하여 여섯 명이 되는군. 반원형 식탁의자에는 자리가 일곱이니 루푸스를 추가할게.
>
> 자, 이제 메뉴 이야기를 해 볼까? 전채 요리로는 내 토지 관리인의 처가 가져온 소의 골수에다 상추, 부추, 박하, 치커리 같은 것이 있네. 여기에 달걀, 고등어, 파슬리, 참치 그리고 소금에 절인 돼지고기절임도 내놓을 걸세. 본 요리로는 양고기여우고기와 섞은 것은 값이 싸다네, 콩, 새순, 닭고기 그리고 전에 먹고 남은 햄도 내놓겠네. 배가 부르면 잘 익은 사과와 1~2년 숙성시킨 포도주를 마실 수 있어.

그리고 재미있는 놀이도 준비할 건데 고약한 놀이는 없으니 염려 말게나. 그날의 대화 주제는 녹색과 푸른색 경주 팀에 대한 이야기와 또 다른 수레 경주 팀에 대한 이야기로 함세. 우리 집에서 술에 취했다고 해서 법정으로 끌고 갈 사람은 아무도 없으니 걱정 말게.

한 로마 귀족의 연회에서 식사하는 장면을 미국인 피셔는 이렇게 묘사했다.

그들은 새로운 요리가 나올 때마다 술을 한 잔 곁들인다. 미소년 노예가 춤을 추는 동안 그들은 후추, 예향, 양파, 야자, 겨자 등을 가미한 숭어 요리나 젤리 상태로 만든 게살 요리 등을 배불리 먹는다. 그리고 포도주, 벌꿀, 야생 당근, 국화 등을 섞어 만든 진한 시럽도 곁들어 마신다. 그 다음에는 어린 돼지 절임이 나온다. 이렇게 많은 요리를 다 먹을 수는 없으므로 먹은 음식을 토해 내는 것이 로마 인들의 식습관이다.

기원전 45년 변론가이자 정치가인 키케로는 카이사르가 참석하는 만찬회를 주최했는데, 만찬이 무사히 잘 끝났다는 소식을 자신의 절친한 친구에게 다음과 같이 편지로 전했다.

그렇게 성가신 손님인데도 불쾌한 생각 없이 즐겁게 잘 끝난 것은 얼마나 신기한 일인가. 카이사르가 필리푸스의 집에 도착하자 저택은 병사들로 가득하여 그들에게 식사를 대접할 만한 곳은 보조 건물밖에 없더군. 병사들은 무려 2,000여 명이나 되었다네. 다음 날의 준비로 저택은 대혼란이었지. 카이사르는 19일간이나 필리푸스의 집에 머물며 해안을 산책하기도 했다네.

2시경 카이사르는 욕실에서 향유를 바르고 만찬 석상에 앉았었지. 그는 여러 차례 토해 내면서 먹고 마시는 것을 즐겼다네. 요리는 양도 풍부하고 정말 근사했어. 그의 측근들에게는 별도로 세 군데의 식당에서 충분한 식사를 대접했어. 신분이 낮은 자와 노예에게도 모두 식사를 제공했고 신분 높은 사람들은 내가 직접 융성한 대접을 했어. 나는 어떻게 살아야 하는 것인가를 손님들에게 보여주었지만 그들은 “근처에 오실 때 들러 주십시오”라고 답례하는 인물들은 아니더군.

우리는 특정한 일에 관해 이야기하지는 않았지만 문학과 예술에 관해 많은 이야기를 나누었어. 카이사르는 대체로 만족하고 즐거워했던 것 같더군. 그는 푸테올리에서 하루를 보내고 바이아에에서 하루를 더 보낸다고 했어. 성가신 일이지만 불쾌하지 않았던 그의 방문, 즉 숙소 제공이라는 대사는 이렇게 잘 끝났다네. – 기원전 45년 12월, 키케로

상공업 고대 로마의 광장은 빵집, 정육점, 가금상, 어물전, 술집, 이발소, 서점, 가구점, 대장간, 제화점, 환전상 등으로 가득했다. 상점 주인은 대부분이 노예이거나 노예 출신이 많았는데, 아침 일찍 문을 열어 한낮에 문을 닫고 오후 늦게 다시 문을 열어 해질 무렵에 철시했다. 상업이나 대금업은 천박한 직업으로 여겼지만 대금업은 수입이 좋았다. 수도에서는 은행이 번창했으며 법정금리는 연 12%였다.

올리브기름은 램프의 연료나 몸을 씻을 때 비누 대신 사용된 중요한 생필품이었다. 1세기에 시리아로부터 이민 온 사람들을 통해 유리 기술이 전해져 유리그릇도 대량으로 생산되었다. 세공업자들은 사암과 대리석을 다듬어 화려한 색깔과 모양의 대리석을 만들었으며, 신상이나 동물의 모자이크는 건물 벽과 바닥을 장식하는 데에 많이 이용되었다.

당시 모데나는 벽돌, 베르가모는 청동 제품, 파두아는 양모 직물의 생산으로 유명했으며, 비단은 중국, 파피루스는 이집트, 에메랄드는 스키타이, 향수는 아라비아, 호박은 발트 해 연안에서 들어왔다.

노 예 로마에서는 신분의 기준인 재산, 자유, 시민권 등에 따라 사회적 차별이 엄격했는데, 노예는 어느 한 가지도 갖지 못한 비천한 존재였다. 노예는 사적 소유물인 하나의 재산으로 간주되어 사슬이나 낙인을 지니고 다녀야만 했고, 주인이 허락하지 않는 한 결혼도 할 수 없었으며, 심지어 주인이 노예를 죽여도 그만이었다.

로마 시대 초기의 노예들은 비교적 나은 대우를 받았으나 해외 정복이 본격화된 기원전 2세기 이후에는 노예의 수가 급증하여 소모품 같은 도구로 전락했다. 상공업이 발달하고 군대가 용병에서 시민군 체제로 바뀌면서 인력의 수요가 급증했으나 로마는 이를 정복 전쟁으로 포로를 잡아다가 해결할 수 있었다. 그러다가 팽창과 정복 전쟁이 거의 끝난 1세기부터는 노예가 귀해지면서 값도 10배나 폭등하게 되었다. 수입하는 노예는 주로 브리튼, 그리스, 이집트, 북아프리카 등지에서 들여왔다. 기원전 3세기 말 노예의 수는 약 60만 명으로 전체 인구의 약 7분의 1이던

것이 기원전 1세기 말에는 약 300만 명으로 늘어나 전체 인구의 3분의 2를 차지하게 되었다.

노예는 경매로 매매되었는데 목에는 자신의 장점을 써놓은 팻말을 걸고 있었다. 팔린 노예들은 자신과 주인의 이름, 그리고 주소가 적힌 팻말을 달고 다녔다. 노예들은 주인에게 절대 복종해야 했고 도망간 노예가 다시 잡히면 '도망자'라는 낙인이 찍혔다. 노예의 신분으로 의사, 교사 그리고 정부 관리가 되기도 하고 열심히 모은 돈으로 자유를 산 노예도 가끔 있었다. 작가 세네카는 로마 인에게 다음과 같이 충고했다.

> 노예도 당신들과 같이 사람의 씨에서 태어났고 같은 하늘 아래에서 같은 공기를 마시며 살다 죽 는다는 것을 명심하라. 당신들은 노예를 친절하게 대하고 그들과 함께 생각하고 대화하며 더불어 지내라.

여성들 중에는 관대한 주인을 만나 노예에서 해방된 해방 노예도 있었다. 해방 노예 중에는 걸출한 인물도 적지 않았는데, 로마의 유명한 철학자이자 정치가인 키케로의 비서는 해방 노예로서 주인의 전기를 저술했으며, 속기법을 만든 티로도 해방 노예였다.

관 습 고대 로마 인들은 육체의 왼쪽 부분은 불길한 요소가 있다고 믿어 남의 집을 방문할 때는 반드시 오른발부터 먼저 들여 놓았다. 고대 로마에서는 고대 그리스와 같이 나이를 계산하는 방법이 특이하여 남자는 태어나면서부터, 여자는 결혼한 날로부터 한 살로 계산했다. 인구 증대를 위한 고육책으로 30세를 넘긴 노총각에게는 특별히 세금을 부과했고 선거권도 박탈했으며 누드촌의 입장도 금했다. 고대 로마에서는 근친상간을 엄하게 다스려 근친상간을 범한 자는 사형시켰다.

로마 인들은 그리스와 비슷한 신을 섬겼다. 예를 들면, 로마의 하늘의 신인 주피터는 그리스의 제우스, 사랑의 여신 비너스는 그리스의 아프로디테, 전쟁의 신 마르스는 그리스의 아레스와 닮았다. 로마 인들은 전통적인 신 외에 외래의 신도 받아들였다. 그리스도교는 처음 노예나 가난한 사람들 사이에 전파되기 시작했으나 다른 신들을 인정하지 않음으로써 박해를 받았다.

사람이 죽으면 가난한 일반인들은 장례 의식도 없이 밤중에 시신을 공동묘지에 갖다 놓는 경우가 많았으나, 권력층이나 부유층 사람들은 가장이 죽으면 시신에 기름을 발라 장례용 긴 의자에 눕히고 장례 의식을 거행했다.

로마 인들은 죽은 영혼이 나룻배를 타고 이승과 저승 사이를 흐르는 스틱스 강을 건너 하데스로 간다는 그리스 인들의 믿음을 그대로 믿고 있었다. 그래서 죽은 자가 스틱스 강의 뱃사공에게 줄 주화를 입에 넣어 주었다. 악대를 앞세우고 노예들이 관을 메고 매장지나 화장터로 향하는 장례 행렬 뒤에는 유가족과 돈을 주고 산 곡쟁이들이 곡을 하며 뒤따랐다. 이때 죽은 조상들의 초상화를 들고 갔는데, 이로써 조상들도 장례에 참석하는 것으로 생각했다. 로마 인들은 장례 행렬에 어릿광대를 고용하여 죽은 사람에게 농담을 하게 했다.

로마 군의 예루살렘 함락

기원전 2세기 초부터 로마의 예루살렘 지역에 대한 지배력은 점차 강화되었다. 이에 대한 반발로 66년 항전이 시작되었고, 이를 진압한 로마는 지배 체제를 강화했다. 69년 로마의 속국이 되어 억압 받던 유대 인들이 예루살렘에서 다시 반란을 일으키자 로마 군단은 예루살렘을 포위하고 2년 동안 고립시켰다.

예루살렘의 참상 유대 인 역사가 요세푸스[37~100]는 79년에 출판된 『전쟁의 역사』에서 당시 예루살렘의 참상을 이렇게 적었다.

> 온 도시에서 사람들이 무더기로 굶어 죽고 있다. 굶주린 폭도들은 쓰레기 더미를 뒤졌고, 어느 집에서든 음식 냄새가 조금만 나도 주먹다짐을 벌이기 일쑤였다. 그들은 음식을 찾아 죽어가는 사람들의 몸을 뒤지기도 하고, 가죽으로 만든

허리띠나 신발, 그리고 마른 풀 등 먹을 수 있는 것은 무엇이든 먹었다.

요르단 강 건너 마리아라는 부유한 집안의 여인은 친척들과 함께 예루살렘으로 피난을 왔으나, 가지고 온 재산은 참주들과 폭도들에게 다 빼앗겼다. 식량 구하기를 단념한 그녀는 젖먹이 아기를 붙잡고 외쳤다.

"불쌍한 아기야. 전쟁과 기아로 가득한 세상에서 살아남는다 해도 로마 군이 들어오면 노예가 되든지, 아니면 굶주림이 우리를 덮칠 거다. 그리고 폭도들은 로마 군이나 굶주림보다 더 잔인하구나. 유대 인의 처참한 수난을 끝내기 위해 공포의 이야기를 이 세상에 남겨라."

이렇게 말하며 여인은 아들을 죽이고 그 시체를 구워 절반을 먹고 나머지는 폭도들을 기다리며 감추어 놓았다. 그러자 고기 구운 냄새를 맡은 폭도들이 여인에게 몰려와 고기를 내놓지 않으면 죽이겠다고 위협했다. 그러자 여인은 나머지 고기를 내놓으며 말했다.

"자, 내 손으로 구운 아기요. 드시오. 내가 절반은 이미 먹었소. 여인보다 약한 시늉도, 어미보다 어진 시늉도 하지 마시오. 당신들이 신앙심 때문에 인간 제물을 받아들이지 못하다면 내가 이미 먹은 것은 당신들 몫으로 치고 나머지도 내가 먹겠소."

이 말에 폭도들은 겁에 질려 물러섰고, 이 이야기는 순식간에 온 성내에 퍼져 이야기를 들은 사람들은 자신이 저지른 일인 것처럼 몸을 떨었다.

이스라엘의 성지 마사다 유대 인들의 반란은 4년 만에 거의 진압되었으나 끝까지 저항하고 있는 곳이 있었다. 73년 로마 군단이 사해 근처 바위산 꼭대기의 평평한 마사다 요새에 대한 최후 공격을 준비하자 요새 안에 갇혀 끝까지 저항하던 967명의 유대 인들은 결단을 내렸다. 시카리라는 이름의 극단주의 단체 소속인 그들은 지도자 엘리아자르 벤 야이르의 뜻에 따라 로마 군의 잔인한 보복을 당하고 노예가 되느니 차라리 목숨을 끊고 영광스러운 죽음의 길을 택하기로 했던 것이다.

유대 인들은 먼저 식품 창고를 제외한 요새 전체를 불태웠다. 그리고는 결혼한 남자들은 먼저 자기 가족을 죽였다. 남은 사람들은 제비를 뽑아 10명을 선정하여 나머지 사람들을 죽였다. 다시 그 10명 중 한 명을 뽑아 나머지 아홉 명을 죽인 다음 그 최후의 한 사람은 스스로 목숨을 끊었다. 그리하여 로마 군단이 성벽을 넘어 들어왔을 때 그들을 기다린 것은 즐비한 시체뿐이었다. 유대 인 역사가 요세푸스는 당시의 상황을 이렇게 썼다.

다음 날 성벽을 돌파하고 들어간 로마 군은 즐비한 시체를 보고 충격을 받았다. 그들은 그 많은 사람들이 아무런 두려움의 흔적도 없이 장엄하게 맞은 죽음을 보면서 경탄해 마지않았다.

967명의 유대 인 중 오직 여자 2명과 여자아이 5명 등 7명만이 살아남아서 이야기를 후세에 전했다. 그들은 지하실에 숨어 있었는데 로마 인들이 감동한 나머지 그들을 살려 주었던 것이다.

1963년 전 세계에서 모인 5,000명의 자원자들이 어려운 발굴 작업 끝에 마사다 요새에서 불 지르지 않은 식품 창고와 식량 배급표로 사용되었던 청동 주화 더미가 발굴되었다. 그리고 연기에 그을린 방바닥 밑에서 73년 이전에 사용된 두루마리 14개가 발견되었다. 두루마리에는 「신명기」, 「에즈키엘서」, 「시편」 등의 성서의 발췌가 적혀 있었다. 로마 군의 공격을 내려다 볼 수 있는 곳에서는 지휘관의 갑옷과 그 옆에는 이름이 적힌 11개의 토기 조각이 발견되었다. 그중에는 지도자 벤 야이르의 이름도 적혀 있었다.

반역을 두려워하던 유대의 헤롯왕이 성을 지어 요새화한 곳이었다. 마사다는 오늘날 이스라엘이 성지로 보존하고 있으며, 이스라엘 군에 입대하는 신병들은 "마사다가 다시는 함락되게 하지 않겠음!"이라고 서약을 한다.

그리스도교

기원전 4년경 로마 제국의 속주가 되어 탄압이 한창이던 때에 팔레스타인 지방의 나사렛 근처 작은 마을인 베들레헴에서 예수 그리스도가 탄생했다. 당시 팔레스타인에는 약 250만 명이 살고 있었는데 그중 약 10만 명이 예루살렘에 몰려 있었다. 도시에는 주로 그리스 인과 시리아 인이 대부분이었고, 유대 인은 주로 농촌에서 엄격한 신앙생활을 하며 하나님인 여호와가 언젠가는 재림하여 억압받고 있는 자신들을 구원할 것이라고 믿고 고대하고 있었다.

로마의 속주인 유다에서 예수는 전통적인 관습을 비판하고 유대주의의 기반인 모세의 율법 대신 자신의 가르침을 따르라고 주장했다. 서기 30년경 유월절 축제를 위해 마지막으로 예루살렘을 방문한 예수는 십자가형에 처해졌다.

한 신도가 그를 개인 무덤에 묻었고 로마 군인들이 경비를 보았는데, 사흘 후 그의 시신이 사라졌다. 그 후 막달라 마리아를 시작으로 몇몇 사람들이 살아 있는 예수의 모습을 보았으며, 베드로와 다른 사제들도 예루살렘과 다른 곳에서 예수를 보았다고 했다.

예수의 알려지지 않은 생애 예수가 탄생하여 세례 요한으로부터 세례를 받은 약 30세까지의 생애에서 기록으로 전해지는 단 하나의 행적은 「누가복음」에 나오는 다음의 기록 외에는 없다.

> 요셉은 유월절마다 예루살렘을 방문했는데, 예수가 12살 되던 해 예수는 갑자기 아버지 곁을 떠나 자취를 감추었다. 요셉은 사흘 동안이나 아들을 찾아 헤맨 끝에 성전에서 사제들과 토론을 벌이고 있는 예수를 발견했다. 예수의 질문과 대답이 너무나 명료하여 듣는 모두 신기하게 여겼다.

세례 요한은 마리아의 사촌의 아들로서 예수와는 친척간이나 처음 예수를 몰라본 것으로 보아 예수는 그 기간 동안 팔레스타인 밖에서 지냈던 것 같다. 요한복음에는 세례 요한이 세례를 주던 요단강의 건너편 베다니에 도착했을 때 "나도 이 분이 누구신지 몰랐다"라고 했다고 기록하고 있으며, 비둘기 형상의 한 성령이 예수 위로 내려앉을 때 비로소 세례 요한은 그분이 누구인지를 알았다.

누가복음에는 예수의 활동이 막 시작된 초기에 감옥에 투옥되어 있던 세례 요한은 유대 인들이 예수를 위대한 예언자라고 찬양한다는 풍문이 들리자 그는 사람을 보내어 예수에게 물었다.

"오시기로 되어 있는 분메시아이 바로 당신입니까?"

마리아가 살고 있던 가버나움에 예수가 도착했을 때 세리가 예수의 제자인 베드로에게 와서 "예수는 세금을 낼 의무가 있느냐"라고 물었다. 예수는 유대 인이므로 당연히 로마에 내는 세금을 내야 하는데 그 세리는 예수를 이방인으로 생각하고 그렇게 물었던 것이다.

러시아의 역사학자인 니콜라이 노토비치가 1887년에 인도 북부의 케시므르 지방을 여행하다가 한 승려로부터 이사Issa, 예수의 아라비아식 이름라는 사람이 붓다의 화신이라는 말을 듣고 문헌을 조사한 결과 예수가 14세 때 아라비아 상인을 따라 인도로 와서 인도와 네팔에서 12년 동안 머물면서 『베다』와 불교 경전을 공부하고 팔레스타인으로 돌아갔을 것이라고 주장했다.

또한 전설에 따라 예수가 영국으로 왔다는 주장도 있다. 예수의 시체를 십자가에서 거두어 묘지에 안치시킨 요셉은 예수의 삼촌이었다. 영국 서부의 콘월 지방의 광부들은 요셉이 주석 상인이었으며 젊은 예수를 콘월로 데려와 주석 매매를 가르친 적이 있다는 전설을 믿고 있다. 오늘날에도 콘월의 광부들은 주석을 캐낼 때 "예수가 우리 업계에 계셨다네!"라고 외친다.

예수와 요셉이 영국 글래스턴베리에서 수 킬로미터 떨어진 프리디의 서머셋 마을에 잠시 머물렀으며 요셉은 예수가 죽자 그곳으로 되돌아온 것으로 전해진다. 그곳에는 젊은 시절의 예수가 그곳에서 잠시 살았음을 시사하는 기록도 남아 있다. 597년 영국을 여행한 성 오거스틴은 로마 교황 그레고리에게 보낸 보고서에서 "그리스도 자신이 건설한 한 교회가 있다"고 했다. 글래스턴베리는 켈트 족의 종교 중심지로서 사제들은 다신론자들이었지만 영혼의 불멸성을 믿고 있었다. 그러나 아직 어떤 주장도 확실하지 않다.

초기의 그리스도교

초기의 그리스도교는 유대교에서 개종한 신자들의 영향으로 엄격한 유대교적인 면모가 있었다. 여성들은 머리에 베일을 쓰고 예배에 참가했는데, 이는 여성들이 천사들을 타락시킬 수도 있다고 생각했기 때문이었으며 일부에서는 여성들은 머리를 삭발해야 한다는 주장도 있었다.

유대교식의 토요일 축제는 그대로 유지되었다. 만찬에서 사제는 예수의 살과 피를 상징하는 빵과 포도주를 축복하는 의식을 거행했다. 동성애와 임신 중절, 유아 살해는 엄격히 금했고 고아들을 양자로 입양하도록 적극 권장했다. 이혼은 허용되지 않았으나 다만 이교도의 부인이 요구하는 경우에만 허용되었다.

이러한 엄격한 규정은 개종한 유대 인들이 주도할 때까지는 잘 유지되었으나 이교도들을 포함하여 신자의 수가 늘어나면서 규정은 편리한 방향으로 변하기 시작했다. 토요일 축제는 주일 축제로 바뀌었다. 미사에서는 심취한 상태에서 방언을 하면 사제가 이를 해석해 주었는데 이러한 관습은 교회가 정립하고자 하는 신학적인 문제들을 혼란 속에 빠뜨릴 수 있다는 이유로 폐지되었다.

당시는 일곱 가지의 성사세례, 견진, 성체, 고해, 종부, 서품, 혼인 중에 세례와 혼인 두 가지만 시행되었다. 세례는 성인인 개종자에게만 했으며, 결혼은 민간 의식으로 했기 때문에 사제의 역할은 이들을 축복해 주는 역할에 그쳤다. 그러나 장례식은 신부가 주관하며 큰 비중을 차지했는데, 이는 사람이 죽는 순간부터 부활을 전제로 하여 완전히 교회에 예속되는 것이라고 생각했기 때문이다. 묘지는 시리아와 에트루리아의 풍속에 따라 땅속에 긴 굴을 파고 양쪽 벽면에 공간을 마련하여 시신을 안치했는데카타콤베 이러한 관습은 9세기까지 이어졌다.

바울의 편지 다음은 사도 바울이 코린트 교회의 신자들에게 보낸 편지 내용이다.

> …… 내가 사람의 말과 천사의 말을 할지라도 사랑이 없으면 그것은 시끄러운 징과 요란한 꽹과리가 되고, 내가 예언하는 능력이 있어 모든 비밀과 지식을 알고 산을 움직일 만큼 완전한 믿음이 있을지라도 사랑이 없으면 아무 것도 아닙니다. 내 모든 재산을 털어 가난한 이들에게 나누어 주고 이 몸을 불사르게 내어줄지라도 사랑이 없으면 내게는 아무 이득도 없습니다.
>
> 사랑은 오래 참고 사랑은 온유하며 투기하지 않고 사랑은 자만하지 아니하며 교만하지 아니하고 무례를 범하지 아니하며 자기의 이익을 바라지 아니하고 성내지 아니하며 원한을 품지 아니하고 불의를 보고 기뻐하지 아니하며 진리와 함께 기뻐합니다.
>
> 사랑은 모든 것을 참고 모든 것을 믿으며 모든 것을 바라고 모든 것을 견딥니다. …… 그러므로 믿음과 소망과 사랑, 이 세 가지는 영원하며 그중에서도 제일은 사랑입니다.

로마 제국의 그리스도교 탄압 다음은 112년 로마의 속주인 비티니아현재의 터키 북쪽의 총독으로 있던 플리니우스62~113가 로마의 트라야누스 황제에게 보낸 편지로서, 당시

로마의 그리스도교도에 대한 탄압의 실상을 잘 말해주고 있다. 플리니우스는 젊어서 로마 제국 행정부의 요직을 두루 거친 후 110년에 속주인 비티니아의 총독으로 부임했다.

저는 황제 폐하의 지시를 받드는 것이 이제 습관이 되었습니다. 저의 문제를 해결해 주시고 저의 무지를 깨우쳐 주시는 분은 오로지 폐하 한 분이시기 때문입니다. 저는 그리스도교도의 심문에 입회해 본 적이 없어 그들에게 어떤 형벌이 가해지는지 모릅니다.

그들이 그리스도교도인지를 직접 심문했던 적이 있습니다. 그리스도교도라고 인정하면 형벌이 기다리고 있다고 경고하면서 심문했습니다. 그들이 한사코 그리스도교도라고 우기면 연행해서 형을 집행하도록 명령하고 있습니다.

로마 시민 중에서도 광신적인 그리스도교도가 있습니다. 저는 그들을 로마로 보내 재판에 회부하도록 기록해 두고 있습니다. 그리스도교도임을 부인하며 저의 주기도문을 따라 하고 폐하께 포도주와 향을 바치며 그리스도의 이름을 욕되게 하는 자는 석방해도 좋다고 생각합니다. 그리스도교도라면 거짓으로라도 이런 행동을 하지 않을 것이기 때문입니다.

2년 전쯤에 그리스도교도이기를 포기했다는 자도 있습니다. 그들은 정기적으로 정해진 날 새벽에 모여 그리스도를 마치 신처럼 찬양하는 노래를 부르며 도둑질이나 약탈, 간음, 배임 행위를 하지 않으며 빌린 돈은 반드시 돌려준다는 등의 맹세를 하고 있었다는 것입니다. 그래서 저는 취조하는 것을 연기하고 서둘러 폐하께 여쭈어 보는 것입니다. 이것은 도회지만의 문제가 아닙니다. 시골과 지방에서도 불쾌한 이교도들에 감염되고 있습니다. – 112년, 플리니우스 세쿤뒤스

로마의 트리야누스 황제는 플리니우스의 보고에 대해 다음과 같이 지시한 편지를 보냈다.

그대는 고발당한 그리스도 교도들의 재판에서 그대가 할 일을 했다고 생각하오. 형벌에 대한 일정한 기준은 없지만 죄가 있음이 분명해지면 그들은 응분의 처벌을 받아야 할 것이오. 고발은 당했지만 그리스도 교도임을 부인하고 그런 사실을 명백히 밝히는 경우를 제외하고 말이오.

그들이 이전에 그런 의심을 받았지만 지금은 그것을 후회한다면 관용을 베풀

어야 하오. 서명 없이 제출된 편지는 처벌의 증거로 삼을 수 없소. 익명의 고발은 바람직하지 않기 때문이오.

284년 황제가 된 디오클레티아누스245~316는 그리스도교도에 대한 마지막 박해를 가했다. 그는 네 차례의 칙령을 통해 로마 제국의 모든 교회를 파괴하고, 모든 그리스도교도들이 로마의 전통 신들에게 제물을 바치도록 강요했다. 당시 인구의 약 10%인 그리스도교도들이 이에 따르지 않자 그는 제국 동부의 주요 성직자 대부분을 처형했다.

디오클레티아누스는 제국이 너무 넓어 혼자 통치하기 어렵다고 하여 4두 청치를 실시했다. 동부는 그 자신이 황제아우구스투스이고 갈레리우스가 부황제카이사르였으며, 서부는 막시미아누스가 황제로, 콘스탄티누스가 부황제가 되어 다스렸다.

콘스탄티누스의 꿈에 나타난 십자가 312년 서로마 제국에서 권력을 다투던 막센티우스와 콘스탄니누스의 군대가 로마 근처의 티베르 강에서 대치하게 되었다.

전투를 앞둔 어느 날 콘스탄티누스는 대낮에 십자가의 환상을 보았는데 십자가에는 "이것으로 정복하라"라고 새겨져 있었고, 이후에 그는 꿈속에서 적과 맞서는 모든 전투에서 같은 십자가 문양을 사용하라는 말을 들었다. 그래서 그는 부하들의 방패에 십자가를 그리도록 했고 그 결과 막센티우스는 강물에 빠져 죽고 싸움에서 승리하여 서로마 제국의 유일한 지배자가 되었다. 로마에 입성한 콘스탄티누스가 로마 시민들에게 외쳤다.

"이 구원의 계시로 나는 여러분의 도시를 해방시켰습니다."

이 일로 콘스탄티누스는 그리스도교를 공인하고, 임종의 자리에서 그리스도교의 세례를 받고 개종했다. 꿈에 나타난 것은 십자가가 아닌 'PX' 문자였다는 설이 있는데, 그리스 문자 PX는 로마자로 CR, 즉 그리스도Christ를 의미한다고 하며, 오늘날에도 교황이나 신부의 예복과 십자가에는 P자와 X자를 겹친 문양이 사용되고 있다.

로마 제국의 그리스도교 공인 313년 2월, 서로마 제국의 콘스탄티누스 황제는 동로마 제국의 리키니우스 황제와 밀라노에서 회동을 갖고 모든 사람들에게 종교의 자유를 보장하면서 그리스도교를 공인하는 칙령을 공포했다[밀라노 칙령].

“로마 시민들에게 종교의 자유가 있듯이 그리스도교도들도 자신들의 신앙을 가질 권리가 있다.”

324년 서로마의 콘스탄티누스 황제는 동로마의 리키니우스 황제를 무찌르고 로마 제국의 유일한 황제가 되었다.

325년 콘스탄티누스 황제는 교리 논쟁‘아리우스 논쟁’의 해결을 위해 처음으로 니케아 공의회를 열었다. 그리스도교의 주교들이 참석하여 열린 공의회에서는 ‘그리스도는 성부와 동등한 것이 아니라 신의 피조물 중 가장 높은 존재일 뿐’이라고 주장한 아리우스 성자의 주장에 대해 ‘성부와 성자는 동일한 본질이며 영원히 공존하며, 창조된 것이 아니라 나신 것’이라는 신앙 고백을 낳았으나 아리우스 논쟁은 끝나지 않아 그 후 여러 해 동안 교회를 분열시켰다.

330년 콘스탄티누스 황제는 비잔티움에 새 수도 콘스탄티노플을 건설하고 성 소피아 성당을 지었다. 그 후 전통 종교의 부흥을 꾀하며 그리스도교도들을 박해한 율리아누스를 제외한 모든 황제들은 그리스도교도가 되었다.

392년 독실한 그리스도교였던 테오도시우스 1세는 그리스도교를 국교로 공포하고 이교를 금지시킴으로써 종교뿐만 아니라 학문과 사상 그리고 서민들의 일상생활에까지 무조건적인 획일성을 강요하게 되었다[암흑시대]. 제국의 분열과 이민족의 침입 등으로 혼란스러운 제국을 재통합하기 위해서는 통일된 이념이 절실히 필요했던 시기였다.

그리하여 교회는 합법적인 재산 증여와 성직자들의 면세 혜택을 받게 되었고, 신자들은 주교가 재판관인 법정에서 재판을 받을 수 있게 되었으며, 일요일이 공휴일로 지정되고, 로마에 성 베드로 성당을 짓게 되었다. 로마 제국의 황제들은 진정한 신앙의 수호자를 자처하며 교회를 보호하고 특권을 부여하는 대가로 주교를 비롯한 성직자들에게 충성을 요구하며 교리를 비롯한 순수한 종교의 영역에까지 간섭하고자 했다.

삼위일체 교리의 정립

4세기 초 알렉산드리아의 사제 아리우스250~336는 ‘예수는 신에 가장 가까운 인간’이라고 주장하여 예수의 신성을 부정함으로써 교리를 둘러싼 논쟁을 불러 일으켰다. 제국 동부의 주교들은 대체로 이를 지지했으나 서부에서는 반대의 목소리가 높았다.

325년 콘스탄티누스 황제는 교리의 통일을 위해 제국의 모든 주교들이 참석한 니케아 종교회의를 소집하고 '성자 예수는 성부와 동일한 본질'이라고 주장하는 알렉산드리아의 주교 아타나시우스의 교리를 채택했다. 그러나 교리를 둘러싼 혼란은 계속되었다.

381년 테오도시우스 1세는 모든 주교들을 콘스탄티노플에 소집하여 니케아 종교회의에서 채택된 아타나시우스의 교리를 부활시키고, 392년에는 그리스도교를 국교로 지정하자 교리를 둘러싼 오랜 논란은 공식적으로 일단락되었다.

5세기에는 마리아를 신의 어머니로 하는 것에 반대하던 네스토리우스파와 예수에게는 인성이 사라지고 신성만이 있다고 하는 단성론이 이단으로 배척당하고 삼위일체설이 정통 교리로 자리 잡았다. '삼위일체'란 '하나님의 실체는 성부하나님, 성자예수, 성신성령이라는 세 가지를 동시에 갖고 있다'라는 뜻으로서 인간으로 나타난 예수나 만물에 내재해 있는 성령은 모두 하나님의 다른 측면이지 하나님과 다른 실체가 아니라는 것이다.

로마 교황 그리스도교는 크게 가톨릭, 프로테스탄트, 동방 정교회그리스 정교회로 나뉜다. 그중에 가톨릭교회는 바티칸의 수장을 맡고 있는 로마 교황을 전 가톨릭교회의 정점으로 거대한 조직을 갖추고 있다.

그리스도교 역사에서 본래 로마 교황은 로마 사교 관구를 총괄하는 한 주교에 불과했다. 로마 교회가 전 가톨릭교회의 정상이 된 것은 예수의 제자인 베드로가 로마 교회의 주교로 있었고, 또한 그가 순교한 곳이 바로 로마였기 때문이다. 게다가 신약성서 마태복음에서 예수는 베드로에게 "너는 베드로반석이라는 뜻다. 나는 이 반석 위에 내 교회를 지으리라"라고 말했다고 한다. 그리하여 3세기 이후 '로마 교회의 주교야말로 베드로의 후계자이며 가톨릭교회 전체의 장으로 존중받아 마땅하다'고 주장하게 되었다.

395년 로마 제국이 동서로 분열되고, 476년 로마를 수도로 하는 서로마 제국이 멸망했다. 그러나 로마 교회의 주교 레오 1세40~61 재위는 민족 대이동의 혼란기에 아틸라의 침입을 저지했고, 그레고리 1세590~604 재위는 게르만 인에 대한 포교에 힘써 로마 교회는 타 지역의 교회로부터 권위를 인정받게 되었다. 이렇게 하여 로마 교회의 지위가 확립되어 로마 교회의 수석 대주교는 교황이라는 특별한 존재로 인정받게 된 것이다. 로마 교황청은 16세기 교황 식스투스 5세에 의해 현대적인 형태를 갖추게 되었다.

위조로 밝혀진 「콘스탄티누스 기증증서」 756년 프랑크 왕국의 어린 왕 페핀751~768 재위은 「콘스탄티누스 기증증서」에 근거하여 이탈리아 중부의 넓은 땅을 교황에게 기부함으로써 로마 교황청은 넓은 영토를 차지하였고 로마 교황은 모든 교회는 물론 심지어 여러 나라의 군주 위에 군림해 왔던 것이다.

「콘스탄티누스 기증증서」에는 "315년 처음으로 기독교로 개종한 로마 황제 콘스탄티누스 대제가 로마 제국의 절반을 교회에 헌납한다"라고 되어 있다.

9세기에 처음 알려진 이 증서는 15세기에 이르기까지 아무도 진짜 증서임을 의심하지 않았다. 그런데 15세기에 이르러 이탈리아의 역사학자들이 이 문서는 가짜임을 밝혔다. 콘스탄티누스와 같은 시대에 살면서 그의 전기를 쓴 유세비우스의 기록에는 「콘스탄티누스 기증증서」에 대한 아무런 언급도 없었으며, 증서의 라틴 문자의 어휘와 문법으로 보아 이 문서는 8세기에 쓴 것임이 밝혀졌다. 콘스탄티누스는 4세기 사람인데 8세기의 어휘와 문법으로 증서를 작성할 수는 없는 일이다. 또한 이 증서에는 콘스탄티노플이 로마 교황의 권위를 인정하는 것으로 되어 있으나 그 도시가 건설된 것은 그보다 훨씬 후의 일이었다.

오늘날 대부분의 신학자들은 이 증서는 서기 8세기 중엽 로마에서 작성된 위조문서라고 보고 있다. 프랑스 철학자 볼테르는 이 증서를 두고 "수세기 동안 세상을 속인 가장 대담하고 그럴듯한 위조문서"라고 했다.

성 해포 죽은 예수의 몸을 감쌌다는 성 해포는 길이 14피트, 폭 3.5피트 크기의 아마포로서, 현재 이탈리아의 토리노 대성당에 보관되어 있다. 성 해포의 표면에 예수로 보이는 남성의 전신상이 얼룩처럼 남아 있는데, 현대 과학으로 혈흔을 분석한 결과 혈액형은 AB형임이 밝혀졌다.

1988년 옥스퍼드 대학, 애리조나 대학, 스위스연방공과대학이 성 해포 조각을 감정한 결과, 모두 중세1260~1390에 만들어진 가짜라는 결론을 내렸다. 하지만 반론도 만만치 않아 성 해포의 진위나 예수의 혈액형은 수수께끼로 남아 있다.

십자가형 기둥에 사형수를 매달아 죽이는 가형架刑은 매우 오래 된 형벌로서 고대 페르시아나 이집트의 기록에도 남아 있으며, 알렉산더 대왕도 페니키아 병사 2,000명을 가형에 처했다는 기록도 있다. 십자가는 기원전 20세기의 신석기 시대 유물에도 그려져 있으며 아시리아 인에게는 태양의 상징이었고 고대 이집트에서는 영원한 생명의 상징이었다. 또한 베수비오 화산의 용암으로 매몰된 헤르클라네움에서 발굴된 가옥에도 십자가 기호가 그려져 있었다.

가형은 로마 시민에게는 적용되지 않았으며, 반역자나 범죄자, 노예 검투사 등에게만 적용되는 가장 치욕스러운 형벌로서 남자에게만 적용되었다. 당시의 가형은 대개 십자가보다는 곧은 기둥에 사형수를 발가벗겨 매달았으며, 발에는 못을 박지 않는 것이 일반적이었으나 못을 박더라도 두 발을 따로따로 하여 아킬레스건과 발목뼈 사이에 박았다.

사형수가 죽은 뒤 장례를 위해 곧바로 끌어내리는 것이 허용되지 않았는데 이는 사형수가 천국으로 가지 못하게 하기 위함이었다. 가형은 대개 사형수의 혈액 순환이 안 되어 심장이 멎어 죽게 되는 잔혹한 형벌이었다.

가형이 로마에서 폐지된 것은 기독교를 인정한 콘스탄티누스 황제 때였다. 기독교로 개종한 황제는 범죄자들을 예수처럼 죽게 하는 것이 마음에 들지 않았기 때문이다. 그 후 십자가는 기독교에서 성스러움의 심벌이 되었다.

「고요한 밤 거룩한 밤」 1818년 크리스마스를 1주일 앞두고 오스트리아의 한 작은 시골 성당에는 밤늦게까지 불이 켜져 있었다. 그 성당의 젊은 모올 신부26세는 밤이 늦도록 잠을 이룰 수가 없었다. 앞으로 1주일 후면 성탄미사도 올려야 하고 연극 발표회도 해야 하는데 하나뿐인 오르간이 고장이 난 것이다. 시골이라 수리도 어려웠고 그렇다고 새로 구입할 형편도 아니었다.

깊은 밤 모올 신부는 하느님께 기도를 드린 후 창 밖으로 마을을 내려다보고 있었다. 참으로 고요한 밤이었다. 그는 마을의 고요한 모습에 감동을 받아 시 한 편을 적어보았다.

다음 날 아침 모올 신부는 시를 들고 그 성당의 오르가니스트이자 학교 교사인 구루버를 찾아갔다.

"선생님, 제가 시를 한 편 써 보았습니다. 돌아오는 성탄미사 때 퀴타 연주를 할 수 있도록 이 시로 작곡을 좀 부탁드립니다."

그리하여 크리스마스 날 시골의 한 작은 성당에서는 신부가 쓴 시에 곡을 단 음악이 퀴타로 연주되었다. 이것이 바로 지금까지도 해마다 성탄절 때 부르는 「고요한 밤 거룩한 밤」이다.

삼국시대

중국 후한 말 어린 황제가 즉위하자 환관과 외척들이 정치에 관여하고 지방 호족들이 대두하는 등 혼란스런 상황이 지속되었다. 그런 가운데 184년에 농민들이 새 왕조의 건설을 부르짖으며 머리에 황색 띠를 두르고 대규모 반란을 일으켰다[황건적의 난]. 이를 진압하기 위해 각지의 호족들이 군사를 일으키는 가운데 조조와 그의 아들 조비의 세력이 단연 두각을 나타냈다. 192년 조조는 황건의 잔당을 제거하고 잇따라 호족을 쓰러뜨리면서 후한의 헌제를 섬기며 스스로 대장군 무평후가 되고[196] 210년경에는 중원의 곡창 지대인 화북 전체를 거의 지배하게 되었다.

220년 조조[66세]가 세상을 떠나자 조비는 후한의 헌제에게 천명이 다했다는 칙서를 강요하여 퇴위시키고 위[魏] 왕조를 세우자 군사를 일으키던 유비는 제갈량의 도움을 받아 사천에서 촉[蜀]을 세웠고[221], 강남의 호족 손권은 건업에서 오[吳]를 세움으로써 중국 대륙은 위[魏], 오[吳], 촉[蜀]의 삼국시대[220~280]로 접어들었다.

그러나 후한 13개 주 가운데 위에 속한 곳이 9주, 오가 3주, 촉이 1주로서 삼국의 국력은 위가 압도적 우위에 있었다. 촉은 유비가 병사하고 제갈량이 과로로 죽은 후 유능한 지도자가 나타나지 않아 위에 멸망[263]당했다. 265년 실력자가 된 무장 사마염이 위 황제를 퇴위시키고 진[晋]을 세우고, 280년에는 오를 멸망시킴으로써 60년 만에 삼국을 통일했다.

3세기 진수陳壽가 삼국시대의 정사로 편찬한 『위지魏志』, 『촉지蜀志』, 『오지吳志』 65권을 후에 『삼국지』라 했다. 14세기 나관중이 『삼국지』를 기본으로 하여 소설로 만든 것이 『삼국지연의』이다.

조 조

조조155~220는 손에서 책을 놓지 않는 문무를 겸비한 인물로서 온갖 계책과 술수로 중원 땅을 평정하고 조정을 손아귀에 쥐고 천하를 호령했지만, 그를 미워하고 노리는 사람들이 많아 심복이나 호위병마저도 믿지 못하고 경계해야 했다.

어느 날 조조는 부친의 친구인 여백사의 집에서 하룻밤을 지내게 되었다. 그런데 밤중에 조조가 잠자리에 들려고 하는데 방 밖에서 칼을 가는 소리가 들렸다. 순간 조조는 자기를 죽이려 한다고 생각하고 칼을 들고 나가 칼을 갈고 있는 여백사의 가족들을 단칼에 죽이고 말았다. 제 정신으로 돌아온 조조는 그들이 집에서 기르던 가축을 잡아 자기를 대접하려 했다는 것을 알고 몹시 후회하였으나 이미 되돌릴 수 없는 일이 되고 말았다.

어느 날 조조는 신하들을 불러 큰 술자리를 마련하고 신하들에게 말했다.

"나에게는 특이한 능력이 하나 있어 나를 해치려는 자가 가까이 있으면 가슴이 저절로 두근거려 진다네."

술자리가 파하자 조조는 한 시종을 불렀다.

"자네, 평생토록 부귀영화 누려 볼 생각 없는가? 어려운 일은 아니니 내가 시키는 대로만 하면 되네."

"승상 나리, 무슨 일이든 분부만 내려 주십시오."

"내일 여러 대신들과 국사를 논하게 될 게야. 너는 미리 품속에 칼을 넣고 있다가 슬그머니 내 곁으로 다가오기만 하면 되네. 내가 소리를 지르면 호위병들이 달려들어 자네를 포박하게 될 텐데 그래도 잠자코 있게나. 그리고 형장으로 끌려가더라도 끝까지 아무 소리 말아야 한다네."

"예? 그럼……?"

"걱정할 것 없다. 내가 자네를 죽게 내버려 두겠는가? 시키는 대로만 하면 평생을 호의호식하도록 해 주마."

다음 날 대신들이 모여 회의를 하고 있을 때 조조가 시키는 대로 가슴에 칼을 품은 그 시종이 슬그머니 조조에게 다가왔다. 이때 조조는 갑자기 가슴을 부여잡고 답답해하자 주위의 대신들이 놀랐다.

"승상, 갑자기 왜 그러십니까?"

"가슴이…… 가슴이 답답하구나. 누군가 나를 해치려는 자가 가까이……"

조조가 갑자기 그 시종을 가리키며 고함을 쳤다.

"저 놈이다! 나를 노리는 자가. 당장 끌어내라!"

신하들이 시종을 끌어내어 조사를 해 보니 과연 가슴에 칼을 품고 있었다.

"네 이놈. 감히 승상마마를 음해하려 하다니. 살아 돌아가지 못하리라."

시종은 형장으로 끌려가서 심문을 받으면서도 조조가 약속한 부귀영화를 의심하지 않았다.

"증거가 있으니 물어 볼 것도 없다. 당장 목을 쳐라."

위험을 직감한 시종은 발버둥을 쳤지만 이내 목이 잘리고 말았다. 내막을 모르는 신하들은 조조의 신기한 능력을 믿고 두려워하게 되었다.

유비가 제갈량을 얻기 전에는 서서가 군사로 있으면서 많은 지략을 짜냈다. 조조는 서서가 효자라는 것을 알고 그의 어머니를 통해 그를 위나라로 불러들이려고 했다. 그러나 서서의 어머니 위 부인은 학식이 높고 의리가 투철한 여장부로 아들을 불러들이기는커녕 오히려 자기 걱정은 하지 말고 끝까지 한 군주를 잘 섬기라고 격려했다.

조조는 정욱의 계책을 받아들여 서서에게 보내는 위 부인의 편지를 가로채 서체를 모방하여 서서에게 편지를 보냈다.

"나는 조조의 호의로 잘 지내고 있으니 위나라로 돌아오도록 하라."

편지를 받고 집으로 돌아온 아들을 보자 위 부인은 어리둥절했다. 위 부인은 자신의 글씨를 모방한 편지 때문이었음을 알고는 탄식했다.

"여자가 글자를 아는 것이 오히려 근심을 낳게 한 원인이었다[女子識字憂患]."

위 부인은 자기 때문에 자식의 앞길을 망치게 되었음을 한탄하며 자결하고 말았다.

제갈량을 얻은 유비 제갈량의 자는 공명孔明이다. 그는 벼슬에 뜻이 없는 선비로서 직접 농사를 지으며 노래하기를 좋아하였다. 제갈량과 친교를 맺고 있던 서서가 유비에게 말했다.

"제갈공명은 와룡입니다. 장군께서 그를 만나 보시겠습니까? 그 사람은 가서 볼 수는 있어도 억지로 오게 할 수는 없으니 장군께서 몸을 굽혀 찾아가셔야 될 것입니다."

그리하여 유비가 제갈량을 세 차례 찾아간 후에야 그를 만날 수 있었다. 그로부터 유비는 제갈량과 친밀하게 지냈지만 관우와 장비가 그를 별로 탐탁하게 생각하지 않자 유비가 말했다.

"나에게 공명이 있는 것은 물고기가 물을 만난 것과 같네[水魚之交]."

제갈량은 27세에 유비의 군사軍師가 되어 조조의 백만 대군을 격파하는 등 많은 전공을 세웠다. 223년 유비는 제갈량에게 유언을 남기고 죽었다.

> 귀공의 재능은 황제를 사칭하는 위나라 조조의 열 배이다. 귀공은 반드시 나라를 안정시키고 천하를 평정할 것이다. 내 자식에게 황제의 자질이 있으면 그를 보좌해 주기 바라나 만약 그렇지 않으면 귀공이 황제가 되어 주기 바란다.

유비의 아들 유선은 무능한 인물이었지만 제갈량은 유선을 끝까지 잘 보좌했고 제위를 넘보는 일은 없었다. 제갈량은 유선에게 이렇게 말했다.

"신은 본래 남양에서 농사를 짓고 있으면서 혼란스런 세상에서 구차하게 명성을 구할 생각은 없었습니다. 그러나 선친께서 신을 비천하게 생각하지 않으시고 송구스럽게도 몸소 몸을 굽혀 세 번이나 신의 초가 오두막을 찾아오셔서[三顧草廬] 저에게 당시의 상황을 물으셨습니다. 그리하여 신은 선친을 모시기로 결심했던 것입니다."

죽음의 비행

서양에서 비행기를 처음 고안한 사람은 레오나르도 다 빈치이며, 최초로 비행에 성공한 사람은 미국의 라이트 형제1903이다.

중국 송나라의 역사가 사마광이 쓴 『자치통감』에는 다음과 같은 기록이 있다.

> 고양은 원황두와 다른 죄수들을 금봉대 위에서 올빼미 모양으로 된 종이 연에 태워 날게 했다. 원황두만이 용하게도 자맥까지 날아가 무사히 착지했다.

고양은 북제550~577의 초대 황제가 되자 정적인 탁발 씨와 원 씨 일가를 멸족시켰다. 559년 한 해 동안 그가 죽인 두 가문의 사람은 721명에 달했는데, 그들을 죽이는 방법으로 비행이 사용되었다. 죄수들 몸에 대나무 거적을 날개처럼 달거나 올빼미 모양의 연을 만들어 낭떠러지 위에서 뛰어내리게 하였던 것이다. 대부분은 떨어져 죽었으나 위나라 태자 원황두는 2.5km나 비행하고 살아남았지만 황제의 명으로 결국 굶어 죽었다.

중국의 도교와 불교

인도에서 기원한 불교는 중국인에게는 이질적인 요소가 많았다. 승려의 독신주의와 고행의 수도 생활은 조상을 받들며 조상으로부터 물려받은 육체는 온전하게 보전해야 한다고 생각하는 중국인의 사고방식과는 거리가 멀었다.

공자는 구원을 중요시하는 어떤 종교도 무지한 대중을 현혹시키는 미신에 불과하다고 가르쳤으며, 내세에 대해 묻는 말에 "이 세상의 일도 잘 모르는데 죽은 후의 일을 어떻게 알겠는가?"라고 답했다.

진에 의한 삼국 통일은 오래 가지 못하고 흉노에 의해 망하고[316] 수나라에 의해 재통일될 때까지 혼란은 계속되었다[위 · 진 · 남북조시대]. 정치적 분열로 전란이 계속되며 인심이 흉흉하여 유교의 힘이 약화되자 사상적 공백을 메우고 정신적 안정을 찾고자 하여 도교와 불교가 뿌리를 내리게 되었다.

도 교 유교적 지식으로 더 이상 관료가 되는 길이 막히자 현실에 대한 환멸을 느낀 지식인들은 내면세계를 관조하며 자기완성과 구원을 추구하는 도가사상이 부상하게 되어 전통적인 신앙과 결합하여 도교道敎로 발전하였다.

그 대표적인 것이 이른바 죽림칠현竹林七賢이라는 은둔자 집단의 청담사상이다. 청담이란 세속을 초탈한 맑은 이야기라는 의미로서 그들은 세상일을 등지고 자연에 묻혀 살면서 술과 칠현금을 가까이 하며 자신의 감정을 시나 충동적 행적으로 현실 세계의 환멸에 답했다.

도교는 도가사상과는 달리 질병과 죽음으로부터의 해방, 즉 불로장생의 염원이 담긴 신선사상을 중심으로 음양오행설, 참위설 그리고 잡다한 신앙이 섞인 것이다. 진 시황제 때부터 당나라 무종에 이르기까지 불로장생을 꿈꾸며 연금술로 만들어진 장생약을 먹었다가 중금속의 중독으로 천명을 다하지 못하고 요절한 경우가 많았다. 4세기 초부터 불로장생을 위해 호흡 조절법과 술과 고기 등을 피하는 섭생법이 널리 유행했다.

도교가 민간 종교로 완성되는 과정에서 불교의 영향을 많이 받았다. 도교의 승려인 도사는 결혼이 허용되었지만 도장경전이나 도관사원제도는 불교와 비슷한 점이 많다. 439년 선비족인 북위의 태무제는 유목 민족의 중국 지배를 정당화하기 위해 444년 도교를 국교로 삼았다.

불교의 전래 인도에서 창시된 불교는 실크로드를 따라 64년 후한 초기 명제 때 중국에 처음으로 전해졌으며 본격적으로 중국에 정착한 것은 유목민이 화북지역을 지배하던 5호16국시대였다.

불교를 중국에 전래한 승려들 가운데 가장 크게 공헌한 사람이 구마라섭이다. 그는 서역의 쿠차에서 쿠차 왕의 여동생인 어머니와 인도 귀족의 아버지 사이에서 태어났다. 구마라섭은 7세 때 출가하여 그의 명성은 중국에까지 널리 알려졌다. 382년 중국 전진 때 중국으로 끌려온 구마라섭은 후진 때 국사가 되어 3,000명의 제자를 두고 방대한 역경 작업을 벌여 불과 8년 만에 74부 384권의 경전을 번역하였다.

불교는 외래문화에 대한 편견이 적은 북조의 상류층에서 처음 성행하기 시작하여 북위의 왕조에서 꽃을 피웠는데, 돈황의 막고굴과 함께 3대 석굴로 꼽히는 운강과 용문의 석굴 사원이 세워졌다. 황제의 후원으로 조성된 운강석굴은 사암층 절벽을 따라 약 40개의 동굴이 약 1km에 걸쳐 있으며 약 5만 개 이상의 조각 불상이 있다. 그중에 담요 5굴의 거대한 불상은 당시의 황제인 문성제와 그의 선조인 다섯 황제를 상징한 것이다. 황실은 불교를 이용하여 절대적 권위를 확립하고 세속적 지배를 정당화했다. 용문석굴은 500년부터 23년간 80만 명을 동원하여 만든 것이다.

티베트 라마교

754년 치송데첸740~786이 어린 나이로 티베트 국왕에 등극했을 때 티베트는 그동안의 숭불정책으로 불교가 한창 융성하고 있었다. 그는 북인도에 머물고 있던 빠드마삼바바를 초청하여 그의 감독하에 삼예의 대승원 건립에 착수하여 30여 년간의 공사 끝에 783년에 완공됨으로써 티베트 라마교의 본산이 탄생되었다.

티베트로 건너온 빠드마삼바바는 749년 라마승을 위한 최초의 승단을 세운 후 히말라야 설산에 머물면서 인도에서 가지고 온 경전을 티베트 어로 번역했다. 그러나 그는 신비로운 경전을 세상에 내보이기에는 아직 때가 이르다고 생각하여 경전들을 히말라야의 동굴 곳곳에 숨겨두었다. 그는 죽기 전에 제자 몇 명을 불러 환생하는 능력을 가르쳐주고 수백 년 후에 한 사람씩 환생하여 숨겨진 경전을 찾아낼 것이라고 예언했다. 그의 예언대로 지금까지 찾아낸 경전은 65권에 이른다.

『티베트 사자의 서』

『티베트 사자의 서The Tinetan Book of Dead』는 왕의 초청으로 티베트를 방문한 빠드마삼바바에서 비롯된다. 티베트 불교에서는 사람이 죽어서 다시 환생하기까지 거치는 단계바르도를 셋으로 나눈다. 마지막 단계인 윤회계에는 7개의 행성이 있고, 각 행성에는 영혼을 정화하는 7단계가 있어 죽은 자가 다시 세상에 환생하기까지는 49개의 정거장을 거쳐야 한다[49재].

첫 번째 단계치카이 바르도는 죽은 후 3~4일간으로서 사자는 자신이 몸으로부터 분리되었다는 것을 모르는 채 수면 상태에 빠져 있는 기간이다. 숨이 멎으면 남아 있는 마지막 생명력Prana은 배꼽 바로 위로 모이고 다시 척추를 따라 내려가는데 생전의 업業에 따라 오른쪽 또는 왼쪽으로 갈라진다. 숨이 멎은 후 30분쯤 지나면 유체가 몸에서 빠져나와 제한된 공간에서 배회하는데 이때 유족들을 알아볼 수 있다. 그러다가 생명력은 강한 빛에 흡수되어 영원한 자유를 얻으며 두 번째 단계로 들어간다.

두 번째 단계초에니 바르도에 들어서면 사자는 비로소 죽음을 깨닫고 육체를 소유하려는 집착에 빠진다. 이 단계에서 사자는 자신의 업을 환영으로 보게 되고, 여러 부처들이 사자를 방문하여 천상 세계를 보여 주며 사자의 깨달음을 유도한다. 만일 사자가 사후 7일째까지 깨닫지 못하면 8일째 되는 날에는 58명의 무서운 괴물 모습을 한 신들의 환영이 나타난다. 이 단계에서도 사자가 깨닫지 못하면 세 번째 단계를 맞는다.

세 번째 단계시드파 바르도는 사후 49일까지인데 지내기가 고통스럽다. 사자의 「삼악분노, 탐욕, 어리석음」의 그림자인 악귀와 맹수, 불길, 폭풍우 등이 사자에게 덮쳐온다. 사자는 염라대왕다르마 라자 앞에서 심판을 받는다. 사자의 선행과 악행이 들추어지는 동안 염라대왕은 카르마의 거울로 진위를 확인하므로 사자는 거짓말을 할 수 없다. 사자에게 주어지는 마지막 기회로 천상계, 아수라계, 인간계, 축생계, 아귀계, 지옥계의 빛이 차례로 사자에게 비친다. 이때도 깨닫지 못하면 사자는 자기가 다시 태어날 자궁 입구에 이르게 된다. 이때 명상과 기도로 사자가 자궁 입구를 닫아 버리면 환생하지 않고 대자유의 길에 이를 수 있으나, 그렇지 못하면 자신이 환생할 곳이 눈앞에 환영으로 나타나며 사자는 미지의 생물체로 이 세상에 다시 태어나게 된다.

살아생전에 열심히 수행한 사람은 바르도 상태를 거치지 않고 곧바로 열반계로 들어가거나 스스로의 의사에 따라 곧바로 이 세상에 환생한다.

달라이 라마 ‘달라이 라마’란 티베트 불교의 최고 성직자를 일컫는 말로서, ‘달라이’는 ‘큰 바다’라는 뜻의 몽골어로서 지혜를 상징하며 ‘라마’란 ‘뛰어난 사람’이라는 뜻이다. 라마에는 수련을 통해 깨달음을 얻은 수도 라마와 이미 깨달은 선조가 다시 환생한 툴쿠라마가 있다. 제5대 이후의 달라이 라마는 티베트의 정치 · 종교적 지도자가 되었다. 초대 달라이 라마는 게둔 둡이었으며 현재는 14대이다.

달라이 라마가 죽으면 49일 후에 갓난아기로 세상에 다시 태어난다고 믿어 승려와 평신도로 구성된 추대위원회에서 새로 환생한 달라이 라마를 찾아 나선다. 그 아이의 팔에는 관음의 환생을 말해 주는 상처가 있으며, 라초 호수에서 여 수호신의 계시를 받는다고 되어 있다.

1933년 달라이 라마 13세가 죽자 고승이 라초 호수에서 수호신의 계시를 받고 4년 만에 현재의 달라이 라마 14세를 찾게 된 것이다. 달라이 라마 14세를 처음 발견했을 때, 녹색과 금빛 지붕으로 된 사원과 끝없는 전원, 파란 지붕의 집, 기르는 개 등이 계시를 받은 내용과 똑같았다고 한다. 달라이 라마 14세는 엄격한 검증을 거쳐

13세의 환생임이 입증되어 1940년 포타라 궁정에서 달라이 라마로 즉위했다.

그러나 제7대 달라이 라마는 예외였다. 1720년 청나라 강희제가 16세기 말부터 티베트를 지배해 오던 몽골 군을 몰아내고 티베트를 점령했을 때 강희제는 "이제 티베트는 청나라의 하나다."라고 선포하고는 자신이 데려온 켈산갸초를 제7대 달라이 라마의 자리에 앉혔다.

서성 왕희지

독특한 서법으로 서성書聖이라는 왕희지307~365는 중국 동진 때의 인물로 명문가의 집안에서 태어나 좋은 교육을 받으며 자랐다. 그는 어릴 때부터 글씨에 몰입하여 그의 머릿속에는 온통 글씨에 대한 생각만 가득했다. 그는 손으로 옷에 글씨를 쓰는 시늉을 내어 옷이란 옷은 모두 헐어서 누더기가 되었고, 어떤 때는 서재에서 글씨에 정신이 팔려 옷자락을 먹에 묻혀 먹으면서 "맛있다. 맛있다"라는 말을 되풀이하기도 했다. 그는 연못가에서 곧잘 글씨를 쓰곤 했는데 벼루를 씻은 연못의 물이 온통 먹물로 검게 되어 그 연못을 '묵지'라고 하게 되었다.

왕희지의 글씨 중에 가장 유명한 것은 『난정집서』이다. 난정은 회계에 있는 명소로서, 353년 3월 왕희지가 회계내사로 있을 때 각계의 명사 41명을 난정에 초대하여 성대한 연회를 베풀었다. 빼어난 절경에 술잔을 시냇물에 띄우면서 주연이 이어지는 동안 풍류를 아는 참석자들이 시 한 수씩을 짓기 시작했다. 이렇게 하여 40여 편의 시가 한꺼번에 지어졌고, 이것을 모아 책으로 만들면서 왕희지가 서문을 쓴 것이 『난정집서』이다. 왕희지는 당시 취기에 휘갈겨 쓴 자신의 서체를 보고 깜짝 놀랄 정도로 멋진 글이었다고 감탄했다.

왕희지의 서체를 무척 좋아했던 당 태종은 왕희지의 후손으로부터 『난정집서』 필첩을 받고 크게 기뻐하였다. 그는 이 필첩을 베끼게 하여 측근들에게도 나누어 주었고 일생 동안 소중히 간직했다. 당 태종이 죽자 『난정집서』는 부장품으로 그와 함께 소릉에 묻혔으나 그 후 태종의 무덤이 도굴되는 바람에 진필은 유실되고 말았다.

청나라 건륭1662~1795 때 왕희지와 그의 아들 왕헌지, 왕순의 세 필첩이 발견되어 현재 특별 전시실에 보존되고 있다. 왕희지의 필체는 고문, 전서, 예서, 행서, 초서로 이루어지는데 정신과 기교가 조화를 이루어 우아하면서도 강한 힘이 있어 신선의 기운이 감돈다고 한다.

대나무 부채 어느 날 왕희지는 길에서 대나무 부채를 파는 노파를 만났다. 부채는 엉성하여 아무도 사는 사람이 없자 왕희지는 부채에 여섯 글자씩을 써넣어 주었다. 노파는 오히려 걱정했다.

"이 부채는 왕희지의 친필이 들어 있으니 100전 이하로는 절대 팔지 마세요."

왕희지는 이미 강남에서 명사로 알려져 있었기 때문에 부채는 순식간에 다 팔려 버렸다.

흰 거위 왕희지는 흰 거위를 몹시 좋아했다. 회계의 한 노파가 기르는 흰 거위는 울음소리가 좋다는 소문이 자자했다. 왕희지는 제자를 시켜 그 거위를 사고자 했으나 노파는 팔지 않았다. 그러자 그는 거위를 구경이라도 해야겠다고 생각하고 노파의 집을 찾아갔다. 왕희지가 친히 왔다는 말에 당황한 노파는 대접할 것이 없자 그만 그 거위를 잡아 버렸다. 왕희지는 거위를 찾았으나 이미 냄비 속에서 끓고 있다는 것을 알고는 크게 실망하고 돌아왔다.

화성 고개지

고개지345~406는 중국 동진시대 장강 이남의 명문가 출신으로서 화성畵聖으로 일컬어진다. 동진시대는 정치와 경제가 안정되어 문화가 활짝 꽃을 피운 시대로서 서성 왕희지, 문학의 도연명, 사령운 그리고 화성 고개지 등이 모두 이 시대 사람이다.

당시 화가들은 불교의 영향을 많이 받았는데, 고개지는 특히 불화佛畵를 잘 그렸다. 고개지는 사람이나 짐승을 그릴 때 눈동자를 넣는 점정을 잘 하지 않았다. 사람들이 왜 점정을 하지 않느냐고 묻자 그는 익살스럽게 답했다.

"점정을 하면 그림 속의 사람이 말을 할 테니까요."

유마힐 상에 점정

다음은 그가 점정을 한 예외적인 일화이다.

동진의 수도 건강에 와관사가 신축되어 낙성을 축하하는 법회가 열렸다. 절로 초청된 명사들은 대개 10만 냥 이하를 시주했는데, 빈털터리 고개지는 무려 100만 냥을 내겠다고 써넣었다. 며칠 후 절의 주지가 기부금을 받으러 오자 고개지가 제안했다.

"절에 하얀 벽 한 면을 마련해 주시면 되겠습니다."

고개지는 스님이 마련해 준 벽에 유명한 보살인 유마힐 상을 그리기 시작했다. 점정만을 남겨둔 채 그림이 완성되자 고개지는 주지를 찾아갔다.

"내일 유마힐 상에 점정할까 하니 신도들에게 알려 주시기 바랍니다."

소문을 들은 신도들은 다음날 와관사로 몰려들었다. 고개지가 유마힐 상에 점정하는 순간 유마힐 상은 마치 되살아난 듯 훤히 법당 안을 비추어 주었다. 소문을 듣고 유마힐 상을 찾는 신도들이 장사진을 이루어 고개지가 약속한 시주 100만 냥은 금방 모을 수 있었다.

전원시인 도연명

도연명365~427은 중국 동진시대의 전원시인이다. 그가 명문 집안의 후손으로 태어났을 무렵 진나라는 서서히 쇠퇴하기 시작했고, 그의 집안도 기울기 시작했다. 학문과 문장에 뛰어난 도연명은 세 번 관직에 올랐으나 모두 사임했다.

도연명은 많은 가족에 경제적인 핍박에 못 이겨 호구지책으로 고향에서 현령을 맡았지만 그는 늘 세속의 속박을 받지 않는 대자연을 동경하고 있었다. 그러던 중 상급 관청에서 정무를 사찰하기 위해 관리가 온다고 하여 그가 마중 나가 정중히 모셔야 한다고 하자 도연명은 한숨을 내쉬며 말했다.

"나는 다섯 말의 녹봉을 위해 허리를 굽히며 향리의 소인배들과 함께 벼슬살이 따위는 할 수 없네."

그러고는 그는 「귀거래사」를 읊으며 관직을 버리고 향리로 돌아가 농사를 지으며 술, 칠현금 그리고 시를 가까이 하며 지냈다. 도연명은 벼슬길이란 마치 새장에 갇힌 새와 같은 것이고, 벼슬을 그만 두고 향리로 돌아가는 것은 마치 새가 숲으로 돌아가고 물고기가 깊은 연못으로 돌아가는 것과 같다고 했다. 그는 대문 앞에 버드나무 다섯 그루를 심어 놓고 스스로 '오류五柳선생'이라 했다.

어느 해 단도제가 강주지사로 부임하여 도연명을 찾아왔다. 그때 도연명은 가난한데다 병까지 들어 있었다.

"선현들은 세상이 어두워지면 향리로 돌아가고, 세상이 밝아지면 벼슬길을 찾는다고 하였습니다. 지금은 세상이 밝은데 선생님은 어찌 초야에 묻혀 벼슬길을 찾지 않으십니까?"

"제가 감히 선현들과 비교될 수 있겠습니까. 미치지 못할 뿐입니다."

도연명은 단도제의 권유를 정중히 사양했다. 단도제가 떠날 때 식량과 고기를 주려 했으나 그는 끝내 사양했다. 도연명은 동진이 망하고 송나라가 세워진 지 8년째인 420년 62세를 일기로 세상을 떠나면서 자식들에게 세속적인 근심을 많이 남긴 것을 사과했다고 한다. 도연명의 시는 120여 수가 전하는데 대부분이 전원 생활을 노래한 시이기 때문에 전원시라고도 한다.

『호계삼소도』 호계교에서 시인 도연명, 불교의 혜원 법사, 도교의 육수정의 세 대가가 웃는 모습을 담은 그림이 『호계삼소도』이다.

도연명과 교분이 있는 선종의 대법사 혜원은 지역사회에서 명망 있는 승려들과 함께 백련사라는 친목 모임을 조직했다. 혜원은 도연명을 그 모임에 가입시키려고 특별히 술을 준비하여 그를 초청했으나 술자리가 끝나도록 먼 산만 바라볼 뿐 아무 응답이 없었다.

어느 날 혜원 법사의 초대로 도연명과 육수정이 백련사에 들렀다가 헤어질 때 혜원 법사가 두 사람을 마중하기 위해 따라 나서 호계교 근처에 이르렀다. 호계교는 속세와 연결되는 다리라고 하여 혜원 법사가 평소 건너기를 싫어하던 다리였는데 도연명에 빠져 자기도 모르게 다리를 건너고 말았다. 다리를 건넌 혜원 법사가 쑥스러움을 무마시키려고 크게 웃는 것을 본 도연명과 육수정도 웃음을 터뜨리고 말았다. 무아의 경지에 이른 세 사람이 아무 근심 없이 웃는 이 장면을 화폭에 담은 것이 바로 『호계삼소도虎溪三笑圖』이다.

도연명의 「귀거래사」와 「귀원전거」는 5호 16국 시대 귀족과 왕족의 대립 갈등과 끝없는 전쟁으로 어지러운 세상에 환멸을 느끼는 심정을 표현한 글로서 도연명이 고향을 떠나 세속에 얽매여 살다가 오랜만에 고향으로 돌아와 밭갈이를 하면서 유유자적한 전원 생활의 기쁨을 노래한 글이다.

「귀거래사」

돌아가자
전원이 무성해지려는데 어찌 돌아가지 않겠는가
이미 마음이 육신에 부려졌다 하나
어찌 근심하여 홀로 슬퍼하랴
……
집을 바라보며 기뻐 달려 들어가니
심부름꾼이 맞이하고 아이들이 문에서 기다린다
……
돌아가자
속세의 사귐을 끊어 세상과 내가 서로 잊으리니
다시 수레에 타고 무엇을 구하리오
친척의 정겨운 말에 기뻐하고

거문고와 책을 즐겨 시름을 잊으리라
농부가 봄이 이르렀음을 알려 주니
서쪽 전답에서 일이 있겠구나

「귀원전거」
콩을 남산 아래 심어 놓으니
풀이 무성하여 콩잎이 보이지 않는다
새벽에 일어나 황폐한 밭을 갈고
달빛을 띠고 삽을 메고 돌아온다
길이 좁고 초목이 무성하니
저녁 이슬이 내 옷을 적신다
옷이 젖는 것은 아깝지 않으나
다만 내 소망을 저버리지 말게 하여라
어려서부터 세속이 맞지 않아
성질이 자연을 좋아했다
세상에 잘못 태어나
고향을 떠난 지 30년이 되었다
둥우리 안의 새는 숲을 그리워하고
연못 속의 고기는 냇물을 그리워하는 것
황폐한 들을 개간하며
옹졸하게 전원에서 살고 싶다
땅도 널찍하고
초가집도 8~9칸이나 된다
느릅나무, 버들은 후원에 무성하고
복숭아, 오얏나무는 창 앞에 뻗어 있다
아득히 보이는 먼 마을
하늘거리는 마을의 연기
먼 마을에서 개가 짖고
뽕나무가지에서 닭이 운다
집 안에는 잡된 것이 없고
텅 빈 방에 한가한 이 몸
오랫동안 세속에 얽매였다가
다시 자연으로 돌아왔다

중국을 재통일한 수

581년 북조의 외척 양견은 선양에 의해 어린 황제[7세]로부터 제위를 빼앗아 수나라 왕조를 세우고 자신이 문제로 즉위했다. 589년 문제는 남조의 진[陳]을 정복하고 중국을 재통일하였다.

수 문제는 3성 6부제로 중앙집권제를 강화하고 과거제를 시행했는데 이 과거제는 청나라가 망할 때까지 1,300년 이상 존속했다. 문제는 부병제를 실시하여 병사들에게 일정한 토지를 나누어 주어 농사를 짓게 하여 병사들의 생계 유지와 군비를 조달하게 했고, 토지를 균등하게 배분해 주고 세금을 거두는 균전제를 실시했으며, 조용조를 제정하여 세금으로 내는 곡물, 옷감, 노역 등을 규정했다. 문제의 재위 24년 동안 나라는 혼란에서 벗어나 안정을 되찾아 호구는 400만 호에서 900만 호로 늘어났다. 그러나 수 문제가 죽고 둘째 아들 양광이 36세에 양제[569~618]로 즉위하면서 수나라는 몰락의 길로 접어들기 시작했다.

아버지와 형을 살해한 양광 604년 문제가 병이 들자 태자 양광을 궁중으로 불러들여 머물게 했다. 형인 양용을 모함하여 황태자의 지위를 빼앗은 양광은 문제의 죽음을 예상하고 형인 양용이 재위를 노릴까 염려하여 그의 참모인 양소에게 동정에 주의하라는 쪽지를 보냈다. 양소는 양광에게 회답을 적어 보냈는데, 궁인의 실수로 병석에 있는 문제에게 전해지고 말았다. 문제는 자신이 아직 죽지 않았는데 양광이 즉위를 준비하려는 것에 크게 노했다.

한번은 문제가 가장 총애하는 선화 부인이 문제의 병상에서 나와 옷을 갈아입을 때 태자 양광이 선화 부인을 범하려 했다. 선화 부인은 필사적인 저항하여 겨우 욕은 면할 수 있었다. 다시 병상에 들어갔을 때 문제는 그녀의 안색이 심상치 않음을 보고 그 까닭을 물었다.

"태자가 무례한 짓을 하려 하였습니다."

"어찌 이런 짐승 같은 놈에게 나라를 맡길 수 있단 말인가."

문제는 숨을 거칠게 몰아쉬었다. 문제는 양광을 폐위하고 양용을 다시 태자로 삼으려고 양용을 불러오라고 명했다.

그러자 이를 알아 챈 양광은 문제의 가짜 조서를 꾸며 심복인 장형을 시켜 시종들을 모두 별실에 가두고는 문제를 살해했다. 그리고 양광은 자객을 보내 형 양용마저 살해했다.

당시 황제가 죽으면 황제의 총애를 받은 여성은 죽음을 강요당하거나 유폐되거나 비구니가 되는 것이 일반적이었다. 황제의 총애를 받던 선화 부인은 참변 소식을 듣고 얼굴이 새파랗게 질려 있는데 황태자의 사자가 황금으로 된 작은 합을 기지고 왔다. 올 것이 왔다고 생각한 선화 부인은 독약이 들어 있을 그 합을 떨리는 손으로 열어보니 그 속에 들어 있는 것은 독이 아니라 황태자의 구애 편지였다. 역사의 기록에는 "그날 밤 황태자는 윗사람을 범했다"라고 선화 부인의 이야기를 적고 있다.

대운하 건설 중국에서는 옛날부터 남선북마南船北馬라는 말이 있듯이 화북지방의 교통은 주로 말에 의존했으나 강남에는 운하가 발달해 있었다. 중국을 재통일한 수 문제는 곡창 지대인 강남의 장강양자강유역의 쌀을 수도 장안과 동도 낙양 등 화북지방으로 운송하는 보급로가 필요했다. 문제는 운하 건설을 시작하여 양자강의 양주와 회하의 초주를 연결하는 산양독을 완성했다.

문제의 뒤를 이은 양제는 605년 백만 명 이상의 농민을 동원하여 북으로부터 해하, 황하, 회하, 장강, 절강 등 모두 서에서 동으로 흐르는 이 5대 강을 남북으로 잇는 대운하 건설에 착수했다. 동도 낙양의 건설, 만리장성의 축조 그리고 대운하 건설로 백성들의 고통은 말할 수 없어 공사 현장에는 희생된 백성의 시체가 여기저기 뒹굴고 있었다. 이렇듯 죽음에 이르는 무서운 노역을 피하기 위해 많은 사람들이 자신의 팔다리를 잘랐는데, 이것을 두고 복수복족福手福足이라는 말까지 생겨났다.

610년 5년 만에 드디어 너비 30~60m에 총길이 2,000km에 달하는 대운하가 개통되었다. 양제는 운하를 따라 40여 채의 화려한 별궁을 짓고, 운하에 수많은 호화 유람선을 띄워 미녀들을 태우고 주연을 즐겼다. 황제의 배를 호위하며 따르는 배의 행렬은 90km에 달했고 운하 양측에는 배를 끌기 위해 8만 명이 넘는 농민이 동원되었다. 다음은 당시의 고통스러운 노역을 노래한 글이다.

「예선(曳船)의 노래」

형님은 동쪽 지방으로 불려나가
군량이 바닥나 수풀 속의 송장이 되고
나는 황실의 뱃줄을 끌며
둑길 위에서 어영차어영차
세상 어디에나 굶어 죽은 송장뿐
우리네 식량도 곧 바닥날 터인데
앞으로 남은 길은 삼천리
과연 이 몸이 견뎌낼 수 있을까
남자의 의협심을 걸고 부탁하네
고통 속에 죽어간 송장을 태워
나의 넋이 헤매지 않도록
뼈를 지고 돌아와 다오.

일본 쇼도쿠 태자의 국서

607년, 역사 무대에 등장한 일본의 쇼도쿠聖德太子 태자는 남북조시대를 마감하고 중국 대륙을 재통일한 수나라의 양제와 대등한 위치에서 외교를 펼치고자 오노노 이모코를 견수사로 파견하였다.

그런데 일본 사신이 지참한 국서에는 다음과 같은 내용이 적혀 있었다.

日出處的 天子	해 뜨는 곳의 천자가
致書日沒處的天子	해 지는 곳의 천자에게 국서를 보내오.
安好否	잘 계시는지

수나라 양제는 이를 보고 대노하여 측근 홍여경에게 "오랑캐의 국서가 무례하니 다시는 받지 말라"고 했다. 608년 일본 사신이 귀국할 때 양제는 신하에게 자신의 칙서를 지참하고 일본으로 동행하게 했는데, 그 칙서는 중국의 황제가 신하인 여러 왕에게 보낼 때 사용하는 조서였다. 하지만 그 후 일본은 견수사와 견당사를 보내면서 앞선 중국의 문물을 접할 수 있었다.

을지문덕 장군의 편지 598년 중국을 통일한 수나라 문제는 수륙군 30만 명으로 고구려를 침공했으나 실패하였다. 문제의 뒤를 이은 양제는 113만 명의 대군으로 두 번째 고구려 침공을 단행612했다. 수나라 군은 많은 희생을 내며 강을 건너 요동성을 포위했으나 고구려 군의 완강한 저항으로 6개월이 지나도록 성을 한 곳도 함락시키지 못했다. 고구려의 을지문덕 장군은 고구려가 항복할 것이라는 거짓 정보를 흘리면서 적장 우중문에게 다음과 같은 글을 보냈다.

> 그대의 신통한 계책은 하늘의 이치를 깨달은 듯하고
> 그대의 기묘한 계략은 땅의 이치를 모두 아는 듯하오.
> 이미 전쟁에 이긴 그 공이 높으니
> 이제 만족하고 그만 둠이 어떠한지.

이 글을 보고 퇴각하는 우중문의 군사들이 살수지금의 청천강를 건너기 시작하자 을지문덕은 쌓아둔 둑을 헐어버리고 매복시켜둔 고구려 병사들의 공격을 받아 참패를 당하고 요동으로 돌아온 수나라 군사는 2,700명에 불과했다[살수대첩]. 수나라는 네 차례에 걸쳐 고구려를 침공하였으나 모두 실패하고 쇠망의 길로 접어들게 되었다.

수의 멸망 수나라의 도처에서 농민들의 반란이 일어나고 있을 때 돌궐족이 국경 지역을 침범했다. 태원 유수로 있던 이연이 토벌에 실패하자 양제는 이연을 연행해 오라는 명령을 내렸다. 이때 이연과 함께 농민 반란을 진압하며 세력을 키워온 그의 차남 이세민은 양제의 소환 명령을 받고 망설이고 있는 아버지를 설득했다.

"아버지에게는 엄한 처벌이 기다리고 있어 저희 집안은 망하고 말 것입니다. 그 화를 피할 수 있는 길은 오로지 민심에 순응하여 전화위복의 기회로 삼으셔야 합니다."

617년 이연은 마침내 뜻을 굳히고 병사를 모집하여 반란을 일으켜 1년 만에 수도 장안성을 함락시켰다. 당시 양제는 이궁에서 100여 명의 미녀들에 둘러싸여 유흥과 향락에 빠져 있었다. 양제는 나라의 운명이 이미 기울었다는 것을 알고 매일같이 그날의 운세를 점쟁이한테 물었으며, 독이 든 술을 항시 준비해 두고 있었다.

이연의 반란군이 양제가 칩거하던 이궁으로 몰려오자 양제의 사위이며 친위대장인 우문화급은 반란 세력에 가담해버렸다. 양제는 목숨이 경각에 달려 있음을 직감하고 소리쳤다.

"주모자가 어떤 놈이냐?"

"어찌 한 사람에 그치겠습니까. 온 천하가 원망하고 있습니다."

"천자에게는 죽는 방법이 따로 있으니 독약을 마시고 스스로 목숨을 끊으리라."

그러나 아무도 그의 소원을 들어 주지 않았다. 양제[49세]는 체념한 듯 친위대 병사에게 자신의 허리띠를 풀어 주어 병사들의 힘을 빌려 자신의 목을 매고[618] 죽었다. 이연은 나이 어린 양유를 새 황제에 옹립했다가 폐위시키고 스스로 황제[고조]에 오르고 국호를 당[唐]이라 칭했다. 그리하여 중국을 재통일한 수나라는 불과 3대 37년 만에 멸망하고 말았다.

고대 중국의 관습과 제도

전 족

중국의 오랜 풍습인 전족은 여자의 발을 어릴 때부터 천으로 꽁꽁 묶어 발과 발가락이 작고 갸름하게 만드는 것으로서 성인 여성의 발은 겨우 10cm에 불과했다. 전족으로 발을 혹사한 여성들은 걷기가 불편해 오리걸음을 할 수밖에 없는데, 그것이 여성의 성적 매력을 높여 준다고 여겼던 것이다.

당나라가 망한 후 5대 10국 중의 하나인 남당[南唐]의 마지막 왕[이욱]이 총비의 발을 비단으로 묶고 발톱 끝을 초승달 모양으로 가냘프게 만들어 연꽃 위에서 춤을 추도록 한 후부터 이 발을 여자들이 흉내를 낸 것이 전족의 유래가 되었다.

발이 작으면서 발가락 끝이 뾰족한 것이 미녀의 상징이며, 발바닥을 남에게 보이는 것을 크게 부끄러워했다. 이러한 전족의 풍습은 10세기에 시작되어 1930년까지 지속되었다.

여성들이 가장 가리는 곳은 나라마다 조금씩 다른데 프랑스 인은 가슴을, 아랍 인은 얼굴을, 사모아 인은 배꼽을, 중국인은 발전족을 가린다. 그래서 고대 중국의 화가들은 여성의 성기나 성행위는 그릴 수 있었지만 여성의 발은 절대 그릴 수 없었다.

남녀유별 중국 당나라 때 『당률唐律』에 담긴 남녀유별에 관한 내용이다.

> 남자가 여자를 때리면 법으로 묻지 않으나, 여자가 남자를 때리면 징역 2년이다. 남자가 여자를 죽이면 징역 3년이나, 여자가 남자를 죽이면 즉시 목을 벤다. 남자가 부모를 때리면 곤장 백 대를 치나, 여자가 부모를 때리면 목을 졸라 죽인다.

식인 습속 50만 년 전 북경 원인은 용감한 사람의 고기를 먹으면 그 육체와 영혼을 이어 받는다는 애니미즘 신앙을 믿어 사람의 골수까지 먹었다는 기록이 있다. 『은본기殷本記』에는 다음과 같이 기록되어 있다.

> 은나라의 주왕은 대신인 구후의 딸을 후궁으로 삼았으나 말을 잘 듣지 않자 격노하여 구후를 절인 고기로 만들어 버렸다. 대신 곽후가 이를 원망하자 곽후도 말린 고기로 만들어 버렸다.

다음은 『한비자』에 나오는 이야기이다.

> 제나라 환공이 그를 보필하던 재상 관중이 늙어 조정에 나오지 못하자 그의 집을 찾아갔다. 후임 재상으로 역아가 어떻겠느냐고 관중에게 물어 보자 관중이 말했다.
> "그는 적임자가 아닙니다. 주군께서 좋은 음식을 즐기신다고 하자 자기 자식을 삶아 바친 자가 아닙니까? 자기 자식을 아끼지 않는 자가 어찌……"

일상생활의 풍습은 아니지만 혹독한 기아 상태에서 인육을 먹은 사건들은 많다. 2세기 중엽 중국의 후한 말에 혹독한 기근으로 약 5,000만 명이던 인구가 삼국시대 초기에는 약 500만 명으로 줄었다. 당시 사람들은 인육을 먹었고, 노약자들은 길거리에 버려졌다. 당시의 상황은 원나라의 나관중이 쓴 『삼국지연의』에도 잘 나타나 있는데, 나관중 외에 여러 사람이 가필한 작품에도 이 구절이 그대로 남아 있다.

> 촉 황제 유비 현덕이 전쟁터에서 몇몇 부하와 함께 유랑하다가 가난한 사냥꾼 유안의 집에서 하룻밤을 묵게 되었다. 유안은 유비를 극진히 대접하고자 했으나 식량이 없자 사랑하는 아내를 요리해 대접했다.

다음은 고대 로마의 크라디우스 갈레누스131~201의 『여행기』에 기록된 내용이다.

> 여관 주인이 돼지고기 대신 인육 요리를 내 놓았는데 수프 속에서 사람의 손가락이 발견되었다. 일행 중 한 사람이 요리될 뻔했다가 관원들에 의해 발각되었다.

제1차 십자군 원정으로 예루살렘을 탈환한 십자군은 혹독한 기아로 피정복자들의 인육을 먹었다. 프랑스의 연대기 작가인 랄프는 당시를 다음과 같이 기록하고 있다.

> 우리 군대는 성인 이교도들을 가마솥에 넣고 끓여 먹었고, 어린 아이들은 막대기에 꿰어 구워서 미친 듯이 먹어치웠다.

1200년경 이집트에 대홍수로 10만 명 이상이 기아와 질병과 식인 행위로 목숨을 잃었다. 그 당시 사람들은 아이들을 유괴해 먹기도 하고 무덤에서 시체를 파기도 했다.

1314년 영국에 혹독한 기근이 찾아 왔을 때, 굶주린 죄수들은 신입 죄수들을 잡아먹었고, 시민들은 고양이와 개를 포함하여 먹을 수 있는 것은 모조리 먹어 치웠다.

신구교도 간의 종교적 갈등으로 벌어진 30년 전쟁1618~1648에서 유럽의 인명 피해는 수백만 명에 달했으며 독일의 인구는 4분의 1로 줄었다. 당시 독일에서는 혹독한 기근으로 군대가 민가를 약탈하며 인육을 먹기도 한 것이 사실로 인정되었다.

아민 마르프는 『아랍이 본 십자군』에서 다음과 같이 적고 있다.

프랑크 군은 모두 야수나 다름없었다. 프랑크 인이 인육을 먹은 이야기는 당시 프랑크의 연대기에 많이 나오며 이는 사실이다. 19세기까지 유럽의 사가들은 이를 상세히 다루었는데 프랑스의 역사가 미쇼의 『십자군사』는 그 좋은 예다. 그러나 20세기가 되면서 서양인들은 기록을 감춘다.

유럽을 휩쓴 훈 족

4세기 중반 이후 훈 족의 침입을 피해 게르만 족이 대이동을 함으로써 유럽 역사에 일대 변화를 일으켰다. 훈 족은 유럽 남동부의 알라니 족과 동고트 제국을 정복하고, 이어서 376년에는 서고트 족을 정복함으로써 로마 제국의 도나우 강 국경 지역까지 세력을 뻗혔다.

395년 훈 족에 관한 최초의 체계적인 기록을 쓴 로마의 역사가 마르켈리누스의 기록에 의하면, 370년경 볼가 강 동쪽에서 모습을 드러낸 훈 족은 농경을 하지 않는 유목민으로서 부족 단위의 족장들은 있었으나 왕이 없었다. 훈 족은 뛰어난 승마술과 기동성, 그리고 용맹성과 잔인성으로 어떤 싸움에서도 압도적인 승리를 거두었다. 그들은 유럽 남동부를 침략해 약 140여 년 동안 거대한 제국을 건설한 유목 민족이었다.

432년이 되어 한 명의 왕인 루아[또는 루길라]에게 권력이 집중되었다. 434년 루아 왕이 죽자 그의 조카인 블레다와 아틸라가 공동으로 통치하다가 445년 아틸라[434~453 재위]가 형인 블레다를 살해하고 단독으로 왕위에 올랐다.

447년 아틸라는 동로마 제국을 대대적으로 공격했으며, 발칸 지역을 점령하고 그리스까지 남진했다. 흉노의 아틸라는 동로마 제국과 평화 협정을 맺어 동로마 제국을 침략하지 않는 조건으로 다량의 금을 받았다.

451년 아틸라는 갈리아 지역을 공격했으나 로마-서고트 족 연합군에게 패배했고, 452년에는 이탈리아까지 침공하여 여러 도시들을 점령했으나 기근과 전염병으로 철수했다. 453년 아틸라가 죽자 아들들이 제국을 분할하여 다투기 시작했고, 455년 결국 여러 민족들로 구성된 연합군에게 참패를 당했다. 동로마 제국은 이후 훈 족과의 접경 지역을 폐쇄했고, 훈 족은 역사에서 점차 사라지고 말았다.

기원전 3~1세기에 중국을 괴롭히다가 쇠퇴한 흉노족과 5~6세기 인도와 이란을 침략한 헤프탈 족이 훈 족일 것이라는 주장도 있지만 명확하지 않다.

아틸라의 만찬 훈 족의 아틸라는 유럽인에게 '하늘의 재앙'이라고 불릴 만큼 무서운 정복자로 알려져 있다. 아틸라가 집권한 453년까지 특히 동로마 제국을 괴롭힌 일이 가장 많았다. 449년 흉노와의 평화 협정을 위해 동로마 제국 사절단의 일원으로 아틸라 진영을 찾아간 프리스쿠스는 아틸라가 초대한 만찬 장면을 이렇게 적었다.

> 우리는 서로마 사람들과 함께 아틸라가 초대한 만찬에 참석했다. 우리는 그들의 풍속에 따라 헌주를 올리고 술을 입에 댄 뒤 양쪽으로 배치된 만찬 좌석에 가서 앉았다. 아틸라는 중앙의 긴 의자에 앉아 있었고 그 뒤로 그리스와 로마에서 결혼식에 사용하는 것과 비슷한 아마포 휘장을 두른 그의 침대가 있었다. 아틸라의 두 아들은 그의 오른쪽 의자에 앉아 있었고 큰 아들은 아틸라의 긴 의자 끝에 앉아 있었는데, 아버지에 대한 두려움 때문에 몹시 긴장하고 있는 모습이었다.
>
> 모두가 제자리에 앉자 시종이 아틸라에게 술잔을 올렸고, 아틸라는 서열이 가장 높은 사람을 향해 축배를 들었다. 그 사람은 일어선 채 아틸라가 잔을 비울 때까지 서 있어야 했다. 그런 뒤 손님들도 잔을 들어 그 사람에게 축배를 들고 술을 마셨다. 시종이 따라주는 술로 모든 참석자들에게 순서대로 축배를 들었다.
>
> 축배가 끝나자 참석자 서너 사람마다 작은 식탁이 놓이고 시종들이 빵과 고기로 조리한 음식을 가져다주었다. 아틸라는 매우 검소했다. 참석자들에게는 금이나 은으로 된 술잔과 접시가 나왔지만 아틸라는 목재로 된 잔이나 접시만을 사용했다. 그의 옷이나 칼, 신발의 걸쇠, 마구도 스키타이 인이 좋아하는 금이나 보석 장식은 볼 수가 없었다. 첫 접시를 비운 뒤 우리는 모두 일어나 술잔을 받아 아틸라에게 축배로 잔을 비운 뒤에야 자리에 앉을 수 있었다. 이어서 두 번째 접시가 나왔고, 이 접시가 끝나면 다시 축배를 들고 자리에 앉아야만 했다.

날이 어두워지자 횃불을 붙였고, 야만인 둘이 아틸라의 용맹을 찬양하는 노래 몇 곡을 불렀다. 노래에 흥분하는 사람도 있고, 노쇠하여 비탄에 잠기는 사람도 있었다. 노래가 끝나자 스키타이 인이 들어와 지어낸 황당한 이야기를 늘어놓았고, 다음으로 무어 인이 들어와 이탈리아와 훈 족, 고트 족 언어를 마구 섞어 쓰는 재주를 보여 모두 웃음을 터뜨렸지만, 아틸라는 아무 표정도 없이 여흥을 즐기는 기색이 전혀 보이지 않았다. 내가 아틸라는 막내아들 에르나스 외에 다른 아들들에게는 전혀 관심을 보이지 않는다고 말하자 곁에 있던 야만인이 이탈리아 어를 알아듣고는 나에게 더 이상 그런 이야기를 하지 말라고 주의를 주었다. 그는 예언자들이 말하기를 이 집안이 후에 몰락했다가 그 아이의 손으로 회복될 것이라고 했다는 것을 나에게 말해 주었다. 밤을 거의 새운 다음 우리는 연회장을 떠났다.

서로마 제국의 멸망

게르만 족의 대이동 유럽에는 지역별로 여러 민족이 나뉘어 살고 있었다. 지중해 일대의 이탈리아 반도에는 라틴 족, 그 동쪽에는 그리스 인, 중부 유럽의 북서 지역에는 켈트 족, 북동 지역에는 게르만 족이 살고 있었다. 인도유럽어 족 계통인 게르만 족은 원래 발트 해안 일대에서 수렵과 목축을 하며 살고 있었다.

그런데 중앙아시아 일대에 살던 기마 유목민인 훈 족이 광활한 초원을 찾아 유럽으로 침입해 왔다. 게르만 족은 전투 능력이 뛰어난 훈 족에 떠밀려 4세기 후반부터 5세기에 걸쳐 남쪽으로 대이동을 하면서 유럽 역사에 큰 변화가 일어났다. 훈 족은 현재의 헝가리 지방을 중심으로 동쪽으로는 카스피 해, 서쪽으로는 라인 강, 북쪽으로는 덴마크, 그리고 남쪽으로는 그리스 주변까지 그 세력을 뻗어 갔다.

375년 게르만 족인 동고트 족과 서고트 족은 서쪽으로 이동하여 켈트 족을 몰아내고, 다시 도나우 강을 넘어 대거 남쪽으로 이동했다. 그들 중 일부는 프랑스와 스페인에 머물렀고, 반달 족은 이탈리아와 시칠리아를 거쳐 카르타고까지 몰려가 해적 행위를 일삼고 주변 도시들을 괴롭혔다.

한편 유럽 대륙에 정착하고 있던 게르만 족의 일파인 색슨 족과 프랑크 족은 스칸디나비아 지역의 바이킹 족을 피해 서쪽으로 콘월, 웨일스, 브리타니아, 아일랜드 등 대서양 해안으로 쫓겨났다. 이것이 바로 게르만 족의 대이동이다.

서로마 제국의 멸망

376년, 약 200만 명의 게르만 서고트 족과 동고트 족이 로마 제국의 흑해 서쪽 국경을 넘어왔다. 당시 로마 제국은 출산율이 매우 낮아 병사 중에는 게르만 족을 포함한 상당수의 이민족 용병들을 고용하고 있었고, 귀화한 게르만인 용병 중에는 황제의 측근이 된 사람도 있었다. 약해질 대로 약해진 로마 군은 이러한 상황에서 밀려오는 서고트 족을 물리칠 수가 없었다.

380년 로마 영토로 이주해 온 서고트 족은 이들과 대치하던 동로마 군과 난투극이 벌어져 로마 군 4만 명과 함께 로마 황제 발렌스도 살해되었다. 알러릭이 이끄는 서고트 족의 군대는 서로마 지역의 넓은 영토를 점령했다. 로마 황제 테오도시우스가 이들 다신교의 신전을 파괴하고 이교도를 탄압하자 이들의 반발로 싸움은 절정에 이르렀다.

395년 테오도시우스가 죽자 그의 아들들이 제국을 다시 동서로 분할하여 서로마는 호노리우스가, 동로마는 아르카디우스가 지배했다.

406년 서고트 족이 로마 제국의 영토인 갈리아지금의 프랑스에 정착하기 시작하자 이를 계기로 더 많은 게르만 족이 로마 제국 땅으로 밀려왔다. 서로마의 황제 호노리우스는 궁전을 라벤나로 옮겨 로마 시는 더 이상 제국의 수도가 아니었다.

410년 약 800년간 외적의 침입을 받은 일이 없는 무적의 도시 로마 시에 알라리크가 이끄는 서고트 족이 아무 저항 없이 밀려들었다. 로마의 약탈은 로마 세계에 큰 충격이었다. 서고트 족은 식량 비축이 바닥나 있던 로마 시를 뒤로 하고 시칠리아로 향했다.

476년 게르만 족의 용병대장 오도아케르433~493는 서로마 제국이 정착지를 내주기로 한 약속을 어기자 반란을 일으켜 서로마 제국의 마지막 황제인 로물루스 아우구스툴루스를 폐위시키고 자신이 총독으로 서로마를 통치함으로써 서로마는 사실상 멸망하고 말았다.

493년 오도아케르는 동로마에 정착하고 있던 동고트 족의 테오데리히의 침략을 받아 살해되고, 568년 이탈리아 반도는 북으로부터 나타난 게르만 족의 다른 일파인 랑고바르드 족이 점령하고 말았다.

성 제롬의 편지

412년 로마를 떠나 베들레헴의 수도원에서 원장으로 있으면서 성서를 라틴어로 번역하는 작업에 몰두하고 있던 성 제롬은 에우스토키움에게 보낸 편지에서 서고트 족이 로마를 약탈하던 당시의 참담한 상황을 이렇게 적었다.

> 로마가 포위되어 많은 수도사와 수녀가 희생되었다는 소식을 듣고는 아무 것도 생각할 수 없습니다. 한때 세계를 정복했던 제국이었으나 이제는 속국이었던 이집트, 아프리카 그리고 동방의 여러 나라에서 노예들이 들고 일어나고, 부자들은 무일푼이 되고, 베들레헴의 사원에서 이들을 매일 받아들여야 하는 상황이 될 줄이야 누가 상상이라도 했겠습니까.
>
> 고통 받는 사람들을 위해 우리가 할 수 있는 일이라고는 그들을 위로하고 함께 눈물을 흘리는 일밖에 없습니다. 이는 감당하기 어려운 무거운 짐이었습니다. 고향에서 쫓겨나 무리를 지어 찾아오는 사람들을 보면 마음이 아픕니다. 우리는 성서 연구를 잠시 중단하고 성서의 가르침을 행동으로 실행했습니다. 하지만 당신의 권고에 따라 우리는 중단했던 일을 다시 시작하여 세 번째의 성서 작업에 착수합니다. – 제롬

2

중세사회 이야기

무하마드와 이슬람교

무하마드 570년 이슬람교의 창시자 무하마드[570~632]는 아라비아 반도 서부에 위치한 메카에서 태어났다. 그 당시 우상 숭배와 다신교를 믿던 아라비아에서 메카는 성지로 알려져 많은 순례자가 카바 신전을 찾고 있었다. 신전 내부에는 많은 신들의 조각상이 놓여 있었고, 그 가운데 알라는 주신의 위치를 차지하고 있었다.

무함마드의 아버지 압둘라는 카바 성역을 관리하는 높은 신분이었다. 그의 아버지는 무함마드가 태어나기 며칠 전에 죽었고, 그의 어머니도 그가 6세 때 세상을 떠났으며, 그를 돌봐 주던 할아버지도 그가 9세 때 죽었다. 그의 아버지가 남긴 유산이라고는 낙타 다섯 마리가 전부였으며 고아가 된 그는 숙부의 집에서 살면서 남의 목동으로 일하며 가사를 도왔다.

무하마드는 성장하면서 낙타 대상의 일을 거들다가 어느 부유한 상인의 미망인인 하디자 밑에서 일하게 되었다. 고용주인 하디자[40세]의 구혼으로 무하마드[25세]는 그녀와 결혼하고 2남 3녀를 두었는데 모두 어릴 때 죽고 딸 하나 만이 살아남았다. 이슬람 사회에서 상인은 매우 존경받는 대상이며 무하마드는 정직하고 정의로운 사람으로 존경받았다.

무하마드는 낙타 대상들에 끼어 아라비아 사막을 횡단하여 시리아, 팔레스타인 등 여러 지방을 다니면서 유대 인, 아랍 인, 기독교인, 유목민 등을 만나면서 그들의 종교에 관하여 들을 수 있는 기회가 많았다. 특히 그는 유일신을 믿는 유대교와 기독교에 대한 이야기를 듣고 아라비아 인들의 다신교와 우상 숭배에 대해 회의를 가지게 되었다.

610년 무하마드[40세]는 어느 날 메카 근교 히라 산의 동굴에서 명상에 잠겨 있던 중 유대 인의 전설에 나오는 대천사 가브리엘로부터 첫 번째 계시를 받았다. 환상을 보고 충격을 받은 무하마드는 3년 동안 자신의 체험에 대해 생각에 잠겨 있던 중 다시 환상을 보게 되었다. 광채에 둘러싸인 천사 가브리엘이 다시 자기 앞에 나타난 것이다.

무하마드는 아내 하디자에게 가브리엘이 자신이 신의 사도임을 알렸다고 털어놓았고, 이것은 신이 자신에게 부여한 사명임을 확신하게 되었다.

무하마드는 자신은 신적인 존재가 아닌 신의 뜻을 전하기 위해 신이 보낸 마지막 예언자로서 메카에서 설교를 시작했다. 그는 알라Allah만이 유일한 신이며 신 앞에서는 모든 사람은 평등하며 우상 숭배를 철저히 배격하면서 이슬람교를 창시하였다. 그러나 이슬람교는 다신교도들의 성지로서 경제적 이익을 누리던 메카의 특권층으로부터 박해를 받기 시작했다. 그들은 무하마드를 살해하기 위해 살인자들을 그의 집에 숨어들게 했으나 그는 창문을 통해 빠져 나와 겨우 죽음을 모면할 수 있었다.

622년 9월 24일, 무하마드는 신도들과 함께 메카를 탈출하여 메디나로 갔는데, 이를 헤지라성천라고 하여 이 해를 이슬람력의 원년으로 삼았다. 무하마드는 메디나에서 환대를 받고 세력을 키워 갔다. 그는 알라 신이 아브라함, 모세, 그리스도를 보내 신의 뜻을 전했는데, 이제 신은 자신을 마지막 예언자로 보냈다고 했다. 메디나에 온 무하마드는 정치에도 관여하여 혈연 의식이 강한 아랍 사회에 정교일체의 이슬람 공동체움마를 조직하여 혈연을 초월한 상부상조를 강조했다.

624년 무하마드는 움마의 재정을 확보하기 위해 재산에 따른 헌금액을 정해 현금이나 상품은 2.5%, 농산물은 5~10% 등을 내도록 정했고, 이슬람교도가 아닌 사람에게는 인두세를 내도록 했다. 또한 성문법으로 엄격한 형법을 제정하여 절도범은 태형이나 손을 자르도록 했으며 심지어는 사형에 처하기도 했다.

무하마드는 세력 확대를 위해 성전이라는 명분으로 친히 20여 차례나 출정하여 주변 지역을 통합하기 시작했으며, 627년에는 메카의 10만 명의 대군이 메디나를 침략했으나 악전고투 끝에 물리쳤다. 그는 사람은 그의 운명을 결정짓는 신의 뜻에 따라야 하며, 알라와 예언자인 자신을 위해 싸우다 죽은 사람은 천국에 갈 것이고 불신자나 비겁한 자는 죽어서 지옥으로 떨어진다고 주장했다.

630년 무하마드의 군대가 메카를 공격하자 메카의 상인과 귀족은 이슬람교를 받아들이고 무하마드의 지위를 인정한다는 조건으로 타협이 이루어져 무혈로 메카를 정복할 수 있었다. 메카를 점령한 무하마드는 인간 평등을 선언했다.

> 이제 과거의 모든 부채나 의무는 청산되었고, 일체의 계급적 특권도 없어졌다. 앞으로 지위나 혈통을 자랑하는 자는 용서받지 못할 것이다. 여러분 모두는

아담의 자손으로서 평등하다. 우열의 차이가 있다면 그것은 신을 공경하는 마음의 차이일 뿐이다.

무하마드의 세력은 남부 아라비아 전역으로 급속히 커져 갔다. 그는 교세 확장을 위해 아라비아 부족들을 규합하고 본격적인 성전을 시작하여 632년에 아라비아 반도가 통일되었다.

632년 6월 28일, 병을 앓던 무하마드62세는 4만 명의 순례자 앞에서 마지막 설교를 한 후 "알라신이여! 나의 죄를 용서하소서. 자, 이제 당신에게로 갑니다"라는 말을 남기고 눈을 감았다.

이슬람교 '이슬람'이란 말은 아라비아 어로 '복종' 또는 '평화'라는 뜻이다. 이슬람교의 특징은 알라만을 유일한 신으로 믿는 일신교로서 우상 숭배를 금하고, 신 앞에서 모든 사람은 평등하며, 승려나 선교사가 따로 없이 신과 직접적인 관계를 가지며, 이슬람 공동체움마를 형성하여 형제로서 상부상조를 강조한다.

이슬람교에서는 무하마드를 아담, 노아, 아브라함, 모세, 예수에 이은 마지막 예언자로 보아 예수 그리스도를 하나님의 아들, 즉 신으로 인정하지 않는 것이 그리스도교와 본질적으로 다른 점이다. 그러나 이슬람교의 경전인 『코란』에는 예수가 하느님의 은총을 받고 성녀 마리아에게서 탄생했으며, 하느님의 권능으로 예수가 기적을 행한 사실들을 기록하고 있으며, 최후의 심판일이 가까워질 때 예수가 재림할 것이라는 것도 담고 있다.

코란은 무하마드가 천사 가브리엘을 통해 받았다는 알라의 계시를 제자들이 가죽, 석판, 나무, 낙타나 양의 견갑골 등에 기록해 두었다가 그가 죽은 지 20여 년이 지난 650년경에 이런 내용을 정리하여 114장으로 결집한 것이다.

이슬람교에서는 믿어야 할 6신과 행해야 할 5행이 있다. 6신은 유일신 알라, 천사, 코란, 예언자 무하마드, 내세, 천명을 신봉하는 것을 말한다. 5행은 "알라만이 유일신이요 무하마드는 알라의 예언자이다"라고 외우는 신앙 고백, 하루 다섯 번 메카의 카바 사원을 향해 올리는 기도[살라트], 가난한 자를 도우기 위해 수익의 2.5%를 희사하는 일[자카트], 이슬람력 9월 한 달 동안 행하는 단식[라마단] 그리고 이슬람력 12월 첫 주에 성지 메카를 순례하는 일이다[하즈].

사람이 죽으면 하느님 앞에 불려가 심판을 받아 선악에 따라 천국과 지옥으로 영원히 갈라진다는 것이 이슬람교의 구원관이다.

수니파와 시아파

632년 이슬람교를 창시한 무하마드는 분열하지 말고 단결하라는 유언을 남기고 세상을 떠났다. 생전에 후계자를 지명하지 않아 부족장 회의에서 무하마드의 친구이자 장인인 아브 바크르가 초대 칼리프632~634로 선출되었다.

이슬람이 대제국으로 성장하여 칼리프의 권력이 막강해지자 후계자를 놓고 암투가 치열해졌다. 제2대 칼리프로 선출된 우마르634~644는 시리아, 이집트, 이란의 일부를 정복했으나 644년에 우스만에 의해 암살당했다.

656년 제3대 칼리프 우스만644~656이 암살당하자 그의 정적이자 무하마드의 사촌이며 사위인 알리656~661가 제4대 칼리프로 선출되었다. 옴미아드 왕조는 잡음을 없애고 권력을 항구적으로 독점하기 위해 칼리프의 세습을 결정하였다. 결국 알리는 661년에 반대파에 의해 암살당하고 말았다. 이란 인들이 지금도 카네이션을 좋아하는 것은 순교자 알리의 피를 상징하기 때문이다.

알리가 죽자 그의 아들 하산이 지위를 계승하였으나, 그는 우스만의 사촌인 무아이야가 죽은 후 다시 칼리프가 되기로 약속하고 무아이야660~750에게 칼리프의 지위를 양보했다. 그러나 750년에 무아이야가 죽은 후 그의 아들이 지위를 물려받자 내부의 불화가 심각해져 결국 이슬람은 수니파와 시아파의 양대 종파로 분열되고 말았다.

무아이야는 다마스커스에서 우마이야 왕조를 열었으나 압바스 일족에게 타도되고 말았다. 압바스 왕조의 제2대 칼리프 만수르754~775는 수도를 바그다드로 옮겼다. 그 후 수도를 다시 이집트 카이로로 옮겼다가 1517년 오스만 투르크에 의해 정복당하고 오스만 투르크의 술탄왕이 이슬람 세계의 칼리프에 임명되었다. 이렇게 이슬람 세계의 주도권은 아랍에서 페르시아, 그리고 오스만 투르크로 옮겨갔다.

전 세계 57개국의 12억 명의 이슬람교도 중 약 90%를 차지하는 수니파정통파는 무하마드의 수니관습를 중시하며, 초기 3대의 칼리프만을 정통 칼리프로 인정한다. 시아파는 초기 3대의 칼리프는 인정하지 않고 알리의 혈통만을 정통 칼리프로 인정한다.

수니파의 칼리프는 1924년까지 존속했으나 터키의 초대 대통령 케말 파샤가 칼리프 제도를 폐지시켰다. 시아파는 칼리프 제도를 인정하지 않기 때문에 금요일 정오에 모스크에서 기도를 지도하는 12명의 이맘을 칼리프에 상당하는 지도자로 여겨 예언자 무하마드의 대리인, 즉 알리의 후계자라야 한다는 입장이다.

이슬람교의 천국과 지옥 이슬람교에서 인간은 사후에 알라의 심판을 받아 신의 축복이냐 저주냐에 따라 천국과 지옥으로 영원히 갈라지며 중간은 존재하지 않는다. 『코란』은 유일신 알라를 믿고 『코란』의 계율대로 산 사람이 누릴 천국에 대해 자세히 기록하고 있다.

> 그들은 낙원에서 영원히 나이 먹지 않고 젊음과 정력을 유지하며 8만 명의 하인과 72명의 젊고 아름다운 아내와 함께 행복을 누린다. 황금 접시가 차례차례로 돌려지고 그 속에는 그들이 바라는 것이 가득 채워진다.
>
> 하인들이 따라 주는 최고급 술은 아무리 마셔도 취하지 않으며 머리도 아프지 않다. 진귀한 과일과 신선한 고기 등 300가지가 넘는 음식을 마음대로 먹을 수 있으며 젊고 아름다운 아가씨들이 기다리고 있다.
>
> 바나나 나무 그늘이 있는 맑은 개울가에서 사람들이 행복하게 산다. 황금 팔찌와 진주로 몸을 장식하고 화려한 녹색 비단과 금란의 옷을 입은 그들은 포도 넝쿨 밑에서 은잔을 주고받는다.

또한 알라를 믿지 않아 지옥으로 떨어지는 사람이 겪어야 할 지옥의 장면은 다음과 같다.

> 그들은 19명의 천사가 내려 보는 가운데 지옥의 불속에 떨어진다. 불로 만든 옷을 입고 머리 위에서 펄펄 끓는 물을 쏟아 부으면 피부는 서서히 타기 시작하고 내장은 녹아내린다. 그들은 쇠갈고리를 먹어야 한다. 고통스러워지기 시작하면 이제는 바늘에 찔린다. 피부가 다 타버리면 새 피부를 만들어 주어 다시 지옥의 불 속으로 떨어져 고통은 영원히 반복된다.

13명의 아내를 둔 무하마드 중동의 유목민에게 일부다처는 전통적인 관습이었다. 이슬람교가 생기기 이전[무지의 시대]에는 여성의 지위는 매우 낮아 여성은 상속권이 없었고, 하나의 자산으로 여겨져 아버지나 남편이 딸이나 아내를 파는 일은 흔했으며 계집아이가 태어나면 생매장하기도 했다.

딸을 갖는 것을 재앙으로 여기던 당시에 무하마드는 여성의 지위를 크게 개선하여 유아 살해를 금지시키고, 여성에게도 남성 절반의 상속권을 주었다.

무하마드에게는 모두 13명의 아내가 있었는데 대부분이 전쟁 미망인들이었고 아내 중에 한 명은 흑인이었으며, 자신의 딸을 흑인 남성과 결혼시키기도 했다. 첫 번째 아내 하디자와 세 번째 아내 아이샤 외에는 같이 살았다는 기록이 없다. 그의 결혼은 전쟁 미망인에 대한 배려와 인종 차별이 없음을 실천으로 보여 주었다고 할 수 있다.

첫 번째 아내 하디자는 15년 연상의 미망인으로서 무하마드의 고용주였다. 하디자를 진실로 사랑한 무하마드는 그녀가 살아 있는 동안 다른 아내를 두지 않았다.

두 번째 아내 사우다는 외숙모였으며 그녀도 미망인이었다.

세 번째 아내 아이샤는 친구이자 후에 초대 칼리프가 된 아부 바크르의 딸로서 무하마드가 가장 총애했던 여인이다. 그녀는 친척인 한 청년과 약혼한 상태였으나 무하마드가 구혼하자 그녀의 아버지는 딸을 친구인 무하마드에게 주었다. 그녀는 18세에 미망인이 되었으나 무하마드의 아내라는 이유 때문에 재혼이 허용되지 않았다.

네 번째 아내 하프사는 전쟁 미망인이었다. 그녀의 남편은 무하마드의 지휘 아래 메카 군과 싸우다 전사했는데 딸을 걱정한 아버지가 혼처를 찾던 중 무하마드가 거두어 주었다.

다섯 번째 아내 자이나브도 전쟁 미망인이었는데 결혼한 지 8개월 만에 죽었다.

여섯 번째 아내 힌드란도 전쟁 미망인이었다.

일곱 번째 아내 자이나브는 무하마드의 사촌 누이로서 그녀도 미망인이었다.

여덟 번째 아내 주와이리야는 유목민으로서 전쟁 포로였다.

아홉 번째 아내 라이하나는 유대교도의 딸로서 그녀의 남편은 무하마드와의 싸움에서 전사했다.

열 번째 아내 사피야는 유대교도로서 그녀의 남편도 무하마드와의 싸움에서 죽었다.

열한 번째 아내 마리아는 기독교도로서 동로마 제국의 이집트 총독이 선물로 바친 여자 노예였다. 그녀는 이교도였기에 정식 아내로는 인정받지 못하고 노예 신분으로 있었다.

열두 번째 아내 람라는 세력가 집안의 딸로서 결혼 당시 미망인이었다.

열세 번째 아내 마이무나26세는 무하마드 큰아버지의 처제였다.

성 전 무하마드가 죽은 후 그의 후계자들은 포교를 위한 성전의 명목으로 정복 전쟁을 벌여 이슬람 세력은 팔레스타나, 페르시아, 이집트에 이어 시칠리아, 스페인을 점령하는 등 100년도 안 되어 서쪽으로는 이베리아 반도, 남쪽으로는 북아프리카, 동쪽으로는 인더스 강에 이르는 대제국을 건설했다.

『코란』에는 "종교에는 어떤 강요도 있을 수 없다"라고 되어 있다. 이슬람 세력은 피정복지의 주민들에게 "코란이냐, 공납이냐, 검이냐"를 선택하도록 하여 이슬람교로 개종하면 대등하게 취급해 주었고, 개종은 않더라도 반항하지 않으면 세금만 거두고 그들의 종교와 문화와 관습을 보호해 주었으며, 반항하면 칼로 내리쳤다.

당시 동로마 제국의 통치하에 있던 이집트와 시리아의 주민들은 이슬람 세력을 해방자로서 오히려 환영했으며, 관용과 평등이 보장되는 이슬람교로 대거 개종하기 시작하여 이슬람교는 빠르게 확산되었다.

전리품 분배 이슬람 군의 전리품 분배 방식은 독특했다. 그들은 오랜 부족 사회의 관습에 따라 전리품의 5분의 4는 전투에 참가한 병사들이 나누어 갖고, 남는 것을 무하마드나 그의 후계자인 칼리프에게 바쳤다. 병사에게 분배되는 전리품은 금액을 기준으로 기병과 보병은 3 대 1의 비율로 분배되었다. 다음은 당시 전리품에 관한 기록이다.

> 병사들은 사방으로 흩어져 금은, 의류, 보석, 무기, 양탄자 등 전리품을 끌어모았다. 그중 5분의 1을 제외한 나머지를 6만 명의 병사에게 분배하니 한 사람에게 돌아가는 몫은 1만 2,000데이르함이었다.
>
> 그 밖에 무마르제2대 칼리프에게 바칠 값비싼 물품이 가득 있었다. 그중에는 보석을 새긴 은 안장을 갖춘 말, 금 구두를 신은 순금 낙타, 길이 150m에 폭이 30m나 되는 백색의 비단 양탄자도 있었다.

이슬람 상인

이슬람 세계는 도시를 중심으로 수공업이 발달하여 직물, 귀금속 제품, 공예품 등이 생산되었고 석탄 등의 지하자원도 이용되었다. 상인들은 육상과 해상을 통해 멀리 인도, 중국, 동남아시아, 수단 그리고 흑해 연안까지 진출했다. 그들은 거래에 주로 금과 은을 사용하였으며 이미 환어음이나 수표도 사용하고 있었다. 페르시아의 대표적 시인 사디1184~1291는 그의 작품에서 이슬람 상인들의 활약상을 다음과 같이 적고 있다.

> 내가 만난 한 이슬람 상인은 150바리의 상품과 40명의 노예를 소유하고 있었다. 어느 날 밤 페르시아 만 입구의 키시 섬에서 이 상인은 나를 자기 방으로 불러 이런저런 종잡을 수 없는 이야기를 하면서 하룻밤을 지냈다.
>
> 그는 내게 말하기를 "투르키스탄에는 내 창고가 있고, 어떤 상품은 인도에 있으며, 이것은 땅문서이며, 어떤 상품의 보증인은 누구이며, …… 이번에는 기후가 좋은 알렉산드리아로 갈 작정이라네. 서방 해로는 험난하고 불안해. 나는 마지막으로 한 번 더 여행을 하고는 은퇴하여 여생을 즐기면서 보낼 작정이라네" 라고 했다.
>
> 그래서 내가 그 마지막 여행이란 어떤 것이냐고 물었더니 그는 "페르시아산 황을 지나China에 가지고 갈 생각이야. 그리고 중국의 도자기를 소아시아 나라들로 가지고 가고, 루므의 금란을 인도로, 인도의 강철을 시리아로, 예멘산 줄무늬 천을 페르시아로 가지고 갈 것이라네. 그 후에는 여행을 그만두고 편안히 쉬면서 지내고 싶다네"라고 했다.

『아라비안나이트』에 나오는 「알라바바와 40인의 도적」이나 「신밧드의 모험」 등에 나오는 이슬람 상인의 이야기는 당시 그들의 활약상을 배경으로 한 이야기이다.

아라비안나이트

『아라비안나이트千一夜話』는 페르시아의 고대 설화에 셈족과 이집트의 민간설화가 합쳐져 사라센 제국의 전성기였던 15~16세기 무렵에 완성되었다. 페르시아 사산 왕조의 샤리야르 왕은 사랑하는 왕비가 부정을 저지르자 격분하여 그녀를 죽였다. 그로부터 여성을 증오하게 된 왕은 새 왕비를 맞아들여 첫날밤을 지내고 나면 왕비를 바로 죽여 버리는 잔인한 짓을 계속했다.

그러던 어느 날 샤라자데라는 한 대신의 딸이 자기가 왕에게 시집가겠다고 자청했다. 그녀 자신도 하룻밤이 지나면 왕의 손에 죽게 된다는 것을 잘 알고 있었다. 그래서 그녀는 첫날밤 잠자리에서 아주 재미있는 이야기를 왕에게 들려주었다. 왕이 재미있어 하자 샤라자데는 나머지 이야기를 다음 날로 미루었다. 왕은 그 다음에 이어질 이야기가 듣고 싶어 그녀를 죽이는 것을 다음 날로 미루었다. 샤라자데의 재미있는 이야기가 천 하룻밤을 이어가는 동안 왕은 여자에 대한 증오심이 없어지고 샤라자데와 함께 행복한 여생을 보내게 되었다.

샤라자데가 왕에게 들려준 이야기를 집대성한 것이 『아라비안나이트』이다. 이슬람 세계에서는 백, 천, 만 등에 하나를 덧붙이면 '무수히 많다'는 뜻이 된다.

우리에게 잘 알려진 "열려라, 참깨!"는 그중 「알리바바와 40인의 도적」에 나오는 주문이다. 척박한 아라비아 사막에서 끈질긴 생명력을 이어온 아라비아 인들은 어딘가에 어마어마한 보물 창고가 있을 것이라는 환상을 즐겼던 것이다.

당 태종과 비단길

당 태종

618년 태원 유수였던 이연이 장안을 공격하고 당나라의 새 왕조를 수립하였으나 나라의 기반을 다진 사람은 그의 둘째 아들 태종 이세민598~649이었다. 고조의 뒤를 이어 권력을 장악한 태종은 유가의 덕치주의를 받아들여 '나라는 백성을 근본으로 삼는다'를 기본 이념으로 하여 전성기를 구가하여 '정관의 치'라는 칭송을 들었다.

태종도 말년에는 불로장생을 위해 천축의 방사가 준 장생약을 먹었으나 병을 얻어 649년 51세를 일기로 세상을 떠났다. 당시의 장생약은 대개가 수은, 황, 비소 등의 치명적인 해독성 광물질로 되어 있어 고열, 마비, 갈증, 정신 이상 등 많은 부작용을 초래했다.

태종의 정실부인인 문덕황후와의 사이에 세 명의 아들이 있었는데, 장남 승건을 태자로 옹립했으나 놀기만 좋아하여 그를 폐하고 결국 삼남인 치에게 왕위를 물려주어 고종으로 즉위했다. 중국 역사상 유일한 여제였던 악명 높은 측천무후가 바로 고종의 황후이다.

당은 균전제와 부병제를 실시하여 재정의 안정을 도모하고 군비를 강화하여 나라 전체는 부강해졌지만, 균전의 농민들은 과중한 세금으로 비참한 생활이었다. 다음은 당나라 시인 이신이 농부의 심정을 노래한 글이다.

鋤禾日當午	한낮에 김을 매는데
汗滴禾下土	땀방울이 논 가운데 떨어진다
誰知盤中飧	누가 알 것인가 소반의 밥이
粒粒皆辛苦	알알이 피땀이 어리어 있는 것을
昨日到城郭	어제 성 밖에 나갔다가
歸來淚滿巾	돌아와서 눈물을 흘렸네
徧身綺羅者	비단옷을 걸친 사람은
不是養蠶人	모두 농부(양잠인)가 아니네

현무문의 변 당나라 고조에 등극한 이연은 큰아들 건성을 태자로 봉하고, 둘째 아들 세민은 진 왕과 상서령재상에 봉해 정무를 맡기고, 셋째 아들 원길은 제 왕에 봉했다. 고조는 새 왕조의 창건에 크게 공헌한 세민을 위해 장안성 밖에 홍의궁이라는 궁전을 지어 그곳에 거주하도록 하고, 태자 건성에게는 동궁이라는 자신의 궁전이 있었다.

세민의 활약으로 군벌의 위협이 사라지고 그의 명성이 점차 높아지자 태자인 건성은 두려움을 느끼고 동생 원길과 합세하여 세민의 세력을 꺾으려 했다. 한번은 태자 건성의 초청을 받고 동궁의 연회에 참석한 세민이 술을 마신 후 심한 복통과 함께 피를 토한 적도 있었다. 건성은 고조를 섬기는 중신과 궁녀를 포섭하여 세민이 음모를 꾸미고 있다는 소문을 퍼뜨리게 했다. 이에 고조가 세민을 처벌하려 했으나 진숙달이 만류했다.

이를 눈치 챈 세민은 많은 사람에게 태자와 원길의 동태를 감시하게 했다. 세민의 심복들이 거사를 재촉하자 세민은 마음을 굳혔다. 그는 고조를 찾아갔다.

"형인 태자 건성과 동생 원길이 후궁과 결탁하여 아바마마를 살해할 음모를 꾸미고 있으며 신도 죽이려 하고 있습니다."

깜짝 놀란 고조는 이들을 급히 불렀다. 다음 날 새벽 고조의 부름을 받고 황제가 거처하는 대명궁의 현무문을 들어서던 태자 건성은 세민이 매수해 두었던 수비대장 상하의 부하에게 무참히 살해626되었다. 뒤따르던 원길24세이 당황하여 저항했지만 그도 무참히 살해되고 말았다. 태자 건성의 다섯 아들과 원길의 다섯 아들도 모두 죽음을 당했다.

고조는 크게 한탄했으나 어쩔 수 없었다. 그로부터 3일 후 이세민28세은 황태자가 되고 3개월 뒤에는 고조마저 퇴위시키고 자신이 태종으로 등극했다.

삼장법사 현장 당나라의 승려 현장602~664은 불경을 구하러 비단길을 따라 인도로 가서 불경을 연구하고 불경 삼장經·律·論을 번역했고 또한 법상종과 구상종의 시조가 된 사람이다.

낙양의 명문 집안에서 태어난 현장은 10살 때 부친이 돌아가자 출가한 형을 따라 낙양의 정토사에서 살게 되었는데 그때부터 불경에 흥미를 가지게 되었다. 그는 20살에 구족계를 받고 본격적인 출가승이 되어 고승들을 찾아다니며 불경 연구에 전념했다. 삼장은 인도로 가서 경전의 원본을 연구하고자 했으나 당시 일반 백성들이 외국으로 나가는 것이 금지되어 있어 뜻을 이루지 못했다.

627년 마침내 현장26세은 몰래 장안을 빠져나가 인도로 향해 길을 떠났다. 그는 천산북로를 따라 고창국과 구자국을 거쳐 힌두쿠시 산맥을 넘어 바미얀을 거쳐 4년 만에 인도에 도착했다. 그는 불교 연구의 중심에 있던 나란다 사원에서 5년간 불경을 공부했다.

공부를 마친 현장은 인도 각지의 불교 유적지를 순례하며 불전을 구한 후 귀국길에 올랐다. 현장은 천산남로를 경유하여 18년 만인 645년에 장안으로 돌아왔는데, 그는 서역의 30여 나라를 거쳐 경전 657부를 가지고 돌아왔다.

현장은 그동안 각처에서 보고 들은 여행기인 『대당서역기』를 저술하여 서역과 인도의 역사에 관한 귀중한 기록을 남겼다. 당나라 태종과 고종은 그를 적극 지원하여 인도에서 가져온 불전 76부 1,355권을 번역하도록 하고 장안의 대자은사에 대안탑을 건립하여 불전과 불상을 안치하도록 했고 이것은 오늘날까지 보존되고 있다.

불경의 번역에 심혈을 기울인 현장은 664년 62세로 입적하면서 마지막 한 마디를 남겼다.

"아, 하얀 연꽃이 보이는구나. 참 크고 아름답구나."

16세기 명나라 때 쓰인 『서유기』는 삼장 법사 현장이 원숭이 손오공, 돼지 저팔계, 요괴 사오정과 함께 불전을 구하러 천축으로 여행하는 모험 이야기로서 실화를 바탕으로 쓰인 것이다.

여 황제 측천무후

당나라 태종 말년에 "당나라 3대 이후는 여주무왕女主武王이 천하를 차지한다"라는 말이 떠돌았다. 태종이 태사에게 점을 치게 했더니 "당나라에 여주인이 일어난다"라는 점괘가 나왔다. 불안해 진 태종은 얼마 후 다시 태사령 이순풍에게 물었다.

"항간에 여주무왕이 천하를 차지한다는 말이 나도는데 사실인가?"

"폐하, 그 사람은 이미 폐하의 궁 안에 있습니다. 앞으로 30년이 못되어 천하를 통치하고 황족을 주살할 것입니다."

태종에게는 100명 이상의 후궁이 있었는데 그중에는 무조武曌라는 소녀가 있었으니 그가 바로 후일의 측천무후624~705이다. 문수지방 대지주의 딸로 태어난 무조는 빼어난 미모로 14세의 어린 나이에 태종의 후궁이 되었다. 무조는 의지가 강하고 총명했으나 성질이 거칠었다.

어느 날 우연히 무조를 본 태자는 그녀에게 매혹되어 태종이 병석에 있는 동안 서로 가까이 지내다가 둘 사이에 아이까지 가지게 되었다. 태종이 죽자 관례에 따라 무조는 다른 후궁들과 함께 머리를 깎고 감업사에 들어가 비구니가 되었다. 태종의 뒤를 이어 제위에 오른 태자, 즉 고종이 후궁 소 숙비만 총애하자 질투를 느낀 왕황후는 고종이 태자 시절에 사랑했던 무조를 불러들였다.

다시 궁으로 들어온 무조29세는 고종과 황후의 사랑과 신임을 받으며 소의의 자리에 올랐다. 고종의 총애를 한몸에 받으며 새로운 기회를 얻은 무 소의는 먼저 왕 황후와 결탁하여 소 숙비를 모함하여 유폐시킨 다음 아들이 없는 왕 황후를 모함하여 몰아냈다.

황후가 된 측천무후는 고종의 지병인 간질병을 이유로 정치에 관여하기 시작하여 고종을 능가하는 실권자가 되었다. 그녀는 권좌를 노리는 자들에 대한 경고로 폐위된 황후와 소 숙비를 끌어내어 채찍질한 후 살해하고는 그들의 수족을 잘라 술 항아리에 넣었다.

무 황후는 태자 충을 폐위하고 자신의 소생인 홍을 태자로 삼았다. 그러다가 다시 홍을 독살하고 동생 현을 태자로 삼았다. 그러나 후일 태자 현을 핍박하여 자살하게 하고는 철을 태자로 삼았다. 이렇게 그녀는 자신의 지위를 위해서는 혈육도 무참히 희생시켰다.

무 황후는 고종이 가까이했던 여인들과 반대자들 100명 이상을 살해했다. 조정의 구관료들을 몰아내고 과거 출신의 능력 있는 자들을 대거 관리로 등용하여 자신의 세력을 키우는 한편 심복인 허경종과 이의부에게 국무를 처리하게 했다.

무후에게 실권을 빼앗긴 고종이 그제야 후회하자 충신 상관의가 간했다.

“황후가 정사를 좌지우지하는 것을 많은 조정 대신들과 백성들이 좋지 않게 여깁니다. 아직 때가 늦지 않으니 하루 빨리 황후를 폐위시키는 것이 좋습니다.”

고종은 이 말에 힘을 얻어 그 자리에서 상관의에게 무 황후를 폐위한다는 칙서를 작성하게 하고는 퇴궐했다. 그러나 이 일은 고종 곁에서 시중드는 무 황후의 심복에 의해 재빨리 무 황후에게 알려졌다. 다급해진 그녀는 곧바로 고종의 처소로 달려갔다. 그녀는 서가에 놓인 칙서를 발견하고는 갈기갈기 찢어버리고 언성을 높여 고종을 책망했다. 놀란 고종은 다시는 이런 짓을 하지 않겠다고 무 소의에게 맹세했다. 그 후 고종은 더욱 무력해지고 무 황후의 기세는 갈수록 당당해졌다.

682년 고종이 죽자 태자 철이 중종으로 뒤를 이었다. 어리석은 중종이 위 황후의 부친인 위현정을 문하시중으로 봉하려고 하자 중서령 배염이 반대했다. 이에 중종은 벌컥 화를 냈다.

“내가 천하를 위현정에게 준다 한들 누가 막겠는가? 겨우 문하시중의 직위를 주려는데 어찌 이렇게 난리들인가.”

이 일로 크게 노한 측천무후는 문무백관을 소집해 중종의 폐위를 지시했다. 다음 날 아침 평소와 같이 중종이 조회에 참석하여 보좌에 앉으려 하자 중서령 배염이 이를 저지하며 중종을 폐위하고 노릉 왕으로 봉한다는 황태후의 칙서를 읽었다. 시위들이 발버둥치는 중종을 끌어냈다. 당나라는 온통 무씨의 천하가 되었다.

불만을 품은 황실의 일부 세력이 은밀히 반란을 모의하자 황태후는 대군을 출동시켜 반란에 참여하지 않은 당나라의 제왕들까지도 모조리 죽이라고 했다. 이 일로 태종의 동생과 고종의 형제를 비롯한 일족이 죽음을 당하고 측천무후의 정치 기반은 더욱 확고히 다져졌다.

690년 측천무후66세는 마침내 스스로 측천대성황제에 오르고 국호를 주周로 바꾸었다. 중국의 역사상 유일한 여황제가 된 그녀는 성신 황제 또는 측천 황제라고도 했다.

705년 노쇠한 측천무후82세가 병으로 눕자 재상 장간지가 정변을 일으켜 중종을 다시 복위시킴으로써 주나라는 15년의 짧은 역사를 마감했다. 측천무후는 상양궁에 유폐되어 그곳에서 여생을 마쳤고, 중종은 위 황후와 딸 안락 공주에 의해 독살당하고 황태후가 섭정을 시작했다.

소 숙비와 황후를 제거한 무 소의 무 소의가 소 숙비를 제거하자 소 숙비는 증오에 찬 얼굴로 무 소의에게 소리쳤다.

"너는 여우렸다! 내가 이렇게 된 것도 모두 네 여우의 농간 때문이야. 나는 죽어도 죽지 않는다. 나는 고양이로 환생하여 쥐로 환생한 네 년의 목을 끊고 말 테다."

그 후 그녀는 궁중에서 고양이 기르는 것을 금했으며 장안의 궁중에서 살지 않고 낙양에서 지내는 일이 많았다.

그런 다음 무 소의는 왕 황후를 제거하기로 작정했다. 무 소의가 공주를 낳았을 때의 일이다. 왕 황후는 무 소의에게 미리 알리고 산실로 찾아 갔다. 그런데 산실에는 산모는 보이지 않고 갓 태어난 아기만 있었다. 황후는 할 수 없이 아기만을 보고 돌아가자 무 소의가 이내 산실로 돌아왔다.

때마침 고종이 새로 얻은 공주를 보기 위해 산실로 행차한다는 전갈이 왔다. 그런데 고종이 도착하자 무 소의는 아기를 안고 통곡을 하며 고종을 맞았다. 고종에게 보인 아기는 이미 죽어 있었다. 시녀들이 당황하여 방금 황후가 다녀갔다고 보고하니 황후는 아기를 죽인 혐의를 면할 수 없게 되었다.

그러나 아기를 죽인 사람은 바로 그 아기의 어머니인 무 소의였다. 황후가 온다는 전갈을 받고는 자리를 비웠다가 황후가 다녀 간 직후에 자기 방으로 돌아와 아기를 목을 졸라 죽이고는 그 죄를 황후에게 덮어 씌웠던 것이다.

두 스님을 초청한 측천무후 측천무후가 어느 날 혜안 국사와 신수 선사 두 스님을 궁중으로 초대했다. 측천무후와 함께 식사를 마친 두 스님은 이어서 목욕을 하게 되었다. 측천무후는 궁녀를 시켜 목욕을 하는 두 스님의 시중을 들게 했다. 그런데 혜안 국사는 궁녀의 시중을 극구 사양했으나 신수 선사는 아무 거리낌 없이 궁녀의 시중을 받으며 목욕을 끝냈다. 그러자 측천무후가 남녀의 분별심을 초월한 신수 선사를 보고 크게 감탄하며 말했다.

"물에 들어가니 비로소 누가 도인인 줄 알겠구려."

고선지

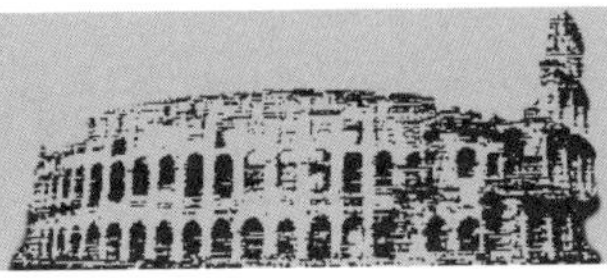

668년 고구려가 신라와 당나라의 연합군에 의해 멸망했을 때 당은 고구려의 부흥을 염려하여 노약자를 제외한 약 3만 호를 강제로 당나라로 이주시켰다. 당으로 끌려간 고구려의 젊은이 가운데는 당에서 병사가 된 자가 많았는데, 고선지高仙芝의 아버지 고사계가 이 경우이다.

고선지?~755는 12살 때 부친 고사계가 안서에서 장교가 되자 아버지를 따라 그곳에서 기마와 무술을 익히고 군인이 되었다. 고선지는 능력을 인정받아 안서부도호를 거쳐 사진의 도병마사가 되었다.

당나라 태종 이후 변경의 소수 이민족 출신에 대해서도 차별 없이 능력에 따라 변방의 수비에 적극 기용했다. 호인의 부친과 돌궐인 모친 사이에서 태어난 절도사 안록산과 고구려 출신 고선지가 파격적인 승진을 할 수 있었던 것은 이러한 정책이 있었기에 가능했다.

그 무렵 소발율을 비롯한 서역의 여러 나라는 토번을 중심으로 세력을 규합하여 이슬람 제국과 제휴하여 당에 맞서기 시작했다.

747년 당 현종은 고선지에게 기병 1만 명으로 파미르 고원의 소발율을 정벌하도록 했다. 고선지가 이끄는 당군은 파미르 고원과 강을 건너 100여일 만에 타슈쿠르칸에 도착했다. 여기서 고선지의 군대는 토번을 공격하여 대승을 거두고 항복을 받아냈다. 이 전투에서 토번 군은 5,000명이 죽고 1,000명이 포로로 잡혔다.

고선지는 이 기세를 몰아 소발율 정복을 위해 힌두쿠시 산맥 중 가장 험준한 해발 4,576m의 다르코트령을 넘어 아로월 성을 공략했다. 뜻밖에 당군의 공격을 받은 소발율의 병사들은 당황한 나머지 전의를 상실하고 항복했다. 고선지는 소발율의 왕과 토번의 공주 등을 포로로 잡고 회군했다.

고선지는 관례대로 직속상관인 절도사를 거치지 않고 직접 부하를 장안으로 보내 황제에게 승리를 알림으로써 안서절도사인 몽부의 노여움을 사고 말았다. 이 일로 몽부가 고선지를 제거하려 하자 군의 동태를 감시하기 위해 조정에서 파견된 감군監軍이 조정에 상소를 올렸다.

"고선지는 보기 드문 인재인데 그의 목숨이 경각에 달렸으니 황상께서 그를 구제해 주시기 바랍니다."

결국 몽부는 해임되고 고선지가 그의 뒤를 이어 안서사진절도사가 되어 막강한 병력을 거느리고 서역을 담당하는 중책을 맡게 되었다.

탈라스 전투

750년 옴미아드 왕조를 밀어내고 이슬람 세계의 패권을 장악한 압바스 왕조는 중앙아시아 일대의 여러 민족에게 이슬람교를 전파하면서 세력을 뻗치고 있었다.

750년 고선지는 한족과 번족으로 구성된 7만 명의 대군을 이끌고 다시 파미르 고원을 넘어 지금의 우즈베크 공화국 내에 있는 타슈켄트를 토벌하기 위해 출정했다. 고선지가 타슈켄트 왕에게 말했다.

"당신이 직접 우리 황제에게 사죄를 청하면 황제께서 당신을 용서할 것이오. 당신의 신변은 내가 보장하겠소."

타슈켄트 왕은 고선지의 말을 믿고 장안으로 갔다가 참수를 당하고 말았다. 이 공로로 고선지는 하서절도사 우우림군 대장군이 되고 밀운군공으로 봉해졌다.

751년 고선지에게 정복당했던 타슈켄트가 주변의 아랍국과 손잡고 당을 공격해

왔다. 고선지 군이 탈라스 강에서 아랍 연합군과 일대 격전을 벌렸다[탈라스 전투]. 고선지 군은 뜻하지 않게 당에 협력을 약속했던 돌궐의 일족 카를룩이 등을 돌려 당군을 배후에서 공격함으로써 5일 만에 참패를 당하고 말았다. 7만 명의 병사 중 살아서 돌아간 자는 겨우 수천 명에 불과했고 2만여 명이 포로가 되어 아랍으로 끌려갔다. 간신히 목숨을 건진 고선지는 패전의 책임을 지고 물러났다.

이 전투의 패배로 당은 파미르 고원 서쪽의 중앙아시아를 완전히 잃어버림으로써 중국 문화권에 속하던 중앙아시아가 이슬람의 문화권으로 바뀌게 되었다. 이때 포로로 잡혀간 당나라의 병사들 가운데 제지 기술자가 있어 이들을 통해 중국의 제지술이 아랍 세계와 유럽에 전해졌다. 또한 아랍과 중앙아시아의 진귀한 보물들이 중국으로 들어왔는데, 신라의 귀족들이 장식품으로 즐겨 사용한 슬슬瑟瑟 : 주옥은 이때 전해진 것이다.

그 후 755년 당나라에서 안록산의 난이 발발하자 고선지는 토벌군 부원수로 임명되어 군사 10만 명을 거느리고 낙양 서쪽 섬주에 도착했다. 고선지는 친구이자 부하였던 봉상청의 제안을 받아들여 요새인 동관을 작전상 포기하고 후퇴하기로 했다. 곡식과 군수품이 적의 수중에 들어가지 않도록 하기 위해 창고를 열어 군사들에게 풀어주었다. 그의 작전은 성공하여 현종은 양귀비와 함께 장안을 무사히 빠져나올 수 있었다.

그러나 감군 변영성이 현종에게 "고선지는 싸우지도 않고 퇴각하면서 천자가 내린 하사품을 사사로이 썼다"라고 고하여 고선지와 봉상청은 참형이 내려졌다. 755년 변영성으로부터 황제의 명을 전달받은 고선지는 동요하지 않았다.

"퇴각한 죄는 달게 받겠으나 양곡과 물품을 사사로이 썼다는 것은 당치 않은 누명이다."

울부짖는 부하들을 달랜 고선지는 먼저 처형된 봉상청의 시신을 향해 우정 어린 말을 남기고 일생을 마쳤다. 당시 그의 나이는 40세 전후로 고구려 유민의 후예로 태어나 낯선 땅에 뿌리내린 짧은 삶이었다. 비록 이민족 출신이지만 그의 행적은 『구당서』와 『신당서』의 「열전편」, 『자치통감』 등에 상세히 기록되어 있다.

당 현종과 양귀비

712년 당나라 예종의 뒤를 이어 즉위한 현종[685~762]은 태평성대를 구가하여 '개원의 치'라는 칭송을 받았다.

태종 때는 서역의 고창국을 멸망시키고 안서도호부를 설치했고, 측천무후 때는 북정도호부를 설치하였으며, 현종은 동쪽의 돌궐족을 무너뜨리고 선우도호부를 설치함으로써 서역으로 통하는 비단길을 확보했다. 당시 수도 장안은 인구가 100만 명을 넘는 국제도시가 되어 있었다.

그러나 시와 음악을 즐기는 등 예술적 재능이 뛰어났던 현종은 차츰 정치에 싫증이 났다. 현종은 정사는 돌보지 않고 사치와 환락에 몰입하기 시작했으며, 부병제에서 모병제로 바뀌면서 변경에서는 막강한 세력의 절도사들이 등장하기 시작했다.

현종에게는 왕 황후 외에 수없이 많은 비빈 밑에서 태어난 아들이 30명, 딸이 29명, 손자는 수백 명을 두었다. 당시 수많은 비빈 가운데 양귀비처럼 현종의 사랑을 받은 사람은 없었다. 현종은 양귀비에 빠져 정사를 돌보지 않던 중에 756년 안록산의 난이 일어났다. 아들 이형[숙종]에게 제위를 물려주고 피난길에 오른 현종은 도중에 양귀비를 잃었다. 태상황이 되어 태극궁에 유폐되었던 현종은 762년 78세를 일기로 세상을 떠났다.

현종과 양귀비의 만남 양귀비[719~756]의 본명은 양옥환이다. 그녀는 일찍 부친을 여의고 숙부 밑에서 자랐다. 어려서부터 뛰어난 미모와 재기를 갖춘 양옥환은 춤과 노래와 비파에도 능했다. 당시 현종과 황후 무혜비 사이에서 태어난 아들인 수왕 이모가 양옥환[17세]의 미모에 빠져 수왕의 비로 맞았다. 736년 현종은 총애하던 무혜비가 병으로 세상을 떠나자 슬픔에 잠겨 우울한 나날을 보내고 있었다. 그러던 어느 날 현종은 우연히 수왕이 거처하는 온천궁으로 행차했다가 며느리 양옥환을 보고는 첫눈에 빠져들었다. 그날부터 현종[56세]의 머릿속에는 양옥환[22세]의 모습이 떠나지 않았다.

어느 날 현종은 그녀를 수왕에게서 떼어 놓기 위해 양옥환을 여도사로 삼고 태진이라 호를 내려 남궁을 태진궁이라 이름을 바꾸고 자기를 가까이에서 모시게 했다. 이때부터 정사는 이임보에게 맡긴 채 현종은 그녀에게 빠져 헤어날 줄을 몰랐다. 환관들이 잠자리에서 일어나지 않는 황제와 대신들 사이를 오가며 국정을 처리할 정도였다.

후궁에서 귀비로 양옥환은 여도사에서 현종의 후궁이 되고, 745년에는 다시 귀비로 책봉되었다. 얼마 후 그녀의 두 자매도 현종의 비가 되었다. 당나라의 후궁에는 귀비貴妃, 귀빈貴嬪, 귀인貴人의 세 부인이 있어 귀빈의 지위는 황후 다음이나 무 황후는 죽고 없어 사실상 양귀비는 황후나 다를 바 없었다.

양귀비는 고아로 양씨 가문의 양녀로 들어갔기 때문에 혈연을 같이 하는 친척은 없었지만 현종은 양귀비의 환심을 사기 위해 양씨 일족을 모두 요직에 봉했다. 양귀비 집안의 세력은 조정 대신은 물론 왕자와 공주들까지도 함부로 하지 못할 지경에 이르렀다. 이를 두고 세간에서는 다음과 같은 노래가 유행했다.

"아들 낳았다고 기뻐 말고, 딸 낳았다고 슬퍼 마라. 이제, 그대의 딸이 가문을 빛내리라."

꽃구경을 나가서 어느 봄날 밤, 꽃구경을 하기 위해 양씨 일족의 행렬이 거리로 나가자 붐비던 장안성의 거리가 삽시간에 텅 비고 말았다. 때마침 광평 공주와 부마 정창예도 꽃구경을 하기 위해 거리로 나섰다. 이윽고 당대 두 세력가의 행렬이 거리에서 마주쳤을 때 양씨 일족의 노비가 광평 공주 측에게 길을 비킬 것을 요구하며 채찍을 들자 공주가 놀라 그만 말에서 떨어지고 말았다.

일개 노비에게 모욕을 당한 광평 공주는 그길로 궁으로 달려가 현종 앞에서 통곡하며 자기가 당한 모욕을 하소연했다. 딸의 말을 들은 현종은 즉시 그 노비를 잡아다 거리에서 곤장을 쳐서 죽이도록 명했다. 양씨 일족을 못마땅하게 생각하던 백성들은 이 소식을 듣고 박수를 보내며 그들의 기세가 꺾였으리라 생각했다.

그러나 다음 날 아침, 광평 공주의 부마 정창예는 관직이 박탈되고 황궁 출입도 금지된다는 명이 떨어졌다. 백성뿐만 아니라 황족들도 모두 놀랐다. 이를 두고 백성들은 하루 밤사이 양귀비의 울음이 현종의 애간장을 녹인 것이라고 수근거렸다.

두 번 쫓겨난 양귀비 양귀비는 질투심이 강한 여자라 그로 인해 현종의 노여움을 사서 궁에서 두 번이나 쫓겨난 적이 있다. 한 번은 현종이 한동안 소원했던 매비가 생각나 그녀의 처소에서 밤을 보내고 있었다. 그런데 갑자기 양귀비가 들이닥친 것이다. 놀란 현종이 양귀비를 달랬으나 그녀는 소동을 벌였다. 화가 난 현종은 양귀비를 사가로 내쫓아 버렸다. 홧김에 내쫓기는 했으나 그날부터 현종은 아무 것도 할 수 없었다.

이를 딱하게 생각한 고력사는 양귀비의 사가로 찾아가 그녀를 데리고 왔다. 양귀비를 본 현종은 무척 기뻐하며 다음 날 양씨 자매들에게 100만 냥에 달하는 선물을 하사했다.

또 한 번은 현종이 양귀비의 언니 괵국 부인과 침실에서 호젓한 시간을 보내고 있을 때 때마침 들린 양귀비가 이를 목격하고 말았다. 이성을 잃은 양귀비가 현종에게 욕설을 퍼붓자 현종이 노하여 양귀비를 쫓아냈다.

그 후 우울증에 빠진 현종이 양귀비를 그리며 환관 고력사를 시켜 어선임금이 내리는 식사을 그녀의 사가로 보냈다. 현종의 어선을 받은 양귀비는 곧바로 자신의 머리카락 한 줌을 잘라 고력사에게 건네주며 눈물을 흘리며 말했다.

"나의 죄는 백 번 죽어도 마땅하거늘 이렇게 선물까지 보내시니 이제 죽어도 여한이 없습니다. 이 머리카락을 이별의 정표로 삼을까 합니다."

양귀비의 머리카락을 받아 든 현종은 그녀가 죽을까 두려워 급히 고력사를 보내 다시 궁으로 맞아들였다.

양귀비의 최후 755년 현종이 양귀비에 빠져 있는 동안 현종이 신임하던 절도사 안록산이 범양에서 반란을 일으켜 황하 이북을 점거하고 그 이듬 해 수도 장안을 공격해 왔다. 756년 6월 수도가 함락되자 현종72세은 양귀비, 양국충 일족, 태자 부부, 황족과 환관 등과 함께 1,000여 명 병사의 호위를 받으며 야음을 틈타 장안을 빠져 나와 촉으로 피신했다.

다음 날 현종 일행이 장안 서쪽 120리가량 떨어진 마외파에 도착하자 현종 일행을 호위하던 병사들은 굶주림과 피로에 지쳐 그만 불만이 폭발하고 말았다. 그들은 분개하여 반란의 원인이 된 양국충의 목을 벤 다음 현종의 막사로 몰려와 외쳐댔다.

"나라를 망치게 한 양귀비를 죽여야 한다!"

사태가 이 지경에 이르니 현종도 어쩔 수 없었다.

"귀비의 일은 짐이 처리하도록 하겠다."

이렇게 말하고는 현종은 양귀비의 막사로 들어갔다. 현종은 양귀비를 껴안으며 이별을 고하고는 고력사에게 그녀를 죽이라고 명했다. 양귀비는 눈물을 흘리며 현종에게 말했다.

"폐하께서 무사하시다면 저는 죽어도 여한이 없습니다. 마지막으로 죽기 전에 부처님께 참배할 수 있게 해 주십시오."

그리고 부처 앞에 참배를 올린 양귀비는 그녀를 천거했던 고력사에 의해 비단으로 목이 졸려 38세의 나이로 생을 마감하고 말았다. 양귀비가 죽자 병사들은 일제히 환성을 지르며 길을 재촉했다.

연수환비 중국에서 미인의 기준은 시대에 따라 달랐다. 한나라 때의 대표적인 미인은 11대 황제의 비였던 조비연과 같이 가냘픈 여성이었지만, 당나라 때의 절세미인 양귀비는 풍만한 체구의 여인이었다. 중국에서는 이 두 미녀, 즉 호리호리한 조비연과 통통항 양옥환양귀비의 본명의 대조적인 아름다움을 '연수환비燕瘦環肥'라 한다.

양귀비의 이야기는 수많은 중국 시와 희곡의 주제가 되어 왔다. 양귀비의 미모를 그토록 유명하게 만든 데에는 당대의 대문호 백거이가 현종이 양귀비를 알기 시작하여 이별할 때까지를 서사시로 노래한 「장한가」도 한 몫을 했다.

후궁에 미인이 삼천 명이니
삼천 명의 총애를 한 몸에 받았다
금옥에서 화장하고 교태부리며 밤마다 모시고
옥루의 연회가 끝나면 취하여 봄기운에 녹아든다
자매와 형제 모두가 제후에 봉해지니
아아 광채가 한 집안에 빛발치도다
천하의 부모에게
아들 낳기를 원하지 않고 딸 낳기를 원하게 하였다
여산궁이 높이 구름 속에 솟아 있는데
선악이 바람따라 곳곳에서 들려온다

노래와 춤, 거문고, 피리 소리가 한데 울리는데
종일 임금님은 보아도 싫지가 않았다
이때 어양절도사 안록산이 난을 일으켜 쳐들어 오니
예상우의 곡을 타던 흥겨운 자리가 깨지고 말았다
구중궁궐이 연기 속에 싸였으니
수많은 병마가 서남쪽 촉나라로 떠나갔다
천자의 수레는 불안스레 가다가 또 멈추고
서쪽으로 장안을 빠져 백여 리를 갔다
육군이 출발을 않으니 어쩔 도리가 없어
양귀비를 마외역에서 죽였다
머리 장식물이 땅에 떨어져도 거둘 사람이 없으니
장식물 금 봉황새 꽃이 백옥의 비녀가 흩어졌다
임금님이 얼굴을 가리고 구해 낼 수 없어
머리를 돌려 보고는 피눈물이 흘러내렸다

안록산의 난

당나라는 주변 이민족의 세력이 점차 강해져 당을 침공하기 시작하자 변방과 내륙 각지의 열 곳에 번진을 설치하고 절도사를 두어 총괄하게 했다. 이들 절도사들은 부병제에서 모병제로 바뀌면서 그 휘하에 사병들을 소유하고 지역의 행정권과 군권을 장악해 막강한 세력이 되었다.

현종의 신임을 받게 된 안록산은 마침내 평로 · 범양 · 하동의 세 지역 절도사를 겸하게 되어 휘하의 군사가 18만 명에 이르니 당나라 전군의 3분의 1에 해당했다.

안록산의 승승장구를 가장 못마땅하게 생각한 사람은 바로 양귀비의 육촌 오빠인 양국충이었다. 양국충은 양귀비의 추천으로 현종을 보좌하다가 재상 이임보가 죽자752 재상이 되었다.

양국충은 현종에게 진언했다.

"안록산은 반드시 반란을 일으킬 인물입니다. 시험 삼아 그를 도성으로 불러 보시지요. 만일 오지 않으면 반란의 뜻이 있다고 보셔야 합니다."

그러나 양국충의 예상과는 달리 안록산은 현종의 부름에 즉시 달려 왔다. 현종은 양국충의 말을 믿지 않게 되었고 안록산에게 좌복야의 벼슬을 더하여 임지로 돌려보냈다.

755년 11월, 안록산은 황제를 미혹시키는 양국충을 제거하겠다는 구실로 드디어 반란을 일으켰다. 안록산은 5만 명의 대군을 이끌고 범양을 출발하여 파죽지세로 남하했다. 보고를 받은 현종은 처음에는 이를 믿으려 하지 않았다.

756년 현종72세은 낙양을 탈출하여 촉으로 향하면서 태자 이형숙종에게 황위를 물려 주었다. 한편 안록산의 반란군은 낙양을 함락한 뒤 국호를 대연으로 정하고 스스로 대연황제라 했다. 758년에는 사사명이 다시 반란을 일으켰으나 안록산과 사사명은 모두 후계자 문제로 친아들에 의해 살해되고 반란은 8년 만에 평정되었다.

다음은 현종이 안사의 난을 피해 촉으로 피신하면서 본 정경을 쓴 글이다.

> 검각산이 구름을 뚫고 솟아 있고
> 수레를 타고 촉나라로 왔다
> 높은 봉우리는 병풍처럼 솟아 있고
> 붉은 돌산은 누가 깎어 놓았는가
> 나무 사이를 깃발을 날리며 돌면
> 구름이 말머리에 감돌며 흐른다
> 정치는 덕으로 다스려야 하는 것
> 아, 검각에 새긴 그 이름이여

현종과 양귀비의 신임을 쌓은 안록산 안록산?~757은 이란계 호인의 부친과 돌궐인인 모친 사이에서 혼혈아로 태어났다. 안록산은 용맹성과 수완이 뛰어나 승진이 빨랐다. 그는 거구에 익살스럽고 소탈한 성격으로 순시하러 오는 중앙의 관리들에게 뇌물을 바치면서 황제에게 접근할 기회를 만들어 갔다.

742년 안록산은 현종의 총애를 받는 데에 성공하여 평로 절도사와 범양 절도사를 겸하게 되었다. 안록산은 자신의 심복을 장안에 상주시켜 궁중의 동태를 파악하도록 하는 한편 현종의 측근들을 하나씩 뇌물을 주며 포섭해갔다.

어느 날 부름을 받고 궁중으로 들어온 안록산에게 현종이 말했다.

"그 뱃속에는 도대체 무엇이 들어 있기에 그렇게도 뚱뚱한가?"

"예. 오직 폐하에 대한 충성심이 가득할 뿐입니다."

747년 정월, 현종은 안록산을 환영하기 위해 문무백관을 소집하여 성대한 연회를 베풀었다. 연회가 한창 무르익어 갈 때 안록산은 양귀비의 수양아들이 되겠다고 자청하여 아들이 없는 양귀비와 모자지간이 되었다.

그로부터 3일 후 안록산이 궁중에 초대되었다. 양귀비는 화려한 비단 포대기로 거구의 안록산을 둘둘 싸서 수레에 태우고 궁녀에게 수레를 끌게 했다. 양귀비는 장난삼아 수양아들이 된 안록산을 영아로 취급한 것이다. 그러자 현종은 양귀비에게 출산 축하금을 내려 한바탕 웃음이 터졌다.

그 후 안록산은 수시로 궁을 드나들며 온갖 진기한 선물을 하고 종종 오랑캐춤을 추며 양귀비를 즐겁게 해 주면서 현종의 신임을 쌓아 갔다. 안록산이 입궐하면 항상 양귀비에게 먼저 인사를 올리고 다음에 현종을 배알했다. 현종이 그 연유를 물었다.

"오랑캐안록산의 출신의 풍습은 어머니를 첫째로 하고 아버지를 다음으로 하는 것이 옵니다."

현종과 양귀비는 이같이 소탈하고 익살스러운 안록산이 마음에 들었다. 안록산은 다시 하동 절도사로 봉해져 세 지역의 절도사를 겸하게 되었다.

시선 이백

이백701~762은 당나라 시인으로 자는 태백이다. 이백은 두보와 함께 중국 역사상 가장 위대한 시인으로 꼽히며, 후세 사람들은 그를 '시선詩仙'으로 추앙했다. 이백은 낙천적이며 호방한 성격으로 그의 시풍은 달과 술과 노래로 지칭되는 그의 생애처럼 인간과 자연의 아름다움을 노래하는 아름답고 낭만적인 시를 많이 남겼다. 현재 1,100여 수의 시가 전해지고 있다.

이백은 부유한 가정에서 태어나 어릴 때부터 문장에 탁월한 재능을 보였으며, 20대 중반에 고향인 촉을 떠나 안릉에 머물면서 양자강 유역의 명승지를 다니다가 좌상을 역임했던 허어사의 손녀를 만나 결혼하여 1남 1녀를 두고 얼마 동안은 안정된 생활을 했다.

30대 중반 무렵 이백은 각지를 유랑하기 시작했고, 40세 무렵에는 지식인들과 함께 산둥의 추라이 산 기슭에 모여 은둔 생활을 하기도 했는데 당시 이들을 '죽계의 육일六逸'이라 했다.

40대 초반에 이백은 강동에서 유씨라는 여자와 재혼했으나 얼마 후 헤어졌다. 742년 이백은 관직을 얻기 위해 수도 장안으로 갔다. 그곳에서 하지장, 여양왕 이진 등과 어울렸는데 사람들은 이들을 '주중팔선酒中八仙'이라 했다. 이백42세은 현종으로부터 시문의 재능을 인정받아 현종을 대신하여 문서를 작성하고 연회에 참석하여 시를 읊기도 했다.

744년 이백43세은 황제 측근과의 마찰로 장안에서 쫓겨났다. 이백은 "어찌 허리를 굽혀 권력에 아부하며 내 마음을 펴지 못할 손가"라고 노래 부르며 명산대천을 돌며 시와 술로 세월을 보내던 중 뤄양에서 처음으로 두보32세를 만나 잠시 교유하였다.

755년 안사의 난이 일어나자 이백은 황태자의 반란에 가담했다는 죄목으로 유배되던 중 사면을 받고 양쯔 강 유역에서 만년을 보내며 현령인 이양빙에게 병든 몸을 의탁하고 있던 이백은 그에게 시문의 초고를 맡긴 채 762년 61세를 일기로 죽었다.

청평조 어느 날 현종과 양귀비의 모란 연회에서 술에 만취한 이백이 중신들도 함부로 못하는 환관 고력사에게 자신의 신발을 벗기게 한 것이다. 이 일로 고력사는 이백을 제거할 생각을 하게 되었다.

그러던 어느 날 현종이 양귀비를 데리고 모란을 구경하고 있었다. 이때 명가수 이귀년이 노래를 부르게 되어 있었으나 현종이 갑자기 이백을 찾아 새로운 가사로 노래하도록 했다. 이귀년이 급히 궁정 밖으로 나가 번화가의 어느 주점에서 이백을 찾았으나 그는 술에 흠뻑 취해 있었다. 이귀년이 그를 등에 업고 현종 앞으로 데려오자 현종은 술이 깨는 수프를 먹이게 했다.

이윽고 술에서 깨어난 이백은 붓을 들어 지금까지도 중국인들이 애창하는 청평조淸平調의 가사를 지어 올렸다. 양귀비의 아름다움을 한나라의 조비연에 비유하여 시를 읊었는데, 현종은 넋을 잃은 듯 듣고 있었고 양귀비도 흡족해했다. 그러나 이백을 좋게 생각하지 않던 고력사는 이 시가 양귀비를 부정한 조비연에 비유한 불경한 시라고 양귀비에게 일러 이백은 장안에서 내쫓기고 말았다.

借問漢宮誰得似　묻노니 한나라 궁의 누구와 비슷한가
可憐飛燕倚新粧　가련한 비연이 새로 단장한 모습과 같구나

이백의 시 이백은 친구 왕십에게 보낸 시에서 세상 사람들이 시인의 작품을 제대로 평가해 주지 않는 것에 대한 안타까움을 노래했는데, 마이동풍馬耳東風이란 말은 이백의 시에서 유래했다.

시속을 보아하니 닭싸움 솜씨가 뛰어나야
천자의 총애를 받아 대로를 활보하며
오랑캐의 침공을 막는 데 사소한 공이라도 세워야
최고의 충신 행세를 하는 세상이구나
그런데 자네나 나나 그런 짓은 못하고
북창에 기대어 시나 읊을 뿐이니
걸작을 써 본들 한 잔의 물만도 못하다
세상 사람들은 이를 듣고 모두 머리를 저으니
마치 동풍이 말의 귀를 쏘는 것 같구나[有如東風射馬耳]

다음은 달빛 아래 홀로 술을 즐기는 심정을 쓴 글이다.

天若不愛酒　하늘이 술을 사랑하지 않았다면
酒星不在天　주성(酒星)이 하늘에 있었겠는가
地若不愛酒　땅이 술을 사랑하지 않았다면
地應無酒泉　땅에 주천(酒泉)이 없었을 것이다
天地旣愛酒　천지가 이미 술을 사랑하였으니
愛酒不愧天　술을 즐기는 것을 부끄러워할 것 없다
已聞淸比聖　청주(淸酒)를 성인에 비한다는 말을 들었고
復道濁如賢　탁주(濁酒)를 현인과 같다고 하지 않는가
聖賢旣已飮　성현도 이미 술을 마셨거늘
何必求神仙　어찌 신선을 구할 필요가 있겠는가
三盃通大道　석 잔 술을 마시면 대도(大道)로 통하고
一斗合自然　한 말 술을 마시면 자연으로 돌아간다
俱得醉中趣　이것이 술에 취해 얻어지는 즐거움
勿謂醒者傳　술 깬 사람은 말하지 말라

花下一壺酒　꽃 아래서 한 독의 술을
獨酌無相親　친한 벗도 없이 홀로 마시네
擧盃邀明月　잔을 들어 명월을 맞이하니
對影成三人　달과 나와 그림자 셋이어라
月旣不解飮　달은 본래 술을 못하고
影徒隨我身　그림자만 한갓 내 곁을 따라 다니네
暫伴月將影　잠시 달과 그림자와 더불어
行樂須及春　즐기는 기쁨은 봄이라야 하지
我歌月徘徊　내가 노래하면 달이 서성거리고
我舞影凌亂　내가 춤추면 그림자도 움직이네
醒時同交歡　깨어 있어서는 함께 즐기지만
醉後各分散　술에 취하면 제각기 헤어지네
永結無情遊　영원히 무정한 것들과 정을 맺고
相期邈雲漢　아득한 은하수에서 만나기를 기약하네

시성 두보

두보712~770는 이백과 함께 중국 최고의 시인으로서, 후세 사람들은 그를 '시성詩聖'으로 추앙했다. 두보는 7세 때 이미 「봉황시」를 써서 사람들을 놀라게 했으며 15세경에는 이미 시인으로 두각을 나타냈다. 진사 시험에 낙방한 두보20세는 여행길에 올라 약 9년간 각지를 유람하면서 시를 지었다. 안록산의 난이 일어나기 전까지는 낭만적인 시가 많았으나 그 이후에는 사회의 모순과 백성들의 어려운 처지를 호소하는 시가 많았다. 오늘날 두보의 시는 약 1,170여 수가 전해지고 있다.

741년 두보는 결혼하여 장안 부근의 수양산에서 단란하게 살았는데 그때 이백을 만나 그를 따라 여행하면서 시인 고적과도 함께 어울려 술도 마시고 시도 지으며 지냈다. 현종이 천하의 인재를 구한다는 조서를 내리자 관직을 꿈꾸던 두보는 다시 장안으로 갔다. 그러나 이번에도 시험에 낙방하자 그의 생활은 점점 어려워졌다.

두보는 당시의 어려운 상황을 그의 시에서 이렇게 적었다.

아침에는 부잣집 문을 두드려 눈치를 살피고
저녁에는 권력자들의 말 뒤를 따라 비위를 맞춰가며
그들의 먹다 남은 술과 음식을 먹는 ……

754년에는 기근으로 생활이 어려워지자 두보는 처자를 친척집 농가에 맡기고 집을 떠났다. 다음해 겨우 벼슬을 얻어 기뻐하며 돌아와 보니 어린 자식은 이미 굶어 죽고 없었다. 당시 두보가 현종의 여산 별궁 앞을 지나면서 끓어오르는 분노를 시에 옮겼다.

권세 있고 돈 있는 집에서는
술과 고기냄새가 코를 찌르는데
거리에는 얼어 죽은 백성들의 시체가 뒹굴고 있구나……

755년 안사의 난이 일어나자 두보는 처자를 시골로 피난시키고 자신은 장안에서 지내다가 반란군에게 붙잡혔다. 다행히 벼슬이 낮아 죽음은 면하고 혼란을 틈타 겨우 빠져나올 수 있었다. 두보는 전쟁의 참화 속에서 백성들이 겪는 온갖 고통을 직접 목격하면서 많은 시를 남겼다.

757년 두보는 다시 좌습유라는 벼슬을 얻었으나 나라에 기근이 들자 관직을 포기하고 성도로 옮겼다. 그는 후원자들의 도움으로 청두의 교외 완화계 부근에 초당을 마련하고 시를 지으며 지냈는데, 이것이 바로 완화 초당이다. 그 뒤 두보는 공부원외랑의 관직을 얻게 되었으나 성도에서 반란이 일어나 맨몸으로 피신해야만 했고 그로부터 8년 동안은 일정한 주거지도 없이 떠돌았다.

770년 겨울 탄저우에서 웨양으로 가는 도중 두보는 58세를 일기로 세상을 떠났다.

두보의 시 다음은 안록산의 난으로 낙양이 함락되자 고향의 부모처자와 벗을 생각하며 쓴 글이다.

萬國尙戎馬　사방에서 싸움이 일어나고 있으니
故園今若何　내 고향(낙양)은 지금 어찌 되었을까
昔歸相識少　옛날에도 사람들이 피난을 떠나갔는데
早已戰場多　지금은 전쟁터가 되어 버렸으니

다음은 번창하던 나라가 하루아침에 반란군의 손에 무너진 것을 보는 착잡한 심경을 쓴 글이다.

國破山河在　나라는 망했건만 산하는 남아 있고
城春草木深　도성은 봄이라 초목이 짙었구나
感時花濺淚　꽃을 바라보니 감회의 눈물이 흐르고
恨別鳥驚心　이별을 원망하며 새소리에도 놀란다
烽火連三月　전쟁의 봉화는 석 달이나 이어져
家書抵萬金　가족의 소식은 그지없이 소중하다
白頭搔更短　센 머리를 긁으니 더욱 짧아져 있고
渾欲不勝簪　갓끈을 맬 비녀를 꽂을 수가 없구나

다음은 두보가 좌습유라는 벼슬에 있을 때 세태에 실망하고는 장안에 있던 곡강이라는 연못가에서 술로 심기를 달래며 지은 시이다.

조정에서 물러나면 춘의(春衣)를 저당 잡혀
매일처럼 강변에서 만취하여 돌아간다
외상 술값은 당연히 갈 곳이 있나니
인생 칠십은 옛날부터 드물다더라(人生七十古來稀)

두보는 그의 시에서 인생 70을 '고희古稀'라고 했다.

이백과 두보

이백과 두보는 당나라에서 같은 시대를 살았던 중국 최고의 시인들로서 시풍은 대조적이다. 젊어서 도교에 심취했던 이백의 시는 탈속적이고 귀족적인 시풍으로서 즉흥시를 즐긴 반면, 몰락한 관료 집안에서 태어나 유교적인 영향을 받은 두보의 시는 현실적이고 평민적인 시풍으로서 갈고 다듬기를 즐겨했다. 이백이 이상과 하늘을 바라보고 살았다면, 두보는 현실과 땅을 바라보며 살았다고 할 수 있다.

그러나 두 시인의 공통점은 모두 술을 지극히 좋아했다는 점이다. 두보는 "이백은 한 말 술을 마시면 100편의 시를 짓는다"고 했고, 이백의 죽음을 애석하게 생각한 사람들은 그가 술에 취한 채 배를 타고 밤 구경을 나와 호수에 비친 달을 잡으려다 호수에 빠져 세상을 떠났다는 일화를 남겼다. 두보 역시 말년에 당뇨와 폐병으로 고생하면서도 "흰머리 몇 개 생겼다고 술을 버릴 수야 없지 않은가"라며 술을 마셨다고 한다.

744년 이백과 두보 두 사람은 뤄양에서 잠시 만난 적이 있는데 두 사람은 헤어진 후 서로를 사모하며 시를 남겼다.

헤어지기 아쉬워 취한 지 며칠이나 되었을까
어찌 말할 수 있으랴
또다시 술통을 열게 될 것을
멀리 떠날 신세인 우리
숲속에서 술이나 다 비우세
-〈석산에서 두보를 보냄〉, 이백

나는 지금 위북 땅, 봄 하늘의 나무 밑에 있지만
당신은 강동 땅, 해 지는 구름 속
언젠가 항아리 하나 앞에 두고
다시 함께 시에 대한 이야기를 나누고 싶소
–〈봄날 이백을 생각함〉, 두보

선 종

선종禪宗은 교종敎宗에 대립하는 명칭으로서 중국화된 불교의 종파다. 중국의 선종은 520년경 중국 양나라 무제 때 인도에서 중국으로 건너 온 달마 대사를 시조로 하여 제5조 홍인 이후에 남종선과 북종선으로 나누어진다. 홍인의 제자인 혜능제6조은 남종선을 열었고, 신수는 북종선을 열었다.

선종에서는 인간의 마음을 참구하여 본래 지니고 있는 부처의 성품을 깨닫는 것을 요체로 한다. 헛된 집착과 망상 그리고 분별심을 버리고 무심무아無心無我의 초월한 경지에서 존재의 본질空을 깨닫는 것이다.

선종에서는 세상의 모든 존재는 자성自性이 없어 생기거나 사라지지는 것, 선하거나 악한 것, 깨끗하거나 추한 것 등은 모두 마음의 분별심이 만든 것이지 본질이 아니며, 집착은 자아를 완전히 지울 때 사라지고, 모든 것에는 불심이 깃들여 있다고 하는 입장이다.

계곡의 물소리는 그대로가 부처의 설법이요
푸른 산 빛 또한 그대로가 청정한 불신이다
밤사이 부는 바람은 부처의 팔만사천법문이니
이 심경 어찌 보여줄 수 있을까 –시인 소동파

늙은 소나무 반야를 이야기하고
중생을 제도하는 설법을 불어댄다
비에 젖은 소나무 바람 부는 소나무 모두 선(禪)을 설하고
시냇물 소리 솔바람 소리 모두 법을 설하네

선사들의 일화 달마達磨 : ?~528? 대사는 남인도 향지국香至國의 셋째 왕자로 태어났다. 달마 대사는 40년 동안 스승으로 모신 승려 반야다라의 법을 이어 받은 뒤 심법을 전하기 위해 중국으로 건너왔다520.

불법에 귀의하고 있던 양나라 무제는 그를 금릉으로 초대했다. 7척의 장신에 얼굴은 온통 수염인 채 누더기를 걸치고 있는 달마 대사를 보고 무제가 물었다.

"짐은 지금까지 절을 짓고 불상도 만들고 경전을 간행하며 스님들을 공양해 왔는데 이러한 공덕은 어느 정도 큰 것이오?"

"아무런 공덕이 아닙니다."

"공덕이 아니라면?"

"맑고 공적한 지혜를 얻어야 합니다."

"무엇이 제일가는 불법의 성스러운 진리요?"

"아무것도 성스러울 것이 없습니다."

"그대는 누구인가요?"

"모릅니다."

무제는 달마 대사의 말뜻을 도무지 알 수가 없었다. 달마 대사는 심법을 펴기에는 아직 이르다고 생각하고 위나라로 건너가 숭산의 소림사에서 벽을 보고 앉아 9년 동안 참선에 들어갔다.

중국 제나라의 혜가487~593 대사는 어릴 때부터 유학과 도학에 심취했고 15세 때는 경전에 통달했다. 30세에 출가한 혜가는 달마 대사의 제자가 되어 6년 동안 수행하다가 그의 법을 이어받았다.

어느 날 혜가가 달마 대사를 찾아와서 가르침을 청했다.

"마음이 불안합니다. 어떻게 해야 합니까?"

"그 불안하다는 마음을 가져오너라. 내가 편안하게 해줄 테니."

"마음을 찾을 수가 없습니다."

"그렇지. 찾아지면 그것이 어찌 너의 마음이겠느냐. 이제 편안해 졌느냐?"

이 말에 혜가는 깨달음을 얻었다.

"이 깨달음을 문자로 기록할 수 없습니까?"

"법은 마음으로 전해지는 것이지 문자를 세우지 않느니라不立文字."

한 제자가 혜가 대사에게 물었다.

"스님, 번뇌를 끊는 법을 가르쳐 주십시오."

"번뇌가 어디에 있기에 끊으려 하는가?"

"어디에 있는지 모르겠습니다."

"어디에 있는지도 모른다면 어떻게 끊는단 말인가?"

"경전에는 악을 끊고 선을 행해야 부처가 된다고 하지 않았습니까?"

"악이니 선이니 하는 게 다 망상이지. 평소에는 앉아서 잘 쉬던 바위에 불상을 새겨 놓으면 편하게 깔고 앉아 쉴 수 있겠는가?"

혜가 대사는 승찬에게 법을 물려주고 위나라로 가서 34년 동안 승속을 초월하여 천민들과도 어울리고 머슴일도 하며 지냈다. 때로는 광장에서 설법을 하기도 했는데 사람들이 구름떼처럼 모여들었다. 그가 머슴 일을 하고 있던 어느 날 그 지방의 유지가 찾아왔다.

"화상은 덕이 높으신 분 같은데 왜 머슴살이를 하십니까?"

"내 마음을 길들이고 있답니다."

중국 선종의 제3조인 승찬僧璨, ?~606 대사가 대중에게 설법을 하고 있는데 겨우 14살에 이름이 도신道信이라는 사미가 승찬 대사 앞에 나와 물었다.

"어떤 것이 부처의 마음입니까?"

"그대의 지금 마음 상태는 어떠한가?"

"저는 지금 무심無心입니다."

"그대가 무심이라면 부처님에게 무슨 마음이 있겠느냐?"

"스님, 해탈하는 법을 가르쳐주십시오."

"그대를 속박하는 사람이 있는가?"

"아무도 없습니다."

"아무도 속박하는 사람도 없는데 어째서 해탈을 구하는가?"

도신은 이 말에 크게 깨달음을 얻었고, 후에 스승의 법을 이어받았다.

당나라의 혜능638~713 대사는 법성사로 가던 중 한 무리의 승려가 사찰 경내의 깃발이 바람에 펄럭이는 보고 두 패로 나뉘어 입씨름을 하고 있었다.

"저건 깃발이 펄럭이는 것일세."

"아닐세. 저건 바람이 펄럭이는 것일세."

이때 무심코 곁에서 듣고 있던 혜능이 말했다.

"펄럭이는 것은 바람도 깃발도 아닌 당신들의 마음이지요."

그러자 승려들 중 한 명이 물었다.

"당신은 도대체 어디에서 온 사람이오?"

"지금 여기 있는 사람이오."

어느 날 한 스님이 당나라 석두700~790 선사를 찾아왔다.

"어떻게 해야 해탈解脫할 수 있습니까?"

"누가 너를 속박했더냐?"

"어떤 것이 정토淨土입니까?"

"누가 너를 더럽혔더냐?"

"어떤 것이 열반涅槃입니까?"

"누가 너에게 생사生死를 주었더냐?"

당나라의 회양677~744 선사가 반야사의 주지로 있을 때 좌선에 몰입하고 있는 어린 제자 마조에게 물었다.

"좌선은 무엇 때문에 하는가?"

"부처가 되려고 합니다."

그러자 회양은 돌을 하나 들고 와 마조 앞에서 갈기 시작했다.

"스님, 지금 무얼 하십니까?"

"거울을 만드는 중이라네."

"스님, 돌을 간다고 거울이 만들어 집니까?"

"그럼, 좌선만 한다고 부처가 되느냐?"

"그러면 어떻게 해야 합니까?"

"소가 안 움직이면 달구지에 채찍질해야 하나, 소에 채찍질해야 하나?"

"……"

"좌선한다고 앉아 부처 흉내를 내는 것은 부처를 죽이는 일이다. 선은 앉아서만 하는 것이 아니다. 앉거나 눕거나 걸으면서도 하는 것이다."

당나라의 마조709~788 선사는 처음 찾아온 대주에게 물었다.

"여기는 무엇 하러 왔는가?"

"불법을 구하러 왔습니다."

"불법이 어찌 나한테 있겠는가? 나는 아무 것도 줄 것이 없다. 자네는 왜 자기 속에 가득한 보배는 돌보지 않고 왜 밖에서 찾고 있는가?"

당나라의 조주가 스승인 남전748~834 선사에게 물었다.

"도道란 무엇입니까?"

"평상심이 도다."

"어떻게 하면 그 도를 붙잡을 수 있습니까?"

"붙잡으려는 마음이 있으면 잡을 수 없다. 생각으로 아는 것이라면 그건 도가 아니고 망상이지. 안다든가 알지 못한다든가 하는 분별심조차 없어야 바로 거기서 도가 나타난다."

어느 날 한 스님이 당나라의 대주750~? 선사를 찾아왔다.

"스님께서는 내생에 태어날 곳을 알고 계십니까?"

"아직 죽지도 않았는데 태어날 일을 말하라고?"

"스님, 도를 닦으실 때 공을 들이십니까?"

"물론."

"어떻게 공을 들이십니까?"

"배고프면 밥 먹고 피곤하면 자지."

"그거야 아무나 다 하는 것 아닙니까?"

"다르다."

"어떻게 다릅니까?"

"사람들은 밥을 먹을 때 밥만 먹지 않고, 잠잘 때 잠만 자지 않고 온갖 생각을 일으키지."

당나라의 단하739~824 선사가 젊은 시절 행각승일 때였다. 어느 추운 겨울 낙양의 혜림사에서 하룻밤을 묵게 되었다. 단하는 날씨가 추워 법당에 있는 목불木佛을 안고 나와 도끼로 쪼개 군불을 지폈다. 이것을 본 원주가 대경실색하여 단하를 나무랐다.

"어찌하여 존엄한 부처님을 훼손하는가?"

"다비를 해서 사리를 얻고자 함이요."

"목불에서 무슨 놈의 사리가 나온단 말인가!"

"부처가 아닌 나무토막을 태운 것이면 책할 것이 없지 않소?"

이 일을 두고 어떤 스님이 진각 대사에게 누구의 잘못인지 물었다.

"원주는 부처만을 보았고, 단하는 나무토막만을 태웠느니라."

당나라의 조과741~824 선사는 날마다 소나무 꼭대기에 올라가 참선을 하여 조과새 둥지라는 별명이 붙었다. 하루는 고을 태수이며 시인인 백낙천이 소나무 꼭대기에 앉아 있는 조과를 찾아왔다.

"스님, 지금 계신 곳은 위험합니다."

"내가 보기엔 태수가 더 위험한 것 같소."

"저가 더 위험하다니요?"

"태수의 생각이 타고 있는데도 위험하지 않단 말이오?"

"그런데 스님, 수행은 어떻게 해야 합니까?"

"악을 짓지 말고 선을 행하시오."

"아니, 세 살 먹은 아이도 아는 그런 것 말고요……."

"세 살 먹은 아이도 아는 것을 백 살 먹은 노인도 행하기는 어렵소."

당나라의 천황748~807 선사를 시봉하던 숭신이 어느 날 선사에게 말했다.

"저는 아직 심법心法을 배우지 못했습니다. 가르쳐 주십시오."

"지금까지 한 순간도 너에게 심법을 가르쳐 주지 않은 적이 없었다."

"언제 가르쳐 주셨습니까?"

"네가 차를 끓여 오면 차를 마셨고, 밥을 갖다 주면 밥을 먹었고, 인사를 하면 고개를 끄덕였으니 그게 심법을 가르쳐 준 것이 아니고 무엇이더냐?"

이 말에 숭신이 그 뜻을 생각하고 있는데 선사가 다시 소리를 쳤다.

"보려면 당장 보아야지, 생각하면 이미 틀렸다."

이 말에 숭신은 깊은 깨달음을 얻었다.

당나라의 약산751~834 선사는 처음에는 율종律宗에 귀의하여 경전을 깊이 공부하였으나 문자를 버리고 석두 선사의 문하로 들어가 선문으로 전향하여 깨달음을 얻었다. 그는 제자들에게는 문자의 노예가 된다고 하여 경전을 보지 못하게 하면서 자신은 평소 법화경, 열반경, 화엄경 등을 계속 보고 있었다. 그러자 한 스님이 약산에게 따졌다.

"스님, 저희들에게는 경을 못 보게 하시면서 스님은 왜 경을 보십니까?"

"나는 경을 눈앞에 놓았을 뿐 한 번도 읽은 일은 없다."

"저희들도 스님처럼 경을 눈앞에 놓고만 있으면 되지 않습니까?"

"문자가 너희들을 쳐다보는 것을 어찌 막을 수 있겠느냐?"

송나라의 청원 선사는 이렇게 말했다.

"내가 깨닫기 이전에는 산은 산이었고 강은 강이었다.

내가 깨닫기 시작하자 산은 산이 아니었고 강은 강이 아니었다.

내가 완전히 깨달음을 얻자 산은 다시 산이었고 강은 다시 강이었다."

일본의 잇큐1394~1481 선사는 줄곧 고기도 먹고 술도 마시며 여색도 즐기는 등 무애행을 실천하며 살았다. 일본 불교사에서 매우 독특한 인물로 지금도 많은 사람들의 존경을 받고 있다.

잇큐가 어릴 때 일이다. 하루는 그의 스승이 몹시 아끼는 골동품 찻잔을 깨뜨리고 말았다. 스승이 외출했다 돌아오자 잇큐는 깨진 잔을 허리 뒤에 감추고 스승에게 물었다.

"스님, 왜 사람들은 죽어야 합니까?"

"세상에 태어난 모든 것은 다 죽게 되어 있는 것이 자연의 섭리란다."

그러자 잇큐는 허리 뒤에 감추었던 깨진 잔을 보이며 말했다.

"그럼 이 스님의 찻잔도 죽을 때가 되었나 봅니다."

잇큐 선사가 어린 동자승을 데리고 길을 걷고 있을 때 어디에선가 생선 굽는 냄새가 풍겼다. 선사가 "음, 맛있는 냄새로구나"라고 혼자 중얼거렸다. 그리고는 한참을 걸었을 때 동자승이 궁금해서 선사에게 물었다.

"스님, 스님께서는 고기 굽는 냄새가 맛있겠다고 느끼셨습니까?"

"넌 그 생선을 여기까지 들고 왔느냐? 난 벌써 잊었는데."

잇큐 선사는 교토의 한 부잣집의 법회에 법사로 초청받았다. 그런데 선사가 그 집 입구에서 제지당하자 자신의 남루한 옷차림 때문임을 알고 되돌아가 금란가사를 두르고 다시 그 집으로 갔다.

주인이 대문 밖으로 나와 선사를 공손히 맞았다.

"스님, 안으로 드시지요."

"소승은 여기에 있겠소."

"무슨 말씀이십니까? 안으로 드셔서 법회를 주관하셔야지요."

이때 잇큐 선사는 금란 가사를 벗어 주인에게 건네주며 말했다.

"이 가사에게 드릴 테니 이 가사로 하여금 법회를 주관하게 하시지요. 소승은 조금 전에 이미 문밖으로 쫓겨났답니다."

주인은 난처해 할 말을 잊고 말았다.

잇큐 선사가 임종을 앞둔 제자 니나카와를 찾아왔다. 니나카와가 누운 채 스승을 보고 말했다.

"스님, 혼자 왔기에 이제 혼자 떠나려 합니다."

"혼자 오고 간다는 생각도 버리게. 그건 망상에 지나지 않아. 이제 오지도 않고 가지도 않는 진리의 길을 가거라."

니나카와는 스승의 이 말에 미소를 머금고 눈을 감았다.

어떤 사람이 유명한 화가한테서 말 그림을 받아 잇큐 선사에게 그림을 칭송하는 간단한 글을 부탁하자 그는 이렇게 적었다.

"말인 것 같다."

실망한 그림의 주인은 다시 렌뇨 스님을 찾아가 그림을 망쳐 놓은 이 글을 어떻게 잘 고쳐 달라고 부탁했다. 렌뇨는 잇큐의 글 밑에 이렇게 써주었다.

"그런 것 같다."

이 그림은 그로 인해 점점 유명해져 나중에는 천하의 명보가 되었다.

일본 에도시대의 다쿠안1573~1645 선사는 10세 때 출가하여 대사에 통달했다는 인가를 받고 다쿠안이란 법호를 받았다.

하루는 쇼군 도쿠가와가 다쿠안 선사를 찾아와 둘은 담소를 하면서 식사를 하게 되었다. 단무지를 처음 먹어본 도쿠가와가 말했다.

"아, 이건 천하의 일미로군요."

"무를 쌀겨와 소금에 절인 것일 뿐입니다."

"대사께서 고안하신 모양이니 이 단무지를 앞으로 다쿠안이라 부르기로 합시다."

이렇게 해서 다쿠안이란 단무지의 이름이 생겨났다.

일본의 명승인 지코 법사가 평범한 청년이었을 때 한 여인을 사랑하게 되었다. 그가 여인을 찾아가 사랑을 고백하자 여인이 말했다.

"나를 진실로 사랑한다면 공부를 열심히 하여 훌륭한 사람이 되어 주세요."

열심히 공부한 지코가 다시 그 여인을 찾아가 청혼하자 여인이 말했다.

"공부를 열심히 해주셨으니 기쁩니다. 다음은 불도를 열심히 공부해 주었으면 합니다."

지코는 다소 실망했지만 불도를 게을리 하지 않아 마침내 스님이 되었다. 그러나 스님이 되었으니 그는 결혼을 할 수가 없었다. 여인은 지코를 만나 말했다.

"훌륭한 스님이 되신 것을 축하드립니다."

얼마 후 여인은 병으로 세상을 떠났고, 지코는 한층 불도에 정진하여 법사가 되었다.

일본 천황의 스승인 구도愚堂, 1577~1661 선사에게 천황 고요제이가 물었다.
"깨달음을 얻은 사람이 죽으면 대체 어디로 가는가요?"
"저는 모릅니다."
"아니, 선사께서 모르시다니?"
"아직 죽어 보지 않아 알 수가 없습니다."

신라의 원효617~686 대사가 어느 날 대안 대사를 찾아갔다. 대안 대사는 굴속에서 어미 잃은 너구리 몇 마리를 안고 있었다.
"마침 잘 오셨소. 나가서 젖을 좀 얻어 올 테니 이놈들을 좀 보살펴 주시오."
대안 대사가 나간 후 새끼 한 마리가 죽어 버렸다. 원효는 죽은 너구리 새끼를 안고 극락에 환생하라고 〈아미타경〉을 읽어 주었다. 그때 대안 대사가 돌아왔다.
"무엇하고 있습니까?"
"이놈의 영혼이라도 왕생극락하라고 염불을 하고 있습니다."
"허허, 죽은 너구리가 알아듣겠습니까. 너구리가 알아듣는 경이 따로 있지요."
대안 대사는 얻어 온 젖을 살아 있는 너구리 새끼에게 먹이며 말했다.
"이것이 너구리 새끼가 알아듣는 경입니다."

조선의 사명四溟, 1544~1610 대사는 임진왜란 때 휴전강화를 위해 울산 서생포에 진을 치고 있던 가등청정加藤清正의 진중으로 들어갔다. 말끝에 가등청정이 대사에게 물었다.
"당신네 나라에 보배가 많지요?"
"오히려 당신 나라에 큰 보배가 있다고 생각하오."
"그건 무슨 뜻이오?"
"우리나라에서는 장군의 머리를 보배로 여기고 있소."
"그게 무슨 말이오?"
"우리나라에서는 장군의 머리에 1,000근의 황금과 1만 호의 식읍을 현상금으로 걸어 구하고 있으니, 그보다 더 큰 보배가 어디 있겠소?"

조선의 경허1849~1912 선사는 조선시대의 숭유억불 정책 속에서 근근이 명맥을 이어 오던 선맥을 다시 진작시켜 '한국의 달마'라고 일컬어진다. 그는 매사에 막힘이 없는 대자유의 삶을 살면서 많은 기행을 남겼다. 9살 때 부친이 돌아가자 과천 청계사에서 계허 스님 밑에서 득도했다. 13살 때 유학을 배우기 시작하여 신동이란 이야기를 들었다. 1904년 만공 선사에게 법을 전하고는 홀연히 떠났다.

어느 날 경허 선사는 제자 만공과 함께 길을 가던 중 주막이 보이자 갑자기 목이 컬컬해졌다. 그는 주막으로 들어가 방 하나를 차지하고는 술을 시켰다. 선사는 만공에게 붓을 꺼내도록 하여 종이 위에 '단청불사 권선문丹青佛事 勸善文'이라고 적은 다음 만공에게 말했다.

"만공아, 가서 동네 한 바퀴 돌고 오너라."

만공은 권선문을 들고 집집마다 돌며 시주를 받아 주막으로 돌아왔다. 만공이 돌아왔을 때 선사는 혼자 술을 마시고 있었다.

"추운데 고생했구나. 어서 와서 한 잔 하거라."

선사는 만공에게 술을 따라주었다. 그들은 주거니 받거니 하면서 몇 주전자를 비웠다. 주막을 나오자 만공이 말했다.

"스님, 단청불사에 쓸 돈을 주막에서 다 날렸으니 어떡합니까?"

"만공아. 지금 내 얼굴이 어떤가?"

"붉으락 합니다."

"이보다 잘된 단청이 또 어디 있단 말인가?"

그제야 만공은 스승이 말한 단청불사의 의미를 알았다.

하루는 천장사에서 49재가 있어 부처님 앞에 푸짐한 상을 차려 놓았다. 구경 온 아이들과 어른들은 배가 고파 재가 끝나기만 기다리고 있었다. 이때 경허 선사가 나타나더니 차려놓은 과일과 떡을 큰 그릇에 담아 기다리고 있던 아이들과 어른들에게 나누어 주었다. 이를 알고 달려온 주시가 노발대발했다.

"재齋를 지내고 난 뒤에 주어야지. 어째서 재 지낼 것을 주었는가?"

"진짜 재는 이렇게 지내는 겁니다."

주지는 할 수 없이 사람을 보내어 다시 상을 보게 했다.

경허 선사와 제자 만공이 탁발을 나갔다가 돌아오는 길이었다. 해는 지기 시작하는데 등에 묵직한 쌀자루를 짊어진 만공의 발걸음은 점점 무거워지고 있었다. 선사는 힘겹게 따라오는 만공을 힐끗 쳐다보더니 어느 마을 모퉁이에서 느닷없이 물동이를 이고 가던 아낙을 껴안고 입술을 맞추었다. 아낙이 기겁하여 물동이를 팽개치고 비명을 질러대자 동네 사람들이 몽둥이를 들고 우르르 몰려왔다.

"저 놈들 잡아라!"

선사는 냅다 줄행랑을 쳤다. 만공도 죽을힘을 다해 선사를 뒤따라 뛰었다. 이윽고 동네 사람들을 따돌리고 마을을 벗어나 산등성이에 접어들자 만공이 숨을 몰아쉬며 말했다.

"스님, 어떻게 그런 짓을 ……?"

그러자 경허는 웃으며 말했다.

"아직도 쌀자루가 무거우냐?"

찬바람이 불고 눈발이 세차던 어느 겨울 저녁에 얼굴을 보자기로 감싼 한 여인이 경허 선사의 방문을 두드렸다.

"스님, 밖이 몹시 추우니 방 안으로 좀 들어가게 해주십시오."

선사는 밖에서 떨고 있는 여인을 선뜻 방으로 들어오게 하고 자신의 이불로 여인을 감싸주었다. 열흘이 되어도 선사는 여인을 내보내지 않았다.

이에 대중 스님들의 불만이 높아지자 만공은 경허 선사에게 말했다.

"스님 방에 여자가 있는 것을 주지 스님과 대중들도 알고 있습니다."

"그래? 기왕이면 홍주는 물론이고 충청도 일대에 소문을 쫙 퍼뜨리지 그랬느냐. 천장암 경허가 망령이 들어 계율을 어기고 여색까지 탐하고 있다고."

"스님은 평소 계율을 어기면 지옥이 삼천 개라도 모자란다고 하지 않으셨습니까?"

"알겠다. 자작자수고 자업자득이니 나는 지옥에 떨어질 것이고 너희들은 모두 극락에 가게 될 것이네. 이제 되었느냐?"

"스님, 이러시면 안 됩니다."

선사는 여인을 내보내지 않았다. 며칠 후 사미승이 달려왔다.

"스님! 조실 스님! 큰일 났습니다."

"왜 그러느냐?"

"대중들이 몰려오고 있습니다. 여인을 내쫓지 않으시면 조실 스님까지 내쫓겠다고 합니다."

"여자를 내치지 않으면 나를 내쫓겠다고?"

"예. 저기 좀 보십시오."

경허 선사가 문을 열자 어느새 몰려온 대중들 중에 한 제자가 선사에게 따졌다.

"스님, 평소 술을 드시는 것만 해도 파계 행위인데 여색까지 탐하시다니, 이게 어디 출가 사문의 할 짓입니까?"

선사는 두 눈을 지그시 감은 채 제자들 앞에서 아무 말도 하지 않았다. 그때 방안에 있던 여인이 밖으로 나오자 대중들은 웅성거리기 시작했다.

"스님들, 그동안 정말 신세를 많이 졌습니다."

"허허, 내 복이 이것밖에 안 되니 면목이 없군."

선사는 방안으로 들어가 버리고 문을 닫았다.

"스님. 그동안 스님께 입은 은혜는 다 갚지 못할 것입니다."

그리고 여인은 얼굴의 보자기를 벗었다. 여자는 나병 환자였다. 문드러지고 일그러진 코와 눈썹, 짓무른 살과 심한 악취로 가까이 갈 수조차 없었다.

"몹쓸 병으로 구걸해도 모두들 피할 뿐 누구도 찬밥 한 덩이 주는 사람이 없었습니다. 그런데 이 스님은 몸도 녹여 주시고 밥도 먹여 주시며 진물도 닦아 주셨습니다. 평생 이런 은혜는 처음이었습니다. 스님, 저승에 가서도 이 큰 은혜는 결코 잊지 않겠습니다."

여인은 울먹이면서 천장암을 떠났다. 놀란 제자들이 경허의 방문 앞에서 무릎을 꿇고 있는데 경허 선사가 밖으로 나왔다. 손에는 주장자를, 등에는 걸망을 짊어지고 떠날 채비를 하고 있었다.

"스님, 어리석은 중생들을 용서하십시오."

"인연 없는 중생은 백년을 함께 살아도 아무 소용이 없느니라."

크게 뉘우치고 매달리는 제자들을 두고 차마 발을 옮길 수가 없었다. 그러나 다음날 새벽 경허 선사의 모습은 볼 수가 없었다.

조선의 혜월1861~1937 선사는 11살 때 출가하여 충남 예산의 정혜사에서 수행했다. 42세 때 경허 선사의 법맥을 이어받고 63세 때 운봉 스님에게 법을 전했다.

혜월 선사가 파계사에 있을 때 한 어린아이를 데려왔다. 그는 아이의 머리를 깎아준 후 큰 스님이라 부르며 부처님 모시듯 했다. 선사가 출타할 때면 "큰 스님, 다녀오겠습니다."라 하고 떠났고, 끼니마다 밥상을 차려 주었다.

어느 날 절간에 한 객승이 찾아와 묵었다. 객승은 동자승이 선사에게 버릇없이 할뿐 아니라 자기를 종 부리듯 하여 몹시 못마땅하게 생각하고 있었다.

어느 날 선사가 절간을 나서면서 동자승이 있는 방문 앞에서 말했다.

"큰 스님, 다녀오겠습니다. 객스님하고 재미있게 노십시오."

"아니, 내 점심은 안 주고 혼자 가려고?"

선사가 절을 나서자 동자승이 객승을 불렀다.

"어디서 온 객승인데 인사할 줄을 모르나? 우리 스님도 아침저녁 내게 문안을 올리는데."

그러자 그 객승은 그동안 쌓인 분노가 폭발했다.

"네 이놈! 어디서 그런 무례한 짓을 배웠느냐. 당장 쫓아낼 테다."

처음 당한 호통에다 　아낸다고 하자 동자승은 새파랗게 겁에 질렸다.

"잘못했습니다. 용서해 주세요."

"오늘부터 내가 가르치는 대로 하겠느냐?"

"네."

"스님이 어디 다녀오시면 인사도 하고, 앉을 때는 무릎을 꿇고 앉아야 한다."

"네, 알겠습니다."

"그럼 나가 봐라."

해가 질 무렵 선사가 돌아와 동자승이 있는 방문 앞으로 다가갔다.

"큰 스님, 큰 스님!"

이때 풀이 죽은 동자승이 밖으로 나오더니 선사에게 깍듯이 인사했다.

"큰 스님, 다녀오셨습니까?"

선사의 얼굴이 갑자기 어두워졌다. 저녁을 먹은 후 객승에게 물었다.

"동자승에게 무엇을 가르쳤나?"

"예, 저 아이가 하도 버릇이 없어 오늘 예법을 좀 가르쳤습니다."

선사는 실의와 노기를 띠며 큰 소리로 말했다.

"저 아이, 자네가 데리고 가게."

혜월 선사는 그동안 아이의 천진함을 부처로 알고 모셨고 그것이 기쁨이요 수행이었다. 객승이 그 뜻을 헤아리지 못하고 부처를 앗아간 것이다. 객승을 따라가는 동자승을 물끄러미 쳐다보던 선사가 손을 흔들며 말했다.

"큰스님, 공부 잘 하십시오."

혜월 선사는 임종을 앞두고 제자 운봉을 불렀다.

"이제 가야겠다."

"어디로 가시려고요?"

"어디로 가기는, 온 곳으로 가야지."

혜월 선사는 열반송을 남기고 늘 나무와 이야기를 주고받던 선암사 아래 안양암에서 삼매에 들어간 이후 뒷산에 올라 솔가지를 잡고 선 채 77세로 좌탈입망의 열반에 들었다.

현상계의 모든 법 본래 진실한 바탕 없어
겉 보고 상 없는 뜻 사무쳐 알면 바로 이것이 견성(見性).

3대 종교의 성지와 안식일

성지 예루살렘 예루살렘은 유대교, 그리스도교, 이슬람교에서 성지로 여기는 곳이다. 유대교도에게는 '통곡의 벽'이 있고, 그리스도교도에게는 그리스도가 십자가에 매달려 순교하고 부활한 곳에 세워진 성묘교회가 있으며, 이슬람교도에게는 무하마드가 승천했다는 모리아 산 바위 언덕 위에 세워진 사원인 '바위의 돔'이 있는 곳이다.

예루살렘은 이스라엘 왕국을 통일한 제2대 왕 다윗BC 1000~BC 962 재위이 수도로 정하고 그의 아들 솔로몬BC 962~BC 932 재위이 야베 신전을 세워 유대교의 성지가 되었다.

서기 70년 예루살렘을 지배하던 로마 제국은 유대 인들이 반란을 일으키자 신전을 파괴해 성벽의 일부만 남아 있고[통곡의 벽], 유대 인들은 예루살렘에서 쫓겨나 각지로 뿔뿔이 흩어졌다[디아스포라]. 135년 예루살렘이 로마의 속주가 되자 로마는 예루살렘에 신전을 다시 세웠다.

한편 그리스도교 입장에서 예루살렘은 예수가 골고다 언덕에서 십자가형에 처해지고 다시 부활한 신성한 곳이다. 313년 로마 제국의 황제 콘스탄티누스 1세가 밀라노 칙령으로 그리스도교를 공인하고 그곳에 성묘교회를 세움으로써 그리스도교의 성지가 되었다.

또한 이슬람교의 입장에서 예루살렘은 창시자 무하마드가 632년 죽기 직전 날개 달린 천마를 타고 예루살렘에서 승천했다고 『코란』에 적혀 있는 성스러운 곳이다. 638년 1월, 이슬람의 사라센 제국 제2대 칼리프 우마르 1세는 예루살렘에 입성해 도시를 아랍 인의 것으로 선포했다. 691년 우마이야 왕조 제5대 칼리프는 무하마드가 승천할 당시 그의 발자국이 남아 있다는 바위를 보존하기 위해 이슬람 특유의 둥근 형상의 대사원인 '바위의 돔'을 세움으로써 예루살렘은 메카, 메디나에 이어 이슬람교의 제3의 성지가 되었다.

안식일

유대교에서는 하느님이 6일 동안 천지를 창조하고 일곱 번째 되는 날에 쉬었다고 하는 『구약성서』「창세기」의 기술에 근거하여 기원전 6세기경 일곱 번째 날인 토요일을 사바트라고 하여 안식일로 정했다. '사바트'란 '일을 중단한다'는 뜻으로 이 날은 노동을 엄하게 금지하여 이스라엘에서는 토요일은 휴무이다.

그리스도교에서는 로마 제국 시대 1주일의 첫 날인 일요일은 예수가 부활한 날로 여겨 주일이라 하여 그리스도에게 기도를 바치는 날로 정했다. 313년 밀라노 칙령으로 기독교를 공인한 로마 제국의 황제 콘스탄티누스 1세[306~337 재위]는 321년에 일요일을 휴일로 하는 7요일 제도를 도입하여 일요일은 기도하는 날로 정착되었다.

이슬람교에서는 하루에 다섯 번 성지 메카를 향해 예배를 드리도록 되어 있는데, 금요일은 집단 예배를 하는 성스러운 날로 정했다. 이슬람교에서는 금요일 정오에는 이슬람 종교 공동체의 지도자인 이맘의 지도 아래 신에게 기도를 올리도록 되어 있다.

유럽의 수도원

수도사는 인도나 이집트, 팔레스타인과 같이 동방에서 처음 등장했다. 그들은 참회와 고행을 통해 깨달음을 얻고 마음의 평온을 찾고자 했다. 그중에는 시내 중심지에 있는 높은 기둥에 올라 앉아 약간의 음식을 바구니에 담아 끌어올려 취하면서 일생을 명상에 잠겨 보내는 사람도 있었다.

이탈리아의 베네딕트라는 수도사는 고행만으로는 그리스도의 가르침을 따르지 못하므로 선한 일을 행해야 한다고 생각했다. 그리하여 그는 "기도하고 일하라"를 내걸고 뜻을 같이 하는 수도사 몇 명을 모아 모임을 만들었는데, 사람들은 이를 수도회라고 했다. 수도회의 일원이 되기 위해서는 세 가지를 서약해야 했다. 그것은 아무것도 소유하지 말아야 하고, 결혼하지 말아야 하며, 수도원장에게 무조건 복종해야 한다는 것이었다.

수도사로 서품을 받으면 하루에 몇 차례의 미사를 올리는 외에 선한 일을 행해야 했다. 이에 필요한 지식과 능력을 갖추기 위해 성경이나 성자들의 생애, 농경 지식 등 필요한 두루마리 서적들을 구하고 이를 유포하기 위해 양피지로 필사본을 만들었다. 또한 수도사들은 가난한 사람들에게는 곡물과 빵을 주었고, 여행자에게는 쉴 공간을 제공했으며, 아이들에게는 글과 성경을 가르쳤다.

이러한 수도원은 이탈리아뿐만 아니라 아일랜드와 영국, 그리고 갈리아 족과 게르만 족의 나라에도 들어서기 시작했다. 독일에서는 게르만 족의 토착 신앙이 점차 자취를 감추고 사람들은 수도원 근처의 작은 교회에서 예배를 드리기 시작했다. 예배가 끝나면 사람들은 수도사들에게 병든 가축의 치료법에 대해 묻기도 하고, 과수나무의 병충해를 막는 방법을 묻기도 했다.

권력자들도 수도원을 찾았으며 때로는 거대한 땅을 기증하기도 하여 수도원은 점차 권력과 부를 갖게 되었다. 그러나 수도사들은 언제나 좁고 누추한 방에서 성 베네딕트의 이념에 따라 기도하고 일하며 검소하게 살았다.

졸지에 왕이 된 사나이

실론의 야사라라크 왕이 어느 날 궁 밖으로 산책을 나갔다가 우연히 길에서 일하고 있는 인부 중에서 자기와 꼭 빼닮은 사나이를 발견했다. 그 순간 왕은 지루한 일상에서 탈출할 수 있는 재미있는 생각을 하고는 그 사나이를 궁 안의 자기 숙소의 당번으로 채용했다.

사나이가 왕궁의 법도에 어느 정도 익숙해지자 국왕은 장난기 섞인 말투로 그에게 자기와 서로 임무를 교대해 보자고 했다. 사나이는 극구 사양했으나 왕의 명이라 하는 수 없이 그렇게 하기로 했다. 왕은 사나이에게 요령을 가르쳐 주고 서로 옷을 바꿔 입은 다음 왕은 문지기가 되었다. 대신들이 가짜 왕 앞에서 굽신거리는 꼴들이 무척 우습고 재미있었다.

얼마 후 국왕이 다시 그 사나이에게 제의하자 그는 자신이 생겼든지 이번에는 흔쾌히 응하고는 몰래 임무를 교대했다. 그런데 얼마간 임무를 수행하던 중 가짜 왕이 갑자기 큰 소리로 근위병을 불렀다.

"근위병! 근위병! 근위병 없는가?"

가짜 왕은 황급히 달려온 근위대장에게 문지기[야사라라크 왕]를 가리키며 소리쳤다.

"저 문지기는 머리가 돌아 버렸으니 당장 끌고나가 죽여 버려라!"

이에 깜짝 놀란 문지기[진짜 국왕]가 외쳤다.

"아니야, 내가 진짜 국왕이야!"

그러나 아무도 그의 말을 믿어 주지 않았다. 진짜 왕은 그만 끌려가 죽고 말았고, 일개 노무자가 졸지에 진짜 국왕 행세를 하게 되었다.

잉글랜드

잉글랜드의 유래 브리튼 섬은 서로마 제국의 속주였으나 서로마 제국이 망하자 5세기에 로마 인이 떠나고 독일의 북서부로부터 게르만 족이 브리튼으로 밀려오기 시작했다. 게르만 족 중에는 앵글 족, 색슨 족, 주트 족, 프리즈란드 족 등이 포함되어 있었는데 그들을 '앵글로색슨 족' 또는 '색슨 족'이라 했다. '잉글랜드England'는 '앵글 인의 땅Angle's Land'에서 유래했다.

앵글로색슨 족은 매우 호전적인 민족이었으나 문자가 없어 5~6세기의 기록이 남아 있지 않다. 그들은 스칸디나비아 지역 바이킹 족의 거듭되는 공격을 저지하면서 브리튼 내의 수많은 소규모 왕국을 하나의 앵글로색슨 왕조로 통합하고 기독교로 개종했다. 700년경 교회 연대기 작가인 비드는 이주해 온 앵글로색슨 족에 대해 이렇게 적었다.

> 그들은 성직자들을 모두 제단 앞에서 학살했다. 인간에 대한 존엄성은 전혀 찾아볼 수 없다. 그들은 고위 성직자들을 비롯한 일반 주민들을 잔인하게 불에 태우거나 칼로 베어 학살했으며 학살당한 사람들의 시신을 매장하지도 않았다.

영국 왕실의 문장 '튜더로즈' 현재 영국 왕실의 문장인 '튜더로즈'는 다섯 개의 백장미 꽃잎 주위에 붉은 테를 두르고 있다. 장미는 유럽인이 좋아하는 꽃으로서, 요크 가문의 백장미 문장과 랭커스터 가문의 붉은 장미 문장을 합해 만든 것이 바로 영국 왕실의 문장이다.

1453년 영국이 프랑스와의 백년전쟁에서 패배로 끝나자마자 랭커스터 왕조의 헨리 6세1421~1471에게 정신 이상이 생기고 말았다. 그러자 영국 의회는 다음해인 1454년에 가장 유력한 요크 공 리처드를 섭정으로 임명했는데, 그해 말 헨리 6세의 건강이 정상으로 돌아왔다.

1455년 요크 공 리처드가 왕위 계승권을 주장하면서 당시의 왕가인 랭커스터 가문과 치열한 내전이 시작되었는데, 양 가문의 문장이 모두 장미이기 때문에 이 전쟁을 장미전쟁1455~1485이라 부른다. 결국 랭커스타 가의 외척인 헨리 투더헨리 7세가 요크 가의 리처드를 죽이고 승리함으로써 30년간의 내전은 종식되었다.

1486년 왕위에 오른 헨리 7세는 요크 가문와 화해를 위해 에드워드 4세의 딸 엘리자베스와 정략 결혼했다. 새로 연 튜더 왕조는 요크 가문의 문장인 다섯 개의 백장미 꽃잎 주위에 랭커스터 가문의 붉은 장미를 합한 새로운 문장을 사용하게 되었는데, 이것이 현재 영국 왕실의 문장 '튜더로즈'이다. 튜더 왕조는 1603년 엘리자베스 1세까지 이어졌다.

앵글로색슨 족의 생활상

영국의 농촌은 원래 외따로 떨어져 있었으나 앵글로색슨 시대에 농장들이 모이면서 공동 부락이 형성되기 시작했다. 영국의 지명에서 '-ham'으로 끝나는 곳은 대개 당시 촌락 또는 울타리를 친 땅이며, '-den', '-ey', '-hurst', '-field'로 끝나는 곳은 당시 원시림을 개간하여 만들어진 곳이다.

촌락은 수로와 울타리로 둘러싸였으며 집은 일반적으로 목재나 짚으로 지었고, 가난한 사람들은 초라한 오두막에서 살았다. 원주민 켈트 족의 집은 원형이었으나, 색슨 족은 직사각형으로 집을 지었다.

마을 사람들은 대부분 조그만 텃밭에서 과일이나 야채를 재배했고 가축도 길렀다. 옷감을 짜거나 금속을 세공하거나 목공일을 하는 작업장도 있었으며 물건을 파는 상인도 등장했다. 밭을 가는 데는 황소를 이용했고 곡물을 찧는 데에 물레방아를 이용했다.

그들은 주식으로 밀가루 빵에 우유나 치즈 등을 약간 곁들여 먹었는데 가끔 새알, 생선, 과일, 소금에 절인 육류를 먹는 경우도 있었다. 그러나 생고기는 영주의 저택에서 벌이는 연회에 초대받는 특별한 경우를 제외하고는 일반인들은 먹을 수 없는 귀한 음식이었다. 일반 농민들은 영주의 농토에서 농사를 짓고 그 수확물 일부를 영주에게 바쳤다. 그들은 가끔 영주의 저택에서 베푸는 연회에 초대받는데 그것은 그들의 생활에서 가장 큰 즐거움이었다. 연회에서는 생고기를 맛볼 수 있으며 포도주와 꿀술을 마시며 노래도 들었고 놀이와 수수께끼도 즐길 수 있었다.

앵글로색슨 사회에서는 친족 간의 유대를 중요시했다. 자신의 혈족을 죽인 사람을 죽음으로 보복하는 것은 합법이었으며, 돈이나 농토를 받아낼 수도 있었는데 배상액은 죽은 사람의 사회적 지위에 따라 달랐다. 귀족 계급의 유부녀와 간통한 사람은 그의 남편에게 120실링, 즉 황소 20마리에 해당하는 돈을 보상해야 했으나 하층민의 유부녀와 간통한 자는 30실링을 보상해야 했다.

왕권의 통치하에 전국은 여러 주로 나뉘어 법률과 행정적인 문제가 처리되었다. 재판은 마을 교회에서 열렸는데 법원의 소환에 불응한 자는 마을 사람 누구나 죽일 수가 있었다. 또한 죄를 가리기 위해 피고에게 벌겋게 달군 쇠를 손으로 쥐게 하거나 끓는 물에 손을 집어넣게 하여 화상을 입은 손을 붕대로 감아 주었다가 3일 후에 상처를 확인하여 상처가 아물어 있으면 혐의에서 벗어났다. 유죄가 입증된 죄인은 벌금, 사지 절단, 사형 등의 형을 받았는데 살인, 방화, 절도, 영주에 대한 반역죄는 보통 사형이 선고되었다.

프랑크 제국

그리스 정교회의 탄생 동로마 제국비잔틴 제국은 476년 서로마 제국이 게르만 족인 서고트 족에게 멸망된 뒤에도 수도 콘스탄티노플을 중심으로 지중해의 중심 세력으로 남아 있었다. 성 소피아 성당 천장에는 아기 예수를 안고 있는 마리아를 중심으로 오른쪽에는 비잔티움콘스탄티노플으로 수도를 옮긴 콘스탄티누스 황제가 도시를 바치는 그림이 있고, 왼쪽에는 537년 이 성당을 건립한 유스티니아누스 1세가 성당을 바치는 그림이 그려져 있다. 교황은 없고 황제들만 등장하고 있는 이 그림은 은연중에 교황의 권위를 비하한 것이었다.

726년 로마 교황은 모세의 「십계명」에 형상 숭배를 금했다는 것을 이유로 예수와 성모 마리아 등을 그린 그림이나 형상을 모두 폐기하라는 이른바 성상 파괴령을 내림으로써 로마 교황과 황제가 정면으로 충돌하기에 이르렀다. 반대자들을 탄압하면서 각지에서 성상 파괴가 이루어졌으나 동로마 황제는 이를 받아들이지 않았다. 세속 황제가 교리상의 중요 문제에 대해 결정권을 행사하는 것에 대해 로마 측은 몹시 불쾌했다.

799년 성상 파괴를 줄기차게 주장하던 교황 레오 3세가 테러를 당해 눈이 뽑히고 혀가 잘린 채 교황의 자리에서 강제로 내쫓기자 프랑크 왕국의 샤를마뉴에게 도움을 청했다. 그러자 갈리아 지방을 장악하며 게르만 족 최대의 통일 국가로 성장한 프랑크 왕국의 샤를마뉴는 로마로 건너와 위원회를 소집하고 레오 3세에게 교황권을 돌려주었다. 프랑크 왕국은 남하한 게르만 족이 서로마를 멸망시키고 건설한 왕국으로서 오늘날의 독일 서쪽, 프랑스 동쪽 그리고 알프스 이북 지역을 장악한 거대 왕국이었다.

800년 크리스마스 날 샤를마뉴는 성탄절 미사에 참석하기 위해 성 베드로 성당에 들어섰다. 그가 기도를 올리려 무릎을 꿇자 교황 레오 3세는 갑자기 제단에서 왕관을 들어 올려 샤를마뉴의 머리에 씌워주며 그를 로마 황제로 선포했다. 뜻밖에 로마 교황으로부터 서로마 제국의 후계자로 정식으로 인정받는 왕관을 받게 된 샤를마뉴는 깜짝 놀랐다. 동로마 제국의 황제가 엄연히 살아 있는데 서로마 제국을 멸망시킨 게르만 족에게 또 하나의 로마 제국 황제의 지위를 부여한 것이다.

그러자 동로마 제국은 로마 가톨릭과 결별을 선언하고 그리스 정교회동방 정교회를 탄생시켰다. 그리스 정교회는 교리 상으로 가톨릭과 근본적으로 다른 것이 없지만, 결혼한 자도 신부가 되는 것을 허용하는 등 약간의 차이가 있을 뿐이다. 동서 교회를 통합하고자 하는 시도는 여러 차례 있었지만 반목을 계속하다가 지난 2006년 12월 13일 크리스토둘로서 총대주교가 그리스 정교 지도자로서는 처음으로 바티칸을 공식 방문한 적이 있다.

프랑크 제국의 분열

814년 샤를마뉴 대제가 죽자 세 아들 중 유일하게 살아있던 루이가 제국 전체를 물려받았다. 당시 제국의 남쪽은 이슬람 세력이 지중해의 제해권을 장악했고, 북쪽으로부터는 바이킹 족이 수시로 침공해 왔으며, 동쪽으로부터는 기마 민족인 마자르 족의 침공이 잦아 프랑크 왕국은 급속히 쇠퇴하기 시작했다.

840년 루이 왕이 죽자 후계자 다툼을 벌이던 세 왕자는 마침내 843년 베르덩에 모여 나라를 셋으로 나누기로 합의했다베르덩 조약. 이탈리아를 포함하는 중부 프랑크이탈리아는 만형 로타르 1세가, 라인 강 동쪽의 동부 프랑크독일는 둘째인 루트비히 2세가, 갈리아를 중심으로 서부 프랑크프랑스는 막내이자 이복동생인 샤를 2세가 차지하게 되었다. 이렇게 하여 분열된 제국은 다음 세기가 되어 각각 이탈리아, 독일, 프랑스 왕국으로 탄생하게 된다.

카노사의 굴욕

세 왕국으로 분열된 프랑크 왕국의 왕들은 로마 교황의 입회도 없이 제멋대로 황제의 대관식을 올리는 파행이 계속되었다. 막강한 세력을 쌓은 동프랑크의 오토 대제는 랑고바르드 족과의 전쟁으로 혼란에 빠진 이탈리아를 평정하고 이탈리아를 독일의 봉토로 선포했다.

962년 로마 교황 요하네스 12세는 랑고바르드 족을 제압해 준 오토 대제에게 신성로마 제국 황제의 왕관을 씌워 주었다. 그리하여 동프랑크 왕은 800년의 샤를마뉴 대제 이후 다시 신성로마 제국의 황제가 되고 기독교계의 보호자가 되었다. 교황의 대관식을 받지 못한 동로마 제국비잔틴 제국과 대비하여 동프랑크 왕국을 신성로마 제국이라 했다.

신성로마 제국에서는 영주들뿐만 아니라 주교와 수도원장도 많은 토지를 기부받아 대영주로 군림했다. 그리하여 주교들은 교회의 사제이면서 동시에 영주가 됨으로써 로마 교황과 신성로마 제국 황제의 지배를 동시에 받는 위치가 되었다. 그리하여 신성로마 제국 황제와 로마 교황 간에 주교의 서임권을 두고 다툼이 벌어졌다.

1073년 교황 그레고리우스 7세는 인기 초에 황제의 허가를 받지 않고도 자신이 주교를 임명할 수 있도록 법을 바꾸었다. 이에 격노한 신성로마 제국의 황제 하인리히 4세1050~1106가 교황을 폐위시키자 교황은 하인리히 4세를 파면시키고 말았다[서임권 투쟁]. 황제의 권한이 너무 강해지는 것을 원치 않았던 대부분의 주교와 귀족이 교황의 편으로 돌아서자 하인리히 4세는 사면초가가 되었다.

1077년 추운 겨울, 하인리히 4세27세는 교황과 담판을 지어 파문을 풀어 달라고 요청하기 위해 군대도 없이 아내와 함께 이탈리아로 향해 떠났다. 교황과의 화해를 바라지 않는 독일 영주들이 그가 가는 길목을 장악하자 그는 멀리 알프스 산을 우회하여 넘을 수밖에 없었다.

1077년 1월 25일 하인리히 4세는 마침내 눈이 내리는 가운데 교황이 머물고 있는 카노사 성에 도착했다. 참회자가 입는 셔츠를 입고 모자를 벗은 채 맨발로 성문 앞에 서서 교황의 접견을 청했다. 교황은 만나지 않겠다고 거부했으며 하인리히가 3일 동안 눈 속에 서서 떨며 기다린 후에야 교황은 성문 밖으로 모습을 보였다. 하인리히가 무릎을 꿇고 교황에게 애원하자 교황은 파면을 풀어 주었다. 이것이 바로 세속 권력이 교황의 권력에 굴복한 '카노사의 굴욕'이다.

이후 주교들은 교회가 선출했고 황제는 이에 대한 승인만을 할 수 있게 되었다. 이제 교황의 권력은 황제의 세속 권력보다 우위에 있었고, 기독교계의 지배자는 황제가 아닌 교황이었다. 그러다가 1085년 교황 그레고리우스 7세는 끈질기게 보복을 노리던 하인리히 4세의 역습을 당하여 남부 이탈리아로 도피했다가 "정의를 사랑하고 부정을 증오한 까닭으로 유배를 당하여 죽는다"라는 마지막 말을 남기고 화병으로 죽었다.

다음은 교황 그레고리우스 7세가 신성로마 제국의 공작들에게 보낸 서한으로서 하인리히 4세와의 성직자 서임권 논쟁에서 승리한 전말을 담고 있다.

(생략)

나는 국왕이 오는 것을 알고 있었소. 그는 도착하기 전에 사자를 보내어 나에게 용서를 빌었고, 만일 면제와 은총을 받을 수 있다면 온갖 정성을 다하겠노라고 약속했소…….

그는 어떠한 적의나 불손한 생각도 드러내지 않고 자신의 신하와 함께 내가 머무는 카노사 성으로 왔소. 그는 왕의 복장을 벗고 비참한 차림과 맨발에 양모 외투를 걸치고 3일 동안 성문 앞에 서 있었소…….

노르만 족의 유럽 진출

노르만 족은 덴마크, 스웨덴, 노르웨이 등 북유럽 해안 지대에서 주로 수렵 · 농경 · 어업을 하며 살던 게르만 족의 일파로서 게르만 족 대이동 때 이동하지 않고 북부에 남아 있었다고 하여 노르만Norman이라 했다. 그들은 항해술과 전투력이 뛰어나 용이나 뱀으로 뾰족한 뱃머리를 장식한 배를 타고 각지를 다니며 상업 활동과 함께 해적 행위를 일삼아 '바이킹'이라고도 불린다. 바이킹은 9세기에서 11세기 사이 유럽의 여러 나라를 휩쓸었다.

8세기 말부터 노르만 족은 본거지인 스칸디나비아를 떠나 유럽 각지로 진출했는데, 크게 동방 진출과 서방 진출로 구분된다. 동유럽을 거쳐 흑해 방면으로 뻗어간 동방 진출은 전투보다는 교역에 중심을 둔 것이어서, 그들은 평화롭게 그 지역 주민들 속에 융화되어 11세기 중엽 이후로는 동유럽에서 바이킹의 정체성을 드러내지 않았다. 이들은 슬라브 족이 살고 있는 지금의 러시아를 건설했다.

흔히 알려진 정복자 바이킹의 이미지는 서방 진출에서 나타난 것이다. 바이킹 족의 일부 농민들은 해적이 되어 해안 도시와 런던, 파리, 리스본 등 많은 주요 도시를 약탈함으로써 유럽인들에게는 공포의 대상이었다. 911년 프랑스의 샤를 왕은 센 강 하구의 넓은 땅을 바이킹에게 내주어 침공을 모면하기도 했다.

바이킹 족에게 전쟁은 생활의 큰 부분으로서 싸우다 죽는 것을 가장 영광스러운 일로 여겼다. 그들은 죽음도 항해라고 생각하여 배 한 척을 만들어 시신을 배와 함께 묻거나 배에 실어 화장해버린다. 부유한 사람이나 우두머리가 죽으면 가족들은 하인과 하녀들 중에서 주인을 따라 가겠다는 자를 찾아 함께 화장한다.

바이킹 족은 상거래를 통해 주로 동물가죽, 장검, 호박 등을 수출하고 포도주, 비단, 향료, 직물, 가죽 공예품, 보석, 화장품, 유리 제품 등을 수입했다.

다음은 바이킹에 대한 기록들이다.

- 신이여, 저 무시무시한 북유럽인으로부터 우리를 구해 주소서!
- 바이킹의 전함 수는 점점 늘어나고 군세는 더욱 막강해졌다.

- 이제 존경받는 수도원은 찾아볼 수 없고 주민들은 모두 도망갔다.
- 그들은 10~12명이 한 집에서 살며 각자 긴 의자 모양의 침상을 사용하고 있었다. 그들은 팔려고 데리고 나온 여자 노예를 희롱하면서 동료가 곁에 있는데도 성행위를 즐겼다. 그리고 때로는 집단으로 섹스파티를 벌이기도 했다.

잉글랜드를 정복한 노르만 족 잉글랜드는 9세기 전반에 통일되었는데 이 무렵부터 덴마크 지방의 노르만 족이 침입하기 시작하여 1016년부터 1035년까지 잉글랜드를 지배했다.

1066년 노르망디의 왕 윌리엄 1세는 약 8,000명의 군사를 이끌고 프랑스로부터 잉글랜드를 침공했다. 정복자 윌리엄 1세가 영국 해안에 도착하여 처음 영국 땅을 밟았을 때 그만 미끄러져 넘어지고 말았다. 병사들이 왕의 실족을 불길한 징조로 생각하자 윌리엄은 흙이 묻은 손을 치켜들며 외쳤다.

"하나님의 은총으로 내 두 손에 영국 땅을 쥐어 주셨다."

윌리엄 1세의 노르망디 군이 헤이스팅스 전투에서 승리하고 잉글랜드의 헤럴드 왕은 전사하고 말았다. 그리하여 노르만 족의 윌리엄 1세가 잉글랜드의 왕에 등극함으로써 노르만 왕조가 시작되었다[노르만 정복].

잉글랜드를 정복한 윌리엄 1세는 유럽의 전통적인 봉건 제도를 실시하고 마을과 장원의 대부분을 그의 전투 동지들에게 나누어 주었다. 또한 그는 도처에 많은 성을 쌓기 시작하여 1100년경에는 성이 500개나 있었다. 그들은 목수들과 함께 미리 절단한 목재들을 실어 와서 15일 만에 성을 조립하고 성의 주위에는 인공으로 연못을 만들었다. 당시 프랑스 노르망디에서 건너온 노르만 족이 프랑스 어를 사용했기 때문에 지금도 영어에는 고대 독일어와 프랑스 어가 섞여 있다.

바이킹 족의 장례식 다음은 922년 볼가 강에서 바이킹들의 장례식 장면을 목격한 바그다드 칼리프의 사신 이븐 파들란이 기록한 내용이다.

> 바이킹의 우두머리 한 사람이 죽었다는 소식을 듣고 나는 그들의 장례식 장면을 지켜보기 위해 그곳으로 찾아가 보았다.

그들은 죽은 자의 시신을 지붕 씌운 무덤 안에 열흘 동안 눕혀 놓은 동안 장례식 준비에 들어갔다. 죽은 자의 가족들이 하녀들에게 "누가 그를 따르겠는가?"하고 묻자 한 어린 하녀가 "제가 가겠습니다"라고 말했다. 그러자 그 하녀는 다른 두 하녀에 의해 장례식이 거행될 때까지 감시를 받게 된다.

사람들은 장례식 준비를 시작했고, 우두머리가 죽은 지 열흘이 지나 드디어 장례식을 치루는 날이 되었다. 그들은 강가에 목재를 쌓아 올린 다음 그 위에 배를 올려놓았다. 그들은 금실로 짠 누빈 천을 덮은 침대를 베개와 함께 배 위에 올려놓았다.

그런 다음 사람들은 꽤 떨어진 곳에 있는 무덤으로 가서 흙과 지붕을 걷고는 시신을 꺼냈는데, 죽을 때 입고 있던 잠옷 차림 그대로였다. 장례식 때 사용하기 위해 시신과 함께 묻어 두었던 술과 과일, 그리고 루트(현악기)도 꺼냈다. 사람들은 시신에 바지를 입히고 각반을 채우고 장화를 신긴 다음 황금 단추에 금실로 짠 조끼와 저고리를 입혔다. 그리고 머리에는 금실로 짠 천에 담비 모피를 단 모자를 씌웠다.

이렇게 수의를 입힌 시신을 배 위의 천막 안의 침대로 옮겨 베개에 기대어 앉혀 놓은 다음 독한 술과 과일, 향료, 그리고 죽은 자의 무기를 그 옆에 늘어놓았다. 그런 다음 개 한 마리와 말 두 필, 소 한 마리, 그리고 암탉과 수탉 한 마리씩을 데려와 토막을 내어 배 안에 던져 넣었다.

사람들은 주인 따라 죽기로 그 어린 하녀에게 말했다.

"네 주인에게 '나는 오로지 당신에 대한 사랑 때문이었다'고 전해라."

사람들이 아이를 세 번 들어 올리고 내려놓자 그때마다 그 하녀가 말했다.

"아! 아버지와 어머니가 여기 계셨구나!"

"돌아가신 친척들이 모두 여기 계셨구나!"

"주인님이 여기 극락에 계셨구나. 정말 아름답고 푸른 곳이구나. 부하들과 시동들이 주인님을 모시고 있구나. 그분께서 부르시니 나를 어서 데려다 줘요."

이번에는 암탉 한 마리를 주자 하녀는 닭의 목을 잘라 버렸고, 사람들이 닭의 몸통을 배 안으로 던져 넣었다. 배 곁으로 간 하녀는 끼고 있던 팔찌와 발목에 차고 있던 고리 한 쌍은 벗어서 노파와 시중드는 두 하녀에게 주었다.

사람들은 하녀를 배 위에 올려놓고 방패와 몽둥이를 들고 몰려와 독한 술을 한 잔 주었다. 그녀는 잔을 들고 노래를 불러 사람들에게 작별을 고한 다음 잔을 비웠다. 다시 술 한 잔을 주자 그녀는 노래를 부르기 시작했다. 노파가 그녀에게 잔을 비우고 주인이 누워 있는 천막 안으로 들어가라고 재촉했다.

그녀가 천막으로 들어가려고 하자 노파가 머리통을 쥐고 천막 안으로 끌어넣었다. 그 순간 사람들이 몽둥이와 방패를 요란스럽게 두들기기 시작하여 그녀의 비명소리를 덮어 버렸다. 그리고는 남자 여섯 명이 천막 안으로 들어가 한 사람씩 그녀와 몸을 섞은 다음 그녀를 주인 옆에 눕히고 손발을 붙잡은 채 단검으로 그녀의 갈비뼈 사이에 찔러 죽였다.

그런 다음 상주가 배 밑에 있는 나무에 불을 붙이자, 다른 사람들도 몰려와 불을 붙여 올려놓은 모든 것이 화염에 휩싸여 훨훨 타기 시작했다.

15세기의 노르웨이

바이킹의 시대9~11C가 지난 뒤에도 스칸디나비아 지역은 아직 미개한 상태에 머물러 있었고, 노르웨이는 13세기가 되어 중세 국가의 틀이 갖추어졌다. 다음은 이탈리아 베니스 사람인 크리스토포로 피오라반티가 1432년 당시 노르웨이의 작은 어촌의 모습을 적은 글이다.

이 섬에는 열두 채의 작은 집에 대부분이 어부인 120명 정도의 주민이 살고 있다. 그들은 예절이 바르고 매우 친절하며, 배를 비롯하여 그물이나 바구니 등 온갖 생활 용품을 잘 만드는 재주를 타고 난 사람들이다.

그들은 말린 대구포stock-fish를 화폐 대신으로 이용한다. 5월이 되면 대구포를 짊어지고 이전의 덴마크 왕국인 즉 노르웨이와 스웨덴, 그리고 덴마크 각지를 돌며 필요한 물건들과 바꿔 온다.

이곳 주민들은 모두 마음이 깨끗하고 하느님의 계율을 철저히 따르기 때문에, 간음이나 간통 같은 것은 상상도 못하며 남녀 간에는 혼인 관계만이 존재할 뿐이다.

우리가 머물던 집에서 우리는 그들 가족과 함께 같은 방에서 잠을 잤다. 주인 내외의 침대 바로 옆에는 나이 든 아들딸들이 함께 자는 침대가 있고, 그 바로 옆 침대에 우리가 잤다. 그들이 잠을 자거나 일어날 때나 옷을 홀랑 벗을 때 우리는 서로를 어린아이처럼 순진한 마음으로 무심하게 바라보았다. 한창 잠이 달콤할 시간에 주인은 큰 아들을 데리고 고기잡이를 나갔는데, 아내와 딸들을 마치 성모님의 품에 든든히 맡겨 두고 가는 것처럼 편안한 마음으로 집을 떠나는 것이었다.

우리는 또 다른 구경거리를 접했다. 여자들이 집 근처에 있는 목욕탕에 가는데, 그들은 아무것도 걸치지 않은 채 아무런 거리낌 없이 집을 나서는 것이었다.

그런데 주일날 교회에 갈 때는 점잖은 정장에 얼굴을 볼 수 없도록 투구 같은 것을 머리에 쓰는 것이었다. 두 가지의 상반되는 풍속이 내게는 무척 흥미롭게 느껴졌다.

바이킹 요리

바이킹은 한 마을을 점령하면 약탈한 음식들을 죽 늘어놓고 축하연을 벌였다. 그들은 얇게 쓴 빵에 버터를 바르고 그 위에 여러 음식을 마음대로 골라 얹어서 먹는 식습관이 있었는데, 이러한 습관은 아직도 북유럽 여러 나라에 남아 있다.

바이킹의 본거지인 북유럽에는 '바이킹'이라는 요리는 없다. 20세기 중반에 이러한 식습관이 일본에 전해지면서 '바이킹 요리'라고 불리게 된 것이다.

십자군 원정

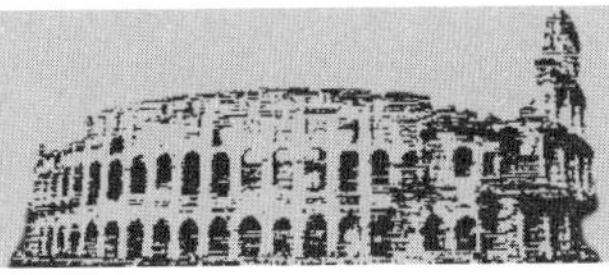

이슬람 세력의 패권을 쥔 터키인의 신흥국 셀주크 투르크가 출현하여 소아시아를 침입하고 동로마 제국을 위협하자 동로마 제국의 황제 알렉시우스 1세는 로마 교황 우르바누스 2세에게 도움을 청했다. 동·서교회의 통합과 교황권 강화의 기회라고 판단한 교황은 1095년 남프랑스의 클레르몽에서 종교 회의를 열고 원정을 결의함으로써 200여 년에 걸친 8차례의 십자군 원정이 시작되었다.

교황은 즉각 각국에 사자를 보내 '원정에 참가하면 죄를 용서받는 특권이 주어진다'고 설득하여 십자군을 모집했다. 당시 서유럽은 봉건 사회가 안정되어 있었고, 봉건 영주의 토지는 장남이 상속받게 되어 있어 차남 이하는 집을 떠날 수밖에 없어 수많은 왕과 영주들이 십자군에 몰려들었다.

제1차 십자군 원정1096~1099에는 프랑크 인과 플랑드로 인을 중심으로 약 10만 명의 십자군이 결성되어 예루살렘으로 향했다. 1099년 6월, 출정한 지 3년 만에 마침내 예루살렘을 탈환한 십자군은 거의 모든 주민을 무차별 학살했다. 무슬림이든 유대인이든 가리지 않았으며 심지어 동방교회 기독교도들도 죽였다. 십자군은 예루살렘 왕국1099~1187을 세웠으나, 이슬람 세계의 영웅인 살라딘의 등장으로 예루살렘 왕국이 무너져버림으로써 제1차 십자군 원정은 실패로 끝나고 말았다.

제3차 십자군 원정1189~1192은 예루살렘 왕국이 이슬람 세력인 이집트에 의해 함락되자1187 영국, 프랑스, 독일이 예루살렘 탈환을 위해 각각 별도로 출정했으나 실패로 끝났다. 원정에서 노령인 독일 황제 프리드리히 1세는 소아시아에서 강을 건너던 중 익사하고, 영국 왕 리처드 1세는 본국에서 동생 존이 왕위 찬탈을 꾀한다는 소식을 듣고 서둘러 귀국했다.

제4차 십자군 원정1202~1204은 교황 인노켄티우스의 호소에 따라 프랑스의 영주들을 중심으로 십자군을 결성하여 예루살렘 탈환에 나섰다. 프랑스의 영주들은 병력 수송과 식량 확보를 위해 베네치아의 상인들과 계약을 맺었으나 돈을 지급하지 못하자 베네치아 상인들의 요구를 받아들여 엉뚱하게도 방향을 바꾸어 기독교 국가인 자라를 공격하고, 콘스탄티노플을 점령하여 궁과 성당에서 금은보석과 성물을 닥치는 대로 약탈했다.

그 후 세 차례의 십자군 원정이 더 있었으나 모두 실패하였고, 1291년의 제8차 원정에서 최후의 거점이었던 시리아의 아콘이 함락됨으로써 200여 년에 걸친 십자군 원정은 실패로 끝나고 말았다.

클레르몽 종교 회의

1095년 11월 교황 우르바누스 2세는 서프랑크 남부의 작은 마을 클레르몽에서 각지의 대주교, 주교, 수도원장 등 600여 명을 소집하여 종교 회의를 열었다. 회의가 열리는 동안 성 밖의 들판에는 각지로부터 온 봉건 영주, 기사 그리고 일반인 등 수 만 명이 모여 있었다. 종교 회의가 끝난 후 열렬한 환호를 받으며 군중 앞에 나타난 교황은 성지 해방을 위한 성전을 호소했다.

> 여러분! 예루살렘과 콘스탄티노플의 형제들이 끔찍한 소식과 함께 구원을 호소하고 있습니다. 이슬람 세력인 셀주크 투르크가 무력으로 기독교도들의 땅을 짓밟고 살인과 방화와 약탈을 자행하여 두 도시는 폐허가 되었다고 합니다.

그들은 신성한 교회를 부수고 신앙을 유린하고 있습니다. 예루살렘은 예수 그리스도께서 태어나신 성지이며 거룩한 무덤이 그곳에 있습니다.

기독교도들이여! 이제 서로 다투는 일을 중단하고 박해받는 성지의 형제들을 구하러 떠납시다. 하나님의 부르심을 받들다가 쓰러지는 자는 죄 사함을 받을 것입니다. 젖과 꿀이 흐르는 땅인 예루살렘이 여러분을 기다리고 있습니다. 이 땅에서 불행하고 가난한 자는 저 땅에서 번영을 되찾읍시다.

이 말에 흥분한 군중들은 "예루살렘으로 가자! 성지를 구하러 가자!"라고 외쳐댔다. 그러나 638년 이래 예루살렘을 점령하고 있던 셀주크 트루크는 기독교도를 성서의 민족이라 하여 관용을 베풀어 순례자들에게 성지 방문을 허용하고 있었다. 당시 소아시아의 대부분을 점령하고 있던 셀주크 투르크 인들의 습격이 잦아지자 당황한 동로마 제국의 황제 알렉시우스 1세는 교황에게 지원군을 보내 줄 것을 요청했던 것이다.

1054년 로마 가톨릭으로부터 분리한 동방정교회의 동로마 제국에 대해 앙금이 남아 있는 교황은 이 기회에 성지를 탈환하여 동방정교회를 다시 로마 교황청 아래로 끌어들일 수 있는 좋은 기회라고 생각했다. 교황은 이를 위해 기독교의 성지인 예루살렘의 수복을 기치로 내거는 것이 가장 효과적이라고 판단하고 성지에서 박해가 일어나고 있다고 한 것이다.

교황의 호소는 삽시간에 서유럽 전역으로 퍼져 여러 계층의 유럽인이 십자군에 모이기 시작했다. 당시 서유럽은 7년 동안의 흉작으로 농민들의 생활은 말이 아니었다. 영지를 분배받지 못한 기사들, 영주에게 시달리던 농민과 수공업자들, 부채나 형벌을 피해 한 몫 잡아 보겠다는 자들이 십자군에 많이 몰려왔으며 그들의 관심사는 오로지 교황이 말한 젖과 꿀이 흐르는 땅이었다.

십자군 원정의 참상

1097년 제1차 십자군이 터키의 니케아를 포위 공격했을 때 투석기로 돌 대신 포로들의 머리를 잘라 성 안으로 날려 보냈다. 1098년 십자군이 시리아 북부의 한 도시를 습격했을 때 프랑스의 연대기 작가 랄프는 교황에게 보낸 서신에서 "굶주린 십자군 병사들은 이슬람 인들을 마구 먹어치웠다. 성인은 가마솥에 넣어 삶았고 아이들은 막대기에 꿰어 불에 구워 미친 듯이 먹었다"라고 썼으며, 이러한 참상에 대해 현지 사령관은 "무서운 기아에 직면했기 때문에 그럴 수밖에 없었다." 라고 해명하는 서신을 교황에게 보냈다.

1099년 예루살렘을 점령한 십자군은 약 3만 명의 이슬람교도를 죽여 거리에는 이슬람 인들의 잘린 목과 손발이 쌓여 피바다를 이루고 있었다. 십자군 병사들은 이슬람교도가 눈에 띄기만 하면 신전까지도 쫓아가 죽였고, 주민들로부터 귀금속을 모조리 약탈했다. 이슬람교도가 금화를 숨기기 위해 삼킨다는 소문이 돌자 십자군 병사들은 그들을 죽인 다음 배를 갈라 금화를 찾기도 했다. 그러다가 하나하나 배를 가르기가 번거롭자 아예 시체를 쌓아 화장을 한 다음 잿속에서 금을 찾는 만행을 저질렀다. 현지의 가톨릭교도조차 "이들이 성지를 구하기 위해 온 십자군이냐?"라며 의아해했다.

한 연대기 작가는 당시 예루살렘의 솔로몬 신전에서 있었던 일을 다음과 같이 적고 있다.

> 신전에서는 십자군 병사들의 발목까지 피에 잠길 정도로 대학살이 자행되었다. 십자군 병사들은 도시를 배회하며 부유한 집을 약탈했다. 십자군 병사들은 너무 기쁜 나머지 울면서 그리스도의 묘에 참배하였다.
>
> 십자군 병사들은 커다란 물통에 물을 가득 채운 후 젊은이를 묶어 밧줄에 매달아 물통 속으로 집어넣었다. 그가 물속으로 가라앉으면 무죄로 판결했고 물 위로 뜨면 유죄로 판결하였다. 그 젊은이는 물속으로 가라앉으려고 애썼지만 몸은 가라앉지 않았다. 유죄로 판결된 그는 벌겋게 달군 대못에 찔려 장님이 되었다. 신이여, 그들에게 천벌을 내려 주소서.

12세기 아랍의 학자 우사마 이븐 문키드는 "프랑크 인은 용기와 전투력은 뛰어났지만 그들은 야수들이었다"고 적고 있다.

아민 마르프는 『아랍이 본 십자군』에서 이렇게 적고 있다.

> 프랑크 인들이 인육을 먹은 이야기는 당시 프랑크 인 연대기에도 많이 나오듯이 사실이었다. 19세기까지는 프랑스 사가 미쇼의 『십자군사』와 같이 유럽의 사가들이 이 사건을 상세히 다루었지만, 20세기 이후로는 이런 내용이 대부분 모습을 감추었다. 이 사건으로 아랍과 프랑크 사이에는 몇 세기 동안 메울 수 없는 틈이 생겼다.

십자군 병사들이 원정을 떠날 때는 부인들에게 정조대를 채우고 떠났다. 십자군 원정을 비롯하여 전쟁에서는 종군 위안부들이 동행했다. 1096년 제1차 십자군 원정 때는 종군 위안부 5,000명이 동행했고, 1298년 신성로마 제국의 황제 알브레히드 1세가 슈트라스부르크에 입성했을 때는 종군 위안부 800명이 동행했으며, 1567년 스페인의 알바 공이 네덜란드를 원정했을 때는 800명의 도보 매춘부와 400명의 기마 매춘부가 동행했다.

소년 십자군 1212년 10대 초반의 프랑스 소년 애티아는 예루살렘을 탈환하라는 신의 계시를 받았다고 하면서 소년 십자군을 모았다. 소년은 순수한 신앙심에 불타 모인 어린 소년들에게 바다가 둘로 갈라져 길이 열릴 것이며, 천사들이 그들을 팔레스타인까지 인도해 줄 것이라고 했다. 사람들은 애티아를 보면 모두 모자를 벗고 절을 하였고, 광신적인 부모들은 다투어 자기 집 아이들을 하나님의 사절에게 보냈다. 어린 아이들은 대개 12살 이하였다.

1212년 6월 애티아는 약 700명의 소년들을 이끌고 아무 무기도 없이 성지 탈환을 위해 프랑스 남쪽으로 향하여 마르세유 항에 도착했다. 소년들은 팔레스타인으로 가는 선편을 제공받았다. 사람들은 그리스도가 소년 십자군을 위해 바닷길을 열어 주는 기적을 보기 위해 바닷가로 몰려들었지만 기적은 일어나지 않았다.

7척의 배가 마르세유 항을 떠난 지 얼마 되지 않아 폭풍우를 만나 배 2척은 침몰하여 배에 탔던 소년들은 모두 목숨을 잃었다. 나머지 5척의 배는 엉뚱하게 북아프리카 이집트의 알렉산드리아에 도착했고 악덕 선주는 소년들을 모두 노예상들에게 팔아넘겨 버렸다. 후에 소년들을 불쌍히 여긴 이슬람 인들이 그들을 풀어 줌으로써 사건은 폭로되고 선주는 교살되었다.

비슷한 사건이 독일에서도 발생하였다. 독일의 한 기사는 소년들을 노예로 팔아 벼락부자가 되고자 자기 아들을 데리고 라인 강 하류 일대를 돌아다니며 애티아 소년처럼 어린 소년소녀들을 십자군으로 모았다.

1212년 8월 소년 일행은 알프스 산을 넘어 이탈리아 동남부에 있는 브린디까지 갔으나 이 사실을 안 당국의 관여로 그들은 노예로 팔려 가는 운명은 면할 수 있었다. 십자군 원정에서 선박과 보급 물자를 담당했던 도시 상인들은 이와 같이 기회만 있으면 악착같이 돈을 긁어모았다.

다음은 당시 십자군에 가담했던 많은 사람들의 자조적 심정을 쓴 글이다.

> 사람들은 포도주에 취해 불가에 기대 앉아 있었네. 십자가를 쥐고 위대한 십자군 전사가 되겠다고 큰소리 쳤지만 아침 해가 뜨고 날이 밝자 십자군은 패주하여 뿔뿔이 흩어지고 말았네.

하멜른의 피리 부는 사나이 1284년 어느 날 쥐로 피해를 겪고 있던 독일의 작은 마을 하멜른에 허름한 외투를 입은 정체불명의 피리 부는 사나이가 나타났다. 그는 하멜른의 주민들에게 사례금을 주면 자신이 쥐를 없애 주겠다고 제의했다. 주민들은 그의 제의를 기꺼이 받아들였다.

사나이가 피리를 불자 마법에 홀린 듯 쥐들이 모조리 기어 나와 그를 따랐다. 피리 부는 사나이가 마을을 벗어나 베제르 강으로 가자 쥐들은 모두 강물에 빠져 죽고 말았다. 사나이가 하멜른으로 돌아와 사례금을 요구했으나 거절당했다.

어느 날 하멜른 마을에 사나이가 다시 나타나 피리를 불기 시작했다. 그러자 이번에는 마을의 어린 아이들이 피리소리에 홀려 거리로 뛰쳐나와 사나이 뒤를 따르기 시작했다. 그리하여 마을의 남자아이 130명이 피리 부는 사나이를 따라 마을을 떠나 코펠베르크 산 속의 동굴로 들어갔으나 그 후로 아이들은 영영 돌아오지 않았다.

이 이야기는 독일 시인인 로버트 브라우닝의 작품인데, 하멜른을 찾는 사람들은 누구나 그 이야기는 어쩌면 역사적 사실이었을지도 모른다는 생각을 한다. 1284년 6월 26일 하노버 주에서 발생한 어린이 유괴 사건을 기념하는 명문이 남아 있다. 이 이야기는 소년 십자군에서 있었던 일일 것이라고도 한다. 신의 계시를 받았다는 한 소년에게 이끌려 예루살렘으로 향했던 소년 십자군들이 도중에 탈진해 죽거나 노예로 팔렸던 일을 말한다.

이 전설을 재현하는 가장 행렬이 해마다 하멜른 마을에서 열리는데, 피리 부는 사나이의 분노가 재현될지도 모른다는 두려움으로 음악은 일체 연주되지 않는다.

십자군 원정 이후의 서유럽 십자군 원정의 실패는 유럽 사회를 크게 변화시켰다. 십자군의 지도자였던 로마 교황의 위신과 권위가 실추되고, 동방의 영토와 부를 획득하려 했던 영주와 기사들의 세력이 크게 약화되었다.

반면에 십자군 원정을 통해 이슬람 세계의 선진 문화가 유럽에 널리 전해졌으며, 대규모의 병력과 병참 물자의 수송이 이루어졌던 베네치아나 제노바 등의 항구 도시는 동방 무역으로 크게 발전하게 되었다.

결과적으로 수공업과 동방 무역의 발달로 도시가 발달하면서 제후와 기사 계급이 몰락하게 되어 유럽의 전통적인 봉건 제도가 사라지고 왕권이 강화되어 통일 국가가 형성되기 시작했다.

중세 유럽의 봉건 제도

9~14세기에 서유럽 대부분의 국가는 봉건 제도를 채택하고 있었다. 왕은 봉건 영주에게 토지를 나누어 주고[봉토], 그 대신 영주는 왕에게 세금을 내며 전쟁이 일어나면 왕을 위해 기사와 농민들을 동원할 의무가 있었다. 영주는 같은 방식으로 기사나 가신에게 토지를 나누어 주고 병역과 세금을 부과했다.

영주의 봉토는 왕으로부터 임대받은 것이지만, 특별한 문제가 없는 한 봉토는 자식들에게까지 물려주었다. 봉건 제도하에서 대부분의 농민은 자유 시민이 아니라 영주의 농토에 종속되어 있는 농노였기 때문에 그들은 원하는 곳으로 자유롭게 이주할 권리도 없었다.

1270년 제8차 원정을 끝으로 200여 년에 걸친 십자군 원정이 실패로 끝나자 각국의 제후와 기사들은 전쟁 비용 조달로 재산을 탕진했다. 그러나 십자군 원정을 통해 앞선 이슬람 세계의 문명, 즉 종이, 유리, 융단, 커피, 오렌지, 레몬, 시럽, 아라비아 숫자 등이 유럽으로 전해지고, 아시아와의 교역이 활발해지면서 베네치아, 제노바, 피사 같은 도시가 곳곳에 형성되기 시작했다[상업 르네상스].

상공업의 발달로 화폐가 등장하면서 장원의 지대도 부역에서 돈으로 전환되고, 영주가 직영하던 땅은 농민에게 대여하는 형식으로 바뀌면서 농촌 해방이 진행되었다. 도시의 시민부르주아지들은 영주의 영토에 더 이상 예속되지 않은 자유인으로서 영주도 아니고 농민도 아닌 이들을 '제3 계급'이라 했다. 독일에서는 장원에 귀속된 농노라도 도시로 도망쳐 1년 이상 거주하면 자유인이 될 수 있어 "도시의 공기는 자유를 준다"라는 말이 생겨났다.

중세 유럽의 기사

중세 유럽에서 활약하던 기사 계급은 1000년경 신성로마 제국의 하인리히 4세 때 생겼다. 본래 기사는 세습 계급이 아니었다. 무예에 능하고 정신적으로나 육체적인 단련을 쌓아 주군으로부터 기사 작위를 받으면 누구나 기사가 될 수 있었다. 그러다가 점차 기사는 세습하는 사회 계급의 하나가 되었고, 기사 사회에는 기사도라는 도덕이 자리잡게 되었다.

기사는 왕이나 영주로부터 봉토를 나누어 받고 대신 세금을 내며 전쟁이 벌어지면 왕의 부름을 받고 자기 말을 타고 출정했다. 영주들과 귀족들은 가파른 바위 위에 요새화된 성채를 쌓고 살았는데, 그 안에는 기사들의 주거 공간 외에 전쟁 포로들을 가두어 두는 지하 감옥도 있었다.

기사도

기사는 단순히 말 타고 싸우는 전사가 아니다. 기사는 영주에 대한 절대적인 충성은 물론, 싸움터에서 무훈을 세우며, 용맹과 정의감으로 약자를 보호하며, 신에 대한 봉사와 기독교를 위해 싸우는 것을 중요한 사명으로 생각했다.

기사는 절도와 품위 있게 행동해야 하고, 거칠거나 난폭하거나 비겁해서는 안 되며, 싸움터에서는 언제나 일 대 일의 대결만 허용된다.

또한 기사는 귀부인을 숭배하고 그들에게 봉사해야 한다. 영주는 자신의 아내와 젊은 기사가 사이좋게 지내도 질투할 수 없었다. 지금의 기준으로는 이해하기 어려운 미묘한 남녀 관계가 존재했다.

기사 작위 기사의 아들은 7살이 되면 다른 영주의 성으로 가서 처음에는 벽난로를 피우고 귀부인들에게 글을 읽어 주는 등 시동으로 일하면서 검술과 말 타기 등 무예를 배운다.

14살이 되면 수습 기사인 종자로 승격되어 한 기사에게 배속된다. 종자는 자기가 배속된 기사에게 무조건 복종하며 신의를 지켜야 한다. 기사와 함께 말을 타고 사냥도 다니고 기사와 함께 전쟁터에 나가기도 한다. 종자는 기사의 창과 방패를 들고 다니면서 주인의 창이 부러지면 다른 창을 건네준다.

그러다가 21살이 되면 종자는 성채의 예배당에서 거행되는 엄숙한 의식을 통해 정식으로 기사 작위를 받는다. 종자는 사제로부터 성찬식을 받은 다음 두 명의 증인 사이에 꿇어 앉아 영주로부터 기사 칭호를 받는다. 이때 영주는 종자에게 말한다.

> 하나님과 마리아에게 경의를 표하며
> 그대를 영원히 기사로 봉하노라.
> 용감하고 정직하며 정의로워야 한다.
> 남의 종이 아닌 당당한 기사가 되어라.

그런 다음 "용기와 충성과 기예로써 행동한다"라는 서약을 하는데, 초기였던 11세기에는 "신앙을 위해 싸울 것이며, 그 법도를 철저히 지킨다"라는 서약을 했다. 칼과 투구를 건네받고 팔 밑에 방패를 끼워 주면 정식으로 기사가 된다.

기사들은 평소 전쟁에 대비한 훈련으로 갑옷과 투구로 무장한 기사가 창으로 상대를 찔러 말에서 떨어뜨리는 격렬한 마상 시합tournament을 벌였는데, 이것이 오늘날 토너멘트 경기의 의원이다. 많은 사상자가 속출한 이 시합에서 마지막까지 살아남은 자가 승자가 된다. 승자는 성주의 부인으로부터 화환을 받았고 패배한 기사는 말과 갑옷을 몰수당하거나 포로로 붙잡힌 몸값을 치르는 경우도 있었다.

기사 계급의 몰락 기사들은 토지를 소유하고 전원 생활을 즐기며 12~13세기에는 전성기를 맞았으나 화약과 신무기들이 등장하면서 기사들은 전혀 쓸모가 없게 되었다. 갑옷도 뚫을 수 있는 석궁, 쇠 촉을 단 화살, 사정 거리가 긴 장궁 등 신무기가 등장하면서 기사들의 갑옷과 투구는 더욱 무거워져 60~80kg이나 되어 말을 타고 내리는 데에도 시종의 도움을 받아야만 했다.

1324년 영국과 프랑스 간에 백년전쟁이 한창일 때 처음으로 사용된 대포의 위력에는 중무장한 기병의 요새도 쉽게 함락되고 말았다. 1340년 크레시 전투에서 중무장한 프랑스 기사군은 3,000여 명이 전사한 반면에, 장궁으로 경무장한 자영 농민으로 구성된 영국의 보병은 전사자가 겨우 세 명에 불과했다.

그러다가 결정적인 계기가 된 것은 14세기에 들어와 화약과 철포가 맹위를 떨치게 되면서 기사는 무용지물로 전락했다. 귀족 세력의 힘이 약화되고 왕권이 강해지면서 중세 유럽의 정치와 경제의 기반이던 봉건제도는 붕괴되기 시작했다.

화약의 등장 중국의 3대 발명품인 화약, 나침반, 인쇄술은 송나라 때 발명되어 몽골 제국을 통해 유럽에 전해졌다. 북송 시대960~1127에 초석질산카륨, 황 그리고 목탄 가루를 혼합하여 만든 세계 최초의 흑색 화약이 만들어졌다. 1000년경 당복이라는 사람이 대나무 통에 화약을 넣고 활에 걸어 쏘는 무기인 불화살의 일종인 화구와 화창을 만들어 3대 황제 진종997~1022 재위에게 헌정했다는 기록이 남아 있다.

1161년 여진족의 금나라 군사들이 남하했을 때 남송 군은 종이 용기에 화약을 넣고 불을 붙인 다음 투석기로 발사하는 벽력포를 이용하여 금나라 군사를 격퇴시켰다. 그 후 1232년 금나라는 쇠 용기에 화약을 채운 진천뢰를 만들어 몽골 군을 무찔렀다. 금으로부터 화약 제조법을 습득한 몽골 제국도 손으로 던지는 전투용 무기를 만들어 전투에 활용했다.

13세기 중엽 칭기즈 칸의 장손인 바투의 군대가 러시아로 원정하여 폴란드를 침공했을 때 유럽에 화약이 전해졌다고 한다. 유럽에서는 화약을 사용하는 대포가 급속히 발달하여 중세 유럽의 중무장 기사와 두터운 성벽으로 둘러싸인 요새는 더 이상 쓸모가 없게 되었다. 1300년 이후 유럽에서는 처음으로 대포에 화약을 넣어 사용함으로써 성곽을 쉽게 무너뜨릴 수 있게 되었다.

중세 유럽인의 생활상

성곽 도시의 생활 11세기가 되면서 유럽은 이슬람 세력과 바이킹의 침공 등으로 불안했던 암흑시대에서 점차 벗어나 인구가 증가하고 활기를 되찾기 시작했다. 상업과 수공업의 발달로 여기저기에서 성곽 도시가 생기면서 봉건 영주 밑에서 착취와 억압을 받아온 농민들은 농촌을 빠져나와 도시로 몰리기 시작했다.

전쟁과 침략이 수시로 일어나던 중세 유럽의 성곽 도시는 시민의 생명과 재산을 지키기 위한 요새로 만들어졌기 때문에 결코 안락한 곳은 아니었다.

성곽 도시의 주민은 보통 4,000~5,000명 정도였으며 상인들이 많았다. 시민들은 시장과 관리들을 선출했고, 국왕에게 내는 세금 외에 도시를 지키고 유지하는 비용을 부담했다. 파리는 12세기 말경 센 강을 끼고 건물들이 들어서면서 성벽을 쌓아 하나의 독립된 도시로 형성된 것이다.

성 안의 건물은 두꺼운 돌로 쌓았고, 1층과 2층에는 창문이 없었다. 영주들이 사는 성은 비교적 고층이라 작은 창문이 설치되긴 했지만 유리는 귀한데다가 적의 투석 공격에 노출되므로 사용하지 않고 대신 판자문을 달았다.

도시의 주위는 성벽으로 쌓아 포문과 초소를 세웠고, 성벽 밖은 적의 접근을 막기 위해 물 웅덩이를 파서 다리를 건너 성 안으로 드나들 수 있었다. 도시의 성문은 밤낮으로 파수병이 지키며 해가 지면 성문을 닫고 통행을 금하고 술집도 문을 닫았으며 야경대원들이 순찰을 돌았다. 부싯돌로 불을 피우는 데는 시간이 걸리므로 밤이 되어 불을 끄라는 종이 울리면 불씨를 잿 속에 묻어 보존했다.

큰 성당이 있는 곳에는 장터가 있고, 그 주위로 푸줏간, 양조장, 곡물상, 빵집, 피혁점, 어시장 등 전문 상가가 들어섰다. 장을 보러 왔다가 재료를 사서 빵집에 들러 빵을 구워가는 경우도 많았다. 점포에는 물고기나 신발 등 취급하는 제품의 그림을 그려 간판으로 내걸었다.

이발소에서는 면도도 하고 간단한 외과 수술도 했는데 당시 사용된 붕대와 피를 상징하는 흰색과 적색 줄의 이발소 표시는 현재도 사용되고 있다.

상하수도 시설이 빈약한 당시의 성 안에는 화장실이 없었다. 영주와 가족들은 요강을 이용했지만, 대부분의 사람들은 성벽 위에서 밖으로 향해 대소변을 보았다. 노상에서 대소변을 보는 것은 흔한 일이었고, 강이나 개천의 물 위에 설치한 공중변소들로 강과 개천은 오염되고 질병은 만연했다. 도시에서는 주로 공중목욕탕을 많이 이용했는데, 근로자의 급료에는 목욕료가 별도로 책정된 도시가 많았다. 공중목욕탕은 남녀 혼탕으로 점차 분위기가 문란해졌다.

교역 증진을 위해 해마다 상품 전시회가 축제 분위기 속에서 열렸는데 시민들에게는 큰 행사였다. 전시회에는 곡예사들과 악사들도 등장하여 흥을 돋우었다. 전시된 상품에는 중국의 비단, 러시아산 모피, 프랑스의 포도주, 이탈리아의 유리 제품 등이 있었다. 행사 기간 중에는 치안 유지와 상인들 간의 분쟁을 중재하기 위해 중재소가 설치되었다.

유럽은 가부장제 중심으로서 여자들은 남자들에게 순종해야 했고 여자들은 남편의 선택이나 혼인 등과 같은 중요한 문제에 대한 결정권이 없었다. 여자들은 9~10살이 되면 대부분 남의 집 하녀로 보내졌으나 독자적인 직업을 갖는 경우도 있었다.

식생활

11~15세기에 유럽에서는 평균 14년마다 몇 년씩이나 지속되는 큰 기근이 들어 이 시기를 '기근의 역사'라고도 한다.

봉건 영주들은 노루, 멧돼지, 소, 양, 돼지, 닭, 치즈, 고기 파이, 야채, 과일, 벌꿀, 포도주, 맥주 등을 다양하게 먹을 수 있었지만, 농노의 식사는 보잘 것 없었다. 아침에는 빵과 맥주나 사과주 또는 물 한 잔, 점심에는 빵과 치즈, 양파 한두 개 그리고 맥주 한 잔 정도, 저녁에는 빵과 치즈 그리고 가끔 소금에 절인 고기를 먹었으나, 기근이 들면 그것조차도 어려웠다. 그들은 햄, 치즈, 페스트리, 포도주 등을 즐겼으나 설탕, 레몬, 커피, 홍차는 없었다.

대항해 시대에 신대륙에서 유럽으로 전해진 음식물은 유럽의 기근을 해결하는 데에 크게 기여했다. 아메리카 인디오들이 길러온 작물로서 유럽에 전해진 음식물에는 감자, 옥수수, 토란, 호박, 땅콩, 토마토, 파인애플, 고추, 버지니아 딸기, 초콜릿, 코카, 담배 등이 있다. 이 중에서도 잉카 제국이 원산지인 감자는 고원 지대나 한랭 지대에서도 재배가 가능하여 큰 역할을 했다. 기근이 심했던 독일은 신대륙에서 들여온 감자 재배를 장려하여 크게 도움이 되었으며, 감자는 오늘날까지도 독일의 요리에서 빼놓을 수 없는 중요한 재료이다.

북유럽에서는 긴 겨울이 시작되면 건초가 부족하여 소나 양을 대부분 도살하여 고기는 소금에 절여서 보존했다. 향신료는 장기간의 보관에 따른 변질로 생기는 역겨운 냄새를 없애 주고 식품을 덜 상하게 하며 특이한 매운 맛과 향기를 내는 귀중한 생활필수품으로서, 육류와 어류를 주식으로 하는 영국, 네덜란드, 독일 등 북유럽에서 많이 소비되었다. 육두구는 커피와 코코아가 보급되기 전까지만 해도 향미를 주는 유일한 향신료로서 케이크나 음료에 없어서는 안 되는 필수품이 되었다. 정향은 유럽인의 식생활에서 가장 중요한 향신료로서 최음력이 있는 정력제로 알려졌다.

당시는 천연두, 콜레라, 장티푸스 등의 전염병은 사악한 바람, 즉 악취가 가져오는 것으로 믿어 매운 맛의 후추는 이러한 사악한 바람을 퇴치해 준다고 여겨, 전염병이 돌면 마을 전체에 후추를 뿌리거나 불태웠다. 불을 사용하는 화덕을 갖춘 집이 드물어 파이를 만들고자 할 때는 재료를 들고 전문집으로 가서 만들어 가는 경우가 많았다.

주거생활 아랍 인들은 11세기에 벌써 유리 렌즈를 만들었다. 13세기에는 안경이 유럽에 전해졌고, 14세기에는 유리창을 사용하는 집들이 등장하기 시작했는데, 유리가 귀해 이사를 갈 때는 유리를 떼어가기도 했다. 양탄자는 처음 터키와 페르시아에서 들어왔으나, 12세기부터는 유럽에서도 양탄자를 만들어 마루에 깔기 시작했다.

17세기 유럽에는 화장실을 갖춘 집이 거의 없어 구덩이를 파서 화장실로 사용하거나 항아리를 사용한 후 창 밖으로 버리거나 노상에서 방뇨했다. 모아진 배설물은 인부들이 한밤중에 수거하여 강이나 하치장에 버렸는데, 영국에서는 이들을 "Night Man"이라고 했다. 당시 유럽에서는 남성이 여성을 에스코트할 때 지금과는 반대로 보도의 안쪽을 걷는 것이 예의였는데 이는 2층집에서 창문을 통해 요강을 비우는 일이 잦아 남자가 봉변을 대신 당한다는 배려에서 나온 것이다.

루이 14세의 동생인 오를레앙 공작의 부인이 보낸 편지에는 다음과 같이 적고 있다.

> 저는 지나가는 사람들이 모두 처다보는 바람에 기분 좋게 대변을 볼 수가 없답니다. 남자도, 여자도, 처녀도, 총각도, 수도사도, 스위스 병사들도 모두 처다보고

지나가니 이는 분명 기분 좋게 변을 본다고는 말할 수 없겠지요. 만일 용변을 보지 않고 살 수만 있다면 나는 물을 만난 물고기와 같은 심정이 될 수 있으련만…….

아, 저기 멋진 사람이 보이군요. 어머나! 그런데 그는 지금 대변을 보고 있구나. 이러다간 온 세상이 변으로 가득 차든지 아니면 대변보는 사람으로 가득 차지는 않을지.

공중목욕탕 일반 가정에는 수도가 없어 물은 강이나 우물에서 길어오거나 거리에서 물을 사다가 썼으며, 가정에는 욕실이 없어 대부분 공중목욕탕을 이용했다. 14세기 독일 남부의 뮌헨이나 레겐스브르크 등에서는 목욕탕에서 결혼 피로연을 열었으며, 탕 속에 요리와 와인을 띄워 놓고 발가벗은 남녀들이 술과 음식을 들면서 노래를 부르며 결혼을 축하해 주었다. 그러나 공중목욕탕은 창부를 고용하는 등 점차 음탕한 장소로 변해 갔다.

로마 인들은 목욕을 좋아하여 다른 지역을 점령하면 공중목욕탕부터 먼저 건설했는데, 보통 1,600명 정도최대 6,000명를 수용할 수 있는 큰 규모였다. 콜럼버스가 신대륙을 발견한 후 유럽에 매독이 성행하자 공중목욕탕은 점차 사라지기 시작했다.

의생활 십자군 원정을 통해 이슬람 세계의 화려하고 다양한 천이 유럽으로 전해졌다. 옥양목인 머슬린은 이라크 북부의 모술에서 유래했고, 무늬가 있는 능직 다마스크 비단은 다마스커스에서 유래했으며, 가제처럼 얇은 천은 팔레스타인 가자 지방의 이름에서 유래했다.

중세 초기에 유럽의 기혼 여성들은 머리카락을 가려야 한다고 생각하여 수녀처럼 흰색 베일을 썼다. 꼭 끼는 타이츠가 등장하고 튜닉은 짧아지고 신발 끝은 길고 뾰족해지자 복장과 신발 길이를 제한하는 법률이 제정되었다.

세금과 물가 장원에서 농민이 영주에게 내는 세금 중에는 결혼세, 여자의 소행불량세, 간통 시에 내는 부주의세, 사망세 등이 있었다. 세금 외에도 농민은 영주의 시설을 사용한 사용료와 장원에서 독자적으로 시행하는 재판 비용을 부담해야 했다. 수익의

10%를 교회세십일조로 바쳤는데, 사제의 몫은 극히 일부이고 대부분이 영주에게 돌아갔다. 중세 프랑스의 귀족들은 세금을 내지 않아도 되었다.

형 벌 일반 죄인은 법정에서 다루었으나 교회법을 어긴 자는 종교 재판소에서 다루었다. 살인과 같은 중형은 대부분 교수형에 처해졌고, 가벼운 죄는 주로 벌금형을 받았으며, 장기 투옥은 드물었다. 마녀 사냥이 한창일 당시 일단 마녀의 혐의를 받으면 죽음을 면하기 힘들었다.

일반 범죄에 대해서는 형벌이 다양했다. 절도범은 손이 잘리고, 남을 중상하면 귀가 잘리거나 재갈이 입에 채워졌고, 싸우거나 술주정을 하면 족쇄가 채워지거나 태형을 당했다. 남을 속인 자는 물고문을 받거나 족쇄가 채워졌다. 부정한 양조장 주인은 자기가 만든 술을 다량 마시도록 강요당한 후 술을 온몸에 뒤집어쓰는 형벌을 받기도 했다. 간음한 자는 고해자의 복장을 입고 촛불을 든 채 대중 앞에서 모욕을 받았고, 매춘부는 수레에 끌려 매질을 당했는데, 야유하는 사람들이 그 뒤를 따라가며 썩은 과일을 던졌다. 영국의 귀족들은 교수형을 당할 때 비단 밧줄을 사용할 수 있었다.

관습과 제도 영국에서는 남자는 14살, 여자는 12살이 되면 성인으로 인정했으나 결혼은 성인이 되지 않아도 허락되었다.

가톨릭교회에서는 남녀가 성행위를 할 수 없는 날을 엄격히 정해 두었다. 주일과 수요일, 금요일에는 절대로 금지되었고, 부활절 전 40일 동안과 크리스마스 전 40일 동안, 임신 후 40일 동안, 출산 후 40일 동안에도 할 수 없었다. 이를 한 번 어기면 30일 동안 교회에 나갈 수 없었고, 교회에 나가기 위해서는 고행과 헌납이 뒤따랐다.

장원의 영주는 영지 내의 결혼한 신부와 첫날밤을 지내는 특권신혼 초야권이 있었다. 이러한 관습은 영주가 신혼 초야에 잠자리에서 신랑을 기다리는 신부를 넘고 지나가는 형식으로 바뀐 채 한동안 관습으로 남아 있었다. 그러다가 봉건 제도가 붕괴되고 농노가 해방되면서 대부분의 국가에서 사라졌는데, 이러한 관습은 스페인에서는 1486년까지, 프랑스에서는 1789년 프랑스 혁명 때까지 남아 있었다.

길 드 11세기 이후 중세 도시의 수공업자들은 재단사, 구두공, 포목공, 빵집, 대장장이, 칠장이, 석공, 목공, 화공 등 다양한 업종에 종사하고 있었는데, 그들은 자신의 이익을 보호하고 과당 경쟁을 막기 위해 업종별로 길드조합를 구성했다. 수공업자들은 누구나 길드에 가입해야 하고 길드의 규정에 따라야 했다.

15세기 레오나르도 다빈치, 미켈란젤로, 베로키오, 알베르티 등 피렌체의 화공들은 모두 길드를 통해 일거리를 주문받았다. 기술자의 우두머리인 장인이 되기 위해서는 먼저 장인 밑에서 다년간 도제로 일하면서 기술을 배워야 한다. 기술을 배워 직인이 되면 걸작을 만들어 길드의 인정을 받아야 장인이 되고, 길드의 회원으로 받아들여졌다.

장인과 일부 상인은 생활에 여유가 있었지만, 기술이 없는 도시의 하층민은 막노동과 넝마주이 등으로 겨우 생계를 이었다. 소외된 도시 하층민은 불법이지만 도둑과 거지조합을 만들기도 했다.

대학의 유래 중세 초기의 서유럽에서는 정부 문서나 외교 서신은 모두 라틴어로 쓰곤 했는데, 라틴어를 사용할 줄 아는 사람은 소수의 선교사뿐이었다. 그러다 보니 교육은 교회가 독점하고 있었다. 도시가 점차 번영하고 교회의 규모도 커지자 교육의 필요성이 대두되기 시작했다. 교회나 수도원만으로는 교육을 감당할 수 없게 되자 교회의 부속학교와 법학교가 잇따라 개설되어 12세기경에 이들이 대학College으로 발전하게 되었다.

유럽에서 가장 역사가 오랜 대학은 1150년경에 설립되어 법학으로 유명한 이탈리아의 볼로냐 대학과 교회의 부속학교로 출발하여 1200년에 대학으로 설립되어 신학으로 유명한 프랑스의 파리 대학이다. 독일에서는 카를루스 4세가 1348년에 프라하 대학을 세웠는데, 이것이 독일 최초의 대학이었다.

당시 학생들은 주로 문법, 수사학, 논리학, 수학, 기하학, 천문학, 음악 등 7과목을 배웠다. 문법과 수사학, 논리학을 수료하면 학사 학위를 받았고 수학, 기하학, 천문학, 음악을 수료하면 석사 학위를 받았다. 박사 학위는 법률, 의학, 신학 중 하나를 선택해야 했는데, 그중에서 신학이 가장 어렵고 권위 있는 학문이었으며 대학을 나오면 성직자가 되었다.

11세기 이후 유럽의 도시 수공업자들이 동종 업종의 조합인 길드를 만들었는데 볼로냐 대학의 학생들은 학생조합Universitas을 만들어 교수들에 대하여 여러 가지 요구를 하며 관철될 때까지 등교나 수업을 거부하는 등 단체 행동도 불사했다. 그러자 교수들도 교수조합Collegeia을 만들었는데 이것이 University와 College의 어원이다.

다음은 당시 학생조합이 교수들에게 요구한 내용의 한 예다.

학생들의 동의 없이 교수는 휴강하지 말 것이며, 강의 시간을 정확히 지켜 달라.
교수는 강의를 충실히 할 것이며, 폭넓은 강의를 원한다.

그 당시 책은 모두 손으로 베껴 쓴 필사본이라 귀하고 비싸 이탈리아의 대학 교수 연봉이 50플로린이었을 때 책 한권 값이 30플로린이나 되었다.

파리 대학에서 있었던 일이다. 어느 술집에서 파리 대학의 학생들과 시민 간의 시비가 발단이 되어 패싸움으로 확대되었다. 경찰이 출동하여 진압하던 중 대학생 다섯 명이 사망하자 파리 대학의 교수와 학생들이 국왕에게 항의하여 경찰관의 처벌을 요구했다. 국왕은 대학의 요구를 받아들이고 현행범이 아니면 파리 대학의 학생에게는 절대 손대지 말 것을 명하고 학생들에 대한 재판권을 대학의 자율에 맡겼다.

은행의 유래 11세기 이탈리아의 무역상들은 작은 탁자banko에서 일했으며 신용장을 취급하는 사람들banka도 있었다. 이후 banka들은 예금증서를 발부해 주고 예금을 받기 시작했는데 가끔 예금증서를 제시해도 banka로부터 돈을 돌려받지 못하는 경우가 있었다. 이때 화가 난 예금주들이 탁자banko를 부셔 버렸는데, 파산bankruptcy이라는 말은 이 부서진 탁자banko rotto에서 유래했다.

중국의 상인 길더인 행行은 원거리 무역에 은銀을 사용했는데, 이 행行이 금융업의 주체가 되면서 은행銀行이라는 말이 탄생했다.

마그나카르타

1216년 영국 왕 헨리 3세가 귀족의 압력에 굴복하여 대헌장Magna Carta을 선포함으로써 왕의 권한은 명문으로 규정되어 제한을 받고, 귀족의 권리는 법으로 보호받게 되었다. 국왕은 귀족에게 함부로 세금을 거두거나 처벌할 수 없게 되고, 국왕은 법에 따라 나라를 통치해야 하며, 헌장을 위배하면 귀족평의회의 제지를 받도록 규정함으로써 국왕도 국법에 따라 통치하는 전통이 수립되었다.

프랑스와의 전쟁에서 프랑스 서부의 넓은 영토를 잃고 재정마저 어려워진 영국의 존 왕이 귀족에게 세금으로 전가하려 하자 귀족과 성직자가 이에 반발하여 개혁안을 제시했으나 거부당했다. 그러자 북부의 귀족과 기사는 세금 납부를 거부하고 잃은 영토를 되찾기 위한 프랑스 원정에도 참여를 거부했다.

그러다가 1214년 부빈 전투에서 영국이 패배하자 국왕에 반대하는 귀족들이 기사들을 이끌고 런던으로 진격했고, 존 왕은 윈저 궁으로 피신했다. 귀족들은 존 왕을 템스 강변의 목장으로 불러내어 며칠 동안 격론을 벌인 끝에 결국 존 왕은 귀족들이 제시한 대헌장을 받아들이고 서명했다.

그러나 로마 교황 이노센트 3세가 대헌장에 반대하자 존 왕은 귀족들과의 약속을 파기했다. 그러자 영국은 다시 내란이 일어났다. 1216년 존 왕이 갑자기 죽고 그의 아들이 헨리 3세9세로 즉위하자 수정된 내용의 대헌장이 헨리 3세의 이름으로 선포된 것이다. 대헌장의 정신은 영국뿐만 아니라 여러 나라에 영향을 주었다. 다음은 대헌장의 주요 내용이다.

> 자유인은 누구나 합법적인 판결이나 국법에 의하지 아니하고는 투옥되거나, 권리를 박탈당하거나, 추방되거나, 재산을 몰수당하지 않는다. 누구나 자신의 권리 또는 재판을 받을 권리를 매도하거나 부인하거나 유보할 수 없다. 관리는 누구도 현금을 지불하거나 합의하지 않고는 타인의 곡물이나 재산을 점유할 수 없다. 포도주, 맥주, 밀 등에 대해 영국 전역에서 통용되는 도량형의 척도를 정한다. 국왕은 세금을 부과하기 전에 국민의 동의를 얻어야 한다.

칙령의 효력 영국의 헨리 3세[1207~1272]는 사치 풍조가 만연하자 황금이나 보석으로 치장하는 것을 금지시키는 칙령을 공표했다. 그럼에도 불구하고 칙령이 좀처럼 잘 지켜지지 않자 생각 끝에 부칙을 공표했다.

"단, 매춘부와 도둑은 이 칙령을 지키지 않아도 된다."

그러자 자존심이 강한 영국인에게 부칙이 효력이 발휘하여 그날부터 옷에 보석을 장식하는 풍조는 자취를 감추게 되었다.

그런데 헨리 3세가 프랑스 왕족의 새 왕비를 맞으면서 문제가 생겼다. 법령의 내용을 전혀 모르는 왕비는 갖가지 보석을 치장하고 궁전에 나타났던 것이다. 그리하여 다음날 이 칙령은 폐지되고 말았다.

북방 이민족의 중국 지배

8세기에서 13세기에 걸쳐 중국 북방의 이민족들은 세력을 강화하여 남쪽의 중국을 압박했다. 9세기 말 몽골계인 거란족은 중국 당나라의 정치적인 혼란을 틈타 세력을 키우기 시작하여 916년에 몽골 동부의 여러 부족을 통일하여 거란국을 세웠다. 926년 거란은 동쪽의 발해를 멸망시킴으로서 외몽골에서 만주에 이르는 광대한 영토를 확보했다. 또한 중국의 오대십국 시대의 혼란을 틈타 936년 후진의 건국을 도와준 대가로 중국 북방의 옌윈燕雲 16주를 차지하여 국호를 요로 바꾸고 다시 후진을 멸망시켰다.

요의 성종이 대군을 보내어 송을 공격하자 송 황제 진종은 요와 굴욕적인 화의를 맺었다[찬위안의 맹약]. 화의의 주요 내용은 송과 요는 형제 관계를 맺고 송은 해마다 비단과 은을 요에 보내며 양국은 국경에서 무역을 개시한다는 내용이다. 다음은 요의 황제가 송의 황제에게 화의를 지키겠노라고 약속하는 편지다.

거란 황제가 송 황제께 서신을 보냅니다.

양국은 군사 충돌을 멈추고 평화롭게 지내기로 합의하였습니다. 그리고 귀국은 해마다 비단 20만 필과 은 10만 냥을 주기로 약속했습니다…….

양국은 서로 국경을 지키고 넘지 않기로 하였습니다…….

양국은 자자손손 이 서약을 지켜 평화가 영속되도록 노력합시다…….

나는 비록 재주가 모자라나 이 서약을 지키겠노라고 약속합니다…….

만약 귀국이 이 맹약을 위반하면 천벌을 받고 나라를 유지하지 못할 것이며, 하늘과 땅의 신령이 벌을 내릴 것입니다.

1115년 요의 지배를 받던 여진족이 요에서 독립해 금나라를 세웠고, 1125년에는 송나라와 동맹하여 요를 멸망시켰다. 1127년 금이 군대를 남파하여 송의 수도 비엔징을 점령하고 황제를 생포하자 송은 일족은 강남으로 쫓겨 린안을 도읍으로 남송을 세웠다. 그러나 세력이 약화된 남송은 금에 세공을 바쳐서라도 그들의 침략을 막고자 했다.

다음은 남송의 황제가 오랑캐라고 멸시하던 금의 황제에게 스스로 신하가 되어 공물을 바치겠노라고 약속하는 굴욕적인 편지다.

이제부터 자자손손 삼가 신절(臣節)을 지켜 해마다 귀 황제의 탄생일과 정월에는 예를 다하겠습니다. 세공은 은 25만 냥과 비단 25만 필을 1142년부터 매년 봄에 찬저우로 가져가 바치겠나이다. 만약 이 약속을 지키지 않으면 내 목숨을 끊고 민족을 멸하고 나라를 멸망시켜도 좋습니다.

칭기즈 칸과 몽골 제국

몽골을 통일하고 사상 유례가 없는 대제국을 건설한 칭기즈 칸[1162~1227]의 본명은 테무진이다. 몽골의 바이칼 호 근처에서 태어난 테무진이 9세 때 부족장이던 그의 아버지 예수게이가 금나라의 사주를 받은 타타르 족에 의해 살해되었다. 당시 몽골 고원에는 몽골 족 외에 타타르, 메르키드, 케레이트, 옹구트, 나이만 등의 여러 부족들이 각축을 벌이고 있었다.

테무진이 너무 어려 족장이 될 수 없었으므로 부족은 그의 가족을 내쫓고 재산을 빼앗았다. 부족으로부터 버려진 테무진은 산적에 가담하여 자라면서 뛰어난 역량과 대담성 때문에 충성스러운 젊은 전사들을 거느리게 되었다. 테무진은 다른 부족의 급습을 받고 포로로 붙잡혀 목에 나무 항쇄가 채워졌으나 도망쳐 나왔다. 테무진은 아버지의 친구인 케레이트 족 부족장과 맹약을 맺고 그의 보호하에 여러 부족을 제압하면서 세력을 키워나갔다.

테무진은 자신과 동맹을 맺지 않거나 반역할 기미가 보이는 부족은 완전히 초토화시켰고, 위험한 인물은 하나도 살려 두지 않았다. 테무진이 나이만 족, 타타르 족 등을 차례로 제압하자 각 부족장들은 속속 그에게 달려와 충성을 맹세함으로써 태무진은 모든 몽골 족을 통일한 패자가 되었다.

1206년 전 몽골의 부족장 회의인 쿠릴타이에서 테무진은 칭기즈 칸[세계의 군주]으로 추대되었다. 그는 이 자리에서 "역사적으로 몽골 초원의 주인은 흉노, 돌궐, 위구르 등이었으나, 이제 이곳의 영원한 주인은 몽골 인이 될 것이다."라고 선언했다.

칭기즈 칸은 징병제를 실시하여 14~60세는 병역 의무를 지게하고, 기마 부대를 조직하여 종래의 씨족제를 해체하고 10호, 100호 및 1,000호제의 피라미드 구조를 만들었다. 칭기즈 칸은 문자가 없던 몽골에 위구르 족의 문자를 사용하도록 보급했다. 또한 긴급한 정보나 관심사를 신속하게 전달할 수 있도록 파발 부대를 만들었는데, 그들은 말 위에서 먹고 자며 40~60km마다 설치된 역참에서 말을 바꾸면서 하루 160km를 달렸다.

1211년 칭기즈 칸은 금나라 정벌에 나서 금나라 위소 왕의 뒤를 이은 선종의 항복을 받아들여 막대한 보상금을 받고 잡고 있던 수십만 명의 포로는 모두 죽이고 돌아왔다. 또한 칭기즈 칸은 실크로드를 지배하기 위해 서하를 공격하는 한편 직접 10만 명의 대군을 이끌고 서아시아의 신흥 세력인 터키계의 호라즘을 정복[1220]했다. 그리하여 1225년에는 남쪽으로 인더스 강 유역에서 서쪽으로 카스피 해를 넘어 남러시아에 이르는 중앙아시아 거의 전역이 몽골의 지배하에 들어갔다.

나는 중원의 황제로다 몽골이 통일되기 이전에 각 부족은 금나라의 지배를 받고 있었다. 당시 금나라에서는 3년마다 몽골 지방을 돌면서 장정들을 죽여 없앴고, 경제적 약탈도 일삼아 금나라에 대한 몽골 족의 분노는 극에 달해 있었다.

칭기즈 칸이 즉위하자 금나라의 새 황제 위소 왕은 칭기즈 칸에게 사자를 보내 관례에 따라 금나라 새 황제에게 예를 올리고 조서를 받들라고 전했다. 칭기즈 칸이 사자에게 물었다.

"금나라의 새 황제라니……?"

"위소 왕입니다."

"나는 중원의 황제로다. 그에게 신하의 예를 올리라니 가소로운 일이로다."

칭기즈 칸은 밖으로 나가 버렸고, 금나라와 국교를 끊어 버렸다.

무적의 몽골 군 초원의 소수 유목 민족인 몽골이 거대한 제국으로 성장할 수 있었던 것은 당시 서쪽에서는 십자군과 셀주크 투르크가 끊임없이 싸우고 있었고, 동쪽에서는 남송과 금, 서하의 대립 항쟁이 계속되고 있는 가운데 몽골의 막강한 군사력이 있었기에 가능했다.

몽골 고원은 한겨울에는 기온이 영하 40℃까지 내려가며 물과 목초를 찾아 가축을 몰고 빈번하게 이동하면서 생활하기 때문에 기동성은 그들에게 생명이었다. 말타기에 편한 바지, 가운데가 터진 외투카프탄, 빨리 먹을 수 있게 얇게 썬 말고기 요리, 목재 구조에 모피를 덮는 조립식 가옥게르 등은 모두 기동성을 위해 고안된 것이다.

혹독한 자연 속에서 단련된 병사들은 강인한 육체에 무술에도 능했다. 몽골 인은 어려서 걸음마보다 말타기를 먼저 배우고 고기와 말 젖을 먹고 자라며 남자들은 보통 10마리 정도의 말을 소유했다. 그들은 근시가 거의 없으며 시력은 보통 2.0 내지 3.0이며 천리안의 시력을 지니고 있었다.

몽골 군은 군인과 주민이 따로 없는 총동원 체제의 조직을 가지고 있었다. 칭기즈 칸은 전통적인 혈연 씨족제 조직을 해체하고 백호제百戶制, 천호제千戶制라는 특유의 조직을 만들었다. 천호제란 군사 1,000명을 소집할 수 있는 크기의 군사와 행정의 단위 조직으로서 단결력과 명령 계통은 철저했다. 몽골 군은 수적인 면에서도 유리하여 10만 명 이상을 전투에 투입할 수 있었다.

몽골 군은 보병이 없이 기마병으로만 구성되어 있어 부대 전체가 같은 속도로 빠르게 이동할 수 있었으며 보급품 조달이 원활했다. 원정을 떠날 때는 기마병 1인당 5~6마리의 말이 보급품을 운반했으며, 식량이 떨어지면 말을 잡아먹었다. 병사들의 휴대 식량은 훈제고기, 수수 그리고 요구르트였다. 말가죽은 옷, 갑옷, 밧줄, 활의 현 그리고 물주머니로 쓸 수 있었고, 강을 건널 때는 튜브로도 썼다. 뼈는 화살촉으로 쓰고 물이 떨어지면 말의 피를 마셨다.

몽골 군은 우수한 무기를 사용했다. 병사들은 사정 거리가 320m의 짧은 활, 화살 30개를 넣는 화살통 두 개, 작은 칼, 도끼, 단창 그리고 방패를 휴대했으며, 성을 공격할 때는 투석기와 화약을 이용하여 돌이나 쇠에 불을 붙여 쏘는 대포를 사용했고 근접 공격에는 화염방사기까지 사용했다.

몽골 군은 기병 작전에 적당하지 않은 강이나 늪지에서의 전투는 피했고, 심리적인 효과를 노려 반항하는 종족에 대해서는 종족의 씨를 말려 버리는 잔인성을 보임으로써 몽골 군이 쳐들어온다고 하면 마을 전체가 두려움에 떨게 만들었다.

몽골 군은 지리와 적정에 밝은 이슬람 상인을 정보원으로 잘 활용했다. 몽골 제국이 출현하기 전에 아시아에는 금나라, 서하, 위구르, 서요, 호라즘 왕국 등의 나라들이 각축전을 벌이고 있어 동서 교역로의 치안이 매우 불안한데다가 각 나라를 지날 때마다 상인들은 통행료를 내야만 했다. 이러한 이유로 이슬람 상인에게는 이 지역을 통합할 대국의 출현이 필요했고, 칭기즈 칸에게는 생활 물자를 공급하며 지역 정보에 밝은 이슬람 상인들이 필요했던 것이다.

몽골 군의 잔인성

몽골 군의 잔인성은 유럽인에게는 공포의 대상이었다. 몽골 군은 공격하기 전에 먼저 항복을 권유하여 순순히 항복하면 공물만 받고 끝냈고, 하루를 저항하면 주민의 3분의 1을, 이틀을 저항하면 주민의 절반을, 삼일 이상 저항하면 전원을 죽였다. 몽골 군의 왕족이나 장군이 죽으면 성 안의 주민은 몰살당했다. 기술자들은 포로로 삼아 활용했고, 일반 주민은 성을 공격할 때 최전선에서 화살받이로 내몰았다. 도시 밖의 주민들은 저항만 하지 않으면 죽이지 않고 약탈만 했으며 농기구나 종자는 남겨 두었다.

1215년 칭기즈 칸의 대 정복이 시작되어 먼저 금나라와 고려를 정복했다. 금나라의 수도 종두북경를 공격했을 때 굶주린 몽골 병사들은 아군의 시신을 먹기도 했다.

북경을 방문한 한 아랍국의 사신은 몽골 인에게 학살당한 사람들의 뼈를 보고 "하얀 산"이라고 표현했다.

칭기즈 칸은 한 도시를 점령할 때마다 그 도시의 광장에 희생자들의 머리를 잘라 진흙에 박아 피라미드를 쌓았는데, 이스파한에서는 7만 개, 바그다드에는 9만 개, 델리에는 10만 개가 넘는 해골로 피라미드를 만들었다. 몽골 군이 사마르칸트를 공략했을 때 몽골 군에 항복했으나 주민 5만 명 중 3만 명을 학살했으며, 니차플에서는 생명이 붙어 있는 것이라고는 모조리 죽여 자른 목으로 남자, 여자, 아이 별로 피라미드를 쌓았다.

아프가니스탄의 바미얀에서는 칭기즈 칸의 손자가 죽자 대학살이 자행되어 샤리 골고라 언덕에서는 지금도 사람들의 뼈를 쉽게 볼 수 있다[망령의 언덕].

러시아의 상업 도시 니샤푸르를 점령했을 때 칭기즈 칸은 항복을 받아 들여 학살을 면해 주었으나, 그 후 이 도시가 반항하자 칭기즈 칸은 다시 쳐들어가 50여 명만 남겨 두고 10만여 명을 모조리 죽여 버렸다. 몽골 군은 보석을 찾기 위해 그들의 배를 갈라 뒤졌으며 왕자를 포로로 잡자 은을 녹여 눈과 귀에 부어 죽였다.

칭기즈 칸은 이렇게 말한 적이 있다.

"인생의 가장 큰 기쁨은 적을 쳐부수어 쫓아내고, 그들의 재산을 빼앗고, 울부짖는 가족들을 말에 태워 그들의 여식과 아내들을 껴안는 일이다."

칭기즈 칸의 죽음

1227년 칭기즈 칸은 "흙벽돌집에서 살지 말라"는 마지막 말을 남기고 66세를 일기로 세상을 떠났다. 칭기즈 칸의 죽음을 극비로 유지하기 위해 그의 유해를 옮겼을 때 그 자리에 있었던 사람은 모두 살해되었다. 장례는 전통에 따라 시신을 벌판에 눕혀 두는 풍장으로 치러지고 비석도 세우지 않아 칭기즈 칸의 묘는 아직도 찾지 못하고 있다.

몽골은 무력으로 영토는 장악할 수는 있었지만 피정복지의 문화마저 장악할 수는 없었다. 칭기즈 칸 자신도 후기에는 점령지에서 지식인과 기술자는 죽이지 않고 포섭하려 했으며, 그의 후계자들도 피정복지의 종교, 문화 그리고 정치 제도는 그대로 허용했다.

몽골은 세계 역사상 전무후무한 대제국을 건설했지만, 오늘날 남아 있는 몽골의 문화유산은 거의 없다. 몽골은 초기 정복 단계에서는 실크로드를 점령하고 파괴했지만, 6,400km에 이르는 이 길이 교역에 중요한 역할을 한다는 것을 깨닫고는 통행을 허용하자 동서양의 교역은 다시 활기를 되찾게 되었다.

몽골 군의 유럽 정벌 칭기즈 칸이 죽은 후에도 몽골 군의 맹위는 유럽까지 미쳤다. 1236년 칭기즈 칸의 손자 바투는 제2대 칸 오고타이의 명을 받아 유럽 정벌에 나섰다. 볼가 강을 건너 러시아에 침투한 바투는 키예프 공국을 비롯하여 여러 도시를 차례로 무너뜨리고 러시아 전역을 정복했다. 1241년에는 폴란드와 독일의 연합군과 헝가리를 차례로 무너뜨렸다.

기동력과 조직력이 뛰어난 몽골 군에게 명예를 중시하는 기사들의 집단인 유럽 군은 상대가 되지 못했다. 그들은 무거운 갑옷과 투구를 쓰고는 "나는 어디어디의 영주다!"하고 외친 후에 싸움을 시작했다. 중무장한 기사들은 갑옷 덕분에 화살은 피할 수 있었지만 일단 말에서 떨어지기만 하면 몽골 군의 먹잇감이 되었다.

1241년 말 전 유럽이 몽골 제국의 지배하에 들어가기 직전에 몽골 제국의 오고타이 칸이 죽었다는 소식이 전해졌다. 바투는 후계자를 선출하는 족장 회의인 쿠릴타이에 참석하기 위해 군대를 철수하고 돌아갈 수밖에 없었다. 덕분에 유럽은 가까스로 위기를 면할 수 있었다.

몽골의 러시아 지배 키예프와 모스크바 등 러시아 공국의 대부분을 장악하고 후에 킵차크한국을 세운 바투는 러시아 공국들의 왕공을 불러 모았다. 장막 앞에는 두 개의 모닥불을 피워놓았다.

"입전!" 하는 고함소리에 맞춰 왕공들은 모닥불 사이로 줄을 지어 걸어 들어와 바투를 접견했다. 모닥불 사이로 걷게 하는 것은 나쁜 생각을 없앤다는 몽골의 예절이었다.

바투는 자기 앞에 엎드린 왕공들에게 말했다.

"몽골의 말발굽이 닿을 수 있는 곳은 모두 나의 지배를 받아야 함을 명심하고 반항은 생각지도 말게. 이 바투는 이미 당신네 14개 도시를 공략하여 잿더미로 만들었네. 당신들이 나의 신하가 되어 공물을 바치고 병역을 부담하겠다니 칙서를 내려 당신들이 계속해서 공국을 다스리도록 하겠네. 나는 이 자리에서 가장 충직한 야로슬라브 왕공을 전 러시아의 대공으로 책봉하니 그대는 공물을 책임지고 징수하도록 하게."

공국의 왕공들은 자리에서 물러났다. 몽고는 주요 도시마다 관리를 파견하여 공물을 강요했고 왕공들은 이를 위해 국민들의 재물을 착취해야만 했다. 당시 러시아 국민들 사이에선 이런 노래가 유행했다.

돈 없는 사람은 아들딸 빼앗기고
아들딸 없는 자는 아내를 빼앗기며
아내도 없는 자는 자신이 끌려간다네

로마 교황에게 보낸 답신

로마 교황 인노켄티우스 4세의 명을 받은 수도사 카르피니 일행은 리옹을 떠나 1246년 몽골 제국의 제3대 칸인 쿠유크를 알현하고 교황의 서신을 전했다. 당시 숙적인 이슬람 세력을 상대로 힘겹게 십자군 전쟁을 벌이고 있던 교황은 이슬람 국가들의 배후를 위협하던 몽골 제국과 동맹을 맺고 그리스도교로 개종시킬 수 있으면 단번에 그리스도교를 전 세계로 전파시킬 수 있을 것으로 생각했다.

다음은 교황 인노켄티우스 4세가 몽골 황제 쿠유크에게 보낸 서신이다.

인간은 물론 동물과 우주 만물조차도 영원한 우리 주 하나님의 뜻에 따라 서로 화합해야 하건만, 그대들이 수많은 그리스도 교도를 침략하여 땅을 빼앗고 황폐하게 만들며 남녀노소를 가리지 않고 닥치는 대로 폭력을 휘두른다는 사실에 놀라움을 금할 수 없습니다.

우리 하나님의 뜻에 따라 그대들이 더 이상 그리스도 교도를 공격하지 않기를 바랍니다. 또한 그대들이 범한 수많은 죄 때문에 노하신 우리 하나님의 화를 얼마간 누그러뜨리기 위해 그대들이 그에 합당한 참회를 하기를 우리는 경고하고 기도하는 바입니다.

몽골의 쿠유크 칸은 교황 인노켄티우스 4세에게 답신을 전했다.

짐은 영원한 하늘의 힘으로 모든 대국을 지배하는 칸이다. 그대는 우리가 그리스도 교도들의 영토를 유린한 데에 놀랐다고 말했소. 그리고 그대는 우리가 참회하기를 경고하고 기도한다고 하지만 누가 신의 마음에 들어 은총을 받을지 어떻게 알 수 있단 말인가.

하늘의 힘으로 해가 뜨는 곳에서부터 해가 지는 곳까지 모든 영토가 짐에게 속해 있노라. 누가 감히 천명에 따르지 않을 수 있단 말이요. 지금 그대야말로 짐의 신하가 되어 짐의 뜻에 따르도록 타이르지 않을 수 없도다. 군주의 우두머리인 그대는 짐에게 달려와 짐에게 굴복할 의사를 보이고 예를 올려야 할 것이요. 그래야만 짐은 그대의 복종을 인정할 것이요. 만일 그대가 천명에 따르지 않으면 그대는 나의 적이라는 사실을 뼈저리게 느끼게 되리라.

이것이 짐의 답신이요. 그대가 나의 권고에 따르지 않으면 그대의 신변에 어떤 일이 일어날지 하늘만이 알 것이요. – 쿠유크

몽골 군의 바그다드 파괴 1258년 훌라구가 이끄는 몽골 군은 바그다드를 습격하여 일주일 동안 무차별적으로 살인과 강간, 약탈, 파괴를 저지르고는 끝내 아바스 왕조를 멸망시켰다.

사망자는 9만 명 매지 20만 명에 이르렀고, 도서관지혜의 전당이 파괴되어 500년에 걸쳐 수집한 과학과 철학 등 소중한 문헌들이 티그리스 강에 내던져졌다. 칼리프 알 무스타심은 사로잡혀 신하들이 처형되는 모습을 지켜본 후 그도 살해되었다. 몽골족은 왕실의 피를 땅에 흘리는 것을 두려워하여 칼리프를 융단에 말아 말굽으로 짓밟아 죽였다. 바그다드가 파괴되고 칼리프가 살해된 사실은 이슬람 세계 전역에 큰 충격이 아닐 수 없었다.

몽골의 고려 침략

1218년 고려는 원나라에 처음으로 공물을 바치기로 했다. 1225년 몽골의 사신이 고려의 공물을 싣고 귀국하던 중 압록강 강변에서 괴한들의 습격을 받아 피살되자 몽골은 이를 빌미로 국교 단절을 선언하고 고려를 침략해 왔다.

고려의 요청으로 강화가 성립되자 몽골에서는 72명의 다루하치를 두어 고려를 다스렸는데 이들의 약탈과 횡포는 극에 달했다. 고려의 최씨 무신 정권이 강화도로 천도하여 몽골에 대해 항전하자 몽골은 1231~1258년에 6차례에 걸쳐 고려를 침공함으로써 국토는 초토화되고 귀중한 문화재도 많이 소실되었다.

강화도의 무신 정권이 쿠데타로 무너지고 고려 왕실이 몽골에 굴복함으로써 약 100년간 몽골의 지배하에 놓이게 되었다. 고려 왕의 이름 앞에는 충忠자가 붙여졌고, 엄청난 공물을 바쳐야 했으며, 결혼도감까지 설치되어 고려의 여자를 몽골에 바쳐야만 했다. 왕은 몽골 옷을 입고 몽골식 변발을 했으며, 목마장이 설치된 제주도에는 아직도 몽골 어의 잔재가 남아 있다.

원나라 제4대 세조에 오른 쿠빌라이는 고려에서 다루하치와 몽골 군을 철수시키고 포로를 모두 돌려보냄으로써 고려에 대해 회유 정책을 썼다. 이로써 40년간의 항쟁에 종지부를 찍고 원나라에 예속되는 시대가 열렸다. 그 후 쿠빌라이는 고려를 기지로 삼아 일본 원정을 감행하면서 피정복민을 방패막이로 삼았다. 이 대리전으로 고려의 국력은 더욱 피폐해졌다.

신이 내린 바람 '가미카제'

고려를 정복한 원나라 세조 쿠빌라이의 다음 목표는 중국 남부에 남아 있는 송을 정복하는 일이었다. 1267년 쿠빌라이는 송의 동맹인 일본에 사신을 보내 국서를 전달했다. 가마쿠라 막부에서는 "회답할 필요도 없다"라는 결론을 내리고 사신은 되돌려 보냈으며 그 후에도 원나라에 대한 가마쿠라 막부의 태도에는 변함이 없었다.

마침내 쿠빌라이는 고려에 대해 900척의 병선과 무기, 군수품 그리고 병사 동원을 명하고 제1차 일본 원정을 단행했다. 1274년 11월 고려에 주둔하던 둔전병 6,000명을 포함한 원나라 군사 2만 명과 고려군 5,000명은 합포마산항을 출발했다. 화약 대포로 돌이나 쇳조각을 날리는 석화시 등의 신예 병기를 갖춘 원나라 군사는 쓰시마와 이키 섬을 소탕하고 규슈 북부 하카다 만의 이마즈에 상륙했다. 막부의 군사들이 맞섰지만 막강한 원나라 기마병을 대적하기엔 역부족이었다.

밤이 되자 원나라 병사들은 일본군의 야습을 우려하여 모두 함선으로 돌아갔다. 그런데 그날 밤 때마침 심한 돌풍이 불어 닥쳐 막대한 피해를 입은 원정군은 200여척의 배와 1만 5,000여 명의 병사를 잃고 철수하지 않을 수 없었다.

1279년 송나라를 멸망시킨 후, 쿠빌라이는 두 사람의 우호 사절을 일본에 보냈으나 일본 천황 호조 도키무네는 이들의 목을 베어 버렸다. 이에 격노한 쿠빌라이는 고려에 대해 900척의 병선과 4만 명의 병사 동원을 명하고 총 20만 명으로 1281년 5월에 제2차 일본 원정길에 올랐다. 일본의 하카타 만에 도착한 원정군은 본토 상륙을 앞두고 또다시 몰아닥친 심한 태풍으로 배들은 거의 침몰하고 퇴각하지 않을 수 없었다. 이때 살아서 돌아온 병사는 겨우 3만~4만 명에 불과했다. 다음은 당시의 상황을 적은 원나라 고시이다.

> 일본 원정의 패잔병들이 밤에 바다를 건너 요동성으로 돌아왔다.
> 길에는 남편을 잃은 아내가 피를 토하는 듯한 슬픈 소리로 울고 있다.

일본인들은 원나라 군사들의 침략을 저지해 준 태풍을 가미카제神風, 즉 신이 내려준 바람이라 하면서 스스로를 신의 보호를 받는 국민으로 생각했다. 그 후 쿠빌라이는 다시 일본 원정을 준비했으나 중국과 고려인들의 동요, 베트남과 자바 등지의 대몽 항쟁으로 일본 정벌을 단념하고 말았다. 원의 사료에는 다음과 같이 당시의 상황을 기록하고 있다.

> 거의 매년 있는 일본과 베트남 원정으로 백성들은 세금을 낼 수 없게 되고 부역은 더욱 무거워졌다. 군사들은 유행병에 걸려 죽거나 다치고 백성들은 슬픔에 젖어 한탄하며 일거리가 없고 가난한 자는 자식을 버리고 근근히 생활하며 부유한 자도 가산을 팔고 부역을 해야 하는 형편이니 어려움은 날로 심해진다. 매년 일본 원정으로 백성들은 탄식과 슬픔에 잠기고 조정도 혼란스러웠으나 올봄에 원정이 중지되자 양자강 하류 군민의 기쁨에 찬 환성은 우레와 같았다.

일본군의 전투 방식 일본 병사들의 전투 방식은 원나라 군사들과는 대조적이었다. 그들은 전투를 개시할 때는 "보라! 이 몸은 세이와 천황의 후예인 누구누구다!"라는 식으로 읊고 나서 일전을 벌였다. 그러나 이름을 읊고 있는 동안 어느 틈엔가 원나라 병사 여럿이 달려들어 해치워 버린다. 그리고 전쟁에서 공을 세워 토지를 하사받기 위해 일본 병사들은 적의 목을 베면 들고 다녔다.

그리고 일본군이 전투 개시를 알리는 화살을 쏘면 화살 속이 비어 있어 피리와 같은 소리를 내는데, 원나라 병사들은 이 괴상한 소리에 웃음을 터뜨렸다.

몽골 인의 생활상

야 사 칭기즈 칸은 그가 손수 제정했다는 야사라는 엄격한 법률로 대제국을 통치했다. 야사에는 전쟁에서 도망친 자, 도둑질한 자, 물과 쓰레기에 방뇨한 자, 지휘관 천막의 문지방을 밟은 자, 허락 없이 포로를 편하게 해준 자 등은 모두 사형에 처했다. 간통한 자도 사형에 처해졌으나 외국인과의 간통은 가정의 화목을 해치지 않는다는 이유로 묵인되었다. 특히 말과 물은 몽골 인들에게 매우 중요한 재산이었기 때문에 말 도둑을 엄하게 다스렸다. 사형에 해당되지 않는 죄는 태형으로 다스렸으며 음주에 대해서는 너그러웠다. 다음은 야사의 일부 내용이다.

> 양식을 남과 나누어 먹어라. 어떤 민족도 학식 있는 현명한 사람은 존중하라. 모든 종교를 존중하되 어느 것에도 편중되지 않도록 하라. 도둑질을 하지 말라. 간음하지 말라. 위증하지 말라. 남을 배반하지 말라. 물이나 쓰레기에 방뇨하는 자는 사형에 처한다. 말 한 마리를 훔친 자는 같은 종류의 말 열 마리로 변상해야 하며, 변상할 말이 없는 자는 자식으로 변상해야 하며, 변상할 자식도 없는 자는 말을 도살하듯 그를 죽인다.

칭기즈 칸 시대에는 민족에 따라 형벌에 차별을 두었다. 이슬람교도를 죽인 자는 황금 40근의 벌금을 내야 하나, 한인을 죽인 자는 나귀 한 마리의 보상으로 그쳤으며, 한인이 몽골 인에게 상처를 입히면 심하면 사형까지 처했고, 반대로 몽골 인이 한인을 죽이면 장례비용을 내는 정도에 그쳤다.

종 교 몽골 인은 마법과 주술이 혼합된 샤머니즘 종교를 가지고 있었지만, 칭기즈 칸은 정복지의 종교인 이슬람교나 불교 등을 탄압하지 않고 허용했다.

몽골 인은 세상 모든 것은 귀신들이 관장한다고 믿었다. 이 귀신들을 다스리는 최고의 신은 탱그리이고, 그 밑에는 대지의 여신 이투겐이 목축과 작물의 번식과 건강을 다스린다고 믿었다. 흰옷을 입고 지팡이와 북을 들고 다니는 샤먼, 즉 무당은 꿈속에서나 신들린 상태에서 귀신과 어울리며 의사 소통을 할 수 있다고 생각했다.

몽골에는 예배 의식은 없으나 집집마다 천막 안에 여신 이투겐이나 조상의 신상을 모셔놓고 식사하기 전에 신상의 입에 음식을 발라 주며, 매일 의례적인 제물로 동서남북 네 방위와 바람과 해를 향해 술을 뿌렸다. 몽골 인은 흐르는 물을 신성시하여 흐르는 물에 방뇨하면 사형에 처했다.

성장과 결혼 아이들은 걷기도 전에 말 타기를 먼저 배우며 말안장 위에서 성장했다. 말타기 솜씨가 가장 능숙한 자는 기병이나 파발꾼이 되었다. 넓은 지역에 흩어져 사는 몽골 인에게 정보를 전하는 파발꾼은 매우 중요하여 보수도 좋았다.

계속되는 정복 전쟁으로 13~14세기에는 남자들이 부족하여 14세에서 60세에 이르는 남자는 누구나 비상시에는 군복무의 의무가 있었다.

몽골의 여러 부족들 밑에는 씨족오보크으로 나뉘어져 있어 각 부족은 일정한 수의 천막과 방목지를 보유했다. 씨족원들은 모두 한 조상의 후손이라고 믿어 씨족 내에서는 혼인을 금했다. 다른 씨족에서 신부를 사올 때는 가축이나 각종 물건 또는 목축지로 값을 지불해야 했다.

몽골에서는 일부다처가 허용되어 여유 있는 사람은 본처 외에 여러 명의 첩을 두는 경우가 많았다. 가장이 죽으면 후실들은 법적으로 상속권을 가진 아들의 소유가 되며, 아들이 아버지의 미망인과 결혼하는 경우도 많았다. 이는 여자와 그 자녀의 복지와 안전을 도모해야 하는 유목민 특유의 사정을 고려한 것이었다.

식생활 양을 치는 몽골 인의 주식은 양고기였지만 소, 말, 여우, 늑대, 들쥐 등 온갖 동물을 닥치는 대로 먹었다. 고기는 굽거나 삶아서 가족이 둘러앉아 함께 손으로 뜯어 먹었다. 그러나 전령이나 멀리 정찰을 나가는 군인은 날고기를 말안장 밑에 깔고 며칠을 다니다가 고기가 부드러워지면 그냥 날로 먹었다.

주된 음료는 말 젖과 그것을 발효시킨 술쿠미스이었는데, 폭음은 남자답다고 하여 과음으로 죽는 사람이 많았다.

앙코르와트

캄보디아 서북부에 위치한 앙코르와트는 석조 사원으로서 12세기 초 크메르 인의 앙코르 왕조의 수리아바르만 2세[1113~1150 재위] 때 만들어진 세계에서 가장 큰 종교 건축물이다.

크메르 인의 앙코르 왕조는 802년 자야바르만 2세 왕자가 인도네시아의 자바 왕조로부터 독립하여 창건했으며, 앙코르와트를 지은 수리아바르만 2세와 1200년경에 알코르톰을 지은 자야바르만 7세[1125~1219] 시대에 전성기를 이루었다. 앙코르는 9~15세기에 크메르 왕국의 수도이자 왕가의 중심이었다.

수리아바르만 2세는 분열된 국가를 통합하여 캄보디아 전역을 지배했는데, 당시의 영토는 서쪽으로는 미얀마, 남쪽으로는 타이 해안, 동쪽으로는 지금의 베트남 남부에 이르는 거대한 왕국을 이루었다.

크메르 인들은 역사의 기록을 남기지 않아 그들이 어떤 민족인지 수수께끼로 남아 있다. 신화나 전승에 의하면 크메르 인은 히말라야 주변의 아리아 데카라는 왕국에서 이주한 민족이라고 하지만 그런 나라는 역사 기록에 없다. 크메르 인은 1세기 말경 지금의 캄보디아에 푸난 왕국을 세웠다가 6세기에 첸라 왕국에 병합되었다.

9세기 초에 시작된 앙코르 왕조는 1432년 태국 아유타야 왕조의 침공으로 멸망했다. 황폐해진 사원은 밀림에 덮여 있다가 1860년 프랑스 학자에 의해 발견되었다. 앙코르와트는 상좌부 승려들에 의해 거의 원형대로 잘 보존됨으로써 동남아시아에서 가장 중요한 불교 순례지의 하나가 되었다. 그 후 앙코르 왕조는 1884년 프랑스의 지배하에 들어갔다.

백년 전쟁과 잔 다르크

백년 전쟁 프랑스 왕위 계승의 정통성을 포함한 문제를 놓고 영국과 프랑스 간에 백년 전쟁1338~1453이 벌어졌다.

1328년 프랑스의 샤를 4세가 죽자 카페 왕조의 대가 끊기고 발루아 왕조가 들어섰다. 영국의 에드워드 3세는 자신의 어머니 이사벨라가 샤를 4세의 누이라는 점을 들어 자신이 프랑스 왕의 계승권을 주장하면서 1338년 프랑스를 침공했다.

전쟁 초기에는 영국이 연전연승을 거두며 북부와 서부 프랑스의 대부분을 점령했다. 하지만 당시의 기사들에게는 연간 1개월 정도의 종군 의무밖에 없었기 때문에 기간이 지나면 철수해 버렸고, 더욱이 14세기 중반 유럽 전역을 휩쓴 흑사병의 타격으로 전쟁이 일시 중단되는 등 장기전으로 전개되었다.

15세기 초가 되어 프랑스에서는 정신 발작을 일으킨 샤를 6세의 후계를 놓고 왕의 동생인 오를레앙 공을 옹호하는 아르마냐크파와 부르고뉴 공을 옹호하는 부르고뉴파가 대립했다. 1415년 이러한 혼란의 틈을 타서 영국의 헨리 5세가 프랑스를 다시 침공함으로써 다시 전쟁이 시작되었다.

영국은 부르고뉴파와 동맹을 맺고, 파리를 포함한 북프랑스 일대를 순식간에 장악했다. 1422년 샤를 6세가 죽자 왕세자 샤를이 있었지만 영국의 헨리 5세는 자신이 왕위 계승권자라고 주장했다. 프랑스는 연전연패를 거듭하는 가운데 샤를 왕세자는 오를레앙 성을 최후의 거점으로 항전하고 있었다.

그러던 중 1428년 잔 다르크라는 프랑스의 어린 양치기소녀가 출현하여 7개월째 영국군에 포위당하여 함락 직전이던 오를레앙 성을 탈환함으로써 사기가 오른 프랑스군은 승기를 잡기 시작했다. 영국의 헨리 5세가 죽자 샤를 왕세자는 대관식을 올리고 5년 동안이나 공석으로 비워둔 프랑스 국왕샤를 7세에 즉위했고 백년 전쟁은 결국 프랑스의 승리로 끝났다.

잔 다르크 성녀 잔 다르크1412~1431는 프랑스 동부의 동레미라는 작은 마을에서 태어났다. 그녀는 10살 때 "프랑스를 구하라"는 신의 계시와 영감을 받았고, 13살 때는 "샤를이 왕이 될 것이며 프랑스가 승리하리라"는 계시를 받았다고 했다.

1429년 잔 다르크17세는 이것은 신의 계시라고 믿고 집을 나섰다. 그녀는 프랑스군 주둔지로 찾아가 지휘관에게 부탁하여 시농 성에 머물고 있는 왕세자에게 갔다. 그녀는 왕세자에게 신의 계시를 받고 왔다는 이야기를 털어놓고 오를레앙 성의 해방을 위해 프랑스 군에 참여하는 것이 허락되었다.

1429년 4월 잔 다르크는 샤를 왕세자로부터 병사 200명을 얻어 오를레앙 성에 도착했다. 그녀는 예수가 새겨진 깃발을 들고 짧은 머리에 남자 갑옷을 입고 군대를 지휘했다. 5월 8일 마침내 잔 다르크는 포위하고 있던 영국군을 퇴각시키고 오를레앙 성을 탈환하자 사기를 잃고 있던 프랑스의 병사들과 국민들은 그녀가 들었다는 신의 계시가 거짓이 아님을 알고 환호했다.

잔 다르크는 샤를 왕세자에게 프랑스 국왕으로 등극할 것을 권고했다.

"전하, 저와 함께 랭스로 가셔서 왕관을 받으시지요."

그리하여 샤를 왕세자와 잔 다르크는 병사들을 이끌고 영국군이 점령하고 있던 도시들을 하나하나 탈환하면서 랭스에 도착했다. 1429년 7월 17일 샤를 왕세자는 랭스의 대성당에서 거행된 대관식에서 프랑스 국왕 샤를 7세에 정식으로 즉위했다. 대관식이 끝나자 잔 다르크는 샤를 7세 앞에 무릎을 꿇고 말했다.

"폐하, 이제 프랑스를 다스리는 진정한 국왕이 되셨습니다."

1430년 잔 다르크는 불안에 떨고 있는 도시 주민들에게 다음과 같은 격려 편지를 썼다.

> 여러분은 머지않아 도시가 영국군에게 포위될 것이라는 불안한 마음을 저에게 편지로 보내셨습니다. 그러나 제가 적군과 마주치는 한 그런 일은 결코 없을 것입니다. 적이 먼저 공격해 오면 성문을 굳게 닫고 제가 올 때까지 안심하고 기다려 주십시오. 설사 도시가 포위되더라도 반드시 적을 격퇴하여 도시를 해방시킬 것입니다.
>
> 오늘 쉴리에서 여러분들에게 좋은 소식을 전하고 싶습니다만, 이 편지가 적의 수중에 들어갈까 염려되어 이만 줄입니다. – 1430년 3월 16일, 잔 다르크

샤를 7세는 1419년 프랑스로부터 독립하여 영국과 동맹 관계를 맺고 있던 부르고뉴 공국과 휴전 협정을 맺고는 그만 군대를 해산시켜 버렸다. 잔 다르크는 자신의 힘으로 군대를 모아 부르고뉴 군이 포위하고 있는 콩피에뉴로 향했다. 그러나 잔 다르크의 군대가 패하자 콩피에뉴 시장은 그녀를 체포하여 영국군에 넘기고 말았다.

1431년 루앙의 종교 재판소로 넘겨진 잔 다르크19세는 마녀의 혐의로 루앙의 광장 한복판에서 화형당하고 유해는 센 강에 뿌려졌다. 화형대에 묶인 그녀는 화염이 솟아오르자 죽는 순간까지 십자가를 볼 수 있도록 높이 들어 달라고 사제에게 부탁했다. 그녀는 가슴에 십자가를 건 채 삭발당한 머리에는 종이로 된 주교관이 씌워져 있었는데 거기에는 "이단자, 우상 숭배자, 악마를 부르는 여자"라고 씌어 있었다.

그녀는 "아, 루앙, 나의 죽음으로 이 도시가 큰 고통을 당하겠구나. 주님! 나의 주님!"하고 마지막 말을 남기고 숨지고 유해는 센 강에 뿌려졌다.

프랑스의 국민 영웅 잔 다르크는 동포의 손에 죽은 것이다. 잔 다르크의 화형에는 영국을 지지하며 샤를 왕세자와 정치적으로 대립하던 정계 다수파의 영향력이 작용했다. 샤를이 왕위에 오르자 다수파는 잔 다르크를 마녀로 몰아세움으로써 샤를의 동반 추락을 노린 것이다. 샤를 7세는 재판에 별다른 영향력을 행사하지 못했다.

1456년 잔 다르크는 마녀의 누명에서 풀려나 명예가 회복되었고, 1920년 로마 교황청은 그녀를 성녀로 시성했다.

칼레의 시민

1346년 영국의 에드워드 3세가 직접 이끄는 영국군은 도버 해협의 칼레 시를 포위했다. 칼레 시는 영국군의 포위에 힘겹게 저항했으나 다음 해에 끝내 굴복하고 말았다. 이때 칼레 시민 다섯 명이 자청하여 목에 밧줄을 감은 채 항복의 표시로 성문의 열쇠를 갖고 에드워드 3세 앞에 나서 자신들을 제물로 삼고 칼레 시를 파괴하지 말아 달라고 간청했다. 이들의 용감한 행동은 영국군을 크게 감동시켰고 영국 황후의 진언도 있어 칼레 시는 파괴를 면할 수 있었다.

로댕의 조각 『칼레의 시민』은 1886년 칼레시가 이들의 영웅적인 모습을 기리기 위해 로댕에게 의뢰하여 만들어진 작품이다.

도망 금지령 다음은 백년 전쟁 말기에 패색이 짙은 영국군은 사기가 떨어져 탈주병이 속출하자 영국 국왕이 장병들에게 내린 도망금령이다.

> 이번에 짐과 함께 출정 명령을 받은 장병들이 사열이 끝나자 갑옷을 입고 말을 탄 채 런던과 그 밖의 지역으로 도망친다는 사실을 알았노라. 이는 바다를 건너려는 짐의 발목을 잡고 짐을 크게 모욕하며 포고를 위반하는 행위이다. 따라서 짐은 그대들에게 다음과 같이 포고할 것을 명한다.
>
> 계급과 지위와 신분을 막론하고 모든 장병은 짐의 허가나 짐이 친애하는 숙부 글로스터 공작 험프리의 허가가 없이는 도망가거나 숨어서는 안 된다.
>
> – 스스로 포로가 된 프랑스 국왕

백년 전쟁에서 프랑스의 장 2세는 영국군의 포로가 되자 몸값 300만 에퀴를 지불하기로 하고 풀려났다. 막상 프랑스로 돌아온 장 2세는 영국에게 자신의 몸값을 지불하기가 벅찼다. 장 2세는 고민 끝에 스스로 영국으로 다시 건너가 포로 생활을 계속하다가 그 곳에서 죽었다.

장 2세의 뒤를 이은 샤를 5세는 부왕이 몸값 조달을 위해 새로 만든 세금 덕분에 왕실의 재정이 풍족해져서 1369년 이후 전세를 크게 회복하였다.

비운의 프랑스 왕가 영국과 프랑스 사이에 백년 전쟁이 한창인 1380년 12살에 프랑스의 국왕이 된 샤를 6세는 24살 때 정신 이상을 일으켜 그 후 30년 동안은 이름뿐인 왕으로 지내다가 1422년에 죽었다.

샤를 6세의 딸 카트린과 잉글랜드의 헨리 5세 사이에 태어난 헨리 6세는 샤를 6세가 죽은 뒤 9개월 만에 영국과 프랑스 양국의 왕위에 올랐지만 32세에 정신착란을 일으켜 결국 런던탑에 유폐되어 50세에 살해당하고 말았다.

샤를 6세의 아들인 샤를 7세는 부왕이 정신 이상을 일으킨 지 11년 뒤에 태어나 아버지의 뒤를 이었고, 잔 다르크의 출현으로 영국군을 프랑스에서 몰아내고 왕위를 탈환할 수 있었다. 그러나 샤를 7세도 말년에 정신 이상을 일으켜 후에 루이 11세가 된 자기 아들 일파가 자기를 독살할 것이라고 의심하여 노이로제에 걸려 식사를 거부하다가 58세에 굶어 죽고 말았다. 샤를 7세가 태어났을 때 그의 어머니인 왕비 이자보는 당시 샤를 6세의 동생과 불륜 관계에 있었기 때문에 출생 내력을 두고 말이 많았다. 이렇게 프랑스 왕가는 아버지와 아들 그리고 손자 3대가 정신이상으로 비참하게 생을 마친 운명이었다.

동로마 제국의 멸망

콘스탄티노플을 수도로 한 동로마 제국의 황제 유스티아누스[669~711]는 동로마 제국에 정착하고 있던 동고트 족을 몰아내고 서로마 지역까지 다스리게 되어 영토와 국력을 회복하는 데 성공했다. 하지만 이후의 무능한 후계자들이 동방의 이슬람 제국과의 전쟁에서 영토의 대부분을 잃고 콘스탄티노플을 중심으로 겨우 명맥을 유지하고 있었다.

동로마 제국은 왕위를 둘러싼 음모와 다툼이 치열하여 324년에서 1453년까지 88명의 황제 중 무려 29명 이상의 황제가 비참하게 살해당했다. 477년 바실리쿠스 황제는 굶어 죽었고, 610년 포카스 황제는 손발이 잘려 죽었고, 668년 콘스탄스 2세는 곤봉에 맞아 죽었고, 1034년 로마누스 3세는 익사당해 죽었고, 1183년 알렉시우스 2세는 교살되었고, 1185년 안드로니쿠스 1세는 고문으로 죽었다.

1453년 이슬람 세력에 둘러 싸여 발칸 반도의 오스만 투르크 영내에 홀로 남겨진 기독교 세력의 동로마 제국은 술탄[황제] 마호메트 2세가 이끄는 15만 명의 오스만 투르크 군의 침입을 받고 50일 만에 수도 콘스탄티노플이 함락되어 멸망하고 말았다. 황제 콘스탄티누스 11세는 전사하고 동로마 제국은 오스만 투르크의 지배를 받게 되었다.

1453년 4월, 오스만 투르크의 무하마드 2세는 콘스탄티노플 공략을 개시하면서 병사들에게 명했다.

가라, 이슬람의 아들들이여! 보라, 이 성전의 깃발을!

병사들이여, 알라와 오스만 투르크의 영광을 위해 전력을 다해 싸워라. 그러나 무리하지는 말라. 우리의 선조들도 몇 번이나 실패했었다. 물러서는 것은 결코 수치가 아니다. 이 요새에는 몇 개월분의 식량이 있고, 함대는 여러분을 안전하게 운송할 것이다. 불필요한 희생은 없도록 하라.

동로마 제국의 황제 콘스탄티누스는 일찍이 콘스탄티노플이 포위되기 전에 오스만 투르크의 술탄에게 수도 콘스탄티노플 이외의 모든 지방을 넘기고 공물을 바치겠노라고 했지만, 술탄은 이를 거부하고 수도를 내놓으라고 황제에게 강요했다.

오스만 투르크의 침입을 받자 동로마는 서유럽에 원군을 요청했으나 동서 교회의 통합이 무산된 가운데 교황청은 냉담한 태도를 보였다. 콘스탄티노플 내항이 쇠사슬로 봉쇄되어 함대의 진입이 여의치 않자 무하마드 2세는 봉쇄된 해협의 내해로 통하는 수십 km의 산길을 고르고 통나무를 묻는 공사를 시작했다. 그리고는 야음을 틈타 72척의 함선을 육지로 끌어올려 산길을 따라 옮겨 봉쇄된 해협의 안쪽 바다로 진입시켰다.

다음 날 이를 본 동로마 병사들은 깜짝 놀라 당황했다. 동로마의 1만 명의 수비군은 50일 동안 힘겹게 저항했으나 성벽은 쉽게 무너지고 오스만 투르크가 자랑하는 1만 2,000명의 정예 근위병에니첼리이 시내로 진입하여 동로마 제국의 숨통을 끊었다. 당시 작은 성문 하나를 실수로 닫지 않은 것이 오스만 투르크의 병사에게 우연히 발견되어 성은 더욱 손쉽게 점령되었다.

콘스탄티노플을 점령한 무하마드 2세는 병사들에게 마음껏 약탈하도록 한 채 자신은 백마를 타고 성 소피아 성당으로 들어갔다. 그는 기도를 드린 후 그곳을 알라신을 기리는 이슬람 사원으로 선포했다. 소피아 성당은 유스티니아누스 황제가 532년에 착공하여 5년에 걸쳐 지은 높이 55m의 거대한 성당이다. 그리하여 동로마의 수도였던 콘스탄티노플은 오스만 투르크의 수도이자 성지가 되었고, 이름도 이스탄불'이슬람의 도시'라는 뜻로 바뀌었다.

오스만 투르크의 대포 오스만 투르크의 무하마드 2세는 뜻밖의 일로 콘스탄티노플을 공략하기로 결심했다. 1452년 여름, 우르반이라는 헝가리 기술자는 콘스탄티노플의 황제를 찾아가 자신의 기술로 대포를 만들 것을 권했으나 보상 문제가 해결되지 않아 거절당했다. 그러자 그는 오스만 투르크의 무하마드 2세를 찾아 갔다. 무하마드 2세는 그가 요구한 액수의 4배를 주고 대포를 만들기 시작했다. 드디어 60마리의 소와 200명의 병사가 끄는 거포는 성공적으로 만들어졌고 포탄은 불을 뿜으며 1마일이나 날아갔다.

동로마 제국의 생활상 아시아, 북아프리카 그리고 유럽 대륙을 연결한 동로마 제국은 4세기 콘스탄티누스 1세 때부터는 베전트라는 순금 4.2g의 금화가 유럽에서 아시아에 이르기까지 국제 통화로 널리 사용되어 동로마 제국의 경제에 크게 기여했다.

전차 경주는 콘스탄티노플의 주민들에게 인기가 많아 경기가 있는 날에는 이른 새벽부터 사람들이 경기장으로 몰려들었다. 오전과 오후 경주의 중간에는 곡예사, 마술사, 광대, 배우, 가수, 희극배우, 무희들이 등장했다. 그러나 여자들에게는 경기 관람이 금지되어 있었다. 로마의 원형 경기장을 본 따서 만든 경기장에서는 전차 경주 외에도 동물 사냥과 곰 싸움 등이 열렸으며 때로는 사형 집행이나 정치 집회가 열리기도 했다.

결혼은 남자는 14세, 여자는 12세부터 허용되었고, 결혼식은 주로 교회에서 치렀다. 일상생활은 매우 엄격한 법률의 규제를 받았는데 도둑은 손이 잘리고, 절도범은 화형에 처해졌으며, 중상모략을 한 자는 혀가 잘리고, 근친상간을 범한 자는 자루에 넣은 채 물에 빠뜨려 죽임을 당했다. 10세기 콘스탄티누스 7세는 살인범과 반역자들도 수도승이 되면 수도원에서 종신형을 살도록 해 주었고 매춘부도 수녀가 될 수 있도록 해 주었다.

이슬람 사회

백인 노예

1453년 콘스탄티노플 공략에 나선 오스만 투르크의 15만 명의 병사 가운데 선두에서 맹활약한 1만 2,000명의 정예 근위대 에니첼리는 그리스나 세르비아 등 발칸계의 유럽인이었는데, 이들의 용맹성은 동로마 군을 당황하게 했다. 이들은 오스만 투르크가 데브쉬르메라는 제도로 선발한 특수군으로서 오스만 투르크 상비군의 핵심을 이루었으며, 술탄[황제]에 충성을 바치고 전제 권력을 떠받치는 중요한 역할을 담당한 최고의 엘리트 집단이었다. '에니첼리'란 터키어로 '새로운 병사'라는 뜻이다.

이슬람 세계에서는 이슬람교도를 노예로 삼는 것은 회교 율법에 위배되기 때문에 오스만 투르크는 점령지에서 건강하고 총명한 기독교 청소년들을 뽑아 강제로 이슬람교도로 개종시킨 뒤 엄격한 고등 교육과 특수 훈련을 시킨 후 25세가 되면 노예 신분의 친위대원이 되거나 관리나 술탄의 시동 등으로 발탁되었다. 그들은 술탄의 근위대원이 되는 것을 가장 바랬다.

가장 똑똑하고 유망한 젊은이는 궁정에 들어가 술탄의 시동으로 일하면서 궁정학교에 다녔다. 그들의 교육은 환관들이 맡았는데 터키 어, 페르시아 어, 아랍 어, 철학, 신학, 문학, 역사, 건축, 법학, 군사 전략, 승마, 검술, 궁술 등을 배웠다.

그들은 결혼이 허용되지 않았고 학교생활은 규율이 매우 엄격해 외부와 접촉할 수 없었으며 부모와 가족에게는 죽은 것으로 여기도록 했다. 그러나 백인 청소년들은 노예로 차출되는 것을 이슬람 세계에서 출세할 수 있는 기회로 생각했다.

그들은 항상 술탄의 신변을 지키며 전투에서는 명령이 없는 한 절대 투항하지 않으며 최후의 한 명이 남을 때까지 버텼다. 오스만 투르크는 그리스도교 세계의 민족적·종교적 의식을 와해시키고 이슬람 세계로 동화시키기 위해 이러한 조직을 만들었다. 그러나 에니첼리는 점차 왕위 계승에 간섭하며 횡포가 심해지자 1826년 폐지되고 말았다.

술탄의 잠자리

'하렘(harem)'이라는 말은 '금지된 장소'라는 아라비아 어에서 유래한다. 이슬람 세계에서는 옛날부터 남녀 분리의 원칙과 관습이 뿌리 깊다. 여성들이 외출할 때 베일히잡, 차도르 등을 착용하듯이, 하렘도 집에서 여성들이 격리되어 기거하던 곳이었다.

차도르나 하렘은 이슬람 문명 이전부터 있었는데, 무하마드는 이것을 지지했고 이슬람 세력과 함께 널리 퍼져나갔다. 이슬람 이전의 아시리아 · 페르시아 · 이집트의 대부분의 왕궁에는 하렘을 두어 통치자의 부인들과 첩, 시녀, 환관 등이 거주했다.

20세기 후반까지 아라비아 국가에서는 하렘 제도가 남아 있어 가정에서 하렘을 설치하는 것이 일반화되어 있었고, 부유층에서는 각 부인마다 전용의 룸셋과 하인들도 거느렸다. 그러나 1926년 터키에서 일부다처제를 불법화하자 여성들을 격리시키는 일은 점점 줄어들게 되었다.

오스만 제국의 전성기 때에는 궁정 하렘에는 천 명이 넘는 여성들로 북적였다. 이들은 다른 나라에서 상납한 여성, 전쟁 포로로 데려온 여성, 가난한 가정에서 팔려온 여성, 심지어 피정복지 군주의 딸 등 출신이 매우 다양했다. 그들은 술탄의 어머니인 왈리데 술탄의 감독 아래 예의범절과 요리, 아라비아 문자, 문학 등을 배운 뒤 시녀가 되어 궁전으로 보내졌다.

하지만 술탄의 밤 상대로 뽑히기 위해서는 술탄의 모후의 눈에 들어야만 했다. 술탄과 하룻밤을 같이 한 여성은 괴즈데눈에 든 여자, 정기적으로 술탄의 부름을 받는 여성은 이크발행운아로 불리며 호화로운 개인 방이 주어졌다. 행운을 얻지 못한 시녀들은 술탄의 선물로 신하들에게 보내지기도 했지만, 대다수의 여성은 하렘에서 외롭게 평생을 마쳤다.

인도 · 이슬람 문화 인도의 무굴 제국1526~1854을 세운 바부르1483~1530는 몽골의 피를 이어받았다. 무굴 제국의 문화에서 특히 유명한 것은 제5대 황제 샤자한이 출산 중에 죽은 왕비 아르주만드 바누 베감을 기리기 위해 지은 영묘인 '타지마할'이다.

1632년에 착공되어 1643년에 완공된 타지마할은 인도 · 페르시아 · 중앙아시아 등지에서 온 건축가들의 공동 설계로 지은 것으로서, 이슬람 문화와 인도의 힌두 문화가 융합된 '인도 · 이슬람 문화'의 대표적인 것이다. 이슬람 국가인 무굴 제국은 힌두교도와의 융화를 위해 피정복지 주민들에게 전통적으로 부과하던 인두세지즈야를 폐지하는 등 많은 노력을 기울였다.

흡혈귀 드라큘라

1897년 실제 모델을 배경으로 한 소설 『드라큘라』가 발표된 이래 각국어로 번역되면서 흡혈귀 드라큘라는 괴기담의 연극이나 영화의 소재로도 많이 활용되면서 유명해졌다. 원래 중부와 동부 유럽의 여러 지역에서는 사람의 피를 빨아먹는 괴물에 관한 이야기가 전해지고 있었다. 이것을 아일랜드의 작가 브램 스토커(1847~1912)가 15세기 루마니아 왈라키아 공국의 영주인 블라드 체페슈(또는 블라드 드라큘라)라는 실제 인물을 모델로 해 드라큘라 백작 이야기를 소설로 꾸민 것이다. 블라드 체페슈는 1476년 오스만 투르크 제국의 침약을 받았을 때 부친의 뒤를 이어 게릴라 전법으로 저항한 영웅으로 알려져 있다. 그는 전투에서 승리했으나 투르크의 첩자인 부하의 칼에 맞아 죽고 말았다.

그는 체페슈와 드라큘라라는 두 가지 별명으로 불렸다. 그는 전쟁에서 생포한 투르크 인뿐만 아니라 수많은 유럽의 이방인들을 기다란 말뚝에 박아 잔인하게 죽였다고 하여 체페슈(루마니아 어로 말뚝이라는 뜻)라는 별명으로 불렸다.

드라큘라는 별명은 그의 아버지가 신성로마 제국의 황제로부터 드라큘 기사단의 기사 작위를 받은 것에서 비롯되었다. 그는 드라큘라라는 별명을 더 좋아했던지 그의 친필로 보이는 사인에는 '블라드 드라큘라'라고 쓰여 있다.

그는 적이나 죄수를 천장에 매달아 서서히 내려오게 하고는 밑으로부터 끝이 뾰족한 말뚝을 들어 올렸다. 이윽고 귀를 찢는 비명과 함께 말뚝이 죄수의 성기를 뚫고 지나간다. 이렇게 끔찍하게 처형당한 희생자 중에는 인근 독일의 작센 지방 주민들이 적지 않았다. 그래서 독일을 중심으로 서유럽에서는 드라큘라를 잔인한 살인마로 기억하고 있었다.

그런 그의 잔인한 행동을 무덤에서 일어나 산 사람의 피를 빠는 흡혈귀의 이미지와 결합시킨 것이 바로 브램 스토커의 소설 『드라큘라』였다. 이 소설은 규범에 꽉 짜여 답답해하던 당시의 사람들에게 선풍적인 인기를 끌었고, 그리하여 드라큘라가 흡혈귀의 대명사가 된 것이다.

일본 왜구

왜구倭寇는 1350년대 일본에서 남북조 간의 정쟁에서 몰락한 무사와 농민 계층을 중심으로 형성된 집단으로서 노략질하는 왜인들이란 뜻으로 왜구라고 하였다. 왜구들로 인한 피해가 커지자 조선과 중국의 명나라는 이들에 대한 토벌과 함께 교역을 하면서 피해를 줄여왔다.

1369년 명나라 초대 황제인 홍무제朱元璋가 일본에 사신을 파견하여 왜구 단속을 요구하는 국서를 전했으나 아무런 실효가 없자 화가 난 홍무제는 1388년에 일본과의 교류를 끊었다. 중국과의 무역 통로가 단절되자 다시 왜구들이 조선과 명나라 등 주변국들을 자주 침범하며 기승을 부리기 시작했다. 조선은 왜구들을 교화하기 위해 삼포에 왜관을 설치하고 일본과의 교역을 시도했으나 왜관에 정착한 일본인마저 본국의 왜구들과 결탁해 난동을 부리기도 했다.

다음은 일본의 제3대 쇼군인 아시카가 요리미쓰가 명과의 교역을 재개하고자 하여 1401년에 사신을 명나라로 파견하면서 전달한 국서다.

> 본인은 이 국서를 명나라 황제에게 올립니다. 우리나라는 건국 이후 줄곧 통상 사절을 귀국에 파견하여 왔습니다. 본인이 국정을 다스리면서 나라도 안정을 되찾았으니 예부터의 관습에 따라 통상 사절을 파견하고 우리의 특산물을 선물하고자 합니다.

다음은 1405년 명나라 제3대 황제인 영락제가 일본의 요시미쓰에게 대량의 동전과 물품을 보내면서 전달한 국서다.

> 쓰시마와 이키 섬에서 출발한 왜구가 우리 해안에 출몰하며 침입하였기에 짐은 그대에게 이를 단속하도록 부탁한 바 있소. 이에 대해 그대는 군사를 동원하여 왜구 무리를 섬멸하였으며 그 두목을 붙잡아 우리 수도로 보내었으니 그대는 비록 멀리 떨어져 있으나 명조를 진심으로 섬기고 있다고 생각하오.

동방의 나라에서 지금까지 그대처럼 뛰어난 국왕은 없었으니 짐은 그대를 진심으로 칭찬하노라. 왜구에 대한 걱정이 사라졌으니 이는 모두 그대의 공이로다.

일본의 농민 봉기, 잇키

1350년대 가마쿠라 막부가 망하고 무로마치 막부가 들어설 무렵 후쿠이현 다라노쇼에서 농민 봉기一揆, 잇키가 일어나 갑자기 마을이 텅 빈 일이 벌어졌다.

'잇키'는 본래 '일치단결'을 의미하는 말로서 연대 의식으로 결속을 다지는 단체나 그러한 단체에 의한 집단행동을 말한다. 당시 영주의 지배를 받고 있던 농민들은 다른 부락과 연대하여 일종의 자치 조직을 구성하고 있었다.

사태의 발단은 새 영주 도오지가 남북조 전쟁을 치루는 중앙 정부에 군비를 조달하기 위해 농민들에게 무거운 세금과 강제 노역을 동원하자 마을 주민들이 이에 정면으로 반발하여 모두 땅을 버리고 산속으로 도망쳐 버린 것이었다. 농민들은 막부 교체기의 혼란스런 상황 속에서 스스로 잇키를 결성하여 상부상조하면서 치안까지 담당하고 있었다.

그러다가 1428년 요시노리가 6대 쇼군에 취임하자 시가현의 오우미에서 극심한 흉작으로 토지를 담보로 고리대금업자에게 돈을 빌린 농민들이 돈을 갚지 못해 토지를 빼앗기자 생존 수단을 잃은 농민들이 봉기를 일으켰고土一揆, 쓰치잇키, 이어서 운송업자들이 채무를 면제해 달라는 이른바 도쿠세이德政를 요구하며 봉기를 일으켰다德政一揆, 도쿠세이잇키. 그러자 교토와 나라 등 다른 지방에서도 민중들이 연쇄적으로 들고 일어나 전당포나 양조장 등을 습격하고 저당물과 차용증을 탈취하는 등 무법천지가 되었다.

도쿠세이는 원래 가마쿠라 막부 시대에 가난한 무사들이 저당 잡힌 토지나 물건을 무상으로 되돌려 받게 한 조치로서, 천황이나 쇼군 등 지배자가 죽거나 바뀌면 토지 등은 원래의 주인에게 돌려준다는 당시의 사회 통념이 깔려 있었다. 무로마치 막부 시대의 도쿠세이는 막부 자신이 재정난을 타개하지 못해 채무 불이행을 선언한 이른 바 지금의 모라토리엄moratorium이었다.

결국 영주들이 도쿠세이를 인정하여 농민들은 빚을 탕감 받고 토지를 되돌려 받자 잇키는 그쳤다. 나라 시의 한 거석에는 당시 농민들이 도쿠세이를 얻어낸 것을 기념하기 위해 이렇게 새겨져 있다.

"쇼쵸 원년1428 이후 고베의 4개 향鄕에는 일체의 빚이 없어졌다."

중국의 과거 제도

중국은 예로부터 한나라 때는 향거리선鄕擧里選, 위진남북조 시대에는 구품중정제九品中正制라고 하는 관리 등용 제도가 있었다. 향거리선은 전국의 지방관이 재야의 유능한 인재를 추천하는 제도였으며, 구품중정제는 각 지방에 중앙 정부로부터 임명된 중정관이 향리의 평가를 기준으로 인물을 구품으로 나누어 관청에 추천하는 제도였다. 하지만 호족들의 자제만 추천되는 결과를 초래하여 본래의 취지를 살리지 못했다.

중국에서 과거 제도가 처음 등장한 것은 587년 수나라의 문제 때였다. 중국을 재통일한 문제는 귀족들의 발호를 막기 위해 신분에 관계없이 누구나 응시할 수 있는 과거 제도를 만든 것이다. 수나라는 40년도 못되어 멸망하고 과거 제도는 당나라로 이어졌지만 기존 귀족들의 힘이 막강하여 과거 출신의 신진 세력과의 권력 투쟁이 극심했다. 당의 관료는 대체로 귀족 반, 과거 출신 반으로 구성되어 있었으나 힘의 우위는 귀족층에 있었다.

당나라가 멸망하고 오대십국의 혼란기를 거쳐 중원을 통일한 송나라에 이르러 과거 제도는 관료를 뽑는 제도로 완전히 정착되어 20세기 초 청조가 멸망하기 직전까지 지속되었다. 그리하여 송나라의 관료는 거의 전원이 과거 출신자들로 구성되어 오로지 과거에 합격하는 것만이 사대부들의 유일한 인생의 목표가 되었다. 송나라의 황제가 직접 과거시험을 주관함으로써殿試 그 권위도 한층 높아졌다. 송나라 3대 황제인 진종은 친히 권학가를 지어 면학을 독려했다.

부자가 되려면 좋은 밭을 살 필요가 없다
책 속에서 천 석의 쌀이 절로 굴러 나올 것이다
안락한 고당에서 살기 위해 집을 지을 필요가 없다
책 속에서 황금으로 만든 집이 절로 굴러 나올 것이다
출타할 때 거느릴 자가 없음을 탄식하지 말라
책 속에서 수레와 말이 줄줄이 굴러 나올 것이다
아내를 맞을 좋은 인연이 없음을 탄식하지 말라
책 속에서 옥 같은 미녀가 나타날 것이다
남아로 세상에 태어나 훌륭한 인물이 되려 한다면
경서를 창문 앞에 두고 열심히 읽도록 하라

과거 제도가 완전히 정착한 송대에는 먼저 과시科試에 합격해야만 과거에 응시할 수 있는 자격이 주어졌으나, 청대에는 현시懸試, 부시府試, 원시院試를 모두 합격한 생원이 되어야 비로소 과거에 응시할 수 있었다.

청대에는 우선 지방의 성에서 치르는 향시鄕試에 합격해야 3년마다 북경에서 치르는 회시會試에 응시할 자격이 주어졌다. 향시에 합격한 자를 거인擧人이라 칭하고, 회시에 합격하면 진사進士가 되는데, 거인은 2만 명 정도인 반면에 진사는 200~300명 정도에 불과했다. 수석 급제자는 장원이라는 별칭이 붙여졌다. 회시에 합격한 자는 마지막으로 황제가 직접 주관하는 전시殿試를 치르게 되는데, 전시는 순위를 결정하는 것일 뿐 합격 여부에는 아무런 영향이 없었다.

과거에 출제되는 문제는 논리적인 사고보다는 『사서오경四書五經』과 같은 유가의 경전과 고전을 모조리 암기하는 것에 치중되었으나 점차 역사, 정치, 학술 등에 관한 논문으로 대치되었다. 송나라 때 과거에 대한 열기가 대단하여 경쟁률은 보통 100 대 1을 넘었으며 남자 아이는 8세가 되면 43만 자나 되는 이 경전을 외우기 시작했다.

여인들의 혼수품의 하나인 청동거울의 뒷면에는 흔히 "오자등과五子登科"라는 글귀가 새겨져 있었는데, 이는 아들 다섯을 낳아 모두 과거에 합격했으면 하는 바람을 나타낸 것이다.

부정행위 수험생은 취사도구, 식료품, 침구 등을 준비하여 각자 독방에 들어가 7~8일에 걸쳐 시험을 치렀다. 시험장으로 가장 규모가 컸던 곳은 남경에 남아 있는 강남공원江南貢院인데 방이 약 2만여 개나 되었다.

과거가 유일한 출세의 길이다 보니 갖가지 부정행위가 따랐다. 쪽지에 깨알같이 써서 점심용 만두 속에 감추어 들어가는가 하면, 속옷에 경전을 깨알같이 써넣은 채 입고 시험장으로 들어가는 경우도 있었다.

당나라 때는 시험 감독관을 좌주座主라고 하고, 수험생을 문생門生이라고도 했는데 과거 합격자들은 "나는 아무개 좌주의 문생이요"라고 하며 다녔다. 그리하여 시험 감독관을 중심으로 파벌이 형성되자 송나라 때는 황제가 직접 시험을 주관했다.

시험 문제의 누설이나 답안의 대필 등 여러 유형의 부정이 늘어나자 청나라 때는 단속이 엄해져 부정행위로 사형을 당한 사람도 적지 않았다. 1657년 북경과 남경 향시에서 부정행위가 적발되어 관련자 모두는 사형당하고 가족이 유형에 처해진 사건이 있었으며, 1858년 북경 향시에서는 대신급 시험관이 사형당한 일도 있었다.

거자칠변, 낙자칠변 중국 작가 포송령은 과거를 보는 수험생擧者은 과거를 치르면서 일곱 번 몰골이 바뀐다고 하여 거자칠변擧者七變이라 하였다.

① 시험장에 들어갈 때는 발이 무거워 '거지 몰골'
② 부정 방지를 위해 몸수색을 받을 때는 죄지은 '죄수 몰골'
③ 칸막이 방에 들어가 앉으면 바깥을 기웃거리는 '벌새끼 몰골'
④ 시험이 끝나면 '병든 새 새끼 몰골'
⑤ 합격자 발표를 기다릴 때는 안절부절하는 '원숭이 몰골'
⑥ 낙방되면 '약 먹은 파리 몰골'
⑦ 낙방되어 홧김에 살림을 부수고 나면 '제 알 깨버린 비둘기 몰골'

중국의 문학가 임어당은 과거 낙방생이 변하는 유형이 일곱 가지가 있다고 하여 낙자칠변落者七變이라 했다.

① 재능이 늦게 피는 대기만성형 만재(晩才)
② 숨은 재능을 시험관이 발견하지 못한 은재(隱才)

③ 낙방을 계기로 비약적으로 발전하는 반재(反才)
④ 자신의 재능을 상업에서 발견하여 대성하는 상재(商才)
⑤ 자신의 재능을 예술 부분에서 발휘하는 예재(藝才)
⑥ 과거에 낙방한 후 반골이 되는 역재(逆才)
⑦ 도저히 가망이 없는 빈재(貧才)

자금성의 조공 풍경

옛날부터 중국의 주변국들은 때때로 중국을 방문해 중화에 복속하고 있음을 확인시켜 주어야 했는데 이것이 조공朝貢이었다. 동시에 중국은 답례로 하사품을 내렸다. 조공은 천자국과 제후국, 곧 종주국과 속국의 관계에서 비롯되었지만, 사신 왕래 등 정치적인 의미보다는 오히려 조공을 통한 문물의 교류에 더 큰 비중을 두었다.

다음은 16세기 명나라 때 조공 사절들이 조공을 바치는 모습이다.

북경에 들어간 조공국의 사신들은 황제가 거처하는 자금성에서 500m쯤 떨어진 옥류관 또는 회동관이라는 숙소로 안내 받아 짐을 풀고 휴식한다. 숙소에는 조선, 일본, 몽골 등지에서 온 조공 사절들도 자리 잡고 있다. 소탈한 몽골 인들은 피리를 불며 손뼉을 치고 춤을 추어 다른 나라 사신들에게 이국의 정취를 느끼게 한다.

도착한 지 이틀 째 되는 날 중국인 통역 두 명이 숙소로 와서 황제를 배알할 때 지켜야 할 예절을 가르친다. 외국 사신은 모두 중국의 예법에 따라야 했다. 사흘 째 되는 날에는 사절 일행은 홍로사로 안내되어 그곳 건물 앞에서 다시 예법을 연습한다.

마침내 나흘째 되는 날 새벽 3~4시쯤 사절 일행은 통역의 안내를 받으며 말을 타고 숙소를 나서 궁으로 안내된다. 장안 좌문에 다다르면 말에서 내려 승천문까지 걸어서 간다. 문 왼쪽에 있는 커다란 나무 패찰에는 "거짓을 고하는 관리는 참형에 처한다"는 위압적인 글귀가 적혀 있다.

일행이 승천문의 동쪽 입구로 들어가서 단문과 오문을 지나 황제가 기거하는 자금성에 다다르면 정사와 부사를 선두로 두 열을 지어 서서 기다린다. 이윽고 궁중의 관리가 올라오라고 호령하면 일동은 중앙로로 올라서서 길게 늘어선다. 다음으로 어좌를 향해 관리가 외치는 대로 행한다.

"앞으로 숙이시오!", "절하시오!", "고두叩頭!", "일어서시오! 식이 끝났소."

그 다음 사절 일행이 대열을 풀고 왼쪽 문을 들어서면 간단한 조찬이 기다리고 있다. 통역의 안내를 받아 자리에 앉으면 술잔이 세 번 돌아온다. 그리고 다시 오문 앞으로 물러나면 "오르시오!", "무릎을 꿇으시오!", "고두!"의 호령에 따라 그대로 한 뒤 오문을 빠져나간다. 다시 장안 좌문까지 걸어가 말을 타고 오전 9시쯤에 홍로사로 가서 예부에 인사하고 숙소로 돌아간다.

이러한 조배가 있은 후 열흘쯤 지나면 해가 뜨기도 전에 일행은 회동관의 연회에 초대된다. 자리 오른쪽에 천자의 자리가 있고 일동은 그 앞에 나란히 앉는다. 황제는 이 자리에 참석하지는 않는다. 예부의 관리가 오면 조배 때와 마찬가지로 어좌를 향해 배례를 한다. 그 뒤에 환관과 관리가 서면 사절 일행은 이 두 사람을 향해 네 번 배례한다. 환관과 관리가 자리에 앉으면 일행도 따라 앉는다. 이때 각자 조화를 머리에 꽂는다. 그리고 술을 다섯 잔 마신다. 여흥으로 가수가 나와 노래를 부르고 춤을 춘다. 이것이 끝나면 일동은 다시 극진한 인사를 하고 물러간다.

흑사병

전염병의 역사를 보면 13세기에는 한센병, 14세기에는 페스트흑사병, 16세기에는 매독, 17~18세기에는 천연두, 19세기에는 결핵과 콜레라, 20세기에는 에이즈가 휩쓸었다.

페스트에 걸리면 온몸에 검은 반점의 고름집이 생기고 폐렴이나 패혈증에 걸려 하루 이틀 만에 죽었다. 유럽에서 흑사병Black Death이라는 이 병은 쥐나 쥐벼룩 등으로부터 피부를 통해 전염되는 선腺페스트와 호흡을 통해 전염되는 폐肺페스트가 있다.

가장 오래 된 흑사병은 기원전 3세기 이집트와 중동에 유행했던 풍토병이었다. 54년에는 이집트에서 발생하여 보다 광범위한 지역으로 번졌으며 특히 6, 8, 11, 14, 17세기에 흑사병이 크게 유행했다.

1346~1352년에 유럽을 휩쓴 흑사병은 중국 운남 지방의 풍토병인 페스트균을 가진 쥐벼룩이 동서 교역로를 따라 서아시아를 경유하여 크림 반도를 거쳐 전 유럽에 퍼진 것이다. 흑사병으로 약 1억 명 유럽 인구의 3분의 1 이상이 죽었다.

1625년 흑사병으로 런던에서는 3만 5,000명이 죽었고, 1665년에는 런던에서 2만 명이 죽었다. 1720년에는 마르세유와 주변 지역에서 흑사병으로 5만 명이 죽은 것을 끝으로 흑사병은 유럽에서 자취를 감추었다.

1894년 프랑스 과학자 알렉산드르 예르상이 병원균을 발견함으로써 치료법이 밝혀졌고 1910년대를 끝으로 흑사병의 재앙은 사라졌다. 파스퇴르는 들쥐의 몸속에는 흑사병의 원인인 박테리아균이 살고 있으며, 그 박테리아는 쥐벼룩이 옮긴다고 밝혔다. 유럽에 흑사병이 돌던 그 당시 카파 항이나 상선에는 검은 쥐들이 들끓고 있었다고 한다.

유럽을 강타한 흑사병

1347년 크림 반도 해안의 카파 항을 포위 공격하던 킵차크한국의 병사들은 자신들의 병영에 흑사병이 돌자 투석기를 이용하여 흑사병으로 죽은 병사들의 시체를 성 안으로 던져 넣어 카파 주민들에게 흑사병을 전염시켰다.

흑사병은 성 안에 있던 이탈리아 상인들이 상선과 통상로를 따라 제노바, 피렌체, 베네치아, 메시나 등 이탈리아의 각 도시들로 옮겨 순식간에 퍼졌고, 다시 프랑스, 스페인, 독일, 영국, 스코틀랜드, 스칸디나비아 등 전 유럽과 이집트를 차례로 휩쓸었다.

흑사병은 인구가 밀집한 도시에서 더욱 극심했으며 전체 인구에 대한 죽은 사람의 비율은 피렌체는 5분의 3, 베네치아는 4분의 3, 파도바는 3분의 1, 영국은 3분의 1에 이르렀다. 당시 100만 명 이상의 사람들이 800km에 이르는 순례 길에 올랐는데 돌아온 사람은 고작 10만 명 정도였다. 전염병이 절정에 달했을 때는 죽은 자들을 론 강에 버리기도 했다.

흑사병으로 아내 로라와 많은 친구를 잃은 이탈리아의 시인 페트라르카는 수도원에서 유일하게 살아남은 형제에게 보낸 글에는 다음과 같이 적고 있다.

> 형제여! 무슨 말을 해야 할지. 어디로 눈을 돌려야 할지. 사방은 온통 비탄과 공포에 휩싸여 있다. 이 세상에 태어나지 말았어야 할 것을. 아니 이런 세상이 오기 전에 차라리 죽었어야 할 것을.
>
> 남아 있는 것이라곤 빈 집과 폐허가 된 도시뿐. 사람은 그림자조차 볼 수 없고 들판은 더 이상 시체를 묻을 곳도 없고, 온 세상은 정적으로 뒤덮여 두렵기만 하다. 세상에 어찌 이런 일이…….

이탈리아의 작가 보카치오1313~1375는 『데카메론』에서 피렌체를 덮친 흑사병의 참상을 다음과 같이 적고 있다.

> 수많은 시신들이 모든 사원으로 수시로 운반되어 왔다. 정식으로 장례를 치루는 일은 생각할 수도 없었다. 묘지가 만원이 되자 큰 구덩이를 파고 배의 화물처럼 층층이 겹쳐 쌓아 묻었지만 그 구덩이도 이내 가득 차고 말았다.
>
> 3~7월에 10만 명이 피렌체에서 죽었다. 친척, 친지, 친구들과 아침식사를 함께 한 사람들이 저녁에는 저승에서 자기 조상들과 함께 저녁식사를 했다.

1352년에야 흑사병은 그 기세가 꺾이기 시작했다. 요행히 살아남은 시민 가운데는 죽은 귀족들의 재산을 물려받아 벼락부자가 된 사람도 있었다.

신이 내린 형벌 흑사병의 발병 원인과 치료법을 몰라 유럽 전역은 속수무책인 채 공포에 떨었다. 의사들은 약초를 사용하는 것이 고작이었다. 대부분의 사람들은 고향을 버리고 도망가는 것이 최상이라고 생각했다. 자녀들도 버린 채 사회로부터 격리되어 금욕 생활을 하기도 했고, 모든 것을 잃고 자포자기하여 방탕한 생활에 빠지는 사람들도 많아 마을은 폐허로 변했다.

전염성이 있을 것으로 어렴풋이 알아 시장이나 축제 등 사람이 모이는 것과 입맞춤은 금기시했으나 곳곳에서 들끓던 쥐나 쥐벼룩에는 전혀 신경 쓰지 못했다. 도시는 문을 닫고 사람의 출입을 통제했다. 동방에서 온 선박은 격리되었고 선원들은 상륙이 금지되었다. 전염병이 도는 지역과의 교역은 단절되고 법원도 문을 닫은 곳이 많아 도시는 무법천지로 변했다.

교회는 흑사병을 인간의 오만에 대한 신의 징벌로 해석하여 광신적인 속죄 의식이 등장했다. 검은 두건을 뒤집어쓴 사람들이 길거리로 나와 찬송가를 부르며 행진하면서 금속이 끝에 달린 가죽 채찍으로 미친 듯이 자신들을 채찍질하며 속죄했다. 이러한 속죄 의식은 예수의 생애 1년을 1일로 하여 33일 동안 계속되었다[채찍질 교도].

사람들은 거머리를 몸에 붙여 피를 빼내거나, 변 냄새를 맡거나, 뱀으로 만든 약을 먹거나, 빠르게 멀리 뛰었다가 느리게 돌아오는 요법을 쓰기도 했고, 후추가 악귀를 쫓는다고 하여 마을에 후추 가루를 뿌리기도 했다.

사람들은 시체나 오물이나 오염된 하천이나 습지에서 나오는 독기를 마시거나 만지면 전염병이 발생한다는 설을 믿었다. 또한 남프랑스와 라인 강 연안의 도시에서는 흑사병은 유대 인들이 우물 속에 독을 넣었기 때문이라는 소문이 퍼져 각지에서 유대 인들이 대량 학살당하기도 했다.

흑사병의 공포에 떨고 있던 유럽인들 사이에는 '메멘토 모리죽음을 기억하라'라는 경고 문구가 유행하고, 묘지에는 해골이 춤추는 '죽음의 무도회' 그림이 그려지는 등 신비주의가 횡행했다. 그리하여 14세기 후반 이후의 회화나 조각에는 최후의 심판, 지옥, 죽음의 무도 등이 소재로 많이 등장하기 시작했다.

폐허가 된 유럽 14세기 중반 흑사병이 돌기 이전의 유럽 인구는 약 1억 명이었으나 1500년경에는 약 6,000만 명으로 줄었다가 1600년경에야 흑사병 이전의 수준으로 회복되어 영국은 500만, 프랑스는 1,600만, 이탈리아는 1,300만, 스페인과 포르투갈은 1,100만, 네덜란드는 약 300만 명이었다.

흑사병의 유행은 도시와 농촌의 사회 구조까지 바꾸어 버렸다. 텅 빈 도시의 거리에 타관 사람들이 몰려와 중세적인 질서가 흔들리게 되었고, 농촌에서는 노동력 확보가 어려워 농민에 대한 대우가 개선되었다. 노동자들은 더 많은 노임을 찾아 자신들의 영주를 떠나기 시작했다. 영주들은 더 이상 이전처럼 농노를 부릴 수 없게 되자 농민들에게 토지를 임대해 주기도 했으며 목축은 일손이 모자라 엄두도 내지 못했다.

흑사병으로 유럽인의 오랜 전통과 질서는 흔들렸고 공동체 의식과 유대도 무너지기 시작했다. 농민들이 영주에 저항하면서 지주와 농노의 전통적인 관계는 무너지기 시작했고, 영국과 프랑스 등지에서는 농민들의 반란이 증가했다.

교회가 제시한 기도 요법이 효험이 없자 가톨릭교회의 권위도 실추되었다. 신자의 수가 격감하고 전래의 민간 신앙이 횡행하자 교회는 종교 재판과 고문으로 강경하게 맞섰다.

결과적으로 중소 영주 계급과 기사의 경제적 기반이 무너져 봉건제는 붕괴되기 시작하면서 왕권이 강화된 중앙 집권적 국가가 유럽에 등장하게 된 것이다.

연대기 작가의 기록 1347년부터 전 유럽을 강타한 흑사병의 참상을 1348년 연대기 작가인 헨리 나이튼이 이렇게 적고 있다.

> 이 해에는 치명적인 역병이 온 세계에 휩쓸었다. 인도에서 시작된 이 역병은 타르시스와 아랍 세계를 거쳐 기독교도와 유대 인 세계까지 퍼졌다. 이로 인해 지난 1년 동안 기독교도 지역을 제외한 지역에서만도 400만 명이 죽었다고 한다.
>
> 괴질로 수많은 사람들이 쓰러지자 타르시스 왕은 신앙을 거부한 죄로 하느님이 노하신 것으로 믿고 교황을 찾아가 세례를 받고 기독교인이 되고자 많은 귀족들을 거느리고 아비뇽으로 떠났다. 그러나 여행을 하는 동안 그 병이 기독교 세계까지 침범했다는 말을 듣고는 자기 나라로 돌아가기 위해 말머리를 돌렸으나 기독교도들은 그들을 뒤쫓아 가 2,000명을 죽였다.
>
> 그 무서운 병은 잉글랜드에 상륙하여 브리스톨로 퍼져 가 온 주민이 목숨을 잃었다. 병이 들면 반나절도 안 되어 죽는 사람이 많았다. 레스터 주에서는 세인트 레너드의 작은 교구에서 380명, 홀리코스트 교구에서 400명, 세인트 마거리트 교구에서 700명 등 모든 교구에서 엄청나게 많은 사람들이 목숨을 잃었다.
>
> 런던 주교는 교구 내의 모든 신부들이 교인들을 위해 고해성사와 사죄를 행하는 완전한 교권을 부여해 주었다. 다만 채무에 대해서는 채무자가 능력이 있을 경우 살아 있는 동안 빚을 갚아야 했고, 채무자가 죽으면 그의 재산으로 빚을 갚게 했다. 또한 교황은 다음 부활절까지는 죽음에 직면한 교인이 사죄를 원하면 죄를 사해 주고 교인이 원하는 고해 신부를 선택하는 것을 허용했다.
>
> 같은 해에 전국적으로 양에게도 큰 전염병이 돌아 어떤 목장에서는 5,000마리 이상의 양이 죽기도 했다. 죽은 양의 시체는 고약하게 썩어서 새나 짐승도 먹으려 하지 않았다.
>
> 죽음의 공포로 인해 사람들은 돈이나 재산에 마음을 두지 않아 물가가 떨어졌

다. 말은 40실링에서 6실링 8펜스로 값이 떨어졌고, 황소는 4실링, 암소는 12펜스, 암송아지는 6펜스, 숫양은 4펜스, 암양은 3펜스, 새끼양은 2펜스, 돼지는 5펜스, 양털 10kg은 9펜스까지 떨어졌다. 양과 소가 들판을 쏘다녀도 모는 사람이 없고, 밭 작물을 밟고 다녀도 쫓는 사람이 없었다.

가을이 오자 곡식을 거둘 일손을 구하려면 식사를 제공해 주고도 8펜스 아래로는 사람을 구할 수 없었다. 풀 베는 사람에게는 식사와 함께 10펜스는 주어야 했다. 일손을 구하지 못한 밭에서는 거두지 못한 작물들이 썩어갔다. 그러나 역병이 돌던 그해에는 곡식이 남아돌아 아무도 신경을 쓰는 사람이 없었다.

잉글랜드 사람이 역병에 걸렸다는 소식을 들은 스코틀랜드 사람들은 하느님의 저주가 잉글랜드에 내렸다고 믿어 "잉글랜드 놈들처럼 더럽게 죽어라"하는 욕설이 생겼다. 그들은 잉글랜드를 침략하고자 했지만, 역병이 그들에게도 엄습하여 스코틀랜드로 돌아가려 했을 때 잉글랜드 군의 공격을 받고 많은 사람이 죽었다.

브랜드워딘의 토마스 주교는 교황으로부터 캔터베리 대주교로 축성 받았으나 런던으로 돌아온 지 이틀 만에 세상을 떠났다.

그 무렵 국왕은 삯일 일꾼들이 통상의 삯보다 더 많이 받아서는 안 되며, 이를 어기면 처벌한다고 포고령을 내렸다. 그러나 일손이 턱없이 부족한 당시로서는 일꾼들이 요구하는 대로 주지 않으면 농사를 포기해야만 할 형편이었다. 지주들이 포고령을 어기고 일꾼들에게 많은 임금을 주었다는 사실을 뒤에 알게 된 왕은 지주들에게 벌금을 내렸고, 일꾼들은 숲속으로 도망치거나 처벌을 받았다. 도시와 마을의 수공업자들에게도 같은 조치가 취해졌다.

역병이 휩쓸고 간 이후 도시와 마을의 건물들은 사는 사람이 없어 폐허가 되었고, 주민이 모두 죽어 폐촌이 되는 마을도 많았다.

마르코 폴로

『동방견문록』을 저술하여 동방을 유럽에 소개한 마르코 폴로1254~1324는 이탈리아 베네치아의 보석상의 아들로 태어났다. 그의 아버지와 삼촌 두 형제는 1254년 베니스를 떠나 캐세이Cathey : 중국를 여행하고 15년 만에 돌아왔는데 중국을 떠날 때 원나라 황제 쿠빌라이는 로마 교황과 연락이 되도록 해 줄 것과 예술과 학문에 통달한 기독교도 100명을 보내줄 것을 요청했다.

1271년 마르코 폴로17세는 아버지와 삼촌의 두 번째 동방 여행길에 따라 나섰다. 그들은 흑해를 횡단하여 파미르 고원과 실크로드를 따라 4년 만인 1275년에 원나라 수도 대도북경에 도착하여 쿠빌라이를 알현하고 로마 교황의 친서를 전했다.

쿠빌라이는 젊은 마르코 폴로를 좋아하여 사냥에도 데리고 다녔고 궁전에도 출입할 수 있게 해 주었다. 마르코 폴로는 중국의 문물을 열심히 배우면서 여행 중에 보고 들은 것을 빠짐없이 기록으로 남긴 최초의 서양인이었다.

마르코 폴로는 17년 동안 원나라에 머물면서 전국 각지를 두루 다녔으며 황제의 특사로 외국에 파견되면서 오늘날의 베트남, 미얀마, 필리핀, 인도네시아, 인도 등지도 들렀다. 그는 양주 태수를 3년 동안 지내고 다시 수도로 돌아와 황제의 추밀원 의원을 지냈다.

1295년 쿠빌라이가 마련해 준 배를 타고 많은 보물을 싣고 세 사람은 25년 만에 고향 베니스로 돌아왔다. 베니스에 돌아와 보니 그들을 아는 사람이 별로 없었다. 그들은 사람들의 의심을 풀기 위해 푸짐한 잔치를 베풀었다. 마르코 폴로는 몽골 의상을 입고 사람들 앞에 나타나 옷 속에서 진귀한 보석을 와르르 쏟아 놓았다. 중국 황제가 아니고는 줄 수 없는 귀한 보물들이었다. 그리하여 사람들은 마르코 폴로를 '거부 마르코 폴로'라고 불렀다.

1298년 베네치아와 제노바 간에 전쟁이 일어났을 때 마르코 폴로는 자신이 기증한 함선과 함께 사로잡혀 제노바의 감옥에 갇히게 되었다. 이때 마르코 폴로는 옥중에서 만난 피사 출신의 작가 루스티첼로에게 자신의 일기장을 뒤적이며 여행담을 들려주어 이를 프랑스 어로 집필한 것이 유명한 『동방견문록』이다. 마르코 폴로는 이듬해

석방되어 결혼하여 베네치아 의회의 대의원으로 선출되었다.

책이 처음 세상에 나왔을 때 사람들은 그 사실들을 믿으려 하지 않았다. 1324년 마르코 폴로가 임종을 맞았을 때 그의 친구가 그에게 말했다.

"거짓말들을 지금이라도 취소하면 어떻겠나?"

"나는 내가 본 것의 절반도 이야기하지 못했다."

마르코 폴로는 마지막 한 마디를 남기고 숨을 거두었다.

『동방견문록』 마르코 폴로가 쓴 『동방견문록』이 유럽의 여러 문자로 필사되어 유럽 전역에 전해지면서 큰 파문을 일으켰다. 『동방견문록』은 그 후 콜럼버스를 비롯한 많은 항해사들이 동방으로 가는 항로를 개척하게 함으로써 대항해 시대를 열게 한 촉매가 되었다.

『동방견문록』에는 중국에 대해 다음과 같은 내용이 있다.

> 중국의 황제가 식사하는 곳에는 마술사들이 바닥에 놓인 전설적인 황금 술잔에 주문을 걸고 있었다. 높은 단상에는 중국의 최고 통치자인 쿠빌라이가 앉아 있었다. 황금 술잔들은 마술처럼 위로 떠올라 황제의 식탁을 향해 둥둥 떠가더니 황제 앞에 살며시 멈췄다. 술잔은 한 방울도 쏟아지지 않았다. 마술사들은 황제가 마실 술잔을 아무나 손대지 못하도록 마술을 부린 것이다.

『동방견문록』에는 지팡일본에 대해 다음과 같은 내용이 있다.

> 지팡은 동해에 있는 큰 섬으로 상상할 수 없을 만큼 황금이 풍부하다. 궁전의 지붕은 모두 황금으로 덮여 있고 궁전 내의 도로나 바닥은 손가락 두 개 두께의 황금판이 깔려 있으며 창문도 황금으로 만들어져 있다.

당시 연간 약 10톤의 금을 생산하고 있던 일본은 송나라에 사금을 수출하고 있어 중국인들은 일본을 황금이 풍부한 보물섬으로 생각하고 있었던 것이다.

3

근 대 사 회 이 야 기

르네상스 시대

그리스와 로마의 옛 문화를 되살리고 인간의 존엄성을 회복하자는 학문과 예술의 새로운 기풍의 문화 운동이 이탈리아를 중심으로 일어나기 시작했다. 사람들은 고대 그리스와 로마의 학풍에 관심을 갖게 되면서 화풍은 지난 세기의 신학적인 엄숙함에서 탈피하여 인간에 대한 재발견으로 발전하기 시작했다[르네상스].

이탈리아에서 시작된 르네상스의 물결은 신성로마 제국, 프랑스, 잉글랜드 등 북유럽으로 전파되었다. 이탈리아는 상업의 발달로 자유로운 도시 분위기가 조성되어 미술을 통해 아름다움을 추구하는 탐미적 문화 운동이 주류를 이루었으나, 북유럽은 장원을 중심으로 봉건제가 뿌리를 내리고 있는데다가 사람들의 삶을 지배하고 있던 교회가 지나치게 세속화하고 타락하여 성서 연구에 몰두하는 등 사상과 종교의 개혁을 위한 사회 운동이 주류를 이루었다[북방 르네상스].

르네상스의 발상 단테를 비롯하여 레오나르도 다 빈치, 미켈란젤로, 마키아벨리 등 14~16세기 르네상스 시대의 세계적인 예술가와 사상가들이 이탈리아에서 많이 등장했고, 르네상스의 물결이 이탈리아에서 시작되었다.

피렌체를 위시한 중부 이탈리아의 큰 도시 주민들은 동서 교역을 통해 경제적으로 비교적 여유도 생겨 자유로운 생활을 즐길 수 있었다. 그들은 기독교 교리도 좋지만 아름다움을 추구하고자 하는 의식이 높아졌으며, 교회 권력에 대항하려는 기운도 강했다.

르네상스 예술의 꽃을 피운 피렌체에는 거부이자 실권자인 메디치 가문이 1400~1500년에 재능 있는 예술가와 학자들을 후원했다. 메디치는 피렌체에 플라톤 아카데미를 세우고 고대 그리스와 로마의 학문을 연구하도록 하면서 수많은 화가와 조각가를 후원했다. 특히 메디치 가문의 부유한 성직자들이 교황이 된 다음부터는 이탈리아 전역으로부터 위대한 예술가들이 로마로 모여들었다.

또한 이탈리아는 고대 로마의 문화유산이 있고, 동방 교역을 통해 다른 문화와 접할 기회가 많았으며, 비잔틴과 이슬람 세계에 전해졌던 고대 그리스와 로마의 문화와 기술을 도입하기가 용이했다.

명문가 메디치

이탈리아 피렌체의 명문 메디치 가문은 원래 13세기에 약제업으로 시작하여 그 후 금융업에도 손을 댔으며 15세기에 그 절정을 맞았다. 메디치 코시모1389~1464는 피렌체와 토스카나 지방을 지배한1434~1537 메디치 가문의 중심 가계를 일으킨 인물이다.

메디치 가문은 미켈란젤로, 보티첼리 등 많은 예술가들을 후원했고, 유럽의 여러 왕가들과 혈통 관계를 맺었으며, 16세기에는 레옹 10세와 클레멘스 7세 등 4명의 로마 교황을 배출했고, 클레멘스의 아들 알렉산드로는 피렌체 공국의 정식 군주가 되었다.

그러다가 17세기 중반 메디치 가문에서 가장 어리석었던 인물인 코시모 3세가 53년간이나 통치하면서 가문은 기울기 시작했다. 더욱이 그에게는 대를 이을 만한 아들이 없었다. 결국 메디치가 가문이 군림하던 토스카나 대공국은 합스부르크의 로트링겐 가문으로 넘어가고 말았다.

단 테

르네상스 시대 대표적인 인물로서 위대한 서사시 『신곡』을 쓴 이탈리아 최고의 시인 단테1265~1321는 이탈리아 피렌체에서 법률가의 아들로 태어났다. 단테는 어릴 때부터 책 읽기와 시 쓰기를 즐겨했으며, 그의 대표작으로는 『신생』, 『향연』, 『신곡』 등이 있다.

그의 천부적 재능과 더불어 그의 창작 활동의 원동력이 된 것은 무엇보다도 단테가 9살 때 축제에서 우연히 만난 그의 첫사랑 베아트리체8세 소녀에 대한 사랑과 열정이었다. 1284년 베아트리체는 아버지의 뜻에 따라 은행가와 결혼했고 24살의 젊은 나이에 병으로 요절하고 말았다. 1291년 단테 자신은 부친의 소개로 젬마라는 소녀와 결혼하여 2남 1녀를 두었지만, 베아트리체는 평생 단테의 창작에 영감과 자극을 준 정신적 안내자였다. 단테는 그가 남긴 두 권의 시집인 『신생』과 『향연』에서 위안을 찾았고 소녀에 대한 순수한 사랑과 상념들을 노래했다. 단테는 다른 사람에게 비밀스럽고 상대에게 보답을 바라지 않은 채 찬양과 존경을 바치는 중세 유럽의 궁정식 연애를 한 것이다.

1302년 봉건 귀족의 통치와 교황의 내정 간섭에 반대하던 단테는 전 재산을 몰수당하고 종신 유배의 판결을 받고 피렌체에서 추방되었다. 그는 만년의 20년간을 유배지인 라벤나에서 집필에 몰두하여 그의 최고의 걸작인 『신곡』을 비롯하여 『향연』, 『속어론』, 『제왕론』을 완성하고 56세의 나이로 생을 마쳤다.

단테의 묘 1315년 단테가 추방된 지 13년이 되는 해, 벌금을 물고 봉헌 의식에 따르면 피렌체로 돌아갈 수 있다는 통보를 받았으나 그는 거절했다. 봉헌 의식이란 세례장에서 참회복을 입고 관을 쓰고 손에 양초를 들게 한 죄인을 세례 요한과 신에게 바치는 의식이다. 단테는 피렌체의 사제에게 보낸 편지에서 이러한 사면 조건을 단호히 거절1315했다.

> 당신의 편지는 잘 보았습니다. 나를 피렌체로 돌아가도록 하기 위해 애써 주셔서 감사합니다. 그런데 당신의 조카가 보내온 편지에는 내가 벌금을 내고 봉헌이라는 불명예를 감수하면 사면해 주고 귀국이 허용된다고 알려 주었습니다.
>
> 사제님, 이런 어처구니없는 제안을 알려 준 사람은 사려 깊지 못하다고 생각합니다. 그러나 당신은 매우 신중하여 편지에 그런 조건에 대한 것은 조금도 언급이 없었습니다. 그 제안이 억울한 사람에 대한 보상이며 면학에 힘써 온 사람의 땀과 노고에 대한 보답이란 말인가요?
>
> 사제님, 내가 고향으로 돌아가는 길은 이런 것이 아닙니다. 내 명예와 자존심을 지킬 수 있는 길이면 모르겠으나 그렇지 않으면 나는 결코 돌아가지 않을 것입니다. 명예롭지 못한 모습으로라도 피렌체로 돌아가지 않으면 태양과 별을 볼 수 없습니까? 피렌체에서가 아니면 진실에 관해 사색도 할 수 없는 것인가요?

나는 결코 빵에 타협하는 짓은 하지 않을 것입니다.

단테는 고향 피렌체로 돌아가기를 소망했지만 결국 뜻을 이루지 못하고 유배지 라벤나에서 아내 젬마와 세 아이들과 함께 지내다가 병을 얻어 1321년 세상을 떠나고 말았다. 몇 세기가 지나 단테의 고향인 피렌체 사람들이 그의 유해를 모시고자 원해 시 정부가 산타 크로체 교회에 그의 묘를 준비했지만 라벤나 사람들의 반대에 부딪혀 피렌체의 묘는 빈 채 남아 있다.

단테의『신곡』

단테의 대표작인『신곡』은 사후 세계를 순례하는 대하 서사시로서 고대 로마의 시인인 베르길리우스의 안내로 지옥과 연옥을 여행하고, 베아트리체의 안내로 천국을 순례하며 저승 세계의 영혼들을 만나는 내용이다. 단테는 베아트리체를 '내 마음의 영광스러운 여주인'이라 묘사했다.

제1부의「지옥편」에서는 1주일 동안 지옥의 곳곳을 돌아다녀 그곳에서 만난 사람들에 대한 상상 속의 여행기를 쓴 것이다. 베르길리우스의 안내로 지옥의 입구에 도착하는데 거기에는 다음과 같은 구절이 걸려 있었다.

나를 거쳐서 슬픔의 도시에 이른다.
나를 거쳐서 영원의 탄식에 이른다.
나를 거쳐서 멸망한 백성 속에 이른다.
정의야말로 높이 든 내 손을 움직이고
성대(聖代)의 권위가 나를 만들어 냈노라.
모든 희망을 버려라. 여기에 들어오는 이들이여!

지옥에서 만난 인물 중에는 그리스도를 배반한 유다, 나일의 마녀 클레오파트라, 정복과 학살을 일삼은 알렉산더 대왕, 무하마드, 알리 등이 있었다. 제2부의「연옥」은 생전에 죄는 지었으나 지옥에 갈 만큼의 큰 죄인이 아닌 영혼들이 배에 실려와 화형당하는 고통을 견뎌내며 모든 죄를 씻고 천국으로 인도되는 곳이다.

『신곡』은 라틴 어가 아닌 이탈리아 어로 집필된 최초의 작품 중 하나로서 이후 3세기 이상 이탈리아 어가 유럽 문학을 주도하게 되었다.

레오나르도 다 빈치

레오나르도 다 빈치[1452~1519]는 미켈란젤로, 라파엘로와 함께 르네상스의 3대 거장이라 한다. 그는 회화, 조각, 건축, 수학, 음악, 해부학, 지질학, 물리학 등 예술과 과학에 능통한 만능 재인이었다. 그는 신학적 속박에서 벗어나 인간성을 회복하고자 하는 인문주의자로서, 그의 대표작에는 「모나리자」, 「최후의 만찬」, 「성 안나와 성모자」, 「안기알리의 싸움」, 「바위동굴의 성모」 등이 있다.

다 빈치는 이탈리아 피렌체 근교의 빈치라는 농촌에서 공증인인 아버지와 농부의 딸인 어머니 사이에서 사생아로 태어났다. 유년 시절부터 그림 그리기를 좋아한 그는 종종 이웃들에게 그림을 그려 주었는데 '회화의 신동'이라 불렸다. 그에게 그림을 배우도록 해준 사람은 그의 삼촌이었는데, 당시 귀족의 자녀들은 예술을 배우기는 하되 직업으로 삼지는 않았다.

1466년 14세 때 피렌체로 가서 유명한 화가이자 조각가인 베로키오 밑에서 20대 후반까지 그림과 공작을 배웠다.

1482년 다 빈치는 스포르차 귀족 가문의 초빙을 받고 밀라노로 이주하여 1499년까지 그곳에서 살면서 화가, 조각가, 건축가로서 다양한 방면에서 천재성을 발휘했다. 그는 이 시기에 「바위동굴의 성모[1483]」와 「최후의 만찬[1495~1498]」을 그렸다.

1499년 프랑스가 밀라노를 공격해오자 다 빈치는 다시 피렌체로 돌아와 그곳에서 「모나리자[1500~1503]」를 그렸다. 다 빈치는 과학에도 탁월한 재능이 있어 여러 가지 무기의 기본 개념을 도형으로 그렸고, 한때는 밀라노 공작의 군사 고문으로 일하기도 했다. 하지만 당시 과학 발명품은 악의 마술이라 여겨 부정적 이미지를 가지고 있었다.

다 빈치는 성격이 매우 깔끔하여 머리와 수염은 항상 단정하게 하고 다녔고, 몸속에 동물의 시체 조각들을 담고 다니는 것이 싫다고 하여 채식만을 고집했다. 또한 그는 호기심이 있는 것은 모두 노트에 기록하는 습관이 있었는데, 그의 노트는 무려 5,000쪽에 달했다.

1516년 말년의 다 빈치[64세]는 프랑스 국왕 프랑수와 1세[21세]의 초대를 받고 제자인 프란세스코 멜지와 함께 프랑스로 이주하여 여생을 보냈다. 그는 프랑수와 1세의 사랑의 받으며 지냈으나 이미 노쇠한데다가 중풍으로 국왕의 초상조차 그리지 못하고 여생을 보냈다.

1519년 다 빈치는 "나의 작업이 도달했어야 할 수준에 이르지 못했으므로 나는 결국 하나님과 인류에 심려를 끼쳤다"라는 마지막 말을 남기고 67세를 일기로 세상을 떠났다. 그는 생전에 "자연은 그대가 도처에서 무엇인가를 발견하도록 가만히 지켜보고 있다"라고 말했다. 다 빈치는 평생 결혼하지 않고 독신으로 지내 제자인 프란세스코 멜지가 그의 유산을 상속했다.

「최후의 만찬」

「최후의 만찬1495~1498」은 예수가 만찬 석상에서 열두 제자에게 "너희 중 한 사람이 나를 팔았다"라고 하는 순간의 제자들의 다양한 표정을 그린 그림으로서 다 빈치가 1년 동안 심혈을 기울여 이탈리아 밀라노의 성 마리아 수도원 식당의 벽에 그린 벽화이다. 그는 이른 새벽부터 해가 질 때까지 그림에 몰두하여 때로는 끼니를 잊기도 했고 여러 날 동안 그림을 안 그리고 그림 속의 인물을 응시하기도 했다.

이 그림은 습기로 인한 균열로 많이 손상되어 1517년경에는 단순한 점투성이로 되어 있었고, 그 후 1796년 프랑스 주둔군이 이 수도원을 점령하여 마구간으로 사용하기도 했다. 그러다가 제2차 세계대전 때 폭탄이 떨어져 수도원은 파괴되고 「최후의 만찬」이 그려진 벽만 남아 있었다. 지금의 그림은 다른 작가들에 의해 복구된 것이다.

「모나리자」

「모나리자1500~1503」는 다 빈치가 피렌체의 한 부유한 상인 지오콘다의 부탁으로 그의 아내 리자를 모델로 그린 초상화이다. 이 그림은 리자가 24세 때 그리기 시작하여 4년에 걸쳐 그렸으나 미완성이라고 한다.

그 당시는 이마가 넓어야 미인이라 하여 이마를 넓게 보이게 하기 위해 눈썹을 뽑았다. 모나리자의 야릇한 미소에 대해서는 여러 설이 있어 자식을 잃은 슬픔이 깔린 미소라고 하기도 하고, 앞니가 빠진 사람들에게서 공통적으로 나타나는 표정이라고도 한다.

다빈치가 프랑스에서 르네상스의 아버지라 불리는 국왕 프랑수와 1세의 초대를 받고 프랑스로 가면서 그는 미완성인 그림 세 점 즉, 「성 안나와 성모자」, 「세례

요한」 그리고 「모나리자」를 가지고 갔는데 국왕은 그림 세 점을 모두 구입했다. 그 후 나폴레옹은 「모나리자」를 자신의 침실에 걸어 두기도 했으나 현재는 루브르 박물관에 소장되어 있다.

20세기에 들어와 명화가 위작되는 일이 잦았는데, 이는 모두 에두아르도 발피에르노와 그의 공범 이브 쇼드롱이라는 위작의 명인들의 소행이었다. 이들은 모나리자 진품을 훔쳐내기 위해 모나리자 그림의 유리 상자를 만든 이탈리아인 빈센초 페루지아를 끌어들였다.

1911년 8월 페루지아와 다른 두 공범은 청소원으로 가장하고 박물관에 잠입하여 하룻밤을 박물관 창고에서 보낸 후 초상화를 몰래 들고 나왔다. 그 후 6개월 동안 6명의 미국인들에게 저마다 진품이라고 속여 30만 달러씩을 받고 가짜 모나리자를 팔았다. 그러다가 1913년 11월 페루지아가 진품 모나리자를 피렌체의 어느 미술상에게 팔려고 하다가 그는 체포되고 모나리자는 루브르 박물관으로 되돌아왔다.

현재까지 미술품 경매에서 가장 비싼 그림은 2004년 5월 뉴욕 경매장에서 1억 410만 달러에 팔린 피카소의 「파이프를 든 소년Garcon a lapipe」이었다. 1962년 모나리자 그림을 미국에서 순회 전시할 당시 보험 평가액은 1억 달러였는데, 이를 2004년의 가치로 환산하면 무려 6억 2700만 달러나 된다. 모나리자는 세계에서 가장 비싼 그림으로 기네스북에 기록되어 있다.

인체 해부도 다 빈치는 여러 분야에 관심이 많았고, 일단 호기심이 발동하면 수단과 방법을 가리지 않았다. 그중 하나가 인체 해부였는데, 당시 가톨릭교회는 인체 해부를 금지하고 있었다.

다 빈치는 기회를 얻기 위해 여러 병원을 찾아 다녔으며, 심지어 처형장에서 사형수가 처형되기를 기다렸다가 야음을 틈타 시체를 빼내 오기도 했고, 임신한 여자의 시체를 해부하기도 했다. 그는 한밤중에 몰래 공동묘지를 찾아 무덤을 파헤치고 약 30구 이상의 시체를 해부했다.

다 빈치는 해부 결과를 노트에 꼼꼼히 기록하여 해부도를 만들었다. 당시 왼쪽은 악마가 사는 불길한 곳이라 여기던 시절에 외손잡이인 그는 다른 사람들이 읽지 못하게 거꾸로 기록해 두었지만, 뒤에 그의 제자 중 한 명이 그의 노트를 영국 왕실에 몰래 팔아 버렸다.

자기 소개장 당시 예술가들에게는 후견인이 필요했다. 다 빈치도는 이탈리아 최대의 부호이며 밀라노의 지배자인 루도비코 스포르차의 지원을 받기 위해 그에게 편지를 썼다. 다 빈치는 도시 국가의 지배자에게는 군사 기술이 필요할 것으로 생각하고 자신의 재능을 강조했다. 그러나 루도비코는 예술적인 측면을 더 중요시하여 다 빈치를 화가로 채용했다. 다음은 다 빈치가 루도비코에게 자신을 소개한 편지이다.

군주님, 저는 무기 기술의 대가라는 사람들의 실험을 목격했습니다만, 그들의 발명은 평범한 것에 불과했습니다. 객관적인 입장에서 저의 소망을 말씀드리오니 선처해 주시기 바랍니다.

① 저는 가벼우면서도 견고하여 이동이 용이하고 편리한 교량을 만들 수 있습니다. 이 교량은 적을 추격하거나 퇴각하는 데에 유용합니다. 불을 사용한 공격에도 견디며 오르내리기에 편한 교량의 설계도도 가지고 있습니다. 그리고 적의 교량을 불태우거나 파괴하는 방법도 알아냈습니다.

② 저는 성을 공격할 때 수로의 물을 빼거나 배로 사다리를 설치할 수도 있습니다.

③ 저는 가볍고 운반하기 쉬운 대포로 폭풍처럼 탄환이나 돌멩이를 쏠 수 있는 방법도 알고 있습니다. 대포 연기는 적에게 공포감을 주어 적은 혼란에 빠질 것입니다.

④ 저는 포를 실은 견고한 장갑차를 만들 수 있습니다. 포병을 태우고 적진 속으로 진격해도 보병은 아무 저항을 받지 않고 그 뒤를 따를 수 있을 것입니다.

⑤ 저는 편리하고 다양한 대포, 박격포 그리고 가벼운 포차를 만들 수 있습니다.

⑥ 저는 대포를 사용할 수 없는 곳에서 쓸 수 있는 석궁, 투석기, 함정 등 특수한 것을 만들 수 있어 공격이나 방어에 사용할 수 있습니다.

⑦ 저는 해상 전투에 적합한 공격용 무기와 방어용 무기를 만들 수 있습니다.

⑧ 저는 건축이나 수도 공사에 유용한 것들을 만들 수 있습니다. 또한 대리석, 구리, 점토 등으로 조각도 하며 그림도 누구 못지않게 잘 그립니다. 그리고 청동 마상도 만들 수 있습니다. 이 마상은 스포르자 가문의 불멸의 영광과 영원한 명예를 부여할 것입니다.

각하께서 원하시면 위의 내용을 언제 어디서나 보여드릴 수 있습니다.

– 1482년, 레오나르도 다 빈치

미켈란젤로

미켈란젤로1475~1564는 레오나르도 다 빈치에 필적하는 르네상스의 3대 거장으로서 조각, 회화, 건축, 작시에 뛰어난 재능을 발휘했다. 미켈란젤로의 유명한 조각 작품으로는 「피에타」, 「다비드」, 「모세」, 「죽어가는 노예」 등이 있고, 회화로는 「천지 창조」와 「최후의 심판」 등이 있다.

그 후 그는 5년에 걸쳐 성 페테르 사원의 천장화를 그려 세계 최고의 수작이라는 평을 받고 있다. 그림이 완성되었을 때 그는 천장에서 떨어진 물감 때문에 눈이 거의 보이지 않게 되었고 목도 굽어지지 않아 한동안 위를 향한 채 있어야만 했다. 만년에는 교황으로부터 의뢰를 받아 시스티나 교회 정면의 벽화 「최후의 심판」을 6년 만에 완성했다.

미켈란젤로는 키도 작고 선천적으로 못생긴 얼굴인데다가 어릴 적 메디치 가문의 조각 학교에서 도제 수업을 받을 때 동료와 싸워 코뼈가 부러져 납작코가 되었다. 그는 자신의 외모에 대한 열등감을 떨쳐버리지 못한 탓이지 평생을 독신으로 보내면서 인체의 아름다움을 표현하는 데에 정렬을 쏟았다.

미켈란젤로는 일단 일을 시작하면 식사도 거른 채 작업에 몰입했다. 작업장 옆에 이부자리를 갖다 놓고 잠도 그곳에서 잤다. 그는 자신이 개발한 염소 기름으로 만든 촛불을 머리띠에 꽂고 밤늦도록 일했다.

미켈란젤로는 내성적이고 우울한 성격이었으나, 남들로부터 무시당한다고 생각하면 일시에 폭발하는 성격이기도 했다. 그는 친구가 거의 없었고, 명성을 얻은 후에도 사교 생활을 기피했다. 평균 수명이 40세도 안 되던 당시 89세까지도 작품 활동을 하던 미켈란젤로는 빗속에서 승마를 즐기다가 폐렴에 걸려 "내 영혼은 하나님께, 내 육신은 이 세상에, 내 재산은 가까운 친척들에게 돌린다"라는 마지막 말을 남기고 세상을 떠났다.

「피에타」 미켈란젤로의 초기 조각 작품인 「피에타」는 성모가 죽은 예수를 무릎에 안고 있는 작품으로서, 작품이 전시되자 로마 전역이 떠들썩했다. 사람들은 이 작품이 25살도 안 된 젊은이의 작품이라 믿으려 하지 않았다. 그래서 미켈란젤로는 성모의 어깨에 '작가- 미켈란젤로'라고 새겨 넣음으로써 「피에타」는 그의 낙관이 새겨진 유일한 작품이 되었다. 미켈란젤로는 이로서 일약 조각가로 명성을 얻게 되었다.

뿔 달린 모세 상 많은 중세 예술가들이 시내 산에서 내려온 모세를 그릴 때 머리에 뿔이 달린 모습을 그렸는데, 이것은 성경 구절을 잘못 번역해서 생긴 실수 때문이었다. 성 베드로 성당에 있는 미켈란젤로의 「모세 상」은 교황 줄리어스 2세의 무덤에 세워 놓기 위해 그린 것인데 이 그림에서도 모세는 뿔을 달고 있다.

「출애굽기34 : 29-30」에는 다음과 같은 구절이 있다.

> 모세가 그 증거의 두 판을 손에 들고 시내 산에서 내려오니 자기가 여호와와 말씀하였기 때문에 얼굴에 광채가 나는 것을 깨닫지 못하더라. 아론과 이스라엘 자손들이 모세의 얼굴에 광채가 나는 것을 보고 그에게 가까이하기를 두려워하더라.

볼게이트가 히브리 어를 라틴 어로 번역하면서 히브리 어 'garan광채'을 'geren뿔'으로 잘못 보고는 '그 얼굴에 뿔이 돋아 있었다'로 잘못 번역하였던 것이다.

「다비드」 조각 작품 「다비드」는 이스라엘 다윗 왕의 위용과 힘을 표현한 작품으로서, 이 조각을 완성하는 데 무려 3년이 걸렸다. 이 작품으로 그는 '가장 위대한 조각가'라는 찬사를 받았다.

1504년 어느 날 미켈란젤로가 대리석 가게 앞을 자나다가 그 앞에 세워둔 높이 5.4m에 달하는 거대한 대리석을 보고는 주인에게 물었다.

"저 대리석을 사고 싶은데 얼마입니까?"

"흠이 있어 오랫동안 팔리지 않던 물건이니 갖고 싶으면 그냥 가져가시오."

그리하여 미켈란젤로는 거의 버려져 있던 그 대리석을 이용하여 돌팔매 끈을 어깨에 둘러매고 있는 높이 4m의 「다윗 조각상」을 완성시킨 것이다.

누군가가 미켈란젤로에게 물었다.

"어떻게 해서 이런 훌륭한 조각상을 만들 수 있습니까?"

"이미 조각상이 대리석 안에 있다고 상상하고, 필요 없는 부분들을 깎아내어 원래 존재하던 것이 드러나게 해주었을 뿐이랍니다."

「최후의 심판」 로마 교황청 시스티나 교회의 벽화 「최후의 심판」은 미켈란젤로가 1541년에 완성한 대작이다. 미켈란젤로가 벽화를 그리는 동안 교황청 의전관인 비아지오 다 케세나는 수시로 현장에 들러 그에게 잔소리도 하며 빈정대곤 했다.

장장 7년간의 작업 끝에 완성된 벽화를 본 의전관 케세나는 깜짝 놀랐다. 알몸이 되어 불타는 지옥에서 고통 받는 사람들 중에 뱀에 몸이 감긴 자신의 모습이 그려져 있었기 때문이다. 더구나 뱀은 그의 고환을 물고 있는 것이 아닌가. 케세나는 교황 바울 3세를 찾아가 하소연했지만 교황의 반응은 의외로 담담했다.

"하나님은 나에게 천국과 땅에서의 권한만 부여하셨네. 나의 영광이 지옥까지는 미치지 못하니 어쩔 수 없구나. 천국에 가 있는 자들은 지상에서 고통 받은 자들이고, 지옥에서 고통 받는 자들은 지상에서 호의호식하던 자들일 테지……."

벽화가 완성된 지 10년이 지나 새 교황 피오 4세는 벽화에 그려진 성기 부분을 나뭇잎이나 천 조각을 그려 넣어 모두 가리도록 했다.

「천지 창조」 1503년 29세의 나이로 교황에 취임한 줄리어스 2세는 미켈란젤로에게 자신의 무덤 설계를 부탁했다. 대리석을 구입할 비용을 청구하기 위해 교황을 면담하고자 했으나 거절당하자 화가 난 미켈란젤로는 로마를 떠나 플로렌스로 돌아가 버려 작업이 중단되기도 했다.

1508년 교황은 미켈란젤로에게 무덤 설계에 손을 떼는 대신 시스티나 교회의 천장에 그림을 그려줄 것을 부탁하여 4년 5개월에 걸쳐 1512년에 「천지 창조」를 완성하게 되었다. 작품이 완성되자 역사상 가장 위대한 미술 작품이라는 찬사를 받았다. 레오나르도 다 빈치도 이 작품 앞에서 감탄하여 한동안 넋을 잃었다고 한다.

마키아벨리

이탈리아 피렌체 출신의 마키아벨리1469~1527는 파격적인 군주론을 주창한 정치 사상가이다. 그는 인간의 본성은 변하지 않는다는 원칙으로부터 역사 순환론을 처음으로 주창한 인물이다.

1469년 마키아벨리는 피렌체에서 공증인의 아들로 태어났다. 그의 부친은 공직에 있었으나 빚을 상환하지 못해 면직되고 말았다. 어렸을 때 집안이 가난하여 정규 교육을 제대로 받지 못한 그가 배운 것은 오로지 음모와 반란으로 권력의 부침이 심했던 격동기의 피렌체 정치의 현실이었다.

그는 19세에 공직에 투신하여 29살에는 피렌체 공화국의 최고 행정 기관인 '자유 평화 10인 위원회'의 부서기관장이 되었다. 그는 외교와 군사 및 정부 문건의 초고를 쓰며 유럽 각지에 외교 사절로 파견되기도 했다. 마키아벨리는 용병을 못마땅하게 생각하고 애국심이 강한 국민군을 창설해야 전쟁에서 이길 수 있다고 주장했고, 피렌체 정부는 그의 의견을 받아들여 국민군을 창설하게 되었다. 그런데 1510년 스페인이 침공해 오자 국민군은 한 방의 대포 소리에 겁을 먹고 뿔뿔이 흩어지고 말았다.

1512년 공화정이 무너지고 군주가 복위하자 마키아벨리는 감금되고 그의 정치 생명은 끝이 났다. 다시 자유를 찾은 후에도 그는 오래 동안 고향에서 유폐 생활을 해야만 했다. 그는 이러한 실의 속에서 그의 명저인 『군주론』을 펴냈다.

1527년 피렌체에서 폭동이 일어나 군주정이 전복되자 마키아벨리는 다시 공화정을 위해 여생을 바치고자 했지만 거절당했다. 심한 좌절감과 고통으로 병을 얻어 세상을 떠나고 말았다. 그는 "나는 천국이 아닌 지옥으로 가고 싶다. 지옥에서는 교황과 왕, 왕자들을 만나겠지만, 천국에서는 거지와 수도승, 그리고 사도들을 만나겠지"라는 마지막 말을 남겼다.

『군주론』 마키아벨리는 『군주론』에서 이렇게 역설했다.

권력과 도덕은 그 차원이 다르다. 목적만 정당하다면 권모술수, 잔학 행위, 사기,

위선, 배신 등 수단은 아무래도 상관없으며 군주의 통치에 도움이 되기만 한다면 모두 정당화될 수 있다. 권모술수는 정치의 본질이다.

공화정으로는 이탈리아의 분열된 국면을 타개할 수 없으며, 무한한 권력을 가진 군주정만이 국민을 복종시키고 적의 침입을 막아낼 수 있다.

『군주론』은 비윤리적이라 하여 많은 비판을 받았다. 로마 교회는 『군주론』을 '악마의 책'이라고 하여 역사 서적으로는 최초로 금서 목록에 포함시켰고, 셰익스피어는 그의 희곡에서 '잔학한 마키아벨리'를 등장시켰으며, 루소는 '민중에게 지배의 비밀을 가르치는 악취미가 있다'고 악평했다. 하지만 마키아벨리는 '정치란 권력을 둘러싼 사회관계이다'라는 냉엄한 논리로 반박했다.

그는 정치와 종교의 분리를 주장했고 『군주론』은 무참히 비난을 받았지만 권력에 대한 객관적인 분석 때문에 정치학계에서 가장 영향력 있는 저서 가운데 하나로 꼽히고 있다.

다음은 마키아벨리가 은신처에서 『군주론』을 집필하면서 보낸 당시의 상황을 친구 프란체스코에게 보낸 편지로서 이탈리아 문학사에서 가장 아름다운 편지로 알려진 한 구절이다.

날이 저물면 나는 집으로 돌아와 예복으로 갈아입고 단정한 자세로 서재로 들어가네. 그곳에서 나는 고대인들이 모인 옛 궁정으로 들어가 그들의 따뜻한 환영을 받으며 내 생의 목적인 양식을 누린다네.

나는 아무 거리낌 없이 그들과 대화도 나누고, 그들이 왜 그렇게 행동하는지 그 까닭을 묻는다네. 모든 고뇌를 잊고, 가난이나 죽음에 대한 공포도 느끼지 못한 채 대화에 몰입하는 이 시간은 전혀 지루하지 않다네.

예전에 단테는 떠오르는 생각을 적어 두지 않으면 학문이 될 수 없다고 했었지. 나도 이 고대인들과 대화를 나누며 중요하다고 생각되는 몇 가지를 기록하여 『군주론』이라는 책을 만들었다네. 이 책에서 나는 군주 정치의 문제점에 대해서도 깊이 파고들었다네…….

이 책은 군주, 특히 새로 군주가 된 사람이 반길 만한 것이니 줄리아노 각하에게 올렸으면 좋겠네.

르네상스 시대의 용병 돈을 받고 고용되어 자국의 이해관계와 상관없이 전쟁 그 자체를 업으로 하는 용병은 근대 국가들이 국민군을 창설될 때까지 폭넓게 활용되었다.

르네상스 시대 이탈리아에는 300개가 넘는 크고 작은 도시 국가들이 난립하고 있었다. 그 당시 도시 국가들 간의 싸움은 대부분 몰락 귀족고만들이 용병들을 거느리고 돈을 받고 전쟁을 대신해 주었다.

특히 상업이 발달하고 문화 수준이 높은 피렌체와 베네치아 같은 도시 국가에서는 장사를 하기에 바빠 병사가 되고자 하는 사람이 적어 상인들은 돈으로 용병을 사서 전쟁터에 내보냈다. 봉건 국가에서 농노들은 봉건 영주와의 계약에 의해 정해진 기간 외에는 싸움터에 나가지 않아도 되었고, 농번기에는 출병을 기피하기 때문에 영주들은 용병을 고용하지 않을 수 없었다.

용병은 아군이나 적군 모두가 자신의 영토를 지키기 위해 싸우는 것이 아니라 돈을 받고 싸우는 자들이라 고용주에 대한 충성심을 기대하기 어려웠다. 그들은 목숨을 걸고 싸우지도 않았고, 싸움터에서 죽는 자도 없었다. 그저 칼이 부딪치는 소리만 요란하게 내면서 돈을 챙긴 것이다.

피렌체 시가 대승했다는 고나라 전투에서는 양측 군인 3만 명이 싸웠는데 전사자는 단 한 명뿐이었고 부상자도 없었다. 그것도 싸우다 죽은 것이 아니고 수렁에 빠져 죽은 것이다. 또한 격전이라고 요란했던 앙기아리 전투에서도 전사자가 단 한 명이었는데, 말에서 떨어진 기마병이 아군에게 밟혀 죽은 것이었다.

대양 무역 시대의 개막

인도양 항로의 개척 십자군 원정 후 유럽과 아시아 간의 무역이 활발해졌다. 당시 유럽에서는 아시아에서 들여온 향신료가 필수품이 되어 있었는데, 오스만 투르크 제

국이 동방 무역을 장악하고 있었기 때문에 아시아에서는 값이 싼 향신료가 유럽에서는 비싼 값에 거래되고 있었다. 이에 따라 포르투갈과 스페인 등 유럽 각국은 아시아와의 직접 교역을 위한 신항로를 찾아 나섰다.

포르투갈의 초대 국왕 조안 1세의 아들인 엔리케1394~1460 왕자는 신항로 개척을 주도하고 후원한 인물로서 '항해 왕자'로 불린다. 포르투갈은 먼저 항해술과 천문학을 연구하고 승무원을 양성하는 항해 학교를 세우고, 신항로 개척을 위한 탐험을 후원하여 북대서양 연안의 마데이라 제도와 아프리카 서해안 일대의 항로를 발견했다. 포르투갈의 이러한 활약은 엔리케가 사망한 후에도 계속되었다.

1488년 포르투갈의 탐험가 바르톨로뮤 디아스가 아프리카 남단'희망봉'에 도달했고, 1498년에는 포르투갈의 바스코 다 가마는 유럽인으로서는 최초로 희망봉을 돌아 그토록 원하던 인도로 가는 신항로를 개척했다.

1510년 인도의 고아를 점령하고 이어서 1511년에는 동남아시아 무역의 중심지였던 말레이 반도의 말라카 왕국을 정복한 포르투갈은 인도양을 통한 동방 무역의 주도권을 잡으면서 막대한 이익을 얻게 되었다.

일본과의 교역을 개척한 포르투갈 16세기 일본은 세계 굴지의 은 생산국이었다. 1526년 이와미 은광이 발견된 이래 이쿠노와 사도 등지에서 차례로 은광이 발견되었다.

대양 무역 시대의 선두에 섰던 포르쿠갈은 일본의 은에 주목하기 시작했다. 포르투갈 인이 일본의 다네가시마에 소총을 전해줌으로써 일본 역사의 흐름에 큰 변화를 일으켰다. 나가시노 전투에서 소총을 사용한 오다 노부나가가 전국 시대를 종식시키고 패권을 장악하게 된 것이다. 소총을 전해준 포르투갈 상인은 이후 매년 일본 규슈 각지의 항구에 나타났다.

그리하여 포르투갈 상인은 중국산 생사와 견직물을 일본에 들여와 은과 교환함으로써 향신료 무역보다 더 많은 이익을 보게 되었고, 1549년에는 예수회의 프란시스코 사비에르가 기독교 선교를 위해 일본으로 건너갔다.

전설 속의 황금 도시 엘도라도 안데스 산맥의 어딘가에 황금의 도시 엘도라도가 있다는 전설에 수많은 유럽인들은 몇 세기 동안 보물을 찾아 탐험에 나섰다. 엘도라도의 전설은 16세기 초 발부아가 지휘하는 스페인의 정복자들에 의해 세계에 알려졌다. 스페인 어로 '엘도라도El Dorado'는 '황금 인간'과 '황금 도시'라는 두 가지 뜻이 있다.

1535년 잉카 제국을 정복하고 에콰도르의 수도 키토를 세웠던 벨랄카사르 일행은 안데스 산맥의 칩차 인디언들의 전설적인 이야기를 들었다. 태양신을 숭배하는 이 인디언 부족은 황금을 태양신의 땀이라고 믿고 금을 숭배하여 황금 장식물을 몸에 달고 다녔고 건물을 황금 판으로 덮었다는 것이다. 칩차 인디언들은 그들이 신성시하는 족장이 새로 등극하면 족장의 몸에 끈끈한 송진을 바른 다음 금가루를 온 몸에 발랐다. 그런 다음 황금 장식품들을 가득 실은 뗏목을 타고 신이 있다는 구아타비타 호수 한가운데로 간다. 그때 족장은 호수에 뛰어들어 몸에 붙은 금가루를 씻어내고 뗏목에 실은 제물들을 물속으로 던진다는 것이다.

아스텍과 잉카에서 황금을 목격한 이들에게 이러한 칩차 인디언의 전설적인 이야기는 상상력을 불러일으키기에 충분했다. 이런 이야기가 유럽에 전해지자 유럽인은 이곳에 엘도라도라는 황금 마을이 있을 것으로 생각하게 되었다. 16세기 많은 유럽인들은 엘도라도를 찾아 중남미를 뒤졌고 인디언들을 닥치는 대로 고문하며 엘도라도를 찾았지만 모두 실패했다.

1969년 보고타로 가는 산악 지대에서 어느 농부가 잃어버린 개를 찾던 중에 우연히 작은 동굴을 발견했는데 그 속에서 순금으로 정교하게 만든 뗏목 모형을 발견하였다. 뗏목 위에는 황금으로 만든 족장과 8명의 노 젓는 사람들이 있었다. 이 지역을 정복한 스페인 사람들은 구아타비타 호수 속에 있을 황금에 미련을 버리지 못하고 1537년, 1823년, 1900년에 인디언들을 동원하여 호수의 물을 빼려고 여러 번 시도했으나 모두 실패했다.

명나라 정화의 해양 원정

1405년 중국 명나라의 제2대 황제인 영락제1360~1424는 정화1371~1435의 지휘하에 대규모 함대를 남해로 보냈다. 정화는 윈난성의 이슬람교도 집안에서 태어나 환관이 되어 영락제를 섬긴 인물로서 영락제의 신임이 두터웠다. 그의 임무는 명나라의 세력을 대외에 과시함으로써 몽골의 지배1211~1368를 받으면서 크게 훼손되었던 국제적 위상을 되찾고 조공 무역을 확대하는 데에 있었다.

1405년의 첫 항해에서는 62척의 배에 2만 7,000명의 선원과 군인, 그리고 엄청난 양의 보화를 싣고 남경을 출항했다. 이후 2년 동안 정화 함대는 베트남, 시암태국,

말라카, 자바, 인도, 실론[스리랑카]을 방문했다.

1407년부터 1433년까지 그는 여섯 차례의 원정을 더 떠나 멀리 페르시아 해안, 아라비아 반도, 그리고 아프리카 동해안까지 항해하여 많은 나라들로 하여금 중국에 공물을 바치도록 하고 사절들을 데려와 황제에게 경의를 표하도록 했다. 정화의 원정은 커다란 성공을 거두었다는 평을 받았고, 그 결과 중국인의 해외 이민이 늘어나고, 19세기까지 지속된 조공 무역의 계기를 마련하게 되었다.

1435년 정화가 죽자 정통제는 다시 부상하는 몽골 세력으로부터 북쪽 국경을 수비하는 데에 전력을 집중하면서 해상 활동은 모두 중단되고 말았다. 이로 인해 중국 해안은 일본의 왜구와 유럽 상인들에게 무방비 상태가 되어 이후의 역사에서 큰 화를 당하게 되는 결과를 낳았다.

콜럼버스의 신대륙 발견

아메리카 대륙을 발견한 콜럼버스[1451~1506]는 이탈리아 제노바에서 태어나 27세 때 포르투갈 인 선장의 딸과 결혼했다. 콜럼버스는 어려서부터 항해를 좋아하여 15살 때 화물선을 타고 지중해를 항해하기도 했다. 그는 마르코 폴로의 『동방견문록』을 열심히 읽으며 중국의 비단과 동남아의 향신료, 그리고 지팡[일본]의 황금을 꿈꾸며 대서양 넘어 미지의 세계를 꿈꾸기 시작했다.

1483년 콜럼버스는 먼저 포르투갈의 존 2세에게 동방 항해를 제안하고 지원해 줄 것을 요청했으나 존 2세의 관심을 끌지 못했다. 그러자 그는 스페인으로 건너가 이사벨 여왕에게 지원을 요청했다. 콜럼버스는 그가 발견하는 땅의 총독이 되고, 그곳에서 발견하는 보물과 세금의 10분의 1을 자기가 갖는다는 조건을 제시했다. 하지만 스페인은 남부를 점거하고 있던 이슬람 세력과의 대결로 재정이 어려운 상태였다. 콜럼버스는 7년간 끈질긴 설득과 기다림 끝에 마침내 이사벨 여왕의 지원을 받아냈다. 그의 제1차 항해 목적지는 인도였다.

1492년 8월 3일 콜럼버스는 드디어 기선 산타마리아호길이 26m, 배수량 100톤를 포함한 세 척의 범선에 120명의 선원을 싣고 스페인의 파로스 항을 떠나 첫 항해 길에 올랐다. 사람들은 지구의 끝에서 떨어질 것을 우려하여 선원들을 구하기가 힘들어 주로 항해의 조건으로 사면 받은 죄수들을 선원으로 고용했다. 식량으로는 소금에 절인 생선과 쇠고기, 비스킷, 치즈, 무화과, 포도주, 돼지와 닭을 실었고, 물물교환에 쓸 유리구슬, 놋쇠 반지, 장신구 등도 준비했다. 나침반은 있었으나 정확하지 않아 주로 북극성을 보면서 항로를 잡았다.

1492년 10월 12일, 대서양을 횡단하여 70일 만에 카리브 해 바하마 군도의 한 섬에 상륙했다. 콜럼버스는 이곳이 인도의 한 섬이라고 생각하고는 무릎을 꿇고 땅에 입을 맞춘 후 이 섬을 스페인 왕의 영토라고 선언하며 '산살바도르성스러운 구세주'라고 명명했다. 콜럼버스 일행은 다시 쿠바와 아이티를 발견했다. 콜럼버스는 자기가 도착한 곳이 인도라고 믿어 발견한 열도를 '서인도 군도'라 했고, 원주민을 '인디오영어로는 인디언'라고 불렀다.

기함인 산타마리아호가 아이티 연안에서 좌초되어 침몰하자 콜럼버스는 지원자 39명을 그곳에서 정착하도록 남겨둔 채 1493년 3월 15일에 스페인의 파로스 항으로 돌아왔다. 이 소식은 스페인과 전 유럽을 떠들썩하게 만들었고, 알몸에 문신을 한 인디오 10명을 앞세운 함대의 행렬은 위풍당당했다.

스페인의 페르난도 국왕과 이사벨라 여왕은 콜럼버스에게 성대한 축하연을 베풀어 주었다. 콜럼버스의 보고를 받은 스페인 국왕은 그에게 '대양의 제독'이라는 칭호를 부여하고 그가 발견한 섬들의 총독에 임명했다.

하지만 그 후 콜럼버스는 운이 따르지 않았다. 1493년과 1498년에 두 차례의 항해를 떠났으나 기대했던 향료나 황금은 구하지 못했다. 자신이 총독으로 있는 히스파니올라 섬에서 경작과 금강 채굴로 가혹한 노예 취급을 받은 원주민들이 대량으로 죽자 콜럼버스는 총독 직에서 해임되고 본국으로 압송되어 감옥에 갇히는 신세가 되었다. 콜럼버스는 자신의 전 재산을 털어 빚을 갚지 않을 수 없었다. 이에 대해 콜럼버스는 이렇게 항변했다.

> 나는 스페인에서 멀리 떨어진 인디아스(서인도 제도)로 부임하여 관습과 종교도 다른 호전적인 원주민을 정복해 온 장군으로서 대접 받아 마땅하다고 생각

합니다.

신세계를 국왕과 여왕 폐하의 지배하에 두게 한 것은 바로 나이며, 가난했던 스페인이 지금 세계 제일의 부국이 된 것도 바로 이런 것이 있었기에 가능했다고 생각합니다. 지금까지 오랫동안 싸워 오면서 한시도 무기를 손에서 놓을 수 없었던 장군으로서 마땅한 대우를 받아야 한다고 생각합니다.

1502년 콜럼버스는 사면을 받고 마지막 네 번째 항해를 떠나 온두라스와 파나마 지협을 다녀왔으나 별 성과가 없었다. 실의에 빠지고 병에 걸린 콜럼버스는 1506년 5월 "주여, 당신의 손에 나의 영혼을 맡기나이다"라는 마지막 말을 남긴 채 55세를 일기로 죽어 세빌 사원에 묻혔다. 1536년 콜럼버스의 시신은 그의 유언에 따라 산토도밍고로 옮겨졌고, 1796년에는 다시 쿠바의 하바나로 옮겨졌다가 1888년에 다시 스페인으로 옮겨져 사후에도 그의 시신도 편히 쉴 날이 없었다.

콜럼버스의 신대륙 발견으로 식민지 쟁탈이 본격화되었다. 스페인은 콜럼버스가 발견한 서인도 제도에 이어 아스텍멕시코과 잉카페루를 차례로 정복했다. 페루의 포토시 은광과 멕시코의 여러 은광이 발굴되어 스페인은 원주민 인디오들을 동원하여 막대한 양의 은을 채굴해 갔다. 1521~1660년에 스페인으로 운반된 신대륙의 금은 200톤, 은은 1만 8,000톤에 달했는데, 이로 인해 유럽의 은값이 폭락하고 물가는 3~4배로 폭등하였다[가격 혁명].

당시 원거리 항해가 가능했던 것은 돛과 노로 움직이는 갤리선과 중국에서 개발된 나침반이 있었기 때문이다. 중국인은 이미 오래 전부터 나침반을 사막 지대에서 이용했는데, 십자군 원정 때 아랍 인을 통해 유럽에 전해졌다. 나침반이 나오기 전까지는 북극성에 의지하며 항해했다.

카리브 섬에 대한 콜럼버스의 보고 1493년 콜럼버스는 그의 첫 항해에서 카리브해의 섬들을 탐사하고는 다음과 같이 신대륙의 상황을 본국에 보고했다.

섬에는 물이 풍부하며 대부분 금을 함유하고 있습니다. 섬에는 나무와 갖가지 생소한 과일이 많으며 향료와 금이 풍부합니다.

원주민들은 남녀 모두 나체로 생활하며 태어날 때의 모습 그대로입니다. 그들은 자신들이 가지고 있는 것을 숨기지 않으며, 자신들을 이해하도록 권하며 친근하게 대해 줍니다. 우리가 그들에게 주는 것에 대해서는 사소한 것에도 매우 기뻐합니다. 그들은 자신들의 부족장과 카스틸리아국에 헌신하며 우리에게 필요한 것을 주면서 협력하려고 합니다.

그들은 신앙이 없으며 우상을 숭배하지도 않습니다. 그들은 힘과 선은 오로지 하늘에 있다고 믿으며, 우리를 하늘에서 온 사람으로 믿습니다. 이것은 그들이 무지해서가 아닙니다. 옷을 입은 인간이나 우리가 타고 온 배 따위를 본 적이 없었기 때문입니다.

그들은 지혜로운 사람들이며 부근의 바다를 항해하고 다니며 모든 것을 솜씨 있게 처리합니다. 인디오들은 애정이 많고 온화한 성품에 욕심이 없어 무슨 일에든 적격입니다. 원주민 인디오들은 순박하고 순종적이라 노예로 쓰기에 적합하며, 이보다 더 좋은 땅도 없으리라는 것을 두 분 폐하께 보고 드립니다.

스페인과 모든 그리스도교 나라들은 많은 섬 주민들이 그리스도교로 개종하는 것에 감사해야 하며, 앞으로 많은 향료와 부를 안겨 줄 것에 대해 감사하게 생각할 것입니다. - 1493년 2월 15일, 카나리아 제도 부근 범선에서, 콜럼버스

콜럼버스의 착각

콜럼버스는 자신이 처음 발견한 아메리카 신대륙을 인도라고 믿어 원주민들을 '인디오'라고 불렀고, 죽을 때까지 그렇게 믿은 채 세상을 떠났다.

콜럼버스의 착각은 그가 즐겨 읽었던 『이마고 문디세계의 이미지』라는 책과 토스카넬리가 작성한 지도에 있었다. 『이마고 문디』는 지구 구형설을 주장한 프랑스의 지리학자 피에르 다이가 쓴 책으로, 9세기 아랍 학자가 주장한 '지구 둘레는 2만 400밀리아'라는 설이 소개되어 있다.

그런데 밀리아는 아랍에서는 1973.5m였는데, 콜럼버스는 이탈리아에서 통상 사용하는 1477.5m로 생각한 것이 착각의 원인이었다. 아랍의 밀리아로 계산하면 아랍 학자가 주장한 지구의 둘레는 40,260km로서 현대의 지리 상식과 거의 일치한다. 이렇게 콜럼버스 지구의 둘레를 실제의 4분의 3으로 작게 보았던 것이다.

콜럼버스의 달걀

1493년 3월 첫 항해에서 신대륙을 발견하고 스페인으로 돌아온 콜럼버스는 국민들의 열렬한 환영을 받았다. 콜럼버스가 스페인 국왕을 알현하기 위해 바르셀로나에 왔을 때 한 연회에서 어떤 사람이 그에게 비아냥거렸다.

"신대륙 발견이 뭐 그렇게 대단한 것이오? 서쪽으로 계속 항해하다 보니 우연히

발견된 것이고, 당신이 아니었더라도 다른 누군가가 발견하게 될 것이 아니겠소. 당신은 운이 좋아 그것을 처음으로 발견했을 따름이지."

그러자 콜럼버스가 말했다.

"그렇소. 나도 신대륙 발견을 그렇게 대단한 것이라고는 생각하지 않소. 다만 내가 신대륙을 발견해야겠다고 처음으로 생각한 것을 자랑스럽게 여길 뿐이오."

그리고는 테이블 위에 있던 달걀을 집어 들더니 사람들에게 말했다.

"누가 이 달걀을 한 번 세워 보겠소?"

사람들은 달걀을 세워 보려고 했지만 아무도 해내지 못했다. 그러자 콜럼버스는 달걀 밑 부분을 조금 깨뜨려 어렵지 않게 달걀을 세워 보였다. 웅성거리는 사람들 속에서 누군가가 말했다.

"그렇게 한다면 누가 못할까?"

"그렇습니다. 알고 보면 아무 것도 아니지만 처음으로 생각해낸다는 것이 중요한 것이지요."

유럽에 전해진 담배와 매독 신대륙에 다녀온 콜럼버스의 선원들에 의해 담배와 코카인이 유럽에 처음으로 전해지면서 유행하기 시작했다. 뿐만 아니라 인디오들 사이에 유행하던 매독도 유럽에 처음으로 퍼졌다.

담배는 본래 아메리카 원주민들이 질병을 치료하고 마음을 평안히 하기 위해 사용된 것으로서 오랜 항해로 지친 선원들에게 약으로 선물했던 것이다. 원주민들은 가을에 담배 잎을 따서 말려 두었다가 어떤 것은 씹기도 하고 어떤 것은 파이프에 태워 연기를 마시기도 했다.

교황 클레멘스 8세1536~1605는 거룩한 장소에서 담배를 피우는 사람은 모두 파문하겠다고 위협했고, 영국 왕 제임스 1세1566~1625는 1604년에 담배 금지령의 칙령을 내렸다. 또한 러시아의 차르 미카엘 페오도로비치는 담배를 피우는 사람의 입술을 자르게 했다.

라틴아메리카를 분할한 스페인과 포르투갈 1493년 콜럼버스는 첫 항해에서 신세계를 발견하고 돌아오는 길에 악천후로 포르투갈의 리스본에 도착했다. 그리하여 콜럼버스의 후원자인 스페인 국왕보다 먼저 신세계의 발견 소식을 듣게 된 포르투갈의 존 2세는 콜럼버스가 발견한 땅은 카나리아 제도 이남에 위치하므로 포르투갈 왕실에 귀속되어야 한다고 스페인 국왕에게 통고하고 그곳에 해군을 파견했다.

당시 내정 문제로 안고 있던 스페인은 포르투갈과 전쟁을 치를 처지가 못 되어 스페인 출신의 로마 교황 알렉산더 6세에게 신개척지의 분할선을 놓고 중재를 호소했다.

1494년 로마 교황은 이에 대해 대서양의 아조레스 제도 서쪽 약 1,800km를 기준으로 동쪽은 포르투갈령으로, 서쪽은 스페인령으로 하는 토르데시야스 조약을 성립시켰다. 그리하여 이 서경 46° 자오선을 통과는 브라질만이 포르투갈령이 됨으로써 라틴 아메리카는 모두 스페인 어를 사용하지만 브라질만은 포르투갈 말을 사용하게 된 것이다.

신대륙 탐험

아메리카의 기원 1501년 이탈리아 피렌체 출신의 모험가이며 항해가인 아메리고 베스푸치1454~1512, Amerigo Vespucci는 항해뿐만 아니라 오랫동안 스페인의 해양 정책 실무를 총괄하는 자리에 있었으며, 1499년과 1501년에 아메리카 신대륙 탐험에 참가했다.

1501년 포르투갈 왕실의 지원으로 이루어진 두 번째 항해에서 베스푸치와 당시의 학자들은 콜럼버스가 발견한 땅은 동방이 아니라 신대륙이라는 것을 확신하게 되었다.

1507년 신대륙의 이름을 그의 이름을 따서 아메리카America 대륙이라 명명했다. 처음에는 남미 대륙만을 아메리카라고 하다가 16세기 말경에는 북미 대륙도 아메리카라고 하게 된 것이다.

베스푸치가 본 신대륙의 모습 다음은 아메리고 베스푸치가 1502년 그의 두 번째 신대륙 탐험을 했을 때의 기록이다.

> 이곳은 매우 쾌적한 곳이다. 수없이 많은 나무들과 향기로운 약초와 꽃, 탐스러운 과일, 그리고 온갖 종류의 야생 동물들이 있다. 그러나 사람들이 키우는 동물은 한 마리도 본 적이 없다.
>
> 나는 27일 동안 이곳 사람들과 함께 먹고 자면서 그들의 행동과 관습을 이해하기 위해 노력했다. 이곳 사람들은 남자고 여자고 모두 아무것도 가리지 않은 채 발가벗고 산다. 여기에는 법률도 종교도 없고, 국가나 임금도 없으며, 아무에게도 복종하지 않으면서 자연 그대로 살아간다. 그들에게는 사유 재산이라는 것도 없어 모든 물건은 공동의 것이다.
>
> 그들은 큰 오두막집과 같은 공동 주택에서 생활한다. 내가 본 집 중에는 폭이 30걸음에 길이가 220걸음에 이르는 집도 있었는데, 이런 집에서는 500~600명이 함께 산다. 그들은 면화로 짠 그물을 공중에 매달아 아무것도 덮지 않고 잠을 자며, 음식은 바닥에 쪼그리고 앉아서 먹는다.
>
> 음식은 온갖 생선에다가 새우, 바다가재, 굴, 게, 그리고 여러 가지 해산물을 먹는다. 그런데 그들이 가장 흔하게 먹는 육류는 인육 요리라 할 수 있다. 다른 고기가 있으면 마다하지 않지만, 그들에겐 개도 없고 밀림 속에는 맹수들이 우글거려 다른 육류를 구하기란 쉽지 않다.
>
> 이곳 사람들은 무섭게 보이기 위해 입술과 뺨에 구멍을 여러 개 뚫어 뼈나 돌로 만든 장신구를 매다는 풍속이 있다. 한 여자를 상대로 하는 결혼은 아예 없고, 어떤 사람은 여자 열 명을 거느린 사람도 있다. 여자들은 아이 낳는 일을 대수롭지 않게 생각한다. 분만의 고통도 거의 느끼지 않고 쉽게 낳는다.
>
> 그들은 수명이 길다. 연-월-일의 개념이 없어 달의 주기만 알 뿐이다. 어떤 노인은 1,700번의 보름달을 보았다고 했는데, 이는 1년을 열세 달로 보면 132세에 해당한다.
>
> 그들은 잔인하고 전쟁을 좋아하며, 무기는 활과 창, 그리고 돌팔매를 사용한다. 싸움터에서 자기편 사람의 시체는 묻어 주지만, 적의 시체는 인육 요리로 먹으며, 포로는 노예로 삼는다. 우리는 그들의 집에서 많은 인육을 연기에 쏘이도록 걸어 놓은 것을 직접 목격했으니 이는 틀림없는 사실이다.
>
> 그들이 왜 전쟁을 하는지 도무지 알 수가 없어 물어 보았더니 '이 저주가 그들에게 떨어진 것은 먼 옛날의 일이며, 그들은 자기네 조상들 대신 복수를

한다'는 것이었다.

스페인의 파라과이 원정 스페인 출생의 슈니르델은 1535년 페드로 데 멘도사의 남아메리카 원정에 참여하여, 1536년 부에노스아이레스 건설과 1537년 파라과이의 아순시온현재의 수도 건설을 목격했다. 그는 당시의 상황을 이렇게 적었다.

이곳 카리오 족 인디언은 키가 작고 땅땅한 체격으로, 휴식보다 일을 더 좋아한다. 이들은 남자고 여자고 모두 발가벗고 다니며, 남자들은 입술에 구멍을 뚫어 황옥 막대를 꽂고 다닌다.

이들 사이에서는 아버지가 딸을, 남편이 아내를, 오라비가 누이를 팔아먹거나 바꿔 가지는 일도 더러 있다. 여자 값은 칼이나 도끼 한 자루와 맞먹는다. 인육도 먹는 이들은 전쟁에서 포로를 잡으면 잔치를 벌여 배를 채운다.

1537년 머스켓 총과 칼로 무장한 우리 스페인 병사 300명이 애욜라스의 지휘 아래 그들이 람페레라고 부르는 수도를 향해 진군하자 4,000명의 카리오 족 병사들이 우리에게 필요한 물건을 줄 테니 배로 돌아가 달라고 했다. 우리가 사격을 가하자 총을 처음 본 그들은 요란한 총소리와 함께 몸에 구멍이 나면서 쓰러지는 것을 보고는 겁에 질려 달아나기 시작했다.

이어서 우리는 도시를 공격했다. 그들이 3일 만에 저항을 포기하고 여자 여섯 명과 함께 사슴 여섯 마리, 야생 동물 한 마리를 우리에게 바침으로써 싸움은 끝나고 우리는 도시를 점령할 수 있었다. 우리가 이 도시를 장악한 것이 아순시온(승모승천) 축제 기간의 일이라 도시 이름을 아순시온이라는 이름을 붙였다. 우리는 비상시에 대피소로 쓰기 위해 그들을 동원하여 돌과 목재와 흙으로 커다란 집을 지었다.

스페인 병사 300명으로 아이가이 족 정벌에 나서자 카리오 족은 약속한 대로 병사를 지원해 주었다. 우리는 이른 새벽에 잠들어 있던 아이기이 족을 공격했다. 카리오 족은 그들 방식대로 아이가이 족을 모조리 죽였다. 우리는 500척의 작은 배를 빼앗고 마을을 통째로 불 질러버렸다.

그로부터 9일 후 배와 함께 24명의 스페인 병사를 남겨둔 채 우리는 셰르베 족 지역에 도착했다. 파라볼 강을 건너 왕이 사는 궁궐이 있는 곳으로 향했다. 왕은 1만 2,000명의 병사와 트럼펫처럼 생긴 악기를 든 악대를 거느리고 우리를 만나기 위해 도시 밖에 마중을 나와 있었다. 그들은 우리에게 호의적이었다.

그들의 호위를 받으며 도시에 도착하자 대장은 하인들과 함께 궁궐 안에서 자고, 스페인 병사 두 사람씩 한 집에 묵게 해주었다. 왕은 음악 듣기를 좋아했는데, 그들은 피리 종류의 악기들을 연주하며 남녀가 어울려 즐겁게 춤을 추었다.

1년 반 동안의 원정을 통해 우리는 끊임없이 싸움만 했고, 1만 2,000명을 노예로 삼았다. 나 자신은 50명의 노예를 소유하게 되었다.

바스크 다 가마

콜럼버스가 신대륙을 발견했다는 소식에 온 유럽은 들떠 있었다. 그러나 유럽인들은 동방의 향료, 비단 그리고 보석을 구하기 위해 인도로 가는 항로를 개척하고자 했다.

포르투갈 국왕은 배 4척을 준비하여 궁실의 시종관인 바스크 다 가마를 선단의 사령관으로 임명했다. 1497년 7월 그들은 170명의 승무원과 20정의 총 그리고 십자가와 주앙 2세의 문장을 새긴 화강암 기둥들을 가득 싣고 인도를 향해 리스본을 떠났다.

1498년 1월에는 넉 달 만에 아프리카 남단의 희망봉을 돌아 인도양에 들어섰다. 바스크 다 가마 일행은 항해 중 동부아프리카 반투에서는 괴혈병으로 많은 선원이 죽었고, 모잠비크에서는 이슬람교도인 원주민들의 공격을 받았으며, 몸바사에서는 아랍 인들이 정박한 배에 불을 지르고 달아나기도 했다. 그들은 상륙하는 해안마다 영토를 표시하기 위해 기지고 간 말뚝을 박자 현지인들로부터 심한 저항을 받았고 이 때문에 전투가 벌어지기도 했다.

1498년 5월 20일 일행은 길고 험난한 항해 끝에 마침내 인도 서해안의 캘커타 항에 도착했다. 바스크 다 가마는 그곳의 왕공을 만나 선물과 함께 국왕의 친서를 올렸다.

"당신들은 왜 이곳에 왔소?"

"포르투갈은 금과 은이 풍부합니다. 국왕의 명을 받아 동방과 친선을 도모하며 무역을 하고자 찾아왔습니다."

당시 인도는 이미 아랍과 중국 상인들이 무역을 독점하고 있었으며 영토 점령을 위해 말뚝을 박으러 온 그들의 생각은 완전히 허황된 것이었다. 다 가마 일행은 넉 달 동안 머문 후 그곳 왕공의 편지를 휴대하고 8월 29일 인도를 떠났다.

1499년 9월 다 가마 일행이 리스본에 도착했을 때 살아서 돌아온 선원들은 떠날 때의 절반도 되지 않았다. 일행은 포르투갈 국왕과 국민들로부터 열렬한 환영을 받았고, 선원들은 동방에서 가져온 향료, 비단, 보석을 60배의 고가로 팔아 저마다 부자가 되었다. 그 후 포르투갈은 동방에 많은 거점을 마련하고 인도양 항로를 석권하였다.

마젤란

포르투갈의 페르디난드 마젤란1480~1521은 항해 도중 사망하고 말았지만, 그가 이끌던 선단의 일부가 인류 최초로 세계 일주에 성공했다.

1519년 9월, 마젤란은 스페인 국왕 카를로스 1세의 지원을 받아 5척의 배와 270명의 선원을 이끌고 스페인의 세비야 항을 떠나 향신료의 주산지인 몰루카 제도를 향해 서쪽으로 향했다. 1520년 10월, 함대는 드디어 남아메리카의 남단에서 해협 입구를 발견하고는'마젤란 해협' 해협을 따라 서쪽으로 항해하여 태평양을 만날 수 있었다. 그리하여 1521년 4월 7일, 마젤란 함대는 필리핀 제도의 세부 섬에 도착했다. 그러나 마젤란은 원주민들과의 전투에서 죽고 말았다.

1521년 5월 1일, 마젤란을 잃은 스페인 함대는 후안 세바스티안 데 엘카노델카노의 지휘 아래 서둘러 세부 섬을 떠났다. 1522년 9월 6일 3년 만에 스페인의 루카르 항으로 돌아왔다. 빅토리아 호 한 척을 타고 겨우 18명 만 돌아왔는데 그들은 인류 최초로 세계를 일주한 사람들이다. 그들이 돌아오는 중에 구해 온 향료만으로도 잃은 배 4척의 손실을 보상하고도 남았다고 한다.

1565년 2월 레가스피가 이끄는 강력한 스페인 함대가 다시 와 세부 섬과 인근의 섬들을 무력으로 점령해 갔다. 레가스피는 본거지를 마닐라로 옮기고 필리핀 전역에 대한 정복과 더불어 기독교 포교를 확대해 나갔다.

마젤란의 죽음 필립 제도 세부 섬에 도착한 마젤란 일행은 한 척의 작은 배에 갈아타고 해안에 상륙하여 세부의 왕 라자 우마본에게 말했다.

"우리는 마젤란 제독이 이끄는 스페인 함대이다. 몰루카 제도로 가기 위해 태평양을 건너왔다. 신선한 식료품이 필요하다. 물론 사례는 하겠다."

"당신들을 환영하지만 항구에 정박하는 배는 모두 세금을 내야 하는데 그래도 좋은가?"

"우리는 스페인 국왕 외에는 누구에게도 세금을 내지 않는다. 전쟁과 평화 중 어느 쪽이든 선택하라."

세부 왕은 이미 유럽인이 인도와 말라카를 정복했다는 사실을 알고 있어 어쩔 수 없었다. 1521년 4월 14일 드디어 우호 관계가 이루어져 마젤란 일행은 세부 섬에 상륙하고 왕을 만났다. 그들은 세부 왕에게 마젤란 제독에 대한 복종과 기독교로 개종할 것을 강요했다.

인근의 마크탄 섬의 왕 라프라프는 기독교 개종은 물론 마젤란에게 복종하기를 거부하자 마젤란 함대는 마크탄 섬을 공격했다. 하지만 썰물로 물이 빠져나가 대포를 실은 배가 섬에 접근할 수가 없었다. 어쩔 수 없이 그들은 배에서 내려 무릎까지 올라오는 물속을 걸어 해안으로 접근해야만 했다. 라프라프의 병사들은 이 기회를 놓치지 않고 공격해왔다. 이 싸움에서 마젤란은 전사하고 그의 시체는 찾을 수가 없었다.

마젤란의 기념비 1941년 미국이 필리핀을 점령하자 세부 섬의 역사박물관 광장에 스페인이 세운 기독교 기념비 옆에 마젤란의 기념비를 세웠는데 기념비에는 다음과 같이 새겨져 있다.

> 페르디난드 마젤란은 1521년 4월 27일 마크탄 섬의 왕 라프라프의 병사들과 싸우다가 부상을 입고 이 지점에서 사망했다. 마젤란 함대의 빅토리아 호는

요한 세바스찬 엘카노의 지휘 아래 1521년 5월 1일 세부 섬을 떠나 1522년 9월 6일 스페인의 산 루카르 항에 도착함으로써 최초로 세계 일주 항해를 완수하였다. –1941년

독립을 쟁취한 필리핀 정부는 1951년 마젤란의 기념비 옆에 라프라프의 기념비를 세우고 다음과 같이 세겼다.

1521년 4월 27일, 라프라프와 그 부하들은 스페인의 침략자들을 격퇴하고 지휘관인 페르디난드 마젤란을 이 지점에서 죽였다. 이로써 라프라프는 유럽의 침략자들을 쫓아낸 최초의 필리핀인이 되었다. –1521년

필리핀에서 라프라프는 국민적 영웅으로 추앙받는 인물로서 동상과 동전에도 새겨졌다. 태평양은 바람이 잔잔한 바다라는 뜻으로 마젤란이 붙인 이름이며, 스페인 국왕 펠리페 2세의 이름을 따서 그곳을 필리핀이라 했다.

아스텍 제국

마야 문명 기원전 1500년경 중미와 멕시코 남부에는 마야 족이 농경을 시작하면서 마야 문명을 일으켰다. 마야 문명은 천문학과 역학이 발달했으며, 사회 계급은 귀족, 제사장, 평민, 노예로 나뉘어 있었다. 마야 문명에는 제사장이 기록한 수많은 기록들이 남아 있었으나 16세기에 침입한 스페인에 의해 대부분이 불타 버렸다.

마야 문명은 150년경부터 지금의 멕시코 일대에서 번창하다가 750년 톨테크 인에 의해 멸망당하고 1168년에는 유목민인 치치메크 인이 지배하였다. 그러다가 1200년경 북쪽으로부터 멕시코 고원으로 침입한 아스텍 족에 의해 아스텍 제국이 시작되

어, 해발 2,200m의 고원에 위치한 텍스코코 호수 중앙의 작은 섬과 주변의 늪지를 메워 '선인장의 땅'이란 뜻의 테노치티틀란지금의 멕시코시티을 건설했다.

원래 유랑하며 살던 아스텍 족은 이 도시가 건설되면서 정착하여 살게 되었다. 그들은 동물가죽이나 골풀을 엮어 만든 거적을 깔고 맨바닥에서 잠을 자고 옥수수와 고기를 섞어 만든 타말리를 먹었다. 술은 주로 의식용으로 용설란 즙을 발효시켜 만들었는데 술은 60세 이상의 노인에게만 허락되었다. 이를 위반하면 초범의 경우는 삭발을 당했지만, 고질적으로 음주한 자는 사형을 당하기도 했다.

그들은 태양신을 믿어 해가 지고 다시 뜨기 위해서는 살아 있는 인간의 피가 필요하다고 믿어 매일 신전에 산 사람을 제물로 바쳤고 제물 마련을 위해 다른 부족과 전쟁을 해야 했다. 아스텍 제국은 태평양에서 멕시코 만 일대에 이르는 인구 2,000만 명 이상의 대제국으로 성장하여 16세기 초 제9대 황제인 몬테수마 2세 때 전성기를 맞이했으며, 독특한 역법과 상형 문자를 가진 고도의 문명을 이룩하였다.

스페인의 아스텍 정복 1519년 스페인의 정복자 코르테스는 11척의 배에 화승총으로 무장한 660명의 병사, 16마리의 말, 14문의 대포를 싣고 아스텍에 상륙하여 수도 테노치티틀란으로 진군했다.

아스텍 인들은 이제까지 한 번도 본 적이 없는 백인이나 말 그리고 요란한 소리를 내는 총과 대포를 보고는 두려움을 느끼면서도 '언젠가는 흰 피부와 큰 키에 턱수염을 한 바람의 신인 켓살코틀이 불을 뿜는 무기를 들고 아스텍에 나타나 악신을 몰아내고 영광의 시대를 열어줄 것'이라는 전설 속의 예언이 실현되는 것이라고 여겨 저항하지 않는 부족도 많아 비교적 쉽게 진격할 수 있었다.

코르테스는 이곳에서 아스텍 족과 오랫동안 항쟁을 벌이던 부족을 자기편으로 끌어들인 후 아스텍의 왕 몬테수마가 있는 테노치티틀란에 도착했다. 몬테수마는 성문 앞에서 코르테스 일행을 정중하게 맞아 주었다. 궁으로 안내 받은 코르테스는 몬테수마에게 진주 목걸이를 선물로 주자 몬테수마도 코르테스에게 금으로 된 선물과 함께 영빈관으로 안내하고 그들에게 필요한 식량을 제공했다.

그런데 아스텍 인들이 태양신을 모시는 신전에서 사람들을 제물로 바친다는 사실을 알게 된 코르테스는 함정에 빠진 것으로 생각했다. 겨우 400명의 병사들로 아스텍 병사를 상대하기는 어렵다고 생각한 코르테스는 병사들을 시켜 왕궁에 있는 몬테수마를 인질로 잡아왔다. 그리하여 코르테스는 몬테수마를 통해 아스텍을 장악할 수 있었고 그를 감금하고 있던 6개월 동안 궁전 안의 황금을 모두 몰수했다.

그러던 중 한 신전 축제에서 스페인 병사들이 무기도 지니지 않은 600여 명의 아스텍 귀족들을 살해한 사건이 생겼다. 이에 격분한 아스텍 인들이 반란을 일으켜 코르테스에게 몰려오자 코르테스는 몬테수마를 궁전의 지붕에 세워 놓고 반란을 중지할 것을 명하도록 했다. 그러나 그들은 왕의 말을 듣지 않았고 몬테수마는 그들이 던진 돌에 맞아 죽고 말았다.

아스텍 인들에 의해 포위된 지 나흘째 코르테스와 그의 병사들은 탈출을 시도하여 4분의 1 정도만 테노치티틀란을 탈출할 수 있었다. 그 후 1520년 12월 코르테스는 아스텍과 숙적인 틀락스칼라 족 병사 수천 명을 이끌고 다시 테노치티틀란으로 돌아와 1521년 8월 수도를 함락하고 아스텍을 멸망시켰다. 당시 스페인 병사들은 말, 총, 석궁, 대포, 칼을 사용했으나 아스텍 인들은 화살, 창, 돌을 사용하면서 인간 제물로 바치기 위해 적을 생포하려 한 것이 전술상 큰 무리였다. 멕시코는 오랫동안 스페인의 지배를 받다가 1821년 독립 전쟁에서 승리하여 독립하였다.

다음은 코르테스가 스페인 왕에게 보낸 보고서이다.

> 이곳에는 웅대한 신전과 높은 탑들, 인간을 제물로 바치는 거대한 우상들, 곧게 뻗은 도로, 수많은 운하와 다리들, 갖가지 물건이 거래되는 시장 등이 있습니다. 시장에서는 온갖 식료품과 물건이 거래되고 있습니다. 황금, 은, 아연, 황동, 동물 뼈, 조개, 가재 껍질, 깃털 등으로 만든 장신구에다가 크고 작은 석재나 석회와 벽돌, 원목 등도 있습니다.

테노치티틀란

다음은 1519년 코르테스가 아스텍의 수도인 테노치티틀란에 처음 들어가 보고 느낀 놀라움을 적은 보고서이다.

> 다음날 아침 우리는 넓은 제방 길에 도달하여 호수 위에 떠 있는 마을과 연변에 늘어서 있는 거대한 촌락들을 보았다. 커다란 탑과 신전 그리고 석조 건물들이 수면 위에 솟아 있는 것을 보고는 감탄하여 병사 중에는 꿈이 아닌가 하고 말하는 자도 있었다.

이 도시에는 사방에 주랑으로 둘러쳐진 광장이 많아 그곳에서 시장이 열리고 있었는데 매일 6만 명 이상이 물건을 사고팔기 위해 이곳에 몰려들었다. 이 도시 사람들의 일하는 모습은 스페인과 매우 유사했다. 신을 모르며 다른 문명인과 교류가 없는 그들로서 이렇게 멋진 삶을 살고 있다는 것이 너무 놀랍다.

인간 제물을 바친 아스텍 인들 아스텍 인들은 태양신이 우주와 인간의 삶을 지배한다고 믿었다. 우주에는 주기가 있어 인간이 창조된 후로 네 번의 태양 주기가 지나갔고 지금은 다섯 번째 태양 주기의 거의 마지막에 있다고 믿었다. 태양신은 인간의 피와 심장을 먹고 살기 때문에 인간의 심장을 계속해서 바치지 않으면 멸망한다고 믿었다.

아스텍의 제8대 황제 아위트조틀은 매년 많은 산 사람의 심장을 태양신에게 제물로 바쳤으며, 특히 황제의 취임식이나 성전 개관식 같은 특별한 행사가 열릴 때면 수천 명을 제물로 바쳤는데, 주로 죄수나 전쟁 포로들을 희생 제물로 바쳤다. 수도 테노치티틀란에 우이칠로포크틀리 신전을 세웠을 때는 북방 오아사카에서 잡아온 반란군 1만 명을 제단에 세웠다. 그리고는 태양신 우이칠로포치틀리의 복장을 한 신관 아위트조틀은 한 명씩 석영 칼로 가슴을 갈라 심장을 도려내어 돌그릇에 담아 태웠고 머리는 긴 장대에 줄줄이 꿰어 쌓아 두었다.

1486년 군신War God성전이 개관되었을 때 오래 전부터 준비된 희생 제물의 행렬은 2마일까지 이어졌다. 그들은 알몸인 채 그림이 새겨진 둥근 돌희생의 돌 위로 올라가 심장이 파헤쳐 졌는데 이 의식은 4일 동안이나 계속되었다고 한다. 이 희생의 돌은 현재 멕시코시티의 국립박물관 안뜰에 보관되어 있다. 아스텍의 승려들은 어떤 축제일에는 젊은 여자들의 목도 잘라 제물로 바쳤고, 비의 신 틀라로코에게는 어린 아이들을 고문하여 그 눈물을 바치기도 했으며, 매년 3월이면 희생자들의 가죽을 벗겨 뒤집어쓰고 봄의 신 크시페토텍에게 경의를 표했다. 아스텍을 정복한 스페인 사람들은 성지 테오칼리 근처의 성전에서 13만 6,000개의 해골을 발견했다.

다음은 페루와 아스텍에서 활동한 기독교 선교사 호세 데 아코스타가 1520년경 가가 목격한 희생제 장면을 다음과 같이 기록했다.

아스텍 인들은 대부분 인간 제물을 구하기 위해 전쟁을 했기 때문에 그들은 적을 죽이지 않고 산 채로 포로로 잡으려고 했다.

그들은 죽은 자의 두개골로 쌓아 올린 울타리 안에 제물로 바칠 전쟁 포로들을 모아 놓은 뒤 신전 꼭대기에서 우상을 든 신관이 내려왔다. 신관은 정원 가운데 높은 대 위에 놓인 콰우히칼리라고 부르는 커다란 바위 위에 올라갔다가 내려왔다. 신관은 희생 제물 될 자들이 있는 곳으로 가서 우상을 보여 주며 "이 분이 너의 신이다"라고 말했다. 그런 다음 그들은 희생제를 치룰 제단으로 올라갔는데, 그곳에는 얼굴과 손을 새까맣게 칠하고 악마 형상의 복장을 한 여섯 명의 사제가 기다리고 있었다.

통상의 희생제는 산 사람의 배를 갈라 살아 있는 심장을 도려내고 몸통은 신전 계단으로 굴려 떨어뜨리는 것이었다. 계단은 온통 피로 범벅이 되어 있었다. 희생 제물이 될 자들이 줄을 지어 제단으로 올라갔다. 그리고는 한 사람씩 뾰족한 바위 위에 등을 대고 눕힌 다음 다섯 명의 사제가 팔다리와 머리를 붙잡았다. 준비가 끝나자 나머지 한 명의 수석 사제가 예리한 돌로 된 칼로 민첩한 동작으로 배를 가르고 두 손으로 심장을 꺼냈다. 사제는 김이 나는 심장을 태양을 향해 들어 올린 다음 심장을 우상의 얼굴에 던졌다. 희생자의 몸통은 신전의 계단으로 굴러 떨어뜨렸다. 이런 식으로 희생자 모두를 한 사람씩 처치했다.

계단으로 굴러 떨어진 시체는 포로를 잡은 사람들이 각자 가져가 축제와 제사를 축하하는 음복을 했다. 이웃 종족들도 아스텍 인들로부터 배워 같은 짓을 했다.

잉카 제국

잉카 문명 남아메리카 인디언인 잉카 족은 1000년경 태평양 연안과 해발 4,000m의 안데스 산맥 고원 지대를 따라 살고 있던 산악 부족으로서 13세기 초부터 주변 부족들을 차례로 정복하면서 16세기 초에는 인구가 600~800만 명에 이르는 대제국을 건설

했다. 이들은 다른 세계와의 교류가 거의 없었기 때문에 독자적인 단일 문명을 발전시켰으나 16세기 초 잉카 제국은 스페인에 의해 멸망되었다.

잉카 제국은 지금의 페루, 에콰도르, 콜롬비아, 칠레, 볼리비아 등으로서 안데스 산맥의 비탈진 땅 위에 돌담으로 계단식 밭을 일구어 옥수수, 감자, 담배 등을 재배하고 있었다. 그들은 신전이나 궁전 등 거석 문화를 거쳐 청동기를 사용하는 등 독자적인 문화를 가지고 있었다.

잉카 인들은 문자가 없었으며 정복지 주민들에게도 문자 사용을 금지시켰다. 그들은 문자 대신 색실을 꼰 매듭으로 된 퀴푸quipu라는 결승 문자結繩文字를 사용했는데, 매듭의 길이, 수, 굵기, 색깔, 위치 등으로 의사 소통을 했다. 그들은 십진법을 사용했는데 매듭 하나는 10, 둘은 100, 셋은 1,000이었다.

잉카 족은 태양신을 숭배하면서 황제는 태양신의 아들, 즉 살아 있는 신으로 여겨 제사와 축제를 집행했다. 황제는 가까운 황족과 피정복지의 지배층 가문에서 뽑은 수백 명의 여자를 거느리지만 황후만은 황제와 신분이 같아야 하기 때문에 그의 누이동생이 황후가 되었다. 황제가 죽으면 시신을 미라로 만들어 생전에 거주하던 궁전에 안치된다.

인티 라이미라는 태양신 축제의 달인 6월에는 황금 도시로 알려진 수도 쿠스코에서 제전과 축제가 열렸다. 옛 황제들의 미라가 태양의 신전인 코리칸차로 운반되고 그 앞에서 라마 수백 마리가 태양신에게 제물로 바쳐진다. 사람들은 미라에 경배한 다음 광장에서 옥수수를 발효시켜 만든 치차 술을 마시며 춤과 노래를 부르며 즐겼다.

잉카 제국의 석조 건축 기술은 매우 뛰어나 거대한 바위돌로 성벽을 정교하게 쌓았는데 여러 차례의 대지진에도 견디어 냈다. 해발 3,500m에 위치한 쿠스코페루에 위치는 처음에는 흙집들로 된 강가의 작은 부락이었으나 웅장한 궁전과 신전들이 들어서면서 대도시가 되었다.

잉카 인들은 바퀴 달린 수레나 말을 사용하지 않았으며, 산악 지대에 건설한 도로망에는 하루 이동 거리마다 무기와 식량을 보관하는 창고를 설치해 두었다. 잉카 인들의 주식은 옥수수와 감자였으며 라마, 알파카, 마못 고기와 선인장 열매도 먹었다.

잉카의 승려들은 의사이기도 했는데 다친 팔다리를 절단하거나 두개골을 절개하여 뇌수술도 했다. 수술에는 마약인 코카로 마취하거나 치차 술을 많이 먹여 의식을 잃게 하거나 최면을 이용하기도 했다. 그들은 피가 부족하면 수혈을 하기도 했는데 남아메리카의 모든 인디언들처럼 잉카 인들도 혈액형이 모두 동일한 Rh+O형으로 거부 반응이 거의 없었다.

잉카 인들은 황금 장식을 많이 사용했는데 이들은 황금을 태양의 땀, 은을 달의 눈물이라고 불렀다. 수도 쿠스코에 있는 태양 신전인 코리칸차의 정원은 금으로 된 실물 크기의 각종 새와 라마의 상 그리고 옥수수의 모형들이 있었다. 북부 지방의 추장들은 황금으로 만든 가면을 사용했는데, 가면에는 코걸이와 귀고리가 있고 눈에는 보석이 달려 있다.

잉카 제국의 멸망

1528년 스페인의 정복자 프란시스코 피사로1475~1541는 스페인의 카를로스 5세에게 정복지 이익의 20%를 왕실에 바치고 자기는 정복지의 총독이 되는 조건으로 잉카 정복의 허락을 받았다. 카를로스 국왕은 피사로를 총독에 임명했다.

1531년 12월 피사로는 그의 형제 세 명과 함께 화승총으로 무장한 180명의 병사와 27마리의 말을 세 척의 배에 싣고 파나마를 출발하여 1532년 5월에 잉카의 해안 툰베스에 상륙했다. 당시 잉카는 황제 자리를 둘러싼 형제 간의 오랜 내분 끝에 와스카르 황제의 동생인 아타왈파1502~1533가 잉카의 제13대 황제 자리에 올라 있었다.

1532년 11월 잉카 내부의 혼란을 틈타 피사로는 아타왈파가 머물던 카하마르카로 들어갔다. 피사로는 아타왈파에게 우호 관계를 맺자고 하여 만나기로 한 광장으로 향했다. 아타왈파는 금과 은으로 화려하게 장식한 가마를 타고 수천 명의 호위병을 거느리고 광장에 나타났다. 피사로의 명에 따라 스페인 신부가 아타왈파에게 성서를 내밀며 그들이 기독교로 개종하고 스페인 국왕 카를로스 5세를 군주로 받아들일 것을 권했다. 그러자 아타왈파는 성서를 내던져 버렸다.

피사로는 그 기회를 놓치지 않았다. 그의 신호에 따라 소총으로 무장한 스페인 기마병들이 일제히 달려와 불과 30분 만에 무장하지 않은 수천 명의 잉카 병사들을 죽였다. 스페인 병사는 단 한 명의 부상자도 없었고, 아타왈파는 인질로 잡혀 어두운 석실에 감금되고 말았다. 잉카 인들은 그때까지 소총이나 말을 본 적이 없어 스페인 병사들이 말을 타고 총을 쏘자 일대 혼란에 빠지고 말았던 것이다.

그러자 아타왈파의 부하들은 와스카르 황제가 반란을 일으킨 그의 동생 아타왈파를 제거하기 위해 백인을 보낸 것으로 오해하고는 와스카르 황제를 살해하고 말았다. 피사로는 아타왈파에게 손을 위로 뻗게 한 후 손끝이 닿은 지점까지 황금을 채운다면 풀어 주겠다고 약속했다. 가로 5.1m, 세로 6.6m의 석실에 손끝이 닿은 지점의 높이는 2.7m였다.

그리하여 궁전과 신전에서 뜯어낸 금을 포함하여 정교한 황금 세공품들이 매일 운반되어 왔다. 피사로는 이들을 모두 녹여 봉으로 만들어 석실에 쌓아 올렸다. 약속한 양에 가까워지자 잉카 군의 반격을 두려워한 피사로는 아타왈파를 풀어 줄 수가 없었다. 피사로는 약속을 어기고 아타왈파에게 반역죄와 우상 숭배, 일부다처, 여동생과의 근친혼 등의 죄를 덮어 씌워 그에게 화형을 선고했다.

1533년 3월 스페인 신부가 아타왈파에게 기독교로 개종하면 화형에서 교수형으로 감형시켜 주겠다고 제의하자 아타왈파가 말했다.

"네가 말하는 교황은 자기 소유도 아닌 땅을 남에게 넘겨준다는 등의 말을 하는 것으로 보아 미치광이임에 틀림없다. 신앙을 바꿀 생각은 추호도 없다."

그러나 잉카의 황제들은 죽으면 미라로 만들어져 쿠스코의 태양의 신전에 안치됨으로써 태양의 아들로서 영원한 생명과 부활을 약속받으나 화형을 당하면 혼은 영원히 없어져 버린다고 믿었기 때문에 아타왈파는 결국 기독교로 개종하여 세례를 받은 후 교수형에 처해졌다. 잉카 인들은 피사로가 아타왈파를 화형에서 교수형으로 감형해 준 것에 감격하여 눈물을 흘렸다고 한다. 지도자를 잃은 잉카 제국은 몰락하여 스페인의 식민지가 되었다.

피사로의 편지 1532년 11월 16일 스페인의 프란시스코 피사로가 이끄는 병사들이 잉카의 아타왈파 왕을 급습했을 때 함께 정복에 가담했던 프란시스코 피사로의 셋째 동생인 에르난도 피사로가 산토 도밍고 소청원에 보낸 편지에서 당시의 상황을 다음과 같이 전하고 있다.

> 투구와 육중한 갑옷으로 무장한 스페인 병사들은 무기도 없이 광장을 메우고 있던 원주민들 속으로 말을 타고 돌격했다. 트럼펫 소리가 울리자 스페인 군은 일제히 "산티야고"를 요란하게 외치며 인디오를 위협했다. 갑작스런 총성과 트럼펫 소리와 말울음 소리에 당황한 인디오들은 모두 허둥대기 시작했다.
>
> 스페인 병사들은 그들을 죽이기 시작했다. 인디오는 무기를 가지지 않았기

때문에 아무런 반격도 못하고 패주하고 말았다. 갑옷을 입은 총독은 칼과 단검을 뽑아들고 병사들과 함께 인디오 무리를 향해 돌진하여 가마를 타고 있는 아타왈파 왕에게 접근했다. 그때 한 스페인 병사가 잉카 왕을 찌르려고 단검을 들고 돌진해 왔으나 실수로 피사로의 손에 상처를 내고 말았다. 7~8명의 말을 탄 스페인 병사가 가마를 들어 올리자 가마는 뒤집어졌다.

두 시간 만에 잉카 병사들은 모두 전멸되었고, 아타왈파 왕을 체포한 총독은 그를 자신의 숙소로 연행해 왔다. 그날 6,000~7,000명의 인디오가 죽어 들판에 버려지고 더 많은 수의 인디오들이 팔이 잘리는 등 부상을 당했다. 내 앞에서 그토록 권세를 휘두르던 지도자가 이렇게도 짧은 시간에 체포되었다는 것이 놀랍다. – 1533년 11월 23일, 에르난도 피사로

전염병에 무방비한 인디오

아스텍과 잉카에 온 백인들은 원주민들에게는 전혀 면역이 없는 천연두와 홍역 등 치명적인 전염병을 가지고 왔다. 잉카의 황제 우아이나카팍은 백인을 접견하자마자 원인 모를 질병에 걸려 급사했다.

불과 수백 명의 스페인 병사들로 아스텍 왕국을 멸망시킬 수 있었던 데에는 말과 우수한 화기가 있었고, 아스텍과 적대 관계에 있는 다른 부족의 협력을 얻을 수 있었으며, 인디오들은 신에게 제물로 바치기 위해 스페인 병사들을 상처 없이 생포하려고 했던 점 등을 꼽을 수 있지만, 또한 백인들이 가지고 온 전염병으로 수많은 원주민들이 쓸어져 인구가 줄었던 것도 크게 작용했다. 아스텍 왕국의 기록에는 "인디오들은 온몸에 종기가 솟아나 고통 속에 죽어갔다"라고 적고 있다.

한편 안데스 산맥에서 번영하던 잉카 제국도 스페인의 프란시스코 피사로가 이끈 37마리의 말과 불과 186명의 병사와 13정의 화승총에 의해 정복되었으나 또한 스페인 인들이 가지고 온 천연두, 마진, 티푸스, 디프테리아 등의 전염병이 크게 작용했다. 원주민 인디오는 이러한 전염병에 대한 저항력이 전혀 없어 백인들의 모습을 보거나 냄새만 맡아도 죽는다고 했을 정도였다.

1519년 2,520만 명이던 신대륙의 인디오는 1568년에는 300만 명으로 줄었고, 1590년에는 100만 명 이하로 줄었다. 오늘날 쿠바나 아이티 등 서인도 제도에는 인디오가 거의 전멸하여 노예로 잡혀온 흑인 중심의 세계로 변해 있다.

반면에 유럽은 14세기의 흑사병에 이어 15세기 말에는 매독이 크게 창궐하였는데 성적 접촉을 통해 발병하는 이 병은 당시 치료약이 없어 치사율이 매우 높았다.

처음에는 몸에 종양이 나타나다가 두어 달 뒤에는 온몸의 핏줄이 터져 쓰러지거나 뇌에 이상이 생겨 발작을 일으키기도 했다. 이 병은 콜럼버스 일행이 대서양 항해에서 돌아온 뒤 퍼지기 시작했으며 특히 스페인 군이 유럽 각국의 용병들과 혼성 부대를 편성하면서 집중적으로 감염되기 시작하여 유럽 각지로 확산된 것이다.

잔혹한 인디오 정복

아스텍 제국과 잉카 제국을 정복하여 중남미의 광범한 지역을 차지한 스페인 국왕은 총독을 파견하여 이 지역을 지배하면서 원주민 인디오를 그리스도교도로 전향시키는 조건으로 인디오를 노동력으로 사용할 수 있게 해주었다.

일확천금을 노리고 정복에 가담한 그들이 알고 싶었던 것은 오로지 원주민들이 코에 걸고 다니던 황금 장신구들이 도대체 어디에서 났느냐는 것이었다. 그리하여 스페인의 정복자들은 전설 속의 황금을 찾아 신대륙에 몰려왔고, 그들은 금은을 약탈하고 찾는 데에 광분하여 인디오를 잔혹하게 다스렸다.

그 후 스페인 정복자들은 인디오를 광산 개발이나 담배, 면화, 커피 등의 플랜테이션에 투입하여 혹사시킴으로써 인디오의 인구는 급격히 줄어들었고, 부족한 노동력을 메우기 위해 아프리카로부터 흑인 노예들이 들어오기 시작했다. 스페인의 본격적인 지배가 시작되면서 성을 쌓고 도로를 닦는 토목 공사나 교회 등을 건설하는 일에 인디오를 멀리서부터 강제로 동원한 이주 노동은 인디오에게는 죽음과 같은 가장 괴로운 것이었다. 그들 중에는 안데스 고원을 넘어 1,000km나 되는 길을 걸어서 끌려온 인디오도 있었다.

이러한 가혹한 중노동에다가 유럽에서 가져온 각종 질병으로 인디오의 수는 급격히 줄어들었다. 콜럼버스가 처음 신대륙에 발을 내딛었던 당시 남북미 대륙에는 7,500만 명의 인디오가 살고 있었다. 콜럼버스가 통치한 서인도 제도의 히스파니올라

섬지금의 아이티 섬에는 300~400만 명의 인디오가 살고 있었지만, 1519년경에는 겨우 1,000명밖에 살아남지 못했다. 또한 멕시코의 인디오는 1519년에 2,500만 명에 달했으나, 1605년에는 100만 명으로 줄었다.

라스 카사스 신부의 폭로 한때 콜럼버스의 친구이자 신대륙 주민의 그리스도교화에 열의를 다한 라스 카사스1474~1566는 1502년 스페인 군인의 몸으로 서인도 제도에 발을 딛고 그곳에 정착하여 농장을 경영하면서 1513년경 도미니크회 신부로 서품되어 원주민에 대한 유럽인의 억압에 반대하는 긴 일생을 마쳤다.

1541년 라스 카사스 신부는 스페인 국왕 카를로스 1세에게 보고서를 내고 잔혹한 인디오 정복을 중지해 줄 것을 호소했다.

> 지난 40여 년간 기독교도들의 잔학한 소행으로 1,200만 명 이상의 인디오가 목숨을 잃었습니다. 이는 틀림없는 사실이며, 1,500만 명 이상이 희생되었다 해도 결코 틀리지 않을 것입니다.
>
> 그것은 포악한 전쟁에서, 또한 자유를 되찾기 위해 저항하다가 죽어 갔으며, 그나마 살아남은 자들은 노예가 되어 짐승보다 못하게 혹사당했기 때문이다.

또한 그는 『인도 제도의 유린The Devastation of the indies』이라는 책에서 인디오의 참상을 적나라하게 폭로했다.

> 콜럼버스는 14세 이상의 인디오들에게 석 달마다 일정량의 금을 캐 오도록 의무화하여 할당된 금을 캐오면 구리 토큰을 나누어 주어 목에 걸고 다니게 했다. 스페인 사람들은 길에서 토큰이 없는 인디오들을 보면 손을 잘라 버렸다. 남자들은 금광에서, 여자들은 농장에서 죽어 갔고 아이들은 젖을 빨지 못해 죽어 갔다.
>
> 이렇게 많은 인명이 그렇게 짧은 기간에 죽어가기는 인류 역사상 전례가 없을 것이다. 나는 인간의 본성과는 너무도 낯선 만행들을 두 눈으로 똑똑히 목격했다. 나는 지금 이 책을 쓰는 순간에도 떨고 있다…….

1559년 85세의 라스 카사스 신부는 그의 저서 『인디오의 역사Historia de las Indias』를 탈고하면서 이 책의 서론만을 발표하고 본문은 40년 후에나 공개하라고 하면서 "만일

주님께서 스페인을 망하게 하신다면 그것은 우리가 서인도 제도에서 저지르는 만행 때문일 것이고, 그때가 되면 그 까닭을 알 수 있을 것이다"라고 말했다.

또한 쿠바 섬에서 스페인 병사들의 만행을 목격한 그는 다음과 같이 적고 있다.

> 스페인 사람들은 어디를 급히 갈 때에는 인디오들의 등을 타고 다녔고, 멀리 갈 때에는 흔들의자 해먹에 드러누운 채 인디오 대여섯 명을 데리고 다녀 모두가 마치 군왕처럼 행세했다.
>
> 그들은 도시와 마을에 뛰어들어 어린이와 노인, 심지어 산모와 뱃속의 애기까지도 살육하여 토막을 냈고, 재미로 인디오들을 죽이기도 했다. 그들은 단칼에 사람의 배를 관통시킬 수 있는지, 얼마나 멋있게 목을 자르는지, 얼마나 창을 잘 꽂는지를 놓고 서로 내기를 걸기도 했다. 또한 아기들을 물속으로 던지고는 "살고 싶으면 헤엄쳐 보라"고 하며 낄낄대기도 했다.
>
> 그들은 긴 교수대를 만들어 한꺼번에 열세 명씩 매달고는 예수님과 열두 제자를 기념한다며 산 채로 불에 태워 죽이기도 했다. 인디오 영주들을 죽일 때에는 대개 모닥불 위에서 오랜 고통을 겪다가 죽도록 했다. 또한 그들은 인디오 살육에 체중이 120kg이나 되는 영국산 맹견 매스티프도 이용했는데, 갓난아기들을 매스티프의 먹이로 던져 주기도 했다. 이보다 더 끔찍하고 잔혹한 행위를 목격한 사람은 아마도 없을 것이다.
>
> 드문 일이긴 하지만, 인디오가 스페인 사람을 죽이는 날에는 대학살이 뒤따랐다. 스페인 사람 한 명이 죽으면 인디오 100명을 죽인다는 것이 그들의 불문율이었다.
>
> 이 섬에 국왕의 관리가 한 사람 있었는데, 그의 몫으로 인디오 300명이 주어졌다. 그런데 광산에서 일한 3개월 동안 260명이 죽었다. 다시 300명이 주어졌지만 결과는 마찬가지였다. 이런 일이 그가 있는 동안 계속 반복되었다.
>
> 내가 이 섬쿠바에 머물고 있었던 서너 달 동안 6,000명 이상의 인디오 아이들이 죽었는데, 그들 부모들이 광산에 끌려가 버려진 때문이었다. 그 후 이곳 섬쿠바의 인디오들은 이스파니올라 섬의 인디오들과 같은 운명에 처해져 무더기로 죽어갔다. 겁에 질려 산속으로 도망간 인디오들도 있지만, 절망에 빠져 스스로 목숨을 끊는 인디오들도 있었다.

인디오 촌장 투파크 아마루 다음은 1777년 마을의 촌장으로서 스페인 지배에 협력하던 투파크 아마루가 스페인 당국에 강제 이주 노동을 완화해 줄 것을 호소한 내용이다.

> 강제 이주 노동에 동원되는 인디오들은 두 번 다시 고향으로 돌아올 수 없다는 것을 알기 때문에 집과 가구와 가축들을 팔고 아내와 아들과 함께 또는 혼자서 고향을 등지고 이주 노동의 길을 떠납니다.
>
> 그리하여 그들은 코르디에라 산맥의 계곡과 고원의 험한 길을 따라 1,200km를 걸어야 합니다. 가는 길도 험난하지만 돌아오는 길은 더욱 고통스럽습니다. 두 번 다시 돌아오지 못하는 죽음의 길을 돌아온다는 것은 버거울 것도 없겠습니다만……

스페인 당국은 이러한 탄원을 받아들이지 않았다. 1780년 마침내 투파크 아마루의 주동으로 인디오는 반란을 일으켜 순식간에 구 잉카 제국 전역으로 번져 갔지만 스페인 군의 강력한 탄압에 굴복하여 결국 8만여 명의 인디오들이 희생당한 후 진압되고 말았다.

다음은 투파크 아마루가 평소 존경하는 스페인 사제에게 보낸 글로서, 그들이 왜 스페인에 반란을 일으킬 수밖에 없었는지를 호소하는 내용이다.

> 그들은 극악무도한 악행을 저질렀고, 세관을 설치하여 과중한 세금을 거두어들였으며, 성실한 백성들로부터 재산을 빼앗는 등 피사로를 능가하는 만행을 저지르는 것을 보았으며, 그것은 우리나라뿐만 아니라 다른 나라까지도 해하는 것이라고 생각했기 때문에 제 행동이 결코 옳았다고 믿습니다.
>
> 저는 오로지 이 나라에서 폭군을 제거하여 성스러운 가톨릭의 가르침을 지키며 평화롭게 살아가기를 바랄 뿐이었습니다. 그래서 저는 사신을 쿠스코로 보내어 그들이 무기를 들고 불과 피를 보면서 입성하지 않고도 평화롭게 해결될 수 있게 해달라고 부탁했던 것입니다.
>
> 신부님들이 제 부하들로부터 해를 입는 일은 없을 것입니다. 저는 국민들을 부당한 세금으로부터 구제하고, …… 세관을 폐하고자 합니다.

미국에서는 매년 10월 두 번째 월요일은 '콜럼버스 데이'로 공휴일이나, 50개 주 가운데 17개 주는 공휴일로 인정할 수 없다고 반대하고 있다.

종교 재판

봉건 제도의 붕괴로 농촌 해방이 시작되고, 르네상스의 영향으로 교회에 대한 비판이 증대되기 시작했다. 1233년 교황 그레고리 9세는 날로 증가하는 이단 종파와 게르만의 토속 신앙으로부터 기독교 교리의 순수성을 지키고 이단자를 재판하기 위해 교황 직속의 종교 재판소를 설치했다.

종교 재판관은 고소를 기다리지 않고 이단자와 다른 범법자들을 색출하여 재판에 회부했다. 이단자의 색출도 로마 교황청이 직접 관장했는데, 종교 재판관들은 지방을 순회하며 이단자를 색출하여 종교 재판을 열었다. 1484년 교황 이노센트 8세는 이단자 색출을 위해 고문을 허용했다.

종교 재판의 절차는 먼저 이단 혐의자에게 신앙을 고백하고 사면을 받을 수 있는 기회를 주지만, 피고가 이에 응하지 않으면 증인들의 증언을 토대로 심문하고 형을 선고했다. 피고가 유죄를 인정하거나 유죄로 확정되면 기도와 금식, 재산 몰수, 감금, 종신형 등 여러 종류의 형벌을 받았다. 중세의 종교 재판은 북유럽보다는 주로 이탈리아와 남프랑스에서 성행했다.

1478년 교황 식스투스 4세는 스페인 종교 재판소를 인가해 주었다. 스페인 종교 재판은 절차는 중세의 종교 재판과 유사했으나 매우 가혹했다. 특히 유대 인과 이슬람 교도는 학살과 억압의 대상이 되어 개종하거나 아니면 망명을 떠나야만 했다. 1480년에 설치된 스페인 종교 재판소가 1834년에 폐지될 때까지 종교 재판으로 1만 명 이상이 화형을 당했고, 10만 명 이상이 노예가 되어 배를 저어야만 했다.

1542년 교황 파울루스 3세는 신교도들에 대응하기 위해 로마 종교 재판소를 설치했다. 이 재판소는 6인 추기경위원회, 즉 종교재판성성이 관장했는데 중세의 종교 재판소에 비해 주교로부터 훨씬 자유롭고 독립적으로 운영되었다. 1908년 교황 피우스 10세 때 종교 재판이라는 말이 사라지고 검사성성으로 불리다가, 1965년 교황 파울루스 6세 때 다시 신앙교리성성으로 바뀌었다.

고발과 심문 1484년 교황 이노센트 8세는 고문을 인정하는 다음과 같은 교서를 발표했다.

> 근래 북부 독일과 라인 지역에 많은 남녀가 신앙으로부터 일탈하여 마녀가 되어 갖가지 요사스런 마술로 논밭의 작물과 과일을 시들게 하고, 태어난 가축을 죽이고, 남편을 성불구자로 만들고, 아내를 불임으로 만드는 등 재난을 불러일으키고 있다. 따라서 심문관들에게는 모든 수단과 방법을 다하여 투옥하고 처벌할 권한을 부여한다.

주로 도미니크회 수사들로 구성된 종교 재판관들은 각종 서적을 검열하고 가톨릭의 정통 신앙에서 이탈한 자들에 대한 고발을 심리했다. 고발 내용은 주로 돼지고기와 술 마시기를 거부하는 등 이교도의 의식을 문제 삼는 경우가 많았고, 성모 마리아의 이름을 듣고 웃었다는 사소한 내용도 있었으며, 오해나 적의에 찬 밀고도 많았다.

이단자나 마녀는 주로 밀고나 소문으로 고발되었으며, 물적 증거가 없어도 자백이나 타인의 증언만으로도 판결을 내렸다. 이단자나 마녀로 몰리면 발가벗긴 채 잔인한 고문을 받으며 심문을 받았다.

요한 매토이스 메이파르트는 고문 광경을 다음과 같이 기록했다.

> 나는 끔찍한 고문 장면을 목격했다. 잘라진 손발, 빠져 나온 눈알, 떨어져 나온 발목, 뒤틀린 힘줄과 견갑골, 부풀어 오른 동맥과 밀려나온 정맥, 천장까지 끌어 올려졌다가 바닥으로 내동댕이쳐지고 거꾸로 공중에 매달리는 희생자들을 보았다. 또한 피의자들의 손가락을 부러뜨리고, 황으로 지지고, 뜨거운 기름을 온몸에 바른 채 불로 그을리는 장면도 보았다. 나는 목격한 대로 적으며 이를 개탄하지 않을 수 없다.

재판 광경 종교 재판의 광경은 장엄하고 무시무시했다. 교회당의 종이 울리면 종교 재판에서 죽게 될 영혼들을 위한 미사가 시작된다. 이어서 종교 재판소의 깃발을 선두로 하여 북을 치고 나팔을 부는 사람, 십자가와 촛불을 든 사람, 수도회 사제들 그리고 그 뒤로 선고를 앞둔 죄수들의 행렬이 뒤따랐는데, 죄수들의 뒤로 판사와 관리들 그리고 행렬의 맨 마지막에는 종교 재판소장과 주교가 뒤따랐다. 관리들은 줄곧

『사도신경』을 암송했고 사람들은 겁에 질린 표정으로 이를 지켜보거나 따라갔다.

재판은 성직자들이 맡았고 고문은 자백할 때까지 이어졌다. 마녀가 아니라고 부인하면 이단으로 몰렸고, 마녀라고 자백하면 악마의 연회에 같이 참석한 다른 사람의 이름을 대라고 고문을 받는다. 일단 마녀로 체포되면 화형을 당할 수밖에 다른 선택이 없었다. 고문과 자백이 끝나면 자백서가 낭독되고 수사관은 "자유 의지에 따라 자백한 사실들을 인정하는가?"라고 묻는다.

심문이 끝나면 선서와 설교에 이어 죄수들의 이름과 죄목이 낭송되고 마지막으로 선고가 내려졌다. 가벼운 죄로 참회하는 자는 금요일마다 자기 몸을 채찍질하며 성당까지 행진하는 참회를 여섯 번 하든지, 벌금을 내든지, 일정 기간 십자가를 단 초록색의 산베니토를 입거나 태형이나 금고형을 선고받았으나, 마녀나 이단 등의 중죄는 화형에 처해져 유해는 들판에 버려지고 재산은 박탈당하여 교회와 국가에 귀속된다.

마녀 사냥

유럽에서 마녀는 원시 종교 시대부터 있었다. 원래 미신을 잘 믿었던 유럽인들은 흑사병 등 인간의 지식으로 이해할 수 없는 재앙에서부터 마을의 사소한 궂은 일까지도 모두 마녀의 짓이라고 여겼다. 가톨릭교회는 이단자 배척을 위한 수단으로 마녀의 존재를 부각시켰다. 마녀란 악마에게 영혼을 팔고 악마의 앞잡이가 되어 인간의 모습으로 인간 사회에 해를 끼친다고 하여 이를 철저히 사냥하지 않으면 안 된다는 것이었다.

본래 마녀 사냥은 가톨릭 이단자에 대한 이단 심문 과정에서 생겨난 것으로서, 마녀는 이단과 구별되어 있었다. 마녀가 이단으로 심판을 받게 된 것은 14세기 초의 일이다. 하지만 이때는 아직 마녀는 '주술을 사용하는 자'로만 한정되어 있었으나, 15세기 중반이 되어 마녀는 '악마와 계약한 자'로 마녀의 정의가 매우 애매해졌다.

마녀의 죄목에는 악마의 집회사바스에 참석한 죄, 술을 부패시킨 죄, 가축을 병들게 한 죄, 불륜 사건이 생기게 한 죄, 이웃 암소를 죽인 죄, 우박을 부른 죄, 농작물을 망친 죄, 아이들을 유괴하여 잡아먹은 죄 등으로 다양했다. 그리하여 평소 불쾌하거나 섬뜩한 느낌을 주는 여자, 약초를 잘 다루는 등 범상하지 않은 여자, 품행이 단정하지 못한 여자들은 대개 마녀로 지목을 받았다.

일단 마녀로 지목되면 혹독한 고문으로 마녀임을 자백하지 않을 수 없었다. 마녀는 악마에게 흡혈을 당했기 때문에 24시간 내에 반드시 악마가 다시 찾아온다고 믿었다. 그래서 마녀 용의자를 하루 동안 묶어 두는 동안 거미나 파리 등이 다가오면 악마가 찾아왔다고 여기고 마녀로 규정했다. 또한 마녀들은 몸에 무감각한 부분이 있다고 하여 매단 채 바늘로 온몸 구석구석을 찔렀다.

마녀로 재판에 회부되면 심한 고문 끝에 거의 사형을 당했는데, 화형이 가장 일반적이었으나 마차에 묶어 끌고 다니거나 사지를 찢는 형도 있었다. 관리와 성직자들에게는 마녀의 재산을 몰수할 수 있는 권한이 주어졌고 화형에 사용되는 나무값마저 마녀의 가족이 부담해야 했다.

히스테리와 무지에 근거한 마녀 사냥은 16~17세기 르네상스와 종교 개혁 시대에 가장 성행했는데, 가톨릭 측은 이단을 심문하는 종교 재판에서 많은 사람들을 마녀로 몰아 처형했다. 유럽에서 마녀 사냥이 없어진 1775년까지 30만~50만 명이 마녀라는 이름으로 화형에 처해졌는데, 마녀로 화형 당한 사람은 대부분이 여자였으며 어린 아이들도 상당수 있었다.

타락한 교황들

정부의 남편에게 맞아 죽은 교황 요한 12세 955년 18세에 교황에 즉위한 요한 12세는 도박으로 로마 교회의 재산을 탕진했으며 수십 명의 정부를 두고 정사를 즐기면서 성 베드로 성당에 헌납된 재물을 착복하여 그녀들에게 선물로 주었다.

962년 요한 12세는 베레가 공군의 침입을 받자 작센의 오토 1세에게 구원을 청했고 그에 대한 보답으로 그를 신성로마 제국의 황제로 봉했다. 그러나 963년 오토 1세는 그에게 충성 서약을 거부한 요한 12세를 폐위시키고 레오 8세를 후임 교황에 앉혔다. 오토 1세는 요한 12세를 비난했다.

> 교황 요한 12세는 마구간지기를 부사제로 임명하는가 하면 10세의 어린 소년을 토디의 주교로 임명했다. 또한 교황은 라테란 궁을 사창굴로 만들었고 성 베드로 성당을 순례하러 온 여신도들을 강간했으며 교회에 헌납된 재물을 착복했다.

그러다가 오토 1세가 로마를 떠나자 요한은 다시 로마로 돌아왔고 레오는 도망가고 말았다. 권력에 복귀한 요한 12세는 자신의 반대 세력들을 혀와 코를 자르고 양손을 절단하는 등 무자비하게 보복했다.

그러다가 964년 요한은 유부녀와 정사를 하던 중 여인의 남편에게 발각되어 그 자리에서 심하게 두들겨 맞아 고해 성사를 할 겨를도 없이 성찬도 받지 못하고 3일 후에 죽고 말았다.

돈으로 매수한 교황권 994년에 교황이 된 보니파스 7세로부터 1046년의 그레고리 6세까지의 50년 동안 11명의 교황은 모두 돈을 주고 교황권을 샀다.

보니파스 7세[984~985], 요한 15세[985~996], 그레고리 5세[996~999], 실베스터 2세[999~1003], 요한 17세[1003], 요한 18세[1003~1008], 셀기우스 4세[1009~1012], 베네딕트 8세[1012~1024], 요한 19세[1024~1033], 베네딕트 9세[1033~1045], 그레고리 6세[1045~1046]도 모두 돈을 주고 교황권을 샀다. 그중에 보니파스 7세는 요한 14세를 죽이고 훔친 돈으로 교황권을 샀으며, 베네딕트 9세는 살인, 간음 등의 비행으로 로마에서 추방되었다.

신을 믿지 않은 교황 보니파키우스 8세 14세기 로마 교황 니콜라우스 4세가 죽자 추기경단은 2년 반 만에 교황에는 뜻이 없는 수도사 베드로를 교황으로 뽑아 케레티누스 5세에 즉위시켰다. 그런데 새 교황은 밤마다 이상한 소리를 들었다.

"나는 천사이다. 신을 대신하여 명하노니 교황을 그만 두고 본래 너의 생활로 돌아가라"

교황은 고민 끝에 카에타니 추기경을 찾아가 상의했다. 교황의 야심을 품고 있던 카에타니 추기경은 그에게 사임할 것을 권했고 결국 교황은 취임한 지 반 년도 안 되어 사임하고 말았다.

사임한 교황 케레티우스 5세에게 밤마다 들린 그 천사의 소리는 실은 카에타니 추기경이 몰래 벽에 설치한 관을 통해 들려 준 소리였다. 얼마 후 카에타니 추기경은 자신이 바라던 대로 교황이 되어 보니파키우스 8세1235~1303로 즉위했다.

교황을 사임하고 다시 수도사로 돌아간 베드로는 새 교황에 의해 감금당하고 옥중에서 병사했다. 새 교황 보니파키우스 8세는 맹렬한 교황권 주창자로서 프랑스 국왕 필립 4세와의 불화로 감금당했다가 결국 불에 타 죽고 말았다.

보니파키우스 8세는 다음과 같은 말을 한 적이 있다.

"신의 심판 같은 것은 없다. 지옥과 천국은 이 세상에 있다. 노쇠, 가난, 성불구 등이 지옥이며 젊음, 건강, 미녀 등이 천국이다."

또한 그는 어느 신부가 기도하는 것을 보고 다음과 같이 말했다.

"이 멍청이! 예수는 우리와 같은 단순한 인간이다. 자신조차도 구할 수 없는 자가 어찌 남을 구원할 수 있단 말인가."

16세의 정부를 둔 교황 알렉산더 6세 스페인 출신의 교황 알렉산더 6세는 뇌물을 쓰고 1423년 교황에 선출되었다. 당시 그는 이미 헤어진 전 부인과의 사이에 7명의 자식이 있었고 정부와의 사이에 4명의 아이를 둔 아버지였다. 교황은 62세의 나이에 수많은 정부가 있음에도 불구하고 교황 재직 중에 다시 16세의 소녀를 정부로 맞아들였다.

중세 성직자들의 축첩세 중세의 성직자들 중에는 첩을 둔 자가 많았고 아이가 생겨 고초를 겪는 자도 많았다. 14세기 프랑스의 유명한 학자이며 성직자인 게르송의 말은 당시의 상황을 잘 말해 주고 있다.

> 간음을 아무도 몰래 주일이 아닌 날에 신성한 장소가 아닌 곳에서 미혼자와 했다면 그것은 그리 문제 삼을 일이 아니다. 순결의 서약이란 처자를 거느리지 않겠다는 의미일 뿐이다. 따라서 간음을 저질렀어도 그가 독신 생활을 했다면 순결의 서약을 파기한 행위라고 볼 수 없다.

13세기 스트라스부르 탁발 수도회의 단장 하인리히는 다음과 같이 말했다.

> 수녀가 성적 유혹과 인간적인 약점으로 도저히 순결을 지키기 어려울 때에는

세인에게 몸을 맡기기보다는 성직자에게 몸을 맡기는 것이 낫다. 그것이 죄가 더 가볍고 처벌도 훨씬 관대하기 때문이다.

교황청에서는 축첩세만 내면 사제들의 축첩 생활을 묵인해 주었다. 15세기 교황 식스투스 4세는 성직자들이 첩을 데리고 살든 말든 성직자들로부터 해마다 축첩세를 거두어 들였다.

바티칸 궁의 어느 연회 중세의 유럽 사회는 성관계에 비교적 관대하여 각 도시에서는 창부들이 공공연하게 활동했다. 많은 사제들과 주교들이 모여 종교와 관련된 문제들을 협의한 1414년의 콘스탄츠 공의회나 1545년의 트리엔트 공의회에는 수천 명의 창부들이 몰려들었다. 특히 19세기 초 오스트리아의 수도 빈은 인구 40만 명에 창부가 2만 명이나 되었다고 한다.

이러한 사회 관습과 문화의 영향으로 성직자들도 예외는 아니었다. 그 가운데 로마 교황 알렉산더 6세와 난폭한 군주인 그의 장남 체자레는 성생활이 유별나게 문란했다.

1501년 만성절 때 체자레는 바티칸 궁에서 연회를 주최했다. 그곳에는 교황과 그의 딸 르크레치아도 초대되었다. 불려온 창녀 50명은 알몸으로 양초를 든 채 교황이 뿌리는 군밤을 줍기 위해 쟁탈전을 벌였다. 신분과 지위 고하를 막론하고 참석자들은 요리와 술을 들며 분위기는 점점 무르익어 마음에 드는 여자가 있으면 그 자리에서 욕망을 채우기도 하며 열기는 더해 간다.

교황과 르크레치아도 이런 광경을 지켜보며 갈채를 보냈다. 연회가 절정에 달했을 때 절세미인 르크레치아가 갑자기 옷을 벗어 던지고 알몸이 되어 창녀들 속으로 들어가 함께 밤을 줍기 시작했다. 그리고는 창녀들과 같이 오빠 체자레에게 몸을 맡겼다. 그 당시 오누이 간의 근친상간은 흔한 일로서 두 사람 사이에는 아이도 있었으며 부친인 교황과도 관계가 있었다고 한다.

인쇄술의 발달

중국에서는 7세기 말 당나라 때 최초의 인쇄술이 발명되었다. 985년 중국 사천 지방의 인쇄 기술자들은 인도의 불경을 13만 장의 목판으로 만들어 태종에게 바치고 불경을 인쇄했다. 목판에 글을 새기고 검은 물감을 칠한 다음 종이에 찍어내는 방식으로서 12세기 송宋대에 본격적으로 보급되었다. 868년경 중국 감숙 지방에서 만들어진 인쇄물이 가장 오래된 것이다.

우리나라는 1234년 고려 고종 때 『상정고금예문詳定古今禮文』을 금속 활자로 인쇄했다. 금속 활자판 위에 먹물을 바르고 그 위에 종이를 눌러 문질러 인쇄했으며 활판 인쇄기가 도입된 것은 19세기 말이다. 활자로 인쇄한 가장 오래된 책은 1409년 고려에서 출판되었다.

유럽에서는 1438년 독일의 활자공인 구텐베르크1398~1468가 금속 활자를 이용하여 1시간에 20매 정도 인쇄할 수 있는 활판 인쇄기를 만들었다. 그리하여 유럽 각국에서는 보다 손쉽고 값싸게 성경이나 책이 보급되었으며 그로부터 350여 년 후에는 동력을 사용한 인쇄기가 나왔다.

유럽에서 발행 연대가 확인된 최초의 책은 1456년 구텐베르크가 인쇄한 『구텐베르크 성경』이다. 이 성경은 세계에서 가장 많이 읽히는 책으로서 당시에 찍은 200~300부 중 38부가 현재 남아 있다. 『구텐베르크 성경』은 양피지에 인쇄한 것도 있으나 대부분은 값싸고 잉크가 잘 먹는 종이에 인쇄했으며 잉크는 검댕이나 숯가루를 아마인유에 타서 사용했고 필사체인 고딕체의 금속 활자를 주조하여 인쇄했다. 한 페이지는 42행으로 약 2,620자로 되어 있다. 총 1,282쪽이므로 약 300만 자가 사용되었다.

15세기 유럽에서 활판 인쇄가 등장했으나 1판의 발행 부수가 200부를 넘지 못하여 책은 여전히 귀했다. 마르틴 루터가 독일어판 『신약성서』를 출판하여 베스트셀러가 되었을 때 초판 부수는 3,000부였다. 당시 책값은 일류 장인의 주급에 해당하는 쇠고기 14kg의 값과 같았다.

1500년경 유럽 250개 도시에 인쇄기가 설치되었다. 출판 서적은 초기에는 종교 서적이 대부분이었으나 점차 다양해졌다. 인쇄술의 발달로 자유분방한 생각들이 널리

파급되자 교회와 정부는 인쇄물을 탄압하기도 했지만, 유럽이 중세의 우매함과 암흑에서 벗어나는 데에 절대적인 역할을 했다.

종교 개혁

독일의 마르틴 루터1483~1546는 교회의 관습으로 되어 있던 면죄부 판매에 대한 95개 조항의 반박문을 발표하여 종교 개혁의 불씨를 당긴 결과 프로테스탄트신교를 탄생시킴으로써 유럽 세계는 전통적인 가톨릭교회와 프로테스탄트로 나뉘어 대립하게 되었다.

루터는 독일의 작센에서 태어나 에르푸르트 대학에서 인문학을 공부했다. 어느 날 루터는 길을 가다가 폭풍우 속에서 벼락을 맞았다. 그는 정신을 잃는 순간 "수도원에 들어가겠으니 살려 주십시오"라고 기도한 일이 있었다. 이때 그는 처음으로 성령을 느낀 것이다.

1506년 루터는 신학의 길을 택하고 아우구스티누스 수도원으로 들어가 수도사가 되었다. 그는 "신앙은 배움으로 믿어지는 것이 아니라 하나님이 내리시는 선물"이라고 했다. 1512년 루터는 신학 박사 학위를 받고 비텐베르크 대학의 신학 교수가 되었다.

14세기에 들어서면서 도시 경제의 발달로 봉건 제도가 약화되면서 사상과 문화 면에서는 인간 중심의 새로운 물결인 르네상스 운동이 전개되기 시작했다. 이러한 시기에 교황을 비롯한 가톨릭 성직자들은 지나치게 세속적인 권력에 집착해 있었고, 축재와 불륜 등 부패한 생활에 빠져 있었다.

1517년 교황 레오 10세는 성 베드로 성당의 개축 비용을 조달하기 위해 가톨릭교회를 통해 대대적으로 면죄부를 판매하기 시작했다. 당시 독일은 300여 개의 봉건국가 · 교회령 · 제국 도시로 분열되어 있어 영국이나 프랑스 등에 비해 왕권은 약하고 교회 권력이 막강했다. 면죄부를 대대적으로 판매하는 가톨릭교회에 대해 상공인과 농민들은 물론 제후들까지 커다란 불만을 품고 있었다.

1517년 루터34세는 교회의 면죄부 판매에 분개하여 대주교에게 서한을 보냄과 동시에 95개조의 반박문을 비텐베르크 성당 출입문에 내붙였다. 그의 반박문은 인쇄되어 순식간에 독일과 서유럽 각지로 퍼져 나갔다.

1521년 교황은 보름스에서 공회를 열고 루터에게 그의 주장을 철회하고 참회하도록 명했으나 루터가 이에 불복하자 루터를 이단자로 규정하고 추방령을 내렸다. 로마 교황청으로부터 파문을 당한 루터는 교황청과 결별을 선언하고 교황의 권위에 도전하는 글들을 발표했다. 그는 심지어 자기에게 전달된 파문장과 교회법 책자들을 군중들 앞에서 불사르기도 했다. 교황의 특사가 루터를 만나 그의 주장을 철회하도록 설득했으나 그는 이를 거부하고 교황의 편지를 공개적으로 불태워 버렸다.

작센의 선제후인 프리드리히 공은 루터를 자신의 바르트부르크 성으로 몰래 데려와 머물게 했다. 그곳에서 루터는 헤브라이 어와 그리스 어 성경을 독일어로 번역했다. 독일어판 성경이 활판 인쇄로 찍혀 널리 보급되자 종교 개혁의 물결은 삽시간에 번졌다. 1522년부터 영국의 언어학자 윌리엄 틴데일은 루터의 지원으로 에라스무스의 성경을 영역한 영어판 『신약성서』를 출간하여 영국에서 많은 인기를 얻었으나 교회로부터 대대적으로 단속을 받았다.

1546년 루터는 63세의 나이로 세상을 떠나 비텐베르크 성당의 묘지에 묻혔다.

면죄부 가톨릭 교리에는 인간은 모두 죄인이며 신을 대리하는 신부 앞에서 진정으로 참회하는 고해 성사를 통하여 죄를 사면 받을 수 있으나 원죄는 오로지 예수로부터 사면 받을 수 있는 것으로 되어 있다.

1095년 제1차 십자군 원정 때 교황 우르바누스 2세는 기도 · 단식 · 구호금 · 헌금 등으로 면죄부를 받으면 죄를 사면 받을 수 있다고 확대함으로써 교회의 재정은 주로 서민들에게 판 면죄부로 충당했다. 그러다가 기부금을 요구하는 면죄부는 1567년 교황 피우스 5세 때 폐지되고 말았다.

면죄부를 팔기 위해 독일에 온 교황의 특사는 사람들에게 설교했다.

"면죄부를 사면 고해 성사 없이도 죄를 면할 수 있다. 은화 한 닢이 이 통 안으로 떨어지는 순간 여러분의 죽은 가족들의 영혼은 연옥의 불길에서 벗어나 천당으로 갈 것이다."

그는 또한 연옥은 지옥과 같은 곳으로서 누구나 여기를 통과해야 하는데, 교황은 이 연옥의 고통을 줄이거나 면해 줄 수 있다고 주장했다.

루터의 95개조 반박문 돈을 주고 면죄부를 사면 죄를 사면 받을 수 있다고 하는 것은 거짓이다. 돈을 내는 순간 지옥에 떨어진 영혼이 천당으로 갈 수 있다는 것도 거짓이다. 인간을 구원할 수 있는 것은 오직 신의 은총에 대한 믿음밖에 없다. 진정한 믿음으로 구원을 받을 수 있는 것이지 외형적인 면죄부로 죄가 사해지는 것은 결코 아니다.

> 신의 은총과 예수 그리스도의 속죄로 의로워진 신자는 오로지 그 믿음만으로 산다. 죄는 오로지 믿음으로만 사해지는 것이며, 다른 어떤 것도 소용이 없다. 행위에 앞서 먼저 믿음이 필요하며 그 후에 행위가 따라야 한다.

루터의 주장 루터는 그의 강론과 글에서 다음과 같이 주장했다.

> 그리스도교의 근거는 교회나 사제가 아니라 오로지 성서에만 있다. 믿음 외에는 그 어느 것도 필요하지 않다. 신의 은총은 다른 사람이 대신해 줄 수 없는 것으로서 사제나 예배를 통해 신의 은총을 나누어 준다는 교회도 불필요한 것이다. 신에 대한 믿음만이 개개인을 구할 수 있다.
>
> 세례와 영성체 외의 성사는 모두 폐지되어야 한다. 성찬식을 통해 그리스도의 성체를 먹고 성배에 든 그리스도의 피를 마신다는 그 놀라운 신비를 믿는 것이다. 아무도 다른 사람을 신의 은총에 다다르도록 도와 줄 수는 없다. 믿는 자는 모두 저마다의 사제이므로 교회의 사제란 보조자의 역할 외에 아무 것도 아니다. 그러므로 사제도 일반인처럼 살 수 있고 결혼도 할 수 있다.
>
> 신자는 교회의 가르침을 무조건 받아들일 필요는 없다. 스스로 성경을 통해 신의 가르침을 찾아내야 한다.

수녀와 결혼한 루터 1519년 마르틴 루터는 어느 교회에서 성직자들의 독신 생활에 대해 다음과 같이 말했다.

성욕은 하느님이 인간에게 내리신 순수한 기능이다. 마치 배고플 때 빵 먹고 목마를 때 물 마시는 것처럼 자연스런 욕구이다. 바울도 참을 수 없으면 결혼을 하라고 했다.

1525년 수녀 카테리나 폰 보라24세와 결혼한 루터42세는 성직자의 독신 제도에 대해 다음과 같이 비평했다.

성경에 따르면 성직자는 훌륭한 인물로서 학문이 있어야 하며 한 여인의 남편이어야 한다고 했지만, 기독교가 로마 시대에 탄압을 받았기 때문에 결혼하는 데에는 큰 용기가 필요하여 결혼하지 않기로 결심하는 성직자들이 많아지게 되었다. 그런데 교황은 사람들의 자발적인 의사였던 독신 생활을 하나의 규칙으로 만들어 모든 성직자들에게 이를 강요했다. 그것은 각 교회의 재산을 로마 교회에 귀속시키는 데에 큰 도움이 되었다.

루터는 성직자에게 독신을 강요하는 것은 신 앞에 평등하다는 기독교 정신에 위배되며 성적 욕구를 무리하게 억제함으로써 오히려 타락에 더 쉽게 빠진다고 생각했다. 그는 또한 수도원도 폐지해야 한다고 주장했다.

어느 날 한 수녀가 루터에게 수도원에서 탈출하고 싶다고 호소했다. 하지만 당시 수도원은 이탈이 허용하지 않았다. 어느 날 밤 루터는 어떤 상인을 통해 12명의 수녀들을 마차로 탈출시키는 데에 성공하여 세 명은 부모에게 돌려보내고 여덟 명은 결혼시켰다. 루터는 마지막 남은 수녀 카테리나 폰 보라에게 신랑감을 소개했으나 성사되지 않았다. 나중에야 그녀의 마음을 읽은 루터는 그녀를 아내로 맞아 3남 3녀를 두었다. 결혼식은 올리지 못하고 결혼 생활을 시작한 전례가 되었다.

교황에게 보낸 루터의 서한

다음은 루터가 교황 레오 10세에게 보낸 서한이다.

저의 분노는 곧 하나님의 분노입니다. 하나님은 저가 물러서지 않도록 격려하셨습니다. 저는 그들이 깨우칠 때까지 글을 쓰며 외치지 않을 수 없습니다. 제가 분별없는 인간이라고 비난받는 것은 좋으나 교황님의 인격조차 인정하지 않는 사람으로 비치고 있어 이 편지를 통하여 해명하고자 합니다. 제가 교황님을 나쁘게 생각했던 적은 한 번도 없었음을 믿어주시기 바랍니다. 저는 로마 교황의 자리에는 전혀 관심이 없습니다.

지금은 바빌론과 소돔 이상으로 부패가 만연하고 있음은 어느 누구도 부정할 수 없을 것입니다. 부패를 조장하고 있는 것은 타락한 신자들입니다. 저는 선량한 그리스도교도들이 교황과 로마 교회의 이름으로 기만당하고 있음에 분노를 느낍니다. 교황님은 좋은 시대의 교황에 어울리는 분인데 이러한 시대에 교황이 되신 것을 안타깝게 생각합니다. 저는 지금까지 교황님에 대한 비난을 삼가왔습니다.

간절히 바라옵건대 아첨하는 무리들의 행동을 중지시켜 주십시오. 그들은 평화를 지키는 체하고 있지만 실은 평화의 적입니다. 저는 성서를 해석하는 데에는 규칙이 있다고 생각하지 않습니다. 성서는 속박되어서는 안 됩니다. 제가 교황님의 입장을 망각하고 형제애에 따라 행동했다 하더라도 어리석은 짓이었다고는 생각하지 않습니다. 주 예수가 당신을 영원히 지켜 주시기를 바라면서, 아멘. – 1518년 9월 6일, 마르틴 루터

독일의 농민 반란 1524년 종교 개혁 운동이 확산되자 교회와 봉건 영주들로부터 과중한 세금과 부역으로 고통 받던 독일의 농민들은 대규모의 반란을 일으켜 전국으로 확산되었다.

당시 농민들은 영주에게 40%의 소작료를 내고, 교회에는 십일세를 내며, 사람이 죽으면 살아 있는 사람이 사망세를 냈다. 농민 봉기군을 이끌던 개혁파 사제 토머스 뮌처는 요구 사항을 담은 〈12개조의 요구서〉를 인쇄하여 전국 각지로 전파시켰다.

① 우리는 우리 손으로 마을의 목사를 선임하고 또한 파면할 권리를 원한다.
② 성서에도 있듯이 우리 농노들도 자유인이 되기를 원한다.
③ 가난한 자에게도 사냥과 물고기를 잡을 수 있는 권리가 주어져야 한다.
④ 우리에게 가장 큰 짐은 날로 무거워지는 부역이다.
⑤ 영주는 농민을 괴롭히거나 부역 등을 무상으로 요구해서는 안 된다.

루터는 어디까지나 성서에 근거하여 농민들 편에서 영주를 비난했다. 하지만 남부에서 시작된 농민들의 반란이 중부와 북부 독일로 확산되면서 더욱 과격해져 교회나 수도원 등을 약탈하기 시작하자 루터는 태도를 바꾸어 농민들을 맹비난하기

시작했다. 1525년 잘츠부르크가 함락되면서 농민 반란은 결국 진압되었다.

독일 남부의 농민들은 루터의 배반에 실망하여 가톨릭으로 복귀하여 이후의 종교개혁은 영주들과 도시 중산 계급이 주도하게 되었고, 영주들은 더 이상 예전의 권위를 회복하는 것이 불가능해졌다.

다음은 루터가 친구에게 보낸 편지로서, 살육과 약탈을 일삼는 농민들을 비난한 그의 글에 대한 비판을 반박하는 내용이다.

> 내가 걱정하는 것은 두 가지이네. 만일 농민들이 영주가 된다면 악마가 수도원장이 될 것이고, 악마의 여자 친구가 여자 수도원장이 될 것이라네. 나는 이런 일이 일어나지 않도록 하기 위해 농민들을 달래고 설득해 보았다네.
>
> 하지만 그들은 내 말을 듣지 않았고, 결국 이런 결과를 초래하고 만 것이라네. 물론 영주들도 귀를 기울이지 않았지만, 그들 역시 그 대가를 치루겠지. 위해를 당한 농민들이 그들을 살해한다면 그건 가벼운 처벌에 불과하겠지.

프로테스탄트(신교)의 탄생 로마 교회의 권위에 대한 마르틴 루터의 도전은 결과적으로 유럽 사회가 중세의 암흑시대를 벗어나 근대로 접어들게 한 기폭제가 되었다.

루터가 바트르부르크 성에 머무는 동안 독일에서는 농민 반란이 일어났고 루터의 추종자들은 교황의 절대 권력, 성인 숭배, 면죄부 판매, 성직자의 독신주의 등에 반대하며 구교인 가톨릭과 대립하면서 프로테스탄트신교가 탄생되었다. '프로테스탄트'란 트집이나 반항을 일삼는다는 경멸적인 의미로 불려지게 된 것이다.

루터의 종교 개혁이 널리 퍼지면서 스위스에서도 프랑스 인 칼뱅1509~1564 등에 의해 종교 개혁이 진행되었다. 믿음만을 강조하며 비교적 온건한 독일의 루터 파와는 달리 과격한 근본주의자인 프랑스의 칼뱅은 부의 추구를 긍정하며 현세의 직업 생활을 신성시하여 중산층 시민 계급 사이에 널리 퍼져 근대 자본주의 형성에 영향을 끼쳤다.

한편 가톨릭교회는 종교 회의를 열어 교회 개혁을 단행하여 종교 재판소를 설치하고 이단에 대한 심문을 강화했으며 금서를 읽는 자는 사형에 처했다.

1540년에는 청빈과 정결을 모토로 혼미해진 대중의 혼을 구원한다는 목표로 제수이트 교단예수회이 조직되었다. 이 교단의 규약 제1절은 "희게 보이는 것도 교단이 검다고 하면 즉시 검다고 인정해야 한다"라고 절대 복종을 강조했다. 또한 그들은 "목적은 수단을 정당화한다"라는 포교 방법을 적용하여 프로테스탄트에 대해 그들의 육체를 말살시키지 않는 한 영혼은 구제받지 못한다고 하며 암살과 학살을 일삼았다.

1555년 40년간 독일을 내전으로 몰아넣은 신·구교도 간의 종교 갈등 끝에 신성 로마 제국의 황제 카를루스 5세는 아우구스부르크에서 열린 제국 의회에서 "영역을 지배하는 자가 신앙을 지배한다"라는 원칙이 인정되어 각 영주들은 자기 영토 내에서 종교를 선택할 자유를 가지게 됨으로써 프로테스탄트루터파 신교가 인정되었다. 그러나 개인적인 신앙의 자유는 아직 인정되지 않았다.

칼 뱅 프로테스탄트 종교 개혁가인 칼뱅1509~1564은 프랑스의 파리 대학에서 신학을 공부했다. 프로테스탄트로 개종한 칼뱅은 프랑스 국왕의 박해를 피해 스위스로 망명하여 정착하였는데 당시 스위스는 가톨릭과 신교가 치열한 투쟁을 벌이고 있던 시기였다. 스위스에 온 이후 그는 종교 개혁에 심혈을 기울여 27세 때 집필한 『그리스도교 요강』으로 신교의 이론적 지도자로 부각되었다.

칼뱅은 제네바의 가장 권위 있는 지도자가 되어 교회와 행정을 장악했다. 그는 제네바를 신정 공화국으로 선포하여 교회 개혁을 단행하고 시민 생활의 기강을 잡기 시작했다. 교회의 목사와 장로는 신도들이 선출하도록 했고 예배는 미사 위주에서 설교 위주로 바뀌었다. 시민들은 춤을 추거나 예배 때 웃기만 해도 고발당했다.

그는 자신의 견해와 다른 사람들은 추방하거나 교수형에 처했는데 세비투스는 칼뱅과 다른 견해를 논의하기 위해 제네바로 갔다가 체포되어 화형당하고 말았다. 칼뱅을 제네바로 데리고 갔던 피에르 아미는 약혼식에서 그의 약혼녀와 춤을 추었다고 하여 감옥에 갇혔고 그의 약혼녀는 외국으로 망명해야 했다. 모든 교인들은 매주 일요일과 수요일에 예배에 참석해야 하며 그 이외의 날은 교회에 나가는 것을 금했다.

성 바르톨로메오 축일의 대학살 1572년 8월 성 바르톨로메오의 축일에 프랑스의 가톨릭 귀족과 시민들이 프랑스 왕비 카드린 드 메디시스의 음모에 따라 파리에서 위그노 신교도들을 무차별적으로 학살한 사건이 벌어졌다.

프랑스 파리에서 위그노 신교도의 지도자인 콜리니 장군의 결혼 축하 피로연이 한창 열리고 있었다. 피로연이 나흘째 접어드는 날 밤에 무장한 폭도들이 콜리니 장군의 집을 포함하여 파리의 거의 모든 신교도들을 습격했다. 폭도들은 콜리니 장군의 목을 교황에게 보내고 나머지 시신은 3일 동안 거리로 끌고 다니다가 매달아 놓았다.

사태는 지방으로까지 확산되어 처음 3일 동안 신교도 지도자들을 포함하여 약 1만 명 이상의 신교도들이 학살당하고, 파리에서만 3,000명 이상이 살해되어 당시 박해를 받지 않은 신교도는 거의 없었다.

학살 사건의 배후에는 당시 궁정 내의 정치적 · 종교적 알력이 깔려 있었으며, 16세기 말 프랑스 전역을 시끄럽게 했던 가톨릭과 위그노 사이에 벌어진 종교 전쟁 가운데 한 사건이었다.

영국 국교회의 탄생

16세기 독일의 루터와 제네바의 칼뱅이 주도한 종교 개혁은 어디까지나 가톨릭교회의 타락과 세속화에 대한 불만으로 시작되어 신앙상의 문제를 중심으로 일어난 운동이었다. 하지만 영국의 종교 개혁은 신앙의 문제와는 관계없이 일어났다.

당시 영국 국왕 헨리 8세[1509~1547 재위]에게는 6살 연상의 캐서린 하워드[1485~1536]라는 왕비가 있었다. 캐서린은 스페인 이사벨 여왕의 막내딸로서 헨리 8세의 형수, 즉 젊은 나이에 죽은 형 아서의 아내였다. 가톨릭에서는 본래 형이나 동생의 아내를 자신의 아내로 삼지 못하도록 되어 있으나, 강대국 스페인과의 우호 관계를 유지하기 위해 결혼이 예외적으로 이루어진 것이었다.

그런데 캐서린은 여섯 명의 아이를 낳았으나 딸 메리[훗날 여왕 메리 1세]를 제외하고는 모두 어린 나이에 죽고 말았다. 아들을 원했던 헨리 8세는 그녀를 멀리했고, 대신 그녀의 시녀였던 앤 불린과 결혼하기 위해 로마 교황의 허락을 신청했다. 그러나 가톨릭에서는 신 앞에서 한 결혼에 대한 이혼을 인정하지 않았기 때문에 쉽지 않았다. 헨리 8세는 이혼이 어려우면 결혼 자체가 무효였던 것으로 해달라고 요청했지만 그것도 받아들여지지 않았다.

1533년 1월, 5년이나 기다려도 교황의 허락이 없자 화가 난 헨리 8세는 캔터베리 대주교에게 억지로 캐서린과의 결혼을 무효로 선언하게 하고 앤 불린과 결혼했다. 그리고 6월에 캐서린과 이혼을 선언함으로써 앤 불린은 왕비가 되었고, 8월에는 앤 불린이 딸 엘리자베스를 낳았다.

그러자 로마 교황은 헨리 8세를 파문하고 캐서린과의 이혼은 무효라고 했으나, 영국 의회는 캐서린과의 이혼을 인정하고 앤 불린이 낳은 딸 엘리자베스를 왕위 계승자훗날 엘리자베스 1세로 인정했다.

1534년 헨리 8세는 로마 교회로부터 독립을 선포하고, '영국 국왕이 유일한 최고 수장이다'라는 수장법이 의회를 통과하면서 영국 국교회를 탄생시켰다. 그는 영국 국교회로부터 캐서린과의 이혼을 승낙 받았고, 로마 교황에게 바치던 감사 헌금을 폐지하고, 전국의 수도원을 해체하고 수도원 소유의 영토도 몰수해버렸다.

1536년 결국 캐서린은 결혼 전의 불륜을 이유로 런던탑에 유폐되었다가 마지막 말을 남기고 참수되었다.

"나는 지금 여왕으로 죽지만 차라리 켈페퍼의 아내로 죽을 수 있었으면 좋았을 것을. 신이여, 내 영혼을 구하소서. 여러분, 나를 위해 기도해 주시오."

참수 당한 토머스 모어 『유토피아』의 저자인 토머스 모어1478~1535는 헨리 8세와 앤 불린의 결혼은 교황의 권위를 부정하는 것이라 하여 결혼식에 불참하고 추기경직도 사임했다. 이에 헨리 8세는 국교회 수장의 권위를 부정했다는 죄목으로 그를 런던탑에 투옥시키고 처형1535했다.

토마스 모어는 타워힐의 단두대에서 마지막 말을 남겼다.

"나는 국왕의 충실한 종복이지만, 그 이전에 주님의 종이다."

그리고 사형 집행관에게 말했다.

"여보게, 자기 직업을 두려워 말고 힘내게. 목이 짧으니 실수하지 않도록 주의하게."

처형당한 두 번째 왕비 앤 불린 영국의 헨리 8세의 두 번째 왕비가 된 앤 불린은 딸 엘리자베스만을 낳은 채 네 번의 유산 끝에 결국 아들을 낳지 못하자 헨리 8세는 그녀와의 이혼을 결심했다.

헨리 8세는 심복인 토머스 크롬웰을 시켜 앤 불린에게 부정을 저질렀다는 누명을 씌워 그녀를 런던탑에 유폐시켰다. 앤 불린과 관계를 가졌다는 다섯 명의 남자들이 처형되었는데 그녀와 부정을 저질렀다는 증거라고는 고문으로 받아낸 한 음악가의 자백이 있었을 뿐이었다.

앤 불린은 처형되기 전 헨리 8세에게 탄원서를 보냈다.

> 나의 남편인 국왕이시여, 당신은 그동안 나에게 정말 잘 해 주셨습니다. 시녀였던 나를 후작으로 해 주셨고 다시 왕비로 맞아 주셨습니다. 그리고 당신은 지금 나를 이 나라 최고의 순교자로 만들어 주고 있습니다. 그 은혜는 잊지 않겠습니다.
>
> 저의 마지막 소원입니다. 참수에 도끼 대신 칼을 사용해 주시기 바랍니다.

앤의 요청을 받아들여 처형을 하루 연기하면서 단칼에 그녀의 목을 자를 수 있는 솜씨 좋은 전문가를 프랑스에서 불러왔다.

1936년 5월 19일 자신의 결백을 외치던 앤은 결국 처형되고 말았다. 그녀는 칼이 내려쳐지는 순간까지도 혹시나 국왕의 사자가 사면장을 가지고 황급히 달려오지나 않을까 하고 기대하는 듯 내내 뒤를 돌아보고 있었다고 한다.

여섯 번 결혼한 헨리 8세 영국 여왕 엘리자베스 1세의 아버지인 헨리 8세는 여섯 번이나 결혼과 이혼을 반복했다. 초기 두 번의 결혼은 왕위를 계승할 아들을 얻기 위해 교황청의 파문을 감수하면서 이혼을 결행했다.

두 번째 왕비 앤이 처형된 지 열흘 후에 제인 시모어를 세 번째 왕비로 맞았다. 그녀는 헨리 8세가 기다리던 아들 에드워드를 낳았지만 출산 직후 죽고 말았다.

헨리 8세의 네 번째 왕비는 매력이 없다는 이유로 반 년 후에 이혼했고, 다섯 번째 왕비는 1년도 지나지 않아 간통죄로 처형당했다. 1543년 52세의 나이에 마지막으로 여섯 번째 왕비를 맞은 헨리 8세는 그로부터 4년 후인 1547년 세상을 떠났다.

헨리 8세의 뒤를 이어 세 번째 왕비가 낳은 아들 어드워드가 즉위했으나 6년 만에 죽고, 그의 뒤를 이어 캐서린의 딸 메리가, 그 다음으로 앤 불린의 딸 엘리자베스가 왕위를 이었으나 후계자가 없어 튜더 왕조는 막을 내렸다.

앤 불린의 편지 다음은 1536년 5월 앤이 런던탑에 유폐되어 있을 때 헨리 8세에게 보낸 앤 불린 왕비의 편지로서 현재 대영박물관에 소장되어 있다.

> 폐하, 당신이 말씀하신 대로 진실을 고백하는 것으로 저의 신변이 안전해진다면 저는 기꺼이 이에 따르겠습니다. 하지만 당신의 불쌍한 아내가 죄를 인정하리라고는 생각하지 마세요.
>
> 폐하, 그렇게 성급하게 넘겨짚지 마세요. 저만큼 진실한 애정으로 의무와 충성을 다한 왕비는 없을 것입니다. 왕비로 있으면서 지금까지 자신의 영예로운 지위를 망각한 적은 한 번도 없으며 부정을 저질렀다는 것은 근거 없는 폐하의 공상입니다.
>
> 폐하, 저에게 정당한 공개 재판을 받게 해주십시오. 원고와 재판관은 저에게 적의를 품고 있는 사람들이 아니기를 바랍니다. 저의 진술에는 사람들이 들어서 부끄러워할 내용은 결코 없을 것입니다. 그렇게 하면 저의 결백이 밝혀지고 당신이 의심하시는 것들이 세간의 중상에 그치게 되든지 아니면 저의 유죄가 명백하게 인정되든지 분명해질 것입니다. 신과 당신이 저에게 어떤 결정을 내리시더라도 저는 당신을 원망하지 않을 것입니다.
>
> 저의 지금 모습은 저를 모략한 자들 때문입니다. 당신이 이미 결심한 대로 저에게 누명을 씌우고 저를 죽이고 행복을 얻는다 해도 당신과 저를 모함한 그들을 용서하고 당신이 잔혹하게 저를 이용한 것에 대해서도 용서해 주도록 기도하겠습니다.
>
> 당신과 저는 곧 최후의 심판대에 모습을 보이겠지요. 그때는 세상 사람들이 저를 어떻게 생각하는지, 그리고 저의 결백이 완전히 밝혀지리라는 것을 의심하지 않습니다. – 1536년 5월, 앤 불린

갈릴레이

이탈리아의 천문학자이자 물리학자인 갈릴레이(1564~1642)는 1564년 이탈리아 피사에서 음악가의 아들로 태어났다. 갈릴레이는 피사 대학의 의학부 학생이었으나 독학으로 수학을 공부했다. 그는 성당의 천장에 매달린 램프가 흔들리는 것을 보고 단진자의 등시성을 발견하였다.

피사 대학에서 수학을 가르치고 있던 갈릴레이는 피사의 사탑에서 크고 작은 쇠구슬 두 개를 떨어뜨리는 실험을 통해 모든 물체는 무게와 관계없이 떨어지는 속도는 같다는 놀라운 사실을 증명함으로써 무거운 물체가 먼저 떨어진다는 아리스토텔레스의 주장을 뒤집었다.

1610년 갈릴레이는 빛의 굴절을 이용하여 유리로 배율 20배의 천체 망원경을 만들어 별을 관찰한 결과 목성에는 네 개의 위성이 있고, 코페르니쿠스의 지동설이 옳다는 것을 알았다.

갈릴레이가 살았던 16세기에는 거의 모든 사람이 150년경 로마의 천문학자였던 프톨레마이오스가 제창한 "지구는 우주의 중심이며 우주는 지구를 중심으로 돈다"는 천동설을 믿어 지구는 평평하며 태양이 지구의 동쪽으로부터 서쪽으로 돌고 있다고 믿었다.

당시 가톨릭교회로서는 천동설이야말로 "하느님이 우주를 창조하셨다"라는 가톨릭의 교리와 맞아 떨어져, 지동설은 신에 대한 도전이며 모독으로 받아들였다. 결국 이를 부정하는 것은 신을 믿지 않는 것으로 여겨 사형에 처하기도 했다.

지동설을 주장한 사람들 고대 그리스의 철학자 아리스토텔레스(BC 384~BC 322)는 천동설을 믿었으나, 같은 고대 그리스의 천문학자 아리스타르코스(BC 310~BC 230)는 지구는 자전하면서 태양 주위를 공전한다는 지동설을 처음으로 주장하였으며, 2세기 고대 그리스의 위대한 천문학자 프톨레마이오스가 천동설을 논리적으로 입증함으로써 천동설은 15세기까지 서구 그리스도 사회에서 독보적인 진리로 신봉되면서 신권 통치의 중요한 이론적 기초를 제공했던 것이다.

그러다가 1542년 폴란드의 신부이자 천문학자인 코페르니쿠스1473~1543가 지동설을 주장하며 『천체의 회전에 대하여』라는 책을 내놓자 세상에 큰 파문을 불러일으켰다. 그는 자신이 만든 관측 장비로 오랫동안 천체를 관찰한 끝에 지구는 우주의 중심이 아니라 하나의 행성에 불과하며 다른 행성들과 함께 태양을 중심으로 돈다는 지동설을 주장하게 된 것이다. 책이 출판되어 그에게 전달되었을 때 그는 병석에 누워 있었고 3시간 후에 눈을 감았다. 당황한 교황청은 책의 출판을 금지시켰다.

1600년 이탈리아의 철학자 조르다노 브루노는 "우주는 무한하며 지구는 태양을 중심으로 돌고 있다"고 주장하여 종교 재판에 회부되었다. 종교 재판에서 자신의 이론을 철회하라는 재판관의 요구를 거부하자 예수의 신성을 모독했다는 죄목으로 화형에 처해졌다. 그는 과학은 종교로부터 독립되어야 한다고 주장했다.

1687년 영국의 과학자 아이작 뉴턴이 모든 물체 사이에는 서로 끌어당기는 만유인력이 작용한다는 원리를 발표함으로써 지상에서의 운동과 천체의 운동을 일거에 설명할 수 있게 되었다. 2세기 초 천동설을 주장한 프톨레마이오스는 "낙엽이 땅으로 떨어지는 것은 지구가 우주의 중심이기 때문이다"라고 설명했으나, 뉴턴은 사과가 땅으로 떨어지는 것을 만유인력 때문이라고 설명했다.

그래도 지구는 돈다 로마 교황청의 거듭된 경고에도 불구하고 갈릴레이가 지동설을 주장하며 1632년에 『프톨레마이오스와 코페르니쿠스의 두 우주 체계에 관한 대화』라는 책까지 펴내자 교황청은 책의 판매를 금지시키고 그를 교회에 대한 불복종 혐의로 종교 재판에 회부했다.

1633년 로마의 한 수도원에서 진행된 종교 재판에서 갈릴레이는 교회 측 학자들과 논쟁을 벌였다. 재판관이 갈릴레이에게 명했다.

"코페르니쿠스의 지동설은 그것이 진리로 논증될 때까지는 가설에 불과하니 더 이상 지동설을 주장하지 말라."

강압적인 분위기에서 진행된 종교 재판에서 노쇠한 갈릴레이는 자신의 주장을 철회할 수밖에 없었다. 그리하여 그는 사형은 면하고 종신 금고형을 선고받았다. 갈릴레이는 법정을 나서면서 혼자 중얼거렸다.

"그래도 지구는 돈다."

갈릴레이는 피렌체 남쪽의 시에나에 유폐 당한 채 1642년 78세의 나이로 그곳에서 생을 마감했다. 종교 재판에서의 유죄 판결 때문에 장례 절차는 물론 묘비조차 세울 수 없어 그의 시신은 산타 크로체의 성당 묘지에 매장되었다. 그로부터 360년이 지난 1992년 로마 교황 요한 바오로 2세는 그에 대한 종교 재판 판결은 비극적인 상호 몰이해 때문이었음을 인정하고 갈릴레이의 완전 복권을 선언했다.

갈릴레이의 편지 다음은 갈릴리이가 자신이 개발한 망원경으로 달을 관찰한 결과를 친구에게 알려주는 편지다.

> 자네 요청에 따라 망원경으로 달 표면을 관찰한 결과를 알려주마. 내가 사용한 망원경은 육안으로 보는 것보다 달의 직경은 20배, 표면적은 400배, 부피는 8,000배로 크게 보여준다네. 달을 매우 또렷하게 관찰할 수 있는 거지.
>
> 관찰한 결과, 달 표면은 완전한 평면도 아니고 매끄럽거나 규칙적이지도 않다네. 많은 사람은 달을 포함한 천재들이 평평하다고 생각하지만, 사실은 울퉁불퉁하다네. 또한 달 표면은 지구 표면의 산이나 계곡과 유사한 모양이지만, 크기는 훨씬 큰 능선과 골짜기로 덮여 있어.
>
> 밝은 부분과 어두운 부분의 경계는 멋진 타원은 아니라네. 경계를 구분하기가 어렵고 거칠기 때문이지. 경계 부근의 어두운 부분에는 빛나는 부분이 여기저기 보인다네. 또한 밝은 부분에는 작고 검은 점이 많이 발견되네. 검은 점 주변에는 밝은 테두리들이 부분적으로 있는데 전부 태양 쪽을 향하고 있어. 어떤 천체든 이만큼 제대로 관찰한 건 우리가 세계 최초라네.

30년 전쟁

30년 전쟁1618~1648은 기독교 신 · 구교간의 대립에서 비롯하여 유럽의 거의 모든 나라가 휘말린 종교 전쟁이었다. 로마 가톨릭을 수호하려는 황제 군과 프로테스탄트 군사이의 전쟁으로서 마을이란 마을은 모두 불타 없어지고 도처에서 살인과 강도질이 끊이지 않았으며 군인들은 농가를 약탈하는 등 종교 전쟁은 이미 명분을 상실하고 있었다.

종교 전쟁은 많은 정치사상을 낳았다. 왕권 강화의 이론적 기반인 왕권신수설도 이 시기에 나왔는데, 백성을 통치할 권리는 사람이 아닌 신으로부터 부여받아야 하므로 왕은 신에 의해 선택된다는 주장이다.

인구 증대를 위한 고육책 1648년 전쟁은 결국 베스트팔렌 조약으로 종결되었으나 독일 전역은 암담한 황무지로 되어 버렸다. 당시 유럽에서는 돌을 넘기는 신생아는 네 명 중 한 명에 불과했고, 그중 절반만이 20세까지 살아남았는데, 그나마 30년 전쟁으로 유럽 각국은 인구가 크게 줄어 살아남은 사람은 절반도 안 되었다.

프로이센의 빌헤름 1세1713~1740년 재위와 그의 아들 프리드리히 2세1740~1787년 재위가 벌인 정복 전쟁에서 엄청난 병사를 잃어 징병제를 도입하고 이웃 프러시아에서 젊은이들을 데리고 왔는데도 턱없이 모자라자 프리드리히 1세는 다음과 같은 인구 정책을 포고했다.

> 앞으로 10년간 60세 이하의 남자는 수도원에 들어갈 수 없으며, 모든 남자는 두 아내를 갖도록 하라.

프리드리히 2세는 인구 증가를 위해 관련된 모든 규제를 없앴다. 축첩은 물론 근친상간이나 강간조차도 형벌의 대상에서 제외시켰다. 또한 교회에서는 젊은 여성들이 자신의 간음을 참회하거나 품행이 불량하다고 남을 비난하는 일을 금지시켰다. 중혼을 법으로 인정하고 낙태에 대한 형벌도 폐지시켰다. 성은 종교적 교리의 속박에서 벗어나 간통이나 부정이란 말조차도 없어지고 말았다. 이렇게 인구 증가를 위해 수단과 방법을 가리지 않고 출산을 장려한 결과 프로이센의 인구는 급속히 증가하게 되었다.

달력의 역사

기원전 7세기 메소포타미아 지방의 수메르 인은 달이 차고 기우는 것을 기준으로 하여 1년을 355일로 하고 수년마다 윤달을 두어 조정하는 태음력을 고안해 냈다.

고대 이집트에서는 나일 강이 범람할 때 시리우스 별이 나타나는 현상을 발견함으로써 1년을 365일로 하는 태양력을 만들었다. 기원전 4000년경 한 달을 30일로 하여 1년을 12개월에 5일을 더하여 365일의 달력을 만들었다. 그러다가 기원전 238년 프톨레마이오스 3세 때 4년마다 366일의 윤년을 두게 되었다. 이것이 로마로 이어져 오늘날의 정확한 태양력이 되었다.

기독교력은 6세기에 디오니시우스 엑시구스라는 신학자가 예수의 탄신일을 원년으로 삼을 것을 제안했다. 유대력은 기원전 10세기 솔로몬 시대의 유대 학자들이 천지 창조의 날을 계산해 내어 이를 원년으로 삼았는데, 2000년은 유대력으로 5760년이 된다. 불교력은 석가모니가 탄생한 해인 기원전 544년을 원년으로 한다.

이슬람력은 12세기 셀주크 왕조에서 천문학과 수학에 뛰어난 업적을 남긴 우마르 하이얌이 천문 관측을 통해 12개의 달을 모두 30일로 정하고 연말에 5일의 윤일을 두는 자라르력을 만들었다. 이슬람력은 회교 창시자 무하마드가 메카에서 메디나로 피신하던 해인 622년 7월 16일 금요일, 즉 헤지라를 원년으로 삼았다.

중국의 은나라~BC 11C에서는 '갑, 을, 병, 정, 무, 기, 경, 신, 임, 계'라는 열 개의 태양10干을 조상신으로 여기고 하루씩 교대로 나타나 열흘 동안[旬]에 모든 태양이 한 바퀴를 돈다고 생각했다. 그 후 춘추전국 시대BC 770~BC 221가 되자 '자, 축, 인, 묘, 진, 사, 오, 미, 신, 유, 술, 해'의 십이지12支가 서아시아에서 전해져 십간과 십이지를 교대로 하나씩 만나게 한 '간지干支'로 하루와 1년을 쟀다. 1280년 중국의 곽수경은 이슬람의 자라르력을 바탕으로 1년을 365.2425일로 하는 수시력을 만들어 400년간 중국의 역으로 사용되었다.

일본은 에도 시대에 중국의 수시력을 기초로 만들어진 정향력을 1685년에 채택하여 1872년까지 사용했다.

로마에서는 처음에는 10개월짜리 달력을 사용하다가 계절적으로 차이가 많아 중간에 윤년을 넣어 사용했다. 기원전 713년경 로마 2대 왕 누마는 마지막 달인 December열 번째 달이라는 뜻의 다음에 January와 February를 덧붙여 1년을 12개월 355일로 했다. 기원전 451년 January를 1년의 첫 달로 고쳤기 때문에 October여덟 번째 달이라는 뜻가 10월로, December는 12월로 각각 2개월씩 뒤로 밀리게 된 것이다.

기원전 45년 율리우스 카이사르는 역법을 통일시키기 위해 이집트력을 모델로 한 태양력, 즉 율리우스력을 제정했다. 이 역법은 1년을 365일과 6시간으로 하여 4년마다 윤년을 두었다. 이때 카이사르는 그가 태어난 7월을 자기 이름을 따서 율리우스Julius, 영어로는 July로 고쳤다.

기원전 27년 로마 제국의 초대 황제 아우구스투스는 그가 태어난 8월을 자신의 이름을 따서 아우구스투스Augustus, 영어로는 August라고 했다. 또한 8월을 카이사르의 7월과 같은 큰 달로 하기 위해 2월에서 하루를 빼서 31일로 바꾸었다. 율리우스력은 이전의 역법에 비해 매우 정확했으나 천 년에 8일의 오차가 생겼다.

1582년 교황 그레고리우스 13세가 이 오차를 조정하여 1년을 365일 5시간 48분 46초로 고친 그레고리력이 오늘날 세계 공통으로 사용되고 있다. 한국은 1872년 태양력을 채택했다.

1주일을 7일로 하는 7요제는 원래 메소포타미아에서 탄생했는데, 그들은 지구를 둘러싼 7개의 별태양, 달, 화성, 수성, 목성, 금성, 토성이 각각의 요일을 지배한다고 생각했다. 7요제는 2세기에 들어서면서 로마 사회에 전해졌고 태양의 날 일요일은 신성한 날로 받아들여져 기독교에서도 안식일이 되었다.

연금술과 불로장생약

연금술은 철이나 납, 구리, 아연과 같은 산화하기 쉬운 금속으로 금이나 은, 백금 같은 귀금속을 만들고자 시도했던 비술을 말한다. 고대인들은 모든 물질은 공기·

물 · 흙 · 불 · 공간으로 구성되며, 물질세계는 더운 것과 찬 것, 젖은 것과 마른 것, 양성과 음성, 남과 여 등 정반대되는 개념들에 의해 작용한다고 생각했다.

연금술은 일찍이 고대 이집트와 그리스에서 시작되었다. 헬레니즘 시대 알렉산드리아에서 탄생한 그리스의 연금술은 이슬람 세계로 전파되어 알키미아Al Kymia라 불렸고, 십자군 원정 이후 유럽에도 보급되어 알케미Alchemy라 불렸는데 이것이 화학Chemistry이란 말의 기원이다.

당시에는 과학과 미신이 하나의 형태로 존재했기 때문에 연금술사는 의학이나 약학, 천문학, 수학 등에 능통한 지식인이었다. 신성로마 제국의 황제 루돌프 2세는 연금술에 빠져 세계 각지의 연금술사를 모아 연구하도록 지원했고, 영국의 뉴턴도 연금술에 몰두해 방대한 문헌을 남기기도 했다. 8세기 이슬람의 저명한 연금술사인 자비르 이븐 하이얀은 금속을 구성하는 기본 물질은 수은과 황이며 두 물질의 증기가 결합하여 각종 금속이 만들어진다고 믿고 그는 금과 은을 합성하려 했다.

연금술사들은 촉매와 같은 역할을 하는 연금석현자의 돌을 사용하면 그것이 가능할 것이라고 믿었다. 따라서 연금석을 발견하는 것이 가장 중요한 일이었으며 연금석으로는 수은을 중요하게 생각했다.

고대 인도와 중국에서도 연금술이 시도되었으나, 동양에서는 서양과는 달리 귀금속을 만들기보다는 불로장생의 비약을 얻는 것이 주요 목적이었다. 일찍이 중국에서는 신비의 물질로 알려진 단丹을 뽑아내려는 연단술이 도교에서 비롯되었다. 그들은 금이나 은을 만들지는 못했지만, 연금석으로 어느 정도 물질을 바꿀 수 있다는 신비한 작용을 알게 됨으로써 이것을 먹으면 불로장생할 것이라고 믿게 된 것이다.

그러나 그들이 사용한 연금석은 대부분 수은이나 비소 등의 중금속으로서 고열, 마비, 정신 이상 등 심각한 부작용을 일으킨다. 그것을 장생약이라고 복용한 왕들은 치명적인 부작용으로 천명을 다하지 못하고 죽어갔다.

1783년 영국 과학원은 회원인 프라이스에게 그가 연금술사들의 꿈을 실현한 방법을 입증하게 했다. 프라이스는 동료 세 명이 지켜보는 가운데 그가 성공했다는 실험을 재현하는 데에 실패하자 청산가리를 마시고 자살하고 말았다.

신선 설화

중국 전국 시대BC 403~BC 221 중엽부터 신선 설화가 등장하면서 불로장생의 욕망이 종교의 형태로 승화하여 도교로 발전했다. 중국의 고전인 『산해경山海經』에는 영원히 죽지 않는 민족들이 나오는데 이들은 모두 사람들의 발길이 닿지 않는 섬에 산다고 했다.

유황BC 77~AD 6이 쓴 『열선전列仙傳』에는 죽은 자가 수십 년이나 수백 년 뒤에 다시 살아나거나, 죽은 뒤에 육체를 남기지 않고 신선이 되어 승천하거나시해선, 빠진 이빨이 다시 나고 흰 머리가 다시 검게 되면서 몇 백 살까지 장수한 사람 등이 대거 등장한다.

사마천의 『사기』에는 한나라 무제의 총애를 받던 이소군이 500년 이상을 산 시해선尸解仙이었다고 적고 있다. 이와 같은 전설적인 이야기에 나오는 사람들은 대부분 단약丹藥, 수정, 복령茯笭, 계피, 영지버섯과 같은 특별한 광물질이나 약초를 복용한 것으로 되어 있다.

『구약성서』의 성서 시대에 나오는 아담은 930세, 노아는 950세, 노아의 할아버지 므두셀라는 969세까지 살았고 187세에 아들 라멕을 낳았다. 그러나 세상이 점차 혼탁해지자 하나님은 인간의 수명을 120세로 줄였다. 그 후 노아의 후손들은 수명이 점점 짧아져 대략 500년을 살았다고 한다.

인간의 평균 수명은 대략 그리스 시대가 36세, 르네상스 시대가 38세, 17세기에 들어와 50세 정도였다. 현대 의학은 인간의 수명을 최대 115~120세 정도로 보지만, 유전자 기술이 발달하면 150세 정도까지는 연장될 수 있을 것으로 보고 있다.

포유동물의 수명은 몸집의 크기와는 상관없이 심장 박동을 네 번 할 때마다 한 번씩 호흡하며 일생 동안 2억 번 정도인간은 3억 번의 심장 박동을 하고 죽는다고 한다. 포유동물의 수명은 심장 박동이 느린 인도코끼리는 77년이며, 원숭이는 39년, 심장 박동이 빠른 생쥐는 2년 정도이다.

불로장생약

중국 진晋나라의 갈홍283~343은 불로장생약을 만드는 데에 일생을 바친 사람이다. 그는 불로장생약의 재료로 수은과 황의 천연 화합물인 단사丹沙, HgS와 황금을 사용했다. 그가 주장하는 장수의 비결은 방중술房中術, 단전호흡 그리고 단약丹藥을 복용하는 것이었다.

중국 양나라의 도홍경456~536이 쓴 『신농본초경神農本草經』에 나오는 불사약인 단화丹華의 재료는 수은, 황금, 납, 소금 등 아홉 종류 이상의 광물질로 되어 있다. 단화를 복용하면 7일 만에 신선이 된다고 했다. 사람들은 이를 믿었고, 수은 등의 중금속이 인체에 미치는 치명적인 해독 작용은 알지 못했다.

진 시황제, 한 무제, 당 태종 등은 모두 불로장생을 꿈꾸다가 오히려 자신들의 수명을 단축시켜 일찍 죽고 말았다. 도교를 숭배하며 단약을 과신하던 경종도 23세의 젊은 나이에 죽고 말았다. 당나라의 문호 한유768~824는 단약의 폐해를 알리기 위해 8명의 수은 중독자를 관찰하여 기록을 남겼는데 대부분 토혈, 종양, 혈변, 근육통 등으로 죽었다고 한다.

노스트라다무스의 예언

미셸 드 노스트라다무스1503~1566는 프로방스 지방의 생 레미에서 태어났다. 그의 가문은 유대계였으나 기독교로 개종했고 어린 미셸도 가톨릭교도로 양육되었다. 두뇌가 비상한 그는 처음에는 의학을 공부하여 흑사병 환자를 다루는 의사로 유명했다.

노스트라다무스가 예언의 재능을 보이기 시작한 것은 시와 같은 운문으로 된 100개의 예언이 실려 있는 『세기世紀』라는 전집을 출간한 1555년이었다. 노스트라다무스는 미래를 내다보는 비결을 절대 밝히지 않았다. 그는 금속의 삼각 받침대 위에 물 한 그릇을 떠놓고는 마치 점쟁이처럼 그것을 들여다보며 예언을 말했으며, 때로는 예리한 직관에 의해 예언이 떠오르는 경우도 있었다.

노스트라다무스는 청년 시절에 이탈리아를 여행한 일이 있다. 길을 가던 그는 갑자기 펠리체 페레티라는 지나가던 수도승 앞으로 다가가 무릎을 꿇고 말했다.

"교황님 앞에 무릎을 꿇나이다."

그 수도승은 1585년 교황이 되었는데 그가 바로 식스투스 5세이다.

어느 날 예언을 좋아하는 앙리 2세의 왕비인 카트린 데 메디치가 노스트라다무스를 방문했을 때이다. 그는 왕비의 수행원 중 한 소년을 보고는 프랑스의 국왕이 될 것이라고 말하여 소년을 당황하게 했다. 그 소년이 앙리 드 나바르로서 후에 앙리 4세가 되었다.

언젠가 프랑스의 한 귀족이 노스트라다무스의 예언 능력을 시험해 보기 위해 그를 집으로 초청했다. 그 귀족은 그에게 집에서 키우던 돼지 두 마리의 운명을 예언해 보라고 했다.

"검은 놈은 귀족이 먹게 될 것이고, 흰 놈은 늑대가 먹을 것입니다."

귀족은 즉시 흰 놈을 잡아 저녁식탁에 올리라고 몰래 하인에게 지시했다. 그런데 그날 밤 노스트라다무스가 돌아간 다음 귀족이 하인에게 확인했더니 하인이 말했다.

"주인님, 집에서 기르는 늑대가 그만 흰 돼지를 물고 가버려 할 수 없이 검은 돼지를 잡아 식탁에 올렸습니다."

노스트라다무스는 프랑스 국왕 앙리 2세에 대해 "1대 1 대결의 야전 시합장에서 젊은 사자가 늙은 사자를 눕히리라. 일격에 황금 바구니 속의 눈을 찌르니 두 군데의 상처가 하나 되어 비참하게 죽으리라."라고 예언했는데 이 예언은 4년 뒤인 1559년 축제 때 현실로 나타나고 말았다. 토너먼트 경기에서 사자 문장을 한 앙리 2세는 스코틀랜드의 근위대 대장인 몽고메리라는 젊은 장교와 마상 창 시합을 겨루다가 몽고메리의 창이 그만 앙리 2세의 금빛 투구를 관통하여 눈과 목을 찔러 왕은 열흘 후에 그만 죽고 말았다. 그는 또한 카트린 왕비의 세 아들이 어머니보다 먼저 죽는다는 것도 정확히 예언했다.

노스트라다무스는 자기는 1566년에 죽으리라는 것도 내다보았다. 죽기 전 그는 작은 금속판에 숫자를 새겨 넣고는 자기가 죽으면 그것을 관에다 넣도록 지시했다. 1700년 그의 무덤을 눈에 잘 띄는 장소로 옮기기 위해 134년 만에 파냈다. 금속판은 예언자의 해골 위에 놓여 있었는데 거기엔 '1700'이란 숫자가 새겨져 있었다.

노스트라다무스는 대개 정확한 날짜를 말하지 않지만 런던의 대재앙만은 "20의 3배에 6을 더한 해에 런던은 불타 정의로운 자의 피를 요구하도다. 그 항구 도시에 역병이 휩쓸어 죽음으로 보복하기 전까지는 그치지 않으리"라고 예언했다.

런던은 1665년에 흑사병이 창궐했고, 1666년에는 대화재가 발생했다. 그는 흑사병은 런던이 찰스 1세를 시해한 데에 대한 천벌이라고 시사했다.

다음은 프랑스 루이 16세와 왕비 마리 앙투와네트의 운명에 대한 예언이다.

> 도망 길에 나서 밤에 바렌의 숲에 도착한 두 사람은 헤매도다. 흰 보석으로 유명한 왕비와 바렌에서 회색의 사복을 입은 카페 왕가의 왕이 소란과 불 그리고 피비린내 나는 살육의 원인이더라.

1789년 프랑스 혁명이 일어나자 루이 16세와 왕비 마리 앙투와네트는 1791년 파리를 탈출하여 밤이 되어 바렌의 숲 지대까지 도망쳤으나 혁명군에게 체포되고 말았다. 흰 보석이란 왕비의 평판을 악화시킨 다이아몬드 목걸이 사건을 지칭한 듯하며 왕비는 평소 흰 옷을 입는 습관이 있었다. 루이 16세는 체포될 당시 회색 옷을 입었던 것으로 알려졌다.

노스트라다무스는 나폴레옹의 출현을 대해서도 예언했다.

> 이탈리아 부근에서 태어난 황제는 제국에 대해 값비싼 대가를 치르게 하리라. 대제국을 곧 작은 땅과 바꾸지만 작은 땅은 곧 커지리라. 그 좁은 땅 한가운데에 그의 홀(忽)을 내려놓게 되리라.

나폴레옹은 프랑스에게 값비싼 희생을 치르게 했다. 나폴레옹은 엘바라는 작은 섬에 유배되지만 탈출하여 100일 동안 다시 황제의 자리에 올랐으나 결국 세인트 헬레나 섬에 유배되어 그곳에서 생을 마감했다.

노스트라다무스는 히틀러에 대해 다음과 같이 예언했다.

라인 강변 오스트리아 산중에서 한 인물이 이름 없는 가정에서 태어나리라. 그는 폴란드와 헝가리를 지켜 주겠노라고 나설 것이며 그의 최후는 아무도 알 수 없으리라. 굶주림으로 사나워진 맹수는 강을 건너리. 대부분의 전장은 히스터에 맞서 싸우리라.

히틀러의 생애, 확인할 수 없었던 베를린에서의 그의 죽음 그리고 제2차 세계대전에서 독일군이 라인 강을 건너 프랑스로 진격해 들어가던 상황과 연합군이 히틀러히스터에 대항하여 싸우는 상황을 예언했다. 또한 그는 "공중에서 소리 나는 무기"와 "비행하는 불의 기계"에 대해 경고했는데 그것은 폭격기와 초기의 V-로켓을 말한 것으로 보인다.

다음은 히로시마와 나가사키에 투하된 원폭에 해당하는 그의 예언이다.

항구 근처의 두 도시에서는 유래가 없는 참화가 두 번 일어나리라. 두 곳에서는 인류가 일찍이 경험한 바 없는 핵폭발의 참화가 있으리라.

노스트라다무스는 마법사라는 낙인을 피하기 위해 예언 속의 연대와 날짜를 일부러 뒤섞어 버렸고 기호나 고대 프랑스 어, 라틴 어 등 외국어를 써서 의도적으로 난해하게 표현하여 그의 예언은 여러 가지로 해석될 수 있었다. 그러나 그의 예언의 대부분은 기막히게 적중하여 유럽이 낳은 가장 위대한 예언자라는 말을 듣는다.

빗나간 예측들 노스트라다무스는 "1999년 7월에 지구의 종말이 온다"고 예언했으나 종말은 오지 않았고, 노벨 물리학상을 수상한 물리학자인 미국의 밀리컨과 독일의 아인슈타인은 1923년과 1932년에 "인간이 원자의 힘인 핵에너지를 얻을 가능성은 전혀 없다"라고 말했다. 이렇게 전문가들의 판단이나 예측이 크게 빗나간 경우도 많았다.

고대 그리스의 천문학자 프톨레마이오스127~145는 "지구는 우주의 중심이다"라고 주장했다. 프톨레마이오스 체계로 널리 알려진 그의 천동설은 15세기까지 서구 그리스도교 사회에서 절대적인 진리로 여겨졌다.

1851년 미국의 전기통신회사인 Western Union사의 내부 문서에는 "전화는 통신수단으로 너무 결함이 많다. 전화기는 전혀 쓸모가 없는 물건이다"라고 기록되어 있었다.

1899년 영국 과학자 윌리엄 톰슨은 "라디오는 미래가 없다. 공기보다 무거운 물체가 하늘을 난다는 것은 불가능하다. X-레이는 속임수로 판명될 것이다"라고 말했다.

1903년 비행기를 발명한 윌버 라이트는 "비행기가 뉴욕에서 파리를 비행하는 일은 결코 없을 것이다"라고 말했고, 1910년 미국의 천문학자인 윌리엄 피커링은 "사람들은 오늘날의 증기선처럼 많은 승객을 싣고 대서양을 횡단할 거대한 비행 물체를 꿈꾸지만, 그것은 헛된 망상에 불과하다"라고 말했다.

미국의 라디오 회사인 RCA와 텔레비전 방송국인 NBC를 설립한 데이비드 사르노프가 1920년 그의 동료들에게 라디오에 투자하라고 권고하자 그들은 "무선 뮤직박스라디오는 상업적 가치가 전혀 없다. 불특정 다수에게 보내는 메시지를 돈을 주고 청취할 사람이 누가 있겠는가"라고 말했다.

제1차 세계대전 때 프랑스의 육군 원수이자 연합군 사령관으로서 연합군 승리에 가장 큰 공을 세운 페르디낭 포슈는 "비행기는 흥미로운 발명품이지만, 군사용으로는 전혀 쓸모가 없다"라고 말했다.

텔레비전이 실용화되기 전 발명가 포리스트는 "텔레비전은 이론적으로나 기술적으로는 가능할지 몰라도 상업적으로는 불가능하다"고 말했고, 20세기 폭스 사 대표 대릴 재넉은 "사람들은 매일 밤 합판 상자를 보는 것에 지겨움을 느낄 것이다"라고 말했다.

1962년 음반 회사인 데카레코드 사는 비틀즈의 데뷔 음반의 발매 제안을 거부하면서 "귀타 몇 대가 멋대로 치고 나오는 비틀즈의 음악은 신통치 않다. 귀타 음악은 점차 사라질 것이다"라고 말했다.

1943년 IBM 사 회장 토마스 윗슨은 "컴퓨터를 세계 시장에 내놓으면 많아야 다섯 대쯤 팔리지 않을까 생각한다"라고 했고, 1977년 디지털이큅먼트 사의 설립자이자 회장인 켄 올슨은 "개인적으로 집에 컴퓨터를 보유하고 싶어 할 사람은 아무도 없을 것이다"라고 말했다. 1981년 미국의 마이크로소프트 사 회장 빌 게이츠는 "개인용 PC의 메모리 용량은 640K 정도면 충분하다"라고 말했다.

1956년 영국의 천문학자 리처드 울리 경은 "우주여행은 전혀 현실성이 없다"고 말했고, 1967년 라디오의 아버지 포리스트 박사는 "미래에 아무리 과학이 발전해도 인간은 달에 발을 들여 놓지는 못할 것이다"라고 말했다.

예언자를 심문한 루이 11세 프랑스 왕 루이 11세1423~1483는 샤를 7세의 아들로 태어나 1461년에 즉위했다. 당시 불길한 예언을 퍼뜨리며 백성들을 현혹시키던 예언자를 단속하기로 결심하고 그중 이름이 가장 잘 알려진 자를 붙잡아 직접 심문했다.

"그대가 사람들의 미래를 내다보고 예언을 한다고 들었는데 그게 사실인가?"

"예, 지금까지 저의 예언은 한 번도 틀린 적이 없는 줄로 아옵니다."

"그렇다면 그대의 미래도 잘 알고 있겠군."

"아니옵니다. 제 자신의 미래에 대해서는 알지 못합니다."

"하긴 그렇겠군. 그대의 미래는 내 손에 달려 있으니까. 제 분수도 모르고 백성들을 현혹시키다니……. 괘씸하군."

"하오나 폐하, 다만 한 가지 확실히 아는 것이 있사옵니다."

"그게 뭐냐?"

"단지…… 저는 폐하께서 승하하시기 3일 전에 죽으리라는 것입니다."

"뭐라고?"

그 소리를 들은 루이 11세는 차마 그 자를 죽일 수 없어 그냥 돌려보내 주었다.

러시아의 탄생

400년경 유럽의 남동쪽으로부터 슬라브 족이 러시아로 이주해 왔고, 바이킹 족이 드네프르 강 연안에 무역 도시 키예프를 건설하여 9세기 말에는 러시아 최초의 왕국인 키예프-루시 공국으로 성장했다. 이때 이곳에 정착한 바이킹 족을 '배를 젓는 사람'이란 뜻의 '루스Rus 족'이라 했는데, 이들이 현지의 슬라브 족과 피가 섞여 러시아인Russian의 선조가 되었다.

키예프-루시 공국은 이슬람 상인들을 통해 주로 비단과 은화를 수입하고 모피와 꿀, 노예, 호박 등을 수출하면서 교역이 활발했다. 그들은 모피의 집산지인 노브고르트와 같은 교역 거점을 각지에 두었는데 후에 이 거점들이 모여 러시아라는 나라로 발전한 것이다. 바이킹 족은 모피의 수요가 적은 남쪽 지방에는 주변의 슬라브 인들을 사냥하여 콘스탄티노플과 바그다드의 노예 시장에 내다 팔았다.

988년 키예프-루시 공국의 블라디미르 1세는 동로마 제국 황제의 누이와 결혼하면서 그리스 정교를 받아들였다. 키예프 지역에 그리스 정교를 포교하기 위해 나섰던 메토니오스와 키릴이라는 두 형제는 당시 문자도 없고 미개하던 슬라브 인들에게 로마 문자를 약간 변형하여 문자를 만들어 주었는데 이것이 오늘날의 러시아 문자키릴 문자이다.

13세기 몽골에 의해 러시아 지역의 대부분이 점령당했다. 당시 러시아에는 키예프 공국 외에 노브고르트 공국, 모스크바 공국 등 작은 도시 국가들이 난립해 있었다. 그러다가 15세기에 몽골의 세력이 약화되는 틈을 타서 모스크바 공국의 이반 3세1440~1505는 벨로루시 등 모스크바 일대와 키예프가 있던 우크라이나 일대를 합병하면서 대제국의 기초를 다졌고, 18세기 표트르 대제 때에는 세계적인 강국으로 부상했다.

우크라이나 합병

1654년 비운의 땅 우크라이나가 러시아로 합병되었다. 1569년 이래 폴란드에 합병되어 지배를 받으면서 줄기차게 독립 투쟁을 벌여왔던 리투아니아의 지도자 크멜니츠키가 모스크바를 방문해 차르황제와 상호 협력 조약을 맺었다. 그런데 모스크바 측이 일방적으로 이 조약은 합병 조약이라고 밝히면서 리투아니아 측이 별 대응을 하지 못한 채 리투아니아는 러시아로 합병되고 말았다. 리투아니아로서는 종주국이 폴란드로부터 러시아로 바뀐 결과가 되어 버렸다.

리투아니아의 우크라이나 지방 주민은 대부분 13세기 몽골의 지배를 받으면서 이 나라 저 나라를 떠돌며 용병으로 생활해 온 코사크 인들이다.

시베리아 개척 러시아 로마노프 왕조의 표트르 1세1672~1725는 시베리아 진출을 본격적으로 추진했다. 유럽에 고가로 팔리는 검은담비나 여우 등의 모피를 확보하기 위해 시베리아 개척이 필요했던 것이다. 표트르 1세는 청나라와의 교역을 위해 페테르부르크 항을 건설하고 1689년 청나라 강희제와 네르친스크 조약을 체결했다.

이러한 상황에서 코사크들이 속속 시베리아로 이주해 갔다. '코사크'는 '자유로운 사람들' 또는 '방랑하는 사람들'이란 뜻으로 15세기 후반에서 16세기 전반에 걸쳐 농노화를 피해 러시아 남부의 변경 지대로 이주하여 자치적인 군사 공동체를 형성하고 있던 농민들이다.

16세기 말부터 농민들이 시베리아로 이주하면서 서시베리아에서 곡물이 경작되었다. 원주민들은 농경을 싫어했기 때문에 농경 기술을 가진 러시아 농민들을 강제로 시베리아 개척에 투입했다. 1697년 시베리아의 인구는 원주민이 125만 명이고 러시아인이 약 15만 명이었다. 당시 러시아 인의 대부분은 서시베리아에 집중하고 있었는데 농업 이민이 주를 이루었다.

코사크는 서시베리아의 아무르 강 중하류 지역으로 몰려와 원주민들에게 한 사람당 담비 4, 5장의 모피세야사크를 강제로 징수했고 이를 거부하는 사람은 가차없이 죽였다.

17세기 중반 서시베리아의 모피 자원이 고갈된 데다가 청나라와 네르친스크 조약이 체결되자 러시아 인들은 모피를 찾아 동쪽으로 이동했다. 태평양 연안의 캄차카 반도를 거쳐 쿠릴 열도로 이주한 러시아 인들은 그곳에서 해달을 만나게 되었다. 해달의 모피는 털이 부드러워 귀하게 여겨지던 상품이라 고가로 팔리자 러시아 인들은 쿠릴 열도 외에 알류산 열도와 북미에서도 해달 자원을 개발했다.

1653년 시베리아 개척에 필요한 인력을 투입하기 위해 죄수들을 사형 대신 시베리아로 유형하는 칙령이 공포되었지만 유형수들로 인한 해악이 더 많았다.

19세기 후반이 되어 해달도 멸종의 위기를 맞게 되었지만 결과적으로 담비와 해달에 대한 욕구는 러시아가 시베리아를 개척하게 된 큰 동기가 되었던 것이다. 19세기 말에 건설된 시베리아 철도는 러시아 인의 이주를 촉진하여 시베리아 개척에 큰 역할을 했고 1987년에는 제2 시베리아 철도가 완성되었다.

이반 뇌제

1533년 부왕 바실리가 죽었을 때 이반 4세[1530~1584]는 겨우 세 살이었고, 섭정을 맡고 있던 어머니 엘레나는 그가 8살 때 독살되었다. 치열한 권력 투쟁 속에서 귀족들은 어린 왕을 냉대하고 국정을 마음대로 주물렀다. 이것을 참고 자란 이반은 귀족들에 대한 강한 복수심을 품게 되고, 동물을 고문하기를 즐기는 등 비뚤어진 성격의 소년으로 자라났다.

1547년 17세에 황제의 자리에 오른 이반 4세는 스스로 차르[황제]라 칭했다. 그동안 귀족들의 횡포에 시달려 온 그는 군주의 권력은 신이 내려 주신 것이라며 절대 군주제를 지향했다. 그는 오프리치니크라는 군사 조직을 만들어 봉건 제후 귀족들을 국정에서 배제시키고, 그들의 영지를 박탈하는 등 철저한 탄압과 공포 정치를 펴 그를 뇌제라고 했다.

당시 유럽에서는 거의 사라진 농노제를 도입함으로써 러시아 인구의 90%인 1,200만 명의 농민들은 자유를 박탈당했지만, 그는 재위 40년 동안 영토를 확장하고 서유럽의 문물을 받아들여 러시아를 강대국으로 만들었다.

이반 뇌제의 일화

1555년 이반 뇌제는 모스크바에 바실 교회를 세우고 그 아름다움에 매료되어 그 보다 더 아름다운 건물이 세워질 것을 염려하여 교회의 설계자인 포스트닉과 바르르마의 눈을 멀게 했다.

이반 뇌제는 전국의 귀족들에게 명하여 장성한 딸을 모스크바로 보내도록 하여 모인 1,500명의 여자 중 그가 직접 아나스타샤를 골라 결혼했다. 1560년 결혼 13년 만에 귀족들의 음모로 아나스타샤가 독살 당하자 이반 4세는 신경 쇠약과 함께 더욱 난폭해졌다.

그는 무절제한 주연과 함께 강간과 고문을 일삼았고, 수천 명을 살해했다. 심지어 그는 농사짓는 여인들을 벌거벗겨 사냥 표적물로 삼아 연습을 하는가 하면, 거지 수백 명을 호수에 빠뜨려 죽이기도 했다. 이반 뇌제는 모두 6명의 아내를 맞이했는데, 이 중 5명이 귀족에게 독살 당했다.

1564년 이반 뇌제는 귀족들이 자기를 몰아낼 음모를 꾸민다고 의심하고 크렘린의 황금 성상들을 수십 대의 썰매에 싣고는 가족들을 데리고 알렉산드로프스크로 떠나 버렸다. 그는 모스크바로 보낸 편지에서 귀족들이 모반을 획책한다고 비난하면서 퇴위하겠다고 위협했다. 주교, 귀족, 궁정 관리들이 그를 찾아가 귀환할 것을 간청하자 다시 모스크바로 돌아왔다.

이반 뇌제는 자신의 권력 기반을 강화하기 위해 전국에서 6,000명의 정예 요원으로 친위대를 조직했다. 그는 직위를 박탈당한 귀족의 토지를 모조리 빼앗아 이들에게 나누어 주고 모스크바의 거리와 교외 전부를 그들에게 나누어 주어 그들로 하여금 그에게 충성하도록 하고 귀족을 철저히 탄압하기 시작했다.

온통 검은색 옷에 검은색 말을 탄 친위대는 수없이 정치 테러를 자행했으며, 귀족들의 약점을 캐어 체포하여 처형하고는 그 영지를 몰수했다.

1570년 노브고로트에서 반역을 획책했다고 하여 이반 뇌제는 군대를 풀어 승려와 수도원장을 죽이는 등 철저하게 응징했다. 시민들을 큰 솥에 넣어 삶거나, 산 채로 가죽을 벗기거나, 불에 굽거나, 막대에 꿰거나 하여 모두 6만 명을 학살했다.

이반 뇌제는 나이가 들면서 사람들을 쉽게 의심했고, 우울해지거나 울컥 화를 내는 일이 잦았다. 1581년 11월 어느 날 이반 뇌제는 모스크바 북쪽 깊은 숲속의 알렉산드로프스크에 머물고 있을 때였다.

뇌제는 임신한 맏며느리가 단정하지 못한 자세로 있었다고 하여 며느리의 뺨을 후려쳤다. 이때 옆에 있던 황태자 차레비치 이반27세이 비난조로 말하자 이반 뇌제는 끝이 쇠로 된 지팡이로 아들의 관자놀이를 후려쳐 황태자는 나흘 후에 죽고 말았다. 이 일을 후회한 뇌제는 고통 속에서 눈물을 흘리기도 했고, 수도원에 들어갈 생각을 하기도 했다.

1584년 이반 뇌제는 몸이 심하게 붓는 병에 걸려 죽었다. 이반 뇌제의 6명의 자식 중 오로지 혼자 남은 차남 페오도르가 왕위를 계승했으나 정신박약인 그도 1598년에 죽음으로써 혈통이 끊기고 러시아는 일대 혼란 속으로 빠져들었다.

이반 뇌제의 아들 드미트리 아바노비치가 죽지 않았다는 소문이 나돌면서 이를 이용하여 가짜 황태자를 사칭한 일이 세 번이나 있었다. 1601년 오트레피예프는 이바노비치를 사칭하여 당시의 실권자인 고두노프를 몰아내고 황위에까지 올랐으나 그를 지지하던 귀족 슈이스키의 쿠데타로 처형당하고 말았다. 1607년에는 이바노비치를 사칭한 자가 모스크바 근교에 궁정과 행정부까지 세웠으나 부하의 손에 살해당했고, 1612년에는 시도르카라는 자가 이바노비치를 사칭했으나 정부군에 의해 사로잡혀 처형당했다.

표트르 대제

러시아 역사상 위대한 황제라고 칭송받는 표트르 1세1672~1725는 절대 군주를 확립한 로마노프 왕조의 유일한 명군으로서 그를 '표트르 대제'라고 했다. 표트르 대제는 시베리아 진출을 본격적으로 추진했고, 징병제를 도입하고 군사력을 강화했으며, 농노제와 중앙 집권을 강화하면서 러시아의 근대화에 힘썼다.

남달리 지식욕이 무척 강한 표트르 대제는 서유럽 국가들을 몸소 시찰하고 서유럽의 선진 문화와 기술을 적극적으로 도입하여 대개혁을 단행했고, 시베리아 진출을 본격적으로 추진했다. 러시아의 근대화를 꾀하고 영토를 크게 확장하여 러시아를 유럽의 강국 대열에 올려놓은 그는 네바 강 삼각지에 상트페테르부르크레닌그라드 시를 건설하여 러시아의 새로운 수도로 정했다.

1725년 겨울, 상트페테르부르크 연안에서 배를 타고 가던 표트르 대제는 마침

배 한 척이 침몰해 사람들이 허우적거리는 것을 보고는 물속으로 뛰어들어 구조를 도왔으나 폐렴에 걸려 "이 모든 것을 돌려주라……"는 글을 남기고 3주 후에 죽고 말았다.

표트르 대제에 대해 브란덴부르크의 선제후 비는 이렇게 말했다.

"그는 재능은 타고났으나, 예의범절은 농부의 수준이다. 요컨대 그는 대중적인 특성을 지녔다. 교육만 받았더라면 아마 그는 완벽한 사람이 되었을 것이다."

즉위 과정 표트르는 알렉세이 황제의 후처가 낳은 막내아들로서 황제의 자리를 계승하기에는 어려운 상황이었다. 황제의 첫째 부인에게는 장남 페오도르, 딸 소피아, 막내아들 이반이 있었다.

1676년 알렉세이 황제가 죽자 페오도르가 그의 뒤를 이었으나 1682년에 죽고 말았다. 페오도르가 죽자 표트르10세와 이반이 공동으로 황제에 오르고, 이반의 누이인 소피아가 섭정을 맡게 되었다.

실권을 소피아에게 빼앗긴 표트르는 모스크바 근교의 마을로 밀려나 어머니와 함께 생활하고 있었다. 그러다가 소피아가 자기를 살해할 음모를 꾸미자 재빨리 수도원으로 몸을 피했다. 그는 어린 시절을 이렇게 유배지에서 보냈기 때문에 정규 교육을 받지 못했다.

1689년 소피아가 황위를 찬탈하려고 근위병을 이끌고 반란을 일으켰으나 표트르의 지지 세력에게 제압당하고 소피아는 수도원으로 유폐되었다. 6년 뒤 공동 황제인 이반 5세가 죽자 표트르는 황제의 실권을 거머쥐게 되었다.

서유럽 견학 1697년에는 표트르 대제25세는 서유럽의 선진 문화와 기술을 배우기 위해 자신은 평민으로 가장하여 250명의 사절단을 이끌고 18개월 동안 서유럽 각국의 조선소, 병기창, 병원, 학교, 박물관 등을 둘러봤다. 그들은 스웨덴과 프로이센을 거쳐 네덜란드로 갔다. 표트르 대제는 그곳의 한 조선소에서 넉 달 동안 목공으로 일하면서 조선 기술을 배우기도 했다. 그는 흥미 있는 것이면 무엇이든 배웠으며 전문가로부터 포병술과 치의술도 배워 동료들의 이를 직접 뽑아주기도 했고, 심지어 쥐를 잡는 덫을 러시아로 보내기도 했다.

조선술과 해군 그리고 정치 제도를 둘러보기 위해 그가 영국으로 건너갔을 때 그만 황제의 신분이 드러나 뜻밖의 환대를 받았다. 그는 많은 것을 배우고 600여 명의 외국인 전문가들도 확보하고 러시아로 돌아왔다.

표트르는 대제는 서유럽과의 관계 유지를 위해 왕족들에게 서유럽 공주들과 결혼하도록 권장했다. 그 결과 러시아 왕자들은 거의 모두 독일 공주들과 결혼하는 전통이 생겼고, 러시아 상류층 사이에는 독일 문화의 영향을 크게 받았다.

1695년 남부 지역의 오스만 터키를 공격했을 때 포술에 자신이 있었던 표트르 대제는 총사령관이 아닌 포병 하사관으로 전쟁에 참가했다. 이 전쟁에서 러시아가 승리하여 흑해 북쪽 연안의 아조프 항을 확보하게 되었다.

수염세

1698년 표트르 대제는 서구화를 위해 러시아 인들이 긍지로 여기던 턱수염을 깎게 하고 수염을 깎지 않는 사람에게는 과중한 수염세를 징수했다. 수염 깎기를 싫어한 사람들은 다른 나라로 빠져 나가기도 했다.

유럽에서 돌아온 대제에게 귀족들이 인사하러 몰려오자 대제가 말했다.

"멋진 수염이지만 유럽에서는 이제 수염 기르는 것은 유행에 뒤졌어."

그리고는 대기시켜 둔 이발사들을 시켜 수염을 잘라 버렸다.

"자! 이제 한 잔 하세. 그렇게 수염이 아까우면 다음에 관 속에 넣어 달라고 부탁하면 될 것 아닌가."

턱수염에 대해서도 세금을 부과했는데 귀족은 60루블, 대상인은 100루블, 농노는 30루블로 신분에 따라 달랐다. 농민은 자기 마을에서는 세금을 내지 않지만 도시로 드나들 때마다 1카페가를 내야 했다. 또한 턱수염을 기른 자는 그에 어울리는 의상을 입어야 했고 이를 어기면 50루블의 벌금을 징수했다.

폭탄주 마니아

표트르 대제는 키가 204cm의 거구에다가 호탕하고 잔인한 성격의 소유자였다. 그는 술을 무척 좋아했고 주량도 대단했다. 그는 술을 거절하면 무척 화를 냈으며, 술자리에서 도망치지 못하게 무장 경비원을 배치해 두었다. 술을 마시다가 몰래 도망가는 사람은 잡아들여 인사불성이 될 때까지 벌주로 폭탄주를 먹였다. 모스크바에 주재하는 외교관들의 가장 큰 고역은 표트르 대제의 연회에 초대받는 일이었다.

한 번은 덴마크 대사가 황제에게 호소했다.

"폐하, 연일 폭음을 했더니 몸이 못 견딜 것 같습니다. 저는 앞으로 주량을 포도주 1리터로 정해 놓고 마셔야 할 것 같습니다."

"웬 당치도 않은 소리를…… 폭탄주 2리터로 합시다."

그러던 덴마크 대사가 황제의 연회석에서 술을 피해 상트페테르부르크 연안에 정박 중인 배로 도망쳐 숨었다. 그러나 그는 곧 들켰고 황제로부터 큰 사발의 보드카 벌주를 받고 인사불성이 되어 며칠 후에 깨어난 적도 있었다.

고문 끝에 죽은 아들 표트르 대제에게는 알렉세이라는 아들 하나가 있었다. 첫 부인과의 사이에서 태어나 유일하게 살아남은 아들이었다. 그런데 그는 아버지와는 딴판으로 심약하고 행동도 느려 걸핏하면 표트르 대제의 꾸지람을 듣기가 일수여서 마음고생이 이만저만이 아니었다.

하루는 알렉세이 황태자가 표트르 대제에게 말했다.

"저는 황제가 되고 싶지 않습니다."

이에 크게 실망한 표트르 대제가 말했다.

"정 그렇다면 수도원에 보내 주마."

얼마 후 알렉세이 황태자는 몰래 궁을 빠져나가 해외로 종적을 감추고 말았다. 분노한 표트르 대제는 병사들을 유럽 각국에 급파하여 샅샅이 뒤졌다. 결국 임신한 동거녀와 비엔나에서 살고 있던 황태자는 붙잡혀 러시아로 끌려와 황위를 노리는 음모를 꾸몄다는 죄로 투옥되어 모진 고문 끝에 옥중에서 죽고 말았다.

황후 예카테리나 1세 표트르 대제의 황후 예카테리나1684~1727는 원래 발트 해 연안의 리투아니아에서 한 농부의 딸로 태어났다. 표트르 대제가 북방 전쟁에서 리투아니아를 병합시켰을 때 한 러시아 병사가 전리품으로 그녀를 러시아로 데려와 살았다. 그녀본명은 스카브론스키는 하녀 출신이었지만 미모를 갖추고 있었다.

그 후 그녀는 바람둥이 세레메티예프 왕자와 한동안 같이 살다가, 다시 표트르 대제의 측근인 멘시코프 공작과 함께 살았다. 그러다가 이번에는 표트르 대제가 그녀를 자신의 정부로 만든 후 정식으로 결혼하고 황후로 맞아들이고 이름을 예카테리나로 바꾸었다.

몬스라는 한 영국 외교관이 예카테리나와 놀아난 사실이 드러나자 표트르 대제는 그의 목을 잘라 알코올로 채운 유리단지에 넣어 한동안 예카테리나의 침실 머리맡에 두게 한 적이 있다.

1725년 표트르 대제가 후계자를 정하지 않은 채 죽자 멘시코프 일파의 옹립을 받은 황후가 예카테리나 1세로 제위에 올랐으나 2년 뒤 43세의 나이로 세상을 떠났다.

표트르 3세

표트르 1세의 딸인 엘리자베타 여제는 결혼을 못해 뒤를 이을 자식이 없었기 때문에 조카인 표트르 3세1728~1762를 황태자로 정해 놓고 있었다. 표트르 3세는 프로이센의 작은 공국 체르프스트의 공주 예카테리나1729~1796와 결혼했다.

1762년 엘리자베타 여제가 죽고 표트르 3세가 제위에 오르자, 예카테리나는 정부인 근위대 장교 그레고리 오르로프와 짜고 쿠데타를 일으켜 무능한 남편을 목 졸라 죽이고 예카테리나 2세로 여황제가 되었다.

못난 망나니

어머니를 따라 러시아로 온 예카테리나당시 14세는 황태자표트르 3세를 보고 무척 실망했다. 그는 몸이 허약한데다가 천연두를 앓아 얼굴은 얽었고 병마에 시달려 머리는 거의 다 빠져 있었다. 그녀는 싫다고 우겼으나 어머니의 성화에 못 이겨 16세 때 황태자와 결혼했다.

표트르는 성불구에다가 지능이 낮은 망나니였다. 그는 종일 나무로 만든 군인 장난감을 가지고 놀았고, 병정놀이에 싫증이 나면 개들을 못살게 굴면서 놀았다. 그는 병사들의 옷을 마음대로 벗기기도 하고, 공적인 자리에서 버릇없이 행동했다. 사람들이 인사를 하면 얼굴을 찡그리고 쳐다보거나 혀를 내밀기도 했다.

황실이 황태자 가정교사에게 써 놓은 비망록은 지금도 보존되고 있다.

"표트르 황태자가 다른 사람을 째려보거나 큰 소리로 떠들지 못하게 하고, 식사 때 시중드는 하인들 머리에 포도주를 쏟아 붓지 못하게 교육시킬 것"

예카테리나는 회고록에서 당시를 이렇게 적고 있다.

"표트르는 내 방에 들락날락하면서 장난감 병정놀이에 대해 끝도 없이 말을 늘어놓았다. 몇 시간 동안이나 말도 안 되는 소리를 들으며 적당히 말대꾸를 해주고 나면 나는 녹초가 되었다. 그가 내 방에서 나가고 나면 어찌나 후련한지 아무리 지루한 책이라도 그보다는 훨씬 나았을 것이다."

황태자 부부는 결혼한 지 8년이 지났으나 부부 사이에 아이가 없었다. 후사를 걱정한 엘리자베타 여제가 시녀들을 시켜 표트르를 목욕시키면서 몸에 이상이 없는지 알아보도록 했다. 평생 목욕이라고는 한 번도 해 본 적이 없는 표트르는 이 소식을 전해 듣고는 울음을 터뜨리며 펄펄 뛰었다. 여제도 어쩔 수가 없었다.

표트르는 부수상의 딸인 보론초바를 좋아 했다. 그녀 역시 못난 바보였으나 공식 행사에까지 공개적으로 표트르를 따라 다녔다. 1762년 엘리자베타 여제가 죽었을 때 그는 여자들과 어울려 술만 마셨고, 교회에서 장례식 예배가 진행되는 동안 사제에게 야유를 보내는 등 교회를 모독하는 행동도 서슴지 않았다.

표트르 3세로 황제가 된 그는 마냥 신이 났다. 그는 실제 병사들이 훈련받는 광경을 몹시 재미있게 생각했다. 그는 하루 종일 병사들로 하여금 제식 훈련을 하게 하거나, 시도 때도 없이 대포를 쏘아 올리게 했다.

어린 시절을 프로이센에서 보내면서 프로이센 왕 프리드리히 2세를 우상처럼 생각했던 표트르 3세는 황제 즉위하자마자 프리드리히 2세에게 그동안 프로이센과의 7년 전쟁1756~1762에서 빼앗은 모든 땅을 아무 조건 없이 되돌려 주겠다고 했다. 또한 그는 러시아 병사들의 군복이나 훈련 방식을 프로이센 군대를 모방하게 했고, 그 자신은 프리드리히 2세의 얼굴이 새겨진 반지를 늘 끼고 다녔다.

그는 국교인 러시아 정교를 무시하고 황궁 내에 개신교 교회를 새로 지었고, 사제들이 전통적으로 길러 온 수염을 깎으라는 칙령을 내렸다. 그리고는 난데없이 덴마크를 침공하겠다고 나섰다.

예카테리나 2세

표트르 3세가 보론초바를 사실상의 아내로 대하자, 그가 예카테리나를 죽이고 보론초바를 황후로 앉히려 한다는 소문이 나돌았다.

1762년 표트르 3세가 보론초바와 다른 귀족 부인들과 함께 여름 별장으로 떠났다. 그곳에서 파티가 끝나면 덴마크 침공 명령을 내린다는 계획이었다. 그날 예카테리나는 다른 여름 별장에서 잠을 자고 있었다. 이른 아침 한 괴한이 창문을 통해 예카테리나의 침실로 뛰어 들었다. 그녀의 정부인 그래고리 오르로프 대위의 동생이었다. 그는 조용히 그녀에게 무언가를 얘기하고는 사라졌다.

그녀가 황급히 옷을 입고 뒤따라갔더니 도로에 마차가 기다리고 있었다. 잠시 후 그들은 황실 근위대 본부에 도착했다. 연병장에는 이미 병사들이 도열해 있었다. 예카테리나는 병사들 앞에 나서 떨리는 목소리로 말했다.

"여러분, 황제가 나를 죽이려 해요. 나를 보호해 주세요."

병사들이 달려와 그녀의 손과 옷자락에 키스했고, 근위대장이 다가와 그녀 앞에 무릎을 꿇고 충성을 맹세했다.

"마마, 저희 황실 근위대는 황후 마마께 목숨을 바치겠나이다."

근위대의 드럼 소리에 맞춰 카잔 성당에 들어서니 중앙의 긴 통로를 따라 러시아 정교 사제들이 도열해 있었다. 그녀는 사제들 앞에서 러시아 황제 예카테리나 2세33세에 등극했음을 선서했다.

성당을 나선 그녀는 겨울 궁전으로 향했고, 그곳에 모여 있던 러시아 귀족들도 새 황제에 대한 충성을 맹세했다. 그날 밤 새 황제의 칙서가 거리에 살포되었다.

"지금 러시아는 두 가지 큰 위험에 처해 있다. 첫째는 국교인 러시아 정교의 뿌리가 흔들리고 있고, 둘째는 러시아 병사들이 피 흘려 쟁취한 땅들이 프로이센에게 모두 빼앗기게 되었다. 이에 나 예카테리나 2세는 러시아를 구하기 위해 황제의 자리에 오르노라."

표트르 3세의 최후 표트르는 쿠데타 소식을 듣고는 당황하여 울기 시작했다. 그러자 당시 그를 수행하던 수상 보론토프가 말했다.

"폐하! 용기를 내십시오. 당당하게 한 마디만 하시면 누구나 폐하 앞에 무릎을 꿇을 것입니다."

그들은 덴마크를 침공하기 위해 러시아 군이 모여 있는 크론스타트로 갔으나, 그곳 병사들도 이미 예카테리나 2세에게 충성을 맹세한 상태였다. 그들은 하는 수 없이 페테르부르크로 향했다. 그곳에 도착하니 새 황제의 사자가 그를 기다리고 있었다.

"표트르, 하야 문서에 서명하시오."

하야 문서에 서명한 표트르는 로프샤의 여름 별장에 감금된 신세가 되었다. 얼마 후 그는 예카테리나 여제에게 탄원서를 올렸다.

"폐하, 부탁하건데 제발 제 방에 장교들이 함께 머물지 않게 해주세요. 그들이 있으니 용변 보기가 어렵습니다."

결국 6일 후 표트르 3세는 목이 졸려 죽었고, 황실 근위대와 말다툼 끝에 독살되었다는 소문이 퍼졌다. 그는 죽기 전 이런 말을 했다.

"나에게서 러시아 왕관을 빼앗을 수 없다. 그러려면 내 숨통을 끊어야 할 것이다."

러시아 인의 피가 한 방울도 섞이지 않은 프로이센 여자가 표트르 대제의 손자를 죽이고 황제가 된 것이다. 그러나 예카테리나 여제는 표트르 대제와 함께 영토를 확장하고 러시아를 강대국 반열에 올려놓은 최고의 황제로 꼽힌다.

예카테리나의 사생활 예카테리나는 러시아 황제로서의 훌륭한 업적에도 불구하고 사생활은 난잡했다. 일찍이 표트르 3세에 대한 실망과 불만이 쌓인 그녀는 황태자비 시절부터 죽기 전까지 20여 명의 남자들과 애정 관계를 맺었다. 그녀는 지적이면서 젊은 남자들을 골랐고, 관계가 끝나면 궁전과 벼슬을 주었으며, 그들과의 사이에서 생긴 아이들도 정성껏 돌봐 주었다.

그녀가 낳은 첫 아이인 아들은 첫 애인인 황실 의전관 살투이코프, 둘째 아이인 딸은 포니아토프스키 백작, 셋째 아이인 아들은 쿠데타의 주역이었던 황실 근위대 장교 그레고리 오르로프 대위와의 사이에서 낳은 아이였다. 오르로프 5형제는 모두 황실 근위대 장교였다.

표트르가 외과 수술을 받아 생식 기능을 되찾기 전, 그녀는 다른 남자의 아이를 낳을 때는 표트르 3세가 모르도록 하기 위해 신하의 집에 불을 지르도록 하여 불구경을 좋아한 표트르가 구경 간 사이에 출산했다.

예카테리나를 거쳐 간 남자들 중에서 가장 큰 영향력을 행사한 사람은 쿠데타 당시 황실 기마대 병참 장교였던 그레고리 포템킨이었다. 그는 후에 크림 반도 정복전에서 혁혁한 공을 세웠으며, 당시 러시아에서 가장 막강한 남자였다. 포템킨은 그녀가 12년간 지속된 관계를 끊어 버리려 하자 그녀와 함께 할 남자들을 골라 공급하는 역할을 하면서 황제 곁에서 여전히 영향력을 행사했다.

표트르 3세의 아들 파벨 1세

표트르 3세와 예카테리나 사이에서 태어난 아들 파벨 1세1754~1801는 아버지의 숙모인 엘리자베타 여제의 밑에서 자랐다. 파벨은 어머니 예카테리나 2세와는 좋은 관계를 맺지 못했다.

1762년 엘리자베타 여제가 죽었을 때 어머니 예카테리나는 남편과 아들을 제치고 황위를 빼앗았으며, 그 후에도 아들 파벨이 정치에 깊이 관여하지 못하게 했다. 예카테리나는 파벨의 아들 알렉산드르를 후계자로 지명하려 했으나 그녀가 죽자 파벨이 황제파벨 1세에 올랐다.

파벨은 '어머니 예카테리나 2세의 소행으로 보아 파벨은 표트르 3세의 친아들이 아닐 것'이라는 악의적인 소문에 시달려야 했다. 그는 40대가 되어 아내와 아들을 의심하게 되고 끝내는 정신이 이상해졌다. 그는 수염이 근사하거나 코가 마음에 든다는 이유만으로 고관으로 발탁하기도 했고, 열병식에서 마음에 들지 않는 부분이 있다고 하여 연대 전체를 시베리아로 유형을 보내는 등의 엉뚱한 행동을 계속했다. 결국 그는 귀족들이 일으킨 쿠데타로 침실에서 암살당하고 말았다.

엘리자베스 1세

영국 여왕 엘리자베스 1세[1533~1603]는 헨리 8세와 두 번째 왕비 앤 불린 사이에서 태어났다. 아들 낳기에 집착하여 여섯 번이나 결혼했던 그녀의 아버지 헨리 8세는 엘리자베스가 두 살 때 아들을 낳지 못한 그녀의 어머니를 부정을 저질렀다는 누명을 씌워 런던탑에 감금하고 목을 베었다.

1547년 헨리 8세의 뒤를 이은 이복오빠 네드워드가 6년 만에 죽자, 이번에는 첫 번째 왕비 캐서린의 딸이자 엘리자베스의 이복언니인 메리 1세[1662~1694]가 왕위에 올랐다. 여왕에 오른 메리 1세는 신교도를 무참하게 탄압하여 '피의 메리'라고 불렸다. 열렬한 신교도로서 메리의 미움을 받던 엘리자베스는 반역의 누명을 쓰고 런던탑에 유폐되어 5년간 옥살이를 했다.

1558년 메리 1세가 즉위 5년 만에 죽었다. 그는 영국 땅이던 칼레가 자신의 즉위 기간 중 프랑스로 넘어간 것을 애통해 하며 "죽고 나서 내 시신을 열어 보면 심장에 '칼레'라고 새겨져 있을 것이다."라는 말을 남겼다.

메리 1세의 뒤를 이어 엘리자베스[25세]가 왕위에 오르게 되었다. 엘리자베스 1세가 즉위할 당시 영국은 2류 국가에 머물렀으나, 그녀의 탁월한 통치력으로 국력을 크게 신장시켜 대국의 기반을 닦아 나갔다. 동인도회사의 설립 등 중상 정책으로 부를 키웠고, 통일령을 공표하여 영국 국교회를 확립했으며, 1588년에는 스페인의 무적함대를 격파함으로써 해상의 주도권을 장악하기 시작했다.

그녀는 정치뿐만 아니라 문학과 예술에도 관심이 많아 국민 문학의 전성기를 이루어 셰익스피어, 스펜서, 존슨, 베이컨 등이 활약했던 것도 이 시기이다.

"짐은 영국과 결혼했노라" 엘리자베스 1세가 등극하자, 각료들이 그녀에게 정식으로 결혼을 건의했다.

"폐하께서는 결혼을 하셔야 합니다."

"짐은 영국과 결혼했노라."

당시 유럽에서는 왕실 간의 정략결혼이 관례였다. 스페인, 신성로마 제국, 프랑스 등 유럽 각국의 왕자와 귀족들로부터 청혼이 쇄도했지만 엘리자베스는 확답을 주지 않아 유럽의 왕실들은 속이 탔다. 1588년 당시 세계 최강국이었던 스페인의 필립 2세는 청혼이 거절되자 무적함대로 영국을 공격했으나 9일간의 격전 끝에 패하고 말았다.

엘리자베스 여왕은 결혼한 여자들을 싫어하고 자신과 같은 독신녀를 좋아했다. 그래서 시녀들 가운데 결혼하고자 하는 자는 반드시 여왕의 사전 승낙을 얻어야 했다. 여왕의 승낙을 얻기 위해 무려 10년이나 기다린 시녀도 있었다. 왕실 가족 중에 캐서린 그레이라는 시녀는 극비리에 결혼식을 올리고 아이를 가졌다가 이 사실이 여왕에게 알려져 결혼은 무효로 선언되고 남편과 함께 런던탑에 투옥된 적도 있다.

파티를 즐긴 여왕 엘리자베스 여왕은 총명하고 품위가 있었으나 때로는 거칠고 단호했다. 그런데 여왕은 걸핏하면 화를 잘 냈다. 카드 게임이 잘 안 풀리거나 맥주가 시원하지 않아도 벌컥 화를 내곤 했다. 시녀나 신하들에게 평소에 잘 대하다가도 갑자기 욕설을 퍼붓거나 고함을 지르기도 했다.

여왕은 선물과 파티를 좋아했다. 1575년 레스터 백작이 여왕을 접대한 파티가 무려 17일 동안이나 계속된 적도 있다. 여왕은 60개의 성과 50여 채의 별장을 가지고 있으면서 파티의 오물이 쌓이면 다른 성으로 돌아가며 파티를 열기도 했다. 여왕이 한 번 이동할 때마다 음식과 소지품을 실은 200여 대의 마차가 동원되었다.

여왕을 시중드는 사람은 모두 120명이었다. 여왕이 새벽까지 파티를 즐기는 날이면 그들도 밤을 꼬박 새워야만 했다. 점심시간인 오후 2시가 되면 이를 알리는 나팔수들이 30분 동안 연주를 한다. 연주가 끝나면 식탁이 준비되고 27명의 요리사들이 음식이 담긴 27개의 은 접시를 가지고 일렬로 들어오면 검사관들이 음식을 확인한다. 여왕은 혼자서 식사를 했고 귀족들과 부인들은 여왕의 침실 밖에 있는 커다란 방에서 음식을 먹었다.

여왕의 몸치장 여왕이 아침에 일어나면 시종들은 잿물로 머리를 감기고 비누와 아마포로 이를 문질러 닦아 주었다. 세수가 끝나면 여덟 겹이나 되는 옷을 입히고 그 위에 갖가지 장신구를 달아 주었다.

16세기 당시 유럽에서는 피부가 희수록 미인으로 여겨 여왕도 백색 납, 계란껍질과 흰자, 양귀비 씨앗, 붕사, 명반 등을 섞어 만든 일종의 화장품으로 얼굴을 하얗게 칠했다. 당시 거머리를 귀 뒤에 붙여 피를 빨아 먹게 하여 얼굴을 창백하게 하는 여성들도 있었다.

여왕은 즉위한 지 4년쯤 지나 천연두에 걸려 얼굴에 얽은 자국이 생겼다. 이를 가리기 위해서는 더 많은 화장품을 발라야 했다. 얼굴에 바른 계란 흰자 반죽에 금이 가기 때문에 자연스럽게 웃거나 입을 벌리기가 힘들었다.

여왕은 충치로 이를 거의 다 빼고 탈모가 심해진 뒤로는 공식 석상에 모습을 드러내기를 꺼려했다. 어쩔 수 없이 참석해야 할 경우에는 입에 솜을 넣어 얼굴을 자연스럽게 보이게 했고, 머리에는 늘 붉은색 가발을 쓰고 있었다. 그녀는 말년에 왕실에 있는 거울을 모두 치우게 했다.

여왕은 이러한 외모를 화려한 옷으로 만회하려 하여 그가 죽을 때 옷장에는 모두 2,000벌이 넘는 옷들이 걸려 있었다. 여왕은 주름 깃이 달린 옷을 만든 장본인인데, 이 옷이 일반 백성들 사이에 크게 유행하기 시작했다. 여왕이 이를 불쾌하게 생각하자 정부는 서둘러 법을 공포하여 여왕 외에는 주름 깃이 달린 옷을 입지 못하도록 금지했다.

목욕은 1년에 한 번 유럽에서는 옛날부터 목욕이 질병을 퍼뜨리는 것으로 알려져 평소 목욕을 하지 않았다. 엘리자베스 여왕은 부득이한 경우를 제외하고는 일 년에 한 번 목욕하는 것을 원칙으로 삼았으며, 스페인의 이사벨 여왕1451~1504은 일생에 단 두 번, 즉 태어났을 때와 결혼 직전에 목욕을 했을 뿐이다.

고대 로마 제국의 공중목욕탕은 규모가 엄청났는데, 로마 제국이 쇠퇴하면서 점차 음란한 장소로 전락해 갖가지 질병을 일으켰다. 이런 이유로 초기 그리스도교도들은 목욕하기를 꺼려하게 되었고, 그로부터 몇 세기 후에는 그리스와 로마의 목욕 관습은 완전히 사라지고 말았다.

여왕의 총애를 받은 남자들 신분 상승의 야망 때문에 남자들은 여왕의 눈에 들기 위해 노력했으나, 그녀의 총애를 받았던 남자들은 오히려 불행한 결과로 끝났다.

여왕이 총애했던 첫 번째 남자는 젊고 야심찬 레스터 백작인 로버트 더들리였다. 여왕의 총애를 받아 기병대장이 된 더들리에게는 이미 아내가 있었지만, 여왕과의 로멘스 설이 파다하여 둘 사이에 숨겨둔 자식이 있다든지, 두 사람이 더들리의 아내를 암살할 것이라는 등의 소문이 나돌았다. 공교롭게도 더들리의 부인은 계단에서 글러 떨어져 목이 부러지는 사고로 죽고 말았다.

여왕60세의 총애는 21세의 젊은 에섹스 백작에게로 옮겨졌다. 에섹스 백작 역시 기병대장이 되었고 궁전에서 여왕을 마음대로 다룰 수 있는 유일한 사람이었다. 그러나 그는 여왕을 축출하려는 모반에 연루되어 반역죄로 참수되고 말았다.

여왕이 가장 관심을 가졌던 남자는 해군 장성 월터 롤리 경으로서, 그는 자신의 새 망토를 진흙탕 위에 깔아 여왕을 걷게 한 일화로 유명하다. 롤리 경은 북미 대륙을 탐험하여 개척한 지역을 처녀 여왕 엘리자베스를 위해 버지니아라고 명명했다.

하루는 롤리 경이 여왕에게 자신이 연기의 무게를 측정해내면 항해 기금을 마련해달라며 내기를 제의한 적이 있다. 그는 동일한 담배 두 대를 천평 양쪽 끝에 각각 올려놓고 그중 하나에 불을 붙였다. 불을 붙이지 않은 쪽으로 천평이 기울자, 그는 담배 무게에 차이가 곧 연기의 무게라고 말해 여왕은 그의 재치에 감탄했다.

그러나 롤리는 1603년 제임스 1세로부터 반역 혐의를 받고 런던탑에 12년간 감금당했다. 감금에서 풀려난 뒤 왕의 명령으로 황금을 찾아 남미 대륙을 탐험했으나 실패했다. 돌아오는 길에 스페인과 전투를 벌이고 사운토메 항구를 불사른 사건으로 당시 친스페인 정책을 펴고 있던 제임스 1세에 의해 사형1618당하고 말았다. 사형대에 오른 그는 집행관이 들고 있는 도끼를 보고는 미소를 띠며 말했다.

"독한 약이 효험이 있다는 것은 틀림없겠지?"

잉글랜드 최초의 여왕 메리 1세

잉글랜드 최초의 여왕 메리 1세1516~1558는 헨리 8세와 스페인의 공주 캐서린 사이에서 태어났다. 1553년 에드워드의 뒤를 이어 왕위에 오른 메리는 잉글랜드를 다시 가톨릭 국가로 만들고자 했다. 이를 위해 메리가 스페인의 펠리페 2세와 결혼하려 하자 신교도들이 반란을 일으켰다.

메리는 반란을 진압하고, 펠리페와 결혼하여 가톨릭을 복귀시켜 이단 처벌법을 부활했다. 그 후 3년 동안 수많은 신교도들이 교수대에서 처형당했는데, 그중 300여

명은 화형을 당했다. 이때부터 그녀는 '피의 메리'라고 불려 비난을 받았다.

메리는 국민의 뜻과는 달리 스페인과 동맹을 맺고 프랑스와 전쟁을 벌였다가 패해 잉글랜드가 유럽에서 갖고 있던 마지막 발판인 칼레를 잃었다. 1558년 메리가 세상을 떠남에 따라 그녀가 추구했던 모든 것도 무위로 끝나고 말았다.

비운의 스코틀랜드 여왕 메리 스코틀랜드의 메리1542~1587는 부왕 제임스 5세와 프랑스 출신의 왕비 사이에서 외동딸로 태어났다. 메리는 태어난 지 6일 만에 아버지가 죽자 스코틀랜드의 여왕이 되었다. 섭정을 맡은 그의 어머니는 메리가 다섯 살 때 프랑스로 보냈다.

1558년 메리16세는 프랑스 앙리 2세의 왕세자 프랑수아와 결혼했다. 이듬해 프랑수아가 왕위에 올라 메리는 프랑스 왕비가 되었으나, 그 이듬해 프랑수아는 죽고 말았다.

메리가 결혼한 당시 잉글랜드에서는 엘리자베스 여왕이 즉위할 무렵으로서, 일각에서 메리의 왕위 계승권이 제기되었다. 메리의 할머니가 엘리자베스의 아버지인 헨리 8세의 누이였고, 가톨릭계에서는 엘리자베스의 부모인 헨리 8세와 앤불린의 결혼을 원천 무효로 보기 때문에 진정한 계승권자는 엘리자베스가 아니라 메리라는 주장이었다. 이 때문에 프랑스의 앙리 2세는 메리를 며느리로 맞았던 것이다.

1561년 메리19세가 스코틀랜드로 돌아와 여왕 노릇을 시작했지만, 어려움이 많았다. 그녀가 없는 동안 스코틀랜드는 개신교로 바뀌어 있었고, 메리는 두 번 더 결혼했지만 모두 실패했다.

1567년 현명하지 못한 결혼 결정과 정치적인 문제, 그리고 종교적인 갈등 등으로 스코틀랜드 귀족들이 반란을 일으켰다. 결국 메리는 왕위에서 쫓겨나고 2년 후 잉글랜드로 망명을 떠났다.

하지만 엘리자베스 여왕으로는 프랑스 왕실에 기대어 왕위 계승권 시비를 일으킨 가톨릭교도 메리가 달가울 리가 없었다. 메리가 구속되자 잉글랜드의 가톨릭교도들이 폭동을 일으켰다. 1587년 폭동은 진압되고, 메리는 반역죄로 재판을 받고 처형되고 말았다.

1587년 메리의 처형 장면을 지켜본 로버트 윙크필드는 이렇게 적었다.

스코틀랜드 여왕 메리의 기도가 끝나고 형리들이 무릎을 꿇고 자신들의 역할에 대해 용서를 빌자 여왕이 말했다.

"나는 그대들을 용서하노라. 이제 그대들이 나의 모든 괴로움을 끝내 줄 것으로 기대하노라."

형리들은 여왕의 두 시녀와 함께 여왕을 부축하며 겉옷을 벗기기 시작했다. 여왕은 목에 걸고 있던 어린 양의 상은 시녀에게 주고, 형리에게는 돈을 건네주었다. 형리와 시녀들이 염주와 겉옷을 벗기는 동안 여왕은 조금도 동요하지 않았고 어서 떠나기를 바라는 모습이었다.

옷을 벗기는 동안 여왕은 미소까지 지으며 말했다.

"이렇게 옷을 벗겨 주는 남편도 없었고, 이렇게 여러 사람이 보는 앞에서 옷을 벗어 본 적도 없었다네."

여왕은 속옷과 가운만 남긴 채 옷을 모두 벗었다. 시녀들이 그를 바라보며 눈물을 흘리며 기도를 올리자 여왕은 그들을 안으며 프랑스 어로 말했다.

"너희를 위해 기도했다. 나를 위해 기도하되 울지 말고 기뻐해 다오. 이제 주인이 고통에서 벗어나는 모습을 보게 될 테니."

처형대 옆의 벤치에 앉아 있던 시종들이 울자 여왕은 그들을 향해 성호를 그으며 작별을 고한 다음 마지막 순간까지 자신을 위해 기도해 달라고 당부했다.

여왕의 머리에 보자기를 씌운 뒤 시녀들이 물러나자 여왕은 결연한 자세로 방석 위에 무릎을 꿇고 라틴 어로 찬송가를 소리 내어 읊었다. 그런 다음 도마를 더듬어 찾아 조용히 그 위에 머리를 올려 놓고 엎드려 두 팔을 뻗쳤다.

한 형리 손으로 여왕의 몸을 살짝 잡고 있는 상태에서 다른 형리가 도끼날을 내리쳤다. 몸은 엎드린 채 움직이지 않았다. 여왕의 머리는 몸에서 잘렸고, 이어져 있던 물렁뼈 하나마저 잘라낸 형리는 머리를 치켜들어 모여 있던 관중들에게 보여 주며 외쳤다.

"주여, 여왕을 보우하소서!"

그때 여왕의 머리에서 천 조각이 벗겨져 떨어졌다. 짧게 자른 머리카락은 잿빛으로 보였고, 얼굴 표정은 알아 볼 수 없을 정도로 변해 있었으며, 입술은 잘린 지 15분까지 아래위로 꿈틀거렸다.

수석 사제인 플레처 박사가 "여왕의 적들은 이렇게 사라지도다"라고 큰 소리로 말했고, 이어서 켄트 후작이 다가와 시체를 굽어보며 "여왕과 복음의 모든 적들에게 이런 최후가 있을 지어다"라고 소리쳤다.

형리가 여왕의 옷 속에 웅크리고 있던 작은 강아지 한 마리를 찾아냈다. 주인에게서 떨어지지 않으려고 하여 겨우 떼어 놓았으나, 이내 다시 돌아와 시신 곁을 떠나려 하지 않았다.

치안관과 그 부하들을 제외한 모든 사람을 형장에서 떠나게 한 뒤 그들은 여왕의 시신을 커다란 방으로 옮겨 떨어진 머리를 꿰매어 붙이는 보존 작업을 위해 기다리고 있던 의사들에게 넘겨주었다.

스페인 무적함대

1556년 스페인 국왕 카를루스 1세가 죽자 그의 아들 펠리페 2세[1527~1598]가 국왕에 오르고, 1561년 마드리드를 수도로 정했다.

남아메리카 대륙을 정복한 스페인은 1546년 볼리비아 지역의 포토시에서 거대한 은광을 발견함으로써 막대한 양의 은을 들여왔다. 해양 대국의 기반을 다진 스페인의 펠리페 2세는 막강한 국력을 바탕으로 함대['아르마다']를 편성했다.

1571년 이슬람 세력이 키프로스 섬을 침략하자 교황으로부터 지원 요청을 받은 펠리페 2세는 전함 200척을 급파했다. 그리스 연해의 레판토에서 210척의 오스만 투르크 함대를 격파하고 대승을 거두었다. 이 해전에서 오스만 투르크는 2만 5,000명의 전사자를 내었고, 이후 스페인 함대는 '무적함대'로 불리게 되었다.

1534년 영국이 로마 가톨릭으로부터 독립을 선포하고 영국 국교회를 수립하자 가톨릭의 수호자로 자처하던 스페인과의 관계는 악화되기 시작하여 1580년대에는 적대 관계로 확대되었다.

영국 여왕 메리 1세가 가톨릭을 부활하려 했으나 그녀의 뒤를 이은 엘리자베스 여왕에 의해 무산되었고, 1568년 스코틀랜드의 가톨릭계 여왕 메리가 국내 정변을 피해 영국으로 망명했다가 엘리자베스 1세에 의해 참수되었고, 영국은 스페인 무역선을 나포하는 해적들과 스페인의 식민지인 네덜란드의 반군들을 지원하고 있었기 때문이다.

1588년 스페인의 펠리페 2세는 무적함대를 영국으로 출동시켰다. 스페인 무적함대는 3개월 만에 영국 해안에 도달하여 포츠머스 연안과 칼레 연안에서 영국 함대와 격전을 벌였다[아르마다 해전]. 스페인의 무적함대는 130척의 함선, 3,000문의 대포, 8,000명의 해군, 그리고 접전을 대비한 2만 명의 보병으로 편성되어 있었다. 그에 비해 국가의 통제를 받는 해군이라기보다는 해적의 성격도 아울러 가지고 있는 영국 함대는 민간 해적선을 포함해 겨우 80척에 지나지 않았다.

그러나 결과는 전혀 의외였다. 무적을 자랑하던 스페인 함대는 함선 77척과 1만 8,000여 명의 병사를 잃고 참패하고 말았다. 스페인으로 돌아간 함선은 겨우 45척에 불과했다. 반면에 영국 함대의 피해는 함선 1척과 전사자 100명에 불과했으나 식중독으로 죽은 자가 3,000명이었다.

승패를 가름한 것은 바로 기동력이었다. 영국 함대는 속력이 빠른 작은 함선에 포의 사정 거리가 길어 먼 거리를 유지하면서 스페인 함대를 괴롭혔다. 이때 함대를 지휘한 사람은 바로 영국인의 영웅인 해적 출신의 프랜시스 드레이크였다.

스페인의 몰락

16세기 스페인은 유럽 최강의 나라로서 국력과 군사력은 영국과는 비교도 되지 않을 정도로 막강했다. 합스부르크 왕가의 혈통을 이어받은 스페인 왕 카를로스 1세는 신성로마 황제를 겸했고, 당시 스페인의 영토는 아메리카 대륙, 필립핀, 네덜란드, 나폴리, 시칠리아, 포르투갈 등에 이르렀다. 식민지로부터 유입되는 막대한 부로 스페인의 연간 수입은 영국의 10배나 되었다.

그러나 스페인은 16세기를 절정기로 쇠퇴의 길을 걷기 시작했다. 가톨릭의 맹주를 자처하던 펠리페 2세는 거대한 궁전과 교회의 건축, 식민지의 개척, 이슬람 세력과의 전쟁, 네덜란드 독립 전쟁, 무적함대의 유지 등에 막대한 지출로 국내 경제는 점점 어려워졌다. 게다가 스페인의 무적함대가 영국 함대에게 패하자 식민 제국 스페인은 대서양의 주도권을 영국에게 빼앗기면서 급속히 몰락의 길로 치닫기 시작했다.

카리브 해의 해적

카리브 해와 유럽 해역은 함께 식민지 쟁탈전이 한창이던 16세기에서 18세기 사이 정부의 비호하에 타국 상선들을 습격하는 해적들이 들끓던 곳이었다. 특히 16세기 영국과 네덜란드의 해적선들은 카리브 해의 스페인령과 신대륙으로부터 막대한 자원과 보물을 운반하는 스페인 선박을 약탈의 주 대상으로 삼았다. 당시 영국의 엘리자베스 1세는 나포 면허증을 발행하여 해적 행위를 공인했으며, 영국과 네덜란드에는 나포를 전문으로 하는 업이 등장할 정도였다.

이와 같이 정부의 후원하에 스페인 선박을 습격하는 해적은 사적으로 약탈하는 파이러츠Pirates와 구분하여 버커니어Buccaneer라고 불렀는데, 버커니어의 약탈품 가운데 일부는 정부에 바쳐졌다. 이들 버커니어의 카리브 해 거점은 자메이카 수도 킹스턴의 남쪽 5km 지점에 있는 포트로열로서 당시 카리브 항로의 요충지였다. 원래는 스페인령이었으나 17세기 중반 영국이 점령한 곳으로서, 거리는 해적과 살인범들로 들끓었고 도박과 매춘, 살인 등으로 무법천지가 되어 있었으나 영국 정부는 이를 묵인하고 있었다.

해적 출신 영국 영웅 드레이크 1572년 중남미 파나마에서 캐낸 15톤의 금과 은을 스페인 본국으로 보내기 위해 나귀로 운반하고 있을 때 길목에서 기다리고 있던 해적들에 의해 탈취 당한 사건이 있었다. 금과 은은 해적들의 손을 거쳐 영국으로 실려 갔다. 해적단의 두목은 영국인 프랜시스 드레이크1540~1596였다. 당시는 가톨릭의 맹주인 스페인과 신교도의 영국이 첨예하게 대립하고 있던 시기라 드레이크의 해적 행위는 가난한 섬나라인 영국의 엘리자베스 여왕으로부터 크게 환대를 받았다.

신교도인 드레이크는 젊은 시절 친척인 존 호킨스 밑에서 노예 밀무역을 했다. 그러다가 1567년 멕시코 항에서 배 수리를 위해 정박하던 중 스페인 함대의 습격을 받아 드레이크는 세 척의 배와 함께 나포되었다가 호킨스와 함께 간신히 도망쳐 나온 쓰라린 경험이 있다. 세 척의 배 가운데 한 척은 엘리자베스 여왕의 것이었다. 그 후로 영국과 스페인의 관계가 악화되었고, 그 후로 그레이크는 스페인 선박만 보면 노골적인 해적 행각에 나섰다.

1577년 드레이크는 자신의 배 다섯 척을 이끌고 세계 일주 항해 길에 올랐다. 그는 항해 중에 심한 폭풍우와 화재로 네 척의 배는 잃었지만, 남은 한 척인 골든하인드 호를 타고 태평양을 횡단해 희망봉을 돌아 1580년 영국으로 귀국했다. 그는 마젤란 함대 이후 역사상 두 번째로 세계 일주 항해에 성공1580한 것이다.

엘리자베스 1세의 비밀 지령을 받고 남아메리카에서의 광산 발굴과 스페인 식민지 약탈의 임무를 무사히 수행하고 돌아온 드레이크는 약탈한 금은보화를 엘리자베스 여왕에게 헌납했는데, 그 액수는 영국 정부의 연간 조세 수입을 웃돌 정도였다고 한다. 심기가 불편해진 스페인의 펠리페 2세는 사자를 보내어 '드레이크가 스페인 제국 해역에서 해적질을 했으니 그를 처형하라'고 항의했으나, 엘리자베스 여왕은 몸소 골든하인드호에 올라 농민 출신의 드레이크에게 기사 작위를 내렸다.

다음은 1577년 영국 정부가 드레이크에게 내린 지령의 일부이다.

> " …… 또 하나 해야 할 일은 여왕 폐하의 영토를 확보하라. 그곳에는 아직 군주의 지배가 미치지 못하기 때문에 향료, 약, 양홍, 염료 등 특산품을 손에 넣을 수 있는 큰 희망이 있으니 여왕 폐하의 영토가 거기까지 뻗히도록 하라 ……. 귀국은 출발할 때와 같은 항로에 오르며, 이 항해는 12개월에 걸쳐 수행하기로 하되 해안에 5개월 체류하면서 그 지역 군주들과 나라들에 관한 정보를 모아야 한다."

그 후 1588년 영국 해군과 스페인 무적함대 간의 해전에서 드레이크는 해군 제독으로 크게 활약하여 영국의 영웅이 되었다.

오다 노부나가

일본 전국 시대의 쇼군將軍 오다 노부나가織田信長, 1534~1582는 후지와라 가문 출신으로서 오와리 지방의 다이묘봉건 제후인 아버지가 갑자기 병으로 죽자 1549년 18살의 어린 나이에 다이묘 자리를 이어 받았다.

노부나가는 주변의 막강한 여러 다이묘들을 차례로 정복해 일본 전국의 반 정도를 자신의 지배하에 통일시킴으로써 오랜 봉건 전쟁을 종식시켰다. 용감하고 대담하며 전제적인 성격의 노부나가는 싸움에서 천재성을 유감없이 발휘했다. 그는 싸움에서 이긴 후 논공행상을 할 때는 적 장수의 목을 벤 장수보다는 정확한 정보를 제공한 호족을 더 높이 평가해 주었다.

1562년 노부나가는 도쿠가와 이에야스德川家康와 동맹을 맺고 막부를 재건하여 실권을 장악했다. 그는 새 인물을 등용하고, 화폐를 주조하며, 지방 다이묘들의 특권적인 수입원이었던 여러 세금을 폐지시키는 등 혁신적인 경제 정책으로 다이묘들의 분권적 봉건 질서를 무너뜨림으로써 도요토미 히데요시와 도쿠가와 이에야스에게 천하 통일의 기반을 닦아 주었다. 1582년 오다 노부나가는 혼노지 절에서 부하 장수에게 습격당하자 스스로 자결하고 말았다.

부친의 장례식장에서 한창 살벌하던 전국 시대에 18살의 어린 나이의 오다 노부나가가 오와리 지방의 다이묘를 이어 받자 가신들은 모두 걱정했다. 그러나 그는 마음을 굳게 먹었다.

노부나가는 부친의 장례가 치러지는 절문을 들어섰다. 긴 칼을 허리에 차고 상복도 걸치지 않은 노부나가는 늘어선 친족과 중신들에게는 눈길도 주지 않은 채 불전 앞으로 성큼 다가섰다. 제단의 향 가루를 한 줌 쥐어 휙 뿌리더니 그대로 절을 나가버렸다. 모두들 의아해하고 실망스런 표정이었다.

그때 노부나가를 주시하던 한 객승이 말했다.

"진정으로 슬픔을 나타내신 겁니다. 훌륭한 국주國主이십니다."

어느 고집불통 오다 노부나가가 어느 날 부하들이 모인 자리에서 농담 한 마디를 던졌다.

"좀 재미있는 일이 없을까? 매사가 내 생각대로 되고 자네들은 내가 시키는 대로 무엇이든 복종하니 재미가 없군. 어디 내 말을 반박할 만한 배짱 있는 자가 없나?"

부하들은 오다의 농담조차도 거역할 수 없었다. 의논 끝에 고집불통으로 소문난 장님 안마사인 사타이치 영감을 불렀다. 아직 누구에게도 머리를 숙여본 적이 없는 그에게 부하들이 당부했다.

"장군님 앞에 가거든 제발 평소 때처럼 해주게나. 장군님 마음에 들면 큰 상이 내려질지도 몰라."

불려온 사타이치에게 오다 노부나가 말했다.

"자네 고집이 그렇게 대단한가?"

"아닙니다. 저는 그저 소심한 안마사에 지나지 않습니다. 무엇이든 분부만 내리십시오."

그러자 흥미를 느끼지 못한 오다는 사타이치를 물러가게 했다. 물러나오는 사타이치를 보고 크게 실망한 부하들이 소리쳤다.

"이봐, 영감! 그렇게 부탁을 했건만 왜 그렇게 바보짓을 했지?"

그러자 사타이치가 당당하게 말했다.

"그럼 내가 당신들 시키는 대로 고분고분 따를 줄 알았던가?"

도요토미 히데요시

도요토미 히데요시豐臣秀吉, 1536~1598는 일본 전국 시대의 쇼군으로서 오와리愛知懸에서 하급 무사의 아들로 태어났다. 어릴 때 이름은 기노시타 도키치로였으나 벼슬을 얻으면서 성을 도요토미로 바꾸었다.

1558년 도요토미 히데요시는 오다 노부나가의 휘하에 들어가면서부터 두각을 나타내기 시작하여 1573년에는 나가하마의 성주가 되었다. 히데요시가 노부나가 휘하에서 말단 병사로 있었을 때 회의 중이던 노부나가의 신발을 품에 넣어 따뜻하게 했다는 일화는 유명하다.

1582년 오다 노부나가가 부하의 반역으로 스스로 자결하자 오사카를 근거지로 하고 있던 히데요시는 노부나가의 손자를 후계자로 추대하고 반대 세력을 제거하면서 힘을 길러왔다. 1590년 태정 대신으로 있던 그는 간토와 오우 지방의 다이묘들을 모두 장악함으로써 일본 전국을 통일했다.

히데요시는 사농공상士農工商의 신분 계층을 확실히 하고 중앙 집권을 강화하는 대개혁을 단행했다. 다이묘와 토착 세력 간의 밀착을 막기 위해 다이묘들이 영지를 바꾸어가면서 다스리게 했고영지 전봉 정책, 농민과 상인 그리고 승려들이 가지고 있던 무기들을 모두 몰수했다. 오다 노부나가는 불교를 탄압하기 위해 천주교를 장려했으나, 히데요시는 신의 나라인 일본에서 천주교란 해괴한 일이라며 외국 선교사들을 추방했다. 천주교는 세속 권력보다 내세를 강조하기 때문에 군주에게 충성하는 일본의 전통적 관습과는 맞지 않았다. 1592년과 1596년 조선을 침략했을 때임진왜란 조선의 도공들을 납치하여 일본의 도자기 문화의 기반을 마련했다.

도요토미의 심복 도요토미로부터 가장 두터운 신임을 받던 소로리 신자에몬에게 다른 부하들이 그 비결을 물었다.

"자네가 쇼군의 두터운 신임을 받는 비결은 무엇인가?"

"자네들은 밥을 먹나?"

"물론 밥을 먹지."

"밥은 맛이 어떤가?"

"글쎄. 별로 이렇다 할 맛은 없지."

"그럼, 과자는 맛이 어떤가?"

"과자는 달콤한 맛이 있지."

"그럼 밥 대신 과자를 매일 먹으면 어떨까?"

"말도 안 되는 소리네. 농담은 그만 두게나"

"바로 그거야. 과자가 아닌 밥을 바쳐야지. 밥은 별 맛은 없지만 싫증이 안 나거든.”

장군의 귀에 코를 대고 아끼던 소나무 한 그루가 시들어 상심해 하는 도요토미에게 심복인 소로리가 위로의 시 한 수를 읊었다.

“애지중지 기르던 소나무가 시들었구나. 내 나이 너에게 넘겨주었더니……”

“고맙군. 보답하고자 하니 원하는 것을 말해 보게.”

소로리는 한사코 사양했다. 도요토미가 다시 재촉하자 그는 입을 열었다.

“정 그러시다면, 가끔 장군의 귀에 코를 대고 냄새를 맡을 수 있게 허락해 주십시오.”

“농담하지 말고 정말 원하는 것을 말해보게나.”

“소원은 그것으로 족합니다.”

“묘한 소원도 다 있군. 아무튼 좋다. 그렇게 하도록 허락한다.”

그 후 부장들이 도요토미를 만나러 올 때마다 소로리는 도요토미의 귀에다 코를 가까이 하고는 냄새를 맡았다. 사람들은 소로리가 도요토미에게 자기 말을 하는 것으로 생각했고, 그로부터 소로리는 뇌물로 엄청난 재물을 모았다.

도쿠가와 이에야스

1615년 30만 명의 대군을 이끌고 오사카 성을 향해 진격한 도쿠가와 이에야스德川家康, 1543~1616는 난공불락이던 오사카 성을 단숨에 점령하고 최대의 정적인 도요토미 히데요시 가문을 몰락시킴으로써 마침내 일인자의 지위에 올랐다.

1603년 에도江戶 : 도쿄에 자신의 막부를 설치한 이에야스는 천하 평정의 기회를 노리고 있었다. 당시 도요토미 가문은 임진왜란에 실패한데다가 1598년 히데요시가 죽자 여섯 살 난 어린 아들이 후계를 이어 허약한 상황이었다.

그런데 교토의 호코지 절의 대불전 준공식 때 좋은 트집거리가 생겼다. 종에 '국가안강 군신풍락國家安康 君臣豊樂'이라고 새겨져 있었는데, 이에야스는 이를 두고 자신의 이름 이에家와 야스康는 띄어 쓰고, 도요토미의 도요豊와 토미臣는 붙여 써넣은 것은 자신을 저주하는 것이라며 도요토미 가문을 세차게 몰아붙이면서 결국 싸움이 벌어지고 말았다.

이에야스는 오사카 성을 함락시킬 수 없자 강화를 제안하여 성 밖의 해자垓子를 메우는 조건으로 일단 물러났다. 그러나 그는 약속을 어기고 성 안쪽의 해자까지 모두 메워 버림으로써 손쉽게 성을 함락할 수 있었다. 그리하여 도요토미 히데요시의 시대는 끝나고 도쿠가와 이에야스 가문의 독주가 시작되었다.

에도 성의 끔찍한 장면 1923년 에도 성을 보수할 때 성의 주춧돌 밑에서 해골들이 잔뜩 묻혀 있는 것이 발견되었다. 묻힌 사람들은 기도하는 자세를 취하고 있었으며 그들의 머리와 어깨 주위에는 금전이 흩어져 있었다. 그들은 과거 에도막부의 도쿠가와 이에야스의 부하들이었다.

당시 일본인들은 집을 지을 때 신관을 불러다가 대지를 정화하고 지신에게 비는 관습이 있었다. 1640년 에도 성을 구축할 때 산 사람을 기초 밑에 묻고 성을 쌓으면 난공불락의 성이 된다고 믿어 도쿠가와의 부하들이 자원해서 묻힌 것이다. 일본의 많은 성과 사원들 밑에는 지금도 얼마나 많은 시신들이 누워 있는지 모른다. 당시 그 장면을 목격한 프랑수아 카롱이라는 프랑스 인은 이렇게 적고 있다.

> 그들은 기꺼이 지정된 구덩이 속으로 들어가 눕고는 자신들 위에 주춧돌이 놓여지기를 기다리고 있었다.

세 쇼군의 비교 오다 노부나가, 도요토미 히데요시, 도쿠가와 이에야스 세 사람은 모두 전국 시대를 누볐던 인물들이지만, 성격이 서로 달라 후세에 많은 비교의 대상이 되었다. 노부나가는 다혈질에 성미가 급하며 과감하게 결단을 내리는 성격이고, 히데요시는 지혜가 뛰어나고 자존심이 강한 성격이며, 이에야스는 야망을 잘 다스리는 등 자기 통제에 능한 성격이었다.

손 안에 있는 새가 울지 않을 때 각자 어떻게 반응하느냐를 묘사한 다음과 같은 이야기가 있다. 노부나가는 울지 않는 새는 새로서의 가치가 없다고 여겨 바로 죽여 버리고, 히데요시는 무슨 수를 써서라도 기어이 새를 울게 하며, 이에야스는 자신의 손 안에 새가 있는 한 도망은 못가니 죽지 않도록 보살피며 언젠가 새가 울 때까지 느긋하게 기다린다.

개 쇼군 도쿠가와

1685년 일본 도쿠가와 막부의 5대 쇼군將軍인 도쿠가와 쓰나요시德川綱吉, 1646~1709 때 일본에서 처음으로 동물보호법이 제정되어 광범위한 동물들이 보호를 받게 되었다. 특히 개에 대해서는 지나치게 법령이 까다로워 그는 '개 쇼군'이라는 별명을 얻었다. 법령에는 다음과 같은 내용이 포함되어 있다.

'병에 걸렸거나 노쇠해져 쓸모가 없다고 우마를 버려서는 안 되며 또한 키울 수 없다고 내버려서도 안 된다.'

'우마를 아끼고 함부로 무거운 짐을 실어서는 안 된다.'

'생선이나 닭을 식용으로 쓰기 위해 사육하고 산 채로 팔아서는 안 된다.'

'개싸움을 말릴 때는 쌍방이 다치지 않도록 물을 뿌려 떼놓아야 한다.'

'개는 털 색깔과 특징 등을 기록하고 죽으면 사망 신고서를 제출해야 한다. 위반자는 할복이나 유배에 처한다.'

'닭은 키우는 것은 허용되나 계란을 먹어서는 안 된다.'

그러자 일본인들이 즐기던 생선회와 장어 요리도 사라지고 금붕어를 키우는 사람은 추궁이 두려워 방생해 주었다.

개를 키우는 사람은 개 호적 대장에 올려야 했다. 에도 초기에는 개가 식탁에 오르기도 했지만 이제는 식용은커녕 짖는 소리만 나도 감찰 기관에서 달려오는 판이었다. 들개로 인한 피해가 늘어나자 막부에서는 에도 교외의 16만 평의 땅에 울타리를 치고 들개 수용소를 만들어 10만 마리를 수용했다.

이 법을 위반하면 가혹한 처벌을 받았다. 모기를 죽였다 하여 유배형을 당한 농민이 있는가 하면, 특효약으로 쓸려고 제비를 죽였다 하여 사형에 처해지고 그 자식도 추방형을 당한 사람도 있다. 개를 죽였다가 머리가 잘려 거리에 매달린 자도 있다. 당시의 기록에 의하면 법을 위반하여 처벌을 받은 사람이 약 일만 명에 이른다고 한다.

지나친 동물 보호 정책은 백성들의 반감을 사게 되고 백성들은 처벌이 두려워 동물들을 기피하게 되었다. 그 결과 거리로 나돌아 다니는 주인 없는 개들이 늘어나자 막부가 나서서 개를 사육하지 않을 수 없었다. 쇼군은 백 년 후에도 이 법만은 존속하도록 하라는 유언을 남기고 1709년에 죽었는데 그가 죽은 지 열흘 만에 이 법령은 폐지되고 말았다.

쇼군이 그토록 무리하게 동물 보호 정책을 실시한 데에는 사연이 있었다. 쇼군에게는 외아들이 있었는데 그만 그 아들이 죽고 그 후로는 아들이 태어나지 않았다. 그러던 중에 한 승려가 말하기를 그가 생전에 범한 업보 때문이므로 아들을 낳으려면 동물을 보호해야 하며 쇼군이 개띠이므로 특히 개를 소중히 보호해야 한다고 한 것이 그 발단이 되었다.

일본의 사무라이

일본의 사무라이무사는 정치와 군사를 독점하며 성을 사용하고 칼을 차는 등 여러 가지 특권이 주어지는 지배 신분이었다. 무장과 무력 사용이 금지되는 서민들은 분쟁이 생기면 막부나 다이묘의 법정에서 내려지는 판단에 따라야 했다. 그러나 무사들 간에 분쟁이 생기면 싸우더라도 자신의 명예를 지키는 것이 무사의 필수 요건이었다.

당시 분쟁 해결에 관한 법령이 엄연히 존재하여 법에는 무력이나 폭력을 행사하는 것을 금했고, 싸움이 벌어지면 누가 옳고 그른가를 떠나서 쌍방을 같이 처분하도록 되어 있었다. 그러나 현실에서는 법과 무사도 사이에서 처신하기가 매우 애매할 경우가 많았다.

오카야마의 성주로 후세에 명군으로 칭송받던 미쓰마사는 다음과 같은 일기를 남겼다.

> 쇼군 이에미쓰로부터 하사 받은 학을 공개하는 의식 도중에 한 무사가 다른 무사를 힐책하며 싸움을 걸었지만 상대방은 "지금은 의식이 거행되고 있으니 응할 수 없다"고 거부했다. 그러니 소동이 벌어진 것은 당연했다.

사건을 조사한 미쓰마사는 싸움을 건 쪽을 죽음으로 다스렸다. 그것은 과거에 쌓인 원한을 가지고 다른 장소를 택하지 않고 학을 공개하는 장소에서 싸움을 건 것은 누군가가 말려줄 것을 기대한 것이므로 비겁한 짓이었다는 이유에서였다. 또한 미쓰마사는 싸움을 거부한 쪽에 대해서도 영지를 몰수했다. 싸움을 거부한 것은 때와 장소를 헤아린 행위로 납득은 가지만, 후일 시간과 장소를 별도로 정해서 결투를 했어야 하는데 그렇게 하지 않은 것은 너무 온순한 처사로 전쟁에 쓸모가 없으므로 다른 무사의 본보기로 영지를 몰수한다는 것이 그 이유였다. 그러니 무사로서는 싸움을 피할 수도 없고 응할 수도 없는 법과 현실 사이에서 심각한 딜레마에 빠질 수밖에 없었다.

'무사도란 죽는 것'이라는 유명한 구절이 있다. 선택의 기로에 섰을 때는 죽을 가능성이 높은 쪽을 택하면 살아남더라도 비겁자라는 치욕은 면할 수 있다는 것이다.

자비에르의 편지 스페인의 선교사이자 예수회 설립자의 한 사람인 프란시코 자비에르는 1549년에 일본으로 건너가 그리스도교를 선교한 최초의 인물로서, 아직도 일본에서는 그를 기리는 전시회와 행사가 열리고 있다.

다음은 자비에르가 가고시마에 상륙하여 그 첫 인상을 적은 서신으로서 서유럽 사람이 일본에 대해 처음으로 적은 글로 주목을 받았다.

나는 일본의 모습을 형제들에게 전하고자 합니다. 먼저 우리가 지금까지 만나고 안 그 어떤 이교도 국민보다 이 나라 국민이 뛰어나다고 생각합니다. 일본인은 좋은 소질을 지니고 있으며, 악의가 없고, 사귄 후의 느낌이 매우 좋습니다. 특히 그들은 명예심이 무척 강하여 명예 그 자체가 삶이기도 합니다.

일본인은 대체로 가난합니다. 그러나 무사든 평민이든 가난을 부끄러워하는 이는 한 사람도 없습니다. …… 무사가 아무리 가난해도 평민으로부터도 존경을 받습니다. …… 그들에게 그리스도의 이야기를 들려주면 무척 기뻐합니다. 나는 이제껏 여행한 나라 중에서 그리스도교도든 이교도든 간에 이렇게 믿을 수 있는 국민은 본 적이 없습니다.

향신료 무역

음식의 맛과 향을 더해 주는 향신료의 대표적인 것으로는 후추, 클로브[정향], 육두구, 계피 등이 있다. 유럽에서 향신료는 고기를 조리하거나 보존하는 데에 없어서는 안 되는 필수품이었다. 16세기의 포르투갈과 스페인, 17세기의 네덜란드와 영국 상인들은 이 향신료를 구하기 위해 아프리카 남단을 돌아 인도 · 말레이를 지나 인도네시아까지 목숨을 걸고 항해해 왔다.

16세기 초 유럽에서 가장 큰 비중을 차지하던 후추는 남인도의 말라바르 해안이나 수마트라, 자바 섬 등에서 생산되었고, 계피는 스리랑카에서, 그리고 이윤이 가장 많은 정향과 육두구는 인도네시아의 몰루카와 반다라는 작은 섬에서만 났다. 그 때문에 포르투갈과 스페인은 향신료의 산지를 찾아 동남아시아 구석구석까지 총과 대포를 들고 쳐들어 왔던 것이다.

당시 남인도의 캘커타나 말레이 반도의 말라카는 향신료의 중개 시장으로 번성했다. 중개 시장의 향신료 가격은 원산지 가격의 10~30배 정도로 높았으나, 이들 향신료가 유럽으로 건너가면 산지 가격의 500배에 달해 한때 후추 가격이 같은 무게의 은값과 같기도 했다. 이렇게 이윤이 높다 보니 각국은 통상로 개척과 확보에 기를 쓰면서 전쟁도 불사했다.

고추는 아메리카 대륙에서 인디오들이 오래 전부터 사용되던 향신료로서 콜럼버스가 처음 유럽에 전했다고 한다. 고추는 1542년 포르투갈 인에 의해 일본에 전해졌다가, 17세기에 다시 일본에서 조선으로 전해져 김치의 조미료로 이용되기 시작했다. 한편 텍사스를 둘러싼 멕시코 전쟁1846~1848 중에 작으면서 매운 멕시코의 붉은 고추칠리가 미국에 전해졌고, 남북 전쟁1861~1865 중에는 이 고추를 3년간 발효시켜 만든 타바스코 소스라는 만능 조미료가 만들어져 세계 각지로 널리 퍼지게 되었다.

동인도회사

인도양을 통한 유럽의 동방 무역은 1511년 포르투갈이 이슬람 세력을 몰아내고 말라카를 점령함으로써 교역의 주도권을 장악하게 되었다. 그리하여 16세기에는 포르투갈과 스페인이 향신료 등 동방 무역을 독점했으나, 1588년 영국이 스페인의 무적함대를 격파하면서 영국도 동방 무역의 길이 열려 17세기에는 영국과 네덜란드가 동방 무역을 주도하게 되었다.

17세기 유럽 각국은 동방 무역을 확대하기 위해 독점적인 무역권을 인정한 동인도회사를 설립하기 시작했다. 1600년에 설립한 영국의 동인도회사에 이어 1602년에는 네덜란드가, 1616년에는 덴마크가, 그리고 1664년에는 프랑스가 동인도회사를 설립했다.

이들 동인도회사들은 군사적 정복 대신에 상업 활동을 통해 식민지를 지배하는 새로운 형태라 할 수 있다. 이들은 무장한 선박과 병력을 고용하는 등 군사 조직과 행정 조직을 갖추고 교역과 배타적 경제권을 점진적으로 확대해 나갔다. 그러다가 교역 대상국이 실질적인 식민지가 되면 자국 정부에 식민지 경영을 넘겨 주었다. 영국의 동인도회사가 인도 경영에 주력하는 동안, 네덜란드의 동인도회사는 인도네시아 교역의 독점적 지위를 확보하는 데에 주력했다.

이들 동인도회사들은 동방의 각종 향신료가 유럽에서 인기를 얻으면서 엄청난 이익을 챙겼다.

더치(Dutch)의 기원

1581년 스페인으로부터 독립한 작은 나라 네덜란드는 경이적인 경제 성장을 이루면서 17세기에는 세계 경제의 강국으로 떠올랐다. 당시 아시아 무역은 필리핀의 마닐라를 거점으로 한 스페인과 말레이 반도의 말라카를 거점으로 한 포르투갈이 독점하고 있었다.

1602년 네덜란드는 아시아 무역을 위해 동인도회사를 설립했다. 네덜란드는 향신료 산지인 몰루카 제도에서 포르투갈을 내쫓았고, 1602년에는 같은 시기에 몰루카에 진출한 영국 세력도 몰아냄으로써 몰루카의 향신료 무역을 거의 완전히 독점하게 되었다.

17세기 말 네덜란드는 낮은 조선 원가와 싼 운임으로 유럽의 바다를 제패하며 황금기를 구가하고 있었는데 해상 무역의 확대를 꾀하던 영국이 등장함으로써 두 나라 간에는 충돌이 잦았다. 당시 영국인들은 네덜란드 인을 경멸하며 '더치Dutch'라고 했는데, 그 말은 원래 '독일의'란 뜻이었으나 17세기부터는 '네덜란드의'란 뜻으로 변하여 냉소적이고 경멸하는 의미를 풍기게 되었다.

- Dutch courage(술김에 부리는 만용)
- Dutch uncle(심하게 비난하는 사람)
- Dutch comfort(반갑지 않은 위로의 말)
- Dutch act(자살 행위)
- Dutch auction(값을 깎아 내려가는 경매)
- Dutch bargain(한 잔 마시며 맺는 매매 계약)

귀한 성유물

중세 유럽의 성자로서 사지가 온전하게 묻힌 사람은 별로 없었다. 대개는 의복, 머리카락, 손톱, 치아, 손가락, 팔, 발, 머리, 몸통 등 자를 수 있는 부분은 모조리 잘랐다. 가톨릭교회에서 가장 뛰어난 성인으로 추앙받던 토마스 아퀴나스는 죽자마자 제자들에게 목이 잘리고 통째로 끓는 솥에 던져지고 말았다.

중세 유럽인들의 종교적 열정의 근원은 기독교 본래의 구원 사상이 아니라 성유물聖遺物의 공덕에서 비롯되었다. 따라서 유명한 성인의 시체는 귀한 성유물로 여겨져 악귀를 물리치는 부적으로 쓰였으며, 병을 치료하거나 성경에 손을 얹고 선서를 할 때에도 쓰였다.

베네치아의 한 상인이 아프리카의 수도원에서 우연히 성 마르코의 시신을 사가지고 돌아오자 베네치아 시민들이 기뻐서 며칠 동안 축제를 벌인 일화가 있는데, 시민들은 성인이 베네치아의 번영과 영광을 보장해 줄 것이라고 믿었던 것이다.

성유물이 성행했던 그 시대에는 성유물의 수요를 감당할 수가 없어 가짜 성유물이 성행하기도 했다. 제3차 십자군 원정에서 독일 황제 프리드리히 1세가 강에 빠져 익사하자 당시의 관습에 따라 몸통은 잘라서 큰 가마솥에 넣어 삶아 뼈는 고국으로 가져가고 내장은 현지에 매장했다. 제4차 십자군이 콘스탄티노플을 점령했을 때 유럽인들이 그렇게 기뻐했던 것은 그곳이 성유물의 보고였기 때문이기도 하다.

청교도 혁명

1628년 절대 군주를 지향하던 영국의 찰스 1세1600~1649는 의회의 요구에 굴복하고 권리청원에 서명했으나 여전히 사사건건 의회와 충돌하자 결국 의회에 의해 국민의 적으로 몰려 처형당함으로써 군주제와 귀족원상원이 폐지되고 유럽에 풍미하던 절대 군주제에 대한 최초의 심판이 내려진 것이다.

1215년 영국의 존 왕이 마그나 카르타대헌장에 서명한 이후 약 400년 가까이 영국 왕들은 대헌장을 준수해 왔다. 그러다가 1603년 엘리자베스 여왕이 죽고 튜더 왕조의 대가 끊어지자 스코틀랜드 왕인 제임스 1세1566~1625가 잉글랜드의 왕을 겸함으로써 스튜어트 왕조가 들어섰다.

잉글랜드 의회에 대해 익숙하지 않은 제임스 1세와 1625년에 왕위를 이어받은 그의 아들 찰스 1세1600~1649는 왕권신수설을 신봉한 나머지 의회와 사사건건 충돌하며 의회를 수차례 해산하기도 했다. 처음에는 찰스 1세와 의회가 대립하는 양상이었으나, 의회는 국교도인 왕당파와 청교도 중심의 의회파로 나뉘게 되었다.

1641년 의회가 찰스 1세의 실정을 문책하는 결의안을 통과시키자 찰스 1세는 무장한 병사들을 하원에 난입시켜 의회파 의원 5명을 체포하려 했으나 실패했고, 결국 군대도 왕당파와 의회파로 갈라짐으로써 내란이 시작되었다.

1647년 의회파의 지도자인 올리브 크롬웰1599~1658이 이끄는 청교도 군대가 국왕군을 무찌르자 찰스 1세는 고향인 스코틀랜드로 피신했으나 스코틀랜드는 40만 파운드를 받고 그를 의회에 넘겨버렸다. 1648년 찰스 1세는 유배지를 탈출하였으나 포로가 되어 런던으로 압송되었다. 그리하여 반세기 만에 절대 군주제는 막을 내리고 처음으로 공화제가 시행되게 되었다.

1649년 1월 고등법원에서 찰스 1세는 절대 군주와 반역죄의 죄목으로 사형을 언도받고 처형대에서 참수형을 당함으로써 세계 역사상 처음으로 국민에 의한 정식 재판을 받고 처형당한 왕이 되었다. 그는 처형당하기 전 마지막 말을 남겼다.

"나는 영국 국교회의 기독교인의 신분으로 죽는다. 이곳에 올 이유가 없었지만, 누구의 책임도 아니다. 나는 국민의 순교자다."

당시 세계는 왕권이 전성기에 달해 있던 터라 큰 충격이 아닐 수 없었다. 그해 5월, 의회는 역사적인 공화제를 선언했다.

국외로 추방당했던 청교도들은 환호를 올리며 귀국했고, 국교도의 귀족들은 재산을 빼앗긴 채 반대로 국외로 망명길에 올랐다. 의회에서 호국경으로 추대 받은 올리버 크롬웰은 의회 내의 왕당파 세력을 몰아내고 공화국을 통치했다.

그러나 1658년 크롬웰이 죽자 혁명 세력은 일거에 와해되고 왕당파 장군 멍크가 군대를 이끌고 런던을 장악했다. 1660년 왕당파는 네덜란드에 망명 중이던 찰스 2세를 국왕으로 불러들임으로써 혁명은 실패로 끝나고 12년 만에 다시 왕정으로 복고했다.

크롬웰은 절대 권력이 없는 평등 사회를 건설하고자 혁명을 일으켰지만 반대세력을 억누르기 위해 스스로 절대 권력을 거머쥐고 반대파는 물론 중도파까지도 숙청함으로써 공화제의 기반을 스스로 허물어뜨린 것이다. 그는 "가는 길을 재촉했으면 좋겠다. 나의 계획은 내가 빨리 사라지게 만드는 것이었구나"라는 말을 남기고 죽었다.

찰스 1세가 참수형을 당하던 날 1649년 1월 찰스 1세의 재판에는 판결 위원 135명 중 68명만이 참석했다. 찰스 1세의 재판 거부로 법정은 소란이 일어났으나 크롬웰의 압력으로 재판은 속개되고 사형이 확정되었다.

1649년 1월 30일 처형되는 날 새벽, 제임스 궁 침실에서 깨어난 찰스 1세는 시종을 깨웠다.

"일어나야겠다. 오늘은 나의 두 번째 결혼일이다. 어둡기 전에 사랑하는 예수의 품으로 돌아가야 하니 단정하게 입어야겠다."

오전 10시 직전, 찰스 1세는 감호 무관, 주교, 시종 그리고 병사들의 호위를 받으며 처형대가 준비되어 있는 화이트홀 궁의 대기실로 들어갔다. 사형 집행인이 왕당파의 보복이 두려워 찰스 1세의 참수형 집행을 거부하자 결국 가면을 쓴 두 사나이에게 참수가 맡겨졌다.

오후 2시 조금 전, 찰스 1세는 호출을 받고 궁정의 무대 위에 마련된 처형대로 올라갔다. 그는 몸을 많이 구부리지 않아도 될 만한 좀 더 높은 참수대가 없냐고 물어 보기도 했다. 감호 무관 중 한 사람이 도끼를 건드리자 찰스 1세가 말했다.

"도끼를 만지지 말게. 도끼날이 상하면 내 목도 상할 수 있어."

그러고는 집행인에게 말했다.

"짤막한 기도 하나만 하겠네. 그런 다음 내 손을 묶게."

기도가 끝나자 주교로부터 흰 모자를 받아쓰면서 어깨까지 내려온 긴 머리카락을 빠짐없이 모자 안으로 넣어 달라고 부탁했다. 그는 "기억하라"라는 한 마디만 하고는 훈장과 휘장을 주교에게 건네주었다. 그리고 엎드리듯 몸을 굽혀 자신의 목을 참수대 위에 올려놓았다. 집행인이 몸을 굽혀 도끼날을 방해할 만한 머리칼이 있는지를 확인하자 왕은 눈살을 찌푸리며 말했다.

"신호가 있을 때까지 잠자코 있어."

"네, 폐하! 분부대로 하겠습니다."

곧 이어 왕의 두 팔은 뻗은 채 묶여지고 집행인의 도끼 일격에 왕의 머리는 잘렸다. 집행인이 왕의 머리를 치켜들어 운집한 군중에게 보이자 비명과 욕설이 쏟아져 나왔다. 다음 날 찰스 1세의 머리는 제자리에 꿰매져 관에 안치되고 1주일 후 장례식도 치르지 않은 채 매장되었다.

내몰리는 농민들 16세기에 접어들어 신대륙으로부터 모직물의 수요가 급증하여 영국에서는 모직물 수공업이 크게 번창하였고, 목양 사업이 큰돈을 벌 수 있는 유망한 사업으로 떠올랐다. 그리하여 지주들은 땅값을 올려 소작인들이 더는 살 수 없도록 하여 내쫓은 후 울타리를 쳐서 안쪽에 양들을 길렀다.

다음은 러틀랜드 주의 소작인과 주민이 의회군의 대장을 역임한 토머스 웨이튼의 무자비한 행위에 항의하는 청원서이다.

> 우리 몫으로 남긴 땅은 땅값을 약 2배로 올린 조건으로 빌리지 않으면 21년 동안은 새로운 소작 계약을 맺지 않겠다고 합니다. 게다가 모든 우물과 식수가 고이는 곳을 모두 울타리로 둘러쌌기 때문에 높은 지대에 있는 우리들은 물도 구할 수 없게 되었습니다. 개천의 물줄기도 울타리로 둘러쌌기 때문에 그 지역 안으로 들어가지 않으면 가축에게 물을 줄 수도 없을 뿐 아니라 생활품을 살 수도 없습니다.
>
> 본래 우리들은 그의 동의를 얻어 일부 토지를 경작해 왔습니다만, 이번에는 우리에게 동의도 구하지 않고 우리가 경작하던 땅마저 울타리로 둘러싸 에이커당 10실링을 내지 않으면 곡물을 수확하지 못하게 했습니다.
>
> 그로 인해 우리 청원자들과 그 외 소작인들 80가구는 파멸을 맞게 되었습니다. 농사도 망치게 되어 노동자 30가구가 일자리를 잃게 될 겁니다. 만약 이런 일이 계속되면 교구 전체가 무인 지대로 변해 매우 궁핍해질 것입니다.

입헌 군주제의 탄생

명예혁명과 권리장전 1687년 가톨릭교도인 제임스 2세는 신앙 자유령을 공포하여 비국교도를 보호하면서 모든 교회에서 의무적으로 이 선서를 낭독하게 하는 등 노골적인 친가톨릭 정책을 펴자 영국 국교회 지도자들은 네덜란드 오라네 공 빌렘에게 구원을 요청했다.

1689년 청교도인 네덜란드의 윌리엄[1650~1702]이 군대를 이끌고 런던으로 진공하자 세의 불리를 느낀 제임스 2세가 프랑스로 망명함으로써 혁명은 평화롭게 끝났다[명예혁명]. 의회는 권리선언을 수락하는 조건으로 윌리엄[윌리엄 3세]과 제임스 2세의 딸인 메리[메리 2세]가 공동으로 왕위에 올랐다.

1689년 의회는 권리선언을 구체화한 권리장전을 제정함으로써 절대 왕정이 무너지고 입헌 군주제가 탄생한 것이다. 권리장전의 선포에 따라 국왕은 초법률적인 특권의 행사, 의회의 승인이 없는 과세나 평화 시의 상비군 유지, 재판 과정에서의 간섭 등을 할 수 없게 되었으며, 왕위는 신교도가 계승하도록 하여 메리의 상속자들로 그 순위를 규정해 두었다.

왕은 군림하지만 통치하지 않는다 1714년 앤 여왕이 죽음으로써 스튜어트 왕조의 대가 끊기자, 영국 왕실의 피를 이어받은 독일의 명문 귀족 하노버의 선제후가 휘그당의 추대로 조지 1세[1660~1727]로 영국 왕위에 올랐다. 그런데 조지 1세는 54세의 고령인데다가 영어를 알지 못했고 영국 통치에도 관심이 없어 거의 독일에서 지내다시피 하여 국정을 장악하지 못했다.

이에 영국의 관료들이 크게 당황해 국왕 없이도 정무를 볼 수 있도록 하기 위해 의회의 다수당 당수를 수상으로 하는 내각을 만들어 행정을 담당하되 의회에 대해 정치적인 책임을 지게 하는 내각제를 만들어 휘그당의 로버트 월폴이 최초의 수상이 되었다.

국왕을 없애지는 않고 국가의 상징으로 두되 국정의 실권과 왕위 계승권은 의회가 담당하는 이른바 "왕은 군림하지만 통치하지 않는" 전통이 지금까지 내려오고 있다.

영국 의회의 기이한 전통 영국 의회는 전통적인 관습이 지금까지도 지켜지고 있는 것이 있다.

총선이 끝나면 국왕이 참석하는 가운데 상원과 하원이 합동으로 개원식을 갖는다. 먼저 상원 측에서 국왕을 모시고 개원식을 갖자고 하원 측을 초대하는 형식으로 흑장관이라고 하는 궁내관을 보낸다. 흑장관이란 검은 지팡이를 들고 다니기 때문에 붙여진 이름이다. 그런데 흑장관이 하원에 도착하면 수위는 그를 들여보내기 전에 문을 꽝하고 닫는다. 흑장관이 닫힌 문을 세 번 두드리면 수위는 창살을 통해 흑장관을 내다본 후에 들어오는 것을 허락한다. 이러한 관습은 하원이 상원으로부터 독립되어 있다는 것을 상징하기 위한 것으로 17세기 중반 의회와 대립하던 찰스 1세 때부터 비롯한 관습이다.

영국 하원의 여당과 야당 의석 사이의 복도에는 두 줄의 붉은 선이 일정한 간격을 두고 그어져 있어 의원들은 자기 측의 줄을 넘어 발언을 못하도록 되어 있다. 예전에는 의원들끼리 말다툼으로 격렬한 칼싸움이 벌어지기도 하여 양측 간에 안전거리를 유지하기 위해 선을 그어 두었던 것이다.

국왕에 대해 하원을 대표하는 사람은 수상이 아닌 하원 의장이다. 영국에서 하원 의장을 스피커speaker라고 부르는 것은 하원을 대표하여 국왕에게 발언하는 사람이라는 데에서 유래한다.

프로이센 왕국

독일의 프로이센은 1701년 신성로마 황제로부터 왕호를 받아 왕국이 되었으나 다른 유럽 열강에 비해 역사가 짧은 소국에 지나지 않았다. 그러나 프리드리히 빌헬름 1세1688~1740 때 강력한 상비군을 둔 절대 왕정을 확립했고, 그의 뒤를 이어 1740년 왕위에 오른 프리드리히 2세[1712~1786]는 오스트리아 왕위계승전쟁[1740~1748]에서 승리함으로써 프로이센을 유럽 열강의 대열에 끌어올려 19세기 후반 독일 통일의 기반을 다졌다.

오스트리아 왕위계승전쟁 1740년 합스부르크 왕가의 수장이자 신성로마 제국의 황제인 카를 6세가 사망하면서 남자 후계자의 대가 끊기자 그의 딸 마리아 테레지아[1717~1780]에게 장자 상속의 관습을 깨고 왕위를 승계하려 했다. 이에 반발한 프로이센의 프리드리히 대왕이 당시 오스트리아 령으로서 자원이 가장 풍부한 슐레지엔 지방의 상속권을 주장하며 이를 점령하면서 유럽 열강들 간에 전쟁이 벌어졌다.

오스트리아와 오랜 적대 관계에 있던 프랑스는 프로이센과 연합했고, 프랑스와 세력을 다투던 영국은 오스트리아를 지원했다. 두 차례의 전쟁에서 프랑스와 연합한 프로이센이 승리함으로써 슐레지엔은 프로이센의 영토가 되었다.

런던 대재앙

흑사병 영국에서는 1603년, 1612년, 1640년, 1647년 그리고 1665년에 흑사병이 맹위를 떨쳤는데 그중 가장 피해가 극심했던 해는 1665년으로서, 런던의 인구 50여만 명 중에서 7만여 명이 죽었다.

당시 질병에 대한 의학적 지식이 없어 특별한 의학적 예방 조치나 치료는 없이 흑사병에 걸린 사람의 집에는 커다란 십자가를 걸어두었고 감염된 사람은 집 안에 갇혔다. 죽은 사람의 시체는 커다란 구덩이에 집단으로 묻는 일이 밤낮으로 계속되었으며 길에는 시체로 악취가 진동했다. 상점은 폐쇄되고 궁정과 관공서는 런던을 떠나 시골로 피난했다. 사람들은 마차와 손수레에 짐을 싣고 런던 외곽으로 피신했다.

그러다가 이듬해 1666년 9월 대화재가 발생하여 런던 시가의 5분의 4가 불타자 런던의 흑사병은 자취를 감추고 말았다.

다음은 영국 어린이들이 뜻도 모른 채 수백 년 동안 불러온 전승 동요이다.

빨리 달아나라,
멀리 달아나라,
그리고 천천히 돌아오라.
장미꽃 반지 끼면 주머니엔 꽃다발 가득,
에취! 에취!
우린 모두 쓰러지네.

이 노래는 1665년 흑사병이 돌자 런던 거리에서 부르기 시작했다. 흑사병이 돌면 집을 떠나 멀리 달아나는 것이 상책이란 뜻이다. 여기서 '장미꽃 반지'란 흑사병에 걸린 사람에게 나타나는 빨간 발진을 가리키며, '주머니엔 꽃다발 가득'이란 악취는 병을 옮기는 악마의 숨결이라고 여겨 향기 나는 꽃이나 약초가 병을 예방해 준다고 믿었던 것과 관련이 있다. 장미꽃 반지놀이를 할 때 어린들은 노래를 부르면서 죽어 쓰러지는 몸짓을 했다.

유럽을 휩쓴 흑사병은 1720년 프랑스 남부의 마르세유에서 발생한 것을 끝으로 사라졌는데 그 이유는 모른다. 당시 의사들은 두꺼운 옷에 가죽 장갑을 끼고 주둥이가 튀어나온 마스크를 착용하고 있었는데 마스크의 주둥이 부분에는 병을 옮긴다는 악취를 막기 위해 약초가 들어 있었다.

영국의 작가이자 공무원이었던 사무엘 피프스는 런던에 머물면서 친구의 부인인 엘리자베스 카트릿 부인에게 보낸 편지에서 당시의 상황을 이렇게 적고 있다.

제가 머물고 있던 런던에서 1주일 동안 7,400명 이상이 죽었는데 그중 6,000 명 이상이 흑사병으로 죽었습니다. 그리고 하루 종일 종소리 외에는 아무 소리도 듣지 못했습니다. 룸버가를 온통 돌아다녀도 보이는 사람은 20명도 되지 않았고 증권거래소에는 50명도 보이지 않았습니다. 10인 혹은 12인 가족 전원이 죽은 경우도 있습니다. 나의 주치의인 바넷 박사는 집에 틀어박혀 수개월을 지냈으나 그도 흑사병으로 죽고 말았습니다.

밤이 길어졌는데도 전날 죽은 사람을 몰래 매장하기에는 부족합니다. 먹을 고기나 술은 구할 수가 없었습니다. 정육점과 단골 양조장들을 둘러보았으나 모두 문을 닫았고 단골 빵집은 가족 전원이 흑사병으로 죽고 말았습니다.

그러나 부인, 얼마 전 사랑의 파티에 참석하여 얻은 신의 축복과 쾌활한 기분 덕택으로 저는 건강을 회복하였으니 혼신을 다 할 작정입니다. 부인과 가족의 덕택입니다. 유쾌하지 못한 이야기는 이만 줄이겠습니다. 다음 편지에는 흑사병이 퇴치되어 유쾌한 소식을 전할 수 있기를 바랍니다. 신의 가호가 있기를.

– 1665년 9월 4일, 사무엘 피프스

런던 대화재 1666년 9월 2일 런던에서 가장 인구가 밀집한 지역인 푸딩레인에 있는 킹스 빵집에서 시작된 화재가 발생했다. 불은 런던 전역으로 번지기 시작하여 나흘 동안 맹위를 떨치다가 런던 시가의 5분의 4를 태우고 가까스로 진화되었으나 10만 명 이상이 집을 잃었다.

런던의 재건에는 목조 건물의 건축이 금지되어, 런던 중심부가 석조 건물로 된 오늘의 모습으로 재건되었다.

커피의 역사

이슬람 인은 커피를 아라비아의 포도주캐웨라 불렀는데 '캐웨'가 영어로 '커피'가 된 것이다. 커피의 원산지는 동아프리카 에티오피아의 카파 지방으로서 아라비아 반도 남부 예멘의 모카 항을 통해 이슬람 세계로 전해졌다. 15세기 아라비아의 한 고문서에는 아비시니아에서는 오래 전부터 커피를 마셨다고 전하며, 1511년에는 메카에서도 커피를 마셨다는 기록이 있다. 아라비아 반도에 처음 커피를 전한 사람은 이슬람의 성자 셰이크 샤달라였지만, 커피를 제일 먼저 즐긴 것은 사람이 아니고 염소였다.

850년경 아비시니아지금의 에티오피아의 한 목동은 염소들이 어떤 나무의 열매를 먹고는 생기가 넘쳐 펄쩍펄쩍 뛰는 것을 목격했다. 이를 의아하게 생각하고 호기심에 자기도 그 열매를 따먹어 본 목동은 기분이 좋아 염소들과 어울려 춤을 추었다. 목동은 이 사실을 이슬람교 성자에게 알려 주었다. 그 이슬람 성자는 마호메트가 꿈에 나타나 자기에게 시킨 대로 그 열매를 신도들에게 먹였더니 과연 효과가 있어 그 이슬람 사원은 신도들이 졸지 않고 열심히 기도하는 곳으로 이름이 났다.

커피의 효능이 메카로 몰리는 성지 순례객들에게 알려지면서 이집트, 시리아 등 이슬람 세계로 급속히 확산되었고, 모카 항이 있는 예멘이 오스만 투르크의 지배를 받게 되면서 커피는 전 세계에 알려지기 시작했다. 그 후 일반 가정에서도 커피를 마시게 되었고 커피를 끓여 파는 커피집카프베이 성행하기 시작했다.

17세기 중엽부터 유럽인들도 커피를 즐기기 시작했다. 비엔나를 시작으로 1650년에는 영국 최초의 커피 하우스가 옥스퍼드에서 문을 열었고, 1684년에는 유럽 카페의 명소인 카페 플로리안이 이탈리아 성 마르크 광장에서 최초로 문을 열었다. 커피는 유럽 상류 사회의 새로운 유행으로 떠올랐다.

그러나 커피의 생산과 유통을 독점적으로 장악하고 있던 오스만 투르크가 값을 올리자 유럽은 기후가 비슷한 인도네시아와 남미에서 대대적으로 커피를 재배하기 시작하여 생산 규모에서 모카 커피터키 커피를 능가하게 되었다.

악마의 음료 술을 마시는 것이 금지된 이슬람 사회에서 커피야말로 알라 신이 내린 최고의 선물과 같았다. 아랍 인들은 처음에는 커피를 주로 질병 치료나 종교 의식 등에 사용했다. 그러다가 1000년경부터는 기호음료 로 마시게 되었고, 16세기 중엽에는 커피의 빨간 열매 속에 들어 있는 녹색 씨를 볶아서 갈아 물에 끓여 계피나 정향을 넣어 마시기 시작했다.

커피를 파는 커피점카프베이 성행하기 시작하여 이슬람교도들이 사원에는 가지 않고 커피점에만 몰리자 이슬람 지도자들은 '커피는 사람을 도취시키는 신성하지 못한 음료'로 규정하고 커피 마시는 것을 금지하는 포고령을 내렸다. 하지만 커피 애호가였던 이집트의 칼리프가 이 소식을 듣고 즉시 그 포고령을 즉각 취소시켜 버림으로써 사람들은 다시 커피를 마실 수 있게 되었다.

가톨릭교회는 커피를 이교도들이 마시는 악마의 음료라고 하여 엄격히 금지시켰고, 이를 어긴 많은 사람들이 목숨을 잃거나 처벌을 받았다. 그러다가 이 악마의 음료를 맛본 교황 클레멘스 8세[1536~1605]가 커피를 기호식품으로 인정함으로써 모든 사람들이 자유롭게 즐길 수 있게 되었다.

런던에 등장한 커피하우스 1650년 영국 옥스퍼드에 최초의 커피하우스가 문을 열었고, 2년 후에는 런던에도 파스카로제 커피하우스와 초콜릿하우스가 문을 열었다. 초기에는 누구나 입장료 1페니만 내면 들어갈 수 있어 커피하우스를 페니 대학이라 부르기도 했다. 커피하우스는 다양한 사람들이 모여 향긋한 향내가 나는 커피 한 사발씩을 시켜놓고 담배도 피우면서 세상 이야기도 나누고 도박도 즐기는 사교장이 되었다. 커피와 담배, 모두 아메리카 식민지에서 들여온 것이었다.

당시 영국은 청교도 혁명[1640~1660] 직후인지라 아무래도 화제는 권력에 대한 비판적인 내용이 주류를 이루고 있었다. 그러자 청교도 혁명 때 해외로 망명했다가 다시 돌아와 즉위한 찰스 2세는 시민들의 정치 활동이 못마땅했다. 1660년 그는 커피하우스의 폐쇄를 포고했으나 시민들의 맹렬한 반발로 11일 만에 포고를 철회하고 말았다.

런던 증권시장

1694년 런던에 8%의 금리를 정부가 보증하는 국채를 발행하는 잉글랜드 은행이 처음으로 설립되었다. 국왕 윌리엄 3세가 프랑스와의 전쟁이 장기화됨에 따라 군비 조달을 위해 국채를 발행하기 시작한 것으로서 국채는 재력가들에게 인기가 있어 증권거래소에서 활발하게 거래되었다.

1720년 12월 런던의 증권 시장이 급격히 붕괴되면서 사상 초유의 금융 공황이 발생하여 주식에 투자했다가 파산하는 사람들이 속출했다. 붕괴의 발단은 남해 회사의 주가가 1000까지 상승했다가 거품이 빠지면서 120대까지 급락하면서 다른 주식들도 동반 하락하여 발생한 것이었다. 남해 회사는 1711년 전시에 발행된 국채를 인수하는 대신 노예 무역의 독점권을 확보하고 6%의 주식 배당금을 보장하겠다며 세운 회사였다.

아메리카 신대륙의 개척

1607년, 영국인 105명을 태운 배 세 척이 지금의 버지니아 주 템스 강 하구에 닻을 내렸다. 이 배는 영국 왕 제임스 1세로부터 식민지 건설의 허가를 받은 런던주식회사가 전세 낸 배였다. 신천지 개척의 꿈을 안고 온 이들의 현실은 만만치 않아 처음 2년 동안 38명으로 줄었고 그나마 살아남은 사람들은 인디언에게서 옥수수를 얻어 간신히 연명하는 형편이었다.

그러다가 개척 생활에 안정을 찾게 된 것은 담배를 재배하면서였다. 영국 본국에서도 담배 수요가 크게 늘어 담배 농장의 규모는 점차 커지고 부족한 노동력을 충당하기 위해 남부에서는 흑인 노예를 고용하기 시작했다.

1620년 9월 16일, 버지니아를 개척한 지 13년이 지나 영국의 청교도 35명을 포함한 102명이 메이플라워호길이 27m, 폭 8m, 180톤에 몸을 싣고 영국 시샘튼 항을 떠났다. 좁은 방 한 칸에서 65일 간의 악몽 같은 항해 끝에 드디어 신천지에 도착했는데, 심한 풍랑으로 인해 원래 정착 허가를 받은 식민지 땅 버지니아보다 훨씬 북쪽인 지금의 매사추세츠 주의 플리스마 부근에 도착했다.

그들은 이주자들이 뿔뿔이 흩어지는 것을 막기 위해 상륙에 앞서 선상에서 「메이플라워 협약」에 서명한 후 뉴잉글랜드 식민지 개척에 들어갔다. 그들은 1609년 종교 탄압을 피해 네덜란드로 망명했던 청교도 윌리엄 브래드포드1590~1657를 지도자로 선출하고 정착촌 건설에 들어갔다.

낯선 환경 속에서 맞은 첫 겨울 동안 추위와 괴혈병으로 44명이나 죽고 말았다.

그러나 그들은 불굴의 신앙적 열정으로 포기하지 않고 열심히 숲과 황야를 개척하기 시작했고, 이듬해 메이플라워호가 본국으로 돌아갈 때 그 배를 타고 되돌아 간 사람은 아무도 없었다. 그들은 원주민 인디언들로부터 옥수수 씨앗도 얻어 심고 고기를 잡는 법도 배워가며 어렵게 정착하기 시작했다.

청교도 청교도주의는 16세기 말과 17세기에 일어난 일단의 급진주의적 칼뱅파 종교 개혁 운동으로서, 모든 생활에서 도덕적·종교적 진지성을 강조했다. 청교도들은 교회 개혁을 통해 자신들의 생활 방식을 전 국민의 삶에 확산시켜 국가를 개혁시키고자 했다.

1593년 엘리자베스 1세는 영국 국교회를 확립하면서 청교도를 탄압하기 시작했고, 1603년 엘리자베스 여왕의 뒤를 이어 잉글랜드의 왕위에 오른 스코틀랜드 왕 제임스 1세1566~1625 또한 청교도를 더욱 가혹하게 탄압했다.

1609년 종교적 박해를 피해 네덜란드로 망명했던 100여 명의 청교도들은 낯선 환경에 적응하지 못하고 1619년 다시 영국으로 돌아왔다. 그들은 협상을 통해 미지의 땅 신대륙 이주를 허가받아 종교의 자유를 찾아 다른 이주자들과 함께 메이플라워호에 승선한 것이다.

메이플라워 협약 1620년 신대륙에 도착한 그들은 상륙에 앞서 선상 회의를 열어 정치 공동체를 자체적으로 구성하기로 하고 배에 탔던 성인 남자 41명이 「메이플라워 협약」에 서명했다.

> 우리는 신의 영광과 기독교 신앙의 증진 그리고 우리의 국왕과 조국의 명예를 위하여 버지니아 북부 지방에 최초의 식민지를 건설하고자 이 배를 타고 왔다. 이제 우리는 바람직한 공동의 질서와 안전을 확보하고 위의 목적을 달성하기 위해 시민 정치 단체를 결성하고 신과 서로의 면전에서 엄숙하게 계약을 체결한다.
>
> 그리고 이후 이를 바탕으로 식민지 주민의 복지를 위하여 공평하고 정의로운 법률과 법령 등을 만들며 우리는 이 모든 것에 따를 것을 서약한다.

「메이플라워 협약」은 이들이 건설한 플리머스가 1691년 매사추세츠에 합병될 때까지 유지되었으며, 후세에 '아메리카 정신'의 상징으로 여겨지고 있다. 이 협약의 작성을 주도한 윌리엄 브래드포드는 이듬해 정착지의 총독으로 선출되어 초창기 30여 년간을 이끈 인물로서 '필그림의 아버지'로 불려진다.

식민지 개척 영국은 식민지 개척을 위해 1597년부터 범법자를 강제 이주시켜 식민지 건설에 투입했는데, 아메리카 정착민들은 이들 범법자들을 부릴 권리를 돈으로 살 수 있었다. 강제 이주된 범법자가 식민지를 탈출하여 영국으로 돌아오면 1810년까지는 교수형에 처했다. 범법자의 아메리카 식민지 강제 이주는 독립 전쟁 직후인 1776년까지 지속되었다.

식민지 개척의 지도자였던 윌리엄 브래드포드의 글들이 19세기 초에 발견되었다. 그는 당시의 감회를 이렇게 적었다.

> 우리에게는 환영해 주는 친구도 없었고 풍파에 지친 몸을 쉴 수 있는 보금자리도 없었다. 구조를 청할 마을은 고사하고 집도 보이지 않았다. 보이는 것이라고는 야생 동물들이 우글거리는 황량한 황야뿐이었다. 숲과 덤불로 덮인 땅은 거칠고 야성적인 색을 띠고 있었다.

다음은 그들이 처음 뉴잉글랜드에 도착했던 당시의 상황이다.

> 우리가 어느 골짜기에 도착하여 맑은 물이 나오는 샘을 발견하고는 뉴잉글랜드의 물을 처음으로 마셨다. 그때의 감회는 평생 잊지 못할 것이다. 우리는 잠시 휴식을 취한 뒤 해안으로 가서 불을 피워 배에 있는 사람들에게 우리 위치를 알린 다음 강이 있음직한 곳을 찾아 내륙 쪽으로 갔다.
>
> 작은 호수와 인디언 들이 곡식을 심었던 넓은 평지가 있었다. 그리고 집터와 판자나 돗자리로 덮은 모래 무더기로 된 인디언의 무덤들도 있었으며 포도나 딸기, 호두 등 과일도 보였다. 인디언들의 무덤 속에는 항아리에 든 뼈와 두개골 외에 솥, 토기 그릇, 멍석, 활, 칼, 바늘, 옥수수가 담긴 바구니, 장신구, 주머니, 반바지 등도 있었다.
>
> 날이 저물자 우리는 서둘러 숲을 빠져 나왔고, 해변에 있는 작은 배에 도착했을 때는 날이 이미 어두워져 있었다. 우리는 가지고 온 음식으로 요기를 한

다음 보초를 세워 놓고 잠이 들었다. 자정 무렵에 갑자기 괴이한 외침소리가 들리자 보초가 우리를 깨웠다. 머스켓 몇 발을 쏘았더니 소리가 그쳤다. 우리는 여우나 늑대 떼 소리였다고 결론지었다.

새벽 5시경에 소름끼치는 괴이한 외침소리에 우리는 다시 잠을 깼다. 대원 하나가 "사람이다. 인디언! 인디언!"하고 소리쳤다. 그와 동시에 화살이 우리에게 날아오기 시작했다. 대원들이 급히 두목으로 보이는 자를 향해 머스켓을 수 발 쏘자 그들은 이상한 외침을 남기고 물러갔다. 우리는 인디언들이 쏜 화살촉 열여덟 개를 주워 존스 씨 편에 영국으로 보냈다. 몇 개는 놋쇠였고, 사슴뿔이나 독수리 발톱으로 된 것도 있었다.

월요일, 우리는 배를 대기에 적합한 포구를 발견했다. 내륙으로 들어가 보았더니 여러 가지 곡식을 심은 밭과 조그만 시내들이 있는, 정착하기에 적합한 장소가 있어 배에 남아 있던 사람들에게 알리자 모두들 안도하며 기뻐했다.

추수 감사절

1621년 가을 신세계의 플리머스 정착민들은 첫 추수를 끝냈다. 그들은 추장을 포함한 90여 명의 왐파노아그 인디언들을 초청하여 그들을 도와 준 데에 대한 감사의 뜻으로 옥수수와 야생 칠면조로 사흘 동안 축제를 열었다. 미국의 추수 감사절은 이렇게 시작되었다.

후발 이주민들

그 후 유럽으로부터 후발 이주민들이 신대륙으로 속속 들어오기 시작했다. 종교의 자유를 찾아 건너온 사람들이었지만 전과자나 일확천금을 꿈꾸는 상인들과 농사도 모르고 정착에 필요한 기술도 없는 젠트리들도 적지 않았다. 기술자들 중에는 광산 기술자, 제련 기술자, 보석 세공인, 보석상 등이 많았으며 식민지 상황에 어두워 준비가 소홀했다.

그들 대부분은 뉴잉글랜드 지역에 정착하기 시작하여 17세기 중반까지 8만 명 이상이 이주해 왔다. 개인에게 토지가 분배되기 전에는 노동과 분배를 공동으로 운영하는 체제였기 때문에 게으름을 피우는 사람도 많았으며 당시 정착민의 지도자였던 존 스미스의 기록에는 "일하지 않는 자는 굶어라."라고 적고 있다.

프랑스 인들은 북아메리카에서 주로 모피 장사를 하여 한 몫 잡으면 본국으로 돌아가기 때문에 결속력이 약했고 식민지도 여기저기 산재해 있었지만 영국인들은 정착하러 온 농민들이 비교적 많아 동부 해안 지역에 모여 살면서 결속력도 강했다.

설탕의 대중화 설탕이 나오기 전에는 주로 꿀과 무화과 등을 감미료로 사용했다. 기원전 327년 알렉산더 대왕이 인도에 원정군을 파견했을 때 사령관으로부터 "인도에서는 갈대사탕수수에서 꿀을 얻고 있다"라는 보고를 받고 놀랐다는 기록이 있다. 설탕의 제조법은 이슬람 상인들이 지중해 세계에 전했으며 십자군 원정 중에 다시 서유럽으로 전해졌다.

영국의 엘리자베스 1세1558~1603 재위는 설탕 애호가였다. 그 당시 설탕은 결핵 등 여러 질병에 효능이 있다고 알려졌으며 후추와 더불어 값비싼 조미료로서 설탕을 즐겨 먹을 수 있는 사람은 극히 일부였다.

설탕을 대중화시킨 것은 대항해 시대의 포르투갈 인이었다. 그들은 모로코 원정에서 사탕수수의 재배와 제당 기술을 배워 브라질에서 흑인 노예를 이용하여 대량으로 설탕을 생산하기 시작하여 16세기 후반 이후 유럽에서 소비되는 설탕의 대부분은 브라질과 카리브 해역에서 공급되었다.

17세기 후반에 런던 등의 대도시에서는 커피 하우스와 티 하우스가 크게 유행했는데 차를 마시는 관습은 일반 가정에까지 보급되어 영국의 국민적 음료가 되었다. 1700년경부터 설탕을 차나 커피에 넣어 마시는 습관이 생겨 설탕 소비량은 급속히 늘어났다. 18세기에 네덜란드와 프랑스, 영국 등은 서인도제도를 중심으로 흑인 노예를 이용하여 설탕을 대량으로 생산하기 시작함으로써 설탕은 값비싼 약제에서 대중적인 감미료로 자리 잡았다[설탕 혁명].

유럽 사회의 기이한 형벌

유럽 각국에서는 대개 가벼운 죄를 범한 자는 시장이나 광장 등 사람이 많이 모이는 장소에서 몰매를 치거나 갤리선 노예로 보냈고, 중범죄를 범한 자는 귀와 코를 잘랐으며, 탈주병은 귀와 코를 자른 뒤 종신형에 처해 갤리선 노예로 보냈고, 반역을 꾀한 자는 목을 베었다. 『로빈슨 크루소』의 저자 데니얼 디포도 반기독교적인 책을 썼다는 죄로 두 귀가 잘렸는데, 이를 지켜보던 군중들은 그에게 꽃을 던져 주며 위로했다.

17세기 영국과 북유럽 대부분의 나라에서는 술주정꾼은 머리와 두 팔이 나올 수 있도록 구멍을 낸 통나무를 뒤집어쓰고 다녀야 했는데 이것을 '술주정뱅이 망토'라 했다.

또한 영국에서는 파산으로 남의 빚을 갚지 못한 자는 빚을 다 갚을 때까지 갈색과 황색이 섞인 특정한 복장을 하고 다녀야 했다.

러시아의 로마노프 왕조의 창시자 미하일 황제1596~1645는 칙령을 발표하여 담배를 피우다 적발된 초범자는 몽둥이로 발바닥을 쳤고, 두 번째로 적발되면 코를 베었고, 세 번째로 적발되면 사형에 처했다.

같은 시기에 터키의 술탄도 코담배를 맡는 자는 입술을 찢었고, 담배를 피우다 들킨 자는 코 속에 파이프를 집어넣은 채 교수형에 처했다.

공개 처형 19세기 초 유럽에서 실시된 공개 처형은 굉장한 구경거리의 하나였다. 교수대를 내려다볼 수 있는 곳은 방을 얻기가 힘들었고 지붕 위로 올라가 구경하는 사람도 많았다.

1807년 런던에서 공개 처형이 있었을 때 4만 명 이상의 구경꾼들이 교수대 주위로 몰려드는 대혼란으로 28명이나 짓밟혀 죽고 70여 명이 중상을 당한 일이 있었다. 1849년 처형 장면을 목격한 찰스 디킨스는 한 친구에게 이렇게 적어 보냈다.

사람들의 행위가 형언할 수 없을 정도로 무서워 한동안 나는 악마들의 도시에 살고 있는 것 같았다네.

19세기 초에는 소매치기와 절도범까지도 교수형에 처해졌으나 그 후 교수형은 점차 줄고 경범죄자는 식민지로 추방되거나 감옥에 갇혔다. 그러자 감옥은 죄수들로 넘쳤다. 1820년대에 새 법률이 제정되어 감옥 내의 위생 상태가 좋아지고 족쇄가 금지되었다.

도시 인구의 급증으로 범죄가 늘어나자 각국은 조직적으로 대응할 필요가 있었다. 프랑스는 1817년 형사부를 전과자들로 구성했으며, 1890년대부터는 지문을 수사에 이용하기 시작했다. 영국은 1829년 도시에 최초로 경찰이 설립되었다.

동물에 대한 처벌 유럽 각국에서는 생물도 죄를 범하면 처벌했는데 그 판례들이 남아 있다. 1314년 프랑스의 발루아에서 사람이 황소에 깔려 죽자 그 황소는 사형에 처해졌고, 15세기 스위스 바젤에서는 수탉이 마술을 부려 알을 낳았다고 하여 그 수탉을 형틀에 매어 알과 함께 불에 태워 죽이기도 했다.

1457년 프랑스 라베니에서 새끼 돼지가 어미 돼지에 깔려 압사하자 어미 돼지를 교수형에 처했다. 같은 다른 여섯 마리의 새끼 돼지도 살생에 가담했으나 철이 들지 않았다는 이유로 살려 주었다.

물건에 대한 처벌 유럽에서는 사람도 동물도 아닌 물건에 대해서도 처벌했다. 1685년 프랑스에서 신교도들의 오랜 근거지였던 라 로셸의 위그노파 교회의 종은 이교들에게 도움을 주었다는 죄목으로 가톨릭교도들로부터 심하게 채찍질을 당하고 일단 땅에 묻혔다가 부활의 의미로 다시 꺼내어져 성당에 걸린 적이 있다.

영국에서는 속죄물법이 있었다. 하느님께 바치는 선물인 속죄물은 사람을 죽게 한 물건을 몰수하여 왕에게 바쳐 왕이 그 물건들을 자선용으로 사용하도록 한 색슨족 법의 개념이었다. 남편이 마차에 치어 죽자 미망인은 그 마차를 보상으로 받았고, 1218년 영국의 한 농부가 낫을 잘못 쓰다가 죽자 그 낫은 자선용으로 사용되었다. 그러나 속죄물법이 악용되자 1846년 이 법은 폐지되었다.

갤리선 노예 갤리선은 노로 움직이는 항해선으로 기원전 700년경 페니키아 인이 처음 사용한 것으로 알려져 있다. 고대 여러 민족은 전쟁과 상업용으로 돛이 달린 갤리선을 이용했고, 16세기에는 큰 삼각돛과 선미에 키를 갖춘 갤리선이 등장했다.

고대 로마에서는 죄수와 노예를 갤리선에 태워 노를 젓게 했는데, 18세기까지 유럽 각국에서 성행했다. 1602년 영국의 엘리자베스 여왕은 악질적이 아닌 죄인은 갤리선에서 봉사하도록 했으나, 쇠사슬에 묶인 채 노를 젓는 죄수들은 대부분 3년을 넘기지 못하고 죽어갔다.

1703년과 1704년 프랑스 인 신부 존 바이언은 갤리선의 종군 신부로 있었는데 그는 자신이 체험한 것을 이렇게 적었다.

> 돛대는 둘이지만 갑판은 하나뿐인 갤리선은 보통 때는 노를 사용한다. 돛은 망망대해에서 순항할 때나 다급하게 모든 추진력을 다 동원해야 할 때를 제외하고는 거의 사용하지 않는다. 선미에 있는 선장의 방은 낮에는 장교와 신부도 같이 쓰지만, 밤에는 선장 혼자 사용한다.
>
> 한 배에 노예는 300명이 타고, 나머지 150명은 장교와 사병, 선원, 하인 등이다. 갤리선에 끌려오는 노예는 터키인, 사기꾼, 코와 귀를 잘린 뒤 종신형을 받은 탈주병, 일반 범죄자, 그리고 개신교도들이며 그들은 머리를 빡빡 깎인다.
>
> 노 하나에 노예 다섯 명이 붙는데, 그중 한사람은 노를 지휘하는 터키 인'보가방'이다. 보가방은 노예 고리는 발에 차지만, 다른 노예들처럼 쇠사슬에 묶이지 않으며 병사들과 같이 급료를 받는다.
>
> 갤리선에서 노를 젓는 일은 엄청나게 힘든 일이다. 노를 당기기 위해 몸을 완전히 일으켰다가 등이 바닥에 닿을 정도까지 드러눕는 동작을 끝없이 반복해야 한다. 중앙을 따라 다리 모양으로 높이 깔아 놓은 판자 위에서 장교'코미트' 셋이 노예들의 동작을 감시하면서 게으름을 피우면 긴 장대로 후려친다.
>
> 노예들에게는 매일 아침 8시에 비스킷이 나오고, 열 시에는 뜨거운 물에 고작 콩 몇 알을 넣은 국이 나오고 아침저녁으로 포도주가 나온다. 노예들에게는 일 년에 셔츠 두 벌과 짧은 윗도리 하나, 그리고 3년마다 겉옷과 모자가 지급되며, 작은 판자 한 장이 잠자리로 주어진다.
>
> 가혹한 노동에다가 불결한 환경이라 병에 걸리는 자가 많았다. 환자는 선창 속의 침침한 방에 눕혀지는데 악취와 온갖 벌레가 우글거리는 지옥 같은 곳이다. 나는 고해를 받거나 위안을 주기 위해 하루 두 차례씩 이곳에 들어갔다. 벌레들

을 피할 수 있는 유일한 방법은 긴 가운을 입고 들어갔다가 나오자마자 벗어버리는 것이었다. 한 환자 옆에 나란히 누워 고해를 듣는 동안 다른 사람이 먼저 죽어버리는 경우도 많았다. 병실에서는 그야말로 죽음의 그늘을 거니는 기분이었다.

황제의 옥좌로 둔갑한 전기의자 1890년 8월 뉴욕의 오번 교도소에서는 사형수가 처음으로 전기의자로 처형당했다. 이 소식을 전해들은 아비시니아현재의 에티오피아의 황제 메넬리크 2세는 선진 기술에 부러움을 느끼고 미국 회사에 전기의자 3대를 주문했다.

한참 후 주문한 의자가 드디어 도착했다. 포장을 뜯어본 메넬리크는 깜짝 놀랐다. 전기의자를 작동시키기 위해서는 전기가 필요하다는 사실을 아무도 그에게 귀띔해 준 사람이 없었고 아비시니아에는 전기라는 것이 없었기 때문이다. 배포가 큰 메넬리크는 조금도 기가 꺾이지 않았다. 그는 의자 3대 중 하나의 용도를 즉시 찾아냈는데, 그것은 황제의 옥좌로 사용하는 것이었다.

만주족이 세운 청나라

중국 대륙의 마지막 왕조인 청나라1644~1911는 소수 민족인 만주의 여진족이 세운 왕조로서 강희제 · 옹정제 · 건륭제 때 전성기를 이루었다. 소수 민족인 만주족이 거대한 한족을 지배하기 위해서는 유화 정책과 강압 정책을 병행하여 펼 수밖에 없었다.

청나라는 과거제로 관리를 등용하여 한족과 만주족에 차별을 두지 않았으며, '만한동수관제'라고 하여 정부 관청에 만주족과 한족의 수를 동일하게 채용하였으며, 한인 학자를 동원해 대규모의 문헌 편찬 사업을 벌였다.

반면에 사상과 풍습에서는 철저한 강압 정책을 폈다. 만주족 남자의 변발에 저항하는 한족에게는 '머리를 남기려면 머리카락을 남기지 말고, 머리카락을 남기려면 머리를 남기지 말라'고 명했다. 또한 청나라 조정을 비판한 필화 사건들, 즉 문자옥文字獄으로 사상을 엄격히 통제했는데, 특히 전성기인 강희제 · 옹정제 · 건륭제 때 가장 엄격하게 다루었다.

리쯔청의 난

명나라 말기의 정치는 매우 혼란했다. 1620년 만력제万曆帝, 1563~1620가 죽자 중국 각지에서 반란이 빈발했는데, 특히 산시에서는 정부의 혹독한 수탈과 기근이 겹쳐 빈농의 아들로 태어난 리쯔청李自成의 주도 하에 농민들이 폭동을 일으켰다.

1644년 리쯔청은 마침내 40만 대군을 이끌고 베이징을 점령했고, 당시 숭정제崇禎帝는 환관 한 사람을 데리고 자금성 뒤의 완서우산에서 목을 매어 자살했다.

다음은 명나라 말기의 고관인 스커파사가법, ?~1645가 만주족이 세운 청나라에 보낸 편지이다. 몽골 인이 세운 원나라의 지배에서 간신히 벗어나 한족이 세운 명나라의 고관이 다시 이민족인 만주족에게 동족이 일으킨 반란을 진압하자고 권유한 것이다.

> 반란을 일으킨 적은 아직 벌을 받지 않았으며, 오히려 서쪽에서 밀고 올라올 계획이라고 듣고 있습니다. 우리 왕조로서는 이를 절대 용납할 수 없을 뿐 아니라 귀국에게도 큰 우려가 아닐 수 없을 것입니다.
>
> 신이 바라건대 공동의 적을 앞에 둔 두 나라는 우호 관계를 더욱 공고히 하여 연합군으로 저들을 토벌해 그 죄를 만천하에 알리고, 반란을 일으킨 적의 우두머리를 죽이십시오. 그러면 귀국을 칭송하는 말들이 방방곡곡으로 퍼질 것입니다. 두 나라는 우호 동맹 관계를 맺고 이를 영원히 지속시켜야 할 것입니다.

옹정제의 지방관 관리

청나라 제5대 황제 옹정제1687~1735는 강희제에 이어 44세의 나이에 즉위하여 사상을 통제하고 새로운 세제를 도입하는 등 내정에 힘을 쏟았다. 옹정제가 지방 관료를 관리하는 방법은 매우 독특했다. 지방관에 부임하는 관리는 옹정제를 알현했다. 이때 옹정제는 황제와 관리만이 열어볼 수 있는 서신 상자를 주어 직접 서신을 교환했다. 서신 상자의 열쇠는 황제와 관리가 나누어 가졌고, 이 서신 상자에 담아 황제에게 올리는 글에는 어떤 말을 써도 처벌하지 않았다.

다음은 옹정제가 지방관에게 보낸 편지이다.

사람은 견문이 넓어야 옳은 판단을 내릴 수 있는 법이니 짐은 그대에게 다양한 정보를 요구하노라. 지방 정치는 잘 돌아가는지, 관리들은 열심히 하고 있는지, 상관은 공평한지, 부하들 중에서는 누가 뛰어나고 누가 열등한지, 군대의 규율은 어떤지 등등. 또한 딱히 증거가 없어도 좋으니 뭔가 떠도는 이상한 소문이 있으면 모두 보고하도록 해야 할 것이로다. 진위는 짐이 다른 방법으로 확인할 것이니.

쑤저우蘇州란 곳은 교통의 요지라 관리들과 상인들이 오고가는 곳이니 뭔가 정치적인 내용을 들으면 소상하게 확인하여 신속히 보고하도록 하라.

북경의 한 관리가 지방관으로 명을 받고 임지로 떠나기 전 한 남자를 머슴으로 데려갔다. 이 머슴은 일도 잘하고 주인을 충실하게 잘 모셨다. 어느 듯 3년의 임기가 끝나고 다시 북경으로 돌아가게 되었는데 머슴이 찾아왔다.

"이제 저도 그만 두어야 하겠습니다. 주인님은 그동안 맡으신 임무를 충실히 잘 수행하였으니 북경으로 돌아가시면 틀림없이 천자님으로부터 칭찬을 받으실 겁니다." 그러고는 머슴은 지방관 곁을 떠났다.

이 지방관이 북경으로 돌아가 옹정제를 배알하자 과연 그 머슴의 말대로 칭찬을 들었다. 감격해서 궁문을 나서면서 궁전 경비대 쪽을 무심코 쳐다보았더니 이게 어찌 된 일인가. 그 경비대장이 바로 얼마 전까지 자기 집에 있었던 바로 그 머슴이 아닌가. 옹정제는 지방관들의 동정을 살피기 위해 신분을 가장한 사람을 보내 동정을 살피게 하였던 것이다.

국휘를 어겨 죽임을 당한 과거 출제관 중국에서는 옛날부터 '피휘避諱'라 하여 제왕, 성인, 조상, 윗사람 등의 이름을 부르거나, 자기 이름에 그분들과 자나 발음이 같은 글자를 사용하지 못했다. 특히 황제의 이름에 대해서는 '국휘'라 하여 매우 엄격한 금기로 다스렸는데 원나라 때는 금기한 글자가 160여 자에 달했다.

명나라와 청나라 때는 이 금기가 더욱 엄격해서 필화인 문자옥의 동기가 되었다. 청나라의 멸망과 함께 2,000여 년간 이어오던 피휘 제도는 없어지고 말았다.

옹정제 때 과거에 『시경』의 한 구절인 '유민유지維民維止'가 문제로 출제되었다. 그러나 '유維'와 '지止'자는 '옹정擁正'의 아래 부분에 해당하여 황제의 머리를 잘라 버린 것이라는 해석이 나와 출제관은 죽임을 당했다.

진나라 시황제 이후의 황제를 진 1세, 진 2세 등으로 칭했는데, 당나라 태종 때부터는 '세世'자 대신에 '대代'를 사용하게 했다. 당 태종 이세민李世民의 이름에 '세世'자가 있었기 때문이었다.

『사기』를 쓴 사마천의 아버지는 사마담司馬談이었다. 그래서 사마천은 『사기』에 나오는 이담李談이라는 인물을 자기 아버지 이름의 글자를 피해 이동李同이라 바꾸어 표기했다.

바뀌친 아이 건륭제

청나라 황제 옹정제의 후궁인 니우훌 빈은 어느 날 밤 여아를 낳았다. 그녀는 궁정에서 쫓겨날 것을 염려하여 극비리에 자신의 딸을 같은 날 태어난 내시의 아들과 바꾸어 버렸다. 이 사실을 모르는 옹정제는 아들을 보고 몹시 기뻐하여 니우훌 빈을 제1 황비에 앉히고 따로 마련한 궁전에서 살도록 했다. 그리하여 니우훌 비는 67년 동안 국모로 군림하게 되었다.

바뀐 가짜 사내아기는 자라서 황태자가 되고 25세에 즉위하여 60년간이나 황제로 군림했으니 그가 바로 청나라 6대 건륭제1711~1789이다. 그는 중국 역사상 가장 지혜로운 황제였으며 3만 4,000여 편의 시를 지은 시인이요 저술가였다. 그의 치세 동안 청나라는 안정되고 풍요로운 황금기를 누렸다.

건륭제는 자신에 대한 비밀을 모른 채 숨졌고, 옹정제의 진짜 딸은 그 후 어떻게 되었는지 알려지지 않고 있다.

조공과 책봉

중국인들의 세계관은 옛날부터 자기들이 세계의 중심에 있어 문화가 가장 뛰어나며 주변국들은 모두 오랑캐라는 중화 사상中華思想에 바탕을 두고 있었다. 화華의 중심에는 황제가 있어 황제의 덕이 미치는 범위가 곧 화의 범위라고 생각했다. 조공朝貢과 책봉冊封은 바로 이 중화 사상에서 비롯했다.

황제의 덕을 입은 주변국들이 중국 황제에게 공물을 바치는 것이 조공이다. 이에 대해 중국 황제는 수많은 하사품으로 답례했다. 이러한 조공 무역만이 중국과의 유일한 정식 거래 방식이었다. 수와 당대에 완성된 이 질서는 청조까지 천여 년간 지속되었다. 또한 중국의 황제는 조공국에 관작을 내렸는데 이것이 책봉이다.

영국 사절단을 맞은 건륭제 청나라 건륭제 때 영국은 차와 도자기 등 중국의 특산물에 매료되어 있었다. 당시 거래는 광동항을 통한 공행公行이라는 특권 상인이 독점하고 있었다.

1793년 5월 영국은 북경에 대사관을 설치하고 중국과의 교역을 확대하고자 매카트니를 청나라에 사절로 보냈다. 오랫동안 건륭제82세와의 면담을 기다리던 매카트니는 드디어 9월에 건륭제를 배알할 수 있었다. 영국은 대등한 위치에서 청과 국교를 수립하고자 했으나 청나라 황제에 대한 전통적인 의례 문제로 교섭은 처음부터 벽에 부딪혔다.

사신이 황제를 배알할 때는 선 상태로 절을 한 다음 다시 이마가 땅에 닿을 정도로 두세 번 절을 하는데, 같은 동작을 두 번 더 반복한다. 매카트니는 이 자존심 상하는 의식에 따르기를 거부했다. 그는 자국의 왕보다 외국의 왕에게 더 경의를 표하지 않으며, 런던에서는 국왕 앞에서 한쪽 무릎을 꿇고 손에 키스를 할 뿐 무릎을 꿇는 것은 신 앞에서일 뿐이라고 주장했다. 매카트니는 자신의 생각대로 한쪽 무릎을 꿇고 황제에게 예를 표한 다음 영국 국왕 조지 3세의 친서를 전했다. 그러나 매카트니의 사명은 결국 실패로 끝났다.

매카트니 일행은 베이징에서 광조우로 육로로 돌아가면서 숨겨둔 두 번째 사명인 청의 비단과 차의 생산 기술을 조사할 수 있었다. 그는 입수한 기술을 벵골의 동인도회사에 전달했다. 그 후 1816년 영국은 다시 사절을 청에 보냈지만 거절당했다.

다음은 청 황제 건륭제가 매카트니를 접견한 후에 영국의 조지 3세에게 보낸 답신이다.

짐은 그대가 보낸 국서를 읽고 그대의 정중한 경의와 겸허함을 높이 평가하여 멀리서 국서와 공물을 가지고 찾아온 사절단을 정중히 맞이하였노라.

그대는 신임장을 지참한 사람을 청의 궁정에 상주시켜 우리와의 무역을 관리하도록 하고 싶다고 했지만, 이는 우리 왕조의 관례에 반하는 것이어서 받아들일 수 없소. 유럽의 다른 많은 나라들이 모두 똑같은 요구를 해 올 수 있기에 그대의 요구는 받아들일 수 없소.

우리의 예법과 관습은 그대들과는 전혀 달라 설사 중국 문명을 습득한다고 해도 그것을 귀국에서 실행하는 것은 불가능할 것이오. 우리나라는 물품이 풍부하여 외국의 물품에 의지한 적이 없으며 귀국의 상품들은 우리에게는 별 쓸모가 없으니 교역을 위해 우리나라에 사람을 상주시킬 필요가 없소.

하지만 중국의 차, 비단 그리고 도자기들은 귀국과 유럽 여러 나라들에게는 필수품이기에 은혜를 베풀어 지금까지처럼 마카오를 통한 제한적인 교역은 계속 허용하겠소. 그대가 보낸 사절이 정해진 액수 이상을 요청했는데, 이는 우리가 다른 모든 나라들에게 공정하게 은혜를 베푼다는 뜻에 벗어나기에 그대의 청을 받아드릴 수 없소.

그대는 나의 기대에 어긋나지 않게 한층 헌신과 충성을 보이지 않으면 안 될 것이오. 그러면 귀국은 청 황제에 대한 항구적인 복종으로 평화와 번영을 약속받게 될 것이오. – 1793년 10월 3일, 청 황제 건륭

초호화판 요리 만한전석

'만한전석滿漢全席'이란 만주인의 요리와 한인의 요리를 한 자리에 차린 초호화 요리로서 건륭제가 강남의 양주에 행차했을 때 그 지역의 부호가 산해진미를 차려 바친 것이 기원이며 궁정요리에서 비롯된 것은 아니다.

요리는 이틀에 걸쳐 다섯 번에 나누어 나오는데 세 번째까지는 열 가지의 요리와 스프, 밥류가 나오고, 네 번째는 요리 20가지, 다섯 번째는 술안주 20가지, 작은 접시 20가지, 건과 10종류, 생과일 10종류 등이 나온다.

요리의 재료는 새끼 돼지 통구이, 상어 지느러미, 전복, 제비집, 해삼,, 곰 발바닥, 낙타 등심, 사슴 코, 코끼리 코, 호랑이 고환, 우랑우탄 입술과 골, 물개 고기, 오리 발, 개구리 난관, 뱀 등 희귀하고 유별난 재료들이 많이 이용되었다.

중국 황실의 처첩 제도

중국 황제에게는 처첩이 많았는데 이는 자손을 널리 퍼뜨리라는 성인들의 가르침에 따른 것이었다. 중국의 제도와 관습을 규정해 놓은 『예기禮記』에는 "황제가 황후를 맞이하면 후궁을 짓고 120명의 첩을 두어 많은 자손을 낳아야 한다."라고 적고 있다. 그런데 이 숫자는 공식적인 것이고 별궁의 후궁에는 첩이 4만 명에 이를 때도 있었다.

기원전 2000년경에도 중국에는 후궁 제도가 있었다. 그 예로 주나라 왕은 황후 1명, 왕비 3명, 2급 아내[嬪] 9명, 3급 아내[世婦] 27명, 첩[後妻] 81명 등 121명을 거느렸다. 왕은 총명한 후계자를 얻기 위해 많은 여자가 필요했던 것이다.

중국에서는 홀수는 양성으로 남성의 정력을 나타내며 짝수는 음성으로 여자의

생산력을 나타낸다고 보았으며 특히 3과 9는 신비의 수로 알려져 있었다. 때문에 황제의 처첩의 수도 $3^{1\times3}$, $9^{3\times3}$, $27^{9\times3}$, $81^{27\times3}$ 등의 숫자를 택하였다. 하 왕조에서는 12명$^{3+9}$, 은 왕조에서는 39명의 왕비를 두었다. 당나라에서는 황후 1명 외에 부인으로 귀비貴妃, 숙비淑妃, 덕비德妃, 현비賢妃 4명 등 모두 122명을 두어 후비 제도의 표본이 되었다.

뉴 시

황제가 성관계를 가질 때는 역曆이나 제례祭禮 등도 고려하였다. 황제는 여성의 질을 통하여 활력을 흡수한다고 믿어 황제는 먼저 하급 여성과의 관계를 통해 능력을 높인 후 황후와 관계를 함으로써 훌륭한 후계자를 얻으려 했다.

뉴시女史라고 하는 여자 관리가 있어 왕과 여자들의 관계를 관리하였다. 황후나 왕비 외에는 왕과 함께 밤을 지새울 수가 없으며 밤이 새기 전에 돌아가야 했다. 뉴시는 후궁을 왕의 침실로 데리고 가서 그대로 침실에 머물면서 행위가 끝날 때까지 세밀히 관찰하고 기록하였다.

일반 백성들의 경우는 제1 부인과 제2 부인 외에 첩을 두는 것은 일반적이나, 족외혼이 기본이었으며 동성과의 성행위는 불길한 재난을 가져온다고 믿었다.

청 황제의 후궁 관리

청나라 제3대 황제 순치제1638~1661는 후궁의 자식이 황제의 자식인지 식별하기 위해 세세한 규정을 만들었다.

저녁식사가 끝나면 후궁을 관리하는 환관이 후궁들의 표찰을 올려놓은 은쟁반을 황제에게 보인다. 황제가 표찰을 뒤집어 놓은 후궁이 지정되는 것이다. 후궁은 알몸으로 검사를 받은 뒤 빨간 요에 쌓여 환관에 업혀 황제의 침실로 보내지고 정해진 시간이 되면 환관이 후궁을 데려 간다.

환관은 황제에게 씨앗을 남길지 어떨지를 물어 남긴다면 후궁의 이름과 날짜를 기록하고, 씨앗을 남기지 않는다면 세척한 후 돌려보낸다.

중국의 환관

환관宦官은 궁정 내에 기거하면서 외척과 후궁을 돌보거나, 정부 공사를 관리하거나, 황실에서 필요한 물건을 조달하는 등 궁정 내 일상의 잡다한 일들은 모두 맡아서 했다. 중국에서는 은나라 때에도 환관이 있었다는 기록이 있으며 청나라 말기까지 존속했다. 환관은 중국뿐만 아니라 고대 그리스, 이집트, 로마, 페르시아, 베트남 등 여러 나라에도 있었다.

환관은 처음 궁형거세을 받은 죄인이나 포로 그리고 이민족 등이 맡았으며, 죽은 뒤에도 자기 가족들과는 별도로 매장되었다. 환관은 본래 비천한 신분의 심부름꾼에 지나지 않았으나 황제를 가까이에서 모시는 특수한 사정으로 때로는 막강한 권력을 휘두르기도 했다. 그리하여 환관 모집에 응하기 자 중에는 스스로 거세한 자궁自宮의 수가 점차 늘어났다. 1621년 명나라 때는 3,000명의 환관 모집에 2만여 명의 자궁이 응모했으며, 환관의 수는 적을 때는 3,000명에서 많을 때는 1만 2,000명에 이르렀다. 거세한 환관은 음성은 여성과 비슷하고 수염이 없으며 외모나 성격이 남자도 여자도 아닌 이상한 존재였다.

거세 수술 거세하는 방법은 나라마다 달라 중국은 남근의 뿌리를 잘랐지만 한의학의 발달로 수술로 목숨을 잃는 경우는 거의 없었다. 고대 아라비아에서는 고환만을 제거했지만 수술 중 사망하는 확률이 60% 이상이었다고 한다.

중국에서는 정부가 공인한 세습직 도장장이 집도했는데 먼저 천으로 하복부와 허벅지를 묶고 절단 부분을 후추탕으로 세척한 후 칼로 양근과 음낭을 동시에 잘랐는데 실패하는 경우는 거의 없었으며 수술 후 100일 정도 지나면 상처가 아물었다. 수술을 마치면 환관의 실무를 익힌 후 궁성에 배치되었다. 잘라낸 대물代物은 보물로 여겨 소중하게 보관했는데 환관이 승진할 때 환관장에게 제시했으며, 본인이 죽으면 관 속에 함께 넣어 매장해 주었다.

환관의 횡포 중국 북경에 있는 자금성의 외정은 정무를 보던 곳이나 내정은 황제와 처첩들의 거처로 이용되었다. 내정에 남자라고는 황제 한 사람밖에 없었다. 환관은 황제를 그림자처럼 따르면서 시중을 들고 밤이면 황제의 은밀한 잠자리까지 뒤치다꺼리 했으니 황제와 친밀해질 수밖에 없었다. 환관은 때로는 황제의 고민을 듣고 상담에 응하기도 했고, 황제의 칙명을 대신 작성하거나 전달하기도 하여 막강한 권력을 쥐게 되었다.

한관 중에는 왕의 측근이라는 지위를 이용하여 권력을 좌지우지하여 재앙을 초래한 자도 많았다. 황실에서는 환관의 정치 개입을 차단하려고 여러 번 시도했으나 실패했다.

진 시황제 때 환관 조고는 황제가 죽자 거짓유서를 꾸며 후계자를 바꿔치고 재상에 올라 실권을 휘둘렀고, 한나라 때는 환관들이 무리를 지어 위세를 부렸으며, 후한에서는 환관이 작당하여 선비들을 몰살시키고 황제 옹립에 결정적인 역할을 하기도 했다.

당나라 말기에는 9명의 황제 가운데 7명이 환관을 통해 옹립되고 나머지 두 황제는 환관에게 살해당했으며, 명나라 때 환관 카오후와전은 성문을 열어 이자성이 주도한 반란군을 북경의 궁전 안으로 끌어들여 나라의 멸망을 재촉하기도 했다.

미국의 독립

1620년 메이플라워호로 아메리카 대륙에 첫발을 디딘 영국 이주민들은 18세기 전반이 되어 13개 주에 인구 백만 명 이상의 식민지를 건설하게 되었다.

그런데 아메리카 식민지에서의 영불 전쟁과 유럽에서 치른 7년 전쟁으로 막대한 전비를 지출한 영국 정부는 이를 보충하기 위해 당밀법[1764], 요새비용분담법[1765], 인지

세법[1765], 타운센드법[1767] 등을 만들어 식민지에 대한 과세를 강화함으로써 식민지 주민의 반발을 불러 일으켰다.

1773년 영국 의회가 차 조례를 제정하여 동인도회사에 대해 식민지의 차 독점 판매권을 주자 식민지 주민들이 보스턴 항에 입항한 동인도회사의 상선 세 척을 습격하여 홍차를 바다로 던져버렸고[보스턴 차 사건], 이에 대해 영국 의회는 보스턴 항을 폐쇄하는 등의 법을 통과시키자 식민지 주민들은 격분했다.

1775년 4월 보스턴 근교에서 영국군과 식민지인 사이에 유혈 충돌로 식민지인 8명이 전사하는 사건이 발생하자 식민지 주민들의 여론이 들끓기 시작했고, 식민지 대표들은 대륙군을 조직하고 총사령관으로 조지 워싱턴을 임명했다.

1776년 7월 대륙 회의에서 독립 선언서를 만장일치로 채택함으로써 마침내 8년간의 독립 전쟁[1775~1783]이 시작되었다. 패트릭 헨리가 “자유가 아니면 죽음을 달라”는 유명한 연설을 한 것도 바로 이때였다.

미국의 독립 전쟁은 대영 제국의 내전으로 시작되었으나, 1778년부터 프랑스와 스페인 그리고 네덜란드까지 식민지 측에 가세함으로써 국제전의 양상으로 변모했다. 식민지군은 전략적 요충지인 세러토가와 요크타운에서 영국군을 패배시킴으로써 전쟁을 승리로 이끌어 1783년 마침내 13개 주의 독립을 쟁취하게 되었다.

보스턴 차 사건 1773년 12월 16일 밤 영국과 친밀한 관계에 있던 인디언 모호크족의 복장을 한 ‘자유의 아들’이라는 비밀 결사대원 150여 명이 보스턴 항에 정박 중이던 영국 동인도회사의 무역선 세 척을 습격하여 배 위에 쌓아둔 342상자의 차를 몽땅 바다 속으로 내던진 사건이 발생했다.

1767년 타운센드법이 제정되어 식민지로 들어오는 인도산 차에 대해 높은 세금이 부과되자 차 가격이 상승하고 밀무역이 성행하기 시작했다. 그러다가 1773년 영국이 동인도회사에게 차 수출에 대한 독점권을 부여하고 관세도 면제해 주자 그동안 밀무역을 통해 90% 이상의 차를 공급하던 식민지 상인들은 시장을 빼앗기게 되었다. 당시 북미 대륙에서는 영국을 통해 차를 마시는 습관이 성행하여 1760년에는 500톤의 차를 소비했으나, 1770년에는 50톤으로 줄었다.

식민지 주민들은 ‘대표 없는 곳에 과세 없다’는 슬로건으로 거세게 반발하면서 ‘자유의 아들들’이라는 비밀 결사를 만들어 조직적으로 반발하기 시작했다. ‘자유의 처녀들'이라는 여성 단체에서는 홍차 마시기를 거부하는 운동을 펼쳐 홍차를 마시는 남자와는 결혼하지 않겠다는 슬로건까지 내걸 정도였다. 당시 '꺼져라 차!'라는 구호가 유행하여 홍차를 거부하고 커피를 마시는 것이 애국적 행위가 되었다. 당시 독립에 반대하는 반독립주의자들이 전체 인구의 3분의 1 가량 되었는데 이들의 많은 수가 캐나다로 망명함으로써 캐나다에도 차가 보급되었다.

1774년 영국 정부는 보스턴 차 사건의 손해를 매사추세츠 식민지가 배상할 때까지 보스턴 항을 폐쇄시키고 매사추세츠에 대한 식민지 자치를 정지시켰다. 또한 군대를 주둔시키고 캐나다 이남으로부터 오하이오, 미시시피 강에 이르는 지역을 퀘백 식민지에 병합하는 이른바 퀘백법을 통과시키자 식민지 주민들의 반영 감정은 돌이킬 수 없이 되어 독립운동의 불씨가 되었다.

『상식』 독립의 기운이 무르익을 무렵 토머스 페인의 『상식*The Common Sense*』이라는 책이 1776년 1월에 발간되었다. 토머스 페인은 꿈과 자유로 가득 찬 거대한 신대륙이 폭군이 지배하는 조그만 섬나라의 지배를 벗어나야 하는 것은 상식이라고 주장했다.

당시 식민지의 인구는 노예를 포함하여 300만 명 정도였는데 이 책은 출판되자마자 50만 부 이상이 팔렸다. 이를 못마땅하게 생각한 런던 사람들은 '토머스 페인'이라는 글자를 구두 밑창에 새겨 넣고 밟아대는 것이 유행할 정도였다.

독립 선언 1776년 7월 4일 드디어 13개 주의 식민지 대표들이 모인 제3차 대륙 회의에서 토머스 제퍼슨이 기초한 독립 선언서를 만장일치로 채택하고 미국의 독립을 선포함으로써 미국이 공식적으로 탄생하게 되었다.

> …… 우리는 다음을 자명한 진리로 생각한다. 모든 사람은 평등하게 태어나며 하느님은 누구도 빼앗을 수 없는 생명과 자유와 행복을 추구하는 권리를 부여했다. 이러한 권리를 지키기 위해 우리는 정부를 만들었고 정부의 정당한 권력은 인민의 동의에서 나온다. 정부가 이러한 목적을 파괴할 때에는 인민은 언제라도 인민의 행복과 안전을 도모하기 위해 정부를 새로이 조직할 권리가 있다. …… 식민지는 이제까지 이러한 고통을 겪어왔고 이제 우리는 이제까지의 정부를 변혁해야 할 필요성도 여기에 있는 것이다.

식민지 연합은 …… 영국 국왕에 대한 일체의 충성에서 해방되고 …… 자유롭고 독립된 국가로서 …… 독립 국가가 행하는 모든 행동과 업무에 대한 권리를 지닌다. ……

독립 전쟁

식민지 13개 주가 "더 이상 본국의 뜻에 따를 수 없다"라며 독립을 선언함으로써 독립 전쟁이 시작되었다.

영국군은 정규군 3만 명이었지만 독일에서 고용된 용병이 대부분이었고, 조지 워싱턴의 식민지군은 자기 비용으로 마련한 총을 갖고 모인 농민과 상인의 집단인 민병대와 대륙군 1만 2,000명으로 구성되어 있었다. 민병대는 평소에는 생업에 종사하다가 비상시에는 1분 안에 군인으로 돌변한다고 하여 '미니트맨minute man'으로 불렸는데, 독립을 꿈꾸는 그들의 사기는 대단했다.

영국은 대서양을 건너 대규모의 병력과 물자를 보내는 일이 쉽지 않았고, 식민지로서는 대부분의 사람들이 영국 이민 1세나 2세여서 모국에 대한 애착이 남아 있어 식민지 독립에 반대하는 여론도 만만치 않아 영국을 몰아쳐 전쟁을 빨리 끝낼 만한 형편도 못되어 전쟁은 장기화되었다.

전쟁 초기에는 영국군이 우세하여 1776년 영국군이 허드슨 강으로 통하는 전략적 요충지인 뉴욕을 점령했을 때 미국은 최대의 위기를 맞았다. 그러나 델라웨어 강을 건너 퇴각하던 워싱턴은 발길을 돌려 성탄절을 맞아 느긋하게 쉬고 있던 영국군을 기습하여 대승을 거두었다.

1777년 10월 사기가 오른 식민지 연합군이 뉴욕 동부의 새러토가에서 승리하자 프랑스와 스페인이 식민지 연합군을 지원하면서 전세는 합중국 쪽으로 기울기 시작했다.

1781년 식민지 연합군은 프랑스 군과 합동으로 요크타운의 영국군을 포위해 마침내 항복을 이끌어냈다. 영국 왕 조지 3세는 전쟁을 무한정 끌고 갈 형편이 못되었고, 들끓는 반전 여론과 각료들의 의견에 따르지 않을 수 없었다.

1783년 파리 조약으로 식민지 미국은 독립을 쟁취했고, 영국은 대서양에서 미시시피 강에 이르는 광대한 영토를 합중국에 내놓았다.

1788년 새 헌법이 연방 의회에서 통과되었고, 이듬해 대통령 선거에서 조지 워싱턴이 초대 대통령으로 선출되었다. 삼권 분립에 기초한 연방 정부의 새 헌법은 하원은 인구 비례로 뽑으나 상원은 인구가 적은 주를 배려하여 각 주에서 두 명씩을 뽑도록 하였다. 노예는 투표권이 없으나 노예가 많은 남부를 달래기 위해 노예는 5분의 3을 인구 수에 반영하도록 하고 1808년까지 노예제를 폐지하지 못한다는 내용을 넣었다.

허술한 초기의 연방 체제 영국과 전쟁 중이던 1777년 11월, 각 주의 대표들이 모인 대륙 회의에서는 연방 규약을 채택하여 13개 식민지를 주State로 연합할 것을 결정하고 이를 미합중국이라 명명했다.

대륙 회의는 연방 의회로 이름을 바꾸고 연방 정부를 두었으나 실권이 없는 13개 주의 협력체에 지나지 않았다. 존 애덤스가 미합중국의 초대 주영 대사로 런던에 도착하자 영국 외무성의 한 관리가 뼈있는 농담을 할 정도로 나라의 체면이 말이 아니었다.

"아니, 왜 혼자만 오셨소? 13명의 대사가 모두 오는 줄 알았는데……"

미군은 발리포지에서 태어났다 초기 워싱턴이 이끄는 독립군 1만 2,000명 중 군화를 신은 병사는 900명 정도였고, 소총을 휴대한 병사는 3분의 1에 불과했다.

1777년 9월, 영국군이 아메리카의 수도 필라델피아를 점령하자 워싱턴은 1만 1,000명의 병사를 이끌고 급히 필라델피아로 향했다. 그러나 탈환이 어렵다고 판단한 워싱턴은 발리포지에서 야영을 하며 추운 겨울을 보내야만 했다. 6개월간의 야영에서 독립군 병사가 3,000명이나 죽었는데 이는 전체 독립군 전사자의 3분의 1에 해당한다. 그래서 지금도 미국에서는 "미군은 발리포지에서 태어났다"라는 말이 있다. 당시를 워싱턴은 이렇게 회상했다.

> 때로는 절반이 굶기도 했고 누더기 옷에다 급료도 지불되지 않았다. 인간의 한계를 넘는 고통을 맛본 극소수의 사람들이 8년간에 걸친 영국 정규군에 의한 진압 계획을 좌절시켰다는 사실이 나로서는 믿어지지 않는다.

영국군은 병사 모집이 어려워 독일 영주에게 부탁하여 영내의 농노들을 강제로 모집하여 3만 명의 용병을 사들여 아메리카로 보냈다. 용병이 전사하면 1인당 55달러, 부상자는 12달러를 지불하는 조건이었다.

미국 국가 미영 전쟁이 한창이던 1814년 9월 영국 함대가 워싱턴으로 가는 길목에 있는 매킨리 요새를 포격하기 위해 동이 트지도 않은 이른 새벽에 모습을 드러냈다. 이 배에는 프랜시스 스코트키라는 미국인 포로 한 명이 타고 있었다.

영국 함대의 습격을 아는지 모르는지 매킨리 요새는 평온한 가운데 어슴푸레 성조기가 보이기 시작했다. 이것을 물끄러미 바라보던 스코트키는 수첩에 무엇인가를 써내려가기 시작했다. 당시 그가 쓴 시는 많은 사람들의 입에 오르내리면서 미국인들의 애국심을 고취시켰고 마침내 미국의 공식적인 국가로 채택되었다.

백악관 1792년 대통령 관저를 시작으로 새 수도 워싱턴의 건설이 본격적으로 추진되었다. 대통령 관저는 조지 워싱턴 재임 시에 착공했으나 예산 부족으로 공사가 지지부진하다가 제2대 대통령인 존 애덤스 때에 완공되었다.

그 후 1814년 미영 전쟁이 벌어져 수도 워싱턴은 영국군에 의해 점령당하고 말았다. 대통령 부처가 저녁 식사를 하려는 순간 영국군들이 관저를 습격하여 대통령 부처는 간신히 화를 면했으나 관저를 불태워 버렸다.

영국군이 물러간 후 관저를 대대적으로 복구하면서 불탄 자국을 없애기 위해 건물 외벽을 흰색으로 칠한 것이 '백악관White House'으로 불리는 유래가 되었다.

충치로 고생한 조지 워싱턴 미국의 독립 전쟁 때 대륙군 총사령관을 지내고 초대 대통령이 된 조지 워싱턴1732~1799은 틀니를 끼고 살았기 때문에 웃는 적이 별로 없었다. 22세 때부터 충치를 앓기 시작해 평생을 치아 때문에 고생을 했으며, 취임 당시 성한 이는 단 한 개뿐이어서 틀니를 끼고 있었다. 그가 낀 틀니는 죽은 사람의 이를 사용하기도 했고, 주로 하마나 소의 이빨을 깎아서 만든 것이 많았다.

당시 그가 사용한 치약은 속돌pumice, 붕사, 나무뿌리, 약초, 담배 등을 섞어 만든 것으로서 대부분 치아를 부식시키기 쉬운 재료들이었다. 그가 사용하던 틀니들과 은제 칫솔, 가루 치약 통 등은 현재 메릴랜드 대학의 국립치과박물관에 보관되어 있다.

1799년 심한 진눈깨비 속에서 평소 습관대로 승마를 하고 돌아온 그는 심한 감기에 걸려 77세를 일기로 세상을 떠났다. 그는 죽기 전 의사들에 의해 무려 2.5리터나 되는 피를 뽑아냈다. 당시 유럽과 아메리카 등지에서는 병이 들면 나쁜 독소를 제거한다고 하여 피를 뽑는 것이 일반적인 치료법이었다.

농민들의 실상 다음은 프랑스 출신의 작가로서 미국으로 이민 가서 20여 년간 농장을 경영한 크레브쾨르가 유럽에서 미국으로 이민 온 농부들에 대해 쓴 편지로서, 당시 유럽의 가난한 농부들의 비참한 실상을 간접적으로 알 수 있는 자료[1782]이다.

> 유럽에서 온 가난한 이주민들이 자신이 무일푼으로 살던 나라에 무슨 애착이 있겠습니까. 그저 말을 알고 자기처럼 가난한 친척 몇 명에 대한 애정이 그의 나라를 이어주는 유일한 끈입니다.
>
> 그에게 이 나라는 땅도 주고 빵도 주며 그를 보호해주며 지위를 주는 곳입니다. '빵이 있는 곳에 조국이 있다'는 것이 모든 이민자들의 생각입니다. 이곳 아메리카에서는 다양한 국적의 사람들이 모여 하나의 새로운 인종으로 거듭납니다. 이들의 노동과 자손들이 언젠가 이 세계에 큰 변화를 일으키겠지요……
>
> 이 나라에서는 그저 부지런하기만 하면 보수는 일의 숙련도에 따라 계속 늘어갑니다. 노동은 그들의 이기심에서 비롯되니 이보다 강한 유혹이 또 어디 있겠습니까.
>
> 예전에는 빵 한 조각을 구하지 못하던 아내와 아이들이 지금은 살이 쪄서 농사일을 하는 남편이나 아버지를 즐거운 마음으로 도와줍니다. 이들의 노동으로 거두어들이는 풍요로운 수확은 모두 이들의 식량이 되고 의복이 되며 전제군주나 영주들에게 빼앗기는 일은 없습니다.
>
> 이 나라에서는 종교가 사람들에게 거의 아무 것도 강요하지 않습니다. 그저 목사에게 지불하는 약간의 급료와 신께 드리는 감사의 마음만 있으면 됩니다.

차의 유래

중국의 전설에 따르면, 기원전 2737년 약초를 구하러 다니던 중국 황제 신농이 야영을 하면서 나무 그늘 아래에서 쉬고 있는데, 마침 나뭇잎이 물을 끓이는 가마솥 안으로 떨어졌다. 황제가 그 오묘한 물맛을 보고는 매우 흡족하게 여겨 그때부터 마시기 시작한 것이 차의 유래라고 한다.

1610년 네덜란드가 최초로 유럽에 차를 들여왔고, 그들을 통해 북미 대륙에서도 차를 마시는 것이 성행하게 되었다. 영국에서는 1650년부터 커피하우스가 생겼으나, 당시 홍차를 마시는 사람은 극소수에 불과했으며 홍차는 1657년부터 들어오기 시작했다.

그러다가 18세기에 들어와 네덜란드가 자바 커피의 가격을 인하하여 영국 동인도회사가 공급하는 모카 커피는 국제 경쟁에서 밀리게 되자 영국은 중국으로부터 홍차 수입을 늘리기 시작했다. 1723년 영국이 차 관세를 인하하자 차가 널리 보급되면서 독자적인 홍차 문화가 형성되었다. 영국인들은 손잡이가 달린 컵, 받침접시, 티스푼 등의 세트를 개발했고, 홍차의 쓴 맛을 부드럽게 하기 위해 밀크와 설탕을 넣어 마시는 방법을 개발했다.

영국에서는 프랑스의 와인이나 독일의 맥주와 같은 국민적 음료가 없었다. 당시 외래 음료로는 홍차 외에 커피와 코코아가 있었지만 프랑스와 네덜란드가 수입의 주도권을 장악하여 차에 비해 가격이 비쌌다. 왕실에서도 차를 즐기던 당시는 외국산 차에 외국산 설탕을 넣어 마시는 것이 상류 사회의 멋으로 여겨졌다. 초벌로 우려낸 차는 주인이 마시고, 하인들은 이를 다시 우려내어 마셨고 차 찌꺼기는 가난한 사람들이 사갔다.

18세기 후반 영국의 차 소비량은 프랑스의 8~9배에 달했고 가격도 점차 하락했다. 런던에는 여성이 출입하는 다방이 생기고 가정에서도 차를 마실 수 있게 되어 잼을 바른 빵과 설탕을 넣은 홍차가 간편한 식사로 대중들의 생활 속에 자리 잡았다. 영국은 처음 중국에서 차를 들여왔으나 19세기 후반에는 식민지인 인도와 실론에서 차를 생산하여 자급 체제를 갖춤으로써 홍차는 하층 노동자들의 식탁에도 오를 정도로 국민적 음료로 정착하게 되었다. 반면 차는 단작으로 재배했기 때문에 인도의 식량 부족은 심각했다.

태양왕 루이 14세

영국과 프랑스 간의 백년 전쟁 이후 프랑스에서는 절대 왕정의 필요성이 크게 대두되는 가운데 16세기 말 부르봉 왕조가 들어서고 18세기 루이 14세[1638~1715] 때는 왕권이 절정에 달했다.

1643년 다섯 살의 나이에 왕위에 오른 루이 14세는 72년 동안이나 집권하였으며 집권 초기에는 그의 가정교사였던 마자랭 추기경이 섭정을 맡았다. 루이 14세는 즉위 10년 만인 15살 때 라뉘[밤]라는 무용극에 태양왕으로 출연하여 그는 태양왕이라고도 불리게 되었다.

1661년 섭정을 하던 마자랭이 죽자 루이 14세는 친정을 선포하고 재상직도 없앤 채 '짐이 곧 국가'라고 하며 극단적인 절대 군주제를 구축했다. 재무총감인 장 바티스트 콜베르의 중상 정책으로 프랑스는 유럽의 최강국이 되었다. 그는 추기경 마자랭의 왕권신수설에 근거하여 절대 왕권을 확립했다.

1682년 베르사유 궁전으로 이사한 말년의 루이 14세는 첩들과 귀족들에 둘러싸여 매일같이 연회와 무도회, 공연이 열렸다. 귀족들은 국왕이 초대하는 파티에 진저리가 났으나 그의 곁에서 멀어진다고 하는 것은 햇빛을 못 보는 것과 같이 여겨 화려한 치장에 값비싼 선물을 준비하느라 경제적인 부담이 이만저만이 아니었다.

절대 권력자의 주변 신하가 루이 14세의 지나친 권력에 대해 국가의 이름으로 간하자 그는 "국가라고? 짐이 곧 국가이니라"라고 말했다.

절대 권력자의 주변에는 아첨하는 사람이 많았다. 루이 14세가 자작시를 어느 대신에게 보여주었다.

"폐하, 정말 대단하십니다."

"별로 잘 쓴 시가 아닌데도?"

"못 쓰시려고 마음만 잡수시면 이처럼 엉터리 시를 금방 쓰실 수 있다니 말입니다."

어느 신하에게 루이 14세가 물었다.

"지금 몇 시인가?"

"폐하께서 원하시는 시간입니다."

"자네는 몇 살인가?"

"폐하께서 좋으신 대로 정해 주십시오."

루이 14세의 하루 루이 14세의 베르사유 궁에서의 일과는 정확히 아침 8시에 시작되었으나 왕을 모시는 많은 귀족과 하인들은 새벽 5시에 일어나 왕을 맞을 준비를 했다. 담당 시종이 왕의 침실로 들어가면 그 뒤로 최고위 귀족 4명, 시종 16명, 옷을 든 16명, 총을 찬 2명, 이발사 8명, 소년 시종 6명, 의자 나르는 사람 2명, 옷장을 나르는 사람 10명이 그의 뒤를 따랐다.

오전 7시가 되면 담당 시종이 왕에게 아뢴다.

"폐하, 일어나실 시간이옵니다."

이제 왕이 몸을 일으킬 의식을 거행할 차례가 왔다. 왕이 윗몸을 약간 일으키면 시종들이 에틸알코올로 왕의 손을 닦아 주고 성수가 담긴 병을 바치면 왕은 기도문을 외었다. 이발사가 왕에게 곱슬머리 가발 두 개를 올리면 왕은 하나를 고른다.

맨 먼저 왕자들이 침실로 들어오고 이어서 시의가 들어와 왕의 건강을 확인하고 약을 처방한다. 왕이 몸을 일으켜 앉으면 시종장이 커튼을 걷어 왕에게 아침 햇살을 바친다. 왕은 잠옷을 입고 침대 곁의 의자에 앉아 면도를 한다. 그런 다음 왕은 걸치고 있던 잠옷과 성 유물을 시종에게 건네준다. 미리 따뜻하게 해놓은 내의를 바치는 것은 황태자의 몫이다.

왕이 아침을 들고나면 특별 출입증을 지닌 200여 명의 귀족들과 측근들이 들어와 국왕이 어복을 입는 엄숙한 의식을 지켜본다. 시종들은 왕에게 스타킹, 반바지, 재킷, 신발, 깃털이 꽂힌 모자, 코트를 입혀주고 칼과 장식띠를 달아주고 시계의 태엽을 감아 주었다. 이러한 예식은 매일 아침 되풀이되며 모든 것은 품위가 있고 빈틈이 없어야 했다.

준비가 끝나면 왕은 지팡이를 들고 성당으로 향하면서 공식적인 하루 일과가 시작된다. 귀족들은 매일 아침 침실에서 왕을 알현해야 했고 끊임없는 궁중 행사, 연회, 무도회 그리고 사냥 등으로 엄청난 비용과 시간을 소모하지 않을 수 없었다. 국왕은 비싼 옷을 입으면서 신하들에게도 자기를 본받도록 요구했다.

궁중 음식에는 여러 가지 양념이 사용되었는데 송이버섯을 곁들인 자고새 고기로 속을 채운 사슴고기 같은 것도 있었다. 텃밭에서는 아스파라거스나 멜론 등 채소와 과일을 심어 공급했고 왕은 거의 매일 완두콩을 들었고 당시로는 신기한 음식이었던 감자를 매우 좋아했다. 왕은 포크를 싫어하여 평생을 나이프와 손으로 음식을 들었는데 물론 조신들도 모두 이를 따랐다.

대식가인 루이 14세를 위해 음식을 준비하는 것은 보통일이 아니었다. 고기에 소금을 약간 더 뿌렸다고 주방장이 죄책감을 못 이겨 자기 방으로 올라가 스스로 목을 매고 죽은 적도 있다. 루이 14세가 저녁을 먹을 때는 1만 명의 사람들이 그를 지켜본다. 그는 보통 혼자서 저녁을 먹지만 가끔 왕자들이 자리를 같이 하도록 허락한다.

루이 14세가 잠자리에 들 때는 침대 발치에 서서 모든 귀족 부인들로부터 인사를 받는다. 그러고 나면 아침에 치렀던 예식이 반대로 치러지고 침실 담당 시종이 침전의 커튼을 내리면 왕은 잠이 든다.

궁 안에는 온갖 귀중한 예술품들로 가득했지만 난방 시설은 거의 없었고 위생 시설도 형편없었다. 목욕 대신에 몸에 향수를 발랐고 옥외 변소가 있었으나 태부족이라 때로는 귀족들조차도 어석한 곳에서 몰래 용변을 보기도 했다. 무엇보다 심각한 것은 물 부족이었다. 루이 14세는 1400개나 되는 분수에 물을 대라고 했지만 물이 부족하여 왕이 궁전의 정원을 거닐 때는 그가 지나가는 분수에만 물을 뿜도록 조절했다. 귀족들은 궁전 생활에 진저리가 났지만 그렇다고 베르사유 궁전에서 내몰리는 것은 불명예로 생각했다.

루이 14세의 증손인 루이 15세는 베르사유 궁전을 다시 증축했다. 1789년 혁명이 일어나자 가구와 장식품들은 매각되거나 도둑맞았고 궁전은 돌보는 사람이 없게 되었다. 그러다가 19세기 중엽에 루이 필립이 미국의 도움으로 복원 작업을 하여 박물관이 되었다.

루이 14세의 편지 콜베르는 총감이 해군을 강화하는 데에 힘을 쏟은 나머지 베르사유 궁전을 짓는 데에 인색하여 루이 14세는 자신에게 맞대놓고 반대하는 콜베르를 싫어했다. 다음은 루이 14세가 콜베르 총감에게 경고한 편지다.

1671년 4월 24일 산티이에서

그저께 짐이 은혜를 베풀어 온 경이 짐에게 한 말을 들으며 깊은 슬픔을 느꼈으나 다행히 그런 기분을 드러내지 않을 수 있었노라. 그대가 그랬던 것처럼.

짐이 경을 아끼는 마음은 지금도 변함이 없도다. 이렇게 편지를 쓰는 것은 경과 얼굴을 맞대고 얘기하고 싶지 않기 때문이며 잠시 자신을 억제하기 위함이라. 이렇게 말하면 경도 짐의 마음을 충분히 짐작하고 이제 이 이상 짐을 화나게 하지 않으리라 믿노라. 짐이 이렇게 경에게 편지를 쓰는 것은 경이 짐에게 애써 주었던 것을 잊지 않고 있기 때문이며 또한 경을 생각하는 마음이 있기 때문이기도 하오. 하지만 이제 더 이상 짐을 슬프게 하지 않았으면 좋겠노라.

경들의 주장을 다 듣고 판단을 내린 이상 두 번 다시 이 문제에 관해 말하고 싶지 않도다. 해군이 경에게 어울리는 것인지, 해군이 경의 생각대로 되어도 좋은지, 경이 뭔가 다른 것을 바라고 있는지 어떤지 잘 생각하여 솔직히 말해주기 바라노라.

그러나 짐이 결정을 내리면 이 문제에 관해 이제 더 이상 얘기하지 말았으면 하노라. 이러한 바탕 위에서 일할 수 있도록 짐의 생각을 밝히니 발을 헛딛지 말기를 바라노라. – 1671년 4월 24일, 루이 14세

다음은 루이 14세가 스페인 왕에 오르기 위해 떠나는 그의 손자에게 쓴 편지이다.

아첨하는 자는 절대 총애하지 말고, 너의 미움을 사는 한이 있어도 올바른 일을 하려는 자를 존중하라. 쾌락을 위해 국왕으로서의 임무를 소홀히 하는 일이 없도록 하라. 휴식과 놀이 시간을 정해 놓아 생활의 질서를 잡도록 하여라.

국정에 전념하도록 하고 무엇을 결정하기 전에는 먼저 가능한 한 많이 듣도록

하라. 능력 있는 사람들을 찾아 두어야 필요할 때 쓸 수 있는 법이다. 그리고 사람들을 친절하게 대하고 아무에게나 모욕적인 말은 하지 말라.

고약한 체취의 대식가 17세기 당시에는 목욕하는 습관이 없어 누구에게나 고약한 체취가 나기 마련이었으나 루이 14세의 체취는 유독하게 고약했다. 루이 14세에게는 파리 솔본느 대학 출신의 주치의가 세 사람이 있었다. 의사 다칸은 치아가 질병의 원인이라고 루이 14세를 설득하여 그의 멀쩡한 이를 모조리 뽑았다. 그런데 이를 뽑으면서 살균을 위해 입천장을 뜨겁게 달군 쇠막대로 지지면서 그만 입천장에 구멍이 뚫려 입과 코가 통해 버리고 말았다. 그 후로 식사 때마다 왕이 포도주를 마시면 반 잔 정도는 코로 흘러내렸고 음식을 먹으면 일부가 입천장의 구멍으로 들어가 며칠 후에야 코를 통해 나왔다. 이로 인해 루이 14세에게는 유별난 악취가 났던 것이다.

루이 14세는 대식가로도 유명하다. 식사는 코스 당 8접시가 나오는데 보통 8코스를 먹었으니 64접시를 비운 것이다. 가장 많을 때는 108접시나 되었으며 왕의 식사 장면은 일반인들에게도 공개된 대행사였다. 그의 대식가 기질은 어렸을 때부터 나타났다. 1715년 루이 14세가 76세로 죽자 시신을 해부했는데 놀랍게도 그의 장의 길이와 크기는 정상인의 두 배에 달했다.

당시 프랑스 주재 스웨덴 대사가 본국에 보낸 편지에는 이렇게 적고 있다.

왕자는 식성이 대단합니다. 유모들이 젖을 물리면 한 유모의 젖을 금방 말려 버려 다른 유모의 젖을 물립니다. 이렇게 여러 명의 유모의 젖을 물리는데 젖이 더 이상 나오지 않으면 젖꼭지를 힘껏 깨물어 버립니다.

루이 14세의 비문 루이 14세는 72년 동안이나 왕위에 있었기 때문에 자식과 손자 등 왕위 계승자들이 모두 죽고 없어 증손이 그의 뒤를 이어 루이 15세가 되었다. 1715년 9월 1일 루이 14세는 마지막 말을 남기고 죽었다.

"왜들 우는가. 내가 영원히 살 거라고 생각했나? 죽는 것이 사는 것보다 더 힘들구나."

그가 죽자 파리 시민들은 그의 장례 행렬을 뒤따르며 욕을 했고, 농민들은 그의 관에 돌을 던지고 야유를 퍼부었다. 하층민들은 즐거운 나머지 술을 마시고 노래하며 기뻐했고 지방에서는 감사 예배가 거행되기도 했다.

근대 유럽을 풍미한 전제 군주의 장례식에서 프랑스 주교는 "흙에서 와서 흙으로…… "라는 간단한 말로 장례사를 마쳤다. 루이 14세 묘비의 글을 다음과 같이 바꾼 노래가 등장했다.

> 마음껏 착취한 왕, 고리대금업자, 요염한 여자들의 노예, 평화의 적이 여기 잠들다. 이 같은 괴물이 다시는 이 땅에 태어나지 않기를…….

유럽에 유행한 가발

가발은 고대 시대부터 사용되었다. 고대 이집트인들은 삭발한 머리를 태양으로부터 보호하기 위해 썼으며, 아시리아 인 · 페니키아 인 · 그리스 인 · 로마 인들도 가발을 착용했다고 한다. 16세기 이후 유럽에서는 가발이 유행으로 인기를 끌기 시작하여, 프랑스의 부르봉 왕조 때 가발 문화가 꽃을 피웠다.

프랑스의 루이 13세는 젊은 나이에 머리가 벗겨지기 시작해 어쩔 수 없이 가발을 쓰게 되었다. 그러자 신하들도 왕을 따라 가발을 쓰기 시작했는데, 모두가 가발을 쓰면 누가 대머리인지 알 수 없게 된다는 배려 때문이었다.

루이 13세의 뒤를 이은 루이 14세는 열렬한 가발 애호가여서 다양한 모양의 가발을 때와 장소에 따라 가려 쓸 정도였다. 루이 14세가 호화 파티에서 목덜미까지 덮는 우아한 가발로 멋을 부리면서 가발은 전 유럽으로 퍼지게 된 것이다.

한편, 1660년대 점잖은 영국 사람들은 커피하우스를 찾을 때 당시 프랑스에서 도입되어 새로 유행하던 가발을 반드시 착용했다. 가발은 머리카락을 꼬아 거창하게 만든 고수머리였기 때문에 가발을 쓰는 사람은 머리를 짧게 깎거나 면도로 밀어야만 했다. 가발은 서캐가 우글거리기도 했으며 런던에 흑사병이 돌았을 때는 죽은 사람의 머리털로 만들었으리라 생각하고 한때는 아무도 가발을 사려 하지 않았다.

그러나 가발의 유행은 계속되었고 가발의 수요가 늘어 값이 뛰고 귀해지자 가발을 낚아채는 도둑들이 극성을 부렸다. 한때 신사들은 길을 걸을 때 머리를 움켜지고 걸어야 했고, 도둑들이 아이들을 납치해 머리칼을 잘라가는 사건이 빈발하여 엄마들은 아이들을 혼자 바깥출입을 못하도록 단속하기도 했다.

가발은 18세기 말에 도태되기 시작했지만, 영국의 상하의원 의장과 법정의 판사와 변호사들은 권위의 상징으로 지금도 가발을 착용한다.

베르사유 궁전

프랑스의 베르사유 궁전은 파리에서 약 20km 떨어진 곳에 위치하며, 1661년 루이 14세 때에 착공하여 50년이 걸려 완공되었다. 다섯 살의 어린 나이에 왕위에 오른 루이 14세는 그가 10살 때 왕정에 반대하는 프롱드의 난[1648~1653]으로 파리를 탈출한 쓰라린 경험이 있어 그는 파리를 싫어했다. 그래서 그는 어릴 때 아버지 루이 13세가 사냥터로 즐겨 사용했고 그에게도 친숙한 곳에다가 낡은 성을 허물고 베르사유 궁전을 지었다.

매일 3만 명이 넘는 노동자들이 대부분은 무보수의 부역이나 강제 노동으로 동원되었는데 공사 중에 질병과 사고로 많은 사람들이 희생되었다. 30만 평에 주방에 딸린 방만도 1,000개나 되는 호화 궁전을 건립하는데 필요한 재원을 마련하기 위해 농민들은 특별세 외에도 교회의 십일조, 지대, 전쟁세 등 소득의 절반에 가까운 세금을 내야만 했다. 루이 14세는 겨울에는 베르사유 궁전에서, 여름에는 말리 궁전에서 지냈는데 베르사유 궁전은 왕이 기거하는 단순한 궁전이 아니라 프랑스 그 자체였다.

1682년 루이 14세는 베르사유 궁으로 옮긴 후 지방 귀족들의 세력을 약화시키기 위해 그들을 베르사유 궁에 와서 기거하도록 했다. 궁전에는 지방 귀족 1,000여 명과 그들의 하인 4,000여 명, 병사와 하인 9,000여 명, 그 외에 조신, 성직자, 정원사, 희곡 작가, 악사, 학자, 의사, 조리사 등 2만여 명이 기거했으며 왕의 개인 몸종은 200여 명이나 되었다.

귀족들과 그 가족들도 궁전에 살면서 서로를 견제하며 호화롭고 향락적인 생활에 몰두했다. 높은 구두에 분칠한 가발을 착용하고 지나칠 정도로 가식적인 점잔을 떨었으며 그들이 가장 즐겼던 것은 카드와 주사위 도박이었다.

주변의 전제 군주들은 베르사유 궁에 대사를 보내어 그가 어떻게 생활하는지, 사람들이 그를 어떻게 알현하는지 등을 알아내어 그의 위엄 있는 태도를 모방했을 만큼 한 시대를 풍미한 위인이었다.

베르사유 궁전에는 화장실이 없어 사람들이 아무 데서나 용변을 보자 정원 곳곳에 대소변을 금지한다는 팻말etiquette을 붙였는데, '에티켓'은 여기에서 유래하여 오늘날에는 예의라는 뜻으로 사용되고 있다. 파리 거리에 공중화장실이 생긴 것은 1800년 무렵이다.

루브르 박물관

프랑스 파리의 루브르 박물관은 국왕 프랑수아 1세1494~1547가 1546년 왕궁으로 짓기 시작한 건물로서, 남아 있는 대부분의 건물은 그 후 17세기 루이 13세와 14세 때 추가된 것들이다. 그러다가 1682년 루이 14세가 왕실을 베르사유 궁으로 옮김에 따라 루브르 궁전은 폐궁되었다. 18세기 말에 루브르는 박물관 겸 미술관으로 개축하기 시작하여 현재 세계에서 가장 많은 그림을 소장한 미술관 중의 하나가 되었다.

루브르 궁전을 착공한 프랑수아 1세는 예술품 애호가로서 르네상스 운동을 적극적으로 후원한 왕이다. 그는 이탈리아 원정을 시도했다가 신성로마 황제 카를 5세에게 포로가 되어 마드리드에 한동안 유폐된 적이 있다. 당시 파리 시민들이 모은 보석금으로 그는 풀려났지만 파리 시민들은 그 대가로 왕이 파리에 머물 것을 요구했다.

지방 순회가 잦았던 당시 국왕이 머무는 성은 각지에 많았지만, 파리에는 머물 곳이 마땅치 않아 그는 낡은 요새를 허물고 루브르 궁전을 짓기 시작한 것이다. 그는 재원을 조달하기 위해 처음으로 숫자를 맞추는 복권Loterie을 생각해 냈는데, 시민들의 호응이 좋아 건축 자금을 마련할 수 있었다.

미지의 대륙 오스트레일리아

1520년 스페인의 페르디난드 마젤란이 지휘하는 배 세 척이 필리핀으로 가다가 마리아나 섬에 들린 것이 유럽인으로서는 처음으로 오세아니아에 도착한 것이었다. 그 후 스페인과 네덜란드 인들은 남태평양의 많은 섬들을 발견했지만 남태평양에 있다는

거대한 미지의 대륙을 찾는 데에만 열중했다.

1606년 네덜란드의 두이프켄호가 오스트레일리아 북안 카펀테리아 만에 도착했다. 그들은 탐사 끝에 이 대륙이 교역이나 식민지로서의 효용 가치가 없다고 판단하고 유럽으로 돌아갔는데 이때부터 미지의 남방 대륙이 유럽에 알려지게 되었다. 오스트레일리아에는 맹수가 없어 원주민들은 주로 부메랑을 사용해서 새나 작은 짐승들을 사냥하고 있었다.

1769년 영국의 탐험가 제임스 쿡1728~1779이 학술 탐험대를 이끌고 남반구의 대륙을 탐험하다가 새로운 땅을 발견하고 뉴질랜드라 불렀다. 1770년 쿡 일행은 유럽으로 돌아가던 중 오스트레일리아의 동부 해안을 발견하고는 지도를 작성하고 돌아갔다.

1785년 프랑스의 탐험대가 오스트레일리아로 향했는데, 제임스 쿡의 보고서에 프랑스 국왕 루이 16세가 관심을 보이면서 본격적인 탐험이 시작된 것이다. 프랑스의 움직임을 경계한 영국 정부는 쿡이 상륙했던 뉴사우스웨일스현재의 시드니 일대의 영유권을 공표했다. 영국은 독립한 미국을 대신하여 새로운 대륙을 개척하고자 했다.

1788년 영국은 736명의 죄수를 태운 11척의 선단을 오스트레일리아로 보내어 1789년 1월 26일 동부 해안에 상륙했는데, 이날은 지금도 '오스트레일리아 데이Australia Day'라고 하여 기념일로 지내고 있다. 이들이 시드니 개척을 시작함으로써 첫 백인 정착민이 되었다. 범법자들의 강제 이주는 1868년까지 계속되었다.

1796년에는 통가, 1806년에는 뉴질랜드에도 죄수들을 투입하여 정착지를 개발하기 시작했으며, 초기 80여 년간 약 16만 명의 죄수들이 오스트레일리아 대륙으로 건너갔다.

오스트레일리아 개척 1819년 9월 어느 날, 9개월간의 긴 항해 끝에 영국 선박이 시드니 항에 도착하자 정착지 주민들은 모두 바닷가로 모였다. 배에는 상품과 함께 고향의 편지와 하인, 노동자, 죄수 등 새로운 정착민들을 싣고 왔다. 부두에는 병사, 복역 중인 죄수 그리고 남루한 옷차림의 형기를 마치고 자유인이 된 자 등 다양한 모습들이 보였다. 복역 중 개척지에 투입되었다가 형기를 마친 죄수들 중에는 영국으로 돌아갈 뜻이 없거나 돌아갈 길이 없는 사람들은 그곳에 정착하고 살았다. 군중의 한 쪽에는 몇몇 원주민들도 보였는데 그들은 백인들이 가져온 여러 질병을 이겨내고 살아남았지만 알코올 중독으로 망가진 사람들이었다.

오스트레일리아의 정착촌은 1830년대에 새로운 토지 정책과 이민 장려 정책으로 확장되었고, 1850년에는 정착민들에 의해 오스트레일리아와 뉴질랜드의 주요 도시들이 건설되었다. 시드니도 놀랄 만큼 발전하여 초기에 투입된 죄수들도 모두 기반을 잡았고 시드니 사회는 대부분 영국식의 유행과 규범을 따랐다. 복무기간이 끝난 병사들은 귀국하지 않고 호주에 그냥 머물 수 있었다. 1850년대의 골드러시는 새로운 번영의 시대를 알려 주었고 점차 독립의 기운도 일게 되었다.

1870년대에는 기독교 세력이 남태평양 지역의 거의 모든 섬을 장악하게 되어 원주민들의 전통적 관습인 식인 행위, 난교, 인간 제물, 유아 살해 등이 없어지고 새로운 기독교 방식의 규칙들이 생기게 되었다.

떠돌이 노동자 스왜그맨 오스트레일리아 개척기에는 떠돌이 노동자를 뜻하는 스왜그맨swag man들이 있었다. 그들은 필요한 살림살이를 보따리에 꾸려서 때로는 개를 데리고 떠돌아다니는 사람이었다. 보따리 안에는 담요와 옷, 바늘, 실 그리고 때로는 낡은 책이나 사진도 들어 있었다. 보따리 윗부분의 작은 주머니에는 휴대 식량, 담배, 양철 컵도 들어 있었고 도끼와 물을 담은 깡통도 매달려 있었다.

스왜그맨은 한 목장에서 다른 목장으로 떠돌며 소나 양을 모는 일이나 장작패기 같은 일거리를 찾았다. 그들은 대가로 식량과 약간의 돈을 받았다. 일거리가 없어도 그들은 고기와 밀가루, 설탕, 차 등을 얻을 수 있었다. 스왜그맨에게 먹을 것을 주지 않으면 불법 이주자들의 숲이 불에 타거나 울타리가 파괴되거나 양이 없어지는 경우가 생겨 어쩔 수 없었다. 스왜그맨의 수는 경제 상황에 따라 다르지만 자유로운 생활에 익숙해진 그들은 도시에서 정착하여 살기를 꺼렸다.

캥거루 1770년 영국의 제임스 쿡 일행이 오스트레일리아 대륙을 탐사하던 중 처음 보는 짐승이 있어 원주민에게 짐승 이름이 무엇이냐고 물었다. 원주민이 모른다는 뜻으로 "캥거루"라고 답하자 동물 이름이 캥거루인 줄 알고 그때부터 그 동물은 캥거루라고 불렸다.

계몽사상

18세기가 되어 과학의 발달로 갖가지 발명과 발견이 쏟아져 나오자 유럽인은 과학과 학문에 보다 깊은 관심을 가지게 되었다. 프랑스에서는 35권의 백과전서를 출간했고 1751~1772, 영국은 왕립 학술원을 설립하고1660 대영박물관과 왕립 식물원을 설립1759했다. 예술 분야에서는 오보에, 클라리넷, 피아노 등 새로운 악기가 등장했고, 모차르트와 하이든과 같은 작곡가들의 곡으로 오케스트라를 즐길 수 있게 되었으며 발레도 등장했다. 의학 분야에서는 1796년 영국의 시골 의사인 에드워드 제너가 우두 바이러스를 인체에 주입하여 천연두의 백신을 개발하였다.

새로운 발명은 일상생활에도 많은 변화를 가져왔다. 1733년에는 유모차가, 1756년에는 프랑스에서 마요네스가, 1760년에는 롤러스케이트가, 그리고 1780년에는 런던에서 칫솔이 등장했다. 신사들은 반바지를 즐겨 입었고 긴바지는 하층민이 입는 옷이었다. 그래서 프랑스 혁명 당시 폭동을 일으킨 빈민들을 '반바지 없는 자들'이라 불렀다. 이 무렵 영국에 생긴 커피하우스와 프랑스의 살롱은 수많은 과학자, 철학가, 문학가 등이 모여 토론하는 장소가 되었다.

이러한 시대적 조류에 따라 유럽인의 사고와 정신세계에도 대전환이 일어났다. 1700년 이후 주로 영국과 프랑스에서 퍼져나간 계몽사상이라는 이 혁명적인 사상은 이성으로 이해하지 못할 것은 없으며, 종래의 권위주의적 신념에서 탈피하여 이성과 합리적인 사고에 기초하여 모든 지식과 사상의 영역을 검증하고 비판해야 한다고 했다.

오랫동안 유럽인의 사고를 지배해 온 기독교에 대한 비판은 위험 수위에 달했다. 영국의 신학자 토머스 울스턴은 그리스도의 부활은 인류를 속여 온 가운데 가장 악명 높은 것이라고 주장했다. 그를 포함한 볼테르, 몽테스키외, 루소 등의 이신론자理神論者들은 성경에서 오직 합리적인 것만을 신앙의 대상으로 인정하며 기적 같은 것들은 성직자들의 사기라고 했다.

익명으로 유럽 지성계에 유포된 「세 명의 사기꾼에 대하여」란 논문에는 "모세, 무하마드, 예수 세 사람은 모두 보편적이고 합리적이어야 할 신앙을 제 입맛에 맞게 조작한 뒤 대중을 오도한 사기꾼"이라고 했다. 신의 존재와 신앙의 필요성까지 부정하지는 않지만 기독교의 절대성을 비판함으로써 유럽인의 가치관을 송두리 째 뒤집는 것이다.

프리드리히 2세

프로이센의 3대 왕인 프리드리히 2세는 계몽사상을 받아들여 위로부터 개혁을 추진한 절대 군주였다. 그는 스스로 자신을 국가의 주인이 아니라 제1의 공복으로 생각했다. 그는 고문을 폐지하고 누구나 법정에서는 공평하게 다루어지도록 했다. 그는 프로이센을 독일의 최강국으로 만들기 위해 군대를 엄격히 훈련시키는 일에 힘썼다.

프로이센 2세는 종종 부대를 시찰했는데 그때마다 병사들에게 정해진 순서대로 질문을 하곤 했다.

"지금 몇 살인가?, 몇 년 복무했는가?, 근무 조건과 급식은 만족스러운가?"

지휘관들은 독일어를 모르는 외국인 용병들에게 이 순서에 따라 답하도록 주입시켰다.

그런데 한 번은 프리드리히 2세가 한 용병에게 질문의 순서를 바꿔 물었다.

"몇 년 복무했는가?"

"25년입니다."

"??? 자네가 지금 몇 살인데?"

"두 살입니다."

"??? 자네가 바보인가, 내가 바보인가?"

"둘 다 그렇습니다."

계몽사상가 볼테르

프랑스의 작가이며 사상가인 볼테르1694~1778는 계몽주의 시대를 대표하는 인물이다. 그는 전 생애를 통해 많은 작품과 사회 활동을 통해 유럽 사회에 큰 영향을 미쳤다. 그는 특유의 비판과 풍자로 바스티유 감옥에 투옥되기도 하고 망명 생활을 하기도 했다.

1778년 볼테르84세는 28년 만에 망명 생활 끝에 파리로 돌아와 임종을 맞았다.

"나는 하나님과 인간에게서 버림받았구나. 여보시오, 내 생명을 6개월만 연장시켜 주면 재산의 절반을 주겠소. 그 다음에 나를 평화롭게 죽게 해주오."

임종을 지켜보던 신부에게 "하나님의 이름으로 나의 마지막 순간에 평화를!", 그리고 옆에 놓인 램프를 보며 "벌써 불을 켤 시간이 되었나?"라고 말하고는 숨을 거두었다.

볼테르의 생전에 한 작가가 자기가 쓴 희곡을 한 번 읽어 보고 지도해 달라고 부탁하고는 돌아갔다. 며칠 후 그 작가가 자기 작품에 대한 평을 들어 보고자 볼테르를 찾아 왔다. 볼테르가 말했다.

"대체로 괜찮은데 끝 부분을 약간 고친 데도 있습니다."

"대단히 감사합니다."

그는 자기 작품을 인정받았다는 기쁨에 흥분을 감추지 못하고 원고를 받아들고 돌아 왔다. 고친 곳을 아무리 찾아보아도 발견할 수가 없었는데 맨 끝에 딱 한 군데가 있었다.

'Fin끝'이 'Fii첫!'으로 고쳐져 있었던 것이다.

베토벤

루트비히 판 베토벤1770~1827은 1770년 독일의 본에서 태어났다. 그의 할아버지는 쾰른 대주교 선제후의 궁정 합창단에서 음악 감독을 지냈고, 그의 아버지 역시 궁정 합창단의 테너 가수였다. 베토벤은 가정 형편이 어려워 11살 때에 학교를 그만 두어야 했다.

어릴 때부터 음악적 재능이 뛰어난 베토벤은 1778년 빈으로 처음 여행을 떠났다. 이때 베토벤은 모차르트를 만났는데 모차르트는 그의 즉흥 연주에 감명을 받고는 "이 소년이 언젠가는 세상의 화제 거리가 될 거요"라고 말했다.

1783년 베토벤13세은 현존하는 첫 작품인 「드레슬러의 행진곡 주제에 의한 변주

곡」을 출판했다.

1790년 여행길에 본에 들른 하이든이 베토벤을 제자로 삼겠다고 하여 베토벤은 1792년 본을 떠나 빈으로 향했다. 그는 빈의 귀족들로부터 사랑을 받았고, 모차르트의 뒤를 이을 위대한 음악가라는 칭찬을 들었다. 베토벤은 하이든의 도움만으로는 부족함을 느껴 하이든 몰래 다른 선생들로부터 배우기도 했다. 베토벤은 카를 리히노프스키 공으로부터 1800년부터 조건 없이 종신 연금 600플로린을 받기로 했으나, 1806년 두 사람 사이의 불화로 중단되고 말았다.

1795년 베토벤은 빈에서 처음으로 공개 연주를 했고, 그 후 3년간 베를린과 프라하 등지를 순회 공연하며 여러 지역을 여행했다. 1800년부터는 대규모 공개 연주회를 열어 외국에 널리 명성을 날리는 계기가 되었다.

베토벤은 청각에 이상이 생겨 1819년경부터는 완전히 귀가 먹어 의사 소통을 위해 공책회화수첩을 가지고 다녀야 했다. 그는 해마다 5~10월이면 빈 교외의 작은 마을을 옮겨 다니며 악상이 떠오르면 스케치북에 적어 두곤 했다. 이 시기에 그는 「9번 교향곡합창」이나 「현악 4중주」 등을 작곡하여 그의 명성은 절정에 달했다.

베토벤은 삶에 대한 두려움을 강한 창작 의지로 극복하려고 노력했다. 환희에 넘치는 「라주모프스키 4중주 다장조 푸가」를 작곡하면서 그는 악보 귀퉁이에 '이제 아무것도 나의 창작을 방해할 수 없다'는 낙서를 남기기도 했다.

베토벤의 죽음 베토벤은 말년으로 접어들면서 점점 폭음을 하게 되어 간 기능이 마비되어 갔다. 1826년 그는 동생 요한이 사는 그나이센고르프를 방문했다. 몸이 불편해 당초 생각보다 오래 머물게 되자 요한은 형에게 숙박료를 요구했다. 동생과의 다툼으로 화가 난 베토벤은 서둘러 그곳을 떠났다. 추운 겨울 불편한 몸으로 지붕이 없는 마차를 타고 돌아온 베토벤은 병상에 눕고 말았다.

1827년 3월 24일 출판업자 쇼트가 베토벤이 좋아하는 라인 지방의 와인 한 상자를 보냈는데, 그는 이를 보고 "애석하군…… 너무 늦었어"라고 말했다. 베토벤은 혼수상태에 빠졌다. 전날 베토벤은 친구들에게 "박수를 치게, 친구들. 희극은 끝났네"라고 말했다고 한다.

1827년 3월 26일 베토벤은 간경변증으로 마지막 말을 남긴 채 세상을 떠났다.

"나는 하늘에 가서는 들을 수 있을 것이다. 오랫동안의 고통과 수난의 일생을 끝나게 해주신 하나님께 감사드립니다."

그는 죽기 직전 갑자기 눈을 뜨고 허공을 향해 오른손 주먹을 불끈 쥐었다. 임종을 지킨 사람은 한 여성과 작곡가 휘텐브랜너 두 사람뿐이었다. 그가 죽자 2만여 명의 시민들이 거리로 몰려 나와 위대한 음악가의 죽음을 애도했다. 장례식 운구 행렬에는 슈베르트가 횃불을 들었다.

다음은 오스트리아의 위대한 극작가 프란츠 그릴파르처가 쓴 베토벤 장례식의 추도사의 일부분이다.

> "베토벤은 사랑이 넘치는 자신의 본성으로 세상을 어떻게 다루어야 할지 알지 못해 세상에서 도망쳤습니다. 그는 사람들에게 모든 것을 다 주었으나 아무것도 돌려받지 못한 채 세상을 떠났습니다. 그는 제2의 자기를 발견하지 못한 채 혼자 살았습니다. 그러나 생애의 끝까지 그의 가슴은 만인을 향해 뜨겁게 고동쳤습니다…."

불멸의 여인 베토벤이 사랑한 여인들은 거의 귀족의 딸이거나 부인이었다. 그는 끝내 결혼하지 못하고 독신으로 살다가 세상을 떠났다. 베토벤이 죽은 다음 날 빈에 있는 그의 아파트의 낡은 캐비넷의 비밀 서랍에서 그가 쓴 유서, 은행권 7장, 안토니 브랜타노로 밝혀진 여성의 초상화 2장과 함께 이름 모를 연인에게 보내는 편지 세 통이 있다.

흔히 '불멸의 연인'으로 세상에 알려진 연인에게 보내는 세 통의 편지에는 어느 해에 누구에게 보내는 것인지가 기록되어 있지 않은 채, 다만 작성일이 7월 6일 월요일 아침, 밤, 그리고 7월 7일 아침으로만 기록되어 있었다. 베토벤 연구가들은 그 편지는 1812년경 베토벤이 안토니 브랜타노 부인에게 보내는 편지일 가능성이 가장 높다는 결론을 내렸다. 브랜타노 부부는 휴가를 보내기 위해 카를스바트에서 베토벤과 합류했고, 그들은 곧 프랑크푸르트로 이사해 요원한 사람이 되었다.

다음은 세 통의 편지 중 7월 7일 아침에 쓴 편지 내용이다.

> 7월 7일 화창한 아침
>
> 안녕.
>
> 아직 잠자리에서 일어나지도 않았건만 내 생각은 그대에게로 달려갑니다.

내 불멸의 여인이여! 운명이 우리에게 귀 기울여 주기를 고대하며 때로는 기뻐하고, 때로는 슬퍼합니다.

그대와 내가 하나가 되어 살아갈 수 있을까요? 아니면 완전히 헤어지게 될까요? 어느 쪽이든 어서 결론이 나지 않으면 나는 살아갈 수 없습니다. 그대에게 날아가 평온을 느끼고 그대 품에 안겨 내 영혼을 정령의 나라로 떠나보낼 수 있을 때까지 내 방황은 멈추지 않을 것입니다. 내가 당신에게 일편단심이란 것을 알기에 그대는 그렇게 침착할 수 있겠지요. 그대 아닌 다른 어떤 여성도 내 마음을 차지할 수 없습니다. 결코, 결코!

오, 신이시여. 이토록 서로 사랑하는데 어찌하여 떨어져 지내야 한단 말입니까? 빈에서의 내 생활은 여전히 비참하다오. 그대의 사랑이 나를 가장 행복하게 하면서 가장 힘들게 하고 있기 때문이오. 내 나이쯤에는 안정되고 조용한 삶이 필요하오. 우리도 그렇게 될 수 있을지.

내 천사여, 방금 우편마차가 떠난다는 말을 들었소. 그대가 이 편지를 조금이라도 일찍 받을 수 있도록 이만 줄이겠소. 마음을 진정하시오. 우리 사정을 침착하게 숙고하다 보면 우리의 소망을 이룰 수 있을 거요. 날 사랑해 주오. 어제도 오늘도 이렇게 그대를 향한 애틋한 동경, 내 생명, 내 모든 것이여 안녕. 나를 계속 사랑해 주고, 내 진심을 잊지 말아요.

당신을 사랑하는, 영원한 그대의, 영원한 나의, 영원한 우리의 L.

베토벤의 편지가 세상에 알려져 큰 반향을 일으켰을 때, 버나드 쇼가 말했다.

"나 역시 베토벤처럼 사랑에 빠져 멍청한 연애편지를 썼는데, 내가 죽은 후 내 편지가 출판될 것이라 생각해 보면 등골이 오싹해진다. 굳이 위로하자면, 내가 쓴 편지의 내용은 기억은 다 못하지만 베토벤이 쓴 편지보다는 덜 얼빠진 것이리라 생각된다. 최악의 경우라도 이 위인의 수준보다 떨어지지는 않겠지."

베토벤과 괴테

1812년 베토벤이 보헤미아의 온천 도시 테플리치에 머물고 있을 때 시인 괴테와 만나 함께 공원을 산책하고 있었다. 때마침 오스트리아 제국의 황후가 고관들을 거느리고 걸어오고 있었다. 황후 일행이 다가오자 괴테는 얼른 길을 비켜서서 모자를 벗고 머리를 숙여 공손히 인사했다. 하지만 베토벤은 일부러 모자를 꾹 눌러 쓴 채 팔짱을 끼고 황후를 무시하듯 그들 앞을 태연히 지나갔다.

괴테는 그의 아내에게 "베토벤은 정말 이상한 사람이더군, 완전히 통제 불능의 성격을 갖고 있어"라고 편지를 썼고, 그 후로 베토벤이 만나자는 제의를 받아들이지 않았다.

베토벤은 "괴테는 시인답지 않게 궁정의 분위기를 너무 좋아한다"고 했고, 괴테는 베토벤에 대해 "길들여지지 않은 성품의 소유자이며, 세상을 혐오하는 것 자체는 나쁠 것 없으나, 그러한 태도는 그 자신에게나 다른 사람들에게 그다지 유쾌하진 않다"라고 했다.

귀가 멀면서 베토벤은 청각 장애가 시작하면서 성격이 점점 다혈질에다가 괴팍해져 갔다. 그는 주변 사람들에게 화를 잘 내어 빈의 음악가들과 관계가 나빠졌고, 사람들 앞에 나타나는 횟수도 줄었다.

> 1800년 6월 그는 친구 슈테판에게 보내는 편지에서 비통한 심정을 이렇게 적었다.
>
> "내게 가장 중요한 감각인 청각이 점점 더 나빠져 도저히 나을 것 같지가 않다네. 이런 병은 치유되기가 몹시 어렵다고 하네. 얼마나 슬픈 운명인가. 내가 아끼는 모든 것에서 떠나 비열하고 이기적인 사람들 틈에서 살아야 하다니…….
>
> 귀가 낫는다면 얼마나 좋을까! 그때는 자네에게 달려갈 텐데…… 그러나 이제 다 그만 둬야 하나 봐. 내 힘과 재능을 발휘하지도 못하고 인생의 황금기를 흘려보내야 하다니. 기필코 장애를 극복하리라고 결심하지만, 과연 극복할 수 있을지……. 내 귓병에 대해서는 누구에게도 이야기하지 말고 비밀을 지켜주길 바라네."

1824년에 완성된 그의 마지막 역작인 「9번 교향곡합창」을 처음 연주했을 때 베토벤은 지휘는 못하고 지휘자 옆에서 악보를 넘기며 박자를 맞추었다. 연주가 끝난 뒤 청중들의 우레와 같은 박수갈채를 듣지 못하다가 독창 가수들이 그를 청중 쪽으로 돌려주어 비로소 그 광경을 볼 수 있었다.

괴팍한 성격과 기행 베토벤은 나폴레옹을 위한 교향곡을 만들어 「나폴레옹 보나파르트」라는 곡명을 붙였다. 그런데 나폴레옹이 황제에 즉위하자 크게 실망한 베토벤은 악보의 표지 윗부분을 찢어 바닥에 내동댕이쳤다. 그리고는 곡명을 바꿔 버렸는데 이것이 바로 유명한 「교향곡 제3번 에로이카영웅」이다.

베토벤은 왕족이나 귀족들을 몹시 싫어했다. 한 번은 그가 피아노를 연주하고 있는데, 한 귀족이 말을 하자 그는 연주를 중단하고는 무대를 박차고 나가 버렸다.

프랑스의 나폴레옹 군대가 베토벤이 머물고 있던 그라츠를 점령했을 때의 일이다. 그라츠 성의 성주인 리크노프스키 왕자는 프랑스군 사령관과 고관들에게 그가 고용하고 있던 베토벤의 연주를 감상하도록 초청했는데, 베토벤이 끝내 연주회에 나타나지 않았다. 베토벤은 방에 편지 한 통을 남기고 이미 그라츠 성을 떠나버린 뒤였다.

"왕자여! 지금의 당신은 태생과 환경에 의한 것이지만, 지금의 나는 내 스스로의 노력에 의한 것이오. 이 세상에 왕자는 수없이 많으나, 이 세상에 베토벤은 나 하나뿐이오."

분노한 리크노프스키 왕자는 베토벤을 즉각 해고해 버렸고, 이 때문에 베토벤은 경제적 궁핍을 면치 못했다.

베토벤이 친구와 식사하려고 한 음식점에 들렀을 때 주문한 것과 다른 음식이 나오자 그는 음식을 담은 접시를 웨이터 얼굴에 내던져 버렸다. 또한 자신이 고용한 요리사가 사 온 계란 꾸러미에서 깨진 계란이 보이자 계란을 한 개씩 집어 들고는 그녀의 얼굴에 마구 던졌다.

베토벤을 사모하는 한 여성 팬이 기념으로 보관하기 위해 그의 머리카락 한 올만 뽑아 달라고 하자 베토벤은 까만 염소수염을 뽑아 그녀에게 보내 주었다.

베토벤은 동생으로부터 신년 카드를 받은 적이 있다. 처음으로 돈을 벌어 땅을 산 동생이 카드 맨 끝에 '땅 소유주Land Owner'라고 자랑스럽게 적었다. 베토벤은 카드 뒷면에 '두뇌 소유주Brain Owner'라고 적어 동생에게 되돌려 보냈다.

베토벤은 본래 작은 키에 머리는 유난히 크고 얼굴은 천연두로 얽은 자국투성이였다. 외모에 대해 무신경인 그는 머리는 빗지 않고 이도 잘 닦지 않았다. 그의 아파트는 악취가 진동해 아파트 주인들은 그에게 방을 빌려 주기를 꺼려해 일 년에 세 차례나 집을 옮기기도 했다.

베토벤은 우울증으로 겨울철에는 작곡 활동을 멈췄다가 기분이 좋아지는 여름철이 되면 때론 밥도 안 먹고 작곡에 몰두하곤 했다.

어느 날 점심을 먹기 위해 단골 식당에 들러 자리를 잡았다. 그런데 갑자기 악상이 떠올라 베토벤은 호주머니에서 종이를 꺼내 열심히 적기 시작했다. 주문을 받으려고 온 종업원은 베토벤의 습관을 잘 아는지라 방해하지 않으려고 그냥 물러갔다.

한참 후 그 종업원이 다시 베토벤의 자리에 가 보니 그는 적기를 막 끝내고 약간 흥분된 얼굴로 소리쳤다.

"계산서!"

"선생님, 아직 아무 것도 주문하지 않으셨습니다."

"그래? 그럼 아무 거나 좀 가져오게."

베토벤의 유서 1802년 베토벤은 의사의 권유에 따라 빈 교외의 하일리겐슈타트라는 곳에서 요양을 하면서 동생 카를과 요한에게 다음과 같은 유서를 남겼다. 베토벤은 둘째 동생 요한을 싫어해 그의 이름을 쓸 자리에는 그냥 비워 두었다고 한다.

> 내 동생들, 카를과 …… 에게.
>
> 너희는 나를 악의에 차서 사람을 싫어하는 고집쟁이로 알고 또 남들에게 그렇게 말하지만, 내가 그렇게 보이는 숨은 까닭을 너희들은 모를 것이다. 내 가슴과 머리에는 어릴 적부터 따뜻한 선의로 차 있었고, 난 위대한 목표를 성취하기 위해 노력해 왔다.
>
> 하지만 생각해 보라. 지난 6년 동안 내가 병으로 얼마나 처참했는지를. 신통치 않은 의사들 때문에 병세는 더욱 악화되어 행여나 나아질까 하던 희망은 헛되기만 해서, 결국 병이 완치된다는 것은 기대할 수 없고, 설령 낫는다 해도 오랜 시간이 걸리리라는 것을 인정하지 않을 수 없게 되었다. 나는 열정적이고 활기찬 사람들과 어울리는 것을 좋아하건만, 일찍부터 사람들을 멀리하고 고독하게

살지 않을 수 없었다.

때로는 이런 장애를 모두 잊으려고 했지만, 청각장애는 나로 하여금 이중의 쓰라린 경험을 맛보게 했다. 다른 사람들에게 '잘 들리지 않으니 좀 더 크게 말해 주시오'라고 말할 수 없는 노릇이었다. 누구보다도 나에게는 더 완벽해야 할 내 귀에 장애가 있다고 어찌 남들에게 털어 놓을 수 있겠는가. 나로서는 못할 일이라네. 그러니 너희들은 사람들과 어울리지 않고 외따로 떨어져 사는 나를 이해하기 바란다.

나는 벗들과 어울려 생각을 나누며 대화를 할 수 없어 세간의 오해를 불러일으키는 이중의 고통에 시달리고 있다. 나는 꼭 필요한 때를 제외하고는 거의 홀로 마치 추방된 자와 같은 삶을 살고 있다. 사람들을 대하면 나의 비참한 상태가 알려질까 봐 몹시 불안해진다.

의사의 권유에 따라 귀를 쉬도록 하려고 지난 여섯 달을 시골에서 보냈지만, 그것은 내 스스로 원했던 바이기도 하다. 때로는 다른 사람들과 어울리고 싶은 충동으로 사람들의 모임에 나가기도 해봤지만, 그때마다 굴욕적인 기분을 맛보아야만 했다. 내 옆의 사람은 멀리서 들려오는 피리 소리나 목동의 노랫소리를 듣고 있는데, 내게는 아무 소리도 들리지 않을 때는 그만 절망감에 빠져, 하마터면 스스로 목숨을 끊어 버릴 뻔한 적도 있었다.

그런 나를 지탱해 준 것은 오직 예술뿐이었다. 나에게 주어졌다고 느껴지는 이 사명을 완수하기 전에는 세상을 버릴 수 없다는 생각으로 이 비참한 삶을 감수하기로 했다. 내 육체는 예민하여 아주 자그마한 자극에도 나를 최상의 상태에서 최악의 상태로 만들고 만다. 참고 견디는 것을 지침으로 삼으며 운명의 여신이 내 생명의 밧줄을 끊을 때까지 버티기로 결심했다. 스물여덟 살에 모든 것을 달관한다는 것은 결코 쉬운 일이 아니다. 예술가에게는 더욱 가혹한 일이다.

오, 신이시여, 당신은 제 마음속을 들여다보실 것입니다. 사람들을 사랑하고 선을 행하고자 하는 마음이 내 가슴속에 뿌리박혀 있음을 당신은 아실 것입니다. 오, 너희들이 장차 이 글을 읽게 되거든 너희들이 내게 얼마나 부당하게 대했는지를 알게 되리라. 그리고 불행한 사람들은 자기와 같은 불행한 사람이 자연의 장애에도 불구하고 예술가로서 또 한 인간으로서 우수한 반열에 오르기 위해 전력을 다했다는 것을 알고 위로를 받으라.

내 동생 카를과 ……, 내가 죽으면 슈미트 박사에게 내 병상을 자세히 기록하게 해서 여기에 첨부해 줄 것을 부탁한다. 그리하여 내가 죽은 뒤에라도 사람들이 나를 이해할 수 있도록 해다오. 나는 너희 둘이 얼마 되지는 않지만 내 재산의 상속자로 인정한다. 공평하게 나누어 갖고 서로 도우며 살기 바란다. 나에 대한 너희들의 나쁜 소행은 이미 오래 전에 용서했다.

동생 카를아, 최근 내게 따뜻하게 대해준 것에 특히 감사한다. 너희들은 나보다 행복하고 근심 없이 살기 바란다. 너희들의 아이들에게는 인간을 행복하게 하는 것은 덕성임을 가르쳐라. 그 덕성이야말로 예술 다음으로 나를 역경에서 구해 주고, 스스로 목숨을 끊지 않게 지탱해 준 힘이었다.

잘 있어라, 그리고 서로 사랑해라. 모든 친구들, 특히 리히노프스키 공과 슈미트 박사에게 감사한다. 리히노프스키 공이 주신 악기들은 너희 중 하나가 보관하되, 그 때문에 다투지는 마라. 돈이 필요하면 팔아 쓰도록 해라. 무덤에서라도 너희들에게 도움이 된다면 나는 기쁠 것이다.

죽음이 언제 찾아오든 기쁘게 맞으리라. 운명이 가혹하여 나의 예술적 재능을 충분히 발휘하기 전에 죽음이 찾아온다면 할 수 없지만, 다만 좀 더 늦게 와 주었으면 하고 바랄 뿐이다. 그래도 나는 만족하리라. 죽음은 나를 끝없는 고뇌로부터 해방시켜주는 것이 아니겠는가. 용감히 너를 맞으리니 언제든지 오라.

내가 죽은 후에도 나를 잊지 마라. 일생 동안 그 정도는 너희에게 해주었다. 너희를 행복하게 해주려고 너희 생각을 자주 했다. 그러니 행복해라.

– 1802년 10월 6일, 하일리겐슈타트에서

나흘 후 베토벤은 그가 남긴 유서에 다음과 같이 덧붙였다.

이것으로 너희들에게 작별을 고한다. 진실로 슬픔에 잠겨.

처음 이곳에 왔을 때는 어느 정도 병이 치료되리라는 희망을 가졌었지만, 이제는 모든 것을 포기해야 하겠다. 가을 잎새들이 시들어 떨어지듯, 내 희망도 사라졌다. 이 세상에 태어났을 때처럼 그렇게 나는 떠난다. 아름다운 여름날에 샘솟던 용기도 사라져 버렸다.

오, 하느님, 제게 단 하루라도 순수한 기쁨의 날을 내려주소서. 가슴이 환희로 가득 찬 지가 너무나 오래 되었습니다. 거룩한 분이시여, 아 언제, 아 언제, 자연과 인간의 전당에서 제가 그 환희를 다시 맛볼 수 있을까요? 절대로, 절대로, 안 된다 – 그것은 너무나 가혹합니다.

내가 죽은 뒤 읽고 실천해 주기를. 동생 카를과 …… 에게

베토벤의 나이 베토벤의 아버지는 베토벤을 모차르트와 같은 신동으로 세상에 내놓기 위해 베토벤이 여덟 살 때 열게 된 음악회에서 그를 여섯 살이라고 속였다. 그래서 베토벤은 마흔 살이 될 때까지 실제 나이보다 두 살 적게 착각하며 살았다.

> 오랜 친구여, ……
>
> 내 세례증명서를 찾아서 보내줄 수 있겠나. 한 가지 알아둘 것은 내 바로 위에 나처럼 루트비히 마리아라는 이름을 가진 죽은 형이 있었다는 걸세. 내 정확한 나이를 알기 위해서는 이 형에 대해 꼭 알아야겠어. 사람들은 이 형과 나를 혼동하여 내 나이가 실제는 더 많다고들 얘기한다네. 불행히도 이제까지 내 나이도 잘 모르고 살았어. 우리 가족의 족보가 사라져버렸으니 내가 어찌 알겠나. 그러니 귀찮더라도 자네가 그 형과 나에 대해 알아본 후 그 세례 증명서를 보내주면 고맙겠네. – 1810년 5월 2일, 빈에서 베켈러에게

프랑스 대혁명

1789년 7월 14일 밤, 빵조차 구하기 힘들 정도로 민생고에 시달리던 파리 시민들이 마침내 일제히 봉기하여 악명 높은 바스티유 감옥을 습격하면서 프랑스 혁명1789~1794은 시작되었다.

18세기 유럽 각국은 계몽사상을 받아들여 개혁에 나서고 있었지만, 프랑스는 여전히 절대 왕정 시대로서 계급에 따른 불평등한 사회였다. 프랑스 루이 16세는 호화로운 궁정에서 연회나 즐기며 선왕의 전통만을 고집하고 있었고, 귀족들은 베르사유 궁전을 중심으로 호화 생활을 영위했으나 농민들의 생활은 비참했다. 유럽 최고의 문학가이며 계몽사상가인 볼테르도 평민 신분이라 어느 귀족한테 지팡이로 두들겨 맞고도 반발 한 번 못했다.

프랑스의 재정은 루이 14세 때부터 기울기 시작했다. 베르사유 궁전 건설에다가

오스트리아 왕위계승 전쟁, 7년 전쟁, 그리고 미국의 독립 전쟁 지원에 막대한 자금이 지출되어 국고가 거의 바닥난 상태였다. 더욱이 1788년의 흉작으로 빵 값이 폭등하면서 국민의 불만은 절정에 달했다. 당시 프랑스의 연간 수입은 약 5억 프랑이었으나 3억 프랑은 빌린 돈의 이자를 갚는 데에 쓰였고, 루이 16세가 낭비한 돈이 약 4억 프랑에 달했다고 한다.

루이 16세는 재정 개혁을 통해 새 세금을 거두어들이고자 했으나 귀족들이 반대하며 왕권을 제약하려 하자 국민의 동의를 얻기 위해 1789년 5월 5일 170년 만에 삼부회를 소집했다. 삼부회는 성직자 · 귀족 · 시민 대표로 구성되며 투표권은 대표자 수와 관계없이 신분별로 동일한 투표권이 인정되어 제3 신분인 시민 대표들이 이에 반발하여 삼부회를 거부하고 독자적인 국민의회를 결성했다. 국왕이 군대를 동원하여 국민의회를 해산시키려 하자 파리 시민들은 이에 격분하여 거리로 뛰쳐나와 무기고를 습격하고 탄약을 얻기 위해 악명 높은 바스티유 감옥을 습격함으로써 프랑스 대혁명이 발발1789. 7. 14했다.

1789년 10월 분노한 파리의 주부들이 "빵을 달라"고 외치며 베르사유 궁전을 습격했고, 루이 16세는 베르사유 궁을 떠나 파리의 튈르리 궁으로 돌아왔다. 국민의회는 봉건적 특권의 폐지를 선언하고 인권 선언을 발표했다.

1791년 6월 몰래 파리를 탈출하여 오스트리아로 건너가려고 하던 국왕 일가가 국경 근처에서 적발되어 파리로 호송되자 왕가에 대한 불신이 증폭되었고 시민들은 격노했다. 당시 유럽 각국의 왕가들은 프랑스 혁명이 달갑지 못했다.

1792년 4월 프랑스는 혁명에 반대하던 오스트리아를 침공했으나 전황은 프랑스에 불리하게 돌아갔다. 과격한 공화 정치을 주장하는 자코뱅파 내부의 좌파가 왕정 복고를 기도하던 왕당파를 제압하자 왕권은 완전히 정지되고 국왕 일가는 탕플 탑에 유배되었다.

1792년 6월 국민의회는 군주제를 폐지하고 공화정을 선포했고, 가톨릭교회의 모든 재산을 몰수하고 외국으로 도망간 귀족들의 재산도 모두 빼앗아 자유 농민들에게 나누어 주었다.

1793년 1월 21일 루이 16세는 국민의회에서 한 표의 차이로 사형을 선고받고 파리 혁명광장에서 처형당했고, 10월에는 왕비 마리 앙투아네트도 참수되었다.

1793년 6월 출범한 자코뱅당 주도의 혁명 정부의 정책에 귀족과 자본가들이 저항하자 자코뱅당 지도자인 로베스 피에로1758~1794를 위원장으로 하는 12인 공안위원회를 구성하여 초법적인 비상대권을 부여함으로써 공안위원회는 반대파와 왕당파 1만 4,000명을 기요틴으로 처형시키는 공포 정치를 폈다.

1794년 7월 테르미도르가 쿠데타를 일으켜 로베스 피에로를 처형시키고 자코뱅 정권을 무너뜨리고, 국민의회의 우파 연합은 5명의 총재가 공동으로 통치하는 총재 정부를 출범시켰다.

1799년 11월 쿠데타에 성공한 나폴레옹은 총재 정부를 무너뜨리고 의회를 해산하고 새 헌법을 공포하여 자신이 임기 10년의 제1 총통에 취임하면서 프랑스 혁명은 끝났다고 선언했다.

우익과 좌익 프랑스 혁명 이후 국민의회에서 의장을 중심으로 급진적 정당이 좌측에 자리했고 보수적 정당이 우측에 자리하여 이때부터 좌익좌파과 우익우파이란 말이 생겼다.

혁명 이후의 프랑스 프랑스 혁명으로 봉건 제도가 폐지되어 농노제와 영주의 특권이 없어지고 법 앞에 평등이 보장되어 불평등한 과세가 없어졌다. 상인들은 더 이상 파리 시의 통행세를 내지 않으며 농노들은 소금세를 내지 않아도 되었다. 그러나 영주가 책임지던 버려진 아이들을 이제는 책임질 사람이 없어졌다.

각 지방마다 다른 도량형을 사용되던 것을 미터법으로 통일시켰다. 북극점과 적도 간 길이의 1,000만분의 1을 1m로, 물 $1cm^3$ 질량을 1g으로, 물 $1m^3$의 1,000분의 1의 부피를 1리터로 정했다.

결혼 풍속도 바뀌어 사제가 아닌 사람도 결혼식이나 장례식을 집전할 수 있게 되었고, 결혼식을 올리지 않고 신고만으로도 결혼을 인정받을 수 있게 되었다. 사제도 결혼이 허락되게 되었으나 이혼은 여전히 허락되지 않았다.

국왕의 권한이 많이 축소되어 아무리 국왕의 명령이라도 법에 의하지 아니하고는 체포나 구금을 시킬 수 없게 되었다. 처형 방법도 신분에 관계없이 모두 기요틴단두대을 사용한 참수형으로 하기로 했다.

귀족과 평민 간의 불평등은 많이 개선됐으나 남녀 간의 사회적 불평등과 인식은 여전히 남아 있었다. 혁명 의회는 혁명에 참여한 부인들을 가정으로 돌려보내기 위해 다음과 같이 발표[1793]했다.

> 언제부터 부인들이 여자임을 포기하고 남자가 되기를 허락받았는가. 부인들이 가사와 자녀를 팽개친 채 공공장소에 나타나고, 대중 앞에서 연설하고, 군에 입대 하는 등 남자의 일을 여자가 하는 것이 언제부터였던가. 자녀와 가사를 돌보는 어머니로서의 역할이 그대들의 의무이다. 어리석은 부인들이여, 왜 남자가 되려고 하는가. 인간은 균형 있게 남녀로 나뉘어 있는데 그 이상 무엇을 바라는가.

기요틴 기요틴은 조제프 기요탱 박사가 개발한 사형 기구로서, 죄인을 눕혀 놓고 높은 곳에서 무거운 칼을 떨어뜨려 목을 단번에 자르는 기구이다. 과거에는 평민은 고통을 오래 느끼도록 사지를 갈라 죽이거나, 교수형, 익사형 등을 사용했으며, 귀족에게는 쉽고 빠르게 죽이는 참수형을 사용했었다. 기요탱 박사도 결국 자신이 개발한 기요틴으로 사형되었다.

프랑스에서는 혁명 직후인 1792년부터 기요틴을 사용하기 시작했으나, 이와 비슷한 장치들이 스코틀랜드와 잉글랜드 등 유럽 여러 나라에서 이전부터 귀족들을 처형할 때 사용되어 왔다.

루이 16세

프랑스 국왕 루이 16세[1754~1793]는 사전에 혁명의 조짐이 있었지만 결단력이 없는 그는 만년에 정치에는 관심이 없고 사치스런 생활에 빠져 오로지 사냥이나 놀이에만 열중이었다.

1789년 혁명이 일어난 날 한밤중에 왕의 측근인 량쿠르 공이 루이 16세에게 황급히 달려와 바스티유 감옥이 습격을 당했다고 보고했다.

"뭐라고? 또 빵 달라는 폭동을 일으켰단 말이지?"

"폐하, 이것은 폭동이 아니라 혁명입니다."

1791년 6월 파리를 탈출했다가 바렌에서 혁명군에게 체포되어 파리로 압송되자 루이 16세는 혁명군에게 말했다.

"짐은 국민에게 자유를 주었는데 국민은 왜 짐에게 자유를 주지 않는가? 이건 불공평하지 않은가?"

1793년 1월 21일 루이 16세는 혁명광장에 마련된 단두대 위로 올라가 그를 지켜보던 시민들에게 말했다.

"짐은 결백하다. 그러나 죽음을 선고한 모든 사람들을 용서하노라. 나처럼 피를 흘리는 일이 다시는 없기를 기도하노라."

이어서 참수형이 집행되고 바구니 속으로 떨어진 왕의 머리가 군중들에게 치켜 올려지자 군중들은 "공화국 만세!"를 외쳤다.

루이 16세는 다음과 같은 유언장을 남겼다.

"아이들은 아내에게 맡긴다. 나로 인해 겪었던 온갖 고통에 대해 아내에게 용서를 구한다."

루이 16세의 일기

루이 16세는 제위 기간 중 총 537회의 사냥3일에 한 번과 총 1,025회의 사격을 즐겼다. 그의 일기장이 남아 있는데 혁명 전후에 쓴 일기에는 다음과 같은 내용이 적혀 있다.

1789년 7월 11일에는 '아무 일도 없었음rien'이라고 적혀 있으나, 그날은 재무감 네케르가 추방당한 날이었다.

7월 13일에도 '아무 일도 없었음'이라고 적혀 있는데, 그날은 사냥을 하지 않은 날이었다.

7월 14일에도 '아무 일도 없었음'이라 적혀 있으나, 그날은 민중이 바스티유 감옥을 습격한 날이었다.

10월 5일에는 '사티용 문으로 사냥하러 나가 81 마리를 잡았으나 사건 때문에 사냥을 중단함. 왕복 모두 말을 탔음'이라고 적혀 있는데, 여기서 '사건'이라고 한 것은 민중이 베르사유 궁으로 몰려와 왕실을 파리로 옮긴 것을 가리킨다.

파리 탈출 1789년 10월 16일 새벽 베르사유 궁전에 들이닥친 국민방위대와 시위 군중은 베르사유 궁전으로 몰려가 루이 16세 부처를 끌고나와 파리의 튈르리 궁에 감금시켜 버렸다. 혁명의 형세가 심상치 않게 전개되자 위험을 느낀 루이 16세 일가는 왕비 마리 앙투아네트의 조국인 오스트리아로 탈출을 꾀했다.

1791년 6월 20일 밤, 국왕 일가는 변장을 하고 짐을 꾸려 연금 상태에 있던 파리의 튈르리 궁을 빠져 나왔다. 그들은 파리를 벗어나 오스트리아 국경 근처의 바렌에 도착하자 잠시 휴식을 취하기 위해 마차에서 내려 있는 동안 그만 신분이 발각되어 밀고로 혁명군에 붙잡혀 파리로 압송되고 말았다. 한편 루이 16세의 동생후일 루이 18세가 되었음은 눈에 잘 띄지 않는 작은 마차를 타고 탈출하는 데 성공했다.

탈출을 돕던 측근들은 작고 빠른 마차에 짐은 최소로 줄이도록 권고했으나 왕비는 말을 듣지 않았다. 몰래 빠져나가야 하는 절박한 상황에서 국왕 일가가 탄 마차에는 화장 도구, 가구, 식량, 식기류, 술, 변기 등을 실었고 식당, 와인 저장고, 화장하는 공간, 화장실 두 개 등를 갖춘 호화 마차가 되고 말았다. 마차에는 왕 일가 5명 외에 7명의 하인이 탈 수 있었다. 그리고 그 뒤에는 시녀 두 명을 태운 소형 마차와 앞에는 두 명의 기마병이 선두를 맡아 누가 보아도 보통 마차가 아님을 알 수 있었다. 이 거대한 행차가 들키지 않고 바렌까지 갈 수 있었다는 것도 요행이었다.

지나치게 많은 짐 때문에 마차는 속력을 낼 수 없었고, 그 사이 국왕이 왕궁에 없다는 것이 탄로나 혁명군의 추격을 받을 수밖에 없었다. 왕가의 탈출극은 국민들과 혁명 세력을 자극하여 마침내 죽음을 자초하고 말았다.

루이 16세와 21일 루이 16세는 소년 시절에 한 점술가로부터 항상 21일을 조심하라는 경고를 받았다. 그는 일생 동안 그 경고를 잊지 않으며 매달 21일에는 아무리 중요한 일도 제쳐두고 꼼짝도 하지 않았다. 그럼에도 불구하고 그가 중대한 사건들에 휘말린 날은 21일이었다.

혁명이 일어나 왕비와 함께 파리를 탈출했다가 붙잡힌 날이 1791년 6월 21일이었고, 프랑스에서 군주제가 없어지고 공화정이 선포된 날이 1792년 9월 21일이었으며, 단두대에서 처형된 날이 1793년 1월 21일이었다.

마리 앙투아네트

프랑스 루이 16세의 왕비 마리 앙투아네트[1755~1793]는 오스트리아 합스부르크 왕가의 여제 마리아 테레지아의 16 자녀 중 15 번째의 막내딸이었다. 1770년 마리 앙투아네트[15세]는 프랑스 루이 15세의 손자 루이 왕세자[16세]와 정략결혼을 했다.

그녀의 남편은 두뇌 회전이 느리고 정치적 판단력은 거의 전무했으며 그의 취미는 오로지 사냥과 자물쇠 만들기였다. 어린 남편 루이 16세는 성적 불능이라 7년 동안 진정한 부부 사이가 아니었다.

1774년 즉위한 루이 16세는 3년 후에 수술을 받았고 그 이듬해에 마리 앙투아네트는 임신을 했다. 명실상부한 프랑스 왕비가 된 마리 앙투아네트는 돈을 물 쓰듯 써댔다. 그녀는 궁전에서 화려한 파티와 도박을 즐겼고, 그녀가 입는 옷과 헤어스타일은 한때 프랑스 상류층 여성들 사이에 크게 유행하기도 했다.

국고가 바닥이 나자 그녀의 사치와 방탕한 생활 때문이라는 소문이 파다하게 퍼져 국민들은 그녀를 '적자 부인'이라 불렀고, 이른바 '다이아몬드 목걸이 사건'에 대한 나쁜 소문이 퍼져 국민들의 원성을 샀다.

프랑스 대혁명으로 루이 16세가 먼저 처형되고[1793. 1. 21], 이어서 마리 앙투아네트도 1793년 10월 단두대에서 처형되었다.

다이아몬드 목걸이 사건 출세욕에 눈이 먼 한 추기경에게 자칭 라모트 백작 부인이라는 여인이 나타나 그를 도와주겠다고 제의했다. 이 가짜 백작 부인은 다음날 밤 베르사유 궁전 정원에서 추기경을 같은 일당인 가짜 왕비에게 소개시켜 주었다. 이에 추기경은 감격했다.

다음날 가짜 백작 부인은 다시 추기경을 만났다.

"추기경님, 왕비가 최고급 다이아몬드 목걸이를 사고 싶어 해요. 물론 돈은 드린답니다."

"그럼 제가 구해드리지요."

추기경은 값비싼 다이아몬드 목걸이를 외상으로 구입하여 가짜 백작 부인에게 건네주었다. 그런데 아무리 기다려도 왕비로부터 돈이 오지 않자 보석상 주인은 추기경에게 빨리 목걸이 값을 갚으라고 성화였다.

세간에는 '왕비가 목걸이만 챙기고 돈은 갚지 않는다'는 소문과 함께 왕비와 추기경과의 관계를 의심하는 온갖 악의적인 소문이 퍼졌다. 결국 가짜 백작 부인이 체포됨으로써 사건의 전모는 밝혀졌다.

마리 앙투아네트의 마지막 편지 검찰이 교묘하게 어린 왕자로부터 근친상간의 자백을 받아냄으로써 마리 앙투아테트는 사형이 확정되었다. 그녀는 처형되기 몇 시간 전 아들의 거짓자백을 용서했고, 시동생 엘리자베스그녀도 1794년 처형됨에게 다음과 같은 마지막 편지를 썼다.

사랑하는 동생이여,

이것이 마지막 편지가 되겠군요. 나는 사형을 선고 받았지만 범죄자가 아니니 결코 부끄러워해야 할 죽음은 아니죠. 나는 이제 그대의 오빠와 하나가 되려고 합니다. 그분은 저처럼 결백했고, 나도 그분처럼 마지막까지 의연한 모습을 보이고 싶습니다.

양심의 가책을 하나도 느낄 것이 없으니 마음이 편안합니다. 그저 불쌍한 저 아이들을 남겨두고 가는 것이 너무나도 슬픕니다. 나는 내 아이들을 위해 살아왔습니다. 물론 사랑스런 동생인 당신을 위해서도.

당신은 넘치는 애정으로 모든 것을 버리고 우리와 함께 있어 주었지요. 우리처럼 단란하고 애정이 넘치는 가족은 없을 거예요. 결코 우리들 죽음의 한을 풀려고 해서는 안 된다는 아버지의 유언을 내 자식들이 결코 잊지 말았으면 합니다. 내 마음을 무겁게 누르고 있는 것을 당신께 털어 놓았습니다.

내 아이들이 당신에게 얼마나 짐이 될지 잘 알지만 제발 그 아이들을 받아주기 바랍니다. 그 아이들은 너무 어려 당신이 말하는 것을 아직 이해하지 못한다는 것을 잊지 마세요. 언젠가 두 아이는 당신의 사랑을 이해하는 날이 반드시 올 것입니다. 아, 내가 당신을 이토록 어렵게 만들다니!

나는 법정에서의 그 변론에서 딸이 당신과 떨어져 지낸다는 사실을 알았습니다. 아아! 불쌍한 내 아이! 나는 그 아이에게 편지를 쓸 수 없습니다. 쓴다 해도 전해지지 않겠지요.

안녕, 사랑스런 아우. 이 편지가 당신에게 전해지기를……

그 두 아이를 위해 부디 축복을 받아 주세요. 나를 잊지 말아 주세요. 나는 당신과 불쌍한 이 자식들을 가슴에 담고 있습니다. 신이여, 그들을 남겨 두고 죽다니 가슴이 터질 것만 같습니다. 안녕, 안녕,

나는 이제 마음의 준비를 하렵니다. – 1793년 10월 16일, 마리 앙투아네트

단두대에서

프랑스 혁명으로 루이 16세 일가는 감옥에 투옥되었다. 마리 앙투아네트는 처음에는 아들 루이, 딸 마리 등 두 아이들과 한 감방에 갇혀 있었으나, 몇 달 후 모두 다른 감방으로 옮겨졌다. 앙투아네트는 침침한 지하 감방에서 혼자 갇혀 있었다. 창살을 통해 간수들이 그녀를 24시간 감시하고 있었다.

1793년 10월 16일 오전 드디어 그녀는 반역죄 외에 시누이와 함께 아들 루이에게 근친상간을 범했다는 등의 죄목으로 사형이 선고되어 같은 날 오후 그녀는 짐수레에 실려 사형장으로 끌려갔다.

그녀는 단두대로 걸어가다가 우연히 사형 집행관의 발을 밟았다.

"죄송합니다. 일부러 그런 건 아닙니다."

이것이 그녀가 남긴 마지막 말이 되었다. 끝까지 위엄과 침착성을 잃지 않던 그녀의 태도는 사람들을 더욱 노하게 했다. 혁명 정부를 이끈 로베스 피에로는 19년 전 루이 16세와 왕비 앙투아네트의 대관식에서 라틴어로 축시를 낭송한 바로 그 소년이었다.

나폴레옹

나폴레옹1769~1821은 프랑스령인 지중해의 코르시카 섬에서 중류층 지주의 셋째 아들로 태어났다. 나폴레옹은 10살 때 아버지를 따라 프랑스로 건너가 유년 학교를 거쳐

파리의 육군사관학교를 졸업했다. 사관학교 졸업 당시 그의 성적은 그다지 우수한 편은 아니었지만 수학과 역사 성적이 뛰어났다. 그를 가르치던 선생은 이렇게 평가했다.

그는 남에게 마음을 잘 터놓지 않으나 근면했으며, 친구들과 대화하기보다는 독서를 즐겼다. 말이 적고 조용하며 성미가 까다롭고 자존심이 강했다. 좀처럼 말을 잘 하지는 않지만 그의 말투는 단호하고 논리적이었다. 그는 자존심이 아주 강한 야심가였다.

1789년 프랑스 혁명이 일어나자 그는 혁명에 가담하여 포병 장교가 되어 자코뱅 정권과 총재 정부의 신임을 얻었고, 1793년 왕당파 잔재 세력의 반란을 진압함으로써 그의 이름이 알려지기 시작했다. 그리고 총재 바라스의 애인이자 6년 연상인 조세핀과 결혼했다.

1796년 나폴레옹은 병사 3만 명을 이끌고 당시 오스트리아의 지배하에 있던 북이탈리아로 원정을 떠났다. 그는 출정에 앞서 병사들에게 연설했다.

병사들이여, 제군들은 헐벗고 굶주렸다. 정부는 밀린 급여도 제대로 지급하지 못했다. 그러나 이제 나는 제군들을 풍요로운 땅으로 데리고 갈 것이다. 부유한 그곳은 여러분들의 수중에 떨어져 그곳에서 명예와 부를 얻게 될 것이다. 용기와 인내를 보여 주길 바란다.

원정을 떠난 후 나폴레옹은 다음과 같이 적었다.

병사들이여, 2주 만에 그대들은 여섯 번의 승리를 거두었고 21개의 군기와 55문의 대포를 노획했다. 제군들은 대포도 없이 싸움에 승리하였고 다리도 없는 강을 건넜으며 신발도 신지 못한 채 긴 행군을 했다. 나는 그대들 모두가 다시 고향으로 돌아가면 이탈리아를 정복한 군대에 있었다는 것을 자랑스럽게 말할 수 있으리라 확신한다.

나폴레옹 군대는 북부 이탈리아를 정복함으로써 제1차 반 프랑스 동맹을 와해시킨 공으로 국민적 영웅이 되었다. 나폴레옹 군은 프랑스 혁명의 자유와 평등 정신을 당시 억압받던 유럽 민중들에게는 알리는 해방군으로 받아들여져 환영을 받았다. 나폴레옹은 이탈리아 민중들에게 다음과 같이 연설했다.

> 이탈리아가 당당히 열강 대열에 동참할 때가 왔습니다. 여러분은 이탈리아의 위대함을 되찾을 수 있을 것입니다. 무기를 들고 일어납시다. 이미 해방된 이 지역은 인구도 늘고 생활도 윤택해졌습니다. 여러분의 자유의 적 그리고 인권의 적과 싸워야 합니다. 나는 여러분의 군대를 지휘할 것이며 여러분은 영광과 부를 얻게 될 것입니다.

이탈리아 원정 당시 나폴레옹은 마음에 드는 예술 작품들을 파리로 보냈는데 현재 루브르 박물관에 상당량이 소장되어 있다.

1798년 나폴레옹은 자원하여 영국이 지배하고 있던 이집트 원정을 떠났다. 나폴레옹 군은 지상전에서는 승리를 거듭했으나 해전에서 넬슨 제독이 이끄는 영국 함대에게 참패를 당하여 거의 전멸하고 말았다. 그러던 중 군대 내에 전염병이 돌고 파리 정부가 혼란 속에 빠져 있다는 소식을 접하자 그는 병사들을 내버려 둔 채 혼자 몰래 파리로 돌아왔다.

1799년 11월 이집트 원정에서 돌아온 나폴레옹은 쿠데타에 성공하여 의회를 해산시키고 새 헌법을 공포하여 자신이 임기 10년의 제1 총통에 취임했다. 나폴레옹은 법전을 제정되어 대부분의 중산층에게도 투표권을 주고 영주와 교회에 바치던 세금과 십일조를 없애 농민들의 부담을 덜어 주었다.

1802년 국민 투표에서 나폴레옹은 99.7%의 지지를 받고 종신 총통에 선출되었고, 1804년에는 프랑스 제국을 선포하고 스스로 황제의 자리에 올랐다.

유럽 각국은 나폴레옹의 등장을 두려워하여 영국, 독일, 오스트리아, 러시아, 스웨덴은 제3차 반프랑스 동맹을 맺어 대항했다. 그러나 1805년 나폴레옹은 러시아와 오스트리아 연합군을 격파하여 동맹을 와해시킴으로써 전 유럽의 지배자가 되었다.

1806년 나폴레옹은 영국을 고립시키기 위해 대륙 봉쇄령을 선포하여 어느 나라도 영국과의 거래를 금지시켰고, 1807년에는 포르투갈과 스페인를 정복했다. 1810년 나폴레옹은 아이를 낳지 못하는 조세핀과 이혼하고 오스트리아 합스부르크 왕가의 황녀로서 22세 연하인 마리 루이즈와 결혼하고 오스트리아와 동맹을 맺었다.

1812년 6월 나폴레옹은 61만 명에 달하는 대군을 이끌고 러시아 원정에 나섰다.

나폴레옹 군대가 러시아 국경을 넘어서자 러시아 군 사령부는 군대의 퇴각을 명령하고 초토화 작전을 펼쳤다. 9월 중순 나폴레옹 군대가 모스크바에 입성했을 때 이미 병사는 10만 명으로 줄어 있었고 모스크바는 불길에 휩싸인 채 텅 비어 있었다. 추위와 식량 부족에 시달리던 나폴레옹은 러시아 황제 알렉산드르에게 사신을 보내 강화를 요구했으나 처참히 묵살당하고 말았다.

나폴레옹 군대는 마침내 모스크바에서 퇴각하지 않을 수 없었다. 혹한과 식량난, 질병 그리고 러시아 코사크 기마병들의 습격으로 프랑스로 돌아온 병사는 겨우 5,000명에 불과했다. 나폴레옹은 막판에는 변장을 한 채 썰매를 타고 파리까지 숨어서 들어갔다.

1813년 곧바로 소년병을 구성한 나폴레옹은 독일 침공에 나서 반프랑스 동맹군과 치열한 전투를 벌였으나 패하고, 1814년 반프랑스 동맹군이 파리를 점령하자 나폴레옹은 폐위당하여 지중해의 엘바 섬으로 추방되었고, 전 부인 조세핀은 51세의 나이로 세상을 떠났다.

프랑스 혁명 때 해외로 도피했던 루이 16세의 동생이 루이 18세로 왕위에 올라 26년 만에 다시 부르봉 왕조의 대를 이었다.

1815년 3월 나폴레옹은 과거의 왕정으로 복귀하려는 루이 18세가 국민의 지지를 받지 못하고 혼란에 빠져 있다는 소식을 듣고는 몰래 엘바 섬을 탈출하여 남부 프랑스에 상륙했다. 루이 18세는 군대를 보냈지만 군인들은 모두 나폴레옹 편으로 돌아가 버렸다. 그리하여 며칠 만에 나폴레옹은 다시 황제가 되어 의기양양하게 파리로 입성했고 루이 18세는 도망쳐 버렸다.

1815년 6월 나폴레옹은 영국의 웰링턴 공작을 총사령관으로 하는 영국과 독일의 동맹군과 싸운 워털루 전투에서 참패당하고 남대서양의 세인트헬레나 섬으로 종신 유배됨으로써 그의 재집권은 백일천하로 끝나고 말았다.

1821년 5월 나폴레옹은 세인트헬레나 섬에 유배된 지 6년 만에 위암으로 51세를 일기로 일생을 마감했다. 그는 "오, 프랑스 군대! 군 지휘자! 조세핀!"하고 말하고는 숨을 거두었다.

일 중독자 나폴레옹은 일 중독자였다. 그의 일과는 철저하게 일 중심이며 일에 대한 욕심으로 가득 차 있었다. 아침 식사는 대개 혼자서 10분 만에 해치웠으며 음식에 대한 불평은 거의 없었고 포크나 스푼을 사용하지 않고 대개 손으로 집어 먹었다. 식사가 끝나면 나무 이쑤시개를 사용한 후 칫솔에 아편을 묻혀 이를 닦았다.

나폴레옹은 또한 대단한 독서광이기도 하여 모든 궁전에는 도서관을 두었고 전쟁 중에도 이동식 도서관을 끌고 다녔다. 나폴레옹은 서재를 좋아해 대부분의 집무는 서재에서 이뤄졌는데 그는 주로 서서 비서들에게 지시를 하곤 했다. 일에 몰두하여 식사를 잊기가 일수였는데 이때 식사하라는 말을 했다가는 불호령이 떨어졌다. 그러다가 피곤하면 그 자리에 풀썩 주저앉아 잠이 들곤 했다.

나폴레옹은 저녁 6시가 되면 황후와 단둘이 저녁 식사를 했다. 황후는 저녁 식사에 늘 많은 공을 들이지만 황제가 일에 몰두하고 있는 동안에는 말없이 기다렸다. 그는 몇 시간씩이나 걸리는 공식 만찬 행사는 질색이라 대개 황실 의전장관으로 하여금 주제하도록 했다.

나폴레옹은 취침 시간도 일정치 않아 대개 새벽 2시에서 4시 사이에 잠자리에 들어 보통 3시간 정도 자고는 부족한 잠은 토막잠으로 때웠다. '수면 시간은 남자는 6시간, 여자는 7시간, 바보에게는 8시간이 적당하다'는 것이 그의 지론이었다.

나폴레옹의 조울증

전쟁을 지휘할 때 나폴레옹은 마치 홀린 사람처럼 신바람이 났다. 전투를 앞두고 나폴레옹이 닷새 동안 쉴 틈 없이 돌아 다녀 말 다섯 마리가 차례로 지쳐 죽은 적이 있다. 오랫동안 그의 시종으로 따라다녔던 콩스탕은 이렇게 적었다.

"그렇게 잠을 자지 않고 설치는데도 어떻게 지치지도 않는지 신기할 따름이었다. 지치기는커녕 오리려 더욱 혈기에 넘쳤다."

나폴레옹의 이런 초인적인 힘에 대해 전형적인 조울증 증세로 보는 견해가 지배적이다. 조울증 환자는 기분이 고조되면 피로나 고통, 배고픔을 모르며 불가능도 없고 죽음에 대한 두려움도 없으며 모든 것이 장밋빛이다. 나폴레옹이 처음 이탈리아 주둔 사령관으로 있을 때 오합지졸의 프랑스 군대를 이끌고 알프스를 넘어 오스트리아 군을 궤멸시켰을 때 "내 사전에는 불가능은 없다"라고 말했다.

하지만 조울증 환자는 일이 잘못되면 일순간에 극심한 우울증에 빠져 자살의 충동까지 느끼기도 하고, 하던 일을 내동댕이치고 심한 허탈감에 빠진다. 나폴레옹이 워털루 전투에서 패하고 세인트헬레나 섬에서 유배 생활을 하고 있을 때 이쑤시개가 이 사이에 끼이든지 향수가 눈에 들어가든지 하는 지극히 사소한 일에도 얼굴이 자주

색으로 변한 채 발을 동동 구르며 고래고래 소리를 질러댔다. 이렇게 폭발하고 난 뒤에는 16시간 동안이나 줄곧 깊은 잠에 빠지곤 했다.

나폴레옹의 불같이 급한 성격은 조세핀과의 결혼 첫날밤에도 나타났다. 그는 침실에 들어가자마자 조세핀에게 달려들었다. 이때 곁에 있던 조세핀의 개가 자기 주인이 공격당하는 것으로 생각하고 이불 속으로 뛰어들어 나폴레옹을 물어뜯었다. 그리하여 첫날밤 개에 물린 나폴레옹은 부상을 입고 응급 치료를 받아야 했다.

전쟁에 지면 줄행랑 나폴레옹은 전쟁에 질 때마다 병사들을 내팽개치고 혼자서 줄행랑을 치곤했다. 1798년 4만 명의 병력을 이끌고 이집트 원정길에 올랐다. 나일 강 전투에서 넬슨 제독의 영국 함대에 대패하여 승산이 없자 측근들만 데리고 몰래 귀국해 버렸다. 1799년 파리에 도착한 그는 무혈 쿠데타를 일으켜 정권을 장악하고 제1 집정관이 되었다.

1812년 60만 대군을 이끌고 러시아 원정에 나서 실패한 나폴레옹은 변장을 하고 측근들과 함께 썰매를 타고 줄행랑을 쳤다. 그는 러시아 서쪽 국경선인 니에멘 강에 이르자 나룻배 사공에게 물었다.

"프랑스 군 탈영병들이 벌써 많이 이 강을 건넜겠지?"

"아니올시다. 폐하가 처음입니다."

러시아 원정에서 살아남은 프랑스 군 1만 명은 나폴레옹이 도망친 두 달 후에 니에멘 강을 건너 프랑스로 향했다.

러시아 원정에서 실패한 나폴레옹은 극심한 우울증이 찾아왔다. 그는 국정은 팽개친 채 하루 종일 멍하니 소파에 앉아 있거나, 하루 16시간씩 잠을 자거나 독서에만 열중했다.

1815년 엘바 섬을 탈출하여 파리에 입성한 나폴레옹은 벨기에의 작은 마을 워털루에서 영국의 웰링턴 장군이 이끄는 연합군에게 대패하자 병력을 버린 채 파리로 돌아갔다.

나폴레옹은 하야를 선언한 뒤 망명길을 떠나기 위해 가까운 심복들을 데리고 변장한 채 파리를 막 빠져나가고 있었다. 그는 길을 가르쳐 준 행인에게 지폐 한 장을 주었다. 그런데 빳빳한 지폐에 그려져 있는 황제의 사진을 본 행인은 방금 그 지폐를 건네준 사람이 나폴레옹임을 직감하고 보상금을 타기 위해 신고했다. 그리하여 나폴레옹은 영국군에게 잡혀 2주 후에 세인트헬레나 섬으로 유배되고 말았다.

나폴레옹의 친인척 그는 친인척들에게 각 왕국의 지배를 맡겼는데 의붓아들은 이탈리아를, 그의 형은 나폴리를, 동생은 네덜란드를, 처남은 독일의 일부를, 그리고 여동생은 이탈리아의 여러 공국을 맡았다. 다음은 나폴레옹이 독일의 한 지방을 맡긴 동생에게 보낸 편지이다.

> 네가 매일 병사들에게 내리는 명령이 독일과 오스트리아는 물론 프랑스에서도 웃음거리가 되고 있다. 주위에는 진실을 얘기해 주는 친구도 없단 말인가. 너는 황제의 동생이지만 전쟁 중에는 그런 것이 도움이 못된다. 전쟁 중에는 군인이 되어야 하고 호화로운 생활은 안 된다. 병사들과 함께 막사에서 잠자고 밤낮으로 함께 말을 달리며 행군을 해 봐야 전쟁에 대한 보고를 제대로 받을 수 있지 않겠는가. 편지할 때나 말할 때 제발 정신 좀 똑바로 차리도록 하라.

나폴레옹과 루이 18세 나폴레옹이 쿠데타에 성공하자 국외에 머물면서 왕위 승계를 기다리던 루이 18세자칭는 불안을 느껴 나폴레옹에게 자신의 왕위 승계를 독촉하는 편지를 보냈다. 루이 16세의 차남인 루이 17세는 부르봉 왕가의 후계자였으나 10살에 옥사함으로써 루이 16세의 아우인 루이 스타니슬라 자비에르1755~1824는 자신이 후계자루이 18세로 옹립될 것을 기대하고 있었다. 그는 혁명의 기미를 눈치 채고 국외로 망명하여 처형을 모면했었다.

> 나에게 왕관을 돌려주는 데에 시간이 너무 걸려 귀공은 기회를 놓칠 염려가 있다. 귀공은 우리가 없으면 프랑스를 구할 수 없고, 우리는 귀공 없이는 아무것도 할 수가 없다. 귀공이 만족할 만한 지위와 명예를 알려 달라.

이에 대해 나폴레옹은 다음과 같은 답장을 보냈다.

> 당신의 편지는 잘 받아 보았습니다. 나의 신분에 관한 당신의 배려에 감사합니다. 당신은 프랑스로 귀국하려는 희망을 포기하지 않으면 안 됩니다. 그렇지 않으면 10만 명의 시체를 넘지 않으면 안 될 것입니다. 당신이 프랑스의 평화와

번영을 버리고 떠난 것을 역사는 잊지 않을 것입니다. 당신 일족의 불운에 대해 마음이 쓰이지 않는 것은 아닙니다. 당신은 조용히 물러나 자신이 할 수 있는 것을 즐기시기 바랍니다. – 1800년, 나폴레옹 보나파르트

나폴레옹의 두 여인 1763년 서인도제도 마르티니크 섬의 농원주의 딸로 태어난 조세핀은 16세 때 프랑스로 이주해 보아르네 자작과 결혼하여 두 남매를 낳았다. 남편은 프랑스 혁명 중에 처형당했고, 그녀 역시 투옥되었다가 석방되었다. 그 후 총재 정부의 주역이던 바라스의 사랑을 받았다.

1795년 왕당파가 폭동을 일으켰을 때 바라스가 나폴레옹을 기용하여 이를 진압함으로써 이때부터 나폴레옹은 두각을 나타내게 되었다. 나폴레옹26세은 조세핀32세에 매료되어 열애 끝에 그녀와 결혼했다. 나폴레옹이 이집트 원정을 떠난 사이에 이포리트23세라는 젊은 장교와 불륜을 저질러 한때 위기를 맞았으나 나폴레옹을 헌신적으로 도와 그에게서 "나는 전쟁에서 이길 뿐이나, 조세핀은 나 대신에 사람들의 마음을 사로잡는다"는 말을 듣기도 했다.

1804년 황제에 오른 나폴레옹은 그의 형제와 근친들을 7왕국, 30공국의 지배자 자리에 앉혔으나 그에게는 뒤를 이을 아들이 없었다. 1809년 나폴레옹은 아이를 낳지 못한다는 이유로 조세핀과 이혼하고 오스트리아 황제 프란츠 1세의 장녀 마리 루이즈18세와 결혼했다.

나폴레옹은 젊은 마리 루이즈에 빠진 듯 전쟁터에서도 380통이나 되는 편지를 루이즈에게 보냈는데 편지는 1905년에 공개된 적이 있다. 그러나 나폴레옹에 대한 마리 루이즈의 태도는 달랐다. 그녀는 어릴 때부터 자신의 조국을 자주 짓밟는 나폴레옹에게 적개심을 가지고 있어 싫어한 인형에다가 나폴레옹의 이름을 붙여 놓고 학대했다고 한다. 마리 루이즈는 그 증오의 상대와 18살에 결혼하여 1811년에 나폴레옹이 기다리던 아들을 낳았다.

1814년 나폴레옹은 폐위당하여 엘바 섬에 유배되자 마리 루이즈는 그를 만나러 가지 않고 빈으로 돌아갔고, 나폴레옹이 죽은 1821년에는 나이베르크 백작 그리고 봉벨 백작과 결혼했다가 54세의 나이로 죽었다. 조세핀은 나폴레옹이 엘바 섬에 유배되어 있었을 때 폐렴으로 죽었는데, 그녀는 "나폴레옹! 엘바! 마리 루이즈!"를 부르며 숨을 거두었다.

다음은 나폴레옹이 조세핀에게 보낸 편지이다.

베로나,

1796년 11월 13일

나는 이미 당신을 사랑하지 않아. 아니, 당신을 증오해. 당신은 천박하고 쓸모없으며 너무 불결해. 당신은 전혀 편지를 보내지 않아. 당신은 남편을 사랑하지 않아. 당신은 당신의 편지가 당신 남편을 기쁘게 한다는 사실을 알면서도 몇 줄 휘갈겨 쓴 편지조차 보내려 하지 않는단 말이야! (생략)

오, 내 아내여, 나는 사실 당신의 편지를 받지 못해 걱정하고 있소. 어서 빨리 편지지 네 장을 가득 채워 내 마음을 사랑과 기쁨으로 가득 채워 주오.

곧 당신을 끌어안고 뜨겁게 키스할 수 있으리라 생각하오.

다음은 나폴레옹이 유배지 엘바 섬에서 아내인 마리 루이즈에게 보낸 편지이다.

엘바 섬,

1814년 8월 18일

사랑하는 루이즈!

나는 종종 당신에게 편지를 쓰오. 그런데 당신이 빈을 출발하던 무렵의 편지 이후, 나는 당신 편지를 한 통도 받지 못했소. 아이의 소식을 알려줄 편지를 한 통도 받지 못했소. 이 건 너무 어리석고 잔인해.

모후(母后) 전하는 이곳에 오신 이후 건강해져 더 말할 게 없소. 나는 건강하오. 당신이 머물 방은 준비되어 있소. 나는 9월에 당신을 기다리며 포도 수확을 할 생각이오. 누구도 당신의 여행을 반대할 권리는 없소. 이 점에 대해서는 앞서 편지에 쓴 대로요. 오시오. 하루를 삼 년처럼 기다리고 있소. 당신은 당신을 향한 내 마음을 모두 알고 있소. 이 이상 자세히 쓰지는 않겠소. 이 편지가 당신에게 전달되지 않을 수도 있으니까. (생략)

저번 날은 당신의 기념일이었군. 축하하오. 아내가 내게 편지를 보내지 못하게 방해하는 수법에 항의한다. 그런 수법은 너무 비열해. －아디오, 미오 베네

게릴라 나폴레옹이 자신의 형인 제프를 스페인 왕으로 앉혔으나 스페인에서는 각지에서 소규모의 민중 봉기와 항거가 끊임없이 계속되었다. 이때 게릴라Guerrilla라는 말이

생겨났는데 이는 스페인 어로 작은 전쟁이라는 뜻이다. 나폴레옹은 이를 거지들의 저항이라고 했고, 훗날 스페인의 원한이 나를 파멸시켰다라고 술회했다. 1808년 스페인에 파견된 나폴레옹 군은 30만 명이었으나 5년 후인 1813년에는 22만 명으로 줄어 있었다.

러시아의 초토화 작전 다음은 나폴레옹이 러시아를 침공했을 당시 러시아 군의 총사령관이었던 쿠투조프 장군이 황제 알렉산드르 1세에게 모스크바를 포기할 수밖에 없음을 전하는 편지이다.

> 우리 군이 우세하다고는 하나 치열했던 8월 26일의 전투가 있은 후에 저는 보르디노 근교의 진지를 후퇴시켜야 했습니다. 적군은 새로 두 부대를 보내 모스크바에서 우리 군의 배후를 치려고 하고 있습니다. 만약 이에 정면으로 맞서 싸우면 군대의 괴멸은 물론 모스크바가 초토화될 것입니다. 결단을 내리기 극히 어려운 상황을 맞이해 저는 우리 고위 장성들과 회의를 열었습니다. 반대 의견도 있었지만 저는 적이 모스크바로 입성하도록 허용할 수밖에 없다고 결론을 내렸습니다.
>
> 적군이 모스크바에 침입했다고 해서 우리 러시아가 정복된 것이 아님을 폐하께 말씀드리며 저는 군대를 이끌고 툴라로 가서 적을 칠 것입니다. 수도점령이 치명타가 된다는 의견에는 반대하지 않습니다. 그러나 이러한 조치는 우리 군을 보존하기 위해 우리 스스로가 선택하는 작전입니다. 저는 별다른 동요 없이 전력을 다해 적군이 후방에서 보급을 받지 못하도록 방해하여 적으로 하여금 어쩔 수 없이 모스크바에서 퇴각하도록 만들겠습니다.

러시아 원정에 참여했던 프랑스의 드 메르발 남작은 모스크바에 입성했던 당시의 상황을 이렇게 적었다.

> 제일 먼저 모스크바에 입성한 나폴리 왕은 나폴레옹 황제에게 전령을 보내 이 도시가 버려진 것 같이 텅 비어 있다고 보고했다. 러시아 군은 대다수의 주민들을 이끌고 모스크바를 비워버린 것이었다. 모스크바에는 수천 명의 하층민들만 남아 있어 텅 빈 거리는 마치 아라비안나이트에 나오는 마법에 걸린 도시 같았다.
>
> 황제가 크램린 궁전으로 들어간 직후 '중국 도시'라고도 불리는 곳에서 화재가

발생했다. 이를 신호로 삼은 것처럼 도시의 여러 곳에서 동시에 화재가 발생하여 모스크바의 4분의 3이 소실되었다.

코사크 기병에게 쫓겼을 때 나폴레옹이 러시아를 원정에서 대패하고 철수할 때 코사크 기병에게 쫓겨 민간인 복장으로 시몬이라는 유대 인이 살고 있는 어느 마을의 민가를 찾았다. 집 주인은 그가 누구인지 묻지도 않고 그 집 침실의 벽장 안에 이불을 뒤집어 씌워 숨겨 주었다. 잠시 후 코사크 기병들이 들이 닥쳤다. 벽장 안의 이불까지 창으로 쑤시며 집 안을 샅샅이 확인하고는 나가 버렸다.

겨우 위기를 모면한 나폴레옹은 새파랗게 질린 얼굴로 나와 시몬에게 말했다.

"나는 나폴레옹 황제이다. 보답을 하고자 하니 소원을 말해 보오."

시몬은 그가 황제라는 말에 깜짝 놀랐으나 용기를 내어 말했다.

"소원은 없으나, 코사크 기병들이 창으로 이불을 쑤실 때 기분이 어떠셨는지요?"

그러자 나폴레옹이 말했다.

"황제에게 그런 무례한 질문을 하다니. 당신을 내일 아침 총살하겠네."

다음 날 아침 시몬은 병사에 의해 사형장으로 끌려갔다. 시몬은 이제 죽었구나하고 두 눈을 감았다. 이윽고 총살 명령이 떨어졌다.

하나, 둘…….

바로 그때 급히 달려온 병사가 쪽지를 보여 주며 총살을 중지시키고는 쪽지를 주인에게 전해 주었다. 쪽지에는 이렇게 적혀 있었다.

"그대의 소원을 들어 주노라. 그때의 내 기분이 어땠는지 이제 알겠는가?"

나폴레옹과 여인들 조세핀의 이성 관계는 이포리트와의 경우처럼 심각했으나 나폴레옹의 바람기는 가벼운 것이었다. 나폴레옹이 권력을 잡자 수많은 여인들이 침실로 불려 왔다.

어느 날 약속한 여인이 나폴레옹의 침실에 도착했다. 하인이 서재에서 책을 읽고 있는 나폴레옹에게 알린다.

"곧 갈 테니 기다리라고 해라."

여인은 한참을 기다려도 나폴레옹이 나타나지 않았다. 하인은 나폴레옹에게 알린다.

"옷 벗고 기다리고 있으라고 해라."

침대에 들어가도 좋다는 허락이 없어 여인은 발가벗은 채 기다려야만 했다.

한참 후 다시 여인은 하인에게 부탁하여 나폴레옹에게 알린다.

"침대에 들어가서 기다리고 있으라고 해라."

비로소 여인은 침대에서 기다릴 수 있었지만 나폴레옹은 좀처럼 나타나지 않았다. 한참을 기다리던 여인은 다시 하인에게 부탁한다. 나폴레옹은 화가 난 말투로 말한다.

"꾸물거리지 말고 당장 돌아가라고 해라."

나폴레옹 코냑 혜성comet이 나타난 1811년은 프랑스 전역에서 포도가 대풍작이었고 나폴레옹은 기다리던 황태자를 얻었다. 프랑스 정부는 이를 축하하고 기념하기 위해 1811년산 포도로 만든 고급 코냑브랜디에 나폴레옹이란 등급명나폴레옹 코냑을 부여하기로 했다. 이전부터 혜성이 나타난 해의 와인은 코메트 와인Comet Wine이라 하여 귀하게 여겼다.

나폴레옹이 엘바 섬을 탈출하자 루이 18세가 국민의 지지를 얻지 못하는 것을 안 나폴레옹은 극소수의 추종자를 데리고 유배지인 엘바 섬을 탈출하여 남부 프랑스에 상륙했다. 왕당파 장교들이 차례로 나폴레옹에게 돌아오자 루이 18세는 국외로 탈출하였다. 프랑스에 상륙한 지 20일 만인 1815년 3월 20일 나폴레옹이 취일리 궁에 입성함으로써 한 발의 총성도 울리지 않고 파리로 들어갈 것이라고 장담한 그의 말이 적중했다.

당시 파리의 모니톨 신문의 기사 제목이 다음과 같이 시시각각 변했다.

① '악마, 유형지를 탈출'
② '코르시카 출신의 늑대, 칸에 상륙'
③ '왕위 찬탈자, 그로노블에 나타나다'
④ '맹호, 가프에 나타나다'
⑤ '전제 황제, 리옹에 진입'
⑥ '자칭 황제, 파리 50마일 지점에 육박'

⑦ '보나파르트, 북방으로 진격 중'
⑧ '나폴레옹, 내일 아침 파리 도착'
⑨ '황제, 퐁텐블로에 들어가다'
⑩ '황제 폐하, 어젯밤 튀일리 궁전에 도착'

종두를 예찬한 나폴레옹 1796년 영국의 의사 제너가 처음으로 종두를 개발하여 자기 아들에게 시험했다. 1804년 황제에 오른 나폴레옹은 영국과는 적대 관계에 있었지만 제너에게 훈장을 주었다. 나폴레옹은 아들이 태어나자 바로 종두를 접종시켰고 전 국민에게 종두를 맞도록 칙령을 내렸다. 당시 영국에서는 종두를 맞으면 소가 된다고 믿어 종두에 대한 반대가 심했다.

전쟁으로 파리에 억류되어 있던 영국인들 중에 두 명의 의학도가 있었다. 가족들은 제너를 통해 나폴레옹에게 그들을 석방해 줄 것을 요청하는 편지를 띄웠다.

대충 편지를 훑어본 나폴레옹은 짜증스런 표정으로 화를 냈다.

"이까짓 일로…… 즉시 총살해 버려!"

곁에서 지켜보던 황후가 말했다.

"그런데 발신인이 제너이군요."

발신인을 다시 살펴본 나폴레옹은 말했다.

"제너라고? 할 수 없군. 거절할 수 없지."

두 의학도는 즉시 풀려 나와 고국으로 돌아갈 수 있었다.

통조림의 유래 1804년 프랑스에서 처음으로 병 통조림이 개발되었다. 프랑스에서 식품 공장을 경영하던 니콜라 아페르가 개발한 이 병 통조림은 유리병에 익힌 음식을 넣고 끓인 다음 코르크 마개를 닫아 만들었다. 병 안의 음식은 소독이 되고 공기가 빠져나가며 음식은 몇 년간 보존될 수 있었다.

프랑스 혁명 후 징병제에 의해 대규모 병력이 동원되자 군대의 식품을 보존하고 수송하는 방법이 절실한 과제로 떠올랐다. 1795년 나폴레옹은 1만 2,000프랑의 현상금을 내걸고 식품의 장기 보존 기술을 공모하자 아페르는 자신의 가게를 처분하고 파리 교외에서 연구를 거듭한 끝에 병조림 기술을 개발한 것이다. 이 기술은 공개 실험을 거쳐 채택되었고 그는 현상금으로 병 통조림 공장을 세웠다. 다음은 당시

크리에 드 뤼로프 신문에 실린 기사 내용이다.

> 아페르는 계절을 붙잡아두는 방법을 발견했다. 정원사가 악천후의 계절을 견디기 위해 유리 돔에 식물을 보호하듯이 그는 병 안에 봄, 여름, 가을, 겨울을 살아 있게 했다.

1810년 영국인 도매상 피터 듀런은 얇은 철판에 주석을 도금한 양철판의 원형 용기를 개발한 것이 현재 사용되는 통조림의 원조이며 1811년 영국에서 세계 최초의 주석 깡통의 통조림을 생산하기 시작했다. 영미전쟁1812~1814 중에 통조림으로 된 육류, 수프, 채소들을 영국 해군에 공급하면서 통조림은 전 세계로 보급되기 시작했으며 미국에서는 남북 전쟁1861~1865 중에 북군에게 통조림을 대량으로 공급했다.

1858년 미국의 워너는 통조림 따개를 개발했고 1870년에는 윌리엄 라이먼이 고안한 뚜껑을 잘라내는 도구가 보급되면서 통조림은 일반인들의 생활에도 널리 확산되었다.

토끼에 놀란 나폴레옹 나폴레옹의 충복인 베르티에는 그의 비서실장을 하다가 프랑스 군 원수의 자리에 오른 사람이다. 하루는 나폴레옹이 토끼 사냥을 나갔다. 베르티에는 나폴레옹을 즐겁게 해주기 위해 전날 밤 사냥터에 토끼 천 마리를 풀어 놓고 몰이꾼들을 배치하는 등 미리 만반의 준비를 해 놓았다.

사냥터에서 나폴레옹은 몹시 흡족했다.

"베르티에 장군, 여긴 토끼가 많은 것 같군."

"폐하, 이쪽에서도 토끼가 뛰어다니고 있습니다. 어서 오십시오."

그러자 나폴레옹이 그 쪽으로 다가가 총을 들어 토끼를 겨냥했다. 그런데 토끼들이 도망가기는커녕 우르르 나폴레옹에게 뛰어드는 것이 아닌가. 나폴레옹은 혼비백산하여 마차로 도망쳤다.

베르티에가 풀어 놓은 토끼들은 모두 집토끼라 나폴레옹이 먹이를 주려는 것으로 알고 마구 달려들었던 것이다.

어느 레스토랑에서 어느 날 나폴레옹이 그의 비서관과 함께 평복 차림으로 레스토랑에서 점심을 먹었다. 식사가 끝나고 비서관이 식대 14 프랑을 계산하려 했으나 두 사람 모두 지갑을 두고 와서 돈이 없었다.

비서관이 주인에게 1시간 내로 돈을 갖다 준다고 사정했으나 주인은 막무가내였다. 이를 지켜보던 종업원이 딱하게 보였든지 손님들을 믿고 대신 14프랑을 지불해 주고 두 사람은 레스토랑을 나왔다.

얼마 후 비서관이 돌아와 주인을 찾았다.

"이 레스토랑이 얼마요?"

"3만 프랑쯤 합니다."

비서관이 지갑에서 3만 프랑을 꺼내 주인에게 내밀며 말했다.

"황제의 명으로 이 식당을 조금 전 우리에게 도움을 준 그 종업원에게 넘기겠소."

나폴레옹의 죽음 1821년 5월 5일 나폴레옹은 세인트헬레나 섬에 유배된 지 6년 만에 세상을 떠나고 말았다. 그는 자신의 생애를 회상하면서 이렇게 말했다.

"나의 생애에 필적할 만한 소설이 있겠는가."

"나는 항상 최악의 경우를 생각했으나 모든 일은 대체로 최선의 방향으로 진행되었다."

시신은 생전에 그가 좋아했던 침묵의 계곡에 묘비도 없이 돌판 밑에 묻혔다가 1840년 그의 유해는 20년 만에 조국으로 돌아와 파리의 앙바리드 사원에 매장되었다. 군복을 입은 시신은 부패되지 않은 채 잘 보존되어 있었다.

나폴레옹은 세인트헬레나에서 처음에는 정원을 가꾸기도 하고 말을 타기도 하며 비교적 자유롭게 생활할 수 있었다. 하지만 점점 자유를 제약 받게 되어 대부분의 시간을 실내에서 보내게 되면서 만성적인 병을 얻게 되었다. 나폴레옹은 오한과 구토, 열병으로 고통을 받았고 다리가 부어 걷기도 어려웠다. 게다가 구토와 두통, 무기력증과 현기증을 불평했고 피부는 누르스름하게 변하기 시작했다. 마침내 나폴레옹은 침대에 누운 채 혼수상태로 빠져들어 갔다.

나폴레옹이 죽은 다음 날인 1821년 5월 6일 영국 의사들이 부검을 실시한 결과 사인은 위암으로 발표되었다. 나폴레옹의 부친도 암으로 사망했다. 그러나 많은 의학 전문가들은 부검과 병세의 기록으로 보아 비소와 같은 독극물의 축적으로 나타나는 현상과 비슷하다고 의문을 제기했다.

1961년 스웨덴의 의사 스텐 포슈푸드는 나폴레옹의 머리카락에서 비소가 농축되어 있음을 확인하고 비소에 의한 중독으로 사망했다고 주장했다. 나폴레옹의 유물들과 함께 유배지에서 그가 살던 집의 녹색 벽지를 분석한 결과 다량의 비소가 함유되어 있었기 때문이다.

1821년 5월 6일 실시한 나폴레옹 시신의 부검 현장에는 황제의 주치의와 영국 의사 7명, 바냘리 신부, 그리고 몸종 알리 등 모두 17명이 입회했다. 나폴레옹은 죽기 직전 심장을 떼어내어 오스트리아로 도망간 황후 마리 루이즈에게 전해 주라는 유언을 남겼으나 전해지지 않았다.

1852년 부검 현장에 있었던 나폴레옹의 몸종 알리는 회고록을 통해 나폴레옹의 성기 등 일부분을 떼어내어 비냘리 신부가 보관하고 있다고 폭로했다. 비냘리 신부의 후손이 소유하고 있던 나폴레옹의 성기는 1906년에 영국의 희귀 서적 전문 회사에 팔렸다가 1924년에 다시 미국의 서적 수집가인 로젠바크에게 팔려 뉴욕의 프랑스 예술 박물관에 전시되었으나 1977년 파리의 경매장에서 다시 미국 콜럼비아 대학의 비뇨기과 명예 교수인 래티머 박사에게 3,000달러에 팔렸다.

나폴레옹 법전 1804년 황제에 오른 나폴레옹은 새 원칙에 입각한 법전을 공포했다.

> 만민은 법 앞에 평등하다. 모든 국민은 근로와 신앙, 양심의 자유를 갖는다. 능력 있는 자는 부와 명예를 누릴 권리가 있으며 그의 재산은 신성불가침이다. 가족의 결속은 국가의 결속이며 가부장권은 절대적이다. 아내는 남편의 종이며 남편의 허락 없이는 재산을 취득하거나 매매하지 못한다. 이혼은 단 한 번만 가능하다. 재산은 아들과 딸에게 균등 분배하나 특별히 한 자식에게 많이 줄 수 있다. ……

나폴레옹과 히틀러 나폴레옹과 히틀러의 일생은 여러 면에서 다음과 같이 129년의 연대 차이가 있었다.

1789년에 프랑스 혁명이 일어났고, 129년 후인 1918년에는 독일 혁명이 일어났다. 1799년에 나폴레옹이 쿠데타로 정권을 장악했고, 129년 후인 1928년에는 히틀러가 의회를 장악했다. 1804년에 나폴레옹이 황제로 선출되었고, 129년 후인 1933년에는 히틀러가 총통이 되었다. 1812년에 나폴레옹은 러시아를 침공했고, 129년 후인 1941년에는 히틀러가 소련을 침공했다. 1815년에 나폴레옹은 워털루 전쟁에서 패했고, 129년 후인 1944년에는 연합군이 노르망디에 상륙했다.

나폴레옹의 키

나폴레옹은 키가 155cm밖에 안 되는 것으로 잘못 알려졌으나 그는 결코 작은 키가 아니었다. 1821년 그의 사망 직후 부검에 앞서 확인한 결과 그의 키는 5피트 2인치168.6cm였다. 1800년 당시 프랑스 남성 병사들의 평균 키는 164.1cm였다. 나폴레옹의 키 5피트 2인치는 영·미식 피트로는 155cm에 해당하나, 당시 프랑스식 5피트 2인치는 영·미식 5피트 6인치168.6cm에 해당한다.

유럽인의 평균 신장은 1500년경 영국의 성인 남성은 160cm, 1700년경 러시아 성인은 155cm, 1700년경 독일 성인 남성은 163cm, 프랑스 병사들은 1789년 혁명 당시가 163cm, 1840년대 165cm였다. 그러다가 산업 혁명 후 1850년경부터 평균 신장이 크게 늘어나기 시작했다.

바빠서 못 죽은 웰링턴

나폴레옹에게 뼈아픈 최후의 패배를 안겼던 영국의 웰링턴 장군도 나폴레옹처럼 지독한 일 중독자였다. 어느 날 그의 사무실에 나폴레옹 추종자의 사주를 받은 한 괴한이 침입해 그에게 칼을 들이댔다.

"네가 웰링턴이지? 널 죽이러 왔다."

웰링턴은 책상에서 눈을 떼지도 않은 채 귀찮다는 듯 가볍게 내뱉었다.

"난 지금 몹시 바쁜데…… 꼭 오늘 죽여야 하나?"

그러자 괴한이 머리를 긁으며 머뭇거렸다.

"글쎄, 그 점에 대해서는 어떻게 하라는 지시를 못 받아서……."

"좋아. 그럼 나중에 죽도록 하지. 지금은 너무 바쁘니까."

놀랍게도 괴한은 고개를 갸우뚱거리며 웰링턴의 사무실을 나갔다. 물론 나가자마자 괴한은 체포되었다.

빈 회의

빈 회의1814~1815는 나폴레옹 전쟁에 대한 사후 수습을 협의하기 위해 오스트리아, 러시아, 영국, 프랑스 등 5대 열강을 주축으로 유럽 여러 나라가 오스트리아

빈에서 개최한 국제회의다.

이 회의의 최종 결의안은 유럽 역사상 가장 광범위한 내용을 담은 조약이다. 한 예로 1674년 스위스가 천명한 무장 중립을 이 회의에서 인정함으로써 스위스는 영세 중립국이 되었다.

넬슨 제독

영국 역사상 가장 영향력 큰 제독이며 국민적 영웅인 호레이쇼 넬슨[1758~1805]은 새로운 전술을 개발한 지장이며, 불리한 전투를 승리로 이끈 용장이며, 병사들의 신뢰와 존경을 받은 덕장이며, 그리고 결정적인 전투에 목숨을 바친 조국의 수호신이었다.

그는 12살에 해군에 입대하여 20살에 함장으로 승진했다. 넬슨은 1794년 코르시카 섬 점령에 공을 세웠고, 1798년 나일 강 입구의 아부키르만 해전에서 프랑스 함대를 격파해 남작'나일 강의 남작'의 작위를 받았고 1801년에는 부제독으로 승진했다. 그러나 그는 전투에서 오른쪽 눈과 오른쪽 팔을 잃고 말았다.

1805년 10월 트라팔가르 해전에서 넬슨이 지휘하는 27척의 영국 함대는 34척의 프랑스·스페인 연합 함대를 격파하여 프랑스의 영국 침공을 저지했으나 넬슨은 적의 포탄을 맞고 세상을 떠났다.

나일 강 전투 후 나폴리에 주재하던 넬슨은 나폴리 왕으로부터 공작 작위를 받았다. 당시 넬슨은 영국 공사 윌리엄 해밀턴 경의 부인 에마 해밀턴과의 로맨스로 세상을 떠들썩하게 했다.

트라팔가르 해전과 넬슨의 죽음 1805년 10월, 트라팔가르 해역에서 기다리던 프랑스 함대가 모습을 드러내자 넬슨 제독은 작전 명령을 내린 뒤 갑판 아래로 내려가 유서를 작성했다. 그리고는 마치 자신의 죽음을 예견이라도 한 듯 옆에 있던 함장에게 말했다.

"블랙우드 함장, 신의 가호가 있기를. 다시는 자네를 볼 기회가 없을 거네."

그가 탄 기함 빅토리호가 선봉에서 프랑스 총사령관이 탄 전함을 향해 전진하던 중 프랑스 함선과 부딪쳤다. 두 배가 서로 맞대고 있는 상황에서 적의 포탄이 떨어져 갑판 위에 있던 넬슨은 가슴에 총탄을 맞고 쓰러졌다.

빅토리아호 함장이자 그의 친구인 하디가 쓰러진 제독에게 다가갔다.

"심한 부상이 아니기를 바랍니다."

"저놈들이 끝내 나를 해치웠군. 하디."

"그럴 리가 있습니까?"

"당했어. 등뼈가 박살났어."

수병들이 그를 메고 사관실로 가기 위해 갑판 계단을 내려가고 있을 때 그는 키의 밧줄을 보고는 한 사관생도에게 명했다.

"후갑판으로 가서 하디 함장에게 새 밧줄로 교체하도록 내 명령을 전하게."

그런 후 넬슨은 승무원들에게 자신의 부상을 숨기기 위해 주머니에서 손수건을 꺼내 얼굴을 가렸다.

당시 쓰러진 넬슨을 곁에서 보살핀 군의 총관 윌리엄 비티는 이렇게 적었다.

극심한 갈증과 답답함으로 넬슨은 자주 물과 부채질을 청했다. 그는 숨을 거두기 전까지 "물, 물", "바람, 바람" 소리를 계속했다.

넬슨은 바쁘게 움직이는 군의관을 보고 말했다.

"비티, 나는 가망이 없으니, 다른 자들을 돌보게. 가슴 아래쪽은 감각이 없어졌어. 자네는 내가 오래 버티지 못하리라는 것을 알겠지."

"나라의 큰 손실입니다. 각하께 해드릴 것이 없군요."

넬슨은 이따금 외쳤다.

"하느님 감사합니다. 임무를 완수했습니다."

몇 분 동안 말없이 누워 있던 그는 나직한 목소리로 말했다.

"가엾은 헤밀턴 부인. 내가 이 꼴이 된 것을 알게 되면 어찌할 거냐!"

하디 함장이 50분 만에 다시 넬슨에게 왔다.

"완벽한 승전을 축하드립니다. 침몰된 적 함선은 열서너 척이 분명합니다."

"잘 했네. 하지만 나는 스무 척을 약속했는데. 이제 닻을 내리게."
"각하. 이제부터는 콜링우드 제독께서 지휘를 맡아 주실 겁니다."
"내가 죽은 뒤에나 맡아 달라고 해. 하디! 닻을 내리란 말이야."
넬슨은 하디 함장에게 이제 몇 분 후면 자신은 이 세상에 있지 않을 것 같다고 하면서 나지막한 목소리로 말했다.
"나를 수장(水葬)하지 말게. 국왕 폐하께서 다른 뜻이 없으시다면 난 부모님 곁에 묻히고 싶네. 하디!"
"잘 알겠습니다. 각하."
"그리고 사랑스런 해밀턴 부인을 잘 돌봐주게. 하디. 호레이아도 잊어선 안 되네. 내게 키스해주겠나. 하디."
함장이 무릎을 꿇고 제독의 뺨에 키스하자 그는 다시 입을 열었다.
"이제 만족하네. 감사합니다. 하느님. 임무를 완수했습니다. 하디. 자네에게 하느님의 축복이 있기를."
갈증이 더 심해지자 그는 "물, 물", "바람, 바람", 그리고 "손, 손"을 거듭 외쳤다. 그는 고통을 무릅쓰고 힘을 다하여 마지막 말을 남기고 숨을 거두었다.
"감사합니다. 하느님. 임무를 완수했습니다."

해전은 영국의 압승으로 끝났다. 포연이 걷힌 뒤 넬슨이 죽었다는 사실이 알려지자 전함마다 울음바다가 되었다. 1805년 12월 4일, 넬슨의 시신을 실은 빅토리호가 포츠머스에 도착하자 온 영국 국민들은 오열했다.

넬슨의 로맨스 1805년 12월 4일, 트라팔가르 해전에서 전사한 넬슨 제독의 유해를 실은 기함 빅토리호가 영국으로 귀항했을 때, 넬슨이 죽기 전 날 밤 그가 사랑하던 에마 해밀턴 부인에게 마지막으로 쓴 편지를 넬슨의 부관인 하디 함장이 그녀에게 전했다.

에마 해밀턴은 1761년 대장장이의 딸로 태어났다. 일찍부터 상류 계급 인사 사이에 사생아 한 명을 낳고 런던에서 살고 있던 중 1791년 나폴리 주재 영국 대사인 윌리엄 해밀턴과 결혼했다. 당시 넬슨은 프랑스 혁명군에 대항하여 싸우던 중 증원군 모집을 위해 나폴리에 파견되었다. 넬슨은 해밀턴61세의 집을 방문하면서 20대의 젊은 애마를 처음 만나게 되었다. 당시 넬슨은 1787년 미망인 프란시스 니즈벳과 결혼한 상태였으나 두 사람은 사랑에 빠지게 되었다. 이후 넬슨은 함정 수리를 위해 나폴리에 입항하여 다시 에마를 만났다.

1800년 해밀턴 가족을 데리고 영국으로 돌아간 넬슨은 대중의 열렬한 환영과 귀족들의 신랄한 비판을 동시에 받았다. 넬슨은 아내와 재회했지만 한 달 만에 헤어지고 에마에게로 돌아갔다. 윌리엄 해밀턴은 두 사람의 관계를 사실로 받아들였다. 그는 다만 체면 유지를 위해 부인이 넬슨과 동거하지는 않기로 약속을 받았다.

1801년 에마는 넬슨의 딸을 낳아 호레이아라고 이름 지었다. 에마는 넬슨에게 임신 사실을 숨겼지만 딸의 이름을 보면 누가 아버지인지 알 수 있다. 그녀는 아버지를 선원인 톰슨이라고 하여 출생 신고를 했다.

이후 넬슨은 덴마크 함대와 싸워 승리를 거둔 뒤 제독이 되어 돌아왔다. 에마의 남편 윌리엄 해밀턴은 1803년에 죽었지만, 이미 영국 해군의 영웅이 되어 버린 넬슨은 부인과 이혼하고 에마와 결혼하는 것이 쉽지 않았다. 넬슨은 에마로부터 온 편지를 모두 파기했고 에마에게도 자기처럼 편지를 파기하도록 했으나 그녀는 지키지 않았다.

트라팔가르 해전 당일 적의 함대를 목격한 넬슨은 하디와 블랙우드 두 함장을 입회시켜 유언장을 작성했다. 넬슨은 에마가 평생 생활하는 데에 충분한 수당을 요구했고, 에마와 딸 호레이아를 자신의 유족으로 나라에서 보살펴 주도록 요구했다.

그러나 에마는 넬슨의 장례식에도 초대되지 못했고 넬슨의 당부도 무시되었다. 에마의 한 하인이 넬슨의 편지 몇 통을 언론에 팔아 버려 넬슨이 에마에게 보낸 편지가 신문에 게재되었다. 몇 년 전부터 넬슨이 에마에게 섭정 동궁조지 4세을 경계하도록 주의를 준 내용도 그대로 폭로되어 그녀는 왕실로부터 지원을 받는 것은 불가능하게 되어 버렸다.

그러나 넬슨의 가족은 정부로부터 풍족한 지원을 받았다. 넬슨의 아내와 형제들에게는 작위와 연금, 주택 자금 등이 주어졌다. 에마는 남편 윌리엄 해밀턴의 유산을 물려받았으나 쌓인 부채를 갚지 못해 1813년에 구속되기도 했다. 그녀는 석방된 후 칼레로 옮겨 가난하고 비참한 생활을 하다가 생애를 마쳤다.

다음은 1805년 10월 19일, 트라팔가르 해전에서 넬슨이 전사하기 전날 밤 프랑스와 스페인의 연합 함대를 기다리며 에마에게 쓴 마지막 편지이다.

1805년 10월 19일

제국 군함 빅토리 호

카디스 동남동, 77km에서

사랑하는 에마, 가장 사랑하는 이여! 적의 연합 함대가 항구를 떠났다는 소식이 들어왔소. 바람이 거의 없어 적은 내일쯤 이곳에 나타나리라 생각되오. 전쟁의 신이 우리를 승리로 이끌어 주시기를 바라오.

당신과 호레이아가 그 어느 때보다 소중하게 느껴지는 구려. 내 목숨만큼 두 사람을 사랑기 때문이오. 전투 전에 이 마지막 편지를 당신에게 쓰고 있소. 전투가 끝나 이 편지를 마저 쓸 수 있기를 신에게 기도한다오. 당신에게 신의 가호가 있기를. 당신의 넬슨과 브론테를 위해 기도해 주시오. – 호레이쇼 넬슨

10월 20일

오전 중에는 스테어즈 하구 가까이 있었지만 적의 연합 함대가 트라팔가르 곶을 통과해 올 만큼 바람은 없었소. 적 함대는 40척인데 그중 36척이 대형이며 6척이 프리깃함이라고 생각되오. 오늘 아침 적 함대의 일부가 카디스의 등대에서 보였지만 바람이 너무 강해 밤이 되어야 항구에 들어올 것 같소.

전능하신 신이 우리를 승리로 이끌고 우리에게 평화를 가져다주기를 기원하오. – 호레이쇼 넬슨

'제독을 마신다' 빅토리아호에서 넬슨이 죽자 그의 시신을 부패하지 않도록 럼주에 채웠다. 그런데 빅토리아호가 포츠머스 항에 도착했을 때 그의 시신을 채웠던 럼주가 남아 있지 않았다. 항해 중에 수병들이 빨대로 럼주를 모두 빨아 마셔버린 것이었다. 그래서 당시 영국에서는 '제독을 마신다'라는 말이 한 동안 유행했었다.

집 시

집시는 인도계의 피를 이어받은 민족으로서 처음에는 인도에서 살다가 점차 서쪽으로 이주하여 소아시아와 발칸 반도를 거쳐 유럽 각지로 흩어져 살게 되었다. 집시는 피부색이 까무잡잡하고 눈동자와 머리카락은 검고 이가 고른 것이 특징이다. 그들은 일정한 주거지가 없이 떠돌아다니며 방랑 생활을 한다. 그들은 포장마차에서 생활하는 경우가 많은데 대개 몇 가족이 한데 모여 살며 큰 무리를 짓고 살지는 않는다. 그들은 대개 점쟁이, 악사, 땜장이, 말 중개 등을 하며 먹고 사는데 도벽이 있다고 하여 사람들은 그들을 멀리했다.

집시는 자기들 스스로는 로마니Romany라고 하지만 나라마다 그들을 부르는 명칭이 다르다. '집시Gypsy,Gipsy'라는 말은 원래 영국에서 생긴 것이다. 16세기 무렵 그들이 처음 영국에 나타났을 때 그들을 이집트인으로 잘못 알고 집시라고 부르게 된 것이다. 프랑스에서는 그들이 멀리 보헤미아에서 왔을 것이라고 생각하여 '보에앵'이라 부른다. '보헤미안'이란 말도 집시의 방랑 생활에서 유래된 것으로 실제 보헤미아와는 상관이 없다. 독일에서는 '치고이네르', 스페인에서는 '히타노'라고 부른다.

집시는 음악이나 춤에 재능이 있어 그들의 춤과 음악은 민속 예술의 한 형태로 전해지고 있으며 정통적인 예술로 인정받고 있다. 사라사테가 작곡한 「치고이네르바이젠집시의 노래」, 리스트의 「헝가리 광시곡」, 브람스의 「헝가리 무곡」, 비제의 「카르멘」 등에는 집시의 생활과 춤과 음악이 큰 역할을 하고 있다. 보잘것없는 소수 민족에 불과하지만 그들이 예술에 미친 영향은 매우 크다.

프랑스 외인부대

프랑스의 외인부대 병사들은 자부심과 충성심이 강하고 죽음을 두려워하지 않는 용맹스런 병사로 알려져 있지만, 처음 창설될 당시는 오갈 데 없는 오합지졸들로 구성된 형편없는 군대였다.

1831년 프랑스의 루이 필립 왕은 프랑스로 몰려들기 시작한 피난민 문제를 해결하고 알제리 식민 전쟁에 파견된 프랑스 정규군을 대체시키기 위해 외인부대를 창설했다. 왕권을 보호하기 위해서는 프랑스 정규군이 국내에 필요했던 것이다.

알제리에 도착한 첫 외인부대는 16세에서 60세까지 연령층이 다양한 오합지졸들로서 도착하자마자 병사들은 탈영하기 시작했고 병사들은 술에 취해 반란을 일으키기도 했다. 외인부대가 투입된 첫 전투에서 외곽의 진지를 지키던 28명의 부대원 중 살아남은 병사는 단 한 사람뿐이었다.

외인부대를 지원한 자들은 주로 전과자나 신분을 숨기고 살아야 하는 오갈 데 없는 자들로 구성되었으며 5년간의 계약으로 입대했다. 입대 후에는 신원을 밝히지 않을 법적인 권리를 보장받았으며 부대원의 신분을 폭로하는 자는 처벌을 받게 되어 있었다. 그래서 외인부대원들은 서로의 과거를 묻지 않는 것이 전통이다. 외인부대는 가장 어려운 전투에 투입되었으며 그들은 자신들이 소모용이라는 것을 알고 최후까지 결사적으로 싸웠다.

1863년 나폴레옹 3세는 멕시코의 새 황제로 즉위한 합스부르크 가문의 막시밀리안의 왕권을 보호하기 위해 외인부대원 65명을 멕시코로 보냈다. 그들은 2,000명의 멕시코 군과 벌린 카메론 전투에서 살아남은 병사는 겨우 세 명이었지만 300명의 멕시코 병사를 죽이고 500명에게 부상을 입힌 혁혁한 공을 세웠다.

1954년 당시 프랑스령 베트남에서 독립 투쟁을 벌이던 공산군에 포위되어 맹렬한 포격을 당하던 프랑스 병사 중에는 외인부대 병사들도 있었다. 외인부대 병사 400명이 공산군과 최후의 백병전을 벌였을 때 살아남은 병사는 70명뿐이었으나 그들은 항복보다는 죽음을 택한다는 그들의 용맹성을 보여 준 전투였다.

오늘날 자랑스러운 프랑스의 정예 부대가 된 외인부대는 100여 개 국의 국민들로 구성되어 있어 언어 문제를 해결하기 위해 프랑스 어를 하지 못하는 대원에게 프랑스 어를 히는 대원과 짝을 지어 준다. 타국적의 외인부대원들은 제대하면 프랑스 시민이 될 수 있다.

과학의 발달과 산업 혁명

서양의 역사는 15세기의 르네상스와 16세기의 종교 개혁을 거쳐, 17세기의 과학혁명과 18세기의 시민 혁명 그리고 19세기의 산업 혁명을 거치면서 눈부시게 발전했다.

소규모 가내 수공업이 중심이던 영국의 산업계가 기계라는 새로운 생산 수단이 속속 발명되면서 모든 산업 분야에서 일대 혁신을 맞게 되었다. 기계가 처음 도입된 것은 면공업 분야였다. 17세기 후반 영국의 동인도회사가 캘리코라는 품질이 좋고 값이 싼 인도산 면직물을 수입하자 영국은 물론 전 유럽에서 큰 인기를 끌었다. 그러다가 1760년 존 케이의 방직기와 1764년 제임스 하그리브스의 방적기 등이 도입되어 대량 생산 체제를 갖추게 됨에 따라 영국산 면직물은 품질이나 가격에서 인도산 면직물을 압도할 수 있게 되었다.

17세기만 해도 유럽은 모직물, 인도는 면직물, 중국은 견직물의 주산지였으나 산업 혁명을 맞은 영국의 면직물이 이제는 세계 시장을 장악하게 되었다. 더욱이 영국은 네덜란드를 제치고 동인도 무역을 독점함으로써 세계 최대 규모인 인도산 면을 독점할 수 있었다.

영국에서 산업 혁명이 먼저 시작된 것은 대륙에 비해 봉건제의 뿌리가 깊지 않았고 일찍이 입헌 군주제하에서 상인과 신흥 부르주아지들의 경제 활동이 자유로웠기 때문이다. 1820년대 영국의 세계 시장 점유율은 공장 생산이 40%, 면제품 생산은 3분의 2, 선철 생산은 50%를 차지하여 그야말로 세계의 공장이었다.

증기 기관의 발명 1775년 스코틀랜드 출신인 제임스 와트1736~1819가 증기를 이용한 동력기관을 개발함으로써 산업 혁명을 더욱 가속시켰다. 와트는 1710년 뉴커먼이 발명했으나 효율이 낮아 실용화되지 못한 증기 기관을 개량하여 효율이 세 배나 높고 연료비가 대폭 절약되는 실용적인 증기 기관을 발명함으로써 종래의 동력인 인력, 축력畜力, 수력 등과는 비교가 안 되는 강력한 동력 수단을 얻게 되었다.

와트는 스코틀랜드의 글래스고 대학에 있던 뉴커먼 기관의 수리를 의뢰받았을 때 이 기관의 개량을 시도하게 되었다. 이어서 바퀴를 돌리는 회전 기관을 발명하여 산업용 기계의 동력원으로 이용할 수 있게 됨으로써 도구를 사용하는 가내 공업에서 기계를 사용하는 대량 생산으로 산업 혁명이 일어나게 된 것이다. 와트의 증기 기관은 탄광, 철 공장, 제지 공장, 제분 공장, 면직 공장 등 수많은 공장에 공급되었다.

증기 기관차와 증기 자동차의 등장 1803년 프랑스 장교인 니콜라 퀴뇨는 처음으로 증기 기관 자동차를 만들었는데 느리게 걷는 정도의 속도였지만 도로에서 자동차를 운전했다는 이유로 수감되기도 했다.

1807년에는 미국의 기술자 로버트 풀턴과 로버트 리빙스턴은 24마력짜리 증기기관을 장착한 전장 45m의 증기선을 제작하여 뉴욕과 올버니 간을 운항했다.

1814년에는 한 탄광의 기사로 일하던 영국의 조지 스티븐슨1781~1848이 최초의 기관차를 만들었고, 1825년에는 석탄을 연료로 하는 증기 기관차로커모션가 화물을 싣고 16km를 65분에 달리는 데에 성공했다.

1830년 9월 15일 저명인사들이 시승하는 가운데 스티븐슨이 설계하여 만든 최고 시속 48km를 내는 8량의 증기 기관차로 역사적인 리버풀–맨체스터 간의 철도가 개통되었다. 열차가 물을 보충하기 위해 멈춰 있는 동안 선로 가운데에 서서 이야기를 나누고 있던 리버풀 출신 하원 의원인 윌리엄 허스키슨이 시험 운행 중이던 다른 기관차에 치어 죽은 사고가 발생했다. 이 사고로 스티븐슨이 국회에 불려가 질책을 받았을 때 의견이 분분했다.

"시속 15km 이상으로 달리면 승객이 질식사한다."

"기관차에서 튀는 불똥으로 화재가 발생한다."

"기관차에서 나오는 연기로 가축이 죽고, 소는 우유를 만들지 못한다."

"여자들이 기형아를 낳게 된다."

"연료인 석탄만 싣고 가기도 힘이 벅찬데 객차와 화물차를 어떻게 끌고 간단 말인가?"

1865년 영국은 증기 자동차에 의한 사고를 줄이기 위해 적기법을 제정했다. 이 법에 의하면 증기 자동차가 오는 것을 알리기 위해 차 앞에 빨간 깃발을 든 사람을 앞세우고 운행하도록 했고, 증기자동차의 제한 속도를 교외에서는 시속 6.5km, 시내에서는 시속 3.2km로 마차보다 느린 속도로 제한했다.

1885년에는 독일의 기술자 벤츠가 가솔린 엔진을 장착한 자동차 1호 제작에 성공했다. 벤츠의 이 가솔린 자동차는 785cc에 0.75마력의 힘을 낼 수 있었으며 최고 속도가 시속 15km의 삼륜차였다.

다음은 1807년 미국의 로버트 풀턴이 자신이 개발하고 건조한 증기선이 첫 운항에 성공하자 그 기쁨을 친구에게 전한 편지이다.

> 내 기선의 올버니 왕복 시험 운항은 예상했던 것보다 훨씬 순조로웠단다. 뉴욕에서 올버니까지는 150리가 된다. 그 구간을 거슬러 올라가는 데에는 32시간이 걸렸고, 내려오는 데에는 30시간이 걸렸어. 올라갈 때에나 내려올 때 모두 가벼운 역풍이 불었어. 말하자면 배는 증기 기관의 힘으로 전진한 것이라네. (생략)
>
> 배를 움직이는 증기의 추진력은 완전히 증명된 것이지. 내가 뉴욕을 출발하던 날 아침, 배가 1시간에 1리를 갈 것이며 증기가 도움이 될 거라고 믿는 사람은 30명도 되지 않았어. 게다가 부두에서 출발할 때는 온갖 비아냥거리는 소리를 들어야만 했어. 그것이 무지한 사람들이 학자와 발명가에게 하는 인사법이라네.
>
> 이 일에 수많은 시간과 돈과 노력을 들였으니, 내 기대가 실현되는 것을 보는 것은 나에게나 자네에게나 가슴 뿌듯한 기쁨이 아닐 수 없네. 이제 미시시피나 미주리 등 큰 강 유역의 상품은 이 증기선으로 값싸고 신속하게 운반될 걸세. 이 강들은 사람들과 기업들에게 보배가 되어 줄 걸세. 물론 이익을 보기 위한 것이긴 했지만, 우리나라가 얻게 될 막대한 이익을 생각하면 정말 뿌듯한 기쁨이 몰려든다네.

뉴 턴

뉴턴1642~1727은 영국의 물리학자, 천문학자, 수학자이며 만류인력을 발견하고 망원경을 발명했다. 1665년 뉴턴이 캠브리지 대학을 졸업하던 해에 런던에 흑사병이 유행하여 대학에 휴교령이 내려졌다. 뉴턴은 고향으로 내려가 어머니의 농장에서 약 2년 동안 지내면서 그의 위대한 업적인 만류인력의 법칙, 미적분법, 빛의 분석 등 3대 발견에 몰두하기 시작했다.

1687년 뉴턴45세은 과학적인 연구 활동을 끝내고 사회 활동과 신학적인 연구로 시간을 보냈다. 1696년 뉴턴54세은 왕립 조폐국에 들어갔다가 3년 뒤에 장관이 되고 1727년 85세로 세상을 떠나 뉴턴은 웨스트민스터 사원에 묻힐 때까지 그 일에 종사했다.

뉴턴은 캠브리지 대학에 가기 위해 준비를 하던 때 하숙집 딸을 사랑하게 되어 그녀와 약혼을 하고 캠브리지로 떠났으나 결국 결실을 맺지 못하고 뉴턴은 평생을 독신으로 살면서 오로지 연구에만 몰두했다.

뉴턴은 만년에 자신을 이렇게 평가했다.

"내 앞에는 저 넓은 진리의 바다가 펼쳐져 있는데도, 나는 바닷가에서 매끈한 조약돌이나 예쁜 조개껍질을 주우며 놀던 어린 아이에 지나지 않았다."

미숙아로 태어난 뉴턴은 학문적 재능은 매우 뛰어났으나, 과학자들은 뉴턴이 전형적인 애스퍼거 증후군을 가지고 태어났다고 한다. 그는 수학과 물리학에는 남다른 관심을 보이면서 남들과의 대화를 지극히 싫어했고 다른 사람과의 의사 소통에 문제가 있었다.

영국 링컨 주의 울스도프라는 작은 마을에서 태어난 뉴턴은 그가 태어나기 전에 아버지를 잃고 어머니는 뉴턴이 3세 때 재혼했다. 뉴턴은 어릴 때 공부에는 관심이 없어 반에서 꼴찌를 맴돌았다. 그는 친구들과 어울려 놀지도 않았으며 혼자서 그림을 그리거나 장난감을 만들고 놀았다. 그의 생활 기록부에는 '게으르고 주의력이 없음'이라고 기록되어 있다.

그러던 어느 날 평소 아이들을 못살게 굴던 덩치 큰 녀석이 체격이 왜소한 뉴턴의 배를 걷어찼다. 순간 화가 치솟은 뉴턴은 벌떡 일어나 녀석을 때려 눕혔다. 이를 지켜보던 담임선생님이 그를 불렀다.

"이봐, 뉴턴. 잘 했어. 이제부터는 공부로도 이겨보지 않을래?"

그때부터 그는 공부에 몰두하기 시작해 반에서 가장 공부 잘하는 아이가 되었다.

뉴턴의 양아버지가 세상을 떠나자 그의 어머니는 뉴턴의 학업을 중단시키고 농사일을 돕게 했다. 그러나 뉴턴은 농사일에는 흥미가 없었다. 하루는 뉴턴이 어머니의 심부름으로 들판에 매어 놓은 말을 끌고 집으로 돌아오고 있었다. 그러나 뉴턴이 집에 도착했을 때 말은 도망치고 없고 그의 손에는 말고삐만 쥐어져 있었다.

뉴턴은 캠브리지 대학에 복귀한 뒤 수학 교수가 되었다. 그는 학문에 갈수록 깊이 빠지면서 건망증도 심해졌다. 일단 연구에 몰두하기 시작하면 식사도 잊은 채 며칠 밤을 새는 경우도 많았다. 그는 자신의 강의를 듣는 학생이 없는 경우에도 텅 빈 강의실에서 혼자 강의를 하기도 했다.

어느 날 한 친구가 뉴턴의 도시락을 먹어버렸다. 이윽고 뉴턴이 도시락을 열자 빈 도시락이었다. 그는 멋 적은 듯이 웃었다.

"허, 이것 참…… 내 정신 좀 봐라. 아까 먹고선 또 열었군."

"실은 그 도시락은 내가 먹었다네."

"왠지 먹었는데도 배가 고프더라니…… ."

뉴턴이 케임브리지 대학에서 공부하던 때의 이야기이다. 한창 실험을 하던 중에 계란을 삶아 먹으려고 한손에는 계란, 다른 한손에는 시계를 쥐고 있었다. 계란을 냄비에 넣은 채 한참 실험을 하다가 문득 생각이 났다.

"이제 계란이 다 익었겠지?"

뉴턴이 냄비를 여는 순간 깜짝 놀랐다. 냄비 속에는 삶은 시계가 있고 손에는 계란이 쥐어져 있었다.

하루는 집에 찾아 온 손님들과 저녁을 하면서 포도주가 떨어지자 뉴턴이 지하실에서 포도주 한 병을 더 가져온다면서 자리를 떴다. 그러나 한참을 기다려도 뉴턴이 돌아오지 않았다. 그는 손님들과 식사 중이라는 것을 까맣게 잊은 채 엉뚱하게도 근처 교회에서 기도를 드리고 있었던 것이었다.

노년이 되어 난로 곁에서 책을 보는데 너무 더워 하인을 불렀다.

"너무 더우니 난로를 좀 옮겨 주게나."

"??. 주인님. 의자를 좀 물리시면 되는데요?"

"아. 참. 그렇군. 내가 물러나지."

미터법 프랑스 혁명 직후인 1790년 프랑스의 정치가 탈레랑의 제안으로 학술원에서 특별 위원회가 구성됨으로써 숙원이던 도량형의 개혁이 구체화되면서 미터법이 제정되었다. 당시 국가 간은 물론이고 국내에서조차도 지방마다 도량형이 서로 달라 통일이 시급했다.

1795년 4월 잠정적인 미터법이 프랑스 의회에서 채택되어 공포됨으로써 길이m, 질량km, 체적리터의 십진법 단위 체계가 탄생하였다. 1799년 12월에 측량 작업이 끝나 1m, 1kg이라는 백금제의 기준 원기가 만들어져 미터법이 정식으로 채택되었다.

길이의 기본 단위인 'm'는 북극에서 파리를 거쳐 적도에 이르는 일직선자오선 거리의 1,000만분의 1을 1m로 하기로 하고 이 거리를 10,000km로 정했다. 측량과 계산은 7년이 걸려 완성되었다.

프랑스는 미터법을 국제 표준으로 하기 위해 미국과 영국에 협력을 요청했으나 거절당하자 단독으로 실시했다. 미터법은 나폴레옹의 정복 시대에 유럽 전역으로 확산되었고 1875년에는 세계 22개국이 미터 조약에 조인했다. 그러나 미국에서는 여전히 야드 · 파운드법이 사용되고 있다.

1999년 미터와 야드에 대한 단위 환산의 차이로 화성 탐사에 실패한 사건이 발생하자 유럽 공동체는 2000년부터 미터법 사용이 의무화되었다. 1960년 인공위성으로 북극에서 적도까지의 거리를 확인한 결과 실제 거리는 10,002km였다. 그래서 1983년부터는 1m를 빛이 진공 상태에서 299,792,458분의 1초 동안에 이동하는 거리라고 정의를 바꾸었다.

성냥의 등장 1827년 영국의 약제 화학자 존 워커가 마찰열을 이용하여 쉽게 불을 피울 수 있는 성냥을 개발했다. 종전에는 랜즈, 석영 부싯돌, 나무끼리의 마찰, 핀셋 휴대 용구 등을 사용하여 어렵게 불을 피웠고 불씨를 보존하기 위해 화로 등을 사용했다.

존 워크는 가느다란 나뭇개비 끝에 불이 잘 붙는 안티몬 염소산칼륨, 황화안티몬, 전분, 아라비아고무 등을 섞어 바르고, 성냥갑에는 유리가루 같은 마찰제를 발라 마찰 성냥을 개발한 것이다. 그러나 마찰 성냥은 불이 잘 켜지지 않아 널리 보급되지 못했다.

1831년 프랑스의 소리아가 황인을 두약으로 하는 황인 성냥을 만들자 순식간에 전 유럽으로 퍼져나갔으나 자연 발화성이 있어 위험하고 독성이 있어 1912년경에 전 세계적으로 제조가 중지되고 말았다.

1845년 오스트리아의 슈로테가 처음으로 적인을 만들었다. 적인은 황인보다 독성은 적고 발화점이 높아 안전성은 높았지만 가격이 비싸고 순수한 적인을 만들지 못해 성냥에 사용되지 못하다가 1851년 영국의 올브라이트가 순수한 적인의 생산에 성공하여 같은 해 런던에서 개최된 만국 박람회에 출품되었다.

1855년 스웨덴의 룬드슈트롬, 독일의 뵈트거 등은 적인을 사용하여 작은 상자에 측약을 바르고 두약을 마찰시켜 불을 만드는 안전성냥 개발에 성공하였다. 일본은 유럽에 유학한 사람에게 성냥 제조법을 연구토록 하여 1876년부터 성냥을 본격적으로 만들기 시작하여 1878년부터는 수출하기 시작했다.

무선 전신 시대 이탈리아의 발명가 마르코니1874~1937는 학창 시절 때부터 무선 전신을 연구했다. 1896년 영국으로 건너간 마르코니는 후원자들의 도움으로 특허도 내고 회사도 설립했으며, 1909년에는 무선 전신의 공로로 노벨 물리학상을 수상했다.

1901년 마르코니는 최초로 무선으로 영국 콘웰 주의 폴듀로부터 대서양을 건너 캐나다 뉴펀들랜드 주 세인트존스에 모스 부호로 통신을 보내고 그 회신을 받는 데 성공함으로써 일대 선풍을 일으켰다. 당시 대부분의 연구자들이 우려했던 지구 표면의 굴곡에 막히지 않고 대서양을 건너 1,700마일을 날아옴으로써 무선 전신 시대를 열게 되었다.

마르코니의 무선 통신은 제1차 세계대전 때 그 진가를 톡톡히 발휘했다. 전쟁이 끝나고 군사상 보안의 제약이 풀리자 대중 속으로 확산되기 시작하여 통신사들은 앞 다투어 전 세계 뉴스를 무선 통신으로 전하게 되었다.

당시 통신사 간의 전문은 가급적 단어를 줄여 사용하는 것이 일반적이었다. 1901년 어느 날 로이터 통신사에서 있었던 일이다. 런던의 로이터에 미국으로부터 전문이 날아왔다.

"Mckinley shot buffulo"

편집부의 젊은 기자는 "매킨리 대통령이 코뿔소를 쐈다고?"하면서 별로 중요하지 않은 기사라고 생각하고 휴지통에 버리려고 했다.

바로 그때 옆에 있던 베테랑 기자가 "잠깐만!"하고 외쳤다.

"그건 Mckinley was shot in Buffulo city(매킨리 대통령이 버펄로 시에서 저격당했다)를 줄여 쓴 거야."

과연 그것이 사실이었고 그 기사는 특종이 되었다.

영화를 발명한 뤼미에르 형제 1895년 12월 프랑스의 발명가 뤼미에르 형제는 파리의 그랑카페의 살롱에서 세계 최초로 「열차 도착」이란 1분짜리 영화를 선보였는데 33명의 관객이 1프랑씩을 내고 이 영화를 관람했다. 평평한 화면에 사람, 자동차, 마차, 기차, 배, 구름, 파도 등이 생생하게 살아 움직였다. 사람들은 모두 깜짝깜짝 놀라면서도 이를 보려고 몰려왔다.

활동 사진은 사람 눈의 잔상을 이용하여 하나하나의 움직임을 찍은 정지된 사진을 1초에 24장 이상의 화면을 비추면 사람의 눈은 이를 연속적으로 움직이는 것으로 느끼게 되는 원리를 이용한 것이다.

1889년 미국의 토머스 에디슨이 이 원리를 이용하여 연속된 동작을 혼자 볼 수 있는 키네토스코프를 발명했는데, 뤼미에르 형제는 이를 발전시켜 시네마토그래프라는 촬영기와 영사기를 발명하여 대중이 볼 수 있는 영화를 만들어 낸 것이다.

발명왕 에디슨 미국의 토머스 에디슨1847~1931은 백열전등, 축음기, 영화 촬영기, 영사기, 축전기, 개량 전화기, 시멘트 등을 발명하고 1,300여 건의 특허를 취득한 세계적인 발명왕이다.

에디슨7살은 초등학교에 들어갔으나 끈질기게 질문을 하는 그를 교사는 저능아로 치부했고 3개월 만에 학업을 중단했다. 에디슨이 과학을 좋아한다는 것을 발견한 그의 어머니가 『파크 과학독본』을 사주자 그는 무척 기뻐하며 그 책을 독파하고 직접 실험을 하기도 했다.

에디슨은 12세 때 미시간 주 포트 휴런과 디트로이트를 오가는 기차에서 신문을 팔면서 차장의 허락을 받고 화물차에 인쇄기를 설치하여 저널을 발행하고 화학실험도 행했다. 기차에서 화학 실험을 하다가 불이 나자 쫓겨나 그는 자기 집 다락방에서 실험도 하고 주간지도 발행했다. 에디슨은 역장의 아들을 구해 준 일이 인연이 되어 역장으로부터 전신 기술을 배울 수 있어 전신 기술을 꾸준히 연구했다.

에디슨이 최초로 특허를 획득한 발명품은 의회의 표결을 전기적으로 기록하는 장치였으나 팔리지 않았다. 두 번째 발명품은 주식 시세 표시기로 1869년 제1호기를 유니온 사에 납품하여 5,000달러를 벌었고, 다음 해에는 전신기를 발명하여 4만 달러에 팔아 이 돈으로 자신의 연구소와 인쇄 전신기를 생산할 작은 공장을 차렸다.

18세기 중엽에는 램프 가로등이, 19세기에는 가스등이 보급되었으며, 1866년에는 독일의 지멘스가 발전기를 개발했다. 전등으로는 아크등이 처음 사용되었으나 빛이 너무 강렬하고 전력 소비가 많아 등대나 역사, 공장 등에 사용되었다. 1881년 에디슨이 진공 유리관 속의 탄소 필라멘트를 이용한 백열등을 발명함으로써 가정에서도 전등을 사용할 수 있게 되었다.

1882년 에디슨은 발전기에서 전선을 통해 직류 전력을 공급하는 중앙 발전 시스템을 고안하여 뉴욕에 발전소를 설립하고 가정에 전력을 공급하여 1884년에는 203채의 건물에 전등이 켜졌다. 전구의 수명은 처음에는 150시간에 불과했으나 그해에 400시간으로 늘어났다현재는 약 2,000시간.

에디슨은 사람들이 그를 천재적인 영감의 소유자라고 칭찬하는 데에 대해 에디슨은 천재는 1%의 영감과 99%의 땀으로 되는 것이라고 말했다.

에디슨이 백열등 발명에 한창 몰두하고 있을 때 어느 기자가 에디슨에게 700번이나 실험에 실패한 소감을 묻자 그는 이렇게 답했다.

"난 한 번도 실패한 적이 없소. 700가지의 방법이 효과가 없다는 값진 사실을 발견했던 것이오."

에디슨은 하루 16시간 이상을 발명품 개발에 몰두했으며 잠을 소파에서 자는 일이 허다했다. 10대 초반에 대부분의 청력을 상실한 에디슨에게 한 친구가 물었다.

"자네, 큰 소리도 잘 들을 수 없으니 답답하지 않은가?"

"천만에. 쓸데없는 잡담에 귀 기울이지 않아도 되어 정신 집중하기가 좋고 아이디어가 잘 떠오르니 오히려 잘 된 일이라네."

처음 부인을 만난 에디슨은 그의 제안에 따라 두 사람은 대부분의 대화를 모리스 부호로 했다.

에디슨이 죽을 때 그의 절친한 친구였던 자동차 왕 헨리 포드는 우정을 평생 간직한다는 뜻에서 에디슨이 마지막 내쉬는 숨을 병에 담아 담았다. 지금 이 병은 미시건 주 포드 박물관에 전시되어 있다.

다음은 1870년 10월 30일 뉴저지에서 사업을 하던 에디슨이 어머니에게 보낸 편지이다.

> 아버님, 어머님, 왜 편지로 알려 주시지 않으셨습니까? 지난 번 편지에서는 매우 싸고 질 좋은 물건을 살 수 있는 좋은 기회라고 하셨지 않습니까. 지금도 구입하실 생각이 있으시면 그 물건에 대한 내용과 장점을 알려주시면 돈을 보내드리겠습니다.
>
> 어머님 병세는 어떠신지요? 편지에서는 많이 좋아졌다고 하셨습니다만. 송금해드릴 테니 필요한 금액을 알려 주세요.
>
> 할 일이 산적해 있어 확실치는 않지만 이번 겨울에는 집에 다녀올 수 있을지도 모르겠습니다. 지금은 직원 18명의 공장을 운영하고 있습니다. 새 일을 시작하여 얼마 후에는 직원이 150명 이상이 될 것입니다. 민주당원들이 말하는 오만한 동부의 공장주가 되겠습니다. 부캐넌 일가는 아직 포트 휴런에 있으며 캐리는 결혼했는지요? 모든 분들께 안부 전해 주십시오.
>
> – 1870년 10월 30일, 토머스 에디슨

세균학의 아버지 파스퇴르 프랑스의 화학자이자 미생물학자인 파스퇴르1822~1895는 결핵균을 발견한 로베르트 코흐와 함께 세균학의 아버지로 불린다. 그는 동부 프랑스에서 대대로 가죽 무두질을 하는 집안의 셋째 아들로 태어났다. 그는 처음에는 화학을 전공했지만 미생물학에 더 관심을 갖게 되어 대학에서 교수로 재직하는 동안 이 분야에 많은 연구 업적을 쌓아 세균학의 창시자가 되었다.

1863년에는 20년간의 발효에 관한 연구 끝에 저온 살균법을 개발하였고, 1864년에는 누에 병의 원인이 되는 두 종류의 박테리아 분리에 성공하여 농민들은 파스퇴르의 동상을 세워 그에 대한 고마움을 표시했으며, 1881년에는 소와 양들이 때죽음을 당하는 탄저병의 원인이 되는 박테리아를 발견하여 예방 백신을 만드는 데에 성공했다.

프랑스의 포도주 산업은 포도주가 너무 빨리 쉬어 버려 매년 엄청난 손실을 입고 있었다. 파스퇴르는 발효액에 있는 박테리아가 원인임을 밝혀냈고, 약 55℃로 가열하면 포도주는 변질시키지 않으면서 박테리아의 독성만 파괴할 수 있다는 사실을 알아낸 것이 오늘날 많이 활용되고 있는 저온 살균법의 시초이다.

파스퇴르가 광견병 바이러스를 발견하고 예방 백신을 개발하기 전까지의 의학은 매우 비과학적이고 효과 없는 처방이 오래 동안 사용되어 왔다. 광견병 환자가 물을 싫어한다는 점에 착안하여 치료제는 물에 사는 민물가재를 볶아 만든 것이었다. 사람들은 예로부터 이러한 과학적인 근거가 없는 엉터리 처방으로 병이 낫지 않으면 신의 저주 때문이라고 생각해 왔다.

파스퇴르는 이러한 연구를 통해 각종 질병의 원인은 '신의 저주'가 아니라 유해한 미생물, 즉 세균이나 박테리아 때문에 발생한다는 중요한 사실을 발견한 것이다. 이후 수많은 업적을 이어온 그는 1868년부터 일련의 발작에 의한 합병증 증세를 보이다가 1895년 파리 근교에서 세상을 떠나고 말았다. 프랑스 인들에게 파스퇴르는 프랑스를 빛낸 가장 위대한 인물로 존경받고 있다.

다음은 파스퇴르가 그의 가족에게 보낸 편지로서, 예방 접종 실험의 놀라운 결과에 대해 알리고 있다[1881].

> 지난 화요일에 예방 접종을 한 양과 하지 않은 양들 전부에게 독성이 강한 탄저균을 접종했습니다. 그로부터 48시간도 지나지 않았습니다. 수의사의 전보에 의하면 예방 접종을 하지 않은 양들은 모두 죽을 것으로 보인다고 합니다. 18마리는 이미 오늘 아침에 죽었고, 나머지도 거의 죽은 것과 마찬가지라고 합니다. 예방 접종을 한 양들은 모두 건강합니다. 전보는 '대단한 성공'이라는 말로 끝맺고 있습니다.

최종 결론을 내리기는 아직 이르지만, 별다른 문제가 없으면 양들은 계속 건강할 것입니다. 정말 놀라운 성공입니다. 사실 이것은 예상했던 결과입니다. 우리는 지난주 토요일과 일요일에 예방 접종한 양 25마리 중 2마리와 예방 접종을 하지 않은 25마리 중 2마리를 선정하여 독성이 강한 바이러스를 접종한 후 화요일에 목장에 가보니 예방 접종을 하지 않은 2마리는 죽고, 예방 접종을 한 다른 2마리는 건강했습니다.

방사능 물질을 발견한 퀴리 부부 방사능 물질을 발견한 마리 퀴리1867~1934는 세계 최초의 여성 노벨상 수상자이자 세계 최초로 노벨상을 두 번 수상한 과학자이다. 마리 퀴리는 폴란드에서 태어나 과학을 공부하기 위해 프랑스로 건너가 파리의 소르본 대학에서 여성으로서는 최초로 물리학 박사 학위를 받았고, 또한 여성 최초의 교수가 되었다. 마리 퀴리는 대학 연구실에서 페에르 퀴리1859~1906를 만나 1895년에 결혼했다.

1903년 퀴리 부부는 방사능 물질인 라듐과 폴로늄을 발견한 공로로 노벨 물리학상을 받았다. 그로부터 3년 뒤인 1906년에 마리 퀴리의 충실한 동반자였던 남편 피에르 퀴리가 마차 사고로 그만 세상을 떠나고 말았다. 그녀는 충격과 슬픔 속에서도 단독으로 연구를 계속하여 금속 라듐의 분리에 성공하여 1911년에는 노벨 화학상을 수상했다.

하지만 장시간 노출된 방사능 때문에 백혈병에 걸려 고통 속에서 말년을 보내다가 1934년 죽고 말았다. 당시는 방사능의 위험이 잘 알려지지 않은 시기라 방사능 물질을 남편 피에르는 주머니에 넣고 다녔고, 마리는 침대 맡에 두기도 했다. 그녀의 노트는 오늘날까지도 방사능을 띠고 있다고 한다. 피에르와 마리 사이에서 태어난 딸 이랜 퀴리 부부도 인공 방사능을 발견하여 1935년 노벨 물리학상을 받았다.

다음은 퀴리 부부가 결혼하기 1년 전, 파리에 있던 마리가 교사가 되기 위해 가족이 있는 폴란드로 돌아갔을 때 피에르가 마리에게 보낸 편지이다1894.

나의 가장 큰 즐거움은 당신의 편지를 받는 것이오. 지난 2개월간 당신의 연락을 애타게 기다리다 이렇게 편지를 받으니 정말 기쁘오. 당신의 편지는 언제나 대환영이오. 그동안 휴양하며 맑은 공기를 듬뿍 마셨을 거라 생각하오. 10월쯤 이곳으로 돌아오지 않겠소? 난 계속 여기 머무를 거요.

지난 번 우리는 서로 좋은 친구가 되어 주기로 약속했소. 하지만 이런 약속은 결혼과는 달리 쉽게 깨질 수 있기에 혹시 당신의 마음이 변하지 않았을까 두렵소. 사람이 사람을 만나 결혼하는 일은 매우 신중하고 신성한 일이오. 그래서 나는 당신에게 감히 말을 꺼내지 못하고 있소. 하지만 우리가 함께 꿈을 이루며 살 수 있다면 얼마나 기쁠까!

당신에게는 조국을 위한 당신만의 꿈이 있고, 나 또한 나만의 꿈이 있소. 그리고 우리가 함께 소망하는 꿈이 있소. 우리가 좋은 친구가 될 수 있는 것은 같은 과학의 꿈을 갖고 있기 때문이오. 당신이 정말 1년 후 프랑스를 떠난다면 우리는 다시 만나지 못하게 될지도 모르오. 물론 우정이야 계속되겠지만, 그것만으로는 만족할 수 없소. 나와 함께 이곳에 머물지 않겠소?

이 질문이 당신을 화나게 하겠지. 아마 대답하고 싶지 않을 것이오. 혹 나를 가치 없는 사람으로 여기게 될까 두렵소. 하지만 이렇게 말하는 내 마음을 부디 알아주길 바라오.

세계 표준 시각 1920년부터 세계 각국은 초정밀 원자시계를 기준으로 하고 있다. 10여개 국가들이 측정한 시간은 파리에 모여 평균 시간이 산정되어 세계의 표준 시각으로 삼는다.

원자시계는 세슘 원소의 전자들의 왕복 운동을 기초로 시간을 나타낸다. 원자시계의 오차는 80만 년에 1초밖에 안 되어 지구의 자전 주기의 오차보다 더 정확하다.

남극과 북극의 얼음이 녹고 어는 데에 따라 대양과 대륙 위의 대기의 기온이 달라져 지구의 자전이 느려지기도 하고 빨라지기도 한다는 사실을 원자시계가 밝혀주었다. 그 결과 하루의 길이는 매년 1000분의 1초가량 오차가 생긴다.

라디오 방송의 대중화 1920년 11월 2일, 카페에 모인 미국인들은 처음으로 라디오에서 흘러나오는 육성을 듣고 환호를 올렸다. 제1차 세계대전 동안 해군의 정보 통신 업무에 참여했던 웨스팅하우스사가 피츠버그에 KDKA 방송국을 설립하여 미국 최초로 대중을 상대로 한 방송을 시작한 것이었다. 이어서 1921년에는 영국의 BBC 방송사도 개국되었다. 전파를 통해 사람의 육성을 처음 전한 것은 1906년 미국인 레지널드 퍼센든이었고, 1916년에는 데이비드 사노프가 타이타닉 호의 침몰 소식을 전한 바 있지만 대중적 방송이 이루어지기는 KDKA가 처음이었다.

1938년 10월 31일 저녁 미국에서 있었던 해프닝이다. 라디오의 음악 방송이 갑자기 중단되면서 아나운서가 떨리는 목소리로 말했다.

"뉴저지 주 프린스턴이 화성인의 공격으로 쑥대밭이 되었습니다."

놀란 뉴욕 시민들이 화성인의 공격을 피하기 위해 손수건으로 입을 가린 채 밖으로 뛰어나와 교통이 마비되었다. 전화는 불통이 되고 병원은 쇼크 환자로 만원이 되었다. 신문사에는 "몇 시가 지구의 종말이냐?"라고 문의하는 전화가 빗발쳤다.

한참 후에야 화성인 뉴스가 실제 상황이 아니고 가상의 라디오 드라마였음이 드러났다. 방송인 오손 웰스가 공상 과학 소설인 「우주 전쟁」을 각색해 방송하면서 뉴스 형식을 취했던 것이다.

산업 혁명의 어두운 그림자

18세기 중엽부터 산업 혁명이 시작되고 전통적인 봉건 제도가 사라지면서 농촌 노동자들은 일자리를 찾아 광산이나 도시의 공장으로 몰렸다. 영국의 공업 도시에 사는 도시 노동자들은 최저 생활도 보장되지 않은 채 해고나 직장 폐쇄도 감수해야만 했다. 맨체스터의 인구는 40%가 늘었지만 노동자들의 삶의 질은 더욱 나빠졌다.

19세기 초 영국에서는 인구 200만의 런던을 비롯하여 맨체스터, 리버풀, 버밍엄, 리즈, 글래스고 등 인구 수십만 명의 공업 도시가 탄생했다. 런던 시민의 식수와 생활용수의 공급원이었던 템즈 강은 주변에 들어선 공업 도시들로 오염되어 악취가 심해 1858년 여름에는 강변에 있는 국회 의사당이 문을 닫기도 했으며, 강 주변은 도시 노동자들의 빈민굴로 변해갔다.

노동자들이 사는 허름한 판잣집 공동 주택에는 화장실과 하수 시설도 제대로 없었으며 세금을 적게 내기 위해 건축주들은 창문을 적게 내어 집 안이 어두웠다. 하수 시설이라고는 도로 중앙에 만들어 놓은 도랑이 전부였다. 분뇨는 정화 장치가 없어 그대로 템스 강에 버려졌다. 실내용 변기인 요강을 사용하는 사람들은 도로 중앙에 있는 도랑에 변을 내다 버렸고 2층 이상에 사는 사람들은 창밖으로 변을 내던졌으며 템스 강변에 사는 사람들은 오물을 직접 강물에 버렸다.

공업 도시는 공장에서 배출된 매연으로 도시 전체가 그을음이 자욱했다. 1858년 여름 런던에서는 혹서와 가뭄이 겹쳐 템스 강변에 있던 국회 의사당이 악취 때문에 창을 석탄으로 봉했다는 기록이 남아 있다.

병원 시설도 보잘것없었다. 콜레라, 장티푸스, 발진티푸스 그리고 하얀 역병이라는 폐결핵 등 전염병이 성행하여 1850년 유럽에서 사망자의 94%가 전염병으로 죽었다. 나이팅게일은 병원에 입원한 환자의 사망률이 외래 환자의 사망률보다 높다고 지적했다. 1841년 리버풀의 어느 의사가 한 환자의 집으로 왕진 갔을 때를 이렇게 적었다.

> 지하실에는 햇빛도 들어오지 않고 통풍도 되지 않아 공기는 무척 나빴다. 나는 벽돌 위를 걸어 환자의 침대 곁으로 갔다. 바닥에는 썩은 물이 고여 있었다.

19세기 초반의 영국에는 광범위한 도시 빈민층이 형성되어 있었는데, 이들이 공장 지대의 주요 노동력이었다. 특히 임금이 낮은 아동들의 노동이 일반화되어 있어 런던에서는 작은 체구의 어린 소년들이 집집마다 돌아다니며 굴뚝 청소를 담당하고 있었다.

영국 정부는 1601년 엘리자베스 1세 때 제정된 구빈법에 따라 빈민들에게 생계비를 지원해 왔으나 산업의 발달로 일자리가 많이 생겨 1834년에 이 법을 개정하여 구빈원救貧院, work house에서 일하지 않으면 생계비 지원을 받지 못하도록 했다. 구빈원은 환경이 열악하여 그곳에 들어가는 것을 꺼렸지만 아동 노동의 손쉬운 공급처였다.

섬유 공업이 발달한 맨체스터에서는 6~7세의 아동들까지 고용했는데 하루에 보통 12~16시간씩 일을 시켰고, 5분만 지각해도 임금의 4분의 1이나 깎였다. 새벽에 집집마다 돌며 창문을 두드려 고된 노동으로 지쳐 떨어진 아이들을 깨워 공장으로 데려오는 직업이 있을 정도였다.

런던에는 음주를 제한하는 연령이 없었고 1839년까지는 술집의 영업시간도 제한이 없어 만취한 사람들이 많아 골목마다 매춘도 성행했다. 찰스 디킨스와 같이 빈민굴의 어려운 처지를 많이 알린 메이휴는 이렇게 적고 있다.

수치심을 모르는 노파는 두꺼운 입술과 검은 피부, 곁눈질, 외설스런 혀를 지닌 저승에서 온 음탕한 유령과 같았다.

엥겔스에 의하면 19세기 중반 신흥 공업 도시인 맨체스터에 사는 노동자 집안의 5세 미만의 유아 사망률은 57%나 되었다. 당시 도시 노동자들의 평균 수명은 농촌에 비해 훨씬 짧았다. 부유층의 평균 수명은 농업 지대인 러틀랜드 주가 52세인데 비해 맨체스터는 38세였고, 농민과 상인층은 러틀랜드 주가 41세였으나 맨체스터는 20세였으며, 노동자층은 러틀랜드 주가 38세인 데에 비해 맨체스터는 17세에 불과했다.

영국군 당국의 통계에 의하면 1893년과 1902년 사이에 신체검사를 받은 장정 67만 명 중 3분의 1 이상이 신체 부적격 판정을 받았으며, 맨체스터에서 군에 자원한 청년들 중에서 겨우 10%만이 해외 파병에 적합 판정을 받았다. 1914년 8월 영국군에 입대하는 지원자는 키가 170cm 이상이어야 했으나 10월에 163cm로 기준을 낮추었다.

영국은 1848년 공중위생법을 제정하여 도시의 위생 개혁에 나섰고, 프랑스는 1852년 도시의 상하수도 정비에 착수했다. 1851년 런던의 만국 박람회에서 수세식 화장실이 출품되었다.

열악한 근로 조건 1815년 엘리자베스 벤틀리는 의회 조사단에 제출한 한 여공의 증언을 이렇게 적었다.

나이와 주소는?
스물셋이며, 리즈의 빈민 구제소에서 삽니다.
어떤 공장에서 언제부터 일을 하고 있나요?
여섯 살 때부터 아마포를 짜는 공장에서 일하고 있습니다.
작업 시간은 몇 시부터 몇 시까지 인가요?
일이 밀리지 않을 때는 아침 6시부터 저녁 7시까지 일하지만, 일이 밀릴 때는 새벽 5시부터 저녁 9시까지 일합니다.
일을 잘못 하거나 작업 시간에 늦으면 어떻게 됩니까?
남자건 여자건 혁대로 심하게 맞습니다.

1860년 영국의 한 지방 장관은 당시의 노동 환경에 대해 다음과 같이 보고했다.

노팅검의 레이스 공장에서 일하는 어린이들은 새벽 2시, 3시, 4시에도 깨우는 소리에 잠자리에서 일어나 밤 10시, 11시, 12시까지 혹사당한다. 아이들은 몸은 야윈데다가 얼굴은 창백하고 표정이 없어 인간다운 데가 전혀 없다.

1863년 영국의 도자기 공장에서 일하는 한 소년은 정부의 조사에서 이렇게 진술했다.

저는 성형 공정에서 일하는데 6시까지 출근해야 하고 가끔 4시쯤 나올 때도 있습니다. 어제부터는 철야로 오늘 아침 6시까지 일했는데 저는 이틀 동안 한숨도 자지 못했습니다. 어젯밤에는 다른 8~9명의 어린이도 같이 일했는데 밤에 일해도 수당은 없답니다.

영국 노동자들의 '러다이트 운동' 1811년 산업 혁명으로 기계에게 일자리를 빼앗겨 생계의 위협을 받게 된 노동자들은 양말 가내 수공업이 발달한 잉글랜드 중부의 노팅엄 지방에서 기계를 거부하고 파괴하는 운동이 일어나 전국으로 번져갔다(러다이트 운동).

전통적인 가내 수공업인 양말 제조업은 자본주들로부터 재래식 편물기를 빌려 집에서 양말 등을 짜서 시장에 내다 팔아왔다. 그러나 1800년대에 들어와 자본가들이 생산성이 높은 편물기를 공장에 설치하면서부터 많은 노동자들이 일자리를 잃게 되고 임금은 갈수록 떨어졌다. 노동자들은 1800년에 제정된 단결 금지법으로 단체행동이 금지되어 있었다. 이에 노동자들은 러다이트Luddite라는 비밀 단체를 만들어 조직적으로 기계를 파괴하기 시작했다.

1812년 영국 정부는 군대를 동원하여 기계를 파괴하는 노동자들을 현장에서 사살하거나 검거하여 교수형에 처하는 등 강경하게 대처했지만 러다이트 운동을 잠재울 수는 없었다. 결국 자본가들이 노동자들과 타협하면서 노사 교섭의 관행이 자리 잡기 시작했다.

1824년 노동 운동의 결실로 그동안 수많은 노동자를 투옥하고 처형했던 단결 금지법이 폐지됨으로써 노동자들은 합법적으로 노동조합을 결성하고 노동 쟁의를 할 수 있게 되었다.

아 편

아편은 환각 작용이 있어 고대 수메르 인은 양귀비를 기쁨의 꽃이라 했다. 기원전 9세기 그리스의 호머가 쓴 유명한 서사시 『일리아드와 오디세이』의 한 구절이다.

> 제우스의 딸 헬렌은 새로운 약을 착안하여 모두들 마시는 술에 타서 마셨다. 그 약은 모든 고통, 분노, 슬픔을 잊게 한다. 그날은 설혹 어머니나 아버지가 죽는다 해도, 사랑하는 형제나 아이가 눈앞에서 살해당한다 해도 눈물은 두 뺨으로 흐르지 않는다.

천연 식물에서 추출하는 마약에는 케시양귀비, 코카 잎, 대마의 세 종류가 있다. 그중에 케시에서는 아편, 모르핀, 헤로인, 코데인 등이 만들어진다. 아편은 양귀비과 식물의 덜 익은 열매에서 분비되는 흰색 즙을 건조시켜 얻어지는 흑색이나 갈색의 가루로서 옛날부터 의약품으로서 사용되었다. 양귀비의 원산지는 유럽과 북아프리카로서 발칸 반도, 소아시아, 이란, 인도 등지에서 많이 재배되었으며 이슬람 상인들이 취급한 대표적인 상품 중의 하나였다.

1715년 영국의 상관이 중국에 처음으로 설치되어 양국 간의 교역이 시도되면서 영국은 중국으로부터 차, 생사, 도자기 등을 수입하고 모직물, 면포, 광산물 등을 중국에 수출했다. 그러나 중국인들은 모직물을 야만인이나 입는 것으로 여겨 수요가 증가하지 않는 반면에 영국의 차 수입은 날로 증가하여 무역 불균형으로 고심하던 영국 정부와 동인도회사는 아편을 주력 수출 상품으로 등장시켰다.

포르투갈과 네덜란드를 누르고 중국 무역을 독점한 영국은 1781년부터 영국 동인도회사를 통해 인도 벵골 지방에서 재배한 아편을 중국으로 밀수출하기 시작했다. 당시 청나라 정부는 공행公行이라고 불리는 지정된 상인 조합과 광저우廣州를 통한 조공 무역만 인정하고 있었지만 부패한 청나라 관료들은 아편 밀매로 이익을 챙겼고, 아편을 흡입하는 풍습이 확산되어 갔다.

19세기 영국에서도 아편의 해악에 무감각하여 아편으로 만든 강심제를 누구나 약국에서 쉽게 살 수 있었고, 부인들은 보채는 아기들에게 젖에 아편을 타 먹여 재우기도 했으며, 아편 중독자가 많아 런던 빈민가에는 아편굴도 생겼다.

아편에 중독된 중국 사회 중국은 7세기경부터 아편을 통증을 없애는 특효약으로 사용하여 왔으나 18세기에 들어서는 환각 작용을 얻기 위해 아편을 담배에 섞거나 담배로 말아 피우는 기호품으로 널리 확산되기 시작했다. 사회 불안과 중노동에 시달리던 농민들과 하층민들은 영국이 밀수출하던 동부 인도산 아편의 환각에 쉽게 빠져들었고 이는 사회의 모든 계층으로 확산되었다. 아편에 중독되면 뼈가 쑤시고 정신이 몽롱해지며 몸이 떨린다.

1729년 청의 옹정제는 다음과 같은 아편 금지령을 발표했다.

> 아편을 담배에 넣어 피우는 자는 칼 씌우기 한 달과 군역에 복무시키며, 아편 흡음소를 운영하는 자는 곤장 100대와 삼천 리 밖으로 유형에 처한다.

하지만 단속을 해야 할 하급 관리들이 이미 아편에 중독되어 있었기 때문에 밀무역으로 들어오는 아편을 막을 수가 없었다. 광저우 앞바다에는 아편을 실은 선박을 늘 정박해두고 그 안에서 거래가 이루어졌다. 그리하여 1830년대 중반에는 아편 중독자가 200만 명을 넘었고, 1831년부터는 아편으로 인해 중국은 무역 적자로 돌아섰다.

아편 중독자들은 생아편과 그 재를 섞어서 가열한 다음 누워서 긴 파이프로 그 증기를 들이마셨는데 아편 파이프는 정부 관리를 포함한 사회 모든 계층의 일상생활의 필수 도구가 되어 있었다. 아편 흡입은 일종의 부를 과시하는 상징으로 여겨져 부유층은 아편 흡입실을 집 안에 갖추는 것이 유행이었다. 중국인은 시집보내는 딸에게 "아편도 못 피울 정도로 가난한 집안이라고 손가락질당하지 않으려면 가끔은 아편도 피워야 하느니라"라고 이르기도 할 정도였다.

무역 수지의 악화는 물론 심지어 병사들과 관료들까지도 아편의 유혹에 빠져 국가 기능이 마비될 지경에 이르렀다.

아편 수입으로 막대한 은이 영국으로 빠져나가자 청나라 정부가 직접 아편의 재배와 판매에 발 벗고 나섰다. 1927년 국민당 지도자 장개석은 아편 판매를 전매제로 합법화시켜 세력 있는 군벌들은 농민들에게 아편을 강제로 재배하게 하고 막대한 수익을 올렸다. 장개석도 결국 아편을 단속하게 되었지만 이는 주로 다른 군벌들의 돈줄을 조이기 위함이었다.

아편 중독의 치료를 위해 모르핀과 헤로인을 주입했는데 이는 아편보다 흡입이 간단하고 효과도 빨라 마약 중독을 오히려 부채질한 결과를 초래했다. 1890년대에 아편을 피우는 중국인이 80%에 달했으나, 1949년 공산당 정부가 수립되면서 아편 중독에서 벗어나는 계기가 되었다.

아편 수입을 완화해야 한다는 주장 아편 수입을 둘러싸고 당시 중국 정부 내에는 찬반 양론이 팽팽히 맞서고 있었는데 다음은 아편의 금지를 완화해야 한다는 입장에 섰던 한 관리의 주장이다.

> 아편 수입을 아무리 법으로 금지해도 관리들과 결탁해서 암거래가 이루어져 근절할 수가 없으며 오히려 값만 올라간다. 금지령이 엄할수록 밀무역의 이익만 더 커지고 외국 상인을 살찌게 한다. 차라리 관리와 군대만 아편 흡음을 금하고 일반인에게는 완화하고 정당한 수입세를 걷는 편이 낫다.
>
> 아편을 흡음했다고 반드시 생명이 단축되는 것도 아니고 설령 단축된다고 해도 아편을 피우는 인간 따위는 쓸모없는 게으름뱅이 아닌가. 지금은 인구가 자꾸 늘어 곤란하기도 하니 다소 사람들이 생명을 잃었댔자 그다지 중요한 문제가 아니다.

제1차 아편 전쟁 1836년 청은 당시 유일한 개방 항이던 광저우廣州에서 아편 매매를 금지시켰으나 영국은 기를 쓰고 아편 무역을 계속했다. 1839년 청 황제 도광제는 평소 아편을 반대해 온 임칙서林則徐를 흠차 대신으로 임명하고 전권을 주어 아편 문제를 해결하도록 밀무역의 본거지인 광동으로 보냈다.

임칙서는 기한을 정해 놓고 영국 상인들에게 가지고 있는 아편을 모두 내놓을 것과 앞으로는 중국에 아편을 들여오지 않겠다는 서약서를 요구했다. 영국 상인들이 이를 거부하자 군대를 동원하여 상관商館을 포위하고 물과 식량의 반입을 금지시킨 채 광저우 만에 정박해 있던 25척의 영국 상선을 급습하여 1,300여 톤의 아편을 몰수하여 모두 불태워버렸다. 하지만 서약서 제출을 거부한 영국 상인들은 광저우에서 쫓겨나 해안가의 작은 섬으로 갔는데 그곳이 바로 홍콩이었다.

막대한 손실을 입고 통상 기지를 상실한 영국 정부는 중국에 대한 개전 결의안을 의회에 상정했다. 영국 의회는 3일간의 격론 끝에 271표 대 262표라는 근소한 표차로 청과의 전쟁을 결의했다.

1840년 영국이 48척의 함대를 앞세우고 청을 공격함으로써 마침내 전쟁이 벌어졌다[1차 아편전쟁]. 1842년 영국군이 상해를 점령하고 남경과 수도 베이징에 육박하자 청 황제 도광제는 영국에 굴복하고 말았다. 청은 영국과 굴욕적이고 불평등한 난징 조약을 체결하고 관세, 영사 재판권, 최혜국 대우, 군사 정박권 등을 내주었다.

난징 조약의 주요 내용은 다음과 같다.

- 홍콩을 영국에게 할양한다.
- 광동, 하문, 복주, 영파, 상해 등 5개 항구를 개항하고 개항장에는 영사를 둔다.
- 중국은 총 1,800만 달러의 배상금을 3년 내에 영국에 지불한다.
- 수출입 관세를 정한다.

임칙서의 편지

다음은 임칙서가 영국의 빅토리아 여왕에게 보내고자 황제에게 제출한 편지이나 영국에 보내지는 않았다[1840].

당신 나라는 우리와 6, 7만 리나 떨어져 있는데도 당신 나라의 배가 앞다투어 교역을 하겠다고 오는 까닭은 다름 아닌 막대한 이익을 챙기기 위해서다. 중국에서 당신 나라가 거두어들이는 막대한 이익은 모두 우리 중화 인민이 제공해 준 것과 같다. 그럼에도 독물(毒物)로 중화 인민을 해치다니, 이럴 수가 있는가? 이익을 위해 남에게 해를 끼친다면, 양심이 있다고 할 수 있는가?

당신 나라에서는 아편을 금지한다고 들었는데, 이는 아편의 해악을 잘 알고 있기 때문이리라. 당신 나라가 해로운 물건을 금지하는 이상 타국에는 더더욱 해를 가해서는 안 될 것이다.

지금 천조(天朝)가 차와 비단을 비롯한 여러 상품을 조금도 아까워하지 않고 자유롭게 매매하도록 허락한 것은 이익을 천하와 함께 나누려 함이다. 당신들은 우리 상품을 가져다가 직접 쓸 뿐 아니라 다른 나라에 되팔아 세 배의 이익을 챙기고 있다. 굳이 아편을 팔지 않아도 세 배의 이익이 보장되는데 굳이 남을 해하면서까지 끝없이 이익을 탐할 것이 무엇이란 말인가.

만약 다른 나라의 아편 상인들이 당신 나라에 가서 사람들을 유혹하여 아편을 사고 흡입하게 한다면 당신 역시 이를 심히 증오하고 엄격히 금지시킬 것이 아니겠는가.

영국 상무관의 편지 다음은 광동의 영국 상무관인 찰스 엘리엇이 본국 외상에게 군대를 파견해 줄 것을 요청하는 편지이다1840.

중국 측의 이러한 도발 행위는 영국 정부가 이제까지 입었던 손해를 보상받을 수 있는 절호의 기회라고 생각합니다. 이러한 폭력에 대해서는 신속하게 보복하여 큰 타격을 주어야 하며……. 입은 손실에 대해 완전한 배상을 요구하는 것은 당연한 의무입니다. 하찮은 일개 권력이 폭력으로 국제 관계의 원칙을 파괴한 중국 정부에 대해 기독교 세계의 진리와 정의를 위해 적절한 결정을 내리셔야 한다고 생각합니다.

영국 자유당 당수의 의회 연설 당시 영국 자유당의 당수이며 후일 수상을 역임한 글래드스턴1809~1898이 영국의 양심을 대변하는 반전 연설을 했다.

청나라는 아편 무역을 금지시킬 권리가 있으나 영국은 청의 정당한 권리를 짓밟고 이 부정한 밀무역을 돕고 있다. 중국 영토 내에서 중국 법률에 따르지 않는 외국인에게 식료품 공급을 거절했다고 어찌 그 나라를 비난할 수 있겠는가. 나는 이보다 더 불공정하고 수치스러운 전쟁은 일찍이 들어본 적이 없다.

대영 제국의 국기는 정의의 편에서 압제에 맞서 민중의 권리를 보호하기 위해 휘날렸으나 지금은 저 추악한 아편 무역을 보호하기 위해 내걸리게 되었다. 대영 제국의 명예는 더럽혀졌다. 이제 우리는 대영 제국의 국기가 휘날리는 것을 보더라도 더 이상 피 끓는 감격은 느낄 수 없을 것이다.

제2차 아편 전쟁(애로우 전쟁) 1856년 영국인이 선장인 중국인 밀수선 애로우 호가 영국 국기를 달고 광주에 정박하고 있었을 때 청나라 관리가 배에 올라 영국 국기를 끌어내리고 밀수 용의자로 중국인 선원 12명을 체포한 사건이 일어났다애로우 사건.

이에 영국은 선장이 영국인이라는 이유로 문제를 제기했으나 청은 정당한 법 집행이라고 일축했다. 그러던 중 광시성에서 프랑스 선교사 한 명이 살해되자 1857년 영국과 프랑스 연합군은 청을 공격하여 전쟁을 일으켰다애로우 전쟁, 제2차 아편 전쟁.

연합군이 광동과 북경을 점령하자 청은 결국 굴복하고 러시아의 중재로 베이징 조약을 맺었다1860. 영국은 홍콩에 이어 구룡 반도를 추가로 할양받았고, 러시아도 연해주를 할양받아 블라디보스톡을 건설하고 연해주 국경에서의 자유 무역권을 챙겼으며 아편 무역이 합법화되었다.

베이징 조약의 주요 내용은 다음과 같다.

- 서양의 외교 사절이 북경에 상주할 수 있다.
- 난징 조약 때 개항한 5개 항구 외에 10여 개를 추가로 개항한다.
- 외국인의 중국 내륙 지역 여행을 허용한다.
- 기독교의 선교를 허용한다.
- 구룡 반도를 영국에게 할양한다.

아편 전쟁에 패한 청나라는 서구 열강의 반식민지로 전락했고, 아편은 양약이라는 이름으로 정식으로 수입되기 시작하여 청나라는 약 100년 동안 아편의 고통에서 헤어나지 못했다. 아편의 수입량은 1880년대에 최고조에 달해 전체 수입액의 절반을 차지했다. 아편 전쟁에서 부패한 관군이 저항 한 번 못하고 무너지자 민중들은 청 정부를 불신하고 스스로 외세에 항거하기 시작했다.

일본의 마약 밀매 1910년대부터 세계 최대의 마약 시장인 중국에서 가장 크게 활약한 것은 일본으로 마약 판매는 영국보다 더 악랄했다. 일본은 자국에서 개발한 모르핀과 수입한 모르핀을 전량 중국에 밀수출했다. 1916년부터 5년간 일본은 모르핀 6,4톤, 헤로인 6.6톤, 코카인 6.7톤을 중국에 밀수출했다. 이는 모든 중국인이 1년에 네 번씩 복용할 수 있는 엄청난 양이다.

만주 사변 이후 일본의 괴뢰국인 만주국은 마약을 만주 현지에서 생산했다. 마약의 중간 판매책은 거의 일본인이었으나 위험성이 큰 말단 판매책은 한국인과 대만인이 맡았다. 1898년 일본의 식민지 대만의 전체 세입의 46%가 아편 수익이었고, 1934년 만주국의 전체 세입의 16%가 아편 수익이었다.

태평양 전쟁으로 동남아 여러 나라를 손에 넣은 일본은 마약 판매를 중국 외의 다른 지역에까지 확대하려 했다. 1933년 이후 15년간 만주국에 아편을 무려 1만 톤을 팔았고, 또한 1939년 이후 4년 동안 몽골과 위구르 지역에 714톤을 팔았다. 또한 일본이 지배하는 중국 내륙 지역에는 마약 판매점이 문전에 일장기를 걸어 놓고 공공연하게 장사를 했는데, 중국인들은 일장기를 아편의 상표로 착각하는 사람도 적지 않았다.

한국도 일본의 아편 정책으로 고통을 받았다. 중국에 팔던 인도와 이란, 터키산 아편 가격이 급등하자 일본은 아편을 직접 제조하기로 하고 1933년부터 그 재배지로 몽골과 신강 지역 그리고 한국을 지정했다. 그리하여 조선에서 생산한 아편은 1932년에 7.5톤이던 것이 1939년에는 무려 78톤으로 늘어나 그중 62톤이 만주에 투입되었다.

양무운동 1860년대 초까지 중국은 아편 전쟁, 태평천국, 애로호 사건 등 잇단 국난을 맞이했다가 이후 열강들은 그들의 사정에 의해 중국 진출이 일시적으로 중단되었다. 바로 이 시기에 중국 내에서는 중체서용中體西用, 즉 전통적인 중국의 유교 문화를 바탕으로 하되 서양의 과학과 군사 기술을 배워 부국강병을 꾀하자는 양무운동洋務運動이 추진되고 있었다.

그때까지 외국과의 교섭 업무는 흠차 대신이 임시로 맡아 보았으나 상설 관청인 총리각국위문總理各國衛門이 설치되었다. 열강이 공문서에 외국을 오랑캐夷란 글자를 쓰지 말라고 요구하여 이무夷務는 양무洋務로 대체된 것이다. 태평천국의 토벌군을 지휘한 한인 관료들은 서양의 군사 기술과 산업을 모방하여 병기공장, 조선소, 제철소, 광산, 철도 등의 설립을 추진하면서 해군도 창설했다.

하지만 양무운동은 한계에 부딪혔다. 관료 개인에 의해 추진된 이 운동은 관료들의 부패와 정부의 지원 부족으로 성과를 내지 못하고 실패로 끝나고 말았다.

다음은 리홍장이 동치제에게 서양의 군사 기술을 도입해야 한다고 역설하는 상소문이다.

서양식 철 공장과 기계를 설치하고, 지금까지의 중국식 공장(局)과 병합해 제조하게 하고, 또한 베이징 주둔군의 무관을 파견하라 명하시어 그곳에서 학습하게 하시길 전하께 아뢰오니 부디 통촉하여 주시옵소서.

신이 생각하는 바가 있어 동치 원년(1862년)에 신의 군사가 상하이에 온 이후, 기회 있을 때마다 서양식 소총과 대포를 사들여 공장을 설치하고, 이에 유산탄을 주조해 적군(태평천국군)을 섬멸하는 데 도움이 되게 하였는데, 각별한 위력이 있었나이다.

작년 봄, 총리각국사무위문에서 각종 화기의 모방 제조에 대한 성과가 어떠냐는 질문을 받았기에 그 무렵 "단작포(短炸砲)와 각종 폭열탄(爆裂彈)은 모두 제조할 수 있으나 장작포(長炸砲)와 서양식 화약은 서양식 기계를 완전히 손에 넣지 못하면 규정대로 제작할 수 없다고 하여 사들이기 위한 방책을 강구해 모방 제작을 계획 중"이라 답변하였나이다.

영국과 아일랜드

영국UK: United Kingdom은 예전의 세 왕국인 잉글랜드, 웨일스, 스코틀랜드를 가리키지만, 현재의 영국 영토는 아일랜드 북부의 알스터 지방 6개 주북아일랜드까지 포함한다.

아일랜드 인은 선주민 게일 족과 게르만 족 대이동 때 유럽 대륙으로부터 이주해 온 켈트 족의 혼혈켈트계 아일랜드 인로서 영국의 앵글로색슨 족과는 그 뿌리가 다르다. 또한 잉글랜드는 로마 가톨릭으로부터 벗어나 영국 국교회로 갈라져 나간 반면 아일랜드는 가톨릭을 고수해 왔다.

1171년 영국 국왕 헨리 2세가 아일랜드를 정복하여 섬 전체의 대군주로 선언했다. 이후 영국의 지배가 계속되었고, 엘리자베스 1세 때 영국 국교회와 과격파 청교도

퓨리턴가 아일랜드의 가톨릭을 철저하게 탄압하기 시작했다.

1649년 아일랜드를 침공한 영국의 크롬웰은 1652년 아일랜드 식민법을 제정하여 토지를 수탈하여 아일랜드 경지의 3분의 2를 영국인 지주의 손으로 넘어갔다. 몰락한 아일랜드 인은 영국인 지주 밑에서 소작농으로 전락하여 백인 노예나 다름없는 궁핍한 생활을 했고 일부는 영국이나 아메리카로 이주해 갔다. 그리하여 아일랜드의 인구는 1641년에 105만 명이었으나 1652년에는 85만 명으로 줄어들었다.

나폴레옹 전쟁이 시작되자 아일랜드의 독립파는 나폴레옹 군의 구원을 기대하며 저항과 독립 운동이 거세게 일어났으나 영국군에 의해 철저히 탄압되었다. 위기감을 느낀 영국은 1801년에 아일랜드를 완전히 영국에 병합시켰다.

1829년 영국 정부는 유화 정책으로 〈가톨릭교도 해방법〉을 제정하여 가톨릭교도에게도 피선거권과 공직에 종사할 수 있는 권리를 인정해 주었다. 그러나 선거권을 부여하는 기준이 되는 납세액을 40실링에서 10파운드로 대폭 인상했기 때문에 가난한 아일랜드 인 대부분은 선거권을 누릴 수가 없었다.

1845년 영국인 토지 소유자들이 방관하고 있는 동안 아일랜드에서는 주식인 감자에 마름병이 발생해 수많은 사람들이 기근으로 죽어 갔지만 영국 정부나 지주가 그들을 돌보지 않자 분노한 아일랜드 인들은 무장 혁명 조직을 만들었다.

제1차 세계대전 후 총선에서 아일랜드 국민당의 비밀 결사였던 신페인당이 크게 약진하자 1919년 드디어 독립을 선언하고 투쟁에 들어갔다. 그 결과 1922년 자치령이란 제한이 붙은 아일랜드 자유국26개 주이 되었는데, 이때 북아일랜드의 알스터 지방 6개 주는 제외되었다.

1937년 신헌법을 제정하고 국명을 에이레아일랜드로 고치고, 제2차 세계대전 후인 1949년 영국으로부터 완전히 독립하여아일랜드 공화국 수도를 더블린으로 정했다. 그러나 영국은 북아일랜드는 반환하지 않았다. 국교회가 인구의 60%를 넘는 북아일랜드가 가톨릭이 95% 이상인 남부와 통합하는 것을 거부했고, 그동안 많은 투자를 통해 상공업 지대로 발전시킨 땅을 내주고 싶지 않았기 때문이다.

아일랜드 인은 북아일랜드를 탈환하기 위해 아일랜드 공화군IRA이라는 무장 조직을 만들어 영국과 영국계의 북아일랜드 주민유니오니스트을 상대로 테러와 암살 등 끈질긴 투쟁을 벌여 왔으나 북아일랜드는 여전히 영국 땅으로 남아 있다.

아일랜드 국민에게 보내는 편지 다음은 아일랜드의 독립 운동 지도자인 다니엘 오코늘1775~1847이 영국이 아일랜드를 병합한 합동법의 폐지를 국민에게 호소한 편지1830이다.

> 아일랜드에서 최근 일어난 네 번의 혁명은 자유의 획득, 즉 가톨릭의 해방이었습니다. 이 위대한 혁명은 희망이 사라진 듯한 상황 속에서 포기하지 않고 우리들이 애써 달성한 것입니다.
>
> 우리의 혁명은 어떠한 폭력도 악의도 유혈도 없이 달성되었습니다. 다시 한 번 혁명을 달성하기 위해 아일랜드의 모든 국민은 나와 함께 일어납시다! 지금 해야 하고, 지금 준비하는 개혁은 합동법의 폐지입니다.

유럽에 전파된 감자 감자는 해발 3,000~4,000m의 남미 안데스 산맥이 원산지로서 스페인 사람들을 통해 유럽에 전해졌고 이후 유럽에서 다시 북미 대륙으로 건너갔다. 감자가 처음 유럽에 전해졌을 때 밀을 주식으로 하던 유럽 사람들은 감자를 가난한 농민들이나 먹는 천한 음식으로 여겼다. 고호의 그림 「감자 먹는 사람들」에는 이 같은 분위기가 잘 표현되어 있다.

그러나 감자가 전해진 당시의 유럽은 오랜 전쟁으로 농지는 황폐해지고 굶주리는 백성들이 많아 감자 재배는 크게 늘어나기 시작했다. 감자는 생육일이 100일도 되지 않으며 단위 면적당 생산량이 높고 흙 속에서 자라기 때문에 냉해를 잘 받지 않으며 수확기가 길어 전쟁으로 인한 피해가 다른 농작물에 비해 적은 강점이 있었다.

유럽에서 감자가 식용으로 비교적 빨리 정착한 나라가 프로이센독일이다. 프로이센은 30년 전쟁1618~1648으로 국토가 크게 황폐해지고 인구도 절반 이하로 격감해 있었다. 프리드리히 2세는 독일 농가에서 감자 재배를 거부하는 농민은 귀와 코를 베어버린다고까지 위협하면서 감자 재배를 독려했다. 당시 프로이센과 오스트리아는 7년 전쟁1756~1763으로 모두 굶주림에 시달리고 있을 때 감자가 병사들의 주요한 식량이 되어 전쟁의 승패를 좌우했다 하여 이 전쟁을 '감자 전쟁'이라고도 부른다.

북유럽의 후진국인 프러시아에서 감자는 가난한 자들의 빵으로 자리 잡았고 점차 유럽 전역으로 보급되어 굶주림이 해결됨으로써 유럽의 인구 증가에 크게 기여했다.

아일랜드 인과 감자 17세기 중엽 끊임없이 항쟁해 오던 아일랜드가 결국 잉글랜드의 지배하에 들어갔다. 산업 혁명으로 인구가 불어난 잉글랜드는 식민지 아일랜드에서 연간 약 100만 톤의 밀을 가져갔다. 밭에서 자라는 밀은 영국인 지주의 몫이며 경작지가 없는 가난한 아일랜드 인은 감자를 경작하여 굶주림을 해결했다. 감자로 굶주림이 해결되자 아일랜드의 인구는 1730년에 약 150만 명이던 것이 1845년에는 850만 명으로 급격히 늘어났다.

그러다가 1845년 아일랜드 동부에서 원인모를 감자의 줄기마름병이 발생하여 순식간에 전국으로 퍼져 감자 밭이 전멸되고 말았다. 5년이나 계속된 대흉작과 기근으로 감자에만 의지하고 있던 아일랜드에서는 1846년과 1851년 사이 5년 동안 영국 전체 인구의 6분의 1에 해당하는 100만 명이 굶어 죽고, 200만~250만 명이 아일랜드를 떠나 잉글랜드나 미국으로 대거 이주했다. 미국의 케네디 대통령의 할아버지나 자동차 왕 헨리 포드의 집안도 이때 미국으로 건너갔다. 대기근의 참사가 진행되는 동안 해마다 50톤 이상의 소맥이 영국으로 보내졌는데, 이는 아일랜드 전 인구를 먹여 살릴 수 있는 양이었다.

그리하여 아일랜드의 인구는 1845년의 850만 명에서 1901년에는 440만 명으로 크게 줄었다. 독일과 폴란드에서도 비슷한 상황이었으며 이렇게 미국으로 건너간 유럽 이주민들에 의해 감자는 북미 대륙에도 전해졌다.

세포이 반란

1757년 영국은 플라시 전투에서 인도 벵골 군을 격파하여 벵골의 징세권을 획득하고 인도에 대한 본격적인 착취를 시작함으로써 무역 이권을 놓고 경쟁하던 프랑스를 제치고 유리한 여건을 확보했다. 영국은 이 전쟁에서 프랑스와 긴밀한 관계에 있는

벵골의 시라지 태수를 몰아내는 것이 주목적이었다.

인도는 북쪽의 무굴 제국과 남쪽의 비자야나가라 왕국으로 갈라져 있었다. 1565년 남부의 비자야나가라 왕국이 붕괴하자 영국에 이어 프랑스 등 유럽 각국이 무역 공관을 설치하며 이 지역에 진출하기 시작했다.

1773년 영국의 동인도회사는 벵골 지역의 아편 생산과 판매의 독점권을 따냈다. 이곳에서는 중국에서 가장 인기 있는 아편인 파트나와 베나레스가 재배되었는데 영국과 포르투갈 상인들은 과거 50년 동안 연간 수천 톤의 아편을 중국에 수출해 왔다.

1857년 5월, 영국이 인도를 본격적으로 식민지화한 지 100년째 되는 해에 인도에서 영국 동인도회사의 인도인 용병인 세포이Sepoy들이 반란을 일으켰다[세포이 반란]. 반란이 일어나자 대지주와 농민들까지 합세함으로써 세포이 반란은 마침내 인도 전역의 3분의 2까지 확대되어 전 국민적 민족 해방 운동으로 확대되었다. 당시 영국의 인도 주둔 병력은 2만 3,000명이었는데, 벵골에는 13만 명의 세포이 병력이 있었다.

영국 동인도회사는 무역을 위해 조직된 민간 상사였지만 행정권과 사법권을 행사했으며 화폐도 만들고 군대까지 보유한 막강한 조직이었다. 무굴 제국은 이미 쇠퇴하여 지방으로 분권화되어 무굴 황제는 델리의 붉은 성에 형식적으로 존재할 뿐이었다. 동인도회사는 각지의 지배자를 차례로 정복하여 1849년의 시크 전쟁을 마지막으로 인도의 주요 지방들을 모두 제패했다.

1856년 영국은 힌두교의 금기를 들어 해외 근무를 거부하는 사람은 세포이로 채용하지 않기로 하고 세포이들에게 기독교를 선교하여 불만을 사기도 했다. 1857년 영국이 가장 순종적이었던 아와드 영주의 영토까지 병합시켜 버리자 대부분이 아와드 출신인 세포이들의 불만이 높아졌다.

그러던 중 동인도회사가 신식 라이플식 엔필드 총을 세포이에게 지급했다. 이 총에 화약포를 장전하기 위해서는 입으로 화약포의 마개를 뽑아야 하는데 화약포에는 흡습을 방지하고 녹슬지 않게 기름이 발라져 있었다. 그런데 이 기름이 소기름과 돼지기름이라는 소문이 나돌았다. 소를 신성시하는 힌두교도들에게나 돼지를 몹시 기피하는 이슬람교도들 모두에게 이 기름을 입에 댄다는 것은 상상도 못할 일이었다. 이는 자신들의 신앙을 모독하고 기독교로 개종시키려는 음모라는 소문이 퍼졌다. 세포이들이 신식 총을 거부하자 85명의 세포이를 군법 회의에 회부하여 10년형을 선고했다.

그러자 1857년 5월 델리 북쪽 미르트의 세포이들이 일제히 봉기하여 구치소를 급습하고 투옥된 동료 85명을 구출하고 닥치는 대로 영국인을 살해했다. 다음 날 그들은 상인과 농민들이 가세한 가운데 무굴 제국의 수도 델리에서 영국군이 지키던 황궁을 점령했다. 이들은 영국의 보호를 받던 이름뿐인 무굴 황제 바하두르 샤 2세를 압박하여 명목상의 지도자로 내세우고 인도인의 나라를 선포했다. 이에 농민들을 포함한 모든 계층이 반란에 가담하게 되고 펀자브와 벵골을 제외한 인도 전역을 반란군이 장악하게 되었다.

당시 영국의 〈타임스〉는 인도인에 대한 잔혹한 보복을 부추겼다.

> 기독교 교회가 하나 파괴되면 100개의 힌두교 사원을 파괴하라. 백인 한 명이 살해되면 남녀노소를 불문하고 인도인 1,000명의 폭도를 처형하라.

영국은 중국에 파견 중이던 군대를 급히 인도로 돌려 강경 진압에 나섰다. 영국군은 공포 분위기를 조성하기 위해 많은 사람들이 보는 앞에서 포로를 묶어 대포로 쏘아 날렸고 몸을 묶은 채 급류에 떠내려 보내거나 코끼리를 이용하여 사지를 찢기도 했으며 포로들을 불에 태우기도 했다.

반란을 일으킨 인도 측이 카스트 제도나 종교적 대립으로 좀처럼 단결된 모습을 보여 주지 못했다. 그러는 영국군은 마침내 델리를 탈환하고 바하두르샤 2세를 추방함으로써 무굴 제국은 사라지고 반란은 수많은 사상자를 내고 4개월 만에 진압되고 말았다.

1858년 영국 정부는 그동안 동인도회사가 사실상 대리 통치해 온 인도를 빅토리아 여왕이 직접 통치한다고 선포하고 영국군은 동인도회사 군대를 지휘하게 되었다. 영국은 영국군을 증강하고 대신 세포이의 비율을 줄였다. 1877년 빅토리아 여왕이 인도 황제를 겸하게 되었다. 1885년에는 인도 국민의회가 결성되어 독립을 위한 민족운동은 점차 비폭력적으로 변해갔고 영국도 인도인의 종교와 풍습, 카스트 등에 개입하지 않는 정책을 펴기 시작했다.

동유럽의 유대 인

18세기 중반까지는 유대 인의 영주가 법으로 금지되어 있었기 때문에 러시아에는 유대 인이 거의 없었다. 그러다가 1800년경 폴란드 동부 지방에 살던 100만 명의 유대 인이 러시아로 들어왔다. 러시아에서 유대 인들은 정해진 거주 지역 내에서 살아야 했고, 동유럽의 다른 나라들처럼 그들의 전통적인 복장을 해야만 했으며, 직업도 상업이나 수공업으로 제한되었다.

유대 인 마을에는 목욕탕, 기도소, 조상의 묘지 등이 서로 인접해 있었다. 큰 마을에는 에시바라는 랍비 학교가 있고 유대 인 병원도 있었다. 유대 인 생활의 중심지는 하루 세 차례 남자들이 기도하기 위해 모이는 목조 회당이다. 그들은 경전인 토라의 의미에 대해 랍비와 토론하거나 종교나 자녀 양육 등에 대해 랍비의 충고를 듣는다.

모스크바, 빌니우스, 상트페테르부르크와 같은 대도시에서 일부 성공한 상인들도 있지만 대부분의 유대 인들은 목공, 직조, 양복 재단, 짐마차 몰이, 구두 수선, 땜장이, 유리 세공 등으로 생계를 이어가는 기능공과 상인들이었다.

유대 인 마을의 외부에서 받는 고등 교육의 기회는 엄격히 제한되었다. 대도시에서 공부하기를 간절히 바라는 일부 여성들은 매춘부로 등록하여 거주 허가를 얻기도 했고, 부유한 유대 인들은 뇌물을 주어 타 지역 거주 허가를 받기도 했다.

1827년 제정된 법률에 따라 남자는 12살부터 징병되어 최장 25년간 복무하는 경우도 있었다. 제정 러시아는 유대 인들을 개종시키고 그들의 전통적인 생활 방식을 포기하도록 하기 위해 턱수염과 귀밑머리를 자르고 그리스 정교로 개종하면 군복무를 면제시켜 주었으나 대부분의 유대 인들은 이를 단호히 거부했다.

아들을 교육시키고 딸을 시집보내는 것은 그들에게는 엄청난 부담이었으나 자식이 없는 것은 큰 비극으로 여겼다. 유대 인들은 학구열이 대단하여 아무리 가난해도 소년들을 랍비 학교에 보내지 못하는 일은 없었다. 세 살인 어린 아이에게는 하루 10시간씩 1주일 6일을 꼬박 헤브라이 어 성경과 아랍 어 탈무드를 공부시켰고, 그것들을 일상어인 이디쉬 어로 옮기는 공부를 시켰다.

딸을 결혼시키기 데에 드는 혼수와 지참금과 결혼식 비용은 큰 부담이 아닐 수 없어 부자 사위를 보는 것이 그들의 꿈이었다. 유대 인 촌에서 중매쟁이는 중요한 존재였으며 대부분 그들을 통해 결혼이 성사되었다.

유대 인들에 대한 제한을 완화시키려는 움직임이 있었으나 1881년 알렉산더 2세의 암살과 혁명 운동에 유대 인들이 간여했다는 이유로 그 후 25년간 유대 인 학살극이 벌어졌다. 19세기 말 러시아에는 500만 명의 유대 인이 살고 있었지만 1910년에는 동유럽 유대 인의 3분의 1이 박해를 피해 해외로 이주를 떠났는데, 그들 대부분은 미국으로 건너가 새로운 삶을 시작하였다.

명예를 건 결투

중세 유럽에서는 신사들이 명예를 지킨다는 명목으로 툭하면 결투를 벌였다. 결투에는 사법적 시비를 가리기 위한 결투와 명예를 지키기 위한 결투가 있었다. 사법적 결투는 통상적인 재판 과정을 거치지 않는 대안, 즉 재판의 형태로 행해졌다. 로마 시대 북방 게르만 족은 사법적 결투로 시비를 가렸다. 결투 장소, 시간, 사용할 무기 등은 재판관이 정했고, 결투 당사자들은 결투에 임하겠다는 약속으로 담보물을 맡겼다.

사법적 결투는 신이 정당한 사람으로 하여금 이기게 할 것이라는 믿음에 근거하며, 결투에서 패한 사람이 죽지 않았을 경우에는 법에 따라 응분의 처벌을 받아야 했다. 영국, 프랑스, 아일랜드를 비롯하여 많은 유럽 국가들도 사법적 결투를 합법화했다. 영국에서는 사법적 결투가 11세기에 합법화되어 1819년까지 인정되었다.

15세기경부터 결투는 명예를 지키기 위한 수단으로 변질되기 시작하여 사소한 일이나 모욕적인 발언 때문에 결투를 벌이는 경우가 많았다. 절대로 굴복하지 않고 물러서지 않으며 비겁하지 않고 비굴함을 극복하는 것이 결투의 기본이었다.

1777년 아일랜드 귀족들이 만든 결투 규범은 아일랜드와 영국에서 널리 적용되었는데, 뒤에 아메리카 대륙으로까지 건너갔다. 1838년 미국 사우스캐롤라이나 주지사 윌슨은 미국식 결투 규범을 만들었다. 당시에는 결투를 하다가 상대가 죽어도 살인을 저질렀다기보다는 명예를 지켰다고 보는 시각이었다.

독일의 펜싱 결투

독일의 대학생들 사이에서는 한때 펜싱 결투가 유행했다. 눈과 몸통은 보호구를 착용하고 얼굴만 노출시킨 채 결투를 벌였다. 결투에서는 입회인들이 각자의 위치를 정해 준 다음 칼을 높이 치켜들면 결투가 시작되었다. 만일 한 사람이 부상을 당하면 입회인들이 개입하여 의사나 학생들이 상처를 치료해 주었다. 중상이 아니면 결투는 계속되었다.

결투에서 얻은 상처는 동료 학생들과 여성들에게 선망의 대상이었다. 길거리의 맥주 집에서 결투 클럽의 모자를 쓴 흉터투성이의 신사들이 젊은이들이 권하는 맥주를 마시면서 지난날의 이야기를 자랑스럽게 들려주는 장면을 흔히 볼 수 있었다. 1839년 예나에서 벌어진 결투로 다수의 사망자가 발생하자 그로부터 독일에서는 결투가 금지되었다.

결투로 목숨을 잃은 푸시킨

푸시킨1799~1837은 시인이자 소설가로 러시아 근대 문학의 아버지라 불린다. 그의 작품은 자유 정신으로 가득 차 있으며, 대표작에는 「대위의 딸」이 있다. 그는 작품을 통해 전제 정치를 비판하다가 1820년 페테르부르크에서 추방되어 남러시아를 방랑한 적도 있다.

푸시킨은 30세 때 미모의 나탈리아16세와 결혼했다. 사교계에 널리 알려져 있던 그녀24세는 프랑스계 젊은 근위대 장교인 조르지 당테스와 사랑에 빠졌다. 이를 알게 된 푸시킨은 당테스에게 결투를 신청했다.

1837년 2월 8일 눈이 많이 내린 추운 겨울 저녁 러시아의 수도 페테르부르크의 남쪽에 위치한 초르나야의 숲속에서 두 사람의 결투는 시작되었다. 두 발의 총성과 함께 두 사람은 모두 쓸어졌다. 당테스는 가벼운 부상이었으나 푸시킨은 배에 총을 맞아 중상이었다. 이틀 동안 사경을 헤매는 동안 푸시킨은 아내 나탈리아의 면회를 거절하다가 임종을 깨달았던지 그는 나탈리아를 불렀다.

"당신은 모스크바를 떠나 시골에 가서 살되, 재혼은 2년 후에 하도록 하오. 그때는 남편에게 충실히 하시오."

그는 죽기 전 의식을 찾아 마지막 한 마디를 남기고 죽었다.

"끝장이다. 내 목숨!"

푸시킨이 죽은 며칠 후 페테르부르크와 모스크바에서는 푸시킨의 죽음을 애도하며 상류 사회에 대한 울분을 토로한 근위대 장교 레르몬토프의 시가 널리 애송되기 시작했다.

"너희들의 시커먼 피를 아무리 짜낸들 시인의 더 없이 깨끗한 피를 씻어낼 수는 없을 것"

이 시로 레르몬토프는 전선으로 추방되고, 권력자의 사주를 받은 친구와 결투로 세상을 떠났다.

몸속에 총알을 지니고 산 앤드루 잭슨 1815년 앤드루 잭슨1767~1845 육군 소장이 이끈 오합지졸의 미국 군대가 뉴올리언스에서 지상전으로는 유일하게 영국군에게 대승을 거두자 그는 일약 전쟁 영웅이 되었고 얼마 뒤 제7대 미국 대통령에 당선되었다.

그는 대통령이 되기 전부터 툭 하면 결투를 했다. 1805년 디킨슨이란 소문난 총잡이가 잭슨과 말다툼 끝에 잭슨의 아내에 대한 험담을 하자, 화가 치민 잭슨이 결투를 청했다.

정해진 날 두 사람은 권총을 차고 결투장에 나타났다. 결투가 시작되자 디킨슨이 쏜 총알이 잭슨의 심장 바로 옆 갈비뼈에 명중했다. 먼저 총을 맞은 잭슨은 디킨슨의 심장을 향해 방아쇠를 당겼으나 불발이었다. 결투 조건상 먼저 쏜 사람은 상대방이 쏠 때까지 그대로 서서 기다려야 했고, 불발이면 다시 한 번 쏠 권리가 있었다.

잭슨이 다시 장전하여 쏜 총알을 배에 맞은 디킨슨은 출혈 과다로 죽고 말았다. 잭슨이 맞은 총알은 워낙 심장 가까이에 박혀 있어 당시의 의술로는 제거할 방법이 없었다. 그리하여 몸속에 박힌 총알은 그가 죽을 때까지 39년간이나 그대로 지닌 채 살아야만 했다.

장검을 차고 결투장에 선 링컨 미국의 제16대 대통령 링컨1809~1865은 키가 190cm로 장신이었다. 1842년 일리노이 주 감사이자 검사인 제임스 쉴즈가 세금을 금과 은으로만 내라는 포고령을 내려 주민들의 원성을 사고 있었다. 일리노이 주 의회 의원을 꿈꾸고 있던 링컨은 산가모 저널이라는 지방 신문에 쉴즈를 조롱하는 기사를 가명으로 잇달아 투고했다.

쉴즈는 가명의 투고자가 링컨이라는 것을 알아내고는 그에게 결투를 신청했다. 1839년부터 일리노이 주에서는 결투가 금지되어 있었지만, 링컨은 이를 받아들이지 않을 수 없었다. 결투 규범상 도전을 받은 사람이 무기와 장소를 정할 권리가 있었다. 키가 큰 링컨은 자신에게 유리한 장검을 무기로 선택했다.

정해진 날, 두 결투자는 장검을 허리에 찬 채 세 명씩의 입회인을 데리고 결투장에 나타났다. 결투가 시작되기 전, 링컨이 장검을 뽑아 머리 위 버드나무 가지 하나를 휙 하고 내리치자 나뭇가지가 땅에 툭 떨어졌다. 이를 본 쉴즈는 간담이 서늘해졌다. 그가 겁에 질린 표정으로 주춤하자, 양측 입회인들은 이때다 싶어 두 결투자에게 화해를 제의했다. 기세등등하던 쉴즈는 꼬리를 내렸고 두 사람은 화해하여 결국 결투는 무산되었다.

미국식 결투 규범

- 결투에 사용할 무기 종류와 결투 장소는 결투를 요청 받은 사람이 정하며, 두 결투자 간의 거리는 결투를 요청한 사람이 정할 권리가 있다.
- 결투장에서 "사격!"하는 소리가 나면 3초 내에 발사해야 한다. 3초 이상 상대방을 겨누는 것은 비신사적인 행동이다.
- 상대방에게 각각 한 발씩 발사한 후 어느 쪽이든 사과를 하면 결투가 끝나고, 사과가 없으면 다시 세 발씩 교환한다. 그런 후에도 사과가 없으면 상대방이 쓰러질 때까지 총을 발사한다.
- 결투를 시작하기도 전에 사과하는 것은 용납되지 않는다. 최소한 각자 한 발씩은 겨룬 뒤에야 사과가 허용된다.
- 결투자를 대신하여 입회자가 결투를 벌여야 하는 경우를 대비하여 결투 입회자는 결투자와 동등한 사회적 지위를 갖고 있어야 한다.

- 자신의 아내나 딸, 어머니에 대한 모욕은 자신에 대한 모욕보다 더 치욕적인 것으로 간주하므로 결투로 명예를 지켜야 한다.
- 결투장에서 권총 대신 검을 사용할 경우, 상당한 출혈이 있거나, 몸을 움직이지 못하게 되거나, 검을 빼앗길 때까지 싸워야 한다. 출혈이 있더라도 사과하지 않는 한 결투는 계속된다.

마리아는 원죄 없는 처녀

1854년 교황 피우스 9세는 예수를 잉태한 마리아에 대해 무원죄 잉태설을 공식화함으로써 수백 년 동안 논란이 되어온 성모 마리아에 대한 논쟁에 종지부를 찍었다.

> 마리아는 원죄 없는 순수한 처녀로 예수를 낳았다. 따라서 마리아는 기독교 교리 상 예수의 동반자 위상을 갖는다.

아울러 교황 피우스는 "교황은 예수의 사도로서 오류를 저지르지 않는 존재"라고 강조함으로써 반론을 제기하지 못하게 쐐기를 박았다.

노예 무역

노예 제도는 인류 역사상 고대로부터 여러 지역에서 널리 있었던 제도였다. 고대와 중세의 노예는 예속적인 위치에서도 주인집 식구로서 최소한의 인격은 인정되었지만, 아메리카 등 일부 지역의 흑인 노예는 완전히 상품화되어 학대가 극심했다.

아메리카 신대륙에서 원주민인 인디언들이 중노동과 천연두, 홍역, 인플루엔자 등 서양인의 질병으로 자꾸 쓰러지자 포르투갈, 스페인, 영국, 네덜란드 등 유럽 상인들은 아프리카의 흑인 원주민들을 잡아 노예로 팔았고, 아프리카 원주민 추장들도 이들의 노예사냥에 협조했다.

18세기 노예 무역은 유럽 · 서아프리카 · 아메리카를 잇는 삼각 무역으로 막대한 이익을 남겼다. 유럽의 노예상은 먼저 유럽에서 면직물, 철포, 탄약, 장식용 구슬 등을 싣고 서아프리카로 가서 노예와 교환한 뒤 이들을 아메리카의 집단 농장플렌테이션에 넘겼다. 상인들은 아메리카 대륙에서 설탕, 당밀, 담배, 목화 등을 싣고 럼주의 원료인 당밀은 미국의 뉴잉글랜드 식민지에 공급하고 그곳에서 럼주를 사들였다. 그리하여 그들은 설탕, 럼주, 담배, 목화 등을 유럽으로 싣고 와서 팔았다. 상인들은 이 삼각 무역에서 엄청난 이익을 남겼다.

흑인 노예들은 브라질의 광산 지대, 카리브 해 연안의 사탕수수 농장, 북아메리카의 목화 농장 등에 팔려갔다. 아프리카 흑인 노예를 얼굴이나 몸에는 낙인을 찍고 사지를 사슬로 꽁꽁 묶은 채 배에 빼곡히 싣고 카리브 해역과 브라질 등지에 공급했다. 열악한 환경 속에서 긴 항해를 하는 동안 전염병이나 탈수증, 자살 등으로 항해 중에 20% 정도가 죽었다. 병에 걸린 노예는 전염병 확산을 우려하여 산 채로 바다에 던져 버렸다.

흑인 노예의 값은 아프리카 현지에서는 약 10파운드로 럼주 약 100갤런에 해당하나 미국에서는 이보다 2~5배로 비싸게 팔았다. 흑인 노예는 담배나 목화를 재배하던 버지니아 개척민들에게 인기가 높아 1790년에는 버지니아에만도 20만 명의 흑인 노예들이 팔려 왔다. 식민지 개척자들은 처음부터 노예 매매로 재미를 보았다. 생포한 인디언들은 서인도로 팔아넘기고 아프리카 흑인들을 데려와 노예로 삼았다.

1829년 남대서양에서 노예 상선을 만난 영국 군함의 한 승무원은 항해 일지에 이렇게 적고 있다.

> 그 배의 화물은 아메리카 대륙으로 실려 가는 505명의 흑인 남녀로서, 17일 동안 55명이 죽어 바다 속에 버려졌다고 한다. 노예들은 갑판 안의 철창 속에 처박혀 꼼짝도 못할 지경이었으며 몸에는 양처럼 소유주의 낙인이 찍혀 있었다.

다음은 버지니아의 집단 농장의 흑인 노예들이 주인 몰래 부르던 영가다.

> 주인은 새털 침대에서 자고 검둥이는 바닥에서 자네. 우리 아이들이 천국에 가면 그 애들은 노예로 살지 않으리.

잔인한 인간 사냥과 노예들의 참상이 알려지면서 노예 무역을 폐지해야 한다는 주장이 꾸준히 제기되어 유럽 각국은 노예 무역을 포기하기 시작했다. 덴마크는 1803년, 영국은 1807년, 미국은 1808년, 스페인은 1820년, 포르투갈은 1830년에 노예 무역을 법으로 금지시켰고, 미국의 링컨 대통령은 1863년에 노예 해방령을 발동했다. 그리하여 고대 로마 시대 이후 없어졌다가 15세기에 다시 부활한 노예 제도는 사라지게 되었다. 15세기 이후 약 300년 동안 노예 무역으로 약 1,500만 명의 흑인 노예들이 아프리카에서 아메리카 등지로 팔려나갔다.

아프리카 노예사냥 아메리카 신대륙을 개척하던 초기에는 대서양을 건너오는 뱃삯을 지불하지 못한 가난뱅이들과 본국에서 추방된 범법자들, 그리고 유럽에서 납치해 온 어린이들과 집시 등 백인 노예들이 농장에서 일하는 경우가 많았다.

아프리카 흑인 노예들이 신대륙으로 건너온 것은 1619년에 네덜란드 범선 한 척이 20명의 흑인들을 싣고 제임스타운에 들어온 것이 최초였다. 그러다가 1680년 백인 노동자들의 공급이 갑자기 끊기자 흑인 노예들이 물밀듯이 밀려들어오기 시작했다.

1662년 버지니아는 처음으로 노예 제도를 법으로 인정했는데, 이 법에는 노예로부터 태어난 아이는 노예의 신분이 되며, 노예는 기독교의 세례를 받더라도 노예의 신분을 벗어나지 못한다고 규정했으며, 노예는 사고파는 하나의 재산으로 여겨져 주인이 아무렇게나 다루어도 되었다. 이후로 대부분의 주에서도 노예 제도를 법으로 승인하거나 묵인함으로써 노예 제도는 정착되었다.

동아프리카 내륙에서 잡힌 노예들은 인도양 해안으로 강제 이송되었다. 목은 쇠사슬에 묶이고 족쇄가 채인 채 끌려갔으며 도주할 기미가 보이는 노예는 나무기둥에 목을 묶고는 쇠막대기로 고정시켰다. 몸이 약하거나 아파서 일행과 함께 이동하기가 어려운 노예는 그 자리에서 죽여 버리고 시체는 길가에 버렸다. 또한 노예 행렬은 석 달 이상 계속되는 경우가 많았는데 도중에 먹을 것이 떨어지면 노예의 일부를 쇠사슬에 묶은 채 내버려 죽게 했다.

동아프리카에서 잡힌 노예는 약 200만 명으로 추산된다. 대부분의 노예들은 아프리카 동부 해안의 섬나라인 잔지바르 왕국의 노예 시장으로 집결되는데 여기까지 무사히 도착하는 노예는 20%도 되지 못했다.

"팔리지 않으려면 팔아라"가 당시 아프리카 종족들의 생존 수칙이 되었다. 노예 사냥꾼들에게 다른 흑인 종족을 잡아다가 노예로 팔지 못하면 스스로 노예로 잡혀가야 했기 때문이다. 그중 다호메이 왕국이 노예 수출로 두각을 나타냈는데 유럽인들에게 아마존 군단으로 알려진 여성 전사들은 주변국들에게는 공포의 대상이었다.

노예 무역은 상아 무역에서 출발한 부산물이다. 원래는 상아를 해안으로 운반하기 위해 노예를 잡았으나 노예의 수요가 늘어나자 노예 사냥꾼들이 아프리카 내륙까지 침투해 온 것이다. 그들은 너무 늙거나 쇠약한 사람을 제외하고는 남자와 여자 그리고 아이들을 모조리 잡아갔다. 그들이 흔히 쓴 수법은 한 마을의 추장에게 총과 화약을 주고 무장한 병사를 빌려주어 다른 부락을 공격하게 한 다음 그 대가로 포로를 얻었다.

동부 및 남부 아프리카에서는 주로 아랍의 노예 상인들이 활동했으며 여자와 젊은이들을 잡아가 인구가 크게 줄었다. 서아프리카에서는 주로 유럽의 노예 상인들이 아메리카 대륙의 사탕수수, 면화, 담배 등의 플랜테이션 농업에 투입할 노예들을 공급했으며 그들은 여자들을 남겨 두었다.

노예 대상의 행렬은 두세 명의 스와힐리 인이나 아랍 상인들이 앞장을 서고 수행원, 무장 호위병, 노예로 구성된 짐꾼들이 그 뒤를 따랐다. 해안에 도착한 노예들은 잔지바르로 수송되기 위해 노예 수송선다우에 짐짝처럼 빼곡히 실린다. 잔지바르까지 석 달가량 걸리는데 배 밑바닥에서 굶어 죽은 시체는 치울 수가 없어 산 사람 옆에 그대로 내버려 두었다.

잔지바르에 도착하면 노예들에게 약간의 먹을 것과 휴식을 제공하여 건강을 회복시킨 다음 노예 시장에 내놓았다. 노예 시장은 시원한 저녁에 열렸는데 아랍 노예상들은 가축을 팔듯이 노예들의 장점을 설명한다. 여기서 노예들은 다시 모리셔스, 아라비아, 동인도 등으로 또다시 고난의 긴 항해를 떠나야만 했다.

코란은 노예를 인간적으로 대우하라고 가르쳤기 때문에 아랍인 밑에서 일한 노예는 미국 남부의 목화 농장에서 일한 노예보다는 좋은 대우를 받았다.

노예 매매 장면 1846년 버지니아에서 노예를 경매하는 장면을 목격한 엘우드 하비는 이렇게 적었다.

> 나는 버지니아 주 피츠버그 부근의 한 경매장에 갔다가 뜻밖에 노예를 경매하는 장면을 구경했다. 토지 경매가 끝나자 노예 경매가 시작되었다. 줄을 서서 차례를 기다리는 동안 흑인 노예들은 자신들이 팔려 가족들과 뿔뿔이 헤어지게 된다는 사실을 깨닫고는 고통스러운 반응을 보였다. 여자들은 갓난아기를 껴안고 오두막 뒤로 몸을 숨겼고, 남자들은 절망감에 싸여 말없이 서 있었다.
>
> 진행자는 구매자들에게 상태에 대한 보증은 없으니 구매자들 스스로가 점검해야 한다고 설명했다. 나이 많은 몇몇 흑인 노예는 13달러에서 25달러 사이에 팔렸으며, 행여 남부 시장으로 되팔려 가지나 않을지 두려워하는 모습이었다.
>
> 열다섯 살가량의 한 백인 소년이 소개되자 소년의 어머니가 울며 소리쳤다.
>
> "아가야, 내 아가야! 너를 어디로 데려가려고……."
>
> 사람들이 소년의 어머니를 집 안으로 떠밀어 넣자 경매는 다시 진행되었다. 감히 울지도 못하고 떨며 눈물을 훔치고 있던 소년은 250달러에 팔렸다.
>
> 다음에 차례가 된 한 여자는 갓난아기를 한 번 꼭 껴안은 다음 나이 많은 여자에게 넘겨주고는 단상에 올랐다. 경매가 진행되는 동안 숙소 안에서 울음소리와 외침소리가 들려왔다.
>
> 우리는 그곳을 떠났다. 우리 마차를 몰고 온 노예는 아이가 모두 여덟 명인데 여섯 명은 팔려가 소식도 듣지 못한다고 했다. 지금은 농장주의 아들 둘만 데리고 있는데, 팔아넘기지 않겠다는 약속을 받아 놓았다고 했다.

어느 노예의 처벌

1846년 미국의 교육가 새뮤얼 그리들리 호우가 뉴올리언스 감옥에서 우연히 흑인 노예를 처벌하는 장면을 목격하고는 이렇게 적었다.

> 돌이 깔린 넓은 마당에 들어섰을 때 내 눈에 들어온 광경은 생전 처음으로 머리털을 곤두서게 한 끔찍한 장면이었다. 한 흑인 여자아이가 홀딱 벗은 몸으로 판자 위에 엎드려 묶인 채 덩치 큰 흑인에 의해 채찍질을 당하고 있었다. 한 번 채찍을 내리칠 때마다 피부가 떨어져 나오면서 피가 배여 나왔다. 아이는 비명을 지르며 머리맡에 서 있는 주인에게 살려달라고 애원했다.
>
> 그곳은 정상적으로 운영되는 공공의 감옥이었고, 그 채찍질은 합법적으로 허락된 것이었다. 아이의 주인이 아이를 감옥으로 데려와 채찍질을 맡긴 것이다. 아이의 잘못이나 이유는 밝힐 필요도 없고, 재판도 필요 없다. 주인 마음대로다. 스물다섯 대 한도 내에서 몇 대라도 때릴 수 있으며, 매일 데려와도 된다. 주인이 원하고 돈만 내면 집에 사설 채찍판을 두고 자기가 채찍질을 해도 된다.

유럽인이 즐겨 마신 술

유럽인들이 즐겨 마신 럼주는 설탕을 만들고 난 찌꺼기인 당밀을 발효, 증류, 숙성시켜 만든 대중적인 값싼 술이다. 18세기에 영국 해군은 수병들의 사기를 돋우기 위해 럼주를 하루에 240cc씩 지급하기도 했다.

칵테일의 기초 재료로 쓰이는 진은 1660년 네덜란드의 레이덴 대학 의학부 교수 프란시스 실비우스가 노간주나무의 열매주니퍼베리를 원료로 하여 해열을 위한 약용으로 처음 만들어졌다. 17세기 전성기의 네덜란드에서는 선원들이 진을 즐겨 마셨다.

위스키는 원래 스코틀랜드의 술이며 잉글랜드에서는 주로 맥주, 와인, 코냑을 즐겨 마셨다. 1707년 잉글랜드와 스코틀랜드가 합쳐진 후 스코틀랜드에서는 무거운 주세를 피하기 위해 맥아를 원료로 하여 간단한 단식 증류기인 포트스틸로 만든 위스키몰트위스키 밀주가 성행했다. 18세기 후반에는 옥수수를 원료로 연속 증류기인 페이턴트 스틸로 값싼 알코올그레인위스키이 양산되기 시작했다. 19세기 후반 포도뿌리흑벌레로 유럽의 포도밭이 큰 타격을 받아 와인과 브랜디를 구하기 어렵게 되자 스코틀랜드 위스키가 유럽에 널리 퍼지게 되었다. 스카치위스키는 대부분이 스코틀랜드의 남부 로랜드에서 만들어지는 그레인위스키와 북부 아일랜드에서 만들어지는 몰트위스키를 혼합하여 만들어진다.

남북 전쟁

미국은 식민지 시대 이후 남부는 노예를 이용한 플랜테이션 농업이 성행했고, 북부는 가내 수공업과 상업이 발달하여 남북 간에는 생활 방식과 경제 구조에 차이가 있었다. 영토의 확장과 산업 혁명의 영향으로 상공업 위주의 북부의 경제력이 농업 위주의 남부를 압도하기 시작했다. 이주민들은 정착이 비교적 쉬운 북부로 몰렸고, 북부는 의회의 대다수 의석을 차지하고 있어 연방 의회의 법령은 대개 북부에 유리했으며, 공장과 철도도 대부분 북부에 집중되었다.

이러한 여건 때문에 노예제에 대한 생각도 달랐다. 노예의 노동력이 절대적으로 필요했던 남부는 노예제를 주장했으나 북부는 노예제를 반대해 연방에 새로운 주가 추가될 때마다 노예제가 논란이 되었다. 1818년까지 미합중국의 22개 주는 모두 미시시피 강 동쪽에만 있었는데 노예주가 11개 주, 자유주가 11개 주로 균형을 이루고 있었다.

그러다가 미시시피 강 서쪽의 미주리 주가 연방에 가입하게 됨에 따라 남과 북의 대립이 격렬해지기 시작했다. 1820년 의회에서 격론 끝에 미주리 협정이 타협안으로 가결됨에 따라 북위 36° 30′ 이북은 자유주로, 이남은 노예주가 되었다. 그러다가 1854년 노예제 여부를 국민 투표로 결정하게 하는 캔사스-네브래스카 법안이 성립되면서 미주리 협정은 파기되었다.

1860년 노예제 폐지를 주장해 온 링컨이 제16대 대통령에 당선되자 그는 "나의 최고의 목표는 연방을 유지하는 것이지 노예 제도 문제는 아니다"라고 선언했고, 남부의 연방 탈퇴를 내란으로 규정하고 연방 정부를 유지하기 위해서는 무력 사용도 불사하겠다고 경고했다. 하지만 1861년 사우스캐롤라이나, 미시시피, 플로리다, 앨라배마, 조지아, 루이지애나, 텍사스 주는 연방 탈퇴를 선언하고 남부 연합을 결성했다. 남부 연합은 노예제를 인정하는 헌법도 만들어 제퍼슨 데이비스를 대통령으로 선출하고 수도를 리치먼드로 정했다.

1861년 4월 12일 남부 연합군은 사우스캐롤라이나 주 찰스턴 항구의 섬터 요새에 대한 소유권을 주장하며 이곳의 연방군을 공격함으로써 남북 전쟁1861~1865이 시작되었다.

이후 버지니아, 아칸소, 테네시, 노스캐롤라이나 주도 남부 연합에 가담함으로써 남부 연합은 11개 주에 인구는 900만 명이었고, 북부 연맹은 22개 주에 인구는 2200만 명이었다. 전쟁은 주로 남부의 수도인 리치먼드와 북부의 수도인 워싱턴을 잇는 동부 전선과 병력과 물자 수송의 요충지인 미시시피 강 유역의 서부 전선으로 나뉘어 있었다.

1963년 1월 1일 링컨은 마침내 노예 해방령을 전격 선포함으로써 남북 전쟁은 인간 해방을 위한 전쟁으로 승화되어 국민들을 크게 고무시켰고, 1863년 7월 게티즈버그 전투로 남북 전쟁은 사실상 거의 끝이 났다. 1865년 1월 의회는 노예제를 전면 금지하는 수정 헌법을 통과시킴으로써 노예제는 미국에서 완전히 철폐되고 말았다. 1865년 3월 남부의 수도 리치먼드가 북군에 함락되고, 4월 12일 애퍼매턱스에서 남군의 총사령관 로버트 리 장군은 남군의 포로를 모두 석방해 준다는 조건으로 북군의 그랜트 장군에게 항복함으로써 4년여에 걸친 남북 전쟁은 마침내 막을 내렸다.

1867년에 남부에서 흑인이 참여하는 재선거를 실시한 결과 모든 주에서 흑인과 백인 급진주의자들이 의회의 과반수를 차지하게 되었다. 그들은 헌법을 수정하고 연방에 다시 가입했다. 1869년 착공 4년 만에 대륙 횡단 철도가 개통되자 사람들은 서부로 몰리기 시작했고 남부에도 공장이 들어서기 시작하면서 새로운 남부로 발전하기 시작했다.

흑인 노예들의 비밀 조직

1831년 버지니아의 사우샘프턴에서 내트 터너가 주동하는 70여 명의 흑인들이 무장 폭동을 일으켜 각자의 주인을 먼저 죽인 다음 길거리로 뛰쳐나와 백인들을 닥치는 대로 살해했다. 길거리에는 57구의 백인 시체가 여기저기 널려 있었고 거리는 마치 유령의 도시처럼 텅 비었다. 주동자들의 기대와는 달리 노예 해방을 위한 투쟁은 전국적으로 확산되지 못하고 진압되고 말았다[내트터너의 반란].

미국의 노예제는 17세기 초에 시작되었으나 19세기 초 면화 농장의 발달과 함께 본격화되었다. 남부의 농장들은 처음에는 주로 담배를 경작했으나 담배는 땅을 황폐화시켰고 과잉 생산으로 값이 폭락하자 농장주들은 면화를 심기 시작했다. 그러다가 목화씨를 뽑아내는 기계가 나오자 면화 농장은 급속히 늘어났고 1860년 미국의 총수출의 3분의 2가 면화였다.

1850년대 미국 남부의 농장주들은 대부분 흑인 노예를 부리고 있었다. 주인들은 노예들을 혹독하게 부리면서 공개 장소에서 태형을 가하든지 쇠사슬로 묶고 족쇄를 채우는 형벌을 가했고 노예들에게는 교육을 금하는 주도 있었다. 체벌보다 더 잔혹한 것은 주인이 노예 가족을 따로따로 팔아 노예들의 가족을 파괴시키기도 했다.

1850년 남부 주들의 강력한 요구로 탈출 노예 처벌법이 격론 끝에 제정되었다. 이 법은 탈출한 노예를 그 소유주가 영장 없이도 체포하여 끌고 가는 것을 허용했고, 또한 그들의 탈출을 도와주거나 원래의 소유주에게 돌려주지 않는 자는 처벌을 받게 되었다.

농장 생활을 견디지 못하고 북부나 캐나다로 탈출하는 노예들이 늘어나자 1810년 퀘이크 교도들이 '지하 철도'라는 비밀 조직을 만들어 그들의 탈출을 도왔다. 주로 일반인이나 성직자들로 구성된 조직원들은 탈출한 노예들을 안전하게 도망갈 수 있도록 도와주고 식량, 옷, 잠자리 등을 제공하며 자유로운 새 생활을 할 수 있도록 해주었다. 그들 조직원들은 주로 철도 용어를 사용했는데 탈출 경로를 노선, 탈출한 노예를 화물 또는 소포, 숨는 장소를 역, 탈출을 돕는 사람을 차장이라 불렀다.

1865년 노예 제도는 공식적으로 폐지되었지만 흑인들에 대한 인종 차별법이나 조직들이 남아 그들에 대한 학대는 한동안 계속되었다.

토머스 제퍼슨 미국 독립 선언서의 기초를 작성한 토머스 제퍼슨1743~1826은 제3대 대통령으로서 아메리카 민주주의를 정착시키는 데 크게 공헌한 인물이다. 대통령 임기가 끝나자 그는 정계에서 은퇴하고 버지니아 대학을 설립하여 총장을 지냈다. 1820년 제퍼슨은 친구에게 보낸 편지에서 미주리 협정이 남북 분열을 초래할 것이라고 우려했다.

> 나는 이미 정치를 떠나 더 이상 공사(公事)에는 관여하지 않기로 하여 신문도 읽지 않고 지냈지만, 이번의 미주리 문제는 너무나 놀랍더군. 도덕적이고 정치적인 두 노선이 지리적인 선을 기준으로 양분되는 점이 염려스럽다네. 경계선은 사람들을 자극할 것이고 양측은 서로 반목하는 가운데 항구적인 분열을 초래할 걸세. 나는 우리나라의 결속이 오래 지속될 것이라고 생각하여 정계를 떠났지만, 지금은 그 생각에 의문이 드네. 현재의 그 경계선이 아닌 자연의 여러 법칙이 지배하는 포토맥 강, 오하이오 강, 미주리 강 또는 미시시피 강에 의한 분리가 지금 내 눈에 보이는 듯하네.

로버트 에드워드 리 장군의 편지 1865년 4월, 남군의 영웅 로버트 에드워드 리 장군은 압도적인 전력을 가진 북군의 율리시즈 그랜트 장군에게 쫓겨 병사의 3분의 2를 잃고 남은 병사 12,500명을 더 이상 희생시킬 수가 없다고 판단하여 단 두 명의 병사를 데리고 북군 진영으로 향해 항복했다. 항복을 받은 북군의 그랜트 장군은 25,000명 분량의 식료품을 남군에게 공급하기로 약속했다. 다음은 항복한 리 장군이 자신의 부하에게 보낸 고별 편지이다.

1865년 4월 10일, 북버지니아 군단 사령관에게

지난 4년 동안 탁월한 용기와 불굴의 정신으로 혹독한 임무를 수행해 온 북버지니아 군단은 압도적인 병력과 물량 앞에 부득이 항복하지 않을 수 없게 되었다. 수많은 어려운 전투에서 최후까지 동요하지 않고 잘 싸워 주었던 그대들. 내가 북군을 믿고 이러한 결과에 동의했다는 점은 지금 말할 필요도 없을 것이다. 아무리 용맹하고 헌신적으로 전쟁을 계속한다 하더라도 엄청난 손실은 불가피할 것으로 생각한다. 따라서 나는 이러한 상황에서 그대들을 더 이상 무모하게 희생시키지 않기로 결단을 내렸다.

북군과의 합의에 의해 병사들은 고향으로 돌아가거나 교체가 있을 때까지 그곳에 머물러도 좋다. 제군들은 의무를 충실히 완수했다는 자부심을 가지고 귀환하게 될 것이다. 자비로운 신의 복음과 가호가 제군에게 있기를 진심으로 기원한다. 제군들의 조국에 대한 충절과 헌신에는 머리가 숙여질 뿐이며, 또한 제군들이 나를 다정하고 관대하게 생각해 준 것에 감사한다. 친애하는 마음을 담아 이별의 인사를 보낸다. – 1865년 4월 10일, 로버트 에드워드 리

에이브러햄 링컨

미국인들의 영웅인 제16대 대통령 에이브러햄 링컨1809~1865은 켄터키 주의 한 가난한 통나무집의 농부의 아들로 태어났다. 정규 교육을 거의 받지 못한 링컨은 어릴 때부터

아버지를 도와 농사일도 하고 우체부와 측량원으로 일하면서 독학했다. 링컨은 25살 때 일리노이 주의원으로 당선되었고, 27살 때에는 변호사가 되었다.

1847년 연방 의회 의원에 당선된 링컨은 자신의 경쟁자가 주도한 노예제 확장을 위한 법안을 맹렬히 공격하면서 전국적인 관심을 끌었다. 이를 계기로 1860년 공화당 전당 대회에서 대통령 후보로 지명 받은 후 제16대 미국 대통령에 당선되었다.

1861년 링컨이 대통령에 취임하자 남부 5개 주가 먼저 연방을 탈퇴하여 남부 연합 정부를 결성하고, 이어서 남북 전쟁이 발발했다. 내전 중이던 1863년 링컨은 남부 연합 지역에 대한 노예 해방령을 선포했고, 남부의 흑인 18만 명이 북군에 가담하여 참전하는 효과를 얻었다.

1864년 링컨은 대통령에 재선되었으나 이듬해 4월 전쟁 종료를 약 2주일 앞두고 워싱턴의 포드 극장에서 암살당하고 말았다.

25센트의 선거 자금 링컨이 공화당 후보로 처음 대통령 선거에 출마했을 때 공화당에서 그에게 선거 자금으로 200달러를 주었다. 선거에서 당선된 링컨은 남은 선거 자금 199달러 25센트를 정당에 반납했는데 그 속에서 한 통의 편지가 있었다.

> 당에서 선거 자금으로 준 200달러 중 쓰고 남은 199달러 25센트를 반납합니다. 지출한 75센트는 선거 운동원에게 대접한 쥬스 값으로 지출했습니다. 이 편지를 75센트에 대한 영수증으로 대신하고자 합니다.

링컨은 선거 기간 중에 자기 말을 타고 다니면서 유세를 했다. 링컨은 한 소녀가 그에게 보낸 편지에서 턱수염을 길렀으면 좋겠다는 제의를 받아들여 이미지를 쇄신했다.

노예 해방 선언 1847년 링컨은 연방 의회 의원으로 당선되었다. 1854년 노예제의 확대를 겨냥한 민주당 법안에 대해 "나는 노예제 그 자체가 엄청난 불의이기 때문에 이를 증오한다"라고 맹렬히 공격해 전국적인 관심을 끌었다.

남북 전쟁 중 노예제 철폐에 대한 애매모호한 링컨의 태도를 〈트리뷴〉지가 공개 질문하자 링컨은 다음과 같은 편지로 자신의 소신을 밝혔다.

이 싸움의 최고의 목적은 연방을 유지하는 것이지 노예제의 폐지는 아닙니다. 만약 노예를 해방시키지 않음으로써 연방이 존속될 수 있다면 나는 그렇게 할 것이고, 노예를 해방시킴으로써 연방이 존속될 수 있다면 나는 역시 그렇게 할 것이며, 또한 노예의 일부만을 해방시키고 나머지를 그대로 존속시킴으로써 연방이 존속될 수 있다면 나는 또한 그렇게 할 것입니다.

내가 노예 제도나 흑인에 대해 무언가를 한다면, 그것은 그렇게 함으로써 이 연방을 구하는 데 도움이 된다고 믿기 때문입니다.

1862년 앤티탐 전투 직후, 링컨은 남부 연합이 그해가 가기 전에 연방으로 복귀하지 않으면 그들의 노예를 자유민으로 선포하겠다고 선언했으나 어느 주도 연방으로 돌아오지 않았다. 그러자 1863년 1월 1일 링컨은 남부 연합 점령 지역의 노예들에 대한 해방을 전격적으로 선포했다. 이 선언에는 북부 연방 내의 노예에 대해서는 반발을 고려하여 언급하지 않았다.

당시 흑인 노예 400만 명 중 남부 연합 점령 지역의 흑인 노예는 20만 명이었는데, 이 조치로 해방된 남부 흑인 노예 18만 명이 북군에 자원하여 참전함으로써 전쟁은 점차 북군에 유리하게 전개되었다.

또한 영국과 프랑스는 면화 공급의 차질을 우려하여 남부 연합을 지원하려 했으나, 전쟁이 점차 노예제에 반대하는 인간 해방 전쟁의 성격으로 바뀜에 따라 개입이 불가능해졌다. 1865년 12월 수정 헌법 13조가 비준되면서 노예 해방령은 공식적으로 승인되었다.

게티스버그 연설

1863년 7월 남북 전쟁 최대의 전투가 수도 워싱턴 북쪽 100km에 위치한 게티즈버그에서 벌어졌다. 로버트 리 장군이 이끄는 7만 5,000명의 남군과 10만 명 이상의 북군이 게티즈버그에서 만났다. 3일간의 격렬한 공방전 끝에 결국 남군이 패하고 퇴각했다. 이 전투에서 양측 모두 5만 명 이상의 사상자를 냈다.

1863년 11월 게티즈버그에 건립된 전사자들의 묘지와 충혼탑의 헌납식에 링컨이 참석하여 그 유명한 추도 연설을 하면서 그는 자유와 평등 그리고 민주주의는 목숨을 바쳐 투쟁으로 쟁취하여야 한다고 했다.

87년 전 우리 선배들은 이 대륙에 새로운 나라를 건설했습니다. 자유 속에서 태어난 이 나라는 모든 사람은 태어나면서부터 평등하다는 원칙을 지켜 왔습니다. 세계는 여기 쓰러진 용사들을 결코 잊지 않을 것입니다. 살아 있는 우리는 그들의 희생을 헛되게 하지 말아야 할 것입니다. 그것은 그들이 최후까지 싸운 대의를 위해 우리는 헌신해야 하며, 이 나라를 새로운 자유의 나라로 탄생시키며, 또한 국민의, 국민에 의한, 국민을 위한 정부가 지상에서 사라지지 않도록 하는 것입니다.

링컨의 편지

나는 육군성의 서류 더미 속에서 매사추세츠 국무국장이 보낸 성명서를 보았습니다. 이를 보고 당신이 전장에서 명예로운 죽음을 맞은 다섯 아드님의 어머니라는 사실을 알았습니다. 가족을 잃은 깊은 슬픔 앞에 어떤 위로의 말도 얼마나 무력하고 무의미한 것인지 알고 있습니다. 본인은 아드님이 공화국을 위해 전사한 점에 대해 깊은 감사와 애도의 뜻을 전합니다.

하늘에 계신 우리 주님께서 사별의 괴로움을 위로하고, 사랑하는 가족의 소중한 추억을 되새기며, 고귀한 희생을 치르고 편히 잠들었다는 엄숙한 명 예로 당신을 인도해 주실 것을 기도드립니다.

대통령 재선 취임 연설(1865. 3)

아무도 미워하지 말고 모두에게 정의와 확고한 신념으로 우리에게 주어진 사명을 다하도록 합시다. 조국의 상처를 치료하고 참전 용사와 그들의 가족을 돌보아 줍시다. 영원한 평화를 이룩하고 이를 키우기 위해 필요한 일이라면 무엇이든 합시다.

링컨의 꿈

링컨은 그가 죽기 4일 전인 1865년 4월 11일 오후에 각료 회의를 주재했다. 회의가 끝날 무렵에 그는 각료들에게 지난 밤 자기가 꾼 꿈 이야기를 들려주었다.

그곳이 어디인지는 분명치 않으나 한밤중에 배를 타고 어느 해안을 지나는 꿈을 꾸었소. 그런데 지난 전쟁 중에도 섬터 요새, 불런, 앤티텀, 머프리즈버러, 빅스버그, 윌밍턴 등 큰 전투를 앞두고 항상 똑같은 꿈을 꾸었는데 그때마다 우리 북군이 승리했다오. 이제 또 이런 꿈을 꾸었으니 뭔가 좋은 일이 일어날 것 같소.

링컨은 죽기 전 어느 날 가까운 친구에게 지난 밤 자기가 꾼 꿈 이야기를 들려주었다.

> 한 열흘 전, 밤늦게 잠이 들었는데 꿈을 꾸었다네. 주위가 조용한 가운데 어디선가 사람들의 흐느끼는 소리가 들렸어. 아래층으로 내려가 보니 그곳에서도 흐느끼는 소리가 들렸으나 사람의 모습은 보이지 않았어. 여러 방을 돌아보았으나 사람의 그림자는 보이지 않고 가는 곳마다 흐느낌 소리만 흘러 나왔어. 당황하고 불안한 생각이 들어 무슨 일인가 알아보기 위해 이리저리 헤매다가 이스트룸까지 왔었지. 그곳에서 소름끼치는 광경을 보았다네. 영구대가 있고 그 위에 수의에 싸인 시신이 놓여 있었어. 주위에는 병사들이 둘러 서 있었고 군중들은 시신을 바라보며 흐느껴 울고 있었다네. 한 병사에게 백악관에서 누가 죽었느냐고 물었더니 대통령이 암살당했다고 하더군.

이 이야기를 한 지 며칠 뒤인 1865년 4월 14일 금요일, 평소 연극을 좋아한 링컨은 부인과 함께 백악관 부근의 포드 극장에서 연극을 구경하던 중 존 윌키스 부스라는 젊은이에 의해 암살당하고 말았다. 링컨은 다음날 아침 사망하고 유해는 백악관 이스트룸에 안치되었다. 범인은 열렬한 남부 지지자로서 남군에 참가해 싸웠던 배우였는데, 링컨의 노예 해방령에 강한 반감을 품고 있었다.

암살자는 포토맥 강을 건너 도주에 성공한 것으로 보였으나 4월 26일 부스가 숨어 있던 버지니아 볼링그린의 한 연초 공장 창고를 북부 연합군이 포위했다. 부스가 투항하지 않자 창고는 불길에 휩싸였고 그는 달아나다가 총에 맞고 쓰러졌다.

링컨의 암살 다음은 미국의 수필가이자 저널리스트인 월트 휘트먼1819~1892은 당시의 상황을 이렇게 적었다.

> 1865년 4월 14일, 그날은 온 나라가 길조에 충만한 쾌청한 날씨 같았다. 그토록 어둡고 참혹한 시대를 마침내 벗어나 연방 정부의 승리라는 눈부신 아침 해를 맞으며 우리는 이것이 꿈인지 현실인지 분간하기 어려울 지경이었다. 남부 연합군의 리 장군은 항복했고 다른 부대들도 그 뒤를 따랐다.

그날 극장에는 관객이 많았다. 대통령은 시간에 맞춰 도착하여 부인과 함께 2층의 박스에 앉아 연극을 관람했는데, 제목이 「우리 아메리카의 사촌」이라는 연극이었다.

연극이 진행되는 동안 링컨의 암살이 벌어졌다. 권총소리가 있었지만 대부분의 관객들은 이 소리를 듣지 못했다. 연극에서 잠시 정적이 이어지는 순간 2층의 대통령 박스의 창문에서 한 사내가 아래의 무대로 뛰어내렸다. 부스라는 이 사내는 한 손에 긴 칼을 쳐들고는 객석을 향해 "이렇게 폭군은 죽었다"라고 외치고는 무대 뒤쪽으로 사라져버렸다.

사람들이 영문을 몰라 어리둥절하고 있는데 "살인이야!"라는 비명소리가 들렸다. 대통령 박스에서 링컨 부인이 방금 사라진 그 청년을 가리키며 "저 자가 대통령을 쏘았어요!"라고 외쳤다. 극장 안은 급에 질린 사람들의 비명소리와 함께 수라장으로 변했다. 대통령 근위대를 비롯하여 200여 명의 사람들이 극장 안으로 뛰어 들어왔다.

링컨 아들의 기이한 우연 링컨의 아들인 로버트 토드 링컨은 자기 아버지가 암살되던 1865년 4월 14일, 워싱턴 D.C.의 같은 포드 극장에 있었다. 그는 1881년 9월 2일 제임스 가필드 대통령이 워싱턴의 볼티모어 앤드 포토맥 기차역에서 총격을 받았을 때도 사건 현장의 부근에 있었다. 또한 1901년 9월 6일 윌리엄 매킨리 대통령이 뉴욕주 버펄로에서 개최된 팬아메리카 박람회에서 총격을 받았을 때에도 사건 현장에서 몇 미터 떨어진 곳에 있었다.

링컨의 아내 메리 토드 링컨은 다혈질의 아내 메리 토드에 대해 깊은 사랑을 느끼지 못한 채 살았다. 1842년 링컨이 결혼하기 위해 식장으로 떠나려고 했을 때 하숙집 주인 아들이 링컨에게 "어디 가느냐"고 묻자, 그는 "지옥 가는 거란다"라고 했다.

링컨과 메리 토드 사이에 낳은 네 아들 중 장남인 로버트를 제외한 나머지 세 아들이 모두 일찍 죽었다. 둘째 아들 에디는 세 살 때, 셋째 아들 윌리는 11살 때, 막내아들 태드는 18살 때 죽었다. 가족들의 잇단 죽음을 겪어야 했던 메리는 말년에 정신병으로 요양원에서 생활해야 했다.

링컨은 죽기 전 "아내와 손을 잡고 구경하는 모습을 다른 관객들이 비웃지 않았겠느냐?"고 묻자 "이런 일에 대해서는 사람들이 아예 관심 없을 거야"라고 말했다.

링컨의 뒤를 이은 앤드루 존슨 19세기 초 미국 사람들은 서부 개척을 통해 얻은 자신감으로 의식에도 일대 변화가 일기 시작하여 신분의 귀천을 넘어선 민주주의적 분위기가 만연하게 되었다.

1812년부터 서부의 일부 주를 시작으로 납세액에 따른 선거권 제한이 철폐되고 성인 백인 남자들에게 동등한 투표권이 부여되기 시작했다. 또한 종교에 따른 선거권의 제한도 철폐되고 연방이나 주 의회의 대표자의 수도 인구 비례로 조정되었다. 이러한 민주적 분위기는 1828년 대중의 우상인 앤드루 존슨이 제17대 대통령으로 당선됨으로써 절정에 달했다.

미국의 제17대 대통령 앤드루 존슨은 세 살 때 아버지를 여의고 가난하여 학교에도 다니지 못했다. 그는 13살 때 양복점 일을 시작하면서 18살에 결혼하여 아내로부터 글을 배워 독학으로 정치학 박사 학위를 땄다. 그는 테네시 주지사와 상원 의원을 거쳐 16대 링컨 대통령 시절에 부통령을 지내다가 링컨이 암살되자 잔여 임기 동안 대통령직을 수행하게 되었다.

앤드류 존슨이 17대 대통령 선거에 출마했을 때 선거 유세장에서 경쟁자가 말했다.

"초등학교도 못 다닌 양복쟁이 출신이 어찌 감히 미합중국 대통령이 되겠다고 하는가?"

그러자 앤드류 존슨이 말했다.

"그렇습니다. 저는 초등학교도 다닌 적이 없습니다. 그러나 예수 그리스도도 학교를 다녔다는 기록은 없으며 더욱이 그분도 목수였지 않습니까?"

이에 청중들이 그에게 박수를 보냈고 그는 대통령에 당선되었다.

앤드루 존슨이 대통령에 당선된 후 1867년 알래스카를 러시아로부터 720만 달러에 매입하자 의회와 언론들은 눈과 얼음으로 뒤덮인 쓸모없는 땅을 사서 짐을 맡았다고 비난했다. 당시 러시아로서는 광대한 영토를 유지하기에는 재정적 부담이 커 1854년부터 미국과 막후 협상을 벌여 온 터였다.

그로부터 30년 뒤인 1880년 주노 지방에서 금광이 발견되면서부터 알래스카는 석유, 금, 어로 자원 그리고 무성한 삼림으로 뒤덮인 보고임이 밝혀졌다.

팽창을 거듭한 미국의 영토

버지니아 주 버지니아 주는 워싱턴[1대], 제퍼슨[3대], 윌슨 등 여덟 명의 대통령을 배출하여 대통령의 어머니란 속칭을 가지고 있다.

1584년 엘리자베스 1세 여왕이 가장 아끼던 총신으로 해군 장성이자 작가였던 월터 롤리 경이 북미 대륙을 탐험하다가 이곳을 개척하고 버지니아Verginia로 명명한 것이다. 평생 독신의 처녀 여왕virgin queen에서 유래한다. 1642년 버지니아 주에서는 담배가 유일한 합법적 화폐로 선포되어 1세기 이상 담배가 화폐 단위의 기준이 되었다.

24달러에 사들인 뉴욕의 맨해튼 섬 1524년 이탈리아의 탐험가 조반니 다 베라자노가 프랑스 국왕 프란시스 1세의 후원으로 신대륙을 탐험하던 중 지금의 뉴욕을 처음 발견하고 프랑스는 이곳의 영유권을 주장했다. 당시 그곳에는 인디언들이 사는 부락 하나가 있을 뿐이었다.

1609년 네덜란드 상선이 중국으로 가는 북서 항로를 찾던 중 이 지역을 발견하고 네덜란드 본국에 보고했다. 네덜란드 상인들은 즉각 이곳에 서인도회사를 설립하고 네덜란드 정부는 피터 미뉴엣을 식민지 총독으로 임명하여 신대륙으로 보냈다.

1626년 미뉴엣 총독은 인디언 원주민에게 약 60길더[24달러]에 상당하는 유리구슬과 옷감, 장신구, 나이프 등의 현물을 주고 58km^2 면적의 맨해튼을 사들여 이곳을 본국 수도의 이름을 따서 뉴 암스테르담이라고 했다. 네덜란드는 인디언들의 도움을 받아 영유권을 주장하는 프랑스 인들을 물리치고 맨해튼과 그 주변 지역을 점령했다.

1653년 네덜란드 이주민들을 인디언들로부터 보호하기 위해 맨해튼의 남단에 방벽을 축조했는데 이것이 오늘의 월가Wall Street이다. 현재는 증권과 금융 거래의 중심지로 변모했으나 당시는 유럽과의 상품 거래의 중심지였다.

1664년 영국이 맨해튼과 인근 동부 해안 지역의 무역 중심 도시인 뉴 암스테르담을 네덜란드로부터 빼앗아 영국 왕 찰스 2세의 동생이며 식민지 관리인인 요크 공의 이름을 따서 뉴욕으로 이름을 바꾸었다. 1673년 영국은 이곳을 네덜란드 인들에게 점령당했다가 1년 후에 다시 되찾았다.

당시 뉴욕의 인구는 수백 명에 지나지 않았으나 수 세기 동안 신세계로 들어오는 관문 역할을 하여 18세기 초에는 네덜란드 인, 영국인 그리고 이탈리아 인들이 빈곤과 종교적 학대를 피해 대거 이곳으로 이주해 왔다. 1840년에는 유럽에서의 감자 흉작으로 수십만 명의 유럽인들이 기근을 피해 이민을 왔고, 1890년대에는 남북 전쟁에서 해방된 남부의 흑인 노예들이 맨해튼의 할렘으로 몰려왔다. 이민이 가장 많았던 해는 1907년으로서 한 해 동안 100만 명 이상이 이민을 왔다. 오늘날 뉴욕 인구 약 700만 명의 5분의 1은 이국인 출신이다.

나폴레옹으로부터 매입한 루이지애나 당시의 루이지애나는 남북으로는 미시시피 강 입구에서 캐나다 국경까지, 동서로는 미시시피 강에서 로키 산맥에 이르는 총 214만 km^2의 방대한 지역이었다. 미국은 1803년 이 땅을 프랑스로부터 매입함으로써 일거에 영토가 거의 두 배로 늘어났다.

루이지애나는 원래 프랑스 땅으로서 프랑스 국왕의 이름을 따서 루이지애나로 명명한 것이다. 그러나 프랑스는 이 땅에 관리 한 명도 파견하지 않았고 땅의 사정도 잘 모른 채 방치하고 있다가 7년 전쟁에서 패하자 전쟁 배상으로 스페인에게 넘겨주었다[1763]. 그러나 1800년 프랑스의 나폴레옹은 스페인과 비밀 협정을 맺고 이 땅을 다시 돌려받기로 했다.

그런데 1802년 스페인이 미국 배들에 대해 뉴올리언스의 기항을 금지시켜 버렸다. 미국의 제퍼슨 대통령은 고심 끝에 이 땅의 실질적 주인인 프랑스로부터 뉴올리언스 일대의 땅을 매입하든지 아니면 뉴올리언스 항의 기항권을 따내기로 마음먹고 사절을 보냈다. 전략적 요충지를 프랑스가 쉽게 내줄 것 같지 않아 제퍼슨 자신도 큰 기대는 걸지 않았으나 궁한 나머지 시도한 것일 뿐이었다.

제임스 먼로는 미국의 사절로 프랑스로 건너가 나폴레옹을 만났다. 먼로가 나폴레옹에게 방문 목적을 설명하자 뜻밖에도 그는 선뜻 땅을 팔겠다고 했다. 먼로는 자신의 귀를 의심하지 않을 수 없었다. 미국이 원하는 땅을 포함하여 루이지애나 전체를 팔 테니 사라고 한 것이었다. 먼로는 너무도 뜻밖이라 나폴레옹의 마음이 변하기 전에 매듭을 지어야겠다고 마음먹고 본국에 보고도 하지 않은 채 즉석에서 제안을 수락하고 가격 협상에 들어갔다. 몇 차례의 협상 끝에 1,500만 달러로 합의를 보고 1803년 4월 30일 정식으로 매매 계약이 체결되었다. km^2당 6센트인 셈이다.

루이지애나 매입 소식은 그해 6월 14일에야 제퍼슨 대통령에게 보고되었다. 뜻밖의 행운을 잡은 제퍼슨은 의회의 비준 절차도 밟지 않은 채 서둘러 매매 계약에 승인 도장을 찍었다. 의회도 별다른 이의를 제기하지 않았고 제퍼슨의 인기는 하늘을 찌를 듯 치솟았다. 그리하여 미국의 영토는 일거에 2배 가까이 되어 13개 주로 늘어났고 미시시피 강을 건너 서부로 진출할 수 있는 전기를 마련하게 되었다.

당시 프랑스는 카리브 연안의 프랑스령 생도밍그지금의 아이티에서 반란이 일어나 이를 진압하기 위해 2만 명의 대규모 병력을 보내놓은 데다가 영국과의 전쟁 가능성이 점차 대두되고 있던 터라 나폴레옹은 유럽에서의 전쟁 자금을 확보하고 영국을 견제하기 위해 이 땅을 매각하기로 결심한 것이었다.

스페인으로부터 매입한 플로리다 1819년 미국은 플로리다를 스페인으로부터 500만 달러에 사들이고 스페인의 텍사스 영유권을 인정했다.

이민자들이 멕시코로부터 쟁취한 텍사스 1824년 멕시코가 신헌법을 선포하고 연방 공화제를 수립한 이후 텍사스로 이주하는 미국인의 수가 급격히 늘어났는데 당시 멕시코 사람들은 거의 살지 않았다. 1821년 미국인 이주민이 멕시코에 처음으로 정착하여 1830년에는 인구가 2만 명을 넘어섰다. 미국인들이 무단으로 텍사스로 들어와 농사를 지으며 세금도 내지 않는 등 멕시코의 지배를 거부하면서 정부와의 충돌이 잦아졌다.

1836년 멕시코의 실권자로 등장한 군 출신의 안토니오 정부는 미국인의 이주를 금지시켜 버렸다. 이에 미국인 이민자들이 반발하여 알라모 성에 집결하여 반란을 일으켰다. 그해 3월 멕시코 정부군과 미국인 민병대 사이에 치열한 공방전이 벌어져 알라모 성이 함락되고 민병대 187명 전원이 전사했다. 텍사스의 미국인 이주민들은 "알라모를 잊지 말라"라고 외치며 맹렬히 저항하여 결국 샘 휴스턴이 지휘하는 민병대가 멕시코 군을 몰아냈다.

텍사스는 즉시 독립을 선언하고 샘 휴스턴을 대통령으로 선출했다. 1845년 2월

의회에서 합병 안이 승인됨으로써 텍사스는 미국의 연방으로 편입되었다.

영국과 절반을 나누어 차지한 오리건 당시 오리건은 지금의 오리건 주와 루이지애나 북서쪽의 모든 땅을 말한다. 원래 이 땅은 영국이 영유권을 주장하고 있었으나 미영 전쟁 이후 양국이 이를 공동으로 점유하는 어정쩡한 상태로 있었다.

1830년대 이곳으로 이주민들이 몰려오기 시작하면서 미영 양국으로서는 영토의 경계를 정할 필요가 있었다. 협상 끝에 북위 49°를 기준으로 북쪽은 영국령, 남쪽은 미국령으로 합의하고 1846년 6월 의회의 승인을 얻었다. 이로써 미국과 캐나다 간의 4,800km에 달하는 국경선이 정해진 것이다.

멕시코로부터 강제 매입한 캘리포니아와 뉴멕시코 열렬한 팽창주의자인 미국 대통령 제임스 포크는 멕시코에 캘리포니아와 뉴멕시코를 팔라고 제의했다. 멕시코로서는 텍사스를 빼앗긴 후 다시 캘리포니아와 뉴멕시코마저 팔라는 미국의 제안을 받아들일 리가 없었다. 이에 양국 관계는 점차 악화되고 국교마저 단절되기에 이르렀다. 포크는 무력으로 이 문제를 해결하기로 마음먹었다.

1846년 리오그란데 강 부근에서 미국의 국경 수비대와 멕시코 군대 간에 사소한 충돌이 벌어져 몇 명이 죽었다. 포크 대통령은 "이제 더 이상 참을 수 없다"라는 요지의 교서를 발표하고 동년 5월 12일 멕시코에 선전을 포고했다. 미국은 이미 그 이전에 함대를 캘리포니아 연안에 집결시키고 대규모 병력이 캘리포니아로 향하고 있었다..

선전 포고가 있자마자 미국은 육지와 바다에서 동시에 작전을 개시하여 피 한 방울 흘리지 않고 캘리포니아를 점령했다. 1847년 9월 몬테주마 궁이 함락됨으로써 멕시코는 패배하고 말았다.

1848년 양국은 강화 조약을 맺고 미국은 1500만 달러를 주고 리오그란데 강 이북의 뉴멕시코와 캘리포니아 땅을 매입했다. 1853년에는 개즈텐 조약에 의해 애리조나와 뉴멕시코 전체를 매입했다. 형식은 매입이었지만 명백히 강압적인 것이었다.

러시아로부터 720만 달러에 매입한 알래스카 1867년 3월 미국 앤드루 존슨 대통령 내각의 국무장관 윌리엄 헨리 슈어드가 153만 km^2의 알래스카 땅을 720만 달러에 매입했다.

알래스카는 표트르 대제의 명을 받고 북아메리카 대륙을 탐사하던 러시아 탐험가 베링에 의해 발견되었다1728. 19세기 중엽 알라스카에서 최고급 모피인 해달이 거의 전멸되어 경제적인 가치가 없자 러시아는 광대한 영토를 지탱하기에는 재정적으로 어려움이 많아 매각하기로 했다.

1859년부터 교섭을 시작했으나 미국의 남북 전쟁으로 일시 중단되었다가 1867년에 협상이 타결된 된 것이다. 이로써 미국은 캐나다를 제외한 멕시코 이북의 북미 대륙 전체가 미국의 영토가 되었다. 땅값이 평당 0.0016센트로 거저나 다름없는 이 가격에 대해 미국 언론과 야당은 아무 쓸모없는 땅을 사들였다고 혹평했지만 19세기 말에 알래스카에서 대량의 금광이 발견되어 골드러시가 일어나기도 했다.

미국 이주민들의 혁명으로 합병한 하와이 1894년 7월 4일, 미국계 이주민들이 하와이의 릴리우오칼라니 여왕을 강제로 퇴위시키고 미국의 독립 기념일에 하와이 공화국의 수립을 선포함으로써 미국령이 되었다.

1778년 영국의 탐험가 제임스 쿡이 하와이를 발견했을 당시 하와이 섬은 메하메하 1세가 장악하고 있었다. 그는 백단향이라는 향내 나는 나무를 중국에 수출하여 번 돈으로 유럽인의 무기를 대량으로 구입하여 1795년 스스로 왕조를 세워 메하메하 1세로 등극했고, 1810년에는 카우아이 섬까지 귀속시켜 하와이 제도를 전체를 통일한 왕국을 수립했다.

그 후 19세기 중반부터 사탕수수 재배를 위한 미국 자본의 하와이 진출이 본격화되면서 1883년에는 미국 자본의 사탕수수 플랜테이션이 90여 개에 달했고 하와이 땅의 3분의 2가 미국인의 손에 들어가 미국이 하와이의 경제와 정치를 좌지우지하게 되었다.

중국인과 일본인들도 대거 하와이로 이주하여 플랜테이션에서 일하게 되어 19세기 말 하와이의 인구는 하와이 인이 36%, 일본인이 22%, 중국인이 19%, 포르투갈인이 13%, 그 외 유럽인과 미국인이 10%였다.

1891년 새로 등극한 릴리우오칼라니 여왕1891~1893 재위은 하와이 인의 하와이를 주창하며 왕권의 부활을 꾀했다. 1893년 새 헌법을 제정하여 외국인 농장을 몰수하려 하자 미국계 혁명 세력은 호놀루루 만에 정박 중이던 미국 순양함 보스턴 호의 지원을 받아 미 해병대 150명이 전격적으로 이올라니 궁을 점령했다.

혁명을 주도한 세력은 하와이에서 농장 경영과 무역을 하던 미국계 이민자들로서 미국과의 합병을 추진해 왔던 세력들이었다. 그들은 릴리우오칼라니 여왕을 폐위시키고 하와이 공화국을 수립했다. 공화국은 즉각 미국으로 사절을 보내 미국에 의한 합병 조약의 체결 교섭을 시작했다. 1897년 합병 조약이 체결되고 1808년 의회에서 비준됨으로써 하와이는 미국령이 되었다.

불후의 명곡 「알로하오에」는 이러한 상황 속에서 릴로우오칼라니 여왕 자신이 직접 작곡한 곡이라 한다.

미 · 스페인 전쟁으로 미국의 보호국이 된 쿠바 1898년 4월, 미국 전함 메인호가 쿠바의 아바나 항구에서 폭발하여 침몰하자 미국은 이를 스페인의 소행으로 간주하고 전쟁을 개시했다. 이 전쟁은 쉽게 미국의 승리로 끝나 미국은 필리핀, 푸에르트리코, 괌을 영유하고 쿠바를 보호국으로 만들었다.

1492년 콜럼버스가 제1차 항해에서 쿠바 섬에 도착한 이후 스페인은 쿠바 원주민 인디오들을 부역으로 혹독하게 다루어 1570년에 벌써 인디오들은 거의 멸종 상태에 있었다.

16세기말부터 설탕과 담배 플랜테이션이 본격화되면서 부족한 노동력을 아프리카 흑인 노예로 충당하면서 스페인 인과 아프리카 흑인 간의 혼혈이 현재의 쿠바인으로 되었다.

1868년 스페인의 혹독한 압정에 반발하여 쿠바 인들은 반란을 일으켰으나 10년 전쟁 4만 명이 희생된 채 반란은 진압되고 말았다.

1892년 쿠바 혁명당이 결성되고 1895년에는 쿠바 공화국 성립을 선언했다. 당시 쿠바는 생산되는 설탕의 대부분은 미국으로 수출하고, 일상용품의 대부분은 미국으로부터 수입하고 있었다.

1898년 미국과 스페인 간의 전쟁에서 미국이 승리하자 쿠바는 미국의 보호국이 되어 제2차 대전 후 쿠바 혁명이 있기까지 줄곧 경제적으로나 정치적으로 미국에 예속되었다.

미국의 서부 개척 시대

19세기 중반 미국의 인구는 급격히 늘어났다. 1800년경 미국의 인구는 550만 명이었으나 1850년에는 2,300만 명 이상이 되었다. 이민자의 수도 급격히 늘어나 1842년에는 10만 명에 이르렀다. 특히 1845년부터 1860년 사이에는 유럽에 불어 닥친 흉작과 프랑스 혁명의 여파로 이민이 폭발적으로 늘어났다.

이민자들은 대부분 북부의 공장들과 루이지애나를 포함한 서부의 텍사스, 오리건, 캘리포니아 등지로 몰려 서부 진출의 러시가 시작되었다. 미시시피 강 서쪽의 광활한 땅은 남북 전쟁이 끝나고 1869년 대륙 횡단 철도가 개통되면서 본격적으로 개척되기 시작했다.

미국인들은 광활한 서부에서 낙원을 개척하겠다는 꿈을 가지고 서부로 진출하기 시작했다. 그들은 가재도구와 가족들을 포장마차에 싣고 인디언의 습격 등에 대비하기 위해 무리를 지어 떠났다. 이 집단들은 출발 전에 먼저 엄격한 규약을 정했다. 남자들은 전체를 9분대로 나누고 분대별로 대표를 선임하여 9인 협의회에 전권을 맡겼다. 포장마차는 분대 단위로 순서를 바꾸어 가면서 이동했는데 인디언의 습격을 받을 때 후미가 가장 위험하기 때문에 위험을 고르게 분담하기 위해서였다.

1638년 델라웨어에 정착한 스웨덴 인들이 만들기 시작한 통나무집은 농촌의 새 정착지 미국인들의 일반적인 주택이 되었다. 1830년대 초기 개척자들은 땅을 개간하여 농사를 지으며 좁은 천막이나 통나무집에서 살았다. 주철로 만든 스토브가 나오기까지는 화롯불로 조리를 했고 목욕이나 세탁은 일주일에 한 번 정도였으나 비누도 없었다. 여자들은 아마, 목면, 양모 등으로 손수 옷감을 짜거나 상점에서 사서 옷을 만들어 입었다.

대부분의 농촌에서는 빵과 옥수수, 돼지고기나 쇠고기, 낙농 제품을 주로 먹었다. 19세기 중반에는 과일과 채소를 먹게 되었고 아일랜드 감자가 널리 보급되었다. 1830년에서 1860년 사이에 경지 면적은 두 배로 늘어났는데 특히 미시시피 강 유역이 많이 늘어났다.

서부 개척과 중국인 쿨리

1869년 아메리카 대륙 횡단 철도가 처음으로 완공된 이래 1890년까지 철도는 총연장 26만 km로 늘어났다. 철도 회사의 최대의 어려움은 건설 노동자의 확보였는데 이때 등장한 것이 중국인 노동자였다. 당시 미국과 영국은 중국인을 납치하여 외국에 파는 이른바 쿨리중국인 하급 노동자무역에 종사했다.

대륙 횡단 철도 공사에 종사한 인부 다섯 명 중 한 명은 중국인이었다고 하며 많을 때는 1만 3,000명에 달했다. 그들은 선로 옆의 작은 천막에서 지내면서 중노동에 종사해야 했으며 "서부 철도 침목 밑에는 중국인의 뼈가 하나씩 묻혀 있다"라는 말이 있다.

1870년 캘리포니아 주의 중국인은 10%를 차지할 정도였으며 미국의 서부 개척에 크게 공헌했다. 그러나 1873년 미국에서 공황이 발생하여 백인 노동자들이 저임금의 중국인 노동자들을 학살하는 사태가 벌어지는 등 실업자 문제가 크게 대두되자 미국 정부는 1882년 중국 이주민의 입국을 20년간 금지하는 법률을 통과시켰고, 1902년에는 중국인을 완전히 쫓아내 버렸다.

서부 개척과 일본인

쫓겨난 중국인 노동자들의 자리를 메운 것은 일본인 노동자들이었다. 일본인들이 대거 미국으로 이주해 하와이 사탕수수 플랜테이션, 캘리포니아 농장, 서부 철도, 광산 등에서 일했다. 그러나 이들 일본인들에 대해서도 박해가 가해지기 시작했다. 다음은 1905년 2월 23일자 「샌프란시스코 클로니클」 신문의 주장이다.

> 재미 일본인은 중국인과 마찬가지로 미국 사회에 동화되지 않고 백인들의 일을 습득하여 저임금으로 빠르게 진출하고 있다. 일본인은 이미 10만 명에 달하고 있어 이런 추세라면 캘리포니아 주는 일본인 노동자들에 의해 점거당하고 말 것이다. 우리는 자위의 애국심으로 일본인을 배척하지 않을 수 없다.

1907년 미국 정부는 하와이에서 본토로 일본계의 이주를 금지시켰고, 1913년과 1920년에는 배일 토지법을 통과시켜 일본인의 토지 소유권과 차지권借地權을 금지시켰고, 1924년에는 배일 이민법을 제정하여 일본인 이민을 전면 금지시켰다.

제2차 세계대전이 발발한 후인 1942년 2월에는 대통령령으로 정한 '미국 국방에 위해를 끼친다고 인정되는 자'로 간주되어 11만 2,000명의 일본계 주민들은 사막의 강제 수용소로 보내져 전쟁이 끝날 때까지 완전히 격리되어 있었다. 격리 수용되어 있는 동안 일본인의 재산과 토지는 타인에게 넘어가 버렸고 그것들을 다시 찾는 데에는 30년이나 걸렸다.

아메리칸 인디언

아메리카 대륙의 원주민 빙하 시대 말기인 지금으로부터 약 3만 년 전 시베리아와 알래스카가 육지로 연결되어 있을 때 아시아 대륙의 고비사막 일대에 살던 사람들이 기후의 변동으로 땅이 황폐해지자 알래스카를 경유하여 북아메리카 대륙으로 건너가 정착하였고 일부는 중앙아메리카와 남아메리카로 퍼져 갔다.

아메리카 대륙의 원주민인 이들 인디언들은 유럽인들이 몰려오기까지 수만 년 동안을 다른 문명들로부터 격리된 채 살아 왔다. 인디언들이 많이 몰려 살던 남아메리카의 아스텍[멕시코]과 잉카[페루] 지역은 마야와 잉카 문명이 화려하게 꽃을 피운 반면에 북아메리카의 인디언들은 수도 적었으며 문명이 훨씬 낙후되어 1500년대까지도 농경과 수렵의 원시적인 생활을 하고 있었다.

인디언 사회는 절대적인 권위를 가지는 추장이나 장로 협의체가 이끄는 부족이 기본 단위였으며 부족들 간에는 별로 교류가 없이 서로의 영역을 침범하지 않고 살았다. 인디언들은 문명은 미개했으나 자연을 숭배하며 평화를 사랑하는 민족이었다.

유럽인의 아메리카 대륙 진출 1492년 콜럼버스가 이곳에 도착하자 아메리카 대륙은 유럽 각국에 널리 알려져 스페인, 포르투갈, 프랑스가 신대륙 탐험과 정복에 나섰고 이에 영국이 가세함으로써 아메리카 대륙은 백인들의 각축장이 되었다. 잉카나 마야의 몰락과 같이 수천 년 동안 이어온 아메리칸 인디언 사회와 문화는 백인들에 의해 무참히 무너졌다.

인디언과 식민지인 간의 관계는 처음부터 적대적인 것은 아니었다. 개척 초기만 해도 인디언들은 유럽 이주자들을 위해 옥수수와 콩 등 토착 식물을 재배하는 법을 가르쳐 주었고, 유럽 정착민들은 칼, 도끼, 요리 도구, 낚싯바늘 등을 인디언들에게 주었다. 북아메리카 대륙에 처음 들어온 스페인 인과 프랑스 인은 주로 인디언과의 모피 교류에만 관심이 있어 프랑스 인은 식민지에서 이익만 챙기면 본국으로 돌아갔기 때문에 인디언과 별 마찰을 일으키지 않았다.

그러나 영국의 청교도는 농사를 지으며 정착하기 위해 건너온 사람들로서 이주민이 증가하고 점차 서쪽으로 진출하면서 정착지를 놓고 인디언과 마찰이 불가피하여 그 과정에서 무수한 인디언들이 살육당하고 땅을 빼앗기게 되어 인디언은 영국인을 증오했다.

쫓겨나는 인디언

그러다가 18세기 서부 개척 시대에 백인들이 인디언들과 맺은 조약을 어기고 인디언의 땅을 침범해 들어오자 인디언들은 격렬히 저항하기 시작했다. 수백의 부족들과 수십 가지의 언어를 가진 인디언들은 부족이 서로 떨어져 살고 있었다. 여러 부족이 이로코이라는 연합 체제를 갖추고는 있었으나 결속이 느슨하여 부족들 간에도 서로 적대시하는 경우도 있었다.

미국은 건국 당시 흩어져 살고 있던 인디언 부족들을 전국의 요새나 수도 워싱턴에까지 인디언 대표를 초청하여 조약을 맺고 토지를 양도받는다는 원칙을 취했다. 인디언들은 자신들도 하나의 국가로 대등한 입장에 서고자 했다. 그러나 미국 역사상 인디언들과 273개의 조약을 맺었지만 끝까지 지켜진 조약은 거의 없다.

1755년 미국 오대호 남쪽의 오하이오 계곡을 차지하기 위해 영국과 프랑스 사이에 영·불 전쟁1755~1763이 벌어졌는데 프랑스는 자국에 호의적인 인디언들을 대거 끌어들였다. 퀘벡 전투를 끝으로 전쟁은 결국 영국의 승리로 끝나고 1763년의 파리 강화 회의에서 프랑스는 북미 대륙의 모든 식민지를 영국에게 빼앗겼다. 이때 스페인은 플로리다를 영국에 넘겨주는 대신 루이지애나와 그 서쪽의 프랑스 식민지를 넘겨받았다. 훗날 미국 독립 전쟁의 영웅이 된 조지 워싱턴이 22살의 나이에 영국군 원정대의 대장을 맡았다.

1763년 영국 정부는 동부 해안선과 평행하게 뻗어 있는 애팔래치아 산맥을 경계로 서부를 인디언의 영토로 떼어 주고 미국인들의 이주를 금지했다. 초기 북동부의 매사추세츠 주에 몰려 살던 백인들이 펜실베이니아, 버지니아, 오하이오, 인디애나 등 서쪽으로 점차 진출함으로써 인디언들은 자신들의 영토를 침범당한 것이다.

1775년에 시작되어 8년 동안이나 지속된 독립 전쟁에서 미국은 스페인, 프랑스, 네덜란드 등과 동맹을 맺고 영국에 대항하는 한편 영국을 지원하지 못하도록 인디언들을 가혹하게 섬멸했다.

1776년 7월 4일 발표된 미국의 독립 선언문의 첫 대목에는 모든 사람은 평등하게 태어났으므로 누구나 생명과 자유와 행복을 추구할 천부의 권리를 갖는다고 되어 있으나 원주민 인디언들에게는 그렇지 못했다. 북미 인디언들은 중미의 아스텍 제국멕시코이나 남미의 잉카 제국페루처럼 강력한 조직을 갖지 못했다. 1776년 미국은 애팔래치아 서쪽 지역에서 평온하게 살고 있던 체로키 족 인디언 마을을 습격하여 초토화시켰고, 1778년 영국과 모로코이 족 인디언 연합군이 북부의 이주민 개척지를 공격하자 미국은 보복으로 모로코이 족 부락을 통째로 불살라 버렸다.

1781년 10월 미국은 요크타운 전투에서 승리하고 독립을 쟁취했다. 1785년 제정된 공유지 법령에는 인디언의 토지와 재산을 함부로 빼앗지 못하도록 되어 있다. 인디언들과 싸우기 보다는 헐값에 토지를 매입하는 방법을 선택했던 것이다.

독립 전쟁에서 승리한 미국이 영국으로부터 미시시피 강 동쪽 지역을 양도받자 이미 오래 전부터 이곳에 터를 잡고 살던 인디언들과는 평화적 공존이 불가능했다. 미국이 인디언 소유의 땅을 무상으로 몰수하기 시작하자 힘에 겨운 인디언들은 영국에 지원을 요청했다. 1812년 미국의 선전 포고로 제2차 미 · 영 전쟁이 발발했다. 이렇게 미국의 독립 전쟁은 한편으로는 영국으로부터의 독립을 쟁취하기 위한 전쟁이었지만, 다른 한편으로는 인디언들의 영토를 빼앗고 그들을 몰아내는 침략전쟁이었다.

인디언 보호 구역 1820년대에 들어 동남부의 인디언들은 미시시피 강 서부 지역으로 본격적으로 내몰리기 시작하여 1830년에는 제7대 대통령 앤드루 잭슨은 인디언 이주법을 만들어 동남부의 조지아, 미주리, 앨라배마, 미시시피 주 등지에 살고 있던 체로키, 세미놀, 크리크, 촉토, 치커소 등 인디언 부족들을 미시시피 강 서쪽의 '인디언의 땅'이라 했던 오클라호마의 보호 구역으로 강제 이주시켰다. 이주법에는 이 지역을 떠나면 서쪽의 보호 구역에서 살도록 보장하며 다시는 그들의 땅을 빼앗지 않겠다고 약속했지만 이를 믿는 인디언은 없었고 인디언 부족들은 이에 강력히 저항했다.

크리크 족은 주로 조지아 주에 흩어져 살고 있었는데 1826년 조지아 주 정부에서 인디언 지역에 대한 토지 조사를 한다는 명분으로 대규모 군대를 파견하여 이들을 위협했다. 결국 크리크 족은 오클라호마의 인디언 보호 구역으로 떠났는데 험한 여행으로 절반 이상이 이동 중에 죽고 말았다.

체로키 족은 문자를 가지고 있으며 일찍이 백인들의 문명을 받아들여 농장과 학교, 공장을 짓고 헌법도 만들어 인근의 백인들과도 잘 지내고 있었다. 이들은 1827년 조지아 주 내에 그들만의 독립 정부를 만들어 조지아 주의 승인을 요청했으나 주정부는 이를 거절하고 그들의 거주지를 몰수하겠다고 위협했다. 그러자 체로키족은 대법원에 제소하여 논란 끝에 승소 판결을 받았으나[1832] 조지아 정부는 이를 무시하고 체로키 족의 거주지를 무력으로 점령했다.

1838년 10월 체로키 족은 1만 2,000명의 연방 정부 군대에게 쫓겨 한겨울 추위 속에서 오클라호마의 인디언 보호 구역까지 1,300km를 걸어서 이동해야 했다. 다음 해 3월 목적지에 도달했을 때는 추위와 기아, 질병, 미군의 폭행 등으로 떠날 때의 1만 4,000명 중 겨우 1,200명 정도가 살아남았다. 훗날 인디언들의 이 죽음의 여로를 '눈물의 여정Trail of Tears'이라 불렀다.

플로리다 주에 흩어져 살고 있던 세미놀 족은 오세올라라는 젊은 추장 밑에서 무려 7년간이나 격렬한 전투를 벌이며 항전했으나, 오세올라가 정부군에 끌려가 죽자 결국 세미놀 족도 오클라호마의 인디언 보호 구역으로 쫓겨나고 말았다. 그리하여 미시시피 강 동쪽의 사우스캐롤라이나, 조지아, 플로리다 지역이 모두 백인의 수중으로 넘어갔다.

오클라호마의 인디언 보호 구역으로 쫓겨 온 지 20년도 채 안 된 1848년 서부 캘리포니아에서 황금이 발견되어 백인들이 몰려들자[골드러시] 백인들은 또 다시 약속을 어기고 통행권을 요구하고 토지 매각을 강요했다. 인디언들은 강하게 저항했지만 결국 서부에서 또 다시 쫓겨나는 신세가 되었다.

1869년 코만치 인디언의 추장이 붙잡히자 그는 필립 세리던 장군에게 말했다.

"나는 선량한 인디언이다."

그러자 세리던 장군이 말했다.

"죽어준 인디언만이 오로지 선량한 인디언이다."

인디언도 미국 국민 1887년 도즈법의 통과로 인디언들은 제한된 구역에서나마 자신들의 땅을 소유할 수 있게 되었고, 1901년에는 다섯 부족의 인디언들이 귀순하여 미연방의 공민권을 얻었다. 1924년에는 합중국 내에서 태어난 모든 인디언들은 미국 국민이라는 법률이 통과되었고 1930년에는 인디언들에게도 참정권이 주어졌다.

인디언들의 투쟁은 그 후에도 계속되었다. 1950년대 인디언들은 자신들을 보호구역으로부터 각 도시로 이주시키려는 정부의 정책에 항의하여 싸웠고, 1960년대와 1970년대에는 자신들의 권리를 주장하며 과거에 불법으로 빼앗긴 땅을 되찾기 위해 법원에 제소하고 있다. 인디언의 인구는 1600~1845년 사이에는 1,100만 명 정도였으나 1870년에는 무려 2만 6,000명으로 격감했다. 현재 미국과 캐나다에 살고 있는 인디언은 약 50만 명에 달하나 점차 백인 사회로의 진출과 혼혈이 늘면서 평화롭고 전통적인 인디언 사회는 소멸될 운명에 놓여 있다.

시애틀 추장의 편지(1855년) 1850년경 미국 정부는 인디언 연맹으로부터 강제로 땅을 사들이려 했다. 이때 그 지역에 살던 스쿼미시 부족의 시애틀 추장이 자신들의 언어로 답변을 보냈는데, 그 내용에 감동한 미국 대통령 피어스는 추장 시애틀이 다스리던 그 지역을 그의 이름을 따서 '시애틀'이라 부르도록 했다. 그의 편지는 절친한 친구였던 헨리 스미스 박사가 번역하여 오늘날까지도 전해지고 있는데, 사람과 자연은 원래 한몸이라는 인디언의 전통적인 믿음이 잘 나타나 있으며, 자연 앞에 겸허했던 인디언의 영혼이 담겨 있다.

> 미국 대통령이 우리에게 편지를 보내 우리 땅을 사고 싶다는 뜻을 전해왔다. 하지만 어떻게 땅과 하늘을 사고 팔 수 있는지 우리에게는 생소한 일이다. 신선한 공기와 물이 우리 것이 아닌데 어떻게 그것을 사겠다는 건가? 이 땅의 모든 것은 우리에게 신성하다. 반짝이는 솔잎, 해변의 모래밭, 숲속의 짙은 안개, 수풀과 곤충들, 이 모두가 우리의 기억과 추억에서 신성하다.
>
> 우리는 우리의 핏줄에 흐르는 피처럼 나무속을 흐르는 수액을 알고 있다.

우리는 이 땅의 일부이며, 땅 또한 우리의 일부이다. 향긋한 꽃은 우리의 자매요, 곰, 사슴, 독수리는 우리의 형제다. 험한 산, 풀밭의 이슬, 망아지의 체온, 사람, 이 모두가 우리의 가족이다. 시내와 강을 흐르는 반짝이는 물은 단순히 물이 아니고 우리 조상의 피다.

만일 우리가 이 땅을 당신들에게 팔게 되면, 당신들은 이 땅의 신성함을 기억해야 한다. 맑은 호수에 비치는 그림자는 우리의 삶 속에 담긴 사건과 기억이다. 졸졸 흐르는 물소리는 우리 아버지의 목소리다. 강도 우리의 형제다. 갈증을 달래주고, 카누를 옮겨주고, 우리 아이들을 먹여준다. 당신들도 형제를 대하듯 강을 다정하게 대해야 한다.

만일 우리가 이 땅을 당신들에게 팔게 되면, 공기가 우리에게 얼마나 소중한 것인지를 기억하라. 공기는 그것을 나누어 쓰는 살아 있는 존재 모두들에게 똑같이 소중한 것이다. 우리 할아버지에게 첫 숨결을 불어 넣어준 바람은 할아버지의 마지막 숨결을 거두어 간다. 바람은 우리 아이들에게도 생명을 불어 넣는다.

만일 우리가 이 땅을 당신들에게 팔게 되면, 이 땅을 세상과 다른 특별한 곳, 신성한 곳으로 만들어 주길 바란다. 꽃향기로 달콤해진 바람을 느끼고 싶은 사람들이 찾아오는 땅이 되도록. 우리가 아이들에게 가르친 것처럼 당신도 당신의 아이들에게 가르치겠는가? 땅이 우리의 어머니이며 땅에 무슨 일이 생기면 땅의 자녀들에게도 똑같이 일이 생긴다는 것을.

우리는 안다. 땅이 사람의 것이 아니라, 사람이 땅의 것임을. 우리 몸을 연결하는 핏줄처럼 세상 모든 것이 서로 연결되어 있다. 사람이 인생의 천을 짜는 것이 아니라, 단지 천의 실 한 가닥일 뿐이다. 사람이 천에 하는 일은 곧 자신에게 하는 것이다.

우리는 안다. 우리의 신이 당신들의 신이기도 하다는 것을. 땅은 신에게 소중하다. 그러므로 땅을 해치는 것은 땅의 창조주를 모독하는 행동이라는 것을 안다.

우리는 당신들의 운명을 알 수가 없다. 들소들이 모두 죽고 나면 무슨 일이 생길까? 야생마가 모두 길들여지면 어떻게 될까? 숲속의 신비한 구석까지 사람들 냄새로 가득 채워지고 전화선으로 언덕의 전망이 뒤덮이면 어떻게 될까? 수풀은 어디로 갈까? 사라져 버리겠지. 독수리는 어디에서 갈까? 사라져 버리겠지. 날쌘 조랑말과 작별하고 사냥에 나서면 어떻게 될까? 삶은 끝나고 생존경쟁이 시작된다.

마지막 한 명의 인디언이 황야에서 사라지고 그의 기억이 초원을 가로지르는 구름의 그림자가 될 때도 해변과 숲이 여전히 여기 있을까? 우리 동족의 혼이 조금이라도 남아 있게 될까?

갓난아이가 엄마의 심장 고동 소리를 사랑하듯 우리는 이 땅을 사랑한다. 그러니 우리가 이 땅을 팔게 되면, 우리가 했듯이 이 땅을 사랑해 주기를. 우리가 했듯이 돌보아 주기를 바란다. 이 땅이 당신들의 것이 될 때, 땅이 간직한 기억을 당신들 마음에 간직하라. 모든 아이들을 위해 땅을 보존하고 사랑하라. 신이 우리를 사랑하듯 이 땅을 사랑하라.

우리가 땅의 일부이듯 당신들도 이 땅의 일부이다. 이 땅이 우리에게 소중하듯 당신들에게도 소중하다.

우리는 안다. 신은 하나라는 것을. 인디언이든 백인이든 사람은 나뉠 수 없다. 우리는 결국 모두가 형제이다.

무상 교육을 사절한 인디언 1774년 당시 영국 식민지였던 현재의 버지니아 주에서 이로코이 인디언 족 연합추장에게 그들 젊은이 6명을 윌리엄스 대학에서 교육시켜 주겠다고 제의했으나 거절당했는데 인디언 추장의 답변은 다음과 같았다.

배려는 고마우나 제의를 사양하겠습니다. 전에도 몇몇 젊은이가 귀측의 다른 대학에서 공부하고 돌아온 적이 있으나 사냥꾼이나 전사, 지도자 등 그 어떤 일에도 쓸모없는 사람이 되어 돌아왔습니다. 추위에도 못 견디고, 사슴을 잡는 법도 모르고, 발은 느려지고, 숲속 생활에 적응력도 떨어지고…….

그러나 감사의 답례로 여러분 자녀를 우리 쪽에 보내주시면 필요한 모든 지식을 가르쳐 훌륭한 사람으로 만들어 주겠습니다.

메이데이

1886년 5월 1일 미국 동부의 산업 중심지인 시카고에서 약 8만 명의 노동자들이 중심가 거리로 모여들기 시작했다. 공장과 상점은 모두 문을 닫았고 운전기사들이 보이지 않아 버스도 전차도 움직이지 않았다. 경찰, 주 방위군, 민병대 그리고 악명 높은 구사대가 무장한 채 행진 대열을 지켜보고 있었다.

이 날이 바로 1884년 미국 노동 총연맹이 결의한 8시간 노동제를 쟁취하기 위해 파업 투쟁을 시작한 날로서 이 날 미국 전역에서 34만 명이 시위에 참여했고 19만 명이 파업을 강행했다. 전국적으로 최대의 시위 인파가 몰렸으나 유혈 충돌은 없었다. 이후 자본가들은 공장을 가동하기 위해 결국 8시간 노동제를 받아들이지 않을 수 없었다. 1889년 이 날을 기념하기 위해 매년 5월 1일을 노동절May Day로 정하고 휴무를 실시하고 있다.

1861년에 시작된 남북 전쟁이 북군의 승리로 끝나자 자유인이 된 남부의 값싼 노예 노동력이 대거 북부의 산업 지대로 몰리기 시작하여 1877년에는 실업자가 노동자 전체의 20%인 300만 명에 달했고 임금은 종전의 45%로 삭감되어 있었다. 이 시기가 미국이 세계 제일의 경제 대국으로 부상한 시기였다.

작업 환경이 열악했던 탄광과 철도 노동자들이 먼저 들고 일어나자 정부와 기업주들은 타협과 협상보다는 정면 대결로 대처했다. 1874년 펜실베이니아 주 슈일킬 탄광의 노동자들이 임금 20% 삭감에 항의해 파업하자 주동자 10명을 교수형에 처해 버렸고, 1877년 전국 철도 노동자들이 총파업하자 시카고에는 인디언 토벌에 악명 높은 필 셀리던 연대를 투입하여 총탄을 퍼부었다. 또한 기업들은 자체적으로 소총으로 무장한 민병대를 조직하여 파업 현장에 투입했고 노동자들도 노동기사단이라는 자체 무장 조직을 결성하여 맞섰다. 이렇게 하여 이 시기 미국의 노동 운동사는 온통 피로 얼룩졌다.

자본가들은 노동자들을 대중으로부터 분리시키기 위해 유럽에서 떠돌고 있는 공산주의 망령을 파업 노동자들에게 뒤집어 씌웠다. 이 일에는 언론들이 앞장섰다. 1875년 11월 23일자 시카고트리뷴지는 시위 노동자들에 대해 그들이 선동하지 못하도록 필요하면 시카고의 모든 가로등마다 공산주의자들의 시체를 매달아 버려야 한다고 주장했다. 1877년 피츠버그 철도 파업 때 뉴욕월드는 '약탈당하는 피츠버그'라는 제목하에 피츠버그가 악독한 공산주의에 미친 사람들의 수중에 들어갔다고 개탄했다. 그러나 이러한 상황 속에서 미국의 노동 운동은 세계 노동자들에게 8시간 노동제라는 선물을 안겨 주었다.

골드러시

1849년 미국 캘리포니아의 샌프란시스코 인근에서 금이 발견되었다는 소식이 전해지면서 미국뿐만 아니라 세계 각지에서 사람들이 몰려들기 시작했다[Gold Rush]. 당시 캘리포니아는 멕시코로부터 매입한 지 얼마 되지 않은 변경의 땅으로서 원주민인 인디언들이 살고 있었다. '49년의 사람들Forty Niner'라고 불리는 이들 때문에 인구 1만 4,000명이던 캘리포니아가 1852년에는 25만 명으로 늘어나 캘리포니아는 미국의 한 주가 되었다.

1859년 가까운 네바다 지역에서 은광이 발견되자 샌프란시스코는 그 배후 도시로서 급성장하여 1890년대에는 인구 30만에 육박하는 미국 서해안 최대의 도시가 되었다. 조용하던 항구 도시 샌프란시스코는 술집과 도박장이 북적이는 유흥가가 되었다. 당시 샌프란시스코를 여행한 영국의 소설가 키플링은 "샌프란시스코는 미치광이 도시다. 주민의 대다수가 정신병자이다"라고 말했다.

사금을 주로 한 캘리포니아의 초기 골드러시는 겨우 2년 정도 절정을 이루었다. 숙련공의 하루 임금이 2달러였던 당시 하루 500달러를 움켜쥐는 행운을 잡은 사람도 있었다. 그러나 1850년 후반에는 금광은 이미 지주들이 차지했고 손쉬운 금은 대부분 채취되어 나중에 온 사람들은 돈을 벌기는커녕 술과 도박으로 탕진했다.

그러나 금을 캐러 오는 사람들은 줄지 않았고 캘리포니아의 골드러시는 콜로라도의 파이크스피크, 사우스다코타의 데드우드, 캐나다 유콘 주의 클론다이크 등으로 이동했다. 골드러시가 생기는 곳마다 하룻밤 사이에 마을이 생겨 술과 도박 그리고 싸움으로 얼룩진 무법천지를 이루었다. 골드러시가 끝나자 신흥 도시는 금방 유령 도시로 전락했으나 많은 지역이 새로 개척되기도 했다.

1851년 오스트레일리아의 빅토리아 식민지에서도 풍부한 금광맥이 발견되어 수많은 사람들이 금을 캐러 몰려들었다. 그 결과 빅토리아의 인구는 7만 6,000명에서 10년 만에 54만 명으로 늘어났다. 1884년에는 남아프리카에도 풍부한 금광이 발견되어 요하네스버그와 같은 대도시가 형성되기도 했다.

젊은이여, 서부로 가라

1848년 1월 캘리포니아의 제재소에 근무하던 제임스 마셜은 우연히 계곡에서 사금을 발견했다. 그는 흥분하여 동료들에게 달려가 "여보게들! 노다지를 발견했어!"라고 외쳤다. 마셜은 동료들과 함께 강으로 달려가 그 얇은 조각들을 더 모은 후 고용주에게 달려갔다. 그것은 틀림없이 금이었다. 제재소의 일꾼들은 금을 찾아 미련 없이 짐을 싸 떠나기 시작했다.

1848년 12월 이 사실은 대통령 교서에 실리고 전국의 주요 신문에 대서특필로 게재되었다. 뉴욕헤럴드는 "캘리포니아에 엘도라도! 옛날 스페인이 아메리카 대륙에서 찾던 엘도라도, 드디어 발견!"이라고 요란하게 보도했고 "젊은이여, 서부로 가라!"고 독려했다.

금을 캤다는 소문은 순식간에 전 세계로 퍼져 유럽을 비롯하여 오스트레일리아, 중국 등 세계 각지에서 사금을 캐러 사람들이 캘리포니아로 대거 몰려왔다. 그들은 농부에서부터 의사, 변호사, 예술가, 공무원 등 다양했다.

청바지 블루진의 열풍

1850년 골드러시로 샌프란시스코에 금을 캐러 사람들이 갑자기 몰려와 잠잘 곳이 없자 바바리에서 샌프란시스코로 이주해 온 리바이 스트라우스21세는 그들에게 천막 천을 팔기 시작했다.

그러던 어느 날 그는 군대에 납품할 엄청난 수량의 천막 천을 주문받았다. 그런데 한창 생산을 하고 있던 중에 그만 품질 사고가 나고 말았다. 군용 녹색을 염색해야 하는데 그만 갈색으로 염색되어 납품을 거절당하고 만 것이다. 군납 길이 갑자기

막히자 재고는 산더미처럼 쌓였다. 고민하던 스트라우스는 험한 일을 하는 광부들의 헤어진 바지를 보고 힌트를 얻었다. 군용 천막 천으로 광부들의 바지를 만들어 보기로 했다. 과연 바지는 나오자마자 날개 돋친 듯 팔리기 시작했다. 무엇보다도 천막 천이라 질겼고, 또한 주머니 네 모퉁이에 구리 못을 박아 작은 작업도구 등을 넣을 수 있었다.

그러다가 소문이 번져 남서부 지방 목장의 카우보이들로부터 주문이 쇄도하자 리바이는 갈색보다 염료비가 싸면서도 뱀이 싫어하는 색깔인 인디고블루로 염색해 바지를 만든 것이 오늘날의 청바지 블루진Blue Jean이다. 금광에서 광부들이 입던 청바지는 미국 곳곳으로 팔렸고 그 열풍이 전 세계를 휩쓸게 된 것이다. 그리하여 청바지는 질기고 오래가는 바지의 대명사가 되었다.

1874년 스트라우스와 데이비스는 옷이 찢어지지 않도록 호주머니 주위를 고정시키는 방법에 대해 특허를 냈다. 1902년 스트라우스가 죽을 무렵 그는 백만장자가 되어 있었다.

샌프란시스코 대지진

1906년 샌프란시스코는 지진으로 외곽의 주택 일부를 제외하고는 모두 불에 타 주민의 80% 이상이 집을 잃은 대참사가 발생했다. 슈미츠 시장은 혼란을 방지하기 위해 포고문을 발표하여 연방군과 경찰에게 약탈을 비롯한 일체의 범죄 행위를 발견하면 누구든 즉결처분할 권한을 부여했다. 가스와 전기는 공급이 중단되었고, 질서가 회복될 때까지 해가 진 뒤에는 집 밖에 나오지 못하게 했다.

그런 가운데 큰 양조장이 화재를 면한 것을 보고 동부에서 온 한 기자가 다음과 같은 시를 지었다.

주님께서 이 도시를 파괴하신 까닭이
들리는 말대로 너무 건들거린 때문이었다면
왜 교회는 몽땅 태워버리시면서
호털링 위스키는 남겨두셨을까

일본의 쇄국 정책

일본은 500년경에는 중국과 한반도로부터 많은 문물을 들여왔으나 그 후 점차 고립주의로 빠져 19세기 중반 메이지 유신 때까지 쇄국 정책으로 일관했다.

1498년 바스코 다가마가 인도에 도착한 이후 포르투갈은 극동에 세력을 확대하면서 가톨릭 선교사들이 일본을 찾아와 선교 활동을 시작했고, 1590년대 이후에는 스페인, 네덜란드, 영국의 선교사들도 일본으로 건너와 선교 활동을 펼치기 시작했다.

일본 막부는 유럽인들이 그리스도교를 빌미로 발판을 마련한 후 군사력으로 일본을 정복할 것이라고 우려하여 1597년 도요토미 히데요시는 기독교도를 탄압하기 시작했다. 에도江戶 시대에 들어 1638년 기독교도들이 반란을 일으키자시마하라의 난 그들을 철저히 탄압했고 외국인들은 거의 모두 추방되었다. 그로부터 200년간 일본은 나가사키를 기독교 포교에 덜 열심인 네덜란드와 중국 선박에만 입항을 허락했을 뿐 다른 외국과는 일체의 교류를 단절하였고 일본인의 해외 출국조차도 엄격히 금지시켰으며 이를 어기면 사형까지 시켰다.

그러나 18세기 후반으로 들어서면서 열강들로부터 교역과 개항 압력이 점점 거세지기 시작했다. 1808년 영국 군함 페이턴호가 나가사키에 무단으로 입항하여 네덜란드 상관원을 인질로 잡고 보급품을 탈취하고 이틀 뒤에 떠나버린 사건이 발생했다[페이턴호 사건]. 영국 군함의 출현에 속수무책이었던 막부의 충격은 매우 컸다. 나가사키 부교는 책임감을 통감하고 할복하고 번주藩主 이하 가신들은 처벌을 받았다.

이후에도 영국과 미국 선박들이 일본 근해에 나타나 식량과 물·장작 등을 강요하는 일이 빈번하자 1825년 막부는 '이국선 격퇴령'을 내렸다. 그 후 1837년 미국 상선 모리슨 호가 일본 표류자의 송환과 교역 개시를 교섭하기 위해 에도 만에 내항했지만 대포를 쏘아 쫓아 버렸다[모리슨호 사건].

쇄국 정책을 지키기 위한 막부의 힘겨운 노력에도 불구하고 흑선의 내항과 통상 압력은 그치지 않는데다가 청이 아편 전쟁에서 패하여 개국하기에 이르자 1842년 막부는 '이국선 격퇴령'을 완화하여 '신수 급여령'을 발표하고 표류해 온 외국선에게 연료와 식량을 줄 수 있도록 했다.

에도의 난학 에도江戶 시대의 일본은 쇄국 정책 때문에 서유럽 문화와 교류하기가 쉽지 않았다. 그러나 19세기 중엽 메이지유신으로 서유럽 문명을 받아들이면서 일본은 급속한 근대화를 이룩했다. 이렇게 급속한 근대화가 가능했던 배경에는 에도 시대의 난학蘭學이 크게 기여했던 것이다.

난학의 난蘭은 네덜란드를 뜻하며, 나가사키 데지마에서 엄한 통제 하에 네덜란드로부터 조금씩 흘러들어온 정보를 바탕으로 한 서양 학문을 난학이라고 한다. 쇄국 정책 하에서 난학이 발전하게 된 것은 18세기 후반부터였다.

다음은 행정 관리가 난학의 창시자이자 외과 의사인 겐파쿠에게 보낸 편지1771이다.

> 내일 한 수의사가 센쥬 호네가하라에서 해부를 한다고 하니 원하시면 그곳으로 보러 오시기 바랍니다.

에도 시대의 조·일 관계

1404년 조선과 일본은 정식으로 국교가 시작되었으나 1592년 도요토미 히데요시의 조선 침략으로 국교는 일시 단절되었다. 조선이 정식으로 일본에 파견하는 사절은 통신사라 하여 국서를 휴대하고 쓰시마대마도를 경유하여 왕래했다. 1600년 9월, 도쿠가와 이에야스는 쓰시마 번주藩主에게 조선과 국교를 회복하는 임무를 맡겼고 일본에 납치되었던 유학자 강항을 소환하는 등 열의를 보였다.

1605년 조선 조정은 탐적사를 일본에 파견하여 일본의 내정을 살폈다. 도쿠가와 이에야스는 탐적사 일행을 만나 억류자 송환을 약속하고 남녀 1,390명을 사절단과 함께 귀국시켰다. 조선은 국교 회복의 조건으로 다시는 조선을 침략을 하지 않는다는 이에야스의 국서와 조선의 왕릉을 파헤친 범인을 인도할 것을 요구했다.

이에야스 이상으로 국교 재개를 원했던 쓰시마 번주는 이에야스의 답신인 것처럼 국서를 위조하고 쓰시마에 구류 중인 죄인을 왕릉을 파헤친 범인으로 꾸며서 조선에 보냈다. 조선의 조정에서는 국서의 진의를 놓고 격론이 있었으나 조선이 제시한 조건을 받아들인 것으로 보고 1607년 도쿠가와 막부와 정식으로 국교가 재개되고 1609년에는 무역 협정도 체결되었다[기유조약].

쓰시마를 통한 교역과 통신사

1607년 조선과 일본 간에 국교가 재개되면서 양국 간의 외교 실무는 동래 부사와 쓰시마 번주藩主가 담당했다. 쓰시마 번주는 정해진 사절을 연간 8회 부산포에 보냈고, 그 외에도 일본 국내의 주요 사건이나 쇼군將軍가의 경조사 등이 있으면 이를 알리기 위해 사절을 부산에 파견했다. 일본인들은 부산포를 통해 조선으로 들어왔으며 서울은 왕래가 허용되지 않았다.

조선에서도 왕조의 경조사를 알리기 위한 사절과 일본 사절에 대한 답례 사절을 쓰시마에 보냈다. 조선은 중국과도 정기적인 교류를 하고 있어 중요한 정보는 그때그때 사절을 쓰시마에 보내 알려 주면 쓰시마의 번주는 파발선을 띄워 그 정보를 막부에 보고했다.

조선은 모두 12차례 통신사를 일본에 보냈는데 처음 3회는 쇄환사刷還使라 불렸다. 쇄환이란 임진왜란 때 일본으로 잡혀간 사람들을 데리고 귀환한다는 의미로 전후 처리가 주 임무였다. 통신사 일행은 정사·부사·종사관의 3사를 포함하여 학술, 예술, 의술, 기술 등의 분야에서 유수한 인물 400여 명으로 구성되었다. 통신사 일행은 6척의 배에 분승하여 쓰시마 번주 이하 800여 명의 호위를 받으며 부산을 출발하여 오사카의 요도가와에 도착하면 육로로 교토를 거쳐 에도로 향했다.

막부의 쇼군은 통신사 일행을 화려한 의식으로 환영해 주었다. 이는 일본 열도의 지배자로서 권위를 국민들에게 과시하기 위한 측면도 있어 연도에 구경나온 사람들에게 통신사는 쇼군에게 조공을 바치러 온 것으로 여겨졌다. 통신사 일행이 머무는 동안에는 각 번의 유학자, 의사, 화가 등이 몰려와 술을 함께 즐기며 활발한 교류가 이루어졌다. 이렇게 통신사는 문화 교류의 사절이기도 하여 260여 년 동안 양국의 경제와 문화 발전에 크게 기여했다.

1609년 무역 협정이 체결되면서 부산포에는 왜관이 설치되어 500~600명의 일본인들이 2, 3년씩 교대로 상주했다. 1678년 왜관의 규모는 10만여 평에 달했고 주위는 1.8m 높이의 돌담으로 둘러싸여 두 곳의 출입문에는 조선 관리가 경비를 맡고 있었다. 왜관 내에는 여러 가지 시설이 갖추어져 있어 일본에서와 같은 생활을 할 수 있었다.

양국 간의 무역에서 일본으로부터는 은, 동, 주석, 염료, 남방의 후추 등이 들어왔고, 조선에서는 인삼, 면포, 쌀, 중국산 생사 등을 일본에 수출했다. 이때 일본의 은은 조선을 통해 중국으로 가고, 중국의 생사는 조선을 통해 일본으로 건네졌다. 담배와 고추는 17세기 초에 일본으로부터 조선에 들어왔고, 고구마는 1764년 쓰시마로부터 재배법을 배워 조선에 보급되었다.

일본의 개국

동아시아 각국이 서구 열강들의 개항 요구에 시달리는 가운데 1854년 3월 마침내 일본 전권 대사 하야시와 미국 대통령의 특사 페리 제독은 미일 우호 조약을 맺고 시모다와 하코다테의 두 항구를 개항함으로써 일본은 총 한 방 안 쏴보고 구미 열강에 굴복하고 말았다.

그동안 일본의 막부 정권은 엄격한 쇄국 정책을 고수해 왔으나 청나라가 아편 전쟁으로 영국에 굴복했다는 소식을 들은 막부는 1825년에 내린 외국선 격퇴령을 폐지하고 1842년에는 일본 연해에서 표류하는 외국 선원에 대해 식량과 연료를 주어 원만하게 되돌려 보내는 신수급여령薪水給與令을 내렸다. 대외적으로는 쇄국 정책을 다소 완화한 셈이나 국내에서는 여전히 쇄국 정책이 실시되고 있었다.

1853년 6월 3일 미국 함대 사령관 매튜 페리 제독은 4척의 증기선 군함을 이끌고 일본의 우라가 앞바다에 나타났다. 그는 동인도, 중국, 일본해의 미국 함대 사령관 겸 대일본 특사로서 미국 필모어 대통령의 친서를 휴대하고 있었다. 페리가 해안선 가까이 접근하여 대포를 쏘아대며 대통령의 친서를 접수할 것과 개항을 요구했다.

사람들은 소스라치게 놀라 피난 행렬이 줄을 이었다.

당황한 막부는 숙의 끝에 일단 친서는 접수하고 개항에 대한 것은 시간을 줄 것을 요청했다. 친서에는 미국은 증기선으로 18일이면 일본에 도착할 수 있으며, 이제 시대도 달라졌으니 쌍방의 이익을 위하여 수호 관계를 수립하고 교역을 하고 싶으며, 또한 일본에 표류한 미국인 승무원의 인도적 대우와 미국 선박에 필요한 식량과 연료 등 보급품을 공급해 줄 것을 요청했다. 또한 페리 자신의 편지에는 일본 막부가 요구를 거절하면 무력 사용이 불가피함을 암시하면서 내년 봄에 더 많은 전함을 이끌고 다시 오겠다고 위협했다. 막부는 할 수 없이 대통령의 친서와 페리에 대한 신임장 등 서류를 수령했다. 페리는 친서에 대한 답장을 요구하며 다시 오겠다는 말을 남기고 돌아갔다.

1854년 3월, 막부가 아무 결론을 내리지 못하고 있는 가운데 페리는 약속대로 8척의 대형 군함을 이끌고 다시 에도 항에 나타났다. 다급해진 막부는 무력으로 싸울 수는 없다는 결론을 내리고 페리에게 무릎을 꿇고 말았다. 1854년 3월 31일 마침내 일본은 미국과의 우호 조약을 맺고 시모다와 하코다테 두 항구의 개항과 더불어 미국 대표의 일본 주재 및 최혜국 대우 등 12개 조항으로 된 미일 화친 조약을 체결했다. 이어서 영국 · 러시아 · 네덜란드와도 조약을 맺음으로서 쇄국 정책은 막을 내렸다.

1856년 시모다 주재 초대 미국 총영사로 부임한 해리스는 막부에 통상 조약을 맺을 것을 강력히 요구하여 6월에 고메이 천황의 칙허도 없이 막부는 미일 수호 통상 조약을 맺었다. 일본은 외국인의 국내 여행을 금지하는 조건으로 4개 항을 개항하고, 자유 무역을 원칙으로 하며, 개항장에 외국인 거류지를 설치하고, 외국인의 치외법권을 인정하고, 관세는 협정 관세로 하는 등의 불평등 조약을 맺었으며, 이어서 영국, 프랑스, 네덜란드와도 비슷한 조약을 맺었다.

천황과 재야 세력은 천황의 권위를 되찾고 서양 오랑캐들을 타도해야 한다는 존황양이尊皇攘夷를 주장하는 가운데 1867년 도쿠가와 막부는 신뢰를 잃고 결국 붕괴됨으로써 일본은 왕정으로 복귀했다. 일본은 메이지 유신의 새 시대를 맞아 문호를 개방하고 서구 문물을 적극적으로 받아들임으로써 외국인을 배척하자는 목소리는 사라지고 말았다. 미국 페리 제독의 함대에 자극을 받은 메이지 정권은 서구식 군대로 정비하기 시작했다.

미국 대통령 필모어가 일본 천황에게 보내는 친서 다음은 페리 제독이 1852년 일본에 입항했을 때 지참한 미국 대통령 필모어가 일본 황제에게 보내는 친서이다.

내가 페리 제독을 보낸 것은 합중국과 일본이 우호 관계를 맺고 서로 통상할 수 있도록 폐하께 제안하기 위함입니다.

캘리포니아에서 중국으로 항해하는 선박이 매우 많으며, 일본 연안에서 포경에 종사하는 사람도 많습니다. 그 선박들 중에는 귀국 연안에서 난파해 목숨을 잃는 자도 수없이 많습니다. 그래서 내가 다른 선박을 보내 그 재산과 사람들을 데려올 때까지 폐하가 이들을 보살피고 재산을 보호해 주기를 간절히 바랍니다.

나는 또 페리 제독에게 명하여 폐하에게 다음과 같은 일을 고하게 했습니다. 우리는 일본 제국 안에 석탄과 식량이 풍부하다고 들었습니다. 우리 기선이 태평양을 횡단할 때는 많은 석탄이 필요합니다. 그렇다고 멀리 미국에서 다시 가져오기란 여간 불편한 일이 아닙니다. 바라건데 폐하가 선박들이 일본에 정박해 석탄과 식량을 보급 받을 수 있도록 허락해 주기를 바랍니다.

페리 제독의 편지 다음은 1853년 페리 제독이 일본 막부의 쇼군에게 보내는 편지이다.

…… 미국 대통령은 일본에 대해 매우 우호적인 기대를 하고 있습니다. 그러나 미국인이 자의든 또는 조난 사고 등으로 귀국에 도착하면 마치 적으로 취급하고 있다는 사실에 대해 놀라움과 비통함을 금하지 못합니다.

미국인이든 아니든 기독교도들이 표류하다가 해안에 도착하면 그들을 구조해 주고 보호해 주는 것이 도리라고 생각합니다. 일본 국민은 미국인으로부터 이미 그러한 대우를 받고 있습니다. 미국 정부는 미국인이 일본 해안에서 난파되거나 악천후로 일본의 항구로 대피할 경우 인도적인 대우를 하겠다는 확실한 보증을 일본 정부로부터 받고자 합니다.

미국인은 큰 나라에 살고 있습니다. 지금은 큰 도시들도 생겨났고 증기선으로 18일 내지 20일이면 일본에 올 수 있습니다. 미국과 이 지역과의 통상은 급속히 확대되고 있어 일본의 영해도 곧 미국 선박으로 북적거리게 될 것입니다. 본인은 일본 정부가 양국 간에 적의에 찬 충돌을 피해야겠다는 인식 위에 우호 관계 수립을 위한 미국 정부의 제의에 호의적인 회답이 있기를 바랍니다.

방문 예정이던 대다수의 대형 함선은 아직 일본 근해에 도착하지 않았지만 시간 문제입니다. 이번에는 불과 네 척의 소형 함선만 끌고 왔으나 본인은 우호의 표시로 내년 봄에는 훨씬 큰 함대를 이끌고 다시 방문하겠습니다. 장군에게 깊은 경의를 표하며 장군의 건강과 행복을 기원합니다.

– 1853년 7월 7일, 매튜 페리

일본이 개항하던 날

3월 8일 요코하마 항에 준비한 접견실에서 회담은 신속하게 진행되었고, 5일 뒤에 선물을 교환하는 의식이 거행되었다. 페리 제독이 준비한 선물은 통치자 쇼군에게는 모형 증기 기관차, 권총[5정], 소총[3정], 기병 검[12자루], 보병 검[20자루], 망원경, 전신기[2대], 서적[1상자], 향료[1상자], 위스키[1통], 포도주[1상자], 체리주, 샴페인을 선물했고, 관료들에게는 권총, 소총, 카빈 소총, 탄약, 기병 검[11자루], 시계, 구명선[3척], 세계 연근해 도표, 오더본의 『아메리카의 새』[4권]과 『네발짐승』[3권], 중국 도자기[1상자], 차, 위스키[100통], 감자[8상자], 표준 저울, 농기구를 선물했다.

일본이 준비한 선물은 미국 대통령에게는 금박 옻칠한 종이 상자[1개], 금칠한 서적 상자[1개], 칠기 문갑[1개], 청동 향로[1개], 은제 화병[1개], 비단[20필], 면포[10필], 화로[2개], 닭[300마리], 쌀[200포]을 선물했고, 관리들에게는 면포[11필], 비단[36필], 빗자루[30자루], 조가비[4상자], 참숯[35꾸러미], 인쇄노트와 편지지[5상자], 죽 공예품, 우산[20개], 옻칠 종이상자[1개], 간장[10단지], 인형[8상자], 꽃무늬 메모지, 옻칠 컵[30세트], 도자기 찻잔을 선물했다.

선물 교환이 있은 다음 일본은 50명의 스모[씨름]꾼들의 시범 경기를 보여 주었다. 페리 제독은 함대로 옮겨 제식 훈련과 군사 훈련 시범을 보여 주고 성대한 파티를 열었다. 서로 말은 통하지 않았지만 의기 투합하여 파티를 즐겼고 미국 측은 일본 관리들에게 샴페인, 와인, 위스키 등 여러 가지 술을 대접했다. 근엄한 모습의 사무라이들이 미국 장교들과 함께 왈츠와 폴카 춤을 추는 것을 보고 사병들은 재미있어 했다. 페리 제독은 당시를 이렇게 적고 있다.

군함에 올라온 그들은 구석구석을 자세히 살펴보며 스케치를 했다. 그들은 우리 장교와 사병들의 제복을 샅샅이 살펴보았다. 그리고는 단추를 갖고 싶어 했다. 일본인들의 집 창문에는 유리 대신 기름을 먹인 종이를 사용하고 있었다. 그들은 의자에 앉는 일이 거의 없으며 스모꾼들은 사육한 황소 같았다. 요리는 별로 대단한 것이 없었다. 주로 생선으로 만든 진한 수프 아니면 콩으로 만든 두부를 먹고 있었다.

열강에 대한 경각심 다음은 막부 말기 초슈長州의 제후로 존황양이파의 핵심에 있던 다카스기 신사쿠가 민중들에게 열강에 대한 경각심을 호소한 내용이다.

외국인들은 중국인들을 종 부리듯 부리고 있다. 영국인이나 프랑스 인이 길을 걸으면 중국인들은 모두 옆으로 비켜서며 길을 양보한다. 상해는 중국 땅이지만 사실 영국과 프랑스에 귀속된 것이나 다름없다. 우리 일본인들은 중국인들이 당하고 있는 일들을 우리가 겪지 않도록 유념해야 한다. 중국인들은 영국과 프랑스에 상해를 조계로 내주고 파수병으로 지키게 하여 중국인들조차도 자유로이 출입할 수 없다. 중국의 쇠퇴, 중국인을 불쌍히 여겨야 할 것이다.

다음은 초슈의 제후로서 존황양이파인 구사카 겐즈이의 글이다.

러시아는 캄차카에 요새를 구축하며 우리의 에트로프 울프 섬을 향하고 있다. 러시아는 최근 흑룡강과 사할린, 그리고 동서 홋카이도를 잠식했다. 오키나와는 프랑스가 오래 전부터 군침을 삼키며 기회만 노리고 있다. 영국과 프랑스는 중국의 태평천국의 난으로 힘을 발이 묶여 있지만 장발적을 굴복시키고 나면 우리 역시 그들에게 정복당하는 것은 필연일 것이다.

미국은 어떤가. 미국은 지난해부터 우리에게 개항을 요구하며 교묘하게 말을 꾸미고 있다. 슬며시 아시아에 발을 내디딘 후 러시아의 진출을 막고 아시아를 집어삼키려는 것이다. 영국과 프랑스는 인도와 중국이라는 침략지에서 어떤 변화가 있을까 러시아를 경계하고 있다. 바로 이것이 우리의 쓰시마를 놓고 서로 다투는 까닭이다.

메이지 유신

1868년 일본 막부 정부의 마지막 쇼군이 축출되고 메이지明治 천황의 제국 정부가 들어서자 천황은 낡은 봉건 제도를 청산하고 새로운 국가 건설을 표방하며 서구의 정치 제도와 문물을 과감하게 도입하는 대개혁을 단행했다[메이지 유신].

1867년 사이고 다카모리, 기도 다카요시 등 젊은 관료와 무사 계급은 왕정 복고를 내걸고 막부 토벌 투쟁을 감행하여 300년 막부 시대를 청산하고 메이지 천황을 내세워 정권을 장악한 것이다. 1868년 일본은 수도를 교토京都에서 인구 100만 명의 세계적인 도시로 성장해 있던 에도江戶로 옮기고 이름을 도쿄東京로 바꿨다. 정부는 봉건 영주들로부터 영토를 회수하여 봉건적 행정 조직인 번藩을 현懸으로 바꾸는 한편 무사 계급의 특권을 없애고 봉건적 신분 질서인 사농공상士農工商을 폐지했다.

일본 사회는 모든 분야에서 큰 변화의 물결이 불어 닥쳤다. 일본인들의 근대화 운동은 서구 문화라면 무엇이든 맹렬히 모방하고 도입하면서 시작되었다. 봉건 제도는 철폐되고 외국 여행도 자유로워졌으며 박해받던 기독교도들도 예배를 볼 수 있게 되었다. 서양 문물과 선진 기술을 배우기 위해 미국과 유럽을 방문하는 등 매우 적극적이었다. 헌법과 사법 제도도 독일과 프랑스의 것을 많이 본받아 만들었다.

1869년 도쿄와 요코하마 사이에 전신이 설치되자 봇짐을 전선에 걸어놓고 도쿄까지 보내달라고 조르는 사람도 있었고, 산골에서는 전보가 전선을 타고 통과하는 것을 보려고 하루 종일 전선을 지켜보는 사람도 있었다. 1872년 영국 기사들의 지원을 받아 도쿄와 요코하마를 잇는 30km의 철도가 최초로 개설된 것은 대단히 상징적인 것이었다. 이어서 증기선, 전신, 우편 제도가 등장하고 도시의 모습도 달라지기 시작했다.

문명개화라는 명분으로 의복과 식생활 등 일상생활의 양식도 서구 풍으로 급속히 변해갔다. 1870년경부터 양복과 구두를 착용하기 시작했는데 초기에는 상투머리에 양복 차림을 한 사람들도 적지 않았다. 1871년 남자에 한해 단발령이 시행되어 머리를 짧게 깎은 사람들이 등장했다. 당시 유생들의 반발을 의식하여 "상투 자른 머리를 두드리면 문명개화의 소리가 난다."라는 말도 떠돌았다. 칼을 차지 못하게 하는 탈도령이 내려지자 무사의 표식으로 나무칼을 차는 사람도 있었다. 1872년 승려에게 육식과 결혼할 수 있는 대처가 허락되었는데 1876년 기후 현의 한 스님이 부인을 얻으려 하자 신도들이 이에 반대하여 호미와 괭이로 부인을 쫓아내기도 했다. 1872년에는 초등학교 설치를 법으로 제정했고, 1873년에는 음력에서 양력으로 바뀌었고, 1876년에는 일요일 휴일제를 채택했다.

이렇게 모든 분야에서 서구의 생활 방식이 도입되는 가운데 일본의 정통적 토착 신앙인 신도神道, 전통적인 연극인 노, 찻집, 스모씨름 같은 것은 조금도 영향을 받지 않은 채 면면히 그 전통을 이어갔다. 1880년 일본의 한 언론인은 이렇게 말했다.

> 일본은 태평양의 위대한 항구이자 국제 상업의 거점이 될 것이다. 수천 개의 굴뚝에서 나오는 연기로 태양이 가려질 것이다.

1890년 수도 도쿄에는 승강기가 설치된 12층의 고층 건물이 들어섰다. 정부는 방직, 광산, 유리, 벽돌, 시멘트, 타일 공장을 지었다. 미쓰비시와 미쓰이는 최초의 상업은행을 설립하여 재벌 회사로 성장했다.

세계를 둘러 본 시찰단

일본이 개국을 했을 때 세계는 제국주의 시대가 시작되는 시기였다. 그래서 마르크스는 "일본의 개국으로 세계는 둥글게 되었다"고 말했다.

1871년메이지 4년 11월, 일본 정부 수뇌의 절반이 외유를 떠난 적이 있다. 외유의 목적은 미국을 비롯한 구미 열강들과 통상 조약의 개정 교섭과 제도와 문물을 시찰하는 것이었다.

비행기가 없던 시대라 그들은 배를 타고 약 1개월 만에 샌프란시스코에 도착하여 막 개통된 대륙 횡단 철도를 이용하여 이듬해 1월 워싱턴에 도착하여 국무 장관과 조약 개정 회담에 들어갔다. 회담 첫 날 미국 측에서 천황의 위임장을 요구했다. 국제 관례에 익숙하지 못했던 일본 측은 위임장을 준비하지 않아 이토 히로부미伊藤博文와 오쿠보토 시미치를 황급히 위임장을 가지러 귀국시키는 해프닝이 벌어지기도 했다. 무려 6개월이 지나 천황의 위임장을 가지고 워싱턴으로 돌아왔을 때에는 조약 개정 교섭은 중지되어 있었다.

사절단이 도착하기 2년 전인 1869년에 미합중국 헌법이 개정되어 모든 국민에게는 시민권이, 모든 성인에게는 선거권이 부여되어 있었다. 사절단은 남북 전쟁 후 미국 자본주의의 놀라운 발전을 목격했다.

사절단이 유럽으로 건너갔으나 유럽 각국 역시 조약 개정에는 응하지 않았다. 독일의 철혈 재상 비스마르크를 만나 독일 헌법에 공감을 느끼고 이토 히로부미는 그 후 1882년메이지 15년 헌법 조사를 위해 다시 독일을 방문했다. 일본은 독일 헌법을 본떠 1889년메이지 22년에 헌법을 제정했다. 시찰단 일행은 유럽에 이어 아시아 각국을 돌아본 후 2년 만인 1873년 9월에 귀국했고 시찰단 일행을 중심으로 메이지 정부가 구성되었다.

일본인의 특이한 관습과 제도

휴 가 일본인들은 피를 보면 부정을 탄다고 하여 피를 기피했다. 그래서 생리 중인 여자는 아무 것도 만지지도 못하게 하고 방에만 틀어박혀 있도록 하여 9~10세기에 생리 휴가가 있었다. 또한 긴 머리를 감고 나면 말리는 데에 하루가 필요하다고 하여 목가 휴가 하루도 인정했다.

이 혼 고대 일본에서는 여자들은 남자들처럼 이혼을 요구할 권리가 없었다. 그래서 불행한 결혼에서 벗어나는 길은 오로지 절로 피신해서 숨어 사는 방법밖에 없었다.

다 도 일본인들에게 차茶는 종교적 생활 방식의 하나이며 문화적 행사로 여겨져 차를 대접하고 마시는 의식은 너무나 복잡하여 일본인조차도 잘 모르는 경우가 많다.

차는 12세기에 불교의 선종과 함께 중국으로부터 도입되었다. 처음에는 승려들이 오랜 명상을 하면서 졸음을 물리치기 위해 차를 마셨는데 이러한 관습이 점차 상류 사회로 확산되기 시작했다. 그들은 한 평 남짓한 별채에서 귀한 손님들에게 조용한 분위기 속에서 복잡한 의식을 거쳐 차를 대접했다. 차를 마실 때는 분위기, 장식, 차제구, 차와 함께 먹는 음식, 차의 종류, 끓이는 방법, 그리고 심지어 차를 마시면서 나누는 대화 등에 세심한 준비가 필요하다.

차는 이제 더 이상 상류 사회의 전유물이 아니고 모든 사람들이 즐겨 마시게 되었지만 이러한 전통적인 다도茶道는 일본인들에게 중요한 의미로 남아 있어 처녀들이 다도를 모르면 시집갈 자격이 없다고 생각할 정도이다.

할복자살 일본에서는 기품 있는 할복자살은 남자들에게만 주어진 특권이었다. 규범과 관례에 어긋나는 행동을 한 귀족은 할복을 행해야 하는 것으로 여겨졌다. 방석에 앉은 귀족은 칼로 자신의 복부를 십자로 긋는다. 왼쪽에서 오른쪽으로 그리고 위에서 아래로 긋는다. 그러면 그의 가장 절친한 친구가 우정의 표시로 그의 목을 칼로 친다.

대신 여자들은 단도로 자기 목을 찌르거나 동맥을 끊었다. 여자들은 슬플 때 웃고 남편이 죽으면 기쁨으로 여길 수 있는 마음을 가지도록 교육을 받았다.

천 황 옛날부터 일본인들은 천황을 신의 후손으로 여겼다. 쇼군將軍이 지배하던 시대에 일본의 천황은 교토의 궁궐에서 가난하게 살다가 죽어 갔었지만 일반인들로부터는 신처럼 추앙을 받았다. 별다른 할 일이 없는 천황들은 우산이나 젓가락, 이쑤시개를 만들거나 카드놀이로 소일했다. 그러나 소가 끄는 가마를 타고 천황이 거리로 행차하면 사람들은 창문을 닫고 불을 끄고 길가로 나와 무릎을 꿇고 앉아 땅에 머리를 박고 있어야 했다.

1889년에 제정된 일본 최초의 헌법의 첫머리에는 천황은 신성불가침이라고 선언했다. 1926년 왕좌에 오른 히로히토 천황을 일본 국민은 짐무 천황의 후손이라 하여 살아있는 신으로 섬겼다. 1989년 2월 24일 히로히토 천황의 장례식은 약 8,000만 달러를 들여 국장으로 치러져 도쿄의 신주쿠에 있는 황실 묘에 묻혔다.

1947년 제2차 세계대전 후 미국의 강요로 새로 제정된 헌법은 신성시하던 천황을 국가를 상징하는 존재로 격하시켰는데 이는 일본인들이 천황 숭배를 핵심으로 하던 신도神道의 군국주의적 색채를 없애기 위한 것이었다. 그러나 많은 일본인들은 그 후에도 여전히 신도를 믿었을 뿐만 아니라 히로히토 천왕이 죽었을 때 국장으로 치러진 비종교적인 장례식 외에 신도식 장례식을 따로 치렀다.

일본 관리의 차용 증서 다음은 772년에 하마타리라는 일본의 한 하급 관료가 돈을 빌리면서 건네준 차용 증서로서 고대 일본 서민들의 생활상의 한 단면을 엿볼 수 있는 중요한 사료이다. 하마타리는 3년 동안 10회의 차용증을 써 준 것으로 보아 하급 관리의 생활은 무척 어려웠던 것 같다.

> 하세쓰카베 하마타리 월차금(月借金)을 신청합니다.
> 총 1관문(貫文) 이자 130문
> 담보-토지 16분의 반, 우쿄(右京) 산조(三條) 산보(三坊)에 있음.
> 집 3칸짜리, 구분전 3정(町) 8단(段). 가쓰라기시모 군에 있음.
> 상기 금액을 1개월 후에 원금과 이자를 갚겠습니다. 만일 기일을 어기면 처자와 담보를 팔아서라도 반드시 갚도록 하겠습니다.
> 호키 3년(서기 772년) 11월 27일
> 채무자 하세쓰카베 하마타리
> 보증인 오사다노 시마마로
> 이시카와노 미야이
> 긴노쓰키타리

수에즈 운하

1869년 10월 17일 지중해와 홍해, 즉 유럽과 아시아를 잇는 길이 172km의 수에즈 운하가 드디어 착공한지 10년 만에 개통되었다. 산업 혁명 이후 유럽과 아시아 간의 교역이 늘어나던 시기에 운하가 개통됨으로써 아프리카 남단을 경유하던 항해길이 무려 5,300km나 단축되었다. 운하의 건설에는 총 4,000억 프랑이 들었고 공사 중에 무려 12만 명이 희생되었다. 운하를 통과한 선박은 1870년에는 500척이었으나 1875년에는 1,400척으로, 1900년에는 3,400척으로 급격히 늘어났다.

1798년 나폴레옹 1세가 이집트 원정을 갔을 때 운하 건설을 검토했으나 홍해의 해면이 지중해보다 9m나 높다는 측량 결과가 나와 계획을 포기하고 말았으나 1854년 프랑스 영사 레셉스는 지중해와 홍해의 해면의 차이가 거의 없다는 사실을 확인했다. 그는 자신이 가정교사를 맡았던 사이드 파샤가 이집트 태수가 되자 그로부터 운하 건설의 허가를 얻어냈고 또한 그는 당시 이집트의 종주국이었던 오스만 투르크의 허가도 얻어냈다.

1858년 그는 40만 주프랑스가 약 21만 주, 이집트가 약 18만 주의 주식을 발행하여 2억 프랑의 자본금으로 파리에 수에즈운하회사를 창설하고 이듬해 운하 건설에 착수했다. 운하는 사막을 뚫고 수면 폭 22m, 수심 8m, 길이 172km의 인공 수로를 만드는 대공사였다. 건설은 운하회사가 담당하고 완성 후에는 이집트 태수가 수익의 15%를 차지하도록 되어 있었다. 수에즈 운하는 처음에는 프랑스와 이집트가 공동으로 소유했던 수에즈운하회사가 관리했다.

1875년 이집트는 재정이 어려워지자 자국 지분의 주식44%을 영국에 매각함으로써 영국은 수에즈 운하의 최대 주주가 되었다. 수에즈 운하는 기선에 한하여 운항이 허락되었는데 1874년에 수에즈 운하를 통과하는 선박의 약 74%가 영국 선박이었다. 그 후 1956년에 이집트의 나셀은 수에즈 운하의 국유화를 선언했다.

영국의 수에즈 운하 매입

1875년 이집트 정부는 재정난으로 수에즈 운하의 주식을 프랑스에 매각하고자 했으나 프랑스는 망설였다. 그러던 중 이 정보를 입수한 영국 수상 디즈 데일리는 곧바로 비서를 유대계 재벌 로스차일드에게 보내어 주식 매입에 필요한 자금 지원을 요청했다. 비서가 로스차일드의 집에 도착했을 때 그는 마침 아침을 들고 있었다.

“수에즈 운하 주식을 사기 위해 400만 파운드가 필요합니다.”

“수에즈 운하 주식을 산다고요? 자금지원에 대한 담보는 뭡니까?”

“영국 정부가 담보입니다.”

“좋소, 자금을 지원해 드리겠소.”

로스차일드로부터 자금 지원을 약속받은 수상은 휴회 중이던 의회와는 논의도 하지 않은 채 각의에 상정하여 위임을 받은 후 주식을 인수해 버렸다. 인수 절차를 마친 뒤 수상은 빅토리아 여왕에게 보고했다.

"여왕 폐하, 이제 수에즈 운하는 폐하의 것이옵니다."

디즈 데일리의 일화 영국의 소설가로서 재무 장관과 총리를 역임한 디즈 데일리1804~1881는 그가 수상으로 있던 1857년에 이집트의 수에즈 운하 주식을 매입하였다.

그는 35세 때 가정부로 들어온 메리 앤50세과 결혼했다. 메리 앤은 미모나 재능이 특출하지 않은 평범한 여자였는데 30년간의 결혼 생활에서 한 번도 남편의 마음을 상하게 한 적이 없다고 한다.

디즈 데일리가 독신 때 가정부를 채용하기 위해 면접을 보면서 응모자들에게 물었다.

"20개의 접시를 들고 가다가 문턱에 걸렸을 때 어떻게 하겠는가?"

응모자 중 한 사람이 말했다.

"저는 턱으로 접시를 고아 깨지지 않도록 하겠습니다."

그때 메리 앤이 대답했다.

"그런 실수를 하지 않도록 하겠습니다."

그때 디즈 데일리는 메리 앤을 채용하고 그 후에 메리 앤과 결혼했다.

철혈 재상 비스마르크

1789년 프랑스 혁명이 성공하고 그 후 나폴레옹이 해방군의 이름으로 전 유럽을 상대로 전쟁을 벌이며 자국의 혁명 이념을 퍼뜨리자 유럽 각국은 프랑스 혁명의 여파가 자국으로 번질까 봐 두려워하고 있었다. 당시 프로이센은 39개 지역으로 나뉘어 영주들이 독자적으로 통치하고 있어 일찍부터 통일 국가를 지향한 영국과 프랑스에 비해 근대적 의미의 국가라고는 볼 수 없었다.

1806년 나폴레옹에게 점령당하자 프로이센 전역에서 민족주의가 싹트기 시작하여 각지에서 의용군이 결성되고 나폴레옹 군대에 대항하는 해방 전쟁이 치열하게 벌어졌다. 러시아 침공에 참패한 나폴레옹은 프로이센 의용군의 반격을 받고 7년 만에 프로이센으로부터 철수[1813]했다. 해방된 프로이센의 각 지역 영주들은 느슨하나마 통일 국가 체제를 이루게 되었다.

1848년 3월, 오랜 봉건주의에 대한 반발로 전 유럽을 휩쓸던 시민 혁명이 프로이센에서도 일어나 국민 의회를 열어 대화로 통일 문제를 해결하려 했으나 결국 실패로 끝나고 말았다. 혁명 세력들은 프로이센 왕 빌헤름 1세[1797~1888]를 통일 독일의 왕으로 추대했으나 그는 '시궁창에서 왕관을 줍는 일'이라고 하여 사절하고는 오히려 혁명을 진압했다.

1862년 황태자 시절부터 친하게 지낸 빌헬름 1세의 추천으로 비스마르크[1815~1898]가 프로이센의 수상에 취임하자 숙원이던 통일 문제가 급진전하기 시작했다. 비스마르크는 전형적인 토지 귀족 출신으로 키가 2m에 가까운 거구였으며, 대학 시절 28차례나 결투를 할 만큼 거칠고 대담한 성격이었다. 그는 집권 후 첫 의회 연설에서 "지금의 독일 문제는 여론이나 다수결로 해결할 수 있는 것이 아니라, 철과 피로만 해결할 수 있습니다. 예리한 총알은 조리 있는 연설보다 낫습니다."라고 주장했다. 이 일로 그는 '철혈 재상'이라는 말을 듣게 되었다.

비스마르크는 의회의 승인이나 법률을 무시하면서까지 경비를 들여 군대를 증강시켰다. 이로 인해 의회의 불만이 고조되자 빌헬름 1세가 비스마르크에게 "자네와 나의 운명은 뻔하군. 광장에서 먼저 자네 목이 잘리고 그 다음엔 내 목이 잘릴 걸세."라고 말했다. 그러자 비스마르크는 "폐하, 당장 죽더라도 당당해야 합니다. 제가 벌이는 이 싸움은 폐하를 위한 싸움입니다. 폐하께서도 신성한 왕권을 단두대에서든 전쟁터에서든 피로 증명해 보이셔야 합니다."라고 말했다.

1864년 프로이센은 오스트리아와 연합하여 덴마크와 전쟁을 벌여 승리한 후 슐레스비히와 홀슈타인 두 지역을 공동 관리했다. 1866년 이 지역의 지배권을 놓고 그동안 무장을 강화해온 신흥 세력 프로이센이 구 맹주 오스트리아와 전쟁을 벌여 승리하고 오스트리아를 독일 연방에서 축출하는 조건으로 휴전 협정을 맺었다. 이로써 독일과 오스트리아는 완전히 분리되고 프로이센이 독일 중북부의 지배권을 장악하게 되었다.

1870년 프로이센의 수상 비스마르크는 독일 국민 전체를 등에 업고 남부 독일의 통일에 장애가 되는 프랑스와 전쟁[보불 전쟁]을 치렀다. 프로이센 군대는 강철과 대포와 철도망을 이용해 프랑스로 진격하여 나폴레옹 3세를 사로잡음으로써 전쟁은 프로이센의 승리로 끝났다. 그리하여 프로이센 중심의 북독일 연방과 작센, 바이에른 등 남부의 영방으로 나뉘어 있던 독일이 드디어 통일을 이룩했다.

1871년 1월 18일, 프로이센 군대가 다섯 달째 파리를 포위 공격하고 있는 가운데 프로이센의 빌헬름 1세는 프랑스의 베르사유 궁전에서 대관식을 거행하여 독일 제국의 성립을 선포하고 카이저황제에 즉위했다.

프로이센의 수상 비스마르크가 선택한 프랑스와의 전쟁을 통해 남부 영방들을 결속시킴으로써 독일 통일이 실현될 수 있었다. 철과 피로 독일을 통일한 비스마르크는 통일 제국의 초대 수상이 되어 유럽 외교의 주도권을 장악하게 되었다. 통일된 독일에서는 군국주의 사상이 팽배해져 예비역 장교의 직함이 없는 남자는 별 볼일이 없었으며 군에 복무하지 않은 장관보다 하사관이 더 존경을 받았다.

보불 전쟁을 유도한 비스마르크

1870년 7월 13일 프랑스 신문에는 자국의 대사가 프로이센의 빌헬름 1세를 만나러 휴양지 엠스로 찾아갔다가 모욕만 당하고 쫓겨났다는 기사가 실렸다. 자만심 강한 프랑스 국민들의 분노가 들끓자 마침내 프랑스는 프로이센에게 선전을 포고함으로써 보불 전쟁이 시작된 것이다. 하지만 이는 프로이센의 수상 비스마르크가 프랑스와 전쟁을 벌이기 위한 구실을 찾기 위해 교묘하게 여론을 이용한 술책이었음이 밝혀졌다.

프랑스 대사가 빌헬름 1세를 찾아간 것은 스페인의 왕위 계승 문제에 프로이센이 개입하지 말아 달라고 부탁하기 위해서였다. 빌헬름 1세는 이를 정중하게 거절했고 회담 내용을 비스마르크에게 전보로 알렸다. 전보를 받아본 비스마르크는 미소를 지었다.

"프랑스라, 좋은 상대지……."

전쟁만이 독일 영방을 하나로 결속시켜 줄 수 있을 것이라고 믿고 있던 그는 엠스에서 날아온 전보 내용을 프랑스 인들을 자극시키도록 짧게 줄이고 수정해서 언론에 흘렸던 것이다.

엥스 발, 1870년 7월 13일

호엔촐레른 가의 왕자가 스페인 왕위를 단념했다는 소식이 스페인 왕국 정부에서 프랑스 정부에 공식 통보되었다. 프랑스 대사는 엥스에 계시던 국왕 폐하께 요구하기를, 호엔촐레른 가의 다른 사람이 또다시 왕의 후보가 되겠다고 해도 폐하는 결코 동의하지 않겠다는 내용의 전보를 파리로 보내 주실 것을 요청했다.

국왕 폐하는 프랑스 사절의 접견을 거부하시고 시종을 통해 국왕 폐하는 대사에게 더 이야기하실 것이 없다는 뜻을 전하게 하셨다.

독일 통일을 앞당긴 강철제 대포의 위력

1851년 런던에서 열린 제1회 만국 박람회에서 금상을 획득한 것은 독일의 기술자 알프레드 크라프가 발명한 강철제 대포였다. 당시 대부분의 대포는 청동으로 만들어져 강철제 대포의 등장은 세인의 관심을 모았다. 섭씨 1,400℃ 이상의 선철에 공기를 불어넣어 선철에 섞여있는 탄소 등의 불순물을 제거하여 강철을 만든 것이다.

강철제 대포의 등장으로 유럽의 군사 균형에 큰 변화가 일어났다. 타국보다 앞서 강철대포로 무장한 프로이센 군은 그 막강한 전력으로 단기간 내에 독일 통일을 가능하게 했다. 1866년 오스트리아와의 전쟁에서는 불과 7주 만에 승리를 거두었고, 1870년 프랑스와의 전쟁에서는 프랑스의 청동대포는 프로이센의 강철대포 앞에 힘을 쓰지 못하고 프로이센의 압승으로 끝났다.

파리에 등장한 별난 요리

1870년에서 1871년으로 넘어가는 겨울, 보불 전쟁에서 파리는 비스마르크 재상의 프로이센 군에게 포위당하여 몇 달째 외부와 고립된 상태에 있었다. 보급이 차단되자 식료품을 구할 수 없게 되었다. 파리 시민들은 살아남기 위해서는 무엇이든 먹어야 할 처지가 되었다.

프랑스 인들은 이제는 마차를 끄는 말까지도 잡아먹어야만 했다. 파리가 포위되어 있던 동안 그들은 6만 5,000마리의 말을 잡아먹었는데 그중에는 제정 러시아의 황제가 나폴레옹 황제에게 선물한 두 마리의 준마도 포함되어 있었다.

식량 사정이 점점 더 악화되자 그들은 개와 고양이를 이용하여 새로운 맛의 요리로 위장한 조리법이 등장했다. 겨울이 깊어가는 데도 포위가 풀릴 기미가 없자 이번에는 파리 시내의 한 복판에 쥐고기가 버젓이 등장했다. 쥐들이 고리에 매달려 노점 판매대에 걸리고 시민들은 어떻게 하면 쥐고기를 맛있게 요리할 수 있을까 하는 것이 화제가 되었다. 그들은 공원 연못의 관상용 금붕어까지 잡아먹었다.

1870년 12월 4일자 프랑스의 일간지 〈레 노벨〉의 지면에는 파리 시민들이 먹지 않으면 안 되었던 요리들을 다음과 같이 소개했다.

- 수수를 곁들인 말고기 수프
- 개의 간을 이용한 꼬치 요리
- 마요네즈 소스를 곁들인 고양이 등심
- 도마도 소스를 곁들인 개 어깨살 요리
- 버섯을 곁들인 고양이고기 스튜
- 콩을 곁들인 개고기 요리
- 쥐고기 스튜
- 새끼 쥐를 곁들인 쥐 다리 요리
- 말뼈 국물을 곁들인 오얏 푸딩

연말이 되자 파리 동물원은 더 이상 동물들을 먹일 수가 없어 동물을 식용으로 팔기로 했다. 그러나 동물원 측은 도살하기가 어려운 사자와 호랑이, 그리고 인간과 닮은 원숭이는 팔지 않고 살려 두었다. 하마 한 마리는 8만 프랑에 팔려고 내놓았으나 그런 엄청난 돈을 치르고 사는 사람이 없었다. 그러나 오스망가의 정육상 드보는 물소, 얼룩말 그리고 야크로 스테이크를 만들었고, 두 마리의 코끼리를 2만 7,000프랑에 사들여 특별한 진미로 알려진 몸통고기를 파운드당 40프랑에 팔아 톡톡히 재미를 보았다.

1871년 1월 말에 프랑스가 항복하고 프로이센 군의 포위가 풀리자 파리 시민들은 평상시의 식생활로 돌아갈 수 있었다.

늪에 빠진 친구에게

비스마르크는 젊었을 때 사냥을 무척 좋아했다. 어느 날 친구와 사냥을 나갔는데 같이 간 친구가 발을 헛디뎌 그만 늪에 빠지고 말았다. 그 친구가 수렁에서 빠져 나오려고 몸부림을 쳤지만 몸은 점점 더 깊이 빠져 들어가고 있었다. 물이 턱까지 차자 다급해진 친구는 비스마르크에게 살려 달라고 고함을 쳤다.

"어서 내 좀 건져 주게. 자꾸만 빠져 들어가고 있어. 어디 손 좀……"

"자네를 건지려다간 나까지 빠져 죽을 걸세. 내가 할 수 있는 일은 자네의 고통을 덜어 주는 것뿐이라네. 죽어서라도 우정은 잊지 말게"

그리고는 엽총을 빼들고는 친구를 향해 쏘았다. 그러자 당황한 친구는 필사적으로 늪에서 헤쳐 나왔다. 그제야 비스마르크는 친구의 손을 잡아 주며 싱긋이 웃었다.

"내가 겨눈 것은 자네 머리통이 아니라 자네의 분발력이었다네."

불운한 천재 화가 고흐

19세기의 대표적인 인상파 화가 빈센트 윌렘 반 고흐1853~1890는 네덜란드의 한 작은 마을에서 엄격하고 보수적인 칼뱅파 목사의 장남으로 태어났다. 1869년 그는 유명한 구필 화랑에서 일하게 되었고, 1873년에는 구필 화랑 런던 지점으로 옮겼다. 1875년 파리 본점으로 옮긴 고흐는 종교에 몰입하면서 고객이나 동료 직원들과의 불화로 직장에서 해고되었다. 에텐에 있는 부모 곁으로 돌아간 고흐는 기숙학교의 무보수 견습 교사, 서점 점원 등을 전전했다. 1877년 그는 암스테르담의 신학대학에 들어갔으나, 공부를 중단하고 전도사가 되었다. 그는 벨기에의 탄광 지역인 보리나 주에서 선교 활동을 했으나 다른 종교인들과 마찰을 빚으며 힘든 생활을 했다.

1879년 고흐가 마침내 화가가 되겠다고 결심하자 화랑에서 일하는 그의 동생 테오는 경제적인 지원을 약속했다. 동생 테오는 고흐가 화가로서 그림을 그리는 10여 년 동안 고흐에게 물질적으로나 정신적으로 가장 든든한 후원자였다. 하지만 이 형제의 불행은 고흐의 작품이 그의 살아생전에는 빛을 보지 못하고 늘 가난에서 벗어나지 못했다는 데에 있다. 고흐가 동생 테오에게 보낸 수많은 편지는 거의 내면세계를 엿볼 수 있는 좋은 자료이다.

다음은 고흐가 동생 테오에게 보낸 편지에서 자신의 심정을 이렇게 적었다.

테오에게,

지난 5년 동안 나는 안정된 직장 없이 늘 궁지에 몰린 채 방황해 왔다. 내가 많은 사람들로부터 신뢰를 잃었다는 건 맞는 말이다. 좋든 싫든 나는 가족에게 떳떳하게 나설 수 없는 나쁜 놈이 되어 버렸으니 멀리 떨어져 있는 것이 최선이라고 생각하게 되었다……

나의 최종 목표가 뭐냐고 묻고 싶겠지. 초벌 그림이 스케치가 되고, 스케치가 유화가 되듯이 최초의 모호한 생각을 다듬으며 구체적으로 실현해 가는 과정에서 목표는 명확해지고, 느리지만 확실하게 이루어지는 것이 아닐까……

지난여름 네가 왔을 때 "형은 많이 변해 예전의 형이 아니야"라고 말했지. 그러나 나의 내면이나 사물을 보는 방식에는 변함이 없다. 다만 변했다면 당시 내가 생각하고 믿고 사랑했던 것을 지금은 더 생각하고 더 믿고 더 사랑한다는 것뿐이다. 비교 대상을 독창적인 사람들의 장점 속에서 찾아야 한다는 사실도 잊지 마라……

제발 내가 포기했다고 생각하지 마라. 내가 변했다고 해도 나는 여전히 같은 사람이다. 나에게는 '내가 무엇에 어울릴까, 쓸모 있는 사람이 될 수 없을까, 어떻게 지식을 더 쌓고 여러 주제를 깊이 있게 탐구할 수 있을까' 하는 물음뿐이다……

고질적인 가난, 그리고 진정한 사랑과 우정이 있어야 할 자리가 텅 빈 것처럼 느껴질 때 좌절감을 맛본다. '신이여, 얼마나 더 기다려야 하나요'라고 외치고 싶다……

나는 열정적이고 너무 성급하게 행동하는 바람에 후회하는 일도 이따금 있었지만, 오히려 이 열정이 좋은 결과를 거둘 수 있도록 해야겠다고 생각한다. 새들에게 털갈이 계절이 있듯이 나도 새롭게 태어날 수 있겠지……

너도 알다시피 내가 예술 작품으로 둘러싸인 환경에서 살았을 때 그런 것에 대한 광적인 열정을 품었다. 지금도 그림에 대한 향수를 자주 느낀다. 무언가 하려는 욕구로 불타지만 새장에 갇힌 새처럼 손발이 묶여 아무 것도 할 수 없는 사람도 있다.

내 안에는 분명히 무엇인가 있다. 그것이 도대체 무얼까? 나도 지금과는 다른 사람이 될 수 있다는 걸 안다. -1880년 7월

1881년 에텐의 부모 곁으로 돌아온 고흐는 모델을 보며 인물 데생에 몰두했다.

테오에게,

요즘은 내가 데생의 소질을 타고 났다는 느낌이 든다. 아직은 제대로 다루지 못하지만 그런 능력이 있다는 게 기쁘다. 인물 데생은 풍경 데생에도 도움이 된다고 생각한다. 가령 버드나무를 인물 데생을 하듯 그 안에서 생명이 살아 숨 쉬는 경지까지 이른다면 부수적인 배경은 저절로 따라오게 되어 있다……

–1881년 11월 10일

테오에게,

터널의 끝에 희미한 빛이 조금씩 보이는 것 같다. 인간을, 살아 숨 쉬는 존재를 그린다는 건 힘들긴 하지만 정말 대단한 일이다……

나는 예의범절이 까다로운 사람들보다는, 가난하고 평범한 사람들과 더 잘 어울린다. 앞의 사람들에게서 잃은 것을 뒤의 사람들에게서 얻는다. 관심이 있고 표현하고 싶은 그런 환경 속에서 예술가로 살아가는 것이 옳은 것이 아닐까.

–1882년 3월 3일

고흐는 사촌 케이에게 연정을 느껴 구혼했지만 거절당했다. 이에 깊은 상처를 받은 고흐는 가족은 물론 친척들과도 갈등을 겪었다.

테오에게,

올 여름 나는 케이를 사랑하게 되었다. 그녀는 절대로 내 마음을 받아들일 수 없다고 하지만, 나는 희망을 갖고 포기하지 않을 생각이다. 이런 고충은 책에서 접한다면 재미가 있을지 모르나 직접 내가 당하고 보니 유쾌하지 않구나.

–1881년 11월 3일

상상이나 현실 속의 교회의 벽은 나에게는 너무 차갑다. 나는 여자가 필요하다. 나는 사랑 없이는 살 수 없고, 살지 않을 것이고, 살아서도 안 된다.

–1881년 12월 21일

고흐는 암스테르담을 떠나 안톤 모베에게서 수채화와 유화의 원리를 배우기 위해 헤이그로 향했다. 1882년 고흐는 처음으로 수채화를, 그리고 얼마 후에는 유화도 그렸고, 처음으로 석판화도 제작했다.

테오에게,

쉬운 일은 아니지만 꾸준히 노력하면 수채화를 더 잘 이해할 수 있겠지. 그게 쉬운 일이라면 그 속에서 아무런 즐거움도 얻을 수 없겠지. 계속해서 그림을 그려야겠다. －1882년 1월 7일

테오에게,

현대 회화는 특별한 매력이 있다. 옛것을 모방하는 유행을 따라 가서는 안 되겠지. 밀레도 '자신이 다른 사람처럼 보이기를 바라는 모습은 우스꽝스럽다'고 했다. 이 말은 진부하게 들릴지 모르나 그 뜻이 심오하다. 나는 이 말을 가슴 깊이 새기고 있다. －1882년 7월 21일

테오에게,

진정한 화가의 의무는 자연에 몰두하여 온 힘을 다해 자신의 감정을 작품 속에 쏟아 붓는 것이다. 팔기 위해 그림을 그린다면 그런 목적에 도달할 수 없을 뿐 아니라 예술을 사랑하는 사람들의 눈을 속이는 짓이다. 진지하게 작업을 해나가면 언젠가는 사람들의 공감을 얻게 될 것이다. －1882년 7월

짐을 가지러 에텐에 들린 고흐는 시엔이라는 여자를 만났다. 남자에게 버림받고 겨울에 길을 헤매고 있던 임신 중인 그녀를 집으로 데려 와 모델로 삼으며 보살펴 주었다. 이 일로 가족들과의 관계가 다시 악화되어 모베, 테르스테크와도 절교하게 되었다.

테오에게,

가족이 나에게 법의 보호를 받게 할지도 모른다고 했지만, 나를 지키기 위해서라도 저항할 것이다. 케이에 대한 열정이 좌절된 후, 이것은 나에게 찾아 온 유일한 사랑이다. 불행한 두 사람이 함께 지내면서 서로의 짐을 나누어지고 있다. 그게 바로 불행을 행복으로 바꿔 주고, 참을 수 없는 것을 참을 수 있게 해주는 힘이 아니겠니. 비록 그녀는 케이처럼 우아하지도 않고 예절도 잘 모르지만 선의와 헌신으로 가득 차 있어 나를 감동시킨다. －1882년 6월 2일

1883년 경제적인 어려움에 처한 고흐는 시엔과 헤어지고 드렌테로 갔다가 석 달 후 누에넨에 있는 가족에게 돌아갔다. 부모와의 관계는 여전히 심각했지만 병든

어머니를 돌보면서 목사관 창고에 아틀리에를 마련하고 독서와 그림에 열중했다.

테오에게,

너의 변함없는 도움에 말할 수 없는 고마움을 느낀다. 내 그림이 더욱 활기 있고 진지하고 강렬하게 되어 너에게 기쁨을 주고 싶다……

인물을 잘 표현하는 일은 얼굴 생김새를 꼭 닮게 그리는 문제가 아니라, 전반적인 느낌을 잘 전해 주는 문제라고 생각한다. 따라서 세부적인 것은 의도적으로 무시하고 본질적인 특징에 따라 단순화할 것이다. 숲에서 팔짱을 끼고 있는 부부의 그림은 부부의 초상화를 그리는 것이 아니라, 서로 사랑하고 신뢰하며 함께 살아 온 모습을 그리는 것이다……

나는 세상에 태어나 30년간이나 살았다. 이에 보답하기 위해서라도 그림을 통해 어떤 기억을 남기고 싶다. 내가 어떤 유파에 속하는지 하는 것은 관심이 없다. 다만 감정을 진정으로 표현하는 그림을 남기고 싶다. 그것이 나의 목표다.

–1883년 7~8월

1884년 고흐는 11살 연상의 마르고트와 사귀면서 결혼을 생각했으나 그녀 가족의 반대로 이루어지지 못했고, 1885년에는 그의 아버지가 세상을 떠났다. 1885년 고흐는 앤트워프로 떠나 미술 아카데미에 입학했으나 신경과민 증세가 심해져 그만두었다.

친애하는 친구 라파르에게,

자네가 내 데생에서 무언가를 보았다니 무척 기쁘다. 내 그림이 말하려는 것을 더 강렬하게 표현했으면 좋겠다는 자네 의견에 동의하네. 그 점을 강조하기 위해 열심히 작업하고 있다네. 무언가를 표현하고자 할 때, 이해하기 힘든 말로 말한다면 말하는 사람에게나 듣는 사람에게 무슨 소용이 있겠니…….

그림은 손으로 만들어지지만 영혼으로부터 솟아 나온 것이 아닌가. 기법에 대한 전문 지식은 종교가 자기 합리화를 위해 이론을 세우는 것을 연상시킨다네. '네 빛이 다른 사람들 앞에서 빛나게 하라'는 말이 화가의 의무라고 믿네.

–1884년 3월

테오에게,

이번에 「감자 먹는 사람들」을 보내고 싶었지만 아직 완성되지 않았다. 농부의 삶을 담은 그림을 전통적인 방식으로 세련되게 그리는 것은 잘못이다. 마구간 그림에서 거름 냄새가 풍긴다면 훌륭한 그림이라고 할 수 있겠지. 농부를 그리기 위해서는 자신이 농부가 되어, 농부가 느끼고 생각하는 것을 똑같이 느끼고 생각하며 그려야 한다. 밭갈이 하는 농부가 개성이 있어야 하는 것이 아니라, 농부는 농부다워야 하고, 밭을 가는 사람은 밭을 가는 사람다워야 한다……

사람들은 기술을 형식의 문제로만 생각하며 마음대로 지껄이지만, 그냥 내버려 두자. 진정한 화가는 영혼의 인도를 받는다. 화가의 영혼과 지성이 붓을 위해 존재하는 게 아니라, 붓이 그의 영혼과 지성을 위해 존재하는 것이다. 진정한 화가는 캔버스를 두려워하지 않으며, 오히려 캔버스가 그를 두려워한다.

－1885년 4~7월

1886년 파리에 온 고흐는 인상파 화가들과 접하면서 인상주의 회화의 의미를 알게 되었고, 꽃을 다룬 정물화 연작을 그렸다. 그는 파리에서 200점이 넘는 작품을 그렸고, 전시회를 통해 고갱 등을 알게 되었다.

1888년 파리에 염증을 느낀 고갱은 더 많은 빛과 색을 찾아 남프랑스의 아를로 떠났다. 아를에서 그는 노란 집을 아틀리에로 꾸며 고갱을 초대하여 공동생활을 시작했다. 처음에는 두 사람 모두 많은 그림을 그렸는데, 예술에 대한 견해 차이로 불화가 심해졌다.

공동생활을 시작한 지 두 달 째, 고갱과 심하게 다툰 고흐는 면도칼로 자신의 귀를 잘랐다. 고갱은 급히 파리로 돌아갔고, 고흐는 2주 후 병원에서 퇴원했다. 그를 늘 도와주던 동생 테오가 결혼했다.

1889년 5월 끝없는 죄책감과 무력감에 시달리던 고흐는 프로방스의 생레미에 있는 요양원으로 들어갔다. 고흐는 아를에서 200여 점의 그림을 그렸고, 그의 작품은 동료 화가들 사이에서 평가를 받기 시작했다. 12월 말 고흐는 일주일이나 계속된 간질발작으로 심한 고통을 받았다. 그는 갑자기 물감 튜브를 빨아 먹다가도 발작이 진정되면 평소처럼 그림을 그리곤 했다.

1890년 1월 동생 테오와 그의 아내 조안나 사이에 아들이 태어났는데, 테오는 형의 이름을 따서 빈센트 윌렘 반 고흐라고 이름을 지었다. 생레미 요양원 생활을 견딜 수 없었던 고흐는 동생 테오의 권유로 파리에 있는 동생 집에서 잠시 머물다가 다시 오베르 쉬르 오아즈로 떠났다. 그는 여인숙 방을 얻어 살면서 의사이자 화가인 닥터 가세의 치료를 받았다.

1890년 6월 동생 테오가 직장에서의 갈등으로 심각한 고민에 빠졌다는 소식을 듣고 파리를 방문했던 고흐는 돈 문제로 테오와 다투고 오베르로 돌아왔다. 1890년 7월 29일 고흐37세는 권총으로 자신의 가슴을 쏘아 자살하고 말았다.

혹독한 시련 고흐는 심한 조울증에 시달렸다. 기분이 침체될 때는 걷잡을 수 없었다. 그가 면도칼로 자신의 귀를 자른 것도 이런 정신적 공황 상태에서 저지른 일이었다. 하지만 기분이 좋아질 땐 그는 마치 불꽃같았다. 일단 작품에 열중하면 며칠간 아무것도 먹지 않고 그림에 몰두하기 일 수였다.

극도의 궁핍한 생활 속에서 평소 먹는 것이라고는 빵과 치즈, 물이 전부였다. 담배는 늘 입에 달고 살았고, 커피는 너무 많이 마셔 복통과 불면증에 시달렸고, 간질과 정신분열증, 조울증, 매독, 영양실조 등 온갖 질병으로 고통을 받았다. 게다가 충치로 이는 열 개나 뽑아내야 했다. 아이들은 그가 지나가면 "미친 아저씨 지나간다"고 외쳐댔다.

생전에 팔린 유일한 유화 고흐가 그림을 그리기 시작한 지 불과 10년 만에 무려 2만 점에 달하는 그림을 그렸지만, 그가 살아 있는 동안 팔린 유화 그림은 단 한 점뿐이었다. 그것은 1890년 1월 브뤼셀의 '20인전'에 전시되어 호평을 받았던 「붉은 포도밭」이 400프랑에 팔린 것이 그의 평생에 유일하게 팔린 유화 작품이다.

고흐가 죽은 지 100년만인 1990년 그의 말년 작품인 「가세 박사의 초상」은 뉴욕의 경매장에서 무려 8,250만 달러에 팔렸다.

자신의 귀를 자른 고흐 1888년 크리스마스이브였다. 프랑스 남부 아를의 골목길에 위치한 한 작은 카페에서 고흐와 고갱은 심하게 말다툼을 벌였다. 몹시 흥분한 고갱이 먼저 카페에서 뛰쳐나왔다. 잠시 후 고흐도 상기된 얼굴로 씩씩거리며 뛰쳐나왔다. 고흐는 앞서 가는 고갱을 향해 소리쳤다.

"야, 고갱. 이거 봐!"

고갱이 뒤돌아보니 고흐가 면도칼을 들어 보인 채 서 있었다. 고갱은 섬뜩했다.

그 순간 고흐가 갑자기 면도칼을 든 채 부리나케 뛰어 달아났다.

집으로 돌아 온 고흐는 몹시 흥분된 채 의자에 걸터앉자마자 면도칼로 자신의 오른쪽 귓불을 잘라 냈다. 그는 피가 흘러내리는 귀를 수건으로 칭칭 동여맸다.

그는 잘려 나간 귓불을 종이와 손수건에 싼 뒤 평소 친하게 지내던 창녀 라셀을 찾아 갔다. 손수건을 열어 본 그녀는 놀라 그 자리에서 기절하고 말았다. 그런 후 고흐는 집으로 돌아와 문을 닫고 침대에 쓰러졌다. 피를 많이 흘려 기절한 것이다. 고흐가 제정신을 찾은 것은 무려 2주가 지난 후였다.

병원에서 퇴원하여 노란 집으로 돌아온 고갱은 거의 식음을 전폐한 채 그림 그리기에 몰두했고, 「귀에 붕대를 감고 있는 자화상」을 그렸다. 그러나 여전히 환각증상이 있었고, 그를 불안하게 여기던 주민들의 고발로 병원에 감금되고 말았다.

고흐의 죽음

1890년 7월 27일, 여인숙 3층 초라한 다락방에 세 들어 살던 고흐는 주인에게 밀밭에 까마귀 떼를 쫓는다고 하여 권총을 빌려 나간 후 저녁 늦게까지 돌아오지 않았다. 그러다가 쿵하는 소리에 주인이 올라가 보니 다락방의 침대 위에 고흐가 피를 흘리고 쓰러져 있었다. 고흐는 빌린 권총으로 자신의 가슴을 쏜 후 가까스로 여인숙으로 돌아온 것이었다.

그는 한사코 의사를 부르지 말라고 우기면서 동생 테오를 불러 달라고 했다. 차갑고 외로운 이 세상에서 유일하게 자신을 천재라고 격려해 주며 도와 준 동생이었다. 7월 29일 새벽 파리에서 달려온 동생 테오의 품에 안긴 고흐가 간신히 말을 내뱉었다.

"아, 내 작품들…… 난 거기에 내 인생을 걸었지…… 이제 이 모든 것이 빨리 끝났으면 좋겠어. 이제 집에 가고 싶다. 울지 마라. 내가 저지른 일은 우리 모두를 위해 최선이다. 더 이상 쓸모없는 몸…… 이 슬픔을 결코 이겨낼 수 없으니 어쩔 수 없다. 인생의 고통이란 살아 있는 그 자체다."

이 말을 끝으로 고흐는 37세의 젊은 나이에 파란 많은 생을 마감했다. 그의 시신은 오베르의 묘지에 묻혔다. 동생 테오는 형의 죽음에 크게 충격을 받아 시름시름 앓다가 6개월 후인 1891년 1월 네덜란드에서 33세의 나이로 숨을 거두고 말았다. 1914년 테오의 화장된 유해는 형의 무덤 옆에 안치되었다.

다음은 고흐가 동생 테오에게 쓴 편지로서, 발송되지 않은 채 고흐가 죽었을 때 그의 몸에 간직하고 있던 마지막 편지이다[1890].

내 사랑하는 동생에게

염려해주는 편지와 동봉한 50프랑은 고맙게 잘 받았다. 편지로 말할 것이 많았지만, 이제는 다 소용이 없다는 생각이 드는구나. (생략)

솔직히 그림이 팔리지 않는 것이 두렵기도 하고, 이를 숨기고 싶은 생각도 없다. 다른 화가들도 아마 비슷할 거야. 각자 생각하는 바는 다를지라도 그것은 그림을 파는 일과는 상관없는 일들이다. 화가란 자신이 그리는 그림 외에는 관심이 없기 때문이지.

사랑하는 동생 테오야, 항상 너에게 말하지만, 최선을 다하려고 하는 내 진심을 다시 한 번 전하고 싶구나. 거듭 말하지만, 너는 코로의 그림을 파는 화상들과는 전혀 다르단다. 너는 나를 통해 많은 그림 제작에 관여하고 있는 셈이니까. 격정의 시기에도 평온을 유지하는 그런 작품 말이다. (생략)

나는 그림 그리기에 내 인생을 걸었다. 내 이성의 절반을 대가로 치르면서까지…… 다 좋다. 너는 여전히 너의 입장을 고수할 수도 있겠지. 하지만 네가 그런 화상들과 같은 부류의 사람이 아니라고 내가 말하는 한 너는 내 동료이다. 하지만 네가 어떻게 생각하는지, 내가 어떻게 하면 좋을지 모르겠구나.

아프리카 식민지 쟁탈전

19세기 후반은 영국, 프랑스, 독일, 미국 등 구미 열강들이 아프리카, 아시아, 오세아니아 등지에서 식민지 쟁탈전에 열을 올리던 시기였으며 특히 그중에서도 관심을 모았던 곳이 암흑대륙 아프리카였다.

1810년까지 열강의 아프리카 식민지는 10%에 불과했으나, 탐험가 스탠리가 콩고를 벨기에 왕에게 헌상하면서 열강 간의 식민지 쟁탈전은 순식간에 불이 붙었다.

1884년 독일의 비스마르크의 중재로 베를린에서 14개국 열강 대표가 모여 회의를 열었다. 이 회의에서 열강은 각국이 이미 점령한 지역의 권익을 조정 확인하고, 새로 점령하는 아프리카 해안의 영토에 대해서는 먼저 점령한 나라가 다른 국가에 선점 통고를 하면 영유권을 갖는다는 이른바 '선점권'에 합의했다. 이를 계기로 유럽 열강은 군대나 탐험대를 아프리카 오지까지 파견하면서 식민지 쟁탈전에 열을 올리게 되었다.

아프리카 인 등의 저항도 만만치 않았지만 열강이 소수의 군대로 그들을 제압할 수 있었던 것은 스페인이 아스텍과 잉카 제국을 정복했듯이 대포나 기관총 등 월등히 우수한 병기가 있었기에 가능했다. 1898년 대포와 기관총 등 최신에 무기로 무장한 키티나 장군의 군대는 카라리 전투에서 마흐디의 정예군 1만 2,000명을 불과 5분 만에 격퇴시켰다.

탐험가 리빙스턴과 스탠리

아프리카의 콩고가 세상에 알려진 것은 영국의 선교사 리빙스턴1813~1873과 영국계 미국인 신문 기자 스탠리1841~1904에 의해서였다. 1840년 리빙스턴은 교회로부터 아프리카 전도의 명을 받고 남아프리카로 건너가 각지를 다니며 선교와 탐험 활동을 했다. 그는 잠베지 강 상류에서 거대한 폭포를 발견하고는 영국 여왕의 이름을 따 빅토리아 폭포라고 이름을 짓기도 했다. 1856년 아프리카 선교 활동에서 16년 만에 귀국한 리빙스턴은 여행기를 출판해 일약 세계적인 인물이 되었다. 1858년에 이어 1866년 나일 강 유역으로 떠난 리빙스턴은 소식이 끊기고 말았다.

한편 〈헤럴드〉지의 기자인 스탠리는 헤럴드사가 기획한 〈행방불명된 리빙스턴 찾기〉의 특파원 신분으로 아프리카로 건너갔다. 1872년 스탠리는 힘든 탐험 끝에 탕가니카 호 근처에서 열병에 시달리던 리빙스턴을 극적으로 찾아냈다. 하지만 리빙스턴은 스탠리의 귀국 권유를 거부하고 아프리카에 남았다. 그러다가 1873년 평생 30년 동안 아프리카에서 선교와 탐험을 하면서 아내까지 잃은 리빙스턴은 결국 병에 걸려 아프리카에서 생을 마치고 말았다.

벨기에 왕의 콩고 수탈

1878년 미국인 신문 기자 스탠리는 중부 아프리카의 콩고 지역을 탐험하고는 자신의 탐험을 지원해 준 벨기에 왕 레오폴드 2세에게 벨기에 영토의 78배나 되는 광활한 콩고 지역의 땅을 바쳤다. 콩고 강 유역은 아마존 강 유역과 함께 세계 유일의 야생 고무 산지였다. 당시 아프리카 현지인들에게는 유럽식의 소유 개념이 없었고, 탐험가들은 자신이 발견한 땅은 자기 소유이거나 자국의 소유라고 생각하던 시대였다.

레오폴드 2세는 이 땅을 국왕 개인의 소유로 삼았다. 그는 콩고인들에게 강제로 고무를 채집하도록 했는데 목표량을 채우지 못한 자는 즉석에서 처형시켰다. 레오폴드 2세가 지배한 20년 동안 콩고의 인구는 2,500만 명에서 1,500만 명으로 줄었다. 축적한 부로 전 세계 미녀를 찾아다닌 레오폴드의 이야기는 유명하다.

미국의 작가 마크 트웨인은 다음과 같이 비판했다.

> "레오폴드 2세 때문에 흘린 무고한 콩고 인의 피를 양동이에 담아 일렬로 늘어놓는다면 그 길이는 2,000마일에 달할 것이다. 왕 때문에 굶어 죽고 학살 당한 1,000만 구의 시체가 일어나 행진을 시작한다면 한 지점을 다 통과하는 데 7개월 4일이란 시간이 걸릴 것이다."

남아프리카공화국 성공회 성직자이며 노벨 평화상 수상자인 데스몬드 투투 주교는 이렇게 말했다.

> "선교사들이 아프리카에 도착했을 당시, 그들은 성경을 가지고 있었고 원주민들은 땅을 가지고 있었다. 선교사들은 '기도합시다'라고 말했고, 원주민들은 공손히 눈을 감았다. 원주민들이 눈을 떠보니 어떻게 된 일인지 선교사들이 땅을 가졌고 원주민들은 성경을 가지고 있었다."

다음은 영국인 선교사의 고무나무 수액 채집의 실태에 관한 보고서1903이다.

> 그러자 백인 병사들은 원주민 몇 명을 총으로 사살했다. 그리고는 원주민들을 때리며 "고무를 더 가져오지 않으면 모두 죽여버리겠다"고 위협했다. 겁에 질린 원주민들은 음식을 챙기기 시작했다. 고무나무 숲에 들어가려면 왕복 2주가 걸리기 때문이다. 원주민들이 집 앞에서 부지런히 출발 준비를 하고 있는데 병사들이 다가와 성난 목소리로 외쳤다. "뭐야! 이 자식들! 아직도 안 갔어?

뭘 꾸물대고 있는 거야?". 곧바로 총성이 울리더니 원주민 몇 명이 자신들의 처자식 앞에서 쓸어졌다. 아내들은 울부짖으며 사체를 묻으려 했지만, 병사들은 그조차도 허락하지 않았다. "지금 당장 고무를 가져와"하고 소리칠 뿐이었다. "먹을 것도 안 갖고요?"하고 원주민이 되물었다. "그래, 안 갖고!" 하고 병사들은 고함을 질렀다. 원주민들은 불을 피울 부싯돌도 챙기지 못한 채 맨손으로 출발할 수밖에 없었다. 숲으로 가는 동안 수많은 사람들이 허기와 한기를 이기지 못하고 죽어갔고, 또한 많은 사람들이 총살을 당했다. (생략)

그들은 입을 떼기 시작했다. "고무 채집이 시작된 이후 병사들이 너무 많은 사람들을 사살해 우리는 시체를 치울 기력도 없었습니다. 게다가 땅에 묻지도 못하게 해서 우리는 시체들을 풀밭으로 옮겼습니다. 아마 그 주변을 조사하면 해골 수백 구가 나올 겁니다."

원주민들은 모두 겁에 질린 얼굴로 부들부들 떨고 있었다. 끔찍한 폭행과 고된 노동이 자행되고 있는 현장을 내 눈으로 똑똑히 목격했다.

아프리카의 해 제2차 세계대전 후 아프리카 민족 운동은 1950년대에 북아프리카에서 불붙기 시작하여 블랙 아프리카로 퍼져 나가 각국이 독립하기 시작했다. 1951년 리비아의 독립에 이어 수단1956, 튀니지1956, 모로코1956, 가나1957, 기니1958가 차례로 독립했고, 1960년 한해 동안에는 콩고를 비롯하여 아프리카 17개국이 독립하여 이 해를 '아프리카의 해'라 일컫는다.

다음은 1960년 벨기에로부터 독립한 콩고의 초대 총리인 루뭄바가 벨기에의 대기업 노동자로 일하던 당시 독립을 기리며 쓴 시이다.

피도 눈물도 없는 잔혹한 이 신사들은
우리에게 끝없이 포악한 짓을 저질렀도다.
오오, 아프리카여!
그들이 발붙일 땅은 이제 없다.
그들의 해적선은 우리 지하의 부를 삼켜버렸다.
흑인 형제여!
고뇌를 모르는 시대를 불러오자.
우리는 기원한다.
흑인 형제들이 폭군들의 배를 몰아내고 적을 무찔러
콩고 인이 행복을 되찾고 세기의 치욕을 씻어버릴 것을.

서태후

청나라는 3년마다 만주족 여자들 가운데 수녀를 뽑아 입궁시키는 제도가 있었는데, 문종 함풍제 때 16살의 엽혁나랍씨1835~1908가 수녀로 뽑혀 궁으로 들어갔다. 하급 관료의 집안에서 태어난 그녀는 빼어난 용모에 의지가 강하고 총명했으며 교육을 잘 받아 어려서부터 유교 경전을 독파했다. 측천무후의 야망을 키우던 그녀에게는 절호의 기회가 온 것이었다. 그러나 수많은 비빈들 속에서 황제의 눈에 띄기란 무척이나 어려운 일이었다. 그녀는 황제를 모시는 관리에게 뇌물을 주고 황제가 다니는 길목에서 감미로운 노래를 부르며 기회만 오기를 기다렸다.

그러던 어느 날 황제가 그녀의 노래를 듣게 되어 그로부터 그녀는 황제의 총애를 한 몸에 받게 되었다. 1852년 엽혁나랍씨는 난귀인蘭貴人이 되고, 2년 후에는 의빈懿嬪에 봉해졌다. 1856년 그녀는 아들 재순을 낳아 의비로 봉해졌고, 그 이듬해에는 다시 황후의 바로 밑인 의귀비懿貴妃가 되었다. 황자의 모후가 된 그녀의 위치는 이미 황후를 앞서고 있었다. 여자는 정사에 관여할 수 없다는 청나라의 규칙을 염두에 두고 조심스럽게 정무를 배워 나갔다.

1860년 애로우호 사건으로 북경이 영·불군에 의해 함락되자 함풍제는 열하로 몽진했다가 이듬해에 31살의 나이로 죽자 재순6세이 뒤를 이어 목종 동치제同治帝가 되었다. 아들을 낳지 못한 자안 황후는 동쪽의 종수궁에 기거한다고 하여 동태후東太后, 황제의 생모 의 귀비는 서쪽의 저수궁에 기거한다고 하여 서태후西太后라 불렀다.

어린 동치제는 대신들의 보필을 받으며 국정을 처리하고 있었는데 서태후는 이들 8명의 대신들을 북경으로 돌아가게 하고는 순친왕을 시켜 그들을 모두 살해했다[열하의 정변 또는 신유 정변]. 정변에 성공한 두 태후는 직접 정사를 처리했으나 환관들의 도움으로 실권은 점차 서태후에게 몰렸다. 동치제가 실권을 잡자 서태후는 그를 천연두에 걸리게 하여 그는 19살에 죽고 말았다.

순친왕의 아들 재첨이 서태후의 추천으로 겨우 4살의 나이에 덕종 광서제로 즉위했다. 목종의 비 의 황후는 서태후의 핍박에 항거하여 단식하다 목종이 죽은 지 백일이 못되어 세상을 떠났는데, 이때 황후는 이미 황자를 잉태하고 있었다.

서태후가 점점 독선적으로 전권을 휘두르자 성품이 온화한 동태후가 함풍제의 유서를 서태후에게 보여 주자 서태후의 얼굴이 파랗게 질리면서 땅에 꿇어 앉아 눈물을 흘리며 용서를 빌었다. 서태후가 본 함풍제의 유서는 '서태후가 정사에 간여하면 동태후는 그녀를 언제든지 죽여도 된다'는 내용이었다.

그로부터 오래지 않아 동태후는 갑자기 죽고 말았다. 친왕과 대신들이 급히 궁으로 달려가 보니 서태후는 절차를 무시하고 서둘러 궁녀들을 시켜 염을 하고 있었다. 궁 안팎에서는 동태후가 독살되었다는 소문이 자자했다.

서태후는 심복인 이연영에게 번왕이라는 탁호를 내리고 광서제를 철저히 곁에서 감시하게 했다. 서태후는 자기 형제인 계상의 딸을 광서제의 황후로 간택하고 1889년에 혼례를 거행했다. 광서제가 성인이 되자 서태후는 수렴청정을 거두었으나 막후에서 실질적인 권한을 행사하고 있었다.

1895년 청일 전쟁이 발발하자 광서제는 자신의 위상을 높이고자 적극적으로 싸우겠다고 나섰다. 광서제의 득세를 우려한 서태후는 당시 군사와 외교를 책임지고 있던 이홍장에게 병력을 움직이지 못하게 명하여 결국 일본에게 패하고 말았다. 그 결과 대만과 요동 반도를 일본에게 할양하고 막대한 배상금을 지불하기로 한 시모노세키 조약을 맺고 전쟁은 종결되었다.

전쟁에 패배한 광서제가 유신변법을 시행하자 불이익을 우려한 수구파들이 서태후에게 호소했다. 이를 빌미로 서태후는 다시 수렴청정을 선포하고 광서제를 감금하고 개혁파들을 몰아냈다.

1899년 열강의 침략으로 위기감이 고조되자 의화단이 봉기를 일으켜 북경을 장악하고 각국 공관을 불태우며 서양인을 닥치는 대로 습격했다. 이에 영국, 러시아, 일본 등 8개국 열강들은 자국의 공사관을 보호한다는 명목으로 연합군을 북경에 진입시켜 이를 진압했다. 의화단을 업고 기세등등했던 서태후는 광서제, 황족, 대신들과 함께 산시성의 서안으로 도피했다.

1901년 북경 조약을 맺고 중국 정부는 막대한 배상금과 함께 열강 군대의 주둔을 인정하고 서태후는 다시 북경으로 돌아왔다. 서태후는 다시 광서제를 영대에 감금하고 자신의 능을 건립하기 시작했다. 1908년 광서제가 병이 들어 황후가 황제를 문병갔을 때 광서제는 이미 오래 전에 죽어 있었다. 황후가 서태후에게 이를 알리자 서태후는 당황하는 기색도 없이 그저 웃기만 할 뿐이었다.

다음 날 서태후73세도 마지막 말을 남기고 세상을 떠났다.

"다시는 여성이 최고 권력을 잡아서는 안 된다. 이는 청나라의 법도에 어긋나므로 엄격히 금해야 한다. 환관들이 국사에 관여하지 않아야 한다. 명나라가 망한 것도 환관들 때문이었으니 그 해악을 백성들에게 널리 알리도록 하라."

청에는 더 이상 열강 제국과 맞설 힘이 없었다. 의화단의 잔당이 유포한 선전문에는 "소청멸양청을 쓸어버리고 양이를 멸하자"이라는 구호를 내걸기 시작했다. 1911년 청은 쑨원孫文이 이끄는 혁명 개혁 세력에 의해 전복되고 중국 역사상 최초의 공화국이 수립되었다.

변법자강운동 서태후가 실권을 행사하던 시기에는 정치 개혁이란 상상조차 할 수 없었다. 1897년 서태후가 정치 일선에서 물러나자 개혁 세력들이 젊은 광서제 주변에 모여들어 일본의 메이지 유신을 거울삼아 개혁을 통한 청조의 근대화를 추진하고자 변법자강운동變法自疆運動을 벌렸다.

1898년 광서제는 변법을 공식 선언하고 입헌 군주제의 헌법 제정을 준비하는 등 개혁을 추진했다. 하지만 서태후가 주도한 보수 세력들의 반란으로 개혁은 좌절되고 광서제는 유폐되고 말았다.

다음은 변법운동의 중심인물인 캉유웨이康有爲가 광서제에게 올린 상소문으로서, 청조의 개혁이 필요한 당위성을 설명하고 있다1898.

> 미국과 프랑스의 민주주의, 영국과 독일의 헌법은 우리에게는 생소하고 풍속도 다르며 오래된 것이니 폐하께서는 러시아의 위대한 표트르 대제의 정신을 계승하시고, 일본의 메이지 신정권을 모범으로 삼으시기 바라옵니다. (생략)
>
> 일본도 처음에는 양이(洋夷)를 고집한 점은 우리와 같사오나, 우리와는 달리 바쿠후가 봉건제를 지켜 왔기에 변법은 한층 어려웠습니다. 그럼에도 불구하고 변법에 성공한 것은 방침을 확실히 정하고 시행 시책이 합당했기 때문입니다. 메이지 유신은 많은 문제가 있었지만 요점은 다음 세 가지입니다.
>
> 첫째는 군신이 서약하여 국시를 정한 점이고, 둘째는 헌법을 정한 점입니다. 서약의 내용은 '모든 일은 공론으로 정한다. 여러 나라의 좋은 법을 채용한다. 종족을 차별하지 않고 국론을 통일한다. 사족과 평민을 구별하지 않고 모든 군신은 서약서를 제출하여 이에 따르게 한다.'이며, 이로써 국시가 정해지고 국론이 통일되었나이다.

영국의 남아프리카 정복

1652년 네덜란드 인이 이주해 건설한 남아프리카의 케이프타운을 1815년 영국이 몰수해버리자 네덜란드 이주민보어 인들은 북쪽으로 이동해 오렌지 자유국과 트란스발 공화국을 건설했다. 1870년경 오렌지 자유국과 트란스발 공화국에서 세계 최대의 다이아몬드 광산과 금광이 발견되자 1899년 영국은 대규모의 군대를 투입하여 양국을 상대로 전쟁을 일으켜보어 전쟁 두 나라마저 식민지로 만들어 영국은 남아프리카 전체를 지배하게 되었다.

케이프타운은 1652년 네덜란드의 가난한 농민 90명이 아프리카 대륙 남단의 희망봉 근처로 이주해 와 건설한 식민지이다. 네덜란드가 인도네시아로 가는 중계 보급 기지를 건설하기 위해 자국민을 이주시킨 것이었다. 네덜란드 이주민들의 자손인 남아프리카의 백인을 영어로는 보어Boer라고 부른다.

이 지역에는 산 족이라는 유목민이 가족 단위로 수렵과 채집 생활을 하며 살고 있었다. 그들은 서아프리카의 흑인들과는 달리 황갈색 피부에 광대뼈가 튀어나온 아시아 인종의 특징을 지니고 있었는데 보어 인들은 그들을 부시맨수풀의 사람들이라 불렀다.

청교도인 네덜란드 이주민들은 주로 목축업에 종사하면서 노동력은 흑인 원주민 노예들에게 의존했다. 그들은 이곳에 정착하면서부터 사람은 태어나면서부터 구원을 받을 수 있는 자와 그렇지 못한 자로 구별된다는 인종 차별 의식, 즉 아파르트헤이트란 새로운 교리를 만들어 백인인 보어 인 자신들은 구원받는 사람이며, 흑인 원주민들은 구제 불능이라고 그들의 교리를 합리화시켰다.

그런데 1806년 프랑스의 나폴레옹이 네덜란드를 합병하자 영국은 네덜란드의 소유인 케이프 식민지를 몰수했다가 그 후 나폴레옹이 패하자 빈 회의1814~1815에서 케이프 식민지는 영국으로 할양되었다.

케이프 식민지에 진출한 영국이 노예 제도를 폐지시키자 노예 노동으로 주로 목축업에 의존하던 보어 인들로서는 큰 타격이 아닐 수 없었다. 그리하여 보어 인들은 줄루 족의 강한 저항을 받으며 북쪽으로 이동하여 오렌지 자유국과 트란스발 공화국을 건설했는데 영국은 이들의 자치를 허용해 주었다.

그런데 1867년 오렌지 자유국에서 세계 최대의 다이아몬드 광맥이 발견되고, 1886년에는 트란스발 공화국에서 대규모 금광이 발견되자 영국인들은 생각이 바뀌기 시작했다. 영국은 트란스발에 광산 채굴권을 요구했으나 거절당하자 1899년 영국은 양국을 상대로 전쟁을 일으켰다[보어 전쟁, 1899~1902].

영국은 50만 명에 달하는 엄청난 병력을 투입했다. 당시 양국은 인구 55만 명에 병력이 8만 명에 지나지 않았다. 3년간 지속된 전쟁 끝에 1902년 오렌지 공국과 트란스발은 결국 항복하고 영국의 식민지가 되었다. 이 전쟁에서 흑인 원주민들은 양측 모두의 희생물이 되고 마을은 초토화되었다.

1994년 처음으로 흑인들에게 참정권이 주어진 가운데 실시된 총선에서 흑인인권 운동으로 27년간1963~1990 감옥 생활을 했던 넬슨 만델라가 65%의 지지를 얻고 5년 임기의 남아프리카 공화국의 대통령에 당선되었다. 당시 흑인의 인구 비율은 65%였다.

영국 빅토리아 여왕

빅토리아 여왕1819~1901은 영국 왕실 사상 가장 긴 64년간1837~1901 영국을 통치했다. 이 시기에 영국은 의회 제도와 자본주의를 정착시켰고, 1760년경부터 시작된 산업혁명은 절정에 달했다. 또한 이집트, 수단, 수에즈 운하를 장악하고, 인도, 캐나다, 뉴질랜드, 오스트레일리아, 남아프리카 등을 식민지로 두어 영국은 '해가 지지 않는 나라'로 불렸다.

1837년 그녀18세는 큰아버지인 윌리엄 4세의 뒤를 이어 여왕에 올랐다. 1840년 빅토리아 여왕21세은 외사촌이자 독일의 작은 공국의 왕자인 엘버트와 결혼하여 9명의 왕자와 공주, 그리고 60여 명의 손자와 증손자를 두어 유럽 각국의 왕족들과 혈연을 맺어 오늘날 유럽의 왕족들은 거의 모두 빅토리아의 후손이다.

1901년 뇌졸중으로 쓰러진 여왕82세은 아들이자 왕위 계승자인 에드워드 7세에게 "드디어 평화가 찾아오는구나."라는 말을 남기고 세상을 떠났다.

남편 엘버트 빅토리아 여왕은 다혈질적이고 즉흥적인 데에 반해, 엘버트는 자상하고 섬세한 남편이었다. 결혼 초기에는 티격태격 다투기도 했으나, 여왕이 임신으로 몸이 불편해 점점 남편에게 의존하게 되면서 부부싸움은 크게 줄었다.

교육을 잘 받아 지적 수준이 높은 엘버트는 매일 아침 여왕보다 먼저 일어나 서류들을 훑어보고 내용을 요약해 주었으며, 중요 사안에 대한 초안을 써 주면 여왕은 대개 그대로 받아 들였다. 엘버트는 여왕을 잘 보필하고 아이들을 잘 보살핀 모범적인 가장으로서 국민의 찬사를 받았다.

1861년 엘버트는 폐렴으로 42세의 젊은 나이로 세상을 떠났다. 그는 의사들의 처방에 따라 브랜디를 잔뜩 마셔 취한 상태에서 마지막 말을 남기고 죽었다.

"참으로 아름다운 생각이 드는구나. 나에게는 부와 지위와 권력이 있었으나 이것이 내가 가진 전부라면 나는 참으로 불쌍한 존재로구나."

슬픔에 잠긴 여왕은 남편이 쓰던 방을 정리하지 않고 평생 그대로 보존하게 했다. 여왕은 남편의 사진을 목걸이에 걸고 다녔으며, 남은 40여 년의 여생을 검은 옷을 입은 채 남편의 죽음을 애도하며 살았다.

어느 날 빅토리아 여왕이 남편 엘버트의 방을 찾아 문을 두드렸다.

"누구예요?"

"여왕이에요"

방 안에서 아무 대답이 없었다. 빅토리아는 다시 문을 두드렸다.

"누구예요?"

"당신의 아내예요."

그러자 방문이 열리고 엘버트가 반갑게 아내를 맞아 주었다.

빅토리아 시대의 에티켓 빅토리아 시대는 엄격한 도덕성과 성적인 억압이 강조된 시절이라 여성이 남성들에게 발목만 보여도 정숙하지 못하다는 말을 들을 정도였다.

여왕 자신이 늘 근엄한 생활을 몸소 실천하면서 국민들에게도 이를 권장했다. 여왕은 특히 여성에 대한 도덕관이 매우 까다로워 의사 앞에서 맨살을 보이는 것을 꺼려했으며 신체의 윤곽을 드러낸다고 하여 바지의 착용을 금지시키기도 했다.

빅토리아 여왕 시대의 여성은 법적으로 남편의 소유물로 취급되어 독자적인 권리가 없었다. 때문에 물건을 훔치다가 잡혀도 여성은 처벌을 받지 않고 대신 남편이 처벌을 받아야 했다. 여성은 언제나 순수하고 깨끗해야 한다는 고정 관념이 뿌리 깊어 여성들은 화장을 하거나 장신구를 부착하는 것도 금지되었다.

여왕이 이처럼 검은 옷차림에 근엄한 표정으로 장기간 통치하다 보니 영국인들도 엄숙한 복장에 과거 어느 때보다 도덕적 규율과 에티켓을 중시하게 되어 '영국 신사'라는 말이 생겼다.

다음은 빅토리아 시대의 에티켓으로서 20세기 중반까지도 영국은 물론 유럽과 미국의 상류층 사이에도 널리 지켜져 왔다.

신사가 식탁에서 지켜야 할 에티켓

- 저녁 6시 이후의 모든 행사나 식탁에서는 정장 차림이어야 한다.
- 동반한 숙녀는 왼편에 앉히며, 모든 숙녀가 자리에 앉을 때까지 서서 기다린다.
- 뷔페 식사의 경우, 신사는 동반한 숙녀에게 음식을 담아서 갖다 줘야 한다.
- 결혼한 부부는 함께 앉아서는 안 되고, 다른 사람과 섞여 앉아야 한다.
- 빵은 칼로 잘라서는 안 되고, 반드시 손으로 잘라야 한다.
- 식탁 위의 빵은 직접 집어서는 안 되고, 반드시 하인에게 집어 달라고 한다.

신사가 거리에서 지켜야 할 에티켓

- 아는 사람을 만나면 반드시 모자를 벗어 위로 들어 올린다.
- 어떤 이유로든 언성을 높이거나 욕을 해서는 안 된다.
- 보도의 안쪽 길은 항상 숙녀에게 양보한다.
- 특히 밤길을 걸을 때는 숙녀에게 오른팔을 내주어 잡도록 한다.

숙녀가 거리에서 지켜야 할 에티켓

- 거리에 나설 때는 망토를 걸쳐 몸가짐을 정숙하게 해야 한다.
- 치마는 땅에 스칠 정도의 길이가 되어야 한다.

- 모든 사람에게 호감을 줄 수 있도록 상냥한 표정을 지어야 한다.
- 절대로 크게 웃거나 말하지 않는다.
- 어떤 형태로든 행인의 시선을 끌 만한 언행을 하지 않는다.
- 숙녀가 신사에게 먼저 미소를 짓거나 고개를 숙여 인사한다.

빅토리아 왕가의 혈우병 빅토리아 여왕은 아홉 명의 자녀를 두었고, 맏아들이 에드워드 7세로 빅토리아 여왕의 뒤를 이었다. 당시의 관례에 따라 여왕의 후손들은 유럽의 여러 왕조와 혈연 관계를 맺었다. 맏딸은 독일 황제 빌헬름 1세와 결혼했고, 여덟 번째 아들 레오폴드는 독일의 헬렌 공주와 결혼했다.

그런데 빅토리아 여왕은 피가 멈추지 않는 혈우병 유전자를 지니고 있어 유럽 각국에 퍼진 후손들 가운데에는 혈우병 환자가 많았다. 그의 자녀 아홉 명 중 맏딸과 맏아들은 정상이었다. 그러나 셋째와 아홉째는 혈우병 유전자를 보유하고 있었고, 여덟째인 레오폴드는 혈우병 환자로서 독일의 헬렌 공주와 결혼한 지 2년 만에 죽었다.

셋째 아들의 차녀가 낳은 넷째 딸 에릭스가 바로 러시아 로마노프 왕실의 불운한 마지막 황제 니콜라이 2세의 황후가 된 알렉산드라였다. 빅토리아 여왕의 4대손에 해당하는 알렉산드라의 아들 알렉세이 황태자는 혈우병을 가지고 태어났었다.

영국 왕실의 캘리넌 다이아몬드 1905년 1월 25일 남아프리카 트란스발의 프리미어 광산에서 무게 3,106캐럿의 거대한 캘리넌 다이아몬드가 발견되었다. 당시 영국의 속령이던 트란스발 정부는 1907년 이 원석을 영국 국왕 에드워드 7세의 99회 생일 선물로 보냈다.

암스테르담의 보석 연마공인 이삭 아스헤르가 이 원석의 가공을 맡았다. 그는 원석을 9개의 커다란 보석과 100개의 작은 보석들로 절단했다. 그중 아프리카의 별이라 불리는 달걀 모양을 한 가장 큰 캘리넌 다이아몬드는 무게가 530캐럿으로 영국 왕실의 홀을 장식하는 데 쓰였고, 두 번째로 큰 캘리넌 2호는 무게가 317캐럿이었는데 대영 제국의 왕관에 박아 넣었다.

할머니의 편지를 판 손자 빅토리아 여왕의 손자 중에는 낭비벽이 심한 아이가 있어 여왕의 노여움을 사기도 했다. 어느 날 이 손자는 자기 생일이 가까워 오자 할머니인 여왕에게 자기 생일 날짜를 알리면서 생일 선물로는 현금이 좋겠다는 것을 암시하는 편지를 보냈다. 편지를 받은 여왕은 손자에게 "사치는 죄악이며 검소한 생활이야말로 가장 바람직한 것"이라는 답장을 보냈다.

그러자 얼마 후 그 손자로부터 다음과 같은 회신이 왔다.

"친애하는 할머님. 귀중한 훈계 말씀은 대단히 감사했습니다. 저는 할머님 덕분에 그 편지를 5파운드를 받고 팔 수 있었습니다."

움베르토 1세의 죽음

1900년 7월 28일, 이탈리아 국왕 움베르토 1세[1844~1900]는 다음 날 개최되는 경기에서 시상을 하기 위해 시종 무관인 바그리아 장군과 함께 몬차에 도착했다.

도착하던 날 저녁 국왕과 보좌관들은 저녁을 들기 위해 마을의 어느 작은 레스토랑에 들렀다. 레스토랑 주인이 주문을 받으러 왔을 때 왕과 보좌관들은 모두 깜짝 놀랐다. 그 주인의 얼굴과 모습이 국왕과 너무나 꼭 빼닮아 있었기 때문이었다. 호기심에 국왕이 그 주인에게 이것저것을 물어 보았더니 놀랍게도 자기와 일치하는 점이 너무도 많았다.

우선 두 사람의 이름이 움베르토로 같았고, 생년월일이 1844년 3월 14일 오전 10시 30분으로 일치했다. 또한 두 사람은 출생지가 토리노로 같았으며 같은 해 같은 날인 1866년 4월 22일에 마르게리타라는 같은 이름의 여자와 결혼했었다. 그리고 두 사람의 아들의 이름은 모두 비토리오로였으며, 레스토랑을 개업한 날이 1878년 1월 9일로 국왕의 즉위일과 같았다.

이러한 우연의 일치에 놀란 국왕은 그 레스토랑 주인에게 그들이 과거에 한 번도 마난 일이 없었느냐고 물었다. 그는 사병 시절인 1866년 당시 대령이었던 국왕을 처음으로 뵌 적이 있으며, 1876년 당시 자기는 상사로, 국왕은 군단장으로 있을 때 함께 무공 훈장을 받은 것이 두 번째였다고 말했다. 그 주인은 자기도 다음 날 경기장에 나갈 것이라고 말하고는 물러갔다. 그가 물러가자 국왕은 보좌관에게 그 자를 왕실의 근위기병으로 임명하고자 한다고 말했다.

다음 날 경기장에서 국왕은 장군을 시켜 그를 찾았으나 보이지 않았다. 알아보니 그는 그날 아침 총을 다루다가 사고로 죽었다는 것이다. 국왕은 애석한 표정을 지으며 말했다.

"개인 자격으로 장례에 참석할 것이니 시간을 알아보도록 하게."

이 말을 떨어지는 순간, 자객이 쏜 세 발의 총성이 울렸다. 첫 발은 국왕을 비켜갔지만 나머지 두 발은 국왕의 심장을 관통하고 말았다.

노벨상

다이나마이트를 발명한 알프레드 노벨1833~1896은 스웨덴의 수도 스톡홀름에서 태어난 노벨은 젊었을 때 전 세계를 여행했다. 1863년 그는 불안정한 액체 폭약인 니트로글리세린을 만드는 실험에 착수했으나 그만 불행하게도 실험실이 폭발하여 남동생과 근로자 4명이 죽고 말았다. 노벨은 경찰의 눈을 피해 뗏목에 숨어서 실험을 계속한 결과 마침내 니트로글리세린을 실리카에 흡수시켜 막대 모양으로 만들어 안전하게 다룰 수 있는 다이나마이트를 발명했다.

다이나마이트는 엄청난 상업적 성공을 거두어 전 세계에 93개의 공장을 지었다. 노벨은 비록 다이너마이트를 발명하기는 했으나 세계 평화를 유지하는 문제에 골몰하다가 "매년 인류를 위해 가장 큰 공헌을 한 사람에게 상금의 형태로 분배하는 데 사용하라."라는 유언을 남기고 죽었다.

이 유언의 해석을 둘러싸고 4년 동안 논쟁이 계속된 끝에 마침내 노벨 재단이 설립되기에 이르렀다. 노벨상 수상 부문은 물리, 화학, 의학, 문학, 평화 등 다섯 부문으로 제정되었으나 1969년에 경제학상이 추가되었다. 노벨상은 매년 4개의 기관, 즉 스웨덴 왕립 과학원물리, 화학, 경제학상, 왕립 캐롤라인 외과의학연구소의학상, 스웨덴 예술원문학상, 노르웨이 노벨위원회평화상의 추천으로 상을 주며 수상자에게는 메달과 함께 40만 달러가 수여되었다.

1901년 12월 10일 노벨의 다섯 번째 기일을 맞아 스웨덴의 스톡홀름과 노르웨이의 오슬로에서 제1회 노벨상 시상식이 있었다.

근대 올림픽

근대 올림픽은 프랑스의 교육가 피에르 쿠베르탱 남작의 노력으로 부활되었다. 그는 스포츠는 청소년의 희망이며 세계 평화의 지름길이라며 1894년에 국제올림픽위원회IOC 설립을 주도하여 '보다 빠르게Citius, 보다 높게Altius, 보다 강하게Fortius'를 기치로 하여 제1회 대회를 개최하게 되었다.

1896년 4월 그리스의 수도 아테네에서 제1회 근대 올림픽이 개최되었다. 394년을 끝으로 중단된 올림픽 경기가 1,500년 만에 재개된 것이다. 당시 250명의 선수들이 참가하여 10일 동안 육상, 사이클, 수영, 체조, 역도, 레슬링, 펜싱, 사격, 테니스, 마라톤 등 10개 종목을 놓고 메달 경쟁에 들어갔다.

우승자에게는 올리브 화환 대신 은메달이 수여되었다. 1900년 프랑스 파리에서 개최된 제2회 대회부터는 여성 선수들의 참가가 처음으로 허용되었고, 1904년 미국 미주리 주 세인트루이스에서 개최된 제3회 대회부터는 우승자에게 금메달은메달에 금을 도금이 수여되기 시작했다.

미국의 파나마 운하 건설

1903년 미국은 콜롬비아와 파나마 운하 지대의 사용권을 얻는 조약을 체결했으나 콜롬비아 의회가 값이 싸다고 비준을 거부했다. 그러자 3일 후 파나마에서 미국의 지원하에 반란이 일어나 콜롬비아에 대해 독립을 선포하자 미국은 파나마공화국을 즉각 승인하고 운하 지대의 독점권을 획득했다.

1850년 미국과 영국은 파나마 운하 건설에 관한 협약을 체결하여 운하 건설은 사전에 양국이 합의해야 하고, 운하를 군사 요새화할 수 없다는 협약을 맺은 바 있다. 1901년 미국은 영국과 협약을 맺고 운하를 모든 나라에 동등하게 개방한다는 조건으로 미국이 파나마 운하를 건설하는 것으로 인정받았다.

콜롬비아는 수에즈 운하 건설의 영웅인 페르디난드 레셉스에게 이미 파나마 운하 건설의 독점권을 주었다. 1879년 운하 건설에 착수했으나 험악한 지형과 말라리아로 공사는 중단되고 사업권은 프랑스 건설회사에 넘어갔다. 미국은 콜롬비아의 승인을 얻는 조건으로 4000만 달러를 주고 사업권을 넘겨받았다.

그런 다음 미국은 콜롬비아와 협상을 시작하여 운하 양측 10km 폭의 땅을 조차하고 그 대가로 1,000만 달러의 보상금과 매년 25만 달러의 임대료를 99년간 지불하는 조건을 제시했다. 콜롬비아 측 협상단이 이를 받아들여 가계약을 체결했으나 콜롬비아 의회는 비준을 거부했다.

그러자 미국의 루즈벨트 대통령은 콜롬비아로부터 독립하려는 파나마를 이용했다. 조약의 비준을 거부한 지 3일 후인 1903년 11월 3일 미국으로부터 무기와 자금을 지원받은 파나마는 콜롬비아로부터 독립하기 위해 혁명을 일으켰다. 파나마 혁명의 지도자 부나우 바릴라는 미국에 달려와 파나마 독립을 도와준다면 미국이 운하를 건설하는 데에 문제가 없을 것이라고 했다. 미국이 순양함 두 척을 보내어 콜롬비아군의 상륙을 저지해 주자 혁명은 성공했다. 그리고 3일 후인 11월 6일 미국은 파나마의 독립을 승인했다.

프랑스 레셉스의 운하 계획에 참가했던 프랑스 인 기사 뷔노 발리자가 파나마의 주미 공사에 임명되자 미국과 운하 건설 조약에 조인1903. 11. 18했다. 조약에는 미국이 파나마의 독립을 보장하며 미국은 폭 15km의 운하 지대에 대해 영구적으로 조차권을 가지도록 바뀌었고, 운하 지대에 대한 파나마의 주권을 보장한다는 조항이 삭제되었다. 콜롬비아는 20년 후에 겨우 2,500만 달러를 받고 파나마의 독립을 승인했다. 루스벨트는 훗날 "뷔노 발리자가 은쟁반에 운하를 담아 왔기에 그저 받았을 뿐"이라고 회고했다.

운하 건설 공사는 1907년에 시작되어 총 3억 4,000만 달러가 투입되어 1913년 9월에 드디어 운하가 개통되었다. 동서 350km의 가느다란 영토는 미국에 주권이 넘어간 운하와 운하 지대에 의해 둘로 나누어졌다. 미국은 운하 지대의 방위를 이유로 견고한 요새를 쌓고 파나마 내정에 간섭하게 되었다. 파나마 국민의 주권 회복을 위한 열망은 점점 높아졌다.

1964년 1월 국기 게양 문제를 놓고 파나마 학생들과 경찰 사이의 격렬한 충돌로 미국과 파나마는 국교가 단절되었다.

1968년 10월 쿠데타로 정권을 장악한 토리호스 장군이 이끄는 군부는 1977년 9월 토리호스-카터 조약을 체결하고 1999년 12월 31일 정오를 기점으로 운하와 운하 지대에 대한 파나마의 주권을 완전히 회복한다는 확약을 미국으로부터 얻어냈다.

1981년 7월 항공기 사고로 죽은 토리호스 장군이 죽자 노리에가 장군이 그의 뒤를 이었다. 1988년 2월에는 마약 거래에 관여한 혐의로 그를 미국 법정에 기소하고, 3월부터는 경제 제재를 시작했고, 1989년 5월의 대통령 선거를 무효라고 선언하는 등 노리에가에 대한 미국의 본격적인 공작이 시작되었다.

1989년 12월 20일 새벽 부시 대통령은 미국 시민을 보호하고, 파나마에 민주주의를 회복시키며, 운하 조약을 준수하게 하고, 마약 사범 노리에가 장군을 체포한다는 명분으로 파나마 파병을 명령했다.

정신분석학계 양대 거두의 결별

19세기까지의 근대 철학과 과학은 모두 인간 뇌의 전두엽에 작용하는 이성의 영역만이 인간의 정신생활을 주관하는 유일한 주체로 보아 왔다. 그러나 인간의 이성은 무언가를 창조할 때마다 선과 함께 악의 결과도 초래해 왔다. 20세기에 들어와 두 번에 걸친 세계대전, 대량 살상, 환경 파괴, 그리고 국제 사회의 불평등 구조 등은 인간의 가치가 도구와 수단으로 전락하여 허무와 소외 등의 실존적 위기를 초래했다. 이러한 측면에서 이성과 다른 측면에 초점을 맞춘 정신 분석학은 20세기가 되어 크게 주목을 받게 되었다.

유대계 오스트리아 태생의 지그문트 프로이트[1856~1939]와 스위스 태생의 칼 구스타프 융[1875~1961]은 정신 분석학의 양대 산맥이다. 두 사람은 모두 의식이 아닌 무의식의 영역에 착안하여 무의식의 영역은 자아에 큰 영향을 끼치며, 무의식의 영역을 해명하려면 꿈의 해석이 중요하다는 같은 생각으로 출발했다.

프로이트는 인간의 충동의 근원은 성적 에너지이며 성적 욕구가 억압당하면 무의식으로 남아 신경증을 일으킨다고 했다. 한편 융은 바젤 대학과 취리히 대학에서 의학을 공부한 후 정신 의학의 길로 들어섰다. 프로이트의 이론은 젊은 학자 융의 협력으로 꽃이 피게 되었고, 융이 정신 분열증을 정신 분석의 입장에서 연구한 『조발성 치매의 심리학』이 출판되자 프로이트는 융을 열렬히 지지하면서 융을 정신 분석학의 황태자라고 부르며 그를 아들처럼 대했다.

1907년 두 사람은 처음 만나 취리히에 프로이트 연구소를 설립하고 1912년까지 5년간 공동 작업을 하면서 좋은 관계가 유지되었다. 그러나 융의 학설이 점점 프로이트와 대립하기 시작하자 프로이트는 자신의 권위가 떨어지는 것을 우려하여 융의 학설을 받아들이기를 거부했고 융은 이에 환멸을 느끼기 시작했다. 융은 자신의 학문을 분석 심리학이라 불러 프로이트의 정신 분석학과 구별했다.

두 사람은 결별을 선언하고 각자 다른 길을 걷게 되어 1913년 이래 두 사람은 다시는 만난 적이 없었다. 두 사람이 결별한 이유에는 물론 학문적인 견해 차이도 있겠지만 다른 요인도 작용했다. 프로이트는 생물과 과학에 치우친 반면, 융은 종교와 철학에 치우친 자질상의 차이가 있었다. 유대계인 프로이트는 가부장적 성격이 강해 융에게 부자의 관계를 강요하면서 융의 학문의 자율성도 인정하고 싶지 않았다. 프로이트는 수많은 친구들과의 관계가 허물어졌으며 그는 동료 연구자들을 환자로 취급하는 일도 있었다.

두 사람이 주고받은 편지

다음은 융이 프로이트에게 보낸 편지1912. 12. 18이다.

저는 선생님과 조금 다른 생각을 가지고 있기에 솔직히 몇 말씀드리고자 합니다. 제가 드리는 말씀을 믿지 못하시면 사태는 선생님에게 더 불리해질 것입니다. 선생님은 제자를 환자처럼 취급하는 것은 큰 실수입니다. 선생님은 제자를 노예근성의 풋내기로 만들고 있습니다. 저는 선생님의 그런 처사를 객관적으로 보고 있습니다.

평소 선생님은 뭔가 잘못하고 계시다는 것을 모두가 느끼고 있으나 선생님은 이렇게 생각하는 사람들을 어린애 취급을 하십니다. 그리하여 선생님은 대부라는 고고한 위치에 계십니다. 순진하고 순종적인 사람은 감히 예언자의 턱수염을 잡아당기려고 하지 못합니다.

저는 겸허한 마음으로 비판을 받아왔습니다. 그쪽이 훨씬 저 자신을 위하는 길이라고 생각합니다. 환자 스스로 아무리 자기 분석에 몰두해도 신경증에서 빠져나올 수 없다는 것은 물론 알고 계시겠지요. 마치 선생님처럼 말입니다. 선생님이 콤플렉스에서 벗어나서 대부 역할을 버리시고, 제자들의 결점보다는 오히려 자신을 잘 관찰하신다면 저는 선생님에 관한 다른 나쁜 감정을 버리겠습니다.

저는 자신의 견해를 소중히 하면서 겉으로는 선생님을 편들어 왔습니다. 선생님에 대해 진심으로 생각하고 있는 것이 있으면 편지로 말씀드리겠습니다. 선생님은 이런 각별한 우정의 표현에 대해 틀림없이 분개하시겠지만 결국 이것은 선생님을 위하게 될 것입니다.

다음은 프로이트가 융에게 보낸 편지1913. 1. 3이다.

따라서 나는 우리의 개인적인 관계가 끝나기를 제안하네. 그렇다고 해도 내가 잃는 것은 하나도 없을 걸세. (생략)

최근 뮌헨에서 자네가 말했듯이, 사람과 너무 가깝게 지내면 학문적인 일을 자유롭게 할 수 없을 테니 이제부터 완전한 자유를 찾기 바란다. 나에 대한 우정은 필요 없다. (생략)

자네는 지금까지 우리가 함께 해 온 연구와 과학적인 목표를 추구하는 데 있어 내게 정확함이 결여되어 있다고 했는데, 그건 자네가 걱정할 일이 아니네. 나 역시 앞으로 자네에게 똑같은 것을 기대하고 있으마.

다음은 융이 프로이트에게 보낸 편지[1913. 1. 6]이다.

교수님,

개인적인 관계를 해소하고 싶다는 선생님의 바람은 이루어질 겁니다. 저는 이제까지 누구한테든 억지로 우정을 강요한 적이 없으니까요. 하지만 이 순간이 선생님께 무엇을 뜻하는지, 선생님도 물론 잘 아시겠지요?

(남은 것은 침묵입니다) ……

(사무적인 일로 드릴 말씀이 있어, 그에 덧붙이며)

남극 탐험대의 최후

19세기 말 이래 극지 탐험은 국가와 개인의 명예를 건 치열한 경쟁이었다. 이런 가운데 1909년 미국 해군 대령 로버트 피어리[1856~1920]가 사상 최초로 북극 탐험에 성공했다. 1909년 노르웨이의 탐험가 로알드 아문센[1872~1928]은 북극 탐험을 준비하다가 피어리가 이미 북극을 탐험했다는 소식을 듣고는 남극 탐험으로 방향을 바꾸었다.

한편 영국 해군 대령 로버트 스코트[1868~1912]도 남극 탐험을 준비하고 있었다. 1910년 6월 영국의 스코트와 노르웨이의 아문센은 같은 시기에 남극 탐험 경쟁에 나섰다. 직업 탐험가인 아문센은 4명의 동료와 함께 52마리의 개썰매를 이용하여

1911년 12월 14일 사상 최초로 남극점에 도착했다. 그러나 아마추어 탐험가인 스코트는 11명의 동료와 함께 36마리의 개썰매와 19마리의 시베리아산 말 외에 모터썰매를 이용하여 아문센보다 한 달가량 늦은 1912년 1월 17일 남극점에 도착했으나 귀로에 죽고 말았다.

스코트 탐험대원 중 7명은 도중에 개썰매와 함께 되돌아갔고, 스코트 대장 외에 항해사 바워스, 에번스, 기병대 대위 오츠, 위사 윌슨 5명만 남아 남극점을 향했다. 모터썰매는 금방 고장이 났고 말은 얼마 못가 죽고 말아 대원들이 직접 썰매를 끌지 않을 수 없었다. 게다가 보급소 간의 거리가 너무 멀었던 것도 결정적인 실수였다. 네 명의 동료와 함께 세 대의 썰매를 직접 끌고 도착한 남극점에는 이미 노르웨이 국기가 펄럭이고 있었다. 스코트 일행은 아문센이 이미 남극점을 정복했다는 사실을 알고는 크게 실망했다.

사상 최초의 남극점 탐험이란 목적을 이루지 못한 채 돌아오는 길은 괴로울 수밖에 없었다. 설상가상으로 악천후와 식료품이 부족했다. 대원들은 동상과 괴혈병에 시달렸다. 2월 17일에는 에번스가 죽고 한 달 후에는 오츠도 죽고 말았다.

1912년 3월 21일, 마지막 보급소인 원톤 캠프까지 약 18km를 남겨 두고 굶주림과 피로에 지친 스코트와 오츠, 윌슨 세 명은 심한 눈보라로 며칠 동안 텐트 속에 갇혀 있었다. 스코트는 이미 죽음이 닥치고 있음을 직감하고 가족, 친구, 후원자들에게 편지를 남겼다.

그로부터 8개월 뒤 구조대원들이 세 구의 시신이 있는 텐트를 찾아냈는데 오츠의 시신은 끝내 찾지 못했다. 시신과 함께 일기와 편지가 발견되었는데, 스코트의 일기는 3월 29일을 마지막으로 끝을 맺고 있었다. 영국인들은 북극과 남극 탐험의 영광을 빼앗긴 것이 아쉬웠지만, 그들의 탐험 정신에 큰 감동을 받았다.

스코트 대령의 일기

3월 17일 토요일.

그저께 점심 때 오츠는 더 이상 못 가겠으니 자기를 침낭에 넣은 채 남겨 두고 떠나라고 했다. 우리는 그를 설득하여 함께 몇 마일을 행군했다. 밤이 되자 그의 상태는 더 이상 가망이 없어 보였다.

우리들 시신이 발견될 경우를 생각하여 기록을 남기고 싶다. 오츠는 마지막으로 자기 어머니를 생각하고 있지만, 자신이 용감하게 죽음을 맞이하는 모습에 동료들이 만족하게 여길 것이라고 자부심을 보였다. 그는 몇 주일 동안 심한 고통을 잘 견뎌왔고 의논에 참여하는 의지도 보여 주었다. 그는 끝까지 희망을 버리지 않는 불굴의 영혼이었다.

그저께 밤, 다시 깨어나지 않기를 바라면서 잠이 들었지만 다음날 아침 다시 깨어났다. 눈보라가 몰아치고 있었다. 오츠는 밖에 좀 나가 있고 싶다고 하면서 눈보라 속으로 걸어간 후 우리는 그를 다시 보지 못했다.

우리는 병든 동료들을 버리지 않았다. 한 달 전에 죽은 에번스의 경우, 식량이 다 바닥난 상황에서 그는 의식을 잃었다. 남은 사람들을 위해 그를 버려두고 가야 할 상황이었는데, 마침 그는 우리 곁을 떠났고, 우리는 2시간 동안 그의 곁에 있었다.

우리는 오츠가 죽으러 나간다는 것을 알고 말렸지만, 그것이 영국신사다운 행동이라는 것도 알고 있다. 우리 모두는 그와 같은 정신으로 머지않은 각자의 최후를 맞기를 바란다.

이따금 글을 쓸 수 있다. 한낮이 영하 40℃의 지독한 추위다. 동상에 걸리지 않은 사람이 없다. 동료들은 끊임없이 귀환을 이야기하지만 그 가능성을 믿는 사람은 없을 것이다.

식사 시간만 빼고 행군을 계속하지만 이제 속도도 떨어졌다. 어제는 눈보라로 대피해 있었고, 오늘도 움직임이 매우 느리다. 보급소까지는 이틀 여정밖에 남지 않았다. 이곳에 경위의와 사진기, 그리고 오츠의 침낭을 남겨 둔다. 일기와 지질학 자료 등은 우리 곁이나 썰매 위에 있을 것이다.

3월 18일 일요일 점심시간.

보급소까지 21마일 남은 지점에 와 있다. 불운이 우리를 괴롭히지만 운이 좋을 때도 있겠지. 어제는 세찬 바람과 눈보라로 행군을 멈춰야 했다. 강도 4의 바람에 영하 35℃의 추위는 인간이 견딜 수 있는 조건이 아니다. 우리는 이제 거의 탈진 상태다.

오른발이 못 쓰게 되었다. 발가락이 거의 다 떨어져 버렸다. 그저께만 해도 상태가 제일 좋다고 자랑했는데, 이제 내리막길로 접어들었다. 말린 고기에 카레를 섞어 먹었더니 뱃속에서 난리가 났다. 밤새 고통 속에 깨어 있어 행군할 엄두가 안 났다. 작은 부주의로 발 하나가 끔찍한 꼴이 되어 버렸지만 모르고 있었다.

모두들 아직도 귀환에 자신감을 보이지만, 그런 시늉만 내는 것인지 알 수 없다. 이제 남아 있는 것이라고는 난로를 절반 채울 정도의 기름과 약간의 주정이 전부다. 당장은 바람이 약해졌지만 얼마나 도움이 될지.

3월 19일 월요일 점심시간.

어젯밤은 텐트 치기가 힘들었다. 주정으로 끓인 코코아 반잔에 말린 고기와 비스킷으로 저녁을 먹고 잤다. 식량은 이틀분이 있지만 연료는 하루분이 남았다. 보급소까지 15마일 반을 3일 내에 가야 한다.

우리 모두는 발이 엉망이 되어간다. 윌슨이 조금 나은 편이나 나는 오른발이 더 나빠졌다. 따뜻한 음식을 뱃속에 넣기까지는 발을 돌볼 틈이 없다. 지금으로서는 발을 절단하는 정도로 끝나기 바라지만, 문제는 그 이상으로 심각한 것 같다. 심한 북서풍에 영하 40℃의 날씨가 우리 길을 가로막고 있다.

3월 21일 수요일.

월요일 밤 보급소까지 11마일 남은 지점까지 왔지만, 어제는 심한 눈보라로 종일 발이 묶여 있었다. 희망이 사라진 상태에서 오늘 윌슨과 바워스가 연료를 가지러 보급소로 떠날 예정이다.

3월 22일과 23일.

심한 눈보라로 윌슨과 바워스는 출발하지 못했다. 내일이 마지막 희망이다. 이제 연료는 떨어졌고 식량도 한두 조각밖에 없으니 틀림없는 종말이다. 우리는 자연사를 택하기로 결정했다. 여건이 어떻든 내일 보급소를 향해 떠났다가 길에서 죽을 것이다.

3월 29일 목요일.

21일 이래 강풍이 계속 불고 있다. 지난 20일에만 해도 한 사람에 두 잔씩 차를 끓여 먹을 연료와 이틀분의 식량이 있었다. 매일 18km 남은 보급소를 향해 떠나려고 했지만 천막 밖에는 눈보라의 소용돌이가 가라앉지 않는다. 이제 더 이상 희망이 없는 것 같다. 끝까지 버티려 하지만 체력이 떨어지고 있어 종말이 가까워졌다. 안타깝지만 이제 더 이상 쓰지 못할 것 같다.

– R. 스코트

하느님, 제발 우리를 보살펴 주소서.

스코트 대령의 편지 다음은 스코트가 친구이자 『피터 팬』의 작가인 스코틀랜드 소설가 배리 앞으로 쓴 편지다.

배리에게

우리들은 지금 무서울 만큼 황량한 남극 땅에서 오도 가도 못하고 갇혀있다. 이 편지가 발견되어 자네에게 전해질 것을 기원하면서 이별의 글을 쓴다.

실은 자네가 내 아이들과 아내를 좀 돌봐 주었으면 하네. 우리는 영국인의 용감한 영혼을 불태우며 마지막까지 싸울 것이네. 그 끝이 죽음이라 해도 결코 굴하지 않을 것이네. 우리는 남극점 탐험의 목표를 달성했고, 지금 상황에서 할 수 있는 최선을 다했으며, 또한 병든 대원을 돕기 위해 자신을 희생하는 것도 두려워하지 않았다네. 우리의 이 탐험이 영국인의 귀감이 될 것이며, 또한 남겨진 가족들은 국가가 돌봐 줄 것으로 믿네.

나는 아내와 아들을, 윌슨과 에번스는 아내를 남겨두고 떠나네. 남은 가족들의 바람이 받아들여질 수 있도록 자네가 힘써 주길 바라네. 잘 있게.

죽는 것은 조금도 두렵지 않으나, 돌아가서 하고 싶었던 수많은 기쁨들을 단념해야 하는 것이 안타까울 뿐이라네. 나는 탐험가는 못 될지 모르지만, 우리는 최고의 탐험을 했고, 위대한 성공을 이룩하기 직전까지 와 있다네.

그럼 안녕. 사랑하는 친구여. – 1912년 3월 로버트 팔콘 스코트

발이 얼어붙어 이제는 그야말로 절망적인 상태라네. 연료는 바닥났고 식료품도 다 떨어졌어. 하지만 걱정하지 말게. 이제 점점 죽음이 임박하고 있지만 우리는 쾌활함을 잃지 않고 있다네. 앞으로도 그럴 거고. 만일 자네가 함께 있어 함께 우리 대원들이 즐겁게 담소하고 노래도 부르는 것을 본다면 틀림없이 안심할 수 있을 텐데.

지난 나흘 동안은 텐트 속에서 폭풍이 잠잠해지기만을 기다렸어. 이젠 식료품도 연료도 전혀 없어. 솔직히 말해 이런 상황에서 스스로 목숨을 끊고도 싶었지만, 우리는 끝까지 버티면서 영국을 향해 가다가 자연 속에 묻힐 결심을 하고 있다네.

친구여, 마지막 소원이지만 아내와 아들을 잘 부탁하네. 나라가 돌봐 주지 않을 때는 자네가 내 아들에게 삶을 헤쳐 갈 기회를 주게나. 아들에게는 좋은 소질이 있을 것이니. 내 생애에서 자네만큼 존경하고 좋아한 남자를 만난 적은 없었네. 하지만 나는 자네의 우정이 얼마만큼 소중한지 자네에게 보여준 적이

한 번도 없었구나. 자네는 줄 수 있는 것이 많지만 나에게는 아무 것도 없기 때문이라네. – 1912년 3월, 로버트 팔콘 스코트

제1차 세계대전

1914년 6월 28일 오스트리아–헝가리 제국의 황태자가 오스트리아령 보스니아의 수도 사라예보에서 피살되자 7월 23일 오스트리아는 세르비아에게 10개 항의 조건을 48시간 내에 수락하도록 최후통첩을 보냈다. 세르비아는 이 문제를 국제사법재판소에 넘길 것을 제의했으나 오스트리아는 이를 거부하고는 7월 28일 세르비아에 선전을 포고함으로써 제1차 세계대전이 발발했다.

7월 31일 독일은 러시아에게 군대 동원을 중지해 줄 것을 요구하면서 프랑스에 대해서는 독일과 러시아 간의 전쟁이 발발할 경우 중립을 지켜줄 것을 요청했다. 그러나 프랑스와 러시아가 독일의 요구를 무시하자 독일은 8월 1일 러시아에 대해 선전을 포고하고, 8월 3일에는 프랑스에 대해 선전을 포고했다. 8월 3일 독일이 벨기에를 침공하자 영국도 독일에 대해 선전을 포고함으로써 전쟁은 순식간에 유럽 전역으로 확대되었다.

미국은 독일이 무제한 잠수함 작전으로 해상을 봉쇄하면서 자국의 상선들을 격침시키자 1917년 4월 독일에 선전을 포고했고 이로서 전쟁은 새로운 국면으로 접어들었다. 1918년 11월 연합군의 공세에 속수무책이던 독일 제국은 혁명을 맞아 사회민주당 주도의 임시정부가 들어서고 연합군에 항복함으로써 마침내 제1차 세계대전은 막을 내렸다.

역사는 이 전쟁을 제국주의 유럽 열강들의 식민지 진출 경쟁에서 발생한 전쟁이라고 말한다. 제1차 세계대전은 전쟁의 규모가 컸고, 전장이 지상에서 바다와 공중으로까지 확대되었으며, 탱크와 독가스 그리고 잠수함, 비행기, 미사일 등이 등장함으로

써 1,000만 명의 전사자와 2,000만 명 이상의 부상자 등 사상 유례가 없는 엄청난 희생자를 냈다.

1919년 6월 베르사유 조약에 의해 독일은 모든 식민지를 잃고 1,320억 마르크의 배상금이 부과되었으며 군사력은 병력 10만 명 이하로 제한을 받고 탱크와 잠수함 그리고 항공기 등의 생산이 금지되었다. 미국의 제안으로 42개국은 국가 간 분쟁을 조정할 기구로 국제연맹을 창설했으나 미국은 고립 외교를 주장한 의회의 반대로 참가하지 않았다.

유럽의 참전국들은 모두 채무국으로 전락했으나 막대한 군수품을 공급한 미국은 세계 제일의 채권국이 되었다. 일본은 영일동맹에 따라 독일에 선전포고를 하고 산동 반도와 태평양 제도 등에서 독일의 권익을 뺏는 실속을 챙겼다. 1919년 독일은 새 헌법의 통과로 바이마르 공화국이 탄생했으나 엄청난 전쟁 배상금으로 앞날은 순탄치 않았다.

사라예보의 총성

1914년 6월 28일 일요일, 오스트리아령 보스니아의 수도 사라예보에서 일어난 오스트리아-헝가리 제국의 황태자 프란츠 페르디난트[50세]와 체코 태생의 황태자비 조피 부부의 암살 사건은 제1차 세계대전이 불러온 직접적인 도화선이 되었다.

아침 9시 45분경, 황태자 부부를 태운 황실 열차가 사라예보 역에 도착했다. 이날은 세르비아 인들에게 '비도프난'이라고 하여 특별한 날이었다. 1389년 옛 세르비아 왕국이 터키에 정복당한 암셀펠데 전투가 있던 날이며, 또한 제2차 발칸 전쟁에서 세르비아 군이 터키 군에 승리한 날이기도 하다. 세르비아 민족주의 과격분자들의 비밀 결사대인 검은 손의 암살 음모의 징조가 있었으나, 황태자는 사라예보를 방문하고 인근 산악 지대의 군사 훈련을 시찰하기 위해 방문을 고집했다.

황태자 부부가 열차에서 내리자 그 지방 지사인 오스카르 포티오렉 장군의 영접을 받으며 시청을 향해 떠났다. 무개차에 올라탄 황태자 부부 일행의 자동차 행렬은 길고 좁은 강변도로를 따라가면서 연도에 늘어선 인파의 환영을 받으며 지나가고 있었다.

오전 10시가 조금 지나 다리를 건너 천천히 지나갈 무렵 가브리노비치라는 한 세르비아 청년이 갑자기 폭탄을 꺼내어 황태자가 탄 차를 향해 던졌다. 폭탄은 자동차

덮개에 맞고 굴러 떨어져 뒤따라오던 차 밑에서 폭발하여 수행하던 부관 두 사람이 다쳤다. 폭탄을 던진 청년은 현장에서 붙잡혔고, 황태자 부부를 태운 차는 다시 속도를 높여 달렸다.

10시 45분, 시청에서 접견이 끝나자 오스트리아 군 사령관 포티오레크 장군의 권유에 따라 황태자 부부는 반란자들이 들끓는 사라예보를 떠나기로 하고 훈련 지역을 향해 빠른 속도로 달렸다.

그런데 날가치카 강 다리의 V자 모양으로 예리하게 꺾인 곳에 이르러 자동차가 속도를 늦추는 순간 기다리고 있던 가브릴로 프린치프1894~1918라는 한 세르비아 청년이 권총을 재빨리 뽑아 들었다. 바로 옆에 있던 경호원이 그 청년의 팔을 잡으려고 했으나 다른 일당이 그의 무릎을 걷어찼다. 프린치프는 정지해 있던 황태자의 차에 바싹 접근하여 뒷좌석을 향해 권총 두 발을 발사했다. 첫 번째 총알은 임신 중이던 황태자비 소피아의 배에 맞아 그녀는 즉사했고, 두 번째 총알을 심장 가까이에 맞은 황태자는 "소피아!"라고 부른 후 쓰러졌다.

암살자 프린치프는 붙잡혔고, 황태자 부부를 태운 차는 지사의 공관을 향해 전속력으로 달렸다. 다음날 아침 황태자 부부의 시신은 황실 열차편으로 빈으로 옮겨졌다.

요제프 라니이 주교의 꿈

1914년 6월 28일, 오스트리아 황태자 부부가 암살되던 그날 황태자의 가정교사였던 요제프 라니이 주교는 새벽 3시 15분 끔찍한 꿈에서 깨어났다. 그는 하도 놀랍고 이상한 기분이 들어 서재로 가서 꿈에서 본 내용을 다음과 같이 적어 두었다.

> 나는 이른 아침 서재로 가서 배달된 우편물을 보았다. 우편물 위에는 검은 태가 둘린 편지 한 장이 놓여 있었다. 편지는 황태자의 필적이었고 황태자의 도장도 찍혀 있었다.
>
> 편지에는 사진도 들어 있었는데, 사진에는 큰 길과 좁은 골목이 있었으며 전하 내외는 자동차 안에 앉으셨고 그 맞은편에는 장군 한 명이, 그리고 운전사 옆자리에는 장교 한 명이 앉아 있었다. 큰 길 양편에는 많은 사람들이 모여 있었다. 그때 갑자기 젊은이 두 명이 뛰쳐나와 전하에게 총을 쏘는 장면이었다.
>
> 꿈에 전달된 황태자의 편지에는 "친애하는 라니이 박사, 나와 내 아내가 정치적 암살의 희생물이 되었음을 알리는 바이오. 우리를 위해 기도해 주시기 바라

오."라고 적혀 있었다.

그날 아침 라니이 주교는 황태자 부부를 위해 기도를 올려야겠다고 생각하고 자신의 어머니와 손님들을 불렀다. 그들이 7시 15분경에 도착하자 주교는 그들에게 꿈 얘기를 들려주고 나서 예배실로 들어갔다. 그런데 그날 오후 3시 반에 황태자 부부의 암살 소식을 전하는 전보가 날아 온 것이다.

독일의 U보트

제1차 세계대전 발발 당시 독일의 해군력은 영국 해군에 미치지 못했기 때문에 독일은 영국의 해군력과 정면충돌을 피하면서 주로 기뢰와 U보트 잠수함에 의한 해상 봉쇄에 주력했다.

1914년 10월 독일이 처음으로 민간 상선을 공격했을 때는 미리 경고를 보내 승무원들이 대피하도록 한 다음 상선을 격침시켰다. 그러나 얼마 후에는 경고 없는 무차별적인 격침이 시작되어 1915년 5월에는 여객선 루시타니아호를 격침시켜 1,000여 명이 죽었고, 1917년 3월에는 하루 동안 세 척의 미국 상선을 격침시킴으로써 미국이 참전하는 계기가 되었다.

탱크의 등장

제1차 세계대전 중 영국은 독일군의 참호를 효과적으로 공격하기 위해 미국 홀트사의 트랙터를 개조하여 최초의 탱크를 만들었다. 1916년 처음으로 30톤의 무게에 시속 4마일의 탱크 36대를 송 강 전투에 투입했을 당시에는 적을 놀라게 하는 것 외에 별다른 능력이 없는 것 같았지만, 1917년 11월 캉브레 전투에서 474대의 탱크가 동원되어 그 위력을 과시했다.

1916년 9월 처음 탱크가 전투에 투입되었을 때 영국군 병사 버트 체이니는 당시를 이렇게 적었다.

> 요란한 소리를 내며 생전 처음 보는 괴물 세 마리가 우리를 향해 어슬렁어슬렁 다가왔다. 기관총이 양쪽으로 나와 있었다. 그 괴물들은 적의 진지를 향해 나아가지는 않고 코를 하늘로 쳐든 채 회전 포가를 돌리며 아군인 우리 참호를 향해 기관총을 퍼붓기 시작했다. 모두가 놀래 몸을 숨기고 있는데 대령이 흙벽 위로 올라가 소리쳤다.

"전령, 전령. 가서 저 탱크들 사격을 당장 중지하라라고 해. 당장."

마침내 공격하고 있던 참호가 틀린 것임을 깨달은 그 괴물들이 적진을 향해 나아가자 독일군은 혼비백산하여 달아났다.

독가스의 등장 1915년 독일군은 동부 전선에서 처음으로 화학 무기인 염소가스를 사용했고, 뒤이어 포스겐 가스와 겨자 가스를 개발하여 사용했다. 연합군 측에서는 방독면을 개발하는 한편, 같은 화학 무기로 응전했다. 제1차 세계대전에서 독가스로 인한 사망자 수는 많지 않았지만 심리적으로 큰 충격과 혐오감을 불러일으켰다.

서부 전선 이상 없다 1930년 12월 독일 베를린의 모차르트 극장에서는 영화 「서부 전선 1918」을 개봉했으나 일주일 만에 상영을 중단하고 말았다. 영화를 개봉하던 날, 나치 돌격대원들이 극장에 난입해 스크린에 수류탄을 던지는 등 거세게 반발했기 때문이었다.

이 영화는 독일 작가 레마르크의 원작인 「서부 전선 이상 없다」를 미국의 루이스 마일스턴 감독이 제작한 영화로서, 전우들이 전멸한 날에도 사령부의 전황 보고는 언제나 "서부 전선 이상 없다"였다. 패전으로 자존심이 상한 독일 국민의 심정이 그대로 표출된 사건이었다.

혹독한 인플레이션 1920년대 초 베를린의 한 카페에서 어느 손님이 5,000마르크에 커피 한 잔을 주문했는데 커피를 다 마시고 계산을 하려 하자 커피 값은 8,000마르크로 올라 있었다.

제1차 세계대전이 끝난 후 독일은 사상 유례가 없는 혹독한 인플레이션으로 마르크화의 가치가 폭락했다. 1달러당 마르크화의 환율은 1922년 말 8,000마르크에 달했으나, 1923년 8월에는 100만 마르크, 그해 11월에는 무려 1,300억 마르크가 되었다. 동전이 자취를 감추어 버리자 정부는 동전을 금속 대신 사기로 대체했고 마침내 정부는 신발, 가죽, 헝겊, 심지어 헌 신문지에까지 화폐를 찍어내기 시작했다. 사람들은 장을 보기 위해 돈을 수레에 싣고 다녀야 했다.

사상 최악의 인플레이션 기록은 제2차 세계대전이 끝난 직후의 헝가리였다. 1946

년 헝가리에는 100,000,000,000,000,000,000펭고짜리 지폐가 통용되고 있었다. 헝가리는 결국 화폐 개혁을 단행하여 새 화폐를 발행했다. 새 화폐 1포린트는 구화폐 200,000,000,000,000,000,000,000,000,000펭고와 교환되었다.

러시아 혁명

1917년 차르 체제를 붕괴시킨 3월 혁명과 볼셰비키가 권력을 장악한 11월 혁명을 러시아 혁명이라고 한다.

제1차 세계대전에 참전한 러시아는 전투에서 계속 패하기만 하여 국민들은 사기가 떨어졌고, 재정은 악화되고 농업 생산도 크게 떨어져 빵 값은 5배나 폭등했으며, 빵과 우유를 배급받기 위해 늘어선 시민들의 행렬은 새벽부터 밤까지 이어졌다.

1917년 3월 8일 국제 여성의 날에 수도 페트로그라드에서 여성들이 '전쟁을 중지하라!'와 '빵과 우유를 달라!'고 외치며 시위를 시작하자 순식간에 8만 명 이상의 공장 노동자들이 직장을 뛰쳐나와 시위대에 합류하면서 파업으로 이어졌다.

이런 분위기 속에서 마침내 군대도 시위에 가세함으로써 수도 페트로그라드는 노동자와 반란군에 의해 점령되고 말았고, 노동자와 병사 대표들은 소비에트평의회를 결성했다. 3월 15일 전선에 있던 니콜라이 2세가 퇴위에 서명함으로써 300년간 이어온 로마노프 왕조는 무너지고 말았다[3월 혁명].

3월 혁명 후 수립된 입헌민주당 중심의 임시 정부는 전쟁을 무리하게 수행하면서 경제는 파탄지경에 이르렀고 민중의 생활은 전혀 나아지지 않았으며, 연일 계속되는 시위로 정부의 행정력은 마비 상태에 놓였다.

1917년 4월 스위스에 망명 중이던 레닌은 러시아에서 혁명이 터졌다는 소식을 듣고 오랜 망명 생활을 끝내고 러시아로 돌아왔다. 레닌은 현재의 부르조아적 체제를 소비에트 공화국으로 변혁시켜야 하며 제국주의 전쟁도 즉시 종식시켜야 한다는 이른바 '4월 테제'를 주창하며 '모든 권력은 소비에트로!'를 구호로 외쳤다.

1917년 7월 페트로그라드에서 다시 폭동이 일어나 당국이 볼셰비키를 탄압하자 레닌은 다시 핀란드로 망명했다.

1917년 11월 레닌의 지시에 따라 노동자로 구성된 볼셰비키 적위군이 무장 봉기를 일으켜 임시 정부를 몰아내고 소비에트 정부의 수립을 선포했다. 수상 케렌스키는 여장을 하고 탈출했으나 대부분의 각료들은 체포되었다. 유폐 생활을 해오던 니콜라이 2세는 일가족과 함께 살해되었다.

전국 소비에트 대회에서 레닌47세을 위원장으로 하는 인민위원회가 출범함으로써 세계 최초의 사회주의 권력이 탄생되었다. 레닌은 전 러시아 소비에트의 의장 자격으로 혁명 정부를 구성했다. 새 정부는 레닌을 중심으로 트로츠키, 스탈린 등으로 구성되었다. 레닌은 제1차 세계대전 참전국들에게 즉각 평화 교섭을 촉구하고, 토지의 무상 몰수와 무상 분배를 약속하는 포고령을 발표했다.

혁명을 실질적으로 이끈 것은 민중들이 지역별, 직장별로 자발적으로 대표를 선출해 구성한 소비에트평의회였으며, 특히 페트로그라드의 노동자·병사 소비에트가 선봉대 역할을 했다. 페트로그라드 역에서 레닌을 열광적으로 환영하고 장갑차를 준비한 이들이 바로 이 조직이었다.

피의 일요일 러시아 황제 알렉산드르 2세는 러시아의 근대화에 장애가 되던 농노제를 폐지하고 농노 해방령을 내렸다. 미흡하나마 자유를 되찾은 수많은 농민들은 도시 노동자가 되었고, 다른 한편에서는 전제 정치를 타도하는 운동으로 발전하였다. 이런 가운데 황제 알렉산드르 2세가 1881년 개혁 세력들에 의해 암살당하고 말았다.

니콜라이 2세를 중심으로 하는 러시아 지배층은 이러한 국내 상황을 돌파하기 위해 러일 전쟁을 일으켰다. 하지만 7개월을 항해한 러시아의 발틱 함대는 기다리고 있던 일본 함대에게 그만 전멸당하고 말았다.

1905년 1월 9일 일요일, 파업에 들어간 노동자와 그 가족들이 성상과 황제의 초상화, 그리고 니콜라이 황제에게 제시할 탄원서를 들고 페테르부르크 궁전 앞의 광장을 향해 나아갔다. 그러나 궁전 앞 광장에서 이들을 기다리고 있던 병사들이 이들을 향해 무차별 총격을 가했고, 1,000명 이상이 죽고 말았다[피의 일요일].

이 사건이 도화선이 되어 혁명의 물결은 급속히 확산되어 여러 도시에서는 파업이 뒤따랐고, 농촌에서는 농민들이 봉기를 일으켰으며, 군대에서도 수병이 반란을 일으키기도 했다. 사태를 우려한 황제는 일본과 강화를 맺고 의회를 개설하고 언론과 집회와 결사의 자유를 승인하는 〈10월 칙서〉를 발표하기에 이르렀다.

다음은 '피의 일요일'에 수도 페테르부르크의 노동자와 민중이 페테르부르크 궁을 향하면서 준비해 둔 청원서1905이다.

> 폐하,
>
> 우리 페테르부르크의 노동자와 주민들, 그리고 처자식과 늙은 부모들은 정의와 보호를 바라면서 폐하에게로 향합니다.
>
> 우리는 가난과 힘든 노동의 비참한 운명을 참아내며 노예와 같은 삶을 묵묵히 살아 왔지만, 우리의 인내는 이제 한계에 도달했습니다. 우리는 점점 더 가난해지고, 권리도 보장되지 않으며, 교육도 제대로 받을 수 없는 밑바닥으로 치닫고 있을 뿐 전제 정치의 횡포에 목이 졸려 질식할 지경입니다.
>
> 폐하, 이제 더는 남아 있는 힘이 없습니다. 참아낼 수 있는 막바지 한계에 다다랐습니다. 견디기 힘든 고통이 더 이상 계속되면 차라리 죽는 편이 낫다고 생각되는 그런 처참한 지경에 처해 있습니다.

불운한 러시아 제국의 마지막 황제 러시아의 니콜라이 2세는 시작과 끝이 불운한 황제였다. 모스크바에서 있었던 그의 즉위식 때는 참석자 전원에게 선물을 나누어 주었다. 그런데 선물 진열대로 몰려든 사람들로 인해 수백 명이 깔려 죽는 참사가 있었다. 그리고 그는 러시아 혁명으로 황제의 자리에서 물러나 처형되었다.

니콜라이 황제 부부는 딸만 넷을 낳다가 기다리던 황태자 알렉세이를 보게 되었다. 그러나 빅토리아 여왕의 4대 손인 황태자 알렉세이는 혈우병을 안고 태어났다. 생후 6주 만에 배꼽에서 피가 나왔고, 걷기 시작할 즈음에는 사소한 충격에도 심한 멍이 들어 혈우병이라는 판정을 받았다.

알렉세이 황태자가 세 살 때 죽음의 위기를 맞은 적이 있는데 의사들의 치료나 성직자들의 기도도 소용이 없었다. 이때 알렉세이의 증상을 가라앉혀 준 사람이 바로 시베리아의 성자로 자처한 난봉꾼이자 폭주가인 라스푸틴1872~1916이었다. 알렉세이가 여덟 살 때 내부 출혈이 멈추지 않아 임종을 준비하고 있을 때였다. 알렉산드라 황후는 멀리 시베리아에 있는 라스푸틴에게 빨리 와 달라는 전보를 보냈다. 이 전보를 받은 라스푸틴은 황후에게 전보 한 장을 띄웠다.

"하나님은 전하의 눈물을 보시고 기도를 들으셨습니다. 이제 슬퍼하지 마십시오. 소년은 죽지 않습니다. 의사들을 물리치시고 소년을 그냥 놔두십시오."

그리고 하루가 지나자 정말 출혈이 멈추었다. 오로지 하나님의 기적 같은 배려만을 바라던 황후에게 신비한 힘으로 아들을 살려낸 라스푸틴은 신과 같은 존재가 되었다. 그리하여 라스푸틴은 점차 제정 러시아의 정치에도 깊게 간여하게 되었다.

제1차 세계대전이 발발하자 니콜라이 2세가 직접 전투에 출정하게 되어 내정을 알렉산드라 황후에게 맡기다시피 한 것이 사태를 더욱 악화시켰다. 라스푸틴의 힘으로 제정 러시아의 마지막 내무 장관이 된 프로토포포프는 뇌 매독으로 인한 정신 질환자였다.

황실과 제정 러시아가 라스푸틴에게 좌지우지되고 여론이 악화하자 왕족들은 마침내 라스푸틴을 암살했다. 그러나 상황은 나아지지 않았다. 니콜라이 2세는 무기력증에 빠져 있었고 제정 러시아는 여전히 희망이 보이지 않았다.

1917년 3월, 마침내 빵을 달라고 외치는 대대적인 시위가 수도 페테르부르크에서 일어났다. 진압에 나서야 할 병사들이 오히려 시위에 가담함으로써 러시아 혁명이 시작되었다. 니콜라이 황제는 급히 수도 페테르부르크로 향했으나 그가 탄 열차는 수도에서 280km 떨어진 프스코프에서 제지당했다. 니콜라이 황제는 그곳에서 각료 전원이 해임되고 정예 볼린스키 연대가 반란을 일으켰다는 소식을 들었다. 멈춰선 기차 안에서 러시아 제국의 마지막 황제는 폐위되고 말았다.

알렉세이 황태자에게 자리를 물려주고 싶었지만 혈우병을 앓고 있는지라 동생인 미하일 대공에게 넘겨주기로 작정했다. 하지만 러시아에서 추방당한 적이 있는 그는 민중들이 반대하자 스스로 황제 자리를 거부했다. 그리하여 1613년 미하일 황제로부터 시작하여 300여 년을 이어온 로마노프 왕실은 종말을 고하고 말았다.

니콜라이 2세 일가족의 죽음 러시아 임시 정부는 니콜라이 2세 가족을 영국으로 보내려 했지만 페트로그라드 소비에트의 반대로 보내지 못하고, 우랄 산맥 속의 예카테린부르크지금의 스베릴로프스키로 보내어 유폐시켰다.

니콜라이 2세 황제 일가족이 살해되던 바로 그 장소에 있었던 러시아 위병대의 파벨 메드베네프는 당시의 상황을 이렇게 적었다.

1918년 7월 16일 저녁, 내 근무가 시작되었다. 나는 위병대의 유로프스키 대장의 명에 따라 위병들의 권총 열두 자루 모두를 거두어 대장실로 가져갔다. 그때 대장이 나에게 말했다.

"오늘밤 그들을 모두 쏘아죽여야 하니, 위병들에게 총소리가 들려도 놀라지 말라고 일러두게."

자정 직전에 예카테린부르크 소비에트의 비상위원회 위원 둘이 이파티예프 저택에 도착하자 유로프스키 대장이 들어가 황제 일가족을 깨웠다.

밤 1시가 조금 지나 황제, 황후, 네 명의 공주, 하녀, 의사, 요리사 그리고 시종들이 처소를 떠났다. 황제와 황태자는 군복을 입고 모자를 쓰고 있었고, 황후와 공주들은 정장을 했지만 모자는 쓰지 않았다. 황태자를 안은 황제를 선두로 다른 사람들이 뒤따라 나왔다. 유로프스키 대장과 그의 조수, 비상위원회 위원 두 사람, 그리고 나 자신도 그들과 함께 갔다. 내가 있는 동안 황제 가족 중 누구도 묻거나 울거나 또는 소리치는 사람이 없었다.

모두는 저택의 지하실로 내려갔다. 방에 들어서자 황제와 황후, 그리고 황태자가 세 의자에 나누어 앉았고, 황후 뒤에는 공주 셋이 섰다. 황제와 황태자는 방의 가운데쯤에 나란히 앉았다. 의사 보트킨은 황태자 뒤에, 막내 공주와 하녀는 창고로 이어지는 문 쪽에, 그리고 하인 둘은 방 입구의 벽쪽에 섰다.

공주들과 하녀는 조그만 베개 하나씩을 가지고 있었고, 황후와 황태자의 의자에 베개 하나씩이 놓였다. 그들은 자신들의 운명을 아는 듯 했으나 아무도 입을 열지 않았다.

바로 그때 유로프스키와 그의 조수, 비상위원회 위원, 그리고 레트 사람 일곱 명 등 모두 열한 명이 방으로 들어왔다. 유로프스키는 나에게 나가라고 명했다.

"길에 사람이 있는지, 그리고 거기 있으면서 총소리가 들리는지 보게."

울타리로 둘러싸인 마당으로 나와서 길거리로 나가기도 전에 총소리가 들렸다. 나는 곧바로 건물 지하 방으로 되돌아와 들어가 보니2~3분밖에 지나지 않음 황제 가족을 비롯하여 의사와 하녀, 그리고 두 하인 모두 피를 흘리면서 바닥에 쓰러져 있었다. 몸에 많은 총알자국이 있었다. 아직 숨이 끊어지지 않아 신음소리를 조금 내고 있는 황태자에게 유로프스키가 다가가 두어 방을 더 쏘자 잠잠해졌다.

죽음의 대행진 1919년 11월 서시베리아 옴스크에 콜차크 장군이 이끄는 볼셰비키 혁명에 반대하는 정부가 세워졌다. 그들은 혁명군에 밀려 후퇴하지 않으면 안 되었다.

콜차크 장군은 일본의 지원을 기대하며 동쪽의 태평양 연안을 향해 후퇴하기로 했다. 이 대열은 병사 약 50만 명과 일반인 약 75만 명으로 총 125만 명의 거대한 집단이었다. 그리고 제정 러시아가 보유하던 약 500톤의 금괴를 28대의 장갑차에 나누어 운반하고 있었다.

대장정을 영하 40~60℃의 혹한에 행군한다는 것은 처음부터 무리한 계획이었다. 이동 중에 한 순간이라도 잠에 빠져들면 다시는 깨어나지 못했다. 나보 니콜라예브스크에 가까이 왔을 때는 하룻밤에도 20만 명이 얼어 죽었다. 그들이 지나는 길에는 얼어 죽은 사람과 말의 시체들로 가득했다. 장갑차의 연료가 바닥났을 때 금괴를 말과 썰매에 옮겨 실으려고 했지만 시베리아산 조랑말들도 얼어 죽어 500톤의 금괴와 황제의 보물까지도 버릴 수밖에 없었는데 이때 금괴가 버려지고 있다는 사실을 아무도 몰랐다.

1920년 2월 말경, 옴스크를 출발한 지 세 달째 되던 날 2,000km를 행군하여 바이칼 호수에 도착했을 때, 이미 100만 명이 죽고 겨우 25만 명이 살아 있었다. 바이칼 호는 길이 636km, 평균 너비가 48km, 최고 수심이 1,620m이며, 총 336개의 하천이 흘러 들어오고 있어 호수라기보다는 바다에 가깝다.

혁명군에 계속 쫓기던 그들은 두께 3m의 얼음으로 뒤덮인 바이칼 호를 건너기로 했다. 그들이 바이칼 호를 건널 때 추위는 극에 달해 영하 69℃를 기록했다. 마침내 25만 명 전원은 바이칼 호수 위에 쓰러져 동사하고 말았다. 그리고 5월이 되어 얼음이 녹기 시작하자 25만 구의 시체는 바이칼 호수 밑으로 가라앉았다. 이 죽음의 행진을 이끈 콜차크 장군은 바이칼 호를 벗어나지 못한 채 혁명군에 사로잡혀 처형되고 말았다.

레 닌 볼셰비키 혁명을 배후에서 조종한 레닌1870~1924은 본명이 블라디미르 일리이치 울리야노프였으나, 법학을 전공하고 혁명가가 된 후 자신의 신분을 숨기기 위해 레닌이란 이름을 사용한 것이다. 레닌은 3년 동안 시베리아 유형을 마치고 여러 나라를 전전하며 볼셰비키들의 활동을 지도했고 자신은 주로 혁명 지도부의 조직과 선전에 관여했다.

1898년 러시아 사회민주노동당이 결성되었으나 탄압을 받게 되자 해외에서 당을 재건하기로 했다. 1903년 영국 런던에서 당 대회가 열려 '1단계로 차르황제체제를 전복하는 부르주아 민주주의 혁명을 추구하며, 2단계로 프롤레타리아 독재를 통해 자본주의를 전복하고 사회주의 혁명을 완수한다'는 강령을 채택했다.

당 대회를 통해 레닌은 사회주의 운동의 새 지도자로 떠올랐다. 레닌은 대중 정당을 추구하자는 마르토프의 안을 비판하고, 당을 직업적 혁명가의 조직으로 만들자는 자신의 안을 관철시켰다. 그 결과 마르토프 파는 멘셰비키소수파로, 레닌 파는 볼셰비키다수파로 불렸다.

1917년 4월 레닌이 망명 생활을 끝내고 페트로그라드 역에 도착했을 때 역 광장을 가득 메운 군중은 우레와 같은 함성과 박수로 그를 맞았다. 혁명에 가담한 병사들이 장갑차를 가져오자 레닌은 그 위에 올라가 군중들을 향해 외쳤다.

> "친애하는 병사와 노동자 여러분! 나는 러시아 혁명의 승리자이자 프롤레타리아 군대에 경의를 표합니다. 제국주의자들의 약탈 전쟁은 유럽 전역에 내란을 불러오고 있습니다. 세계는 사회주의 혁명을 향해 가고 있습니다. 독일은 전국이 들끓고 있으며 유럽의 제국주의는 곧 무너질 것입니다. 여러분이 이루어낸 러시아 혁명은 이미 새로운 시대를 열었습니다. 세계 사회주의 혁명 만세!"

러시아 혁명을 이룬 것은 민중들이었고 그들의 자생적 조직인 소비에트가 그 주체였다. 레닌 자신도 혁명이 이렇게 빨리 다가오리라고는 생각하지 못했다고 트로츠키에게 술회했다.

"이보게, 박해받던 지하 생활에서 이렇게 갑자기 권력을 쥐게 되다니. 현기증이 나네……"

레닌은 병상에서 스탈린을 그의 후계자로 삼지 말도록 당에 경고했다. 1924년 레닌이 사망하자 스탈린은 서열 3위의 혁명가인 트로츠키와의 권력 투쟁에서 승리하고 트로츠키는 해외로 추방되었다가 1940년 멕시코에서 살해되었다.

레닌의 유서 레닌은 1923년 4월에 예정되어 있던 공산당 대회에서 스탈린을 실각시키려고 했으나 당 대회를 2, 3일 앞두고 발작을 일으켜 움직이지도 못하고 말도 할 수 없게 되었다. 계획은 실패로 끝나고 레닌은 이듬해 4월에 숨을 거두고 말았다.

1922년 12월에 작성된 그의 유서에는 스탈린에 대한 나쁜 내용이 담겨 있어 그의 아내 크레프스카야는 그녀가 죽을 때까지 공개되지 않다가 1956년에 최초로 공개됨으로써 세계에 큰 충격을 던졌다.

> 당 중앙위원 중에 스탈린과 트로츠키 두 사람의 관계는 당을 분열로 이끌 위험이 있다. 이를 막기 위해서는 중앙위원의 수를 50명이나 100명 정도로 늘려야 한다.
> 스탈린 동지는 당 서기장이 된 이후 막강한 권력을 장악하였다. 나는 그가 이 권력을 사려 깊게 행사할 수 있을지 확신이 서지 않는다.
> 한편 트로츠키 동지는 통신인민위원회의 문제를 둘러싼 각종 투쟁에서 보여 주었듯이 뛰어난 능력을 가지고 있을 뿐만 아니라 강한 자신감을 가지고 있고 행정적인 일에도 주의를 기울이는 점이 뛰어나다.
> 당이 대책을 세우지 않으면 이 두 사람의 자질의 차이 때문에 분열될 것이다.
> – 1922년 12월 25일, 레닌
>
> 추신
> 스탈린은 너무 거칠고 포악하다. 이런 결점은 우리 내부에서 당원으로 쓰기에는 용인될 수는 있지만 서기장으로 쓰기에는 용인될 수 없다. 따라서 나는 서기장으로 스탈린 대신 다른 사람을 임명하도록 동지들에게 제안한다. 새 인물은 스탈린보다 뛰어난 사람, 즉 관용을 베풀 줄 알고 충성심이 강하며, 동지를 배려할 줄 알아야 하며 스탈린처럼 변덕스러운 사람은 안 된다. 이는 사소한 일로 보일지 모르나 그로 인해 당이 분열하는 결정적인 요인으로 작용할지도 모른다.
> – 1923년 1월 4일, 레닌

강철의 사나이 스탈린 1917년 러시아 혁명에서부터 1922년 소비에트 연방이 수립될 때까지 내전과 기아와 질병으로 죽은 러시아 인은 수천만 명을 넘는다. 게다가 혁명으로 세워진 소비에트 연방의 권력은 독재자 스탈린1879~1953의 손에 넘어갔고, 그의 공포정치를 통해 숙청된 사람은 1,000만 명이나 되었다.

스탈린의 본명은 요시프 비살리오노비치 주가시비리인데, '스탈린'은 '강철 인간'이라는 뜻으로서 본인이 직접 지은 이름이다. 그는 그루지아 인으로 그의 아버지는 구두공이었고 그의 어머니는 농노의 딸이었다. 스탈린은 목사가 되기 위해 신학교에 들어갔으나 마르크스주의 연구회를 조직하고 러시아 사회민주당에 입당하여 활약하다가 학교에서 퇴학당했다. 스탈린은 1903년부터 1918년까지 일곱 차례 체포되어 여섯 차례 유형을 갔으며 다섯 차례나 유형지에서 탈주했다.

1922년 12월 모스크바에서 열린 제1차 러시아소비에트대회는 4개의 소비에트 공화국으로 구성된 소비에트사회주의연방공화국USSR, 소련의 수립을 선포하고 스탈린이 최고 지도자인 공산당 서기장의 자리에 올랐다.

1938년 스탈린은 그의 정적들에 대한 대대적인 숙청을 단행했다. 흐루시초프의 비밀 보고에 따르면 공개 재판으로 중앙 위원과 후보 위원 139명 가운데 98명이, 대의원 1,956명 가운데 110명이 반혁명 죄로 처형당했으며 또한 수백만 명의 군인, 지식인, 일반인에까지 숙청이 이루어졌다. 레닌과 함께 10월 혁명을 이룩한 구 지도자의 대부분이 숙청되었다.

스탈린의 비밀 처방 구소련의 스탈린 정권이 끝날 무렵, 스탈린은 흐루시초프를 자기 방으로 불렀다.

"동무를 후계자로 지명하기로 결심했소. 정권 초기에는 모두들 아부를 하지만 시간이 갈수록 뒤에서 비판하는 소리도 높아질 테니 그때를 대비하여 처방을 가르쳐 주겠소."

그리고 봉투 두 개를 꺼내 흐루시초프 앞에 내놓았다.

"여기에 그 처방을 적어 놓았으니 잘 보관해 두었다가 필요할 때 하나씩 꺼내 보시오."

흐루시초프가 정권을 잡고 수년이 지나자 스탈린이 예견한 대로 첫 번째 위기가 닥쳐왔다. 곤경에 처한 흐루시초프는 스탈린의 말이 생각나 지하실 금고에서 첫 번째 봉투를 꺼내 뜯어보았더니 이렇게 씌어 있었다.

"동무, 내가 취해 온 정책을 비판하시오. 나를 나쁜 놈이라고 비판하시오."

흐루시초프는 당장 스탈린을 비판하기 시작했고 덕분에 첫 번째 닥친 위기를 모면했다. 그러나 얼마 후 다시 위기가 찾아왔다. 그는 두 번째 봉투가 궁금하여 열어 보았다.

"동무도 나처럼 봉투 두 개를 준비하시오."

일본의 중국 침략

청일 전쟁과 시모노세키 조약 조선의 지배를 둘러싼 청일 전쟁은 1894년 8월 일본이 풍도 앞바다에서 청의 해군을 기습함으로써 시작되었다. 조선을 통해 요동 반도로 들어간 일본군은 여순을 점령하고 민간인을 무차별 학살했다. 일본의 승리로 끝난 청일 전쟁은 시모노세키 조약[1895]으로 청은 일본에 대해 엄청난 대가를 치러야 했다.

① 일본의 종속 아래에서 조선의 독립을 승인한다.
② 요동반도, 대만, 팽조도를 일본에 할양한다.
③ 청은 전쟁 배상금 2억 냥을 일본에 지불한다.
④ 사시, 중경, 소주, 항주를 개항한다.
⑤ 개항장에서 내지의 기업권을 부여한다.
⑥ 청이 구미와 체결한 조약과 같은 통상 조약을 일본과도 맺는다.

삼국 간섭으로 요동 반도는 청에 반환되었으나 대만과 팽조도를 내놓음으로써 중국 분열의 원인이 되었다. 전쟁 배상금은 당시 청의 국가 재정의 3년 치 이상이었으며, 일본 재정의 4년 반에 해당하는 막대한 금액이었으나 청은 국민들의 세금과 외국으로부터의 차입으로 전액을 일본에 지불했다.

의화단 사건과 북경 조약 의화단원은 원래 도교에서 유래한 신권 또는 의화권이라는 일종의 긴장을 이완시켜주는 무술을 수련했는데 오늘날 태극권의 일종이다. 그들은 삼장법사나 관운장 등 중국의 전설적인 영웅을 숭배했다. 주문을 외면 신통력이 생겨 칼이나 총포에도 상처를 입지 않는다는 믿음으로 유명하며 단원이 15만 명이나 되었다. 단원에는 10대 소년이 많았고 10대 소녀들도 홍등조라는 조직을 만들어 참여했다. 지방 조직은 있었지만 전체를 통괄하는 중앙 조직은 없었다.

1899년 열강의 침략에 위기감이 고조되자 농민층을 기반으로 한 비밀 결사인 의화단이 봉기를 일으켰다. 그들은 유럽인을 직접적인 표적으로 “청을 받들고 서양 세력을 멸한다부청멸양"는 구호를 내걸고 교회를 불태우고 서양인을 닥치는 대로 습격했다. 이에 대해 청 정부는 서구 열강에 대한 견제 카드로 보고 진압에 소극적이었다. 의화단이 북경을 장악하고 각국 공관을 공격해도 청 조정은 이를 진압하기는커녕 오히려 조장하는 자세였다.

1900년 8월 이에 영국, 러시아, 일본 등 8개국 열강들은 연합군을 편성하여 자국의 공사관을 보호한다는 명목으로 북경에 진입했다. 의화단은 고군분투했으나 결국 화력이 뛰어난 연합군에 의해 진압되고 말았다. 1901년 체결된 북경 조약으로 청은 4억 5,000냥의 막대한 배상금과 함께 열강 군대의 주둔을 인정했다. 청은 배상금을 모두 지불했다.

북경 조약 이후 영국과 프랑스가 북경에 외교관을 상주시키면서 1889년 의화단이 봉기를 일으켰던 당시 곳곳의 팻말에 "개나 중국인은 출입을 금함No Dog or Chinese"이란 모욕적인 경고는 중국인에 대한 외국인의 태도를 잘 표현하고 있다.

러일 전쟁 조선과 중국의 식민지화를 놓고 벌어진 러시아와의 전쟁에서 일본이 승리하자 포츠머스 조약에서 일본은 러시아로부터 사할린 남부, 요동 반도 남부, 남만주 지선 등을 얻었다.

중국인의 국치일 제1차 세계대전에서 중국이 중립을 선언하고 있을 때 일본은 독일에 선전을 포고하고 돌연 중국에 군대를 보내 독일 조차지인 산동성의 청도를 점령했다. 유럽의 열강들이 아시아에서 손을 떼고 있는 기회를 포착하여 중국 내부로 세력을 확장시키려고 원세개 정부에 대해 「21개 조 요구」를 강요했다.

이것은 산동에 대한 구 독일의 권익을 일본이 이어받을 것과 여순·대련의 조차 기한과 남만주 철도의 권리 연장, 중국의 연안과 섬을 제3국에 할양하지 않을 것 등을 요구했다. 일본은 2일간의 여유를 주는 최후통첩을 보내 원세개 정부의 수락을 얻어내고야 말았다. 중국인은 이날 5월 9일을 국치일로 삼고 일본의 침략에 항의하는 운동을 벌였다.

유조호 사건과 만주국의 수립 1931년 9월 일본 관동군은 봉천심양 외곽의 만주 철도를 폭파시키는 자작극을 벌여유조호 사건 이를 중국 측의 소행으로 규정하고 다음해인 1932년 3월 일본 관동군은 만주 전체를 점령하고는 신경장춘을 수도로 한 만주국이라는 괴뢰국을 세우고 천진의 일본 조계에 억류되어 있던 청의 마지막 황제 선통제를 불러와 집정을 맡겼다. 만주국은 형식상으로는 독립국이지만 실권은 일본 관동군이 장악하고 있었으며 경제권도 일본이 독점하고 있었다.

일본은 세계의 이목을 딴 방향으로 돌리기 위해 상해 사건을 일으켰다. 1933년 중국의 제소로 국제연맹이 조사단을 파견한 후 만주국 인정을 놓고 표결에 들어갔으나 찬성 41대 반대 1일본로 부결되자 일본은 국제연맹에서 탈퇴해 버렸다. 유조호 사건 이후 일본인의 중국인에 대한 잔혹한 학살이 시작되었다.

1932년 무순 탄광 근처의 평정산 마을이 게릴라와 내통한다고 하여 마을 사람 약 3,000명을 학살한 후 시체에 석유를 뿌려 불에 태우고 다이너마이트로 절벽을 무너뜨려 매장[평정산 사건]시켰다.

안산 북쪽 70km 지점에 있는 대석교에는 세 군데의 만인갱이 있다. '불망계급고不忘階級苦', 즉 '계급의 고통을 잊지 말라'라고 씌어 있는 입구를 따라 갱 속으로 들어가면 층층이 쌓인 해골 언덕이 있다. 이는 일본이 경영하던 대석교 마그네사이트 광산에서 혹사당하고 희생된 중국인 노동자들이 이 갱에 버려졌는데 그 수가 수만 명이라 '만인갱'이라 불려진 것이다. 또한 일본군의 세균전 부대인 731부대는 중국인과 소련인 포로들을 상대로 끔찍한 생체 실험을 하기도 했다.

남경 대학살과 삼광 작전 1937년 북경 근처의 노구교 부근에서 훈련 중이던 일본 병사 한 명이 행방불명된 것이 발단이 되어 양국 간에 발포하는 사건이 생겼다[노구교 사건]. 이후 일본군은 성전이라는 이름으로 수도 남경에 입성하여 20만 명 이상을 학살하고 상점이나 가옥을 모조리 불태우며 수많은 여자들을 겁탈하는 만행을 저질렀다[남경 대학살]. 현장을 목격한 일본 기자는 당시의 참상을 이렇게 적고 있다.

> 공터를 가득 메운 400~500명의 중국인 남자들이 쭈그리고 앉아 있었다. 그들은 벽면을 향해 여섯 명씩 선다. 20~30보 떨어진 곳에서 일본군이 총을 발사하고는 쓰러진 사람들에게 다가가 총검을 깊숙이 찔러 최후의 일격을 가했다.

중국인들은 일본군들이 수행한 작전을 '삼광三光 작전'이라 불렀는데 이는 살광殺光, 소광燒光, 약광略光의 세 가지를 가리킨다. '광光'이란 '철저하게 수행한다'는 의미로서 '삼광'이란 철저하게 죽이고, 철저하게 불 지르고, 철저하게 약탈한다는 뜻이다.

1941년 9월, 일본군이 산동의 내무현 지구를 토벌했을 때의 장면이다. 평화로운 마을에는 한창 아침식사를 준비하고 있었다. 그런데 갑자기 "부락 소탕이다. 불을 질러라!"라는 일본군 대대장 야마우치의 명이 떨어지자 일본군은 총검을 앞세우고 함성을 지르며 부락을 덮쳤다. 벽과 문을 부수는 소리, 급히 짐을 꾸려 산으로 피난하는 사람들의 무리, 사람들을 죽이는 총소리, 여자들과 아이들의 살려 달라는 비명과 함께 평화롭던 마을은 순식간에 불바다로 변했다.

1931년 유조호 사건 이후 중국에 대한 일본의 잔학한 학살과 침략이 이어졌지만15년 전쟁, 1972년 9월 중국과 일본은 공동 성명을 발표하고 국교 정상화가 이루어졌다. 공동 성명 제5항에는 "중화인민공화국 정부는 중일 양국 국민의 우호를 위하여 일본국에 대한 전쟁 배상의 청구를 포기할 것을 선언한다"라고 되어 있다. 이에 대해 중국 수상 주은래는 "청일 전쟁의 배상금으로 중국은 큰 고통을 받았다. 그때의 고통을 일본 국민에게 맛보게 하고 싶지 않다"라고 했다.

일본의 조선 침략

조일수호조약(강화도조약, 병자수호조약) 일본은 구미 열강의 외압으로 쇄국 정책을 포기하고 불평등 조약을 맺은 후 열강 대열에 진입하기 위해 1873년부터 정한론이 일본 국내에서 공공연히 대두되고 있었다. 일본의 정한론은 서구 열강과의 불평등 조약에서 오는 좌절감과 메이지 유신과 개혁에 대한 불만에서 비롯되었다. 한편 조선에서는 1873년에 대원군이 물러나고 고종의 친정이 시작되는 중대한 변화가 있었다.

1875년 일본은 측량을 구실로 군함을 조선 연안에 보내어 탐측하더니 9월에는 군함 운요호를 강화도 동남쪽 난지도에 정박하고 초지진을 침범했다. 조선 측으로부터 대포 사격을 받자 일본군은 반격에 나서 영종도로 상륙하여 방화와 살육을 자행한 뒤 돌아갔다.

1876년 일본은 운요호 사건을 빌미로 일곱 척의 군함과 수백 명의 병사들을 강화도에 보내 위협을 가하면서 일본 측이 준비한 조일수호 조약강화도 조약을 맺었다. 조약에 따라 부산, 인천, 원산의 세 개 항을 개항하도록 하고 치외 법권을 획득하여 관세 자주권을 강탈했다. 일본은 그들이 구미 열강과 맺은 불평등 조약을 조선에 강요한 것이다. 그리하여 일본 제품이 조선 시장으로 대량으로 유입되기 시작했다. 그 후 일본을 견제하려는 청국의 주선으로 조선은 미국과도 통상 조약을 체결하고1882년, 영국을 비롯한 독일, 이탈리아, 러시아, 프랑스와도 똑같은 우호통상 조약을 맺게 되었다.

조일수호 조약의 주요 내용은 다음과 같다.

> 제1조, 조선은 자주국으로 일본과 평등한 권리를 갖는다.
> 제5조, 조선은 부산 이외의 두 항구를 20개월 이내에 개항하여 통상을 허용한다.
> 제7조, 조선은 일본이 해안 측량을 할 수 있도록 허용한다.
> 제10조, 개항장에서 일어난 양국인 사이의 범죄 사건은 속인주의에 입각하여 자국의 법에 의하여 처리한다.

청일 전쟁과 민비 시해 사건 1894년 갑오농민전쟁동학 혁명의 진압을 위해 출동한 일본군이 청나라 함대를 기습하여 청일 전쟁이 벌어지자 일본은 조선에 대한 노골적인 내정 간섭을 하기 시작했다.

1895년 10월 7일 밤, 조선에 부임한 일본 공사 미우라는 일본 수비대와 조선인 부랑자 수백 명을 경복궁으로 난입시켜 조선의 왕비인 민비와 대신들을 살해하는 만행을 저질렀다. 범인들은 치외 법권의 보호를 받아 조선에서 재판을 받지 않고 일본 군법 회의에 회부되었으나 증거 불충분으로 관련자 전원이 석방되었다.

한일의정서 1904년 일본과 러시아와의 마찰은 러일 전쟁1904~1905으로 번졌다. 조선은 일본과 러시아 간의 전쟁에 중립을 선언했으나, 일본은 이를 무시하고 조선에 진군해 강제로 한일의정서를 체결했다. 한일의정서의 내용은 다음과 같다.

① 한일 양국이 친교를 유지하고 동양의 평화를 확립하기 위해 대한 제국 정부는 대일본 제국 정부를 믿고 시정의 개선에 관한 충고를 들을 것
② 대일본 제국 정부는 대한 제국 황실의 안전을 도모할 것
③ 대일본 제국 정부는 대한 제국의 독립과 영토 보전을 보장할 것
④ 제3국의 침해나 내란으로 인하여 대한 제국 황실의 안녕과 영토 보전에 위험이 있을 경우 대일본 제국 정부는 신속히 필요한 조치를 취할 것이며, 이때 대한 제국 정부는 대일본 제국 정부의 행동이 용이하도록 충분한 편의를 제공할 것이며 또한 대일본 제국 정부는 이러한 목적을 달성하기 위하여 전략상 필요한 지점을 사용할 수 있도록 할 것
⑤ 대한 제국 정부와 대일본 제국 정부는 상호 승인을 거치지 않고는 본 협정의 취지에 위반되는 협약을 제3국과 체결할 수 없다.

러일 전쟁과 한일협상 조약(을사 조약, 제2차 한일 협약) 1905년 러 · 일 전쟁에서 승리한 일본은 포츠머스 조약에서 서유럽 제국주의 열강으로부터 조선에 대한 권익을 인정받았다. 일본은 조선을 보호국으로 만들기 위해 이토 히로부미를 서울에 파견하여 한일협상 조약을사조약을 강압적으로 체결했다. 외교권을 박탈당한 조선은 독립국이 아닌 보호국으로 전락하고 말았다.

이토 히로부미가 고종에게 일본 측의 조약안을 내밀며 이렇게 말했다.

이 안은 제국 정부가 여러 가지 고심 끝에 만든 최종안으로서 더 이상 고칠 수가 없습니다. 폐하께서 승낙하시든 거부하시든 자유이겠지만, 만약 거부하시면 제국 정부는 스스로 결심하는 바 있어 귀국의 지위는 한층 곤란해질 것이며 또한 불이익을 각오하셔야 할 것입니다.

한일협상 조약의 주요 내용은 다음과 같다.

제1조, 일본 정부는 조선의 외교에 대한 관계 및 사무를 감리 지휘하고, 일본 영사는 외국에서의 조선의 이익을 보호할 것
제2조, 일본 정부는 조선과 타국 간에 현존하는 조약의 실행을 완수할 임무가

있으며, 조선 정부는 일본 정부를 거치지 않고는 어떤 조약이나 약속도 하지 않을 것

第3조, 통감을 두어 외교에 관한 사항을 관리하고, 경성에 주재하면서 조선 황제 폐하를 내알하는 권리를 가지며, 조선의 각 개항장 및 그 밖에 일본 정부가 필요하다고 인정하는 지역에 이사관을 설치해 본 협약의 조관을 완전히 실행하기 위해 필요한 일체의 사무를 관장한다.

헤이그 밀사 사건 1907년 고종은 네덜란드 헤이그에서 열린 제2차 만국평화회의에 이상설, 이준, 이위종 세 명을 밀사로 보내어 을사조약과 일제 침략의 부당성을 폭로하려 했다. 하지만 포츠머스 조약에서 일본의 조선 지배를 인정한 열강들의 지원을 받을 수가 없었기에 아무런 성과를 내지 못했다.

이 사건에 대해 현지 공사로부터 전보를 받아 본 일본 정부는 조선 내정에 관해 전권을 장악하라는 방침을 조선 통감 이토 히로부미에게 내렸다. 일본은 고종 황제의 책임을 물어 조선의 군대를 해산시켜 버렸다. 또한 일본은 고종 황제에게 모든 권한을 일본 천황에게 양도하라고 요구했다.

다음은 고종 황제가 만국평화회의를 제창했던 러시아 황제 니콜라이 2세에게 보낸 칙서이다.

짐은 오늘의 급박한 사태를 맞이해 어디에도 호소할 곳이 없어 유일하게 폐하에게 번거로이 말할 뿐이오. 우리나라의 진흥의 시기가 모두 폐하의 생각에 달렸소.

다행히 지금 만국평화회의가 개최되니 마땅히 우리나라가 이 회의에서 이런 지경에 처할 까닭이 없음을 설명해야 하오. 조선은 러일 전쟁을 앞두고 중립을 선언하고 전 세계에 이를 알리고 싶소. 현재의 상태는 너무도 비통할 뿐이오.

폐하, 우리나라가 아무런 까닭도 없이 화를 당하고 있는 사정을 생각해짐의 사절로 하여금 조선의 사정을 만국회의에서 설명할 수 있게 해주시오. 그러면 조선이 본래의 권리를 회복할 수 있을 것이오. 만약 그렇게 해주신다면 짐과 조선은 폐하의 은혜를 잊지 않을 것이오.

한일병합 조약 1910년 일본은 서울에 군대를 집결시켜 놓고 한일병합 조약을 강요했다. 제1조는 '조선 황제 폐하는 조선 전부에 관한 일체의 통치권을 완전히, 그리고 영구히 일본국 천황 폐하에게 양도한다.'였다. 이후 일본은 36년간 조선을 지배하였다.

일본의 조선 지배 1909년 10월 하얼빈 역에서 안중근31세은 조선 통감 이토 히로부미를 사살하고 체포되어 이듬해 사형 선고를 받고 처형되었다.

1910년 일본은 대부대를 서울에 주둔시킨 후 한일합방 조약을 성립시킴으로써 36년간의 식민지 지배가 시작되었다. 그리하여 일본은 서울에 조선 총독부를 설치하고 총감에 육해군 대장을 위임하여 식민지 통치를 시작했다.

일본의 통치가 시작되자 출판의 자유는 물론 한글 신문의 발행이 금지되었고, 대대적인 토지 조사 사업을 벌여 소유주가 확실치 않은 토지를 모두 몰수했다. 일본은 쌀이 부족하자 조선에는 조를 보내고 조선으로부터 쌀을 수입해 갔다.

제2차 세계대전이 시작되면서 일본은 노동력 부족이 심각해지자 국민 징용령을 발표하여 조선인 노동자를 강제로 연행해 탄광 등의 가혹한 노동에 투입했다. 조선인에게 창씨개명을 요구하여 김씨, 안씨, 장씨는 각각 가네다, 야스무라, 하리모토 등으로 변했다. 1919년 서울에서 독립 선언을 시작으로 3·1운동이 일어나자 일본은 철저하게 탄압하여 10만 명 이상이 희생되었다.

일본 열도는 세 개의 이동하는 지각 위에 놓여 있어 지질학적으로 지진이 잦은 나라이다. 1923년 9월 1일, 관동 지방을 덮친 대지진으로 도쿄시의 3분의 2가 완전히 파괴되고 10만 명 이상이 죽은 가운데 조선인 6,000명 이상이 무차별적으로 대량 학살을 당했다.

이 사건은 지진이 일어난 직후 '조선인들이 일본인들을 습격하고 폭동을 일으키려 한다.', '조선인들이 우물에 독을 뿌린다'라는 등의 유언비어가 유포되면서 흥분한 일본인들이 사실 확인도 하지 않은 채 자경단을 조직해 조선인들을 학살했다. 이에 대해 일본 경찰과 관청은 수수방관하며 오히려 부추기는 태도를 보였다.

실은 지진이 발생한 다음 날 내무대신 미즈노와와 경시총감 아카이케는 지방 장관들에게 '조선인이 각지에 방화하고 있으니 조선인을 단속하라'는 전문을 보내 테러를 조장한 것이었다.

도산 안창호 도산 안창호1878~1938는 교육을 통한 애국 계몽 활동과 독립 운동에 일생을 바쳤다. 그는 17세 때 언더우드가 세운 구세학당에 입학하여 서구 문물을 접하게 되면서 의식 개혁을 통해 독립에 이바지하기로 결심했다. 그는 19세 때 독립협회에 가입했고, 24세 때에는 미국으로 건너가 교민들의 권익 옹호를 위해 활동하다가 을사조약 체결 소식을 듣고는 귀국하여 신민회와 청년학우회를 조직하여 구국운동을 전개했다.

신민회와 청년학우회가 해체되자 다시 미국으로 건너가 1913년에 흥사단을 결성했다. 그러다가 1919년 상해로 떠나 상해 임시 정부의 내무총장 겸 국무총리대리를 맡아 활동하다가 1932년 윤봉길의 홍구 공원 폭탄 사건으로 일본 경찰에 붙잡혀 4년형을 선고받았다. 그는 감옥에서 일본 관헌에게 "나는 밥을 먹어도 대한의 독립을 위해, 잠을 자도 대한의 독립을 위해 해왔다. 이것은 내 목숨이 다할 때까지 변함이 없을 것이다."라고 말했다.

다음은 안창호가 상해 임시 정부에 있을 때 아들 필립에게 보낸 편지이다1920년.

나의 사랑하는 아들 필립,

네가 넘어져 팔이 상했다는 네 어머니의 편지를 보니 매우 놀랍고 걱정된다. 팔이 낫는 대로 내게 소식을 주도록 해라. 네가 소학교에서 중학교 일반을 마쳤다니 기쁘구나. 나는 평안하게 지낸다. 이번에 미국에서 온다는 상원과 하원 의원들을 만나려고 홍콩에 왔지만, 그들이 오지 않아 만나지 못하고 상해로 돌아갈 예정이다.

내 아들 필립아!

항상 말하지만, 키가 자라고 성장함에 따라 나이 어리고 몸이 작을 때보다 훌륭한 사람이 되기 위해 더욱 힘써야 한다. 네 스스로 훌륭한 사람이 되려고 힘쓰는 모습을 직접 보고 싶구나.

너의 근본 성품이 속이거나 거짓말을 하지 않고 진실하니 다른 사람들보다 훌륭한 사람 되기가 쉬우리라 생각한다. 훌륭한 사람이 되기 위해서는 진실하고 깨끗함이 첫째다. 부지런해지고 어려운 것은 잘 견디는 연습을 하도록 하여라.

책은 부지런히 보느냐? 쉬지 말고 보아야 한다. 아무 책이나 보지 말고 좋은 책을 골라 보아라. 훌륭한 사람이 되기 위해서는 좋은 친구를 잘 가려 사귀며, 좋은 책을 잘 선택해 보는 두 가지가 매우 중요하다. 두 종류로 책을 택해라.

첫째는 인격을 수양하는 데 필요한 책이요, 둘째는 배우고자 하는 지식을 돕는 책이니라. 이 두 가지 점을 기준하여 책을 보고 한글과 책을 잘 익혀라. 내 조언을 네가 즐거운 마음으로 받아들일 것으로 생각한다.

세계 경제 대공황

1929년 11월 14일 목요일, 검은 목요일로 불리는 이날 뉴욕 증권 거래소에서는 주가가 일제히 폭락하면서 주식시장이 마비되는 사태가 발생했다. 공업 부문의 주가 지수가 하루 만에 496포인트에서 220포인트로 대폭락을 기록했고, 300억 달러의 주식이 불과 몇 주 만에 휴지조각이 되어버리자 실의에 빠져 자살하는 사람이 속출했다. 그 결과 투자와 소비는 줄고 수만 개의 기업들과 은행들이 파산하여 실업자는 150만 명으로 급증했으며 미국 경제는 급속히 붕괴되었다.

미국 경제와 함께 세계 경제도 대공황을 맞아 1932년과 1933년이 불경기의 절정에 달했는데, 실업률은 미국과 영국이 25%에 달했고, 독일은 40%에 달했다. 세계 공업 생산은 3분의 2로, 무역고는 3분의 1로 줄었다.

제1차 세계대전 당시 미국은 유럽의 교전국들에게 무기와 식량 및 공산품 등을 대거 보급하는 기지나 다름없었다. 참전은 했으나 전장이 아니었기에 전쟁이 끝난 후의 미국 경제는 공전의 번영을 누렸다. 당시 미국은 자동차, 라디오, 세탁기, 냉장고와 같은 내구성 소비재를 생산하면서 대량 소비 시대를 열었다. 1921년 이후 미국은 독점 자본주의 정책을 실시하여 생산 증대에 박차를 가했다. 기업들이 큰 이익을 내자 너도나도 주식 시장으로 몰려들었다.

그러나 유럽 경제가 차츰 회복되면서 세계적인 공급 과잉의 불균형 현상을 초래하게 되었다. 공장들의 재고는 쌓여 갔고, 임금 억제는 구매력 저하로 이어졌다. 미국의 수출은 점차 둔화되기 시작하자 과잉 생산에 빠지게 되었다. 실물 경제의 하향

조짐이 보였지만 주식 시장은 호황을 누려오다가 주가의 거품이 일시에 빠지면서 그만큼 공황의 파괴력도 컸던 것이다.

1933년 7월 미국 루스벨트 대통령은 뉴딜 정책을 발표하고 경제 공황의 극복에 정부가 적극 나서기 시작했는데, 뉴딜 정책의 요체는 경기 회복Recovery, 실업자 구제Relief, 개혁Reform의 '3R 정책'이었다.

어느 일본계 미국 이민자의 편지 일본인이 미국으로 이민을 가기 시작한 것은 1885년부터이다. 이들은 공장 노동자나 광부, 농부로 일했다. 일본인 노동자들은 근면한데다 싼 임금에 만족했기 때문에 기존의 노동자들의 일자리를 잠식해 갔다. 생계의 위협을 느낀 이들과의 마찰은 일본인 이민배척운동으로 이어졌다. 그리하여 1908년에는 자진해서 이민자 수를 줄이겠다는 협약이 양국 간에 체결되었다. 그러나 각국에서 몰려오는 이민자 수가 계속 증가하자 1910년대부터는 이민자 수를 제한하기 시작했고, 1924년에는 이민법을 제정하여 일본인 이민이 전면 금지되었다.

다음은 1924년에 미국으로 이민 간 한 일본계 미국 이민자가 일본의 친정에 보낸 편지 중에서 발췌한 것이다. 이민법 시행을 앞두고 서둘러 미국으로 이주하는 사람들로 가득 찬 이민선의 상황을 묘사하면서 시작된다.

> 1924년 7월,
>
> 다이요마루호 배 안은 아내가 되기 위해 미국으로 이민을 떠나는 일본인들로 가득하다. 모두 20세, 21세뿐이다. 남자는 앞쪽, 여자는 안쪽, 중앙은 1등석 2등석이므로 그렇게 멀미가 나지 않지만 3등석은 배의 흔들림이 심해서 모두 멀미로 먹는 것이 없다. 커피를 마시는 것이 유일한 즐거움이다.
>
> 샌프란시스코에 도착했을 때 여자들과 처음 미국에 오는 사람이 함께 섬에 가서 신체검사를 받는다. 이렇게 하루가 지난 후 샌프란시스코로 돌아와 드디어 상륙했다. (생략)
>
> 하룻밤을 지내고 양복점에 가서 입고 온 일본 옷을 위에서 발끝까지 새 옷으로 갈아입은 후 기차를 타고 로스앤젤리스에 도착했다. 놀랍게도 산에는 풀들이 모두 말라 있었고 나무가 없었다. 로스앤젤리스에서 또 기차를 타고 샌디에이고에 도착했다. 남편은 시누이 집에 있었다. 마음이 놓였다. 시누이 집에는 7살의 장남 밑으로 줄줄이 4명의 남자아이가 있었다.

시아버지는 근처에 가셨다. (생략)

이 땅에서 야채를 재배했다. 작은 하우스다. 부엌과 침실뿐이다. (생략)

1930년 3월, 두 여자 아이를 낳고, 방법을 바꿔 샐러리를 재배했다.

공화당 후버 대통령.

경기가 좋고 샐러리로 돈을 벌었기 때문에 남편은 일본으로 성묘하러 가자고 했지만 나는 좀 더 넓은 땅을 빌려 돈을 벌자고 말해 16에이커의 땅을 빌렸다. (생략)

오렌지와 레몬을 모두 땅에서 일구고, 샐러리를 전부 재배하고, 그렇게 2년이 지나갔다.

민주당의 루즈벨트 대통령. 불경기.

전번에 번 돈은 전부 다 썼다. 1933년 셋째 유코를 낳았을 때는 매우 어려워 의사에게 지불할 50불을 25불밖에 지불하지 못했다.

1937년, 내셔널시티에서 엔시니타스로 이주하여 그곳에는 서리가 없어 겨울에 토마토 딸기 등을 재배할 수가 있었다.

여성 참정권의 역사

정치적 선진국들은 오래 전부터 국민의 참정권을 인정했지만 여성들에게도 똑같은 참정권을 인정한 것은 아니었다. 세계 최초로 여성에게 참정권이 주어진 나라는 뉴질랜드로서 1893년이었으며 핀란드는 1906년, 노르웨이는 1907년, 영국과 독일은 1918년, 미국은 1920년, 스페인은 1932년, 프랑스, 이탈리아, 일본은 1945년, 그리스는 1952년, 스위스는 1971년이었다.

여성 참정권 운동이 가장 격렬했던 영국에서는 주로 언론, 의회, 사회 지도자, 교회 등이 모두 여성의 참정권에 반대했는데, 여성은 남성에 비해 지적 능력이 떨어지고 비논리적이며 변덕스럽고 연약한 존재로서 정치는 여성을 타락시키고 여성답지 못한 일이므로 여성은 가정에 머물러야 한다는 것이 그들의 논리였다.

의회에서 여성 참정권을 강력히 반대한 또 다른 이유는 여성이 정치에 참여할 경우 출산율이 낮아져 인력 부족으로 인한 국방력의 약화를 우려했기 때문이다. 영국 총리 윌리엄 글래드스턴은 "정치는 여성의 우아함, 순결, 세련미, 품성 향상에 해로울 것이다."라고 말했다.

그러나 제1차 세계대전이 발발하자 여성들의 사회 참여가 불가피하여 여성들의 입지가 강화됨으로써 1918년 제1차 세계대전이 종결되자 영국은 일정한 경제적, 교육적 자격 요건을 갖춘 30세 이상의 여성 약 850만 명에게 처음으로 참정권이 허용되었다. 그러다가 1919년 남여차별폐지법이 제정되어 여성들도 여러 직업에 종사할 수 있게 되면서 1928년 여성의 투표 연령도 남성과 같이 21세로 낮춰짐으로써 평등한 참정권이 실현되었다.

타고르의 「동방의 등불」

1913년 인도의 시인이자 철학자인 타고르1861~1941는 그의 시집 『기탄자리』로 동양인으로는 처음으로 노벨 문학상을 받았다.

타고르는 벵골 명문의 대성인이라 불리는 아버지 데벤드라나드의 15명의 아들 중 열넷째 아들로 태어났다. 그는 19세 때 영국으로 건너가 법률을 공부하였고 돌아와서 많은 작품을 썼다. 그는 벵골 지방의 옛 민요를 바탕으로 많은 곡을 만들었는데 그가 작시 작곡한 「자나 가나 마나Jana Gana Mana」는 인도의 국가가 되었다. 타고르는 인도에서는 오늘날에도 마하트마 간디와 더불어 국부로 존경받고 있다.

타고르는 젊었을 때 종종 아버지의 배를 강물에 띄어 놓고 지내기도 했는데 보름달이 뜬 어느 날 밤에 배 안에서 크로체의 미학 논문을 읽고 있었다. 그런데 바람이 불어 배 안의 촛불이 꺼지고 말았다. 강물에 은은하게 비치는 달빛이 너무나 아름다워 그는 촛불 켜는 것을 그만 두고 일기에 이렇게 적었다.

> 아름다움이 온통 나를 둘러싸고 있었는데 나는 그것도 모른 채 아름다움에 대한 글만 읽고 있었다. 내가 켜 놓은 작은 촛불이 나를 감싸고 있던 그 아름다움을 보지 못하게 한 것이다. 촛불의 약한 빛 때문에 달빛이 내 안으로 들어올 수 없었던 것이다.

고령의 타고르가 임종을 앞두고 있을 때 친구가 찾아 왔다. 그는 친구에게 말했다.

"벌써 죽음이 눈앞에 다가와 있다니, 지푸라기라도 잡고 싶은 심정이라네."

"이보게. 자네 정도의 삶이라면 얼마나 충실한가? 자네가 지은 6,000곡의 노래는 지금도 많은 사람들이 애창하고 있는 않은가? 자네는 정말 많은 것을 이룩해 놓았으니 감사하는 마음으로 세상과 작별할 수 있지 않은가?"

"내 입장에서는 그것들은 모두 실패작이야. 난 지금까지 한 번도 내가 하고 싶었던 노래를 해 본 적이 없네. 매번 최선을 다했지만 그때마다 무언가에 빠져 있었거든. 나는 이제야 겨우 신이 내게 주신 잠재력을 발휘해 볼까 하는데, 신은 벌써 나를 부르고 계시는구나."

타고르는 한국을 소재로 한 두 편의 시를 지었는데 그것은 「동방의 등불」과 「패자의 노래」이다. 「패자의 노래」는 육당 최남선의 요청에 의해 쓴 것이고, 다음의 「동방의 등불」은 1929년 타고르가 일본에 들렀을 때 동아일보 기자가 한국 방문을 요청하자 이에 응하지 못함을 미안하게 생각하여 시를 지어 동아일보에 기고1929. 4. 2한 것이다.

> 일찍이 아시아의 황금기에 빛나던 등불의 하나인 코리아
> 그 등불 다시 한 번 켜지는 날에 너는 동방의 밝은 빛이 되리라
> 마음에는 두려움이 없고 머리는 높이 쳐들린 곳
> 지식은 자유롭고 좁다란 담 벽으로 세계가 조각조각 갈라지지 않은 곳
> 진실의 깊은 속에서 말씀이 솟아나는 곳
> 끊임없는 노력이 완성을 향해 팔을 벌리는 곳
> 지성의 맑은 흐름이 굳어진 습관의 모래벌판에 길 잃지 않은 곳
> 무한히 퍼져 나가는 생각과 행동으로 우리의 마음이 인도되는 곳
> 그러한 자유의 천국으로 내 마음의 조국 코리아여 잠에서 깨어나소서

인도 독립의 아버지 간디

인도의 위대한 지도자 간디[1869~1948]는 힌두교 가정에서 태어났다. 그는 영국으로 건너가 런던에서 법률을 배운 뒤 1891년 귀국해 변호사가 되었다. 1893년 인도인 상사의 고문 변호사로 남아프리카연방으로 건너갔다. 그곳에서 뿌리 깊은 인도인 박해를 직접 체험한 간디는 인종차별에 반대하는 단체를 조직해 활동했다.

1914년 제1차 세계대전이 발발한 해에 간디는 다시 인도로 돌아왔다. 영국은 인도에 자치권 허용을 미끼로 전쟁에 협력할 것을 제안했고, 인도는 영국을 지지했다. 하지만 종전 후 영국은 약속을 지키지 않았다. 1919년 영국이 인도인을 탄압하기 위해 롤래트 법안을 제정하자 이에 격분한 간디는 영국에 대해 비폭력 불복종 투쟁[사티아그라하]을 선언하고 납세와 취업을 거부하고 물레를 장려하면서 외국제 직물의 불매 운동을 전개했다. 1927년 영국이 인도통치법개혁위원회를 설치하자 간디는 인도가 완전히 독립할 때까지 전국적인 비폭력 운동의 전개를 선언하고 국민회의파의 지도자가 되었다.

1939년 제2차 세계대전이 발발하자 영국의 식민지인 인도도 전쟁에 휘말렸다. 1942년 간디가 이끄는 국민회의가 영국의 인도 철수와 불복종 운동을 결의하자 영국은 강경 탄압으로 맞서 간디와 네루 등 약 2만여 명을 붙들어 전쟁이 끝날 때까지 구속시켰다. 1947년 8월 간디가 투옥되어 있는 동안 인도는 드디어 독립을 찾았다. 하지만 그것은 영국에 의해 국민회의파 중심의 인도와 이슬람 연맹 중심의 파키스탄으로 분할된 독립이었다. 1948년 간디는 한 힌두교 광신자에 의해 암살되고 말았다. 1922년 인도의 문호 타고르가 간디를 방문하고 그를 '마하트마'[위대한 영혼]라고 칭송한 시를 헌정했다.

1930년 영국이 독점해온 소금에 대해 소금세를 신설하고 제염 금지령을 공포하자 간디는 바닷물에서 직접 소금을 만들고자 지지자들과 함께 폼페이 만까지 행진하여 항의했다. 다음은 간디가 당시 영국 총독 어윈 경에게 보낸 편지[1930]이다.

우리는 지난 번 회의에서 인도에 희망적인 제도가 마련되기를 간절히 바랐습니다만, 아직 바뀐 건 아무것도 없습니다. 이대로라면 수백만 명의 인도인들이 굶어죽게 될 것입니다.

나는 최근 인도인들에게 독립이 왜 필요한지를 설명했지만, 가장 큰 문제는 세금입니다. 가난한 농민들은 세금 때문에 엄청난 고통을 당하고 있습니다. 생활 필수품인 소금은 물론 식료품과 약품에까지도 세금을 내야 합니다. 결국 인도는 가난해졌고, 영국에 엄청난 빚까지 지게 되었습니다. 그 빚이 과연 정당한 것일까요?

총독의 봉급은 하루 700루피이지만, 인도 사람들의 수입은 하루 2안나도 안 됩니다. 당신은 인도인의 5,000배가 넘는 돈을 받고 있습니다. 왜 이렇게 되었는지 진지하게 생각해 보십시오.

지난 번 시위 때 수십만 명의 시골 사람들이 앞 다투어 나서게 된 것도 결국 세금 때문이었습니다. 그들은 고통스러운 세금 부담에서 벗어나기 위해 독립을 외치는 것입니다. (생략)

다시 한 번 토의가 필요합니다. 영국이 그럴 의향이 없다면 나는 이달 12일에 세바그람에 있는 동료들과 함께 직접 소금을 만들어 먹겠습니다. 소금세는 가난한 사람들에게 가장 큰 고통입니다. 영국은 인도인들이 소금을 직접 만들어 먹는 것을 법으로 금지했지만, 우리는 잘못된 법을 그대로 지킬 수는 없습니다. 독립 운동은 이 땅의 가난한 자들을 위한 것이므로, 그 출발점은 이런 죄악을 해결하는 데 있을 겁니다. 오랫동안 잔혹한 독점에 굴복해온 우리 자신이 놀라울 따름입니다.

나를 체포해 이 계획을 막을 수도 있겠지만, 수만 명의 사람들이 나와 같은 생각으로 같은 일을 할 것이라는 사실을 명심하시기 바랍니다.

다음은 간디가 일본의 대동아 공영권 정책을 비판한 공개 서한1942이다.

나는 당신들에게 조금도 악의는 없습니다. 그러나 당신들이 중국을 공격한 것은 정말 마음에 들지 않습니다. 당신들은 제국주의적 야심을 가진 나라로 추락하고 말았습니다. (생략)

나는 미약하나마 당신들 나라에 가서 당신들이 중국에, 세계에 그리고 당신들 자신에 대해 정당하지 못한 일을 중지하도록 설득하고 싶습니다. 그렇게 할 수만 있다면 내 목숨까지도 내놓겠습니다.

보도된 대로 만약 당신들이 인도 독립을 지지한다면, 영국이 인도의 독립을 승인한다면 당신들이 인도를 공격할 이유가 전혀 없지 않습니까? 하지만 당신들이 한 말은 중국을 무자비하게 침공한 것과 일치하지 않습니다.

(생략)

만약 당신들이 영국이 철수한 후 인도에 들어오려고 생각하고, 또한 그렇게 행동한다면 우리는 할 수 있는 전력을 다해 저항할 것입니다.

왕관을 내던진 세기의 사랑

1936년 1월에 영국 왕 에드워드 8세[1894~1972]는 41세에 왕위에 올랐다. 그런데 독신인 에드워드 8세는 결혼까지 생각하며 마음에 두고 있는 여성이 있었다. 그 여성은 다름 아닌 런던 사교계의 여걸인 40세의 월리스 심프슨 부인이었다. 그녀는 미국인으로서 이혼 경력이 있는 여자였다.

그녀는 영국 국왕의 왕비로서 적합하지 않다고 하여 영국 왕실은 물론 국교회와 의회 그리고 여러 자치령에서까지 반대했다. 수상 볼드윈이 국왕에게 심프슨 부인과의 결혼을 재고해 보도록 권했으나 왕은 왕위보다는 사랑을 택하기로 결심하고 재위 11개월째 되는 1936년 12월에 라디오 방송을 통해 퇴위를 발표했다.

"나는 사랑하는 여성의 도움 없이는 왕으로서의 의무를 다할 수 없을 것입니다. ……"

그리하여 왕위는 현재의 엘리자베스 여왕의 아버지이며 에드워드 8세의 동생인 조지 6세에게 물려주었다. 윈저 공이 된 에드워드 8세가 이듬해 심프슨 부인과 정식으로 결혼하자 세계는 이를 두고 왕관을 내던진 세기의 사랑이라 하여 떠들썩했다.

중화인민공화국의 탄생

중국은 아편 전쟁 이래 외국 제국주의의 반식민지 상태에 놓여 있어 중국의 근현대사는 신해혁명, 5·4 운동, 국민 혁명 등 민족 해방을 위한 투쟁의 역사였다.

신해혁명 1911년 10월 청나라 정부가 열강에게 철도를 팔아넘기자 전국에서 수백만 명의 군중이 들고일어나 청조 타도와 공화제 수립을 외치며 혁명이 일어났다신해혁명. 혁명군은 남쪽 절반을 장악하고 남경에서 중화민국 임시 정부를 출범시키고 일본에서 귀국한 손문46세을 임시 총통으로 선출했다. 손문은 일본에서 활동하던 혁명 단체들이 1905년에 결성한 중국혁명동맹회후에 국민당으로 개편의 총리로 지내왔으며 민족과 국토의 통일을 선언하며 열강들에게 중립을 호소했다.

신해혁명 직후 쿠데타로 실권을 잡은 원세개는 청 황제를 퇴위시키고 한족의 통일 국가를 세우는 대신 자신이 수반을 맡는 조건으로 혁명군과 협상을 벌였다. 협상 끝에 손문의 양보로 원세개를 대총통으로 하는 중화민국 정부가 북경에서 출범했다1912.

5·4 운동 1913년 중화민국 최초의 선거에서 손문이 이끄는 국민당이 과반수 의석을 차지해 제1당으로 부상하자 국민당의 당수 송교인이 상해에서 암살당하는 사건이 벌어졌다. 이에 대해 손문은 원세개를 중심으로 한 군벌들의 음모로 받아들이고 "청 제국은 갔어도 봉건 군벌이 있는 한 혁명 완결은 요원하다."라고 하면서 전면적인 투쟁 의지를 밝혔다. 1916년 원세개가 사망하자 북양 군벌들이 서로 패권을 다투며 각 성을 장악하며 중국은 대혼란에 빠져들었다.

1919년 5월 제1차 세계대전이 끝난 후 파리 평화 회의에서 일본의 요구대로 산동 반도 등지를 일본에게 내주도록 타결되자 이에 불만을 품은 학생들이 전국적으로 들고 일어났다[5·4운동].

국공 합작 1924년 1월 국민당과 공산당은 안으로는 북방 군벌, 밖으로는 제국주의 열강과 싸워야 하는 반제 · 반봉건의 공동 과제를 위해 서로 협력하기로 합의하고[국공 합작] 이를 위해 골수 공산당원인 이민교가 국민당의 중앙집행위원이 되고 모택동은 국민당원이 되었다. 국공 합작을 위해 공산주의자들이 공산당원 자격을 유지하면서 개인적으로 국민당에 입당한 것이다.

1927년 4월 국민혁명군 총사령관 장개석40세이 북벌군 내에 공산당 세력이 두드러지자 쿠데타를 일으켜 상해 혁명 정부를 봉쇄하고 남경에 임시 정부임시정치위원회를 출범시키고 대대적으로 공산당을 소탕하기 시작하자 국공 합작은 완전히 깨지고 말았다. 장개석이 제국주의 열강과 군벌의 협조하에 중국 내 최대의 세력으로 급성장하자 위기를 맞은 공산당은 지하 투쟁으로 맞서기 시작했다.

대장정 1931년 11월 중국 대륙 곳곳에 산재해 있던 공산당 세력은 모택동38세을 주석으로 하는 중화소비에트공화국 임시 정부를 수립했다. 모택동 임시 정부의 관할 범위는 남부 강서성 일대 5만 km^2의 땅에 인구는 250만 명 규모였다.

1934년 장개석 국민당 정부가 40만 명의 병력을 투입하여 대대적으로 공산당 소탕 작전을 벌이자 모택동이 이끄는 공산당원 30만 명은 2년 동안 1만 2,000km의 대이동에 들어갔다[대장정]. 이들이 목적지에 도착했을 때 살아남은 병력은 겨우 3만 명에 불과했다.

항일 투쟁 1937년 9월 일본 관동군이 일본군에 대한 총격 사건을 빌미로 중국 대륙에 대한 전면 공격을 단행하자 장개석 총통은 공산당 지도부의 요청을 받아들여 10년 만에 2차 국공 합작을 맺었다. 국민당 정부는 공산당을 합법화하고 공산군을 국민당 제8로군으로 편성하여 항일 전쟁에 공동으로 대처하기로 하고 공산당 혁명군 4만 5,000명은 자체 사령부의 지휘하에 항일 전선에 투입되었다.

1938년 1월 중국 수도 남경을 점령한 일본군은 무자비한 중국인 학살을 자행했다[남경 대학살]. 일본군은 남경을 진격하는 과정에서 30만 명을 죽였고 점령 뒤에도 4만 명을 더 죽였다. 학살 방법도 잔인하여 비행기를 동원한 무차별 기총소사, 생매장, 휘발유를 뿌려 불태워 죽이기까지 했다.

중국공산당이 조직한 팔로군과 농민들의 항일 연대는 일본군으로서도 힘겨웠다. 일본군은 죽이고 불사르고 약탈한다는 이른바 삼광 작전을 펼쳤고, 이에 대해 중국공산당은 민병을 동원하여 유격전으로 맞섰다全民皆兵. 그들은 지뢰 작전, 지하도 작전, 3~5명의 민병을 한 조로 하여 신출귀몰한 행동으로 적을 지치게 만드는 참새 작전, 그리고 일본군에 보급을 차단하기 위해 집을 버리고 산에서 지내는 공실청야空室清野 등 다채로운 유격전법을 고안해냈다.

중화인민공화국의 탄생

국민당 정부는 항일 전쟁에서는 공산당과 제휴하여 크게 공헌했으나 반공 · 반민주 독재로 치달으면서 부패가 심화되자 민중의 지지를 잃어갔다. 한편 중북부 지역에 근거지를 쌓았던 중국공산당은 토지 개혁으로 농민들의 지지를 모으면서 군사적인 열세를 만회해 갔다. 1945년 4월 공산당 제7차 대회의 정치 보고에서 모택동은 "새로운 부르주아적 민주주의 혁명 없이 식민주의와 봉건주의의 잔재 위에 사회주의를 건설하려 한다면 그것은 공상에 지나지 않는다."라고 역설했다.

1947년 공산당이 지도하는 인민해방군은 국민당 정부에 대대적인 반격을 개시하여 1949년 1월에는 북경에 입성했고 4월에는 국민당 정부의 수도 남경을 점령함으로써 내전은 예상 외로 단기간 내에 끝나고 중화인민공화국이 탄생하게 된 것이다.

1949년 9월 21일, 중화인민공화국이 탄생하기 하루 전 모택동은 정치협상회의 제1기 전체 회의의 개회사에서 다음과 같이 말했다.

> 대표 여러분,
>
> 전 인류의 4분의 1을 차지하는 우리 중국인이 지금부터 일어나야 합니다. 중국인은 예로부터 용감하고 근면함을 사랑하는 민족이었습니다만 근대에 들어와서 뒤떨어지고 말았습니다. 이는 전적으로 외국 제국주의와 반동 정부에 의해 억압되고 착취당한 결과입니다.
>
> 우리는 단결하여 인민 해방 전쟁과 대혁명으로 내외의 억압자를 타도하고 중화인민공화국의 탄생을 선언하였습니다. 우리 민족은 두 번 다시 치욕스런 민족이 되지 않을 것입니다.

4

현 대 사 회
이 야 기

제2차 세계대전

제1차 세계대전의 패전국인 독일은 베르사유 조약에 따라 가혹한 전쟁 배상금을 부담해야만 했다. 세계 경제 대공황의 여파에다가 배상금까지 물어야 하는 어려운 경제 상황에서 베르사유 조약을 폐기해야 한다고 주장한 히틀러가 국민의 압도적 지지를 받고 정권을 장악했다. 정권을 잡은 히틀러는 군비 확장에 열을 올리며 본격적인 세력 확장에 나섰다. 1938년에는 오스트리아가 합병되었고, 1939년에는 체코슬로바키아가 해체되었다. 한편 독일은 제1차 세계대전의 패전으로 내준 단치히를 돌려줄 것을 폴란드에 요구했지만 거절당했다.

1939년 9월 7일 독일은 선전 포고도 없이 수백 대의 전폭기와 전차 부대로 폴란드를 침공했다. 독일의 세력 확대를 우려해 온 영국과 프랑스가 즉각 독일에 선전을 포고하면서 유럽 대륙에서는 21년 만에 다시 제2차 세계대전이 발발하고야 말았다.

1929년의 대공황 이후 각국은 자유무역에서 폐쇄적인 블록 경제로 나아갔지만 독일, 일본, 이탈리아 등 후발 자본주의 국가들은 보유 식민지가 거의 없어 세력 확장이 절실했다. 1936년 일본은 독일과 반 코민테른 협정을 맺고 대동아 공영권을 내세우며 중국과 인도차이나 등 아시아에 대한 침략을 본격화하기 시작했다.

1940년 독일, 일본, 이탈리아가 삼자 동맹을 맺고 1941년 4월 일본이 인도차이나를 전격 침공하자 미국은 일본에 대해 석유를 비롯한 전쟁 물자의 금수 조치를 내리고 중국의 장개석 정부에 군사 원조를 시작했다. 또한 극동에 거주하는 자국민들을 귀국시키는 한편 미국 내의 일본 자산을 동결했다. 미국은 일본에게 중국으로부터 군대를 철수하고 삼자 동맹으로부터 탈퇴할 것을 요구했다.

한편 독일은 1941년 6월 소련과의 불가침 조약을 깨고 소련 침공에 나섰고, 일본은 미국을 태평양에서 몰아내고 동지나해의 유전 지대를 점령하기 위해 미국과의 협상이 진행되는 동안 진주만을 기습 공격했다. 거의 비슷한 시각에 마닐라에 주둔하고 있던 맥아더 장군 휘하의 미 육군 항공 부대도 대만에서 출격한 일본 전폭기의 공격을 받았다.

다음 날 긴급 소집된 미 의회는 즉각 대일 선전 포고를 결의했다. 12월 11일에는 독일과 이탈리아가 미국에 대해 선전을 포고함으로써 대전은 새로운 양상으로 전개되기 시작했다. 미국은 신속하게 전시 체제로 돌입하여 모병과 징병으로 1,000만 명의 전투 인력을 확보했고 기간 산업은 모두 군수 산업으로 전환되었다. 세계 제1의 경제 대국인 미국의 참전으로 전쟁의 승패는 이미 정해진 것이나 다름없었다.

이탈리아는 이미 1943년에 항복했고 미 · 영 연합군의 노르망디 상륙이 성공하면서 전쟁은 사실상 끝이 났다. 저항하던 히틀러는 연합군이 베를린을 포위하자 1945년 4월 40일 지하 벙커에서 스스로 목숨을 끊었고 5월 7일 독일이 무조건 항복함으로써 유럽에서의 전쟁은 끝이 났다.

한편 태평양에서는 맥아더 휘하의 미군이 일본군을 몰아내고 1944년 10월 필리핀을 탈환했고, 1945년 4월에는 오키나와 섬에 상륙함으로써 일본과의 전쟁도 막바지에 다다랐다. 미국이 일본에 대해 무조건 항복의 최후통첩을 보냈으나 일본의 군부가 이를 거부하자 미국은 1941년부터 극비리에 개발한 원자 폭탄을 투하하여 전쟁을 종식시키고자 했다.

1945년 8월 6일과 9일, 미군 폭격기 B29에서 투하된 원자 폭탄이 일본의 히로시마와 나가사키에 각각 투하되었다. 폭탄이 떨어지는 순간 고열과 폭풍으로 반경 2km 내에는 풀 한 포기 남지 않았다. 공중으로 7km까지 솟아오른 버섯구름에서 떨어지는 방사능 낙진은 또 다른 재앙을 불렀다.

1945년 8월 15일 히로히토 일본 천황이 무조건 항복을 선언함으로써 6년간 57개국이 참전하여 군인 2,700만 명과 민간인 2,500만 명의 희생자를 낸 전쟁은 연합군의 승리로 막을 내렸다. 제2차 세계대전은 민주주의 대 파시즘의 대결이었고 또한 민족 해방 전쟁이었다.

1945년 2월에는 미 · 영 · 소 3국 간에 얄타 회담이 열렸고, 7월에는 미 · 영 · 중 · 소 4개국 간에 포츠담 회담이 열려 전후 처리 문제가 협의되고 두 회담을 통해 동유럽 각국과 한국의 독립의 길이 열렸다. 독일 뉘른베르크와 도쿄의 국제 군사 재판소에서는 미 · 영 · 불 · 소의 재판관들로 전범들의 재판이 열려 침략 전쟁 자체가 범죄로 규정되고 전쟁에 대한 책임을 유례없이 개인에게 물었다. 1945년 10월 24일 연합국의 공동 선언을 기조로 50개국이 국제연합UN을 창설했다.

전쟁이 끝나자 소련은 해방된 동유럽 국가들에 좌익 정부를 세웠고 독자적인 핵무기 개발에 성공함으로써 군사적으로 미국과 맞설 수 있게 되었다. 미국은 제2차 세계대전의 참전과 소련의 공산주의 팽창 전략에 맞서 1823년 먼로 대통령으로부터 내려온 전통적인 고립주의는 더 이상 유지될 수 없게 되었다. 1949년 미국은 유럽에서 북대서양조약기구나토라는 유럽 군사 동맹 체제를 구축하고 철의 장막을 따라 친미 정부와 미국의 군사력을 배치하고, 극동에서는 한반도를 가로질러 미국과 소련의 군사력이 대치하는 상황이 조성되면서 세계는 미·소 두 초강대국을 주축으로 하는 새로운 냉전 시대를 맞게 되었다.

일본의 진주만 기습 1941년 12월 7일 일요일 오전 7시 55분, 일본은 호놀룰루 남부 진주만의 미 태평양 함대의 기지를 기습 공격했다. 항공모함 6척에서 발진한 183기의 항공기로부터 불의의 일격을 당한 미국은 불과 2시간 만에 전함 6척, 순양함 1척, 선박 14척, 그리고 전투기 149대가 격침되고 파괴되었으며, 미군 병사 2,334명이 전사하고 1,341명이 부상을 당했다. 결과적으로 일본이 진주만을 공격한 지 1시간 후에 일본의 최후통첩이 미국의 헐 국무장관에게 전해진 것이다.

헐 국무장관은 "나는 9개월 동안 당신과 교섭을 하면서 한 마디도 거짓말을 하지 않았다. 이 문서 역시 마찬가지다. 나는 50년 공직 생활에서 이처럼 뻔뻔스런 거짓말을 늘어놓은 문서를 본 적이 없다."라고 말하며 격노했다. 이 비겁한 행위 앞에 온 미국은 일본에 대한 적개심으로 불타올랐다.

다음은 일본 정부가 미국 정부에 보낸 최후통첩1941. 12이다.

> 미국 정부의 의도는 영국과 기타 여러 나라와 비밀리에 결탁하여 일본이 동아시아에 새로운 질서를 건설해 평화를 확립하려는 노력을 방해하고, 나아가 일본과 미국을 갈라놓고, 미국과 영국의 권익을 옹호하려는 것임이 교섭을 통해 분명해졌다.
>
> 일찍이 미국과 일본의 관계를 조정하고, 미국 정부와 협력하여 태평양의 평화를 유지하고 확립하려던 일본 정부의 희망은 사라졌다. 따라서 일본 정부는 미국 정부의 태도를 감안했을 때 앞으로 교섭을 계속한다 해도 타결에 도달할 수 없음을 미국 정부에 통고할 수밖에 없다는 것이 유감이다.

전쟁의 승패를 좌우한 암호전 제2차 세계대전에서 미국이 승리하는 데에 결정적인 역할을 한 것은 암호 해독 기술이었다. 당시 일본은 도쿄의 외무성과 해외의 대사관 사이에 극비 사항은 보라색 암호라는 이름의 암호를 이용하고 있었다. 미국은 독일, 이탈리아 그리고 일본 육군의 암호는 해독할 수 있었지만, 이 보라색 암호만은 해독이 쉽지 않았다.

그런데 미국과 일본의 관계가 험악해져 전쟁이 발발할 것이라는 소문이 자자하던 1940년에 암호 해독의 천재라고 하는 프리드만이 이 암호의 해독에 성공했다. 그리하여 일본 외무성이 주미 대사에게 보내는 암호문과 독일이 일본에 타전한 서부 전선의 작전 계획 등의 정보를 연합군 쪽에서 모두 파악하고 이를 활용했다.

태평양에서 승승장구하던 일본이 패전으로 돌아서게 된 계기는 미드웨이 해전에서 패배한 이후이다. 이미 동남아를 석권한 일본은 미드웨이 섬을 확보하면 태평양의 점령지와 도쿄를 미국의 공습으로부터 차단할 수 있다고 생각하고 이 섬을 점령하기 위해 은밀히 움직이고 있었다. 미국은 암호 해독을 통해 일본의 대규모 작전 계획은 알아냈지만, 정작 공격 시간과 일본이 "AF"로 표기하는 공격 지점이 어디인지는 알 수가 없었다.

미군은 묘안을 생각해 냈다. 미드웨이 섬의 미군 사령관에게 연락하여 섬 안의 증류수 공장이 고장 났다는 전문을 평범한 영어로 송전해 달라고 부탁했다. 계략은 적중했다. 이틀 뒤 일본의 전문을 감청해 보니 "곧 AF에서 식수가 부족해 질 것"이란 암호를 사령부에 송신하는 것이 아닌가. 이제 남은 것은 공격 시간이다. 암호 해독관은 필사적으로 일본의 암호 코드와 씨름해 마침내 해독에 성공했다. 공격 날짜는 6월 3일이었다.

6월 3일이 되자 과연 일본군은 대규모 함대를 이끌고 미드웨이로 향했다. 하지만 이미 정보를 입수하고 만반의 준비를 갖춘 미 해군의 공세에 밀려 일본군은 대패하고 가장 중요한 항공모함과 해군 조종사를 거의 다 잃고 말았다. 처칠은 미드웨이 해전에 대해 다음과 같이 말했다.

> 태평양에서의 일본의 우위는 한 순간에 뒤집어졌다. 이 순간부터 우리는 침착하게 공세를 취할 수 있게 되었다.

1943년 4월, 일본의 연합 함대 사령관 야마모토 제독이 태평양 기지를 닷새 동안 순찰하기로 했다. 이 정보를 알아낸 미군 수뇌부는 그를 처치하고 싶었지만 미군이 일본의 암호 코드를 해독하고 있다는 사실이 탄로 나지 않도록 시나리오를 준비했다. 태평양 섬의 원주민들이 무선으로 정보를 보내 주는 것으로 꾸며 놓고 일본에 이 사실을 흘려보냈다. 마침내 4월 8일, 야마모토가 탄 비행기는 부겐빌 앞바다에서 18대의 미군기를 만나 밀림 속으로 곤두박질하고 말았다.

1943년 6월, 리스본에서 런던으로 가던 비행기가 독일 전투기에 격추되어 유명 영화배우 레슬리 하워드가 죽었다. 이 사건은 우발적인 것이 아니고 독일군 수뇌부의 명령에 따른 계획된 공격이었다. 독일군 수뇌부는 처칠 영국 수상이 이 비행기를 탈 것이라고 잘못 알고 있었던 것이다. 그런데 영국은 이미 독일의 무선 암호 명령을 해독해 공격 계획을 사전에 알고 있었지만, 영국군이 독일군의 암호를 해독하고 있다는 사실을 독일이 눈치 채지 못하게 하기 위해 이를 모른 채 하고 있었던 것이다.

미국의 빨갱이 소동 1950년 미국 상원 의원 조셉 매카시는 정부 안에 공산당원이 205명이나 있으며 내가 그 명단을 가지고 있다는 폭탄 발언을 했다. 이 발언은 즉각 모든 언론 매체의 톱기사를 장식했고 미국 정계가 발칵 뒤집혔다. 의회는 그의 말에 따라 반미 활동 조사위원회를 구성하고 대대적인 빨갱이 사냥에 나섰다.

일단 빨갱이로 지목된 사람은 아무리 변명을 해도 이성을 잃은 언론의 공세 앞에는 속수무책이었다. 빠져나올 수 있는 유일한 방법은 자신의 혐의를 인정하고 다른 혐의자의 이름을 대는 것뿐이었다. 바로 중세 유럽의 마녀 사냥 그대로였다.

당시 미국은 제2차 세계대전 이후 급속히 팽창하던 소련 및 동유럽의 공산주의자들과 전면전에 돌입한 상태였다. 이러한 사회적 불안감이 제정신을 잃은 중세식 마녀 사냥 바람을 일으킨 것이었다. 결국 알코올 중독자 매카시가 명단이 들어 있다며 들고 다니던 가방에는 버번위스키 병밖에 없어 희대의 사기극임이 밝혀졌다.

베를린 함락 러시아 군이 베를린을 포위하자 히틀러는 1945년 4월 30일 자살했다. 독일 민간인 클라우드 푸르만은 당시의 참담한 상황을 다음과 같이 적었다 1945. 5. 1.

베를린 시내는 완전히 공황 상태가 되었다. 베를린에 주둔하던 독일군 탈주병들은 현장에서 사살되거나 가까운 나무에 목매달려 죽었다. 그들의 가슴에는 '나는 수령을 배반했다'라고 적힌 팻말이 걸려 있었다.

친위대(SS) 대원들은 '비겁한 자와 패배주의자들, 우리는 너희들의 명단을 모두 가지고 있다'라고 쓴 전단을 여기저기 붙여 놓았다. 그들은 지하철역에 몰려가 피신하던 사람들 중에서 내키는 대로 몇 명을 골라 그 자리에서 쏘아 죽이기도 했다.

우리 구역의 두목은 몸이 작은 외발의 친위대 지대장이었다. 그는 목발을 짚고 졸개들과 함께 거리를 쏘다니며 남자들을 끌어내 소총을 주면서 즉각 전방으로 가라고 명령했다. 망설이는 기색을 보이면 바로 쏘아 죽였다. 몇 블록 건너편이 바로 전방이었다. 친위대 대원들은 더 이상 잃을 것도 없어 탄약이 떨어질 때까지 싸우는 자들이었다.

지난 몇 달 동안 공습으로 우리는 지쳤고 우울했다. 이제 오래 버티지 못할 것이다. 히틀러 소년단원들이 아무리 발버둥을 쳐도 종말은 가까워지고 있었다. 이제 우리에게 남은 것은 쉬운 일이 아니지만 끝까지 살아남는 것뿐이다.

물을 구하려면 여러 길을 건너야 하고 빵을 구하려면 철모를 쓰고 새벽 3시부터 빵집 앞에 늘어선 수백 명의 긴 줄 속에 끼어 몇 시간을 기다려야만 했다. 빵집 문턱을 밟기도 전에 빵이 떨어져 헛수고로 끝날 때도 많고, 러시아 군 경비행기의 기총 사격으로 줄을 지어 기다리다가 죽은 사람도 많다. 나중에는 물을 반 동이씩 들고 오는 사람에게만 빵을 팔기도 했다. 길거리에는 시체들이 즐비했지만 치우는 사람이 없었다.

식품을 악착같이 움켜쥐고 있던 상인들이 식품을 팔기 시작했지만 너무 늦었다. 커피 한 봉지나 소시지 반 근을 사려다가 수천 명이 목숨을 잃었다. 한 시장 건물에서는 식품을 사기 위해 줄 서 있던 여자들이 포탄을 맞아 한꺼번에 수백 명이 죽었는데, 살아남은 여자들이 다시 줄을 서기도 했다.

러시아 군이 탱크를 앞세워 시내로 밀고 들어오면서 시가전의 총소리가 요란했다. 이제 지하실을 떠나는 것이 불가능하게 되었다. 나치들은 라디오를 통해 전황을 방송하지만 이제 아무도 그것을 믿지 않는다. 러시아 군은 우리 주변 가까이 다가왔다. 탈진한 어린 독일 병사들이 비틀거리며 들어와 물 한 모금을 간청했다. 그들은 우리를 절망적인 눈으로 쳐다보면서도 "우리는 해낼 겁니다"라고 말했다.

우리 건물에 살던 노인이 며칠 전에 파편을 맞고 죽어 그 시체를 입구에 두었더니 냄새를 풍기기 시작했다. 우리는 시체를 수레에 싣고 근처 불탄 학교 건물

자리에 마련된 임시 시체 보관소에 두고 돌아왔다. 같이 갔던 한 사람은 도중에 죽은 경관의 장화 한 켤레를 슬쩍했다.

북쪽 구역으로부터 도망 온 여자들이 보이기 시작했다. 그들 중에는 우리 지하실에 함께 있게 해 달라고 울면서 애원하는 사람도 있었다. 그들은 우리에게 말했다.

"러시아 군이 모든 집을 약탈하고 있으며, 남자는 끌고 가고 여자는 보이는 대로 겁탈하고 있다."

괴벨스의 거짓선전에 신물이 난 나는 그 말을 듣자 화가 치밀어 그런 소리 하고 다니려면 다른 데로 가보라고 했다. 마지막 독일군이 철수한 가운데 폐허가 된 도시 곳곳에서 친위대 대원들과 히틀러 소년단원들만이 버티고 있었다. 총탄을 무릅쓰고 시민들은 이제 창고와 가게를 부수고 들어가 약탈하기 시작했다.

5월 1일 아침 우리 아파트가 포탄에 맞아 완전히 부서졌다. 우리는 부서진 아파트 건물에 하나 남아 있는 방 앞을 돌무더기와 그을린 목재 등으로 가로막아 위장했다.

물을 구하러 나간 사람들이 러시아 병사를 보았다. 그들은 집들을 뒤져가면서 전투를 수행하고 있었다. 친위대 대원은 사라졌고, 히틀러 소년단은 항복했다. 구역 내의 모든 상점은 약탈당했다. 나는 골목 길모퉁이에서 두 명의 러시아 병사가 한 여인에게 달려들어 여러 사람이 보는 앞에서 덮치는 것을 보았다. 나는 얼른 집으로 돌아왔다. 아직 아내 버니에게는 아무 일도 없었다.

시장으로 가고 있는데 사람들이 보따리와 상자를 움켜쥔 채 몰려오고 있었다. 러시아 군이 거대한 독일군 식품 창고의 문을 열어 독일인들을 들어오게 한 것이었다. 불빛이 없는 어두운 창고 안에서는 무엇이든 손에 넣기 위해 큰 소동이 벌어지고 있었다. 나는 설탕 두 포대, 통조림 몇 상자, 담배 60갑, 그리고 커피봉지 하나를 챙겨 얼른 집에 갖다 놓고 다시 나갔다. 두 번째도 성공적이었다. 국수, 버터, 그리고 커다란 정어리 깡통 하나를 챙겼다.

창고 안이 아수라장이 되자 러시아 병사는 군중을 향해 자동권총을 쏘았고, 몇 사람이 죽었다. 그런 와중에도 러시아 병사들은 한쪽 구석에서 여자들을 덮치고 있었다. 우리 구역에서는 아내를 지키려다 총 맞아 죽은 사람들이 많았다.

어느 날 오후 러시아 병사 둘이 우리 아파트에 불쑥 들어왔다. 그들은 아기를 안고 침대에 앉아 있는 버니를 쳐다보며 망설이는 눈치였다. 나는 그동안 버니에게 더럽고 지저분하게 보일수록 안전하다고 늘 주의를 주었고, 버니는 보름

이상 몸을 씻지 않은 상태다. 그러나 그들은 버니에게 다가갔다. 내가 나서려는 눈치를 보이자 다른 놈이 권총을 내 가슴에 들이댔다. 나는 "도망쳐, 빨리!"라고 외쳤지만 아무 소용없는 일이었다.

버니는 아기를 조용히 내려 놓으면서 말했다.

"보지 말아 줘요, 여보."

나는 벽을 향해 돌아섰다. 첫 번째 놈이 욕심을 다 채우자 임무를 교대했다. 두 번째 놈은 줄곧 러시아 어로 뭐라고 지껄이고 있었다. 마침내 일이 다 끝났다. 그놈은 내 어깨를 툭툭 치며 말했다. "걱정 마! 루스키 군인 최고!"

원자 폭탄 투하

1945년 8월 9일 일본 히로시마에 이어 나가사키에 원자 폭탄을 투하했던 당시의 상황을 폭격기 속에서 바라본 윌리엄 로렌스는 이렇게 적었다.

우리는 일본 본토에 원자 폭탄을 투하하러 간다. 우리 편대는 특별히 설계한 세 대의 B-29 슈퍼포트로 구성되어 있는데, 주 비행기 밑에는 두 번째로 투하할 원자 폭탄이 매달려 있다. 선정된 몇 개의 목표 후보 중 하나가 규슈 서해안에 있는 나가사키다.

나는 한 달 전에 뉴멕시코 사막에서 이 폭탄의 위력을 확인했고, 지난 이틀간 폭탄의 조립 과정을 지켜보았으며, 어젯밤에는 이것을 슈퍼포트에 장착하는 의식에 소수의 과학자와 육해군 대표들과 함께 참석했다. 이 발명품 하나를 만들기 위해 유례가 없는 엄청난 규모의 지적 노력이 동원되었다. 이 원자 폭탄은 사흘 전 히로시마에 투하된 폭탄과는 종류가 다르다.

폭탄이 소기의 목적을 이룰 수 있도록 얼마나 철저히 준비해 왔는지는 자정에 있었던 브리핑에서도 알 수 있다. 선정된 목표 도시들이 정밀한 지도와 항공사진에 표시되어 있었고, 항법과 고도, 날씨, 그리고 비상 착륙지 등에 관한 설명이 있었다. 폭격기 승무원들이 탈출할 경우를 대비해 해군에서는 구조 함정과 잠수함이 목표 도시들 주변에 배치되었다.

우리는 이른 아침 식사를 끝내고 구명동의, 낙하산, 구명보트, 산소마스크, 고공비행복, 비상 조끼 등 출격에 필요한 장비를 지급 받았다. 폭격기의 편대장은 찰스 스위니 소령(25세)이다.

우리는 3시 50분에 이륙해 서북방의 일본 본토를 향해 고도 1만 7,000피트 상공을 일직선으로 날아갔다. 바깥이 훤해지자 주 폭격기가 보이지 않았다. 하지만 우리는 규슈 동남쪽에 있는 작은 섬인 야쿠시마 상공에서 9시 10분에 모이도록 되어 있다. 지금부터 4시간 후에는 적국 일본에서 무기를 생산하는 도시 하나가 인간이 만든 가장 강력한 무기에 의해 순식간에 지도에서 지워지고 말 것이다.

지금 이 순간에는 몇 개의 목표 후보들 중에 어느 것이 사라지게 될 것인지 아무도 모른다. 최종 목표는 폭탄 투하 30분 전에 후보지 상공의 바람이나 구름 등 기상 조건에 따라 최종적으로 결정될 것이다. 이를 위해 측후기들이 우리보다 앞서 날아가고 있다.

우리는 고도를 높이기 시작하여 정각 9시에 폭격 고도에 도달했고, 9시 12분에 야쿠시마 상공에 도착했다. 소중한 짐을 매달고 있는 주 폭격기는 우리 머리 위 4,000피트 위치에 있었다. 우리는 낙하산을 메었고, 상공을 선회하면서 제3호기가 도착하기를 기다렸다.

9시 56분 우리는 해안선으로 방향을 잡고 날아가기 시작했다. 측후기로부터 제1,2 후보의 목표 도시가 모두 잘 보인다는 메시지를 받았던 것이다. 우리가 선회를 한참 하고 있을 때 15발의 고사포가 흰 구름을 뚫고 우리를 향해 날아왔지만 모두 너무 낮아 미치지 못했다. 잠시 후 8발이 바로 우리 고도에서 폭발했지만 우리와는 거리가 먼 지점이었다.

우리는 해협을 따라 비행하다가 11시 33분에 해안선을 가로질러 서쪽으로 100마일가량 떨어진 나가사키로 향했다. 여기서 우리는 다시 선회를 시작하여 구름의 틈새를 찾았다. 우리가 목표에 도달한 것은 12시 1분이었다. 무선으로 신호를 받은 우리는 용접용 안경을 꺼내 쓰고 우리보다 반마일 앞에 있는 주 폭격기의 움직임을 긴장한 채 바라보았다.

이때 누군가가 "간다!"라고 말했다. 주기의 배로부터 검은 물체가 아래로 떨어져 내리고 있었다. 우리는 폭발에서 벗어나기 위해 기수를 크게 돌렸다. 순간 우리는 환한 대낮에 뒤쪽으로부터 온 강렬한 섬광이 용접용 안경을 통해 보였다. 섬광이 있은 후 안경을 벗었다. 온 하늘이 청록색 빛이었다. 거대한 폭풍으로 비행기는 크게 떨렸다. 네 차례의 큰 폭발이 이어졌는데, 폭발이 있을 때마다 비행기는 대포알을 맞은 것처럼 울렸다. 자줏빛 불기둥이 엄청난 속도로 우리와 같은 고도까지 솟아올라와 있었다. 불과 45초 만에 일이다. 흰 구름을 뚫고 맹렬한 기세로 하늘로 치솟는 그 광경을 우리는 넋을 잃고 바라보았다.

불기둥이 겨우 안정되자 그 꼭대기로부터 버섯구름이 4만 5,000피트 상공까지 솟아올랐다. 몇 초 후 활력이 넘치는 버섯구름의 지붕 부분은 줄기에서 떨어져 꽃 모양으로 변하면서 구름을 뚫고 6만 피트 고도의 성층권에 이르렀다. 그러는 동안 불기둥 꼭대기에서 두 번째 버섯구름이 피어나고 있었다. 우리가 200마일

거리에서 마지막으로 바라볼 때까지 그런 모습이었고, 여러 색깔의 불기둥은 마치 괴물처럼 보였다.

미국에서 추방당한 채플린 1952년 9월 찰리 채플린63세은 자신의 작품인 「라임라이트」를 상영하기 위해 가족과 함께 영국으로 건너갔다. 다음 날 배가 대서양을 건너고 있을 때 미국 법무장관은 그의 재입국을 허용하지 않는다는 성명을 발표했다. 주된 이유는 그가 좌익 사상에 물들어 있으며 아버지가 프랑스계 유대 인인 유대계 영국인이라는 점이었는데, 빨갱이 사냥 선풍이 거세게 불던 당시로서는 그의 추방은 별로 이상한 일이 아니었다.

제2차 세계대전이 임박했던 1938년 미국 하원에는 나치 지지자들의 파괴 활동을 막기 위해 특별위원회를 만들었는데, 독일이 전쟁에서 패하자 치안 유지를 명목으로 공산주의자들을 단속하기 시작했다[빨갱이 사냥]. 1947년 위원회는 공무원과 영화인에 대해 충성도를 심사하기 시작하여 정계, 학계, 언론계 등으로 확대되자 큰 파문을 일으켰다.

채플린은 1920년대 말까지 수많은 무성 영화 시대의 걸작을 만들었고 감독, 배우, 제작자로서 인기가 절정이었다. 채플린은 1936년 「모던 타임스」를 발표하여 인간성이 자본주의와 기계 문명에 무너지는 것을 비판했고, 1947년에는 「살인광 시대」를 발표하여 전쟁의 잔혹함을 비판했는데 이들 작품들 때문에 채플린은 반미주의자, 즉 공산주의자로 공격을 받게 된 것이다.

채플린은 스위스에 정착하고 있는 동안 유럽에서 많은 상을 받았고, 1975년 영국으로부터는 기사 칭호를 받았다. 1972년 채플린은 아카데미 특별상을 받게 되어 20년 만에 미국 땅을 밟을 수 있었다. 이렇게 냉전 시대에 미국에서도 사상의 자유와 비판마저 허용되지 않던 시기가 있었다.

어느 미국 소녀의 편지 1980년대 초는 미소 간에 군사적 긴장이 최고조에 달해 있던 시기로서 나토가 미국의 순항 미사일을 유럽에 배치했고 소련은 아프가니스탄을 침공했던 시기였다.

이때 10살 난 미국의 초등학생 사만다 스미스가 소련의 최고 지도자인 유리 안드로포프1914~1984에게 편지를 썼다. 그 소녀는 미국과 소련이 핵전쟁을 일으킬지도 모른다고 생각하여 불안한 마음을 편지에 담았다. 그녀는 편지에서 "왜 세계를, 그리고 우리나라를 공격하려 하십니까?"라고 안드로포프에게 천진난만하게 물었다.

안드로포프는 사만다에게 소련은 평화를 원한다고 답장을 보내면서 그녀를 소련으로 초청했다. 소련을 방문한 사만다는 크렘린의 최고 간부들을 만났고 세계 최초의 여성 우주 비행사와 함께 점심도 먹었다. 그러자 이 사실이 전 세계로 널리 알려지게 되었다.

1984년 안드로포프는 신장병을 앓다가 죽었고, 그로부터 1년 후 사만다는 국내선 비행기 사고로 죽었다. 레이건 대통령은 외교 의례를 무시하고 소련 대사가 사만다의 장례식에 참석할 수 있도록 배려했다. 사만다의 어머니는 미국과 소련의 어린이들이 상호 방문할 수 있는 사만다 센터를 설립했다.

다음은 1982년 소련 공산당 서기장 유리 안드로포프가 사만다 스미스에게 보낸 답장이다.

친애하는 사만다 양에게

사만다 양의 편지는 잘 보았어요. 나는 미국과 세계 여러 나라로부터 비슷한 내용의 편지를 많이 받고 있답니다. 사만다 양은 미국인 작가 마크 트웨인이 쓴 책에 나오는 톰소여의 친구인 베키처럼 용기 있고 정직한 어린이군요.

소련 사람들은 전쟁의 두려움을 잘 알고 있어요. 42년 전 나치스 독일이 우리나라를 공격하여 수천 개의 도시와 농촌을 모조리 불사르고 파괴하고 수백만 명 이상의 어른과 어린이들이 죽었답니다. 그 전쟁에서 우리는 미국과 손을 잡고 있었어요. 하지만 지금 우리는 평화롭게 살고 있으며 지구상의 모든 이웃들과 무역도 하고 서로 협력하기를 간절히 바라고 있어요. 물론 미국과 같은 위대한 나라와도 그렇게 하고 싶어 한답니다.

미국과 우리나라에는 핵무기가 있어요. 순식간에 수백만 명 이상을 죽이는 무시무시한 무기랍니다. 그렇지만 그것이 사용되는 일은 절대로 있어서는 안 됩니다. 소련은 어느 나라에 대해서도 먼저 핵무기를 사용하는 일은 결코 없다는 것을 전 세계에 선언하는 것입니다.

부모님이 허락하신다면 사만다 양을 우리나라에 초대하고 싶어요. 이곳은 여름이 가장 좋은 계절이랍니다. 소련에서는 누구나 다 평화와 우정을 원하고 있다는 것을 자신의 눈으로 직접 확인해 보세요. 편지 고마워요. 안녕.

– 1982년, 유리 안드로포프

루스벨트의 편지 1956년 7월 미국 제34대 대통령에 당선된 아이젠하워1890~1969 장군이 백악관에 들어와 금고를 열어 보니 15년 전 당시의 대통령 루스벨트1882~1945가 미래의 대통령에게 보내는 친서 한 통이 발견되었다.

> 코린 켈리 대위의 아들이 용감한 아버지의 뒤를 이어 육군사관학교에 입학하기를 희망하면 각하의 배려가 있기를 기대합니다. – 루즈벨트

루스벨트 대통령이 재임하던 1941년 12월 일본이 진주만을 기습하고 이어서 괌도를 점령하여 미국 국민들이 한창 분노와 실의에 젖어 있을 때 신문의 1면을 채운 쾌보가 있었다.

"일본 최대의 전함 하루나 격침!"

"코린 켈리 대위 격돌. 일본 군함 두 조각!"

실의에 빠진 미국 국민들은 이 뉴스로 크게 고무되었다. 코린 켈리 대위는 부인 아이린과 두 살인 아들 코린 켈리 2세를 남긴 채 나라를 위해 싸우다 결국 숨지고 말았다.

루즈벨트 대통령의 편지가 공개되자 미국 국민들은 고무되었다. 그 후 코린 켈리 2세는 그의 뜻에 따라 아버지의 훈장을 자랑스럽게 가슴에 달고 국민들의 축복을 받으며 웨스트포인트에 입학했다.

아이젠하워 1952년 아이젠하워1890~1969는 육군 원수로 미국 제33대 대통령 선거에 공화당 후보로 출마하여 당선되었고 이어서 34대 대통령에 재선되었다.

대통령이 되기 전 아이젠하워가 콜롬비아대학 총장으로 있을 때의 일이다. 하루는 교수들이 잔디밭을 걷는 학생들을 처벌해야 한다고 건의해 왔다. 이에 아이젠하워는 직접 현장을 둘러보고 총장실로 돌아와 지시했다.

"잔디밭에 '출입 금지'라는 경고판을 치우고 대신 거기에다 다닐 수 있게 길을 내주시오."

아이젠하워 원수는 제2차 세계대전 때 노르망디 상륙 작전을 지휘한 연합군 총사령관이었다. 그는 겸손한 성품에 치밀하며 조직의 협동을 잘 살리는 명장이었다. 직업

군인 30년 경력에 그는 겨우 중령에 머물렀으며, 원수가 된 후에도 사병들에게 악수를 청하곤 했다.

노르망디 상륙 작전을 감행하던 날 아침 그는 방송을 통해 장병들을 격려했다.

"세계의 눈이 여러분에게 집중되어 있습니다. 나는 여러분의 용기와 충성심과 전투 능력을 믿습니다. 우리에게는 완전한 승리밖에 없습니다. 이 위대한 작전에 신의 가호가 있기를 함께 빕시다."

그런데 그의 호주머니에는 또 하나의 연설문이 준비되어 있었다. 그것은 작전에 실패했을 때를 대비하여 준비한 것이었다.

"셰르부르 하브르 지역의 상륙 작전은 실패로 끝나 본관은 연합군을 퇴각시켰다. 이 작전의 실패는 전적으로 본관에게 책임이 있다."

노병은 죽지 않으며 다만 사라질 뿐 미국의 맥아더1880~1964 원수가 극동군 사령관으로 있을 때 태평양 전쟁이 발발했다. 그 후 서태평양 연합군 총사령관으로 있다가 일본이 항복한 후에는 연합군 최고 사령관으로서 일본을 점령하고 군정을 지휘했다. 한국전쟁 때는 유엔군 총사령관으로서 중국 폭격을 주장했으나 받아들여지지 않았고, 1951년 트루먼 대통령에 의해 해임되었다. 1951년 유엔군 총사령관 직에서 해임된 맥아더 원수는 귀국하여 미국 의회에서 연설했다.

> 이제 나는 52년간의 군 생활을 끝내려고 합니다. 군 생활이 시작된 것은 금세기가 시작되기 전의 일로서 그것은 소년 시절의 꿈과 희망이었습니다. 육군사관학교 연병장에서 선서한 이후 세계는 여러 차례 바뀌어 꿈도 희망도 사라졌습니다. 그러나 나는 당시 자랑스럽게 외치던 군가의 후렴 한 구절을 잊을 수가 없습니다. 그것은 "노병은 결코 죽지 않으며, 다만 사라질 뿐이다."라는 것이었습니다.
>
> 이제 나는 그 군가의 노병들과 같이 군 생활을 접으려 합니다. 그리고 사라지려 합니다. 신이 내려 주신 지혜로 발견한 자신의 의무를 다하려는 한 노병으로…….

아돌프 히틀러

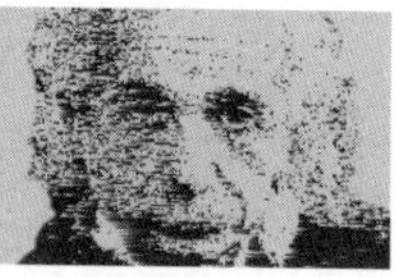

아돌프 히틀러1889~1945는 오스트리아의 하급 관리의 아들로 태어났다. 그는 중학교 시절에 학업 성적이 나빠 졸업도 못하고 퇴학당했다. 그는 13세 때에는 아버지를, 15세 때에는 어머니를 잃자 빈으로 가서 화가가 되고자 했다. 그는 예술학교에 들어가려 했으나 두 번이나 낙방하고 5년 동안 막노동을 하면서 어렵게 생활하다가 1913년 뮌헨으로 옮겼다.

1914년 8월 제1차 세계대전이 발발하자 그는 독일군에 입대하여 세 번이나 부상당하고 훈장도 받았으나 사병으로 군 생활을 끝냈다. 패전국 독일은 베르사유 조약에 따라 막대한 전쟁 배상금을 부담하게 되었고 국민경제는 극도로 악화된 가운데 사회민주당 정부에 의해 바이마르 헌법이 제정되어 바이마르 공화국이 출범했다.

히틀러는 군에서 첩보 관계 일을 보고 있을 때 집회를 감시하기 위해 노동당 집회에 참가한 적이 있다. 그런데 연설자의 연설이 따분했던지 그는 단상에 올라가 예정에도 없던 연설을 했다. 이것이 계기가 되어 그는 나흘 후에 노동당에 입당했다. 당시 노동당은 당원이 50여 명밖에 되지 않는 보잘것없는 소규모 정당이었으나 그는 탁월한 조직력과 선동적인 연설로 세력을 키워갔다. 1919년 노동당은 당명을 나치스당NAZIS, 국가사회주의독일노동자당으로 바꾸고 1921년 7월 히틀러는 당수가 되어 25개 항의 나치스당 강령을 발표하였다.

- 베르사유 조약과 생제르맹 평화 조약의 파기를 요구한다(2조).
- 독일 혈통을 지닌 자만이 독일 민족이며 유대 인은 독일 민족이 될 수 없다(4조).
- 비독일인의 유입은 완전 저지되어야 한다(5조).
- 이자나 노예 제도 등 불로소득의 폐지를 요구한다(11조).
- 모든 트러스트 경영의 국유화를 요구한다(13조).
- 토지 개혁과 무상 몰수의 법률 제정, 지대의 폐지, 토지 투기의 저지를 요구한다(17조).
- 이상의 모든 요구를 관철시키기 위해 우리는 강력한 중앙 권력을 요구한다(25조).

국가주의와 사회주의적 성격이 들어 있으나 사회주의적 성격은 어디까지나 대중을 끌어들이기 위한 술책으로 유대 인들에게만 선별적으로 적용했으나 히틀러 자신은 어디까지나 반사회주의, 반공산주의자였다.

1923년 11월 바바리아 지역의 군정 수뇌부들이 뮌헨의 한 맥줏집에 모였을 때 히틀러는 나치스 당원들을 동원하여 회의장을 포위하고 그들에게 자신의 혁명 계획에 동조할 것을 강요했으나 실패하고 이튿날 체포되어 9개월 동안 감옥살이를 했다.

그는 옥중에서 『나의 투쟁』을 저술하였다. 히틀러는 『나의 투쟁』에서 그가 왜 민주주의와 마르크스주의 그리고 유대 인을 미워하는 지를 기록하면서 패전국 독일이 지상의 주인이 되기 위해서는 무엇보다도 순수한 민족의 혈통을 보전해야 한다고 주장했다.

감옥에서 나온 히틀러는 나치스를 전국적인 정당으로 키우기 시작했다. 패전과 경제 공황의 여파로 사회 불안이 고조되자 사회민주당 정부에 실망한 국민들은 나치스당에 기대를 걸기 시작하여 나치스 세력은 급속히 팽창하였다. 1928년 5월 국회의원 선거에서 나치스당은 겨우 12석이던 것이 1930년 9월 선거에서는 107석을 확보하여 사회민주당에 이어 제2당이 되었고, 1932년 7월 총선에서는 230석38%을 확보하여 제1당이 되었다. 이에 앞서 1932년 3월에 실시된 대통령 선거에서 나치스당 후보로 출마한 히틀러는 37%의 지지로 힌덴부르크에게 패했으나 그는 선거 유세를 통해 나치스의 힘을 과시할 수 있었다.

1933년 1월 힌덴부르크 대통령은 정국의 혼란을 수습하기 위해 자본가와 농민 대다수의 지지를 받는 히틀러를 수상에 임명하고 조각을 맡겼다. 그 동안 베르사유 조약의 파기와 군비 증강을 줄곧 주장해 온 히틀러가 수상이 되자 유럽 각국은 긴장하기 시작했다.

1933년 3월 히틀러 내각은 의회를 해산하고 총선을 실시했다. 총선에서 나치당은 제1당을 유지하기는 했으나 공산당에게 의석을 빼앗기자 위기감을 느낀 히틀러는 선거 기간 중에 국회 의사당 방화 사건을 조작하여 이를 공산당원의 소행으로 몰아 공산당원 81명을 축출했다.

1933년 히틀러는 초헌법적인 수권법전권위임법을 통과시켜 대통령과 의회의 권한을 무력화시킴으로써 자신의 독재 체제를 갖추었다. 전권위임법에는 정부가 헌법상의 절차에 의하지 않고도 법률을 제정할 수 있으며, 새로 제정되는 법은 헌법에 위배될 수 있다고 명시했다.

> 국회는 다음의 법률을 제정하여 참의원의 승인을 얻어 이를 공포한다.
> ① 법률은 헌법에 규정된 절차에 의하지 아니하고도 정부에 의해 제정될 수 있다.
> ② 정부가 제정한 법률은 헌법을 위반할 수 있으며, 대통령의 권한에는 변함이 없다.
> ③ 외국과의 조약에 따른 입법은 여러 기관의 동의를 필요로 하지 않는다.

1934년 힌덴부르크 대통령이 죽자 히틀러는 대통령제를 없애고 총통제를 채택하여 스스로 총통이 되었다. 히틀러는 나치스의 무장 조직인 돌격대S.A와 친위대S.S를 조직하여 정적과 유대 인에 대한 박해와 폭력을 가하기 시작했고 나치스 돌격대는 정규군의 20배가 넘는 200만 명으로 늘어났다.

히틀러는 나치스와 그 소속 단체들을 제외한 모든 정당과 노동조합 등을 해산시키고 언론, 출판, 집회의 자유를 빼앗았다. 또한 강제 수용소를 설치하여 나치스 돌격대와 비밀경찰게슈타포은 반 나치 세력과 유대 인을 탄압하기 시작했다. 히틀러 집권 이후 1,700명의 학자와 과학자가 해고되었는데 그중 3분의 2는 유대계였으며 아인슈타인, 토마스 만, 프로이트, 헤르만 헤세 등을 포함한 대부분의 저명인사들은 국외로 망명했다.

1933년 히틀러는 일본에 이어 국제연맹에서 탈퇴하고 1935년에는 베르사유 조약의 군사 조항을 파기했다. 히틀러는 징병제를 부활시키고 군수 공장을 세우는 등 비밀리에 전쟁 준비에 온 힘을 쏟았다.

독일은 노골적인 침략을 감행하기 시작하여 1938년에는 오스트리아를 합병하고, 1939년에는 체코슬로바키아를 점령했다. 이어서 소련과 불가침 조약을 체결한 후 9월에 폴란드를 침공하자 독일에 대해 유화 정책을 펴왔던 영국과 프랑스도 독일에 대해 선전 포고함으로써 제2차 세계대전이 발발하고 말았다.

전쟁 초기에 독일군이 유럽 각지에서 연승을 거두자 히틀러는 1941년 불가침 조약을 무시하고 소련을 공격했다. 그러나 독일군이 모스크바 전투에서 패배하면서 히틀러의 몽상은 타격을 입었고 스탈린그라드 전투와 북아프리카 전투에서 패배하자 독일은 급속히 무너지기 시작했다.

1945년 연합군이 베를린에 진격해 들어오자 평생을 독신으로 지내오던 히틀러는 방공호 속에서 여비서와 결혼식을 올리고 다음 날 두 사람은 함께 자살하고 말았다.

히틀러의 노동당에서의 빠른 출세는 그의 능수능란한 언변이 크게 작용했다. 히틀러는 신경질적이며 감정의 변화가 심하여 가끔씩 격분하기도 하고 감동하여 눈물을 흘리기도 했고, 맹렬히 활동하다가도 갑자기 의기소침해지기도 했다. 그는 채식주의자로 술과 담배는 입에 대지 않았다.

히틀러 암살 계획

1944년 7월 20일, 독일 라슈텐부르크에 있는 야전사령부 회의실에서 히틀러를 암살하려는 사건이 발생했다. 제2차 세계대전에서 독일이 불리한 상황으로 치닫자 히틀러에 대한 불신의 소리가 높아져 국방군을 중심으로 정치가, 외교관, 노동 운동 지도자들이 쿠데타를 계획했던 것이다.

결행 당일, 주동 인물인 슈타우펜베르크 대령은 회의 도중 시한폭탄이 든 가방을 히틀러의 발 언저리에 몰래 남겨 두고 베를린으로 날아갔다. 시한폭탄은 예정했던 오후 12시 42분에 폭발했다. 오후 4시 슈타우펜베르크 대령은 국방군 출동 계획을 발표했고 쿠데타는 성공한 듯 보였다. 하지만 오후 6시 45분 라디오 특별 방송은 히틀러의 생존을 알렸다. 가방의 위치가 빗나갔던 것이다. 회의 참석자 24명 중 4명이 사망하고, 7명이 중상을 입었으나 히틀러는 가벼운 부상만 입었다.

슈타우펜베르크는 당일 재판에서 즉각 총살됐고, 전임 총사령관이자 주모자인 루드비히 베크는 한밤중에 자살을 기도했다. 그 후 7,000여 명이 체포되고, 200여 명이 처형되었다.

히틀러의 죽음

1945년 4월에 접어들자 제2차 세계대전도 막바지에 접어들었다. 4월 27일에는 이탈리아의 무솔리니가 처형되어 밀라노 광장에 거꾸로 매달려 사람들의 발길질을 당했고 이 장면이 뉴스 영화로 방영되었다. 당시 소련군에 의해 베를린이 거의 점령되어 전쟁이 절망적인 상태에서 베를린 총통 관저의 지하 방공호에서 전쟁 지휘를 하고 있던 히틀러는 무솔리니의 죽음을 알게 되었다.

4월 29일 히틀러는 그의 비서였던 애인 에바 브라운과 결혼식을 올렸다. 다음 날 그는 측근들과 함께 점심을 먹은 후 에바와 함께 자신의 방으로 들어갔는데 잠시 후 한 발의 총성이 울렸다. 히틀러가 자신의 머리를 향해 권총 방아쇠를 당긴 것이었다. 그리고 에바는 독약을 먹고 그의 옆에 쓰러졌다. 그와 에바의 시신은 히틀러의 유언에 따라 관저의 정원에 묻혔다.

5월 2일 총통 관저를 점령한 소련군은 곧바로 히틀러의 시체를 파냈다. 여러 구의 병사들 시체도 함께 묻혀 있었다. 소련군 사령부는 히틀러의 틀니를 만들었던 치과 의사 등을 붙잡아 시체를 확인시킨 후 러시아로 보냈다. 그러나 히틀러 숭배자들의 반발을 우려한 소련은 그 사실을 숨기고 있었던 것이다.

히틀러는 죽기 전 다음과 같은 유언을 남겼다.

"무엇보다도 이 나라 정부와 국민이 인종법을 계속 유지해 국가를 망치는 전 세계 유대 인들에게 대항할 것을 명한다. 1945년 4월 29일 04시, 베를린."

"아내와 나는 패배와 항복의 수치에서 벗어나기로 결심했다. 지난 12년간 국민들을 위해 봉사한 내 업무의 대부분이 이루어진 바로 이 장소에 우리를 묻어 주길 바란다."

독일이 체코슬로바키아를 점령하던 날 히틀러는 체코슬로바키아 대통령 하하를 베를린으로 불러 보헤미아와 모라비아 지방을 독일 보호령으로 할 것을 주장했다. 하하가 외상과 함께 히틀러가 기다리고 있는 회의실로 들어가자 책상 위에는 "체코슬로바키아 대통령은 체코 국민의 운명을 신뢰를 가지고 독일 제국 총통에게 일임한다"는 터무니없는 문서가 준비되어 있었다.

문서 내용을 조금이라도 수정해 보려는 하하의 노력은 소용이 없었다. 독일 측은 서명을 거부하면 폭격기 800대를 동원하여 수도 프라하를 쑥대밭으로 만들어 버리겠다고 위협했다. 노쇠한 하하가 두 번이나 실신하자 그때마다 강정제를 먹이면서 결국 하하로 하여금 문서에 서명하도록 했다. 이때 독일군은 이미 체코 국경을 넘고 있었다. 독일이 보헤미아와 모라비아를 합병하고 슬로바키아를 독일의 보호 아래 두면서 체코슬로바키아는 해체되고 말았다.

나치스의 유대 인 대학살 제1차 세계대전에서 패배한 독일은 러시아의 볼셰비키 혁명과 유대 인을 연관시켜 유대 인을 속죄양으로 삼았다. 히틀러는 우수한 아리아계의 게르만 민족 국가를 건설하고자 했다. 그는 셈계의 유대 인은 가장 열등하여 마땅히 말살되어야 하는 종족이며, 그 다음으로 슬라브 족이 열등하다고 생각했다.

1933년 정권을 잡은 히틀러는 뉘른베르크법을 제정하여 유대 인의 피를 받은 자를 색출하여 독일 사회로부터 격리시켰다. 그들은 공민권을 박탈당하고 독일인과 결혼도 할 수 없으며 직장에서 쫓겨나고 사업체도 몰수당했다. 공원의 벤치에는 "유대 인 사용 금지"라는 팻말을 쉽게 볼 수 있었고, 백화점이나 식료품점 등은 문을 닫기 1시간 전이 아니면 유대 인은 이용할 수 없었다. 유대 인들은 가슴에는 표지를 부착하고 집 대문에도 마크를 달아야 했다.

1939년부터 유대 인들을 강제 수용소로 보내어 격리하기 시작했다. 신분이 높고 부유한 유대 인들은 돈을 내고 미국 등지로 빠져나갈 수 있었으나 가난한 유대 인들은 독일을 떠나기가 쉽지 않아 그대로 눌러 살고 있었다. 히틀러는 그들을 추방하려 했으나 그들을 받아 주는 나라는 없었다.

그러던 중 국제 유대계 자본이 미국과 유럽의 언론을 통해 히틀러의 인종 차별 정책을 비난하고 나서자 1942년부터 히틀러는 국내에 남아 있던 유대 인들을 아우슈비츠나 다하우 등의 강제 수용소로 보냈다. 그들은 유대 인 지도자들을 먼저 체포함으로써 정보를 철저히 차단하고 조직적인 저항을 못하도록 막았다. 독일계 유대 인과 오스트리아 유대 인들은 폴란드에 마련된 유대 인 특별 지구게토로도 보내졌다.

그러나 아우슈비츠의 강제 수용소에서 탈출한 몇 명의 유대 인으로부터 유대 인들에 대한 독일의 만행이 알려지자 바르샤바의 유대 인들은 일제히 봉기하였으나 독일은 수 개 사단의 병력을 투입하여 이를 진압했다[바르샤바 봉기]. 이 지역에는 50만 명의 유대 인이 살고 있었지만 봉기가 진압되자 4만 명으로 줄었고 나머지는 모두 강제 수용소로 끌려가 학살당했다. 바르샤바 봉기는 독일이 전쟁이 끝날 때까지 극비에 붙였다.

제2차 세계대전에서 패색이 짙어지자 유대 인들을 더 이상 유지하기 힘들자 히틀러는 유대 인들을 발가벗겨 피부의 구멍이 열리도록 목욕을 시키고 가스실에 몰아넣어 처형하고 시체를 태운 재는 독일 농부들에게 비료로 팔았다. 아우슈비츠 수용소의 가스실은 하루 1만 2,000명을 처리할 수 있었으며 약 600만 명의 유대 인이 희생되었다.

유대 인들은 저항 없이 가스실로 끌려가서 죽었는데, 만약 유대 인이 조금이라도 저항하면 독일군은 그들이 보는 앞에서 어린 자녀들을 무참하게 고문하여 죽인 다음 시체를 부모에게 넘겨주었기 때문에 그들은 감히 저항할 엄두를 내지 못했던 것이다.

히틀러의 어록에는 유대 인을 다음과 같이 적고 있다.

평화를 위한 최대 과제는 유럽의 유대 인 문제를 해결하는 것이다. 유대 인 문제의 해결을 위해 뜻이 있는 나라들은 식민지의 일부를 제공해야 한다는 프랑스 안을 다음 평화 조약 때 제시하고자 한다.

우크라이나 유대 인 학살 다음은 1942년 10월 우크라이나 지방에서 유대 인의 대량 학살 장면을 목격한 헤르만 그레베의 기록이다.

1942년 10월 5일 우크라이나 두브노에 있는 건축 사무소에 갔을 때 그곳에 사는 약 5,000명의 유대 인 중 1,500명이 하루에 살해되었다는 얘기를 들었다. 나는 차를 타고 살해 현장으로 가 보았다. 현장에는 30m 길이에 2m 높이의 흙더미가 보였고, 그 앞에는 트럭 몇 대가 서 있었다. 독일 나치스 친위대(SS) 대원의 감독하에 우크라이나 민병대원들이 트럭으로 실려 온 유대 인들을 구덩이로 끌어가고 있었다. 끌려온 유대 인들은 규정대로 옷의 앞뒤에 유대 인 마크를 달고 있었다.

나는 아무 제재도 받지 않은 채 구덩이 가까이 다가가 지켜볼 수가 있었다. 남녀노소가 뒤섞여 트럭에서 내린 유대 인들은 친위대원의 명령에 따라 신발과 겉옷, 그리고 속옷 등을 각각 정해진 장소에서 벗었다. 그들은 옷을 벗은 채 가족끼리 둘러서서 작별을 나누며 차례를 기다리고 있었다. 내가 지켜본 15분 동안 아무도 불평하거나 소리를 지르지 않았고, 애원하거나 울지도 않았다.

내가 여덟 식구의 한 가족을 유심히 지켜보았다. 백발의 할머니에게 안겨 깔깔거리는 아기를 부부는 눈물어린 눈으로 바라보고 있었다. 아버지는 열 살가량의 아들의 손을 붙잡고 하늘을 가리키며 무언가를 설명해주고 있었고, 아들은 눈물을 참느라 애를 쓰고 있었다.

그때 친위대원의 명령이 떨어졌고, 지금 말한 가족을 포함하여 20여 명의 유대 인들이 구덩이로 끌려갔다. 엄청나게 큰 무덤 속에는 천여 구의 시체가 빽빽하게 채워져 있었다. 총을 맞고도 아직 꿈틀거리는 사람도 있고, 팔을 들거나 고개를 돌리는 사람도 있었다. 구덩이는 벌써 3분의 2 정도 채워져 있었다. 총을 쏘는 친위대원은 구덩이 가장자리에 앉아 경기관총을 무릎 위에 올려놓고 담배를 피우고 있었다.

끌려온 사람들은 완전히 발가벗은 채 구덩이로 내려가 쓰러진 사람들의 머리를 피해가며 친위대원이 지시하는 위치로 갔다. 그들은 죽은 사람과 죽어가는 사람들 앞에 누웠고, 더러는 아직 살아 있는 사람들을 어루만지거나 나직한 목소리로 말을 건네기도 했다. 총소리와 함께 끌려간 사람들이 쓰러졌다. 군복을 입은 보초병이 있었지만 나를 쫓아내지 않은 것은 뜻밖이었다. 다음 차례의 희생자들도 이렇게 죽어갔다.

흙더미를 돌아 나오자 유대 인들을 싣고 막 도착한 트럭 한 대가 보였다. 이번에는 병자와 노약자가 많았다. 다리가 몹시 가늘고 여윈 여자 하나는 먼저 옷을 벗은 사람들이 부축하며 옷을 벗겨 주었다. 몸을 움직이지 못하는 한 노파는 다른 사람에게 업혀서 구덩이 쪽으로 향했다. 나는 그 자리를 떠나 두브노로 돌아갔다.

다음날 아침 회사 사람들과 함께 살해 현장에 다시 가 보았다. 아직 죽지 않은 30여 명의 벌거벗은 사람들이 구덩이 근처 30~50m 떨어진 곳에 흩어져 누워 있었다. 스무 살가량의 여자 하나는 나를 보며 자기 옷을 갖다 주고 도망칠 수 있게 도와달라고 애원했다. 그 순간 친위대 차량이 빠르게 달려왔고, 나는 우리 공사장으로 돌아왔다. 십여 분 후 구덩이 근처에서 몇 차례의 총소리가 들렸다.

어느 유대 인의 낙서 제2차 세계대전 때 유대 인이 살던 어느 무너진 건물의 지하실 벽에는 다음과 같은 낙서가 쓰여 있었다.

나는 태양을 믿는다. 그것이 구름에 가려 비치지 않을 때라도.
나는 사랑을 믿는다. 그것이 표현이 되지 않을 때라도.
나는 하나님을 믿는다. 비록 아무 말씀이 없을 때라도.

다른 지구는 없나요? 한 유대 인 가족이 박해를 피해 독일을 떠났다. 국경에 이르자 가장인 아버지가 관리에게 물었다.

"우리는 어디로 가면 좋을까요?"

독일 관리는 자기 옆에 있는 지구 위를 돌리면서 말했다.

"이 나라에서는 이민을 억제하니 안 되고, 또 여기 이 나라는 사막이라 그렇고. 글쎄……."

그러자 유대 인 가족의 어린이가 말했다.

"아저씨, 이것 말고 다른 지구는 없나요?"

히틀러의 민정 시찰 어느 날 밤 히틀러는 민정을 살피기 위해 가발을 쓰고 변장을 한 채 거리로 나섰다. 거리에서 만난 어느 남자에게 다가가 물었다.

"히틀러 총통을 어떻게 생각하오?"

그 남자는 주위를 살피더니 소곤거리며 말했다.

"거리에선 말할 수 없지요. 궁금하면 나를 따라 오시오."

그러고는 어두컴컴한 골목으로 데리고 가더니 히틀러의 귀에다 대고 속삭였다.

"나는 히틀러를 지지하고 있답니다."

무솔리니

무솔리니[1883~1945]는 사범학교를 나와 교편을 잡았으나 술주정이 심하고 직무에 태만하여 해직 당했다. 1903년 무솔리니는 사회당에 가입했으나 제1차 세계대전에 이탈리아의 참전을 적극적으로 주장했다가 사회당에서 제명되어 그때부터 그는 파시스트 운동에 뛰어들었다.

이탈리아는 제1차 세계대전에서 연합군으로 참전하여 전승국이 되었지만 전후의 국내 사정은 참담했다. 전쟁에서 돌아온 병사들은 일자리를 구하지 못해 거리로 내몰렸고 생활고를 호소하는 노동자들의 파업은 매일같이 계속되었다. 공산주의와 노동운동이 급성장하기 시작한 상황 속에서 강력한 반공 독재를 부르짖은 파시스트당이 급격히 세를 얻기 시작했다.

1919년 3월 무솔리니는 퇴역 군인들을 끌어들여 전투연맹[전투파쇼]을 결성했다. 10월에는 무솔리니를 지도자로 하는 약 200명의 파시스트당은 피렌체에서 집회를 열고 17,000명의 당원을 모았다. 1921년 파시스트당은 당의 행동대인 검은 셔츠단을 창설하고 총선에서 원내 진출에 성공했다. 1922년 이탈리아가 혁명의 물결에 휩싸여 정치적 위기에 봉착하자 파시스트들은 "국회를 타도하자! 독재 만세!"를 외치며 도시에서 시위를 주도했다.

1922년 10월 24일 무솔리니는 파시스트 당 대회에서 신정부의 내각 총 사태를 요구하며 4만 명의 무장한 검은 셔츠단에게 로마 진군을 명했다. 파시스트들은 검은 철모와 검은 셔츠에 총을 비스듬히 메고 이탈리아 남부에서 로마로 진격해 들어왔다. 정부는 무력으로 이를 진압하려 했으나 국왕이 허락하지 않음으로써 검은 셔츠단은 아무 제지도 받지 않은 채 사회주의 타도를 외치며 퀴리날 궁으로 향했다. 국왕 에마누엘레는 허약한 사회당 정부로서는 현재의 위기를 극복하기 어렵다고 판단하고 무솔리니에게 내각의 조각을 위임하는 전문을 보냈다.

한편 이들의 로마 진격을 밀라노에서 초초하게 지켜보고 있던 무솔리니42세는 국왕의 전문을 받고 곧바로 기차를 타고 30일 새벽에 로마로 달려왔다. 검은 셔츠와 중절모 차림의 무솔리니는 제복을 갈아입을 새도 없이 마중 나온 국왕의 차를 타고 곧바로 궁전으로 향해 국왕을 만나고 조각령을 받았다.

1923년 무솔리니는 독재권을 부여받는 법안과 새 선거법을 통과시켰다. 그는 파시스트당 외의 모든 정당을 해산시키고 반대파는 사회주의자로 간주하여 비밀리에 암살하며 언론과 출판을 통제하며 파시스트 독재를 시작했다. 무솔리니는 군사력을 강화하여 대외적인 침략 정책에 박차를 가하여 1935년에는 에티오피아를, 1936년에는 스페인을, 1939년에는 알바니아를 침공했다.

1940년 6월에 무솔리니는 제2차 세계대전에 참전했으나 상황이 불리하게 전개되자 국왕은 그를 해임하고 이탈리아 중부의 옛 성에 가두었다. 무솔리니는 히틀러가 보낸 낙하산 부대에 의해 구출되어 이탈리아 북부의 독일 점령지에서 이탈리아사회주의공화국을 세웠으나 이탈리아공산당의 유격대에 의해 체포되어 그의 일당 15명과 함께 총살당하고 말았다. 이탈리아 국민들은 무솔리니의 시체를 밀라노의 광장에 끌어내 밧줄로 발목을 매어 거꾸로 매달았다.

무솔리니를 지지한 교황

1922년 2월 교황 피우스 11세는 무솔리니는 신의 뜻을 부여받은 인물이라고 추켜세웠고 다음 달 3월에 실시한 선거에서 단일 후보로 출마한 무솔리니는 압도적인 지지를 받았다. 가톨릭교도가 압도적 다수를 차지하는 이탈리아에서 교황의 한 마디는 엄청난 힘이 있다. 교황이 무솔리니를 추켜세우고 그의 정부를 인정한 데에는 두 가지 이유가 있었다.

첫째는 파시스트가 좋을 리 없으나, 그보다도 신을 부정하는 공산주의가 바티칸으로서는 결정적으로 더 위험한 존재였던 것이다.

둘째는 파시스트에게서 받는 막대한 경제적 · 정치적 거래 때문이었다. 1929년 무솔리니로부터 '바티칸 궁전과 라테란 궁전 그리고 그 부속지 등을 소유하는 시'라는 독립 국가로 인정받고, 예전의 교황령과 교회 재산을 포기하는 대가로 이탈리아에 대한 일체의 세금을 면제받고 액면가 10억 리라의 공채를 받았다.

바티칸 언덕은 고대 로마 때는 노예들의 거주지로서 로마 대화재 때 누명을 뒤집어 쓴 그리스도교도들이 학살당한 곳이었으나 6세기 초에 교황청이 세워졌다. 그러나 1870년 이탈리아 왕국에게 빼앗겨 영토권을 둘러싸고 정부와 교황청이 대립하고 있었다.

1933년 공산주의에 반대하는 바티칸은 나치스 독일과도 상호 특권을 존중한다는 조약을 맺었다. 그리고 독일로부터도 막대한 돈이 바티칸으로 흘러들어 갔다. 1939년 나치스 독일이 가톨릭 국가인 폴란드를 침공했을 때 바티칸은 아무 말이 없었다.

도조 히데키

일본의 군국주의자로서 미국의 진주만 폭격을 감행한 도조 히데키[1884~1948]는 육군대학을 졸업한 후 관동군 헌병 사령관, 관동군 참모장, 육군 차관 등을 역임하고 1940년에는 육군 대신이 되었다. 1942년 남진 정책을 추진하던 일본군은 프랑스령 인도차이나 남부를 점령함으로써 미국과 대립하게 되었다. 도조는 미국과의 협상에서 중국 주둔 일본군의 철수를 요구하는 미국의 제안을 거절하며 강경하게 맞섰다.

1941년 10월 새 내각이 구성되면서 도조는 현역 대장으로 승진하여 수상이 되어 육군 대신과 내무 대신을 겸하게 되었다. 도조는 그해 12월 8일 미국의 진주만을 기습 공격하여 태평양 전쟁을 일으켜 초기에는 많은 성과를 거두어 동남아시아 지역과 서태평양의 많은 섬들을 점령하였다.

1942년 도조는 의회 연설에서 대동아 전쟁의 목적은 전략적 거점과 중요한 자원 지역을 확보하는 데에 있다고 역설했다. 도조는 전쟁을 확대하면서 군국주의 통치를 강화하며 일본군이 점령한 중국 대륙과 동남아시아를 비롯한 지역들을 관할할 대동아성을 설치하여 점령지에 대한 통치와 수탈을 강화했다.

그러나 1943년 2월 과달카날 섬 전투 이후 일본군은 태평양 전선에서 밀리기 시작했다. 도조는 문부, 상공, 육군, 군수 대신까지 겸임하면서 조선에서 징병제와 학도병 지원제를 실시하는 등 전세를 만회하기 위해 애썼지만 역부족이었다. 전쟁은 파국으로 치달았고 국민들은 군수 물자 생산의 중노동과 극심한 식량난에 허덕였다.

궁지에 몰린 도조는 1945년 7월 내각을 해산하고 8월에 일본이 항복하자 자살을 기도했으나 미수에 그쳐 체포되었다. 1948년 12월 극동국제군사재판소에서 도조는 1급 전범으로 교수형에 처해졌다.

도조의 자살 소동 1945년 전쟁이 끝나고 미국 헌병들이 도조를 연행하기 위해 그의 집을 에워싸고 있었다. 가족들은 이미 다른 곳으로 피신시키고 집 안에는 도조 혼자만 있었다. 이때 그의 집 안에서 '탕!' 하는 총성이 울렸다. 밖에 있던 헌병들이 급히 집 안으로 뛰어 들어가 보니 도조는 피가 솟구치는 가슴을 부여잡고 바닥에 쓰러져 있었다. 급히 병원으로 옮겼는데 총알이 심장을 비켜나가 생명에는 지장이 없었다. 가까스로 의식을 회복한 도조는 물을 마시고 난 후 이렇게 말했다.

"죽는데 시간이 너무 많이 걸려 죄송합니다."

옆에 있던 사람이 도조에게 물었다.

"왜 보다 확실한 급소를 쏘지 않았나?"

"사람들에게 내가 죽었다는 것을 보여 주기 위해 머리를 쏘지 않았던 것이다."

결국 도조64세는 전범으로 재판에 회부되어 1948년 12월 "벚꽃이 소리 없이 떨어지는 모습을 보라"라고 마지막 말을 남기고 교수형에 처해졌다.

맨해튼 계획

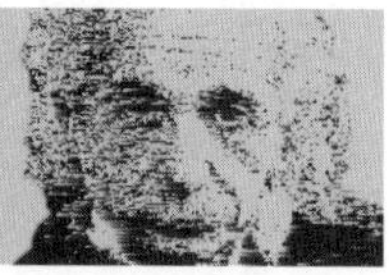

1945년 7월 16일, 미국 네바다 주에서 최초의 플루토늄 원자 폭탄 실험이 성공하여 트루먼 대통령에게 보고되었고, 트루먼은 그 내용을 숨긴 채 일본에 무조건 항복의 최후통첩을 보냈다. 미국과 영국은 맨해튼 계획이라는 암호명으로 4년 동안 약 20억 달러를 투입하여 비밀리에 원자 폭탄을 개발해 왔던 것이다.

1944년 9월 19일 미국과 영국은 비밀 협정을 맺어 원자 폭탄이 개발되면 그것을 일본에 투하하기로 되어 있었다. 투하하는 방법에 대해서는 무인도에 떨어뜨려 그 위력을 보인다든지 또는 사전에 예고하여 주민들이 피신한 후에 투하하는 등의 의견이 있었다. 그러나 1945년 4월에 취임한 트루먼 대통령 휘하의 잠정위원회는 일본에 주는 충격을 크게 하기 위해 사전 경고 없이 중요한 군수 공장이 있는 곳을 목표로 하여 투하하기로 결론을 내렸다.

미국과 영국은 제2차 세계대전이 발발했을 때 소련의 참전을 기대했다. 그러나 소련의 사회주의 정권은 제1차 세계 대전을 자본주의 국가들 간의 식민지 쟁탈전으로 보아 참전에 반대하면서 혁명으로 집권한 정부였기 때문에 쉽게 전쟁에 끼어들려 하지 않았다. 그러다가 독일이 먼저 소련을 침공하자 유럽에서의 전쟁에는 참여했지만 일본에 대해서는 중립적인 위치를 유지해 왔다. 1945년 5월 8일 독일이 먼저 항복했다.

네바다에서 원자 폭탄 실험이 있은 다음 날인 1945년 7월 17일 베를린 교외의 포츠담에서 가진 미·영·소의 3국 정상 회담에서 스탈린은 8월 15일에 대일본전에 참전할 것을 약속했다. 트루먼은 기뻐서 그날 7월 17일의 일기에 이렇게 썼다.

"그 일소련의 참전이 이루어지면 일본은 끝장이다."

네바다 핵실험이 성공했다는 전보가 트루먼에게 도착한 것은 다음날인 7월 18일이었다. 트루먼은 이날 7월 18일의 일기에는 이렇게 적었다.

"처칠 수상과 나만 맨해튼원자 폭탄에 관해 논의함. 그것은 성공했다. 러시아가 오기 전에 일본은 망한다. 맨해튼이 일본에 모습을 드러내면 틀림없이 그렇게 될 것이다."

원폭 실험의 성공을 알게 된 트루먼은 동아시아에 대한 소련의 영향력을 견제하기 위해 소련이 참전하기 전에 전쟁을 끝내고자 했다. 그러나 소련은 8월 8일 일본에 대해 선전을 포고하고 시베리아 군과 극동함대가 대일본전에 참전했다. 당시 100만 명의 일본 관동군은 만주와 조선인들의 조직적인 항쟁으로 심리적으로 흔들리는 상태였다. 게다가 소련의 참전으로 혼란에 빠져 제대로 저항도 못하고 흩어져 버려 이미 전쟁은 끝난 것이나 다름없었다.

한편 독일이 항복한 뒤 독일 지역 중 소련과 국경을 접하고 있는 동유럽에서는 친소적인 사회주의 정권이 수립될 기미를 보이면서 독일도 미 · 영 · 소 진영으로 분단될 조짐이 보였다. 미국은 소련이 남하하여 중국과 일본을 점령하면 여기서도 유럽과 비슷하게 친소적인 사회주의 정권이 들어설 것을 우려했다. 이를 막기 위해서는 소련군에 앞서 이들 지역을 접수해야 하나 태평양을 사이에 두고 있는 미국으로서는 소련보다 여건이 불리했다.

1945년 미국은 제조된 원자 폭탄 세 개 중 두 개를 서둘러 8월 6일에 히로시마, 8월 9일에 나가사키에 투하하여 히로시마에서는 29만 명 이상, 나가사키에서는 7만 명 이상이 희생되었다. 일본 히로시마 상공에 떠있던 B-29 폭격기의 부조종사 로버트 루이스는 원자 폭탄의 위력에 놀라 이렇게 말했다.

"오, 하느님! 저희가 도대체 무슨 일을 저질렀나요?"

미국은 천황제를 유지할 수 있도록 하면 항복하겠다는 일본의 조건을 받아들여 즉각적인 항복을 권유했다. 미국은 한반도 이남 지역을 점령할 수 있는 시간적 여유를 갖기 위해 한반도 이북 지역에서 일본군이 항일 유격대와 소련군에 맞서 계속 저항해 주도록 요청했다. 8월 15일 드디어 일본 천황은 라디오 방송을 통해 항복을 발표했고 한반도 이북에서는 8월 말까지 전투가 계속되었다.

미국으로서는 소련군이 일본 영토에 발을 들여놓기 전에 일본이 항복한 것이 천만 다행한 일이었다. 그 후 한반도에서는 미국과 소련이 세력 확보를 위해 치열하게 경합하여 마침내 전쟁까지 일어나고 말았다. 그 후 1949년에는 소련도 핵폭탄 개발에 성공하여 이른바 핵을 보유함으로써 그 사용을 억제한다는 핵억제 전략이 대두하게 되었다.

아인슈타인

아인슈타인[1879~1955]은 유대계 독일 태생의 이론 물리학자로서 상대성 이론을 발표하여 노벨 물리학상을 수상했다.

그는 독일에서 어린 시절에 받은 중등교육에 적응하지 못한 채 남다른 재능도 보여주지 못했다. 과학자들은 그가 에스퍼거 증후군을 지녔다고 분석했다. 아인슈타인은 혼자 있기를 좋아했고, 만 3세가 될 때까지 말도 못했으며 9세가 되어서도 말이 어눌하고 너무 느려 저능아일지도 모른다고 걱정했다. 또한 혼자서는 구두끈도 제대로 매지 못했다. 그의 둘째 아들 에두아르트는 정신 분열증에 걸려 정신병원에서 살다가 죽었다.

1894년 아인슈타인의 가족들은 독일을 떠나 북부 이탈리아로 갔고 아인슈타인은 스위스로 건너갔다. 그는 그곳에서도 수학을 제외한 모든 학과에서 성적이 형편없어 희망하던 대학에 들어갈 수 없었다. 한 차례 낙방 끝에 그는 취리히연방공과대학에 입학하여 물리학과 수학을 공부했다. 그는 졸업 후 1902년 베른의 특허국에서 심사관으로 일하게 되었다.

1905년 특허국에서 근무하던 아인슈타인[26세]은 특수 상대성 이론을 발표하여 세계 과학계에 엄청난 파장을 불러 일으켰다. 아인슈타인은 시간이나 공간의 크기도 모두 관측자가 속한 계에 따라 상대적이며 시간과 공간은 별개가 아니고 서로 연관된다고 주장했다.

1909년부터 아인슈타인은 취리히 대학, 프라하 대학 등에 교수로 있다가 1914년 독일 베를린으로 돌아와 빌헬름 물리학연구소 소장 겸 베를린 대학의 교수로 지냈다. 1916년에는 아인슈타인은 일반 상대성 이론을 발표하여 1922년 노벨 물리학상을 수상했다.

1933년 히틀러의 나치스 정권이 들어서면서 유대 인들에 대한 박해가 심해져 유대 인 과학자들을 대거 파면시켰다. 아인슈타인은 미국으로 망명하여 프린스턴 고등학술연구원의 교수로 있으면서 미국 시민권을 획득하고[1940] 여생을 미국에서 보냈다.

아인슈타인과 맨해튼 계획 1939년 8월 히틀러가 폴란드를 침공하기 한 달 전 아이슈타인은 미국 루스벨트 대통령에게 나치스가 원자탄을 만들 가능성에 대해 경각심을 일깨우는 편지를 보냈고, 그 편지는 제2차 세계대전이 발발한 지 한 달 후에 루스벨트 대통령에게 전해졌다.

당시 우라늄의 원자핵에 중성자를 충돌시키면 원자핵이 분열되면서 핵에너지가 발생하고 이때 여분의 중성자가 생기어 또 다른 우라늄 핵들을 연쇄적으로 분열시킨다는 사실이 처음 발견되었을 때만 해도 이것을 무기에 응용할 생각을 하지 않았다.

그러나 이러한 발견이 널리 알려지면서 핵분열의 연쇄 반응에서 발생되는 막대한 에너지를 무기에 응용할 수 있다는 가능성이 제기되었다. 이것을 인지한 과학자는 덴마크의 물리학자 닐스 보어, 이탈리아계 미국의 물리학자 페르미 그리고 독일 태생 미국의 물리학자 아인슈타인 등이었다.

닐스 보어를 비롯하여 미국으로 망명한 과학자들은 나치스 독일이 핵의 연쇄 반응을 이용한 핵폭탄 제조의 위험성을 염려하여 미국도 급히 개발해야 한다고 생각했다. 헝가리 태생으로서 미국으로 망명한 물리학자 레오 실라르드1898~1964는 나치스의 원자 폭탄 개발에 관한 정보를 가지고 있었다. 그는 벨기에 령 콩고의 유니온 미니에르사가 보유하고 있던 우라늄이 독일 수중으로 들어가는 것을 두려워하여 미국의 루스벨트 대통령에게 위험성을 경고하려고 결심했다.

1939년 8월 2일, 실라르드는 루스벨트 대통령에게 핵무기 제조를 권고하는 편지를 썼다. 정부 수뇌부를 움직이게 하려면 명성이 자자한 아인슈타인의 협력이 필요했다. 아인슈타인의 서명을 받은 편지는 대통령과 절친한 경제학자 알렉산더 작스를 통해 10월 11일 루스벨트 대통령에게 전달되었다.

> 최근 4개월 사이에 프랑스의 졸리오, 미국의 페르미, 실라르드의 연구에 의해 우라늄 핵의 연쇄 반응으로 대량의 핵에너지와 함께 라듐과 유사한 원소를 발생시킬 수 있음이 확실해졌습니다.
>
> 이 새로운 발견은 폭탄 제조에 사용될 것이 분명하며, 이렇게 만든 신형 폭탄의 위력은 매우 강력할 것이라는 것은 상상하기 어렵지 않습니다. 이 신형 폭탄은 소형 선박으로 운반할 수 있습니다. 단 한 개의 폭탄만으로도 항구 전체는 물론 그 주변 지역을 파괴시킬 수 있을 것입니다. 이러한 폭탄은 무거워 비행기로는 운반할 수 없을지도 모릅니다.

미국에는 질이 나쁜 우라늄이 다소 있지만 캐나다에는 양질의 우라늄이 있습니다. 각하께서는 핵반응을 연구하고 있는 물리학자들과 접촉해 두는 것이 바람직하다고 생각합니다.

현재 독일은 점령 하에 있는 체코에서 캐낸 우라늄의 수출을 중지했습니다. 그것은 독일 국무차관 폰 바이체커의 아들이 배속되어 있는 베를린의 빌헬름 연구소에서 현재 미국과 마찬가지로 우라늄 연구가 진행되고 있는 것과 유관하리라 생각합니다. – 1939년 8월 2일, 알베르트 아인슈타인

루스벨트는 즉시 브리그스 위원회를 설치하여 핵 개발 계획을 결정했다. 그러나 미국의 핵 개발에 별 진전이 없자 아인슈타인은 1940년 2월과 4월 두 차례에 걸쳐 작스에게 직접 편지를 보내어 독일이 우라늄에 더욱 흥미를 갖는 것 같다고 루스벨트에게 경고하도록 했다. 1942년 8월 브리그스 위원회는 재편되고 엄청난 자금을 투입하여 극비리에 원자 폭탄을 제조할 이른바 맨해튼 계획이 본격적으로 착수된 것이다. 이 계획에 따르면 원자 폭탄 개발은 1945년 초에 완성하기로 되어 있었다.

당시 독일의 원자 폭탄의 개발 계획은 중지되었다. 이유는 분명하지 않지만, 이는 독일 원자핵연구소의 제1인자이면서 나치스를 혐오한 베르나 하이젠베르크가 현재의 자원으로 원자 폭탄을 만드는 것은 불가능하다고 나치스에 보고했기 때문이라는 설이 있다.

아인슈타인 자신은 직접 맨해튼 계획에 관여하지 않았지만 전반적인 진행 상황에 대해서는 듣고 있었던 것 같다. 원자 폭탄 제조가 현실성을 띠기 시작한 것은 1941년 이후 우라늄이 중성자와 충돌하면 핵이 분열되면서 플루토늄이 생기고, 플루토늄은 천연 우라늄보다 중성자의 연쇄 반응이 훨씬 빨라 폭탄 제조에 적합하다는 사실이 밝혀지면서부터였다. 맨해튼 계획은 급진전하였고, 드디어 1945년 7월 16일 미국은 뉴멕시코에서 실시된 최초의 원폭 실험에 성공을 거둔 것이다.

1945년 8월 6일 오전 8시 15분, 일본 히로시마 상공에 나타난 미군 B-29 폭격기에 의해 인류가 일찍이 경험하지 못한 최초의 원자 폭탄이 투하되었고, 이어서 나가사키에도 투하되어 며칠이 지나지 않아 일본은 무조건 항복을 선언하고 제2차 세계대전은 막을 내렸다.

평화주의자였던 아인슈타인이 미국 정부에 핵무기 제조를 권유한 것은 무자비한 독일 나치스가 먼저 이를 개발할 것을 두려워했기 때문이었다. 아인슈타인은 일본에

원자 폭탄을 투하하는 것에는 반대하고 먼저 무인도에 떨어뜨려 일본에 그 위력을 보여줘야 한다고 주장했다. 그러나 원자 폭탄에 관한 한 아인슈타인은 많은 비난을 받았고 죽을 때까지 마음속으로 괴로워했다.

아인슈타인은 죽기 1년 전, 노벨 물리학상 수상자인 폴링에게 이렇게 말했다.

"나는 내 생애에 커다란 실수를 한 가지 저질렀는데 그것은 루스벨트 대통령에게 원자 폭탄의 제조를 권고하는 편지에 서명한 것이다. 그러나 그것은 독일이 원자 폭탄을 만들려고 하고 있었기 때문이었다."

아인슈타인과 아내 밀레바 아인슈타인의 아내 밀레바는 오스트리아-헝거리 제국의 작은 마을에서 태어났다. 딸의 재능을 발견한 아버지는 당시로서는 드물게 딸에게 고등교육을 시켰다. 1896년 스위스 취리히의 국립공과대학에 입학한 밀레바는 여기서 아인슈타인을 만나고 둘은 사랑하는 사이가 되었다.

두 사람은 결혼을 결심했으나 아인슈타인21세의 어머니는 강력히 반대했다. 밀레바25세는 나이가 많고 다리를 저는 불구인데다 슬라브계인 세르비아 인이라는 것이 반대의 이유였다. 1902년 밀레바가 아이를 갖게 되자 그녀는 몰래 고향으로 돌아가 딸을 낳고 어느 가정에 입양시킨 후 혼자 스위스로 돌아왔다.

1903년 두 사람은 결혼식을 올리고 공동 연구를 다시 시작하여 2년 후 특수 상대성 이론을 발표했다. 1904년에 첫 아들 한스가 태어나고 1910년에는 둘째 아들 에두아르트가 태어나자 밀레바는 더 이상 공동 연구를 할 수가 없게 되었다. 아인슈타인의 명성이 날로 높아지자 부부 사이는 점차 변하기 시작했다.

1914년 밀레바가 아이들을 데리고 스위스에 잠시 머무는 동안 제1차 세계대전이 발발했다. 아인슈타인은 밀레바에게 편지를 띄어 스위스는 중립국이므로 그대로 있으라고 했는데, 실은 당시 아인슈타인은 후에 두 번째 아내가 된 사촌 엘사를 가까이하고 있었기 때문이었다. 부인과 사이가 멀어지자 자신이 묻는 말에만 대꾸하도록 규정을 만들어 놓기도 했다.

1919년 아인슈타인44세의 요구로 두 사람은 이혼하고 두 아들은 밀레바가 맡았다. 1922년 노벨 물리학상을 받게 되자 상금 3만 2,000달러는 모두 밀레바에게 위자료로 주었다. 이후 아인슈타인은 전 남편과 이혼하고 두 아이를 거느린 사촌 엘사와 결혼했으나 재혼한 뒤에도 무려 36년간 다른 여자들과 밀애를 즐긴 사실이 그의 편지를 통하여 드러났다.

첫째 부인 밀레바는 1947년 72세의 나이로 세상을 떠났고, 큰 아들 한스는 후에 버클리 대학의 교수가 되었지만, 둘째 아들 에두아르트는 20세 때부터 발작과 자살 기도 등 정신 분열 증세를 보여 스위스 취리히 정신병원에 입원해 살다가 1965년 사망했다.

1958년 아인슈타인이 동맥 파열로 죽은 후 큰 아들 한스는 아버지에 대한 자료를 모아 출판하려 했으나 아인슈타인의 명예 실추를 우려한 유언 집행자들이 소송을 제기하여 이를 중지시켰다.

다음은 1900년, 아인슈타인이 밀레바에게 보낸 편지의 내용들이다.

사랑스런 나의 보물,

또다시 흐릿하고 황량한 며칠이 내 졸린 눈가를 스쳐 지나갔소. 당신도 이런 기분 알고 있소? 나의 전부인 사랑스런 당신, 당신이 없으면 생의 의미는 물론 일할 의욕도 삶의 즐거움도 사라져 버린다오. 당신 없는 삶은 삶이 아니라오.

우리가 새로운 작업을 하게 되어 나 역시 매우 기쁘오. 이제 당신은 당신의 연구를 계속해야 하오. 내 자신 아직 평범한 사람인데 박사를 애인으로 둔다면 난 얼마나 자랑스러울지 모르겠소.

우리 둘이서 운동의 상대성에 관한 연구를 성공적으로 끝마치게 된다면 나는 얼마나 기쁘고 자랑스러울지 모르겠소.

다음은 당시 밀레바가 아인슈타인에게 보낸 편지의 내용이다.

내 사랑 요호내슬,

당신을 이토록 사랑하고 있는데 당신이 멀리 있어 키스해 줄 수가 없군요. 그래서 이렇게 짤막한 편지로 묻습니다. 내가 당신을 사랑하는 만큼 당신도 나를 사랑하나요? 즉시 답장 주세요. 천 번의 키스를 보내며.

– 당신의 도트셀

상대성 원리란? 아인슈타인은 상대성 이론과 관련하여 생전에 이런 말을 남겼다.

"상대성 이론이 사실로 입증되면 독일은 나를 위대한 독일인이라고 말할 것이고,

프랑스는 나를 세계 시민의 한 사람이라고 말할 것이다. 만일 내 이론이 거짓으로 입증되면 프랑스는 나를 독일인이라고 말할 것이고, 독일은 나를 유대 인이라고 말할 것이다."

"나의 상대성 원리를 이해할 수 있는 사람은 전 세계에서 12명밖에 없는데 상대성 원리를 설명한 책은 산더미처럼 많다."

"미인과 함께 있으면 1시간도 1분으로 느껴지지만, 뜨거운 난로에 손을 갖다 놓고 있는 1분은 마치 1시간으로 느껴질 것이다. 그것이 상대성이지."

어느 강연회에서 한 부인이 상대성 원리란 무엇인지 아인슈타인에게 물었다.
아인슈타인은 어떻게 설명해야 할지 잠시 난감해 하더니 다음과 같이 설명했다.
장님과 시골길을 거니는데 장님이 묻는다.
"우유란 어떤 것인가?"
"우유란 흰 액체이다."
"희다는 게 어떤 것인데?"
"백조의 날개와 같은 색이다."
"백조란 어떤 것인데?"
"목이 길고 구부러진 새이다."
"구부러진 것이란 어떤 것인데?"
이때 장님의 목을 비틀면서 말했다.
"바로 이런 게 구부러진 것이야."

아인슈타인의 건망증 아인슈타인은 집중력이 매우 강했으나 자신의 전공 분야 외는 관심이 없었으며 건망증이 심했다.

언젠가는 대서양을 횡단하는 호화 유람선의 리셉션 룸을 자기 집 안방으로 착각했던지 잠옷 차림으로 나타나 많은 사람들을 어리둥절하게 만든 적이 있다.

아인슈타인은 평소 2분 이내에 책에서 찾을 수 있는 것은 외우지 않는다고 말했다. 어느 날 한 동료가 그의 집 전화번호를 물었더니 전화번호부로 찾아 주었다.

어느 날 아인슈타인이 보스턴 행 기차를 탔다. 차장이 검표를 했을 때 그는 차표를 어디에 두었는지 알 수가 없었다. 이리저리 찾는 그를 보고 차장이 말했다.

"박사님, 차표를 잃어버리신 모양이군요. 이제 찾지 않으셔도 됩니다."

얼마 후 차장이 다시 와보니 아인슈타인은 그때까지도 차표를 찾고 있었다.

"박사님, 걱정 마세요. 차표는 없어도 됩니다."

"고맙습니다만, 차표를 찾아야 해요. 차표를 보아야 내가 어디로 가는지 알 수가 있답니다."

아인슈타인은 자기가 살던 집 주소를 외우지 못해 종종 엉뚱한 이웃집에 들리곤 했다는 일화는 유명하다. 그는 주소를 잊으면 종종 대학 사무실에 전화를 걸어 물어보기도 했으며, 가는 길도 행인들에게 자주 물었는데 이를 몹시 쑥스러워 했다.

"혹시 앨버트 아인슈타인의 집은 어떻게 가는지요?"

"그런데, 혹시 누구시죠?"

"저…… 제가 아인슈타인인데 그만 길을 잃어……"

외모와 돈에 무관심한 아인슈타인 아인슈타인은 옷차림에도 무척 무신경이어서 매일 똑같은 옷만 입고 다녔고, 여름이면 양말도 신지 않은 채 샌들을 신고 다녔다. 이를 보다 못한 부인이 말했다.

"여보, 당신도 이제는 유명 인사고 하니 제발 옷차림에 신경 좀 쓰세요."

"그럴 필요가 뭐 있소. 직장에 가면 내가 누군지 다 아는데."

그러다가 아인슈타인이 처음으로 중요한 국제 학술회의에 참석하게 되었다. 평소에 늘 입던 옷을 입고 나서려는 그를 보고 부인이 말했다.

"여보, 오늘 회의는 정말 중요한 행사이니 말끔한 양복으로 좀 갈아입으세요."

"그럴 필요가 뭐 있소. 거기선 아무도 날 알아보는 사람이 없을 텐데."

아인슈타인은 돈에도 관심이 없었다. 1932년 미국의 프린스턴 대학이 그에게 교수 자리를 제의하며 연봉은 얼마를 주면 되겠느냐고 묻자 그는 3,000달러 정도면 된다고 대답했다. 그러자 아내 엘사가 개입해 16,000달러로 끌어 올렸다.

이스라엘 대통령직을 사양한 아인슈타인 아인슈타인은 1920대부터 시작된 시온주의의 강력한 지지자였으며, 예루살렘 히브리 대학 창립에 핵심적인 역할을 하기도 했다. 1952년 이스라엘 정부는 와이즈만 초대 대통령이 사망하자 아인슈타인에게 2대 대통령직을 제의했다.

하지만 아인슈타인은 대통령직에 관심이 없었고 건강도 허락하지 않았다. 아인슈타인은 자신이 받아들이지 못할 것을 뻔히 알면서 그런 제안을 했다고 하여 무척 화를 냈다고 한다.

제4차 세계대전의 무기는? 아인슈타인은 죽기 1년 전, 노벨 물리학상 수상자인 폴링에게 이렇게 말했다.

"나는 내 생애에 커다란 실수를 한 가지 저질렀는데 그것은 루스벨트 대통령에게 원자 폭탄의 제조를 권고하는 편지에 서명한 것이다. 그러나 그것은 독일이 원자 폭탄을 먼저 만들려고 하고 있었기 때문이었다."

어느 날 한 친구가 아인슈타인에게 물었다.

"제3차 세계대전에는 어떤 무기가 등장할까?"

"제3차 세계대전은 잘 모르겠으나, 제4차 세계대전엔 돌멩이와 창이 등장하겠지."

아인슈타인의 뇌 1955년 아인슈타인이 76세로 세상을 떠났다. 그는 죽기 전 자신의 시신은 화장해 가까운 강에 뿌리고, 묘지나 묘비는 절대 만들지 말며, 장례식도 치르지 말고, 자신의 모든 과학 문서는 예루살렘 히브리 대학에 기증한다는 유언을 남겼다.

아인슈타인이 죽자 평소 그를 정기 검진해 왔던 프린스턴 대학 병원의 토마스 하비 박사가 부검을 실시하고 시신은 하루 만에 화장되었다. 그런데 하비 박사는 부검을 하면서 꺼낸 그의 뇌를 관례대로 도로 두개골 속에 넣지 않고 몰래 자신이 보관했으나 이 사실을 가족들도 몰랐다. 그러다가 3년 후 이 사실이 알려지자 가족들은 분개했고 하비 박사는 의학계의 비난을 받았다.

아인슈타인의 뇌는 240 조각으로 나뉘어 일부는 분석에 사용되었다. 아인슈타인의 뇌는 일반인의 뇌에 비해 크기에는 별 차이가 없었으나 수학과 공간 지각력을 관장하는 두정엽이 약 15% 컸고, 두정엽에 아교 세포가 많아 주름이 적은 것이 특징이었다. 아인슈타인의 뇌는 현재 영구 보관 중이다.

이슬람 사회

이슬람 인의 음식은 기본적으로 빵과 양고기 그리고 요구르트로 이루어진다. 코란에는 하느님이 돼지고기를 금하도록 명했다고 되어 있어 이슬람 인은 돼지고기를 먹지 않는다. 돼지는 낙타나 양과는 달라 사막 유목민의 생활에는 맞지도 않는다. 돼지는 초식 동물이 아니며, 지방질과 병원균 때문에 쉽게 부패하며, 젖을 공급해 주지도 못하고, 배설물도 활용할 수 없다.

이슬람력으로 아홉 번째 달인 라마단 한 달 동안은 단식을 한다. 단식의 목적은 가진 자나 가난한 자나 모두 똑같은 조건에서 배고픈 자의 고통을 체험하게 함으로써 이슬람 공동체의 결속을 다지게 하는 종교적 의미에 있다. 이 기간만큼은 사람들은 가난한 자를 돕는 등 선행을 아끼지 않는다. 단식은 해 뜨기 전 새벽부터 해가 진 후까지 행하며 음식은 물론 물을 마시는 것조차도 금한다. 라마단 단식 기간이 끝나면 약 5일 동안 축제를 즐기는데[이드알피트르] 일 년 중 가장 큰 축제이다. 축제가 끝나면 가난한 사람을 돕기 위한 일종의 종교세를 낸다.

이슬람력 12월에 있는 성지 순례[하즈]는 누구나 일생에 한 번은 해야 하는 의무이다. 성지 순례가 끝나면 이슬람권에서는 가족 단위로 희생제를 치르는데[이드알아드하] 대부분 양을 희생 제물로 사용한다. 희생제는 아브라함이 하느님의 명대로 자신의 아들을 희생 제물로 바쳐 칼로 내려친 순간 그의 신앙심을 확인한 하느님이 그의 아들 대신 양으로 바꿔 놓은 기적에서 유래했다.

이슬람 세계는 남성 중심이며 일부다처가 허용되는데, 이는 유목 사회의 어쩔 수 없는 한계로 받아들여진다. 코란에는 남녀에 우열을 두었고 일부다처를 허용하고 있다.

알라 신은 남녀 간에 우열을 두셨다. 남자는 돈은 벌기 때문에 여자보다 위에 있다. 아내는 4명까지 허용되나 모두 공평하게 대해야 한다. 그렇지 못할 것 같으면 한 사람만 두든지 아니면 포로로 잡힌 여자를 두도록 권한다. 이교도의 여성과는 결혼이 인정되지 않으므로 무제한으로 허용된다.

이슬람 세계에서는 출산을 중하게 여겨 임신이나 순산을 위해 각종 주술을 행한다. 생후 7일째에는 아기의 탄생을 축하하며 작명 의식을 갖는다. 하객들이 다가오면 악귀를 쫓는다고 소금을 뿌리며, 질투의 기운이 아기에게 미친다고 하여 아기를 칭찬하지 않는다. 남아인 경우는 양 두 마리, 여아의 경우는 양 한 마리를 잡아 희생 의식을 치른다.

할례 의식은 일반적으로 생후 8일째에 치르는데, 경비가 많이 소요되므로 상류층 자제의 할례 의식에는 가난한 집 자식을 초대하여 같이 치르게 하는 것을 미덕으로 여긴다. 할례는 마취를 하지 않고 간단한 수술로 행한다. 여아의 할례는 이슬람 계율에는 없는데 아프리카의 일부다처 사회에서 흘러들어온 것으로서 점차 사라지는 추세이다. 코란에는 2년 이상 모유를 먹이도록 규정하고 있다.

이슬람권의 결혼의 특징은 철저한 중매결혼, 4명까지의 일부다처 허용, 신랑이 신부 측에 지불하는 결혼 지참금마흐르, 사촌 간 결혼의 장려, 남성 위주의 결혼 생활이다. 결혼 적령기는 남자는 18~20세, 여자는 16~18세이며 자유연애 결혼은 허용되지 않는다.

수니파의 경우 여자는 자신보다 낮은 신분의 남자와 결혼하는 것이 허용되지 않는다. 여자는 부모가 정해주는 신랑 후보를 거부할 수 있으나 자신이 선택할 권리는 인정되지 않는다. 이슬람 남자는 이교도인 그리스도교와 유대교 여자와 결혼할 수 있으나 여자가 개종하지 않는 한 남편의 유산 상속권이 주어지지 않는다. 이슬람 여자가 이교도 남자의 결혼하는 것은 허용되지 않는다.

집안의 가장은 절대적인 권위를 행사하며 여자는 사회적으로 남자와 격리된다. 남자가 이혼하고자 할 때는 아내에게 일방적으로 선언하면 가능하며, 이혼한 아내와 재결합하고자 할 때도 남자가 여자에게 통보만 하면 그만이다. 그러나 여자가 이혼을 하고자 할 때는 재판을 청구해야 한다.

이슬람 사회에서는 사람이 죽으면 내세에서 영혼과 함께 육신도 부활한다고 믿어 영혼이 찾아올 수 있게 화장하지 않고 매장한다. 시신은 관 없이 머리를 메카

방향으로 향하게 하고 봉분 없이 묘석만 세운다. 미망인은 일정 기간 재혼이 금지되며 잇다, 4개월 10일간은 외간 남자와의 접촉을 금하며 일반적으로 1년 후에 재혼이 허용된다. 전통적인 유목 사회에서는 공동체의 약화를 막고 결속을 위하여 근친이나 족내혼이 권장된다.

사우디아라비아 사우디아라비아의 왕조인 사우드 왕가는 18세기 중엽 리야드 출생의 무하마드 이븐 사우드 왕1880~1953이 건설했으며 그 이전의 아라비아 반도는 여러 왕조의 싸움이 이어지다가 2세기 동안 오스만 투르크의 지배를 받아왔다.

무하마드 이븐 사우드는 네지드 공국을 일으켜 세운 사우드 가의 왕자로 어릴 때 이름은 압둘 사우드였다. 그런데 사우드 가의 숙적인 라시드 가의 공격을 받고 무하마드 이븐 사우드10세는 부왕 사우드 3세와 함께 리야드에서 쫓겨나 쿠웨이트로 망명했다.

1901년 이븐 사우드는 낡은 소총으로 무장한 30명의 부하들을 데리고 밤에 몰래 리야드 성에 숨어들었다. 라시드 가가 파견한 총독이 성채에서 밤을 지낸다는 말을 듣고 이븐 사우드는 날이 새기를 기다렸다. 아침이 되어 총독이 성채의 광장으로 들어오자 이븐 사우드 일행은 총독을 죽이고 네지드 지방의 원래 사우디 영토를 회복1902. 1. 15했다.

1915년 잠시 영국의 보호령이 되었다가 1926년에 헤자즈 지역을 회복하고 메카를 점령하여 아라비아의 통일 국가 네지드 헤자즈 왕국을 창건했다.

1927년 국명을 사우디아라비아로 바꾸고, 1932년 이븐 사우드는 사우디아라비아의 초대 국왕이 되고 친영 정책으로 독립국임을 인정받았다. '사우디아라비아'란 '사우드 가의 아라비아'란 뜻이다. 유럽의 제도와 문물을 도입하고 미국과 영국의 석유회사에 대해 자국의 유전 개발권을 주고 그 대가를 받아 자신도 막대한 재산을 축적하며 독재 정치를 폈다.

이븐 사우드는 평생 125명의 왕비를 얻어 1953년 그가 사망할 때는 30명이 넘는 왕자를 남겼으며 이슬람교 사회의 관습에 따라 공주의 숫자는 알려지지 않았다. 기자들로부터 많은 자식에 질문을 받자 이븐 사우드는 말했다.

"젊을 때는 나라를 만들었으니 나이 먹은 지금은 그 나라의 국민을 만들고 있소이다."

수난의 민족 유대 인

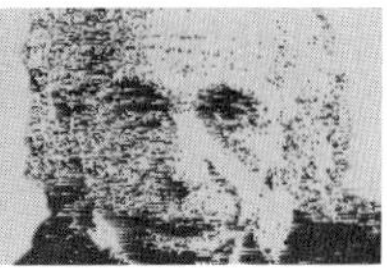

제2차 세계대전이 끝나자 유엔은 팔레스티나를 둘로 나누어 그 반을 유대 인이 정착할 땅으로 한다는 분할 안을 채택함으로써 2,000년 이상 조국을 잃고 세계 각지에 흩어져 박해를 받으며 유랑 생활을 해오던 유대 인들은 드디어 팔레스타인 땅에 이스라엘을 건국했다[1948. 5. 14].

고대 이스라엘 역사 기원전 1500년경 유대 인의 선조인 헤브라이 인들은 팔레스티나에 정착하고 일부는 이집트에 정착했다.

기원전 1230년경 이집트에서 노예로 전락한 유대 인들은 모세의 인도로 이집트를 탈출하여 팔레스티나로 돌아왔다.

기원전 1100년경 사울이 유대 인의 왕으로 추대되고, 다윗과 솔로몬이 그 뒤를 이었다.

기원전 1004년 다윗이 부족들을 규합하여 헤브라이 왕국을 세우고 수도를 예루살렘으로 정했다.

기원전 953년경 다윗의 뒤를 이은 솔로몬이 예루살렘 대성전을 건설했다.

기원전 931년 솔로몬이 죽자 헤브라이 왕국은 남쪽의 유대 왕국과 북쪽의 이스라엘 왕국으로 분열되었다.

기원전 722년 이스라엘 왕국은 아시리아에게 멸망되고 모두 노예가 되었다.

기원전 586년 유대 왕국은 신바빌로니아 왕국에 의해 멸망하고 유대 인들은 포로가 되어 바빌론으로 끌려갔다.

기원전 538년 페르시아 제국이 신바빌로니아를 멸망시키자 포로로 끌려온 약 4만 명에 이르는 유대 인들을 예루살렘으로 돌려보냈다.

기원전 63년 유대 인들은 로마 제국의 지배를 받게 되었다.

서기 132년 유대 인들이 반란을 일으키자 로마 황제 하드리아누스[76~138]는 유대 인들을 예루살렘에서 추방했는데[135], 이것이 디아스포라[이산]의 시작이었다.

수난과 박해의 역사 유일신을 믿는 유대 인들은 다신교를 믿는 바빌로니아 · 아시리아 · 페니키아 · 이집트 · 페르시아 등 강대 민족들의 틈바구니에 둘러싸인 가운데 기적적으로 살아남았다.

그러다가 십자군 원정이 시작되고 이탈리아의 도시들이 동방 무역을 시작하면서 기독교 세계는 그동안 동방 무역에 종사해오던 유대 인들을 본격적으로 박해하기 시작했다. 예루살렘을 점령한 십자군은 이슬람교도뿐만 아니라 유대교도들도 이교도로 간주하여 학살했다.

1197년의 라테란 종교 회의에서는 유대 인의 거주를 특별 지구게토로 제한했고, 1215년의 라테란 종교 회의에서는 유대 인에게 특정한 복장을 하고 뱃지다윗의 별를 달도록 했다. 유대 인은 농사나 수공업을 할 수 없고, 땅을 소유하거나 길드조합에 가입하는 것도 허용되지 않아 그들은 오로지 천박한 직업으로 배척당하던 고리대금업으로 살아갈 수밖에 없었다. 그러나 유대 인들만은 기독교로 개종하기를 거부했다.

12세기 영국에서는 유대 인들이 사람의 피를 뽑아 마신다는 소문을 전 유럽에 퍼뜨려 로마 교황들은 몇 대에 걸쳐 사람의 피를 먹는 것을 금하는 칙령을 내리기도 했으며, 화재나 흑사병 등 큰 재난이 생길 때마다 유대 인의 탓으로 돌려 그들을 박해했다. 유대 인의 종교적인 법전이며 정신적인 구심점인 『탈무드』는 사악한 책으로 규정되어 읽는 것이 금지되었다.

1290년에는 프랑스가, 1492년에는 스페인이 자국 내에 거주하는 15만 명의 유대 인을 추방시켰다. 폴란드는 자국의 경제를 일으키기 위해 유대 인에게 문호를 개방하여 폴란드 최초의 은화에 헤브라이 어를 새겨 넣을 정도로 경제 발전에 도움이 되었으나, 15세기가 되자 영주들은 유대 인의 재산을 몰수해 버렸다. 중세의 유대 인은 역사의 뒤안길에서 조용히 숨을 죽이고 살 수밖에 없었다.

1870년대 통일된 독일에서 민족주의에 바탕을 둔 반유대주의가 부활했다. 히틀러의 유대 인 말살 정책으로 1939년부터 1945년까지 600만 명의 유대 인이 학살되었다홀로코스트. 나치스의 대학살로 당시 유럽에 거주하던 유대 인의 3분의 2가 죽었다.

유대 인은 홀로코스트를 결코 잊지 않는다. 예루살렘에 있는 홀로코스트 추모관에는 "용서는 하지만 망각은 또 다른 방랑으로 가는 길이다"라고 적혀 있다.

시온 의정서 19세기 말 서구에서 대두되기 시작한 민족주의에 바탕을 둔 반유대주의는 1905년경 유대 인들이 세계 정복을 위해 비밀회의에서 채택한 행동 강령이라고 하는 「시온 의정서」가 세상에 알려지면서 더욱 고조되었다. 저자가 불명인 채 수수께끼로 남아 있는 「시온 의정서」에 대해 유대 인들은 이를 부정하며 대체로 위작이라는 견해가 우세하지만 전 세계에 큰 파문을 일으켰다. 내용은 매우 충격적인데 요지는 대략 다음과 같다.

첫째, 개인주의를 새로운 가치관으로 확산시켜 국가나 민족에 대한 귀속력을 약화시킨다.
둘째, 비유대국들을 끊임없이 분쟁으로 몰아넣어 국력을 소모하게 한다.
셋째, 각국을 유대 인이 강한 금융과 투기 분야로 끌어들여 각국의 경제를 약화시키고 끝내는 세계적인 공황으로 몰고 간다.
넷째, 이상의 전략을 효과적으로 수행하기 위해 매스컴과 재력을 적극적으로 활용한다.

이스라엘 건국 1896년 파리의 신문 기자로 활약하던 헝가리 출신의 유대 인 테오도르 헤르츨이 「유대 인 국가」라는 글을 발표하자 유대 인들 사이에 큰 반향을 불러 일으켰다. 1897년 전 세계 유대 인이 스위스 바젤에 모여 역사적인 제1회 시오니스트 대회를 열고 시오니즘의 목적은 유대 인의 민족 국가를 팔레스티나팔레스타인에 건설할 것과 이를 위해 국제시오니스트연합의 결성을 결의했다.

시온Zion은 유대 인이 성지로 여기는 팔레스티나의 언덕 이름이나, 과거 이스라엘 땅에 유대 민족의 독립 국가를 건설하기 위한 운동을 시오니즘이라 불렀다. 시온 운동에 앞장서던 헤르츨은 "땅 없는 백성에게 주인 없는 땅을!"이란 슬로건을 내걸고 구약에 기록된 선조의 고향인 팔레스티나의 시온 언덕으로 돌아가야 한다고 주창했다. 그러나 그 땅은 결코 주인 없는 땅이 아니었다. 팔레스티나는 16세기 이후 오스만 투르크 제국의 지배하에 아랍 인이 살고 있었다.

1915년 제1차 세계대전1914~1918에서 영국은 그곳 아랍 세력을 아군으로 만들어 터키와의 전쟁을 유리하게 이끌어 가고자 '전쟁이 끝나면 아랍 국가의 독립을 인정하겠다'고 약속했다[후세인 · 맥마흔 협정]. 그런데 1916년 영국과 프랑스는 전쟁이 끝나면 팔레스티나 지역을 나눠 갖는다는 비밀 협정사이크스 · 피코 협정을 맺는 한편, 1917년 영국 외상 벨푸어는 유대 자본가 로스차일드 가의 협력을 얻어 전쟁 비용을 조달하고 또한 유대 인의 협력을 얻어 미국과 소련을 참전시키기 위해 팔레스티나에 유대 인의 민족 국가 건설을 약속했다[벨푸어 선언].

다음은 영국 외상 밸푸어가 유대 인 최대 재벌인 로스차일드에게 보낸 편지이다.

> 친애하는 로스차일드 님,
>
> 저는 영국 정부를 대신하여 각의에서 승인된 유대 인 시오니즘의 열망에 부응하는 다음과 같은 선언을 귀하에게 전달합니다.
>
> '영국 정부는 팔레스티나에 유대 인 민족 국가를 건설하는 것에 찬성하며, 이를 돕기 위해 최선을 다할 것이다. 단, 팔레스티나에 현재 거주하고 있는 비유대인 단체의 시민적 · 종교적 제반 권리를 손상시키지 않을 것을 조건으로 한다.'
>
> 귀하께서는 이 선언을 시오니스트 연맹에 통지해 주시면 감사하겠습니다.

제1차 세계대전이 끝나자 영국은 팔레스티나 지역을 자신의 위임 통치 지역으로 만들어 유럽 각지로부터 이주해 오는 유대 인들에게 유리한 정책을 펴자 아랍 인들이 이에 반발하여 반 유대 운동을 확산시켰다. 그리하여 이주해 온 유대 인과 아랍인 사이에 영토를 둘러싼 분쟁이 불가피하게 되었다.

제2차 세계대전이 끝나 팔레스티나의 유대 인과 아랍인 사이에 대립이 한층 격해지자 영국은 이 문제를 유엔에 제기했다. 유엔은 미국의 분할안을 채택하여 팔레스티나 지역을 아랍인 구역과 유대 인 구역으로 분할하고 예루살렘은 국제 관리하에 두는 것으로 결의했다. 이 결의안에 대해 아랍 인들은 반대했으나 유대 인들은 이를 받아들였다. 팔레스티나에 대한 영국의 위임 통치가 끝나고 영국군이 철수하자 1948년 5월 유대 인들은 팔레스티나에 이스라엘 건국을 선언했다.

이로서 유대 인들은 2,000여 년 만에 팔레스티나 땅에 나라를 세웠으나 아랍 측의 이집트, 요르단, 이라크, 레바논, 시리아 등 7개국과 같은 해에 전쟁이 벌어졌다제1차 중동전쟁. 전쟁에서 인구 75만 명의 이스라엘이 인구 3,000만 명의 아랍권에게 승리하여 팔레스티나 지역의 80%를 차지하는 전과를 올렸고, 영토를 빼앗기고 유랑민으로 전락한 90만 명의 팔레스타인팔레스티나 거주 아랍 인 문제는 중동의 화약고로 남게 되었다.

그 후 1956년, 1967년, 1973년, 1982년에 거듭된 전쟁은 모두 이스라엘의 승리로 끝났다. 이런 가운데 1964년에 팔레스타인 해방기구PLO가 결성되어 이스라엘에 대항하여 게릴라전을 펼쳤다. 1988년 11월 팔레스타인 해방기구의 아라파트 의장은 팔레스타인 독립 국가의 수립을 선언하고 영토를 유엔이 분할을 결의한 곳으로 하고 이스라엘과 공존하는 타협안을 내놓았고, 1993년 9월 이스라엘과 PLO는 상호 승인에 합의했다.

아랍과 이스라엘의 분쟁은 아랍 민족주의와 유대 민족주의시오니즘의 민족적 대립, 이슬람교와 유대교의 종교적 대립, 영토에 대한 소유권 대립, 아랍과 이스라엘을 지원하는 열강들의 이해관계, 그리고 구약 이래로 대립해온 관계 등으로 그 뿌리가 깊고 복잡하다.

유대 인 사회

현재 전 세계에 흩어져 살고 있는 유대 인은 약 1,400만 명으로 추산되는데 미국에는 약 600만 명미국 인구의 2.2%이 살고 있다. 미국 내 100대 기업 중 30~40%, 백만장자의 20%가 유대계이며, 전 세계 노벨상 수상자의 30%가 유대 인이다. 이렇게 유대 인들은 미국뿐만 아니라 전 세계의 정치 · 산업 · 금융 등 여러 분야에서 막강한 힘을 발휘하고 있다.

이스라엘 인구는 600만 명을 넘어섰고 그중 유대 인이 82%, 아랍 인 등 비유대 인이 18%를 차지하고 있다. 남여 모두 18세가 되면 남자는 3년, 여자는 2년간 의무적으로 복무해야 하며 이민족의 용병들을 많이 끌어 모으고 있다.

유대 인을 흔히 상술의 천재라고 한다. 이는 그들의 끊임없는 박해와 이주의 역사와 무관하지 않을 것이다. 유대 인들은 상술과 관련하여 몇 가지 특성을 지니고 있다. 그들은 어릴 때부터 숫자에 익숙해 있어 계수적인 표현을 좋아하고, 신용을 중시하며 계약은 신과의 약속이라고 믿어 반드시 이를 지키며, 현금주의에 철저하다.

『탈무드』에는 사람이 죽어 저승에 가면 그 입구에서 제일 먼저 "너는 상거래에서 정직했느냐?"라고 심문 받는다고 하며, 유대 인의 격언에는 "사람을 고통스럽게 하는 것은 번민과 불화와 빈 지갑이다. 돈은 악도 저주도 아니며 인간을 축복해 주는 고마운 것이다"라는 말이 있다.

유대 인은 유대라는 공동체 속의 한 사람 즉, 유대 인다운 유대 인이 되어야 한다는 사고에 젖어 있다. 전 세계에 흩어져 살고 있는 유대 인은 모두 같은 형제로 생각하며 그 결속력은 엄청난 힘을 지니고 있다. 중동전쟁이 발발하자 미국에 유학 중이던 유대 인 학생들이 자발적으로 조국 이스라엘로 돌아가 전쟁에 참여하자 전 세계는 놀라고 이를 주목했다.

유대 인의 저력은 교육에서 나온다. 유대 인 사회는 어느 민족보다도 교육을 중시하여 국가 예산의 10%를 교육에 할당하며 가정에서의 교육도 매우 중시한다. 어린이는 세 살이 되면 집에서 성서와 탈무드를 배우고 종교와 전통을 이어가며, 그들은 지혜와 개성을 중시한다. 유대 인 속담에는 다음과 같은 것이 있다.

"물고기를 잡아주면 하루를 살 수 있지만 물고기 잡는 법을 가르치면 일생을 살 수 있다. 형제의 머리를 비교하면 둘을 다 죽이지만, 개성을 비교하면 둘을 다 살릴 수 있다."

또한 유대 인은 토론에 능숙하여 "유대 인 두 사람이 있으면 세 가지 아이디어가 나온다"는 말이 있다.

유대 인의 정신적 지주인 랍비교사는 교사이자 의사이며 재판관이기도 하다. 랍비는 유대 인들의 출생에서부터 결혼, 이혼, 사망에 이르기까지 일상의 모든 일에 입회하고 문제를 처리해주며 지역 사회로부터 보수를 받는다. 일찍이 로마 제국은 유대 인 사회를 붕괴시키기 위해 『탈무드』를 불태우고 랍비를 양성하는 학교를 폐쇄하는 등 탄압을 가했으나 그들은 전통을 지금까지도 지켜나가고 있다.

안식일인 토요일은 유대 인을 유대 인답게 해주는 날이며 유대 인의 세계로 돌아가게 하는 뜻 깊은 날이다. 그날은 일을 하거나, 음식을 만들거나, 차를 타거나, 술을 마시거나, 하이킹을 가거나, 일에 대한 이야기를 나누는 것을 금하며 출장이나 여행도 기피한다. 온 가족이 집에서 예배를 드리고 성서를 읽거나 독서를 하며 보낸다. 안식일 전날에는 집안과 몸을 깨끗하게 하고 음식물도 미리 준비해 놓는다.

이집트의 노예 생활에서 탈출하여 이스라엘로 돌아온 경축일파스오바에는 상징적인 음식으로 낙엽과 삶은 계란을 먹는다. 낙엽을 씹음으로서 당시의 쓴 맛을 되새기며, 패배를 맛볼수록 신념과 결의가 굳어진다고 하여 삶을수록 단단해지는 삶은 계란을 먹는다.

금기 음식 유대 인이 먹지 않는 음식이 있다. 새우나 오징어 등 갑각류, 지느러미와 비늘이 없는 물고기 그리고 위가 두 개 이상이며 굽이 두 개로 나누어진 것 외의 동물은 먹지 않는다. 갑각류를 먹지 않는 이유는 하나님이 먹지 말라고 했기 때문이며, 돼지는 위가 하나밖에 없어 먹지 않는다.

동물의 피는 생명을 상징한다고 하여 완전히 제거하고 먹어야 한다. 동물에게 고통을 주면 피가 엉겨 붙어 완전히 제거하기 어렵다고 하여 동물을 죽일 때는 거꾸로 매달아 예리한 칼로 목을 단번에 잘라 피가 쏟아지게 한다. 죽이고 나서는 30분간 소금물에 담가 두어 피를 제거한다. 도살에 사용하는 칼과 식육에 대한 랍비의 검사는 매우 엄격하다.

장례 의식 사람이 죽으면 그 구역에서 가장 학식과 덕망이 높은 사람이 시신을 씻긴다. 장례식에서는 보통 랍비가 조사를 읽고 상주는 기도문을 읽는다. 화장은 하지 않으며 죽은 다음 날 매장하는 것이 일반적이다. 상주는 1주일 동안 자신의 일을 생각해서는 안 된다고 하여 집에서는 촛불을 켜고 거울은 모두 가려 둔다. 이 1주일 동안은 신발을 신어서도 안 되고, 집 밖을 나가도 안 되며, 한 달 동안은 얼굴을 씻지도 않는다. 상주는 1년 동안은 매일 교회에 나가 기도문을 읽으며 매년 기일에는 제사를 지낸다.

랍 비 이스라엘의 종교 학교에서는 9살 때 『탈무드』를 가르치기 시작하여 10년 내지 15년 동안 『탈무드』를 공부한다. 소정의 교육을 마치면 랍비Rabbi로 임명되는데, 양가죽으로 된 면허장에는 이렇게 적혀있다.

"이 사람은 학식이 풍부하고 신을 공경하며 신에게 복종하는 자이다. 이 사람은 사람을 가르쳐도 되고, 사람을 재판해도 된다."

미국에 있는 랍비 양성 학교에서는 4년 내지 6년 동안 『탈무드』를 연구하는데 일반 대학을 졸업한 학사라야 입학시험에 응할 자격이 있다. 입시 과목은 성서, 탈무드, 헤브라이 어, 아랍 어, 역사, 유대 문학, 법률, 심리학, 교육학, 설교학, 철학 외에 논문을 몇 편 써야 한다. 학교를 졸업하면 2년 동안은 봉사 활동을 해야 한다. 종군 랍비가 되든지 랍비가 없는 마을에서 봉사한다. 2년의 봉사 기간이 끝나면 학교에서 학생을 가르치든지 유대 인 사회의 랍비가 된다.

유대 인은 교회가 없는 곳에서는 살지 않는다. 보통 20가구 정도의 유대 인이 살면 교회를 설립하고 랍비를 초청하며, 인구가 많은 곳은 여러 명의 랍비를 둘 수 있다. 유대 인 사회에서는 자신을 사회에서 분리시키는 것을 죄로 생각하기 때문에 은둔자가 없다.

탈무드

유대 인 사회에서 가장 기본이 되는 계율은 "키도우시 핫셈신을 존경한다는 뜻" 즉, 신의 거룩한 이름을 욕되게 해서는 안 되며, 유대 인으로서 멸시를 받을 짓을 해서는 안 된다는 것이다. 세계 여러 나라에 흩어져 살아온 유대 인들은 그 나라의 법률에 따르면서도 어디까지나 유대 인답게 유대 율법을 지켜 왔다.

성서인 구약 성서는 유대 인이 이집트에서 탈출하여 시내 산에 올라갔을 때부터 출현했으며, 창세기 · 출애굽기 · 레위기 · 민수기 · 신명기로 구성되어 있다.

『탈무드위대한 학문』는 유대 민족을 5,000년 동안 지켜온 계율서이자 생활 규범이다. 입으로 전해 내려오던 것을 500년 바빌로니아에서 2,000여 명의 학자들이 10년에 걸쳐 책으로 펴낸 것이다. 현존하는 가장 오래된 것은 1334년에 쓴 필사본이며, 1520년에 처음으로 인쇄되었다. 『탈무드』는 율법 외에 일상생활과 관계있는 모든 분야를 폭넓게 다루고 있다.

『탈무드』는 1415년에 금서가 되고, 1520년에는 로마에서 모두 불태워졌으며 그 후 몇 백 년 동안 여러 차례 불태워졌다. 유대 인들은 매일 저녁식사가 끝나면 가까운 학교나 교회에 나가 『탈무드』를 공부하는데 이는 하나의 종교적인 의무이기도 하다.

탈무드 이야기

『탈무드』에는 다음과 같이 교훈적인 이야기들이 많다.

어느 날 랍비가 하인에게 뭔가 맛있는 것을 사오라고 했다. 하인은 혀를 사 왔다. 이틀 후 랍비는 싼 음식을 사오라고 했다. 하인은 이번에도 혀를 사왔다.

그러자 랍비가 하인에게 물었다.

"맛있는 것을 사 오라 해도 혀를 사 오고, 싼 것을 사 오라 해도 혀를 사 왔으니 어찌 된 일인가?"

"혀가 좋으면 그 맛이 최고지만, 혀가 나쁘면 그보다 더 맛없는 것도 없습니다."

한 노인이 과일나무 묘목을 심고 있는데 지나가던 나그네가 노인에게 물었다.

"노인장, 이 나무에서 열매가 열릴 때까지 살 수 있을 거라고 생각하시오?"

"아니오. 하지만 내가 태어났을 때 우리 과수원에는 열매가 주렁주렁 달려 있었소. 그건 내가 태어나기 훨씬 전에 아버지가 심어 놓으셨던 거지요."

마음씨 착한 두 부부가 어쩌다가 이혼을 했다. 착한 남편은 악한 여자를 만나 재혼하게 되었는데 얼마 가지 않아 그도 악한 남편이 되고 말았다. 한편 착한 아내도 얼마 후 어느 악한 사내를 만나 재혼을 했다. 그런데 그 사내는 살면서 마음씨 착한 남편이 되었다.

유대 인은 한 민족이 정체성을 잃으면 얼마나 비참해지는지를 말하고자 할 때, 기억상실증에 걸린 불행한 부상병의 이야기를 들려준다.

목발을 한 병사, 한쪽 눈을 잃은 병사, 팔이 없는 병사 등 상이용사들의 대열 속에 멀쩡하게 보이는 한 젊은 병사가 있어 길가의 늘어선 군중들 중 한 사람이 그에게 물었다.

"당신은 사지가 멀쩡한데, 혹시 이 대열에 잘못 끼어든 것은 아닌가요?"

"나는 내 이름도, 내가 뭘 하고 있는지도 모릅니다. 이렇게 걸으라고 하기에 걸어갈 뿐입니다."

유대 인을 포함한 여러 인종이 배를 타고 가다가 해적들에게 붙잡혀 노예 시장에 팔리게 되었다. 건장한 로마 청년은 노동자로 제일 먼저 팔려갔고, 젊은 그리스 여인은 한 아랍 상인의 첩으로 팔렸다. 그런데 누군가가 많은 돈을 내고 유대 인을 사갔다.

유대 인을 산 사람은 노예 시장을 빠져나오자 유대 인 노예에게 손을 내밀며 "살롬안녕"하고 인사를 하고는 가버렸다.

유대 인 사회는 이렇게 헌금을 거두어 동족인 유대 인 노예들을 사들여 풀어주었다. 히틀러도 유대 인 사회가 이런 자금을 가지고 있다는 것을 알고는 10만 명의 헝가리 유대 인을 1만 대의 트럭과 교환하자고 제의한 적이 있다. 유대 인들은 비밀리에 모금을 시작했으나 도중에 무산되고 말았다.

『탈무드』는 주로 의문을 던지고 대담하는 형식으로 되어 있어 어릴 때부터 『탈무드』를 접하는 유대 인들은 질문하는 것이 몸에 배어 있다.

미국에 사는 한 유대 인이 법정에서 검사의 심문을 받고 있었다.

"당신 이름은?"

"내 이름은 ○○○입니다만, 어떤 이름이 좋을까요?"

"주소는?"

"저의 주소는 ○○○입니다만, 어디에 사는 것이 좋다고 생각하십니까?"

이런 식의 답변이 계속되자 검사는 화가 치밀었다.

"이봐요. 질문은 내가 하는 거니까 당신은 답변만 해요. 그렇지 않으면 당신을 법정 모욕죄로 고소하겠소."

"왜요?"

어느 생물학 교수가 학생들 앞에서 실험을 시작했다.

"자, 여러분, 개구리는 다리가 없으면 소리를 듣지 못한다는 것을 증명해 보이겠습니다."

교수는 상자 속에서 개구리 한 마리를 꺼내 놓고 "뛰어라! 뛰어라!"하고 고리치자 개구리는 펄쩍 뛰었다. 이번에는 개구리의 두 다리를 자른 다음 "뛰어라! 뛰어라!"하고 소리쳤으나 개구리는 뛰지 않았다.

"자 여러분, 개구리는 다리가 없으면 소리를 듣지 못한다는 것을 확인했지요?"

중매쟁이의 알선으로 한 유대 인 청년이 돈 많은 유대 인 집에 가서 저녁식사를 하며 그 집 딸을 만나보고 돌아왔다. 중매쟁이가 그 청년에게 소감을 물었다.

"그래, 자네 생각은 어떤가?"

"마음에 들었어요. 나이프나 포크까지 전부 은인 데에는 놀랐어요. 그런데 한 가지 마음에 걸리는 게 있더군요."

"그게 뭔데?"

"설마 그런 은식기를 이웃집에서 빌려온 건 아니겠지요?"

"무슨 그런 엉뚱한 생각을 하다니. 인심 고약하기로 소문난 그 집에 누가 귀중한 은식기를 빌려 주겠는가?"

어느 비유대 인이 랍비를 찾아가 『탈무드』를 공부하고 싶다고 했다. 랍비는 그가 자격이 없다고 하자 그는 랍비에게 자기를 테스트해 보라고 했다. 랍비가 문제를 냈다.

"두 아이가 굴뚝을 청소했다. 일이 끝나자 한 아이는 얼굴이 그을음으로 새까맣게 되어 있었지만 다른 아이는 얼굴이 깨끗했다. 그런데 한 아이는 얼굴을 씻었고, 다른 한 아이는 얼굴을 씻지 않은 채 집으로 돌아갔다. 당신은 어느 아이가 얼굴을 씻었을 거라고 생각하는가?"

"그야 물론 얼굴이 더러워진 아이가 씻겠죠."

"그러니 당신은 아직 탈무드를 공부할 자격이 없소. 얼굴이 깨끗한 아이가 얼굴을 씻었다오. 자기 얼굴은 볼 수 없으므로 얼굴이 깨끗한 아이는 상대방의 새까만 얼굴을 보고 자기 얼굴도 더러울 거라고 생각했고, 얼굴이 더러워진 아이는 다른 아이의 깨끗한 얼굴을 보고 자기 얼굴도 깨끗한 줄 알고 그냥 집으로 돌아간 것이오."

그러자 그는 한 번만 더 문제를 내달라고 졸랐다. 랍비는 다시 똑 같은 질문을 했다.

"어느 아이가 얼굴을 씻었을 거라고 생각하는가?"

"물론 얼굴이 깨끗한 아이가 얼굴을 씻었겠죠."

"아무래도 당신은 탈무드를 배울 자격이 없소. 두 아이가 굴뚝을 청소했는데 어찌 한 아이는 얼굴이 깨끗하고 다른 아이는 얼굴이 더러워질 수가 있단 말이오."

병석에 있던 한 유대 인 부자가 자신의 죽음이 임박했음을 느꼈다. 서둘러 유언을 남기고자 했으나 그렇다고 멀리 예루살렘에서 공부하고 있는 아들을 부를 수도 없어난감했다. 할 수 없이 그는 가장 충직한 노예를 불러 구술하여 유언장을 만들었다.

"나는 이 유언장을 내 자식에게 전해줄 충직한 노예에게 전 재산을 물려준다. 그리고 내 자식에게는 내 재산 중에서 그가 선택하는 한 가지만 주기로 한다."

그리고는 그는 이내 눈을 감았다. 뜻밖의 행운을 잡은 노예는 아들에게 달려가 그 유언장을 전했다.

유언장을 본 아들은 매우 놀랍고 슬펐다. 장례식이 끝나자 아들은 유언장을 들고 랍비를 찾아갔다.

"아버지는 왜 저에게 유산을 남기지 않으셨을까요?"

"천만에. 자네 아버님은 현명했고 자네를 무척 사랑하셨다네."

"그런데 왜 전 재산을 노예에게만 주셨는지요?"

"이 유서를 잘 보게나. 전 재산을 이 노예에게 주고, 자네에게는 그중 자네가 원하는 한 가지만 주겠다고 되어 있네. 노예의 재산은 주인에게 속한다는 것을 모르는가?"

그러자 아들은 크게 기뻐하며 말했다.

"저는 이 노예를 갖겠습니다."

핵전쟁의 위기를 해결한 케네디

1960년 아이젠하워의 뒤를 이어 대통령에 당선된 존 에프 케네디[1917~1963]는 44세라는 미국 역사상 최연소의 나이에 제35대 미국 대통령에 당선되었다.

한편 쿠바는 1898년에 스페인으로부터 독립은 했으나 1901년 미국의 강요로 미국의 내정 간섭과 군사기지 설치를 인정하는 조항을 헌법에 추가함으로써 사실상 미국의 속국으로 전락해 있었다. 하지만 1959년 카스트로가 주도한 혁명이 성공하면서 상황은 달라졌다. 혁명 정부의 농지 개혁과 미국 기업의 국유화가 진행되면서 미국과의 불화의 골이 깊어지자 쿠바는 소련에 접근하기 시작했다.

1961년 4월 케네디는 약 1,500명의 반 카스트로 쿠바 망명객으로 하여금 쿠바 남서부 해안인 피그스 만을 비밀리에 침공하도록 하였으나 실패로 끝났다. 이를 계기로 소련과의 관계도 크게 악화되었고, 쿠바의 카스트로는 자국 방위에 더욱 열을 올리게 되었다.

1962년 10월 16일, 케네디가 아침식사를 하고 있을 때 국가 안보 담당 보좌관인 맥조지 번디로부터 소련이 쿠바에 핵미사일 기지를 건설하고 있다는 CIA의 정보를 알렸다. 전문가들이 항공사진을 분석한 결과에 따르면 미국의 바로 턱 밑에 있는 그 기지는 불과 1주일 후면 가동이 가능한 심각한 상황이었다. 케네디는 즉각 국가안보회의를 소집하고 쿠바 침공을 포함한 6가지 방안을 검토하기 시작했다.

10월 22일 케네디는 텔레비전 방송을 통해 쿠바 해상을 봉쇄하고 미사일 배치를 단호히 저지하겠다고 발표했다. 이는 미 해군이 쿠바로 들어가는 소련 선박을 정지시키고 미사일의 탑재 여부를 검색하게 되는 것을 의미하며, 이럴 경우 심각한 무력충돌이 불가피하게 된다.

미국의 예상치 못한 강경책에 소련도 매우 당황했지만 그렇다고 쉽게 물러설 수도 없었다. 소련은 기지 건설을 강행했고 쿠바에 배치될 핵무기를 실은 것으로 보이는 소련의 화물선 18척과 잠수함 6척이 쿠바를 향해 항해를 계속하고 있었다. 전 세계는 긴장했고 군에는 비상사태가 선포되었다. 미 정부 내의 강경론자들은 쿠바의 기지를 선제공격할 것을 주장했다. 그러는 가운데 케네디는 소련의 흐루시초프와 담판을 시도했다.

10월 26일, 결국 흐루시초프가 굴복했고 소련 선박은 뱃머리를 돌렸다. 흐루시초프는 케네디에게 장문의 서한을 보내면서 '소련이 쿠바 미사일 기지를 폐쇄하고 무기를 철수하는 대신 미국은 쿠바를 침공하지 않겠다고 약속하라'고 했다. 긴장이 풀리는 순간이었다.

10월 27일, 흐루시초프가 다시 서한을 보내면서 '미국이 터키에서 미사일을 철거하면 소련도 쿠바에서 미사일을 철거하겠다'고 하자 다시 전 세계가 긴장했다. 미국으로서는 받아들일 수 없는 조건이었다. 게다가 쿠바 상공을 정찰하던 U2 첩보기가 소련 미사일에 의해 격추되는 사건이 발생했다. 미국의 수뇌부는 다시 고민에 빠졌다. 케네디는 흐루시초프의 새로운 서한을 무시한 채 처음 서신에 대해 답변하는 묘안을 채택하여 회신을 보내고 이를 전 세계에 발표했다. 그야말로 도박이나 다름없었다.

결국 소련은 미사일 시설을 철거했고 미국은 해상 봉쇄를 해제함으로써 핵전쟁은 일어나지 않았다. 케네디의 인기는 하늘을 찌를 듯 치솟았고 미국의 국력은 절정에 달했다.

다음은 흐루시초프가 케네디에게 '터키의 미사일을 철거하라'고 새 조건을 제시한 서한[1962]이다.

귀하는 쿠바를 마음에 두고 있습니다. 쿠바가 미국에서 90마일밖에 떨어져 있지 않아 걱정하고 계십니다. 그러나 터키는 우리나라와 인접해 있습니다. (생략)

귀하는 우리나라와 인접한 터키에 귀하가 공격용이라고 부르는 파괴적인 로켓 무기를 배치했습니다. (생략)

우리는 귀하가 공격용 무기로 보신 무기를 쿠바에서 철수시키겠습니다.(생략)

이에 귀국은 소련의 불안과 여망을 고려해서 터키에서 같은 무기를 철수하겠다는 뜻을 표명하시기 바랍니다.

다음은 케네디가 흐루시초프의 처음 서한에 대한 답신 형식으로 보낸 서한[1962]이다.

(생략)

10월 26일의 귀하의 서신을 신중히 검토한 결과, 이 문제를 조기에 해결하기를 바라는 귀하의 견해를 환영하는 바입니다. 그러나 먼저 해결되어야 할 것은 국제연합의 효과적인 통제 아래 쿠바에 있는 공격용 미사일 기지의 작업을 중지하고, 쿠바에서 모든 공격용 무기 체계의 기능을 원점으로 되돌려야 합니다.

(생략)

귀하의 서신을 읽고, 귀하가 제안한 내용의 주요 사항은 다음 두 가지라고 이해했으며, 모두 수락할 수 있는 것이라 생각합니다.

(1) 국제연합의 적절한 감시와 감독 아래 쿠바에서 이 무기 체계를 철수시킬 것과 적절한 안전 조치하에 앞으로 쿠바와 관련한 무기 체계에 간섭하지 않을 것.

(2) 소련은 위의 약속을 이행하고, 그 유지를 확실하게 하는 적절한 조치가

국제연합을 통해 확립되면 현재 실시 중인 거리 수단을 신속히 해제할 것과 쿠바에 대한 침공을 하지 않는다는 보증에 동의할…….

링컨과 케네디의 공통점 에이브러햄 링컨은 1860년에 대통령에 당선되었고, 존 에프 케네디는 100년 뒤인 1960년에 대통령에 당선되었다. 링컨에게는 로버트와 에드워드라는 두 아들이 있었고, 케네디에게는 로버트와 에드워드라는 두 아들이 있었다. 링컨 비서의 이름은 케네디였고, 케네디 비서의 이름은 링컨이었다.

두 사람은 모두 백악관 시절에 아들을 하나씩 잃었다. 두 사람은 모두 금요일에 부인과 함께 있는 자리에서 후두부에 총상을 입고 죽었다.

링컨은 포드극장에서 피살되었고, 케네디는 포드 자동차에서 만든 링컨 컨버터블을 타고 가다가 피살되었다. 링컨을 암살한 존 윌크스 부스는 1839년에 태어났고, 케네디를 암살한 리 하비 오스월드는 100년 뒤인 1939년에 태어났으며, 두 사람의 암살자는 모두 과격 사상을 가진 남부 출신 20대였으며, 두 암살범은 모두 재판에 회부되기 전에 살해되었다. 링컨을 암살한 부스는 극장에서 저격하고 창고로 도주했고, 케네디를 암살한 오스월드는 창고에서 저격하고 극장으로 도망쳤다.

두 사람은 모두 남부 출신의 민주당 상원 의원을 역임한 존슨이라는 이름의 부통령들에 의해 권력이 승계되었다. 두 사람의 이름은 각각 일곱 자로 되어 있고, 두 사람의 뒤를 이은 앤드루 존슨과 린든 존슨의 이름은 각각 13자로 되어 있다. 두 암살범의 이름은 각각 15자로 되어 있다

링컨의 뒤를 승계한 앤드루 존슨은 1808년에 태어났고, 케네디의 뒤를 승계한 린든 존슨은 정확히 100년 후인 1908년에 태어났다.

윈스턴 처칠

영국의 윈스턴 처칠1874~1965은 육군사관학교를 졸업하고 제1차 세계대전에 참전했으며 보불 전쟁1899~1902 때는 종군 기자로 활약했었다. 1900년 26세 때 보수당 하원의원, 1910년에는 내무장관, 1911년에는 해군 장관을 역임했고, 1940년에는 수상에 취임하여 제2차 세계대전의 5년간을 투철한 용기와 통찰력으로 영국과 연합군 측을 지휘하여 최고의 영예를 얻었다.

1945년 5월 8일 독일이 항복했고, 7월 5일에는 영국에서 10년 만에 총선이 실시되었다. 그런데 총선 결과는 처칠에게 충격적이었다. 여당인 보수당은 640석 중 213석을 확보한 반면, 야당인 노동당이 393석을 확보하고 압승했다. 영국 국민은 처칠을 위대한 전시 지도자로 인정했지만 전쟁이 끝나자 새로운 선택을 한 것이다. 처칠은 1953년에 노벨 문학상을 수상했고, 1963년에는 미국의 명예시민이 되었다.

다음은 1945년 7월 총선에서 패배한 처칠이 자신의 심정을 전한 편지다.

> 1945년 7월 29일 친애하는 링키에게
>
> 목요일 사건(투표일)에 정말 놀랐습니다. 특히 모든 국민들로부터 대대적인 환영을 받은 뒤였기에 더욱 그렇습니다. 지난 20년간 영국 국민들의 마음속에는 뭔가 편치 않은 울적함이 있었던 것 같습니다. 1906년이 다시 온 것처럼 말입니다.
>
> 나는 우리 경제 체제의 유연성과 영국 국민의 자질에 대한 신뢰는 변함이 없습니다. 이제 슬슬 세상을 떠나야 하는 우리 세대에게는 적응하기 어려운 커다란 변화가 찾아온 것이라고 각오할 필요가 있습니다. 지금부터 2년간 큰 어려움이 닥치겠지만 노동당 정권이 이것을 극복할 가능성은 어쩌면 보수당보다 훨씬 높을지도 모릅니다. 또 노동당 내부의 긴장감이 곧 고조되리라는 당신의 의견에 동감합니다. - 윈스턴 처칠

죽음을 모면한 순간들 처칠은 일생 동안 여러 차례 죽음의 위기를 모면했다. 그는

18세 때 쫓아오는 사촌과 형을 피하려고 9m 다리 아래로 뛰어내렸다가 신장이 파열되어 3일간 무의식 상태에 빠졌으나 되살아 난 적이 있다.

처칠은 보어 전쟁을 취재하려 종군 기자로 남아프리카로 갔다가 보어네덜란드계 남아공화국 후손들 병사들에게 생포되었으나 감옥에서 탈출했고, 1931년에는 미국에 강연 여행을 갔다가 뉴욕에서 차에 부딪혀 거의 목숨을 잃을 뻔했다.

제2차 세계대전 중 어느 날 처칠은 수상관저에서 각료 세 명과 함께 저녁 식사를 하고 있던 중 독일의 야간 공습으로 폭탄이 수상 관저의 주방에 떨어졌으나 바로 옆에서 식사를 하던 처칠과 각료들은 무사했다.

제2차 세계대전 때 처칠은 야간 공습 중에도 직접 대공 포대를 둘러보며 국민들의 사기가 떨어지지 않도록 애썼다. 한 번은 처칠이 한 포대를 방문한 후 날이 밝기 전에 다른 포대를 더 둘러보기 위해 승용차로 향했다. 그때 그는 자신이 늘 타는 좌석에 타지 않고 반대 편 좌석에 앉았다. 그의 승용차가 어둠을 뚫고 막 거리를 달리고 있을 때 승용차 바로 옆에 폭탄이 떨어졌다. 승용차는 하마터면 전복할 뻔했으나 가까스로 균형을 잡았다. 그가 자리를 바꿔 탄 것이 결정적으로 도움이 된 것이다.

이 사건에 대해 처칠의 아내가 그에게 묻자 그는 이렇게 말했다.

"승용차를 타려는 순간 누군가가 멈추라고 소리치기에 다른 쪽 문으로 타라는 말로 알아듣고 그렇게 한 거였소."

세수 증대를 위해

처칠이 재무 장관 시절에 하원에서 세수 증대를 위한 연설을 했다. 그는 연설을 하면서 물 대신 술을 마시며 그때마다 잔을 높이 들면서 말했다.

"세수 증대를 위하여!"

플레밍과의 특별한 인연

처칠은 페니실린을 발견한 플레밍과 인연이 각별했다. 처칠이 어렸을 때 잠시 시골에 와 있었을 때의 일이다. 처칠이 강변에서 수영을 하다가 갑자기 발에 쥐가 나서 허우적거리는데 때마침 옆을 지나가던 청년이 그를 구해 주었는데, 그 청년이 후에 페니실린을 발견한 세균학자 플레밍1881~1955이었다.

처칠의 집안에서는 그의 생명을 구해 준 보답으로 플레밍이 의과 대학에 들어가자 학자금을 지원해 주었다. 학업을 마친 플레밍은 그 후 페니실린을 발견하고 노벨

의학상을 받았다.

처칠이 아프리카 전투에서 폐렴에 걸려 생명이 위독하자 플레밍은 직접 아프리카로 달려가 페니실린으로 처칠을 치료해 또다시 그의 생명을 구해 준 것이다.

1928년 플레밍은 성 마리아 병원의 연구실에서 유리 접시에 박테리아를 배양하던 중 초록색 곰팡이가 피어 있는 주위에는 박테리아가 자라지 못하는 흥미로운 사실을 우연히 발견했다. 플레밍은 그 곰팡이가 박테리아를 죽이는 황색 물질페니실린을 만드는 것을 발견하고, 임상 실험을 통해 각종 전염성 세균을 파괴한다는 사실을 확인했다.

1929년 플레밍은 자신의 연구 결과를 학회에 발표했으나 당시는 큰 관심을 끌지 못했으나, 1939년부터 옥스퍼드 대학의 하워드 플로리와 에른스트 체인이 플레밍의 뒤를 이어 연구를 계속한 결과 1940년에 페니실린에 대한 효과를 인정받게 되고 1943년에는 페니실린이 완성되어 특허가 나왔다. 페니실린은 제2차 세계대전 중 병사들의 치료에 크게 기여하였으며, 1945년 플레밍을 포함한 세 학자는 노벨 의학상을 공동으로 수상했다.

알을 낳아 본 적은 없지만 어느 미술전에서 잘 팔리지 않는 한 화가가 처칠에게 다가와 불평을 늘어놓았다.

"각하가 정말 부럽습니다. 정치에 성공하고, 노벨 문학상도 받으시고 그리고 그림까지 그리시니 말입니다. 그런데 저는 아직 입선 한번 해 보지 못했답니다. 그림이라고는 한 번도 그려 본 적도 없는 소위 명사라는 사람들이 미술전의 심사를 맡고 있으니 말입니다. 이 점에 대해 어떻게 생각하십니까?"

"나는 한 번도 알을 낳아 본 적은 없지만, 그 알이 썩었는지 어떤지는 알 수 있거든요."

교통 위반 어느 날 처칠 수상이 연설을 하기 위해 의회로 향하고 있었다. 시간이 촉박하여 서둘다가 신호 위반으로 그만 교통 경찰관에게 적발당하고 말았다. 운전기사가 경찰관에게 말했다.

"수상 각하께서 타고 계십니다. 의회로 가는 길인데 시간이 촉박하여 그만……."

경찰관은 뒷 자석을 힐끗 쳐다보더니 말했다.

"수상 각하를 닮긴 했으나 수상의 차는 교통 위반을 할 리가 없소. 면허증을 내시오."

내심 경찰관에게 감명을 받은 처칠은 경시청장에게 그 경찰을 특진시켜 주도록 명했다.

그러자 경시청장이 이를 단호히 거절했다.

"그 경찰관은 규정대로 당연히 해야 할 일을 했을 뿐이며, 이런 일로 특진을 시켜 줄 수 있는 규정도 없습니다."

그러자 처칠이 웃음을 터뜨렸다.

"오늘은 경찰한테 두 번씩이나 당하는군."

가톨릭의 과오 인정

2003년 3월 12일, 로마 교황 바오로 2세는 바실리카 성당에서 집전한 '용서의 날 미사The Day of Pardon Mass'에서 지난 세기 가톨릭이 범한 잘못을 공식적으로 사과했다.

"기독교의 분열, 진실 추구를 위한 폭력, 타종교에 대한 적의와 불신 등에 대해 용서를 구한다."

교황청은 이에 앞서 공식 문건을 발표하고 피로 얼룩진 십자군 원정, 유대 인에 대한 박해, 중세 교회의 가혹한 형벌, 신대륙의 원주민 학살에 대한 방조 등을 인류역사에서 지울 수 없는 잘못이었다고 밝혔다.

1095년 교황 우르반 2세의 칙령에 따라 성지 회복을 명분으로 시작된 십자군 원정에서 수많은 이슬람교도와 유대 인이 학살되어 기독교와 이슬람교 간의 평화적 공존을 불가능하게 했다.

초기 기독교는 예수를 죽였다는 이유로 유대 인을 적대시하여 십자군 원정 이후 유대 인들을 희생양으로 이용했으며, 나치스의 유대 인 대량 학살 때 침묵을 지켰었다. 13세기 교황 이노센스 4세는 신앙 고백을 이끌어 내기 위해 고문을 허용했으며, 마녀 사냥으로 100년 이상 유럽을 공포의 도가니로 몰아넣었다.

언어의 뿌리

'어머니'를 영국인과 미국인은 마더, 이탈리아 인은 마드레, 독일인은 무터, 폴란드 인은 맛카, 이란 인은 마다르, 인도인도 마다르라고 한다. 이와 같이 지역과 민족이 다름에도 불구하고 언어가 서로 유사하다.

18세기 유럽의 언어학자들은 산스크리트, 고대 인도어, 고대 그리스 어, 라틴 어 사이에 유사성을 발견하고는 선사 시대 인도-유럽인이라는 단일 민족이 사용한 인도-유럽어로부터 러시아 어, 페르시아 어, 힌두 어, 영어 등이 진화했다고 주장했다. 언어학자와 고고학자들은 마침내 서로 다른 언어의 어휘들이 동일한 어원, 즉 인도-유럽어의 단어에서 파생한 것이라는 결론을 내렸다.

인도-유럽어에는 바다를 뜻하는 단어가 없다. 따라서 그들은 중앙 유럽이나 중앙아시아의 내륙 깊은 곳에서 살았던 것으로 보인다. 많은 학자들은 흑해 북쪽 쿠르간 지역에 살았던 반유목민이 인도-유럽인이었을 것으로 생각하며, 언어학적 증거를 통해 그들은 말이 끄는 마차를 타고 전투를 벌인 호전적인 종족이었던 것으로 보인다.

기원전 3000년경 그들은 유럽으로 이주하기 시작하여 일부는 동쪽의 이란과 인도까지 이주하여 다른 부족들에게 그들의 언어를 퍼뜨린 것이 현재의 정설로 되어 있다.

화폐의 역사

화 폐 고대 이집트에서는 소가 화폐 단위의 기준이었다. 기원전 700년경 고대 바빌로니아 시대에 흙으로 만든 서판에는 에기비와선이라는 은행가들이 3분의 2 매너를 대출해 주고 매달 1매너당 1세켈의 이자를 받았다고 적혀 있다. 1매너는 60세켈이었으므로 연간 이율은 20% 정도인 셈이다.

고대 중국인은 청동으로 옷이나 칼, 괭이 등과 같은 물건의 작은 모양을 만들어 그 물건의 실제 값어치로 유통시켰다. 중국과 티베트에서는 약 900년 동안이나 차茶가 화폐로 통용되었는데, 차와 대팻밥을 반죽하여 만든 무게 1kg 정도의 차 벽돌이 돈으로 사용되기도 했다. 뉴기니에서는 개 이빨, 태평양의 여러 섬에서는 고래 이빨, 아프리카에서는 북이나 구슬 그리고 팔찌 같은 것이 화폐로 통용되었고, 타이에서는 호랑이의 발톱 · 꼬리 · 이빨 · 혓바닥 등 호랑이 몸에서 나오는 것이면 무엇이든 화폐로 이용되었다. 역사상 가장 큰 돈은 태평양의 야프 섬에서 석회암으로 만든 것으로서 지름이 23~350cm 정도나 되는 것에 이르기까지 크기가 다양했다.

동 전 동전은 기원전 600년경 소아시아의 리디아 인들이 금과 은의 합금으로 일정한 무게의 콩 모양으로 만들어 사용하기 시작했다. 동전이 전해지면서 아테네 등 그리스의 도시 국가에서는 동전에 신의 초상을 새겼고, 로마에서는 황제의 초상을 새긴 동전을 여신 유노 모네타 신전에서 만들었으며Money의 유래, 우상 숭배가 금지되어 있는 이슬람권에서는 동전에 코란의 구절을 새겨서 사용했다.

중국은 춘추시대BC 770~BC 403에 도시 상인들이 칼이나 농기구 등의 모양을 한 동전을 만들었다. 기원전 221년 진秦나라 시황제가 중국을 통일한 후 하늘을 상징하는 원형의 동전에 땅을 상징하는 사각의 구멍이 뚫린 반량전半兩錢으로 통일시켰다.

지 폐 지폐를 만드는 데는 종이만을 사용한 것은 아니었다. 고대 이집트, 로마 그리고 중국에서는 파피루스나 동물 가죽으로 화폐를 만들었다.

중국 한나라 무제 때는 사슴 가죽으로 화폐를 만들었으나 650년에 세계 최초로 지폐를 만들었다. 중국 사람들은 지폐를 '날아다니는 돈'이라고 했다. 1275~1292년에 중국을 여행한 이탈리아의 마르코 폴로는 중국 전역에 지폐가 통용되는 것을 보고 매우 놀랐다고 했다.

1400년경 바르셀로나, 제노아, 피렌체의 은행가들은 개인이 발행하는 환어음을 사용하기 시작했다. 오늘날과 같은 지폐는 1661년 스웨덴 스톡홀름의 은행가 요한 팔무스트루크가 지폐를 인쇄하여 발행한 것이 유럽 최초의 것이었다.

1642년 미국 버지니아 주에서 담배가 유일한 합법적 화폐로 선포되어 1세기 이상 담배가 화폐 단위의 기준이 되었다. 그러나 사람들이 엽연초 보따리를 지고 다녀야 하는 불편을 덜기 위해 곧 담배지전이라는 종이돈이 발행되어 널리 유통되었다.

1685년 캐나다 퀘벡 지구의 수비대 사령관 자크 드 묄르는 장병들에게 줄 급료가 모자라자 카드 뒷면에 약속 어음을 써 주었는데 1세기 후 캐나다에서 약속 어음이 유통되기 시작했고, 1790년에는 프랑스 혁명 정부도 카드 뒷면에 약속 어음을 발행했다.

1695년 영국 은행은 정부의 후원하에 10~100파운드의 지폐를 발행하기 시작했다. 1700년 러시아는 세계 최초로 십진법을 도입한 나라였는데, 영국은 1971년에 십진법을 채택했다.

1787년 미국에서는 푸기오 센트라고 하는 동전을 발행했는데, 이 동전은 미국의 독립전쟁 당시 화약통에 감겨 있던 구리선을 이용하여 만들었다.

1810년 웨일스의 은행은 문맹자를 위해 양 그림이 그려진 지폐를 발행했는데 10실링짜리 지폐에는 새끼 양 한 마리가, 1파운드짜리 지폐에는 성숙한 양이, 2파운드짜리 지폐에는 암양 두 마리가 그려져 있었다.

1849년 영국에서는 최초로 은전인 플로린2실링짜리을 발행했다. 동전에는 대개 'D.G.하느님의 은총으로'와 'F.D.믿음을 지키는 자'라는 글귀가 들어가는데, 플로린에는 그 글귀가 없어 사람들은 이 은전을 '하느님을 몰라보는 플로린'이라 했다. 플로린이 발행되던 해에 콜레라가 창궐하자 무례한 플로린 때문이라는 말이 돌아 플로린은 결국 모두 회수되고 말았고 가톨릭 신자였던 조폐공사 사장도 사임했다.

20세기가 되어 티베트에서는 스랑이라고 하는 먹을 수 있는 지폐가 등장했다. 스랑은 쌀로 만든 종이에 야채류와 소의 일종인 야크의 분을 섞어 만든 것이다.

1941년 10월 파나마 대통령 아르눌포 아리아스는 발보아라는 파나마 고유의 화폐를 발행했으나 그가 바로 축출되자 발보아는 1주일 만에 자취를 감추고 다시 미국의 달러가 유통되었다.

19세기 중엽 태국 사람들은 카지노에서 쓰는 사기로 된 칩을 화폐로 사용하기 시작하여 몇 년 동안이나 다른 화폐들을 대신하여 유통되었다.

나라와 인종별 미신과 금기

미 신 미신은 먼 옛날부터 인간이 초자연적인 힘에 대한 인식과 대처 능력이 부족하여 모종의 신령에 대한 공포 심리가 작용한 원시 종교의 유물이다. 미신에는 나라와 민족을 떠나 공통적인 것도 있지만 고유한 것도 있다.

영국 해군성은 해군 안에 뿌리 깊은 미신의 하나인 '금요일은 재수 없는 날'이라는 것이 터무니없다는 것을 입증해 보이기 위해 한 가지 조치를 취했다. 배의 이름을 프라이데이호라 붙이고, 기공일도 금요일로 정하고, 함장까지도 켑틴 프라이데이라는 사람으로 정했다. 그러나 그 배는 금요일에 출항한 처녀항해에서 선원 전원과 함께 온데간데없이 사라져 흔적조차 찾을 수 없었다.

러시아의 귀족 우루소프 공은 아름다운 신부와 흑해에서 밀월여행을 즐기다가 신부의 반지를 바다 속에 빠뜨렸다. 반지를 잃으면 신부를 잃는다는 미신이 마음에 걸려 그는 4,000만 달러 이상을 들여 수백 명의 지주로부터 흑해를 빙 둘러싼 연안의 땅을 몽땅 사버렸다. 그리하여 그는 바다 속의 반지도 자신의 수중에 있다고 생각한 것이다. 그가 죽은 후 상속자들은 그 땅을 8,000만 달러에 팔았다.

서유럽인은 벽난로가 있는 곳이 집의 중심이라고 생각했는데, 그곳에 집을 지켜 주는 수호신이 있다고 믿었기 때문이며 수호신을 위해 밤새 불을 일부 남겨둔 채 잠들기도 했다. 지금도 영국의 일부 지방에서는 이사를 갈 때 벽난로의 불씨를 새 집으로 가지고 가서 불을 피우는 관습이 남아 있으며, 집들이를 하우스워밍파티house warming party라고 한다.

유럽인은 행운을 빌 때 손을 나무에 갖다 대는데 이는 모든 자연에는 고유의 신이 깃들어 있다는 고대의 신앙에서 나온 것이다. 아일랜드에서는 마실 것을 땅에 흘리는 것은 좋은 일로 여기는데, 이것은 신들에게 신주神酒를 바치던 고대의 풍습에서 유래했다.

중국인의 대표적인 길상물은 거울과 소뿔이다. 거울을 대문이나 창가에 걸어두면 귀신이 접근하다 자신의 모습이 거울에 비치면 정체가 탄로 나서 도망간다고 믿으며, 소뿔은 음양설의 양陽에 속해 음陰에 속하는 귀신을 억누르는 능력이 있다고 믿는다. 중국인은 결혼 상대를 정할 때는 띠를 따져 음양오행陰陽五行의 상생상극相生相剋의 원리를 적용하며, 집을 짓거나 묘 자리를 고를 때는 풍수지리설을 따른다.

금 기 유럽인은 소금을 흘리는 것은 재수 없는 일로 여겼는데, 이는 소금이 육류를 저장할 수 있는 유일한 수단으로서 매우 귀한 것이었기 때문이다. 테이블 위에 칼 두 자루를 교차시켜 놓으면 싸움이 일어난다고 믿었고, 흰 식탁보를 밤사이 테이블에 그대로 씌워두면 머지않아 그 집에 초상이 난다고 믿었다. 빵이 부풀지 않으면 그 속에 악마가 숨어 있다고 여겨 불길한 징조로 생각했고, 빵을 자를 때 양쪽 끝부분의 껍질을 모두 잘라내면 빵 속의 악마가 빠져나와 온 집안을 날아다닌다고 하여 금기시 했다. 식탁에 13명이 앉아 식사하는 것은 큰 금기로 여기는데, 이는 예수가 12명의 제자와 최후의 만찬을 가진 데에서 유래한 것으로 보인다.

스코틀랜드에서는 세 마리의 백조가 함께 날아가면 나라에 재난이 오며, 붉은 색과 풀 색 옷을 함께 입으면 안 된다고 믿는다. 또한 미닫이 문가에 등을 대고 서거나 불 속에 야채를 던지면 불운이 오며, 사랑의 편지는 크리스마스 날에 부치지 말아야 하고, 삽을 방 안에 들고 들어가면 곧 무덤을 파게 된다고 믿는다.

아이슬란드에서는 배를 따라오는 바닷새를 쏘면 불운해지며, 미혼자가 테이블 모퉁이에 앉으면 7년 동안 결혼을 못하며, 임신부가 깨진 잔을 쓰면 언청이를 낳는다고 믿는다.

네덜란드에서는 빨강머리를 가진 사람은 재앙을 불러온다고 하는데, 이는 바이킹 족의 침공을 받은 일이 있는 지역의 공통된 미신이다.

나이지리아에서는 밤에 집 안을 청소하면 액운이 찾아오며, 이른 아침에 소제하면 사악한 마귀를 몰아낸다고 믿는다. 또한 남자가 빗자루로 한 번 얻어맞으면 같은 빗자루로 일곱 번 되받아치지 않으면 성불구가 된다고 믿는다.

유대 인은 어린 아이가 잠들어 있는 것을 바라보면 안 되는 것으로 여기는데, 이는 초상집 의식과 비슷하기 때문이다. 첫 이가 나올 때 어린이에게 거울을 보여주면 안 된다고 한다.

집시는 발로 밟은 음식을 먹거나 여자가 건너간 물을 마시면 위험하다고 하며, 포장마차는 그 주인이 죽으면 모두 태워 버려야 한다고 믿는다.

일본에서는 빗을 주었을 때 빗살이 몸 쪽을 향하면 좋지 않으며, 아침에 거미를 죽이는 것은 사람의 영혼을 죽이는 것과 같으며, 고양이는 대체로 액운을 가져온다고 믿는다.

중국에서는 사고나 배반으로 불의의 죽음을 당한 사람의 망령은 죽은 지 7일째 밤에 복수하러 온다고 믿으며, 집 안을 샅샅이 소재하면 복까지 내쫓게 된다고 믿는데 특히 음력 정월 초하루 춘절에는 비질을 하면 안 된다고 믿는다. 중국인에게 선물을 할 때 피해야 하는 것에는 탁상시계나 괘종시계, 배, 손수건 등은 금기시하는데, 이는 글자는 다르나 발음상으로 죽음, 이별, 절교 등이 연상되기 때문이다. 좋은 일에 선물을 할 때는 짝수로 하는데 이것은 반복해서 좋은 일이 있으라는 의미이며, 병문안 등 궂은일에는 선물을 홀수로 하는데 이것은 한 번으로 끝나라는 의미에서이다.

금기 음식 쇠고기와 굴로 만든 파이에 흑맥주를 곁들이는 식사라면 근사해 보이지만 종교와 인종에 따라서는 그렇지가 못하다. 인도인은 소를 신성한 동물로 여겨 쇠고기를 먹지 않으며, 정통적인 유대교도들은 갑각류를 먹지 않으므로 굴을 먹을 수 없다. 또한 이슬람교도들은 술을 마시지 않으며, 불교도들은 고기를 먹지 않는다.

영국에서는 말고기를 먹지 않지만 프랑스에서는 말고기를 먹는다. 영국인이나 프랑스 인에게 개고기를 주면 몹시 당황해하고 화를 내겠지만, 중국에서는 개를 뿔 없는 염소라고 하여 별미로 여긴다. 고대 페니키아, 그리스, 로마, 아스텍 그리고 남태평양 섬에서는 개고기를 별미로 즐겼다.

중남미, 아시아, 아프리카 일부에서는 개미 요리를, 오스트레일리아와 북아프리카 원주민들은 모충을, 북아메리카와 북아프리카에서는 메뚜기 요리를, 중국에서는 생 오리발 요리를 즐겨 먹는다.

이슬람교도와 유대교도는 돼지고기를 먹지 않는다. 『구약성서』의 「레위기」에는 되새김질을 하고 굽이 갈라진 동물이 깨끗한 동물이라고 했다. 돼지는 되새김질을 하지 않으므로 불결한 동물에 속한다. 또한 날지 못하는 새와 헤엄치지 못하는 물고기, 즉 타조나 갑각류 등도 불결한 동물로 분류된다. 이슬람교도들은 돼지고기 외에 육식 동물과 발톱으로 먹이를 잡는 조류와 집에서 기르는 나귀도 먹지 못하게 한다. 카리브 사람들은 돼지고기를 먹으면 눈이 돼지 눈처럼 작아진다고 믿었고, 줄루 족 여자들은 돼지고기를 먹으면 돼지같이 못생긴 아기를 낳는다고 믿어 돼지고기를 먹지 않았다.

사랑의 묘방 인간은 오랜 옛날부터 어떤 사랑의 묘방을 찾으려고 애썼다. 동서고금을 막론하고 사람들은 매운 맛에는 호색적인 정력을 자극한다고 하여 향신료를 즐겨 먹었으며, 굴, 문어, 붉은 숭어도 사랑의 묘약으로 여겨졌다. 유럽에서는 토마토가 사랑의 사과로 와전되어 수백 년 동안 강정제로 알려져 있었고, 중국에서는 제비집 수프가 강정제로 알려져 있다.

기원전 400년경 콘스탄티노플의 여자들은 그리스의 의학의 아버지인 히포크라테스의 처방에 따라 나귀의 젖과 꿀로 빚은 과자를 사랑의 묘약으로 먹었다. 로마의 미치광이 황제 칼리굴라는 황비가 지어준 사랑의 묘약을 먹고 발광했다고 하는데 그 성분이 무엇이었는지는 기록이 남아 있지 않다.

고대 그리스 인은 사랑의 묘방으로 하이에나의 젖가슴을 잘라 왼팔에 매고 다녔으며 그것이 듣지 않으면 송아지 골, 늑대 꼬리털, 뱀 뼈, 부엉이 깃털 그리고 심지어 사람 송장의 일부 등이 훨씬 강력한 효험이 있다고 생각했다.

사랑의 묘방으로 가장 오래 동안 믿어져 왔고 아직도 동양에 뿌리 깊게 믿어지고 있는 것은 무소뿔이다. 무한한 수요 때문에 인도산 무소는 멸종되다시피 되어 정부에서 보호하고 있다. 사랑의 묘약은 과학적 근거는 없지만 사람들은 오늘날까지도 여전히 효험을 믿고 있다.

다양한 결혼과 장례 의식

결 혼 19세기의 스코틀랜드 시골에서는 혼전 임신을 당연한 일로 여겨 1868년 왕실위원회의 조사에 의하면 90%가 결혼 전에 임신했다.

독일의 엠스 강 어귀의 보르쿠 섬에서는 여자를 유혹해 놓고도 결혼을 기피하면 마을 젊은이들이 그 집을 포위하여 굴뚝을 막고 집 안에 연기를 채웠다.

결혼식의 면사포는 고대 그리스와 로마에서 유래하며 이는 질투에 불타는 연적의 사악한 시선으로부터 신부를 보호하는 것으로 여겼기 때문이며, 결혼식에서 쌀과 색종이 조각을 신랑 신부의 머리에 뿌리는 것은 고대 그리스 시대에서 유래하는데 이는 두 사람의 다복과 많은 자손을 바라는 의식이다.

9세기경부터 기독교도의 결혼식에 결혼반지를 신부의 약지에 끼워준 것은 고대 이집트에서 유래했는데 약지에 심장으로 통하는 혈관이 있다고 믿었기 때문이다. 웨딩 케이크를 잘라 하객들에게 나누어 주는 서양의 풍속은 일가의 번영을 빌면서 신부의 머리 위에서 빵을 찢던 로마의 풍속에서 유래한 것이다.

인도네시아의 셀레베스 섬에서는 쌀을 뿌리는데 이는 신랑의 넋을 도망가지 못하게 묶어두기 위함이며, 말레시아 반도에서는 신랑 신부는 결혼식이 끝날 때까지 서로 생쌀을 먹여 준다. 뉴기니아의 결혼식에서는 신랑 신부는 갓 잡은 돼지 한 마리를 둘이서 먹을 수 있는 양껏 먹어야 한다.

인도 마드라스 주 닐기리스 지방의 토드라스 부족의 경우, 신랑의 형제들도 신부에게 동침을 요구할 권리가 있는데 이는 신부는 그 집 가족 전체와 결혼한 것으로 간주되기 때문이다. 신부가 임신을 하면 그 집안에서는 푸르수트피미라는 의식을 통해 아이의 아버지를 결정한다. 형제들 중 아버지로 선출된 사람은 연장자의 입회하에 키아즈 나무 밑에서 신부에게 부부를 상징하는 활과 화살을 선사한다. 그 다음에 태어난 모든 아이들도 같은 의식을 되풀이 한다.

허니문밀월은 북유럽의 결혼 풍습에서 유래된 말인데, 그 지방에서는 신방을 차린 첫 달 동안 꿀을 탄 포도주나 벌꿀 술비드을 정력제로 먹은 풍습에서 유래했다. 그리스령 키프로스에서는 신방을 차리기 전 신방의 침대에 먼저 토실토실한 사내애를 굴리는데 이는 건강한 사내애를 갖게 해달라는 뜻이다.

프랑스령 랑그독 지방에서는 친구들이 신방에 쳐들어가서 요강에 담아온 수프를 신랑 신부에게 권하는데 이는 얼른 아기가 태어나도록 해 주기 위함이다. 17세기 브르타뉴에서는 신방을 차리기 전 사흘 밤을 기다려야만 했다. 첫날밤은 하나님에게 바치고, 이튿날 밤은 성 요셉에게, 사흘째 밤은 신랑의 수호성인을 위해 바쳐야 했기 때문이다.

이라크 북부의 예지디 족은 신랑과 신부를 방에 가두어 버린다. 방사가 끝나면 신랑은 방문을 세 번 두드린다. 그러면 승려가 문을 열어 주고 그의 발표에 따라 하객들과 함께 축하연을 베푼다.

장 례 서양인들은 죽음에 대해 항상 두 가지 생각을 하는데 하나는 천국의 문을 지키는 성 베드로의 모습이며, 다른 하나는 죽음을 거두는 사신의 무서운 얼굴이다. 장례식은 죽은 사람이 내세에서 편안하게 쉬도록 바라면서 다시는 돌아올 수 없도록 가슴에 못질을 했다. 동양에서는 일찍 이 두 가지를 충족시키기 위해 화장을 했다. 혼이나 넋은 솟아오르는 불길을 타고 하늘로 올라가도록 했고 육신은 지상에서 방황하지 않도록 없애 버렸다.

그러나 기독교 국가에서는 화장은 육신의 부활을 믿는 교리에 반하기 때문에 몇 세기 동안 법으로 금했다. 중세에 마녀들을 화형 시킨 것도 그런 이유 때문이었다. 영국에서 화장을 받아들이기 시작한 것은 100년도 안 된다. 1884년 자기 아들을 화장시킨 윌리엄 프라이스라는 사람이 재판에서 무죄로 풀려나면서 화장의 문이 열리게 된 것이다.

죽은 사람과 함께 묻는 소장품을 보면 그들의 내세관을 알 수 있으며, 또한 죽은 자가 저승에 만족하여 다시 이승으로 돌아오고 싶은 생각이 들지 않도록 하는 의도도 있었다. 고대 이집트인들은 풍족한 내세를 위해 장식품과 가재도구를 묻었다. 바이킹 족은 영웅을 묻을 때는 싸움에 대비하여 무기도 함께 묻어 주었다. 장례식의 화환은 사제에게 경의를 표하는 뜻 외에 육신을 떠난 혼이 돌아오지 못하게 마법의 고리로 묶어 두는 목적도 있다.

고대 그리스 인들은 저승으로 가기 위해 스틱스 강을 건널 때 내는 도선료로 동전 한 닢을 무덤에 넣어 주었다. 스칸디나비아에서는 내세로 가는 길이 편하도록 신발을 신겨 주었다. 미국의 인디언 수니 족은 죽은 자가 배가 고파 되돌아오는 일이 없도록 음식을 넣어 주었다.

기원전 550년경 다리우스와 아리안투스 같은 고대 스키타이 왕들의 장례에는 수십 명의 처첩과 노예와 말들이 함께 생매장되었다. 중국인은 재화나 귀중품 대신 종이로 만든 모조품을 태웠다. 환생을 믿는 티베트 인들은 사람이 죽으면 티베트의 사자死者의 서書인 「바르도 퇴돌」을 독경한다.

인도에서는 기원전 4세기부터 사티라는 순장의 풍습에 따라 남편이 죽으면 그의 아내를 함께 생화장시켰다. 이는 자기 남편의 죄를 용서받고 두 사람의 영원한 행복을 누리기 위한 것이었다.

웨일즈 족의 일부는 영혼이 하늘로 오르기 편하도록 시신을 똑바로 세워 묻었다. 기독교인은 시신의 머리가 예루살렘으로 향하도록 묻었다. 일본에서는 시신의 머리가 정북을 향하도록 매장하는 풍습이 있어 생시에 잠잘 때는 북향을 피한다. 1824년 영국에서 법이 개정될 때까지 자살자는 교회 묘지에 묻힐 수가 없었으며 심장에 말뚝이 박힌 채 네거리에 묻혔다. 말뚝을 박는 이유는 사악한 유령이 되어 되돌아오지 않도록 하기 위함이며 유령이 길을 잘못 찾도록 하기 위해 네거리에 묻었던 것이다.

파푸아 뉴기니 서쪽 끝의 비민쿠스쿠스 족은 영혼과 생식을 중요시하여 죽은 사람의 영혼을 여러 사람이 나누어 갖도록 하기 위해 시신의 일부를 나누어 먹는 일종의 성찬식을 거행한다. 그들은 자손의 번성을 위해 아버지가 죽으면 큰아들은 아버지 성기의 일부를 먹고, 친척 남자들은 골수를 먹는다. 어머니가 죽으면 큰딸은 어머니 자궁의 일부를 먹고, 친척 여자들은 아랫배 살점을 먹는다.